Handbuch Versicherungsmarketing

Michael Reich · Christopher Zerres
(Hrsg.)

Handbuch Versicherungsmarketing

2. Auflage

Springer

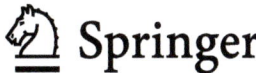

Hrsg.
Michael Reich
67rockwell Consulting GmbH
Hamburg, Deutschland

Christopher Zerres
Hochschule Offenburg
Offenburg, Deutschland

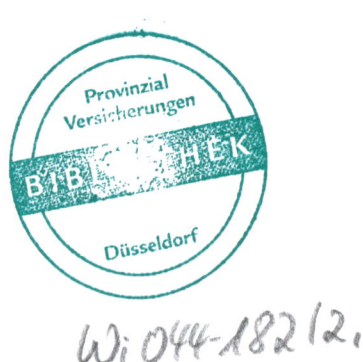

ISBN 978-3-662-57754-7 ISBN 978-3-662-57755-4 (eBook)
https://doi.org/10.1007/978-3-662-57755-4

Die Deutsche Nationalbibliothek verzeichnet diese Publikation in der Deutschen Nationalbibliografie; detaillierte bibliografische Daten sind im Internet über http://dnb.d-nb.de abrufbar.

© Springer-Verlag GmbH Deutschland, ein Teil von Springer Nature 2010, 2019
Das Werk einschließlich aller seiner Teile ist urheberrechtlich geschützt. Jede Verwertung, die nicht ausdrücklich vom Urheberrechtsgesetz zugelassen ist, bedarf der vorherigen Zustimmung des Verlags. Das gilt insbesondere für Vervielfältigungen, Bearbeitungen, Übersetzungen, Mikroverfilmungen und die Einspeicherung und Verarbeitung in elektronischen Systemen.
Die Wiedergabe von Gebrauchsnamen, Handelsnamen, Warenbezeichnungen usw. in diesem Werk berechtigt auch ohne besondere Kennzeichnung nicht zu der Annahme, dass solche Namen im Sinne der Warenzeichen- und Markenschutz-Gesetzgebung als frei zu betrachten wären und daher von jedermann benutzt werden dürften.
Der Verlag, die Autoren und die Herausgeber gehen davon aus, dass die Angaben und Informationen in diesem Werk zum Zeitpunkt der Veröffentlichung vollständig und korrekt sind. Weder der Verlag noch die Autoren oder die Herausgeber übernehmen, ausdrücklich oder implizit, Gewähr für den Inhalt des Werkes, etwaige Fehler oder Äußerungen. Der Verlag bleibt im Hinblick auf geografische Zuordnungen und Gebietsbezeichnungen in veröffentlichten Karten und Institutionsadressen neutral.

Springer ist ein Imprint der eingetragenen Gesellschaft Springer-Verlag GmbH, DE und ist ein Teil von Springer Nature.
Die Anschrift der Gesellschaft ist: Heidelberger Platz 3, 14197 Berlin, Germany

Geleitwort

Digitalisierung als Schlagwort erfreut sich derzeit großer Beliebtheit in der öffentlichen Diskussion, sei es als Verheißung, sei es als Drohpotenzial. Betroffen davon sind neben individuellen Lebensstilen ebenso unternehmerische Geschäftsmodelle, Branchen und Märkte. Auch die Assekuranz kann sich diesen Strömungen nicht entziehen.

Die digitale Transformation ist mittlerweile in den Führungsetagen angekommen und in den Medien allgegenwärtig. Meist werden dabei die bekannten Beispiele von Uber, Airbnb oder Alibaba genannt, die ganze Branchen revolutioniert haben. Oder es wird auf die Entwicklungen im Rahmen der künstlichen Intelligenz hingewiesen, durch die sich Berufsbilder verändern oder sogar verschwinden. Dabei ist allerdings zu beachten, dass sich nicht alle Dienstleistungsmärkte gleichermaßen und in derselben Geschwindigkeit transformieren. Bislang war die disruptive Kraft, welche die digitale Transformation in den Märkten treibt, vor allem in der Musik-, Film-, Medien-, Telekommunikations- und Reisebranche sowie dem Handel zu beobachten. In all diesen Branchen mussten marktführende Wettbewerber signifikante Einbußen des Marktanteils hinnehmen (oder ganz verschwinden), während sich neue Wettbewerber, häufig mit einem branchenfremden Hintergrund, etablierten.

Die gegenwärtigen Veränderungen allerdings nur auf die Digitalisierung zurückzuführen wäre zu kurz gegriffen. Vielmehr existiert eine Reihe von Megatrends, welche die derzeitige gesellschaftliche Entwicklung treiben, wie beispielsweise Individualisierung, Vernetzung und Dezentralisierung. Für Versicherungsunternehmen ergeben sich hieraus eine Reihe von neuen Herausforderungen. So muss zum Beispiel im Bereich der digitalen Kommunikation die von Kunden gewünschte Einfachheit in der Kommunikation umgesetzt, die Produkte und Leistungen der Versicherer verständlicher und transparenter gestaltet werden.

Hier setzen auch die meisten InsurTech-Geschäftsmodelle an, die auf Mobile-Zugänge abgestimmt sind, um Informationen kurz und prägnant liefern zu können. Durch die ständige Verfügbarkeit bieten sie viele Möglichkeiten zur Generierung neuer Value Propositions entlang der Customer Journey. Neben Apps werden zunehmend Geo-Location-triggered Data genutzt, um situationsspezifische Angebote (zum Beispiel Prävention) zu lancieren oder verhaltensorientierte Feedbacks zu geben, die die Risikowahrnehmung beeinflussen.

Während sich der Wettbewerb bislang innerhalb von Branchengrenzen abspielte und sich über Jahrzehnte kaum neue Wettbewerber etablieren konnten, sehen wir heute eine Vielzahl an frisch gegründeten Unternehmen, die die Schwächen etablierter Player offensiv angreifen. FinTechs und InsurTechs nutzen typischerweise eine Kombination von neuen Technologien und differenzierendem Customer Value, um Kunden für ihre neue Value Proposition zu gewinnen. Sie erfüllen mit ihren Angeboten beispielsweise Bedürfnisse nach schnellen Reaktionszeiten, Transparenz, intuitiv zu verwendenden Systemen und verständlichen Produkten.

Etablierte Unternehmen versuchen sich durch verschiedene Strategien auf diese Veränderungen einzustellen, um ihre Existenz im Markt auch zukünftig zu sichern. So beinhalten Transformationsansätze bei Incumbents beispielsweise die Gründung von Inkubatoren, Direktinvestitionen in Start-ups, die Erstellung betriebsinterner digitaler Tochterunternehmen oder die Einführung eigener digitaler Lösungen, oftmals in der Zusammenarbeit mit branchenfremden Unternehmen oder InsurTechs. Erste Erfahrungen zeigen, dass unterschiedliche Entwicklungsgeschwindigkeiten, Kulturen und Prozesse innerhalb einer Organisation, also Ambidextrie, nur schwer zu managen sind.

Auch die Vernetzung von Objekten und Subjekten sowie die Verbreitung von Sensoren ermöglichen neue Geschäftsmodelle in der Assekuranz. Lösungen basierend auf Internet-of-Things-Vernetzungen bringen neue Geschäftsmodelle hervor, die ein individuelleres Risikomanagement basierend auf Echtzeitdaten ermöglichen. Mittels Sensoren werden Kundenverhalten und situative Gegebenheiten analysiert, um daraus Risikoprofile und individualisierte Lösungen zu entwickeln. Neben der Mobilität stehen derzeit vor allem die Bereiche Smart Home und Smart Health im Fokus der Versicherer, da hier die größten Potenziale vermutet werden. Außerdem können mit neuen Technologien zusätzliche Value Propositions geschaffen werden. So können beispielsweise Krankenversicherer, die sich zu einem Gesundheitsanbieter entwickeln wollen, mit Fitnesstrackern die Kunden sensibilisieren (mehr) auf Bewegung bzw. die Gesundheit zu achten. In Verbindung mit einer an die Wearables gekoppelten App können sie so dem Kunden neue Leistungen bieten, zum Beispiel Belohnungssysteme für Aktive oder Tipps für mehr Bewegung, und schaffen so auch neue und häufigere Kontaktpunkte mit dem Kunden. Zudem können beispielsweise auch Blockchain-Technologien helfen, einfache Versicherungsprozesse automatisiert umzusetzen.

Fazit: Märkte werden zukünftig nicht mehr nach Produkten oder Branchen definiert, sondern nach Kundenbedürfnissen. Dies führt zu einer Auflösung von Branchengrenzen und zu einem branchenübergreifenden Wettbewerb. Versicherer müssen sich überlegen, welche Rolle sie in diesen zukünftigen Märkten spielen und wie sie sich entsprechend strategisch positionieren wollen. Neue Value Propositions entstehen immer häufiger in Öko-Systemen, die sich aus den Ressourcen verschiedener Player speisen. Einige Versicherer versuchen bereits eigene Öko-Systeme aufzubauen, die den Scope der assekuranzspezifischen Angebote erweitern, um sich gegenüber Branchenfremden zu schützen. Ob dies erfolgreich sein wird, bleibt im Moment offen. Im globalen Wettbewerb der Öko-Systeme haben diejenigen die besseren Chancen, die am besten Kundenerwartungen und -bedürfnisse einschätzen und in wertvolle Angebote übersetzen können.

Die vorliegende Publikation thematisiert erfolgreich und verständlich die wesentlichen Fragestellungen der digitalen Transformation und bietet zudem viele praxisnahe Hinweise, wie den zukünftigen Herausforderungen in der Assekuranz begegnet werden kann.

Universität St. Gallen   Professor Dr. Peter Maas
im Juli 2018

Vorwort der Herausgeber

In den letzten Jahren sind die strategischen Ausrichtungen in der Versicherungsbranche verstärkt durch marketingorientierte Managemententscheidungen geprägt. Ein solches Marketing Broadening – bisher oft im Wesentlichen auf den Vertrieb konzentriert – bedeutet die Ausrichtung aller Unternehmensbereiche auf den Markt, und hier vornehmlich auf den Kunden. Schon sehr lange sieht sich dabei nicht nur die deutsche, sondern auch die europäische Versicherungsbranche den Herausforderungen eines weitgehend liberalisierten Marktes gegenüber. Dieser zeichnet sich durch den deutlich intensivierten Wettbewerb sowie durch ein stagnierendes Wachstum aus, welches vor allem durch die Bevölkerungsentwicklung verursacht wird. Darüber hinaus hat sich das Kundenverhalten, etwa im Hinblick auf die Informationsbeschaffung oder das Kommunikationsverhalten, grundlegend verändert.

Aktuell entwickelt sich die Digitalisierung rasant als komplexe und zu der in der Zukunft wahrscheinlich schwerwiegendsten Herausforderung für die Versicherungsbranche. Bestand die Nutzung der Potenziale von Informationstechnologien bisher in erster Linie in der Integration leistungsfähiger IT-Systeme zur Prozessverschlankung und -optimierung, folgt einer Digitalisierung die grundlegende Anpassung sämtlicher Geschäftsprozesse eines Versicherungsunternehmens durch eine Änderung aller diesbezüglicher betrieblichen Komponenten, deren Schnittstellen zum Kunden und deren Produkte oder Dienstleistungen durch eine Nutzung von dazu geeigneten Informations- und Kommunikationstechnologien. Experten sind sich heute einig, dass nur diejenigen Unternehmen, denen es gelingt, dieser Herausforderung, etwa mit innovativen Produkten oder Dienstleistungen, entsprechend zu begegnen, erfolgreich sein werden, bestehende Märkte zu halten, wie vor allem neue Märkte zu erschließen.

Eine solche unternehmerische Herausforderung findet zweifellos Unterstützung durch entsprechende Fachliteratur. Diese muss theoretisch fundiert sein und gleichzeitig vor allem strategisches wie operatives Managementwissen liefern, welches auf dem Erfahrungshintergrund der jeweiligen Verfasser beruht. Diesem Anliegen fühlen sich die Herausgeber und Verfasser des Handbuches Versicherungsmarketing verpflichtet. Das bewährte Konzept der ersten, auf äußerst positive Resonanz gestoßenen Auflage, beibehaltend, zeichnet diese nun vorliegende zweite Auflage vor allem die Managementrelevanz ihrer zahlreichen, neu hinzugekommen, hoch aktuellen Beiträge aus.

Prof. Dr. Michael Zerres hat sich entschlossen, nicht mehr als Hauptherausgeber Verantwortung zu tragen; er bleibt aber als Berater dem Handbuch weiterhin eng verbunden. Neuer Herausgeber ist nun Prof. Dr. Christopher Zerres, der einen Schwerpunkt in Forschung und Lehre auf dem Online-Marketing und dem Marketing-Controlling hat.

Zum Abschluss möchten die Herausgeber an dieser Stelle allen Autorinnen und Autoren dieser zweiten Auflage des Handbuches Versicherungsmarketing für ihre hohe eingebrachte Fachkompetenz, vor allem aber auch für ihr großes Engagement danken. Nicht zuletzt gilt ein Dank wieder den Verantwortlichen des Springer Gabler Verlages für ihre ausgezeichnete redaktionelle Begleitung.

Hamburg/Offenburg
im April 2018

Dr. Michael Reich
Dr. Christopher Zerres

Inhaltsverzeichnis

Teil I Rahmenbedingungen und Grundlagen des Versicherungsmarketing

1 Rahmenbedingungen und strategische Herausforderungen für die Versicherungsbranche 3
Ute Lohse und Annemarie Will
1.1 Einleitung 3
1.2 Rahmenbedingungen für die Versicherungsbranche 4
    1.2.1 Niedrigzinsphase und Regulierung 4
    1.2.2 Demografische Entwicklung und Kundenorientierung 5
    1.2.3 Digitalisierung 5
1.3 Strategische Herausforderungen 7
    1.3.1 Auswirkungen auf die Arbeitswelt (Innen- und Außendienst) ... 7
    1.3.2 Auswirkungen auf die Versicherungskunden 9
1.4 Resümee 12
Literatur 13

2 Theoretische Grundlagen des Versicherungsmarketing 15
Tim Sutor
2.1 Einleitung 15
2.2 Produktspezifische Besonderheiten der Versicherung und Implikation für das Versicherungsmarketing 17
    2.2.1 Dienstleistungscharakteristika der Versicherung 17
    2.2.2 Gesamtleistung Versicherung als Gestaltungsobjekt des Versicherungsmarketing 19
2.3 Erklärungsbeiträge ausgewählter theoretischer Ansätze zum Versicherungsmarketing 22
    2.3.1 Institutionenökonomische Ansätze und deren Erklärungsbeitrag zum Versicherungsmarketing 22
    2.3.2 Verhaltenswissenschaftliche Ansätze und deren Erklärungsbeitrag zum Versicherungsmarketing 27
2.4 Zusammenfassung 31
Literatur 33

3	**Nachfrager von Versicherungsleistungen**		35
	Michael Reich		
	3.1	Grundlagen zum Konsumentenverhalten	35
		3.1.1 Erklärungskonstrukte	36
		3.1.2 Informationsverarbeitungsprozess	41
		3.1.3 Kaufentscheid	45
	3.2	Konsumentenverhalten auf dem deutschen Versicherungsmarkt	46
		3.2.1 Konsumentengruppen	46
		3.2.2 Konsumentenvertrauen	48
		3.2.3 Preisverhalten	49
		3.2.4 Einflussnahme der Werbung	51
		3.2.5 Ausblick	53
	Literatur		55
4	**Anbieter von Versicherungsleistungen**		57
	Michael Dorka		
	4.1	Überblick	57
		4.1.1 Sozialversicherung	58
		4.1.2 Individualversicherung	62
	4.2	Entwicklungen bei den Versicherungsanbietern	68
		4.2.1 Entwicklungen in der Sozialversicherung	68
		4.2.2 Entwicklungen in der Individualversicherung	69
	Literatur		75
5	**IDD: Regulatorische Herausforderung für das Marketing**		77
	Matthias Beenken		
	5.1	Einführung	77
	5.2	Die IDD als Wirtschaftsförder-Richtlinie	78
	5.3	Die IDD als Verbraucherschutz-Richtlinie	79
	5.4	Der Begriff Versicherungsvertrieb	81
	5.5	Das Paradigma des bestmöglichen Interesses des Kunden	82
	5.6	Das Produktfreigabeverfahren und die Folgen für das Marketing	85
	5.7	Der Kundenberatungsprozess	87
	5.8	Die Vermeidung von Interessenkonflikten und von Fehlanreizen	91
	5.9	Fazit	93
	Literatur		94
6	**Rechtliche Rahmenbedingungen eines Versicherungsmarketing**		97
	Jens Gal		
	6.1	Einführung	97
		6.1.1 Recht als erheblicher Makrofaktor	98
		6.1.2 Recht als Steuerungsrahmen	99

	6.2	Ausgewählte Rechtsbereiche	102
		6.2.1 Gewerblicher Rechtsschutz	102
		6.2.2 Urheberrecht	106
		6.2.3 Unlauterer Wettbewerb	107
		6.2.4 Kartellrecht	111
		6.2.5 Datenschutz	112
		6.2.6 Direktmarketing	113
		6.2.7 Versicherungsvertragsrecht inklusive AGB-Recht	115
		6.2.8 Versicherungsaufsichtsrecht	115
	Literatur		116

7 Frauenquote – ein Pyrrhussieg für Diversity? ... 121
Ulrich C. Nießen und Susanne Schwenzer

	7.1	Einführung	122
	7.2	Mögliche Gründe für das Nichterreichen einer natürlichen Gleichverteilung	123
		7.2.1 Biologisch determinierte Aspekte	124
		7.2.2 Soziologische Aspekte	125
		7.2.3 Eine Quote versagt bei Familien	126
	7.3	Status Quo Frauenquote: (K)Ein Erfolgsmodell?	128
		7.3.1 Der Weg zur Frauenquote	128
		7.3.2 Die Frauenquote in der Versicherung	130
	7.4	Frauenquote: Pro und Contra	130
		7.4.1 Vorteile der Frauenquote	131
		7.4.2 Nachteile der Frauenquote	131
	7.5	Diversity: Back to the roots	133
	7.6	Fazit	134
	Literatur		135

Teil II Strategisches Versicherungsmarketing

8 Entwicklungstendenzen und Herausforderungen in der Versicherungswirtschaft ... 139
Tobias Mangei

	8.1	Was verstehen wir unter dem Begriff Versicherung – und was macht das Geschäftsmodell aus?	139
	8.2	Regulatorische Herausforderungen – Regeln, Richtlinien und Gesetze	140
	8.3	Das Marktumfeld – alte Lasten, neue Player	143
	8.4	Technologischer Fortschritt – total digital	145
	8.5	Wie wird die neue Welt der Versicherungen aussehen?	147
	8.6	Wie kann die Transformation gelingen?	150
	Literatur		150

9	**Erfolgsfaktoren von Innovations-Labs in der Assekuranz** 153
	Tim Lietz
	9.1 Einleitung 153
	9.1.1 Innovations-Labs in der Assekuranz 153
	9.1.2 Zielsetzungen von Innovations-Labs 154
	9.2 Möglichkeiten der Ausgestaltung 155
	9.2.1 Unterschied zwischen einem Akzelerator und einem Inkubator . . 155
	9.2.2 Strategische Kernfragen zur Entscheidungsfindung 158
	9.3 Aufbau einer Innovations-Lab 160
	9.3.1 Phasenmodell zur Implementierung 160
	9.3.2 Erfolgsfaktoren beim Aufbau eines Innovations-Labs 166
	9.4 Ausblick 167
	9.4.1 Initiativen der Axa 167
	9.4.2 Digitalisierungsvorhaben der Allianz 169
	Literatur 170
10	**Customer Experience – die Königsdisziplin** 171
	Oliver Oster
	10.1 InsurTechs verändern die Kundenschnittstelle 171
	10.1.1 Assekuranz steht vor großen Herausforderungen 172
	10.1.2 Die Antwort der Versicherer 173
	10.1.3 Die Zeit drängt 174
	10.1.4 Versicherung der Zukunft 175
	10.1.5 Big Data, AI und IoT sind Treiber der Innovation 176
	10.1.6 Kooperationen zwischen Versicherungen und InsurTechs 178
	10.2 Die Neugestaltung des Kundenerlebnisses 179
	10.2.1 Innovationen am Front-End 179
	10.2.2 Komplett digitale Versicherer 180
	10.2.3 Innovation am Ende der Costumer Journey 181
	10.3 Das Kauferlebnis im Internet 182
	10.3.1 Veränderungen in der Customer Decision Journey 183
	10.3.2 Mehr Touchpoints schaffen 184
	10.3.3 Individualisierung des Angebots 185
	10.3.4 Neue Systeme zur Analyse der Customer Journey 186
	10.3.5 Schaffung von beeindruckenden Kundenerlebnissen 187
	10.3.6 Psychologie der Kundenbindung im Online-Business 188
	10.3.7 Loyale Kunden sind Multiplikatoren 189
	Literatur 190

11 Exzellenz im Einkaufsmanagement der Assekuranz 193
Michael Reich
- 11.1 Einleitung 193
  - 11.1.1 Von der Beschaffung zum Einkauf 193
  - 11.1.2 Megatrends im Procurement der Assekuranz 194
- 11.2 Herausforderungen im Procurement durch Maverick Buying 196
  - 11.2.1 Ursachen für Maverick Buying 196
  - 11.2.2 Auswirkungen und Möglichkeiten der Reduzierung von Maverick Buying 197
- 11.3 Performancefelder im Einkauf von Versicherungsunternehmen 200
- 11.4 Zusammenfassung und Ausblick 203
- Literatur 204

12 Kooperation als strategischer Hebel zur Transformation von Versicherungsunternehmen 205
Thorsten Schramm und Daniel Schulze Lammers
- 12.1 Eigenschaften von Kooperationen 206
  - 12.1.1 Kooperationen im Kontext strategischer Weiterentwicklung 206
  - 12.1.2 Definition und Formen der Kooperation 208
  - 12.1.3 Vor- und Nachteile von Kooperationen 209
- 12.2 Kooperationen in der Versicherungswirtschaft 210
  - 12.2.1 Existierende Kooperationen in der Versicherungswirtschaft 210
  - 12.2.2 Die herausfordernde Zusammenarbeit zwischen Versicherern und Dienstleistern 212
- 12.3 Anforderungen an Kooperationen als Instrument zur Transformation . . . 214
- 12.4 Fazit 216
- Literatur 217

13 Digitalisierung des Geschäftsmodells Versicherung – Potenziale von digitalen Assistance-Dienstleistungen 219
Florian Elert
- 13.1 Geschäftsmodell Versicherung 220
  - 13.1.1 Zum Begriff Geschäftsmodell 220
  - 13.1.2 Charakteristika des Geschäftsmodells Versicherung 222
- 13.2 Digitalisierung der Versicherungswirtschaft 224
  - 13.2.1 Zum Begriff Digitalisierung 224
  - 13.2.2 Digitalisierung der Versicherungswirtschaft – Status Quo 225
- 13.3 Potenziale von digitalen Assistance-Dienstleistungen für das Geschäftsmodell Versicherung 230
  - 13.3.1 Zum Begriff Assistance im Allgemeinem 230
  - 13.3.2 Erscheinungsformen und Nutzenpotenziale von digitalen Assistance-Dienstleistungen 232

　　　　13.3.3 Mögliche Implikationen für das Geschäftsmodell Versicherung . . 235
　　13.4 Fazit und Ausblick 239
　　Literatur 240

14　Versicherungsunternehmen im kognitiven Zeitalter 243
　　Sebastian Busch
　　14.1 Einleitung 243
　　14.2 KI in der Versicherungswirtschaft 244
　　　　14.2.1 Begrifflichkeit und Ursprung der KI 244
　　　　14.2.2 Heutige und zukünftige Einsatzgebiete der KI
　　　　　　　 innerhalb der Versicherungsbranche 245
　　　　14.2.3 Folgen und Hindernisse 253
　　　　14.2.4 Handlungsempfehlungen für Versicherer 258
　　14.3 Zusammenfassung 259
　　Literatur 260

15　Nutzenpotenziale der Blockchain-Technologie für die Assekuranz 261
　　Felix Fuchs und Michael Reich
　　15.1 Einleitung 261
　　15.2 Grundlagen zur Blockchain-Technologie 262
　　15.3 Nutzenpotenziale der Blockchain-Technologie für die Assekuranz . . . 265
　　　　15.3.1 Effizienteres Vertragswesen durch Smart Contracts 265
　　　　15.3.2 Neue Versicherungslösungen 267
　　　　15.3.3 Bekämpfung von Versicherungsbetrug 269
　　　　15.3.4 Blockchain als neue Art der Datenverarbeitung 271
　　　　15.3.5 Hoher Nutzen im Rechnungswesen 271
　　　　15.3.6 Recruiting mit Blockchain und künstlicher Intelligenz 272
　　15.4 Anwendungsbeispiel in der Schadenbearbeitung 273
　　15.5 Fazit und Ausblick 276
　　Literatur 277

**16　Transformation des Geschäftsmodells „Versicherung": Von der Tradition
　　in neue Welten** 279
　　Wigbert Tabarelli
　　16.1 Das Szenario eines digitalen Versicherungsmarktes 279
　　16.2 Die digitale Versicherung 282
　　16.3 Die neue digitale Transformation 283
　　　　16.3.1 Phase 1: Quick-Check Digitalisierung 285
　　　　16.3.2 Phase 2: KPA- oder Smartfield-Analyse 286
　　　　16.3.3 Phase 3: Strategien und Projektierung 288
　　　　16.3.4 Die Umsetzungsphasen 4 bis 6 288
　　16.4 Fazit und Ausblick 290

17 Die Revolution der Prozessautomatisierung bei Versicherungsunternehmen: Robotic Process Automation (RPA) 291
Michael Reich und Tim Braasch
- 17.1 Einleitung 291
  - 17.1.1 Intelligente Automatisierung 291
  - 17.1.2 Historie in der Datenverarbeitung von Versicherern 294
- 17.2 Prozessautomatisierung mit Robotern 294
  - 17.2.1 Begriffserklärung: Robotic Process Automation (RPA) 294
  - 17.2.2 Die Vorteile von Robotic Process Automation 296
  - 17.2.3 Voraussetzungen und Erfolgsfaktoren bei der Robotisierung ... 297
- 17.3 Erste Anwendungsfälle in der Assekuranz 297
  - 17.3.1 Zurich Versicherung 297
  - 17.3.2 Allianz 298
  - 17.3.3 Versicherungskammer Bayern 298
  - 17.3.4 Big Data und künstliche Intelligenz bei der Axa 299
  - 17.3.5 Fukoka Mutual Life Insurance 300
- 17.4 Ausblick – Robotics als Game Changer 300
  - 17.4.1 Trends bei Robotics-Start-ups 300
  - 17.4.2 Die Zukunft der Prozessautomatisierung 302
- Literatur 303

18 Strategische Datennutzung und Datenschutz 307
Jan Wicke und Kevin Püster
- 18.1 Daten im Kontext der Digitalisierung 307
- 18.2 Strategische Datennutzung und Datenschutz im Kontext der Digitalisierung in der deutschen Versicherungsbranche 309
  - 18.2.1 Technologische Grundlagen der strategischen Datennutzung ... 311
  - 18.2.2 Implikationen durch neue regulatorische Datenschutzanforderungen in der deutschen Versicherungsbranche 312
- 18.3 Chancen und Risiken zunehmender Datennutzung sowie regulatorischer Anforderungen für die Weiterentwicklung der Wertschöpfungskette von Versicherungsunternehmen 316
- 18.4 Kundenmehrwerte als zentrale Basis für die Realisierung der Chancen durch zunehmend datengetriebene Geschäftsmodelle 322
- Literatur 323

19 Erfolgsfaktoren vor dem Hintergrund stärkerer Effizienzsteigerung und Digitalisierung in der Gewerbeversicherung 325
Christopher Lohmann und Florian Knackstedt
- 19.1 Einleitung 325
  - 19.1.1 Digitalisierungstrends in der Assekuranz 326
  - 19.1.2 Strategische Herausforderungen im Markt für Gewerbekunden ... 331

19.2 Mögliche Hebel im Gewerbegeschäft 333
    19.2.1 Übergreifende Ansätze 333
    19.2.2 Segmentierung Gewerbeversicherung 335
    19.2.3 Prozessoptimierungsansätze zur Effizienzsteigerung 337
19.3 Erfolgsfaktoren im Gewerbesegment 341
19.4 Zusammenfassung und Ausblick 342
Literatur 343

20 Run-off im internationalen Sachgeschäft 345
Tim Braasch und Ina Kirchhof
20.1 Einleitung 345
    20.1.1 Strategische Herausforderungen 345
    20.1.2 Entstehung von Run-off 347
    20.1.3 Run-off im Aufsichtsrecht 348
20.2 Marktentwicklungen und Trends im internationalen Run-off-Geschäft .. 349
20.3 Aktives Run-off-Management 351
    20.3.1 Wertmanagement in der Assekuranz 351
    20.3.2 Motivationen zur Einleitung von Run-off 352
    20.3.3 Methoden des aktiven Run-off-Management 354
    20.3.4 Der Transaktionsprozess 355
20.4 Mögliche Entwicklungen von Run-off in der Assekuranz 358
20.5 Zusammenfassung 359
Literatur 360

Teil III Operatives Versicherungsmarketing

21 Kundenkommunikationsmanagement in der Versicherungswirtschaft ... 363
Moritz Cavigelli
21.1 Einleitung 363
    21.1.1 Definition des Kundenkommunikationsmanagements 364
21.2 Empirische Untersuchung 371
    21.2.1 Stichprobe 371
    21.2.2 Online-Verhalten 373
    21.2.3 Kommunikationsmerkmale 375
    21.2.4 Kontaktwege 376
    21.2.5 Kontaktwegewechsel 377
21.3 Handlungsempfehlungen 378
    21.3.1 Soziale Netzwerke 378
    21.3.2 Brief- und E-Mail-Kommunikation 381
    21.3.3 Self Service Portal 382
    21.3.4 Telefon-Service 383

	21.3.5 Persönlicher Kontaktweg (Face-to-Face)	383
	21.3.6 Synchronisation der Kontaktwege	384
21.4	Zusammenfassung	385
Literatur		385

22 Die sechs Stufen zur Digitalisierung des Kundendialogs im Versicherungswesen ... 389
Oliver Carlsen, Thomas Dietsch und Sascha Wollenberg

22.1	Der Kundendialog – eine aktuelle Herausforderung für Versicherer	389
	22.1.1 Der Kunde und seine Erwartungen	390
	22.1.2 Der Reiseplan – die Customer Journey Map	391
22.2	Die Methodik: Digitalisierung in sechs Stufen	392
22.3	Die sechs Stufen im Detail	393
22.4	Zusammenfassung und Ausblick:	399
Literatur		399

23 Customer Journey am Beispiel des Schadenprozesses in der Versicherungswirtschaft ... 401
Marcus Laakmann und Carsten Rahlf

23.1	Einleitung	401
	23.1.1 Entwicklung der Messung von Kundenzufriedenheit	402
	23.1.2 „Touchpoints" – Berührungspunkte mit dem Kunden	403
23.2	Digitalisierung und Customer Journey	405
23.3	Customer Journey Konzeptansatz	407
	23.3.1 Customer Journey Maps	407
	23.3.2 Herausforderungen für die Assekuranz	408
	23.3.3 Barrieren und Hindernisse	409
23.4	Fallstudie: Customer Claims Journey	413
	23.4.1 Ausgangssituation	413
	23.4.2 Methodisches Vorgehen im Projekt	413
	23.4.3 Ergebnisse des Customer Claims Journey	417
23.5	Zusammenfassung und Ausblick	419
Literatur		421

24 Personalisierte Links ersetzen Apps und Portale ... 423
Arne Barinka und Percy Wippler

24.1	Einleitung	423
	24.1.1 Die Gegenwart der Bequemlichkeit	423
	24.1.2 Services direkt und situativ unterbreiten	424
24.2	Technische Grundlagen	426
	24.2.1 Die WebApp der LinkedApp	426
	24.2.2 Der Link zur LinkedApp	428

24.3 Individuelles Marketing mit LinkedApps 431
    24.3.1 Direkte Kundenansprache 431
    24.3.2 Produktberatung und Abschluss 432
    24.3.3 Schadenmanagement 433
24.4 Zielgruppen-Marketing 433
    24.4.1 Mailing 434
    24.4.2 Das vermittlergesteuerte Direktgeschäft 434

25 Good bye Social Media, hallo Content Marketing 435
Bruno Kollhorst
25.1 Social Media in der Assekuranz – eine Bestandsaufnahme 435
25.2 Vom medienzentrierten zum kundenzentrierten
    Kommunikationsmodell – der Paradigmenwechsel 437
25.3 Was ist Content Marketing? 438
25.4 Ziele von Content Marketing 439
25.5 Arten und Beschaffenheit von Content 440
25.6 Von der Planung zur Erfolgskontrolle – Der Content Marketing-Prozess . 442
    25.6.1 Content Sammeln 444
    25.6.2 Content Planen 447
    25.6.3 Content Erstellen 449
    25.6.4 Content Ausspielen und Vermarkten 451
    25.6.5 Dialog führen 453
    25.6.6 Erfolgskontrolle im Content Marketing 454
25.7 Fazit 455
Literatur 456

26 Versicherung 2.0 – Marketing und Kommunikation im Social Media-Zeitalter 457
Uwe Schumacher
26.1 Einleitung 457
26.2 Kommunikation 2.0 und Marketing 2.0 für Unternehmen 459
    26.2.1 Grundlagen, Instrumente und Einsatzmöglichkeiten 459
    26.2.2 Online Marketing (SEO, SEM) bei der Verti AG 460
    26.2.3 Online Reputationsmanagement 463
26.3 Social Media-Strategie und (Online-)PR 466
    26.3.1 Beispiele Web2.0-Instrumente (Corporate Blog,
        Social Media-Kanäle) bei der Verti AG 467
    26.3.2 Verzahnung von Online-PR und Web2.0-Instrumenten ... 467
26.4 Fazit 469
Literatur 469

27 Kopf und Herz. Wirkungsvolles Dialogmarketing im 21. Jahrhundert ... 471
Per-Johan Horgby und Christian Seidel
- 27.1 Bestes Marketing aus Hannover? ... 472
  - 27.1.1 Die Auszeichnung ... 472
  - 27.1.2 Die Aufgabe ... 472
- 27.2 Strategischer Rahmen ... 472
  - 27.2.1 Der Verkaufsprozess ... 472
  - 27.2.2 Der Stellhebel ... 473
  - 27.2.3 Das Konzept ... 474
- 27.3 Erfolgsfaktoren des Dialogmarketings ... 475
  - 27.3.1 Der Dialog ... 475
  - 27.3.2 Die Innovation ... 479
- 27.4 Zwei Fallbeispiele ... 481
- 27.5 Messung der Wirksamkeit ... 482
- 27.6 Fazit ... 484

28 Reduktion der Produktkomplexität am Beispiel der Kompositversicherung ... 485
Michael Reich und Franziska Höhn
- 28.1 Einführung ... 485
  - 28.1.1 Produktkomplexität in der Versicherung ... 487
  - 28.1.2 Charakteristika von Kompositprodukten ... 489
- 28.2 Möglichkeiten und Ansätze zur Reduktion von Produktkomplexität ... 490
  - 28.2.1 Vorüberlegungen ... 490
  - 28.2.2 Relevanz und Auswirkungen von Produktkomplexität ... 490
  - 28.2.3 Möglichkeiten zur Harmonisierung von Bestandsgenerationen ... 493
  - 28.2.4 Ansätze zur Reduktion von Produktvarianten ... 496
  - 28.2.5 Investitionen und Verantwortlichkeiten ... 498
  - 28.2.6 Auswirkungen und Amortisation von Komplexitätsreduktion auf die Wertschöpfungskette ... 499
  - 28.2.7 Umsetzung von Komplexitätsreduktionen in den Unternehmen ... 501
- 28.3 Schlussbetrachtung und Ausblick ... 502
- Literatur ... 504

29 Lean Six Sigma in Versicherungen ... 505
Sebastian Maurus
- 29.1 Einleitung ... 505
  - 29.1.1 Entstehung und Entwicklung von Lean Management und Six Sigma ... 505
  - 29.1.2 Qualitätsorientierte Veränderungsprozesse in der deutschen Versicherungsbranche ... 507

29.2 Grundlagen zu Lean Management und Six Sigma 510
    29.2.1 Konzept Lean Management 510
    29.2.2 Konzept Six Sigma 516
29.3 Kombination der Konzepte zu Lean Six Sigma 520
    29.3.1 Zusammenwirkung von Lean Management und Six Sigma-Methoden 520
    29.3.2 Herausforderungen bei der Zusammenführung zu Lean Six Sigma 522
    29.3.3 Zwischenfazit 524
29.4 Einführung von Lean Six Sigma im Unternehmen 524
    29.4.1 Konzeptionelle Grundlagen bei der Implementierung 524
    29.4.2 Personalentwicklungskonzepte 527
29.5 Kritische Erfolgsfaktoren bei qualitätsorientierten Verbesserungsprozessen in der Versicherung 530
29.6 Zusammenfassung und Ausblick 530
Literatur 531

30 Einsatz von Lean Management bei einem internen IT-Dienstleister eines Versicherungskonzerns 533
Mario Krause und Janina Tarnowski

30.1 Einleitung 533
    30.1.1 Ausgangssituation und Herausforderungen 533
    30.1.2 Motivation zum Einsatz von Lean Management 535
30.2 Lean Management beim IT-Dienstleister 536
    30.2.1 Vorgehensweise bei der Einführung 536
    30.2.2 Nachhaltigkeit 541
    30.2.3 Lean Leadership 542
30.3 Erfolgsfaktoren für die nachhaltige Verankerung von Lean Management 544
    30.3.1 Commitment des Top-Managements schafft Freiraum für bottom-up Initiative 545
    30.3.2 Integriertes Lean Management System 546
    30.3.3 Vernetzung im Unternehmen 547
30.4 Zusammenfassung und Ausblick 548
Literatur 550

31 Prozessmanagement: Optimierung des Kernprozesses Kraftfahrt durch Digitalisierung 551
Adrian Wepner

31.1 Aktuelle und zukünftige Notwendigkeit für Prozessmanagement in Versicherungsunternehmen 551
31.2 Methoden des Prozessmanagements 553

31.3 Prozessmanagement als notwendige Voraussetzung
für digitale Geschäftsmodelle 555
    31.3.1 Kundenprozesse 555
    31.3.2 Wertschöpfungskette 556
    31.3.3 Angewandtes Prozessmanagement 557
31.4 Prozessmanagement als Hebel zur Digitalisierung und Profitabilisierung
der Sparte Kfz 558
    31.4.1 Ausgangssituation 558
    31.4.2 Initialisierung und Alignment 561
    31.4.3 Konzeption und Umsetzung 563
    31.4.4 Einführung und Abschluss 566
31.5 Zusammenfassung und Ausblick 570
Literatur 571

32 Makleranbindung 573
Ralph Elfgen und Bartholomäus Krzoska
32.1 Makleranbindung als Herausforderung der Versicherungswirtschaft ... 573
32.2 Digitalisierung Maklergeschäft – Ein Dauerbrenner 575
32.3 Status der Normierung und Standardisierung von Prozessen 577
    32.3.1 E-Normen des GDV 578
    32.3.2 BiPro-Normen 579
    32.3.3 Single-Sign-On (SSO) 580
32.4 Intermediäre der technischen Makleranbindung 582
32.5 Anforderungen der Vertriebspartner 583
32.6 Digitalisierungsansätze und Lösungsbeispiele 586
    32.6.1 Digitalisierung des Tarifierungs-, Angebots-
    und Antragsprozesses 586
    32.6.2 Digitalisierung Bestandsdatenübertragung
    und Bestandsauskunft 587
    32.6.3 Digitalisierung Dokumentenaustauch (Maklerpost) 588
    32.6.4 Authentifizierungsverfahren 589
32.7 State of the Art-Prozess der Makleranbindung 590
32.8 Ausblick 592
Literatur 592

33 Innovativer Einkauf in Versicherungen 595
Katrin Peitz und Philipp Breckoff
33.1 Einleitung 595
33.2 Einkaufsstrategie 597
33.3 Einkaufsorganisation 599
33.4 Strategischer Einkauf und Einkaufscontrolling 601
    33.4.1 Einkaufscontrolling und Sachkostenmanagement 601

33.4.2 Professionalisierte Beschaffungsverfahren 604
33.4.3 Abgrenzung zu Einkauf 4.0 605
33.4.4 Risikomanagement und Compliance 605
33.5 Operativer Einkauf 606
33.6 Herausforderungen bei der Umsetzung 609
33.7 Ausblick 611
Literatur 613

34 Werkstattmanagement – Schadensteuerung im Spannungsfeld zwischen Kunde und Versicherung 615
Wolfgang Breuer und Katharina Zimmermann
34.1 Einleitung 615
34.2 Bedeutung der Kfz-Branche für den deutschen Versicherungsmarkt . . . 616
34.3 Hintergründe und Entwicklung des Werkstattmanagements 617
34.4 Nutzen des Werkstattmanagements für Versicherungsunternehmen und ihre Kunden 619
34.5 Strategische Aspekte der Modellauswahl 620
34.6 Optimierung des bestehenden Netzes und Erhöhung der Steuerungsquoten 622
34.7 Fazit und Ausblick 623
Literatur 624

Teil IV Versicherungsmarketing-Implementierung, -Controlling und -Techniken

35 Frühwarnung im Kundenbindungsmanagement von Versicherungen . . . 627
Michael Reich und Tobias Blodau
35.1 Einleitung 627
35.2 Notwendigkeit neuer Frühwarnsysteme 630
   35.2.1 Zentrale Herausforderungen für Versicherungsunternehmen 630
   35.2.2 Kundenbindungsmanagement als Reaktion auf die Herausforderungen 633
   35.2.3 Implikationen für innovative Frühwarnsysteme im Kundenbindungsmanagement von Versicherungen 635
35.3 Kundenwert als Frühwarnindikator 635
   35.3.1 Ausgangslage 635
   35.3.2 Konzeptansatz für Frühwarnsysteme 637
35.4 Fazit und Implikationen für das Management 644
Literatur 645

36 Workforce Management als zentraler Baustein in einem modernen Versicherungsbetrieb zur Optimierung der Kundenschnittstelle 647
Bernd Mader
- 36.1 Was ist Workforce Management in einem Versicherungsbetrieb? 647
  - 36.1.1 Definition, Ziele, Bedeutung für das Versicherungsunternehmen . 647
  - 36.1.2 Zyklus des Workforce Managements 649
  - 36.1.3 Wesentliche Elemente eines modernen Workforce Managementsystems 650
- 36.2 Was hat Workforce Management mit dem Kunden zu tun? 651
  - 36.2.1 Klassische Medien werden durch neue ersetzt 651
  - 36.2.2 Wo hilft professionelles Workforce Management dem Kunden? . 651
  - 36.2.3 Kundenanforderungen ganzheitlich betrachten 652
- 36.3 Welche Trends gibt es im Workforce Management 652
  - 36.3.1 Änderungen im Zeitalter der Digitalisierung 652
  - 36.3.2 Erhöhte Anforderungen an Operationsabteilungen von Digitalen Versicherungsunternehmen 653
  - 36.3.3 Big Data – Technologien im Workforce Management 655
  - 36.3.4 Personalbedarfsprognosen 655
  - 36.3.5 Personalbedarfsprognose bei einer Schaden-/Unfallversicherung . 656

Autorenverzeichnis

Barinka, Arne Dr. *Arne Barinka*, Dr. rer. nat., studierte Mathematik und Phsyik an der Rheinisch Westfälischen Technischen Hochschule Aachen (RWTH) und an der Università degli Studi die Peruga (It.). Er promovierte in Mathematik an der RWTH. Nach Stationen bei ERGO und Talanx ist er seit 2016 Mitglied der Vorstände in der IDEAL Gruppe. Er verantwortet dort die Betriebsorganisation, den telefonischen Kundenservice, das In- und Output Management sowie die Funktionen Antrag, Vertrag und Leistung bzw. Schaden.

Beenken, Matthias Prof. Dr. *Matthias Beenken* lehrt seit 2010 Versicherungswirtschaft an der Fachhochschule Dortmund. Der gelernte Versicherungskaufmann verfügt über eine mehr als 30-jährige Berufserfahrung im Versicherungs- und im Verlagsgewerbe, u.a. als angestellte und selbstständige Führungskraft im Vertrieb, Verlagsleiter und Chefredakteur. Im berufsbegleitenden Fernstudium erwarb er Abschlüsse als Diplom-Betriebswirt (FH) und Diplom-Kaufmann. An der Universität Köln wurde Beenken 2010 mit einer Arbeit zum Markt der Versicherungsvermittlung unter veränderten rechtlichen Rahmenbedingungen zum Dr. rer. pol. promoviert. In der akademischen Lehre ist er bereits seit 2001 tätig, u.a. als Lehrbeauftragter der TH Köln. Schwerpunkt von Lehre, Forschung und Publikationen ist der Wandel des Versicherungsvertriebs und des Versicherungsmarketings durch Regulierung und veränderte Marktverhältnisse.

Blodau, Tobias *Tobias Blodau* studierte Wirtschaftsmathematik mit Schwerpunkt Versicherungen an der Universität Hamburg. Er war im Controlling großer und mittelständischer Versicherungsunternehmen tätig, seit 2000 in leitender Funktion. Er setzte dabei insbesondere Schwerpunkte im Kostenmanagement, der wertorientierten Steuerung und dem Risikomanagement von Versicherungsunternehmen. Heute ist er Leiter der Unternehmensplanung und der Risikocontrollingfunktion der HanseMerkur Versicherungsgruppe in Hamburg.

Braasch, Tim *Tim Braasch* studierte Wirtschaftsinformatik an der Fachhochschule Wedel. Er ist Geschäftsführender Gesellschafter der 67rockwell Consulting GmbH und verantwortet dort die Bereiche Unternehmensstrategie, Marketing und Vertrieb. Seit 1993 berät er führende nationale und internationale Versicherungen und Banken in Deutschland und Europa in Fragestellungen der Strategie- und IT-Strategieentwicklung, operativer Effizienzsteigerung, Sanierungen und Restrukturierungen sowie Post-Merger-Integration.

Breckoff, Philipp *Philipp Breckoff* ist Abteilungsleiter Konzerneinkauf bei der Provinzial Nordwest in Münster. Nach dem rechtswissenschaftlichen Studium an der Ruprecht-Karls-Universität Heidelberg und dem Referendariat in Düsseldorf folgte der Berufseinstieg in juristischer Funktion bei der Westfälischen Provinzial Versicherung AG. Ein Schwerpunkt der weiteren Arbeitsfelder war seitdem die Projektleitung im Bereich der Digitalisierung, Prozessautomatisierung und Zentralisierung. Seit dem Jahr 2016 verantwortet Herr Breckoff den Konzerneinkauf an den Standorten Münster, Kiel und Hamburg.

Breuer, Wolfgang Dr. *Wolfgang Breuer* ist seit 2015 Vorstandsvorsitzender der Provinzial NordWest Holding mit Sitz in Münster sowie Vorstandsvorsitzender der Konzerngesellschaften Westfälische Provinzial Versicherung, Provinzial Nord Brandkasse, der Provinzial NordWest Lebensversicherung und der Hamburger Feuerkasse als älteste aktive Versicherung der Welt. Darüber hinaus ist er stellvertretender Vorsitzender des Verwaltungsrats des Verbandes der Öffentlichen Versicherer, die gemessen an der Kundenzahl mit über 30 Millionen Kunden die größte Versicherungsgruppe in Deutschland sind, sowie Mitglied in etlichen Gremien der deutschen Assekuranz.Dr. Wolfgang Breuer war davor seit 2002 im Holdingvorstand des Gerling-Konzerns und Vorsitzender der weltweiten Schaden-/Unfallversicherungsgruppe, ab 2006 im Holdingvorstand der HDI-Gerling Gruppe und Vorsitzender der deutschen Firmen- und Privatkundengruppe. Ab 2006 verantwortete Dr. Breuer im Gesamtvorstand der W&W-Gruppe, der größten privaten Allfinanzgruppe in Deutschland, das Schaden/Unfallversicherungsgeschäft sowie den Makler- und Bankenvertrieb im Versicherungsbereich.Dr. Breuer hat Betriebswirtschaftslehre mit den Schwerpunkten Revisions- und Treuhandwesen, Steuerlehre und Informatik an der Universität Köln studiert, war danach dort wissenschaftlicher Mitarbeiter im volkswirtschaftlichen Bereich am Institut für Verkehrswissenschaften und hat zu Themen aus dem Rettungs- und Gesundheitswesen promoviert.

Busch, Sebastian *Sebastian Busch*, Bachelor of Arts (Business Administration), Master of Science (Corporate Management), studierte an der Wirtschaftsakademie Schleswig-Holstein und BiTS Hamburg. Seine Masterarbeit schrieb er als Werkstudent der 67Consulting GmbH über die Einsatzmöglichkeiten von künstlicher Intelligenz in der Versicherungsbranche. Er ist heute angestellter Consultant bei der 67rockwell Consulting GmbH. Zuvor war er im Rahmen seines dualen Bachelorstudiums bei der Provinzial Nord Brandkasse AG im Vertrieb tätig.

Carlsen, Oliver *Oliver Carlsen* studierte Betriebswirtschaftslehre in Lübeck. Er ist Vorsitzender der Geschäftsführung von Arvato CRM Solutions Deutschland. Sein Fokus liegt neben der Strategieentwicklung und dem Ausbau des klassischen Kundenservice auf der Weiterentwicklung und digitalen Transformation der Kundenkommunikation. Carlsen ist seit 1999 in verschiedenen Management-Positionen bei Arvato CRM Solutions tätig und verfügt über eine fast 20-jährige Erfahrung im Customer Relationship Management.

Cavigelli, Moritz *Moritz Cavigelli*, B.Sc. und M.Sc., studierte Wirtschaftspsychologie an der Leuphana Universität Lüneburg und Betriebswirtschaft mit den Schwerpunkten Marketing und Finanzen an der Universität Hamburg. Der gelernte Versicherungskaufmann hat mehrjährige Erfahrung in unterschiedlichsten Branchen im Bereich Marketing und Projektmanagement, unter anderem bei Advocard Rechtsschutzversicherung AG und Itzehoer Versicherungen, gesammelt. Derzeit arbeitet er als Verantwortlicher im Marketing bei der Bremer Philharmoniker GmbH.

Dietsch, Thomas *Thomas Dietsch* studierte Politikwissenschaft mit dem Schwerpunkt Beratung und Vermittlung an der Freien Universität Berlin. Er vertritt Arvato CRM Solutions seit mehr als 10 Jahren in der Versicherungsbranche als Leiter Vertrieb & Business Development Versicherungen. Gemeinsam mit seinem Team treibt er den Ausbau und die Weiterentwicklung der Kundenbeziehungen, der digitalen Transformation sowie der Entwicklung neuer Geschäftsmodelle und Branchenplattformen für die Versicherungsbranche voran. Zusätzlich ist Thomas Dietsch globaler Koordinator für die Banken- und Versicherungsbranche von Arvato CRM Solutions.

Dorka, Michael Dr. *Michael Dorka*, Dr. rer. pol., studierte im Rahmen eines interdisziplinären Programmes Betriebswirtschaftslehre an der Universität Hamburg. Seine akademische Ausbildung schloss er im Sommer 2012 mit einer Promotion zum Versicherungsmarketing (Bancassurance) an der Universität Hamburg ab. Er verfügt über jahrelange Erfahrung als Führungskraft in verschiedenen Positionen des Vertriebes der Versicherungsbranche und als Unternehmensberater mit dem Branchenschwerpunkt Versicherungswirtschaft. Seit 2013 ist er CEO bei den Gesellschaften der Lifecard-Travel-Assistance in Deutschland, Österreich und den Niederlanden.

Elert, Florian Prof. Dr. *Florian Elert* studierte Betriebswirtschaft u.a. mit der Spezialisierung Versicherungswissenschaften an der Universität zu Köln. An der Universität Leipzig promovierte er an der Professur für Versicherungsbetriebslehre zum Thema „Unternehmenswertorientierte Ausgestaltung der Geschäftsprozesse im Kompositversicherungsunternehmen". Zusätzlich zu seiner Tätigkeit als Führungskraft in einem Versicherungsunternehmen verantwortet Prof. Dr. Elert die Professur für Versicherungsmanagement an der HSBA Hamburg School of Business Administration. Zu seinen Forschungsschwerpunkten gehören die Themen Digitalisierung des Geschäftsmodells Versicherung und Geschäftsmodellinnovationen für Versicherungsunternehmen.

Elfgen, Ralph Dr. *Ralph Elfgen*, Dr. rer pol. und Dipl.-Kfm., studierte Betriebswirtschaftslehre an der Universität zu Köln. Er ist seither im Versicherungsumfeld tätig und verfügt über umfangreiche Erfahrungen im Consulting für Unternehmen verschiedenster

Branchen mit den Schwerpunkten Strategieentwicklung, Restrukturierung, Organisationsentwicklung und Managementsysteme. Er blickt zudem auf eine langjährige Führungstätigkeit in der Linie von Versicherungsunternehmen zurück. Ein Schwerpunkt seiner Projekte der letzten Jahre war die Entwicklung von Wachstumsstrategien für das Maklergeschäft von TOP 10 Kompositversicherern mit besonderem Fokus auf die Digitalisierung des Geschäftsmodells.

Fuchs, Felix *Felix Fuchs* studierte Betriebswirtschaftslehre an der Universität Leipzig und der Tongji University Shanghai. Seinen Master of Science legte er im Institut für Versicherungslehre unter Prof. Dr. Fred Wagner ab. Er ist Consultant bei der 67rockwell Consulting GmbH. Seine Beratungsschwerpunkte sind Vertriebsmanagement und Effizienzsteigerungen in der Assekuranz.

Gal, Jens Prof. Dr. *Jens Gal*, Maître en droit (Lyon 2), ist Hochschullehrer für Versicherungsrecht mit einem Schwerpunkt im Versicherungsaufsichtsrecht an der Goethe Universität in Frankfurt am Main. Zu seinen Forschungsschwerpunkten gehört außer dem Versicherungsrecht, das Schiedsverfahrensrecht und das Internationale Privatrecht, wobei seine besondere Aufmerksamkeit der Reform des europäischen Versicherungsaufsichtsrechtsrahmens gilt. Er ist auch Sekretär der deutschen Sektion der Association International de Droit des Assurances (AIDA).

Höhn, Franziska *Franziska Höhn*, M.Sc., studierte Betriebswirtschaft an der Universität Leipzig, und an der Toulouse Business School (Frankreich) mit den Schwerpunkten Banken und Versicherungen. Während ihres Studiums war Franziska Höhn als Studentische Hilfskraft am Institut für Versicherungswirtschaft in Leipzig sowie nachfolgend als Business Analyst bei der 67rockwell Consulting GmbH. Heute arbeitet Franziska Höhn als Manager für die 67rockwell Consulting GmbH im Bereich Versicherungswirtschaft in Hamburg.

Horgby, Per-Johan Dr. *Per-Johan Horgby* ist Vorstandsmitglied für Marketing und Versicherungstechnik der VHV Allgemeine AG. Als Verantwortlicher für Marketing der VHV Gruppe hat er neben den Testimonial-Kampagnen mit Dieter Bohlen und Til Schweiger, auch die über 10 Jahre lang geschaltete Kampagne mit Anke Engelke für die Hannoversche Leben entwickelt. Die Werbung mit Anke wurde 2008 mit dem Deutschen Preis für Wirtschaftskommunikation ausgezeichnet. Herr Horgby hat über 30 wissenschaftliche Publikationen veröffentlicht.

Kirchhof, Ina *Ina Kirchhof* ist seit September 2016 Vorstandsvorsitzende der Athene Lebensversicherung AG. Zuletzt war sie von 2009 bis 2015 bei der ERGO Versicherungsgruppe in Düsseldorf tätig. Dort war sie Chief Operating Officer (COO) und Geschäftsführerin der ERGO IT-Gesellschaft ITERGO. Zuvor arbeitete sie 23 Jahre in verschiedenen Positionen für Accenture in Deutschland, unter anderem als Lead Partner der Versicherungspraxis. Darüber hinaus war sie bei Accenture Mitglied des European Partner Sounding Boards. Frau Kirchhof ist Mitgründerin der deutschen Organisation von Executive Women International (EWI). Sie besitzt einen Master of Business Economics der Universitäten Braunschweig und Hannover und ist stellvertretende Vorsitzende des Rates der Fachhochschule Düsseldorf.

Knackstedt, Florian *Florian Knackstedt*, Versicherungsbetriebswirt (DVA), ist Leiter des Geschäftsfeldes Gewerbe in der Gothaer Allgemeine Versicherung AG und zum 01.06.2017 in den Aufsichtsrat der Gothaer Allgemeine Versicherung AG berufen worden. Er verantwortete in früheren Funktionen das internationale Sach- und Haftpflichtgeschäft sowie das Produktmanagement für spartenübergreifende Zielgruppenprodukte. Ferner war als Projektleiter eines großen Strategie- und IT-Projektes für die Neuausrichtung des Gewerbegeschäftes tätig und konnte auch dort seine langjährigen Erfahrungen im Firmen- und Industriekundengeschäft einbringen.

Kollhorst, Bruno *Bruno Kollhorst* ist Leiter Content & HR Marketing bei der Techniker Krankenkasse. Der Marketingfachkaufmann ist dort bereits seit 15 Jahren in verschiedenen Führungspositionen im digitalen Marketing eingesetzt und hat dazwischen das Kooperationsmarketing betreut. Kollhorst ist im Programmbeirat des „Digital Excellence Circle", im Prüfungsbeirat für das Qualitätszertifikat Social Media beim BVDW und als Dozent für Social Media und Community-Management bei OnCampus (FH Lübeck) engagiert. Der Medienexperte ist auch als freier Autor und Berater unterwegs.

Krause, Mario *Mario Krause*, Dipl.-Ing., studierte Feinwerktechnik in Berlin. Bis 2008 arbeitete Mario Krause u. a. in leitenden Positionen bei verschiedenen IT-Dienstleistern. 2008 folgte der Wechsel zur Talanx und 2011 wurde er in den Vorstand der Talanx Systeme AG berufen. Seit 2017 ist er Vorsitzender des Vorstands der Talanx Systeme AG, des IT-Dienstleisters der Talanx Versicherungsgruppe. In dieser Funktion hat er die Gesamtverantwortung für den Betrieb der Infrastruktur sowie die Bereitstellung der Anwendungen für die Versicherungsleistungen. Kunden sind HDI Global SE, die Talanx Deutschland sowie weitere Konzerntöchter.

Krzoska, Bartholomäus *Bartholomäus Krzoska*, B.Sc., studierte Allgemeine Ingenieurswissenschaften mit Vertiefung ins International Production Management an der Technischen Universität Hamburg Harburg. Seit 2013 bei 67rockwell Consulting GmbH als Business Analyst tätig und seit 2016 in der Position des Associate Consultants. Zuvor war er neben dem Studium drei Jahre bei Testsieger Portal AG als Produktentwickler tätig. Er verfügt über langjährige Erfahrungen als Analyst mit dem Schwerpunkt Datenanalyse-, und Datenstrukturierung, Risikomanagement in Supply Chains sowie Projekt-, und Prozessmanagement. Neben seiner beruflichen Tätigkeit nimmt Herr Krzoska an Symposien und Ringvorlesungen zur praktischen und theoretischen Philosophie teil.

Laakmann, Marcus *Marcus Laakmann*, Dipl.-Kfm., studierte Betriebswirtschaftslehre an der Universität Hamburg. Er ist Geschäftsführender Gesellschafter der 67rockwell Consulting GmbH und verantwortet dort die Bereiche Unternehmensstrategie, Themenentwicklung und Vertrieb. Er ist seit 2004 als Strategieberater tätig und berät die führenden Versicherungsunternehmen Deutschlands in Fragestellungen der Unternehmensstrategie, der Kundenorientierung sowie Post-Merger Integration und Organisationsentwicklung.

Lietz, Tim *Tim Lietz*, M.Sc., studierte Betriebswirtschaftslehre an der Universität Hamburg und der Karluniversität in Prag. Er ist als Senior Consultant der 67rockwell Consulting GmbH tätig und u.a. zuständig für die Themen Innovation und InsurTechs. Zuvor war er bei der Aequitas AG, Lufthansa Technik AG und der tesa SE beschäftigt. Er verfügt über mehrjährige Erfahrungen als Strategieberater mit den Schwerpunktthemen Effizienzsteigerung, Programm-, Innovations- und Schadenmanagement. Außerdem fungiert er als Marktexperte InsurTech und Innovation Labs und tritt in dieser Rolle als Gastdozent an der Northern Business School Hamburg auf.

Lohmann, Christopher Dr. *Christopher Lohmann*, Dr. rer pol. und Dipl.-Kaufmann, studierte Betriebswirtschaft an der Universität Würzburg und promovierte an der Universität Freiburg. Er ist Vorstandvorsitzender der Gothaer Allgemeine Versicherung AG und Mitglied des Vorstandes der Gothaer Versicherungsbank VVaG, sowie der Gothaer Finanzholding AG. Zudem überwacht er als Aufsichtsratsvorsitzender der Tochtergesellschaften Gothaer Towarzystwo Ubezpieczeń Spółka Akcyjna in Polen und S.C. Gothaer Asigurari Reasigurari S.A. in Rumänien die Auslandsaktivitäten des Gothaer Konzern. Vor seinem Eintritt in den Gothaer Konzern war Hr. Dr. Lohmann von 1999 bis Anfang 2017 bei der Allianz Gruppe in den Funktionen Controlling, Aktuariat, Schaden und Vertrieb tätig.

Lohse, Ute Dr. *Ute Lohse*, Dr. rer. pol. und Dipl.-Ök., studierte Wirtschaftswissenschaften an der Leibniz Universität Hannover mit den Studienschwerpunkten Versicherungsbetriebslehre, Wirtschaftsprüfung und Treuhandwesen sowie Wirtschaftsinformatik. Nach dem Studium war sie wissenschaftliche Mitarbeiterin am Institut für Versicherungsbetriebslehre der Leibniz Universität Hannover. Ihr Promotionsthema lautet „Business Excellence in Versicherungsunternehmen". Am genannten Institut ist sie Forschungsleiterin für den versicherungswissenschaftlichen Bereich. Neben der Lehre und Projektführung übernimmt sie auch die Redaktionsassistenz der „Zeitschrift für die gesamte Versicherungswissenschaft".

Mader, Bernd *Bernd Mader* ist ausgebildeter Bankkaufmann. Er hat zusätzlich eine IT-Ausbildung als Organisationsprogrammierer absolviert und arbeitete mehrere Jahre in der Softwareentwicklung bei der Bausparkasse Wüstenrot. Für die Württembergische Versicherung leitete B. Mader mehrere Jahre den Kunden- und Vermittlerservice in der Sachversicherung. Heute leitet er die operative Abwicklung bei der Württembergischen

Lebensversicherung AG im dortigen Kunden- und Vermittlerservice. Er verfügt über langjährige Erfahrungen in den Themen Effizienzsteigerung, Organisationsentwicklung und Serviceoptimierungen.

Mangei, Tobias *Tobias Mangei* studierte Verwaltungswissenschaften an der Fachhochschule Ludwigsburg und Wirtschaftsinformatik an der Dualen Hochschule Baden-Württemberg. Er war in verschiedenen Positionen bei Unternehmen der Finanzdienstleistungsindustrie beschäftigt. Seit 2004 ist er Berater bei der ConVista Consulting AG mit dem Branchenschwerpunkt Versicherungswirtschaft. Als Associate Partner berät er seine Kunden bei der Operationalisierung von Geschäftsstrategien und die Prozessoptimierung via Softwareintegration.

Maurus, Sebastian *Sebastian Maurus*, Dipl.-Wi.-Ing., ist Experte für operative Exzellenz, Veränderungsprozesse und Führungskräftecoaching. Als Gründer und Geschäftsführer von TippingPoint Consulting GmbH ist er verantwortlich für die Weiterentwicklung von Methoden zur kontinuierlichen Verbesserung auf Basis von Lean, Six Sigma und Agile. Sein Fokus liegt dabei zum einen auf der Übertragung bewährter Lösungen aus dem Produktionsumfeld auf Service-, Administrations- und Entwicklungseinheiten, zum anderen auf dem Einfluss der unternehmensspezifischen und kulturellen Rahmenbedingungen für die Nachhaltigkeit der Umsetzung. Nach seinem Studium des Wirtschaftsingenieurwesens an der Universität Hamburg und TU Harburg war er lange Jahre als Unternehmensberater für McKinsey & Company tätig.

Nießen, Ulrich C. *Ulrich C. Nießen* ist Rechtsanwalt in Bonn. Nach dem Referendariat u.a. in Los Angeles, New York und am Hanseatischen OLG und dem 2. Staatsexamen begann er 1993 als Syndikus und ab 1997 als Chefsyndikus im Konzern der LURGI AG, Frankfurt/M. 1999 wechselte er als Chefsyndikus zur AXA Konzern AG, Köln, und wurde mit 41 Vorstand und Arbeitsdirektor der AXA Konzern AG (2006–2012), später wechselte er zur GENERALI Deutschland AG, München, wo er ebenfalls zum Personalvorstand und Arbeitsdirektor bestellt war (2015–2017). Er war Aufsichtsratsvorsitzender verschiedener Gesellschaften, u.a. der Advocard, ferner Vorstandsmitglied in der BDA und des AGV.

Oster, Oliver *Oliver Oster* ist Chief Operating Officer und Gründer von OptioPay. Als Rechtsanwalt ist Oliver Oster auf Restructuring, den Bankensektor und Unternehmensrecht spezialisiert. Oster leitete zuvor die Feedback Fabrik sowie ein Unternehmen für Importe aus dem asiatischen Raum. Er entschied sich mit seinem Kindheitsfreund Marcus Börner ein gemeinsames Unternehmen aufzubauen. Die Leidenschaft für Teamarbeit und seine Erfahrungen im Bereich Unternehmensrecht bereiteten ihn auf die Arbeit in dem FinTech Unternehmen vor. Oliver Oster ist als Business Angel selbst in 12 Unternehmen aus dem Bereich InsurTech und FinTech investiert.

Peitz, Katrin Dr. *Katrin Peitz* ist Hauptabteilungsleiterin bei der Provinzial Nordwest in Münster. Nach dem Studium und Promotion der Rechtswissenschaften begann sie ihre berufliche Laufbahn als persönliche Referentin des Dekans der Rechtswissenschaftlichen Fakultät der WWU Münster. 2002 wechselte sie als Vorstandsassistentin zu der Westfälischen Provinzial Versicherung AG. Zeitgleich absolvierte sie die Ausbildung zur Versicherungsfachfrau (BWV). Seit 2004 war Frau Dr. Peitz in verschiedenen Bereichen (Vertrieb, Recht- und Außenrevision, Servicecenter, Großschaden) als Abteilungsleiterin tätig. Seit 2014 ist Frau Dr. Peitz Hauptabteilungsleiterin, zunächst für den Bereich der Konzernverwaltung am Standort Münster, seit 2016 zusätzlich auch für die Standorte Kiel und Hamburg.

Püster, Kevin *Kevin Püster* unterstützt Herrn Dr. Jan Wicke seit Anfang 2017 bei der strategischen Unternehmensentwicklung. Diese Funktion umfasst insbesondere die Themen Strategie, Digitalisierung sowie Kommunikation. Hierbei verantwortet er das Innovationsmanagement innerhalb der Talanx Deutschland AG.

Herr Püster absolvierte ein duales Studium der Betriebswirtschaftslehre an der Fachhochschule für die Wirtschaft Hannover. Sein Master-Studium „Strategie & Internationale Wirtschaft" schloss er Ende 2015 an der Aston University in Birmingham (UK) ab.

Rahlf, Carsten Dr. *Carsten Rahlf*, Dr. oec. HSG, studierte Betriebswirtschaftslehre an den Universitäten Hamburg, St. Gallen und NTU Singapur sowie Computer Science an der TU Posen. Er ist Leiter des Kunden- und Vertriebsservice der ERGO Group in Köln. Zuvor war er u.a. Leiter Operations Consulting der ERGO Versicherungsgruppe sowie bei Bain & Company, Deutsche Bank und Angermann M&A tätig. Er hat mehrere Start-ups gegründet und geführt. Er verfügt über langjährige Erfahrungen in strategischen und operativen Fragestellungen mit den Schwerpunktthemen Digitalisierung, Effizienzsteigerung und Vertrieb. Daneben nimmt Dr. Rahlf eine Dozententätigkeit an der Steinbeis Hochschule Berlin wahr.

Reich, Michael Dr. *Michael Reich*, Dr. rer pol. und Dipl.-Wi.-Ing., studierte Wirtschaftsingenieurswesen an der Universität Hamburg und TU Harburg. Er ist Gründer und Geschäftsführender Gesellschafter der 67rockwell Consulting GmbH und zuständig für die Unternehmensstrategie und Human Resources. Zuvor war er bei Roland Berger Strategy Consultants, KPMG Consulting und Steria Mummert Consulting tätig. Er verfügt über langjährige Erfahrungen als Strategieberater mit den Schwerpunktthemen Post-Merger-Integration, Effizienzsteigerung und Restrukturierung sowie Personalauswahlprozesse. Daneben nimmt Dr. Reich Dozententätigkeiten an verschiedenen Hochschulen und Universitäten (HAW Hamburg, Northern Business School Hamburg, Universität Hamburg) wahr.

Schramm, Thorsten *Thorsten Schramm*, Dipl.-Wi.-Ing., studierte Wirtschaftsingenieurwesen an der Universität Hamburg und der TU Harburg. Er ist Equity Partner bei der

67rockwell Consulting GmbH. Seine Beratungsschwerpunkte sind Post Merger Integration, Kooperationsmanagement, Effizienzsteigerung sowie Strategieentwicklung und deren Operationalisierung in den Branchen Versicherungen.

Schulze Lammers, Daniel Dr. *Daniel Schulze Lammers*, Dr. oec. HSG und Dipl. Kfm., studierte in Münster Betriebswirtschaft und promovierte St. Gallen mit Schwerpunkt Strategisches Management. Er hatte unterschiedliche Positionen bei AXA und HDI und verantwortet zuletzt das Privatkundengeschäft der AXA Deutschland.

Schumacher, Uwe *Uwe Schumacher* hat im September 2013 die DOMCURA AG als stellvertretender Vorstandsvorsitzender verstärkt. Seit 2016 ist er als Vorstandsvorsitzender für die gesamte zum MLP-Konzern gehörende DOMCURA Gruppe verantwortlich.

Der gebürtige Lübecker ist von Hause aus Diplom-Informatiker und seit etwa 30 Jahren in der Versicherungswirtschaft tätig. Er hat die Direct Line Versicherung AG (heute Verti Versicherung AG) als Gründungsmitglied mit aufgebaut und war dort über 13 Jahre als Vorstand – die letzten fünf Jahre als Vorstandsvorsitzender - tätig. Außerdem blickt Uwe Schumacher auf eine rund neunjährige Karriere bei dem Beratungsunternehmen Mummert + Partner (heute Sopra Steria Consulting AG) zurück.

Schwenzer, Susanne Dr. *Susanne Schwenzer*, 39 Jahre, ist seit 2017 Head of Diversity bei der Generali Deutschland AG in Köln. Nach ihrer Promotion am Lehrstuhl für Betriebswirtschaftslehre, insbes. Unternehmensprüfung und Controlling in Düsseldorf, war sie von 2009 bis 2011 fachliche Vorstandsassistentin von Ulrich C. Nießen, Personalvorstand der AXA Konzern AG in Köln. Anschließend leitete sie die Stabsstelle Personalstrategie, -controlling und Employer Branding und verantwortete außerdem das Vorstandsassistentenprogramm, bevor sie für Diversity & Inclusion zuständig wurde. 2015 wechselte sie zur Generali Deutschland Holding in die Stabsstelle ‚Personal Obere Führungskräfte'.

Seidel, Christian *Christian Seidel*, Jahrgang 1971, ist für die VHV Allgemeine Versicherung in Hannover als Leiter Dialogmarketing tätig. Seit über 18 Jahren arbeitet er in verschiedenen Funktionen im Marketing und Vertrieb. Themenschwerpunkte sind dabei: Kampagnenmanagement, teil- und volladressierte Werbesendungen, Email- und Contentmarketing, Bewegtbild Online sowie Social Media.

Sutor, Tim *Tim Sutor*, Dipl.-Kfm., studierte Betriebswirtschaftslehre an der Universität Hamburg. Er ist Partner bei der 67rockwell Consulting GmbH. Seine Schwerpunkte sind Transformationsprozesse, Organisationsentwicklung, Customer Experience und Marketing in der Versicherungsbranche.

Tabarelli, Wigbert *Wigbert Tabarelli*, Diplom-Betriebswirt, absolvierte vor seinem Studium eine Ausbildung zum Versicherungskaufmann sowie eine Qualifizierung zum Versicherungsfachwirt. Bei der PASS Consulting Group leitet er seit 1991 die Business Unit Insurance, die Services und IT-Lösungen für Versicherungen und Versicherungsmakler bündelt. Sie verfügt neben der klassischen Beratungs- und Projektkompetenz über eigene Standardsysteme. Als verantwortlicher Produktmanager verantwortet Wigbert Tabarelli sowohl die Weiterentwicklung als auch die Kundenbetreuung.

Tarnowski, Janina *Janina Tarnowski* studierte Wirtschaftsinformatik (B.Sc.) an der FHDW in Hannover und General Management (M.A.) an der IUBH. Sie ist Mitarbeiterin in der Talanx Systeme AG im IT-Veränderungsmanagement. Ihre Schwerpunktthemen sind Lean Management, Prozessmanagement, Change Management und IT-Projektmanagement.

Wepner, Adrian *Adrian Wepner*, Dipl.-Wi.-Ing., studierte Wirtschaftsingenieurwesen an der Universität Hamburg und der TU Hamburg Harburg. Er ist Equity Partner bei der 67rockwell Consulting GmbH und verantwortet dort die Bereiche Prozessmanagement und Solutions. Seine Beratungsschwerpunkte sind Programm- und Prozessmanagement, Umsetzung von Wertschöpfungskettenpartnerschaften sowie die fachliche und organisatorische Ausrichtung auf digitale Geschäftsmodelle mit starkem Fokus auf die Versicherungsbranche.

Wicke, Jan Dr. *Jan Wicke* ist seit 2014 Vorstandsvorsitzender der Talanx Deutschland AG und Vorstandsmitglied der Talanx AG. Davor war er von 2007 bis 2014 bei der Wüstenrot & Württembergische AG als Finanz- und Risikovorstand tätig. Vorherige berufliche Stationen absolvierte er bei den DBV-Winterthur Versicherungen und der DG Capital Management.

Dr. Wicke promovierte nach seinem Abschluss als Diplom-Kaufmann an der Universität Bamberg zum Thema „Individuelle Vermögensverwaltung für Privatkunden".

Will, Annemarie *Annemarie Will*, M.Sc., studierte Wirtschaftswissenschaften an der Leibniz Universität Hannover mit dem Studienschwerpunkt Insurance and Banking. Nach dem Studium war sie wissenschaftliche Mitarbeiterin und Doktorandin am Institut für Versicherungsbetriebslehre der Leibniz Universität Hannover. Aktuell ist sie für einen deutschen Versicherer tätig und arbeitet weiter als externe Doktorandin am genannten Institut. Im Rahmen ihrer Forschung beschäftigt sie sich insbesondere mit dem Management und der Versicherbarkeit von Reputations- und Cyber Risiken.

Wippler, Percy *Percy Wippler*, Dipl.-Ing. (FH), studierte Technische Informatik an der Technischen Fachhochschule Berlin. Er ist Bereichsleiter Informationstechnologie der IDEAL Lebensversicherung a.G. Er ist dort seit 1995 für die digitale Vertriebsunterstützung und seit 2005 für den gesamten Bereich IT inkl. Rechenzentrum, Infrastruktur, IT-Service, Softwareentwicklung, IT-Sicherheit sowie Bestands- und Vertriebssysteme verantwortlich.

Wollenberg, Sascha *Sascha Wollenberg* studierte International Management und besitzt einen Berufsabschluss in Informatik mit der Fachrichtung Anwendungsentwicklung. Er ist Vice President Solution Design von Arvato CRM Solutions Deutschland und in dieser Rolle verantwortlich für das Inhouse Consulting. Mit seinem Team treibt er Entwicklung eines digitalen Lösungsportfolios voran und berät seine Kunden zur Umsetzung von CRM 2.0. Sascha Wollenberg ist seit 2005 in unterschiedlichen Divisionen und Management Funktionen bei Arvato tätig, welche sich über das operative Geschäft, den Vertrieb und die Beratung erstrecken.

Zerres, Christopher Dr. *Christopher Zerres* ist Professor für Marketing an der Hochschule Offenburg. Seine Schwerpunkte in Lehre und Forschung liegen auf Social Media- und Online-Marketing sowie Marketing-Controlling. Zuvor war er bei einer Unternehmensberatung sowie einem internationalen Automobilzulieferer tätig. Christopher Zerres ist Autor zahlreicher Publikationen zu den Bereichen Management und Marketing.

Zimmermann, Katharina *Katharina Zimmermann* studierte Wirtschaftswissenschaften an der Universität Leipzig und der Zeppelin Universität Friedrichshafen. Sie ist Managerin bei der 67rockwell Consulting GmbH. Ihre Beratungsschwerpunkte liegen im Bereich Schaden/Schadenmanagement (Strategie, Organisation sowie Operations) in der Versicherungsbranche.

Teil I
Rahmenbedingungen und Grundlagen des Versicherungsmarketing

Rahmenbedingungen und strategische Herausforderungen für die Versicherungsbranche

Ute Lohse und Annemarie Will

> **Zusammenfassung**
>
> Der Versicherungsmarkt in Deutschland ist geprägt durch umfassende Regulierungen (Solvency II, LVRG etc.) und die anhaltende Niedrigzinsphase. Gleichzeitig wird die Entwicklung neuer bzw. die Anpassung der bestehenden Geschäftsmodelle sowohl hinsichtlich der zunehmenden Digitalisierung als auch aufgrund der veränderten Kundennachfrage notwendig. Diese Themenfelder und die sich daraus ergebenden strategischen Herausforderungen für die Arbeitswelt (Innen- und Außendienst) und die Versicherungskunden sind Untersuchungsgegenstand dieses Beitrags.

1.1 Einleitung

Nie waren die Zeiten der Versicherungswirtschaft dynamischer als in den letzten zehn Jahren. Die Herausforderungen für Versicherer steigen. Neben der anhaltenden Niedrigzinsphase und neuen Regulierungsvorschriften (z. B. Solvency II, LVRG, KRITIS, EU-DSGVO) erfasst auch die Digitalisierung diese Branche. Die Entwicklungen in der Informations- und Kommunikationstechnologie haben gravierende Auswirkungen auf die Unternehmen und deren Mitarbeiter. Sie ermöglichen die Optimierung bestehender Prozesse, die Einführung neuer Produkte und Geschäftsmodelle und somit die Erschließung neuer Kundensegmente. In Zeiten des demografischen Wandels hin zur Langlebigkeit bzw. Überalterung der Bevölkerung und damit neuen Absicherungs- und Vorsorgebedürf-

U. Lohse (✉) · A. Will
Leibniz Universität Hannover
Hannover, Deutschland
E-Mail: ul@ivbl.uni-hannover.de

A. Will
E-Mail: aw@ivbl.uni-hannover.de

nissen der Kunden sind dies relevante Wettbewerbsargumente. Ein weiterer wesentlicher Auslöser ist, dass sich durch die Nutzung mobiler Endgeräte und veränderter Internettechnologie die Bedürfnisse der Kunden verändern. Einerseits sind die Versicherungskunden informierter und selbst aktiv im Netz, andererseits steigt die Informationsintransparenz. Die neuen Technologien und Möglichkeiten lassen zudem branchenfremde Wettbewerber (z. B. FinTechs bzw. InsurTechs) als Kooperationspartner oder auch Konkurrenten auf dem Finanzdienstleistungsmarkt auftreten. Obwohl die Digitalisierung bereits über zwei Jahrzehnte Auswirkungen in der allgemeinen Wirtschaft zeigt, steht diese Entwicklung besonders bei Versicherungen noch am Anfang. Die Geschwindigkeit von Veränderungen ist jedoch erheblich gestiegen und bringt die Finanzdienstleister in Zugzwang. Sie müssen den Wandel annehmen und sich anpassen, sonst besteht die Gefahr, Marktanteile zu verlieren bis hin zur Existenzbedrohung. Andererseits bietet die Digitalisierung besonders für Versicherungen große Potenziale. Sie ist damit sowohl Risiko als auch Chance (vgl. [13]).

Auch auf den Versicherungsarbeitsmarkt, sowohl im Innen- als auch im Außendienst, hat die Digitalisierung große Auswirkungen. Mitarbeiter stellen die wichtigste Ressource bei der digitalen Transformation dar; nur mit ihnen kann diese Entwicklung erfolgreich bewältigt werden. Eine besondere Rolle kommt daher dem Führungs- und Personalmanagement im Sinne der Gestaltung und Steuerung der digitalen Kompetenzen für die Arbeitswelt der Zukunft zu.

1.2 Rahmenbedingungen für die Versicherungsbranche

1.2.1 Niedrigzinsphase und Regulierung

Eine nicht unbedeutende Rahmenbedingung bildet die gesamtwirtschaftliche Entwicklung. In den letzten Jahrzehnten wurde der Finanzmarkt von zwei globalen Krisen erschüttert. Zunächst die Börsenkrise 2001, auch als Platzen der Dotcom Blase bekannt, gefolgt von der Krise auf dem US-Immobilienmarkt im Jahre 2008/09, die sich schließlich zu einer internationalen Banken- und Finanzkrise entwickelte (vgl. [5, S. 14 f.]). Zur Überwindung der daraus resultierenden Nachfrageschwäche haben die Notenbanken den Leitzins auf ein Rekordtief gesenkt. Die anhaltende Niedrigzinsphase trifft vor allem die traditionellen Finanzdienstleistungsunternehmen. Auf dem Kapitalmarkt kann eine angemessene Rendite nicht mehr erzielt werden. Das stellt Unternehmen vor zunehmenden Kosten- und Effizienzdruck, der alleine durch Kostenreduktionen nicht zu bewältigen ist (vgl. [6, S. 12 f.]).

Innerhalb des politischen und rechtlichen Rahmens müssen Unternehmen, nicht zuletzt durch die Erfahrungen aus den Wirtschaftskrisen, mit zunehmendem politischen Einfluss rechnen. Stabilitätspolitische Ziele, die in Form von Gesetzen[1] Unternehmen zu ihrer Umsetzung zwingen, werden immer deutlicher (vgl. [5, S. 15]). Die angestrebte Angleichung

---

[1] Als Beispiel kann das Finanzmarktstabilitätsgesetz aus dem Jahre 2008 angeführt werden.

von EU-Standards auf dem Finanzmarkt stellt eine weitere Herausforderung dar. Ein wichtiger Trend zeigt sich im Aufsichtssystem, von dem die Versicherungsgesellschaften betroffen sind. Die gesetzlichen Aufsichtsregelungen, Solvency II, sollen europaweit für ausreichende Kapitalausstattung bei Versicherern sorgen. Das hat wiederum Auswirkungen auf die Rendite der Versicherer und der Aktionäre (vgl. [17, S. 7]). Die hieraus resultierenden Folgen sind der stetig steigende Wettbewerbs- und damit einhergehende Effizienzdruck. Der Bedarf nach organisatorischen und strukturellen Lösungsansätzen, um noch wettbewerbsfähig zu bleiben, ist daher stark ausgeprägt.

1.2.2 Demografische Entwicklung und Kundenorientierung

Einen entscheidenden Einfluss auf die Angebots- und Nachfragestrukturen der Finanzdienstleistungen hat die demografische Entwicklung. Unter diesem Stichwort werden drei Trends einer Industriegesellschaft zusammengefasst. Die Überalterung der Gesellschaft stellt den ersten Trend dar. Der Anteil älterer Menschen steigt gegenüber den jüngeren Kunden (Stichwort Langlebigkeit) und steht somit im Fokus von Finanzdienstleistungsunternehmen, denn die Seniorengruppe ist in der Regel auf spezielle Beratungs- und Betreuungsformen angewiesen. Außerdem verfügen ältere Generationen bereits über mehrere Finanzprodukte, sodass das Wiederanlagemanagement im Sinne des Angebots an zusätzlichen Absicherungs- und Vorsorgeprodukten im Vordergrund steht (vgl. [5, S. 13 f.]).

Das gesetzliche Alterssicherungssystem in Deutschland sieht sich aufgrund des anhaltenden demografischen Wandels einem zunehmenden finanziellen Druck ausgesetzt. Innerhalb der nächsten zwei Dekaden wird die besonders geburtenstarke Generation der „Baby-Boomer" das Rentenalter erreichen, wodurch innerhalb weniger Jahre ein massiver Anstieg der Rentnerzahlen entstehen wird. Die sich daraus ergebende Finanzierungslücke bedarf sowohl einer Einführung erfolgreicher Reformen in der gesetzlichen Alterssicherung als auch der Entwicklung von neuen Renten-, Pflege- und Assistance-Produkten.

Weiterhin lässt sich in der Gesellschaft ein deutlicher Wertewandel beobachten. Statt Familiengründung, Solidarität und Treue treten immer stärker persönliche Unabhängigkeit, individuelle Entfaltung, Nutzenmaximierung sowie das damit einhergehende Streben nach preisgünstigen Produkten in den Vordergrund. Die veränderten Werte tragen zur Entwicklung von neuen Haushaltsgrößen bei: Single- und Doppelverdienerhaushalte bilden die zweite wichtige Zielgruppe in der Branche mit neuen Anforderungen an die Finanzprodukte (vgl. [5, S. 14]).

1.2.3 Digitalisierung

Es gibt keine einheitliche und abschließende Definition für den Begriff Digitalisierung, da unterschiedliche Verständnisse über die Entwicklung von Informations- und Kommunikationstechnologien vorliegen: Sowohl die Umwandlung von analogen zu digitalen Daten als auch die Automatisierung von Prozessen und Geschäftsmodellen durch die Vernetzung von digitaler Technik, Informationen und Menschen kann als Digitalisierung bezeichnet werden. Aber auch bisherige Entwicklungen, beispielsweise der Einsatz von Computern in Versicherungsunternehmen und ihre Vernetzung, können als erste Schritte einer Digitalisierung betrachtet werden. Bereits diese ersten Entwicklungen hatten erhebliche quantitative und qualitative Auswirkungen auf das Personal. Im Fokus dieser Ausführungen stehen jedoch aktuelle Entwicklungen der Digitalisierung, die durch Transformation, Automatisierung und Vernetzung neue Potenziale erschließen. Da diese Entwicklung noch nicht abgeschlossen ist, sind viele Auswirkungen bislang nicht absehbar. Unwiderlegbar handelt es sich aber um tiefgreifende Veränderungen aufgrund neuer technischer Möglichkeiten, die sowohl Produkte, Prozesse und Geschäftsmodelle als auch Kommunikation und Kundenerwartungen bzw. -bedürfnisse tangieren. Ein Treiber der Digitalisierung ist die steigende Leistungsfähigkeit der Soft- und Hardware, verbunden mit kontinuierlich fallenden Kosten. Dadurch wird diese Technik immer rentabler, während auch gleichzeitig der Nutzen wächst.

Der digitale Wandel kann durch die Differenzierung in vier wesentliche Trends verdeutlicht werden: Social, Mobile, Analytics und Cloud (vgl. [10]). „Social" bezeichnet die öffentlichen Kommunikationsmöglichkeiten und die dadurch veränderte Form von Arbeit und Kooperationen. „Mobile" bezieht sich auf mobile Endgeräte, die ortsunabhängiges Arbeiten ermöglichen. „Analytics" ermöglicht die Analyse und Weiterentwicklung durch neue Kontingente digitaler Daten und schafft die Voraussetzungen für deutlich genauere Prognosen und damit maßgeschneiderte Produkte („Künstliche Intelligenz"). „Cloud" stellt die permanente Verfügbarkeit von Daten dar, die unabhängig von Gerät oder Ort genutzt werden können (vgl. [10]).

Die Versicherungsbranche selbst sieht sich derzeit einem bisher nicht erlebten Wandel gegenüber. Aufgrund der digitalen Vernetzung und des Aufbrechens bestehender Strukturen entwickeln sich die Märkte schnell und es entstehen bzw. etablieren sich neue Geschäftsmodelle (vgl. [15, S. 25]). Branchenfremde Wettbewerber, beispielsweise aus der Automobilbranche oder Internetanbieter, drängen in den Markt und versuchen entlang der gesamten Wertschöpfungskette, das Geschäft von Versicherern zu übernehmen. Weiterhin ist der Versicherungsmarkt derzeit durch eine Marktsättigung sowie kurze Produktlebenszyklen geprägt. Das bedeutet, die Wechselbereitschaft der Versicherungsnehmer ist gestiegen, ebenso der Bedarf nach situativen, kurzfristigen Versicherungslösungen.

Die größte derzeitige Veränderung der Branche ist jedoch der technologische Wandel hin zur digitalen Versicherung (vgl. [1, S. 2]). Prozesse und Strukturen werden zunehmend automatisiert und verlaufen elektronisch. Laut einer Studie von Bain & Company (2015) erfassen 36 % der Sachversicherer derzeit ihre Kundendaten bereits elektronisch und überführen diese in vollkommen automatisierte Prozesse (vgl. [4]). Digitalisierung bedeutet jedoch nicht nur die Elektrifizierung der Geschäftsprozesse, sondern erfordert neben anderen Wirkungsdimensionen ebenfalls einen Wandel der Unternehmenskultur, wie beispielsweise ein agiles Vorgehen in Projekten sowie der offene Umgang mit Fehlern und Misserfolgen (vgl. [4]).

Ebenso entwickelt sich für Versicherungsnehmer aufgrund der digitalen Rahmenbedingungen eine vollkommen neue Machtposition. Durch die damit verbundene Vergleichbarkeit von Produkten auf Vergleichsplattformen wird den Kunden eine höhere Transparenz über Leistungs- und Preisunterschiede ermöglicht (vgl. [15, S. 33]). Es bleibt jedoch festzuhalten, dass die digitalen und technologischen Veränderungen derzeit der größte Treiber für Veränderungen in der Versicherungsbranche sind. Gleichfalls werden neue digitale Risiken erwartet: Die Verwendung von neuen Technologien ermöglicht nicht nur die Versicherbarkeit von neuartigen Risiken, wie z. B. Cyberrisiken, sondern birgt selbst neue Risikopotenziale für die Versicherer und deren Kundendaten (vgl. [4, 25]).

Größter Trend ist jedoch der Ausbau des digitalen Vertriebs- und Serviceangebots. In Deutschland nutzen ca. 89 % der Bevölkerung das Internet und bereits heute gehen 82 % der Bevölkerung über mobile Endgeräte ins Internet (vgl. [27]). Diese Chance gilt es frühzeitig zu nutzen und die Nutzung mobiler Endgeräte optimal zu unterstützen. Von der Branche wird eine Verdoppelung des Neugeschäfts über digitale Absatzkanäle bis 2020 erwartet. Unter dem Begriff „Direktabsatz" ist der Vertrieb von Versicherungsprodukten durch den Versicherer direkt an den Endkunden über einen digitalen Vertriebskanal zu verstehen. Auch der Vertrieb über Vergleichsportale und Aggregatoren fällt unter diesen Begriff. Versicherer nutzen neue Online-Tarifrechner mit Mobile-First-Ansatz, um nicht nur den Absatz, sondern auch die Erreichbarkeit zu erhöhen. Der Direktvertrieb erfährt in den letzten Jahren ein stetiges Wachstum in der Sachversicherung. Im vergangenen Jahr erwirtschaftete der Direktkanal 13,9 % des jährlichen Neugeschäfts. In der Kfz-Versicherung waren es sogar 18,5 %. Diese Entwicklung gilt jedoch nicht für die Lebensversicherung: Hier sank der Anteil des Direktvertriebs am Neugeschäft im vergangenen Jahr von 3 % auf 2,3 % (vgl. [4]). Aufgrund der hohen Komplexität und Beratungsnotwendigkeit ist der Personenversicherungsbereich somit nur bedingt relevant für den Direktvertrieb.

1.3 Strategische Herausforderungen

1.3.1 Auswirkungen auf die Arbeitswelt (Innen- und Außendienst)

Die Einflüsse der Digitalisierung auf Unternehmen und Kunden sind auch in der Versicherungsbranche allgegenwärtig. Die Versicherungswirtschaft versucht, durch technologische Neuerungen und Umstrukturierungen im Zeitalter der Industrie 4.0 mit anderen (Finanz-)Dienstleistern mitzuhalten und den Anforderungen der Kunden gerecht zu werden (vgl. [7]). Versicherungsunternehmen sehen sich in einer digitalen Welt mit vollkommen neuen und sich schnell wandelnden Umweltbedingungen konfrontiert (vgl. [15, S. 33–35]). Das Internet hat sich hin zum Massenmedium etabliert und ist somit entscheidender Zugangskanal zum Kunden geworden (vgl. [22, S. 383–384]). Der Besitz und Umgang von digitalen Daten stellen mittlerweile eine wichtige Kernkompetenz sowie einen Erfolgsfaktor im Versicherungsgeschäft dar (vgl. [19, S. 61]). Im weiteren

Verlauf werden daher zunächst die veränderten Bedingungen und Anforderungen an die Versicherungsunternehmen charakterisiert, um anschließend die Transformation der Kundenbedürfnisse und die daraus resultierenden Konsequenzen zu entwickeln.

In diesem Kontext lassen sich innerhalb der Digitalisierung zwei Kernaspekte unterscheiden: Auf der einen Seite beschreibt Digitalisierung die Automatisierung der Prozesse sowie den Anstieg der „Dunkelverarbeitung". Organisationen strukturieren ihre Prozesse neu und versuchen einen Großteil der Arbeitsschritte technisch zu automatisieren (vgl. [2, S. 112]). Verwaltungsaufträge, wie die Vertragsverwaltung oder auch versicherungstechnische Tätigkeiten, wie die Risikobewertung und Prämienkalkulation, sollen zunehmend „dunkel" ablaufen. Das bedeutet, diese Prozesse sollen nicht mehr per Hand, sondern mittels technologischer Systeme vollautomatisiert abgewickelt werden. Dazu sind standardisierte Abläufe, die Vernetzung der verschiedenen Arbeitssysteme sowie eine generell gut ausgestattete (IT-)Infrastruktur im Unternehmen notwendig (vgl. [32, S. 53–72]). Ebenso ist ein Umdenken der gesamten Organisation, also ein Wandel der Organisationskultur, unerlässlich, um die digitale Transformation zu ermöglichen und die neuen Möglichkeiten für sich zu nutzen. Entscheidend ist es, der Innovationsgeschwindigkeit durch die Arbeitsorganisation und der Unternehmenskultur gerecht zu werden. Das bedeutet, Organisationen müssen offen für innovative Ideen sein und über flexible Strukturen verfügen, aber auch das Scheitern von Projekten akzeptieren (vgl. [15, S. 25–34]).

Problematisch bei der Umsetzung von Automatisierung sind häufig bestehende IT-Systeme (sogenannte Altsysteme), da diese mehrheitlich für digitale Strukturen nicht flexibel genug ausgelegt sind. Hauptsächlich große Versicherungskonzerne mit komplexen IT-Infrastrukturen sind hiervon betroffen. Hinzu kommt, dass Automatisierungsmaßnahmen meist in Zusammenhang mit großen Investitionen und enormen Zeitaufwand stehen. Dennoch stellt die erfolgreiche Automatisierung und Standardisierung einen erheblichen Effizienzgewinn für die Unternehmen dar. Es können operative Kosten eingespart sowie die Leistungs- und Informationsverarbeitung effizienter gestaltet werden. Dazu ist die Datenqualität von enormer Bedeutung. Informationen können nur effizient verarbeitet und verwendet werden, wenn sie qualitativ hochwertig sind und bestimmten Prozessen, Systemen, Personen etc. genau zugeordnet werden können (vgl. [15, S. 36–38]).

Die andere Seite der Digitalisierung umfasst die Einführung neuer Technologien in den unternehmensinternen Bereichen, insbesondere in der Interaktion mit dem Endkunden (vgl. [15, S. 25]). Zunehmend suchen Kunden den Kontakt zum Versicherer über digitale Kommunikationswege, wie Internetseiten, Vergleichsportale oder Apps. Dabei nimmt die Anzahl der Kontaktpunkte zwischen Versicherer und Kunden zu (vgl. [21, S. 205; 2, S. 24]). Aggregatoren, wie beispielsweise Check24 oder verivox, sind mittlerweile als neue „treibende Kräfte" am Versicherungsmarkt zu sehen (vgl. [3, S. 20]). Um den Anforderungen und Erwartungen der Versicherungsnehmer gerecht zu werden, müssen Organisationen ihren medialen Auftritt optimieren, Online-Tarifrechner, Online-Beratung anbieten und ihre Kommunikationswege miteinander vernetzen, um eine sogenannte Omnikanalkommunikation zu ermöglichen (vgl. [14, S. 5]). Omni-Kanalfähigkeit bedeutet, dass die verschiedenen Interaktionswege, wie Telefon, Internet, persönliche Beratung etc. nahtlos miteinander vernetzt sind und ein Wechsel zwischen den verschiedenen Kanälen für Versicherer sowie Versicherungsnehmer problemlos möglich ist. Es muss sichergestellt werden, dass alle Kommunikationskanäle über den gleichen Informationsstand verfügen. Dies ist ebenfalls notwendig, da sich im digitalen Zeitalter nicht mehr alle Zielgruppen über ein Massenmedium allein erreichen lassen, sondern die Konsumenten fragmentierter nach Informationen suchen und konsumieren (vgl. [21, S. 204; 3, S. 8]). Die Omni-Kanal-Kommunikation ist eine Evolution des Multi-Kanal-Ansatzes, der lediglich die Existenz der verschiedenen Kommunikationswege voraussetzt. Kunden unterscheiden auch bei Versicherungsunternehmen nicht mehr zwischen den verschiedenen Kommunikationskanälen und Vertriebswegen (sogenannte „hybride" Kunden), da ihnen diese Flexibilität bereits aus anderen Branchen bekannt ist. Beispielsweise gehört es im Bankwesen bereits zum Standard, digitale Kontaktpunkte zum Kunden zu halten (vgl. [15, S. 28]). Somit soll aus der einfachen Dienstleistung ein Einkaufs- und Serviceerlebnis entstehen, das einheitlich über alle Kommunikationswege hinweg erlebt wird (vgl. [3, S. 8]). Dazu ist es notwendig, dass digitale Veränderungen an den Bedürfnissen der Kunden ausgerichtet werden. Dabei gilt es auch, zwischen den verschiedenen Zielgruppen zu differenzieren, da diese sich in ihren spezifischen Wünschen teilweise auch stark unterscheiden (vgl. [3, S. 12]). In der Versicherungsbranche sind solche digitalen Veränderungen insbesondere im Schadenbereich bzw. der Schadenmeldung und -abwicklung zu erwarten (vgl. [4]).

Daneben sind für die Mitarbeiter im Versicherungsunternehmen konkrete Veränderungen der Arbeitstätigkeiten und -plätze im Hinblick auf die Organisationsentwicklung festzustellen: Der Trend geht hin zu mobilen Geräten, wie Laptops, Smartphones und Tablets. Einerseits ist dies darauf zurückzuführen, dass mobiles Arbeiten (z. B. von Zuhause) an Bedeutung gewinnt, andererseits aber auch daran, dass vermehrt in Arbeitsgruppen und Projekten vernetzt und abseits der Abteilungsstrukturen gearbeitet wird. Mobiles Arbeiten wird mit dem Fortschreiten der Technik und den sinkenden Preisen weiter zunehmen. Klassische Arbeits- und Geschäftsmodelle weichen flexibleren Modellen. Die Hierarchien werden flacher, um die Informationsflüsse zu verbessern und der wachsenden Verantwortung gerecht zu werden (vgl. [20, S. 103]). Gleichzeitig stellt dies eine Herausforderung für das Personalmanagement und die Unternehmensführung dar.

1.3.2 Auswirkungen auf die Versicherungskunden

Im Zeitalter der Digitalisierung stehen die Bedürfnisse der Kunden und ihre Erwartungen stärker im Fokus als je zuvor (vgl. [30, S. 3; 15, S. 7]). Wie bereits aufgezeigt, besteht im Versicherungsmarkt ein verstärkter Wettbewerb um den Kunden. Aufgrund der leistungsbezogenen Angleichung der Versicherungsprodukte können Versicherer mittlerweile hauptsächlich über Serviceleistungen und Kostenvorteile beim Verbraucher Vorteile erzielen. Vergleichsportale tragen einen Großteil dazu bei (vgl. [30, S. 3; 15 , S. 33]). Die Kunden haben die Möglichkeit, sich auf schnellstem Wege online Informationen zu beschaffen und über verschiedene Vergleichsportale Anbieter direkt miteinander zu vergleichen, ohne den Einzelnen zuvor zu kontaktieren (vgl. [22, S. 384; 3, S. 8]). Prozesse und Angebote werden zunehmend transparenter und verständlicher, somit besteht für den Endkunden ein besserer Handlungsspielraum (vgl. [28, S. 19–41]). Daraufhin wächst der Kundenwunsch nach Einfachheit bzw. Convenience. Anwendungen sollen leicht zu handhaben und die Produkte aber dennoch nicht standardisiert, sondern bedarfsorientiert und individuell ausgestaltet sein. Vorranging sind für den Versicherungsnehmer jedoch immer noch das Sicherheitsempfinden sowie die Preis-Leistungsorientierung (vgl. [3, S. 8]).

Es findet somit eine Verschiebung des „Machtverhältnisses" vom Versicherer als Produzenten zum Versicherungsnehmer als Konsumenten statt (vgl. [3, S. 10; 15, S. 33, S. 40]). Dies ist für Versicherer jedoch nicht ausschließlich negativ zu betrachten, da sich neue Differenzierungsmöglichkeiten, beispielsweise über besondere Serviceleistungen oder bedarfsspezifische Produkte, bieten. Bewältigen die Unternehmen diese Herausforderung, so können sie sich klar gegenüber anderen Wettbewerbern abgrenzen und deutliche Marktvorteile erreichen (vgl. [15, S. 26]). Ebenfalls können zusätzliche Serviceleistungen einen Mehrwert für den Kunden schaffen, der sich positiv auf das Vertrauensverhältnis auswirken kann (vgl. [15, S. 28–29]). Verstärkt wird die Bedeutung zudem durch das Image des Versicherungsunternehmens bei Kunden bzw. Verbrauchern (vgl. [26]).

Versicherungsnehmer und Dienstleister sind mit digitalen Prozessen bereits aus anderen Branchen vertraut. Das bedeutet, sie haben bereits Erfahrungen im Bereich des Direktvertriebs und digitaler Kommunikation und diesbezüglich auch bestimmte Erwartungen. Ein Kunde, der die enorme Service- und Leistungsgeschwindigkeit von beispielsweise Versandportalen gewohnt ist, wird diese Erwartungshaltung auch auf andere Branchen übertragen. Er wird seine Anforderungen bezüglich Servicelevel und Reaktionsgeschwindigkeit nicht an verschiedene Dienstleister anpassen. Dabei sind für ihn die Effizienzgewinne des Versicherers nicht unmittelbar von Interesse, sondern er ist auf den eigenen Zeitgewinn fokussiert (vgl. [3, S. 8, S. 16; 9, S. 145]). Insbesondere da bereits auch im Finanzdienstleistungssektor digitale Prozesse und die Kommunikation mit dem Endkunden, wie beispielsweise beim Online-Banking, alltäglich sind, ergeben sich auch entsprechend hohe Erwartungen an den Versicherungssektor (vgl. [3, S. 10]). Hinzu kommt, dass mit den digitalen Möglichkeiten auch die Wechselbereitschaft der Kunden steigt. Das bedeutet, für den Versicherungsnehmer ist es heutzutage viel leichter, den Versicherer bei Unzufriedenheit oder aufgrund eines preisgünstigeren Angebotes zu wechseln (vgl. [15, S. 30]).

Eine Studie des Instituts für Versicherungswirtschaft der Universität St. Gallen (2015) prognostiziert für 2020, dass 74 % aller Befragten ihre Informationsrecherche ausschließlich online durchführen, 54 % ihren Vertrag online abschließen und 44 % eine Online-Beratung wünschen (vgl. [15, S. 23]). Es zeigen sich somit eine deutliche Veränderung der Kundenbedürfnisse sowie ein Wechsel der Kommunikationskanäle auf digitale und mobile Endgeräte (vgl. [15, S. 27–28]). Die Darstellung der Produkte muss demnach mit den mobilen Endgeräten kompatibel und leicht verständlich sein. Leistungen und

Kaufprozess müssen transparent und einfach sein. Folglich sollte der Kauf zügig und ortsunabhängig erfolgen können (vgl. [3, S. 10]). Häufig aber wechseln Kunden während der Customer Journey[2] zwischen den verschiedenen Kanälen. Beispielsweise informiert sich ein Großteil der Kunden online, um anschließend das Produkt offline zu kaufen. Vergleichsportale etc. werden in diesem Fall lediglich zur Informationsbeschaffung und nicht zum Abschluss genutzt. Diese Versicherungsnehmer werden bezüglich des Medien- und Kanalnutzungsverhaltens im Kaufprozess „hybride Kunden" genannt. Synonym ist die Bezeichnung ROPO-Kunde. Sie steht im Englischen für „research online, purchase offline" und beschreibt einen Kunden, der online nach Informationen sucht, um anschließend offline zu kaufen (vgl. [26]).

Hinzu kommt, dass Versicherungsnehmer sich in einer global vernetzten digitalen Umwelt bewegen. Das heißt, sie interagieren auch untereinander auf sozialen Plattformen und tauschen sich aus. So ist es möglich, dass Kunden Informationen und Bewertungen über einen Versicherer erhalten, ohne direkt mit ihm in Kontakt getreten zu sein. Sie können diese einfach aus Informationsforen, von sozialen Plattformen, Bewertungs- und Vergleichsportalen oder direkt von anderen Versicherten beziehen (vgl. [23, S. 96]). Laut einer Studie aus dem Jahr 2015 vertrauen 83 % bezüglich Konsumempfehlungen anderen Konsumenten aus ihrem persönlichen Umfeld, 66 % vertrauen auf online veröffentlichte Bewertungen (vgl. [21, S. 205; 18, S. 4]).

Um den Endkunden eine lückenlose Kommunikation sowie hohe Servicequalität zu ermöglichen, bedürfen Versicherer einer optimalen technischen Infrastruktur. Sie müssen omnikanalfähig sein, d. h. der Wechsel zwischen den verschiedenen Kommunikations- und Vertriebskanälen eines Versicherers muss problemlos erfolgen. Der Versicherungsnehmer muss sich mühelos zwischen beispielsweise Ausschließlichkeitsvertrieb und Service-Hotline bewegen können, ohne dass es zu einem Bruch in der Kommunikation kommt (vgl. [3, S. 12; 30, S. 3]). Dazu ist es notwendig, dass Versicherer eine integrierte Kundenplattform etablieren, auf der sämtliche Kundeninformationen gespeichert sind und auf die alle notwendigen Vertriebspartner zugreifen können (vgl. [15, S. 28, S. 40]). Um diese digitalen Entwicklungen vornehmen zu können, müssen allerdings zunächst der Kunde und seine Bedürfnisse analysiert werden, um anschließend optimal agieren zu können. Das bedeutet, zu Beginn jeder Maßnahme erfolgt eine umfassende Analyse der Kundensegmente und -bedürfnisse sowie der Verhaltens- und Informationsbeschaffungsmuster (vgl. [15, S. 28; 23, S. 91–92]). Versicherungsunternehmen müssen identifizieren, in welcher Etappe der Customer Journey sich der Kunde befindet, um festzustellen, zu welchem Zeitpunkt er welchen Kommunikationskanal beansprucht (vgl. [15, S. 30]). Denn die zunehmende Nutzung digitaler Kommunikationskanäle bedeutet nicht, dass traditionelle Interaktionsmöglichkeiten, wie persönliche Beratung oder Telefonie durch den Außendienstmitarbeiter, vernachlässigt werden können (vgl. [15, S. 30]).

---

[2] Der Customer Journey beschreibt den Kaufentscheidungsprozess, den ein Verbraucher beim Erwerb eines Produktes oder einer Dienstleistung beschreibt (vgl. [9, S. 142; 25, S. 29]).

1.4 Resümee

Digitalisierung ist allgegenwärtig. Sie ist zentraler Gegenstand sowohl bei der strategischen Ausrichtung als auch bei der Planung von Personalthemen (vgl. [16, S. 8]). Strategien, Herausforderungen und Veränderungen müssen überprüft und ggf. angepasst werden, anstatt die bestehenden Strukturen zu verteidigen (vgl. [11, S. 2; 8]). Veränderungen müssen schneller umgesetzt werden, um den Markt nicht der Konkurrenz zu überlassen. Somit müssen Versicherer die Digitalisierung aktiv mitgestalten (vgl. [29]), da die Phase des Umbruchs noch die Chance bietet, sich mit Veränderungen durchzusetzen (vgl. [31, S. 33]).

Bei einer Befragung von Entscheidungsträgern von Banken zählte die Digitalisierung nur bei 58 % der Teilnehmer zu den drei wichtigsten Unternehmensthemen (vgl. [8]). Auch Versicherer reagieren abwartend. Statt eines ganzheitlichen Ansatzes mit einer digitalen Unternehmenskultur gibt es nur vereinzelt Initiativen. Es ist erforderlich, die Mitarbeiter im Unternehmen von der Digitalisierung und deren Chancen zu überzeugen (vgl. [12, 24]). Gemeinsam müssen die dadurch notwendigen ganzheitlichen Veränderungen umgesetzt werden. Nur wer zeitnah digital transformiert, wird langfristig zu den Gewinnern gehören (vgl. [10]). Aber auch branchenfremde Wettbewerber erkennen, dass diese revolutionäre Phase Möglichkeiten bietet, auf neuen Wegen mit neuen Produkten in die Kernkompetenz von Versicherungsunternehmen einzudringen. Damit kann der Versicherer zum austauschbaren Lieferanten werden. Versicherungen haben daher die Aufgabe, diesen digitalen Wandel mitzugestalten (vgl. [29]).

Die Digitalisierung gehört in der Versicherungsbranche sicherlich zu den aktuellsten und wichtigsten Themen. Durch sie werden Veränderungen für die Mitarbeiter in der Arbeitswelt, in der Wahrnehmung von Kompetenzen, in der Kommunikation und in der Unternehmenskultur ausgelöst. Beeinflusst wird aber auch das Kundenverhalten. Zudem werden die Optimierung und Neuentwicklung von Dienstleistungen und Geschäftsfeldern ermöglicht. Mitarbeiter, die wichtigste Ressource bei diesem digitalen Wandel, müssen intensiv auf diese Neuerungen vorbereitet werden. Einerseits verschieben sich Jobprofile und damit Kompetenzerfordernisse, weil viele analoge Tätigkeiten automatisiert werden können und es entstehen zukünftig komplexere Aufgaben. Dadurch steigen die Belastung und die Verantwortung des einzelnen Mitarbeiters. Im Gegenzug gewinnt er neue Freiheiten und Mitsprache. Es verändern sich auch die Art der Zusammenarbeit, die Kommunikationsmedien und die Weiterbildungen. Die Personalentwicklung bekommt durch diese Veränderungen zukunftsentscheidende Bedeutung. Die Strukturen im Unternehmen verändern sich: Hierarchien werden reduziert, Werte und Unternehmenskultur verändern sich grundlegend und Bereiche, wie die Produktentwicklung oder IT, werden relevanter, während Bereiche, wie die Sachbearbeitung, fast komplett automatisiert werden.

Zusammenfassend betrachtet bietet die Digitalisierung insgesamt wohl mehr Chancen als Risiken. Diese Chancen müssen genutzt und die Herausforderungen sollten zeitnah und proaktiv erkannt und angenommen werden. Es gibt keinen einheitlichen standardisierten Weg, um die Versicherungsunternehmen zukunftsgerecht aufzustellen, denn die

Geschäftsmodelle und Kundenstrukturen der deutschen Versicherer sind zu unterschiedlich. Letztlich ist es aber der Kunde, der über Erfolg oder Misserfolg des einzelnen Versicherungsunternehmens langfristig entscheidet.

Literatur

1. Accenture (2015) Der digitale Versicherer – Gewinnverdoppelung: Neue Wertschöpfungsquelle für High Performance Versicherungen durch digitale Transformation. https://www.accenture.com/t00010101T000000__w__/de-de/_acnmedia/PDF-6/Accenture-FS-ASG-Digitaler-Veicherer-HP-Gewinnverdopplung-2014-Versicherungen-Final.pdf. Zugegriffen: 11. Dezember 2017
2. Altuntas M, Uhl P (2016) Industrielle Exzellenz in der Versicherungswirtschaft. Gabler Verlag, Wiesbaden
3. Bain & Company (Hrsg) (2013) Versicherungen: Die digitale Herausforderung. http://www.bain.de/Images/BainBrief_Versicherungen_Die-digitale-Herausforderung_FINAL.pdf. Zugegriffen: 11. Dezember 2017
4. Bain & Company (Hrsg) (2015) Digitalisierung droht die Versicherungsbranche zu überrollen. http://www.bain.de/press/press-archive/digitalisierung-droht-die-versicherungsbranche-zu-ueberrollen.aspx. Zugegriffen: 11. Dezember 2017
5. Barenberg S, Lohse U (2009) Die Balanced Scorecard als ganzheitliches Performance Management-System in Finanzdienstleistungsunternehmen Bd. 8. Graf von der Schulenburg, Karlsruhe
6. Bayrische Landesbank (2016) Megatrends – Der Blick über den Tellerrand wagen. Bayrische Landesbank, München
7. Becker J (2013) Marketing-Konzeption: Grundlagen des zielstrategischen und operativen Marketing-Managements, 10. Aufl. Verlag Franz Vahlen, München
8. Böhne J (2017) Banken: Fintech-Kooperationen sollen Digitalisierung beschleunigen. https://www.cash-online.de/berater/2017/banken-digitalisierung-fintechs/360631/2. Zugegriffen: 11. Dezember 2017
9. Cebulsky M, Günther J (2015) Der digitale Versicherungskunde: anspruchsvoll, vernetzt und mobil. In: Linnhoff-Popien C, Zaddach M, Grahl A (Hrsg) Marktplätze im Umbruch. Springer Verlag, Berlin, Heidelberg, S 141–148
10. Erle C (2016) Personalarbeit 4.0 – Megatrends der Digitalisierung (Teil 1). http://www.management-circle.de/blog/personalarbeit-4-0-megatrends-der-digitalisierung/. Zugegriffen: 11. Dezember 2017
11. Fabig-Grychtol N, Kleb RH (2014) Personalstrategien – Ausrichtung der Personalstrategie auf die virtualisierte und digitalisierte Arbeitswelt von morgen. Baumgartner & Partner, Hamburg
12. Hennige S (2016) Die Digitalisierung beginnt schon beim Recruiting. https://www.roberthalf.de/blog/digitalisierung-beginnt-beim-recruiting. Zugegriffen: 11. Dezember 2017
13. Heß W (2008) A. D. Research: Ein Blick in die Zukunft – acht Megatrends, die Wirtschaft und Gesellschaft verändern
14. Horváth AG (2015) Multikanalvertrieb in Zeiten der Digitalisierung. https://www.horvath-partners.com/fileadmin/user_upload/Multikanalvertrieb_2015_Studienbericht_web-g.pdf. Zugegriffen: 11. Dezember 2017
15. Institut für Versicherungswirtschaft I.VW-HSG St. Gallen (2015) Industrialisierung der Assekuranz in einer digitalen Welt. https://www.ivw.unisg.ch/_/media/internet/content/dateien/instituteundcenters/ivw/studien/industrialisierung-digital2015.pdf. Zugegriffen: 11. Dezember 2017

16. Lambert P, Hofmann V, Steuer V (2017) Deutsche Bank – Personalbericht 2016. Deutsche Bank, Frankfurt am Main
17. Moormann J, Schmidt G (2007) IT in der Finanzbranche – Management und Methoden. Springer Verlag, Berlin, Heidelberg
18. The Nielsen Company (Hrsg) (2015) Global Trust Advertising. https://www.nielsen.com/content/dam/nielsenglobal/apac/docs/reports/2015/nielsen-global-trust-in-advertising-report-september-2015.pdf. Zugegriffen: 11. Dezember 2017
19. Palan D (2017) Das Ende der Sicherheit. Manag Mag 2017(2):58–61
20. Rorsted K (2015) Aus Konsumgüterunternehmen werden Real Time Enterprises. In: Becker T, Knop C (Hrsg) Digitales Neuland – Warum Deutschlands Manager jetzt Revolutionäre werden. Springer Gabler Verlag, Wiesbaden, S 103–112
21. Sander M (2017) Der Einfluss der Digitalisierung auf die Markenstrategie und das Markenerlebnis. In: Theobald E (Hrsg) Brand Evolution. Springer Gabler Verlag, Wiesbaden, S 197–214
22. Schuhmacher U (2010) Versicherung 2.0 – Marketing und Kommunikation im Social Media-Zeitalter. In: Zerres MP, Reich M (Hrsg) Handbuch Versicherungsmarketing. Springer Verlag, Berlin, Heidelberg, S 383–396
23. Sutor T (2010) Theoretische Grundlagen des Versicherungsmarketing. In: Zerres MP, Reich M (Hrsg) Handbuch Versicherungsmarketing. Springer Verlag, Berlin, Heidelberg, S 81–100
24. Uebing M, Steinmetz M (2016) Thema Digitalisierung im Versicherungswesen – Herausforderungen, Ziele und Veränderungen. https://bankinghub.de/innovation-digital/thema-digitalisierung-versicherungswesen-herausforderungen-ziele-und-veraenderungen. Zugegriffen: 11. Dezember 2017
25. Versicherungsforen Leipzig (2016) Weckruf der InsurTechs. http://blog.versicherungsforen.net/2016/09/weckruf-der-insurtechs/. Zugegriffen: 11. Dezember 2017
26. versicherungsmagazin.de (2017) Hybrider Kunde. http://www.versicherungsmagazin.de/lexikon/hybrider-kunde-1945509.html. Zugegriffen: 11. Dezember 2017
27. We Are Social (2017) Global Digital Report 2017: So digital ist Deutschland
28. Weihs A (2010) Nachfrager von Versicherungsleistungen. In: Zerres MP, Reich M (Hrsg) Handbuch Versicherungsmarketing. Springer Verlag, Berlin, Heidelberg, S 19–41
29. Wenig M, Bergfeld B (2014) Vertrieb im Wandel – Versicherung – Digitalisierung ist kein Selbstzweck. https://www.versicherungsbote.de/id/4805408/Digitalisierung-Versicherung-Kongress-Interview-Michael-Mayr/. Zugegriffen: 11. Dezember 2017
30. Wirtz BW (2013) Multi-Channel-Marketing, 2. Aufl. Gabler Verlag, Wiesbaden
31. Zimmermann G, Richter S-L (2015) Gründe für die Veränderungsaversion deutscher Versicherungsunternehmen. In: Zimmermann G (Hrsg) Change Management in Versicherungsunternehmen – Die Zukunft der Assekuranz erfolgreich gestalten. Gabler Verlag, Wiesbaden
32. Zimmermann K (2017) Digitalisierung der Produktion durch Industrie 4.0. In: Spieß B, Fabisch N (Hrsg) CSR und neue Arbeitswelten. Gabler Verlag, Berlin, Heidelberg, S 53–72

Theoretische Grundlagen des Versicherungsmarketing

Tim Sutor

Zusammenfassung

Das Versicherungsmarketing kann auf diversen Forschungsansätzen und Theorien aus dem Marketing und Dienstleistungsmarketing aufsetzen. Insbesondere die Kombination der verschiedenen Ansätze ermöglicht die weitreichende Erklärung vorhandener Phänomene und Herausforderungen innerhalb der Versicherungswirtschaft. Im Ergebnis ergeben sich eine Vielzahl von Hinweisen für eine erfolgreiche Ausgestaltung des Marketingmanagements von Dienstleistungs- und speziell Versicherungsunternehmen.

2.1 Einleitung

Mit der Etablierung des Marketing als wissenschaftliche Disziplin sind unterschiedliche Forschungsansätze und Theorien entwickelt worden. Diese werden zum Teil ergänzend oder auch konkurrierend zur Analyse, Erklärung und Gestaltung des Marketing betrachtet. Das Versicherungsmarketing, interpretiert als spezielle Form des Dienstleistungsmarketing, kann auf vorhandenen Ansätzen aus Marketing und Dienstleistungsmarketing aufbauen. Es setzt gleichsam aber die Berücksichtigung einer Reihe von Besonderheiten voraus.

Ausgangspunkt des folgenden Beitrages sind die Dienstleistungscharakteristika und spezifischen Wesensmerkmale der Versicherung. In der Folge wird deutlich, dass alleine die Betrachtung des Kernproduktes „Versicherungsschutz" nicht ausreicht. Kunden rücken die Kundenbeziehung in den Vordergrund. Ein fehlerloses Kernprodukt wird von ihnen als Selbstverständlichkeit eingestuft. Dennoch konzipieren Versicherer vielfach al-

T. Sutor (✉)
67rockwell Consulting GmbH
Hamburg, Deutschland
E-Mail: tim.sutor@67rockwell.de

lein rein sachlich-rationale Leistungsbestandteile. Leistungen, die mit der Interaktion und Beziehung verbunden und für den Kunden sehr wichtig sind, beispielsweise spezielle Serviceleistungen, werden dagegen häufig vernachlässigt. Mit dem Marketingkonzept und dem Drei-Ebenen-Konzept der Versicherung werden zwei Ansätze vorgestellt, anhand derer sich die geforderte Kundenorientierung in der Produktgestaltung verankern lässt. Das Produkt Versicherung wird im Sinne einer Gesamtleistung betrachtet, die über das Kernprodukt hinausgehende Problemlösungsbündel für den Kunden bereitstellt.

Angesichts der aufzuzeigenden Besonderheiten des Versicherungsproduktes und deren Implikationen für das Versicherungsmarketing kommt einer fundierten theoretischen Basis eine hohe Bedeutung zu. Die vorhandenen Ansätze der Marketingtheorie liefern verschiedene Erklärungsbeiträge und Handlungsempfehlungen für das Versicherungsmarketing. Die Besonderheiten der Dienstleistung Versicherung induzieren jedoch teilweise eine nur eingeschränkte Relevanz einiger Theorien, ohne im Rahmen dieses Beitrages deren vertiefende Diskussion und Bewertung vornehmen zu wollen. Vielmehr sollen mit der Informationsökonomik und der Transaktionskostentheorie zwei Ansätze der Neuen Institutionenökonomie vorgestellt werden, denen eine grundsätzliche Eignung zur theoretischen Fundierung des Dienstleistungsmarketing zugesprochen wird. Gleiches gilt für die Interaktions- und beziehungsorientierten Ansätze sowie die Involvement-Theorie. Diese werden im Rahmen der verhaltenswissenschaftlichen Marketingtheorien behandelt.

Die genannten Theorien setzten sich alle im Kern mit dem Kunden und der Kundenbeziehung auseinander. Dabei beleuchten sie die Problemstellungen im Versicherungsmarketing aus unterschiedlichen Perspektiven. Der Erklärungsbeitrag der Neuen Institutionenökonomik bezieht sich speziell auf bestehende Informationsasymmetrien zwischen Anbietern und Nachfragern unter Unsicherheit. Die interaktions- und beziehungsorientierten Ansätze betrachten die Kundenbeziehung in einem dynamischen und umfassenderen Sinne. Hier wird nicht nur die Informationsverteilung bei einer Transaktion analysiert, sondern die gesamte Kundenbeziehung über einen längerfristigen Zeitraum untersucht. Anders die Involvement-Theorie, die wertvolle verhaltenspsychologische Beiträge im Kontext von Kaufentscheidungen von Versicherungsprodukten liefert.

Die einzelnen Erklärungsansätze tragen in unterschiedlicher Weise zum Verständnis der Versicherung und theoretischen Fundierung des Versicherungsmarketing bei. Die nachfolgenden Ausführungen greifen die wichtigsten Erkenntnisse zu diesem Thema auf, um sie gleichzeitig auf die Berücksichtigung grundlegender Besonderheiten der Versicherung zu prüfen.

2.2 Produktspezifische Besonderheiten der Versicherung und Implikation für das Versicherungsmarketing

2.2.1 Dienstleistungscharakteristika der Versicherung

Die Fachexperten sind sich grundsätzlich einig, dass es sich bei der Versicherung um eine Dienstleistung handelt. Eine Dienstleistung umfasst „jede einem anderen angebotene Tätigkeit oder Leistung, die im Wesentlichen immaterieller Natur ist und keine direkten Besitz- oder Eigentumsveränderungen mit sich bringt" [9, S. 772]. Dienstleistungen weisen gegenüber Sachgütern verschiedene Besonderheiten auf. Sie kennzeichnen sich durch drei konstituierende Merkmale, aus denen sich verschiedene Implikationen für das Marketing ableiten (vgl. [11, S. 40]):

(1) **Notwendigkeit der Leistungsfähigkeit des Dienstleistungsanbieters**: Keine Dienstleistung kann ohne spezifische Leistungsfähigkeiten erstellt werden (zum Beispiel Know-how, körperliche Fähigkeiten, Technologien). Dieses bedeutet für fähigkeitsintensive Dienstleister wie Versicherungen, besonders bei herausragenden Wettbewerbsvorteilen die vorhandenen Kompetenzen in den Vordergrund stellen und dokumentieren zu müssen (zum Beispiel in der Produktentwicklung). Handelt es sich um marktübliche Standards, sind dagegen das Personal, das Unternehmen oder profilierende Leistungselemente zu betonen.

(2) **Integration des externen Faktors in den Dienstleistungserstellungsprozess**: Der Prozess der Dienstleistungserstellung zielt stets auf eine Veränderung an bestehenden Objekten oder Menschen ab, über die der Kunde die Verfügungsgewalt behält. Für Versicherungen gilt dieses beispielsweise für das Erreichen der inneren Sicherheit des Kunden (Wissen um Versicherungsschutz). Demzufolge kann kein Dienstleistungsanbieter unabhängig vom Kunden oder dessen Objekt leisten. Der Anbieter ist an die Mitwirkung des Fremdfaktors (hier: Kunde) geknüpft, dessen Beteiligung aktiv oder passiv erfolgt. Für das Marketing resultiert hieraus Erfordernis und Chance zugleich, den Kunden in die Leistungserstellung einzubinden.

(3) **Immaterialität der Leistung**: Dienstleistungen sind intangibler Natur. Eine Versicherung kennzeichnet sich durch ihren immateriellen Status. Hieraus resultieren zwei weitere Abgrenzungskriterien von Dienstleistungen, die Nicht-Lagerfähigkeit und die Nicht-Transport-fähigkeit. Eine zentrale Schlussfolgerung leitet sich aus der Immaterialität ab: Die Materialisierung von Dienstleistungen. Um die Aufmerksamkeit des Kunden zu wecken, muss auf die Art und Qualität der (intangiblen) Leistung hingewiesen werden. Die fehlende Lagerfähigkeit impliziert die Anforderung nach einer intensiven Koordination zwischen Produktion und Nachfrage. Für Versicherungen ist die Koordination von Innen-(Produktion) und Außendienst (Produktnachfrage) konstitutiv. Die Nicht-Transportfähigkeit verweist darauf, dass Konsum und Leistung zusammenfallen (Uno-actu-Prinzip). Versicherungen werden zeitgleich produziert und verkauft.

Mit der theoretischen Einordnung der Versicherung als Dienstleistung bleibt noch immer die Frage offen, inwiefern sich Versicherungen von anderen Dienstleistungen unterscheiden. Welche produktspezifischen Besonderheiten weisen sie auf und welche Konsequenzen ergeben sich hieraus für das Marketing? Zur Beantwortung soll auf die anerkannte Definition des Versicherungsproduktes nach Farny zurückgegriffen werden (vgl. [3, S. 8 und S. 22]):

> Versicherung ist der Transfer einer aus Sicht des Kunden ungewissen Wahrscheinlichkeitsverteilung von Schäden auf den Versicherer gegen Zahlung einer tendenziell festen Prämie (Kundensicht).

> Versicherung ist die Deckung eines (aus Sicht des Versicherers) im Einzelnen ungewissen, insgesamt geschätzten Mittelbedarfs auf der Grundlage des Risikoausgleichs im Kollektiv und in der Zeit (Versicherersicht).

Aus dem Dienstleistungscharakter der Versicherung resultieren in Verbindung mit ihren Wesensmerkmalen einige Besonderheiten des Versicherungsproduktes:
Der Versicherungsschutz

- ist nicht gegenständlich, nicht greifbar und nicht sichtbar,
- ist eine momentan nicht realisierbare Leistung,
- bietet demzufolge keinen konkreten Grenzwert,
- ist einem latenten Bedürfnis ausgesetzt, das erst geweckt werden muss,
- wird gleichzeitig produziert und verkauft (Uno-actu-Prinzip),
- deckt einen nur schwer fassbaren Zukunftsbedarf,
- weist einen abstrakten Nutzen auf,
- verspricht keinen Prestigenutzen,
- ist typischerweise mit negativen Assoziationen verbunden,
- führt meist zu einer längerfristigen Vertragsbindung und
- bedarf zum Risikoausgleich im Kollektiv der „Massenproduktion".

In der Konsequenz muss sich das Marketingmanagement insbesondere mit vier negativen Produktcharakteristika auseinandersetzen (vgl. [8, S. 304]):
Versicherungsprodukte weisen aufgrund ihrer Immaterialität und Abstraktheit eine hohe Erklärungsbedürftigkeit auf.

1. Versicherungsprodukte kennzeichnen sich durch die Schwerverkäuflichkeit einer Leistung, die der Kunde typischerweise nach dem Eintritt eines negativen Ereignisses erhält oder die ihn zumindest dazu zwingt, sich gedanklich mit negativen Ereignissen auseinanderzusetzen.
2. Versicherungsprodukte und konkret der Versicherungsschutz an sich stellen kein selbstwerbendes Gut dar.
3. Versicherungskunden weisen eine relativ geringe Konsumneigung auf.

2 Theoretische Grundlagen des Versicherungsmarketing

Merkmale von Dienstleistungen	Besonderheiten des Versicherungsprodukts	Implikationen für das Versicherungsmarketing
1 Notwendigkeit der Leistungsfähigkeit 2 Integration des externen Faktors 3 Immaterialität	• Nicht gegenständlich, nicht greifbar und nicht sichtbar • Momentan nicht realisierbare Leistung • Bietet demzufolge keinen konkreten Grenzwert • Ist einem latenten Bedürfnis ausgesetzt, das erst geweckt werden muss • Wird gleichzeitig produziert und verkauft (Uno-actu-Prinzip) • Deckt nur einen schwerfassbaren Zukunftsbedarf ab • Weist nur abstrakten Nutzen auf • Verspricht keinen Prestigenutzen • Meist mit negativen Assoziationen verbunden • Längerfristige Vertragsbindung • Bedarf der „Massenproduktion"	1 Hohe Erklärungsbedürftigkeit 2 Schwerverkäuflichkeit / Negativassoziationen 3 Kein für sich selbstwerbendes Gut 4 Vergleichsweise geringe Konsumneigung

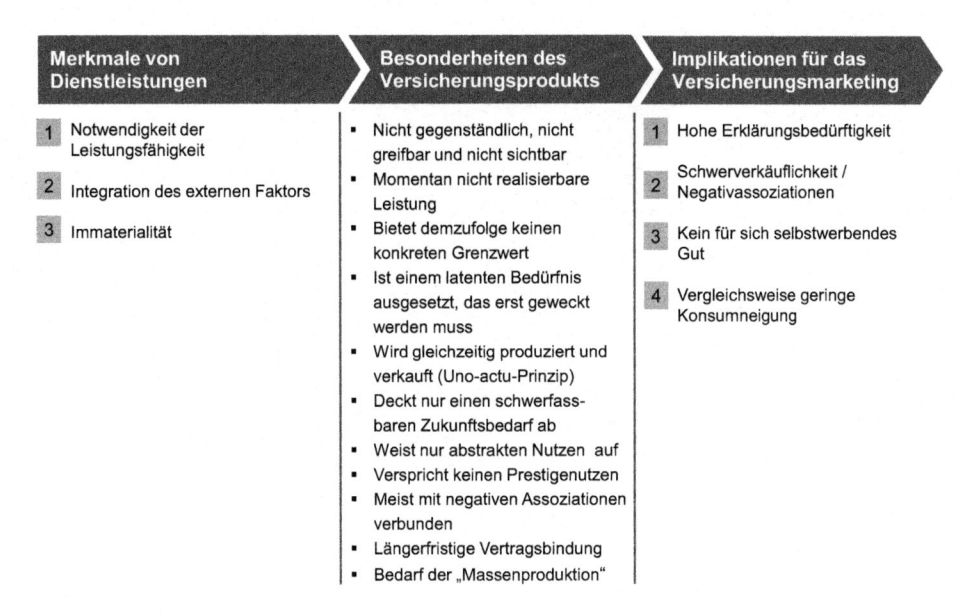

Abb. 2.1 Dienstleistungscharakteristika der Versicherung und Implikationen. (Quelle: eigene Darstellung)

Abb. 2.1 fasst die bisherigen theoretischen Ausführungen zusammen und gibt einen Überblick über deren verschiedene Implikationen. Festzuhalten bleibt, dass die Besonderheiten des Versicherungsprodukts das Marketing strategisch und operativ beeinflussen und ihre Berücksichtigung wichtige Beiträge zur Vorbereitung marketingpolitischer Entscheidungen liefern können (vgl. Abb. 2.1).

2.2.2 Gesamtleistung Versicherung als Gestaltungsobjekt des Versicherungsmarketing

Bereits mit der Definition der Versicherung als Dienstleistung wird deutlich, dass allein die Betrachtung des Kernproduktes „Versicherungsschutz" nicht ausreichend ist. Es ist notwendig, das Kernprodukt „Versicherungsschutz" in problemlösungsorientierte Dienstleistungsbündel für den Kunden einzubinden und im Sinne einer Gesamtleistung zu vermarkten. Kundenorientierung tritt in den Vordergrund. Eine theoretische Basis für diese Perspektive liefert das sogenannte Marketingkonzept nach Haller (vgl. Abb. 2.2).

Ausgangspunkt des Marketingkonzeptes sind Märkte und deren Potenziale. Für Versicherungsunternehmen gilt es zu beantworten: Welche latenten Wünsche, Bedürfnisse und Probleme weisen (potenzielle) Vertriebspartner und Endkunden auf (1a)? Welche Funktionen kann die eigene Leistung beim Kunden erfüllen und welche sollte sie erfüllen (1b)? Auf dieser Grundlage ist im zweiten Schritt die Marktleistung als Kombination von Produkt (2a) und Dienstleistung (2b) zu gestalten. Die Marktleistung sucht konse-

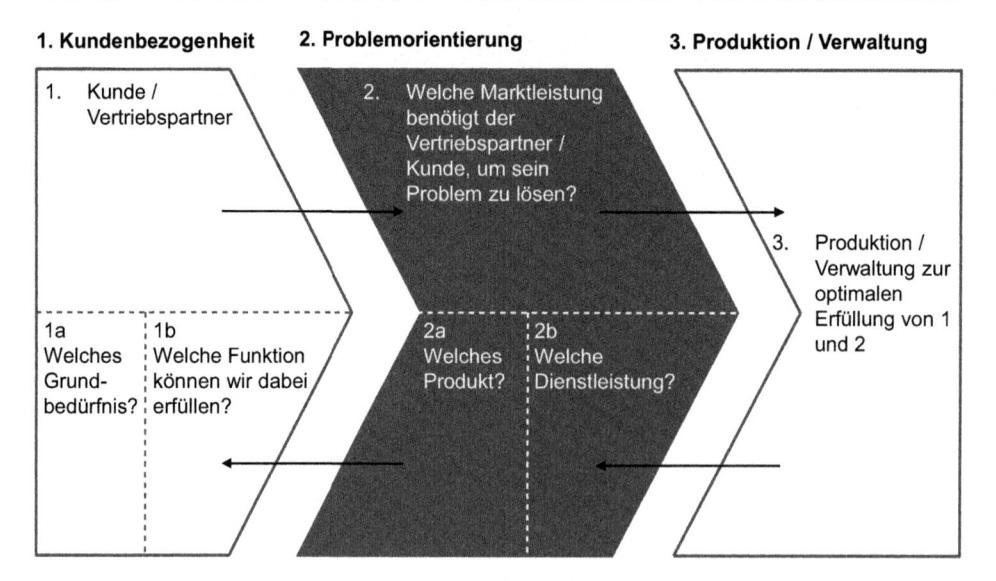

Abb. 2.2 Marketingkonzept in der Versicherung. (Quelle: eigene Darstellung in Anlehnung an [4, S. 274])

quent nach adäquaten Problemlösungen für den Kunden (2 Problemorientierung). Erst im dritten Schritt geht es um die Leistungserstellung. Die Bedingungen (1) und (2) sind optimal zu erfüllen und die Wertschöpfungskette adäquat zu konfigurieren (3 Produktion und Verwaltung).

In der Umsetzung heißt Kundenorientierung damit andauernde Anpassung und Änderung, um in einem integrierten Ansatz verbesserte Problemlösungen für den Kunden zu entwickeln. Die Denkhaltung kehrt sich vom Produkt zum Kunden, der zum Dreh- und Angelpunkt des Marketingprozesses wird.

Eng verbunden mit dem Marketingkonzept ist das Drei-Ebenen-Konzept. Das Drei-Ebenen-Konzept unterteilt die Gesamtleistung Versicherung in drei Produktebenen, die einen Wert für den Kunden generieren (vgl. Abb. 2.3).

Ebene 1 besteht aus dem Kernprodukt „Versicherungsschutz". Auf den Ebenen 2 (Kernfunktionen) und 3 (erweiterte Funktionen) werden mit Blick auf den Kunden und die Beziehung die Hauptwirkungen erzielt. Zu den drei Produktebenen folgende Vertiefung (vgl. [8]):

- Ebene 1 umfasst mit der Versicherungsdeckung das Kernprodukt.
  Das Kernprodukt beinhaltet die technisch-leistungswirtschaftliche, finanzielle und soziale Dimension. Der Versicherte erfährt eine innere Sicherheit (Wissen um Versicherungsschutz) und eine äußere Sicherheit (Verfügen über Versicherungsschutz). Nach dem Schutzkonzept besteht die Leistungserbringung des Versicherers nicht in der Schadenzahlung. Entscheidend ist die während der Vertragsbeziehung vermittelte Gewiss-

2 Theoretische Grundlagen des Versicherungsmarketing

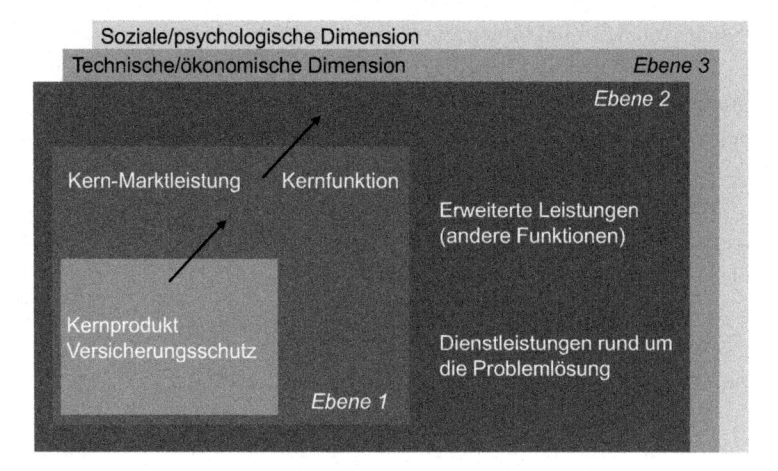

Abb. 2.3 Drei-Ebenen-Konzept des Versicherungsproduktes. (Quelle: eigene Darstellung in Anlehnung an [4, S. 282])

heit, formulierte finanzielle Ziele trotz Störungen erreichen zu können. Der Versicherungsvertrag konstituiert den objektiven Rahmen. Dieser berücksichtigt auch Dienstleistungen im Schadenfalle. Insofern sind in der Produktgestaltung Spielräume für nachfragegerechte Serviceleistungen „rund um die Schadenzahlung" zu schaffen.

- Ebene 2 ergänzt das Kernprodukt zur Marktleistung Versicherung.

Unmittelbar an der Grundfunktion des finanziellen Sicherns orientiert, erweitern flankierende Dienstleistungen das Kernprodukt zur Marktleistung Versicherung. Beispiele hierfür sind Beratung, Abschluss, Betreuung, Schadenbearbeitung oder auch Convenience beim Service, wie Schnelligkeit oder Einfachheit. Versicherungsanbietern stellt sich die Frage, wie Komponenten und Dienstleistungen kundenorientiert zusammengeführt und standardisierte Kernprodukte individualisiert werden können. Die kundenorientierte Beratung und Betreuung betreffen den gesamten Sicherungsprozess, angefangen von der Berücksichtigung der individuellen Risikoneigung bis zur Betreuung im Schadenfalle. Beratungs- und Unterstützungsleistungen innerhalb der Schadenbearbeitung sind somit Bestandteile der Marktleistung Versicherung.

- Ebene 3 beschreibt die Gesamtleistung Versicherung.

Die bisherige Marktleistung wird mit erweiterten Funktionen kombiniert. Während ein isolierter Versicherungsschutz an Bedeutung verliert, sichert die Bündelung verschiedener Problemlösungen und funktionsorientierter Leistungen die Marktposition gegen den Wettbewerb ab.

Zur Absicherung der Wettbewerbsposition lässt sich auf der Ebene 3 die Gesamtleistung der Versicherung erweitern (vgl. [14, S. 124]):

1. Erweiterung in der finanziellen Dimension

    Erweitert das Leistungsangebot um verbundene Finanzdienstleistungen (Allfinanz). Kombiniert verschiedenste Finanzdienstleistungsfunktionen, zum Beispiel die Leis-

tung Schutz mit den Funktionen Einnehmen und Ausgeben, Vermögensbildung und Sparen sowie Anlegen und Verteilen.
2. Erweiterung in der technisch-leistungswirtschaftlichen Dimension
Orientiert sich an einer Spezialisierung im technischen Bereich. Stellt eine Erweiterung der Wertschöpfungstiefe dar. Mögliche Optionen sind die Vertiefung der Risiko-Management-Beratung oder das Angebot von Managed-Care-Leistungen in der Kranken- und Unfallversicherung.
3. Erweiterung in der sozialen Dimension
Bietet die Chance, mit sogenannten Total-Care-Strategien den sozialen und emotionalen Kundenanforderungen zu begegnen. Umfassen beispielsweise Altersleistungen immaterieller Natur und Assistance-Leistungen aller Art.

Die Ausführungen verdeutlichen in der Zusammenfassung die Chance der Versicherer, sich durch die geschickte Kombination von finanziellen und nichtfinanziellen Funktionen im Wettbewerb zu differenzieren. Gerade die erweiterten Funktionen, zum Beispiel in der sozial-psychologischen Dimension, machen das Produkt aus Kundensicht letztlich aus (vgl. [5, S. 630]).

2.3 Erklärungsbeiträge ausgewählter theoretischer Ansätze zum Versicherungsmarketing

2.3.1 Institutionenökonomische Ansätze und deren Erklärungsbeitrag zum Versicherungsmarketing

Die *Neue Institutionenökonomie* hat sich als Theorie aus der mikroökonomischen Tradition entwickelt. Sie ist bestrebt, die Unvollkommenheit der Märkte durch die Einbeziehung von Unsicherheit über das Verhalten der Marktteilnehmer und zukünftige Marktentwicklungen realitätsnäher abzubilden. Die Abwicklung von Transaktionen verursacht aus Sicht der Akteure Kosten in Form von Geld, Zeit und Bemühungen. Nach der Theorie dienen Institutionen, beispielsweise Unternehmen, dazu, die vorhandenen Unsicherheiten zu reduzieren und Anreize zu schaffen.

Verknüpft man die Funktion des Marketing mit den Gedanken der Neuen Institutionenökonomie, dient das Marketing der Koordination von Marktteilnehmern und Förderung von Transaktionen. Marketing wirkt in diesem Sinne als eine Institution, die Unsicherheit reduziert, Anreize setzt und Transaktionskosten senkt (vgl. [6, S. 5]).

Aufgabe des Versicherungsmarketing als Institution ist es, die hohen Unsicherheitsgrade und Informationsasymmetrien der Marktteilnehmer zu reduzieren. Marketingstrategisch werden zu diesem Zweck weitere Institutionen erzeugt. Hierzu zählen beispielsweise Anbietermarken, qualifiziertes Dienstleistungspersonal oder dauerhafte Geschäftsbeziehungen, die alle vor dem Hintergrund der Immaterialität der Versicherung unsicherheitsmindernd wirken. Die Neue Institutionenökonomie bietet gerade zu diesen Problemstellungen einen geeigneten analytischen Rahmen, auf explikativer wie auf normativer Ebene (vgl. [11, S. 55]).

2.3.1.1 Ansätze der Informationsökonomie

Die Informationsökonomik untersucht das aus Unsicherheitsphänomenen abgeleitete Informationsverhalten auf Märkten. Im Vordergrund steht die Analyse der Voraussetzungen und Konsequenzen von Informationsasymmetrien zwischen Anbietern und Nachfragern. Beide kennzeichnet bei jeder Erst- bzw. Einzeltransaktion ein Informationsdefizit, das auf leistungs- und transaktionspartnerbezogene Informationsprobleme zurückgeführt werden kann.

Die bestehenden Unsicherheiten und Informationsasymmetrien fördern implizit opportunistische Verhaltensweisen eines besser informierten Transaktionspartners. Beide werden daher bemüht sein, durch die Beschaffung von Informationen ihre Unsicherheiten zu reduzieren. Die Informationsökonomie unterscheidet zwei Formen der Informationsbeschaffung und -übertragung (vgl. Abb. 2.4):

Signaling = aktive Bereitstellung glaubwürdiger Informationen durch den besser informierten Marktteilnehmer
Screening = aktive Suche nach relevanten Informationen durch den schlechter informierten Marktteilnehmer.

Aus Sicht des Versicherungsanbieters dienen Signaling-Maßnahmen der Verbreitung glaubwürdiger Informationen über die Fähigkeiten des Unternehmens. Sie sind insbeson-

	Signaling (Informationsaussendung)	**Screening** (Informationssuche)
Anbieter	**Besser informiert bezüglich der eigenen Potenziale** • Darstellung der eigenen Leistungsfähigkeit • Übernahme von Servicegarantien • Referenzkunden, Reputation, Image	**Schlechter informiert bezüglich des externen Faktors** • Nachweise der Zahlungsfähigkeit • Marktforschung • Aufforderung zur Selbsteinordnung
Nachfrager	**Besser informiert bezüglich des externen Faktors** • Preisgabe konkreter Informationen zum Individualisierungsbedarf • Kundenerwartung und Kundenzufriedenheit • Bereitschaft zur Selbsteinordnung	**Schlechter informiert über die Potenziale der Anbieter** • Angebotsvergleich (Preis, Qualität, Service etc.) • Mund-zu-Mund-Kommunikation • Rating-Agenturen, Testergebnisse

Abb. 2.4 Informationsaktivitäten der Marktpartner. (Quelle: eigene Darstellung)

dere Gegenstand der Kommunikationspolitik. Eine gute Reputation oder Servicegarantien sind Informationssignale, denen eine hohe Glaubwürdigkeit zugesprochen wird. Die klassische Werbung gilt vergleichsweise weniger glaubwürdig und damit weniger geeignet, Unsicherheiten abzubauen (vgl. [10, S. 657])

Im Kontext der (Neu-)Kundenakquisition ist es für Versicherer interessant, welche Screening-Aktivitäten ihre Nachfrager auszeichnen. Gebräuchlichstes Muster sind Angebotsvergleiche zwischen mehreren Anbietern, in der einfachsten Form die Suche nach Entscheidungshilfen im Internet (zum Beispiel anhand von Testergebnissen, Ratings und Preisvergleichen). Empfehlungen aus dem sozialen Umfeld bieten ein zweites besonders effektives Signal. Freunde, Familie oder Bekannte agieren als neutral eingestufte Dritte, deren Urteil als Qualitätssurrogat fungiert. Demzufolge sind die Beziehungsgeflechte der Kunden marketingstrategisch in die Überlegungen mit einzubeziehen.

Das Ausmaß der aktiven Informationssuche des Kunden ist abhängig von der zu Beginn des Kaufentscheidungsprozesses wahrgenommenen Dominanz an Such-, Erfahrungs- und Vertrauenseigenschaften des Produkts (vgl. Abb. 2.5).

Hierzu eine Detaillierung:

- **Sucheigenschaften:** Kennzeichnen sich dadurch, dass die Leistungsmerkmale vom Kunden bereits vor dem Kauf vollständig beurteilt werden können.
- **Erfahrungseigenschaften:** Eine Leistungsbeurteilung kann durch den Kunden erst ex post erfolgen, entweder direkt nach dem Kauf oder erst anhand der beim Gebrauch bzw. Verbrauch gemachten Erfahrungen.

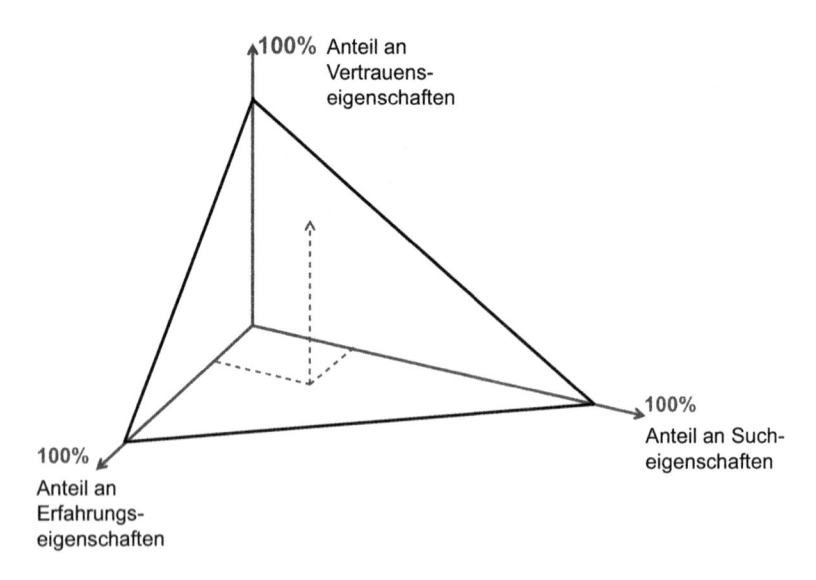

Abb. 2.5 Informationsökonomisches Dreieck. (Quelle: eigene Darstellung in Anlehnung an [16, S. 61])

- Vertrauenseigenschaften: Die Qualitätsmerkmale lassen sich vom Kunden selbst nach Kauf und Nutzung nicht vollständig beurteilen. Das erforderliche Wissen um das Produkt bzw. die Dienstleistung liegt nicht vor und kann nicht in angemessener Zeit aufgebaut werden.

Die Zuordnung einzelner Leistungsmerkmale zu den Eigenschaftskategorien lässt sich grundsätzlich nicht objektivieren. Sie hängt immer von der subjektiven Wahrnehmung der Konsumenten ab. Steigt der Anteil an Erfahrungs- oder Vertrauenseigenschaften, nimmt der Grad an Informationsdefiziten und Unsicherheit zu. Anhand des „informationsökonomischen Dreiecks" werden Leistungen je nach Dominanz einer Leistungseigenschaft einem Such-, Erfahrungs- oder Vertrauenskauf zugeordnet.

Es ist zu erwarten, dass Kunden in Abhängigkeit des jeweils dominierenden Eigenschaftstyps unterschiedliche Strategien zur Risikoreduktion wählen. Bei weniger komplexen Versicherungsprodukten wie der Kfz-Versicherung dominiert beispielsweise der Anteil an Sucheigenschaften. Nachfragern bieten sich Möglichkeiten der Leistungsinspektion, Vergleiche der im „evoked set"[1] befindlichen Produkte oder der anderweitigen Informationssuche. Eine Risikoreduktion via Markenpräferenz scheint in diesem Falle ebenso unwahrscheinlich wie der vorherige Erfahrungsaustausch im sozialen Umfeld.

Bei einem wahrgenommenen Übergewicht von Erfahrungseigenschaften wird dagegen postuliert, dass ein Risiko primär durch den Kauf bekannter Marken, die Inanspruchnahme der Beratungs- und Serviceleistungen des Anbieters und den Rat aus persönlichen Informationsquellen reduziert wird.

Viele Versicherungsprodukte kennzeichnen sich durch die Dominanz von Vertrauenseigenschaften. Eine Risikolebensversicherung verfügt über Leistungsmerkmale, die auch nach Kauf und Konsum nicht zweifelsfrei beurteilbar sind. Konsumenten dürften aktiv nach Informationen suchen, die mit hoher Wahrscheinlichkeit die Vertrauenswürdigkeit der zur Auswahl stehenden Anbieter vorhersagen. Mögliche Indikatoren sind neben positiven eigenen Erfahrungen Reputation, Bekanntheitsgrad und Firmenimage sowie Erfahrungen als glaubwürdig eingestufter Dritter.

Abhängig von der informationsökonomischen Einordnung einer Leistung ergeben sich verschiedene Implikationen für das Marketing von Versicherern. Wesentliche Ansatzpunkte sind in der nachfolgenden Zusammenfassung aufgeführt:

- Berücksichtigung kundenseitig wahrgenommener Eigenschaftsmerkmale von Produkten und Dienstleistungen.
- Orientierung der Ausgestaltung von Marketingaktivitäten am Informationsbeschaffungs- und Auswahlverhalten der Nachfrager.
- Überprüfung des eigenen Produktportfolios unter vertriebsstrategischen Aspekten nach Such-, Erfahrungs- und Vertrauenskäufen: zur Gewinnung von Neukunden können zum Beispiel einfache Produkte mit einem hohen Anteil an Sucheigenschaften dienen, um

---

[1] Das „evoked set" umfasst die überschaubare Menge von als kaufverhaltensrelevant eingestuften Marken (vgl. [10, S. 175]).

nach dem Erfahrungsaufbau das gewonnene Vertrauen des Nachfragers zu nutzen und diesem Erfahrungs- und Suchgüter der eigenen Marke zu verkaufen.
- Wertschöpfung in den Funktionen des Kundenkontakts (beispielsweise im Schadenmanagement) durch Förderung positiver Erfahrungen des Kunden mit dem Dienstleistungspersonal und Aufbau von Vertrauen.
- Dynamische Betrachtung der Kundenperspektive und deren Veränderung im Rahmen längerfristiger Geschäftsbeziehungen: für Kunden mögen zunächst Vertrauens- und Erfahrungseigenschaften dominieren, während sich mit zunehmender Erfahrung und Wissen die Einordnung zu einem größeren Teil an Sucheigenschaften umkehrt (wodurch mit der Dauer der Geschäftsbeziehung beispielsweise eine Reihe leistungsbezogener Informationsprobleme entfallen).

2.3.1.2 Ansätze der Transaktionskostentheorie

Die *Transaktionskostentheorie* beschäftigt sich im Kern mit einer einfachen Frage: „Warum gibt es Unternehmen?" Anders gefragt: Wie lässt es sich erklären, dass nicht ausnahmslos alle ökonomischen Transaktionen über Märkte abgewickelt werden, sondern stattdessen eine erhebliche Anzahl von Transaktionen innerhalb hierarchisch geführter Organisationen stattfinden? Die Antwort der Transaktionskostentheorie ist ebenso einfach wie weitreichend: Die Inanspruchnahme des Koordinationsinstrumentes Markt und des ihn regelnden Preismechanismus verursacht Kosten, sogenannte Transaktionskosten. Der Markt als dezentrale Koordinationsform und das Unternehmen als hierarchische Entität stellen alternative Modi des ökonomischen Austausches dar, wobei hybride Formen und Übergänge existieren können. Die optimale Koordinationsform wird durch die Höhe der Transaktionskosten determiniert.

Transaktionen werden im Rahmen der Theorie als Übertragung von Verfügungsrechten definiert, die sowohl mit der physischen Übergabe als auch durch einen rein rechtlichen Akt stattfinden können. Bei jeder Transaktion entstehen Kosten. Diese fallen für die Informationsbeschaffung und Kommunikation bei der Anbahnung, Aushandlung, Kontrolle und Durchsetzung von Transaktionen an. Grundlage transaktionstheoretischer Untersuchungen ist die Identifikation von Bestimmungsfaktoren für die Höhe der Transaktionskosten. Beispiele hierfür sind die Spezifität der zu erbringenden Leistung oder das Verhalten der Akteure. Weiterhin können die Kosten nach dem Zeitpunkt ihrer Entstehung in Ex-Ante-Kosten, die vor der Transaktion entstehen, und nach der Transaktion anfallende Ex-Post-Kosten unterschieden werden (vgl. [13, S. 41])

Wie kann nun der Zusammenhang zwischen Transaktionskosten und dem Marketing in der Assekuranz dargestellt werden? Hierzu sollen im Weiteren Erklärungsbeiträge konkretisiert werden, die sich aus den Aspekten Spezifität der Leistung, opportunistisches Verhalten und Transaktionshäufigkeit ableiten lassen.

Informationsasymmetrien und -probleme, die etwa aus der hohen Erklärungsbedürftigkeit komplexer Versicherungsprodukte resultieren, induzieren vergleichsweise hohe Transaktionskosten. Um möglichst viele erfolgreiche Transaktionen einzuleiten, wird die Senkung der Transaktionskosten zu einer bedeutsamen Aufgabe des Versicherungsmarketing. Zwar neigen Wirtschaftssubjekte zu opportunistischen Verhaltensweisen, doch sind sowohl Nachfrager als auch Anbieter gemeinsam an einer Senkung ihrer Transaktionskosten interessiert. Das Marketing kann an dieser Stelle leisten, dass auch schwer quantifizierbare Kosten der Nachfrager, etwa kognitive Anstrengungen oder typische Negativassoziationen, bei der Qualitätsbeurteilung des Versicherungsproduktes Berücksichtigung finden.

Aus der Transaktionskostentheorie lässt sich in Verbindung mit dem Dienstleistungscharakter der Versicherung eine hohe Kaufverhaltensrelevanz von Mund-zu-Mund-Kommunikation ableiten. Die Intangibilität der Beratungsleistung sowie die des Dauerschutzversprechens bedingt für den Kunden ein hohes finanzielles Kaufrisiko. Empfehlungen aus dem sozialen Umfeld schaffen hier ein differenziertes Bild und helfen bei der Informationsselektion und -komprimierung. Der Käufer des Versicherungsproduktes reduziert durch die vorherige Absicherung die Wahrscheinlichkeit und Konsequenzen eines Fehleinkaufes. Im Ergebnis sinken seine Transaktionskosten, indem die eigene Leistungserfahrung durch die Erfahrung Dritter substituiert wird. Damit geht nicht die Vermutung einher, dass sich die transaktionskostensenkende Eigenschaft von Weiterempfehlungen ausschließlich positiv für ein Unternehmen auswirken muss; lediglich die Kaufentscheidung des Kunden vereinfacht sich (vgl. [11, S. 63]).

Weiterführende Erklärungsbeiträge der Transaktionskostentheorie ergeben sich im Zuge der dynamischen Betrachtung einer Reihe von aufeinanderfolgenden Transaktionen. Argumentiert wird, dass dauerhafte Transaktionsbeziehungen aufgrund der hohen Kosten in der Vertragsanbahnung mit diversen Vorteilen verbunden sind. Für den Kunden entfallen bei der wiederholten Inanspruchnahme desselben Anbieters Such-, Wechsel- und Informationskosten. Durch den Aufbau von Vertrauen als Resultat wiederkehrender Interaktionen und Erfahrungswerte können Kontrollkosten reduziert werden. Auch aus Sicht des anbietenden Unternehmens sinken die Transaktionskosten mit zunehmender Geschäftsdauer. Die Erwartungen des Kunden hinsichtlich der zu erbringenden Services und erweiterten Funktionen müssen nicht mehr grundlegend neu ermittelt werden.

In der Zusammenfassung liegt der Mehrwert des Transaktionskostenansatzes in der Einführung eines differenzierten Kostenverständnisses, das zur Erklärung einiger dienstleistungsspezifischer Merkmale beiträgt. Unsicherheitsphänomene werden nicht alleine anhand von Informationsasymmetrien untersucht, sondern ebenfalls in Umweltbedingungen und -veränderungen begründet.

2.3.2 Verhaltenswissenschaftliche Ansätze und deren Erklärungsbeitrag zum Versicherungsmarketing

Verhaltenswissenschaftliche Ansätze versuchen, Erkenntnisse über das tatsächliche (Entscheidungs-)Verhalten von Einzelpersonen, Gruppen und ganzen Organisationen bereitzustellen. Sie greifen auf sämtliche Wissenschaftsrichtungen zurück, die der Erklärung des menschlichen Verhaltens dienen. Hierzu zählen in erster Linie die Sozialwissenschaften

(Psychologie, Sozialpsychologie und Soziologie), die vergleichende Verhaltensforschung sowie physiologische Verhaltenswissenschaften. Zwei grundlegende Verhaltensannahmen sind den Ansätzen gemeinsam: Die Prämisse der begrenzten Motivation und die Prämisse begrenzter Rationalität (vgl. [10, S. 3]).

Das Erkenntnisziel der verhaltenswissenschaftlichen Ansätze ist im Kontext des Versicherungsmarketing in der Erklärung und Gestaltung von Ursachen und Wirkungen marketingpolitischer Maßnahmen zu sehen. Zusammenhänge werden anhand verhaltenswissenschaftlicher Konstrukte (zum Beispiel Motive, Einstellungen und Involvement) und Verhaltensweisen der Konsumenten erklärt. Ziel ist es, Techniken zur Steuerung des menschlichen (Kauf)-Verhaltens abzuleiten. Neuere Theorien, wie die interaktions- und beziehungsorientieren Ansätze, konzentrieren sich im Kontext dauerhafter Kundenbeziehungen auf die Bedeutung laufender Interaktionen.

2.3.2.1 Interaktions- und beziehungsorientierte Ansätze

Interaktions- und beziehungsorientierte Ansätze untersuchen die gegenseitigen Abhängigkeiten, Aktionen und Reaktionen im Rahmen von Austauschprozessen, die zwischen zwei oder mehreren Individuen stattfinden. Ihnen liegt die These zu Grunde, dass die Vorstellung einzelner Transaktionen für das Verständnis von Kundenbeziehungen und die Entstehung neuer Organisationsformen (zum Beispiel Netzwerkorganisationen) nicht adäquat sei. Das lange Zeit übliche instrumentelle, transaktionsorientierte Vorgehen soll durch eine prozessuale, ganzheitliche und dynamisch angelegte Betrachtung von Austauschbeziehungen abgelöst werden. Anstelle des Transaktionsmarketing wird Beziehungsmarketing gefordert (vgl. [12, S. 41]).

Diese Sichtweise hat für Versicherungsunternehmen fundamentale Auswirkungen auf die Analyse und Bewertung von Kundenbeziehungen. Gleiches gilt für die Operationalisierung eines auf die Beziehungspflege ausgerichteten Marketing-Mix. Deutlich wird dieses anhand der Unterscheidungsmerkmale von Transaktionsmarketing und Relationship Marketing (vgl. Abb. 2.6).

Gegenstand des Relationship Marketing ist die langfristige Gestaltung von Kundenbeziehungen. Die Erklärung einmaliger Kaufentscheidungsprozesse steht weniger im Vordergrund. Marketing-Maßnahmen beziehen sich, neben der Leistung an sich, auf die Interaktion mit dem Kunden. Als Denkschema kann der Kundenlebenszyklus herangezogen werden, um die Kundenbeziehung dauerhaft aufrecht zu erhalten. Dominante Marketingziele sind neben der Initiierung von Kundenbeziehungen auch die Stabilisierung und Intensivierung bestehender Beziehungen. Gleiches gilt für die Rückgewinnung ehemaliger Kunden. Der Marketingfokus liegt auf der Interaktion mit dem Kunden, um die Leistungen an dessen individuellen Bedürfnissen auszurichten. Neben klassischen ökonomischen Kennziffern treten kundenindividuelle Erfolgs- und Steuerungsgrößen. Beispiele sind der Kundendeckungsbeitrag, Kundenwert und Customer Lifetime Value. Letztgenannter beschreibt den zukunftsgerichteten Wert eines Kunden über die gesamte voraussichtliche Lebensdauer der Geschäftsbeziehung (vgl. [11, S. 51]).

Unterscheidungskriterien	Transaktionsmarketing	Relationship Marketing
Betrachtungsfristigkeit	Kurzfristigkeit	Langfristigkeit
Marketingobjekt	Produkt	Produkt und Iteration
Denkschema	Produktlebenszyklus	Kundenlebenszyklus
Dominantes Marketingziel	Kundenakquisition	Kundenakquisition, Kundenbindung, Kundenrückgewinnung
Marketingfokus	Leistungsdarstellung	Leistung und Dialog
Ökonomische Erfolgs- und Steuergrößen	Gewinn, Deckungsspanne, Umsatz, Kosten	Zusätzlich: Kunden-DB, Kundenwert, Customer Lifetime Value

Abb. 2.6 Transaktionsmarketing vs. Relationship Marketing. (Quelle: eigene Darstellung in Anlehnung an [2, S. 31])

Einige weitere Implikationen interaktions- und beziehungsorientierter Überlegungen für das Versicherungsmarketing im Überblick:

1. Implementierung des Relationship Marketing als integrierten Ansatz
   Relationship Marketing umfasst einen ganzheitlichen Managementansatz, unter dessen Dach sämtliche Marketingmaßnahmen im Unternehmen gefasst werden. Ausdruck dessen ist beispielsweise eine integrierte, beziehungsorientierte Kommunikationspolitik, die neben einseitigen Instrumenten auch interaktiv ausgerichtete Dialogmöglichkeiten bietet (vgl. [1, S. 25]).
2. Anspruchsgruppenorientierung
   Beziehungsmarketing im weiteren Sinne betrachtet neben Beziehungen zum Kunden (hier: Endkunden und Vertriebspartner) auch die Beziehungen zu weiteren Anspruchsgruppen. Hierzu gehören Verbände, Rating-Agenturen, die eigenen Mitarbeiter, die Öffentlichkeit, die Konkurrenz und weitere.
3. Berücksichtigung der Einflussfaktoren langfristiger Geschäftsbeziehungen
   Die Ansätze referenzieren direkt oder indirekt auf die hohe Bedeutung der Konstrukte Kundenzufriedenheit, Beziehungsstärke, Kundenbindung, Commitment und Vertrauen zur Erklärung von langfristigen Geschäftsbeziehungen (vgl. [11, S. 52]).
4. Verankerung der Kundenorientierung als Denkhaltung im Unternehmen
   Versicherungen kennzeichnen sich durch einen hohen Grad persönlicher Interaktion des Personals mit dem Kunden. Die Wahrnehmung der Interaktionsphase steht aus Kundensicht häufig stellvertretend für die Qualitätswahrnehmung der gesamten Dienstleistung und Anbietermarke. Das Kontaktpersonal entscheidet somit über die Zufriedenheit des Kunden und das Wiederkaufverhalten (vgl. [12, S. 43]).

5. Erweiterung der Betrachtung um Interaktionen zwischen Endkonsumenten
Versicherungsunternehmen sind Teil einer neuen, fragmentierten Kommunikationslandschaft mit sozial vernetzten und interagierenden Konsumenten. Diese tauschen ihre Informationen über Produkte, Dienstleistungen und Marken neben direkten Gesprächen auch digital über Bewertungsportale, Communities, Blogs oder E-Mails aus, um sie deutlich schneller einer sehr viel breiteren Masse zur Verfügung zu stellen. Marketingstrategisch bieten derartige soziale Beziehungsgeflechte vielfältige Anknüpfungspunkte zur Anregung von Mundpropaganda. Auch über Versicherungsmarken und -produkte.

Der Mehrwert interaktions- und beziehungsorientierter Ansätze ist insbesondere in deren strategisch angelegter Perspektive zu sehen. Die strategische Perspektive kommt im Zuge der Erklärung langfristiger Geschäftsbeziehungen zum Beispiel in dem auf Harmonie ausgerichteten Leitbild der Beziehung zum Ausdruck. Die Annahme des opportunistischen Verhaltens der Marktpartner wird zugunsten eines auf Vertrauen und Kooperation ausgerichteten Handels aufgegeben.

2.3.2.2 Involvement-Theorie

Die *Involvement-Theorie* fokussiert eines der zentralen verhaltenswissenschaftlichen Konstrukte zur Erklärung des (Kauf-)Verhaltens von Konsumenten. Grundsätzlich handelt es sich beim Involvement um ein nicht beobachtbares, hypothetisches Konstrukt. Es bezeichnet das persönliche Engagement einer Person, sich mit einem bestimmten Sachverhalt oder einer Aktivität auseinanderzusetzen (vgl. [10, S. 412]). In Abhängigkeit von der persönlichen Relevanz eines Objektes bzw. einer bestimmten Situation ergeben sich verschiedene Involvement-Niveaus. Diese begründen die unterschiedliche Bereitschaft zur Informationssuche und somit das unterschiedliche, objektspezifische Wissen der Konsumenten, deren Marken-Commitment wie auch deren empfundene Bindung.

Der Ansatz nach Kanther differenziert nach Produkt- und Kauf-Involvement (vgl. [7, S. 41]). Das Produkt-Involvement stellt auf die durch die zu kaufende Produktart ausgelöste Involvierung ab. Das Kaufinvolvement umfasst lediglich das durch die zu treffende Kaufentscheidung bedingte Engagement. Anders als das Produkt-Involvement entsteht das Kaufinvolvement nur dann, wenn sich der Konsument in einer konkreten Entscheidungssituation befindet. Damit wird das Kaufinvolvement im Gegensatz zum Produkt-Involvement als kurzfristig variabel, in seiner Ausprägung situationsabhängig und von nur kurzer Wirkungsdauer konzeptionalisiert. Für die Höhe des Produkt-Involvements ist die Wichtigkeit des Produktes verantwortlich, die unter anderem von dem funktionalen Nutzen und wahrgenommenen Selbstdarstellungswert der Produktart bestimmt wird. Die Stärke des Kauf-Involvements wird dagegen durch das Ausmaß des in der Entscheidungssituation wahrgenommenen Risikos determiniert.

Bezieht man derartige Überlegungen in die Kaufentscheidung von Versicherungsprodukten mit ein, sind interessante *Thesen für das Versicherungsmarketing* skizzierbar:

- *Kaufentscheidungsprozesse von Versicherungsprodukten sind von einem eher geringen Produkt-Involvement gekennzeichnet.*
  Die Versicherung kennzeichnet sich durch die Schwerverkäuflichkeit einer Leistung, die meist mit negativen Assoziationen verbunden und lediglich einem latenten Bedürfnis ausgesetzt ist. Der Versicherungsschutz stellt kein selbstwerbendes Gut dar, der Nutzen scheint abstrakt.
- *Kaufentscheidungsprozesse von Versicherungsprodukten sind situativ geprägt und von vergleichsweise hohem Kaufinvolvement gezeichnet.*
  Dienstleistungserstellung und Konsum fallen zeitlich zusammen (Uno-actu-Prinzip), weshalb das situative Involvement kurz vor und zum Zeitpunkt der Dienstleistungserstellung am höchsten sein wird. Das wahrgenommene Kaufrisiko determiniert die Höhe des Kauf-Involvements.
- *Der Einsatz der persönlichen Kommunikation des Dienstleistungspersonals erhöht das wahrgenommene Kaufinvolvement der Nachfrager.*
  Die Integration der Nachfrager in den Leistungserstellungsprozess sorgt typischerweise für ein höheres Involvement als beim Kauf von Sachgütern.
- *Versicherungsprodukte eignen sich für (positive sowie negative) Mund-zu-Mund-Kommunikation zwischen Konsumenten, worauf das Marketing direkt oder indirekt (über Meinungsführer) einwirken sollte.*
  Ein hohes (Kauf-)Involvement gilt als zentrale Größe zur Erklärung des Weiterempfehlungsverhaltens zwischen Konsumenten (vgl. [15, S. 54]) Empfehlungen bieten eine glaubwürdige Grundlage von Kaufentscheidungen mit einem erheblichen akquisitorischen Potenzial.

2.4 Zusammenfassung

Auf Käufermärkten wie dem Versicherungsmarkt kommt der Orientierung an den Bedürfnissen und Erwartungen der Kunden eine fundamentale Bedeutung zu. Während Vertriebsorientierung zur zentralen Maxime nahezu sämtlicher Versicherer geworden ist, hat sich die noch wichtigere Kundenorientierung bislang nicht branchenweit etabliert. Einer theoretisch fundierten Basis des Versicherungsmarketing kommt demzufolge eine hohe Bedeutung zu.

Die aus dem Charakter der Dienstleistung abgeleiteten Besonderheiten der Versicherung beeinflussen das Marketing strategisch und operativ. Einen geeigneten analytischen Rahmen bieten das Marketingkonzept und das Drei-Ebenen-Konzept. Beide betonen zu Recht, die Dienstleistungs- und Produktgestaltung vermehrt nach den beim Kunden zu erfüllenden Funktionen auszurichten. Das Versicherungsprodukt wird als interaktive Marktleistung zwischen Kunde und Versicherungsanbieter begriffen, eine Denkweise, die die Abkehr vom Produktdenken hin zur Funktionsorientierung widerspiegelt.

Theorie-Beiträge	Notwendigkeit der Leistungsfähigkeit	Integration des externen Faktors	Immaterialität
Ansätze der neuen Institutionsökonomie			
Informationsökonomik			■
Transaktionskostentheorie	■	■	■
Prinzipal-Agent-Theorie		■	
Verhaltenswissenschaftliche Ansätze			
Interaktions- und beziehungsorientierte Ansätze		■	
Involvement-Theorie		■	
Lern-/Risiko-/Dissonanz-Theorien	■	■	
Attributionstheorie	■		
Soziale Austausch-/Anreiz-Beitrags-/Equity-Theorie		■	
Organisationstheoretische Ansätze			
Ressource-Dependance-Theorie		■	■
Ressource-Based-View		■	■

■ Gegenstand dieses Beitrags   ■ Nicht Gegenstand dieses Beitrags

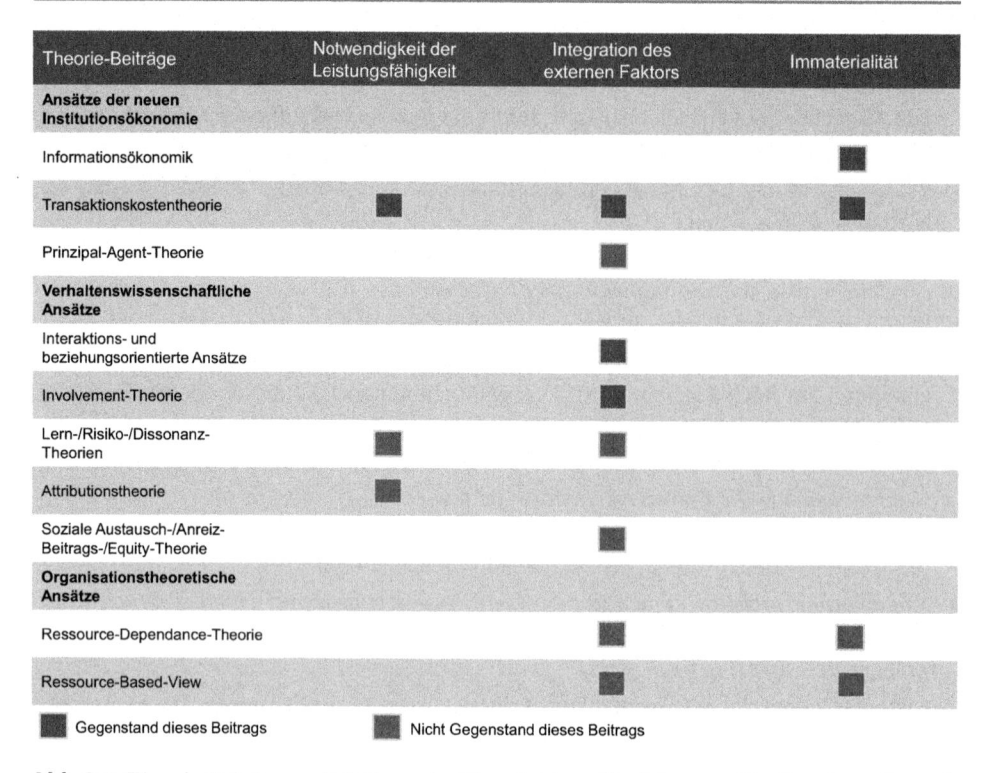

Abb. 2.7 Theorie-Beiträge zur Erklärung der Dienstleistung Versicherung. (Quelle: eigene Darstellung)

Die Ansätze der Neuen Institutionenökonomie und der verhaltenswissenschaftlichen Marketingtheorie weisen unterschiedliche Erklärungspotenziale für das Versicherungsmarketing auf. Ihr Beitrag zur Erklärung von Konsequenzen, die sich aus dem Dienstleistungscharakter der Versicherung für das Marketing ergeben, ist in Abb. 2.7 zusammengefasst (der Vollständigkeit halber ergänzt um weitere Theorien, die nicht unmittelbar Gegenstand dieses Beitrages sind).

Insgesamt wird deutlich, dass die hier vorgestellten Ansätze durchaus in der Lage sind, einen Beitrag zu zentralen Fragestellungen des Versicherungsmarketing zu leisten. Auch wenn sich die Aussagen häufig nur auf einzelne Besonderheiten des Dienstleistungsmarketing richten, führt die Kombination der Ansätze doch zu einer weitgehenden Erklärung vorhandener Phänomene innerhalb der Versicherungswirtschaft. Darüber hinaus geben sie eine Vielzahl von Hinweisen für eine erfolgreiche Ausgestaltung des Marketingmanagements von Dienstleistungs- und speziell Versicherungsunternehmen.

Literatur

1. Bruhn M (2006) Integrierte Kommunikation. In: Schwarz T, Braun G (Hrsg) Leitfaden Integrierte Kommunikation, 2. Aufl. Absolit Consulting, Waghäusel, S 23–79
2. Bruhn M (2008) Marketing – Grundlagen für Studium und Praxis, 9. Aufl. Gabler Verlag, Wiesbaden
3. Farny D (2006) Versicherungsbetriebslehre, 4. Aufl. VVW, Karlsruhe
4. Haller M (2000) „Dienstleistungen" im Produktkonzept für Financial Services – Konsequenzen für die Versicherung. In: Belz D, Bieger T (Hrsg) Dienstleistungskompetenz und innovative Geschäftsmodelle. Verlag Thexis, St. Gallen, S 268–295
5. Haller M, Maas P, Ackermann W (2004) Customer Value in Versicherungswirtschaft und Financial Services. In: Belz D, Bieger T (Hrsg) Customer Value: Kundenvorteile schaffen Unternehmensvorteile. Verlag Thexis, St. Gallen, S 624–660
6. Kaas KP (1995) Kontrakte, Geschäftsbeziehungen, Netzwerke – Marketing und Neue Institutionenökonomik. Verlagsgruppe Handelsblatt-Düsseldorf-Frankfurt, Frankfurt a.M.
7. Kanther V (2001) Facetten hybriden Kaufverhaltens – Ein kausalanalytischer Erklärungsansatz auf Basis des Involvement-Konstrukts. Deutscher Universitätsverlag, Wiesbaden
8. Köhne T (2006) Marketing im strategischen Unternehmensnetzwerk – Erklärungsmodell und praktische Anwendung in der Versicherungswirtschaft. Deutscher Universitätsverlag, Wiesbaden
9. Kotler P, Bliemel F (2006) Marketing-Management – Analyse, Planung und Verwirklichung, 10. Aufl. Pearson Studium, München
10. Kroeber-Riel W, Weinberg P, Gröppel-Klein A (2009) Konsumentenverhalten, 9. Aufl. Verlag Franz Vahlen, München
11. Meffert H, Bruhn M (2009) Dienstleistungsmarketing – Grundlagen, Konzepte, Methoden, 6. Aufl. Gabler Verlag, Wiesbaden
12. Meffert H, Burmann C, Kirchgeorg M (2008) Marketing – Grundlagen marktorientierter Unternehmensführung, 10. Aufl. Gabler Verlag, Wiesbaden
13. Picot A, Reichwald R, Wigand RT (2003) Die grenzenlose Unternehmung – Information, Organisation und Management, Lehrbuch zur Unternehmensführung im Informationszeitalter. Gabler Verlag, Wiesbaden
14. Rahlfs C (2007) Redefinition der Wertschöpfungskette von Versicherungsunternehmen. Deutscher Universitätsverlag, Wiesbaden
15. Trommsdorf V (2002) Konsumentenverhalten, 4. Aufl. Kohlhammer, Stuttgart
16. Weiber R, Adler J (1995) Der Einsatz von Unsicherheitsreduktionsstrategien im Kaufprozess – Eine informationsökonomische Analyse. In: Kaas KP (Hrsg) Kontrakte, Geschäftsbeziehungen, Netzwerke – Marketing und Neue Institutionenökonomik. Verlagsgruppe Handelsblatt-Düsseldorf-Frankfurt, Frankfurt a.M., S 61–77

Nachfrager von Versicherungsleistungen

Michael Reich

> **Zusammenfassung**
>
> Das Verhalten von Versicherungskunden hat sich im Verhältnis zum Konsumverhalten vieler anderer Wirtschaftszweige in den letzten Jahren nur sehr langsam verändert und das, obwohl der Informationsstand der Kunden, vor allem infolge der Internets, von den Umfrageteilnehmern als substanziell höher eingeschätzt wird. Das Desinteresse der Kunden äußert sich zum Beispiel in einer niedrigeren Wechselquote in ihren Versicherungsbeziehungen und in der niedrigen Preisempfindlichkeit. Das zukünftige Kundenverhalten in der Versicherungswirtschaft wird sich zukünftig stark verändern.

3.1 Grundlagen zum Konsumentenverhalten

Unter dem Begriff *Konsumentenverhalten* werden alle beobachtbaren Handlungen von Individuen beim Kauf oder Konsum von wirtschaftlichen Gütern verstanden. Konsumentenverhaltensforschung wird als angewandte Verhaltenswissenschaft verstanden und vereint als interdisziplinäres Forschungsgebiet Überlegungen aus Psychologie, Soziologie, biologischer Verhaltensforschung und Marketing (vgl. [10]). Während Individuen in der Psychologie als separate Einheit betrachtet werden, befasst sich die Soziologie mit den Interaktionen und persönlichen Beziehungen zwischen Individuen. Die biologische Verhaltensforschung beschäftigt sich mit den Verbindungen zwischen psychischen Prozessen, wie Emotionen und biologischen Prozessen, etwa elektrischen Gehirnaktivitäten. Aus der Sicht des Marketing wird versucht, aus dem Verständnis über das Konsumentenverhalten einen ökonomischen Nutzen zu ziehen und durch gezielte Maßnahmen, das Konsumen-

M. Reich (✉)
67rockwell Consulting GmbH
Hamburg, Deutschland
E-Mail: michael.reich@67rockwell.de

tenverhalten im Sinne der Unternehmensziele zu beeinflussen. Das fundamentale Ziel der Konsumentenverhaltensforschung liegt demnach in dem Verstehen und Erklären des Verhaltens von Konsumenten sowie die Entwicklung von Empfehlungen für den Einsatz von Marketinginstrumenten.

Im nächsten Abschnitt werden zunächst die zentralen Erklärungskonstrukte des Konsumentenverhaltens dargestellt und anschließend der Informationsverarbeitungsprozess durch die Konsumenten erläutert. Abschließend ist der eigentliche Kaufentscheid Gegenstand der Betrachtung.

3.1.1 Erklärungskonstrukte

Für das Verständnis des Konsumentenverhaltens sind folgende Konstrukte von zentraler Bedeutung: (vgl. [10])

- Aktivierung,
- Motivation,
- Emotion,
- Involvement,
- Einstellung und Kundenzufriedenheit.

Aktivierung ist eine Grunddimension aller Antriebsprozesse. Die Aktivierung eines Konsumenten wird als Erregungsvorgang charakterisiert, durch den der Konsument leistungsbereit und -fähig wird. Es kann dabei zwischen zwei Arten der Aktivierung unterschieden werden, der tonischen und der phasischen Aktivierung. Die tonische Aktivierung bestimmt die allgemeine Leistungsfähigkeit von Individuen, die sich nur langsam verändert. Unter der phasischen Aktivierung werden dagegen die kurzfristigen Aktivierungsschwankungen verstanden, die als Reaktionen auf bestimmte Reize ausgelöst werden. Tonische und phasische Aktivierung sind nicht unabhängig voneinander (vgl. [15]).

Im Zusammenhang mit der Frage nach der Auslösung von Aktivierungsvorgängen lassen sich innere und äußere Reize unterscheiden. *Innere* Reize sind beispielweise Stoffwechselvorgänge, die etwa bei dem Genuss von Kaffee entstehen oder auch bildliche Vorstellungen, wie etwa von der Lieblingsspeise, die dann Hunger auslöst und letztlich auch gedankliche Aktivitäten, bei denen gespeicherte Informationen ins Bewusstsein gerufen werden. So kann etwa beim Einkauf von Kaffee dem Konsumenten bewusst werden, dass er noch Milch benötigt. *Äußere* Reize werden durch die Umwelt geprägt und gehören zum klassischen Instrumentarium der Werbung, um die Aufmerksamkeit des Zuschauers zu gewinnen.

Äußere Reize lassen sich folgendermaßen kategorisieren: (vgl. [15])

- *Emotionale* Reize sind natürliche Schlüsselreize, die besonders zuverlässig eine Aktivierung hervorrufen, wenn sie biologisch vorprogrammierte Reaktionen auslösen, wie erotische Abbildungen oder die Abbildung eines schutzlosen Kleinkindes.

- *Kognitive* Reize lösen eine Aktivierung durch gedankliche Konflikte, Widersprüche oder Überraschungen aus. Beispiele hierfür sind Anzeigen, die typischen Denk- und Verhaltensmustern widersprechen, wie Werbeanzeigen, bei denen Menschen mit einem Tierkopf gezeigt werden.
- *Physische* Reize rufen eine Aktivierung durch die physische Beschaffenheit von Objekten hervor; eine physische Beschaffenheit kann zum Beispiel die Größe einer Anzeige in einem Wochenmagazin sein.

Im Hinblick auf die Frage, welche wichtigen Verhaltensauswirkungen eine Aktivierung von Konsumenten bewirkt, wurde vielfach nachgewiesen, dass mit zunehmender Aktivierung die Bereitschaft von Konsumenten zur Informationsverarbeitung steigt. Auch die Kaufentscheidung eines Konsumenten wird durch die Aktivierung beeinflusst (vgl. [10]).

Motivation stellt einen Beweggrund in Verbindung mit einem Ziel dar, mit dessen Hilfe die Ursachen des Verhaltens erklärt werden können. Die Konsumentenforschung befasst sich beispielsweise mit den Fragestellungen, aus welchen Motivationen Konsumenten bestimmte Kaufentscheidungen treffen oder warum bestimmte Werbebotschaften bevorzugt werden und andere dagegen nicht. Motivation entsteht aus der Interaktion zwischen grundlegenden und kognitiven Antriebskräften. Beispielsweise kommt durch das Zusammenwirken der grundlegenden Antriebskraft Hunger mit kognitiven Vorgängen der Zielorientierung (wo kann ich meinen Hunger stillen?) die Motivation zustande, in ein Restaurant zu gehen. Darüber hinaus umfasst die Motivation von Konsumenten mehrere einzelne Motive, die in einem engen Verhältnis zu Bedürfnissen stehen. Folglich ist die Motivation auf die Befriedigung von Bedürfnissen ausgerichtet.

Der wohl bekannteste und zugleich auch umstrittenste Versuch, Motive zu klassifizieren, ist die Bedürfnispyramide von Maslow (1975), die einen zentralen Beitrag zur Klärung der Frage leistet, welche Motive Konsumenten haben (vgl. Abb. 3.1). Diesem Denkmodell liegt die Annahme zugrunde, dass das Verhalten des Menschen im Wesentlichen durch fünf Bedürfnisklassen beeinflusst wird: Existenzbedürfnisse, Sicherheitsbedürfnisse, soziale Bedürfnisse, Anerkennung und Selbstverwirklichung. Die Bedürfnisse nach Maslow sind hierarchisch abgestuft und ein Bedürfnis behält so lange verhaltensbestimmende Kraft, bis es vollständig befriedigt ist. Erst anschließend wird die nächsthöhere Stufe aktiviert. Allerdings bekennt Maslow selbst, dass sein Modell eine idealtypische Betrachtungsweise beschreibt: „Bei vielen Menschen ist die Motivationsrangfolge anders ausgeprägt, weil es zum Beispiel Leute gibt, für die Geltung wichtiger ist als Liebe." (vgl. [19])

Emotion ist ein „augenblicklicher oder anhaltender Gefühlszustand (zum Beispiel Freude, Überraschung oder Furcht) eines Individuums, der zumeist mit körperlicher Erregung verbunden ist" (vgl. [10]).

Im Marketing ist die emotionale Ansprache zur Verhaltensbeeinflussung im Rahmen der Kommunikationspolitik ein wesentliches Thema. Die Notwendigkeit besteht darin, dass in vielen Märkten die verschiedenen Angebote nur geringe Qualitätsunterschiede besitzen. Eine zentrale Zielsetzung besteht dabei darin, eigene Produkte durch emotionale

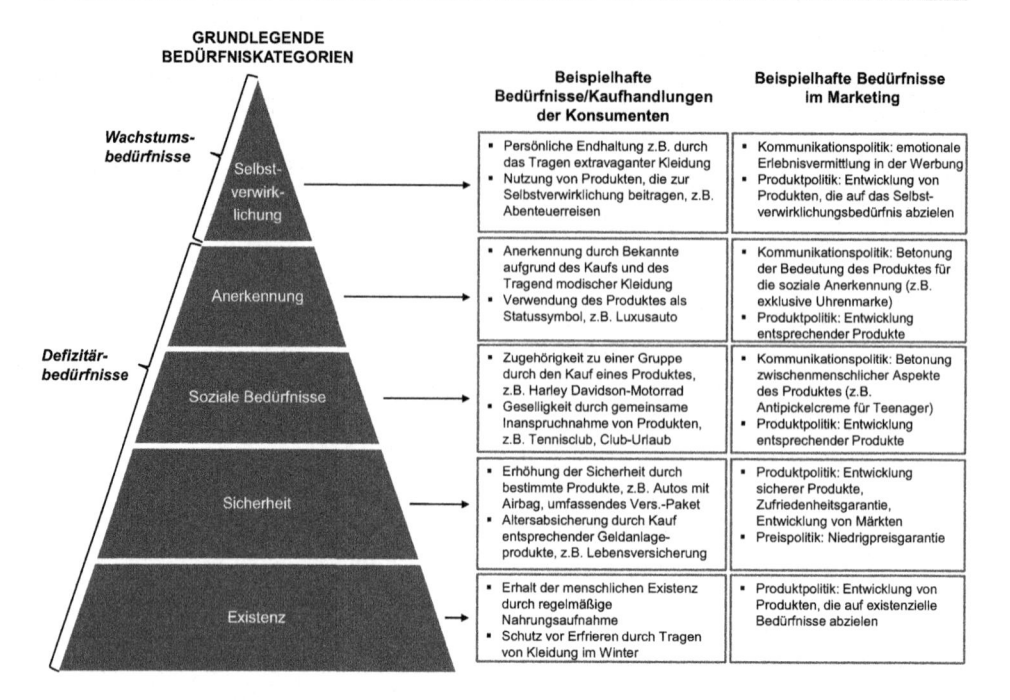

	Beispielhafte Bedürfnisse/Kaufhandlungen der Konsumenten	Beispielhafte Bedürfnisse im Marketing
Wachstumsbedürfnisse — Selbstverwirklichung	• Persönliche Endhaltung z.B. durch das Tragen extravaganter Kleidung • Nutzung von Produkten, die zur Selbstverwirklichung beitragen, z.B. Abenteuerreisen	• Kommunikationspolitik: emotionale Erlebnisvermittlung in der Werbung • Produktpolitik: Entwicklung von Produkten, die auf das Selbstverwirklichungsbedürfnis abzielen
Anerkennung	• Anerkennung durch Bekannte aufgrund des Kaufs und des Tragens modischer Kleidung • Verwendung des Produktes als Statussymbol, z.B. Luxusauto	• Kommunikationspolitik: Betonung der Bedeutung des Produktes für die soziale Anerkennung (z.B. exklusive Uhrenmarke) • Produktpolitik: Entwicklung entsprechender Produkte
Defizitärbedürfnisse — Soziale Bedürfnisse	• Zugehörigkeit zu einer Gruppe durch den Kauf eines Produktes, z.B. Harley Davidson-Motorrad • Geselligkeit durch gemeinsame Inanspruchnahme von Produkten, z.B. Tennisclub, Club-Urlaub	• Kommunikationspolitik: Betonung zwischenmenschlicher Aspekte des Produktes (z.B. Antipickelcreme für Teenager) • Produktpolitik: Entwicklung entsprechender Produkte
Sicherheit	• Erhöhung der Sicherheit durch bestimmte Produkte, z.B. Autos mit Airbag, umfassendes Vers.-Paket • Altersabsicherung durch Kauf entsprechender Geldanlageprodukte, z.B. Lebensversicherung	• Produktpolitik: Entwicklung sicherer Produkte, Zufriedenheitsgarantie, Entwicklung von Märkten • Preispolitik: Niedrigpreisgarantie
Existenz	• Erhalt der menschlichen Existenz durch regelmäßige Nahrungsaufnahme • Schutz vor Erfrieren durch Tragen von Kleidung im Winter	• Produktpolitik: Entwicklung von Produkten, die auf existenzielle Bedürfnisse abzielen

Abb. 3.1 Grundlegende Bedürfniskategorien nach Maslow und Möglichkeiten der Ansprache durch Marketinginstrumente. (Quelle: [10, S. 32])

Erlebnisse unterscheidbar zu machen. Konsumenten können sich oftmals besser an ein Produkt erinnern, wenn bei ihnen vorher Emotionen erzeugt wurden (vgl. [5]).

Beim Ansprechen von Emotionen im Rahmen der Kommunikationspolitik sollten die folgenden Hinweise beachtet werden: (vgl. [10])

- Emotionen können eher durch visuelle als durch verbale Kommunikation beeinflusst werden.
- Der Einsatz von Humor sollte auf Produkt und Zielgruppe abgestimmt werden.
- Negative Emotionen (zum Beispiel Furcht) können über Angstappelle vermittelt werden, allerdings sollte die Gefahr der Verdrängung durch den Konsumenten berücksichtigt werden.
- Das Umfeld der Werbung beeinflusst die Emotionen des Betrachters (zum Beispiel positiv, wenn der Konsument einen TV-Spot während seiner Lieblingssendung sieht).

Emotionen nehmen Einfluss auf den Informationsverarbeitungsprozess und beeinflussen dadurch die Beurteilung und den Abruf von Informationen und die daraus resultierende Urteilsbildung. Diese Auswirkungen schlagen sich ebenfalls im Verhalten des Konsumenten nieder.

Involvement ist eine „zielgerichtete Form der Aktivierung des Konsumenten zur Suche, Aufnahme, Verarbeitung und Speicherung von Informationen" (vgl. [28]). Es gibt verschiedene Arten des Involvements und seiner Verhaltensauswirkungen: (vgl. [15])

- Langfristiges Involvement liegt vor, wenn der Konsument Interesse an einem Produkt über einen langen Zeitraum hinweg aufweist. Beispielsweise sind Autoliebhaber kontinuierlich an Autos interessiert.
- Situatives Involvement bezeichnet ein zeitlich begrenztes Interesse an einem Produkt. Beispielsweise Interesse an Autos in der Situation des Autokaufes, allerdings sinkt nach dem Kauf das Involvement wieder ab.
- Kognitives Involvement bedeutet, dass der Konsument Interesse bekundet, über die mit seinen Zielen verbundene Informationen nachzudenken und diese kognitiv zu verarbeiten. Dieses führt dazu, dass der Konsument möglichst viel über ein Produkt erfahren will, beispielsweise über die technischen Daten eines Communicators.
- Bei emotionalem Involvement hat der Konsument spezielle Gefühle in Bezug auf ein bestimmtes Produktangebot, beispielsweise als leidenschaftlicher Fan einer Musikgruppe für deren CDs.
- High Involvement liegt meist bei Produkten vor, die für den Konsumenten elementar wichtig oder mit höheren Risiken verbunden sind. Bei diesen Produkten investiert der Konsument viel Energie und Zeit in die Informationssuche und in den Kaufentscheidungsprozess.
- Low Involvement liegt dagegen bei Produkten vor, die ein geringes Risiko für den Konsumenten aufweisen und weniger wichtig für ihn sind. Dieses führt zu einem passiven Informationsverhalten.

Das Konstrukt Involvement hat eine hohe Relevanz für das Marketing. In diesem Zusammenhang sollten insbesondere drei Hinweise beachtet werden: (vgl. [10])

Erstens sollten Unternehmen bei der Vermarktung von Produkten berücksichtigen, ob das Involvement der Konsumenten eher hoch oder niedrig ist. Es ist nicht sinnvoll, wenig involvierte Konsumenten mit umfangreichen Informationen zu belasten.

Zweitens können Unternehmen hohes situatives Involvement zur Ansprache von Konsumenten nutzen. Hat beispielsweise ein Kunde, der im Allgemeinen an Geldanlagen kein Interesse hat (geringes Involvement) gerade eine Lebensversicherung ausgezahlt bekommen, so dürfte sein Involvement erheblich angestiegen sein. Ein Beratungsgespräch durch einen Finanzdienstleister könnte in einer solchen Situation sehr erfolgversprechend sein.

Drittens können Unternehmen in einem begrenzten Rahmen das Involvement von Konsumenten beeinflussen. Beispielsweise können Finanzdienstleister in ihrer Werbung auf die Problematik der staatlichen Altersvorsorge aufmerksam machen und so das Involvement für entsprechende Produkte steigern.

Einstellung wird definiert als eine „innere Denkhaltung des Konsumenten gegenüber einer Person, Verhaltensweise, Idee oder Sache, verbunden mit einer Wertung oder Erwartung" (vgl. [10]). Bezugnehmend auf die Frage nach Arten von Einstellungen existiert eine Reihe von Kategorisierungen: (vgl. [15])

- Kognitiv vs. emotional
  Kognitiv geprägte Einstellungen gegenüber einem Bezugsobjekt stützen sich auf gedanklich bewertete Informationen über dieses Objekt. Emotional geprägte Einstellungen hingegen stammen aus Gefühlen des Konsumenten gegenüber dem Bezugsobjekt.
- Stabil vs. instabil
  In Abhängigkeit davon, wie fest Einstellungen im Langzeitgedächtnis des Konsumenten verankert sind und wie beständig sie folglich im Zeitverlauf sind, lassen sich stabile Einstellungen von eher instabilen Einstellungen abgrenzen.
- Kategorial vs. spezifisch
  Kategoriale Einstellungen nehmen Bezug auf Kategorien von Objekten, zum Beispiel Produktkategorie Wein, und nicht auf einzelne konkrete Objekte. Spezifische Einstellungen beziehen sich auf konkrete Bezugsobjekte, zum Beispiel einzelne Unternehmen, Produkte oder Marken.
- Erfahrungsbasiert vs. gelernt
  Erfahrungsbasierte Einstellungen stammen aus der persönlichen Erfahrung mit dem Bezugsobjekt. Gelernte Einstellungen hingegen basieren auf externen Informationen.

Im Hinblick auf die *Beeinflussung der Einstellungen* durch einen Anbieter sind dabei folgende Ansatzpunkte zu berücksichtigen:

Erstens lassen sich Einstellungen durch die Anwendung der Kommunikationsinstrumente und die Gestaltung des Kommunikationsauftritts gezielt beeinflussen. Der Anbieter vermittelt den Konsumenten bestimmte Kommunikationsbotschaften, mit der erhofften Folge, dass sich diese die gewünschten Einstellungen zu dessen Produkten aneignen.

Zweitens spielen im Rahmen der Produktpolitik die Gestaltung existierender und neuer Produkte und das Markenmanagement eine zentrale Rolle für die Beeinflussung von Einstellungen. Auf diese Weise stellen die Produkteigenschaften die Grundlage für die persönliche Erfahrung der Konsumenten dar. Durch die Einführung neuer und die Verbesserung vorhandener Produktattribute können die produktbezogenen Einstellungen der Konsumenten beeinflusst werden. Die Marke selbst basiert als eine im Bewusstsein des Kunden verankerte Voreinstellung auf den Einstellungen der Konsumenten.

Drittens stellt im Bereich der Vertriebspolitik insbesondere die Gestaltung der Verkaufsaktivitäten einen wesentlichen Ansatzpunkt dar. Vornehmlich der persönliche Verkauf, bei dem Verkäufer und Kunden in direkter Interaktion stehen, spielt eine wichtige Rolle bei der Beeinflussung der Konsumenteneinstellung (vgl. [17]).

Kundenzufriedenheit ist eine spezielle Form der Einstellung. Als integrativer Rahmen der Theorien und Konzepte, die im Zusammenhang mit der Entstehung von Kundenzufriedenheit relevant sind, dient das C/D-Paradigma (vgl. [10]). Die Kernaussage des C/D-Paradigmas lautet, dass die Kundenzufriedenheit aus dem Vergleich der tatsächlichen Erfahrung bei der Inanspruchnahme einer Leistung (Ist-Leistung) mit einem Vergleichsstandard des Kunden (Soll-Leistung) hervorgeht. Entspricht die wahrgenommene Ist-Leistung der Soll-Leistung, handelt es sich um das Konfirmationsniveau der Zufriedenheit (Bestätigung). Übertrifft die Ist-Leistung die Soll-Leistung, folgt ein Zufriedenheitsniveau, das über dem Konfirmationsniveau liegt (Zufriedenheit). Ist hingegen die Ist-Leistung geringer als die Soll-Leistung, führt dieses zu einem Zufriedenheitsniveau, das unterhalb des Konfirmationsniveaus liegt (Unzufriedenheit).

Hinsichtlich der Auswirkungen der Kundenzufriedenheit auf das Verhalten von Kunden lassen sich zwei Bereiche abgrenzen. Es geht zum einen um den Effekt der Kundenzufriedenheit auf die Kundenloyalität und zum anderen um ihren Effekt auf das preisbezogene Verhalten der Kunden. Kundenzufriedenheit wirkt sich positiv auf die folgenden drei *Facetten der Kundenloyalität* aus: (vgl. [8])

- Wiederkaufverhalten des Kunden,
- Bereitschaft zu Zusatzkäufen sowie
- Bereitschaft, das Unternehmen und seine Produkte an andere potenzielle Nachfrager weiter zu empfehlen

Auch zur Wirkung der Kundenzufriedenheit auf das preisbezogene Verhalten liegen Erkenntnisse vor. Es liegt ein stark positiver Zusammenhang zwischen Kundenzufriedenheit und der Zahlungsbereitschaft des Kunden vor (vgl. [9]).

Im Hinblick auf die Frage, wie ein Unternehmen Kundenzufriedenheit beeinflussen kann, lassen sich auf der Basis des C/D-Paradigmas drei Ansatzpunkte identifizieren:

Erstens kann ein Unternehmen die Qualität seiner Leistung verbessern. Dieses kann zum Beispiel durch zusätzliche Produktfunktionen, eine gesteigerte Zuverlässigkeit des Produktes sowie ein höherwertiges Produktdesign erreicht werden.

Zweitens kann ein Unternehmen durch entsprechende Kommunikationsaktivitäten die Qualitätswahrnehmung der Kunden positiv beeinflussen, zum Beispiel durch Betonung der Produktqualität in der Werbung oder die Veröffentlichung von positiven Testergebnissen.

Drittens kann ein Unternehmen auf die Erwartung der Kunden Einfluss nehmen, zum Beispiel durch Beschränkung auf realistische Versprechungen in der Werbung und im Verkaufsgespräch.

3.1.2 Informationsverarbeitungsprozess

Bei der *Informationsverarbeitung* handelt es sich um einen Kernprozess des Konsumentenverhaltens. Dieser liegt zwischen dem Unternehmen als Sender von Informationen und der Kaufentscheidung auf der Seite des Konsumenten. Ausmaß und Qualität dieses Prozesses entscheiden, welche Informationen zum Kunden gelangen und auf welche Art er sie aufnimmt, beurteilt, speichert und im Hinblick auf eine Kaufentscheidung einsetzt. Die

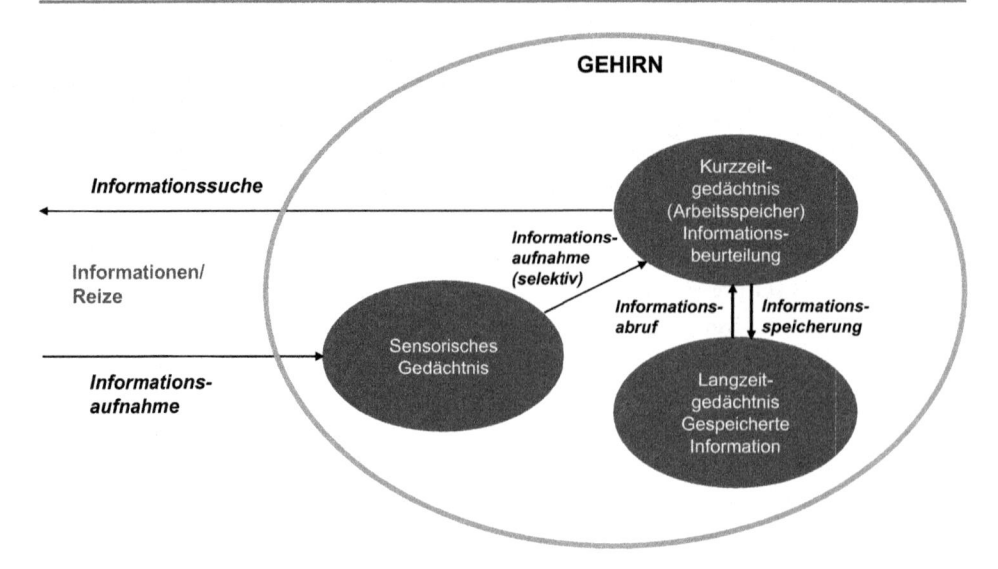

Abb. 3.2 Informationsverarbeitung anhand eines Gedächtnismodelles. (Quelle: [10, S. 55])

Informationsverarbeitung (vgl. Abb. 3.2) setzt sich aus verschiedenen Facetten zusammen, die sich anhand eines Prozesses darstellen lassen: (vgl. [10])

- Informationssuche,
- Informationsaufnahme,
- Informationsbeurteilung,
- Informationsspeicherung und
- Informationsabruf.

Informationssuche befasst mit der Gewinnung von Informationen, die noch nicht intern im Langzeitgedächtnis gespeichert sind. Sie bezieht sich demnach uneingeschränkt auf die Suche nach externen Informationen. Diese ist in der Regel mit einem höheren Aufwand verbunden als der interne Abruf von Informationen, sodass Konsumenten meist nur dann nach externen Informationen suchen, wenn zwischen gewünschtem und aktuellem Informationsstand eine Informationslücke erkannt wird und diese Lücke nicht mit intern verfügbaren Informationen geschlossen werden kann (vgl. [11]). Ein weiterer Anlass zur Suche besteht, wenn interne Informationen als ungeklärt empfunden werden und dadurch ein Bedürfnis nach externer Informationssuche aktiviert wird (vgl. [15]).

Es können zwei *Arten* der Informationssuche von Konsumenten unterschieden werden: (vgl. [2]) Zum einen die *einmalige* Informationssuche zur Fundierung einer Kaufentscheidung, die gezielt und bewusst im Vorfeld einer spezifischen Kaufentscheidung stattfindet und zum anderen die *stetige* Informationssuche, bei der hingegen keine unmittelbare Kaufentscheidung vorliegt, sondern vielmehr ein kontinuierliches Interesse an Informationen über ein Produkt.

Im Rahmen der externen Suche nach Informationen stehen zwei Arten von Informationen im Vordergrund (vgl. [10]). Bei Objektinformationen geht es darum, Informationen darüber zu finden, welche verschiedenen Produkte bzw. Marken im Rahmen der Kaufentscheidung als Entscheidungsalternativen überhaupt zur Verfügung stehen. Die Eigenschaftsinformationen beziehen sich auf die Charakteristika der entsprechenden Objekte, zum Beispiel Preis oder Qualität der Produkte.

Von besonderem Interesse für das Marketing ist die Frage, von welchen Faktoren das Ausmaß der Informationssuche abhängt. Hier sind insbesondere fünf Faktoren zu nennen: (vgl. [26]) *Erstens* die Fähigkeit des Konsumenten zur Informationssuche (zum Beispiel abhängig vom Wissen über Informationsquellen, über die Beschaffung von Informationen, über die Nutzung der Informationen), *zweitens* der erwartete Nutzen der Informationssuche (zum Beispiel abhängig vom Wissensstand, dem finanziellen Aufwand, Höhe des Risikos, Wunsch nach optimaler Entscheidung), *drittens* der erwartete Aufwand der Informationssuche (zum Beispiel abhängig von Anzahl der zu berücksichtigenden Produkte, der Produktkomplexität, der Verfügbarkeit der Informationen), *viertens* das Ausmaß der früheren Erfahrungen des Konsumenten mit dem Produkt (zum Beispiel Produktexpertise) und *fünftens* das Involvement des Konsumenten. Der Anbieter sollte folglich sein Informationsangebot an die Fähigkeiten seiner Zielgruppe anpassen. Ansonsten besteht die Gefahr, dass die potenziellen Konsumenten überfordert werden und ihre Informationssuche beenden.

Der Prozess der externen *Informationsaufnahme* umfasst sämtliche Vorgänge, in denen Informationen bzw. Reize aus der Umwelt zunächst in das sensorische Gedächtnis und dann anschließend in das Kurzzeitgedächtnis gelangen. Die Informationsaufnahme geschieht über die Sinne (sensorische Prozesse): Sehen, Hören, Riechen, Tasten und Schmecken (vgl. [10]).

Das Ausmaß der Informationsaufnahme hängt von verschiedenen Einflussfaktoren ab. Maßgeblich ist, dass der Rezipient mit dem Stimulus physisch in Kontakt kommt (vgl. [11]). Das Vorliegen dieser Basisvoraussetzung der Informationsaufnahme hat für das Marketing direkte Auswirkungen: Je häufiger und besser platziert eine kommunikationspolitische Maßnahme, zum Beispiel eine Anzeige oder ein Werbespot, ist, desto höher ist die Wahrscheinlichkeit, dass der Konsument hiermit in Kontakt kommt, sodass eine Informationsaufnahme stattfinden kann (vgl. [10]).

Neben dieser Grundvoraussetzung eines psychischen Kontaktes mit dem Reiz ist insbesondere der Grad der Aufmerksamkeit entscheidend für das Ausmaß der Informationsaufnahme. Unter Aufmerksamkeit wird dabei „das Ausmaß, zu dem sich ein Konsument auf einen Reiz konzentriert, der sich innerhalb seines Aufnahmeradius befindet" verstanden (vgl. [27]). Die Aufmerksamkeit hängt ihrerseits von zahlreichen Einflussfaktoren ab, die in drei Gruppen eingeteilt werden können: (vgl. [7])

- Faktoren, die sich auf den Stimulus beziehen,
- individuelle Faktoren des Konsumenten sowie
- Umfeldfaktoren.

Unter den *Stimulusfaktoren* sind Gestaltungsaspekte des Stimulus, wie die Größe und Intensität sowie Farbe oder Bewegung, die Position, das Format oder auch die Informationsmenge zu berücksichtigen. Zu den konkreten Wirkungen dieser Faktoren auf die Aufmerksamkeit lässt sich in der Regel sagen, je größer, intensiver und farbiger ein Stimulus ist, desto mehr Aufmerksamkeit wird erzielt (vgl. [10]).

Individuelle Faktoren des Konsumenten, die einen Einfluss auf dessen Aufmerksamkeit ausüben, sind insbesondere dessen Interessen und Bedürfnisse (vgl. [7]). Hierzu zählen sowohl dauerhafte Interessen, wie ein bestimmtes Hobby, als auch temporäre Bedürfnisse, wie Hunger, Durst oder der akute Bedarf an einem neuen Kühlschrank oder einem neuen Auto.

Darüber hinaus hängt die Aufmerksamkeit von *Umfeldfaktoren* ab. Dabei kann hohe Aufmerksamkeit durch die Nutzung von Kontrasten erzielt werden, beispielsweise durch die einer einzigen Frau in einer Gruppe von Männern (vgl. [1]). Ähnlich kann auch gezeigt werden, dass ein bewegtes Objekt in einem ruhigen Umfeld besondere Aufmerksamkeit erfährt (vgl. [20]).

Der Prozess der *Informationsbeurteilung* findet im Kurzzeitgedächtnis statt und stellt das Kernstück der Informationsverarbeitung dar. Die *Informationsbeurteilung* umfasst

- die Interpretation der aufgenommenen Sinnesreize und
- die Entscheidung darüber, welche Informationen bei der Bildung, Aufrechterhaltung oder Änderung von Einstellungen herangezogen werden und wie diese bewertet und gewichtet werden.

Ist ein Konsument zum Beispiel vielfältigen Informationen über ein Produkt ausgesetzt, muss er diese zunächst bezüglich ihrer Bedeutung interpretieren und dann die für seine eigene Einstellungsbildung relevanten und glaubwürdigen Informationen herausfiltern (vgl. [10]). Interpretieren bedeutet dabei, den aufgenommenen Informationen Bedeutung beizumessen, um die neuen Informationen mit bereits vorhandenem Wissen in Verbindung zu bringen. Auf diese Weise können neuartige Informationen identifiziert, kategorisiert und verstanden werden sowie Schlussfolgerungen und Erwartungen abgeleitet werden (vgl. [7]).

Nach der Interpretation ist die Entscheidung darüber wesentlich, ob und in welchem Ausmaße die gewonnenen Informationen zur Bildung, Beibehaltung oder Veränderung der eigenen Einstellungen herangezogen werden. Grundsätzlich kann davon ausgegangen werden, dass der Konsument nach der Bildung einer möglichst zutreffenden Einstellung strebt und daher an der sorgfältigen Prüfung interessiert ist. Allerdings stehen ihm hierfür nur begrenzte kognitive und zeitliche Ressourcen zur Verfügung, sodass der Aufwand bei der Informationsbeurteilung in einem sinnvollen Verhältnis zum Nutzen stehen muss (vgl. [10]).

3.1.3 Kaufentscheid

Eine *Kaufentscheidung* kann als mehrstufiger Prozess dargestellt werden (vgl. Abb. 3.3).

Auf der *ersten* Stufe ist zu bestimmen, ob überhaupt ein Kauf stattfinden soll. Auf dieser Stufe handelt es sich folglich um eine Ja/Nein-Entscheidung. Bei dieser Grundsatzentscheidung spielen Faktoren, wie das aktuelle Einkommen und die Vermögenssituation des Konsumenten, aber auch Aspekte, wie Kaufanreize, attraktive Einkaufsstätten oder günstige Finanzierungsmöglichkeiten eine zentrale Rolle.

Die *zweite* Stufe setzt sich mit der Frage auseinander, in welcher Produktkategorie der Kauf stattfinden soll. Häufig treten in dieser Phase aufgrund eines limitierten Budgets Zielkonflikte zwischen mehreren als erstrebenswert empfundenen Kaufobjekten auf. Ein Beispiel hierfür stellt die Entscheidung zwischen einer Urlaubsreise oder neuem Mobiliar dar.

Anschließend erfolgt auf der *dritten* Stufe die Auswahlentscheidung bezüglich eines konkreten Produktes oder einer bestimmten Marke innerhalb der Produktkategorie. Die wesentlichen Faktoren sind hier die vom Konsumenten wahrgenommenen Leistungsattribute sowie der geforderte Preis.

Auf der *vierten* Stufe wird schließlich über die zu kaufende Menge entschieden. Diese kann durch den Verkäufer beispielsweise durch Mengenrabatte im Rahmen der Preispolitik beeinflusst werden.

Für das weitere Verständnis der Kaufentscheidung ist es hilfreich, diese zu typologisieren. Zur Typenbildung werden zwei Ausprägungen herangezogen: das emotionale und das kognitive Involvement (vgl. [15]).

- Bei *extensiven* Kaufentscheidungen demonstrieren Konsumenten ein hohes kognitives und emotionales Involvement. Diese Art der Kaufentscheidung tritt relativ selten auf. Die Konsumenten berücksichtigen hier sowohl umfangreiche Informationen als auch die eigenen Gefühle und benötigen daher relativ viel Zeit für ihre Entscheidung.
- Primär *rationale* Kaufentscheidungen kennzeichnen sich durch ein hohes kognitives und ein niedriges emotionales Involvement. Im Zentrum steht der funktionale Nutzen des Produktes, sodass Kaufentscheidungen in hohem Maße auf Basis objektiver Informationen getroffen werden. Emotionen spielen hier nur eine sehr untergeordnete Rolle.
- Bei *impulsiven* Kaufentscheidungen (Spontankauf) liegen ein niedriges kognitives und ein hohes emotionales Involvement vor. Konsumenten reagieren hier intensiv und

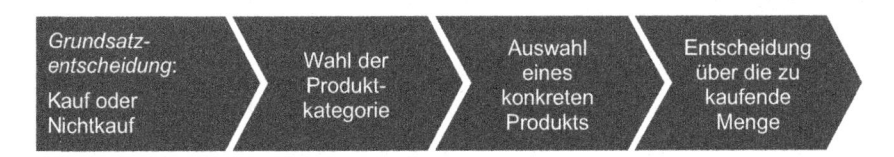

Abb. 3.3 Stufen der Kaufentscheidung. (Quelle: [10, S. 103])

schnell auf emotionale Reize. Diese Art von Kaufentscheidungen werden oftmals nicht kognitiv hinterfragt, folglich findet also keine gedankliche Kontrolle statt (vgl. [30]).
- *Habitualisierte* Kaufentscheidungen zeichnen sich durch ein niedriges kognitives und emotionales Involvement aus und werden als Routine-Entscheidungen charakterisiert, bei denen der Konsument gewohnheitsmäßig und unreflektiert entscheidet. Die Entscheidung wird hier meist relativ schnell getroffen, weil dem Kaufobjekt nur eine geringe Relevanz beigemessen wird oder weil der Konsument bereits eindeutige Präferenzen besitzt und auf vertraute Entscheidungen zurückgreift.

3.2 Konsumentenverhalten auf dem deutschen Versicherungsmarkt

Die Nachfrage nach Versicherungsschutz hat sich stark verändert. Das Wertebewusstsein der Konsumenten auf dem Versicherungsmarkt hat sich in den letzten Jahren gewandelt. Der Kunde von heute ist anspruchsvoller, selbstbewusster, kritischer und weniger loyal gegenüber dem Produkt bzw. dem Unternehmen. Die Anbieter von Versicherungsleistungen stehen dem Leitbild eines aufgeklärten Verbrauchers gegenüber. Darüber hinaus hat auch die demografische Entwicklung Einfluss auf den deutschen Versicherungsmarkt. Aufgrund der sinkenden Geburtenraten ist mit einer abnehmenden Bevölkerungszahl zu rechnen, was zu einer Verringerung potenzieller Kunden führt. Der zukünftige Versicherungsmarkt wird sich folglich mit einem höheren Wettbewerbsdruck auseinandersetzen müssen. Dem Verständnis des Konsumentenverhaltens wird daher zukünftig eine noch wichtigere Rolle beigemessen und der Einsatz gezielter Maßnahmen, zur Beeinflussung des Konsumentenverhaltens im Sinne der Unternehmensziele wird ein zentraler Bestandteil der Unternehmensstrategie werden müssen.

Nachdem im vorigen Abschnitt die Grundlagen des Konsumentenverhaltens im Marketing thematisiert worden sind, werden nun die Erkenntnisse auf den Versicherungsmarkt reflektiert. Zunächst werden dazu die unterschiedlichen Konsumentengruppen in der deutschen Versicherungswirtschaft vorgestellt. Danach wird das Konsumentenvertrauen in der Versicherungsbranche als Ansatz zur Erklärung des Konsumentenverhaltens thematisiert. Die nächsten Abschnitte analysieren das Preisverhalten der Konsumenten und den Einfluss der Werbung auf das Kaufverhalten. Abschließend ist ein Ausblick zum Konsumentenverhalten Gegenstand der Betrachtung.

3.2.1 Konsumentengruppen

Versicherungen werden von vielen verschiedenen Konsumenten nachgefragt. Versicherungsunternehmen, die ihre Kunden differenziert betrachten und sie nach diversen Merkmalen kategorisieren, können ihren Umsatz durch angepasste Produkte und effektivere Absatzverfahren steigern (vgl. [14]). Die *Bildung von Kundengruppen* ist vorteilhaft, weil sie es den Versicherern ermöglicht, auf den Kunden abgestimmte Absatz- und Mar-

3 Nachfrager von Versicherungsleistungen

ketingentscheidungen zu treffen. Dieses basiert auf der Annahme, dass Kunden einer Käufergruppe eine ähnliche Risikolage und dadurch einen ähnlichen Versicherungsbedarf aufweisen. Ein ähnliches Nachfrageverhalten innerhalb einer Käufergruppe erlaubt es, abgestimmte Absatzverfahren mit dem Ziel zu entwickeln, die potenziellen Kunden noch besser erreichen zu können. Der deutsche Versicherungsmarkt ist üblicherweise in Versicherungssparten bzw. Versicherungzweige gegliedert (vgl. Abb. 3.4).

Diese *Spartentrennung* ist vor allem auch ökonomisch sinnvoll, da die Berechnung einer risikogerechten Prämie nur für eine Gruppe gleichartiger Risiken möglich ist (vgl. [13]).

Als Anbieter von Versicherungsleistungen treten Erstversicherer sowie Rückversicherer auf. Erstversicherungen richten sich sowohl an Privatpersonen als auch an Unternehmen. Rückversicherer beziehen sich ausschließlich auf das Verhältnis zwischen Versicherungsunternehmen und beschränken ihre gewöhnliche Geschäftstätigkeit auf die Abdeckung des versicherungstechnischen Risikos der Erstversicherer (vgl. [13]). In der Praxis werden die Versicherungssparten entsprechend ihrer jeweiligen Versicherungsart „Personenversicherung (Personenschaden)" und „Nicht-Personenversicherung (Güter- und Vermögensschaden)" in die Segmente Lebens- und private Krankenversicherung sowie die Schaden- und Unfallversicherung aufgeteilt. In dem Segment Schaden- und Unfallversicherung wird zwischen dem Privatkundengeschäft für Privatpersonen und dem Firmenkundengeschäft für Unternehmen unterschieden. Die Versicherungsnachfrager lassen sich demnach grob in zwei Gruppen einordnen: Gewerblichen Kunden und Privatkunden. Die *Kundengruppe der privaten Haushalte* kann nach diversen Kriterien weiter differenziert

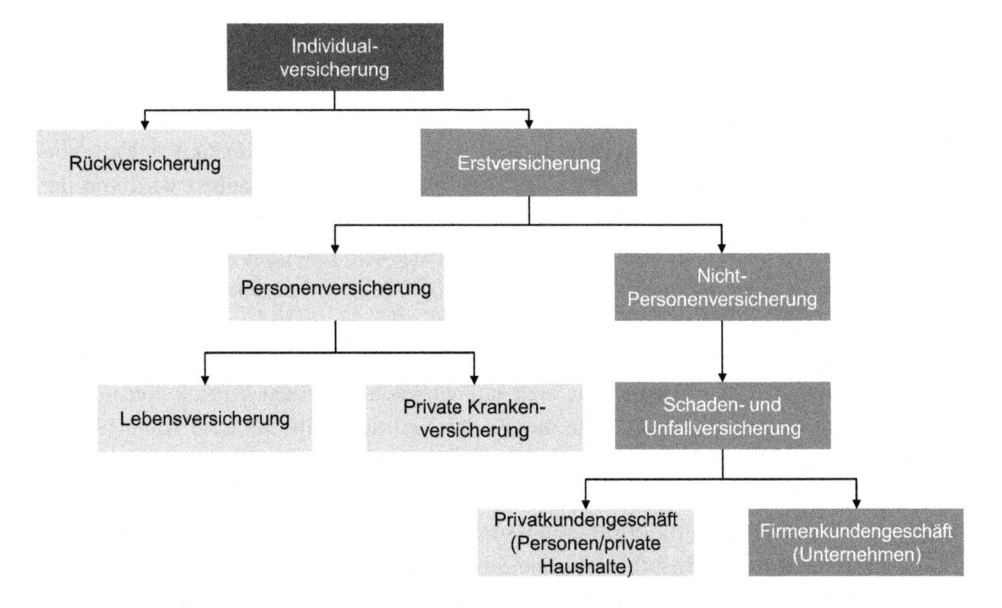

Abb. 3.4 Struktur des deutschen Versicherungsmarktes. (Quelle: Pham-Ti (2006), S. 131)

werden. Üblich sind Kriterien wie Haushaltsgröße, Alter, Beruf und Familienstand. Die Privatkunden zeichnen sich durch eine im Durchschnitt geringere Schadenssumme aus. Die Kernzielgruppe für Versicherungen wird als diejenige Personengruppe definiert, die mindestens sechs Versicherungsarten im Haushalt vorweisen kann. Das größte Nachfragepotenzial hat dabei die Altersgruppe der 20–39-Jährigen, bei denen in der Regel noch keine erste Absicherung durch Versicherungsschutz stattgefunden hat und die sich erst für Versicherungsarten und Versicherungsunternehmen entscheiden müssen (vgl. [12]). Zu den typischen, von Privatkunden nachgefragten Versicherungsprodukten gehören zum Beispiel die Hausratversicherung, die Kfz-Haftpflichtversicherung, die Unfallversicherung, die Lebensversicherung oder auch die Rechtsschutzversicherung (vgl. [14]).

Die *Kundengruppe der gewerblichen Kunden* umfasst eine sehr große und heterogene Gruppe und macht es daher unmöglich alle Kunden mit den gleichen Versicherungsprodukten anzusprechen. Die Gruppe der gewerblichen Kunden wird folglich weiter in Untergruppen differenziert wie beispielsweise in Industrie- und Großgewerbekunden, zu denen Konzerne und große Industriebetriebe gehören. Des Weiteren können gewerblichen Kunden noch den Gruppen gewerblichen mittelständischen Kunden und Landwirte zugeordnet werden. Die Gewerbekunden fragen eigens für ihre Zwecke oder an ihren Bedarf angepasste Versicherungsprodukte nach, die sich durch eine, im Durchschnitt hohe Schadenssumme auszeichnen. Dazu gehören typischerweise Sachversicherung, Betriebsunterbrechungs-Versicherung, betriebliche Haftpflichtversicherung, Industrie-Feuerversicherung, Transportversicherung, Firmengruppenversicherung oder auch der Firmenschutzbrief (vgl. [14]).

3.2.2 Konsumentenvertrauen

Vertrauen ist für menschliches Handeln bedeutend, da es einen Mechanismus zur Reduktion der wahrgenommenen Unsicherheit darstellt und somit die Komplexität von Entscheidungsspielräumen begrenzt (vgl. [18]). Im wirtschaftsbezogenen Kontext wird von der Erkenntnis ausgegangen, dass Marktteilnehmer nur unvollständiges Wissen über genaue Vorgänge und Strukturen besitzen können. Der Auftragnehmer (Agent) besitzt einen Wissensvorsprung und handelt nur mit begrenzter Rationalität und darüber hinaus durchaus mit opportunistischem Verhalten. Diese Faktoren bedingen auch die Marktunsicherheit und das Informationsdefizit eines Auftraggebers (Prinzipal) und sind damit Kernbestandteile der Prinzipal-Agent-Theorie, die sich mit ungleich verteilten Informationsniveaus auseinandersetzt. Aus diesem Grunde nimmt das Vertrauen eine zentrale Rolle für das Funktionieren von Marktprozessen ein. Beim Vertrauen in einer Branche handelt es sich um ein eigenständiges Konstrukt, das einen Beitrag zur Erklärung von Konsumentenverhalten leistet, welches sich im Informationssuchverhalten niederschlägt (vgl. [31]).

Das Münster Research Institute hat eine Studie zum Vertrauensbarometer in verschiedenen Branchen in Deutschland durchgeführt (vgl. [24]). Für die Versicherungsbranche wurden im Jahre 2008 782 Privatkunden befragt und zum Thema Vertrauen untersucht.

Das Ergebnis war, dass 80 % der Befragten der Versicherungsbranche nicht ihr generelles Vertrauen aussprechen, obwohl 95 % der Befragten viel Wert auf ein Vertrauensverhältnis zu ihrer Versicherung legen. Des Weiteren können 70 % der Befragten sich nicht auf ihre Versicherungen verlassen. Im Vergleich schneidet nur die Branche der Mobilfunkanbieter unwesentlich schlechter ab, während das Vertrauen in den Branchen Banken und Reiseveranstalter doch signifikant besser ausfiel. Auswirkungen hat das Vertrauensniveau auf das Informationssuchverhalten der Konsumenten. Versicherungsvertreter werden stärker von Personen, die der Branche vertrauen, als Informationsquelle genutzt. Bei Maklern trifft dieses im Fall von geringem Vertrauensniveau zu. Das geringe Vertrauen in der Versicherungsbranche hat ebenfalls zur Folge, dass die Konsumenten häufiger Verbraucherberatungen aufsuchen und Vergleichsangebote im Internet und Test-Zeitschriften nutzen. Es ist aber auch festzustellen, dass die Branche immer etwas kritischer gesehen wird als die eigene Versicherung, die in den meisten Fällen zufriedenstellend ist (vgl. [31]).

3.2.3 Preisverhalten

Das *Preisverhalten* kennzeichnet das Verbraucherverhalten beim Kauf von Produkten zu bestimmten Preisen und muss bezüglich verschiedener Branchen und Konsumentengruppen differenziert betrachtet werden. Indikatoren für das Preisverhalten sind die Preiswahrnehmung und die Preisbeurteilung. Unter dem Begriff der *Preiswahrnehmung* wird die sensorische Aufnahme und Verarbeitung von Preisinformationen durch ein Individuum verstanden, ohne dass die Preisinformationen bereits vorher beurteilt und als „teuer" oder „günstig" eingestuft worden sind (vgl. [23]).

Für das Preisverhalten der Kunden sind dabei nicht die objektiven Preisinformationen entscheidend, sondern die subjektiv *wahrgenommenen* Angebote. Jedes Individuum nimmt den Preis von Produkten subjektiv unterschiedlich wahr und je nach Preiskenntnis und Anspruchsniveau wird dieser auch unterschiedlich beurteilt. Es ist folglich nicht ausreichend, den auf dem Markt objektiv besten Preis anzubieten, es muss vielmehr sichergestellt werden, dass die Nachfrager diesen auch wahrnehmen können und wollen (vgl. [21]).

Bezogen auf die Versicherungsbranche unterscheiden sich Produkte in der Preiswahrnehmung und Preisbeurteilung von materiellen Sachgütern anderer Industrien:

- Für Versicherungskunden ist es häufig schwierig, die Angebote einzelner Unternehmen zu vergleichen, da die Prämien häufig nicht transparent genug sind (vgl. [6]).
- Die Beurteilung des Preis/Leistungsverhältnisses durch den Kunden ist erschwert, da es bei dem Versicherungsvertrag nicht zwangsläufig auch zum Leistungsfall kommt (vgl. [25]).
- Das Versicherungsprodukt ist kompliziert und folglich vielfach erklärungsbedürftig (vgl. [16]).

Die Antwort auf die Frage, warum Konsumenten Preise unterschiedlich wahrnehmen und ein unterschiedliches Preisverhalten aufweisen, liegt darin, dass Individuen unterschiedlich ausgeprägte Preisinteressen zeigen. Das Preisinteresse kann dabei als Bedürfnis eines Konsumenten bezeichnet werden, nach Preisinformationen zu suchen und diese bei den Kaufentscheidungen zu berücksichtigen (vgl. [3]). Das Produkt-Involvement steht im Zusammenhang mit dem Preisinteresse und im Allgemeinen ist bei Produkten, die ein hohes Involvement aufweisen, das Preisinteresse geringer ausgeprägt, als bei Produkten des täglichen Bedarfes. Versicherungskunden dürften demzufolge eher preisdesinteressiert sein, weil Versicherungsprodukte in der Regel eine lange Vertragslaufzeit besitzen und daher seltener gekauft werden (vgl. [3]). Darüber hinaus wird das Preisdesinteresse noch durch die niedrige Markttransparenz verstärkt. Für die Anbieter von Versicherungsprodukten ist es daher schwierig, eine hohe Preiswahrnehmung bei den Käufern zu erzeugen. Trotzdem wird auf ein persönliches Gespräch zwischen Versicherer und Versicherungsnehmer kaum verzichtet werden können, weil das Versicherungsprodukt erklärungsbedürftig ist und zudem sind die Versicherer von der Informationsbereitschaft ihrer Kunden abhängig, um das versicherte Risiko kalkulieren zu können (vgl. [16]).

Bei der Preisbeurteilung wird der objektive Preis in einen subjektiv wahrgenommenen Preis umgewandelt (vgl. [21]). Diesen subjektiv wahrgenommenen Preis beurteilen manche Kunden als „zu teuer", während andere Kunden ihn bei gleichem Informationsstand als „günstig" einstufen. Auf dem Versicherungsmarkt muss der Kunde die Leistung des Versicherers und die dafür zu zahlende Prämie wahrnehmen und bewerten, um die Leistungs- und Preiswerte erfolgreich vergleichen zu können. Überwiegt der individuelle Nutzen der Leistung, kommt es zum Vertragsabschluss, überwiegt jedoch der zu zahlende Preis, kommt es zu keinem Vertragsabschluss (vgl. [21]). Um eine solche Bewertung vornehmen zu können, behelfen sich die Kunden mit einem Preisgünstigkeitsurteil und einem Preiswürdigkeitsurteil.

Bei dem *Preisgünstigkeitsurteil* bezieht sich die Beurteilung ausschließlich auf den zu zahlenden Preis und nicht auf die Qualität des Produktes. Für Versicherungsunternehmen wird vermutet, dass Preisgünstigkeitsurteile insbesondere dann für einen Konsumenten desto entscheidender sind (vgl. [22]),

- je größer der Standardisierungsgrad der Angebote bei allen Anbietern ist,
- je geringer die Differenz zwischen einzelnen Leistungsmerkmalen zwischen den Versicherungsunternehmen ist und
- je mehr Erfahrung der Kunde mit den Versicherungsprodukten bereits hat.

Das *Preiswürdigkeitsurteil* beschränkt sich nicht ausschließlich auf den zu zahlenden Preis, sondern befasst sich mit dem Preis-/Leistungsverhältnis von Produkten. Die Leistungskomponente umfasst Qualität, Nutzen, Einstellung und Zufriedenheit (vgl. [21]). Ein Versicherungsabschluss kommt dann zustanden, wenn die Preisobergrenze des Versicherungsnehmers größer ist, als die Preisuntergrenze des Versicherers (vgl. [4]).

3.2.4 Einflussnahme der Werbung

Ziel der Werbung ist es, beim Rezipienten positive Einstellungsbildungen oder Einstellungsmodifikationen gegenüber der eigenen Sache zu erzeugen, die am Ende ein konkretes Verhalten als Absicht hat. Im Ergebnis sollen die Kaufhandlung und die Weiterempfehlung erzielt werden. Um das Beeinflussungsziel der Werbebotschaft zu erreichen, sind folgende *Teilwirkungen* auf den Rezipienten notwendig: (vgl. [12])

- Beachtung der Werbung,
- richtige Interpretation der Botschaft,
- Speicherung der wesentlichen Botschaftsinhalte im Gedächtnis und
- Handlungsauslösung.

Abb. 3.5 veranschaulicht die einzelnen Teilwirkungen in einem vollständigen S-O-R Modell der Werbekommunikation.

Nach diesem Verständnis ist nicht nur die Wahrnehmung der objektiven Reize bedeutsam, sondern auch die Verarbeitung dieser Reize. Der beobachtbare Stimulus (S) löst in der Person (Organismus bzw. O) einen Verarbeitungsprozess aus, der zu einer beobachtbaren Reaktion bzw. Response (R) führt (vgl. [12]).

Damit die gezeigte Werbebotschaft im ersten Schritt auch die gewünschte Aufmerksamkeit bekommt, um wahrgenommen zu werden, muss beim Betrachter auch ein gewisses Produktinteresse vorliegen. Demografische Untersuchungen aus verschiedenen Jahren bzw. Jahrzehnten bestätigen das Versicherungsprodukt als Low-Interest-Produkt.

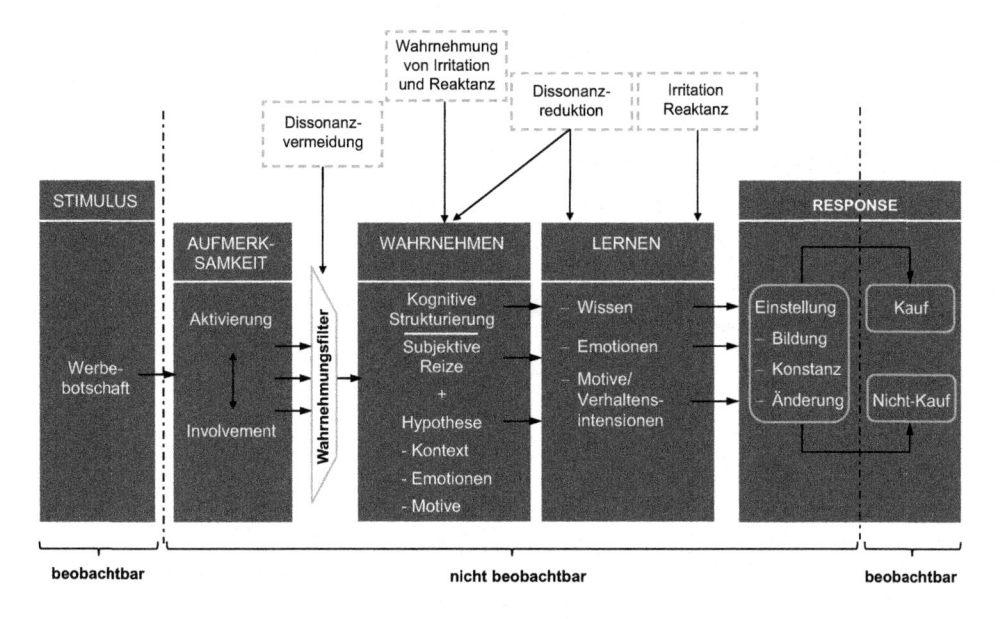

Abb. 3.5 Vollständiges S-O-R-Modell der Werbekommunikation. (Quelle: [12, S. 254])

Abb. 3.6 zeigt im Branchenvergleich, dass 72 % der befragten Personen gar kein oder ein nur geringes Interesse für Versicherungsprodukte aufweisen. Die Versicherungsbranche liegt damit an drittletzter Stelle vor den Stromanbietern mit 77 % und den Bausparkassen mit 82 %. Bei differenzierter Betrachtung lässt sich feststellen, dass Männer im Vergleich zu Frauen ein doppelt so hohes Versicherungsinteresse aufweisen und da 73 % unter den jüngeren potenziellen Konsumenten zwischen 14 bis 29 Jahren überhaupt kein Interesse an Versicherungsprodukten bekunden (vgl. [12]). Aus diesen Zahlen wird die Erkenntnis gewonnen, dass die Werbebotschaften in der Versicherungsbranche aufgrund des niedrigen Produktinteresses größtenteils schon in der Aktivierungsphase „verpuffen".

Des Weiteren verlangen die Komplexität und Intangibilität der Versicherungsleistung vom Versicherungskonsumenten im Gegensatz zu materiellen Gütern, höhere intellektuelle Anstrengungen. Nur ein Drittel aller privaten Versicherungskonsumenten behaupten von sich selbst, sich in Versicherungsangelegenheiten gut auszukennen (vgl. [12]). Dieses wird die richtige Interpretation der Werbebotschaft erschweren (vgl. Abb. 3.6).

Eine Speicherung der wesentlichen Botschaftsinhalte im Gedächtnis setzt dabei voraus, dass der Betrachter sich noch an die Werbung erinnern kann (vgl. Abb. 3.7).

Abb. 3.7 zeigt, dass die durchschnittliche Werbeerinnerung in der Versicherungsbranche mit 9 % den letzten Platz im Branchenvergleich einnimmt und weit unter dem Durchschnitt von 13 % liegt (vgl. [12]). Auch wenn der Schluss gezogen werden kann, dass es die Versicherungswerbung schwer hat, die gewünschte Kaufhandlung im Ergebnis zu er-

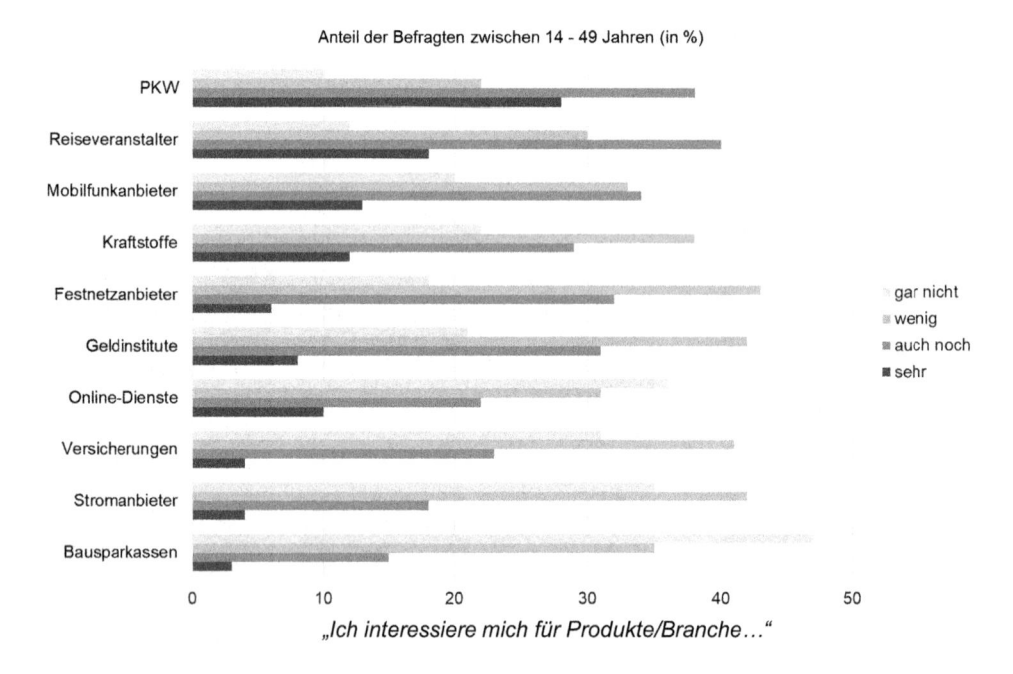

Abb. 3.6 Produktinteresse im Branchenvergleich. (Quelle: [12, S. 135])

3 Nachfrager von Versicherungsleistungen 53

Anteil der Befragten zwischen 14–49 Jahren, die sich an die Branchenwerbung erinnern können (in %)

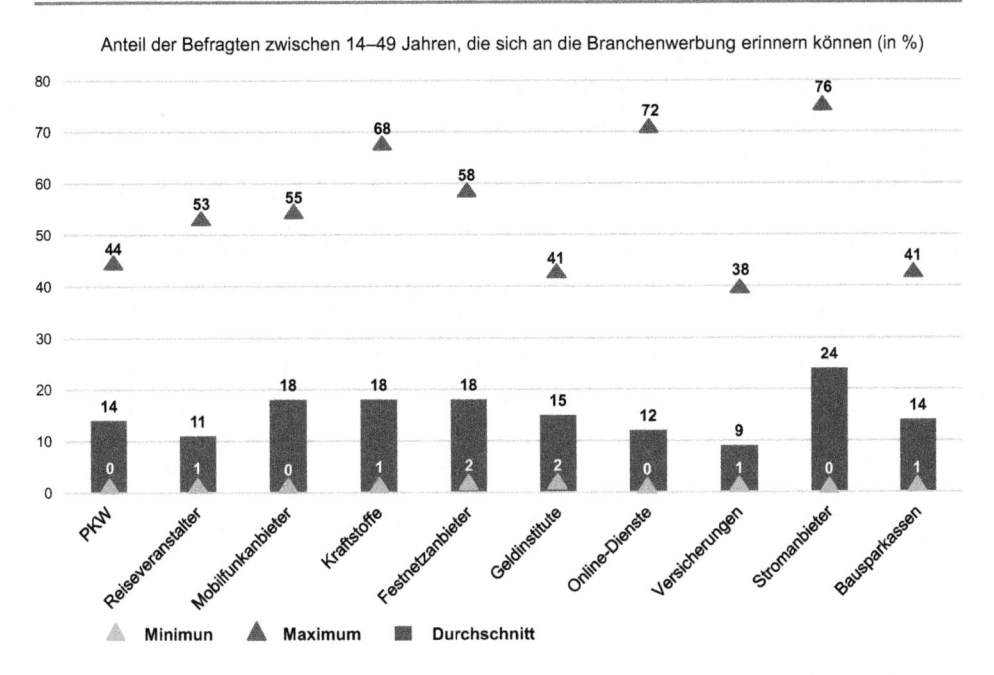

Abb. 3.7 Recall der Werbung verschiedener Branchen. (Quelle: [12, S. 246])

reichen, so sollte deren Wirkungskraft dennoch nicht vernachlässigt werden. Insbesondere aus den Ergebnissen der Branchen der Stromanbieter und der Bausparkassen lässt sich die Chance ablesen, diejenigen Konsumenten mit der Versicherungswerbung anzusprechen, die sich eigentlich gar nicht für dieses Versicherungsunternehmen oder das Versicherungsprodukt im Allgemeinen interessieren.

3.2.5 Ausblick

Die Universität St. Gallen und die Unternehmensberatung accenture haben Herausforderungen in der Versicherungswirtschaft analysiert, in der auch die zukünftigen, von Führungskräften erwarteten Veränderungen im Konsumentenverhalten Gegenstand der Betrachtung waren.

Das Verhalten von Versicherungskunden hat sich im Verhältnis zum Konsumverhalten vieler anderer Wirtschaftszweige in den letzten Jahren nur sehr langsam verändert und das, obwohl der Informationsstand der Kunden, vor allem infolge des Internets, von den Umfrageteilnehmern als substanziell höher eingeschätzt wird. Das Desinteresse der Kunden äußert sich zum Beispiel in einer niedrigen Wechselquote in ihren Versicherungsbeziehungen und in der niedrigen Preisempfindlichkeit. Das zukünftige Kundenverhalten in der Versicherungswirtschaft wird sich zukünftig stark verändern (vgl. Abb. 3.8).

Kundenverhalten	stark zunehmend (++)	leicht zunehmend (+)	unverändert (=)	leicht abnehmend (-)	stark abnehmend (- -)
Preisintensivität des Kunden	40%	47%		12%	1%
Bedürfnis des Kunden nach Unterstützung/Care	29%	54%		16%	1%
Nachfrage nach standardisierten, günstigen Produkten	23%	52%		21%	4%
Bedürfnis nach Absicherung/Schutz	22%	45%		29%	4%
Bedürfnis nach Beratung	21%	43%		30%	6%
Umfassende Gesamtlösung/Kombiprodukte	17%	43%		32%	7% / 1%
Informations- und Wissensstand des Kunden	12%	46%		30%	11% / 1%
Anzahl der Versicherungsbeziehungen	6%	32%	41%	20%	1%
Durchschnittliche Dauer der Kundenbeziehung (Loyalität)	5%	16%	56%	22%	1%

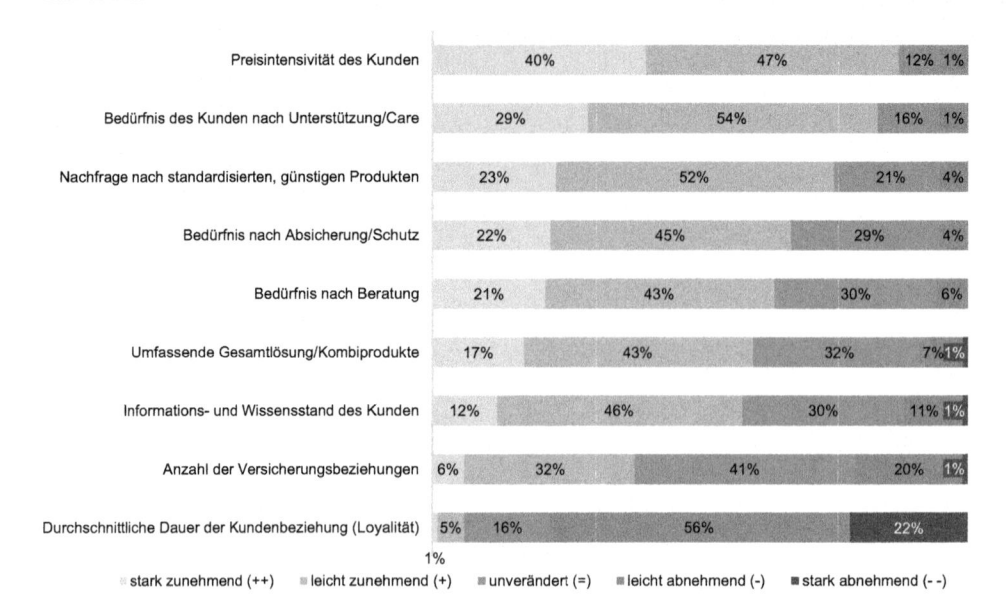

Abb. 3.8 Erwartete Veränderungen im Kundenverhalten. (Quelle: [29, S. 13])

Die große Mehrheit der befragten Manager war sich einig, dass die Kundenbedürfnisse insbesondere in den Bereichen:

- Preissensitivität,
- Bedürfnis nach Unterstützung,
- Nachfrage nach standardisierten und günstigen Produkten,
- Bedürfnis nach Absicherung und Schutz,
- Bedürfnis nach Beratung,
- umfassende Gesamtlösungen/Kombiprodukte,
- Informations- und Wissensstand sowie
- Anzahl der Versicherungsbeziehungen

stark zunehmen werden und dagegen im Bereich

- der durchschnittlichen Kundenbeziehungen und Loyalität

stark abnehmen werden.

Literatur

1. Bless H, Fiedler K, Strack F (2004) Social cognition: how individuals construct social reality. Psychology Press, New York
2. Bloch P, Sherrell D, Ridgway N (1986) Consumer search: an extended framework. J Consumer Res 13:119–126
3. Diller H (2000) Preispolitik, 3. Aufl. Kohlhammer, Stuttgart
4. Farny D (2000) Versicherungsbetriebslehre, 3. Aufl. VVW, Karlsruhe
5. Friestad M, Thorson E (1986) Emotion-eliciting advertising: effects on long-term memory and judgement. Adv Consumer Res 13:111–116
6. Görgen F (2007) Versicherungsmarketing: Strategien, Instrumente und Controlling, 2. Aufl. Kohlhammer, Stuttgart
7. Hawkins D, Best R, Kenneth A (2004) Consumer behavior: building marketing strategy, 9. Aufl. McGraw-Hill, Boston
8. Homburg C, Bucerius M (2006) Kundenzufriedenheit als Managementherausforderung. In: Homburg C (Hrsg) Kundenzufriedenheit: Konzepte-Methoden-Erfahrungen, 6. Aufl. Gabler Verlag, Wiesbaden, S 53–90
9. Homburg C, Koschate N, Hoyer W (2005) Do satisfied customers really pay more? A study of the relationship between customer satisfaction and willingness to pay. J Mark 69:84–96
10. Homburg C, Krohmer H (2006) Marketing Management, 2. Aufl. Gabler, Wiesbaden, S 25–138
11. Hoyer W, MacInnis D (2004) Consumer behavior, 3. Aufl. Houghton Mifflin, Boston, New York
12. Hujber T (2005) Werbung von Versicherungsunternehmen: Eine Analyse der versicherungsspezifischen Besonderheiten. Deutscher Universitätsverlag, Wiesbaden
13. Koch P (2005) Versicherungswirtschaft: Ein einführender Überblick, 6. Aufl. VVW, Karlsruhe
14. Kraszka A (2006) Die Abgrenzung von Privatkunden und Gewerbe-/Industriekunden in der Versicherungswirtschaft. In: Graf von der Schulenburg M (Hrsg) Die Versicherungsnachfrage von Unternehmen. VVW, Karlsruhe, S 155–176
15. Kroeber-Riel W, Weinberg P, Gröppel-Klein A (2008) Konsumentenverhalten Bd. 9. Auf, München
16. Kurtenbach W, Kühlmann K, Kässer-Pawelka G (1995) Versicherungsmarketing. Eine praxisorientierte Einführung in das Marketing für Versicherungen und ergänzende Finanzdienstleistungen, 4. Aufl. Verlag Fritz Knapp, Frankfurt am Main
17. Lohse U (2001) Business Excellence in Versicherungsunternehmen. VVW, Karlsruhe
18. Luhmann N (2000) Vertrauen: Ein Mechanismus zur Reduktion sozialer Komplexität Bd. 4. Lucius & Lucius, Stuttgart
19. Maslow A (1975) Motivation and Personality. In: Levine F (Hrsg) Theoretical Readings in Motivation: Perspectives on Human Behavior. Rand McNally College Pub. Co., Chicago, S 358–379
20. McArthur L, Post D (1977) Figural Emphasis and Person Perception. J Exp Soc Psychol 13:520–535
21. Muchitsch E (2005) Preiswahrnehmung und Preisbeurteilung von Versicherungsprodukten. Institut für Versicherungswirtschaft, Wien
22. Müller W, Klein S (1993) Grundzüge einer verhaltensorientierten Preistheorie im integrativen Dienstleistungsmarketing, Teil 1: Preisgünstigkeit. Jahrb Absatz- Verbraucherforsch 39:261–282
23. Müller-Hagedorn L (1983) Wahrnehmung und Verarbeitung von Preisen durch Verbraucher – ein theoretischer Rahmen. Schmalenbachs Z betriebswirtsch Forsch 35:939–951

24. Münster Research Institute (2008) Vertrauensbarometer Deutschland: Versicherungsbranche. http://www.trust-explorer.com/sites/default/files/Versicherungen_Kurzversion_final.pdf. Zugegriffen: 13. Oktober 2017
25. Nickel-Waninger H (1987) Versicherungsmarketing auf der Grundlage des Marketings von Informationsprodukten. Versicherungswirtschaft e.V., Karlsruhe
26. Schmidt J, Spreng R (1996) A proposed model of external consumer information search. J Acad Mark Sci 24:246–256
27. Solomon M (2006) Consumer behavior, 7. Aufl. Prentice Hall, Upper Saddle River
28. Trommsdorff V (2004) Konsumentenverhalten, 6. Aufl. Kohlhammer, Stuttgart
29. Universität St. Gallen und accenture (2005) Assekuranz 2015 – Retailmärkte im Umbruch: Trends und Herausforderungen in der Versicherungswirtschaft. http://www.ivw.unisg.ch/org/ivw/web.nsf/SysWebRessources/Asse2015-Quovadis+pdf/$FILE/quovadis.pdf. Zugegriffen: 13. Oktober 2017
30. Wertenbroch K (1998) Consumption of self-control by rationing purchase quantities of virtue and vice. Mark Sci 17:317–337
31. Wilke C (2007) Informationssuche und Konsumentenvertrauen am Beispiel der Versicherungswirtschaft. Verlag Dr. Kovac, Hamburg

Anbieter von Versicherungsleistungen 4

Michael Dorka

> **Zusammenfassung**
>
> Die Anbieter von Versicherungsleistungen unterteilen sich in Deutschland grundsätzlich in Individual- und Sozialversicherungen. Diese Anbieterbereiche können nach unterschiedlichen Merkmalen differenziert werden. Im Bereich der Sozialversicherungen erfolgt eine Skizzierung der fünf verschiedenen Zweige. Für die Individualversicherungen werden die rechtlichen Rahmenbedingungen und wirtschaftlichen Erscheinungsformen betrachtet sowie ein Marktüberblick gegeben. Zur Darstellung möglicher Entwicklungen bei den Versicherungsanbietern werden in der Sozial- und Individualversicherungen auf wesentliche Aspekte eingegangen, die für deren Entwicklung von Bedeutung sind. Im Rahmen der Individualversicherungen wird insbesondere auf die Veränderungen der Rahmenbedingungen, der Risikolandschaft, bei den Unternehmen und beim Kundenverhalten eingegangen.

4.1 Überblick

Versicherungsleistungen unterschiedlichster Art werden in Deutschland von einer Vielzahl von Unternehmen und Institutionen zur Verfügung gestellt. Grundsätzlich wird dabei zwischen Individual- und Sozialversicherungen unterschieden. Die *Sozialversicherung* besteht aus fünf Zweigen: gesetzliche Rentenversicherung, gesetzliche Kranken- und Pflegeversicherung, gesetzliche Unfallversicherung sowie der gesetzlichen Arbeitslosenversicherung. Die *Individualversicherung* (Privatversicherung) kennt circa 300 Versicherungsarten, wobei bezüglich des Beitragsvolumens der Bereich der Lebensversicherung der

M. Dorka (✉)
Lifecard-Travel-Assistance
Mannheim, Deutschland

bedeutendste ist. Es lassen sich diese beiden Versicherungsbereiche anhand verschiedener Merkmale differenzieren.

Bei der *Rechtsform* der Sozialversicherungen handelt es sich um Anstalten und Körperschaften des öffentlichen Rechts mit Selbstverwaltung. Die Unternehmensformen der Individualversicherer sind Aktiengesellschaften, Versicherungsvereine auf Gegenseitigkeit und öffentlich-rechtliche Versicherungseinrichtungen.

Das *Versicherungsverhältnis* entsteht bei der Sozialversicherung per Gesetz durch Aufnahme einer Beschäftigung, quasi als Pflichtversicherung. Bei der Individualversicherung entsteht das Versicherungsverhältnis per individuellen Vertrag, das heißt, es wird jedem grundsätzlich selbst überlassen, ob und in welchem Umfange Versicherungsschutz eingekauft wird.

Unterschieden wird auch in der *Bemessung der Beiträge*, die bei der Sozialversicherung nach der Höhe des Einkommens (Solidaritätsprinzip) bemessen werden, während bei der Individualversicherung das Äquivalenzprinzip nach Risiko und Leistung gilt. Für die entrichteten Beiträge bzw. Prämien sind die Leistungen bei der Sozialversicherung gesetzlich festgelegt und bei der Individualversicherung grundsätzlich frei vereinbar.

In der *Art der Finanzierung* der Leistungsfälle liegt ein weiterer Unterschied zwischen den Bereichen. In der Sozialversicherung wird der Leistungsbedarf eines Jahres fast vollständig aus den Beitragseinnahmen des gleichen Jahres finanziert, bis auf einen kleinen Teil angesparter Beiträge, die als eine Art Schwankungsreserve dienen. Bei der Individualversicherung werden die Beiträge bzw. Prämien nach bestimmten Grundsätzen angelegt, um jederzeit die zukünftigen Ansprüche der Versicherten erfüllen zu können.

Die Sozial- und Individualversicherung schließen sich nicht gegeneinander aus, sondern ergänzen sich grundsätzlich, da der Leistungsumfang der gesetzlichen Sozialversicherung häufig nicht ausreicht, um den gewohnten Lebensstandard aufrecht zu erhalten.

4.1.1 Sozialversicherung

Die deutsche *Sozialversicherung* nimmt als gesetzliches Versicherungssystem einen Teil der sozialen Sicherung Deutschlands ein. Arbeitnehmer sind in der Regel mit Aufnahme einer Beschäftigung, sofern eine bestimmte Einkommensgrenze nicht überschritten wird, automatisch pflichtversichert. Die Finanzierung der verschiedenen Zweige der Sozialversicherung erfolgt grundsätzlich durch die Beiträge der versicherten Mitglieder und deren Arbeitgeber.

Die Sozialversicherungen werden in fünf verschiedene Zweige unterteilt. Der älteste Zweig ist die gesetzliche Krankenversicherung, die 1883 begann, während der jüngste Sozialversicherungszweig die gesetzliche Pflegeversicherung aus dem Jahr 1995 ist. Zur Regelung der Sozialversicherung dienen als Rechtsgrundlage im Wesentlichen die Sozialgesetzbücher (SGB):

- alle Sozialversicherungszweige (SGB IV),
- gesetzliche Krankenversicherung (SGB V),
- gesetzliche Rentenversicherung (SGB VI),
- gesetzliche Unfallversicherung (SGB VII),
- gesetzliche Pflegeversicherung (SGB XI) und
- gesetzliche Arbeitslosenversicherung (SGB III).

Die wesentlichen *Kennzeichen* der Sozialversicherungen sind

- die Absicherung von grundsätzlich personenbezogenen Risiken,
- die weitestgehend durch Gesetz einheitlich geregelten Versicherungsleistungen,
- das Solidaritätsprinzip,
- der überwiegende Zwangscharakter und
- der Betrieb durch Sozialversicherungsträger in Selbstverwaltung.

Die Gesamtlast der Abgaben zur Sozialversicherung, die die Arbeitnehmer und Arbeitgeber gemeinsam zu tragen haben, summierten sich im Rahmen sozialversicherungspflichtiger Beschäftigungsverhältnisse im Jahre 2017 auf circa 41 % des Bruttolohnes. Diese Beiträge werden bis zu einer bestimmten Einkommenshöhe, der Beitragsbemessungsgrenze, einbehalten. Die Beitragsbemessungsgrenze liegt in 2017 für die Renten- und Arbeitslosenversicherung bei 76.200 € im Jahr (68.400 € in den neuen Bundesländern) sowie in der Kranken- und Pflegeversicherung bei 52.200 € im Jahr. Ausnahme ist die gesetzliche Unfallversicherung, die ausschließlich vom Arbeitgeber gezahlt wird.

Gesetzliche Krankenversicherung
Die *gesetzliche Krankenversicherung* deckt die Krankheitskosten der versicherten Person und dessen mitversicherten Familienangehörigen ab. Die wesentlichen Leistungsschwerpunkte sind die ambulante, stationäre und zahnärztliche Behandlung sowie die Arzneimittelversorgung. Darüber hinaus werden auch Leistungen zur Gesundheitsvorsorge, Rehabilitation und Mutterschaft erbracht. Die schwierige finanzielle Situation in der gesetzlichen Krankenversicherung durch die Kostenexplosion im Gesundheitswesen macht immer wieder deutliche Einschnitte im Leistungsumfang notwendig.

Die Versicherten können die Krankenkasse frei wählen. Die *Träger der gesetzlichen Krankenversicherung* sind die

- Allgemeinen Ortskrankenkassen (AOK),
- Betriebskrankenkassen (BKK),
- Innungskrankenkassen (IKK),
- Ersatzkassen,
- landwirtschaftliche Krankenkasse und
- die Knappschaft.

Tab. 4.1 Anzahl der Mitglieder und Versicherten (Mitglieder sowie mitversicherte Familienmitglieder zusammen) in den gesetzlichen Krankenversicherungskassen. (Quelle: [5, S. 45 f.])

Gesetzliche Krankenkasse	Anzahl der Kassen	Anzahl der Mitglieder in Millionen	Anzahl der Versicherten in Millionen
AOK	11	20,2	26,0
BKK	88	8,1	10,8
IKK	6	4,0	5,3
Ersatzkassen	6	21,8	27,9
Landwirtschaftliche Krankenkasse	1	0,5	0,6
Knappschaft	1	1,4	1,6
Insgesamt	*113*	*56,0*	*72,2*

In der gesetzlichen Krankenversicherung gehört etwa jedes dritte Mitglied einer der 11 AOK an und fast 40 % der Mitglieder einer der sechs Ersatzkassen. Die 88 Betriebs- und sechs Innungskrankenkassen sind ebenfalls von Bedeutung. Tab. 4.1 gibt einen Überblick über die Anzahl der gesetzlichen Krankenkassen, deren Mitglieder sowie Versicherten.

Der Beitragssatz beträgt seit 2015 einheitlich 14,6 % des Arbeitsentgelts des Beschäftigten, bis zur Beitragsbemessungsgrenze. Die Beiträge fließen über einen Gesundheitsfonds, wobei den Krankenkassen die finanziellen Mittel entsprechend der Risikostruktur zugewiesen werden. Außerdem haben die gesetzlichen Krankenkassen die Möglichkeit einen Zusatzbeitrag als Prozentsatz der beitragspflichtigen Einnahmen ihrer Mitglieder zu erheben, sofern die Zuweisungen des Gesundheitsfonds nicht ausreichend sind. Der durchschnittliche Zusatzbeitrag für das Jahr 2017 liegt bei 1,1 %.

Die gesetzliche Krankenversicherung ist, in Verbindung mit der Pflegeversicherung, die einzige Sozialversicherung, bei der ein echter Wettbewerb besteht. Insbesondere der nahezu einheitliche Leistungsumfang der gesetzlichen Krankenversicherungen und der einheitliche Beitragssatz machen die Anbieter austauschbar und ein gutes Marketing in diesem Bereich wichtig. Die Anzahl der im Wettbewerb stehenden Krankenkassen hat sich jedoch in den letzten Jahrzehnten durch Schließungen und Fusionen deutlich reduziert.

Gesetzliche Pflegeversicherung
Die *gesetzliche Pflegeversicherung* sichert das finanzielle Risiko im Pflegefall ab, abgestuft nach dem Grad der Pflegebedürftigkeit. Gewährt werden Sach- und Geldleistungen bei häuslicher und stationärer Pflege. Grundsätzlich gilt der Grundsatz „Pflege- folgt Krankenversicherung", das heißt Mitglieder einer gesetzlichen Krankenversicherung erhalten auch dort ihre Pflegeversicherung. Die Träger der Pflegeversicherung sind die Pflegekassen, die bei den jeweiligen Krankenversicherungen angesiedelt sind.

Der Beitragssatz zur gesetzlichen Pflegeversicherung liegt grundsätzlich bei 2,55 % des Arbeitsentgelts, bis zur Beitragsbemessungsgrenze. Versicherte ohne eigene Kinder, die mindestens 23 Jahre alt und nach dem 31.12.1939 geboren sind, zahlen einen Zuschlag in Höhe von 0,25 %.

Gesetzliche Rentenversicherung
Die *gesetzliche Rentenversicherung* leistet vor allem Renten wegen Alters, Tod und Berufsunfähigkeit bzw. Erwerbsminderung. Ein wichtiger Bestandteil sind auch die Rehabilitationsleistungen zur Wiedereingliederung ins Berufsleben bei Erwerbsminderung. Alle abhängig Beschäftigten sowie bestimmte Selbständige unterliegen ohne Berücksichtigung einer Jahresarbeitsverdienstgrenze der Versicherungspflicht (vgl. [13, S. 17]).

Träger der gesetzlichen Rentenversicherung ist die Deutsche Rentenversicherung, mit ihren einzelnen regionalen Versicherungsträgern, der Deutschen Rentenversicherung Bund und der Deutschen Rentenversicherung Knappschaft-Bahn-See. Die wesentlichen Finanzierungsbeiträge sind die Beiträge der Arbeitnehmer und deren Arbeitgeber sowie der Bundeszuschuss. Der Beitragssatz in der gesetzlichen Rentenversicherung liegt im Jahre 2017 grundsätzlich bei 18,7 % des Arbeitsentgeltes, bis zur Beitragsbemessungsgrenze.

Gesetzliche Unfallversicherung
Die *gesetzliche Unfallversicherung* leistet bei berufsbedingten Unfällen, Wegeunfälle und Berufskrankheiten sowie für die Wiederherstellung der Erwerbsfähigkeit und Unfallrenten. Dazu kommen noch Maßnahmen zur Verhütung von Arbeitsunfällen, Berufskrankheiten und arbeitsbedingten Gesundheitsgefahren.

Träger der gesetzlichen Unfallversicherung sind die Berufsgenossenschaften, die Gemeindeunfallversicherungsverbände und Unfallkassen. Die Finanzierung der gesetzlichen Unfallversicherung erfolgt ausschließlich durch die Beiträge der Arbeitgeber. Die Höhe der Beiträge wird im Umlageverfahren im Rahmen einer nachträglichen Bedarfsdeckung ermittelt und richtet sich nach der Arbeitsentgeltsumme und der Gefahrenklasse des jeweiligen Unternehmens. Der durchschnittliche Beitragssatz zur gesetzlichen Unfallversicherung liegt im langjährigen Trend bei etwa 1,3 %.

Gesetzliche Arbeitslosenversicherung
Die *gesetzliche Arbeitslosenversicherung* mindert die finanziellen Folgen einer Arbeitslosigkeit durch Zahlung von Arbeitslosengeld und unterstützt die Integration in den Arbeitsmarkt. Eine wesentliche Aufgabe ist die Arbeitsförderung mit entsprechenden Maßnahmen. Vorrangig ist die Vermittlung in Ausbildung und Arbeit gegenüber Lohnersatzleistungen bei Arbeitslosigkeit (vgl. [13, S. 21]).

Es handelt sich um eine Pflichtversicherung insbesondere für abhängig Beschäftigte. Unter bestimmten Voraussetzungen ist zum Beispiel für Selbständige eine freiwillige Versicherung möglich. Der Versicherungsträger für die gesetzliche Arbeitslosenversicherung ist die Bundesagentur für Arbeit. Der Beitragssatz beträgt seit dem 01.01.2011 3,0 % des Arbeitsentgelts des Beschäftigten, bis zur Beitragsbemessungsgrenze.

4.1.2 Individualversicherung

Bei der *Individualversicherung* hat jeder grundsätzlich die freie Wahl, ob eine Versicherung per individuellem Vertrag abgeschlossen wird und bei welchem Anbieter dieses erfolgt. Die Haftpflichtversicherung für Kraftfahrzeuge ist die Ausnahme, da diese für die Zulassung abgeschlossen sein *muss*, jedoch besteht die Wahl des Anbieters.

4.1.2.1 Rechtliche Rahmenbedingungen

Um die Belange der Versicherten ausreichend zu wahren und sicherzustellen, dass die Verpflichtungen aus den Versicherungsverträgen jederzeit erfüllbar sind, gibt es eine *Versicherungsaufsicht*. Die Grundlage für die Aufsicht findet sich im Versicherungsaufsichtsgesetz (VAG) und wird von der Bundesanstalt für Finanzdienstleistungsaufsicht (BaFin) wahrgenommen. Das Versicherungsaufsichtsgesetz regelt insbesondere die Zulassung, den Geschäftsbetrieb, die Rechtsformen, die Kapitalanlagen und die Aufsicht. Die BaFin führt nicht nur die laufende Beaufsichtigung der Versicherungsunternehmen durch, sondern erteilt auch die Erlaubnis zum Betreiben von Versicherungsgeschäften. Seit der Novellierung des VAG in 2008 sind insbesondere die Pflicht der Versicherungsunternehmen zur Implementierung eines angemessenen Risikomanagements und der Vorlage unternehmensindividueller Risiko- und Revisionsberichte ein wesentlicher Bestandteil der Aufsicht (vgl. [10, S. 62]).

Um einen wirksamen Schutz für die Versicherungsnehmer zu bieten, sind für den Betrieb von Erstversicherungsgeschäften nach dem deutschen Aufsichtsrecht nur die Aktiengesellschaft (AG) einschließlich der Europäischen Gesellschaft (SE), der Versicherungsverein auf Gegenseitigkeit (VVaG) und die öffentlich-rechtliche Körperschaft bzw. Anstalt als Rechtform erlaubt.

Damit die zukünftigen Ansprüche der Kunden jederzeit und vollständig erfüllt werden können, ist es für die Individualversicherer notwendig, dass bereits in der Gegenwart Geld dafür angelegt wird. Grundlegende Regelungen zur Kapitalausstattung und Vermögensanlage von Versicherungsunternehmen finden sich im Versicherungsaufsichtsgesetz. Die Versicherungsunternehmen spielen dabei eine wichtige Rolle als Investor und Finanzier, um die finanziellen Mittel sicher, rentabel und mit entsprechender Liquidität anzulegen. In Folge der kritischen Situationen an den Finanzmärkten sind zur Ergänzung der Aufsicht insbesondere folgende Gesetze, Verordnung und Richtlinien in Kraft getreten (vgl. [10, S. 62]):

- Gesetz zur Stärkung der deutschen Finanzaufsicht
- Gesetz zur Überwachung der Finanzstabilität (FinStabG)
- Finanzdienstleistungsaufsichtsgesetz (FinDAG)
- Verordnung über die Erhebung von Gebühren und die Umlegung von Kosten nach dem FinDAG (FinDAGKostV)
- Richtlinien zur Solvenzaufsicht Solvency I und Solvency II hinsichtlich Solvabilitätsvorschriften

- Gesetz zur Absicherung stabiler und fairer Leistungen für Lebensversicherte (Lebensversicherungsreformgesetz – LVRG)

Jedes in einem Mitgliedsland der Europäischen Union (EU) zugelassene Versicherungsunternehmen kann seit 1994 *grenzüberschreitend* in allen EU-Staaten Versicherungsschutz anbieten, ohne dafür in dem jeweiligen Land eine separate Erlaubnis zum Geschäftsbetrieb einholen zu müssen. Versicherer aus einem Nicht-EU-Land dürfen in der EU Versicherungsgeschäfte nur über Niederlassungen betreiben und unterliegen der jeweiligen Aufsicht des Landes.

Die Versicherungsunternehmen unterliegen noch weiteren rechtlichen Rahmenbedingungen, wie unter anderem dem Unternehmens- und Konzernrecht, dem Versicherungsvertragsrecht und dem Versicherungsvermittlungsrecht.

4.1.2.2 Wirtschaftliche Erscheinungsformen

Die in Deutschland tätigen Versicherungsunternehmen der Individualversicherung können nach zahlreichen Merkmalen klassifiziert werden. Hinsichtlich der *wirtschaftlichen Erscheinungsformen* sind folgende Merkmale wichtig (vgl. [7, S. 240]):

- Betrieb der Erst- oder Rückversicherung,
- betriebene Versicherungszweige oder Versicherungszweiggruppen,
- Region der Geschäftstätigkeit,
- Größe sowie
- Unternehmensträger oder -eigentümer.

Die größte Anzahl an Versicherungsunternehmen in Deutschland sind Erstversicherungsunternehmen (Direktversicherungsunternehmen), die ausschließlich Versicherungsgeschäfte mit Versicherungsnehmern in Form von gewerblichen Unternehmen, privaten und öffentlichen Haushalten abschließen. Als Rückversicherungsunternehmen (Indirektversicherungsunternehmen) gelten die Versicherungsanbieter, die ausschließlich Rückversicherungsgeschäfte bei anderen Erst- und Rückversicherern betreiben (vgl. [7, S. 240 f.]).

Eine besondere Art der Individualversicherung ist die *Rückversicherung*, bei der die Erstversicherer ihren Versicherungsbestand risikomäßig ausgeglichener gestalten, indem die übernommenen Gefahren bei einem Rückversicherer versichert werden. Durch die Rückversicherung wird ein übernommenes Risiko auf viele Risikoträger verteilt und ermöglicht den Erstversicherern höhere Wagnisse einzugehen, die eigentlich die Summe übersteigen, die nach Zusammensetzung des Bestandes möglich wäre (vgl. [12, S. 178]).

Ein einzelnes Erstversicherungsunternehmen kann aufgrund des gesetzlichen Spartentrennungsprinzipes nicht alle Versicherungszweige betreiben, sondern muss das Lebens-, Kranken- sowie das übrige Schaden- und Unfallversicherungsgeschäft grundsätzlich in jeweils rechtlich selbständigen Versicherungsunternehmen betreiben. Um verschiedene Versicherungsarten „aus einer Hand" anbieten zu können, hat der Grundsatz der Spartentrennung die Konzernbildung zur Folge. Es lassen sich nach der Geschäftsbezeichnung in der Praxis folgende *Typen von Erstversicherungsunternehmen* unterscheiden (vgl. [7, S. 241 f.]):

- Lebensversicherungsunternehmen,
- Krankenversicherungsunternehmen,
- Schaden- und Unfallversicherungsunternehmen (Kompositversicherungsunternehmen, Sach-/HUK-Versicherungsunternehmen),
- Rechtschutzversicherungsunternehmen sowie
- Kreditversicherungsunternehmen.

Die Anbieter von Versicherungsleistungen, die mehrere Versicherungszweige innerhalb eines Unternehmens betreiben (mehrere Sach- und Haftpflichtversicherungen), werden als Mehrbranchen- bzw. Kompositversicherer bezeichnet. Die Einbranchen- bzw. Spezialversicherer haben sich dagegen aus geschäftspolitischen (zum Beispiel Transportversicherung) oder aufsichtsrechtlichen Gründen (zum Beispiel Lebens- und Krankenversicherungen) nur auf einen Versicherungszweig bzw. eine Branche spezialisiert (vgl. [12, S. 18]).

4.1.2.3 Marktüberblick

Im Jahr 2016 waren insgesamt 595 Versicherungsunternehmen und Pensionsfonds, ohne die zumeist regional tätigen kleineren Versicherungsvereine auf Gegenseitigkeit unter Landesaufsicht, zum Versicherungsgeschäft zugelassen (vgl. [1, S. 222 f.]; vgl. Tab. 4.2). Die Anzahl hat sich in den letzten Jahrzehnten immer weiter verringert.

Die 595 Unternehmen sind nicht mit der Anzahl an Wettbewerbern am Markt gleichzusetzen, da in dieser Gesamtzahl auch die Versicherungsunternehmen enthalten sind, die wegen des gesetzlichen Spartentrennungsprinzips als rechtlich selbständige Unternehmen geführt werden müssen. Wenn nur die Versicherungskonzernen bzw. -gruppen als Wettbewerber berücksichtigt werden, die sich aus miteinander verbundenen Versicherungsunternehmen zusammensetzen, können circa 70 Wirtschaftseinheiten gezählt werden.

Für das Jahr 2015 liegt auch die Aufteilung der Versicherungsunternehmen nach Rechtsform vor. Aufgeführt sind die Unternehmen mit Geschäftstätigkeit, die unter deut-

Tab. 4.2 Anzahl der beaufsichtigten Versicherungsunternehmen (VU) und Pensionsfonds in 2016. (Quelle: [1, S. 223])

Aufteilung nach Sparte	Anzahl beaufsichtigter Unternehmen
Lebens-VU	96
Pensionskassen	141
Sterbekassen	36
Kranken-VU	46
Schaden-/Unfall-VU	214
Rück-VU	33
Pensionsfonds	29
Gesamt	*595*

4 Anbieter von Versicherungsleistungen

Tab. 4.3 Anzahl der Versicherungsunternehmen nach Rechtsform in 2015. (Quelle: [8, S. 14])

Rechtsform	Anzahl
AG	275
VVaG	250
Öffentlich rechtliche VU	18
Sonstige VU	6

scher Aufsicht stehen, ohne die zumeist regional tätigen kleineren Versicherungsvereine auf Gegenseitigkeit unter Landesaufsicht sowie Pensionsfonds. Deutlich ist, dass der deutsche Versicherungsmarkt im Wesentlichen aus Aktiengesellschaften und Versicherungsvereinen auf Gegenseitigkeit besteht, wobei die Aktiengesellschaften am stärksten vertreten sind (vgl. Tab. 4.3).

In der Vergangenheit haben sich die Anzahl an Unternehmensübernahmen, Fusionen und Kooperationen bei der Erbringung von Versicherungsleistungen deutlich erhöht. Eine teilweise deutliche Reduktion der Anzahl an Versicherungsunternehmen ist die Folge. Die Gründe dafür lagen unter anderem in der steigenden Dynamisierung der Märkte, enger gewordene Wachstumsspielräumen, steigendem Druck auf die Ertragsmargen und die Technologieentwicklung.

Eine bedeutende Größe in der Versicherungsbranche ist das *Beitragsvolumen*. Dieses betrug, in gebuchten Brutto-Beiträgen, im Jahre 2015 über alle beaufsichtigten Erstversicherungsunternehmen inklusive Pensions- und Sterbekassen rund 206 Mrd. EUR. Die Verteilung auf die einzelnen Sparten ist in der Tab. 4.4 zu erkennen.

Wie sich das Geschäft der Versicherer auf die einzelnen Unternehmen verteilt, spiegelt der Konzentrationsgrad wieder. Im Jahr 2015 entfielen bei den Lebensversicherern 55,1 % der gesamten verdienten Brutto-Beiträge auf die jeweils zehn größten Versicherer. Bei der Krankenversicherung bzw. Schaden-/Unfallversicherung lag der Marktanteil der jeweils zehn größten Unternehmen bei 70,8 % bzw. 46,7 %. Ein hoher Konzentrationsgrad und damit ein hoher Marktanteil der zehn größten Unternehmen nach verdienten Brutto-Beiträgen ist bei der Rückversicherung (96,9 %) und bei den Pensionsfonds (93,1 %) festzustellen (vgl. [2, S. 12]). In der Lebens- und Schaden-/Unfallversicherung

Tab. 4.4 Gebuchte Brutto-Beiträge aus 2015 in Tsd. EUR. (Quelle: [2, S. 11])

Aufteilung nach Sparten	Gesamtgeschäft in Tsd. EUR
Lebens-VU	87.405.681
Pensionskasse	6.603.260
Sterbekasse	70.670
Kranken-VU	36.689.741
Schaden-/Unfall-VU	75.402.260
Erst-VU gesamt	*206.171.613*
Rück-VU	59.268.120
Pensionsfonds	2.893.600

ist der Konzentrationsgrad in den letzten Jahrzehnten gestiegen. Dagegen ist in der privaten Krankenversicherung eine geringere Konzentration auszuweisen (vgl. [8, S. 36]).

Der Marktanteil der Versicherer aus dem europäischen Wirtschaftraum am deutschen Versicherungsmarkt ist relativ gering. Betrachtet man den Umfang des Niederlassungs- und Dienstleistungsgeschäftes von Versicherern aus dem europäischen Wirtschaftraum in Deutschland, so lag der Anteil im Lebensversicherungsbereich im Jahre 2014 bei 5,1 % und im Nicht-Lebensversicherungsbereich bei 7,4 %. Im Vergleich zu den Daten des Jahres 2004 hat sich der Marktanteil der Versicherer aus dem europäischen Wirtschaftraum an dem gesamten deutschen Versicherungsmarkt nicht wesentlich verändert. In der Lebensversicherung ist der Anteil am deutschen Versicherungsmarkt insgesamt von 6,6 % auf 5,1 % gesunken, wobei das absolute Prämienvolumen nur leicht gesunken ist. Dagegen hat sich der Marktanteil in der Nicht-Lebensversicherung von insgesamt 2,4 % im Jahre 2004 auf 7,4 % gesteigert (vgl. [2, S. 7; 3, S. 6]; Tab. 4.5).

Das selbst abgeschlossene Niederlassungs- und Dienstleistungsgeschäft der deutschen Versicherer im europäischen Wirtschaftraum lag im Jahre 2015 im Bereich der Lebensversicherung bei 461,1 Mio. EUR. Die gebuchten Bruttobeiträge im Nicht-Lebensversicherungsbereich betrugen 3881,8 Mio. EUR. Insgesamt war damit für das Jahr 2015 ein Anteil am Gesamtgeschäft in Höhe von lediglich 2,25 % festzustellen (vgl. [8, S. 34]).

In Tab. 4.6 sind die zehn größten Unternehmen in der Lebens-, Kranken- und Schaden-/Unfallversicherung dargestellt. In den Marktanteilen ist auch das im Ausland akquirierte Versicherungsgeschäft integriert; es wird der Anteil des jeweiligen Unternehmens am gesamten, unter deutscher Aufsicht abgeschlossenen Geschäftes angegeben, das heißt diese Anteile entsprechen nicht den Marktanteilen am gesamten deutschen Versicherungsmarkt (vgl. [2, S. 14]; Tab. 4.6).

Tab. 4.6 zeigt deutlich die Bedeutung der Allianz am Gesamtmarkt. Deutlich wird jedoch auch, wie sich die Geschäftspolitik auf die Marktanteile auswirkt. Die Debeka, die mittlerweile ein umfassendes Versicherungs- und Finanzdienstleistungsangebot hat, fin-

Tab. 4.5 Deutscher Versicherungsmarkt (selbst abgeschlossenes Geschäft) im Jahre 2014. (Quelle: [2, S. 7])

	Lebensversicherung		Nicht-Lebensversicherung	
Versicherungsgeschäft von EWR-VU in Deutschland	In Tsd. EUR	Anteil in %	In Tsd. EUR	Anteil in %
– durch Niederlassungen	2.388.626	2,5	5.557.533	5,2
– im freien Dienstleistungsverkehr	2.366.280	2,5	2.336.406	2,2
INSGESAMT	4.754.906	5,1	7.893.939	7,4
Inländisches Versicherungsgeschäft deutscher VU	88.979.609	94,9	99.480.632	92,6
Gesamtes Versicherungsgeschäft in Deutschland	*93.734.516*	*100,0*	*107.374.571*	*100,0*

4 Anbieter von Versicherungsleistungen

Tab. 4.6 Die zehn größten Unternehmen in der Lebens-, Kranken- und Schaden-/Unfallversicherung im Jahre 2015 nach verdienten Brutto-Beiträgen. (Quelle: [2, S. 12 f.])

Rang	Lebensversicherung		Krankenversicherung		Schaden-/Unfallversicherung	
	Versicherer	Anteil in %	Versicherer	Anteil in %	Versicherer	Anteil in %
1	Allianz	18,89	Debeka	14,72	Allianz	12,19
2	R+V	5,92	DKV	12,95	Allianz Global	5,34
3	Aachen-Münchener	5,70	Allianz Private	8,87	HDI-Gerling Industrie	5,29
4	Zurich Deutscher Herold	4,64	AXA	7,60	AXA	5,09
5	Debeka	4,05	Signal	5,62	R+V	4,68
6	Generali	3,97	Central	5,39	Ergo	4,31
7	AXA	3,18	Barmenia	4,27	LVM	2,80
8	Ergo	3,08	Bayerische Beamten	4,25	HUK-Coburg Allgemeine	2,42
9	Bayern-Versicherung	3,04	Continentale	3,98	Generali	2,33
10	Alte Leipziger	2,68	HUK-Coburg	3,14	Gothaer Allgemeine	2,26

Tab. 4.7 Anteile der Vertriebswege am Neugeschäft der Versicherungswirtschaft. (Quelle: [8, S. 24])

Jahr	2012	2014	2016
	in %		
Lebensversicherung nach vermittelter Beitragssumme			
Einfirmen- bzw. Konzernvermittler	43,1	41,9	41,4
Mehrfirmenvermittler	31,8	31,2	32,7
Kreditinstitute	18,7	21,0	19,9
Direktvertriebe	4,1	3,3	2,3
Sonstige	2,3	2,6	3,7
Private Krankenversicherung nach vermitteltem Monatsbeitrag			
Einfirmen- bzw. Konzernvermittler	52,4	56,2	57,0
Mehrfirmenvermittler	35,7	29,8	29,6
Kreditinstitute	3,5	5,3	4,8
Direktvertriebe	4,8	5,2	6,1
Sonstige	3,6	3,5	2,5
Schaden-/Unfallversicherung nach vermitteltem Jahresbeitrag			
Einfirmen- bzw. Konzernvermittler	47,9	46,6	46,3
Mehrfirmenvermittler	31,6	31,0	30,1
Kreditinstitute	5,8	5,7	5,5
Direktvertriebe	10,4	12,1	13,9
Sonstige	4,3	4,8	4,2

det sich, im Gegensatz zur Allianz, „lediglich" in der Lebens- und Krankenversicherung unter den größten zehn Versicherern. Hintergrund ist, dass die Debeka 1905 als reiner Krankenversicherer gegründet wurde und im Laufe der Zeit im Rahmen einer veränderten Geschäftspolitik andere Sparten ergänzt worden sind. Zum Beispiel wurde 1981 die Debeka Allgemeine Versicherung gegründet, die mit der Unfallversicherung startete und nach Integration weiterer Sparten den Vertrieb von Kraftfahrzeugversicherung erst 1996 aufgenommen hat. In dieser relativ kurzen Zeit ist es der Debeka noch nicht gelungen, unter die ersten zehn größten Schaden-/Unfallversicherern zu gelangen.

Das Angebot und der Absatz der Versicherungsprodukte erfolgt im Wesentlichen über fünf Vertriebswege. Der bedeutendste Distributionskanal ist weiterhin in allen Sparten der Einfirmen- bzw. Konzernvermittler. Eine steigende Tendenz, insbesondere in der Schaden- und Unfallversicherung, weist der Direktvertrieb einschließlich der Vergleichsportale auf (vgl. Tab. 4.7).

4.2 Entwicklungen bei den Versicherungsanbietern

4.2.1 Entwicklungen in der Sozialversicherung

Auf die Entwicklung in der Sozialversicherung haben unter anderem die folgenden *demografischen Tendenzen* Auswirkungen (vgl. [4, S. 4 ff.]):

- Es ist eine steigende Lebenserwartung festzustellen, deren Ende noch nicht absehbar ist. Im Durchschnitt erhöhte sich die Lebenserwartung in den letzten Jahrzehnten um 2,6 Monate pro Jahr, wobei insbesondere die Sterblichkeit in den höheren Altersgruppen abnimmt.
- Je nach zugrunde gelegten Rahmendaten wird die Bevölkerung bis 2060 schrumpfen bzw. im besten Fall die Einwohnerzahl stabil bleiben.
- In allen Szenarien der Bevölkerungsvorausberechnung würde die Alterung der Bevölkerung deutlich fortschreiten. Voraussichtlich wird der Anteil der älteren Personen ab 65 Jahren bis zum Jahre 2060 deutlich ansteigen.

Diese Tendenzen haben Einfluss auf den Generationenvertrag. Die Anzahl und das Durchschnittsalter der Erwerbstätigen in der Bevölkerung, die mittels Beitragszahlungen wesentlich zur Finanzierung der Sozialversicherung beitragen, werden sich entsprechend verändern. Eine steigende Lebenserwartung impliziert längere Rentenzahlungsphasen. Zudem werden mit einer alternden Bevölkerung die Ausgaben der Krankenkassen sowie die Anzahl der Pflegebedürftigen steigen.

In Anbetracht des demografischen Wandels wird die Umlagefinanzierung der *Altersversorgung* häufig in Frage gestellt und zumindest eine Ergänzung durch ein kapitalbildendes System, zum Beispiel mittels privater Altersversorgung, gefordert. Um das Versorgungsniveau im Alter zu steigern bzw. zumindest zu halten, soll zur Ergänzung der gesetzlichen Rentenversicherung, zum Beispiel durch das Betriebsrentenstärkungsgesetz, mittels gezielter Maßnahmen insbesondere eine weitere Verbreitung von betrieblicher Altersvorsorge erreicht werden. Sofern es sich abzeichnet, dass der Beitragssatz zur gesetzlichen Rentenversicherung steigen müsste bzw. eine Absenkung des Rentenniveaus notwendig erscheint, ist derzeit die jeweilige Bundesregierung verpflichtet, Vorschläge zur Vermeidung einer solchen Entwicklung zu erstellen. Unter den skizzierten Rahmenbedingungen wird in der Folge künftig mit weiteren Rentenreformen zu rechnen sein.

Bei der *gesetzlichen Krankenversicherung* sind immer wieder die Einführung einer einheitlichen Bürgerversicherung und damit die Abschaffung eines dualen Krankenversicherungssystems in der Diskussion. Bei dem 2009 eingeführten Gesundheitsfonds der gesetzlichen Krankenversicherung hat sich in den letzten Jahren die finanzielle Situation verschlechtert. Die Liquiditätsreserve und das Nettoreinvermögen des Gesundheitsfonds sind seit 2013 gesunken. Zudem weist der Fonds seit 2014 je Jahr einen Überschuss der Ausgaben aus (vgl. [6, S. 81 f.]). Bei den einzelnen Trägern der gesetzlichen Krankenversicherung fallen die finanziellen Situationen höchst unterschiedlich aus. Neben den Krankenkassen, denen ein Jahresüberschuss gelungen ist, hat sich die Anzahl der Krankenkassen, bei denen ein überdurchschnittlicher Zusatzbeitragssatz angewendet wird, der allein von den Arbeitnehmern zu tragen ist, zugenommen. Insgesamt scheint der „Spardruck" im Gesundheitssystem langfristig zu wachsen, auch wenn sich die finanzielle Gesamtlage aller Krankenkassen insgesamt im Jahre 2016 verbessert hat und voraussichtlich in 2017 verbessern wird.

In der *gesetzlichen Pflegeversicherung* waren im Jahre 2016 ca. 2,7 Mio. Menschen pflegebedürftig. Bis zum Jahre 2030 wird sich diese Anzahl vermutlich um etwa 30 % auf rund 3,5 Mio. Menschen erhöhen. Die seit 1995 bestehende gesetzliche Pflegeversicherung wurde mittels der Pflegestärkungsgesetze I bis III angepasst und auf künftige Entwicklungen vorbereitet. Insbesondere wurden die Unterstützung für Pflegebedürftige ausgeweitet, die drei Pflegestufen durch fünf Pflegegrade ersetzt und die Pflegeberatung in den Kommunen gestärkt. Das letzte Pflegestärkungsgesetz ist zum 01. Januar 2017 in Kraft getreten und die Auswirkungen aller Maßnahmen werden sich noch zeigen.

4.2.2 Entwicklungen in der Individualversicherung

Es bestehen im Bereich der Individualversicherung gegenwärtig zahlreiche Herausforderungen mit voraussichtlich erheblichen Auswirkungen auf die Geschäftsmodelle der Unternehmen. Der Wandel in der privaten Versicherungsbranche wird insbesondere durch eine Veränderung der Rahmenbedingungen, der Risikolandschaft sowie des Kundenverhaltens forciert. Entsprechende Auswirkungen auf die Versicherungsunternehmen der Individualversicherung sowie insbesondere deren Absatzwege sind zu erkennen und werden weiter fortschreiten.

Veränderung der Rahmenbedingungen

Die *Veränderungen der Rahmenbedingungen* sind im Wesentlichen durch die ökonomische, soziokulturelle, technologische, physische und politisch-rechtliche Komponenten der Makro-Umwelt bestimmt. Im Rahmen der *ökonomischen Komponente* der Makro-Umwelt, mit deren volks- und weltwirtschaftlichen Aspekten, ist im Hinblick auf die private Versicherungswirtschaft insbesondere auf das nachhaltig niedrige Zinsniveau zu verweisen. Für die Kapitalanlage der Versicherungsunternehmen stellt dieses Zinsniveau eine zentrale Herausforderung dar, insbesondere wenn die Niedrigzinsphase sich noch über viele Jahre hinziehen sollte. Je länger das Zinsniveau derart niedrig bleibt, desto mehr werden sich die Auswirkungen auf die Verzinsung der relevanten Versicherungsverträge für die Kunden zeigen. Als Anlagealternativen für die Unternehmen werden zunehmend die Bereiche Infrastruktur und erneuerbare Energien betrachtet.

Der Wandel zum Beispiel der Gesellschaftsstruktur zählt zur *soziokulturellen Komponente*. Die demografische Entwicklung, die für die Sozialversicherung von erheblicher Bedeutung ist, stellt auch für die Individualversicherung eine maßgebliche quantitative Einflussgröße beispielsweise auf das Nachfragepotenzial sowie die Kundenstruktur dar. Ableiten lässt sich eine Tendenz zur steigenden Nachfrage an private Altersvorsorge sowie Ergänzung der gesetzlichen Kranken- und Pflegeversicherung.

Die *technologische Komponente* der Makro-Umwelt, mit den Aspekten der Prozess-, Produkt- und Sozialinnovation, beinhaltet die folgende Auswahl an wesentlichen technologischen Innovationen, die ein erhebliches Veränderungspotenzial für die Individualversicherung bergen:

- Die Digitalisierung im Allgemeinen,
- Internet of Things (IoT),
- künstliche Intelligenz,
- Data Analytics (Big Data) und
- Blockchain.

Für die Unternehmen der Individualversicherung führen diese technologischen Innovationen beispielsweise zur Veränderung und/oder Neustrukturierung von Verkaufsprozessen. Insbesondere in der Kundenberatung bzw. im Verkauf spielt die technologische Komponente eine wichtige Rolle. Es ergeben sich dadurch jedoch auch neue Dienstleistungsfelder, zum Beispiel mit Smart Home-Anwendungen. Zu erkennen ist ein Nutzen im Bereich der Schadenprävention. Mit der technologischen Entwicklung entstehen zudem auch neue Risiken (z. B. Cyberrisiken) und Haftungsfragen (z. B. Haftung bei vernetzten Produktionsmaschinen oder autonomer Mobilität).

Für die Versicherungsunternehmen hat zudem die *physische Komponente*, das heißt das klimatische, geografische und infrastrukturelle Umfeld des Aktionsbereiches der Unternehmen, Relevanz. Insbesondere die ökologische Umwelt ist ein wesentlicher Teil des Risikoursachensystems. Die Veränderungen in diesem Bereich, beispielsweise durch Klimaänderungen, werden genau analysiert und Vorhersagen über Eintrittswahrscheinlichkeiten sowie Schadenerwartungswerte von zum Beispiel Sturmereignissen, Erdbeben und Überschwemmungen angepasst.

Die *politisch-rechtliche Komponente*, mit den rechtlichen Regelungen und politischen Entscheidungen, beeinflusst den Handlungs- und Entscheidungsspielraum der Versicherungsunternehmen. Beispielhaft seien die rechtlichen Änderungen bzw. regulatorischen Reformen durch Solvency II, EU-Vertriebsrichtlinie (IDD), PRIIP-Verordnung, Betriebsrentenstärkungsgesetz und EU-Datenschutz-Grundverordnung genannt, die entsprechende Auswirkungen auf die Unternehmen haben.

Die politischen Entscheidungen bezüglich der Sozialversicherungssysteme berühren zudem die geschäftliche Entwicklung der Versicherungsunternehmen. Seit längerem findet ein Rückzug des Staates aus der öffentlichen Vorsorge statt, insbesondere bei der gesetzlichen Altersvorsorge und der gesetzlichen Krankenversicherung. Mit der Folge, dass von den Versicherten ein höherer Eigenanteil verlangt wird. Diese Reduktion des Schutzes in der Sozialversicherung führt zu einer Stärkung (Wachstumsimpulsen) der Individualversicherung der relevanten Bereiche, da es für die Versicherten immer wichtiger wird, sich selbst umfangreich gegen sozialen Risiken abzusichern.

Veränderung der Risikolandschaft
Die genannten Änderungen der Rahmenbedingungen haben neben weiteren Aspekten eine *Veränderung der Risikolandschaft* zur Folge, mit der sich die Unternehmen der Individualversicherung auseinander setzen müssen. Das Unternehmen Swiss Re veröffentlicht regelmäßig in ihrem Sonar-Bericht die aus Ihrer Sicht wichtigsten, sich entwickelnden oder verändernden Risiken für die Versicherungsbranche. In der Tab. 4.8 sind diese neuen Risiken exemplarisch nach potenziellen Auswirkungen auf die Geschäftsbereiche und Zeitrahmen dargestellt. Absehbar ist, dass eine komplexe Risikolage das Risikobewusstsein erhöhen kann und damit den Wunsch nach ergänzenden Absicherungsmöglichkeiten stärkt.

Veränderungen bei den Unternehmen
Die *Auswirkungen auf die Versicherungsunternehmen der Individualversicherung* sind vielfältig. Die neuen Technologien erwirken Veränderungen in vielen Bereichen der Unternehmen. Neben der Kundenkommunikation und den Vertriebsstrategien erfolgen Anpassungen an die neuen Gegebenheiten und Möglichkeiten in den Bereichen der Produkte, internen Prozesse sowie dem Schadenmanagement. Es ist mit einer steigenden Kosteneffizienz sowie mit neuen Märkten für innovative Produkte und Services zu rechnen. Der Einsatz von zum Beispiel künstlicher Intelligenz und Blockchain bei den Versicherungsunternehmen wird erhebliche Veränderung beim Personalbedarf mit sich bringen.

An unterschiedlichen Standorten sollen künftig Versicherungsunternehmen gemeinsam mit Dienstleistern, Start-ups sowie Hochschulen an neuen zukunftsträchtigen Ansätzen für die Versicherungswirtschaft arbeiten. Beispielsweise haben diverse Unternehmen und Institutionen in Köln den Verein „InsurLab Germany e. V." gegründet. Eine weitere digitale Plattform zur Entwicklung von innovativen technischen Lösungen für die Versicherungsbranche besteht in München mit dem „InsurTech Hub Munich".

Tab. 4.8 Emerging risk themes by potential impact and timeframe. (Quelle: [14, S. 2])

Potential impact	0–3 years	> 3 years
High	🏭� The return of inflation – the effect on insurance business ✵🏭 Reduced market access – protecting your own backyard 🚗🏭 The perfect storm – cloud risk accumulation ✵ Island solutions – regulatory fragmentation	♥ Bugs on the march – underestimated infectious diseases 🏭 The big drying – growing water stress
Medium	🚗 Man-made epidemic – opioid medication and popular health 🏭 The human factor – stress and fatigue in safety-relevant jobs 🚗🏭 Sensors as weapons – Internet of Things invites cyber-attacks ✵ Eroding rationality – the information challenge	🚗 Danger in unexpected places – carcinogens in artifical turf 🚗✵ Blame your robot – emerging arificial intelligence legislation ♥🚗 Too much of a good thing – antimicrobial overuse in animal Farming ♥🚗 Cancer treatment revolution? – liquid biopsy and immunotherapy 🏭✵ Shifting land use – uncertainties for real estate values in the new economy
Low	♥✵ Pros and cons of work in the gig economy – another kind of digital risk 🏭✵ Hijacked money – political risk of forced investment	🚗♥ Dangerous games – risks of e-Sports 🏭✵ Cash repression – the paper money squeeze ♥ Good things in your gut – advances in precision medicine

Most affected business areas: 🚗 Casualty, 🏦 Financial markets, 🏭 Property, ♥ Life & Health, ✵ Operations (incl. Legal and regulatory)

Es ergeben sich die Gestaltung attraktiver neuer Versicherungsprodukte durch neu entstehende Risiken sowie zudem innovative Möglichkeiten durch das IoT sowie der Vernetzung der Datenquellen. Absehbar sind eine Individualisierung der Versicherungsprodukte mittels verhaltensabhängiger Tarife und weitere situative Versicherungsprodukte. Außerdem eine Erweiterung der Versicherungsdienstleistung um Risikoprävention und/oder -beratung.

Insbesondere die weitere Entwicklung der Blockchain-Technologie wird Veränderungen bei den Versicherungsunternehmen mit sich bringen. Ins Leben gerufen wurde von verschiedenen Erst- und Rückversicherungsunternehmen eine Blockchain Insurance Industry Initiative (B3i), um Geschäftsprozesse zu verbessern und den Versicherungskunden einen noch besseren Service zu bieten. Erarbeitet werden sollen auch Innovationen zum Beispiel in den Bereichen situative Versicherung, parametrische Produkte sowie Smart

Contracts. Schon jetzt wird mittels Blockchain-Technik beispielsweise an intelligenten Vertragsverwaltungssystemen gearbeitet, das Prozessschritte innerhalb eines Blockchain-Netzwerkes abwickeln soll. Zudem hat die AXA Versicherung zum Beispiel ein Produkt auf Basis der Blockchain-Technik entwickelt (Produkt fizzy), dass für Fluggäste eine Leistung bei bestimmten Flugverspätungen vorsieht. Bei dieser Art von „Blockchain-Versicherung" wird der Versicherungsvertrag in der Blockchain gespeichert und im Schadenfall ist weder eine Schadenmeldung noch ein Mitarbeiter zur Schadenregulierung notwendig.

Die neuen Marktteilnehmer in Form der Insurtechs sind bisher insbesondere durch ein Online-Angebot von zum Beispiel digitalen Versicherungsordnern und situativem Versicherungsschutz aufgefallen. Als Status der meisten Insurtechs ist Versicherungsmakler sowie Versicherungsvertreter und Technologieanbieter angegeben. Neben den diversen Kooperationen zwischen Insurtechs und etablierten Unternehmen, zum Beispiel in Form eines gemeinsamen Innovation-Lab oder Vertriebes, ist eine Weiterentwicklung der ursprünglichen Geschäftsmodelle der Insurtechs, mittels Gründung eigener Risikoträger oder Auftritt als Assekuradeur, wahrzunehmen. Die ersten Digitalversicherer, teilweise mit Beteiligung von Erst- bzw. Rückversicherungsunternehmen, sind gegründet, zum Beispiel:

- Adam Riese (derzeit Haftpflichtversicherung)
- Element (derzeit Sach-, Unfall- und Haftpflichtversicherung)
- Flypper (derzeit Sach-, Unfall- und Haftpflichtversicherung)
- Friday (derzeit Kfz-Versicherung)
- Nexible (derzeit Kfz-Versicherung)
- One (derzeit Sach- und Haftpflichtversicherung)
- Ottonova (derzeit Krankenversicherung)

Die Entwicklungen auf dem Markt der Insurtechs bergen erhebliche Gefahren für die Geschäftsmodelle der etablierten Versicherungsanbieter. Die Bedeutung der Insurtechs wird weiter zunehmen und entsprechende verändernde *Auswirkungen auf die Kommunikations- und Absatzkanäle* haben.

Veränderung beim Kundenverhalten
Auch beim Kundenverhalten ist eine Veränderung festzustellen und die Ansprüche der Kunden werden weiter steigen: Versicherungsprodukte und entsprechende Dienstleistungen sollen jederzeit, an jedem Ort, auf jedem Wege, individuell und flexible zur Verfügung stehen. Eine *Veränderung des Kundenverhaltens* wird sich insbesondere auf eine Änderung der Kommunikations- und Absatzkanäle auswirken. Mit der Studie „Die digitale Versicherung – was Kunden wollen" untersuchte die Gesellschaft für Konsumforschung (GfK) im Auftrag des Gesamtverbandes der Deutschen Versicherungswirtschaft (GDV) für den deutschen Markt unterschiedliche Aspekte der Digitalisierung in der Versicherungsbranche. Diese Studie zeigt auf, dass auch künftig eine Mischung aus online und

		Recherche				
		Online	Offline			
Abschluss	Online	29%	0%	29%		
	Offline	53%	18%	71%	53% ROPO-Anteil aller Abschlüsse	
		82%	18%	100%		

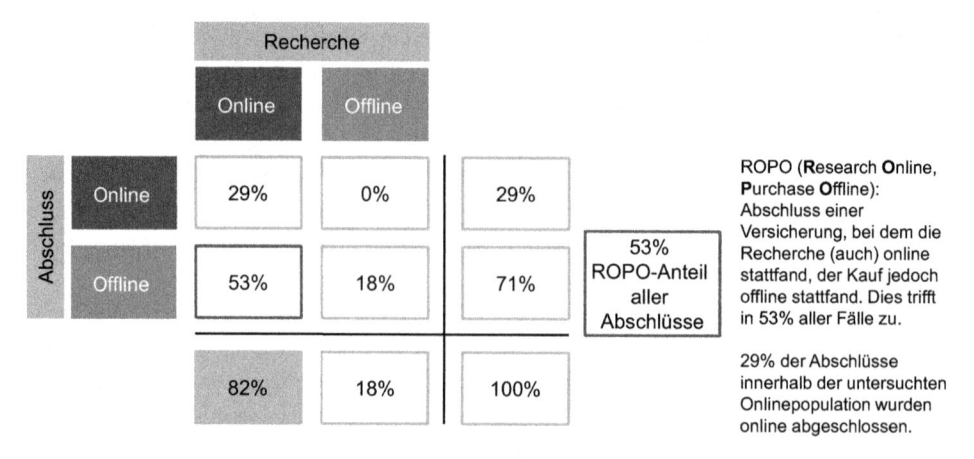

Abb. 4.1 ROPO – Anteile im Gesamtmarkt. (Quelle: [9, S. 18])

ROPO (**R**esearch **O**nline, **P**urchase **O**ffline): Abschluss einer Versicherung, bei dem die Recherche (auch) online stattfand, der Kauf jedoch offline stattfand. Dies trifft in 53% aller Fälle zu.

29% der Abschlüsse innerhalb der untersuchten Onlinepopulation wurden online abgeschlossen.

offline vorhanden sein wird. Zum reinen Abschlussverhalten zeigt die Studie, dass 40 % der unter 30-Jährigen auch in Zukunft keine Versicherung online abschließen will. Gleichzeitig ist jedoch in dieser Altersgruppe die Bereitschaft, künftig einen Online-Abschluss zu tätigen am höchsten. Zu bemerken ist auch, dass die Kunden anspruchsvoller werden und vermehrt digitale Kanäle für versicherungsbezogene Interaktionen nutzen. Insbesondere das Informationsverhalten der Kunden zum Thema Versicherungen weist die Besonderheit auf, dass bei 53 % aller Abschlüsse zunächst eine Online-Recherche stattfand und anschließend offline der Versicherungsabschluss getätigt wurde (vgl. [9]).

Derzeit bevorzugen die Kunden noch überwiegend eine persönliche Beratung. Eine Online-Beratung sowie ein Online-Versicherungsabschluss sind jedoch abhängig von der Erklärungsbedürftigkeit der Produkte (vgl. Abb. 4.1). Schon jetzt kann sich etwa jeder Fünfte online eine Beratung und einen Abschluss zur Krankenzusatz- oder Sachversicherung vorstellen. In der Altersvorsorge und Lebensversicherung ist der Anteil nur etwa halb so hoch. Ein hoher Anteil der Kunden erwartet künftig eine Kommunikation über verschieden Kanäle, und insbesondere die jüngeren Kunden wünschen sich Versicherungs-Apps (vgl. [11, S. 18 ff.]). Diese Anteile werden sich künftig voraussichtlich zugunsten einer weiteren Digitalisierung rund um den Versicherungsschutz verschieben.

Eine entsprechend Anpassung bei den Unternehmen ist notwendig, zum Beispiel kanalübergreifende Versicherungsdienstleistungsangebote ohne Medienbrüche. Es gilt alle versicherungsrelevanten Interaktionen in einer höheren Geschwindigkeit, möglichst über mobile Applikationen, zeit- und ortsunabhängig über unterschiedliche Kommunikations- und Interaktionskanäle zu ermöglichen.

Die Versicherungsunternehmen der Individualversicherung sehen sich großen Herausforderungen gegenüber und befinden sich in einem Wandel, der Gefahren, jedoch auch diverse Chancen mit sich bringt. Die Veränderungsgeschwindigkeit bzw. die Veränderungsdynamik scheint sich in den nächsten Jahren noch weiter zu beschleunigen.

Literatur

1. Bundesanstalt für Finanzdienstleistungsaufsicht (2017) Jahresbericht der Bundesanstalt für Finanzdienstleistungsaufsicht 2016. Bonn, Frankfurt am Main
2. Bundesanstalt für Finanzdienstleistungsaufsicht (2016) Statistik der Bundesanstalt für Finanzdienstleistungsaufsicht – Erstversicherungsunternehmen und Pensionsfonds 2015. Frankfurt am Main, Bonn
3. Bundesanstalt für Finanzdienstleistungsaufsicht BaFin (2007) Statistik der Bundesanstalt für Finanzdienstleistungsaufsicht – Erstversicherungsunternehmen 2006. Frankfurt am Main, Bonn
4. Bundesministerium des Inneren (2017) Jedes Alter zählt – „Für mehr Wohlstand und Lebensqualität aller Generationen", Eine demografiepolitische Bilanz der Bundesregierung zum Ende der 18. Legislaturperiode. Bundesministerium des Inneren, Berlin
5. Bundesministerium für Gesundheit (2017) Gesetzliche Krankenversicherung – Mitglieder, mitversicherte Angehörige und Krankenstand, Monatswerte Januar-Juli 2017 (Ergebnisse der GKV-Statistik KM1), Stand: 02. August 2017. Bundesministerium für Gesundheit, Bonn, Berlin
6. Bundesversicherungsamt (2017) Tätigkeitsbericht 2016. Bundesversicherungsamt, Bonn
7. Farny D (2011) Versicherungsbetriebslehre, 5. Aufl. VVW, Karlsruhe
8. Gesamtverband der Deutschen Versicherungswirtschaft e.V. (2017) Statistisches Taschenbuch der Versicherungswirtschaft 2017. GDV, Berlin
9. Gesellschaft für Konsumforschung GfK (2016) Die digitale Versicherung – was Kunden wollen, Repräsentative Befragung 201. http://www.gdv.de/wp-content/uploads/2016/10/Praesentation_GfK-Befragung_Digitalisierung.pdf. Zugegriffen: 31. Okt. 2017
10. Gondring H (2015) Versicherungswirtschaft – Handbuch für Studium und Praxis. Verlag Franz Vahlen, München
11. Gothaer (2017) Versicherung digital 2017, Wie Versicherte die neue Versicherungswelt sehen. Gothaer, Köln
12. Grote W, Köster P (1996) Allgemeine Versicherungslehre, 4. Aufl. Europa-Lehrmittel, Haan-Gruiten
13. Koch P (2013) Versicherungswirtschaft – Ein einführender Überblick, 7. Aufl. VVW, Karlsruhe
14. Swiss Re (2017) Swiss Re SONAR – New emerging risk insights. Swiss Re, Zurich

IDD: Regulatorische Herausforderung für das Marketing

Matthias Beenken

> **Zusammenfassung**
>
> Aus der Umsetzung der Versicherungsvertriebslinie (IDD) resultieren neue regulatorische Anforderungen für das Versicherungsmarketing. Die Richtlinie will den Europäischen Binnenmarkt fördern, gleichzeitig aber auch dem Verbraucherschutz dienen. Dazu prägt sie die paradigmatische Anforderung an jeden Vertreiber von Versicherungen, seinem Handeln das bestmögliche Interesse des Kunden zugrunde zu legen. Ein Produktfreigabeverfahren enthält Anforderungen an das Marketing wie eine Bestimmung des relevanten Marktes, der Bedürfnisse der Zielgruppe, der Produktgestaltung und der Vertriebsstrategie. Der Versicherer übernimmt Verantwortung dafür, dass die Produkte so wie geplant vertrieben werden. Weitere Anforderungen betreffen die Kundenberatung und die Kundenbetreuung sowie die Vermeidung von Interessenkonflikten und von Fehlanreizen beim Vertrieb. Die IDD stärkt die bisher unterentwickelte Bedeutung der Marketingfunktion und fordert Versicherer und Vermittler heraus, Kundenorientierung zu leben.

5.1 Einführung

Die Versicherungsvertriebsrichtlinie (vgl. [5]), englisch Insurance Distribution Directive oder kurz IDD, dient zwei wesentlichen Zwecken. Sie soll den Europäischen Binnenmarkt vervollständigen, aber auch den Verbraucherschutz beim Vertrieb von Versicherungen verbessern. Deutschland hat die bisherige Versicherungsvermittlerrichtlinie (Insurance Me-

---

M. Beenken (✉)
Fachhochschule Dortmund
Dortmund, Deutschland
E-Mail: matthias.beenken@fh-dortmund.de

diation Directive, IMD) durch ein Umsetzungsgesetz (vgl. [7]) Anfang 2018 in nationales Recht umgesetzt.

Sowohl Fragen des Binnenmarktes als auch des Verbraucherschutzes sind genuine Marketing-Themen. Es geht um die Frage, welche relevanten Märkte Versicherungsvertreiber – darunter sind Versicherungsunternehmen und Versicherungsvermittler zu verstehen – bearbeiten. Und es geht um die Frage, wie sie dies tun.

Im nachfolgenden Überblick stehen mehrere wesentliche Neuerungen der IDD gegenüber der IMD im Zentrum. Insbesondere geht es um das paradigmatische Grundprinzip, allem Handeln das bestmögliche Interesse des Kunden zugrunde zu legen. Weiter wird der Produktgenehmigungsprozess thematisiert, mit dem diejenigen Vertreiber, die selbst Versicherungsprodukte konzipieren, dieses Grundprinzip an der Quelle anwenden sollen, noch bevor der Vertrieb mit seiner Kundenberatung tätig werden kann. Die innere Logik dabei ist bestechend, gleichwohl aber auch herausfordernd. Es geht um nicht weniger als um ein ganz neues Verständnis des Marktes, der Kunden und deren Bedürfnisse. Diese müssen systematisch durch Marktforschung erhoben, bewertet und in die Produktentwicklung einbezogen sowie Versicherungsprodukte durch Marktbeobachtung ständig angepasst werden.

Schließlich werden der Prozess der Kundenberatung und der Vermittlung sowie die Vermeidung von Interessenkonflikten und von Fehlanreizen thematisiert. Altgewohnte Praktiken und Wahrheiten der Versicherungsbranche müssen überdacht oder sogar über Bord geworfen werden. Traditionelle Instrumente des Versicherungsmarketings und -vertriebs, wie einseitige Absatzförderung und Anreize, stehen nicht mehr zur Verfügung. Neue Instrumente müssen helfen, Unternehmensziele und das bestmögliche Interesse der Kunden in Übereinstimmung zu bringen.

5.2 Die IDD als Wirtschaftsförder-Richtlinie

Nach der EG-Vermittlerrichtlinie von 1976, der EG-Vermittlerempfehlung von 1991 und der EU-Vermittlerrichtlinie von 2002 (IMD) ist die IDD der bereits vierte Anlauf zur Regulierung des europäischen Versicherungsmarktes und derjenigen Akteure, die den Versicherungsmarkt für Kunden erschließen.[1] Im Prinzip einziges Ziel der IMD und ihrer Vorgänger war es, den Europäischen Binnenmarkt für Versicherungsvermittler zugänglich zu machen. Damit sollte der Wettbewerb im Versicherungsmarkt gefördert werden, zum Nutzen aller Teilnehmer und vor allem der Kunden.

Dazu sollten die Versicherungsvermittler zwei wesentliche Rechte erhalten, die die Versicherungsunternehmen ebenfalls spätestens seit 1994 genießen: Die Dienstleistungs- sowie die Niederlassungsfreiheit. Hemmnisse wie rein nationale Zulassungsvorschriften und Berufsausübungsregeln sollten zugunsten einheitlicher Regeln aufgegeben werden. Im Ergebnis sollte sich jeder Kunde in der EU darauf verlassen können, dass ein von einer

---

[1] Zur Abgrenzung von Versicherungsmarkt und Markt der Versicherungsvermittlung vgl. [1].

nationalen Aufsichtsbehörde zugelassener Vermittler mindestens vier Grundanforderungen erfüllt: Guter Leumund (gewerberechtliche Zuverlässigkeit sowie geordnete Vermögensverhältnisse), eine hinreichende Haftungsregelung bei Fehlern in der Berufsausübung und angemessene Kenntnisse und Fertigkeiten (Sachkunde). Weiter sollte erreicht werden, dass jeder national zugelassene Vermittler bei seiner Berufsausübung elementare Informations-, Beratungs- und Dokumentationspflichten erfüllt sowie für Fehler auf Schadenersatz haftet. Damit soll das Vertrauen der Kunden in inländische wie in ausländische Vermittler hergestellt werden, was wiederum für ein Funktionieren eines grenzüberschreitenden Marktes unabdingbar ist.

Die IDD hält an dieser Zielsetzung fest[2] und fügt einige Neuerungen im Detail hinzu. Allerdings ändert sie nichts daran, dass es für einen tatsächlich, neben industriellen, auch für kleingewerbliche und Privatkunden funktionierenden, grenzüberschreitenden Handel mit Versicherungen weiterer Harmonisierungsschritte bedürfte. Denn Versicherungsanbieter agieren unverändert in einem rein nationalen Rahmen, was versicherungsvertragsrechtliche, steuerliche und sozialversicherungsrechtliche Vorgaben für Versicherungen angeht. Auch sind unterschiedliche Sprachen bei einem ohnehin komplexen Rechtsgut hinderlich. Insbesondere Versicherungen im Vorsorgebereich sind teilweise ausschließlich national absetzbar, wie die deutschen Beispiele staatlich geförderter Lebensversicherungen oder der substitutiven privaten Krankenversicherung zeigen. Die EU müsste den Mut haben, weitere Harmonisierungen vorzunehmen, damit grenzüberschreitende Versicherungsvermittlung deutlich weiter verbreitet wird. Aber auch die Versicherungsunternehmen könnten mehr tun, halten aber stattdessen an ihren ganz überwiegend national fokussierten Marktdefinitionen und Marktbearbeitungsstrategien fest, beispielsweise über die in Deutschland unverändert sehr starken Ausschließlichkeitsvertriebe.

5.3 Die IDD als Verbraucherschutz-Richtlinie

Die IMD wurde planmäßig seit 2010 evaluiert und in einem langen politischen Prozess überarbeitet. Dies begann 2012 mit einem Vorschlag der EU-Kommission für eine damals noch als IMD 2 bezeichnete neue Richtlinie, die erkennbar stark von der Finanzkrise geprägt wurde. Der Verbraucherschutz, der bei der IMD nur als willkommenes Ergebnis eines harmonisierten, wettbewerblichen Marktes wahrgenommen wurde, ist nun zum zweiten Hauptziel der Richtlinie geworden.[3]

Dabei ist die Richtlinie von dem Gedanken der gleichen Wettbewerbsbedingungen geprägt (Level playing field). Es soll keine Rolle mehr spielen, auf welche Art und Weise Versicherungen vertrieben werden, insbesondere ob dies direkt durch das Versicherungsunternehmen, indirekt durch einen traditionellen Vermittler oder über eine moderne internetgestützte Vermittlungsform, wie unter anderem Vergleichsportale, erfolgt. Aus diesem

---
[2] Vgl. insbesondere Erwägungsgründe 9, 19, 20 IDD.
[3] Vgl. insbesondere Erwägungsgründe 3, 6, 8, 10 IDD.

Grund wurde die Richtlinie in Vertriebsrichtlinie umbenannt und die drei erwähnten Gruppen von Akteuren namentlich in den Anwendungsbereich einbezogen.

Insbesondere aber soll der Kunde nach den Erfahrungen der Finanzkrise davor geschützt werden, dass er beim Erwerb von Versicherungen Schaden erleidet. Verschiedene Probleme werden dabei gesehen und durch neue Vorgaben angegangen. Exemplarisch zu nennen sind:

- Kunden können Versicherungen über Vermittler erwerben, bei denen eine umfassende Ausbildung aufgrund einer hauptberuflich anders gelagerten Tätigkeit nicht zu erwarten ist, das heißt unter Umständen die Beratungsqualität geringer ausfällt.[4]
- Alle Personen, die Versicherungen vertreiben, sollen eine laufende Weiterbildung absolvieren, um ihr Wissen aktuell zu halten.[5]
- Anreize zur Aufsichtsarbitrage bei Anlagen sollen beseitigt werden, die grundsätzlich unter die Richtlinie MiFID fallen. Bei einer Kombination mit einem Versicherungsschutz als fonds- und indexgebundene Versicherungen (Versicherungsanlageprodukte) greift bislang aber die deutlich schwächere Regulierung der IMD.[6]
- Kunden sollen nicht mehr durch Preisvergleichsportale in die Irre geführt werden, die den Eindruck einer unabhängigen und objektiven Analyse erwecken, aber tatsächlich als Vermittler eigenwirtschaftliche Interessen verfolgen.[7]
- Interessenkonflikte sollen vermieden werden, die die Beratungsqualität beeinträchtigen können.[8]
- Fehlanreize durch Vergütungen und Verkaufsziele sollen ausgeschlossen werden.[9]
- Ganz allgemein soll stets sichergestellt werden, dass Versicherungen nur angeboten werden, wenn zuvor die Wünsche und Bedürfnisse des Kunden geklärt wurden. Der Vertreiber übernimmt damit die Verantwortung dafür, dass eine angebotene Versicherung auch geeignet ist.[10]

Zusammenfassend steht bei dieser Richtlinie nicht mehr allein das Bild des mündigen Verbrauchers im Vordergrund, der eigenverantwortlich prüfen muss, ob eine angebotene Versicherung für ihn passend ist, oder der selbst kritisch hinterfragen sollte, mit welchen Motiven ihm Angebote unterbreitet werden.

Die Regulierer gehen sicher durchaus zu Recht davon aus, dass der Versicherungsmarkt, wie andere Finanzdienstleistungsmärkte auch, für die Kunden in hohem Maß intransparent ist. Ob allerdings über den Verbraucher (Privatkunden) hinaus auch für berufliche und gewerbliche Kunden ein besonderes Schutzbedürfnis besteht, muss ebenso in

---

[4] Vgl. Erwägungsgrund 8 IDD.
[5] Vgl. Erwägungsgründe 28, 29, 31 IDD.
[6] Vgl. Erwägungsgründe 10, 42 IDD.
[7] Vgl. Erwägungsgrund 12 IDD.
[8] Vgl. Erwägungsgrund 39 IDD.
[9] Vgl. Erwägungsgrund 46 IDD.
[10] Vgl. Erwägungsgrund 44 IDD.

Zweifel gezogen werden wie die Frage, ob ein Kunde beim Erwerb einfacher und stark standardisierter Sach- und Kfz-Versicherungen derart hohen Mis-Selling-Risiken unterliegt, dass es hierfür einer eigenen Verbraucherschutzrichtlinie bedarf. Dies zumal Fehler bei der Auswahl solcher Versicherungen leicht korrigierbar sind, indem der Kunde nach einer meist nur kurzen Vertragsdauer kündigen und die Versicherungen bei anderen Gesellschaften neu abschließen kann. Insofern schießt die IDD über das Ziel hinaus und beeinträchtigt durch Überregulierung die weitere Entwicklung des Versicherungsmarktes.

5.4 Der Begriff Versicherungsvertrieb

Für die deutsche Versicherungswirtschaft und deren historisch schwach entwickeltes Marketingverständnis ist der zentrale Begriff der Richtlinie Versicherungsvertrieb eine Herausforderung. Unter „Vertrieb" wird in der Branche vielfach synonym „Außendienst", „Verkäufer" oder „Vermittler" verstanden. Tatsächlich verfolgt die IDD einen umfassenden Definitionsansatz, der von konkret ausgeübten Tätigkeiten ausgeht, unabhängig vom rechtlichen Status der handelnden Personen:

> Im Sinne dieser Richtlinie bezeichnet der Ausdruck (…) „Versicherungsvertrieb" die Beratung, das Vorschlagen oder Durchführen anderer Vorbereitungsarbeiten zum Abschließen von Versicherungsverträgen, das Abschließen von Versicherungsverträgen oder das Mitwirken bei deren Verwaltung und Erfüllung, insbesondere im Schadensfall, einschließlich der Bereitstellung von Informationen über einen oder mehrere Versicherungsverträge aufgrund von Kriterien, die ein Kunde über eine Website oder andere Medien wählt, sowie die Erstellung einer Rangliste von Versicherungsprodukten, einschließlich eines Preis- und Produktvergleichs, oder ein Rabatt auf den Preis eines Versicherungsvertrags, wenn der Kunde einen Versicherungsvertrag direkt oder indirekt über eine Website oder ein anderes Medium abschließen kann (vgl. [8]).

Damit sind praktisch alle wertschöpfenden Tätigkeiten eines Versicherungsunternehmens und seiner Versicherungsvermittler erfasst. Sortiert im Sinn einer Wertschöpfungskette sind dies:

- Werbung für Versicherungen, wenn das Medium direkt oder indirekt eine Abschlussmöglichkeit zulässt,
- Angebotserstellung,
- Beratung,
- Betreuung des Vertrags („Mitwirkung bei Verwaltung und Erfüllung") sowie
- speziell Betreuung und Regulierung im Schadenfall.

In Zusammenhang mit dem Anwendungsbereich der Richtlinie wird deutlich, dass es keine Rolle mehr spielt, ob diese Tätigkeiten umfassend durch einen Versicherungsvermittler oder durch ein Versicherungsunternehmen und dort zumeist arbeitsteilig in einzelnen Funktionsbereichen (z. B. Außendienst-, Antrags-, Vertrags- und Schaden-/Leistungsabteilungen) erbracht werden. Deshalb wurden diese Tätigkeiten auch namentlich in § 1a Abs. 1 S. 2, Abs. 2 VVG n. F. erfasst, der zwar zunächst nur an Versicherer, über § 59 Abs. 1 VVG n. F. aber auch an Vermittler gerichtet ist. Auch im Versicherungsaufsichtsgesetz wird unter § 7 Nr. 34a VAG n. F. auf die zitierte Definition von Versicherungsvertrieb ausdrücklich verwiesen.

Versicherungsunternehmen neigen dazu, Versicherungen als Produkte zu verstehen. Das immer noch führende Lehrbuch der Branche von *Farny* unterstützt diesen Gedanken mit einer güterwirtschaftlich geprägten Definition des Vertriebs. Dieser sei *„die Verwertung der im Versicherungsunternehmen erstellten Leistungen in Form von Versicherungsschutz am Absatzmarkt; dies geschieht durch Abgabe der Versicherungsprodukte an Kunden (Versicherungsnehmer) gegen Zahlung eines Preises (einer Prämie)"* (vgl. [6]).

Tatsächlich sind Versicherungen jedoch Dienstleistungen. Sie sind erstens immateriell, nämlich ein Rechtsprodukt mit einem abstrakten Leistungsversprechen. Zweitens erfordert deren Erbringung eine spezifische Leistungsfähigkeit, insbesondere eine besondere Aus- und laufende Weiterbildung derjenigen Personen, die die Dienstleistung erbringen. Diesen Gedanken unterstützt die IDD mit der neu eingeführten Pflicht zur Ausbildung und zur laufenden Weiterbildung für jeden, der unmittelbar oder maßgeblich (als Führungskraft) am Versicherungsvertrieb beteiligt ist. Drittens bedürfen Dienstleistungen der Integration des externen Faktors Kunde. Nur durch seine Kooperation und Hergabe von Informationen können bedarfsgerechte Versicherungen entstehen, aber auch deren Erfüllung insbesondere im Schadenfall erfolgen. So benötigt der Versicherer im Schadenfall ebenfalls wichtige Informationen über Art und Hergang des Schadens sowie über die Erfüllung von Obliegenheiten, wie beispielsweise der Schadenminderungspflicht, um Schadenmanagement-Leistungen sowie eine Schadenregulierung erbringen zu können.

5.5 Das Paradigma des bestmöglichen Interesses des Kunden

Die IDD folgt an einigen Stellen der angelsächsisch geprägten Prinzipienbasierung. Ein geradezu paradigmatisches Prinzip wird in den § 1a Abs. 1 S. 1 VVG n. F. und damit an eine zentrale Stelle ins „Grundgesetz der Versicherungsverträge" übernommen:

> Der Versicherer muss bei seiner Vertriebstätigkeit gegenüber Versicherungsnehmern stets ehrlich, redlich und professionell in deren bestmöglichem Interesse handeln.

Über § 59 Abs. 1, 4 VVG n. F. wird klargestellt, dass dieses Prinzip auch von Versicherungsvermittlern und Versicherungsberatern zu beachten ist.

Aus Marketingsicht bedauerlich ist, dass es der deutsche Gesetzgeber nicht über sich gebracht hat, im Rahmen einer Eins zu Eins-Umsetzung der Richtlinie den Begriff „Kunde" zu übernehmen und stattdessen lieber vom „Versicherungsnehmer" spricht. Dieser ist ein enger Verwandter des „Antragstellers", der „Versicherten Person", des „Bezugsberechtigten" oder des „Anspruchstellers". Das sind allesamt Personen, die anscheinend als Bittsteller bei der Behörde Versicherungsunternehmen vorstellig werden, um Anträge zu stellen und Ansprüche vorzutragen, die von Versicherungsbeamten zu prüfen und, basierend auf umfangreichen Rechtsregeln, mal positiv, mal negativ zu bescheiden sind. Begriffe prägen Wahrheiten, und so bleibt das Denken in der Versicherungswirtschaft gesetzlich normiert weiterhin recht marktfern und wenig kundenorientiert.

Das Paradigma des bestmöglichen Interesses des Kunden ist einerseits dem deutschen Recht nicht fremd. So müssen bisher schon Versicherer und Vermittler anlassabhängig notwendige Informationen an den Kunden geben, diesen aufklären, beraten und auf offensichtliche Irrtümer hinweisen.[11] Die Angebote müssen begründet und damit deren Passung zu den Wünschen und Bedürfnissen des Kunden hergestellt werden. Verletzen sie diese Pflichten, haften sie auf Schadenersatz.[12]

Andererseits geht das Paradigma des bestmöglichen Interesses des Kunden noch einen entscheidenden Schritt weiter. Denn bislang kann ein Kunde seine Rechte nur wahrnehmen, wenn er von diesen überhaupt weiß. Viele Falschberatungen dürften damit ungeahndet bleiben, weil der Kunde sie mangels Transparenz nicht erkennt oder sich nicht dagegen wehrt. Mancher Beratungsfehler wird mit einer sogenannten Kulanzzahlung ausgeglichen, bei der dem Kunden sogar noch das Gefühl vermittelt wird, eine besondere Vorzugsbehandlung zu erhalten, anstatt nur sein Recht zu bekommen.

Wenn nun aber das bestmögliche Interesse des Kunden von vornherein die Anforderung an den Vertreiber von Versicherungen darstellt, muss er andere, kaufmännisch durchaus nachvollziehbare Motive seines Handelns zurückstellen. Das beginnt beim Produktangebot, das den bestmöglichen Interessen des Kunden zu entsprechen hat. Tut es das jedoch nicht, muss der Kunde unmissverständlich auf Lücken im eigenen Angebot hingewiesen werden, damit er sich anderweitig passenden Versicherungsschutz selbst beschaffen oder durch einen Makler beschaffen lassen kann. Beispielsweise wäre es mit dem bestmöglichen Interesse eines erwerbstätigen Kunden unvereinbar, ihm zu seiner Bedarfssituation Einkommenssicherung nur die Unfall-, nicht aber die noch umfassendere Berufsunfähigkeitsversicherung anzubieten, nur weil der Versicherer die Berufsunfähigkeitsversicherung aufgrund des höheren Risikos oder der spezifischen Berufs- und Gesundheitssituation des Kunden nicht anbieten möchte.

Lösen lässt sich dieses Dilemma zum einen mit einer Fokussierung des eigenen Produktprogramms auf bestimmte Zielmärkte und Kundengruppen, wie im nächsten Kapitel näher ausgeführt wird. Anstatt per se jede Person und jede Unternehmung als potenziellen Kunden anzusehen und ihm oder ihr „etwas zu verkaufen", sollte nun eine sorgfältige Definition des relevanten Marktes für eine klare Abgrenzung sorgen. Im relevanten Markt sollte es dann ein umfassendes eigenes Angebot geben. Zum anderen können aber selbst bei einem klar abgegrenzten relevanten Markt Lücken im Angebot verbleiben, beispielsweise wenn aus geschäftspolitischen Gründen einzelne Sparten oder Produkte nicht

---
[11] Vgl. §§ 6, 7, 61 VVG.
[12] Vgl. §§ 6 Abs. 5, 63 VVG.

angeboten werden sollen. Hier können Kooperationen mit geeigneten anderen Versicherern oder Vermittlern helfen.

Die Versicherungswirtschaft weist im Vergleich zu anderen Branchen noch eine sehr hohe Fertigungstiefe auf und hat Nachholbedarf, den Wert strategischer Partnerschaften für gemeinsam entwickelte Wertschöpfung zu erkennen. Für manch einen Versicherer wäre es beispielsweise wesentlich günstiger, auf einzelne Geschäftssegmente zu verzichten und marktgängigere Produkte bei anderen Gesellschaften zu beschaffen und gegen Provision zu vertreiben. Das Programm für den relevanten Markt wird dadurch vollständig, ohne sich Nischenprodukte und unrentable Kleinkollektive ins Haus zu holen. Die Provisionen liefern wertvolle Deckungsbeiträge für die Fixkosten der eigenen Organisation.

Auch für Vermittler ist es günstiger, gegen eine anteilige Provision Versicherungen an Spezialisten weiterzuvermitteln, die das notwendige Knowhow für bestimmte Zielgruppen oder fachliche Schwerpunkte aufweisen. Anstatt ein hohes Falschberatungsrisiko und entsprechend unzufriedene Kunden zu riskieren, können solche Wertschöpfungspartnerschaften die betriebswirtschaftliche Situation der Vermittler nachhaltig verbessern.

Die Kooperation kann in verschiedener Intensität und Transparenz für Außenstehende erfolgen. Bei Versicherern sind die Ventillösungen, die offenen und die verdeckten Kooperationen zu unterscheiden. Ventillösung bedeutet, dass der Versicherer selbst und seine Vermittler Versicherungen, die der Versicherer nicht selbst zeichnen möchte, selbst oder über einen spezialisierten Ventilvermittler an andere Versicherer weiterreichen. Diese Lösung bietet sich zum einen an, wenn sie nur von Fall zu Fall für bestimmte Risiken gelten soll, die der Versicherer aus geschäftspolitischen Gründen nicht in die eigenen Bücher zeichnen will. Zum anderen ist sie für die regelmäßige Vermittlung nicht selbst angebotener Sparten und Produkte geeignet, die von eigenen Ausschließlichkeitsvertretern angebahnt werden. Denn in der Ausschließlichkeit ist es in der Regel unerwünscht und auch gewerberechtlich problematisch[13], wenn die Vertreter unmittelbar selbst mit einem fremden Versicherer in Kontakt treten dürfen.

Die offene Kooperation wird nach außen kommuniziert und ist für jeden Kunden klar erkennbar. Die verdeckte Kooperation (White Labelling) hingegen bedeutet, dass Versicherungen unter der Marke des vermittelnden Versicherers angeboten, tatsächlich aber von einem anderen Risikoträger gezeichnet werden. Die rechtlichen Vorgaben erzwingen zwar auch hier ein Mindestmaß an Transparenz, indem der Risikoträger in den rechtzeitig vor Antragstellung zu übermittelnden Vertragsinformationen genannt werden muss. Aber da viele Kunden ihre Vertragsinformationen nicht näher beachten, wird dies sicher häufig verborgen bleiben.

---

[13] Die Mehrzahl der Ausschließlichkeitsvertreter verfügt über keine eigene Gewerbeerlaubnis und ist daher nicht berechtigt, verschiedene, konkurrierende Versicherer anzubieten.

5.6 Das Produktfreigabeverfahren und die Folgen für das Marketing

Um das bestmögliche Interesse des Kunden zu wahren, bedarf es in der Logik der IDD zunächst einmal bedarfsgerechter Versicherungen. Deshalb wird derjenige in die Pflicht genommen, der solche Produkte konzipiert und in den Verkauf gibt.

Nach Art. 25 IDD sind ausdrücklich Versicherungsunternehmen und solche Versicherungsvermittler als Betroffene genannt, die Versicherungen konzipieren. In der deutschen Umsetzung herrscht allerdings die Auffassung vor, dass Versicherungsprodukte nur von Versicherungsunternehmen konzipiert werden, weshalb sich die Vorgaben nur in § 23 Abs. 1 VAG n. F. an die Versicherer adressiert finden. Eine gleichlautende Vorschrift für Vermittler, die selbstständig Produkte konzipieren, fehlt. Wie dieses Dilemma praktisch zu lösen ist, kann man derzeit noch nicht abschließend sagen. Offenbar müssen Vermittler, beispielsweise größere Makler, Maklerpools und -verbünde oder auch sogenannte Assekuradeure, also Vertreter mit weitgehenden Vollmachten einzelner Versicherer, künftig stets einen engen Schulterschluss mit einem Versicherer suchen, der die Verantwortung für die Produktkonzeption zu tragen hat. Dabei werden manche sogenannte Deckungskonzepte durchaus so gestaltet, dass sich mehrere verschiedene Versicherer daran beteiligen können, oder der risikotragende Versicherer kann im Lauf der Zeit ausgetauscht werden. Eine klare Zuweisung der Verantwortung für das Deckungskonzept ist in diesen Fällen gar nicht möglich.

In den meisten Fällen liegt aber die Produktentwicklungshoheit von vornherein bei einem Versicherer. Dieser muss laut § 23 VAG n. F. „ein Verfahren für die interne Freigabe zum Vertrieb jedes einzelnen Versicherungsprodukts oder jeder wesentlichen Änderung bestehender Versicherungsprodukte" unterhalten, betreiben und regelmäßig überprüfen. Dies wird zusammenfassend als Produktfreigabeverfahren bezeichnet. Es muss folgende Elemente enthalten:

- Festlegung eines bestimmten Zielmarktes,
- Bewertung aller einschlägigen Risiken für diesen bestimmten Zielmarkt,
- Festlegung einer passenden Vertriebsstrategie,
- Sicherstellung eines Vertriebs in dem bestimmten Zielmarkt im Rahmen einer angemessenen Geschäftsorganisation,
- regelmäßige Überprüfung der Produkte, ob sie weiter den Bedürfnissen des Zielmarktes entsprechen und die beabsichtigte Vertriebsstrategie geeignet erscheint,
- Information aller Versicherungsvertreiber über das Produkt und seinen Zielmarkt sowie
- Beschaffung von Informationen, sofern ein nicht selbst konzipiertes Produkt vertrieben wird.

Ausgenommen hiervon sind Versicherungen für Großrisiken im Sinn des § 210 Abs. 2 VVG sowie Rückversicherungsunternehmen.

Die Vorgaben zum Produktfreigabeverfahren sind eine Steilvorlage für das Versicherungsmarketing, sich zu professionalisieren und eine größere Bedeutung zu erlangen.

Zunächst bedarf es einer zentralen Funktion, die dieses Verfahren verantwortlich durchführt. Dafür sind nicht mehr die einzelnen Spartenressorts eines Versicherers geeignet, denn die einschlägigen Risiken eines bestimmten Zielmarktes machen nicht an der aus anderen Gründen bestehenden Spartentrennung des VAG Halt. Beispiel Einkommenssicherung: Hier spielen Versicherungen aus allen drei Kernsparten Lebensversicherung (Berufsunfähigkeit, Pflegerente), Krankenversicherung (Krankentagegeld, Pflegekosten), Schaden-/Unfallversicherung (Unfallversicherung) oder auch Funktionsinvaliditätsdeckungen eine wichtige Rolle, die sowohl der Lebens- als auch der Schaden-/Unfallsparte zuzuordnen sein können. Weiteres Beispiel Hausbau: Neben den durch Schadenversicherungen zu deckenden Risiken (z. B. Gebäude-, Haus- und Grundbesitzerhaftpflicht-, Bauherrenhaftpflicht- und Bauwesenversicherungen) gibt es meist auch Finanzierungsrisiken, die durch Lebensversicherungen zu decken sind.

Daher sollte die verantwortliche Funktion entweder in einer zentralen Marketingabteilung oder in einer eigens zu schaffenden Querschnittsfunktion liegen. Notwendig ist es, die traditionellen Spartensilos aufzubrechen und ihnen die alleinige Verantwortung für die Produktentwicklung zu entziehen. Die Sparten dürfen nur noch eine Rolle als Mitentwickler und Knowhow-Lieferant für aktuarisches, juristisches und prozessuales Wissen um eine Produktgestaltung spielen.

Ebenso wenig darf der Funktionsbereich Vertrieb alleinig oder maßgeblich über die Produktfreigabe entscheiden. Denn für die genannten Funktionsbereiche Sparten und Vertrieb gilt gleichermaßen, dass ihre Interessen in einem natürlichen Spannungsverhältnis zu denjenigen der Kunden stehen. Einen Spartenverantwortlichen der Sparte A wird nicht interessieren, ob die Bedürfnisse der Kunden unter Hinzunahme der Sparte B besser zu befriedigen sind. Den Leiter des Vertriebs wird weniger interessieren, ob dem Kunden besonders bedarfsgerechte Lösungen angeboten werden, als vielmehr ob sein Vertrieb die gesetzten Ziele erreicht. Seine Verkäufer sollen zudem attraktive Einkommen erzielen, was im zunehmenden Wettbewerb um das knappe Gut fähiger Verkäufer eine nicht zu unterschätzende Bedeutung aufweist.

Eine weitere Herausforderung ist es, die einschlägigen Risiken des Zielmarktes beurteilen zu können. Das erfordert eine leistungsfähige Marktforschung, wie sie bei den meisten Versicherungsunternehmen bisher nicht vorzufinden ist (vgl. [2]). Zudem müssen sich die Marktforscher von einem allzu engen Verständnis von Versicherungsprodukten lösen und Bedürfnisse von Kunden umfassender verstehen. Dazu eignen sich Innovationslabore, die unter entsprechend fachkundiger Moderation und mit hinreichend vielfältig und offen eingestellten Mitarbeitern/-innen neuartige Lösungsansätze liefern. Diese müssen keineswegs stets allein aus einem traditionellen Versicherungsprodukt bestehen, sondern sollten auch weitere Elemente einer Problemlösung vorsehen, wie zum Beispiel Assistance-Leistungen und andere Services. Das bietet wertvolle Chancen für Versicherer, zum Beispiel aus der passiven Rolle des Schadenbegleichers hin zu einer aktiven Rolle als Schadenbegleiter zu mutieren. Für das problematische Image sowohl von Versicherern als auch von Vermittlern (vgl. [4]) wäre das eine ermutigende Perspektive.

Die passende Vertriebsstrategie festzulegen bedeutet auch, nicht mehr pauschal jedem Vermittler das volle Spektrum an Versicherungsprodukten anzubieten. Manche Produkte sind heute so komplex, dass ihr Vertrieb eine sorgfältige Schulung voraussetzt, wenn man nicht sehenden Auges Falschberatungen hinnehmen will. Dazu passend verlangt die IDD eine regelmäßige Weiterbildung aller im Versicherungsvertrieb tätigen Personen von mindestens 15 Stunden im Jahr, die für Schulungen zur Produkteinführung genutzt werden können.

5.7 Der Kundenberatungsprozess

Ein zentraler Bestandteil des Wertschöpfungsprozesses Versicherung sind die Beratung und Vermittlung. Nach deutschem Verständnis ist mit der Beratung, wie man dies schon den Überschriften der §§ 6, 61 VVG entnehmen kann, ein umfassender Pflichtenkanon gemeint. Der Versicherer bzw. Vermittler soll sich durch anlassgerechte Fragen über die Wünsche und Bedürfnisse des Kunden informieren, daraus entsprechende Schlüsse für die anzubietenden Versicherungen ziehen, den Kunden beraten, seinen Rat – vor allem also den Rat eine bestimmte Versicherung abzuschließen – begründen und dies dokumentieren.

Allerdings birgt die stark rechtlich geprägte Definition einige Tücken hinsichtlich einer Kundenorientierung. Das beginnt mit dem Anlassbezug. Die Pflichten sollen allesamt nur bestehen, sofern auch ein Anlass besteht. Für den Anlass werden drei Merkmale genannt. Er kann in der Schwierigkeit, die angebotene Versicherung zu beurteilen, in der Person des Kunden und in dessen Situation gegeben sein. Das bedeutet im Grunde, dass immer ein Anlass zur Beratung besteht, denn kein Kunde, der seine Versicherung missverstanden hat, wird hinterher im Streitfall einräumen, die angebotene Versicherung sei für ihn ganz leicht zu beurteilen gewesen. Zudem lassen sich keine bedarfsgerechten Angebote erstellen, wenn es keine wenigstens rudimentären Informationen über die Person des Kunden (z. B. Name, Wohnort, Alter, Gesundheitssituation, gewünschte Rolle im Versicherungsvertrag) und dessen Situation (z. B. Einkommens- und Vermögensverhältnisse, bestehende Versicherungen, Art der zu versichernden Risiken) gibt. Nur der Umfang der Beratung kann entsprechend der drei Merkmale variieren.

Tatsächlich aber gibt es im Markt und selbst beim Gesetzgeber[14] und bei Verbraucherschützern[15] eine verbreitete Meinung, dass es Nachfragesituationen nach Versicherungen geben kann, bei denen kein Anlass zu einer Befragung, Beratung, Begründung und Dokumentation besteht.

Die „Beratung" kann zudem laut §§ 6, 61 VVG nach dem Prämienumfang der anzubietenden Versicherung begrenzt werden. In einem ergebnisoffenen Verkaufsgespräch ist dies kaum sinnvoll umsetzbar, denn der Prämienumfang der anzubietenden Versicherung kann

---

[14] Vgl. Begründung zum Entwurf eines Gesetzes zur Umsetzung der IDD vom 09.01.2017, S. 48.
[15] Vgl. mündliche Aussagen des Versicherungsreferenten des Verbraucherzentrale Bundesverbands im Frühjahr 2017 sowie Stellungnahme des Verbands zum Referentenentwurf des Gesetzes zur Umsetzung der IDD vom 12.12.2016, S. 11 f.

naturgemäß zum Zeitpunkt wenigstens der Befragung des Kunden nach seinen Wünschen und Bedürfnissen noch gar nicht feststehen.

Schließlich gibt es ein Recht des Kunden, auf die Beratung zu verzichten (§§ 6 Abs. 3, 61 Abs. 2 VVG). Damit dieses Recht nicht vom Anbieter missbräuchlich dem Kunden als „normal" nahegelegt wird, ist der Verzicht an die Schriftform einschließlich einer Nachteilsaufklärung bei der Durchsetzung etwaiger Schadenersatzansprüche gebunden.

Im Ergebnis ist bei einer engen Auslegung keineswegs immer das bestmögliche Interesse des Kunden gewahrt. Versicherer bzw. Vermittler haben es selbst in der Hand, die Tragweite des Beratungsanlasses zu definieren und dementsprechend hinreichende oder eben nicht hinreichende Fragen zu Wünschen und Bedürfnissen des Kunden zu stellen – unter Umständen sogar gar keine. Beispielsweise wird man in den einschlägigen Internetverkaufsportalen sehr selten danach gefragt, ob man tatsächlich nur das eine bestimmte Produkt benötigt, auf dessen Werbe- und Vergleichsseite sich der Kunde bewegt. Aus Anbietersicht verständlich, könnte damit die Conversion Rate verschlechtert werden, denn Internetkäufer wollen sich nicht unnötig lang dort aufhalten. Also wird in Kauf genommen, dass der Kunde nicht hinreichend verstanden hat, ob das angebotene Produkt tatsächlich umfänglich seine Wünsche und Bedürfnisse zu decken in der Lage ist.

Auch ein Prämienbezug beim Beratungsumfang hat wenig mit dem bestmöglichen Interesse des Kunden zu tun, sondern mehr etwas mit der Frage, ob es einem Versicherungsvertreiber gelingt, einen Kunden umfänglich oder nur ausschnittsweise zu versichern. So „lohnt" sich ein Kfz-Versicherungs-Solo-Kunde selten für Versicherer bzw. Vermittler, in Verbindung mit seinen übrigen Versicherungen dagegen sehr wohl. Da vor allem der traditionelle Ausschließlichkeitsvertrieb und damit auch viele der aus diesem Vertriebsweg entstammende Makler allerdings jahrzehntelang sehr produktfokussiert ausgebildet, trainiert und bewertet worden sind, fällt das Umschwenken auf eine ganzheitliche Vorgehensweise sehr schwer. Das Ergebnis kann man beispielsweise an den Cross-Selling-Quoten ablesen, die nach einer Erhebung bei durchschnittlich 2,8 Verträgen bei Ausschließlichkeitsvertretern, 2,9 Verträgen bei Mehrfachvertretern und 4,0 Verträgen bei Maklern liegt (vgl. [3]). Keiner der Vertriebswege schöpft damit annähernd das Potenzial eines typischen Privatkunden aus.

Das Verzichtsrecht macht im Licht des Paradigmas des bestmöglichen Interesses eines Kunden keinen Sinn. Kein Kunde hat ein Interesse am Verzicht auf seine Rechte, über die Angebote hinreichend informiert und dazu beraten zu werden, also Hilfestellung bei der Entscheidungsfindung zu erhalten. Allerdings wird ihm das wahrscheinlich nicht immer unmittelbar in der Verkaufssituation bewusst, sondern erst hinterher, zum Beispiel im Schadenfall. Das bedeutet keineswegs, dass ein Kunde gegen seinen Willen zu beraten ist, denn dafür gibt es den bereits erwähnten Anlassbezug. Lässt der Kunde hinreichend deutlich erkennen, dass ihm die angebotene Versicherung bekannt ist und keine weiteren Fragen aufwirft, zum Beispiel weil er sie zum wiederholen Mal abschließt, dann müssen Versicherer bzw. Vermittler keine weiteren Fragen mehr stellen und beraten. Aber die grundlegende Frage, ob dem Kunden das Angebot hinreichend klar ist, und ob die aus früheren Vertragsverhältnissen vorliegenden Angaben zur Person und Situation des

Kunden noch vollständig und richtig sind, kann nicht eingespart werden, ohne gegen das bestmögliche Interesse des Kunden zu verstoßen.

Bei der Umsetzung der IDD ist die Bundesregierung vorgeblich dem Ziel einer Eins zu Eins-Umsetzung gefolgt. Gerade beim Thema Beratung ist dies jedoch nicht gelungen. Die Richtlinie definiert „Beratung" wie folgt:

> Erfolgt vor Abschluss eines spezifischen Vertrags eine Beratung, richtet der Versicherungsvertreiber eine persönliche Empfehlung an den Kunden, in der erläutert wird, warum ein bestimmtes Produkt den Wünschen und Bedürfnissen des Kunden am besten entspricht (Art. 20 Abs. 1 Unterabs. 3 IDD).

Die Definition enthält zwei entscheidende Merkmale. Beratung ist eine persönliche Leistung, das heißt, sie kann nur von Personen erbracht werden. Bei rein regelbasierten Vertriebsprozessen, wie im Internet- oder auch im Callcenter-Verkauf, findet keine solche persönliche Leistung statt.

Die Beratung muss zudem inhaltlich eine Erläuterung enthalten, warum der angebotene Vertrag den Wünschen und Bedürfnissen des Kunden am besten entspricht. Dies könnte sogar mehr sein als nur „bestmöglich" zu handeln. Denn selten wird ein einzelner Versicherer bzw. dessen Ausschließlichkeitsvertrieb tatsächlich die individuell „beste" Lösung für ein Kundenbedürfnis anbieten können. Dagegen schulden Makler, die nach deutschem Rechtsverständnis als Sachwalter des Kunden gelten, eine Produktauswahl, die neben den Bedürfnissen des Kunden auch die Angebote des Marktes und eben nicht nur eines einzigen Versicherers berücksichtigt (§ 60 Abs. 1 S. 1 VVG). Versicherer im Direktvertrieb und deren Ausschließlichkeitsvertreter müssten dagegen entweder bei Lücken in ihrem Angebotsprogramm den Kunden auf diese Lücken hinweisen und unter Umständen von einem Abschluss abraten, wenn eine andere, nicht verfügbare Lösung fachlich angezeigt ist. Oder sie müssen, wie schon weiter oben erörtert, durch Kooperationen mit anderen Versicherern für ein vollständiges und marktgängiges Angebot sorgen.

Ein Beispiel: Ein Lebensversicherer, der ausschließlich fondsgebundene Lebensversicherungen ohne jede Garantie anbietet, trifft auf einem Kunden, der den Wunsch nach einer Garantie äußert und diese angesichts seiner finanziellen Verhältnisse objektiv zur Sicherung seiner geplanten Alterseinkünfte benötigt. Es wäre mit Sicherheit nicht akzeptabel, sich in der Beratung ausschließlich auf das eigene lückenhafte Angebot zu beziehen, dem Kunden eine garantielose Versicherung anzubieten und zu behaupten, diese Versicherung entspreche den Wünschen und Bedürfnissen des Kunden am besten, eben weil es keine andere in seinem Angebot gibt. Vielmehr muss der Kunde erwarten können, dass der Versicherer ihn aufklärt, dass er keine passende Versicherung anzubieten hat, aber den Kunden an andere Versicherer empfiehlt.

Beratung ist eine fakultative Leistung, Versicherungsvertreiber müssen also keine Beratung anbieten. Sie haben laut Art. 18 IDD den Kunden rechtzeitig vor Abschluss darüber zu informieren, ob sie eine Beratung anbieten. Beratung kann und sollte man daher als eine besondere Leistung ansehen, die für den Berater ein Alleinstellungsmerkmal gegenüber Direktvertrieben darstellt.

Weiter verlangt die Richtlinie in Artikel 20, dass auch dann, wenn keine Beratung angeboten wird, bestimmte Standards für den „Vertrieb ohne Beratung" einzuhalten sind. Dazu gehört eine Befragung des Kunden nach seinen Wünschen und Bedürfnissen. Eine Proportionalitätsklausel stellt sicher, dass es keine übertriebene Befragung sein muss, wenn es sich um ein einfaches Produkt oder um einen entsprechend informierten Kunden handelt. Die Befragung kann standardisiert auch im Fernabsatz ohne weiteres umgesetzt werden, indem Fragen und Reaktionsregeln auf die Antworten des Nutzers im Internet programmiert oder in einem Call-Leitfaden für den Telefonverkauf formuliert werden.

„Jeder angebotene Vertrag muss den Wünschen und Bedürfnissen des Kunden hinsichtlich der Versicherung entsprechen", verlangt Art. 20 Abs. 1 Unterabs. 2 IDD. Auch im standardisierten oder programmierten Verkauf muss und kann sichergestellt werden, dass ein zu den Antworten des Kunden passendes Angebot erstellt wird. Bei komplexeren Produkten dürfte aber relativ schnell eine Überleitung in eine persönliche Beratung erforderlich werden.

Schließlich muss der Vertreiber dem Kunden *„objektive Informationen über das Versicherungsprodukt in einer verständlichen Form"* bieten, *„damit der Kunde eine wohlinformierte Entscheidung treffen kann"* (Art. 20 Abs. 1 Unterabs. 1 IDD). Dies dürfte mit Textbausteinen oder vorformulierten Aussagen für einen Telefonverkäufer sowie mit den ohnehin vorgeschriebenen Vertragsinformationen, insbesondere dem Produktinformationsblatt, und der Dokumentation der gestellten Fragen und erhaltenen Antworten sowie dem dazu passend gegebenen Rat bzw. Angebot hinreichend erfüllt sein.

Die Standards bei Vertrieb ohne Beratung sind daher insbesondere im Fernabsatz oder in einem beratungsfreien Ausschließlichkeitsvertrieb sehr gut umsetzbar. Der deutsche Gesetzgeber hat allerdings im Wesentlichen an der bisherigen Gesetzesformulierung festgehalten. Gestrichen wurde die Ausnahme von allen Frage-, Beratungs-, Begründungs- und Dokumentationspflichten, die im Fernabsatz nur für den Versicherer nach § 6 Abs. 6 VVG a. F. normiert ist. Dafür wurde das Verzichtsrecht nur für den Fernabsatz erleichtert und die Schriftform durch eine jedenfalls im Internetverkauf umsetzbare Textform ersetzt. Dies gilt ab 23.02.2018 für Versicherer und neu auch für Vermittler.

Damit aber befinden sich Vertreiber in einem Dilemma, wenn sie Fernabsatz betreiben wollen, was bei manchen Produktkategorien wie der Kfz-Versicherung eine stark wachsende Bedeutung hat. Das Dilemma besteht darin, dass der Vertreiber einerseits mindestens im Internet-Fernabsatz keine „Beratung" im Sinne der IDD anbieten kann, wie oben dargelegt wurde. Gleichzeitig aber kann er auch nicht die Verzichtslösung einseitig dem Kunden als die normale Vorgehensweise nahelegen. Auch dies wäre richtlinienwidrig, weil die Standards für den Vertrieb ohne Beratung nicht eingehalten werden.

Als Lösung kann nur empfohlen werden, sich am Wortlaut der IDD zu orientieren und sicherzustellen, dass in allen Vertriebsformen mindestens die Standards für den Vertrieb ohne Beratung eingehalten werden. Das bedeutet, dass kein Versicherungsprodukt ohne eine mindestens rudimentäre Befragung des Interessenten nach seinen Wünschen und Bedürfnissen, eine Anpassung des Angebots an dessen Angaben und eine standardisierte Begründung dieser Empfehlung, einschließlich einer Dokumentation verkauft werden sollte. Wenn Versicherungsprodukte komplexer sind, als dass die dafür maßgeblichen Wünsche und Bedürfnisse mit wenigen standardisierten Fragen im Internet oder im Call erschöpfend geklärt werden können, sollte der Interessent zwingend in eine persönliche Beratung übergeleitet werden. Diese kann telefonisch durch entsprechend geschulte Personen oder ganz traditionell in einem persönlichen Beratungstermin durchgeführt werden.

Aus Marketingsicht ist diese Lösung insbesondere derjenigen eines standardisierten Verzichts vorzugswürdig, weil es mit dem Selbstverständnis eines Dienstleisters schwer vereinbar ist, auf ein Kernelement seiner Dienstleistung zu verzichten. Bis auf wenige Ausnahmen dürfte keine Versicherung derart einfach und standardisiert sein, dass es keinerlei Fragen an den Interessenten bedarf, was ihm in Zusammenhang mit der Versicherung wichtig ist (Wünsche), und ob er den Bedarf danach hat und wie weitgehend (Bedürfnisse).

Auch für eine Kundenbegeisterung und eine nachhaltige Kundenbindung ist eine minimale Personalisierung des Verkaufs entscheidend. Verbindet der Kunde seine Versicherung mit einer Person, die sich für ihn Mühe gegeben hat seine Wünsche und Bedürfnisse zu verstehen und umzusetzen, wird dies eine wirksame, emotionale Wechselbarriere darstellen gegenüber einem Produkt, das quasi aus einem Automaten bezogen wird.

5.8 Die Vermeidung von Interessenkonflikten und von Fehlanreizen

Die IDD will schließlich erreichen, dass der Vertrieb von Versicherungen frei von Interessenkonflikten und Fehlanreizen erfolgt. Interessenkonflikte entstehen dann, wenn zwischen dem Versicherer und dem Kunden Dritte beratend und vermittelnd agieren, die Eigeninteressen folgen können. Diese Dritten können Angestellte des Versicherers, Vertreter oder Makler sein.

Das Eigeninteresse kann aus einer Anreiz-Beitrags-theoretischen Sicht davon bestimmt sein, wer diese Dritten vergütet oder sonst anreizt. Angestellte müssen von ihrem Arbeitgeber vergütet werden, wobei neben Festgehältern auch erfolgsabhängige Vergütungen, wie zum Beispiel Provisionen und Bonifikationen, verbreitet sind. Ebenso sieht das HGB vor, dass Handelsvertreter von deren Auftraggeber durch Provisionen vergütet werden.

Beim Makler ist es vor allem eine Frage der Marktverhältnisse, ob eher der Anbieter oder eher der Nachfrager gewillt sind, für dessen Leistungen zu zahlen. Traditionell werden Versicherungsmakler von den Versicherern durch Courtagen (Provisionen) vergütet; im Industriekundengeschäft kommt aber auch häufiger die Vergütung durch den Kunden vor (Honorar).

Die Richtlinie befasst sich mit Interessenkonflikten differenziert nach Versicherungsarten. Für Versicherungsanlageprodukte sind schärfere, konkretere Vorgaben enthalten als für sonstige Versicherungen. Für alle Versicherungen gilt auch hier ein paradigmatisches Verhaltensprinzip:

Die Mitgliedstaaten stellen sicher, dass Versicherungsvertreiber nicht in einer Weise vergütet werden oder die Leistung ihrer Angestellten nicht in einer Weise vergüten oder bewerten, die mit ihrer Pflicht, im bestmöglichen Interesse ihrer Kunden zu handeln, kollidiert. Insbesondere trifft ein Versicherungsvertreiber keine Vorkehrungen durch Vergütung, Verkaufsziele oder in anderer Weise, durch die Anreize für ihn selbst oder seine Angestellten geschaffen werden könnten, einem Kunden ein bestimmtes Versicherungsprodukt zu empfehlen, obwohl der Versicherungsvertreiber ein anderes, den Bedürfnissen des Kunden besser entsprechendes Versicherungsprodukt anbieten könnte (Art. 17 Abs. 3 IDD).

Die Umsetzung ins deutsche Recht erfolgt für Versicherungsunternehmen über § 48a Abs. 1 VAG n. F. Gleichlautende Vorgaben für Versicherungsvermittler sind über die Versicherungsvermittlungsverordnung vorgesehen. Man hätte allerdings erwarten können, dass diese doch recht gravierenden Vorgaben im Gesetz – hier in der Gewerbeordnung – und nicht nur in einer Verordnung geregelt werden.

Bei Versicherungsanlageprodukten müssen Versicherer zusätzlich *„auf Dauer wirksame organisatorische und verwaltungsmäßige Vorkehrungen für angemessene Maßnahmen treffen, um zu verhindern, dass Interessenkonflikte den Kundeninteressen schaden"* (§ 48a Abs. 2 VAG n. F.).

Auch diese Anforderungen stellen eine Herausforderung für das Versicherungsmarketing dar. Denn der Absatz von Versicherungen darf nicht mehr über Zielsetzungen oder Zielvorgaben, wie zum Beispiel die in der Ausschließlichkeit verbreiteten Geschäftspläne, erfolgen, sofern diese eine systematische Fehlsteuerung der im Vertrieb Tätigen nach sich ziehen. Dasselbe gilt für Verkaufswettbewerbe und sonstige Anreize. Beispielsweise verbieten sich Ziele, Wettbewerbe und hieraus ausgelobte Vergütungen oder sonstige Anreize, wie zum Beispiel Sachgeschenke und Reisen, wenn damit ein ganz bestimmtes Versicherungsprodukt im Absatz gefördert werden soll, obwohl im individuellen Einzelfall eines Kunden andere Produkte besser geeignet wären. Beispielsweise wäre ein Unfallversicherungswettbewerb problematisch, weil er dazu führen kann, dass die damit Angereizten den Kunden von vornherein eine Unfallversicherung und nicht die im Einzelfall besser geeignete Berufsunfähigkeitsversicherung anbieten.

Auch differenzierte Vergütungen können solche Fehlanreize mit sich bringen. Wenn beispielsweise die Provision für einen Einzeltarif höher ausfällt als für einen Kollektivtarif, kann das dazu führen, dass ein Kollektivtarif-Berechtigter den teureren Einzeltarif angeboten erhält, sofern er von seinem Anrecht nicht weiß. Eine besondere Problematik ergibt sich bei Versicherungsmaklern und Mehrfachvertretern, die eine Auswahl an Versicherungsgesellschaften und damit auch unterschiedlich hohe Vergütungen besitzen und ihre Auswahl nach der Vergütungshöhe gestalten könnten. Das Beispiel Lebensversicherung zeigt, dass dies eine fatale Wirkung für den Kunden haben kann, wenn der Makler einen Versicherer mit besonders hoher Courtage aussucht, die wiederum die Abschlusskosten des Lebensversicherers in die Höhe treibt und damit gleichzeitig die Spielräume für Überschussbeteiligungen reduziert.

Das Versicherungsmarketing muss daher neue Wege finden, den Absatz bestimmter Versicherungen zu befördern. Viele Versicherer verzichten bisher darauf, in größerem

Umfang Endkundenwerbung zu betreiben, und verlassen sich auf die Absatzerfolge ihrer angestellten und selbstständigen Vertriebsorganisation. Dementsprechend kostenintensiv werden die Vertriebe umworben, wie man exemplarisch auf Maklermessen und bei Maklerpools beobachten kann. Künftig könnte die Endkundenwerbung deutlich an Gewicht gewinnen, um einen Nachfragedruck bei den eigenen Vertrieben zu erzeugen.

Auch dürfte die Vertriebsführung wieder an Bedeutung gewinnen, die vielmehr auf der motivatorischen Ebene und durch persönliche Beeinflussung der Vertriebe auf bestimmte Absatzerfolge hinwirkt, die ein Versicherer ganz ohne Frage auch in Zukunft brauchen wird. Ganz nebenbei muss sich ein Versicherer im Solvency II-Regime gerade für eine risikoorientierte Steuerung des knappen Eigenkapitals durch Fokussierung auf bestimmte Sparten und Produkte verantworten – ein Widerspruch in der europäischen Regulierung ist hier nicht ganz von der Hand zu weisen.

Eine Lösung kann ein ganzheitlicher und standardisierter Beratungs- und Verkaufsansatz sein. Er lenkt den Blick weg von einzelnen Produkten auf das große Ganze, eine umfassende Deckung der Wünsche und Bedürfnisse des Kunden. Dadurch wird ausgeschlossen, dass einzelne Produkte aufgrund einer individuellen Absatzförderung empfohlen werden, ohne zu wissen und zu beachten, welche Rolle diese in einem Gesamtversorgungskonzept des Kunden spielen wird.

Verkaufsziele, Wettbewerbe, Beförderungen, Anreize und Vergütungen sollten in erster Linie darauf ausgerichtet werden, Kunden durch diesen umfassenden Beratungs- und Verkaufsansatz nachhaltig zufriedenzustellen. Empfehlenswert sind daher Anreize, die eine über längere Zeiträume zu beobachtende Entwicklung der Kundenzufriedenheit belohnen. Ein in der Branche dafür bereits verschiedentlich angewendeter, hinreichend einfacher und gut handhabbarer Index ist der Net Promotor Score (NPS). Auch weitere qualitative Merkmale, wie die Stornoquote, Mahnquote oder eine geschäftsvorfallabhängige Zufriedenheitsbewertung (zum Beispiel nach der Critical Incident-Methode), könnten einfließen.

Dagegen sollten die Grundvergütungen frei von Produktdifferenzierungen sein, zum Beispiel Lebensversicherungstarife nicht unterschiedlich hoch verprovisioniert werden. Das Argument, dass mit differenzierten Vergütungen auch differenzierte Wertbeiträge der Tarife abgebildet werden, zieht nicht. Denn der Wertbeitrag ergibt sich in erster Linie nicht aus der Provisionshöhe, sondern aus der Prämienhöhe.

5.9 Fazit

Die IDD-Umsetzung bietet eine Reihe Chancen, die traditionell schwache Bedeutung des Marketings in der Versicherungswirtschaft zu steigern. Die Richtlinie verfolgt wirtschaftsfreundliche Ziele und will den Akteuren größere Märkte eröffnen, gleichzeitig aber auch die Kunden dabei schützen.

Nutzen kann man diese Perspektive nur, wenn man die Botschaften der IDD verinnerlicht und ihrem Sinn entsprechend umsetzt. Dazu gehört, Versicherungen als Dienstleistungen zu verstehen und zu akzeptieren, dass es sich nicht im Produkte handelt, die lediglich abgesetzt werden müssen. An der Dienstleistung sind viele Personen beteiligt, auch solche, die in einer klassisch arbeitsteiligen Organisation dem Innendienst zugerechnet werden.

Geradezu paradigmatisch ist die Anforderung der IDD, dem Handeln des Versicherungsvertreibers das bestmögliche Interesse des Kunden zugrunde zu legen. Das unterstützt das Ziel des Marketings, ein Unternehmen mit all seinen Leistungserstellungs- und Absatzprozessen am Markt und an den Bedürfnissen der Kunden auszurichten.

Schon bei der Entwicklung von Versicherungen sollen Kundenbedürfnisse berücksichtigt werden, was eine entsprechende Zielmarktdefinition und eine hinreichende Marktforschung erforderlich machen. Eine dazu passende Vertriebsstrategie und eine bei komplexeren Produkten sorgfältige Schulung der Verkäufer und Vermittler runden diese Anforderung ab. Für das Marketing bedeutet dies eine zentrale Stellung, die sich über Egoismen einzelner Sparten und Funktionsbereiche hinwegsetzen muss.

Im Vertrieb müssen regelmäßig Wünsche und Bedürfnisse der Kunden erhoben und die Angebote hieran ausgerichtet werden. Beratung im Sinn der IDD ist eine besondere, personengebundene Leistung, mit der sich Vermittler von Direktvertrieben im Wettbewerb differenzieren können. Allerdings sollte aufgrund einer nicht durchgängig gelungenen Umsetzung der IDD auch im Fernabsatz mindestens die von der Richtlinie formulierten Standards für den Vertrieb ohne Beratung eingehalten werden.

Der Vertrieb soll frei von Interessenkonflikten und von Fehlanreizen, zum Beispiel durch einseitige Zielsetzungen, Anreize und Vergütungen, erfolgen. Dies lässt sich am besten durch ganzheitliche Beratungskonzepte und darauf abgestimmte Anreizsysteme bewältigen. Diese haben zusätzlich den Nutzen, dass Kunden nachhaltig zufriedengestellt und an den Vertreiber gebunden werden. Die IDD enthält damit eine Vielzahl an Hinweisen, wie ein erfolgreiches Marketing aussehen kann. Nun müssen die angesprochenen Vertreiber – Versicherer und Vermittler – diese Botschaft verstehen und angemessen umsetzen.

Literatur

1. Beenken M (2017) Versicherungsvertrieb. VVW, Karlsruhe, S 23
2. Beenken M, Kersten F (2017) Wann emanzipiert sich das Versicherer-Marketing? Zeitschrift Für Versicherungswes 6/2017:193–195
3. Beenken M, Radtke M (2017) Betriebswirtschaftliche Strukturen des Versicherungsvertriebs. VersicherungsJournal Verlag, Ahrensburg, S 30
4. DBB Beamtenbund und Tarifunion (2016) Bürgerbefragung öffentlicher Dienst, Ansehen einzelner Berufsgruppen. DBB Beamtenbund und Tarifunion, Berlin, S 11
5. Richtlinie (EU) 2016/97 des Europäischen Parlaments und des Rates vom 20. Januar 2016 über Versicherungsvertrieb (Neufassung), Amtsblatt der Europäischen Union vom 2.2.2016, S. L26/19-59
6. Farny D (2011) Versicherungsbetriebslehre, 5. Aufl. VVW, Karlsruhe, S 687

7. Gesetz zur Umsetzung der Richtlinie (EU) 2016/97 des Europäischen Parlaments und des Rates vom 20. Januar 2016 über Versicherungsvertrieb und zur Änderung weiterer Gesetze, Bundesgesetzblatt Jahrgang 2017 Teil I Nr. 52 vom 28.7.2017, S. 2789–2803
8. Art. 2 Abs. 1 Nr. 1 IDD, umgesetzt ins deutsche Recht durch § 1a VVG n.F.

6 Rechtliche Rahmenbedingungen eines Versicherungsmarketing

Jens Gal

Zusammenfassung

Gesetzen und dem Recht im Allgemeinen kommt eine Steuerungsfunktion zu, durch die dem Versicherungsmarketing regulatorisch ein Handlungsrahmen gesteckt wird. Daneben ist das Recht eine wichtige wirtschaftliche Determinante, indem rechtliche Rahmenbedingungen den betrachteten Markt beeinflussen oder sogar (mit-)definieren. Eine erfolgreiche Marketingstrategie muss so verstanden also nicht nur darauf abzielen compliant zu sein, sondern auch vorhandenen Handlungsspielraum zu identifizieren und zu nutzen. Der Offenlegung der verbindlichen Vorgaben und Innovationsräume, die das Recht dem Versicherungsmarketing steckt, dient das vorliegende Kapitel.

6.1 Einführung

Gesetze und das Recht im Allgemeinen strahlen in alle Lebensbereiche aus, wobei sie auch die Freiheit des Einzelnen – sei es ein Individuum oder ein Unternehmen – gestalten und definieren. Von dieser Grundregel macht auch das *Marketing* keine Ausnahme.

Es ist zunächst auffällig, dass der Begriff des Marketing zwar in einer Vielzahl gesetzlicher Vorschriften verwendet,[1] aber, soweit ersichtlich, an keiner Stelle legal definiert

---

[1] Ein großer Teil dieser den Begriff des Marketing verwendenden Normen findet sich in Ausbildungsverordnungen, in denen das Marketing als Teil des Ausbildungsstoffes aufgeführt wird siehe § 4 Abs. 4 Nr. 2 AusbildungsVO Kaufmann für Versicherungen und Finanzen; § 3 Nr. 2.2 BankKfm-AusbV; § 3 Nr. 4.5 AutoKfAusbV.

Beitrag ist bereits erschienen in: Zerres, C. (2018): Handbuch Marketing-Methodik, Bookboon, London.

J. Gal (✉)
Goethe-Universität Frankfurt
Frankfurt am Main, Deutschland
E-Mail: gal@jur.uni-frankfurt.de

wird. Der Gesetzgeber setzt den Begriff des Marketing vielmehr voraus und überlässt es der wirtschaftswissenschaftlichen Lehre und Praxis ihn auszugestalten[2]. Dieses stellt jedoch keinen „Freibrief" dar, da zwar das Marketing als umfassender Sammelbegriff nicht definiert und reglementiert ist, aber viele seiner Einzelbestandteile Gegenstand einer extensiven gesetzlichen Normierung sind. Insofern besteht also zwar die Freiheit ein Marketingkonzept selbstbestimmt zu entwerfen, es muss aber stets bedacht werden, dass die Implementierung einzelner Maßnahmen ein Gesetzesgebot oder -verbot missachten und hierdurch verwaltungsrechtliche, strafrechtliche oder zivilrechtliche Folgen nach sich ziehen kann.

Neben dieser Eigenschaft als Steuerungsinstrument, das dem Marketing regulatorisch einen Handlungsrahmen steckt, spielt das Recht im Absatzwesen aber auch dahingehend eine Rolle, dass rechtliche Rahmenbedingungen den betrachteten Markt beeinflussen oder sogar (mit-)definieren.

Für das *Versicherungsmarketing* kommt diesen beiden Eigenschaften eine noch größere Bedeutung zu als in anderen Sektoren, da es sich bei der Versicherung um ein „Rechtsprodukt" (vgl. [10, insb. S. 145 ff.]) handelt, welches nicht außerhalb des Rechtes bestehen kann (anders als beispielsweise ein physischer Gegenstand). Eine wirksame Versicherungsmarketingstrategie setzt insofern auch zwangsläufig voraus, dass diese Wechselwirkung des Rechts und des Produkts nicht vollständig vernachlässigt, sondern möglichst zu einem frühen Zeitpunkt – also nicht erst zum Zeitpunkt der operativen Umsetzung von Aktivitäten im Markt – miteinbezogen wird.

6.1.1 Recht als erheblicher Makrofaktor

Im strategischen Versicherungsmarketing, dies haben gerade die letzten Jahrzehnte gezeigt, kann dem Recht als Determinante des Makroumfeldes kaum zu viel Bedeutung beigemessen werden. So sind beispielsweise im Rahmen einer SWOT-Analyse[3] bevorstehende rechtliche Änderungen – seien sie schon beschlossen oder noch im Ungewissen – meistens doppelerheblich, da sie oftmals zwar ein Risiko (threat) für die gegenwärtige Marktpositionierung darstellen, aber gleichzeitig auch eine Chance (opportunity) zur effizienten Repositionierung eröffnen.

Als eines der einprägsamsten Beispiele der letzten Jahre mag die Reaktion der Lebensversicherer auf die durch das Alterseinkünftegesetz[4] eingeführte Besteuerung der Erträge

---

[2] Inwieweit dies der Betriebswirtschaft bisher gelungen ist, mag bezweifelt werden. Tatsächlich scheint aber eine abschließende, trennscharfe Definition auch gar nicht notwendig, da man im Marketing vorrangig eine Denkhaltung sieht; vgl. zum Ganzen beispielsweise [46, S. 7 f.; 60, S. 22 ff.].
[3] Vgl. zum Begriff der SWOT-Analyse (interne Faktoren: strengths und weaknesses; externe Faktoren: opportunities und threats) beispielsweise [46, S. 111 ff.; 64, S. 72 ff.].
[4] Gesetz zur Neuordnung der einkommensteuerrechtlichen Behandlung von Altersvorsorgeaufwendungen und Altersbezügen vom 05.07.2004, BGBl. 2004-I, S. 1427 ff.; vgl. hierzu beispielsweise [72, S. 52 ff.; 62, S. 81 ff.].

von kapitalbildenden Lebensversicherungen gesehen werden. In dieser Aufhebung der steuerrechtlichen Vorteile der kapitalbildenden Lebensversicherung war das Risiko begründet, dass potenzielle Versicherungsnehmer ihre Altersvorsorge vermehrt auf andere Finanzprodukte aufbauen würden – sei dies die staatlich geförderte „Riester-Rente" (von der letztlich auch die Lebensversicherer profitiert hätten) oder vom Bankengewerbe angebotene Kapitalanlageprodukte. Gleichzeitig lag im Alterseinkünftegesetz auf Grund seiner Übergangsregelung, die eine Versteuerung nur für Verträge vorsah, die ab dem 01.01.2005 abgeschlossen wurden, aber auch eine (zumindest kurzfristige) Chance für die klassische kapitalbildende Lebensversicherung eine überproportionale Anzahl von Neukunden zu akquirieren. Diese Chance wurde von den meisten Lebensversicherern auch gesehen, was sich in einem Zuwachs von 34,7 % beim Neuabschluss von Lebensversicherungen im Geschäftsjahr 2004 im Vergleich zum Vorjahr zeigt.[5]

Vergleichbare Beispiele ließen sich gerade im Rahmen der VVG-Reform noch zuhauf bringen. Auch die durch Solvency II erfolgte Reform des Versicherungsaufsichtsrechts hat eine Vielzahl von Chancen und Risiken begründet.[6] Chancen und Risiken sind aber eben nicht nur in den bahnbrechenden Gesetzreformen, sondern auch in kleinen Änderungen zu sehen.

Noch deutlicher als im nationalen Geschäft zeigt sich die marktdefinitorische Funktion des Rechts bei Auslandsgeschäften. Hier stellen politisch-rechtliche Transformationen – beispielsweise von einer zentralen Planwirtschaft hin zu einem liberalen, kapitalistischen Wirtschaftsmodell oder aber von einem solchen hin zur Verstaatlichung – bedeutende Marktchancen und -risiken dar.[7]

Es ist gerade die Dynamik des rechtlichen (und gesellschaftlichen) Umfeldes, die im Zusammenspiel mit der zunehmenden Wettbewerbsintensität auf dem Versicherungsmarkt das Streben nach Produktinnovationen und -variationen beinahe zu einer Überlebensfrage machen (vgl. [66, S. 235; 27, S. 143]).

6.1.2 Recht als Steuerungsrahmen

Neben diesem indirekten Einfluss des Rechts, bei dem das Recht als einer der Betrachtungsgegenstände des Marketing erscheint, wirken Gesetze auch imperativ auf das Marketing. In dieser Funktion steckt das Recht dem Marketing seinen Handlungsrahmen, indem ein bestimmtes Tun verlangt oder untersagt wird. Gleichwohl kann die Grenze zwischen

---

[5] Siehe [25, S. 6]. In diesem überproportionalen Zuwachs der Neuabschlüsse war seinerseits wieder ein Risiko zu sehen, welches sich dann 2005 mit einem Rückgang der Neuzugänge um 39 % verwirklichte, siehe [26, S. 6].
[6] Siehe beispielsweise (allerdings nur für kleine Versicherer) [57, S. 12 ff.]; (für Rückversicherer) *Schneider*, in: [31, S. 399, 409 ff.]; zum Reformprojekt allgemein [23].
[7] Für instruktive Beispiele, wie sich diese Chancen und Risiken darstellen, siehe [27, S. 115 f.]; [28, S. 750 ff.] (zum russischen Versicherungsmarkt); [30, S. 818 ff.] (zum chinesischen Versicherungsmarkt); [29, S. 99 ff.] (zum brasilianischen Versicherungsmarkt).

diesen beiden Aspekten des Rechts im Marketing nicht klar gezogen werden. Letztlich ist jeder an die Gesamtheit der Rechtsunterworfenen gerichtete gesetzliche Befehl auch wieder in die Dichotomie von Chancen und Risiken auflösbar. Zudem sind Gesetze nicht selbstvollstreckend, sodass es für sich genommen legitim ist, sich zu fragen, ob es marktbezogen effizienter erscheint, sein Handeln an dem jeweiligen Gesetz auszurichten oder dieses zu missachten. Gerade im Versicherungssektor, dessen wertvollste Devise das Vertrauen ist, erscheint jedoch eine bewusste Übertretung des rechtlichen Handlungsrahmens als ausgesprochen riskant. Hier ist eben neben den vom jeweiligen Gesetz vorgesehenen Rechtsfolgen und den eventuellen Folgen der Missstandsaufsicht durch die BaFin (bis hin zum Widerruf der Erlaubnis zum Geschäftsbetrieb[8]) auch zu beachten, dass ein gesetzesuntreuer Versicherer bei potenziellen Versicherungsnehmern kaum Vertrauen in seine vertragliche Verlässlichkeit induzieren wird.

In vielen Fällen wird das gesetzliche Ge- oder Verbot jedoch nicht so scharf umrissen sein, dass sich dem Versicherungsunternehmen zwingend nur die bewusste Entscheidung zwischen Beachtung und Verstoß stellt – wobei der Versicherer aus den obengenannten Gründen im Zweifel immer zu gesetzeskonformem Verhalten tendieren sollte. Vielmehr arbeiten Gesetze gerade auch in den für das Marketing relevanten Bereichen vielfach mit sogenannten Generalklauseln bzw. mit unbestimmten Rechtsbegriffen,[9] also solchen Normen mit einem sehr weiten Tatbestand, der durch die Rechtsprechung zu konkretisieren ist. Als marketingrelevantes Beispiel mag hier § 3 Abs. 1 UWG dienen, der „unlautere geschäftliche Handlungen" für unzulässig erklärt. Zwar erklärt das Gesetz gegen den unlauteren Wettbewerb im Folgenden einige Praktiken explizit für unlauter, was aber letztlich nicht im Umkehrschluss heißt, dass nicht aufgeführte Praktiken nicht gleichwohl als unlauter zu bewerten sein könnten.[10] Es ist insofern am jeweiligen Rechtsunterworfenen – also am Versicherungsunternehmen – im Voraus zu untersuchen, ob die von ihm geplanten Maßnahmen als unlauter angesehen werden könnten.[11]

Zudem ist zu beachten, dass das Recht nicht statisch, sondern dynamisch ist.[12] Zugespitzt gesagt, kann der Rechtsverstoß der Gegenwart der Industriestandard der Zukunft sein. So verstanden, kann es auch die Aufgabe des Marketing sein, eine Änderung der Rechtsauffassung zu antizipieren und im Wege von Pionierarbeit die Graubereiche bestimmter Normen auszuloten und dadurch auch den Handlungsradius für die gesamte Industrie genauer zu definieren. So war beispielsweise bis Ende der 90er Jahre in Deutsch-

---

[8] Vgl. § 87 VAG, vertiefend beispielsweise *Kollhosser*, in: [63, § 87, Rdn. 1 ff.].
[9] Siehe zur Funktionsweise von Generalklauseln beispielsweise *Roth* in [53, § 242, Rdn. 1 ff., 23 ff.].
[10] *Sosnitza*, in: [61, § 3 UWG, Rdn. 7, 14, 62]; *ders.*, in: [54, § 3, Rdn. 57 ff.].
[11] Zur Problematik dieser Unvorhersehbarkeit der richterlichen Konkretisierung gerade im Versicherungssektor [58, S. 129, 134].
[12] Sehr verkürzt kann man sagen, dass eine optimale Rechtsordnung einen bestmöglichen Ausgleich zwischen Konstanz und Dynamik herstellen muss, da Konstanz das Grundbedürfnis der Rechtssicherheit befriedigt und die Dynamik jenes der Einzelfallgerechtigkeit und die Notwendigkeit der Anpassung des Rechts an veränderte gesellschaftliche Bedingungen.

land vergleichende Werbung grundsätzlich untersagt.[13] Durch die Weiterverwendung des Instruments der vergleichenden Werbung durch einige Wettbewerber in unterschiedlichen Industriezweigen wurde jedoch eine differenzierende Rechtsprechung angestoßen, die einen Vergleich zumindest dann für zulässig hielt, wenn die Produkte sachlich vergleichbar waren, ein hinreichender Anlass zum Vergleich bestand und sich die Angaben nach Art und Maß in den Grenzen des Erforderlichen und der wahrheitsgemäßen sachlichen Erörterung hielten.[14] Letztlich führten diese Pioniertätigkeiten einiger Teilnehmer auch zur Änderung der Rechtslage, sodass vergleichende Werbung heute nur noch unter eingeschränkteren Bedingungen untersagt ist[15].

Umgekehrt kann sich aber auch ein bisheriger Industriestandard in einen Rechtsverstoß verkehren. So war es beispielsweise lange Zeit gang und gäbe, dass Versicherungsunternehmen potenzielle Versicherungsnehmer durch das Versprechen einer Provision zum Abschluss von Gruppenversicherungen zu bewegen suchten.[16] Das Problem lag hierbei darin, dass der Versicherungsnehmer (auch als Gruppenspitze bezeichnet) bei bestimmten Konstellationen eines Gruppenversicherungsvertrags nur ein untergeordnetes eigenes Interesse am Vertrag hat, während die Hauptbetroffenen die Versicherten sind. In der Hingabe von Provisionen war insofern die Gefahr begründet, für Versicherungsnehmer (häufig Arbeitgeber) einen Anreiz zum Abschluss eines Vertrages zu setzen, der für seine Arbeitnehmer eher ungünstig ist, und diese unter Ausnutzung des besonderen Vertrauensverhältnisses zum Beitritt zur Gruppe und letztlich zur Zahlung der Prämien zu bewegen. Auch aus diesen Gründen wurde 1934 durch die Versicherungsaufsicht ein Provisionsverbot eingeführt, welches letztlich den einstigen Industriestandard auf einen Schlag unzulässig machte.[17] Vor einem ähnlichen Problem sahen sich Versicherer auch durch die Reform des VVG, durch welche das bisher übliche Vertragsabschlussmodell, das Policenmodell, durch einen Federstrich des Gesetzgebers obsolet wurde.[18]

---

[13] St. Rspr. siehe ausführlich BGHZ 138, 55 (Testpreis-Angebot).
[14] *BGH*, GRUR 1986, S. 618, 620 (Vorsatz-Fensterflügel); *BGH*, NJW 1989, S. 2326, 2337 (Generikum-Preisvergleich); *BGH*, GRUR 1996, S. 502, 506 (Energiekosten-Preisvergleich). Für versicherungsrelevante Beispiele siehe: *LG Magdeburg*, WRP 2003, S. 548 (Vergleich privater und gesetzlicher Krankenversicherungen); *OLG Köln*, NVersZ 2000, 543 (Tarifgegenüberstellung privater Haftpflichtversicherer).
[15] § 6 UWG; einführend hierzu *Ohly*, in: [61, § 6 UWG, Rdn. 39 ff.]; ausführlich *Menke*, in: [54, § 6, Rdn. 100 ff.].
[16] Vgl. [37, S. 8 ff.]; siehe ferner *Kollhosser*, in: [63, § 81, Rdn. 69 ff.].
[17] Siehe hierzu Richtlinien über Sondervergütungen und Begünstigungsverträge in der Krankenversicherung vom 11.06.1934 in der Fassung der Rundschreiben vom 26.02.1953 (VerBAV 1953 S. 44 ff.) und 09.05.1955 (VerBAV 1955 S. 151 ff.) sowie des Schreibens des BAV an den Verband der privaten Krankenversicherung e. V. vom 25.09.1959 und des Rundschreibens R 4/64 (VerBAV 1964 S. 130); Rundschreiben R 2/97 (VerBAV 1997, S. 154 f.).
[18] Zur Abschaffung des Policenmodells und zu Alternativmodellen: *Herrmann*, in: [6, § 7 VVG, Rdn. 63 ff.; 77, Rdn. 288 ff.].

6.2 Ausgewählte Rechtsbereiche

Im Folgenden sollen solche Rechtsbereiche dargestellt werden, die das Versicherungsmarketing typischerweise tangiert. Die Darstellung kann hierbei systembedingt nur exemplarisch sein: Da es sich beim Marketing um eine ganzheitliche Denkhaltung handelt, (vgl. [46, S. 7 f.; 60, S. 22 ff.]) kann Marketing begriffsnotwendig mit einem so breiten Spektrum des Rechts in Berührung kommen, dass dessen Darstellung jeden Umfang sprengen würde. Beispielsweise könnte man sich aus Marketinggesichtspunkten fragen, welche Rechtsform ein Versicherungsunternehmen wählen sollte.[19] Unter Anwendung des deutschen Rechts würde diese Frage des Versicherungsunternehmensrechts durch § 8 Abs. 2 VAG zu einem gewissen Grad determiniert, da nur Aktiengesellschaften,[20] Versicherungsvereine auf Gegenseitigkeit und öffentlich-rechtliche Körperschaften oder Anstalten zum Betrieb des Versicherungsgeschäfts zugelassen werden dürfen.[21] In anderen Rechtsordnungen mag der numerus clausus – wenn es einen solchen überhaupt gibt – der zulassungsfähigen Rechtsformen hingegen weitaus umfangreicher sein. Aus Marketinggesichtspunkten erscheint neben den Fragen der Kapitalbeschaffung und der Entscheidungsstrukturen von außerordentlichem Interesse, ob bestimmte Gesellschaftsformen auf dem anvisierten Markt besonderes Vertrauen oder besonderes Misstrauen erwecken.[22] Um eine gedrungene, auf das Wesentliche reduzierte Darstellung zu gewährleisten, müssen solche wichtigen „Randerscheinungen" außer Betracht bleiben und das Augenmerk ausschließlich auf solche Rechtsgebiete gerichtet werden, die fast zwangsläufig durch jede Versicherungsmarketingtätigkeit berührt werden.

6.2.1 Gewerblicher Rechtsschutz

Im Vergleich zu anderen Industrien kommt dem gewerblichen Rechtsschutz für das Versicherungsmarketing eine deutlich geringere Bedeutung zu.[23] Das heißt aber nicht, dass er vernachlässigbar wäre. So spielen zwar das Patentrecht (Schutz technischer Erfindungen), das Gebrauchsmusterrecht (oft als sogenanntes „kleines Patent"[24] bezeichnet) und das

---

[19] Allgemein zur Marketingrelevanz der Rechtsformwahl [83, S. 37 f.; 84, S. 207 ff.; 82, S. 9 ff.; 81, S. 191 f.].
[20] Hierunter fällt auch die Societas Europea (SE); Verordnung (EG) Nr. 2157/2001 des Rates vom 08. Oktober 2001 über das Statut der Europäischen Gesellschaft (SE), ABl. Nr. L 294, S. 1.
[21] Siehe [77, Rdn. 49 ff.]; *Armbrüster*, in: [2, § 6, Rdn. 2 ff.]; *Neef*, in: [35, 4. Kapitel, Rdn. 2 ff.].
[22] So wäre es beispielsweise auf dem deutschen Versicherungsmarkt, selbst wenn dies zulässig wäre, keinem Versicherer anzuraten, die Rechtsform der Limited zu wählen, da diese von deutschen Konsumenten (nicht ganz unberechtigt) mit schlechter Liquidität und wenig vertrauenserweckenden Geschäftspraktiken assoziiert wird, vgl. beispielsweise [4, S. 164].
[23] Zum Verhältnis des gewerblichen Rechtsschutz und des (allgemeinen) Marketings siehe [60, S. 1083 ff.].
[24] Vgl. [8, S. 110; 70, S. 755]; einführend zum Gebrauchsmusterschutz im Verhältnis zum Patentschutz [47, 1. Abschnitt, 1. Kap., § 1 B I und V].

Geschmacksmusterrecht (Schutz von ästhetisch-optisch vermittelten technischen Leistungen) für das Versicherungsmarketing kaum eine Rolle – anders nur dann, wenn gerade diese Rechte versichert werden sollen. Dem Markenrecht kommt aber auch für das Versicherungsmarketing eine sehr bedeutende Funktion zu.

6.2.1.1 Markenschutz

Als Marken[25] geschützt werden können alle Zeichen insbesondere Wörter (auch in ihrer Zusammenfügung, also auch Sätze und Slogans) einschließlich Personennamen, Abbildungen, Buchstaben, Zahlen, Hörzeichen, dreidimensionale Gestaltungen einschließlich der Form einer Ware oder ihrer Verpackung sowie sonstige Aufmachungen einschließlich Farben und Farbzusammenstellungen.[26] Um einige Beispiele aus dem Versicherungssektor am Beispiel der Allianz SE[27] zu geben: Eine Wortmarke stellt hierbei der Name Allianz dar, jedoch auch, da Slogans ebenfalls Wortmarken darstellen, der Werbespruch „Hoffentlich Allianz (versichert)".[28] Eine markenrechtlich geschützte Abbildung ist der stilisierte Allianzadler, geschützt auch als Wort-Bild-Marke in Verbindung mit dem Namenszug Allianz.[29] Eine Buchstaben- bzw. Zahlenmarke ist in der Allianz Group nicht prominent vertreten, am ehesten kommt noch der über ein Tochterunternehmen gehaltenen Marke Allianz24 eine solche Zahlenmarkenqualität zu – wobei der Zahl vierundzwanzig hier nur durch die Zusammenfügung mit dem Wort Allianz eine Unterscheidungskraft zukommt.[30] Die Hörmarke der Allianz ist das Allianz(klavier)motiv und der Allianzton, die beide in den Werbeauftritten verwendet werden.[31] Dreidimensionale Marken (man denke hier beispielsweise an die Form der Coca Cola Flasche oder die Rolls-Royce Kühlerfigur Emily) sind im Versicherungssektor unüblich und auch die Allianz tritt zumindest nicht offensiv mit einer solchen auf. Soweit bekannt, kommt dem von Allianz verwendeten Blau keine Farbmarkenqualität zu.[32] Tatsächlich sind (abstrakte) Farbmarken auch hinsichtlich ihrer Unterscheidungskraft problematisch und daher nicht exorbitant verbreitet und typischer-

---

[25] Genaugenommen schützt das Markengesetz neben Marken auch sonstige Kennzeichen, nämlich die geschäftlichen Bezeichnungen und geografische Herkunftsangaben, § 1 MarkenG. Da letztere aber für Versicherungsunternehmen kaum von Bedeutung sind, erfolgt vorliegend eine Beschränkung der Darstellung auf die Marke.
[26] § 3 MarkenG; siehe zu den einzelnen schutzfähigen Zeichenformen beispielsweise [41, § 3, Rdn. 24 ff.; 19, § 3, Rdn. 504 ff.].
[27] Zur Markenportfoliopolitik der Allianz *Bruhn/Hatwich*, in: [7, S. 263, 277]; *Gross/Esser/Oberhuber*, in: [33, S. 321 ff.].
[28] Eine Personennamensmarke ist soweit ersichtlich nicht im Portfolio der Allianz enthalten. Ein prominentes Beispiel einer Personenmarke im Versicherungssektor ist die nach ihrem Begründer Robert Gerling benannte Gerling GmbH.
[29] Zur geschichtlichen Entwicklung des Allianzadlers siehe [27, S. 43].
[30] Beispiele aus anderen Industriezweigen für Buchstaben- und Zahlenmarken wären E+ oder O_2.
[31] Zur Entstehungsgeschichte der Klangmarken des Allianz Konzerns siehe www.metadesign.de/download/news/MD_Themendienst_CS.pdf.
[32] Eine früher im Allianz Konzern vorhandene Farbmarke waren die durch die Dresdner Bank für das Bankgewerbe geschützten Grüntöne (Pantone 382/386).

weise nur in eher begrenzten Industriesegmenten zulässig[33]. Das bekannteste Beispiel einer Farbmarke ist Magenta der Deutschen Telekom.

Damit Markenschutz erlangt werden kann, müssen diese Zeichen geeignet sein, die Waren oder Dienstleistungen eines Unternehmens von denen anderer Unternehmen zu unterscheiden, sie müssen grafisch darstellbar sein[34] und dürfen nicht per Gesetz von der Eintragungsfähigkeit ausgeschlossen sein (§ 8 MarkenG) (vgl. [41, § 3, Rdn. 10]). Solche Schutzhindernisse sind neben der fehlenden Unterscheidungskraft, beispielsweise dass es sich um für die allgemeine Benutzung freizuhaltende beschreibende Angaben handelt, eine ersichtliche Irreführungsgefahr besteht, die Marke Hoheitszeichen enthält oder ein Verstoß gegen die guten Sitten oder die öffentliche Ordnung zu sehen ist.

Entstehen kann der Markenschutz in dreifacher Weise: Durch Eintragung des Zeichens in das Markenregister, durch Benutzung, wenn die Marke Verkehrsgeltung erlangt hat und dadurch, dass die Marke notorische Bekanntheit erlangt hat (§ 4 MarkenG).[35] Eine geschützte Marke vermittelt dem Rechteinhaber insbesondere ein Ausschlussrecht. Dem Rechteinhaber kann gegen einen Verletzer insofern ein Unterlassungsanspruch (vorgelagert bereits ein Widerspruchsrecht, um die Eintragung einer verletzenden Marke zu verhindern), ein Löschungsanspruch und ein Schadensersatzanspruch zustehen.[36] Umgekehrt hat der Rechteinhaber ein Verfügungsrecht über die Marke, die einen Vermögensgegenstand darstellt. Der Rechteinhaber kann Marken, die gerade in der Versicherungswirtschaft oft einen erheblichen Vermögenswert ausmachen, also verkaufen oder aber deren Verwendung vollumfänglich oder begrenzt an einen Dritten lizensieren.

Zu beachten ist abschließend, dass der Markenschutz wie der gewerbliche Rechtsschutz allgemein geografisch begrenzt ist („Territorialprinzip"). So bewirkt die Eintragung ins deutsche Markenregister nicht zwangsläufig den Schutz der Marke in anderen Rechtsordnungen. Marketingbezogen stellt sich also die Frage, für welche Märkte Markenschutz erlangt werden soll und wie dies am effizientesten zu erreichen ist. Überlegenswert ist hier beispielsweise die Beantragung einer europäischen Gemeinschaftsmarke, die Registrierung einer Marke über das Madrider Markenabkommen oder eine Beantragung bei den zuständigen nationalen Stellen in anvisierten Märkten, eventuell unter Berufung auf den Grundsatz der Inländergleichbehandlung nach dem Pariser Verbandsübereinkommen.[37]

---

[33] Der Markenschutz gilt unbeschränkt grundsätzlich nur für abgrenzbare Segmente, in denen der Markeninhaber auch tatsächlich tätig ist. So sah *HansOLG*, GRUR-RR 2002, S. 190 beispielsweise keine Verwechslungsgefahr bei der Verwendung der Bezeichnung HDI zur Bezeichnung eines Dieselmotors für Kfz der Marke Peugeot gegenüber der HDI V.a.G.

[34] Bei einer Hörmarke ist die grafische Darstellbarkeit durch Notenschrift oder Sonagramm möglich, problematisch ist dies jedoch für Geruchs-, Geschmacks- und Bewegungsmarken, weshalb diese bisher auch sehr selten sind, vgl. [41, § 3, Rdn. 30 und § 8, Rdn. 103; 19, § 3, Rdn. 605 ff.].

[35] Zu den einzelnen Voraussetzungen einführend *T. Zerres*, Marketingrecht (2002), S. 63 ff.; *ders.*, Rechtsrahmen des Marketing (2002), S. 31 ff.; tiefergehend *Ingerl/Rohnke*, Markengesetz, 3. Auflage (2010), § 4, Rdn. 4 f., 6 ff., 29 ff.

[36] Zu diesen und weiteren Rechtsansprüchen [41, Vorb. zu §§ 14–19, Rdn. 76 ff.].

[37] Siehe hierzu im Einzelnen [41, Einleitung, Rdn. 15 ff.]; [19, 2. Teil: Internationales Markenrecht]; für einen Überblick über ausländischen Markenschutz siehe [15].

6.2.1.2 Geschmacksmusterschutz und Patentschutz

Neben dem Markenrecht sollten aber auch die anderen drei Bereiche des gewerblichen Rechtsschutzes nicht vollständig aus den Augen verloren werden. So besteht beispielsweise die Möglichkeit, für ein High-End Versicherungsprodukt eine besonders gestaltete Aktenmappe zu entwerfen, in der die Versicherungspolice an den Versicherungsnehmer übergeben wird, um diesem bereits optisch und haptisch die Exklusivität des Produkts zu vermitteln. Eine solche Mappe wäre als Geschmacksmuster schützbar, soweit sie in ihrer zweidimensionalen und/oder dreidimensionalen Erscheinungsform, die sich insbesondere aus den Merkmalen der Linien, Konturen, Farben, der Gestalt, Oberflächenstruktur oder der Werkstoffe der Mappe selbst oder ihrer Verzierung ergibt, neu und eigentümlich wäre.[38] Sollten diese Voraussetzungen gegeben sein, so kann eine Eintragung in das Musterregister schriftlich beantragt werden.[39]

Da über das Patentgesetz nur Erfindungen, also Lösungen technischer Probleme, schützbar sind – sofern sie neu, auf erfinderischer Tätigkeit beruhend und gewerblich anwendbar sind, § 1 PatentG – hat der Patentschutz in der Versicherungswirtschaft nur geringe Relevanz. Die Gestaltung von neuen Versicherungsprodukten stellt die Schöpfung innovativer Dienstleistungsmodelle dar, was sich nicht unter den (technikbezogenen) Erfindungsbegriff subsumieren lässt.[40] Gleichwohl mag auch der Patentschutz für den einen oder anderen Bereich an Bedeutung gewinnen. So sind zwar Computerprogramme grundsätzlich nicht patentierbar – für sie besteht aber Schutz unter dem Urheberrechtsgesetz – gleichwohl ist Patentschutz zumindest dann zu erlangen, wenn die Software über das übliche Zusammenwirken mit dem Computer hinaus einen technischen Inhalt aufweist, insbesondere wenn es einen zusätzlichen technischen Effekt auslöst.[41] So wären beispielsweise die von einigen Versicherern zur Individualtarifierung in der Kraftfahrzeugversicherung (pay-as-you-drive Policen) verwendeten telematik-basierten Systeme (sogenannte Black-Boxes) patentierbar gewesen – dies natürlich unter der Voraussetzung sie wären neu gewesen.[42] Im gleichen Kontext wurde durch die Swiss Re eine Chipkarte zum Patent angemeldet (mileage monitoring), die bei jedem Tankvorgang zur Verwendung kommen soll und durch die die Fahrleistung eines Pkw registriert wird, um eine fahrleistungsindizierte Tarifierung zu ermöglichen (vgl. [76, S. 88]).

---

[38] §§ 1 Nr. 1, 2 GeschmMG; vgl. *Eichmann*, in: [14, § 1, Rdn. 4 ff.].
[39] § 11 GeschmMG i. V. m. MusterAnmV, vgl. *v. Falckenstein* in: [14, § 11, Rdn. 10 ff.].
[40] [58, S. 129, 131].
[41] BGHZ 115, 23, 30 f. – Chinesische Schriftzeichen; *Bacher/Melullis*, in: [3, § 1 PatentG, Rdn. 107 ff.].
[42] Zur Verwendung von Black-Boxes in der Kraftfahrzeugversicherung siehe [27, S. 147 f.; 68, 1153 ff.]; zu einem Aufriss zur datenschutzrechtlichen Problematik bei der Verwendung von Black-Boxes siehe [5, S. 41, 47 f.].

6.2.2 Urheberrecht

Eines der Probleme im Versicherungsmarketing besteht darin, dass sich das Versicherungsprodukt selbst nur unzulänglich schützen und zudem leicht durch Wettbewerber nachahmen lässt. Hierdurch entsteht ein negativer Anreiz zur Produktneuentwicklung (vgl. [27, S. 148; 75, S. 29 f.]). Ein gewisser Schutz lässt sich hier natürlich dadurch erzielen, dass das Produkt unter einem Namen beworben wird, der wiederrum markenrechtlich geschützt ist. So wäre es aus hier vertretener Sicht beispielsweise für die First-Mover[43] auf dem deutschen Markt der Organ- und Manager-Haftpflicht-versicherung möglich gewesen, sich den Namen D&O-Versicherung markenrechtlich schützen zu lassen, da dieser eben nicht rein deskriptiv ist und zumindest Mitte der 80er Jahre auch noch nicht zum allgemeinen Sprachgebrauch gehörte.[44] Hierdurch ist jedoch nicht die im Produkt selbst verkörperte Idee geschützt. Dieser Schutz kann jedoch zu einem gewissen Grad über das Urheberrecht erlangt werden.

Das Urheberrecht schützt Werke, die das Produkt persönlicher, geistiger Schöpfung sind, § 2 UrhG. Hierbei ist der Werksbegriff denkbar weit zu sehen. Notwendig ist letztlich nicht einmal die Körperlichkeit des Werkes, sondern einzig die abstrakte Möglichkeit seiner Fixierung,[45] wobei das Werk aber trotzdem nicht in seiner abstrakten, sondern nur in seiner konkreten Form geschützt wird (beispielsweise kann eine Stehgreifrede ein Werk sein, obwohl sie nicht fixiert ist, Schutzobjekt ist aber nicht der der Rede zugrunde liegende abstrakte Gedanke, sondern nur die konkrete Form, in der dem Gedanken Ausdruck verliehen wird). Insofern können neuartige Versicherungsprodukte zumindest in ihrer Verkörperung als Werbeunterlagen, Antragsformulare, Vertragsmuster, AVB, Prospekte etc. Schutzobjekte des Urheberrechts werden.[46] Geschützt ist hierdurch jedoch eben nicht die Idee per se, sondern nur ihre konkrete Verkörperung in der Form von Text, Fotografie und grafische Abbildung.

Untersagt ist über das Urheberrechtsgesetz mithin nur die wortgetreue Abschrift (und sei es auch nur von einzelnen Textblöcken), die Übernahme eines Fotos oder einer Grafik. Sobald der Wettbewerber sich hingegen nur auf das Kopieren der Idee konzentriert und die konkrete Ausgestaltung in Wort- und Bildwahl hinreichend variiert, muss der urheberrechtliche Schutz leerlaufen. Man kann wohl sagen, dass das Urheberrecht im Ver-

---

[43] Es handelte sich hierbei um amerikanische Gesellschaften, AIG und Chubb, die die aus ihrem Heimatmarkt bekannte D&O Versicherung für den deutschen Markt adaptierten; vgl. [27, S. 66].
[44] Ein aktuelles Beispiel für ein recht innovatives Produkt, welches unter einem einprägsamen markenrechtlich geschützten Namen vertrieben wird, ist die von den Versicherern der Ergo-Gruppe zur Hundehalterhaftpflichtversicherung angebotene Zusatzversicherung „Haus & Gassi", vgl. Versicherungsmagazin 8/2009, S. 12.
[45] Vgl. zur Frage des ästhetischen Gehalts insg. beispielsweise [16, S. 15 ff.]; *Schulze*, in: [12, § 2 Rdn. 4, 11 ff., 16 ff.].
[46] [58, S. 129, 131]; für AVB ist jedoch zu beachten, dass diese dann nicht urheberrechtlich geschützt werden können, wenn sie hoheitlich für allgemeinverbindlich erklärt werden, siehe *Ahlberg*, in: [52, § 5, Rdn. 12].

sicherungssektor nur gegenüber dem ungeschickten, wenig erfahrenen „Trittbrettfahrer" schützt (vgl. [58, S. 129, 132 f.]).

6.2.3 Unlauterer Wettbewerb

Von besonderer Bedeutung für das Versicherungsmarketing, da hierdurch mehrere Bereiche und Instrumente berührt werden, ist das Lauterkeitsrecht.

6.2.3.1 Rechtsgrundlagen

Normiert wird das Lauterkeitsrecht im Gesetz gegen unlauteren Wettbewerb (UWG), welches durch Vorgaben, wie der Wettbewerb durchzuführen ist, einen fairen Wettbewerb garantiert.[47] Hierzu dient vorrangig § 3 Abs. 1 UWG, der „unlautere geschäftliche Handlungen" für unzulässig erklärt.

Was hierbei als unlauter anzusehen ist, wird beispielshaft durch §§ 4–6 UWG festgelegt.[48] Unlauter sind dementsprechend beispielsweise die Ausübung von unzulässigem Druck auf Verbraucher oder andere Marktteilnehmer,[49] die Ausnutzung geistiger und körperlicher Schwächen, die Verwendung von Schleichwerbung, die Verwendung bestimmter Verkaufsförderungsmaßnahmen (beispielsweise Preisnachlässe und Gewinnspiele), wenn derer Bedingungen nicht transparent gestaltet sind, Herabsetzung oder Verunglimpfung von Wettbewerbern, gezielte Behinderung von Mitbewerbern (§ 4 UWG). Versicherungsunternehmen sollten sich zudem der Verwendung solcher Praktiken enthalten, die in einer Irreführung des Verkehrs resultieren können (§ 5 UWG). Hierbei kann eine solche Irreführung auch durch Verschweigen einer mitteilungsbedürftigen Tatsache zurechenbar herbeigeführt werden (§ 5a UWG). Schließlich kann auch eine vergleichende Werbung unter bestimmten Voraussetzungen unlauter sein (§ 6 UWG).[50]

---

[47] Das Bundesverfassungsgericht sieht es als das Ziel des Lauterkeitsrechts, das Verhalten der konkurrierenden Marktteilnehmer in Übereinstimmung mit der Wertordnung des Grundgesetzes „in den Bahnen des Anstands, der Redlichkeit und der guten kaufmännischen Sitten zu halten", vgl. BVerfGE 32, 311, 316 (Grabsteinwerbung); *BVerfG*, GRUR 1993, S. 751 (Großmarktwerbung I); *BVerfG*, GRUR 1993, S. 754 (Großmarktwerbung II).
[48] Die Unzulässigkeit kann sich aber nicht nur aus § 3 Abs. 1 (i. V. m. §§ 4–6 UWG oder alleine) ergeben, sondern auch aus § 3 Abs. 2, 3 UWG i. V. m. Anhang (unzulässige geschäftliche Handlungen gegenüber Verbrauchern) und aus § 7 UWG (unzumutbare Belästigung).
[49] Neben der physischen bzw. psychischen Gewalt(-androhung) kann eine Vielzahl von Verhaltensweisen hierüber untersagt sein, beispielsweise eine bestimmte Ausgestaltung von „Kaffeefahrten" oder eine Überrumpelung, vgl. zu den Grenzen *Sosnitza*, in: [61, § 4 UWG, Rdn. 1.29, 1.35 f.].
[50] Für eine einführende versicherungsspezifische Betrachtung (allerdings nur für die Werbegestaltung und unter Geltung der alten Fassung des UWG) siehe [56; 40, S. 86 ff.]; aktueller und umfassend [11, 2. Teil Rdn. 76 ff.].

Daneben erfährt das versicherungsspezifische Lauterkeitsrecht eine besondere Konkretisierung durch die Wettbewerbsrichtlinien der Versicherungswirtschaft (WettbRL).[51] Bei diesen handelt es sich um eine sektorenspezifische Selbstbeschränkung, in der sich die Versicherungsunternehmen vertreten durch einzelne Versicherungsverbände und den Verband des Versicherungsaußendienstes zu einem bestimmten Verhalten verpflichten. Die WettbRL hat in der Auslegung der §§ 3 ff. UWG jedoch keine bindende Wirkung, kann aber als konkretisierter Handelsbrauch in der Auslegung eine verstärkte Indizwirkung haben.[52] Besondere Bedeutung kommt der WettbRL unter Geltung des reformierten UWG zudem dort zu, wo explizit auf einen Verhaltenskodex Bezug genommen wird.[53]

Ein weiteres Instrument, durch welches das Lauterkeitsrecht für Versicherungsunternehmen zu einem gewissen Grad konkretisiert wird, sind aufsichtsrechtliche Rundschreiben der BaFin. Zwar sind diese für ein über einen Verstoß gegen das UWG befindendes Zivilgericht in der Auslegung nicht bindend – vielmehr ist eine Missachtung vor allem für das eventuelle Vorliegen eines Missstandes relevant (vgl. [40, S. 92]) – aber sie können eine starke Indizwirkung haben.[54] Um ein Beispiel zu geben, untersagte das BAV 1995, dass in der Lebensversicherung mit Überschussanteilen geworben wird, wenn zum gegebenen Zeitpunkt bereits ersichtlich ist, dass das Versicherungsunternehmen die Überschussanteile herabsetzen muss.[55]

6.2.3.2 Nicht-werbespezifische Beispielsfälle

Zwar sind Versicherungsprodukte, wie oben im Rahmen des Urheberrechts aufgezeigt wurde, nur begrenzt schutzfähig, aber ein Schutz kann sich indirekt über das Lauterkeitsrecht ergeben. So wird beispielsweise in dem Verhalten eines Mitbewerbers, alle vom Marktführer angebotenen Produkte sklavisch nachzuahmen, ein unlauteres Verhalten gesehen.[56] Eine Übertragung dieser Rechtsprechung auf den Versicherungsmarkt ist nicht ganz einfach, da sich viele Produkte auch heute noch auf Grund der bis 1994 versicherungsaufsichtsrechtlichen gebotenen Genehmigungspflicht nur in Details unterscheiden. Auch führen die Orientierung an den Musterbedingungen des GDV, die notwendige, sprachliche Spiegelung gesetzlicher Regelungen und die versicherungsspezifische Behandlung bestimmter Probleme nahezu zwangsläufig zu einer starken Annäherung der einzelnen Produkte. Ein Fall der planmäßigen Nachahmung aller Produkte wird auf dem Versicherungsmarkt also wohl nur dann anzunehmen sein, wenn gerade die Innovations-

---

[51] Für die Werbung können zudem noch andere branchenübergreifende Selbstbeschränkungen greifen, nennenswert ist hier insbesondere der Kodex der Internationalen Handelskammer (ICC) zur Praxis der Werbe- und Marketingkommunikation – Konsolidierte Fassung (2006).
[52] Vgl. *Köhler*, in: [45, § 4, Rdn. 10.45]. Vertieft zur Bedeutung der WettbRL [40, S. 94; 11, 2. Teil Rdn. 55 ff.].
[53] Beispielsweise § 5 Abs. 1 Nr. 6 UWG und Nr. 1, 3 Anhang zu § 3 Abs. 2, 3 UWG.
[54] Zur Qualifizierung einer Werbung als unzulässig (allerdings nicht unter Gesichtspunkten der Lauterkeit) stützte sich beispielsweise *OLG Koblenz*, VersR 2000, S. 1357 auf eine Richtlinie des BAV.
[55] Nr. 2 Rundschreiben R 1/95 (VerBAV 1995, S. 278). Für weitere Beispiele siehe [40, S. 92 ff.].
[56] Siehe beispielsweise *BGH*, MDR 1960, S. 202 (Simili-Schmuck).

produkte unablässig sofort von einem Mitbewerber imitiert werden und hinsichtlich der sprachlichen Gestaltung der AVB und der Tarifierung ein auffälliger Gleichlauf besteht (vgl. [58, S. 129, 135]).

Die Unlauterkeit kann sich auch aus der Modalität der Verschaffung der Kenntnis von Produkten aber auch von allen anderen marketingrelevanten Informationen des Mitbewerbers ergeben. Man denke hier insbesondere an Betriebsspionage oder zu diesem Zwecke abgeworbene Mitarbeiter. Insgesamt dürfte zumindest die Betriebsspionage im Versicherungsgewerbe seltener sein als in anderen Sektoren, (vgl. [58, S. 129, 135]) kann aber gleichwohl vorkommen, beispielsweise mit dem Ziel ein innovatives Produkt schneller oder besser als ein Konkurrent auf dem Markt zu platzieren oder Kenntnisse über dessen aktuarischen Berechnungsgrundlagen zu erlangen.

Sowohl die Abwerbung von Mitarbeitern als auch von Kunden ist für sich genommen nicht unlauter, kann dies aber unter bestimmten hinzutretenden Umständen sein. Für das Abwerben von Versicherungsnehmern ergibt sich dies insbesondere auch aus Nr. 43 der Wettbewerbsrichtlinie der Versicherungswirtschaft (für Versicherungsvertreter aus Nr. 8). Hiernach ist es unzulässig, mit unlauteren Mitteln in fremde Versicherungsbestände einzudringen.[57] Es genügt dabei nicht, dass das Versicherungsunternehmen planmäßig bei der Abwerbung vorgeht, da die Planmäßigkeit bei der Kundenakquise geradezu notwendig ist.[58] Nr. 48, 65 lit. a WettbRL geben hierzu für die Kranken- und die Lebensversicherung ein Beispiel, indem sie ein Ausspannen dann für unzulässig erklären, wenn eine nach den Umständen erforderliche Aufklärung über die mit der Vertragsbeendigung verbundenen Nachteile unterblieben ist (also insbesondere über den Effekt der Zillmerung[59]).

6.2.3.3 Werbespezifische Beispielsfälle

Versicherungsmarketing hat jede Art der irreführenden Werbung zu unterlassen. Dies gilt bei einem für den durchschnittlichen Verbraucher teilweise recht schwer verständlichen Produkt wie der Versicherung umso mehr. So darf Versicherungswerbung beispielsweise keine unberechtigten Erwartungen in das beworbene Produkt wecken. Insofern wäre die Bewerbung einer Reparaturkostenversicherung für Unterhaltungselektronikgerätschaften, dass „100-prozentig alle Reparaturen" gedeckt werden, dann irreführend, wenn der dann geschlossene Vertrag einen Risikoausschluss für Spannungsschäden durch Blitzschlag vorsieht.[60]

Auch hat Werbung ein sogenanntes übertriebenes Anlocken zu unterlassen. So sahen Gerichte eine Werbeaktion als unlauter an, bei der Versicherungsnehmer einer Kraftfahrzeugversicherung Tagesnetzkarten für den öffentlichen Personennahverkehr im Großraum

---

[57] Zu der Frage, welche hinzutretenden Umstände sich als unlautere Mittel darstellen können siehe [56, S. 66 ff.].
[58] *Köhler*, in: [45, § 4, Rdn. 10.46; 56, S. 64 ff.].
[59] Für eine aktuelle Betrachtung der rechtlichen Probleme der Zillmerung beispielsweise [38, S. 7 ff.].
[60] *KG Berlin*, GRUR 1991, S. 787; siehe auch [56, S. 28 f.; 40, S. 87]. Für ein weiteres instruktives Beispiel siehe *OLG Hamm*, WRP 2002, 592.

München zum halben Preis erstehen können sollten. Hierin wurde ein unzulässiger psychologischer Kaufzwang gesehen, da das Ganze neben der Vergünstigung unter das Motto des Umweltschutzes gestellt wurde.[61]

Besonders problematisch stellt sich im Versicherungsbereich das Verbot der Gefühls- und Vertrauensausnutzung dar. Das Produkt Versicherung steht nahezu wesensnotwendig mit der Emotion Angst in Verbindung. So geht es beim Abschluss einer Versicherung vielfach auch gerade darum, dass die durch Unsicherheit bzw. Ungewissheit hervorgerufene Angst reduziert wird (vgl. [27, S. 28]). Sinnvolles Versicherungsmarketing muss insofern durch Werbung auch Risiken und somit einen Versicherungsbedarf aufdecken, was, obgleich nicht irreführend oder gar unwahr, beim Rezipienten in vielen Fällen Angst hervorrufen wird (vgl. [40, S. 88]). Insofern gilt für die Beurteilung, wann eine Werbung Ängste unzulässig ausnutzt, für die Versicherungswirtschaft ein eher großzügiger Maßstab[62] und die Prüfung fällt tendenziell nur dann negativ aus, wenn (unwahrscheinliche) Gefahren übertrieben dargestellt werden oder eine Werbung übertrieben um Gefühle bzw. Mitleid heischt.[63]

Von besonderer praktischer Bedeutung war in den letzten Jahren die Frage, in welchem Umfang vergleichende Werbung im Versicherungssektor zulässig ist.[64] Entsprechend § 6 UWG ist eine vergleichende Werbung im Versicherungssektor dann unlauter, wenn der Vergleich a) sich nicht auf Versicherungsprodukte für den gleichen Bedarf bezieht; b) nicht objektiv auf eine oder mehrere wesentliche, relevante, nachprüfbare und typische Eigenschaften oder den Preis des Versicherungsprodukts bezogen ist; c) im geschäftlichen Verkehr zu einer Gefahr von Verwechslungen zwischen dem Werbenden und einem Mitbewerber oder zwischen deren Versicherungsprodukten oder Marken führt; d) den Ruf der von einem Mitbewerber verwendeten Marke in unlauterer Weise ausnutzt oder beeinträchtigt; e) die Versicherungsprodukte, Tätigkeiten oder persönlichen oder geschäftlichen Verhältnisse eines Mitbewerbers herabsetzt oder verunglimpft oder f) ein Versicherungs-

---

[61] *OLG München*, WRP 1993, S. 197; daneben war unter dem damaligen Recht in der Reduzierung der Ticketpreise ein Rabattverstoß durch das Beförderungsunternehmen und eine Beihilfe hierzu durch den Versicherer zu sehen *OLG München*, WRP 1992, S. 264; siehe zum Ganzen ferner [56, S. 38].

[62] So wurde beispielsweise eine Werbung nicht beanstandet, in der mit Ängsten vor den durch die Gesundheitsreform gerissenen Lücken in der Gesundheitsversorgung gespielt wurde („… Sie sind gesetzlich krankenversichert? Dann reicht Ihre Versorgung für das medizinisch Notwendige. Wollen Sie mehr, erhält Ihre Lebensfreude einen Dämpfer. Wer Ansprüche stellt, muß zuzahlen") *OLG Stuttgart*, VersR 1999, S. 1036.

[63] Siehe zum Ganzen [56, S. 42 ff.].

[64] Zwar fehlt es bisher noch an einer versicherungsrechtsspezifischen Monografie, allgemein ist die vergleichende Werbung aber schon vielfach monografisch aufgegriffen worden; um nur einige der letzten Jahre zu nennen: *Holtz*, Vergleichende Werbung in Deutschland (2009); *Erdogan*, Vergleichende Werbung nach § 6 UWG (2008); *Eichholz*, Herabsetzung durch vergleichende Werbung (2008); *Kadelbach*, Das funktionelle Verständnis des § 2 UWG (vergleichende Werbung) (2007); *Šaponjić*, Vergleichende Werbung: Rechtslage, Praxis, Perspektiven (2007), *Kebbedies*, Vergleichende Werbung (2005); *Fröndhoff*, Harmonisierung des Rechts der vergleichenden Werbung durch die Richtlinie 97/55/EG? (2004) [39, 17, 13, 42, 67, 43, 20].

produkt als Imitation oder Nachahmung eines unter einem geschützten Kennzeichen vertriebenen Versicherungsprodukts darstellt.

Um einige Praxisbeispiele zu geben: Ein Versicherungsunternehmen darf nicht unter der Behauptung „die günstigste Risikolebensversicherung!" einen ihrer Tarife mit anderen Tarifen vergleichen, wenn nicht darauf hingewiesen wird, dass dieser Tarif erst ab einer Versicherungssumme von 150.000 € angeboten wird.[65] Ebenso wurde ein anderer Versicherer erfolgreich verklagt, es zu unterlassen, seinen Haftpflichttarif mit denen anderer zu vergleichen, ohne darauf hinzuweisen, dass der eigene, als besonders günstig bezeichnete Tarif, nur bei Abschluss oder Aufrechterhaltung einer Autoversicherung bei diesem Versicherer verfügbar war[66] – also vermutlich auf einer Mischkalkulation beruhte.

6.2.4 Kartellrecht

Das Wettbewerbsrecht hat insofern große Wichtigkeit für das Versicherungsmarketing, wobei neben dem UWG auch noch das Kartellrecht dem Wettbewerbsrecht i. w. S. angehört. Das Kartellrecht ist für Deutschland im Gesetz gegen Wettbewerbsbeschränkungen (GWB) und für Europa in den Artt. 101 ff. AEUV (ehemals 81 ff. EG-Vertrag) und einigen EU-Verordnungen niedergelegt[67] und soll die Freiheit des Wettbewerbs garantieren und wirtschaftliche Übermacht da beseitigen, wo durch sie das Funktionieren des Marktes schwerwiegend beeinträchtigt wird. Hierbei kam im europäischen Kartellrecht der Gruppenfreistellungsverordnung im Versicherungssektor, durch die bestimmtes kartellrechtsrelevantes Verhalten von den grundsätzlichen kartellrechtlichen Verboten freigestellt wurde, eine besondere Bedeutung zu.[68] Diese trat jedoch am 31. März 2017 außer Kraft.

Das Kartellrecht gliedert sich neben der Fusionskontrolle zur Verhinderung von Monopolen hierbei im Wesentlichen in vier Bereiche, aus denen ein unzulässiges Verhalten stammen kann: a) Horizontale Wettbewerbsbeschränkungen (§ 1 GWB; also wettbewerbswidrige Koordinierung zwischen miteinander in Wettbewerb stehenden Unternehmen), b) vertikale Wettbewerbsbeschränkungen (§ 1 GWB; Wettbewerbsbeschränkungen zwischen zwei Produktionsstufen [also insb. zwischen Versicherer und Makler etc.]), c) Missbrauch

---

[65] *OLG Saarbrücken*, OLGR Saarbrücken 2009, S. 146.
[66] *OLG Köln*, NVersZ 2000, S. 543, 544 (zunächst eingelegte Revision zurückgenommen NVersZ 2001, 48).
[67] Zum Verhältnis des deutschen zum europäischen Versicherungskartellrecht beispielsweise *Meyer-Lindemann*, Das Versicherungskartellrecht in Deutschland nach der 7. GWB-Novelle (2006), S. 5 ff. Es ist zudem zu beachten, dass gerade im Rahmen von Fusionen nicht nur das Kartellrecht der Sitzstaaten zu berücksichtigen ist, sondern im Grundsatz das Recht jedes Staates, dessen Markt durch die Fusion betroffen ist.
[68] Verordnung (EU) Nr. 267/2010 der Kommission vom 24. März 2010 über die Anwendung von Artikel 101 Absatz 3 des Vertrags über die Arbeitsweise der Europäischen Union auf Gruppen von Vereinbarungen, Beschlüssen und abgestimmten Verhaltensweisen im Versicherungssektor. Für ein beispielhaftes Problem unter Anwendung der Gruppenfreistellungsverordnung (*in casu* das Problem der Erstellung und Verwendung von Muster-AVB), siehe [74, 643].

einer marktbeherrschenden Stellung (§§ 19 f. GWB; auch Diskriminierungsverbot) und d) sonstiges wettbewerbswidriges Verhalten (§ 21 GWB; Boykottverbot und ähnliches). Besonders anfällig dürfte die Versicherungswirtschaft für Preis-, Konditionen- und Gebietskartelle sein – wobei seit der Deregulierung 1994 ein stetig wachsender Wettbewerb zu verzeichnen ist, der sich insbesondere auch in einer diversifizierenden Preis- und Produktpolitik niederschlägt.[69]

6.2.5 Datenschutz

Ohne Informationen und Daten ist Marketing nicht möglich, insofern sind gerade auch in der Versicherungsbranche Daten der Grundstein jeder Marketingtätigkeit. Im Gegenzug sind aber die Verarbeitung und Verwendung von personenbezogenen Daten[70] eine für das Individuum heikle Angelegenheit und das Recht auf informationelle Selbstbestimmung und der Schutz der Privatsphäre gewinnen seit Jahren immer mehr an Bedeutung und Form.[71] So ist auch der Versicherer im Hinblick auf die Gewinnung, Verarbeitung und Nutzung von Daten einigen Beschränkungen unterworfen.[72]

Schwerpunktmäßig existieren folgende datenschutzrechtliche Problemkreise in der Versicherungswirtschaft: a) Datenverarbeitung und Nutzung zur Marktforschung, b) Datenverarbeitung und Nutzung zur Vertragsdurchführung, c) Datenverarbeitung und Nutzung zur Schadensregulierung, d) Datenübermittlung im Fall von Mit- oder Rückversicherung, e) Datenzugriff im Versicherungskonzern, f) Dateneinstellung in Warn- und Hinweissysteme (vgl. [79, S. 229]) (UNIWAGNIS) (vgl. [80, S. 153 ff.]). Die Zulässigkeit der Nutzung beurteilt sich nach dem Bundesdatenschutzgesetz (BDSG)[73] und ab dem 25. Mai 2018 nach der Datenschutzgrundverordnung (DSGVO). Nach dem BDSG gilt ein Verbot mit Erlaubnisvorbehalt, sodass die Erhebung, Verarbeitung und Nutzung personenbezogener Daten grundsätzlich untersagt ist, es sei denn, der Betroffene stimmt diesen zu oder ein Gesetz (insb. auch das BDSG) erlaubt oder ordnet sie an.[74] In den Fällen, in denen eine Datenverarbeitung eventuell auch ohne Erlaubnis des Betroffenen möglich ist, besteht aber zumindest eine Verpflichtung des Versicherers, den Betroffenen zu benachrichtigen, dass auf ihn bezogene Daten verarbeitet wurden und dieser kann gegebenenfalls

---

[69] Für weitere Besonderheiten des Versicherungskartellrechts sei auf die einschlägige Fachliteratur verwiesen: [44, 51, 9].

[70] Dies sind entsprechend § 3 Abs. 1 BDSG Einzelangaben über persönliche oder sachliche Verhältnisse einer bestimmten oder bestimmbaren natürlichen Person; vgl. auch [48, S. 79 ff.]; *Dammann*, in: [73, § 3, Rdn. 3 ff.].

[71] Sehr kritisch beispielsweise zur Datenverarbeitung zum Zweck der Erstellung von Kundenscores [27, S. 287].

[72] Für eine ausführliche Betrachtung [80, 50].

[73] Erwähnt sei auch noch der internationale Kodex für die Praxis der Markt- und Sozialforschung sowie die bereits oben erwähnte WettbRL, die auch datenschutzrelevante Standesregeln aufstellen.

[74] § 4 Abs. 1 BDSG; siehe auch *Gola*, in: [32, § 4, Rdn. 3; 81, S. 193; 83, S. 43; 84, S. 3].

verlangen, dass diese Daten berichtigt, gesperrt oder gelöscht werden.[75] Eine Besonderheit besteht bei personenbezogenen Gesundheitsdaten, da deren Erhebung nicht nur die Einwilligung des Betroffenen erfordert, sondern diese nur bei Ärzten, Krankenhäusern und ähnlichen Einrichtungen sowie anderen Personenversicherern, Krankenkassen und ähnlichen Einrichtungen und Behörden erfolgen darf, § 213 VVG.[76]

Von großem Interesse ist es insofern, dass Versicherer von allen ihren Versicherungsnehmern eine Einwilligung in die Datenverarbeitung erhalten. Die Ermächtigungsklausel sollte möglichst für alle Versicherungsnehmer (einer bestimmten Gruppe) einheitlich sein, um Datenverarbeitungsabläufe zu vereinfachen, sollte ein möglichst breites Spektrum der Datenverarbeitung erlauben (also insbesondere die oben abgebildeten Problemfelder abdecken) und rechtlich verbindlich sein, was insbesondere bedeutet, dass die typischerweise als AVB geschlossene Datenverarbeitungsklausel der AGB-Kontrolle standhält.[77]

6.2.6 Direktmarketing

Direktmarketing spielt in der Versicherungswirtschaft eine nicht unbedeutende Rolle. Die drei wichtigsten Instrumente sind hierbei der Besuch eines Versicherungsvermittlers, das Anschreiben und das Telemarketing (Anruf, E-Mail und Fax).

Der Besuch des Versicherungsvermittlers beim (potenziellen) Versicherungsnehmer vereint als Direktmarketinginstrument distributive mit kommunikativen Elementen (vgl. [81, S. 258 f.; 83, S. 190; 84, S. 245]). Es ist zunächst zu beachten, dass den Versicherungsvermittler bereits beim ersten Geschäftskontakt eine gewisse Informationspflicht über seinen Namen, seine Verhältnisse und ähnliches trifft.[78] Darüber hinaus besteht mittlerweile eine Pflicht zur Beantragung einer Gewerbeerlaubnis und zahlreiche anlassbezogene Beratungs- oder Informationspflichten für Versicherungsvermittler (vgl. [24, S. 59 ff.]). Neben diesen versicherungsspezifischen „Problemen" gibt es auch allgemeingültige Problemfelder. So ist zwar der bestellte Vertreterbesuch unbedenklich, unbestellte Vertreterbesuche können jedoch dann unzulässig sein, wenn sie sich als unlauter im Sinne des UWG darstellen, also beispielsweise eine erhebliche Belästigungsschwelle überschreiten.[79] Daneben kann der breitflächige Einsatz des Instruments des unerbetenen Vertreterbesuchs als Missstand auch die BaFin auf den Plan rufen[80] und es sollte beachtet werden, dass solche Praktiken von einem großen Teil der potenziellen Kunden als unseriös empfunden wird, was das Ansehen des Versicherungsunternehmens langfristig schädigt.

---

[75] [81, S. 193; 60, S. 1092]; tiefergehend auch [34, S. 18, 20 f.].
[76] Leicht veraltet hierzu [50]; aktueller *Eberhardt*, in: [55, § 213, Rdn. 22 ff.]; *Muschner*, in: [65, § 213, Rdn. 16 ff.].
[77] Zu diesem Themenkomplex [80, S. 234 ff.].
[78] § 11 VersVermV; siehe [24, S. 59 f.].
[79] *Leible*, in: [54, § 7, Rdn. 206 ff. insb. 214 ff.].
[80] Dazu, dass auch Verstöße gegen das UWG Missstände i. S. d. VAG darstellen können, *Kollhosser*, in: [63, § 81, Rdn. 21].

Das Direktmarketing per Anschreiben (sogenanntes „Mailing") ist auch in der Versicherungswirtschaft ein beliebtes Instrument. Hierbei kommen sowohl unadressierte Wurfsendungen an alle Haushalte (Briefkastenwerbung) als auch adressierte Werbebriefe (Briefwerbung) vor und beide Varianten sind grundsätzlich auch wettbewerbsrechtlich zulässig.[81] Ein solches Vorgehen kann jedoch dann als unlauter bzw. als unzumutbare Belästigung bewertet werden, wenn der Adressat entweder ausdrücklich der Zusendung von Werbematerial widersprochen hat oder aber der Empfänger in einer Robinson-Liste eingetragen ist bzw. einen entsprechenden Briefkastenaufkleber angebracht hat.[82] Hierbei sollte das Werbeschreiben möglichst schon von außen und muss spätestens nach Öffnen des Umschlags als solches erkennbar sein,[83] und muss zudem wie alle derartige Werbeformen den Werbenden mit Anschrift deutlich zu erkennen geben.

Das Telemarketing stellt sich auf der einen Seite effizienter dar als das Briefmarketing, da ein unmittelbarer Kontakt zum potenziellen Kunden entsteht und so besser auf Bedürfnisse eingegangen werden kann, auf der anderen Seite ergibt sich die Gefahr des erhöhten Belästigungspotenzials, da viele Kunden insbesondere Anrufe als sehr störend empfinden, aber es ihr Verständnis von Höflichkeit verbietet, einfach sofort wieder aufzulegen.[84] In Deutschland ist anders als in vielen anderen Rechtsordnungen auch aus den letztgenannten Gründen die Praktik des cold-calling, also des aktiven Anrufens einer Person ohne deren Einwilligung[85] und ohne bestehenden Geschäftskontakt, unzulässig.[86] Bei einer Werbung per automatischer Anrufmaschine, per Fax oder E-Mail ist eine ausdrückliche Einwilligung des Rezipienten erforderlich.[87] Aufgrund des grundsätzlichen Verbots unter Einwilligungsvorbehalt dieser Direktmarketinginstrumente, spielen sie in Deutschland auch im Versicherungsgewerbe eine eher geringere Rolle. Zwar wurden diese Verbote wiederholt als wenig effektiv und oft umgangen beschrieben,[88] aber auf Grund der nunmehr bestehenden Möglichkeit der Gewinnabschöpfung (§ 10 UWG) und dem Bedürfnis der Versicherungswirtschaft, dem Kunden gegenüber so seriös wie möglich aufzutreten, wird eine Missachtung mittel- und langfristig kaum vorteilhaft sein.

---

[81] Vgl. zu diesen Instrumenten allgemein [81, S. 265; 83, S. 201 f.; 84, S. 254].
[82] Siehe hierzu beispielsweise *Ohly*, in: [61, § 7 UWG, Rdn. 32 f., 40].
[83] Vgl. *Köhler*, in: [45, § 4, Rdn. 3.11]; *Ohly*, in: [61, § 7 UWG, Rdn. 15, 40].
[84] Siehe *Ubber*, in: [36, § 7 UWG, Rdn. 127]; *Köhler*, in: [45, § 7, Rdn. 47 ff.].
[85] Wenn es sich beim Rezipienten nicht um einen Verbraucher, sondern um einen sonstigen Marktteilnehmer handelt, genügt bereits eine mutmaßliche Einwilligung; § 7 Abs. 2 Nr. 2 UWG. Der Entwurf des Gesetzes zur Fortentwicklung des Verbraucherschutzes bei unerlaubter Telefonwerbung hatte geplant. für Verbrauchermarketing sogar eine ausdrückliche Einwilligung *in Textform* zu fordern; siehe *Ubber*, in: [36, § 7 UWG, Rdn. 260]. Diese Gesetzesnovelle ist jedoch vorübergehend gescheitert.
[86] Kritisch zu diesem Verbot [59, S. 1219]; einführend *Ohly*, in: [61, § 7 UWG, Rdn. 41 ff.].
[87] § 7 Abs. 2 Nr. 3 UWG; hierzu *Ohly*, in: [61, § 7 UWG, Rdn. 61 ff.].
[88] *Ohly*, in: [61, § 7 UWG, Rdn. 41] mit zahlreichen Nachweisen.

6.2.7 Versicherungsvertragsrecht inklusive AGB-Recht

Zentrale Bedeutung für den Rechtsrahmen des Versicherungsmarketing hat das Versicherungsvertragsrecht. Diese vorrangig im Versicherungsvertragsgesetz (VVG) geregelte Materie gibt dem Versicherer mittels zwingender und halb-zwingender Normen – also solcher Normen von denen nur zum Vorteil des Versicherungsnehmers abgewichen werden kann[89] – vor, wie Produkte auszugestalten sind, welche Risiken versicherbar sind,[90] welche Rechtsfolgen eine Obliegenheitsverletzung nach sich ziehen darf, wie Verträge zustande kommen, wann AVB in den Vertrag einbezogen wurden, welche Nebenpflichten den Versicherer treffen etc. Aber auch dispositive rechtliche Regeln des VVG sind hier von Belang, da man sich beim Entwurf des Produktes oder anderen Marketingaktivitäten darüber klar werden muss, ob man die Grundregelung des Gesetzes beibehalten möchte oder ob man eine abweichende Regelung herbeiführen will und wenn ja, welche und wie dies zu bewerkstelligen ist. Bei der Produktgestaltung ebenfalls zu beachten sind insbesondere die AGB-rechtlichen Vorschriften der §§ 305 ff. BGB, wenn es sich bei dem zu vermarktenden Produkt um eine Pflichtversicherung handelt, müssen ferner die gesetzlichen Vorschriften zur Mindestdeckung beachtet werden. Im Rahmen eines Handbuchs auch nur ansatzweise einen sinnvollen Überblick über das Versicherungsvertragsrecht zu geben, erscheint illusorisch. Es ist am einzelnen Mitarbeiter der Marketingabteilung sich mittels einführender Literatur[91] oder interner Schulung einen Einblick in diese Materie zu verschaffen oder aber ad hoc in Bezug auf ein einzelnes Produkt mit Mitarbeitern der Rechtsabteilung über eventuelle rechtliche Probleme zu sprechen.

6.2.8 Versicherungsaufsichtsrecht

Das zum Versicherungsvertragsrecht Gesagte gilt ebenso für das Versicherungsaufsichtsrecht. Auch hier muss der Versuch einer abschließenden Darstellung an der Fülle wichtiger marketingbezogener Anknüpfungspunkte scheitern. Grob dargestellt handelt es sich beim Versicherungsaufsichtsgesetz (VAG) um die normative Ordnung des Versicherungsmarktes – bestehend aus Verhaltensanforderungen an die Beaufsichtigten und Kompetenzen der Aufsichtsbehörde (der BaFin) – deren Schutzziele die Wahrung der Belange der Versicherten und das Funktionieren des Versicherungswesens sind.[92] Der versicherungsaufsichtsrechtliche Einfluss auf das Marketing reicht beispielsweise vom Verbot versicherungsfremde Geschäfte zu führen (§ 15 VAG), über das Prinzip der Spartentrennung (§ 8

---

[89] Siehe zur Kategorie der halbzwingenden Vorschriften beispielsweise [77, Rdn. 159].
[90] Man denke hier beispielsweise an die Lösegeldversicherung (*kidnap & ransom insurance*), die in Deutschland über lange Jahre als unzulässig, da gegen den sogenannten ordre public verstoßend, angesehen wurde; vgl. [71, S. 11].
[91] Empfehlenswert beispielsweise [77, 1, 69], eine eher punktuelle Einführung in die Neuerungen durch die VVG-Reform [49].
[92] *Kaulbach*, in: [18, vor § 1, Rdn. 3 ff.]; *R. Schmidt/Präve*, in: [63, Vorbem. Rdn. 56 ff.].

Abs. 4 VAG) bis hin zur Missstandsaufsicht (§§ 294 ff. VAG). Das Versicherungsaufsichtsrecht hat hierbei in einer der einschneidendsten Umbruchphasen seit Bestehen des VAG durchlaufen. Das vormalige Versicherungsaufsichtsrecht wurde durch das Solvency II-Reformprojekt in drei Feldern – die bildlich auch als drei Säulen bezeichnet werden – von Grund auf reformiert. Inhaltlich umfassen die drei Säulen die neuen Kapitalausstattungsregeln (sogenannte quantitative Regelungen) der Säule 1, veränderte Governance-Vorgaben (sogenannte qualitative Anforderungen) und Vorschriften über die Befugnisse der Aufsicht der Säule 2 sowie neue Transparenzregeln in Säule 3. Daneben wurden auch die Vorschriften zur Gruppenaufsicht erheblich umgestaltet. Angestrebt wird ein System, das risikobezogener, für Verbraucher transparenter und – durch die verstärkte Setzung prinzipienbasierten Rechts – in der Anwendung flexibler ist als das aktuelle Regelungswerk.[93] Die Vorgaben der Solvency II-Rahmenrichtlinie mussten hierbei bis zum 01. Januar 2016 durch die 10. VAG-Novelle in nationales deutsches Recht umgesetzt werden.[94] Seit dem 01. Januar 2014 hatte jedoch bereits die Vorbereitungsphase auf das Solvency II-Regime begonnen, indem die Europäische Versicherungsaufsichtsbehörde EIOPA sogenannte Vorbereitungsleitlinien erlassen hat, die wiederum in Deutschland durch die BaFin umgesetzt wurden.[95] Durch diesen Regimewechsel entstanden zahlreiche neue Herausforderungen für das Versicherungsmarketing, insbesondere im Hinblick darauf, dass der Wechsel vom bisherigen regelbasierten zum jetzigen prinzipienbasierten Aufsichtsregime eine größere Handlungsfreiheit, aber gleichzeitig eine gesteigerte Eigenverantwortlichkeit impliziert.

Literatur

1. Armbrüster (2013) Privatversicherungsrecht
2. Beckmann, Matusche-Beckmann (2009) Versicherungsrechts-Handbuch, 2. Aufl.
3. Benkard (2006) Patentgesetz, Gebrauchsmustergesetz, 10. Aufl. C.H. Beck, München
4. Bischoff (2009) Mißbrauch der Limited in Deutschland. ZInsO, S 164
5. Brenner, Schmidt-Cotta (2008) Der Einsatz von Unfalldatenspeichern unter dem Brennglas des Europarechts. SVR, S 41
6. Bruck, Möller (2008) Versicherungsvertragsgesetz: Großkommentar, 9. Aufl. De Gruyter, Berlin
7. Gardini, Dahlhoff (2004) Management internationaler Dienstleistungen: Kontext – Konzepte – Erfahrungen
8. Bunke (1957) Gebrauchsmusterschutz oder kleines Patent. GRUR, S 110
9. Bunte, Stancke (2011) Leitfaden Versicherungskartellrecht: ein Leitfaden für Vorstände, Führungskräfte und Mitarbeiter zur Vermeidung von Verstößen gegen das Kartellrecht im Versicherungsgeschäft, 3. Aufl. VVW, Karlsruhe
10. Dreher (1991) Die Versicherung als Rechtsprodukt
11. Dreher, Kling (2007) Kartell- und Wettbewerbsrecht der Versicherungsunternehmen

---

[93] Vgl. hierzu im Einzelnen [22, S. 295; 21, S. 140].
[94] Siehe zum Entwurf der 10. VAG-Novelle beispielsweise [23].
[95] Zu diesen Leitlinien beispielsweise [78, S. 147, 174 ff.].

12. Dreier, Schulze (2013) Urheberrechtsgesetz – Urheberrechtswahrnehmungsgesetz – Kunsturhebergesetz, 4. Aufl.
13. Eichholz (2008) Herabsetzung durch vergleichende Werbung: eine Untersuchung zum europäischen, deutschen, englischen und österreichischen Recht
14. Eichmann, v Falckenstein (2010) Geschmacksmustergesetz: Gesetz über den rechtlichen Schutz von Mustern und Modellen, 4. Aufl. C.H. Beck, München
15. Ekey, Bender, Fuchs-Wissemann (2014) Markenrecht, 3. Aufl. C.F. Müller, Heidelberg
16. Ensthaler (2009) Gewerblicher Rechtsschutz und Urheberrecht, 3. Aufl. Springer Verlag, Berlin, Heidelberg
17. Erdogan (2008) Vergleichende Werbung nach § 6 UWG
18. Fahr, Kaulbach, Bähr, Pohlmann (2012) VAG: Versicherungsaufsichtsgesetz – Kommentar, 5. Aufl.
19. Fezer (2009) Markenrecht, 4. Aufl.
20. Fröndhoff. Harmonisierung des Rechts der vergleichenden Werbung durch die Richtlinie 97/55/EG? 2004
21. Gal, Sehrbrock (2012) Solvency II – Europäischer Rechtsrahmen einer neuen Versicherungsaufsicht. CFL, S 140
22. Gal, Sehrbrock (2013) Taking stock of the solvency II reform project: towards a new European insurance supervisory framework. EPL, S 295
23. Gal, Sehrbrock (2013) Die Umsetzung der Solvency II-Richtlinie durch die 10. VAG-Novelle
24. Gamm, Sohn (2007) Versicherungsvermittlerrecht – Rechtliche Auswirkungen
25. GDV (2005) Geschäftsentwicklung 2004 – Die deutsche Lebensversicherung in Zahlen
26. GDV (2006) Geschäftsentwicklung 2005 – Die deutsche Lebensversicherung in Zahlen
27. Görgen (2007) Versicherungsmarketing: Strategien, Instrumente und Kontrolling, 2. Aufl.
28. Görgen, Wiebe (2003) Neue Entwicklungen auf dem russischen Versicherungsmarkt aus der Sicht internationaler Versicherer. ZfV, S 750
29. Greiner, Freymuth (1999) Der brasilianische Versicherungsmarkt – Strategien für das Auslandsgeschäft deutscher Versicherungsunternehmen. Z Ges Versicherungswiss, S 99
30. Grimm (2005) Der Versicherungsmarkt in der VR China. ZfV, S 818
31. Gründl, Perlet (2005) Solvency II & Risikomanagement
32. Gola, Schomerus (2012) Bundesdatenschutzgesetz, 11. Aufl. C.H. Beck, München
33. Göttgens et al (2003) Profitables Markenmanagement: Strategien – Konzepte – Best Practices
34. Günther (2003) Betrugsaufklärung versus Datenschutz am Beispiel der Sachversicherung. VersR, S 18
35. Halm et al (2011) Handbuch des Fachanwalts – Versicherungsrecht, 4. Aufl.
36. Harte-Bavendamm (2009) Gesetz gegen den unlauteren Wettbewerb (UWG) mit Preisangabenverordnung: Kommentar, 2. Aufl. C.H. Beck, München
37. Herdter (2010) Der Gruppenversicherungsvertrag – Grundlagen und ausgewählte Problemfelder
38. Herrmann (2009) Zillmerungsregeln in der Lebensversicherung und kein Ende. VersR, S 7
39. Holtz (2009) Vergleichende Werbung in Deutschland: die Zulässigkeit vergleichender Werbung nach der UWG-Novelle
40. Hujber (2005) Werbung von Versicherungsunternehmen: Eine Analyse der versicherungsspezifischen Besonderheiten
41. Ingerl, Rohnke (2010) Markengesetz – Gesetz über den Schutz von Marken und sonstigen Kennzeichen, 3. Aufl. C.H. Beck, München
42. Kadelbach (2007) Das funktionelle Verständnis des § 2 UWG (vergleichende Werbung)
43. Kebbedies (2005) Vergleichende Werbung: die europäischen Harmonisierungsbemühungen im deutschen und englischen Lauterkeitsrecht

44. Kirscht (2003) Versicherungskartellrecht: Problemfelder im Lichte der Europäisierung
45. Köhler, Bornkamm (2014) Gesetz gegen den unlauteren Wettbewerb: Preisangabenverordnung – Unterlassungsklagengesetz, 32. Aufl. C.H. Beck, München
46. Kotler et al (2012) Marketing Management – European Edition, 2. Aufl. Pearson, London
47. Kraßer (2009) Patentrecht: Ein Lehr- und Handbuch zum deutschen Patent- und Gebrauchsmusterrecht, Europäischen und Internationalen Patentrecht, 6. Aufl.
48. Kühling et al (2011) Datenschutzrecht, 2. Aufl. C.F. Müller, Heidelberg
49. Marlow, Spuhl (2010) Das neue VVG kompakt – Ein Handbuch für die Rechtspraxis, 4. Aufl. VVW, Karlsruhe
50. Meier (2003) Der rechtliche Schutz patientenbezogener Gesundheitsdaten
51. Meyer-Lindemann (2006) Das Versicherungskartellrecht in Deutschland nach der 7. GWB-Novelle
52. Möhring, Nicolini (2000) Urheberrechtsgesetz: Kommentar, 2. Aufl.
53. Münchener Kommentar zum Bürgerlichen Gesetzbuch, 6. Aufl. 2012
54. Münchener Kommentar zum Lauterkeitsrecht, 2006
55. Münchener Kommentar zum Versicherungsvertragsgesetz, 2009
56. Neumayer (1993) Werbung der Versicherungen: Grenzen zulässiger Werbung von Versicherungsunternehmen nach nationalem und europäischem Recht
57. Nießen (2009) Solvency-II – Bedrohung oder Chance für kleine Versicherer? Risiko-Manager 15/2009:12
58. Nordemann (1995) Innovationsschutz für Versicherungsprodukte. Z Ges Versicherungswiss, S 129
59. Paschke (2002) Zur Liberalisierung des Rechts des Telefonmarketing. WRP, S 1219
60. Pepels (2012) Handbuch des Marketing, 6. Aufl. De Gruyter Oldenbourg, München
61. Piper, Ohly, Sosnitza (2010) Gesetz gegen den unlauteren Wettbewerb mit Preisangabenverordnung: Kommentar, 5. Aufl. C.H. Beck, München
62. Preißer, Sieben (2005) Die Neuordnung der Besteuerung von Altersvorsorgeaufwendungen und Altersvorsorgebezügen
63. Prölss (2005) Versicherungsaufsichtsgesetz, 12. Aufl. C.H. Beck, München
64. Reinbacher (2009) SWOT-Analyse: Der Klassiker für Fortgeschrittene. Organisationsentwicklung, S 72
65. Rüffer et al (2011) Versicherungsvertragsgesetz – Handkommentar, 2. Aufl.
66. S[urminski], Versicherungsinnovationen, ZfV 2005, S. 235
67. Šaponjić (2007) Vergleichende Werbung: Rechtslage, Praxis, Perspektiven
68. Sauer, Thiele (2006) Pay-as-you-drive – Top oder Flop? VW, S 1153
69. Schimikowski (2014) Versicherungsvertragsrecht, 5. Aufl.
70. Schlenk (1985) Quo vadis Gebrauchsmusterrecht? – Anmerkungen zu der anstehenden Gebrauchsmuster-Novelle. GRUR, S 755
71. Schneider (2003) Versicherungsschutz gegen Erpressungen
72. Schröder (2005) Die neue Rentenbesteuerung: das Alterseinkünftegesetz
73. Simitis (2011) Bundesdatenschutzgesetz, 7. Aufl. Nomos Verlag, Baden-Baden
74. Thunnissen (2012) Die Beurteilung von Musterversicherungsbedingungen nach Europäischem Kartellrecht. Z Ges Versicherungswiss, S 643
75. Vielreicher (1995) Produktinnovationsmanagement in Versicherungsunternehmen
76. Voggenauer, Förster (2006) Swiss Re: MM plus – Mileage Monitoring und Kundenbindung in der deutschen Autoversicherung. AssCompact 11/2006:88
77. Wandt (2010) Versicherungsvertragsrecht, 5. Aufl.
78. Wandt, Gal (2014) Grenzbereiche der Befugnisse von EIOPA. In: Dreher, Wandt (Hrsg) Solvency II in der Rechtsanwendung 2013

79. Waniorek (1990) Datenschutzrechtliche Anmerkungen zu den zentralen Warn- und Hinweissystemen in der Versicherungswirtschaft. RDV, S 229
80. Wesselhöft (1996) Datenschutz im Versicherungswesen
81. Zerres M (1999) Marketingstrategie und Rechtsrahmen
82. Zerres M, Zerres T (2012) Marketingrecht – Eine managementorientierte Einführung im internationalen Kontext
83. Zerres T (2002) Marketingrecht – Rechtsrahmen einer marktorientierten Unternehmensführung
84. Zerres T (2002) Rechtsrahmen des Marketing

Frauenquote – ein Pyrrhussieg für Diversity? 7

Ulrich C. Nießen und Susanne Schwenzer

Zusammenfassung

Die Autoren erläutern basierend sowohl auf wissenschaftlicher Erkenntnis als auch auf langjähriger Erfahrung in der Versicherungsbranche, welche Ursachen zum Unterschreiten der Frauenquotenziele führen, die nicht in der Personalpolitik begründet sind. Es wird unter anderem die Frage aufgeworfen, warum der Staat Unternehmen unter Druck setzt, Frauen zu fördern, aber nicht für die nötigen Rahmenbedingungen sorgt, und warum nicht einmal die Frauen selbst ihre Geschlechtsgenossinnen analog dem „old boys network" fördern. Gerade die Rahmenbedingungen führen bei Müttern dazu, dass die klassische sogenannte 1,5-Personen-Karriere mit Kleinkind kaum machbar ist.

Nießen und Schwenzer hinterfragen, ob die vermehrte Anzahl von Frauen in Führungspositionen wirklich den Faktor Vielfalt im Unternehmen erhöht, oder ob diese Frauen nicht vielmehr den sie befördernden Männern so sehr nacheifern, sodass der ursprüngliche Sinn von Diversity, nämlich das konstruktive Nutzen von Vielfalt, in dieser kennzahlentauglichen Form ad absurdum geführt wird.

Denn dass Unternehmen von geistiger und kultureller Vielfalt ungemein profitieren, dürfte außer Frage stehen – gerade in der Versicherungsbranche, in der das Kollektiv eine fundamentale Rolle spielt. Diese ist aber nicht an Geschlechtszugehörigkeit gebunden. Die Autoren fordern daher anstelle gesetzlicher Quoten ein differenziertes Leistungs- und Talentmanagement, flexiblere Arbeitsbedingungen in einer Ergebnis- anstelle Anwesenheitskultur sowie eine Kultur des Vertrauens und der Meinungspluralität.

U. C. Nießen (✉)
Bonn, Deutschland

S. Schwenzer
Generali Deutschland AG
Köln, Deutschland
E-Mail: susanne.schwenzer@generali.com

7.1 Einführung

In der Versicherungswirtschaft sind insgesamt ungefähr so viele Männer wie Frauen beschäftigt. In den Führungspositionen hingegen zeigt sich bei den Versicherern dasselbe Bild wie in den meisten anderen Branchen auch: Es gibt deutlich mehr Männer als Frauen in Vorstandsgremien und anderen Führungsebenen. An dieser Situation hat die Einführung einer Frauenquote bisher nichts grundlegend geändert. Das ist aus verschiedenen Gründen keineswegs verwunderlich. Zu zeigen, welche negativen Folgen ein stures Schielen auf „die Quote" haben kann, welche Ursachen zum Unterschreiten der Zielfrauenquote führen, die nicht in der Personal- oder Unternehmenspolitik begründet sind, und welches tiefere und umfassendere (und ursprüngliche) Verständnis von Diversity die Situation verbessern könnte, soll Inhalt dieses Beitrags sein.

Im politischen Diskurs zur fehlenden Geschlechterparität in Führungspositionen ist der Konsens zu beobachten, diese Situation als Missstand zu empfinden, der nicht im kompletten Ausmaß das Resultat unterschiedlicher persönlicher Entscheidungen, Lebenssituationen oder Interessen der Geschlechter sein kann, sondern andere, unternehmensinterne Ursachen hat. Diese werden offenbar größtenteils als diskriminierend und politisch interventionsbedürftig empfunden: Freiwillige Selbstverpflichtungen bringen seit Jahren nicht das gewünschte Ergebnis in der gewünschten Geschwindigkeit. Dies unterstreicht die Vermutung, dass die Ursachen letztlich eben überwiegend unternehmensextern liegen und daher von einer Quote kaum nachhaltig beeinflusst werden können. Wer hierzu wagt, eine andere Meinung zu vertreten, läuft Gefahr, als im besten Fall weltfremd oder naiv, jedenfalls anachronistisch, diskreditiert zu werden. Zumindest als Frau – Männer scheinen nachsichtiger behandelt zu werden. Sie dürfen natürlich auch nicht völlig ungestraft „Familie und (…) Gedöns" (Gerhard Schröder 1998) sagen oder dass Frauen einen Vorstand „farbiger und (…) schöner" machen würden (Josef Ackermann 2011) – tun sie es doch, schlagen ein paar Tage die Wellen der Entrüstung hoch, aber seinen Posten hat noch niemand über solche Aussagen verloren oder gar nicht erst bekommen; und das Image dieser Männer hat auch langfristig, zumindest durch diese Aussagen, keinen Schaden genommen.

Solche Zitate belegen vielmehr ein Paradoxon: Mit der Quote steht man stets auf der moralisch sicheren und politisch korrekten Seite, obwohl es in der freien Wirtschaft nur wenige überzeugte Befürworter der Frauenquote gibt: Qualifizierte und kompetente Frauen fürchten das unnötige und mitunter schädliche Quoten-Stigma – talentierte Männer, denen mit Hinweis auf eine quotenzielerfüllende Beförderung einer Kollegin ein verdienter Karriereschritt verwehrt wird, sind ohnehin in aller Regel keine Verfechter der Frauenquote.

Die Diskussion des Diversity-Themas befindet sich damit bestenfalls in einer Sackgasse – kaum einer traut sich mehr, öffentlich eine Meinung gegen Frauenförderung zu vertreten; viele sind vom moralischen Zeigefinger genervt (und dürfen auch das kaum zugeben), Diversity-Maßnahmen bringen nicht den gewünschten Erfolg (zumindest, was das Erreichen der Zielquoten betrifft), und Ursachenforschung findet, wenn überhaupt, nur mit den Scheuklappen der „political correctness" statt. Dabei wäre gerade jetzt angesichts der in den letzten Jahrzehnten immens gestiegenen Anforderungen an Gesellschaft und Unternehmen durch Globalisierung, Digitalisierung und weiteren gesellschaftlichen Megatrends ein guter Zeitpunkt, die Diskussion neu zu beleben, um eine irregeleitete Entwicklung zu verhindern: Allzu oft scheint es beim Thema Diversity und Frauenförderung ausschließlich um das sture Erfüllen einer Quote zu gehen, mithin letztlich um bloßes Zählen von Frauen in bestimmten Hierarchieebenen. Ob diese Frauen auch wirklich den Faktor Vielfalt im Unternehmen erhöhen, spielt nur eine untergeordnete, wenn nicht gar keine Rolle. Ganz im Gegenteil: Es scheint eher, dass ausgerechnet die beförderten Frauen gerade nicht den Faktor Diversität erhöhen, sondern in ihrer Denkweise, ihrer Sozialisierung und ihren Zielen den sie befördernden Männern sehr ähneln. Letztlich wird Diversity in dieser reinen quantifizierbaren, kennzahlentauglichen Form ad absurdum geführt; wirkliche Vielfalt ist jedenfalls im Fokus der Bemühungen nicht mehr erkennbar.

7.2 Mögliche Gründe für das Nichterreichen einer natürlichen Gleichverteilung

Mädchen erzielen im Durchschnitt bessere Abiturnoten als Jungen; Studentinnen können in der Regel bessere Studienabschlussnoten als ihre Kommilitonen vorweisen. Kein Unternehmenslenker wird ernsthaft Frauen generell als weniger intelligent oder rein qua Geschlechtszugehörigkeit unpassender für eine Führungsfunktion als Männer einschätzen. Bekannt ist auch nicht erst seit dem „equal pay day" im März, dass Frauen geringere Löhne und Gehälter als Männer in vergleichbaren Positionen beziehen (vgl. beispielsweise [2, S. 3]). Unternehmen hätten mithin mit steigender Frauenquote einen finanziellen Vorteil. Außerdem sind Frauen ihrem Arbeitgeber gegenüber loyaler als Männer, die eine höhere Fluktuationsrate aufweisen und so weitere Kosten für Wiederbesetzung der Positionen verursachen (vgl. [14, S. 53]). Dennoch wird die Frauenquote in der Wirtschaft insgesamt eher als Belastung, denn als Bereicherung empfunden.

Selbst bei vielen Unternehmen, die Gender Diversity kennzahlenbasiert controllen und entsprechende Maßnahmen initiiert haben, ist festzustellen, dass nicht jede sich bietende Möglichkeit ergriffen wird, Frauen zu befördern, um möglichst schnell den sich selbst auf die Fahnen geschriebenen Zielzustand zu erreichen. Offenbar wird der Vorteil der Besetzung einer bestimmten Stelle mit einem besser für die Stelle qualifizierten Mann als höher erachtet als die Verringerung der Differenz von Frauen und Männern in Führungspositionen – und dies gilt natürlich umso mehr, je höher die Hierarchiestufe ist. Da offenbar über einen sehr langen Zeitraum versäumt wurde, einen weiblichen Talentpool aufzubauen, wird die Pipeline geeigneter Kandidatinnen immer schmaler.

Keine Frage: Pauschale Diskriminierung von Frauen, Sexismus und sexuelle Belästigung am Arbeitsplatz gilt es ebenso ausnahmslos zu bekämpfen, wie Rassismus und jede andere Form der Ausgrenzung. Tatsächliche bewusste Diskriminierung dürfte allerdings inzwischen eher eine Ausnahme darstellen – jedenfalls nicht der Grund sein, weshalb der

Frauenanteil in Führungspositionen nicht dem der Unternehmensgesamtheit entspricht. Es liegt daher nahe, dass es eine Reihe von Gründen für das Nichterreichen einer natürlichen Gleichverteilung gibt, die sich der Einflussnahme von Unternehmen durch Frauenförderungsmaßnahmen ganz oder zumindest teilweise entziehen.

7.2.1 Biologisch determinierte Aspekte

Jede (angestellte) Frau, die Mutter wird, muss ihre Berufstätigkeit mindestens für die Zeit des Mutterschutzes vor und nach der Entbindung, also insgesamt ca. 3,5 Monate, unterbrechen – in der Regel tut sie das auch noch für die Zeit, in der sie voll stillt. Frauen mit nur einem Kind tendieren dazu, möglichst innerhalb eines Jahres in den Beruf zurückzukehren; insgesamt allerdings beträgt die durchschnittliche Dauer einer familienbedingten Erwerbsunterbrechung bei Frauen fast fünf Jahre (vgl. [24, S. 17 f.]).

Frauen haben i. d. R. einen Partner an ihrer Seite, der älter ist als sie, damit im Vergleich weiter in der beruflichen Entwicklung und mit einem absolut gesehen höheren Einkommen. Bekommt solch ein Paar nun Nachwuchs, ist es nicht nur wegen des Stillens biologisch sinnvoll, sondern v. a. ökonomisch rational, dass derjenige mit dem geringeren Einkommen in den ersten Lebensmonaten oder -jahren des Kindes eben beim Kind bleibt, anstatt weiter einer Erwerbstätigkeit in vollem Umfang nachzugehen. Trotz Elternschaft weiter arbeiten zu gehen wie bisher und die Kinderbetreuung komplett an Dritte zu delegieren, egal ob an Großeltern oder Tagesmütter, kommt für die meisten Eltern nicht in Frage.

Frauen mit höherem Bildungsabschluss werden in der Regel später Mutter als solche mit niedrigerem Bildungsgrad und halten es darüber hinaus in der Regel auch für wichtiger, sich selbst in den ersten Jahren um das Kind zu kümmern, da sie den Wert der frühkindlichen Erziehung höher schätzen (vgl. [12, S. 171–197]). Es ist daher nicht verwunderlich, dass gerade dann, wenn in Unternehmen üblicherweise der Karriereschritt in die mittlere Führungsebene erfolgt, die Anzahl der dafür infrage kommenden Frauen sinkt: Statistisch gesehen ereignet sich eine familienbedingte Erwerbsunterbrechung für die Mehrheit der Frauen erstmals um das 30. Lebensjahr herum (vgl. [24, S. 16]). Männer werden ungefähr zum selben Zeitpunkt Vater, scheinen sich aber nur in Ausnahmefällen genauso viel oder mehr als die Mutter um den Nachwuchs zu kümmern. Schließlich müssen sie sich schon aus biologischen Gründen (Stillen) nicht im selben Maße wie Mütter um den Nachwuchs kümmern, sondern können sich ihrer Karriere und der Sicherung des Familieneinkommens widmen: Hochzeit und Kinder bewirken in der Regel bei Männern, sich verstärkt um Beförderungen zu bemühen und mehr, anstatt weniger zu arbeiten, wohingegen zwei Drittel der Mütter nach dem dritten Kind die Berufstätigkeit komplett aufgeben und auch vorher nur in Teilzeit arbeiten (vgl. [10, S. 16]). Manche Frauen streben gar keine Karriere mehr an, sobald sie Nachwuchs haben, weil ihnen Aufwand und Schaden für das Familienwohl zu hoch erscheinen und ihre männlichen Lebenspartner zugleich bereit sind, diese Entscheidung finanziell mitzutragen; dies ist eine individuelle

Entscheidung, kein unternehmensgeprägter Missstand. Nicht zuletzt ist auch zu beobachten, dass sich eher Frauen als Männer um pflegebedürftige Eltern und Schwiegereltern kümmern.

Frauen werden also in aller Regel nicht diskriminiert, sondern setzen in ihrem Leben andere Prioritäten, die mit den üblichen höheren Anforderungen zeitlicher Art und örtlicher Präsenz an eine Führungskraft häufig schlecht vereinbar sind. Die Pipeline qualifizierter Frauen wird also mit jeder Mutterschaft schmaler. Wie soll dann also eine ausreichend große Pipeline von Frauen für die obersten Hierarchieebenen gefüllt sein?

7.2.2 Soziologische Aspekte

Es sind jedoch nicht nur rein biologische Gründe, die dazu führen, dass der Pool karriereorientierter Frauen im Laufe der Zeit kleiner als der der Männer wird. Bereits das Kümmern der Frauen um (Schwieger-)Eltern ist nicht rein biologisch determiniert. Im Weiteren sollen daher soziologisch basierte Gründe erläutert werden, die zu dieser Entwicklung beitragen.

Die in der Regel in Unternehmen vorherrschende Präsenzkultur, trotz Digitalisierung und moderner Kommunikationsmittel, erschwert es Frauen mit Kindern, ihre Führungsambitionen leben zu können. Diejenigen Bereiche, die entweder keine konstante Büropräsenz erfordern oder in denen Leistung und Erfolg einfach zählbar – messbar – wiegbar sind, beispielsweise Vertrieb durch abgeschlossene Verträge oder im Asset-Management, die mithin prädestiniert wären für Frauen mit Kindern, entsprechen offenbar häufig nicht den Interessen der Frauen, was sich ebenso in der geringeren Absolventenzahl von Frauen bei denjenigen Studienfächern und Studienfachschwerpunkten, die als klassisch für eine Karriere im Management gelten (Investition und Finanzierung, Produktion etc.), zeigt. Auch was Verhaltensweisen angeht, unterscheiden sich Frauen und Männer im Allgemeinen voneinander: Männer sind „im Durchschnitt eher wettbewerbs- und risikofreudig, durchsetzungsfähig und selbstbewusst (...), während als affektive Stärken der Frauen eher Kommunikation und Empathie zu nennen sind." (vgl. [6]) Eigentlich ist es eine durchaus sinnvolle Einrichtung der Natur, dass sich die Geschlechter auch bzgl. Fähigkeiten und Verhalten im Allgemeinen unterscheiden, ergänzen und so aufeinander angewiesen sind.

Als weitere mögliche Erklärungen für den vergleichsweise geringeren Anteil von Frauen im Management ist sicher auch ein unterschiedliches Konkurrenzverhalten von Männern und Frauen zu nennen. Frauen werden noch immer eher zu Konzilianz und Harmonie denn zu Konkurrenz erzogen und geraten bei Konflikten so häufig in das „Berufsrolle versus Geschlechtsrolle"-Dilemma: Sie müssen sich beiden Anforderungen (Familie und Beruf) widmen, obwohl sich diese beiden Rollenaufgaben insbesondere in zeitlicher Hinsicht alles andere als ergänzen, und außerdem müssen sie sich in beiden Rollen sehr unterschiedlich verhalten (vgl. [6, S. 233 f.]). Hinzu kommt, dass ein resolutes Verhalten im Beruf häufig einhergeht mit einem Verlust an wahrgenommener Weiblichkeit und Sympathie, da das weibliche Stereotyp eher Freundlichkeit, Fürsorglichkeit und Zurückhaltung verlangt (vgl. [6, S. 233 f.]). Diese Rollenkonflikte kommen auch nicht zuletzt sprachlich zum Ausdruck – so gibt es die Begriffe Mannweib und Karrierefrau, aber kein analoges männliches Pendant.

Nicht zuletzt darf auch nicht verschwiegen werden, dass die meist von Feministinnen gern beschworene Frauensolidarität offenbar kein Phänomen in der Unternehmenswelt zu sein scheint: Frauen in Führungspositionen fühlen sich einer Studie zufolge dann besonders zufrieden, wenn der Anteil von Kolleginnen unter 6 % liegt (vgl. [5, S. 182]). Es dürfte also nicht zu erwarten sein und entspricht auch einer häufigen Beobachtung, dass Frauen ihren Geschlechtsgenossinnen eher nicht den Weg nach oben ebnen. Männer in Spitzenpositionen hingegen bauen eher Nachfolger auf, „die sie durchschauen, weil sie ihnen vertraut sind. Sie klonen sich" (vgl. [17, S. 257]). Männer bilden also Allianzen, Frauen hingegen sorgen eher dafür, die Ausnahme in der männerdominierten Führungswelt zu bleiben.

Wenn also nicht selten zu beobachten ist, dass nicht einmal die sehr erfolgreichen Frauen selbst ihren Geschlechtsgenossinnen einen beruflichen Aufstieg erleichtern, da dies eben nicht der weiblichen Konkurrenzmentalität entspricht, dürfte fraglich sein, warum dann der Staat oder Unternehmen Frauen fördern sollen. Zudem berichten Personaler aller Branchen nicht selten, dass Frauen eher als Männer nicht bereit sind, nur für etwas mehr Verantwortung und ein etwas höheres Gehalt den höheren Stresspegel einer Führungskraft im Vergleich zu „einfachen" Mitarbeiter in Kauf zu nehmen.

7.2.3 Eine Quote versagt bei Familien

Eine Quote für Frauen auf allen Führungsebenen unterstellt, dass es für Frauen grundsätzlich möglich ist, eine Führungsposition inne zu haben. Nur kinderlose Frauen kann der Gesetzgeber dabei nicht im Blick gehabt haben, auch wenn fast die Hälfte aller Frauen in Führungspositionen kein Kind hat (vgl. [23]). Grundsätzlich ist es selbstverständlich zutreffend, dass jeder kompetente „helle Kopf", unabhängig von der Geschlechtszugehörigkeit, für eine Führungsposition geeignet sein kann. Schwierig wird es jedoch, wenn die Gesellschaft oder politisch Verantwortliche Frauen pauschal suggerieren, dass die Erfordernisse einer Familie mit kleinen Kindern und einer Karriere mit Organisationstalent und gutem Willen vielleicht nicht gerade mühelos, aber letztlich doch grundsätzlich miteinander vereinbar seien.

Muttersein ist ein Vollzeitjob, das wird jede Mutter, besonders eines kleinen Kindes, bestätigen; korrekterweise müsste man sagen, dass das Kümmern um ein kleines Kind ein Vollzeitjob ist – ob dies Mutter oder Vater übernimmt, ist letztlich irrelevant. Ein Neugeborenes benötigt rund um die Uhr Aufmerksamkeit; stillende Mütter sind alle zwei bis drei Stunden gefordert. Wäre es kein Vollzeitjob, müsste man nicht ein ganzes Netz aus alternativen Betreuungspersonen spinnen (Kita-Erzieherinnen, Tagesmütter, Großeltern, Nachbarn), um die Stunden der elterlichen Berufstätigkeit für das Kind zu überbrücken. Sicherlich ist der sogenannte Muttermythos während der Zeit des Nationalsozialismus unnötig überhöht worden, aber dass sich im Nachkriegsdeutschland im klassisch vorherrschenden „male-breadwinner"-Modell die nicht erwerbstätigen Mütter kleiner Kinder daheim gelangweilt hätten, ist nicht bekannt.

Dass Mütter nach einer sogenannten Babypause wieder ins Berufsleben einsteigen, erfordert daher die Organisation einer alternativen Betreuung, häufig auch mit einer weiteren fall-back-Lösung für den Fall, dass die primäre Betreuungsperson erkrankt. Die Gewöhnung des Kindes an eine andere als die elterliche Betreuung erfordert Zeit, und nicht zuletzt ist diese alternative Betreuung auch kostspielig. Manche Kinderärzte raten sogar davon ab, im ersten Lebensjahr des Kindes dieses überhaupt tagsüber in einer Kita betreuen zu lassen. Die Auswahl der Betreuungsart und -person ist also durchaus nicht so einfach wie die beispielsweise einer Reinigungskraft, und das Kindeswohl sollte Priorität haben.

Eine Führungsposition, insbesondere eine höhere, erfolgreich innezuhaben, erfordert viel Engagement und, trotz aller digitaler Hilfsmittel, viel Zeit. Es wäre absurd zu behaupten, Vorstände, Bereichs- oder auch Abteilungsleiter würden 38 Stunden pro Woche flexibel arbeiten. Nicht umsonst wurde der Ausdruck „1,5-Personen-Karriere" (vgl. [3, S. 194]) für die klassische Männerkarriere gebildet: Die 1,5-fache zeitliche Arbeitsbelastung ist keine Seltenheit, und für häusliche Aufgaben (kochen, putzen, waschen etc.) bleibt dabei erst recht keine Zeit.

Nun einfach so zu tun, als wenn es mit etwas Anstrengung tatsächlich generell möglich wäre, die Erfordernisse, die an die Hauptbezugsperson eines Kindes, üblicherweise die Mutter, und an eine Führungsposition gestellt werden, miteinander zu vereinbaren (vor dem Hintergrund, dass beide Elternteile voll berufstätig sind), erscheint etwas realitätsfremd: Suggeriert er doch allen, die das nicht schaffen, ein individuelles Scheitern. Dabei zeigt bereits die obige Gegenüberstellung des einen Vollzeitjobs Mutter und des eineinhalb Vollzeitjobs Führungskraft, dass diese Vereinbarkeit schon rein rechnerisch schwierig werden dürfte. Die gleichen Aussagen würden natürlich auch für Väter gelten, gäbe es umgekehrt ein „female-breadwinner"-Modell mit einem Hausmann.

Nicht zu vergessen ist vor allem, dass ein Scheitern als Führungskraft weit weniger katastrophal ist als das Scheitern als Eltern, wenn Erziehung, Nähe und Aufmerksamkeit so sehr zu kurz kommen, dass das Kindeswohl Schaden nimmt. Ob überhaupt und wann dies der Fall sein könnte, weiß man meist erst in der Rückschau, und diese Vorsicht erschwert die Vereinbarkeit von Familie und Karriere weiterhin.

Es mag durchaus Familien und Mütter geben, die es mit viel Unterstützung außerhalb der Kernfamilie schaffen, Berufstätigkeit in Vollzeit und sogar Karriere beider Elternteile mit Baby oder Kleinkind zu vereinbaren – mit einem pflegeleichten, gesunden Kind, das kein Problem mit einer anderen Hauptbezugsperson als Mutter oder Vater hat, und ohne schlechtes Gewissen, dass das Kind zu kurz kommt, dass die Eltern-Kind-Bindung leidet und ohne eigene konstante Erschöpfung. Daraus ist aber keine Allgemeingültigkeit ableitbar. Zumindest nicht in Deutschland. In Frankreich schon eher – dort haben die Kitas aber auch viel längere Öffnungszeiten als nur bis 16.30 Uhr, und kranke Kinder, die z. B. trotz Fieber noch fidel spielen, werden morgens nicht an der Tür abgewiesen, während sich

Erzieherinnen hierzulande sogar weigern, Nasentropfen, geschweige denn Medikamente zu verabreichen. Solange es aber nicht einmal ausreichend Kitaplätze gibt, geschweige denn solche mit Öffnungszeiten bis 20 Uhr, kann die Hauptbezugsperson eines Kindes, eben in der Regel die Mutter, nicht einmal einer regulären Vollzeitbeschäftigung („9-to-5-Job") nachgehen, geschweige denn eine klassische Führungsposition einnehmen. Zwar versuchen einige Unternehmen, Führung in Teilzeit, manchmal sogar in Kombination mit Jobsharing, anzubieten, aber Schule machen diese Versuche bisher nicht. Es wäre auch durchaus verwunderlich, wenn plötzlich flächendeckend Aufgaben von Funktionen, die bisher nur mit einem sehr hohen zeitlichen Engagement zu bewältigen waren, in der Hälfte der Zeit zu erledigen wären. Es wird mitunter einige wenige Positionen geben, in denen dies durch zwei Halbtagskräfte möglich wäre, was aber nicht nur erhöhten Abstimmungsbedarf, sondern vor allem auch Flexibilität der Kollegen erfordern würde.

Unter den zumeist vorherrschenden Rahmenbedingungen ist es jedenfalls fast aussichtslos, dass beide Elternteile die noch immer klassische 1,5-Personen-Karriere verfolgen (in der Regel sind die Partner von im Beruf erfolgreichen Frauen selbst beruflich erfolgreich und können so nicht für Entlastung sorgen – „dual-career-couples") (vgl. [3, S. 194]) und gleichzeitig ihre Vorstellungen von Familienleben und zur Eltern-Kind-Bindung verwirklichen können. Anderes zu behaupten, entspricht schlicht nicht der Realität. Und den Unternehmen vorzuhalten, hauptsächlich ihre stereotype Personalpolitik sei die Hauptursache für die geringe Anzahl von Frauen in höheren Führungspositionen, weswegen sie nun mit Hilfe einer Quote gezwungen werden sollen, ihre Personalauswahl einer kritischen Revision zu unterziehen, verfehlt die eigentliche Ursache.

Wenn die Politik schon den Unternehmen eine Frauenquote in Führungspositionen aufoktroyiert, wäre es fair gewesen, parallel die dazu erforderlichen Rahmenbedingungen staatlicherseits zu schaffen, nämlich beispielsweise ausreichend Kitas (mit ausreichend Erzieherinnen und Erziehern für einen guten Betreuungsschlüssel) mit ausgedehnten Öffnungszeiten, keinen mit den Schulferien vergleichbaren Schließungszeiten (12 Wochen Ferien plus Brückentage versus 30 Urlaubstage) und einem flexibleren zeitlichen Einstieg als nur einmal pro Jahr im August.

Selbst mit solchen Rahmenbedingungen bliebe die Vereinbarkeit von dual-career-couples mit Familienverantwortung eine große Herausforderung – ohne wird es darüber hinausgehen.

7.3 Status Quo Frauenquote: (K)Ein Erfolgsmodell?

7.3.1 Der Weg zur Frauenquote

Wenn die Quote das Ziel verfehlt – was war der Grund, sie zu beschließen? Unter dem Begriff „Frauenquote" wird allgemein eine geschlechterbezogene Quotenregelung bei der Besetzung von Gremien oder Stellen verstanden. Der angestrebte Zweck ist die Gleichstellung von Frauen und Männern in Gesellschaft, Politik und Wirtschaft. De iure sind Frauen und Männer qua Grundgesetz bereits seit 1949 in Deutschland gleichgestellt: „Männer und Frauen sind gleichberechtigt" (Art. 3 Abs. II GG). Bedenkt man, dass Frauen in Preußen erst 1908 (als Externe an Jungengymnasien) ihr Abitur ablegen durften (vgl. [21, S. 1204]) und zum selben Zeitpunkt der Anteil der Frauen sowohl im Bereich der Arbeiter als auch der Angestellten nur bei etwa einem Viertel lag (vgl. [21, S. 774 und 759]), erscheinen der Geist und die Formulierung des Grundgesetzes recht fortschrittlich (vgl. [22]). Die restliche Gesetzgebung benötigte noch ein paar Jahrzehnte länger, um zu diesem Status zu gelangen – erst 1957 wurde der § 1356 Abs. 2 BGB geändert, der bis dahin das Recht der Ehefrau auf eine eigene Erwerbstätigkeit nur bei Vereinbarkeit mit ihren Pflichten in Ehe und Familie gewährte. Dass der Gesetzgeber noch bis heute die völlige Selbstverständlichkeit „Beide Ehegatten sind berechtigt, erwerbstätig zu sein" (§ 1356 Abs. 2 S. 1 BGB) für notwendig hält, ist allenfalls historisch verständlich (vgl. [13]).

Völkerrechtliche Grundlage der Frauenquote ist die Umsetzung des „Übereinkommens zur Beseitigung jeder Form von Diskriminierung der Frau" der Vereinten Nationen von 1980. Es postuliert „the maximum participation of women on equal terms with men in all fields" (vgl. [21]). Auch auf Grund mangelnder Erfolge von Initiativen und Appellen, den Frauenanteil in Führungspositionen zu erhöhen, hat das Europäische Parlament im Jahr 2013 eine EU-weit einheitliche 40-%-Quote für Frauen in Aufsichtsräten börsennotierter Unternehmen verabschieden. Daher beschloss der Deutsche Bundestag, ab Mai 2015 große (mehr als 2000 Mitarbeiter) börsennotierte und voll mitbestimmungspflichtige Unternehmen in Deutschland zu verpflichten, neu zu besetzende Aufsichtsräte mit zumindest 30 % Frauen zu besetzen; weitere Unternehmen sind verpflichtet, sich eigene Zielgrößen zur Erhöhung des Frauenanteils in Aufsichtsräten, Vorständen und obersten Management-Ebenen zu setzen und entsprechend zu berichten (vgl. [8]). Warum die Europäische Union 40 % Frauenanteil und der Deutsche Bundestag 30 % Frauenanteil beschlossen, und warum sich beide nicht, wenn es doch der Gleichstellung dienen soll, auf 50 % – noch nicht einmal perspektivisch – festgelegt haben, bleibt rätselhaft.

Die erste Regelung betrifft rund 100 Unternehmen in Deutschland, die zweite etwa 3500 Unternehmen (vgl. [8]). Unternehmen, die entweder börsennotiert oder mitbestimmt sind, sind verpflichtet, Zielgrößen zur Erhöhung des Frauenanteils in Aufsichtsräten, Vorständen und obersten Management-Ebenen festzulegen. Über die Zielgrößen und deren Erreichung müssen sie öffentlich berichten. Eine Mindestzielgröße ist nicht vorgegeben. Einzige Vorgabe ist, dass im Falle eines Frauenanteils in einer Führungsebene unter 30 % die Zielgröße nicht hinter dem tatsächlichen Status quo zurückbleiben darf. Das erste Ziel musste spätestens am 30. Juni 2017 definiert sein; die folgenden Fristen dürfen nicht länger als fünf Jahre betragen. Eine Sanktion für nicht erreichte Ziele existiert freilich nicht.

Eine obligatorische Quotenregelung für die operativen Gremien oder einzelne Führungsebenen der privaten Wirtschaft konnte bisher, einigen Versuchen zum Trotz, (noch?) nicht durchgesetzt werden.

7.3.2 Die Frauenquote in der Versicherung

In der Versicherungsbranche arbeiten ungefähr genauso viele Frauen wie Männer – im Jahr 2015 lag der Frauenanteil bei insgesamt rund 48 %; im Innendienst arbeiteten mit 54 % sogar etwas mehr Frauen als Männer (vgl. [1]). Im Außendienst hingegen betrug der Anteil an Frauen lediglich rund 20 %. In den Führungspositionen gibt es – da bildet die Versicherungswirtschaft keine Ausnahme zu anderen Branchen – weit weniger Frauen als Männer, wenngleich der Frauenanteil in den vergangenen 15 Jahren signifikant gestiegen ist: In der ersten und zweiten Führungsebene gab es fast eine Verdoppelung des Anteils (von 6 % auf 14 % bzw. von 12 % auf 22 %), in der dritten Führungsebene noch einen leichten Anstieg von knapp 30 % auf knapp 33 %.

Auch wenn die Entwicklung des Frauenanteils der oberen beiden Führungsebenen zumindest relativ gesehen beeindruckend ist, darf dies nicht darüber hinwegtäuschen, dass deutlich mehr Frauen als Männer den „Weg nach oben" nicht antreten und zumindest „ganz oben" nicht ankommen. Hierfür gibt es viele Gründe; eine Hürde dürfte die hohe Teilzeitquote der Frauen darstellen: Fast 40 % aller weiblichen Mitarbeiter im Innendienst arbeiten in Teilzeit – insgesamt sind es dagegen nur knapp ein Viertel aller Beschäftigten im Innendienst, die in Teilzeit arbeiten (vgl. [20]).

Als erste Branche in Deutschland verfolgt die Versicherungswirtschaft gemeinschaftlich das Ziel, den Frauenanteil in Führungspositionen zu steigern; hierzu wurde bereits im Jahr 2013 der Branchenbeirat „Frauen in Führung" ins Leben gerufen. Der Beirat möchte die Versicherungsunternehmen bei ihren eigenen Bemühungen unterstützen, Synergien durch Best Practices bündeln und neue Initiativen zur Verbesserung der Chancengleichheit von Männern und Frauen anstoßen.

7.4 Frauenquote: Pro und Contra

Lenkende Eingriffe des Staates in das Wirtschaftsgeschehen sind auch außerhalb einer Planwirtschaft keine Seltenheit. Wenig bekannt ist, dass es in der deutschen Geschichte schon lange vor der aktuellen Diskussion um die Frauenquote einen staatlichen Eingriff zugunsten einer Geschlechtsgruppe gegeben hat, allerdings zugunsten der Männer: Mit dem Ende des ersten Weltkriegs und im Zusammenhang mit Millionen entlassener Soldaten erschien es damals den politischen Entscheidungsträgern notwendig, ein Vorrecht der Männer auf die knappen Arbeitsplätze zu postulieren: Arbeitskräfte, die nicht auf Erwerb angewiesen seien, sollten entlassen werden, um so Arbeitsplätze für erwerbslose Familienväter zu schaffen, die ein moralisch stärkeres Recht auf Erwerbsarbeit hätten als Frauen (vgl. [18]). Die Moral ist also stets auf der Seite der Befürworter einer Quote. Doch die Frage, was in einer Gesellschaft gerecht ist, ist nicht trivial zu beantworten.

Es kann nicht betriebswirtschaftlich sinnvoll sein, wenn ein Teil der Fähigkeiten des Personalbestands nicht bemerkt, voll ausgeschöpft wird oder gar brachliegt. Andererseits können Frauen auch nicht jahrelang den Status eine wie auch immer gearteten Sonderbehandlung im Wettbewerb des Arbeitslebens genießen.

7.4.1 Vorteile der Frauenquote

„In our lifetime and in our daughters' lifetime, given the numbers, there's no way there can be parity. Unless men all die in a plague" (vgl. [19]) so Judy Olian, damals Dekanin des Penn State's Smeal College of Business, noch im Jahre 2003. Um nicht auf eine Gleichheit schaffende Seuche warten zu müssen, soll zumindest in Europa bzw. in Deutschland die sogenannte Frauenquote zu mehr Geschlechtergerechtigkeit in Unternehmen und staatlichen Einrichtungen verhelfen. Als die drei am häufigsten postulierten Argumente pro Frauenquote sind höhere Gerechtigkeit, makroökonomische Gründe (höhere Ausschöpfung des vorhandenen Humankapitals) und mikroökonomische Gründe (angenommener positiver Zusammenhang zwischen einem höheren Anteil von Frauen in der Unternehmensleitung und dem Unternehmenserfolg) zu nennen.

Den Unternehmen kann eine hohe sogenannte stille Reserve gleich sein; ihre weiblichen Talente zu ignorieren wäre jedoch kaum sinnvoll. Im Vordergrund der Begründung einer Frauenquote steht also die Ergebnisgerechtigkeit – wenn ein Unternehmen zur Hälfte Frauen beschäftigt, müsste sich dies auf allen Ebenen und bei den Talenten widerspiegeln. Ist dem nicht so, werden entweder menschlich erklärbare, meist unbewusste Fehler (beispielsweise Ähnlichkeitsfehler bei Rekrutierungs- und Beförderungsentscheidungen) oder vorsätzliche Diskriminierung als Hauptursachen angenommen. Die Quote würde also helfen, etablierte bewusste und unbewusste Beurteilungsfehler zu minimieren: Frauenförderprogramme würden nämlich eher schüchterne, aber kompetente Frauen verdient in höhere Positionen hieven, wo sie ohne Quote vermutlich nie hinkämen.

7.4.2 Nachteile der Frauenquote

Als grundsätzlicher Nachteil der sogenannten Quote dürfte primär anzuführen sein, dass sie Angriffspunkte bzgl. der Rechtskonformität bietet. Die Frauenquote (und auch das BGleiG) ist natürlich kein Mittel gegen Diskriminierung, sondern stellt vielmehr selbst den Tatbestand der Diskriminierung, wenngleich in positiver Form, dar. Erreicht werden soll eine Ergebnisgerechtigkeit, keine Verfahrensgerechtigkeit. Was die Quote im Aufsichtsrat angeht, geht es also nicht mehr nur um Chancengleichheit, sondern um Ergebnisgerechtigkeit; damit stellt sie einen Eingriff in das Grundrecht der Entscheidungs- und Eigentumsfreiheit von DAX-Unternehmen dar, wenn Anteilseigner die Aufsichtsräte nicht uneingeschränkt wählen können (vgl. [9]). Dies ist verfassungsrechtlich (Artikel 14 GG) zumindest problematisch (vgl. [15]). Ob die gesetzliche Frauenquote im Aufsichtsrat das geeignete Mittel ist, die Unterrepräsentation von Frauen zu verringern bzw. zu beheben, und ob damit dieser Eingriff in die Eigentumsfreiheit verhältnismäßig ist, dürfte zumindest fraglich sein.

Darüber hinaus sind Ziel und Zweck der Aufsichtsratswahl die Vertretung der Aktionäre und deren Interessen in der Aktiengesellschaft (und keine Frauenförderung); zentrale Aufgabe des Aufsichtsrates ist nach Maßgabe des Aktiengesetzes die Überwachung des Vorstands – Frauenförderung ist weder ein Primärziel der Aufsichtsratswahl noch eine zentrale Aufgabe des Aufsichtsrats (vgl. [16, S. 12]). Fraglich ist auch, ob es den Aktionären zukünftig noch uneingeschränkt möglich ist, diejenigen Kandidaten in den Aufsichtsrat zu wählen, die sie für am besten geeignet halten, ihre Interessen zu vertreten – unabhängig vom Geschlecht (vgl. [16, S. 13]). Man könnte sogar so weit gehen zu behaupten, dass die Wirkung einer Frauenquote einer Strukturveränderung des Anteilseigentums gleichkäme (vgl. [16]). Letztlich ist auch unklar, warum nur eine Mindestquote für Frauen gefordert wird, nicht aber auch eine Quotierung nach Alter, Nationalität/Migrationshintergrund, sexueller Orientierung oder Religion. Gespannt darf verfolgt werden, wie in diesem Kontext die Entscheidung des Bundesverfassungsgerichts vom 08.11.2017 zur Intersexualität als weiteres Geschlecht in Quotenregelungen integriert werden wird.

Abgesehen von dem Nachteil juristischer Angreifbarkeit sind natürlich auch noch solche inhaltliche Natur zu nennen. Die mehr oder minder freiwilligen Zielquoten der nicht von der verpflichtenden 30 %-Frauenquote im Aufsichtsrat betroffenen über 3000 Unternehmen bewirken nicht nur, dass Kompetenz und (Be-)Förderungswürdigkeit „stiller Pflänzchen" einmal mehr betrachtet werden, sondern möglicherweise auch, dass talentierte Männer das Nachsehen haben können. Frauenrechtlerinnen mögen argumentieren, dass das nach Jahrhunderten der strukturellen Benachteiligung von Frauen im Sinne des höheren Gutes für jene Männer verschmerzbar sei, doch sind es nicht dieselben Männer, die nun zurückstecken müssen, die vorher bevorzugt wurden. In jedem Fall weicht die Quote das Leistungsprinzip durch Diskriminierung auf, wenn auch positiver Diskriminierung.

Nachteile der Frauenquote können aber auch die Frauen betreffen, denen sie ja eigentlich nutzen sollte: Kompetente Frauen (und auch andere) fürchten mitunter die Stigmatisierung als „Quotenfrau" – eine, die es ohne die richtige Geschlechtszugehörigkeit nicht auf den Posten geschafft hätte. Hinzu kommt: In einer höheren Funktion werden Frauen (weil sie so selten sind und damit herausstechen) viel schärfer als Männer beobachtet; jeder Fehler wird viel stärker als bei einem Mann beachtet. Die Gefahr, dass die Frauenquote „ihre eigenen Kinder frisst", ist groß.

Sogar diejenigen Frauen, die als kompetent wahrgenommen werden, aber dann, aus welchen Gründen auch immer, den Posten verlieren, scheitern sehr prominent, während ein Mann fast geräuschlos den Posten räumen kann. Einer Studie zufolge liegt die Wahrscheinlichkeit, als Frau den Posten im Vorstand eines deutschen Unternehmens zu verlieren, um etwa 50 % höher als bei Männern – und außerdem wechseln sie anschließend selten in andere Top-Jobs (vgl. [7]). Männliche DAX-Vorstände sind einer Studie zufolge im Schnitt mehr als acht Jahre im Amt, fast dreimal länger als ihre Kolleginnen (vgl. [7]). Nicht selten dient das Scheitern einer Frau auch dazu, das platte Stereotyp des Machismo „Frauen können es halt nicht" zu bestätigen.

Dieses Stereotyp wird natürlich auch dann bestätigt, wenn eine Frau tatsächlich aus Gründen der Quotenerfüllung einer schlechten Potenzialprognose zum Trotz befördert wird und, fast erwartungsgemäß, eine mangelhafte Performance abliefert. Gerade bei prominenten Vorstandspositionen dürfte die Gefahr hierfür groß sein, dass Frauen noch nicht genug Erfahrung oder zu wenig Rückhalt im restlichen Vorstand haben.

Nicht zuletzt sei ein Blick auf die Kosten erlaubt. Seit 1979, dem Beginn der Arbeit des Arbeitsstabs Frauenpolitik des Bundesministeriums für Jugend, Familie und Gesundheit, werden Programme zur Gleichstellung der Frauen in Gesellschaft und Wirtschaft aus Steuermitteln finanziert. Ob die Kosten all dieser Programme in einem vertretbaren Verhältnis zu ihrem Nutzen stehen, scheint fraglich, zumal das Budget für Familienpolitik im Nachbarland Frankreich sogar geringer ist als in der Bundesrepublik, die Situation berufstätiger Mütter in Frankreich jedoch als besser bezeichnet werden dürfte als die der berufstätigen Mütter hierzulande. Schon 2003 kam daher eine Studie zu dem Ergebnis, ein Erfolg von Frauenförderungsprogrammen sei „objektiv nicht feststellbar" (vgl. [4]).

7.5 Diversity: Back to the roots

Die letzten Abschnitte sollten deutlich gemacht haben, dass es eine Reihe von Gründen gibt, weshalb es eben nicht (ausschließlich) in der männerbündischen Kultur der Unternehmen begründet liegt, dass die Anzahl der Frauen mit steigender Führungsebene abnimmt. Somit scheint auch die ehemals häufiger zitierte angebliche „gläserne Decke" mittlerweile eher ein Anachronismus zu sein – selbst diejenige, die diese Metapher einst im Wall Street Journal prägte, stellt in derselben Zeitschrift 18 Jahre später fest, dass der Begriff nicht mehr zeitgemäß sei (vgl. [11]).

Der ursprüngliche Sinn von Diversity war allerdings ohnehin nicht das bloße Zählen von Frauen (oder Homosexuellen, Behinderten, Menschen mit Migrationshintergrund oder sonstigen Gruppen, die mittlerweile häufig im Fokus der Diversity-Bemühungen stehen) bzw. das vordergründige Erfüllen einer Quote, sondern das konstruktive Nutzen von Vielfalt: Ein Team mit Menschen, die unterschiedlich ticken, erarbeitet meist innovativere, tragfähigere und damit erfolgreichere Lösungen als ein homogenes Team.

Allen Gleichstellungsmaßnahmen zum Trotz: Frauen und Männer unterscheiden sich nicht nur auf der allgemein bekannten reproduktiv-biologischen Ebene voneinander, sondern auch in Interessen und Verhaltensweisen. Dennoch bieten Frauen nicht allein qua Geschlechtszugehörigkeit ein Plus beim Faktor Heterogenität. Es liegt im Gegenteil, überspitzt formuliert, sogar nahe, dass gerade diejenigen Frauen, die sich in einer überwiegend männlich dominierten Arbeitswelt durchsetzen konnten und erfolgreich eine Führungsfunktion bekleiden, Männern in ihren beruflich relevanten Fähigkeiten, Interessen und Verhaltensweisen vielmehr besonders ähneln. Frauen in Führungspositionen scheinen sich eher an die bereits vorherrschenden Normen angepasst zu haben oder sich mit ihnen abgefunden zu haben, als dass sie strukturverändernd wirken würden (vgl. [6]) – vielleicht ist dieses angepasste Verhalten Ergebnis der Einsicht, dass die vorherrschenden Strukturen und Verhaltensweisen vielleicht nicht unbedingt die effizienteste, aber eine funktionierende, zweckmäßige und zielführende Lösung darstellen.

Den Diversity-Faktor mögen sie qua Geschlechtszugehörigkeit vordergründig erhöhen, nicht aber tatsächlich. Im ursprünglichen Diversity-Sinne wäre damit nicht nur nichts gewonnen – im Gegenteil: So wird der Diversity-Gedanke sogar ad absurdum geführt. Vielfalt in den Köpfen ist aber natürlich nicht so trivial wie die Geschlechtszugehörigkeit messbar. Messbar ist aber durchaus, ob Mitarbeiter sich dazu ermutigt fühlen, andere als vorgegebene Wege zu gehen, unkonventionelle Ideen zu äußern, Fehler zu machen und aus ihnen zu lernen, auch unbequeme Fragen zu stellen, Bestehendes kritisch zu hinterfragen und offen ihre Meinung zu äußern: Viele Mitarbeiterbefragungen beinhalten Fragen zu diesem Themenkomplex. Natürlich ist nicht jederzeit und an jeder Stelle im Unternehmen Meinungsvielfalt und ein innovatives Querdenker-Team von Vorteil. Schlichte Routine-Aufgaben und Arbeit am Fließband erfordern in der Regel kein kritisches Hinterfragen. Mancher, der sich für einen unterschätzten Querdenker hält, ist eventuell einfach nur ein Querulant.

Letztendlich bleibt aber festzuhalten, dass ein Unternehmen ungemein mehr von tatsächlicher geistiger Vielfalt und dem angstfreien Äußern von Meinungen profitiert, als vom sturen Erfüllen einer gesetzlich vorgegebenen oder auch selbst auferlegten Frauenquote. Für den Erfolg eines Kollektivs, und der Kollektiv-Gedanke ist ja geradezu der Kern der Versicherungswirtschaft, ist ein Team mit vielen verschiedenen Talenten gut, nicht ein Team mit vielen ähnlichen Talenten. Wichtig ist daher keine Geschlechterquote, sondern vielmehr ein differenziertes Leistungs- und Talentmanagement, flexiblere Arbeitsbedingungen in einer Ergebnis-, anstelle einer Anwesenheitskultur sowie eine Kultur des Vertrauens und der Meinungspluralität. Eine Forderung nach einem solchen Wertewandel in Unternehmen ist auch bekannt durch die sogenannte Generation Y/Millennials, also aller, die im Zeitraum von etwa 1980 bis 1999 geboren wurden, zu der momentan immerhin bereits ca. 20 % der Arbeitskräfte gehören. Wenn diese Bevölkerungskohorte ihrer Mentalität treu bleiben wird, auch und insbesondere die männlichen Millennials, werden sich Unternehmen zukünftig tatsächlich gezwungen sehen, ihre Arbeitsbedingungen zumindest hinsichtlich Ort und Zeit zu lockern, um für ausreichend qualifizierten Nachwuchs attraktiv zu bleiben.

7.6 Fazit

Zusammenfassend lässt sich sagen: Die Quote schadet selbst guten Frauen, die Quote schadet guten Männern, die Quote hilft manchmal den falschen Frauen und eher selten den guten Frauen. Sie setzt Unternehmen unnötig unter Druck, gemäß Geschlecht und nicht gemäß Eignung und Leistung zu befördern, insbesondere an der Spitze. Selbstverständlich ist die Abschaffung von Diskriminierung jeglicher Art wichtig. Es mag auch opportun sein, aus der Vergangenheit zu lernen und einen besonderen Fokus auf weibliche Talente zu legen, denen es vielleicht an Selbstbewusstsein und Selbst-Marketing-Aktivitäten mangelt, die aber Potenzial zur Weiterentwicklung haben. Auch das Senden eines gesellschaftspolitischen Signals, dass die Bedingungen in Unternehmen es insbesondere Frauen nicht gerade erleichtern, familiäre Belange und Karriereambitionen zu vereinen, ist wichtig.

Dass nun 30 % Frauenanteil ausgerechnet im Aufsichtsrat, also einem von der operativen Unternehmenssteuerung eher entfernten Gremium, ein Signal oder die Stellschraube für mehr Geschlechtergerechtigkeit sein soll, verwundert jedoch. Hinzu kommt, dass die Quote suggeriert, die Hauptursache für den mit jeder höheren Hierarchiestufe sinkenden Anteil von Frauen sei eine verfehlte Personalpolitik – wenn man nur genau hinschauen würde, würde man schon genügend geeignete Frauen finden. Dies entspricht nicht der Realität, deshalb wird die Quote in den Unternehmen eher als Belastung wahrgenommen, und daher dürften Zielquoten auch langfristig unterschritten werden – auch wenn die Zielerreichung kurzfristig funktionieren mag.

Da das Gesetz aber nun einmal verabschiedet ist, sollte man sich auf den Kern des Diversity-Gedankens zurückbesinnen, nämlich Vielfalt als Bereicherung zu begreifen. Das verkrampfte Schielen auf das Erfüllen einer Quote hingegen wird den Blick darauf mitunter etwas verstellen. Eine Kultur, in der Vielfalt jeder Art begrüßt wird, sorgt dafür, dass Ideen, die nicht der herrschenden Meinung entsprechen, angstfrei geäußert werden können. Geistigen Freiraum zu ermöglichen dürfte Hand in Hand gehen mit dem Ermöglichen physischen Freiraums, mithin flexiblerer Arbeitsstrukturen. Dies alles zu erreichen – gepaart mit einer quotenunabhängigen Leistungskultur –, wird zukünftig der Trumpf erfolgreicher (Versicherungs-)Unternehmen sein.

Literatur

1. Flexible Personalstatistik 2015 des agv; Stand 31. Dez. 2015
2. Arulampalam W, Booth AL, Bryan ML (2006) Is there a glass ceiling over europe? Exploring the gender pay gap across the wage distribution. Ind Labor Relations Rev 60(2):3–22
3. Autenrieth C (1996) Wandel im Personalmanagement: Differenzierung und Integration im Interesse weiblicher Führungskräfte
4. Bischoff, S., in o. V. (2004): Einsam unter Anzugträgern. In: Frankfurter Allgemeine Zeitung, Nr. 166 vom 20.07.2004, S. 13
5. Bischoff S (2005) Wer führt in (die) Zukunft? Männer und Frauen in Führungspositionen der Wirtschaft in Deutschland – die 4. Studie. wbv, Bielefeld
6. Böing S (2009) Grundlagen zur Geschlechts- und Genderproblematik in Unternehmen
7. Bund K (2014) Frau. Vorstand. Abgehängt. Warum scheitern so viele Managerinnen in der Chefetage deutscher Konzerne? Besuch bei Ex-Spitzenfrauen. Die Zeit 49/2014:35
8. Bundesministerium für Familie, Senioren, Frauen und Jugend (2017) Gesetz für die gleichberechtigte Teilhabe von Frauen und Männern an Führungspositionen. https://www.bmfsfj.de/bmfsfj/service/gesetze/gesetz-fuer-die-gleichberechtigte-teilhabe-von-frauen-und-maennern-an-fuehrungspositionen/119350. Zugegriffen: 30. Nov. 2017
9. Forst IA, Linnainmaa L (2007) Corporate Governance – Frauen im Aufsichtsrat – Können wir von unseren skandinavischen Nachbarn lernen? AG 2007:601–610, 507–508

10. Fthenakis WE (1999) Engagierte Vaterschaft. Die sanfte Revolution in der Familie. Leske + Budrich, Opladen
11. Hymowitz C (2004) Through the glass ceiling. Wall Str J 116:R1
12. Leibowitz A (1975) Education and the allocation of woman's time. In: Juster FT (Hrsg) Education, income and human Behaviour. Aus, New York, S 171–197
13. Paletschek S (2003) Kinder – Küche – Kirche. In: Francois E, Schulze H (Hrsg) Deutsche Erinnerungsorte II. München 2003, S 419–433
14. Prüver, C. (2004): Männer suchen Prestige, Frauen neue Aufgaben. In: Frankfurter Allgemeine Zeitung, Nr. 242 vom 16.10.2004, S. 53
15. Redenius-Hövermann, J./Strenger, C. (2009): Frauen in den Aufsichtsrat durch Qualifikation statt Quote; FAZ v. 16.11.2009, S. 14
16. Redenius-Hövermann J (2010) Zur Frauenquote im Aufsichtsrat. Working Paper Series 112. Institute for Law and Finance im House of Finance der Goethe-Universität Frankfurt Campus Westend, Frankfurt am Main (Ausgabe 01/2010)
17. von Rosenstiel L (1999) Die Arbeitsgruppe. In: von Rosenstiel L, Regnet E, Domsch ME (Hrsg) Führung von Mitarbeitern. Schäffer-Poeschel, Stuttgart, S 266–284
18. Rouette S (1993) Nach dem Krieg: Zurück zur „normalen" Hierarchie der Geschlechter. In: Hausen K (Hrsg) Geschlechterhierarchie und Arbeitsteilung: zur Geschichte ungleicher Erwerbschancen von Männern und Frauen. Vandenhoeck & Ruprecht, Göttingen, S 167–192
19. Sellers P (2003) Power: Do women really want it? Fortune 149(20):58–65
20. Strub S (2003) Teilzeitarbeit in der Schweiz. Eine Untersuchung mit Fokus auf der Geschlechterverteilung und der familiären Situation der Berufstätigen. Eidg. Büro für die Gleichstellung von Frau und Mann, Bern
21. United Nations Entity for Gender Equality and the Empowerment of Women: Convention on the Elimination of All Forms of Discrimination against Women, http://www.un.org/womenwatch/daw/cedaw/text/econvention.htm. Zugegriffen: 30. Nov. 2017
22. Wehler H-U (2003) Deutsche Gesellschaftsgeschichte. Vom Beginn des Ersten Weltkriegs bis zur Gründung der beiden deutschen Staaten 1914–1949. C.H. Beck, München
23. Wippermann C (2010) Frauen in Führungspositionen. Barrieren und Brücken. Sinus Sociovision, Heidelberg
24. Wippermann C, Wippermann K (2010) Perspektive Wiedereinstieg. Ziele, Motive und Erfahrungen von Frauen vor, während und nach dem beruflichen Wiedereinstieg. Sinus Sociovision, Heidelberg

Teil II
Strategisches Versicherungsmarketing

Entwicklungstendenzen und Herausforderungen in der Versicherungswirtschaft

Tobias Mangei

Zusammenfassung

Der Markenkern jeder Versicherung ist die kollektive Abdeckung zufälliger Risiken aus Basis einer berechneten Eintrittswahrscheinlichkeit. Dieser Markenkern wird jede Transformation überstehen. Versicherer agieren in einem Umfeld, in dem sie mit regulatorischen Anforderungen, den Marktbedingungen sowie dem technologischen Fortschritt konfrontiert werden. Diese Einflussfaktoren erzeugen einen stetigen Innovations- und Optimierungsdruck. Wie muss sich das Geschäftsmodell „Versicherung" aufstellen, um diesen Anforderungen gerecht zu werden? Welche Anforderungen ergeben sich daraus auf die Unternehmen und das Versicherungsmarketing?

8.1 Was verstehen wir unter dem Begriff Versicherung – und was macht das Geschäftsmodell aus?

Das Wesen der Versicherung lässt sich auf drei Worte zusammenschrumpfen: Alle – für – einen. Das ist das einfache Grundprinzip, nach dem das Kollektiv dem schwachen Individuum seit Jahrtausenden gegen die Unbill des Lebens beisteht. Die ältesten Belege für Haftpflichtversicherungen und Sterbekassen finden sich bereits in der Antike bei den Babyloniern, Griechen oder Römern. Zur Zeit Karls des Großen sind in Europa sogenannte Gilden bezeugt, deren Mitglieder sich bei Brand- und Schiffsunglücken mit Geld aushalfen. Auf dem Gebiet des heutigen Deutschlands wurde 1676 das älteste, heute noch bestehende Versicherungsunternehmen der Welt gegründet: die Hamburger Feuerkasse, in der die in der Stadt bestehenden Feuerkontrakte vereinigt wurden. Aber dieses

---

T. Mangei (✉)
ConVista Consulting AG
Mannheim, Deutschland
E-Mail: Tobias.Mangei@convista.com

Datum wäre nichts ohne die französischen Mathematiker Blaise Pascal und Pierre de Fermat. Die beiden wollten 1654 Glücksspiel-Ergebnisse kalkulieren – und entwickelten die Wahrscheinlichkeitsberechnung. Damit wurde das Schicksal, der Zufall, messbar. Diese Erkenntnis bildet die Basis für die Entstehung der modernen Versicherungsgesellschaften. Denn erst so wurde es möglich, Versicherungsschutz aus einer kaufmännischen Perspektive heraus zu gewähren.

Der Markenkern jeder Versicherung ist also die kollektive Abdeckung einzelner zufälliger Risiken auf Basis einer berechneten Eintrittswahrscheinlichkeit. Vorweg gesagt: Das Versicherungsprinzip als Markenkern wird jeden Wandel überstehen. Man könnte hier zum Schluss kommen und befinden, dass das Geschäftsmodell gar nicht in neue Welten transformiert werden müsste. Aber dem ist nicht so. Das Geschäftsmodell ist getragen von Versicherungsunternehmen, die einen Großteil der Prozesse aus eigener Hand betreiben und sich hier und da mit spezialisierten Dienstleistern, Joint-Ventures oder anderen Versicherern, zusammentun. Sie ändern ihr Geschäftsmodell punktuell alle paar Jahre, um ihr Portfolio, beispielsweise um eine Handy- oder Fotovoltaik-Versicherung, zu erweitern. Bislang hatten Versicherer hierbei genügend Zeit, um eine Beitragsanpassung über den Gesamtbestand durchzuführen. Inzwischen haben sich zu den Naturkatastrophen noch ein paar weitere Herausforderungen gestellt: Regulatorische, ökonomische und technische.

8.2 Regulatorische Herausforderungen – Regeln, Richtlinien und Gesetze

Der Gesetzgeber hat schon immer normativ in das Versicherungswesen eingegriffen. Bismarck etwa schuf im deutschen Kaiserreich eine gesetzliche Sozialversicherung. Als man Mitte der 1990er-Jahre den europäischen Versicherungsmarkt einführte, wurden weitestgehend die Monopol- und Pflichtversicherungen aufgelöst. Diese Eingriffe hatten aber letztlich geringe Auswirkungen auf das Versicherungsgewerbe. Sei es, weil es wie bei der gesetzlichen Sozialversicherung kein adäquates Angebot für die Arbeiterschaft gab, oder die Wechselbereitschaft z. B. bei der Wohngebäudeversicherung sehr gering war und man von einer Pflichtversicherung auf eine einheitliche Musterbedingung wechseln musste. Die ehemaligen Monopolversicherer sind teilweise heute noch Marktführer in ihrem ehemaligen Revier.

Mit dieser Geruhsamkeit ist es vorbei: Inzwischen gestalten die Regulierungsbehörden weitaus häufiger und von wechselnden Richtungen den Rechtsrahmen der Versicherung neu (vgl. [1]).

Solvency II – Im Fokus: das Risiko
Die Richtlinie Solvency II der Europäischen Union, seit Januar 2016 in Kraft, reformierte das europäische Versicherungsaufsichtsrecht. Durch das Projekt wurden Solvabilitätsanforderungen auf Basis einer ganzheitlichen Risikobetrachtung mit dem Ziel weiterentwi-

ckelt, eine Insolvenz eines Versicherers zu verhindern durch eine Änderung der Bewertungsvorschriften hinsichtlich Vermögenswerten und Verbindlichkeiten.

Den Kern von Solvency II bildet eine risikobasierte Eigenmittelausstattung. Dabei wird ein Drei-Säulen-Ansatz (vgl. [5]) verfolgt:

- Mit der ersten Säule werden z. B. die Eigenmittelanforderungen oder die Bestimmungen für die Kalkulation der versicherungstechnischen Rückstellungen festgelegt. Mithilfe der Anforderungen an das Solvenzkapital sollen Versicherer in die Lage versetzt werden, hohe unerwartete Verluste auszugleichen.
- Über die zweite Säule wurden zum einen die Grundsätze und Methoden der Aufsicht und zum anderen die Anforderungen an die Ausübung der Geschäftstätigkeit der Versicherungsunternehmen festgelegt. Dazu werden Anforderungen an die Geschäftsorganisation gestellt, die z. B. das Risikomanagement, die interne Risikobewertung oder das interne Audit betreffen.
- Die dritte Säule behandelt, neben dem Meldewesen gegenüber der Aufsicht, unter anderem Veröffentlichungspflichten. Im Wesentlichen werden die grundlegenden technischen Informationen von der Europäischen Aufsichtsbehörde für das Versicherungswesen und die betriebliche Altersversorgung (EIOPA) festgelegt.

Vermittlerrichtlinie IDD – Ein Korsett für den Vertrieb
Aufgrund der EU-Richtlinie Insurance Distribution Directive (IDD), die den Versicherungsvertrieb betrifft, müssen seit Februar 2016 die Gewerbeordnung sowie das Versicherungsvertrags- und Versicherungsaufsichtsgesetz angepasst werden. Nicht nur die Vertriebspartner sind davon mittelbar betroffen, sondern auch die Versicherungsunternehmen.

Der Begriff des Versicherungsvertriebs wird dabei weit gefasst: Er umfasst z. B. auch Personen, die im Schadensfall mitwirken oder Informationen über das Internet oder andere Medien anbieten. Ein Versicherungsunternehmen muss nun sicherstellen, dass seine unmittelbar oder maßgeblich am Vertrieb beteiligten Angestellten zuverlässig sind, in geordneten Vermögensverhältnissen leben und über die nötige Qualifikation verfügen. Außerdem muss das Unternehmen dafür sorgen, dass diese sich regelmäßig weiterbilden. Übernimmt eine Versicherung auch die Haftung für gebundene Vermittler, so gilt für diese das Gleiche. Im Wesentlichen steigen dadurch zwar nicht die Anforderungen an die Aus- und Weiterbildung, wohl aber an die Dokumentations- und Nachweispflichten.

Finanzmarktrichtlinie MiFID II – Das Prinzip für Provisionen
Versicherungsunternehmen mit einer Allfinanz-Strategie müssen seit Januar 2018 die Finanzmarktrichtlinie MiFID II (Markets in Financial Instruments Directive) berücksichtigen. Auch hierbei steht der Vertrieb im Fokus. Die MiFID II reguliert restriktiv, ob und wie unabhängige Berater künftig Provisionen erhalten dürfen. Bei abhängigen Beratern etwa dürfen Provisionen nur noch gezahlt werden, wenn dem auch eine tatsächliche Beratungsleistung gegenüber steht. Werden unabhängige Berater bald nur noch Netto-Tarife

vermitteln dürfen? Und wie gestaltet sich die Produktwelt in dem neuen Umfeld? Wie sich die Regeln beim Vertrieb von Finanzmarktprodukten einspielen, ist noch offen.

SEPA und PSD 2 – Die IBAN als Herkulesaufgabe

Das Ziel des einheitlichen Euro-Zahlungsverkehrsraums (Single Euro Payments Area, SEPA) ist es, im europäischen Zahlungsverkehr Verfahren und Standards „aus einem Guss" zu nutzen. Den rechtlichen Rahmen gibt die Zahlungsdienstrichtlinie 2 (Payment Service Directive, PSD 2) der EU vor. Mit ihr wurde Ende 2015 eine Reihe von Regelungen erlassen, mit der z. B. die Sicherheit im Zahlungsverkehr erhöht werden sollte. SEPA-Zahlungen werden auf Basis des jeweils aktuellen Regelwerks des European Payments Council abgewickelt. Als die nationalen Zahlungsverkehrsinstrumente von den SEPA-Zahlungen abgelöst wurden, stellte das viele Häuser vor technologische und organisatorische Herausforderungen. Allein die Umstellung einer nationalen Bankverbindung auf die IBAN in den gesamten Prozessen eines Versicherungsunternehmens war eine Herkulesaufgabe. Selbst heute sind noch nicht alle Prozesse SEPA-konform; es werden noch immer temporäre Hilfslösungen eingesetzt.

IFRS 17 und IFRS 9 – Neue Standards für die Rechnungslegung

Mit IFRS 17 (International Financial Reporting Standard, verbindlich ab 2021) wurden erstmals weltweit einheitliche Vorschriften für die Bilanzierung von Versicherungsverträgen geschaffen. IFRS 9, gültig seit Jahresbeginn 2018, wird sich die auf Bilanzierung aller Finanzanlagen auswirken. Durch diese neuen Standards wird sich für Versicherungen der überwiegende Teil der Bilanz und der Gewinn- und Verlustrechnung ändern. Diese Änderungen wirken sich naturgemäß auf den Geschäftsbetrieb der Versicherer aus.

EU-DSGVO – Grundlegender Datenschutz

Mit der EU-Datenschutz-Grundverordnung (EU-DSGVO) wurde das europäische Datenschutzrecht weitestgehend vereinheitlicht. Während bislang durch die nationalen Gesetzgebungen noch erhebliche Unterschiede bestanden, ist die Datenschutz-Grundverordnung seit Ende Mai 2018 direkt geltendes Recht in allen Mitgliedsstaaten. Die Ziele der EU-DSGVO sind der Schutz der Grundrechte und Grundfreiheiten natürlicher Personen – insbesondere das Recht auf Schutz personenbezogener Daten sowie deren freier Verkehr. Um die daraus resultieren Anforderungen erfüllen zu können, muss der Versicherer Prozesse entlang der gesamten Wertschöpfungskette anpassen.

Unisex-Tarife – Pro Gleichstellung

Die EU-Gleichstellungsrichtlinie, die von Versicherungen geschlechtsneutrale Tarifierung verlangt, existiert bereits seit 2004. Mit ihr sollte unzulässige Diskriminierung abgeschafft werden. Ihre volle Wirkung für Personenversicherungen entfaltete sie aber erst durch eine Entscheidung des Europäischen Gerichtshofs. Seit Dezember 2012 dürfen Tarife so nicht mehr auf Basis des Geschlechts kalkuliert und abgeschlossen werden. Somit mussten entsprechend neue Unisex-Tarife erstellt und in die Geschäftsabläufe sowie Anwendungen integriert werden.

Zwischenfazit
Zusammenfassend ist festzustellen, dass sich Rahmenbedingungen für das Versicherungsgeschäft in immer kürzeren Abständen durch Gesetzgeber und/oder Gerichtsurteile ändern. Selbst kleine Eingriffe, wie eine Umstellung auf eine IBAN, führen zu hohen Anpassungsaufwänden und belasten die Projektbudgets der Finanzdienstleister enorm. Diese Budgets waren im Zeitraum 2010 bis 2015 allein mit der Umsetzung neuer regulatorischer Anforderungen zu mehr als die Hälfte belastet (vgl. [1]). Dem Aufwand stehen, wenn überhaupt, nur mittelfristig positive Ergebniseffekte gegenüber.

8.3 Das Marktumfeld – alte Lasten, neue Player

In Zeiten der Globalisierung ändern sich nicht nur rechtliche Rahmenbedingungen; es sind auch Implikationen für Märkte spürbar. Ursprünglich separierte Märkte verflechten sich miteinander und beeinflussen sich wechselseitig; sie verhalten sich unvorhersehbar.

Kapitalmarkt – Die Folgen der Krise
Als die Immobilienblase in den USA platzte, lösten die Schockwellen in Europa eine Staatsschuldenkrise aus. Die Notenbanken der westlichen Länder versuchen, die Folgen der Krise zu mildern, indem sie Leitzinsen senken und Bonds und Anleihen aufkaufen. Für die Geschäftsmodelle der Personenversicherer hat das gravierende Auswirkungen: Sichere und damit auch langfristig kalkulierbare Staatsanleihen werfen nicht mehr die Renditen ab, die man den Kunden versprochen oder mit denen man den Aufbau von Altersrückstellungen kalkuliert hat. Bei kapitalgedeckten Lebensversicherungen versucht man, die möglichen negativen Folgen durch die Zinszusatzreserve zu mildern. Auf der anderen Seite leidet darunter die Anlageperformance der Neukunden. Mittel der Wahl ist es, im Neugeschäft das Anlagerisiko auf den Versicherungsnehmer übergehen zu lassen und Bestände in Eigen- oder Fremdregie als sogenannten Run-off abzuwickeln (vgl. [4]). Was kritische Kunden durchaus fragen lässt, ob Versicherungsunternehmen noch in der Lage sind, ihr Sicherheitsversprechen auch langfristig halten zu können.

Demografie – Das Solidarprinzip gerät ins Wanken
Vor allem in der westlichen Welt, aber auch im China der Ein-Kind-Politik, stellt die demografische Entwicklung Versicherungsunternehmen vor große Herausforderungen. Unter anderem begünstigt durch den medizinischen Fortschritt, steigt die Lebenserwartung kontinuierlich an. In der Folge geraten staatliche Sicherungssysteme wie auch die Personenversicherungen unter Druck. So stellt sich die Frage, wie die einmal eingegangenen Leistungsversprechen noch gehalten werden können. Andererseits eröffnen sich neue

Marktchancen, wie z. B. besondere Assistance-Leistungen, Pflegeversicherungen oder die Wiederanlage von ausgezahltem Geld aus abgelaufenen Verträgen.

War of Talents – Die Arbeitskräfte werden knapp
Versicherungsunternehmen sehen sich heute einem War of Talents, einem Krieg um Fachkräfte gegenüber. Ein Aspekt der demografischen Entwicklung ist es, dass das Arbeitskräftepotenzial abnimmt. Mitarbeiter zu finden, die die immer höheren Anforderungen im Versicherungsvertrieb erfüllen können, wird zunehmend schwieriger. Werden dies Wesen künstlicher Intelligenz per Conversational Commerce übernehmen? Dass der Versicherungsbetrieb standardisiert und automatisch im Hintergrund ablaufen wird, kontrolliert nur noch durch eine Handvoll Menschen, ist zumindest nicht ganz unrealistisch.

Sharing-Economy – Effektives Teilen von Ressourcen
Bisher war das Teilen von Ressourcen auf einen relativ engen geografischen Radius beschränkt: Erntemaschinen etwa wurden von den Mitgliedern lokaler bäuerlicher Genossenschaften gemeinsam angeschafft und genutzt. Wegen der fortschreitenden Globalisierung und der sozialen Netzwerke, durch die – zugespitzt formuliert – jeder mit jedem über fünf Kontakte bekannt ist, sind inzwischen viele Menschen bereit, etwa ihre Wohnungen oder Fahrzeuge, mit anderen zu teilen.

Die auf diesem Prinzip aufbauende Sharing-Economy kreiert neue und verändert bestehende Geschäftsmodelle. Für die Versicherungsbranche gilt es, kreativ zu denken: Wie gestaltet sich der Versicherungsschutz, wenn man sein Fahrzeug in eine Sharing-Community einbringt, der Fahrer das Fahrzeug beschädigt und dann auf einen anderen Kontinent entschwindet?

Klimawandel – Eine schwer berechenbare Größe
Auch der menschengemachte Klimawandel wirkt sich auf das Versicherungswesen aus: Die Veränderungen machen Klimamodelle und darauf basierende Risikomodelle obsolet. Man denke nur an den Begriff „Jahrhundertkatastrophe", mit dem extrem seltene Naturereignisse, wie starke Regenfälle, Fluten und Überschwemmungen, charakterisiert werden. Inzwischen kommen diese sogenannten Jahrhundertereignisse alle paar Jahre vor. Dadurch steigen die Anforderungen an die Prognosen und Berechnungen in der Versicherungsmathematik. Hinzu kommt die Ungewissheit darüber, ob und in welchem Umfang die Klimaschutzziele umgesetzt werden – und was sie letztendlich bewirken.

Neue Marktteilnehmer – FinTechs, InsureTechs und „Financial Services to go"
Der Wandel in den Märkten macht sich auch durch das Aufkommen neuer Finanzintermediäre bemerkbar. Vermittler wie Investmentgesellschaften ersetzen mit ihren Run-off-Plattformen etablierte Lebensversicherungsunternehmen. Oder der Versicherer entwickelt sich gleich selbst zu einer Investmentgesellschaft mit angeschlossenem Versicherungsgeschäft. Auch finanzdienstleistungsfremde Unternehmen mischen mit. Sie kombinieren

ihre Produkte mit einer Versicherung, wie etwa ein Autohersteller, der das Fahrzeug gleich mit Kfz-Versicherung verkauft.

FinTechs und InsureTechs arbeiten am nächsten disruptiven Geschäftsmodell; sie bieten „Financial Services to go" an. Ein Verkaufs- und Beratungsprozess wird bei den digitalen Unternehmen mit sogenannten Robo-Advices gesteuert (vgl. [3]). Ziel ist es, durch diese Innovation im Geiste einer „schöpferischen Zerstörung" (nach Schumpeter) Monopolgewinne zu erlösen.

Zwischenfazit
Dass sich Märkte ändern und in Bewegung sind, ist nichts Neues. Selbst in den sozialistisch gelenkten Planwirtschaften war das der Fall. Neu hingegen ist die Geschwindigkeit, mit der die Veränderungen aufkommen. Befeuert durch die Globalisierung und einer vernetzten Weltwirtschaft wirken sich Marktveränderungen immer schneller auf die beteiligten Wirtschaftssubjekte aus und erfordert eine ständige Anpassung.

8.4 Technologischer Fortschritt – total digital

Digitalisierung – Kraftaufwand für effizienteres Arbeiten
Die fortschreitende Digitalisierung bringt es mit sich, dass analoge, meist papiergebundene Prozesse durch digitale Prozesse abgelöst werden. Dadurch werden eine Automatisierung und eine Dunkelverarbeitung ermöglicht. Vorausgesetzt, man hat eine digitale Signatur, kann z. B. eine Versicherung komplett papierlos abgeschlossen werden. Digitale Prozesse sollen zu einer effizienteren Arbeit führen und die Produktivität des Versicherungsunternehmens erhöhen. Abgesehen von sinkenden Verwaltungskosten, profitieren sich auch die Kunden. Sie können leichter mit dem Unternehmen kommunizieren und ihre Anliegen werden schneller bearbeitet.

Selbst wenn die technischen Mittel, wie standardisierte Schnittstellen, geschützter Datenaustausch sowie sicherere Datenhaltung, vorhanden sind: Die Unternehmen sind nicht auf die Digitalisierung vorbereitet. Organisation und Geschäftsprozesse müssen grundlegend angepasst werden – in Strukturen, die aufgrund von Zusammenschlüssen oder Übernahmen stark gewachsen sind. Dies erfordert einen beträchtlichen Kraftaufwand. Selbst mittelgroße Versicherungen können dies nur in jahrelanger Projektarbeit leisten. Um diesen „Ballast" abzuwerfen, gründen Versicherungen dann schon mal digitale Tochterunternehmen. Oder Start-ups „auf der grünen Wiese" starten als digitaler Versicherer.

Künstliche Intelligenz und Machine Learning – Chancen zur Automatisierung
Die Fortschritte im Bereich der künstlichen Intelligenz und darin speziell das Machine Learning eröffnen Versicherungsunternehmen ein weites Feld an Anwendungsgebieten. Keine Angst vor Horrorvisionen: Das wird nicht dazu führen, dass in einem Metropolis der Versicherungswirtschaft Maschinenmenschen die Arbeiten verrichten. Vielmehr bieten sich Chancen. Künstliche Intelligenz kann helfen, einfache und wiederkehrende Prozesse

zu automatisieren. Dies können Schritte in der Sachbearbeitung sein oder historische Risikomodelle, die mit selbstlernenden Algorithmen analysiert werden. Die Effizienzgewinne können dann genutzt werden, um die Qualität der Dienstleistungen zu erhöhen.

Big Data – Ein Glücksfall für die Risikoeinschätzung
Wer sich noch an die Zeit analoger Fotografie erinnern kann, in der die Bilder auf einem Film kostbar waren, und heute beim Katalogisieren seiner digitalen Bilder verzweifelt, wird verstehen, was Big Data praktisch bedeutet. Bedeutend ist aber nicht nur die schiere Größe der Datenmenge, die heutzutage produziert wird, sondern die Fähigkeit, auf Basis dieser Daten Schlussfolgerungen zu ziehen. Der Begriff dafür: „Smart Data Analytics" (vgl. [7]). Für Versicherungsunternehmen bietet sich hier ein immenser Vorteil. Die Risikoeinschätzung basiert auf der Wahrscheinlichkeitsrechnung. Je höher die Zahl der untersuchten Fälle ist, desto genauer wird das Ergebnis. Heutige Technologien ermöglichen uns, große vernetzte Datensätze zeitnah zu analysieren. Damit können bestehende Risiken besser eingeschätzt, neue Produkte genauer kalkuliert, kostenintensive Ausnahmen in automatischen Prozessen erkannt oder das Kundenverhalten besser ergründet werden. Die Anwendungssysteme werden gefordert; sie müssen dem stetig steigenden Datenvolumen gerecht werden. Ebenso steigt der Bedarf nach Spezialisten, Data-Scientisten, die diese Datenanalyse auch beherrschen.

Autonomes Fahren – Weniger Unfälle, sinkendes Beitragsvolumen
Befördert durch die technologischen Fortschritte, unter anderem bei der künstlichen Intelligenz, der Sensorik oder auch Big Data, schreitet die Entwicklung des autonomen Fahrens voran. Namhafte Automobilhersteller streiten sich mit den neuen Stars aus dem Silikon Valley um die Vorherrschaft im Markt der Zukunft. Noch lässt der Stand der Fahrzeugentwicklung und der Infrastruktur nur ein teilautonomes Fahren oder Feldversuche für selbstfahrende Fahrzeuge zu. Aber es ist wohl nur eine Frage der Zeit, bis sich diese Technologie flächendeckend durchsetzt. Selbstfahrende Fahrzeuge, die miteinander Daten austauschen, könnten quasi unfallfrei fahren. Das ist eindeutig zu begrüßen. Für Versicherungen bedeuten sinkende Unfallzahlen jedoch auch: Das Beitragsvolumen wird abnehmen.

Cloud – Flexibler ist, wer sie nutzt
Über die Cloud werden IT-Dienstleistungen über das Internet angeboten. Speicherplatz oder Rechenkapazitäten können dadurch einfach konsumiert werden. Damit soll es Versicherungen ermöglicht werden, IT-Infrastrukturen, aber auch standardisierte Software flexibel einkaufen zu können.

Auf Basis dieser Technologien lassen sich auch eigene Services rund um die Versicherungsleistungen erstellen, wie etwa die Buchung von Assistance-Leistungen oder Bonusprogramme für ein gesundheitsförderndes Verhalten. Start-ups nutzen für Anwendungen und IT-Infrastruktur flexible Cloud-Services und benötigen daher keine großen Vorlaufzeiten, um neue Dienstleistungen anzubieten. Damit reduziert sich die Zeit von der Idee bis zum realen Angebot und ermöglicht den Aus- und Aufbau einer guten Marktposition.

Zwischenfazit
Die neuen technologischen Errungenschaften und Entwicklungen und nicht zuletzt das Internet ermöglichen es, neue Geschäftsmodelle schnell auf den Markt zu bringen. So werden bestehende Prozesse und Risikomodelle aufgebrochen und optimiert. Dadurch lassen sich Kosten reduzieren – Effizienz entsteht. Darüber hinaus werden Ressourcen freigesetzt, die zum Beispiel für die Verbesserung des Services eingesetzt werden können. Für die „klassischen" Versicherer birgt die Entwicklung eine Gefahr: Wenn sie den technologischen Wandel verschlafen, könnten sie von den Digitalisierern ins Abseits gestellt werden.

8.5 Wie wird die neue Welt der Versicherungen aussehen?

Auf dem ersten Blick wird die künftige Welt für die Versicherungswirtschaft nicht viel anders aussehen als heute oder vor hundert Jahren. Das Grundprinzip bleibt: Es wird Risiken geben, die die finanzielle Tragfähigkeit eines Einzelnen übersteigen und die über eine starke Versichertengemeinschaft abgedeckt werden müssen. Nur werden Versicherungen künftig vielleicht mehr Produkte für Cyberrisiken wie Identitätsdiebstahl anbieten als heutzutage.

Auf dem zweiten Blick aber werden die regulatorischen, ökonomischen und technologischen Einflussfaktoren ihre Wirkung entfalten – und das Geschäftsmodell der Versicherer beeinflussen.

Regulatorische Einflussfaktoren
Die bestehenden und absehbaren regulatorischen Herausforderungen zwingen die Unternehmen in immer kürzeren Abständen, neue Gesetzeslagen umzusetzen. Der Gesetzgeber wird nicht nachlassen: Versicherungsunternehmen sind etwa im Bereich der Krankenversicherung ein wichtiger Faktor für die Daseinsvorsorge der Bürger und Wähler, für die der Staat zuständig ist. Daneben wirken sich auch die Verordnungen und Richtlinien auf europäischer Ebene sowie die Entscheidungen supranationaler Gerichte auf die Branche aus. Zusätzlich werden nationale Gesetze der USA wie FATCA (Foreign Account Tax Compliance Act) oder SOX (Sarbanes-Oxley Act) die Versicherungen zu immer höheren Compliance-Anstrengungen zwingen. In naher Zukunft könnte sich hier auch China einbringen wollen.

Unternehmen, die durch ihre Organisation und die entsprechenden technologischen Prozesse schnell, flexibel und günstig auf neue Anforderungen reagieren können, werden sich einen Wettbewerbsvorteil verschaffen können. Unternehmen, die auf die Verlängerung von Fristen setzen, werden Gefahr laufen, Buß- oder Strafgelder zahlen zu müssen.

Gerade bei außereuropäischen Regelungen können diese Sanktionen zumindest billigend als Mittel zur Schwächung von Konkurrenzunternehmen eingesetzt werden.

Ökonomische Einflussfaktoren
Das Kapitalmarktumfeld wirkt sich negativ auf die Einnahmenseite der Versicherungsunternehmen aus. Ob dieser kurz- und mittelfristige Trend wie in Japan auch langfristig anhält, bleibt abzuwarten. Er führt jedenfalls bei gleichen Kosten zu geringeren Gewinnen. Dadurch steht weniger Kapital für notwendige Umstrukturierungen oder Qualifizierungen des Personals zur Verfügung. Verschärfend kommt hinzu, dass gerade die Trends demografischer Wandel, Sharing-Economy und Klimawandel umfassende Investitionen in neue Produkte und komplementäre Dienstleistungen erfordern. Dies führt unweigerlich dazu, dass man die Ausgabenseite stärker unter die Lupe nehmen muss. Eine Möglichkeit ist es unter anderem, effizienter und produktiver zu wirtschaften. Aber auch der Verkauf von Run-off-Beständen an Kapitalmarktgesellschaften oder Finanzinvestoren ermöglicht die Freisetzung von Reserven.

Neue Kundenbedürfnisse und globale Trends eröffnen Chancen für neue Marktteilnehmer. Die Sharing-Economy und Elektromobilität führen jetzt schon dazu, dass die großen Internetkonzerne (vgl. [6]) in den Markt eintreten – und zwar in direkter Konkurrenz zu der Old Economy, den Autobauern. Statt auf bloße Konkurrenz fußen die Geschäftsmodelle der Internetkonzerne jedoch häufig darauf, die in einem Bereich gewonnene Marktmacht auf neue Geschäftsbereiche auszuweiten. Dabei wird das Wissen über die eigenen Kunden genutzt und die Kundenbasis über eigene Portale oder Stores vor der Konkurrenz abgeschirmt. Die logische Folge ist, Versicherungen direkt mit dem Produkt zu verkaufen und damit Versicherungsunternehmen außen vor zu lassen. Fintechs und Start-ups setzen auf die nächste disruptive Technologie oder Geschäftsidee. Nicht alle werden Erfolg haben. Aber was hindert eine Sharing-Plattform für Übernachtungen daran, den Übernachtungsgästen Reiserücktritts- und den Gastgebern Rechtsschutzversicherungen zu vermitteln? Möglicherweise werden diese Unternehmen zum Schluss kommen, dass es keinen globalen Anbieter für ihre weltweiten Märkte gibt und sie die Angelegenheit selbst in die Hand nehmen sollten.

Die zunehmende Konkurrenz führt darüber hinaus zu immer kürzeren Innovationszyklen. Man muss als Versicherer nicht bei jedem neuen Geschäftsmodell sofort ein eigenes Angebot haben. Aber wenn man sich entscheidet, etwa eine neue Versicherung gegen die Risiken der Internetkriminalität inklusive Rechtsberatung und Lizenz für Sicherheitssoftware zu verkaufen, sollte man nicht ein Jahr warten müssen, bis das Produkt in der Systemlandschaft abgebildet ist.

Neben erhöhtem Wettbewerbsdruck resultiert für klassische Versicherer auch ein zunehmender Kostendruck. Mit Angeboten und Wechselprämien wird versucht, Kunden neu zu gewinnen oder zu binden. Dieser Versuch, Ertrag zu generieren, birgt die Gefahr, dass Versicherer die Kostenspirale nach unten nicht mehr verlassen können.

Wir wissen nicht, welche Versicherungsprodukte in der neuen Welt gebraucht werden. Wir wissen aber, dass durch das wettbewerbsintensive Umfeld und die Megatrends ein starker Innovationsdruck aufgebaut wird, bei dem Schnelligkeit entscheidend ist.

Technologischer Fortschritt
Für neue oder junge Versicherungsunternehmen bietet der technologische Fortschritt die Möglichkeit, innerhalb kürzester Zeit neue Unternehmen aufzubauen oder neue Produkte auf den Markt zu bringen. Ihre Prozesse sind digital, ohne Medienbrüche und automatisch gestaltet. Kundenkontakte, wie Anträge, Auskünfte oder Schadensmeldungen, können über künstliche Intelligenz und Self-Services hochgradig automatisiert gestaltet werden (vgl. [2]).

Etablierte Unternehmen stellt der technologische Fortschritt zuerst einmal vor die Aufgabe, bestehende Systemlandschaften auf den neuesten Stand der Technik zu bringen. Dies gilt zwar nicht immer für alle bestehenden Lösungen – oft sind nämlich Großrechneranwendungen aus dem letzten Jahrhundert in Prozessgeschwindigkeit oder Automatisierungsgrad immer noch konkurrenzfähig. Jedoch fehlt es an genügend qualifiziertem Personal, das in der Lage ist, den normalen Betrieb sowie die Weiterentwicklung zu schultern.

Müssen dann bestehende Systeme angepasst werden, erfordert dies aufgrund der Komplexität der Systemlandschaft und der Verzahnung in die betrieblichen Abläufe jahrelange Projekte. Dies führt dazu, dass Versicherungsunternehmen dazu übergehen, eigene digitale Töchter zu gründen. Diese agieren dann losgelöst vom technologischen Ballast der Konzernmutter wie ein FinTech. So können sie innovative Produkte und Lösungen schnell am Markt anbieten und flexibel auf geänderte Marktbedingungen reagieren.

Aber auch über die Unternehmensgrenzen hinweg erfordert die Nutzung von Technologien, wie beispielsweise die Trusted German Insurance Cloud, ein hohes Maß an Standardisierung und Normierung. Dies führt ebenfalls zu einem Anpassungsdruck auf die bestehenden Lösungen und lässt es sinnvoll erscheinen, standardisierte Software zu nutzen.

Die neue Welt – kurz und knapp, realistisch betrachtet
Die Zukunft und damit die neue Welt der Versicherungswirtschaft können wir heute noch nicht kennen. Es ist aber absehbar, dass seitens des Gesetzgebers immer wieder neue und weitreichende regulatorische Anforderungen gestellt werden. Das Marktumfeld wird durch den Markteintritt neuer Finanzintermediäre, wie Internetkonzerne und Start-ups, wettbewerbsintensiver – und das bei stagnierenden oder abnehmenden Kapitalmarkterlösen und einem gesättigten Markt in der westlichen Hemisphäre. Neue Technologien eröffnen dabei aber auch neue Chancen für neue Produkte und Innovationen. Sie erfordern jedoch hohe Investitionen in die bestehenden Systeme.

8.6 Wie kann die Transformation gelingen?

Ein Großteil der Versicherer deckt fast die gesamte Wertschöpfungskette ab. Es existieren spezielle Dienstleister, zum Beispiel für die Schadenregulierung oder für Assistance-Leistungen. Künftig muss sich die Branche so aufstellen, dass sie kurzfristig und flexibel auf Herausforderungen reagieren kann. Die dazu notwendigen Investitionen können mittelfristig über Effizienzsteigerungen gegenfinanziert werden. Die Produktivität wird im Wesentlichen durch die Industrialisierung und Standardisierung des Versicherungswesens im Sinne einer Arbeitsteilung und Spezialisierung gesteigert werden können. Dabei kann Arbeitsteilung in allen Bereichen einer Versicherung erfolgen. Das heißt: Gleichartige Tätigkeiten werden zusammengefasst und wenn möglich automatisiert. Tendenziell gehen internationale Versicherungsunternehmen dazu über, diese Arbeitsteilung und Spezialisierung zwar innerhalb der eigenen Organisation, aber über Tochtergesellschaften mit spezifischen Standortvorteilen zu bewerkstelligen.

Die Arbeitsteilung kann auch unternehmensübergreifend erfolgen. Dienstleister können Gesundheitsuntersuchungen für mehrere Unternehmen übernehmen oder White-Label-Produzenten Versicherungsschutz als OEM (Original Equipment Manufacturer, Erstausrüster) anbieten. Mehrere Unternehmen können in unterschiedlichem Grad zusammenarbeiten, etwa von der Kooperation beim Rechenzentrum bis hin zum Zusammenschluss. Einzelne Versicherungsunternehmen können sich strategisch auf ein Geschäftsfeld spezialisieren und innerhalb dieser Nische vielleicht sogar als „Hidden Champion" agieren.

Die strategische Entscheidung darüber, welchen Weg man gehen wird, obliegt der Unternehmensführung. Entsprechend dieser Weichenstellung werden dann auch die Marketingaktivitäten aufzustellen sein. Diejenigen, welche als Hidden Champion einen Teil der Wertschöpfungskette besetzen, werden ihre Marketingaktivitäten auf andere Marktteilnehmer ausrichten, um beispielsweise ihre Leistung bei der Vertragsverwaltung anzubieten. Die Unternehmen, die etwa als OEM für Sharing-Communities agieren, werden sich diesem Firmenkundensegment widmen.

Bei all der Transformation und den Herausforderungen darf man aber eines nicht außer Acht lassen: Das Versicherungsprinzip als Markenkern – und den zentralen Kundennutzen einer Versicherung.

Literatur

1. Alt R, Puschmann T (2016) Digitalisierung der Finanzindustrie, 1. Aufl. Springer Gabler, Berlin, Heidelberg
2. Beenken M (2015) Strategische und operative Planung im Versicherungsvertrieb, 1. Aufl. Verlag Versicherungswirtschaft, Karlsruhe
3. Kinting M, Wißmann S (2016) Zukunftsfähiges Banking im perfekten Zusammenspiel zwischen Mensch und Technologie. In: Everling O, Lempka R (Hrsg) Finanzdienstleister der nächsten Ge-

neration: Megatrend Digitalisierung: Strategien und Geschäftsmodelle. Frankfurt School Verlag, Frankfurt
4. Rohlfs TJW, Brandes D, Kaiser L, Pütz F (2016) Risikomanagement im Versicherungsunternehmen: Identifizierung, Bewertung und Steuerung, 2. Aufl. Verlag Versicherungswirtschaft, Karlsruhe
5. Schradin HR (2017) Solvency II. In: Wagner F (Hrsg) Gabler Versicherungslexikon, 2. Aufl. Gabler Verlag, Wiesbaden
6. Sundararajan A (2016) The sharing economy, 1. Aufl. MIT Press, Cambridge
7. Urbach N, Ahlemann F (2016) IT-Management im Zeitalter der Digitalisierung, 1. Aufl. Springer, Berlin Heidelberg

Erfolgsfaktoren von Innovations-Labs in der Assekuranz

9

Tim Lietz

Zusammenfassung

Abgeschaut aus anderen Branchen und dem Silicon Valley gründen immer mehr Versicherer Innovations-Labs zur Entwicklung von neuen Geschäftsideen. Oftmals betreten sie hiermit Neuland und zahlen teures Lehrgeld. Eine Untersuchung zeigt, welche Ziele verfolgt werden, welche Modelloptionen bestehen und welche Phasen bei der Implementierung durchlaufen werden.

9.1 Einleitung

9.1.1 Innovations-Labs in der Assekuranz

In Zeiten der Digitalisierung und den damit einhergehenden veränderten Kundenerwartungen kommen Versicherungen nicht mehr daran vorbei, sich hinsichtlich ihrer bestehenden Geschäftsmodelle als auch neuer Geschäftsmodelle professionell auseinanderzusetzen und Innovationen im Unternehmen stärker zu institutionalisieren. Dabei bieten insbesondere Innovations-Labs die Möglichkeit, den aktuellen Bedarf der Versicherungsbranche nach Veränderung zu adressieren und an den Grundfragen und Voraussetzungen für einen erfolgreichen digitalen Wandel zu arbeiten. Sicherer bietet sich damit die Möglichkeit, Innovationen schnell und ressourcenschonend zu entwickeln und umzusetzen.

In einem kollaborativen Forschungsprozess werden die strategischen Fragen zum Thema Digitalisierung behandelt. Der interdisziplinäre und methodisch fundierte Forschungs- und Entwicklungsansatz eines Labs ist für die Versicherer ein Weg, um außerhalb der

---

T. Lietz (✉)
67rockwell Consulting GmbH
Hamburg, Deutschland
E-Mail: tim.lietz@67rockwell.de

© Springer-Verlag GmbH Deutschland, ein Teil von Springer Nature 2019
M. Reich und C. Zerres (Hrsg.), *Handbuch Versicherungsmarketing*,
https://doi.org/10.1007/978-3-662-57755-4_9

eigenen Strukturen modernste Innovationswerkzeuge einzusetzen und vom Erfahrungsaustausch mit den anderen Mitgliedern zu profitieren.

Im folgenden Abschnitt werden insbesondere die Zielsetzungen, die die Versicherer mit Innovations-Labs verfolgen, stärker beleuchtet, um damit Hinweise für die betriebliche Praxis zu geben.

9.1.2 Zielsetzungen von Innovations-Labs

Mit dem Aufbau eines Innovations-Labs verfolgen Unternehmen spezifische und teils heterogene Zielsetzungen, die aus der strategischen Zielrichtung, der wirtschaftlichen Lage oder dem Wettbewerbsumfeld resultieren. Simoudis (vgl. [10, 8]) hat die Zielsetzungen zahlreicher Unternehmen analysiert und dabei Gemeinsamkeiten in der Motivation der Unternehmen herausgefunden. Eine branchenübergreifende Betrachtung hat zur Identifizierung von drei zentralen Zielstellungen geführt, die im Folgenden dargestellt werden.

1. Die Nutzung des Innovations-Labs als Frühwarn- und Innovationsidentifizierungssystem

   Simoudis (vgl. [8]) spricht bei Innovations-Labs auch von sogenannten Innovations Outposts (zu Deutsch: Innovationsaußenposten). Hierbei bedient er sich einer Analogie aus dem Mittelalter. Wurden früher an strategisch günstigen Standorten Außenposten aufgestellt, um die Angriffe von Feinden frühzeitig zu identifizieren, gehen heute Unternehmen oftmals ähnlich vor. Sie gründen beispielsweise Innovations-Labs an strategisch wichtigen Standorten, wie zum Beispiel dem Silicon Valley, um damit frühzeitig Trends identifizieren zu können, die entweder zu ihrem Vorteil genutzt werden oder aber eine Gefahr für ihre originären Geschäftsmodelle darstellen (vgl. [11]). Durch ein frühzeitiges Erkennen der Veränderungen gewinnen die Unternehmen ausreichend Zeit, um sich strategisch und inhaltlich für die neuen Entwicklungen zu positionieren. Erfolgskritisch für den Aufbau eines solchen Innovations-Outposts sind dabei die passenden Mitarbeiter, die als sogenannte Trendscouts agieren. Simoudis (vgl. [8]) spricht hierbei von Technology Connectors. Sie zeichnen sich durch drei Fähigkeiten aus:
   a. Zum einen sollten sie ein Verständnis für die strategische Fragestellung des Innovations-Labs sowie für die innovativen Zielthemen des Innovation-Labs mitbringen.
   b. Des Weiteren werden bei den Mitarbeitern, Technologieaffinität sowie ein Verständnis für Business Development vorausgesetzt.

   Diese beiden Kriterien sind häufig bei Personen aus gründungsinteressierten Netzwerken zu finden. Letztlich sollten die Mitarbeiter im Unternehmen respektiert und gut vernetzt sein, sodass sie stets wissen, wen sie für welches Thema im Unternehmen ansprechen sollten.

2. Die Aus- und Weiterbildung von Führungskräften zu Intrapreneuren

   Ein Innovations-Lab eignet sich ausgezeichnet, um interessierte und vielversprechende Führungskräfte aus- und weiterzubilden. Vor allem im digitalen Wandel ist der richtige Einsatz von Intrapreneuren für einen erfolgreichen Kulturwandel sowie die Weiterentwicklung des Unternehmens unerlässlich. Intrapreneure sind Mitarbeiter und Führungskräfte, die ihre Aufgaben unternehmerisch verstehen und aus Sicht des Unternehmens bearbeiten und lösen. Diese Fähigkeiten fehlen oftmals Mitarbeitern, die ihre gesamte Karriere im Konzern verbracht haben und dadurch eine starke Innensicht entwickelt haben. Durch den engen Austausch mit Gründern und Vordenkern besteht für Führungskräfte des Unternehmens die Möglichkeit, „On-the-job-Unternehmertum" zu lernen und sich neue Denkweisen anzueignen. Erste Unternehmen, wie zum Beispiel AXA (vgl. [2]), lassen (potenzielle) Führungskräfte für eine Zeit lang deren Innovations-Labs hospitieren, umso eine Form internes Praktikum zu durchlaufen. Im besten Fall kehren diese anschließend mit neuen Ideen und Denkweisen aufgeladen zurück und bringen diese in ihren Arbeitsalltag ein. Dies fördert den Kulturwandel im Unternehmen, und neue Denkweise erreichen kaskadierend über die Führungskräfte deren Mitarbeiter.

3. Die Nutzung von externen Fähigkeiten zur Entwicklung innovativer Produkte mit langfristigem Return on Investment
Vor allem Versicherungsunternehmen leiden häufig unter einer zu geringen Innovativität. Oftmals sind zu große bürokratische Hürden, zu wenig Kundenorientiertheit oder auch fehlende Fähigkeiten Gründe für den zu geringen Grad an Innovationen. Der Aufbau eines Innovations-Labs zur Lösung einer bestimmten strategischen Fragestellung kann hierbei eine Lösung sein: Kooperation mit externen Talenten kann neue Denkmuster erzeugen und zu Lösungen führen, die ein Unternehmen selber nicht entwickeln kann. Es besteht zudem die Möglichkeit, Ressourcen einzuspannen, die im Normalfall nie in einem Konzern funktionieren würden, geschweige denn, sich überhaupt bewerben würden (vgl. [9]).
Bei der Wahl eines Innovations-Labs zur Entwicklung von neuartigen Lösungen und innovativen Produkten ist jedoch der Zeithorizont zu berücksichtigen. Ist eine kurzfristige Lösung erforderlich, so ist es häufig sinnvoll, nach anderweitigen Ansätzen Ausschau zu halten. Für Innovations-Labs als Innovationfabrik des Unternehmens sollte in jedem Falle der langfristige Return on Investment im Mittelpunkt stehen. Es gilt der Leitsatz, gute Ideen brauchen Zeit.

9.2 Möglichkeiten der Ausgestaltung

9.2.1 Unterschied zwischen einem Akzelerator und einem Inkubator

Im Zuge des Aufbaus eines Innovations-Labs werden häufig die Begrifflichkeiten „Inkubator" und „Akzelerator" benutzt. Im täglichen Gebrauch werden diese häufig als Synonyme verwendet. Im Folgenden wird versucht, die Gemeinsamkeiten sowie Unterschiede weiter herauszuarbeiten.

Gemeinsamkeiten

Sowohl Inkubatoren als auch Akzeleratoren zeichnen sich in erster Linie dadurch aus, dass sie einen zentralen Arbeitsplatz für mehrere Start-ups bieten. Dabei wird sich erhofft, dass es durch die enge räumliche Zusammenarbeit zu sogenannten Übersprungeffekten kommt. Der Austausch zwischen den Start-ups wird als fruchtbar angenommen und ein Sparring der Ideen führt zu einer Weiterentwicklung und Konkretisierung der Innovationen. Meist steht hinter sämtlichen Start-ups, die sich die Räumlichkeiten teilen, ein gemeinsamer Investor, der die Start-ups zu einem frühen Zeitpunkt finanziell unterstützt. Zusätzlich zu der infrastrukturellen Unterstützung und möglicher finanzieller Unterstützung wird häufig ein Mentorenprogramm angeboten. Erfahrene und gut vernetzte Experten stehen den Start-ups mit Rat und Tat zur Seite und unterstützen diese bei ihren ersten „Gehversuchen".

Unterschiede

Der Aufenthalt im Inkubator ist normalerweise nicht zeitlich beschränkt. Meist endet die Teilnahme im Inkubator, weil entweder die Idee nicht gezündet hat und das Start-up wieder abgewickelt wird, weil die Idee bzw. das Produkt in das investierende Unternehmen integriert wird oder jedoch weil das Start-up sich so gut entwickelt hat, dass im Inkubator schlichtweg der Platz fehlt und somit das Start-up im Zuge des personellen Wachstums in andere Räumlichkeiten umzieht.

Bei Akzeleratoren-Modellen ist hingegen der Aufenthalt von Beginn an begrenzt. Häufig werden hier Zeiträume von drei bis vier Monaten angenommen. Die teilnehmenden Start-ups, die sich oft in einem sehr frühen Stadium bzw. unter Umständen noch in der Ideenphase befinden, können in dieser Zeit ihr Geschäftsmodell verfeinern bzw. schärfen. Anschließend werden die Start-ups anderweitig unterstützt oder man trennt sich.

Auch die finanzielle Unterstützung unterscheidet sich stark zwischen den Modellen. Während bei Inkubatoren den Teilnehmern meist eine langfristige finanzielle Unterstützung zur Verfügung gestellt wird, liegt der Fokus bei Akzeleratoren eher in kleinen Anschubfinanzierungen, um im Anschluss die Chancen auf weiteres Wagniskapital zu erhöhen.

Mehrwerte

Hinter der Wahl des jeweiligen Modells stecken oft sehr heterogene strategische Zielsetzungen. Bestimmte Mehrwerte lassen sich jedoch für fast alle Innovations-Labs identifizieren.

Durch den Aufbau eines Inkubators erhalten Unternehmen den direkten Zugang zu Innovationen im Frühstadium (eng. Early Stage). Solche Ideen im Konzern zu entwickeln, hat sich oftmals als schwierig und langwierig erwiesen. Ein Inkubator hingegen ist flexibel, agil und auf kurzfristigen Fortschritt ausgelegt. Nichts destotrotz steht hinter einem Inkubator meist eine langfristige Strategie zur Entwicklung von (disruptiven) Innovationen. Zusätzlich eignet sich ein Inkubator optimal zur Rekrutierung von externen Entrepreneuren, die ansonsten nicht den Weg in einen Versicherungskonzern finden würden, bzw. auch zur Ausbildung, wie bereits vorher genannt, von Intrapreneuren im eigenen Unternehmen. Auf diesem Wege werden Werte in die Unternehmenskultur getragen, die sich in klassischen Konzernstrukturen nur sehr schwierig entwickeln lassen. Hervorzuheben ist hierbei die Öffnung des Unternehmens zur Zusammenarbeit mit unternehmensexternen Akteuren bei der Weiterentwicklung des eigenen Geschäftsmodells. Die Schaffung von Kollaboration und Innovation als zentrale Unternehmenswerte ist erfolgskritisch für die erfolgreiche Bewältigung des digitalen Wandels.

Auch ein Akzelerator eignet sich als Instrument zur Stärkung von Intrapreneurship (dt. Unternehmertum im Unternehmen) im eigenen Unternehmen. Vor allem liegt hierbei der Fokus darauf, eine neue Denkweise zu fördern. Zunehmend wird versucht, durch sogenannte Greenfield- bzw. Out-of-the-box-Ansätze Prozesse und Organisationsmodelle neuzudenken. Durch die Erfahrungen, die Führungskräfte als Mentoren in solchen Programmen gemacht haben, können diese Denkweisen und Werte gezielt gefördert werden und in die Konzernkultur einfließen. Daneben eignet sich ein Akzelerator hervorragend, um in kurzen Zeiträumen Produkte oder Geschäftsmodelle weiterzuentwickeln und zu schärfen. Gründer mit interessanten Ansätzen zur Weiterentwicklung der bestehenden Geschäftsmodelle können gezielt gefördert werden und gleichzeitig kann das Unternehmen direkte Erkenntnisse gewinnen und prüfen, ob die Ansätze zu seiner strategischen Aufstellung passen.

Abb. 9.1 fasst nochmal die Gegenüberstellung der Modelle zusammen. Es handelt sich dabei um zwei Reinformen. In Praxis ist anzumerken, dass in Abhängigkeit der strate-

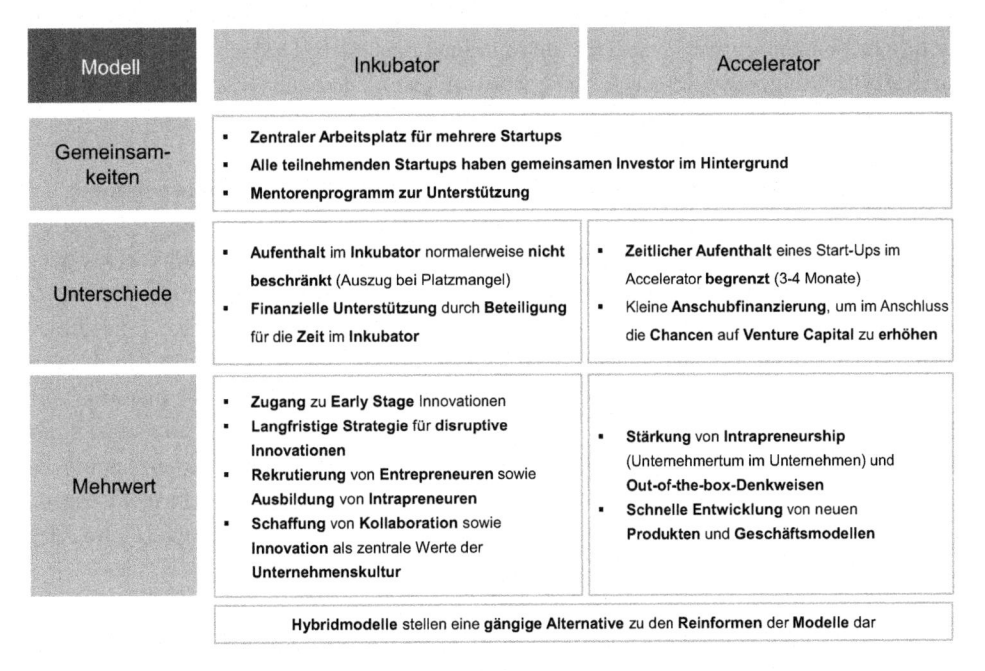

Modell	Inkubator	Accelerator
Gemeinsam-keiten	• Zentraler Arbeitsplatz für mehrere Startups • Alle teilnehmenden Startups haben gemeinsamen Investor im Hintergrund • Mentorenprogramm zur Unterstützung	
Unterschiede	• **Aufenthalt im Inkubator** normalerweise nicht beschränkt (Auszug bei Platzmangel) • **Finanzielle Unterstützung** durch **Beteiligung** für die **Zeit im Inkubator**	• **Zeitlicher Aufenthalt** eines Start-Ups im Accelerator **begrenzt** (3-4 Monate) • Kleine **Anschubfinanzierung**, um im Anschluss die **Chancen auf Venture Capital zu erhöhen**
Mehrwert	• **Zugang** zu **Early Stage** Innovationen • **Langfristige Strategie für disruptive** Innovationen • **Rekrutierung** von **Entrepreneuren** sowie **Ausbildung** von **Intrapreneuren** • **Schaffung** von **Kollaboration** sowie **Innovation** als zentrale **Werte** der **Unternehmenskultur**	• **Stärkung** von **Intrapreneurship** (Unternehmertum im Unternehmen) und **Out-of-the-box-Denkweisen** • **Schnelle Entwicklung** von neuen **Produkten** und **Geschäftsmodellen**
	Hybridmodelle stellen eine **gängige Alternative** zu den **Reinformen** der **Modelle** dar	

Abb. 9.1 Gegenüberstellung Inkubator und Akzelerator. (Quelle: eigene Darstellung)

gischen Zielsetzung des Innovations-Labs häufig maßgeschneiderte Hybridmodelle der beiden Ausprägungen verwendet werden.

9.2.2 Strategische Kernfragen zur Entscheidungsfindung

Häufig wird die Entscheidung zur Implementierung eines Innovations-Labs an die Forschung- und Entwicklungsbereiche des eigenen Versicherungsunternehmens übergeben. Hintergrund dieses Vorgehens ist es, interne Management-Konflikte zu umgehen. Dieses Vorgehen ist jedoch aus verschiedenen Gründen nicht zielführend, denn im Gesamtvorstand des Versicherers ist zunächst eine Entscheidung herbeizuführen, inwieweit ein Innovations-Lab die richtige Vorgehensweise zur Lösung der strategischen Fragestellungen des Unternehmens ist. Da an dieser Entscheidung umfangreiche finanzielle und strategische Konsequenzen hängen, sollte das gesamte Führungsteam bei dem Vorgehen involviert werden, um hier auch mögliche Hürden der „Verhinderung" zu nehmen. Mehrere Versicherer bereiten sich mittlerweile auf solche Entscheidungen derart vor, in dem sie große Teile des Managements, zum Beispiel im Silicon Valley, hospitieren lassen. Über dieses Vorgehen gewinnt das Top-Management des Versicherers einen Eindruck über die Tragweite einer solchen strategischen Entscheidung.

Insbesondere mit Fokus auf die oben beschriebenen Problemstellungen haben Blank; Simoudis (vgl. [4, 7]) einen speziellen Fragenkatalog entworfen, der durch die Unternehmensführung iterativ beantwortet werden kann. Wie schon mehrfach angeklungen, ziehen derartige Vorhaben große finanzielle Investitionen nach sich. Deshalb ist es notwendig, dass alle nachfolgenden Fragen positiv beantwortet werden können. Erst danach sollte der Aufbau eines Innovations-Labs erwägt werden.

Soll Start-up-getriebene Innovation Teil des firmeneigenen Innovationsportfolios sein?
Häufig sind die Kompetenzen zu strategischen Entscheidungen, Produktentwicklung oder auch das Investieren in Unternehmensakquisitionen sowie -beteiligungen klar im Unternehmen verteilt. Ein Aufbau eines Innovations-Labs kann bedeuten, dass Teile dieser Kompetenzen von den Abteilungen oder Einheiten des Versicherers abgegeben werden und in das Innovations-Lab verlagert werden müssen. Werden solche Fälle nicht im Vorwege diskutiert, kann es zu großen internen Konflikten kommen. Andererseits bietet ein Start-up-getriebenes Innovationportfolio mehr Möglichkeiten für Versicherungsunternehmen, die ansonsten mit der Innovationsgeschwindigkeit der eigenen Branche nicht schritthalten können. Insbesondere gilt dies für die Assekuranz, die aktuell disrupiert wird oder kurz vor einer Disruption steht.

1. Wie lang ist der geplante Zeithorizont für ROI und wie hoch ist die Risikobereitschaft? Kann das Innovations-Lab die Ergebnisse in der gewünschten Zeit zur Verfügung stellen?

Es sollte bedacht werden, dass die Ideen bzw. InsurTechs in einem Innovations-Lab meistens ein sehr frühes Stadium aufweisen, sodass Lösungen für kurzfristige Probleme nur schwer zu lösen sind. Zudem zeichnen Innovations-Labs sich durch ein hohes Risiko bezüglich der zukünftigen Marktreife aus. Nur wenige Ideen werden es bis zum fertigen und profitablen Produkt schaffen. Dies ist ebenfalls dem sehr frühen Stadium geschuldet, in dem sich InsurTechs befinden. Steht ein Versicherer also vor einer größeren, zeitlich kurzfristig zu lösenden Problemstellung, so ist ein Innovations-Lab vermutlich nicht das richtige Instrument zur Lösung des Problems. Sinnvoller kann es dann für den Versicherer sein, Unternehmen zuzukaufen und damit anorganisch zu wachsen.

2. Wie lautet das strategische Ziele/die strategische Fragestellung für das Innovations-Lab?

Im Vorwege einer Entscheidung ist es Aufgabe der Unternehmensführung, eine konkrete strategische Fragestellung für das Innovations-Lab zu definieren. Je präziser diese definiert ist, desto höher ist die Chance, dass die Problemstellung gelöst werden kann bzw. desto weniger Ressourcen werden vermutlich aufgrund von vorhandenen Unklarheiten falsch allokiert. Es besteht durchaus die Möglichkeit, dass sich die Fragestellung im Laufe der Zeit noch etwas verändert bzw. angepasst wird; dennoch ist es unerlässlich, eine initiale Fragestellung zu definieren. Die Definition der konkreten Herausforderung ermöglicht es der Unternehmensführung, anschließend den passenden Standort des Innovations-Labs, Zielparameter sowie Erfolgskennzahlen zur Überprüfung der Zielsetzung abzuleiten.

3. Soll ein Lernen und Erforschen von externen Innovationsökosystemen Teil der Unternehmenskultur sein?

Diese Fragestellung erscheint trivial, ist aber ausgesprochen immanent in der Assekuranz. Im Vorwege der Entscheidung für ein Innovations-Lab, ist es deshalb notwendig, dass das Top-Management sich mit der einhergehenden Kulturveränderung auseinandersetzt. Das Unternehmen wird sich öffnen müssen und bereit sein, mit externen Akteuren Wissen und Daten zu teilen. Insbesondere vor diesem Hintergrund, hat die Assekuranz sicherlich größere kulturelle Veränderungen durchzuführen als andere Branchen. Aus diesem Grund erscheint es sinnvoll, dass die Unternehmensführung persönlich einen Eindruck über die mögliche Kulturveränderung gewinnt. Dabei ist es häufig sinnvoll eine gemeinsame Reise in das kalifornische Silicon Valley zu machen. Vorort werden dann im jeweilig relevanten Innovationsknotenpunkt branchenübergreifend Innovations-Labs besucht, Gespräche geführt und ein Gefühl dafür gewonnen, ob der Aufbau eines eigenen Innovations-Labs mit der strategischen Ausrichtung des Unternehmens sowie dessen Kultur vereinbar bzw. sinnvoll ist.

4. Welche Strategie wird zur erfolgreichen Integration von Start-ups in das Unternehmen verfolgt?

Versicherer haben oft Probleme damit, Entwicklungen aus Innovations-Labs in das eigene Unternehmen zu integrieren. Ideen bzw. Innovationen, die im Innovations-Lab entwickelt wurden, werden schlichtweg von den Betriebseinheiten des Unternehmens

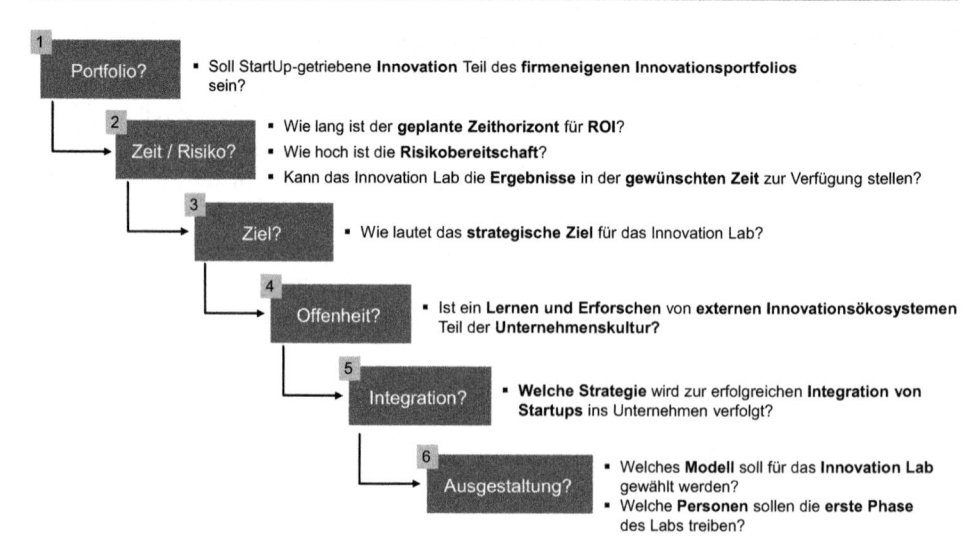

Abb. 9.2 Kernfragestellung vor dem Aufbau eines Innovations-Labs. (Quelle: eigene Darstellung, basierend auf [4, 7])

Flussdiagramm mit folgenden Fragen:
1. **Portfolio?** – Soll StartUp-getriebene **Innovation** Teil des **firmeneigenen Innovationsportfolios** sein?
2. **Zeit / Risiko?** – Wie lang ist der **geplante Zeithorizont** für **ROI**? Wie hoch ist die **Risikobereitschaft**? Kann das Innovation Lab die **Ergebnisse** in der **gewünschten Zeit** zur Verfügung stellen?
3. **Ziel?** – Wie lautet das **strategische Ziel** für das Innovation Lab?
4. **Offenheit?** – Ist ein **Lernen und Erforschen** von externen **Innovationsökosystemen** Teil der **Unternehmenskultur**?
5. **Integration?** – Welche Strategie wird zur erfolgreichen **Integration von Startups** ins Unternehmen verfolgt?
6. **Ausgestaltung?** – Welches **Modell** soll für das **Innovation Lab** gewählt werden? Welche **Personen** sollen die **erste Phase** des Labs treiben?

nicht gewollt und daher nicht angenommen. Es ist daher unerlässlich, im Vorwege zu definieren, wie Ergebnisse nachhaltig in das Unternehmen integriert werden können. Außerdem muss festgelegt werden, was mit Entwicklungen geschieht, die nicht in das bestehende Geschäftsmodell des eigenen Versicherers passen. Mögliche Ansätze zur Lösung sind dabei die Implementierung einer neuen Division im Unternehmen, die Entwicklung eines Spin-Outs (dt. Ausgründung) oder der Verkauf der Idee.

5. Welches Modell soll für das Innovations-Lab gewählt werden? Welche Personen sollen die erste Phase des Labs treiben?

Konnten alle vorherigen Fragestellungen positiv beantwortet werden, so kann mit der Ausgestaltung des Innovations-Labs begonnen werden. Ressourcen, Zielsetzung, Modell und Zeitplan für den Aufbau des Innovations-Labs werden von der Führungsriege des Unternehmens bestimmt und in Auftrag gegeben. Das Vorgehen des Aufbaus eines Innovations-Labs wird in Abschn. 9.3 behandelt. Abb. 9.2 fasst nochmals die zentralen Fragestellungen zusammen.

9.3 Aufbau einer Innovations-Lab

9.3.1 Phasenmodell zur Implementierung

Nachdem im vorangegangen Abschnitt hergeleitet werden konnte, anhand welcher strategischen Kernfragen eine Entscheidung im Hinblick auf die Implementierung einer unternehmenseigenen Innovations-Lab vorbereitet werden kann, soll nun der Fokus auf die

9 Erfolgsfaktoren von Innovations-Labs in der Assekuranz

Phase	Phase 1	Phase 2	Phase 3 (optional)
Fokus	• Aufbaue eines (Partner-)Netzwerks • Ideenfindung	• Investieren, Erfinden, Inkubieren und Akquirieren von Startups und Technologien	• Ideengestaltung • Produktentwicklung • Markttest
Team	• Technology Connectors (Business Development / Partnering)	• Technology Connectors (Business Development / Partnering) • ERGÄNZEND: Venture Capital, M&A	• Technology Connectors (Business Development / Partnering) • Venture Capital, M&A • ERGÄNZEND: Ingenieure
Beispiele	• USAA • Sky • AT&T • P&G • …	• BMW • Orange • Citi • …	• Samsung • Verizon • Qualcomm • …

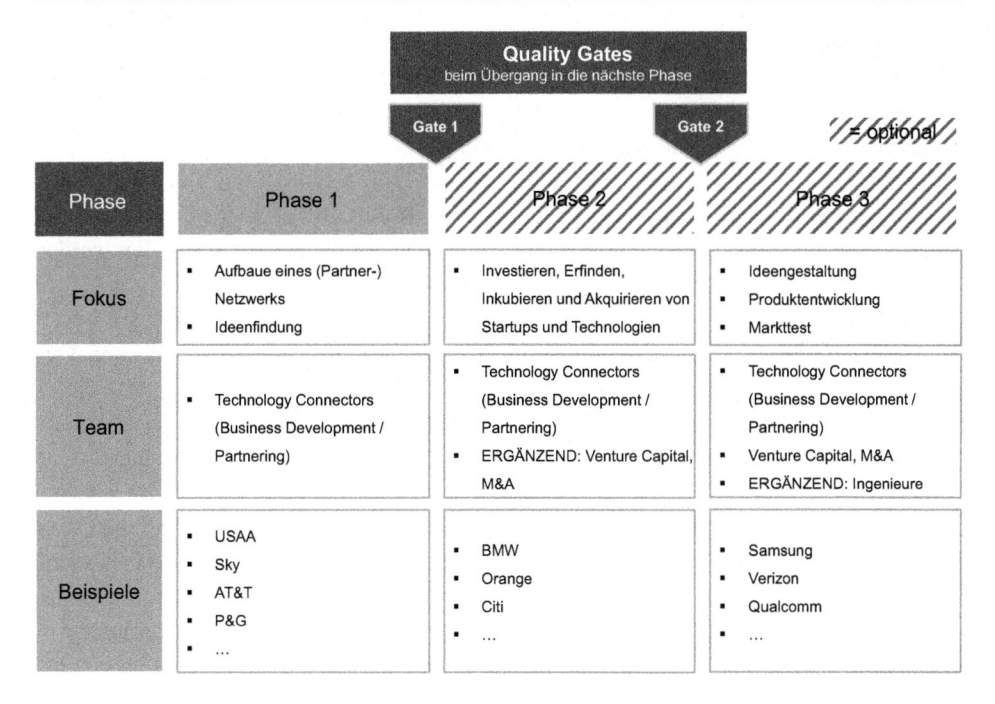

Quality Gates beim Übergang in die nächste Phase: Gate 1, Gate 2

Abb. 9.3 Phasenmodell zum Aufbau eines Innovations-Labs. (Quelle: eigene Darstellung, basierend auf [4, 8])

Vorgehensweise zum Aufbau eines Innovations-Labs gelegt werden. Dies ist als grobe Anleitung zu verstehen, um ein Verständnis für die Herausforderungen und den Umfang zu gewinnen und ist an das Vorgehen von Simoudis (vgl. [8]) angelehnt.

Insgesamt werden, wie in Abb. 9.3 dargestellt, drei grundsätzliche Phasen unterschieden. Der Übergang zwischen den Phasen ist durch sogenannte Quality Gates gekennzeichnet. Jeder dieser Übergänge muss sorgfältig geprüft werden, da jeder Übergang zu einem nächsten Gate mit einer signifikanten Allokation von weiteren Ressourcen verbunden ist. Es ist dabei nicht unbedingt erforderlich, jede Phase zu durchlaufen, sondern der Übergang sollte in Abhängigkeit der strategischen Ausrichtung des Unternehmens sowie der strategischen Fragestellung des Innovations-Labs entschieden werden.

1. Phase: Aufbau eines (Partner-)Netzwerkes

Da das eigene Versicherungsunternehmen möglicherweise bislang wenig Kontakt mit Start-ups, Universitäten oder Venture Capital Firmen hatte, ist es zunächst notwendig, erste Innovationen im Umfeld der Assekuranz zu identifizieren und sich dabei mit potenziellen Partnern des ausgewählten Innovationsknotenpunktes zu vernetzen. Auf diese Weise lässt sich das Innovations-Lab als Frühwarnsystem für Innovationen nutzen, die

- eine Gefahr für das eigene Unternehmen darstellen könnten,
- dank innovativer Angebote verwandte Geschäftsfelder für das Unternehmen erschließen könnten und
- durch neue Produkte neue Märkte erschließen könnten.

Kritisch für den Erfolg der ersten Phase ist das Kick-Off-Team, das die strategische Ausrichtung der Unternehmensstrategie versteht und taktisch ausrollen kann. Hier werden vor allem technologieaffine Mitarbeiter benötigt, die

- das Expertenwissen zur strategischen Problemstellung des Innovation-Labs und Vorwissen über die zugehörigen Trends besitzen,
- sich durch ein Verständnis für Business Development auszeichnen und
- im Unternehmen respektiert und an den richtigen Stellen bestens vernetzt sind.

Neben dem Kick-Off-Team sollte die Zielgruppe der potenziellen Partner definiert werden. Hierbei sollte der Fokus auf Partnern liegen, die sich entweder durch umfangreiche Expertise der Zielthemen, durch ein großes Netzwerk in der Szene oder durch umfangreiche Datenbestände auszeichnen. Potenzielle Partner sind in folgenden Zielgruppen zu finden:

- Investoren,
- Forschungseinrichtungen, Universitäten, Unternehmensberatungen und
- Start-ups, Gründern und im Knotenpunkt angesiedelten Unternehmen (unter Umständen auch branchenfremd).

Als eine weitere Ergänzung zu einer initialen Vernetzung können mit bewährten Kontakten erste Partnerschaften geschlossen werden. Diese können vielfältig in Abhängigkeit vom Partner ausgeprägt sein, wie zum Beispiel gemeinsame Forschungsprogramme zur Lösung von strategischen Problemstellungen mit Universitäten oder erste Machbarkeitsstudien mit Start-ups. Kritisch für den Erfolg solcher Partnerschaften ist häufig in dem Zusammenarbeitsmodell zu finden. Dies bedeutet für die Unternehmensseite, dass die Bereitschaft bestehen muss, Wissen, Daten und Technologie mit dem Partner zu teilen. Die Partner wiederrum müssen bereit sein, ihre Ideen, Technologien und Geschäftsmodelle dem Versicherungsunternehmen zur Verfügung zu stellen.

2. Phase: Investieren, Erfinden, Inkubieren und Akquirieren

In der zweiten Phase des Aufbaus eines Innovations-Labs investiert der Versicherer erstmals Wagnis Kapital (engl. Venture Capital) bzw. initiiert erste Akquisitionen. Da dies eine signifikante Menge an Kapital und Zeit benötigt, ist eine Entscheidung zum Übergang in die Phase 2 durch den Gesamtvorstand des Versicherungsunternehmens unerlässlich. Zusätzlich ist es notwendig, sofern noch nicht in Phase 1 geschehen, für das Innovations-

Abb. 9.4 Kernfragestellung der 2. Phase. (Quelle: eigene Darstellung)

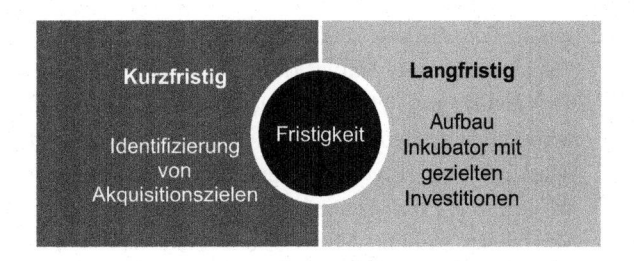

Kurzfristig — Identifizierung von Akquisitionszielen

Fristigkeit

Langfristig — Aufbau Inkubator mit gezielten Investitionen

Lab ein Management mit direkter Berichtserstattung an den Vorstand des Versicherers zu installieren.

Die Fristigkeit von Ergebnissen, die in dem Innovations-Lab erzeugt werden sollen, sind wesentliche Kernkriterien der Ausgestaltung der zweiten Phase. Werden von Unternehmensseite kurzfristige Ergebnisse eingefordert bzw. benötigt, werden durch die Scouts des Innovations-Labs Akquisitionsziele mit höherem Reifegrad identifiziert (engl. Growth Stage Companies). Wird hingegen ein längerer Zeithorizont betrachtet, so liegt der Fokus eher auf einem Inkubator-Modell zur gezielten Investition in Start-ups im frühem Stadium (engl. Early Stage Companies).

Im Verhandlungsprozess ist es unumgänglich, Informationen einander offen zu legen und die gemeinsame Zukunft zu diskutieren. Ein Austausch von Daten, Wissen, Technologien und Prozessen ist unerlässlich, um frühzeitig Missverständnisse zu verhindern (vgl. Abb. 9.4).

3. Phase: Produktentwicklung

Mit dem Übergang in die dritte Phase ist eine Einheit zur Produktentwicklung zu installieren. Diese hat die Aufgabe, die neuentwickelten Produkte bis zur Marktreife weiterzuentwickeln, um damit die ursprüngliche strategische Fragestellung für das Unternehmen zu lösen. Da die Entwicklung von Produkten oftmals sehr kapital- und zeitintensiv ist, muss auch hier ein Übergang in die dritte Phase durch den Gesamtvorstand bewusst entschieden werden. Dabei kann die Entscheidung an fünf Fragen systematisiert werden, bevor ein Übergang in die dritte Phase durchgeführt wird: (vgl. [8])

1. *Ist die finanzielle und organisatorische Unterstützung des Unternehmens gesichert?*
   Kritisch für den Erfolg des Innovations-Labs ist dabei das durchgängige Commitment des Unternehmens. Dies betrifft sowohl die finanzielle als auch die organisatorische Unterstützung. Während ein fehlender finanzieller Rückhalt beim Innovations-Lab schlichtweg zur Handlungsunfähigkeit führt, ist der organisatorische Rückhalt unabdingbar für die erfolgreiche Integration der Innovation ins eigene Unternehmen. Das Innovations-Lab muss von allen verantwortlichen Stellen als offizieller Teil des unternehmenseigenen Innovationsportfolios anerkannt sein. Dabei ist immanent wichtig, dass es ein Commitment durch die eigene Produktentwicklung gibt und diese sich positiv gegenüber dem Innovations-Lab positioniert.

2. *Wie soll die Lösung exakt aussehen?*
Für eine effiziente Entwicklung eines neuen Produktes ist es relevant, dass das finale Endprodukt möglichst genau definiert ist. Dies betrifft die Ausgestaltung, aber auch die vorgeschaltete Bedarfsanalyse. Je präziser das Geschäftsmodell definiert und validiert wurde, desto geringer sind Verschwendungen im Entwicklungsprozess.
3. *Wo wird das Produkt organisatorisch eingeordnet?*
Sobald das Produkt Marktreife erreicht hat, stellt sich die Frage der Integration ins Unternehmen. Möglicherweise wird das Produkt in eine bestehende Geschäftseinheit des Versicherers integriert oder es muss unter Umständen eine neue Geschäftseinheit gegründet werden. Bei Geschäftsmodell-fremden Innovationen kann es sogar sinnvoll sein, die Dienste/Produkte über eigene Gesellschaft/Marke zu vertreiben.
4. *Wer führt die Produktentwicklung an?*
In Abhängigkeit vom Stellenwert der Innovation im Unternehmen sollten klare Verantwortlichkeiten definiert werden. Hat das Produkt direkten Einfluss auf die strategische Zukunftsausrichtung des Unternehmens, macht es unter Umständen Sinn, direkt an den Vorstand zu berichten. Außerdem sollte die Schnittstelle zur internen Produktentwicklung klar definiert werden.
5. *Wird eine Lean-Startup-Methodik angewandt?*
Die von Ries (vgl. [6]) entwickelte Lean Start-up-Methodik kann die Ressourcenverschwendung im Zuge der Produktentwicklung drastisch reduzieren. Sogenannte „Minimum Viable Products" können in Form von Prototypen die Kundenreaktion in vielen kleinen Iterationen einfließen lassen, um nicht am Bedarf des Kunden vorbei zu entwickeln. Abb. 9.5 zeigt die Methodik zusammengefasst.

Da der Übergang zwischen den einzelnen Phasen von großer Bedeutung und strategischer Relevanz ist, wird in Abb. 9.6 ein Überblick über die Quality Gates zwischen den Phasen gegeben. Die Entscheidung für einen jeweiligen Übergang ist vom höchsten Management-Level zu beschließen. Bevor die Phase 2 für ein Innovations-Lab initiiert wird, muss sichergestellt sein, dass dieses, wie oben dargestellt, in seinem eigenen Knotenpunkt „gut eingephast" ist. Hierzu ist es zwingend notwendig, das Ökosystem um das Innovation-Lab verstanden zu haben sowie selbst ein Teil des Ökosystems geworden zu sein. Es sollte ein Netzwerk innerhalb des Ökosystems aufgebaut sowie konkrete Partnerschaften geschlossen worden sein.

Neben der Verfügbarkeit und Investitionsbereitschaft von Kapital und Zeit ist es notwendig, sich bewusst dazu zu entscheiden, mit Partnern Wissen, Daten und Technologie zu teilen bzw. auszutauschen. Dies impliziert, dass man bislang gut gehütete Informationen an unternehmensexterne Stellen weitergeben muss.

Als Voraussetzung der Entscheidung für das Unternehmen, in die dritte Phase zu wechseln, gilt es, die strategische Entwicklung neuer Produkte bereits geplant zu haben. Es sollten erste Produktlösungen identifiziert sowie definiert sein. Des Weiteren ist eine grobe Kosten- und Zeitschätzung für den Umfang der Investition zu empfehlen. Dabei ist die Entscheidung vornehmlich von der Verfügbarkeit und der Bereitschaft, Kapital und

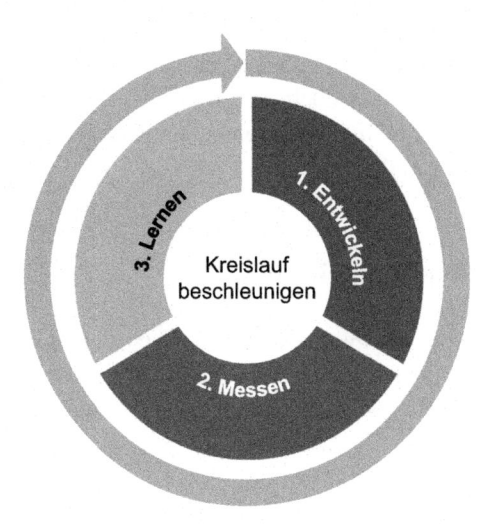

- Entwicklung eines **Kreislaufs** mit den **drei Schritten**:

1. **Entwickeln**
   - **Überführung** von **Ideen** in **Produkte**
   - **Bau** eines **MVP**
     (minimum viable product; kleinstmögliches Produkt)
2. **Messen**
   - **Überprüfung** von **Reaktionen** der **Kunden**
   - **Testen** von **Ursache** und **Wirkung**
3. **Lernen**
   - **Identifikation** von **wertschaffenden Eigenschaften / Verschwendung**
   - **Umschwenken** oder **Beibehalten**?
     („pivot or perverse")

- Ziel ist es den **Kreislauf** zu **beschleunigen**, so dass die **Iterationen** immer **kürzer** werden

Abb. 9.5 Lean Start-up Methodik (Exkurs). (Quelle: eigene Darstellung (basierend auf E. Ries 2014)[6])

	Gate 1	Gate 2
Entscheidung über	Eintritt in Phase 2	Eintritt in Phase 3
Voraussetzung	• **Ökosystem** verstanden • **Partnernetzwerk** aufgebaut	• **Produktlösung** identifiziert • **Geschäftsbereich** ausgewählt / gegründet • **Roadmap** zur **Produkterstellung** vorhanden
Entscheidungskriterien	• **Verfügbarkeit** und **Investitionsbereitschaft** von (Wagnis-) **Kapital** • **Verfügbarkeit** und **Investitionsbereitschaft** von **Zeit** • **Bereitschaft** M&A- Kompetenzen abzugeben • **Bereitschaft** Austausch von Wissen, Daten und Technologie mit den Startups zu **intensivieren**	• **Verfügbarkeit** und **Investitionsbereitschaft** von **Kapital** • **Verfügbarkeit** und **Investitionsbereitschaft** von **Zeit** • **Bereitschaft**, Produktentwicklungskompetenzen abzugeben
Entscheidung durch	Vorstand	Vorstand

Abb. 9.6 Quality Gates zwischen den Phasen. (Quelle: eigene Darstellung, basierend auf [8])

Zeit zu investieren, abhängig. Das Bewusstsein muss derart geschärft werden, dass die Produktentwicklungskompetenzen aus dem Kernunternehmen abgegeben werden müssen. Dies kann strategisch sinnvoll und auch notwendig sein, jedoch auch Kompetenzkonflikte im Konzern erzeugen und ist daher unbedingt vom Top-Management zu entscheiden. Abb. 9.6 zeigt das Entscheidungsraster von Gate 1 in Gate 2.

9.3.2 Erfolgsfaktoren beim Aufbau eines Innovations-Labs

Der Aufbau eines Innovations-Labs ist eine risikoreiche Investition für das Versicherungsunternehmen, dessen Ergebnis sich im Vorwege nicht direkt beziffern lässt. Dabei gibt es keine Erkenntnisse aus der betrieblichen Praxis, die es zu berücksichtigen gilt, um die Chancen auf Erfolg signifikant zu erhöhen.

1. *Das Innovations-Lab bedarf einer konkreten strategischen Problemstellung*
   Im Vorwege der Entscheidung über den Aufbau eines Innovations-Labs ist es von Relevanz, die konkrete strategische Problemstellung für das eigene Unternehmen zu definieren. Je präziser diese Definition ausformuliert ist, desto geringer ist die Wahrscheinlichkeit, die Ressourcen des Unternehmens falsch zu allokieren. Insbesondere der Aufbau eines Innovations-Labs mit der Zielsetzung „Digitalisierung" ist derart unpräzise, da der Begriff der Digitalisierung viel zu weit gefasst ist und damit eine Vielzahl von unterschiedlichen Problemstellungen anspricht. Andere Branchen, wie zum Beispiel Automotive, haben es vorgemacht und stattdessen mehrere Innovations-Labs mit unterschiedlichen, klar definierten Problemstellungen gegründet.
2. *Das Innovations-Lab muss mit ausreichend Entscheidungskompetenz befähigt werden*
   Eine Innovations-Lab ohne den nötigen Rückhalt aus dem Top-Management des eigenen Unternehmens wird auf eine Vielzahl von Schwierigkeiten treffen. Dazu zählen insbesondere lange Entscheidungsprozesse und fehlende Entscheidungskompetenzen, die die Arbeit von Innovations-Labs ungemein erschweren und die Wahrscheinlichkeit eines Scheiterns deutlich erhöhen.
3. *Standortwahl des Innovations-Labs ist von hoher Bedeutung – das Umfeld des Labs wird dieses entscheidend prägen*
   In Abhängigkeit von der strategischen Fragestellung des Innovations-Labs ist es auch notwendig, sich hinsichtlich eines geeigneten Standortes Gedanken zu machen. Während viele Unternehmen ihre Innovations-Labs in Technologiehochburgen, wie dem Silicon Valley, positioniert haben, hat Daimler zum Beispiel ein Innovation-Lab in der Automotive-Hochburg Michigan eröffnet (Mercedes-Benz Research & Development North America: MBRDNA 2017). Auch Tel Aviv, Berlin oder London sind mittlerweile beliebte Standorte für Innovation-Labs (vgl. [11]).

4. *Mitarbeiter des Innovations-Labs müssen respektiert und bestens vernetzt sein. Rückhalt des Unternehmens ist entscheidend*
   Ein weiterer erfolgskritischer Faktor sind die Mitarbeiter des Innovations-Labs. Wie bereits zuvor beschrieben, sollte das Kick-Off-Team bestimmten Anforderungen entsprechen. Hervorzuheben ist an dieser Stelle der Rückhalt im eigenen Unternehmen. Die Mitarbeiter sollten hervorragend vernetzt sein und zusätzlich den Respekt von sogenannten Schlüsselfunktionen genießen. Kurze Wege und schnelle Abstimmungen sind von großem Vorteil in den oftmals äußerst agilen Ökosystemen. Auf diese Weise können Experten des Unternehmens effizient und effektiv mit unternehmensexternen Experten zusammengebracht werden.
5. *Einstieg in Phase 2 muss bewusst entschieden werden und hat deutliche finanzielle sowie organisatorische Konsequenzen*
   Wie schon häufig angeklungen, muss der Einstieg in Phase 2 bewusst entschieden werden. Wird der Übergang zwischen den Phasen bewusst und überdacht begangen, lassen sich die Erfolgschancen für die erfolgreiche Implementierung einer Innovations-Lab signifikant erhöhen. Insbesondere vor dem Hintergrund, dass eine Fehlentscheidung an dieser Stelle dem Versicherer einen großen finanziellen Schaden zufügen kann.

9.4 Ausblick

9.4.1 Initiativen der Axa

Während die Versicherungsbranche in den letzten zehn Jahren kaum spürbares Wachstum zu verbuchen hatte und sich deshalb zahlreiche Versicherer mit Kostensenkungsmaßnahmen bzw. -programmen versuchen, für die Zukunft zu rüsten, bezeichnet die AXA dies schlichtweg als Hygiene und wenig strategisch. Nach Ansicht des Top-Managements der AXA muss die Strategie nach vorne und auf Wachstum ausgerichtet sein (vgl. [13]).

Aus diesem Grund hat AXA in 2012 den AXA Innovation Campus gegründet. Dieses sichtet konsequent den Markt nach aktuellen Trends und fokussiert sich vor allem auf FinTech- bzw. InsurTech-Start-ups. Die Mitarbeiter des Innovation Campus sind zum Teil in Vollzeit abgestellt und bauen so den Kontakt zu vielversprechenden Start-ups auf. Diese nehmen das Angebot von der AXA gerne an, sodass sich aus initialen Gesprächen zu innovativen Themen in versicherungsnahen Themenfeldern sowie Themen, die die Versicherungsbranche nachhaltig verändern können, die eine oder andere Kooperation zwischen einem InsurTech und der Axa entwickelt hat (vgl. [1]).

Außerdem werden durch Partnerschaften mit branchenfremden Kooperationspartner neue Ansätze entwickelt. Ein Beispiel hierfür ist die Entwicklung eines Wasserdetektors gemeinsam mit dem Energieversorger RWE. Um beiden Unternehmen den Zugang zum Home Security Markt zu eröffnen, wurde eine Smart Home Lösung mit einem Versicherungsprodukt verbunden. Ein weiteres Beispiel dafür ist ein Joint Venture mit der CompuGroup Medical zur Rechnungsabwicklung zwischen Arzt, Patient und privater

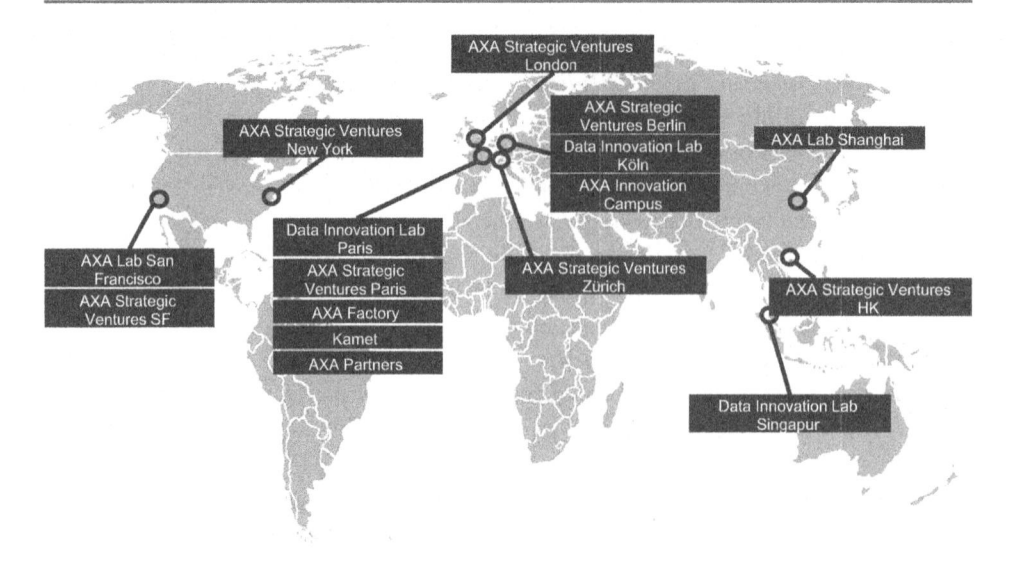

Abb. 9.7 Übersicht AXA Innovation Ecosystem. (Quelle: eigene Darstellung in Anlehnung an AXA 2017 [3])

Krankenversicherung. Die gemeinsam entwickelte Lösung ermöglicht eine papierlose und vollkommen digitale Abwicklung für den Kunden (vgl. [13]).

Weltweit gesehen, ist der AXA Innovation-Campus ein Teil des Innovation Ecosystems. Abb. 9.7 zeigt die Einheiten des weltweiten AXA Innovation Ecosystems (vgl. [3]).

AXA Labs

Mit ihren Lab-Standorten in Shanghai und San Francisco ist die AXA aktuell in zwei der innovativsten Regionen der Welt, um dort nach Innovationen, talentierten Entrepreneuren und neuen Trends zu suchen. Hierbei werden strategisch relevante Partnerschaften mit vielversprechenden Start-ups geschlossen oder deren Modelle analysiert und repliziert. Hierzu ist eine enge Zusammenarbeit mit den weiteren Einheiten das Innovation Ecosystems erfolgskritisch – insbesondere mit Kamet, AXA Strategic Ventures, AXA Partners und AXA Digital Partnership Team.

Kamet

Kamet ist ein klassischer Inkubator mit dem Ziel, innovative Unternehmen im Umfeld von Versicherungen und Asset Management aufzusetzen. Durch die Mischung aus talentierten Entrepreneuren und der Bereitstellung von Beratung, Methoden, Strukturen und vor allem Kapital werden Start-ups gegründet, inkubiert und anschließend schnellstmöglich skaliert.

AXA Strategic Ventures

Der Investment Fond der AXA für gezielte Investitionen in Fin- und InsurTechs konnte mittlerweile über 230 Mio. € in Start-ups mit sehr unterschiedlichem Reifegrad investieren. Insbesondere für die Unternehmen im frühen Stadium wurde der ASV Early Stage Fund und für Start-ups im reiferen Stadium der ASV Capital aufgesetzt. Um eine möglichst große Marktabdeckung zu erreichen, wurden hierfür zahlreiche Büros weltweit eröffnet.

9.4.2 Digitalisierungsvorhaben der Allianz

Damit der Digitalisierungsstrategie im Konzern der richtige Stellenwert zu Teil wird und mit der Strategie im Einklang bleibt, hat CEO in 2015 bei seinem Amtseintritt beispielsweise die neue Position eines Chiefs Digital Officers (CDO) geschaffen und mit einem kompetenten Manager aus der Telekommunikationsbranche besetzt (vgl. [12]).

Allianz X
Ehemals unter den Namen Allianz Digital Accelerator sowie Allianz Digital Labs bekannt, wurde die Allianz X als Digitalisierungs-Flaggschiff Anfang 2017 implementiert. Zur Leitung der Einheit wurde ein ausgewiesener Digitalisierungsexperte verpflichtet. Um dem eigenen Verständnis eines Company Builders und Investors gerecht zu werden, wurde Allianz X mit einem ausgesprochen hohem Anteil Investitionskapital ausgestattet (vgl. [15, 12]).

Zielgruppe für die Allianz X sind potenzielle Entrepreneure, die sich für ein sogenanntes Entrepreneur-in-Residence-Programm bewerben. Dieses Programm ist auf 100 Tage ausgerichtet, um gemeinsam mit einem von der Allianz bereitgestellten Team die Gründung eines neuen Start-ups zu planen und auszugestalten. Zusätzlich zum Team stellt die Allianz ein Gehalt, Seed Funding in Höhe von bis zu 3 Mio. €, Büroflächen sowie ihr Netzwerk zur Verfügung. Die Zielkategorien sind dabei weit gefasst: Mobility & Connectivity, Commercial & Residential Property, Insurance & Wealth, Digital Health, Data Intelligence und Cyber Security.

Allianz Ventures
Neben Allianz X wurden alle zukünftigen Investitionsvorhaben in der neugeschaffenen Allianz Ventures gebündelt. Diese ermöglicht der Allianz direkte Investitionen in Partnerschaften mit bereits am Markt bestehenden Start-ups – vornehmlich bereits in der Growth Stage. Hier wurden in einem ersten Schritt die für die Allianz strategisch wichtigen Zielkategorien identifiziert, die nachfolgend aufgezählt werden: Mobility & Connected Car, Connected Home & Properties, InsurTech & Wealth Management, Digital Health, Cybersecurity & Data Intelligence.

Literatur

1. AXA (2014) AXA Innovation Campus ins Leben gerufen. https://www.axa.de/presse/axa-innovation-campus. Zugegriffen: 12. Apr. 2017
2. AXA (2015) Behind the scenes at AXA Lab in Silicon Valley. http://www.discoveraxa.com/articles/behind-the-scenes-at-axa-lab-in-silicon-valley. Zugegriffen: 12. Apr. 2017
3. AXA (2017) Stories of innovation. For 30 years, innovation been at the core of our action and our company culture. https://www.axa.com/en/about-us/stories-innovation. Zugegriffen: 12. Apr. 2017
4. Blank S (2015) How to avoid innovation theater: the six decisions to make before establishing an innovation outpost. https://steveblank.com/2015/12/08/the-six-critical-decisions-to-make-before-establishing-an-innovation-outpost/. Zugegriffen: 12. Apr. 2017
5. Boston Consulting Group (2017) Innovation in 2016. The most innovative companies 2016. https://www.bcgperspectives.com/content/articles/growth-innovation-in-2016/. Zugegriffen: 12. Apr. 2017
6. Ries E (2014) The lean startup. How today's entrepreneurs use continuous innovation to create radically successful businesses, 1. Aufl. Crown Business, New York
7. Simoudis E (2015a) How to avoid innovation theater: the six decisions to make before establishing an innovation outpost. https://corporate-innovation.co/2015/12/08/how-to-avoid-innovation-theater-the-six-decisions-to-make-before-establishing-an-innovation-outpost/. Zugegriffen: 12. Apr. 2017
8. Simoudis E (2015b) How to set up a corporate innovation outpost that works. https://corporate-innovation.co/2015/12/17/how-to-set-up-a-corporate-innovation-outpost-that-works-2/. Zugegriffen: 12. Apr. 2017
9. Simoudis E (2015c) Innovation outposts and the evolution of corporate R&D. https://corporate-innovation.co/2015/11/21/innovation-outposts-and-the-evolution-of-corporate-rd/. Zugegriffen: 12. Apr. 2017
10. Simoudis E (2015d) Innovation outposts in silicon valley – going to where the action is. https://corporate-innovation.co/2015/12/01/innovation-outposts-in-silicon-valley-going-to-where-the-action-is/. Zugegriffen: 12. Apr. 2017
11. Simoudis E (2015e) Silicon valley's role in the re-invention of the disruptive corporate innovation model. https://corporate-innovation.co/2014/04/14/silicon-valleys-role-in-the-re-invention-of-the-disruptive-corporate-innovation-model/. Zugegriffen: 12. Apr. 2017
12. Gründerszene (2016) Allianz will 430 Millionen Euro in InsurTech investieren. http://www.gruenderszene.de/allgemein/allianz-x-430-millionen-euro. Zugegriffen: 12. Apr. 2017
13. Haufe (2016) AXA: Mit dem Google-Prinzip zum Vorreiter in der Versicherungsbranche. https://www.haufe.de/controlling/controllerpraxis/axa-mit-dem-google-prinzip-zum-vorreiter_112_361828.html. Zugegriffen: 12. Apr. 2017
14. Mercedes-Benz Research & Development North America: MBRDNA (2017) Divisions. http://mbrdna.com/divisions/. Zugegriffen: 12. Apr. 2017
15. Reuters (2016) Digitalisierung der Allianz kommt nur langsam in Schwung. http://de.reuters.com/article/deutschland-allianz-digitalisierung-idDEKBN13P198. Zugegriffen: 12. Apr. 2017
16. Versicherungsbote (2016) Allianz pumpt 430 Millionen Euro in Insurtech – Axa, Generali und Zurich sparen. http://www.versicherungsbote.de/id/4848410/Allianz-Baete-Insurtech-Versicherung/. Zugegriffen: 12. Apr. 2017

Customer Experience – die Königsdisziplin

10

Oliver Oster

How a customer behaves with a company is a reaction to how the company behaves with them.

Zusammenfassung
Die Versicherungswelt ändert sich derzeit grundlegend. Unternehmen wie Apple, Airbnb oder Amazon geben mit ihren kundenzentrierten Ansätzen die Standards vor. Darauf muss die Assekuranz reagieren. Unternehmen wie Clark, Flexperto, Wefox oder OptioPay verbessern das Kundenerlebnis. Dieser Beitrag beschreibt, wie sich die Costumer Decision Journey verändert und wie man ein fesselndes Kundenerlebnis erzeugt, um auch die Loyalität des Kunden von heute und von morgen zu gewinnen.

10.1 InsurTechs verändern die Kundenschnittstelle

Stellen Sie sich folgendes Szenario vor: Rolf (32) lebt mit seiner Frau und seiner bald einjährigen Tochter in Berlin. An einem Montagmorgen fährt er von seiner neuen Wohnung im Stadtteil Wilmersdorf, in die er und seine Familie am Wochenende eingezogen sind, zur Arbeit. Auf der Busfahrt lädt Rolf die mobile App seiner Versicherung herunter, um in seinem Account die neue Adresse einzugeben. Etwas erstaunt stellt er fest, dass seine Gesellschaft ihm daraufhin zwölf Fragen stellt. Bei der Beantwortung, die nicht viel Zeit in Anspruch nimmt, wird Rolf klar, dass er seine Hausratversicherung erhöhen sollte, denn das neue Appartement ist größer als das vorherige und sie haben dafür neue Möbel gekauft. Er sollte über den Abschluss einer Police bei Wasserschäden nachdenken, da er

O. Oster (✉)
OptioPay GmbH
Berlin, Deutschland
E-Mail: oo@optiopay.com

jetzt in einem oberen Stockwerk wohnt. Sein Versicherer schlägt ihm einen Telefontermin vor, um über seine Lebensversicherung zu sprechen, da seine Familie ja größer geworden ist. Außerdem schickt ihm die Gesellschaft einen Link zu Informationen zu ihren Altersvorsorgeprodukten. Bevor Rolf seine Arbeitsstelle erreicht hat, erhält er noch von seinem Versicherungsvertreter einen Email-Fragebogen zu seiner Kfz-Police, die er eigentlich bei einer anderen Gesellschaft abgeschlossen hat. Der Makler weist ihn darauf hin, dass die Strecke zur Arbeit nun kürzer wäre, weshalb die Beiträge niedriger ausfallen könnten. Mittlerweile ist Rolf in seinem Büro angekommen. Ein bisschen wundert er sich, dass er nicht selbst an all diese Dinge gedacht hat. Gleichzeitig ist er seiner Versicherung dankbar, dass sie das für ihn übernommen hat.

10.1.1 Assekuranz steht vor großen Herausforderungen

„Obwohl dieses Szenario – in Deutschland und auch anderswo – so wahrscheinlich nicht vorkommt, wird es bald so weit sein", meint Boston Consulting (vgl. [23]). Die dafür notwendigen Daten und Technologien existieren nämlich bereits. Doch viele Versicherer setzen sie noch nicht ein. Das wäre aber notwendig, denn die Lage der Branche ist nicht allzu rosig. Mit einem Bestand von 430 Millionen Versicherungsverträgen in 2016 ist dieser Wirtschaftszweig zwar ein wahrer Gigant. Doch die Zeiten des Wachstums sind vorbei. Die Anzahl der abgeschlossenen Policen je Haushalt stagniert in den meisten Sparten. Der Markt ist weitgehend gesättigt – was sich in einem heftigen Preiskampf spiegelt.

Die Versicherungen kämpfen mit mehreren Problemen. Eines davon ist, dass sie sich zu sehr auf neue Produkte als Umsatztreiber fokussieren und zu wenig von den Kundenbedürfnissen her denken. Die Gesellschaften haben über Jahrzehnte lineare Innovationsprozesse etabliert, die für die Anforderungen der Online-Welt nicht zeitgemäß sind. Überdies ist Risikovermeidung häufig ein Teil ihrer Unternehmenskultur. Außerdem stammt das Management meist nicht aus der Digital-Native-Generation.

So sind die Online-Angebote, die die Assekuranz-Unternehmen durchaus machen, häufig verbesserungswürdig. Beispielsweise sind laut einer Untersuchung von KPMG (vgl. [25]) 27 % der Webseiten nicht für Mobilgeräte optimiert. Zwar sind bei den meisten Gesellschaften Schadensmeldungen per Web möglich. Aber die angebotenen Kommunikationskanäle werden zum Teil nicht mediengerecht bedient. WhatsApp, Chat oder E-Mail erfordern Reaktionszeiten von Minuten oder Stunden, nicht aber von Tagen. Außerdem ist die Programmierung der Tools weit davon entfernt, perfekt zu sein. Beispielsweise war es laut KPMG bei 22 der untersuchten Online-Masken für Schadensmeldungen möglich, ein Alter von zwei Jahren anzugeben. Häufig konnten nicht existente Versicherungsschein-Nummern eingetippt werden. Bei zehn Gesellschaften konnte ein Schadensdatum gewählt werden, das in der Zukunft lag.

Zwar sind sich die Gesellschaften der Bedeutung von Apps für die Vertriebs- und Schadenthemen durchaus bewusst und setzen verstärkt auf deren Entwicklung, aber anscheinend tun sie zu wenig für das Marketing. Denn nur 10 % der deutschen Smartphone-

How challenging is each of the following in offering a consistent experience across all channels?
[TOP BOX 8 – 10, WHERE 10 = SIGNIFICANT CHALLENGE]

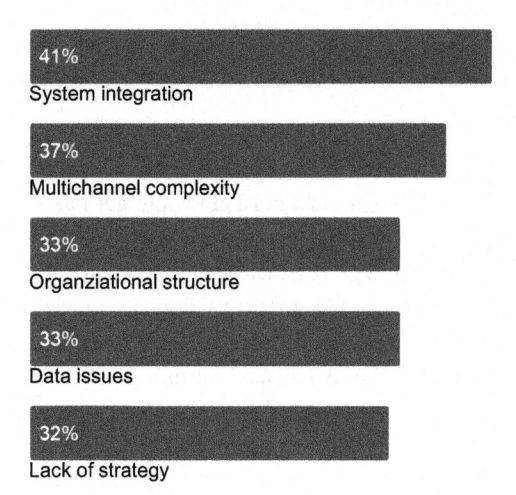

- 41% System integration
- 37% Multichannel complexity
- 33% Organziational structure
- 33% Data issues
- 32% Lack of strategy

Abb. 10.1 Die größten Hindernisse für eine konsistente Customer Experience. (Quelle: Harvard Business School Publishing 2014)

Nutzer kennen eine Versicherer-App. Die Zahl der aktiven Nutzer solcher Angebote liegt bei unter 5 % – für eine Branche mit rund 200 Mrd. € Jahresumsatz keine zufriedenstellende Bilanz, resümiert KPMG (vgl. Abb. 10.1).

10.1.2 Die Antwort der Versicherer

Die Versicherer sind sich der Herausforderungen durchaus bewusst. Sie investieren Millionen in den Erneuerungsprozess. Die Zurich Deutschland beziffert laut der KPMG-Studie ihr Investitionsvolumen in diesem Bereich auf 260 Mio. € in den kommenden Jahren. Die Allianz steckt schon seit Jahren hohe Summen in die Digitalisierung des Unternehmens. In den nächsten drei Jahren sollen es in Deutschland weitere 180 bis 200 Millionen und weltweit eine Milliarde Euro sein. Axa stellt dafür 400 Mio. € jährlich bereit.

Eine der größten Baustellen ist dabei die IT – häufig eine Altlast aus den vergangenen Jahrzehnten. In dieser Zeit sind viele stark fragmentierte Silolösungen für die einzelnen Sparten und Aktivitäten entstanden, die nun zu einer einheitlichen digitalen Struktur zusammengeführt werden müssen. Dabei bieten sich für die Gesellschaften mehrere Wege an. Entweder sie nehmen einen Komplettwechsel der IT vor wie zum Beispiel Zurich Deutschland oder Talanx. Eine Alternative ist das Outsourcing beispielsweise an eine andere Versicherungsgesellschaft – ein Weg, den Die Bayerische nach eigenen Angaben geht. Die dritte Option ist, für die digitalen Projekte schnelle, selbstständige IT-Strukturen aufzubauen.

Welche Möglichkeit die Unternehmen nutzen, wird von den Umständen abhängen. Dabei wird auch der Faktor Zeit eine Rolle spielen, meinen die KPMG-Consulter. Denn eine komplette Systemablösung von der Vorstudie bis zur Umsetzung und vollen Einsatzfähigkeit dauert vier bis acht Jahre.

10.1.3 Die Zeit drängt

Schnelligkeit in der Umsetzung ihrer Digitalstrategien ist ein wichtiger Faktor für die Versicherungen. Denn Investoren stecken sehr viel Geld in InsurTechs. 2016 flossen 82,4 Mio. US-Dollar in deutsche InsurTech-Firmen (vgl. [8]). Das ist laut Felix Schollmeier, Mitgründer und Geschäftsführer von FinanzChef24, mehr als doppelt so viel wie im Jahr zuvor. „2016 hat die InsurTech-Branche endgültig gezeigt, dass sie mehr ist als nur ein temporärer Hype", sagte Schollmeier dem Portal deutsche.startups.de zufolge. „Das Investitionsvolumen bestätigt das globale Interesse daran, den Versicherungssektor an moderne Technologien anzupassen."

Dabei entstehen InsurTechs an allen operativen Punkten von Versicherungen (vgl. Abb. 10.2). Viele Start-ups setzen genau da an, wo die Versicherungen am verletzbarsten sind: beim Kundenkontakt. Denn die Nutzergewohnheiten haben sich verändert. Die User sind an ansprechend und intuitiv gestaltete Produkte und Webseiten der US-Tech-Giganten gewöhnt.

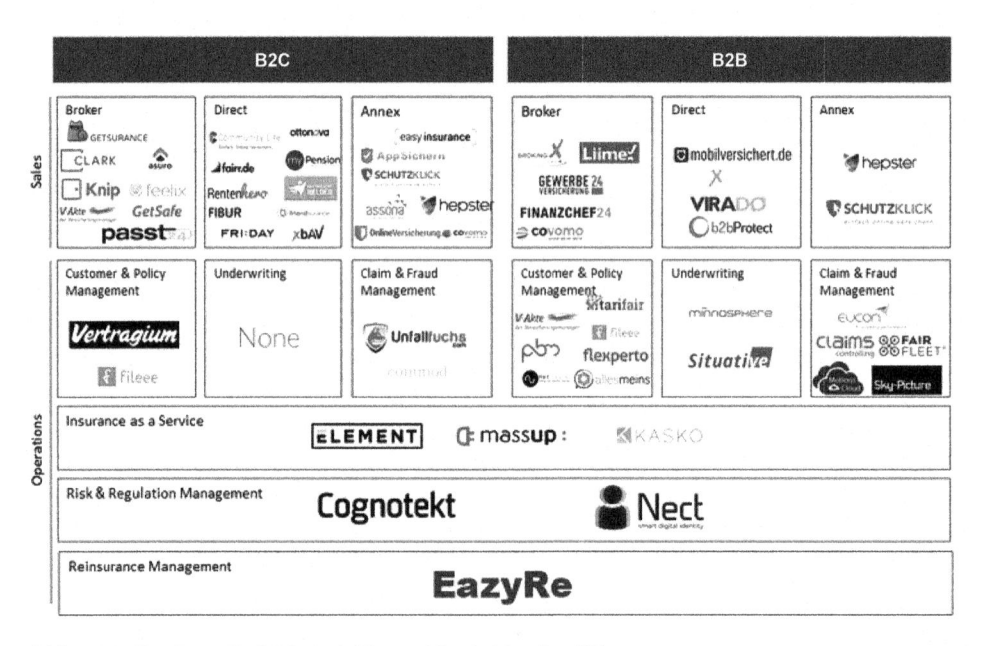

Abb. 10.2 Der InsurTech Markt in Deutschland. (Quelle: [9])

Und die gehören zu den am schnellsten wachsenden Unternehmen der Wirtschaftsgeschichte. Uber, Alibaba, Amazon, Airbnb, Twitter, WhatsApp, Facebook, Google: Grundlage ihrer Geschäftsmodelle sind Kundenkontakte und -daten. Airbnb besitzt nicht eine einzige Immobile und Uber nicht ein einziges Taxi. Die teure Warenzustellung überlässt Amazon im Wesentlichen externen Logistikern. Die Newcomer haben extrem schlanke Organisationsstrukturen, sie machen von externen, physisch vorhandenen Systemen und Dingen Gebrauch (bei denen die Kosten liegen) und interagieren mit einer riesigen Zahl von Menschen (wo das Geld ist).

Die Geschäftsmodelle der Old Economy sind dagegen viel behäbiger. Ein ehrwürdiges Unternehmen wie die „New York Times" beispielsweise hat einen viel aufwendigeren Herstellungsprozess, um Geld zu verdienen: Artikel schreiben, Fakten checken, Anzeigen akquirieren, Papier kaufen, drucken und die Zeitung vertreiben. Facebook schafft eine Plattform und lässt den Content von Usern schreiben. Twitter monetarisiert mit seinem Feed-Service die Titelseiten von Zeitungen. Der Wert der Unternehmen ist also die Schnittstelle zum Kunden, nicht das Produkt. Das muss nun auch die Assekuranz stärker beherzigen. „Einen Vergleich mit digitalen Top-Playern wie Amazon oder Google hält keine Onlineplattform eines Versicherers stand", meint KPMG.

10.1.4 Versicherung der Zukunft

Momentan ist es für Start-ups relativ einfach, Bereiche zu finden, in denen Versicherungen verbesserungswürdig sind. Viele Kunden halten die Produkte für schwer verständlich. Ein Großteil der Gesellschaften müsste auch seinen Vertrieb verbessern, meint Artjom Kartaschow, Senior Consultant bei der zeb Unternehmensberatung. „Erreichbarkeit auf vielen Kanälen, längere Geschäftszeiten oder eine beschleunigte Bearbeitung sind nur ein paar Beispiele. Vermeintliche Fortschritte wie eine Computerstimme bei der Hotline sind dabei kontraproduktiv." (vgl. [24]) Die durchaus funktionierenden Prozesse im Schadenmanagement seien größtenteils zu langsam und zu umständlich. Darüber hinaus werde noch immer ein Großteil der Verträge über Makler abgeschlossen, die sich häufig gegen neue Technologien sperren. Service ist in der Branche eher ein Fremdwort.

Deshalb sollte die Assekuranz die InsurTech-Aktivitäten gut im Auge haben. Denn daran zeigt sich, wie die Versicherung der Zukunft aussehen wird. Dabei sind die Entwicklungen nicht nur eine Bedrohung, sondern bieten auch Chancen. Durch neue, kundennahe Services könnten die Gesellschaften eine neue Rolle einnehmen. Sie könnten vom Schadensregulierer zum vertrauenswürdigen Partner werden. Das könnte zum Beispiel dann der Fall sein, wenn die Kfz-Versicherer durch neue Technologien helfen, Unfälle zu vermeiden, oder die Krankenversicherer die Kunden stärker bei der Gesundheitsvorsorge unterstützen. Die englische Aviva, die fünftgrößte Versicherungsgesellschaft der Welt, berichtet darüber, dass sie mit ihrem LeakBot Wasserschäden vermeiden konnte, die 20 % ihrer Schadenszahlungen in der Hausversicherung ausmachten.

Policen werden in Zukunft über das Smartphone bedarfsorientiert abgeschlossen, sofort policiert, sie sind hochgradig individualisierbar und können täglich gekündigt werden, schreibt die „Versicherungswirtschaft" (vgl. [24]). Nur noch 50 % der sonst im Antrag üblichen Fragen müssen beantwortet werden, umfangreiche gedruckte Versicherungsbedingungen gehören der Vergangenheit an, Informationen an Kunden fließen spartenübergreifend digital. 60 % der Schadenfälle werden noch am selben Tag ohne Rückfragen vollautomatisch bearbeitet, das Geld direkt auf das Konto des Versicherungsnehmers ausbezahlt.

„Wir stehen am Anfang einer Entwicklung, bei der Technologie auf das Risikomanagement angewandt wird", stellt Scott Walchek, Gründer und CEO von Trov, fest. „Versicherungen werden in Zukunft ganz anders aussehen." (vgl. [9]) 2012 gegründet, versichert das im kalifornischen San Francisco angesiedelte Start-up zehn Millionen Dinge mit einem Wert von über zehn Milliarden US-Dollar. Vor allem bei den 18- bis 35-Jährigen kommt ihr im Mai 2016 gelauncht es Produkt gut an. Die per Wischer zu bedienende App basiert auf einer Cloud-Plattform, die Kurzzeit-Policen, Bepreisung per Algorithmus, integrierte Zahlungsfunktionen und intelligente, bot-gestützte Schadensregulierung ermöglicht.

„Der Abschluss einer Versicherung ist geradezu lächerlich rückschrittlich", meint auch Andrew Brem, Chief Digital Officer von Aviva (vgl. [9]). Bald wird es überflüssig sein, seitenlange Bögen auszufüllen und unzählige Fragen zu beantworten. Dafür sorgt die Analyse von Daten. Ein Beispiel dafür ist die Autoversicherung von Aviva. Bisher musste man viele Angaben zum Fahrzeugtyp, dem Wohnort und der Fahrpraxis machen. Die Gesellschaft hat nun eine statistische Verbindung zwischen dem Kauf einer Lebensversicherung und einem sichereren Fahrstil ermittelt. Wenn ein Interessent für eine Kfz-Police bereits eine Lebensversicherung hat, dann gewährt Aviva ihm einen Preisnachlass.

Viele Versicherer experimentieren mit solchen Modellen. Vergangenes Jahr wollte der Kölner Kfz-Versicherer AdmiralDirekt die Wortwahl in Facebook-Posts analysieren, um abzuschätzen, wie risikofreudig eine Person fährt. Facebook lehnte das Experiment nach einiger Prüfung ab. Langfristig werden solche Informationen aber auf andere Weise zur Verfügung stehen.

10.1.5 Big Data, AI und IoT sind Treiber der Innovation

Das wird dann der Fall sein, wenn neue Technologien noch stärker in den Alltag Einzug halten. Denn ein zentraler Punkt für die Zukunft dürfte sein, dass die Assekuranz das Risiko besser messen kann. Was bisher die Versicherungsmathematiker und -statistiker erledigten, werden bald Big Data, Artificial Intelligence (AI) und Internet der Dinge (IoT) machen. AI hat das Potenzial, die Risikobepreisung zu verändern. Denn die Gesellschaften stützten sich dafür bislang auf Erfahrungen aus der Vergangenheit. In Zukunft ist es möglich, das Risiko in Echtzeit einzuschätzen und mögliche Schäden abzumildern oder gar zu verhindern. Dabei können Versicherer mit Hilfe von IoT personalisierte Services in Echtzeit liefern, ihre Abläufe effizienter gestalten und die Kosten für ihre Produkte mit größerer Präzision kalkulieren. Wenn zum Beispiel das Smartphone eines Kunden signalisiert, dass der Betroffene eine Straße entlanggeht, in der sich aufgrund von Blitzeis bereits mehrere Personen Knochenbrüche zugezogen haben, dann kann die Versicherung dem Kunden eine Nachricht schicken, in der er davor gewarnt wird.

Das Vorsorge-Konzept spielt auch in der Kfz-Versicherung eine immer größere Rolle. 90 % der Unfälle werden durch Fahrfehler verursacht. Weniger Unfälle bedeuten weniger Schäden und damit günstigere Tarife. Gesellschaften, die auf In-Car-Telematiklösungen setzen wie die in London ansässige Insure The Box, empfehlen ihren Versicherten bereits heute in manchen Situationen, vorsichtiger zu fahren. Telematiktarife, bei denen das Unternehmen Einblick in die Fahrdaten nimmt, werden vor allem von jüngeren Fahrern gerne gewählt, die ihre Kosten senken wollen. Bei älteren Fahrern kommt das Konzept nicht so gut an. Der Markt für Telematiktarife für ältere Verkehrsteilnehmer ist bislang noch nicht recht in Schwung gekommen.

Sollte sich das Konzept von Carsharing stärker durchsetzen, dann könnte sich die Zukunft der Kfz-Versicherung komplett verändern. An die Stelle von Individualtarifen würden Flottenabschlüsse treten. Möglicherweise würden dann die Autohersteller als Versicherer auftreten. Beim autonomen Fahren müsste der Fahrzeughalter nach wie vor eine Police abschließen, die wegen der geringeren Zahl an Schadensfällen vermutlich deutlich günstiger wäre als heute. Bei Unfällen könnte der Versicherer in dem Fall, dass der Fehler durch das Auto verursacht wurde, die Kosten beim Hersteller zurückfordern.

Auch für Krankenkassen bieten sich die neuen Technologien an. Der südafrikanische Versicherer Discovery hat beispielsweise das Programm Vitality ins Leben gerufen, das Aktivitätstracker wie Fitbits oder andere Modelle nutzt, um die Versicherten zu mehr Bewegung zu ermuntern. „Wir haben den Wellness-Gedanken bereits ein Jahrzehnt erprobt. Nun ist er Teil einer Krankenpolice", meint Adrian Gore, CEO von Discovery. „Es gibt hier einen großen Wandel. Wir verstehen Risikofaktoren besser und versuchen, Verhaltensänderungen zu unterstützen und das Gesundheitssystem stärker zu personalisieren" (vgl. [9]). In Zukunft könnte das Konzept weiter ausgebaut werden, wenn genetische Daten möglicherweise dafür genutzt werden könnten, genau passende Gesundheitspläne für Menschen aufzustellen.

Wie geht es nun weiter? Noch sind die Angebote der Start-ups eher einzelne Produkte auf einzelnen Gebieten. Das wird sich bald ändern. „Unsere Branche hat eine falsche Unterteilung in verschiedene Typen von Versicherungen geschaffen", meint Aviva-CDO Brem. „In Zukunft sollten die Gesellschaften den Kunden einschätzen und ihm eine einzige Police mit einer monatlichen Gebühr empfehlen." (vgl. [9])

„Wir werden über einen reichen Datenschatz verfügen, der Risiken in Echtzeit erkennt. Das ändert die Art und Weise, wie Versicherungen funktionieren", meint auch Trov-Chef Walchek. „Vielleicht gibt es irgendwann einmal eine einzige Police, die uns immer begleitet und alle Arten von Risiken abdeckt." (vgl. [9]) Damit werde die Unterscheidung zwischen unterschiedlichen Versicherungsprodukten verschwinden.

Auf der einen Seite werden also Technologien dabei helfen, Risiken zu reduzieren und Prämien zu senken. Aber die digitale Welt wird auch neue Bereiche schaffen, die versichert werden müssen. Dazu gehört zum Beispiel das Thema Cybercrime. Für Unternehmen sind Schäden derzeit meist im Rahmen von betrieblichen Versicherungen abgedeckt. Angesichts der Menge an persönlichen Daten, die überall gesammelt werden, könnte ein Markt für die persönliche Cyber-Versicherung entstehen.

10.1.6 Kooperationen zwischen Versicherungen und InsurTechs

Etablierte Versicherungen und InsurTechs kommen zwar aus zwei unterschiedlichen Welten, sie arbeiten aber teilweise eng zusammen. Der rasche Wandel in der Branche führt dazu, dass Gesellschaften wie Wüstenrot & Württembergische (W&W), Hiscox RSA oder Aviva mittlerweile durchaus rührig in der Start-up-Szene sind, oft mit eigenen Aktivitäten. Dazu gehören beispielsweise der Digital Accelerator der Allianz oder die Digital Partners von Munich Re. Auch Axa hat eine solche Tochtergesellschaft gegründet. „Axa Strategic Ventures (ASV) ist ein Investmentfonds, der in zwei Welten unterwegs ist", meint Sébastien Loubry, Partner bei ASV (vgl. [1]). Seit dem Start hat das Unternehmen zwischen 250.000 und 15 Mio. € in ungefähr 20 Start-ups gesteckt, die innovative Lösungen für den Versicherungssektor entwickeln. Die Beteiligungen reichen von Policy Genius, einer Plattform für den Vertrieb von Versicherungsprodukten über das Handy, über Blockstream, ein Unternehmen, das die Blockchain-Technologie nutzt, bis zu Flyr, ein Tool, das die Entwicklung von Preisen von Online-Flugtickets voraussagt.

Etablierte Versicherungen sind für die InsurTechs häufig wichtige Steigbügelhalter für ihre weitere Entwicklung. Trov kooperierte beispielsweise für den Marktstart in Australien mit dem australischen Finanzdienstleister Suncorp. Seit Ende 2016 arbeitet der On-Demand-Versicherer für die Einführung im Vereinigten Königreich mit Axa zusammen. Nun soll der Roll-out in den USA erfolgen. Die Ausschreibung dafür hat Munich Re gewonnen. Eine von dem größten Rückversicherer der Welt angeführte Investorengruppe stellt Trov nach Presseberichten 45 Mio. US-Dollar zur Verfügung. „Die Digitalisierung verändert das Gesicht der Versicherungsindustrie", sagte Andy Rear, Head von Munich Re Digital Partners. „Unsere Partnerschaft ist ein sehr gutes Beispiel für die innovativen Ansätze, die wir mit den digitalen Versicherungs-Start-ups entwickeln." (vgl. [22]) (vgl. Abb. 10.3)

Abb. 10.3 Assekuranz goes digital. (Quelle: [14])

Die MunichRe-Trov-Zusammenarbeit ist ein Musterfall dafür, warum InsurTechs die großen Versicherungen brauchen. In Australien hatte es Trov nur mit einer einzigen Regulierungsbehörde zu tun. In den USA ist dafür jeder der 50 Bundesstaaten selbst zuständig. Das würde ein kleines Start-up überfordern. Munich Re hat in den USA eine breite Präsenz sowie die notwendige Expertise. Gleichzeitig sammelt der deutsche Rückversicherer Erfahrungen mit innovativen Versicherungslösungen.

10.2 Die Neugestaltung des Kundenerlebnisses

Was machen nun InsurTechs anders und besser als die etablierten Versicherer? Sie sind Experten darin, das Kundenerlebnis ansprechend zu gestalten. Als Vorreiter auf diesem Gebiet gelten Firmen wie Clark, Lemonade, OptioPay oder Wefox.

10.2.1 Innovationen am Front-End

Die meisten InsurTechs fokussieren sich auf das Front-End, über das häufig der erste Kundenkontakt zustande kommt. Wenn den Interessenten die Angebote gefallen, dann treffen sie möglicherweise eine Kaufentscheidung. Clark gehört in diese Kategorie. Der digitale Versicherungsmakler ist Ansprechpartner für Schadensfälle und macht auch Vorschläge zu günstigeren Policen. Mit der Clark-Lösung kann man alle eigenen Versicherungen in einer App verwalten.

Auf den Vertrieb konzentriert sich auch der US-Newcomer Lemonade. Das junge Unternehmen hat kürzlich vor Furore gesorgt, weil sich die Allianz daran beteiligt hat. Das Konzept von Lemonade basiert auf dem Community-Gedanken, bei dem ein Kollektiv das Risiko trägt. Gleichzeitig ist damit eine gewisse Kontrolle verbunden, sodass es seltener Missbrauch gibt. Die Idee dahinter ist eine Rückkehr zum Ursprungsgedanken der Versicherung und wird heute noch in vielen Versicherungsvereinen auf Gegenseitigkeit gepflegt. Ähnliche Konzepte verfolgen auch Friendsurance, So-sure oder Guevara.

Geradezu ein „alter Hase" der Szene ist EverQuote, das bereits 2011 gegründet wurde. Das Unternehmen betreibt die Plattform usautoinsurancenow.com, eine Suchmaschine für die besten Kfz-Tarife. EverQuote ist Partner von 5000 Versicherungsagenturen und 70 Versicherungen, die Website besuchen jeden Monat über 5 Millionen Kunden. Das Unternehmen, das in den vergangenen Jahren um 200 % gewachsen ist, hat im Herbst 2016 bei einer Finanzierungsrunde 36 Mio. US-Dollar erhalten und will sein Produktangebot auf die Hausrat- und Lebensversicherung ausdehnen (vgl. [6]).

10.2.2 Komplett digitale Versicherer

Neben Start-ups, die einzelne Bereiche von Assekuranzunternehmen optimieren, gibt es mittlerweile auch solche Newcomer, die nicht nur als Vermittler, sondern auch als Risikoträger auftreten wollen. Dafür brauchen sie in Deutschland eine Lizenz der BaFin, die beispielsweise Ottonova beantragt hat. Bei dem von Holtzbrinck Ventures finanzierten Unternehmen können nun private Krankenversicherungen nach eigenen Angaben unkompliziert per App abgeschlossen werden. „Die Bafin passt auf, dass Versicherungen nicht in eine finanzielle Schieflage geraten" erläutert Roman Rittweger, CEO von Ottonova. „Deswegen verlangt sie für die Zulassung von uns nicht nur sehr hohe Eigenmittel, sondern auch ein gutes Risikomanagement, laufende Systeme und ein Team, das alle Funktionen abdeckt" (vgl. [12]).

Die zweite Neugründung mit dem Potenzial zur Vollversicherung kommt aus dem Hause FinLeap, das unter anderem die Hannover Rück als Geldgeber im Rücken hat. Das Start-up namens Element entwickelt eine digitale Versicherungsplattform. Dafür hat das Unternehmen ebenfalls eine BaFin-Lizenz erhalten. Die FinLeap-Macher sind der Ansicht, dass Innovationen an einzelnen Stellen des Versicherungsprozesses nicht sinnvoll sind. Sie bauen eine komplett neue Infrastruktur auf, die die Versicherung von morgen möglich macht. „Basierend auf unseren Erfahrungen, die wir mit unserem Venture SolarisBank gewonnen haben, sehen wir auch bei Versicherungen, dass das Front-End ohne größere Änderungen im Backend nicht in der Lage sein wird, eine vollständige digitale Erfahrung des ganzen Prozesses möglich zu machen", meinen Dr. Matthias Lange und Inna Leontenkova von FinLeap (vgl. [9]). Deshalb hat FinLeap für Element eine Lizenz für das Sach- und Unfallgeschäft beantragt. Das neue Unternehmen soll Risikoträger für InsurTechs, E-Commerce-Anbieter und Makler werden, die als Teil ihres Geschäftsmodells Versicherungsangebote machen. Element will aber auch eigene Produkte anbieten.

Auf ein ganzheitliches Versicherungsangebot zielt auch Wefox ab. Das Unternehmen könnte sich „bald zu einem der wichtigsten Change-Booster im europäischen Markt entwickeln und die Branche nachhaltiger verändern als ein reiner Digitalversicherer, eine web-basierte Maklerplattform und ein Online-Vertriebskanal", schwärmt die „Versicherungswirtschaft" (vgl. [24]).

„Wefox stellt sich auf wie ein Amazon der Versicherungsbranche. Unternehmen können über eine standardisierte Schnittstelle – die NextGen API – ihre Produktdetails und Kampagnen einspeisen und einen Rückkanal zur Schadensabwicklung legen", heißt es weiter. „Makler übernehmen den Verkauf von Versicherungsleistungen und nutzen dabei Salesforce-Tools, die mit Vertriebskampagnen und vor allem mit Business Intelligence aus dem Kundenpool gefüllt werden" (vgl. [24]).

Die Geschäftsidee: Wefox ist einerseits selbst Makler und versucht gleichzeitig, bestehende Versicherungsmakler an sich zu binden. Die Firma bietet ihnen an, ihre Endkunden mit Hilfe des Wefox-Systems zu betreuen. Sie verspricht eine Reduktion der Kosten, eine Verbesserung der Betreuung durch Nutzung von Smart Data und nachhaltige Umsatzsteigerungen. Um die Qualität der angebotenen Versicherungsprodukte und die Backoffice-

Kompetenz und -Geschwindigkeit beurteilen zu können, führt WeFox ein Experience Rating ein, vergleichbar mit dem Sterne- und Kommentarsystem auf großen Handelsplätzen.

Das Unternehmen entwickelt sich nach eigenen Angaben jedenfalls rasant. Innerhalb von 18 Monaten hat es bereits über 100.000 Kunden und 360 Makler gewonnen und vertreibt die Produkte von über 100 Unternehmen aus der Versicherungsbranche. Dass große Gesellschaften wie Ergo eine Partnerschaft mit dem Start-up eingegangen ist, stärkt die Position des InsurTechs bei den Maklern. Gleichzeitig profitiert auch Ergo davon, weil der Versicherer dadurch mehr Transparenz über seine Beziehungen zu Versicherungsmaklern erhält.

10.2.3 Innovation am Ende der Costumer Journey

Eines der wenigen Unternehmen, die sich am Ende der Costumer Journey, nämlich in der Auszahlungsphase positionieren, ist OptioPay. Dabei zählt es nicht nur Versicherungen, sondern auch all die Firmen zu ihren potenziellen Kunden, die Auszahlungen prozessieren.

Wenn Assekuranzunternehmen Versicherungsleistungen auszahlen, dann geht es zum Beispiel um die Erstattung von Kfz-Schäden, den Wiederbeschaffungswert eines gestohlenen Fahrrads oder ähnliches. Ein Fallbeispiel: Frau Schmidt wurde ihr Fahrrad gestohlen. Sie hat zum Glück beim Kauf eine Diebstahlversicherung abgeschlossen und erhält nun von ihrer Versicherung 300 € Entschädigung. Indem OptioPay die Auszahlung für die Versicherung abwickelt, erhält Frau Schmidt über OptioPay die Möglichkeit, ihre Zahlung

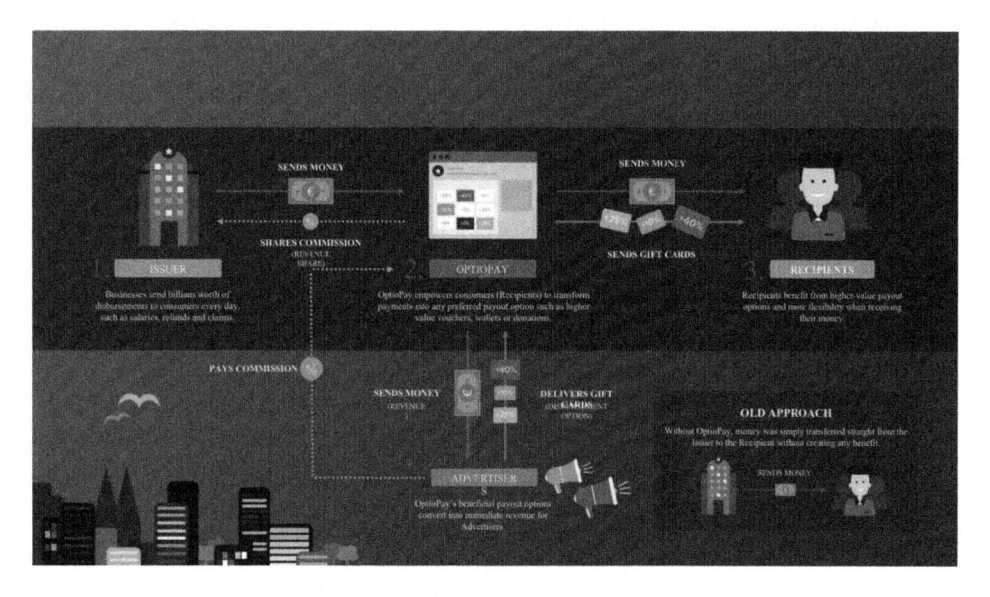

Abb. 10.4 So funktioniert OptioPay. (Quelle: eigene Darstellung)

beispielsweise in höherwertige Einkaufsgutscheine umzuwandeln. Frau Schmidt kann innerhalb der Auszahlungsplattform aus 300 € z. B. einen 360 € Einkaufsgutschein bei einem Fahrradhändler generieren. Sie erzielt somit einen Mehrwert von 20 % und kann sich ein neues Fahrrad sowie, dank des Mehrwerts, ein neues Schloss kaufen (vgl. Abb. 10.4).

OptioPay wurde 2015 gegründet und hat mittlerweile Verträge mit etwa 120 Unternehmen, zu denen namhafte Firmen wie Amazon, Zalando, Adidas, Brille.de oder Fahrrad.de gehören. OptioPay übernimmt dabei die gesamte Abwicklung des Auszahlungsvorgangs, beginnend bei der Kontaktaufnahme mit dem Kunden, wobei der eigentliche Prozess auf einem Portal in der Corporate Identity des jeweiligen Partners stattfindet. Diese Lösung hat für alle Beteiligten Vorteile. Für Zalando ist es beispielsweise sinnvoll, auf diese Weise einen Kunden im Moment des Gelderhalts zu erreichen. OptioPay hat somit einen neuen Marketingkanal geschaffen, der Reichweite und Relevanz garantiert und direkten Umsatz für die Händler generiert. Andere Kanäle der Kundenakquise sind häufig nur zu viel höheren Kosten möglich. Außerdem hat der Händler keine weiteren Ausgaben für Payment-Service-Provider wie zum Beispiel PayPal, denn OptioPay ist diesen beim Kauf der Einkaufsgutscheine vorgelagert.

Auch die Firmen, die die OptioPay-Lösung nutzen, dazu gehört beispielsweise die BavariaDirekt, profitieren davon – nämlich durch einen bei Versicherungen ganz wichtigen Faktor: das positive Kundenerlebnis. Denn gerade in einer Welt, die von der Nüchternheit des Internets geprägt ist, ist es wichtig, auf andere Weise eine emotionale Bindung zum Kunden herzustellen. Dadurch, dass der Auszahlungsmoment ansprechend gestaltet und positiv erlebt wird, erhöht man die Kundenbindung – und das beim letzten Kontakt mit dem Unternehmen, ein Faktor, der laut Untersuchungen zur Psychologie der Kaufentscheidungen im Internet eine große Bedeutung hat. Denn daraus resultiert eine Erhöhung der Weiterempfehlungsrate, die für alle Unternehmen eine enorm wichtige Rolle spielt (vgl. [5]).

10.3 Das Kauferlebnis im Internet

Auch im Digitalisierungszeitalter ist die Hoheit über die Kundenschnittstelle elementarer Hebel zur Etablierung erfolgreicher Geschäftsmodelle. Wer die Kundenschnittstelle besitzt, verfügt über die Kundendaten, kann Bedarfe erkennen und wecken, Kundenbindung und Loyalität für Cross- und Upselling-Aktivitäten nutzen. Allerdings hat sich die Art und Weise, wie Kunden entscheiden, verändert. Die sogenannte Consumer Decision Journey hat sich gewandelt. Globale Entwicklungen und Social Media haben dazu geführt, dass die Interessenten besser informiert, anspruchsvoller, aber letztendlich auch weniger treu sind. Dazu kommt es noch in einzelnen Kommunikationskanälen zu unvorhersehbare Explosionen, die für jedes Unternehmen schwierig zu handhaben sind.

10.3.1 Veränderungen in der Customer Decision Journey

Deshalb kommt einem zielgerichteten Customer Experience Management eine größere Bedeutung zu als früher. „Die Gestaltung positiver, unvergesslicher Leistungserlebnisse ist zentraler Differenzierungsfaktor in wettbewerbsintensiven Märkten und wird als neue Königsdisziplin gehandelt", meint Batten & Company, eine Unternehmensberatung für Marketing & Sales. „Während vor Jahren Customer Experience Management und das Streben nach Kundenzufriedenheit noch häufig als Altruismus angesehen wurde und regelmäßig wieder von der Agenda verschwanden, lassen sich mittlerweile immer klarer die wirtschaftlichen Effekte nachweisen."

Batten hat dazu eine Studie bei deutschen Versicherungen mit dem Titel „Police statt Kunde – Wie der deutsche Versicherungsmarkt am Kunden vorbeiläuft" (vgl. [21]) durchgeführt, die ein klares Bild der Kundenerwartungen an ein überzeugendes Kauferlebnis liefert. Gleichzeitig stellen die Berater die Erfolgsfaktoren für heutige Versicherer dar, um den Anforderungen in einem komplexen Marktumfeld gerecht zu werden. Für die Untersuchung wurden mehr als 1400 Kunden von Versicherungen zu knapp zehn Marken befragt.

Solide Produkte und wettbewerbsfähige Preise begeistern den Versicherungskunden schon lange nicht mehr, sondern werden vorausgesetzt, heißt es in der Studie. Es reicht nicht mehr, den Kunden nur zufriedenzustellen. „Um wahre Loyalität zu schaffen, muss er begeistert werden", meinen die Batten-Berater. Probleme mit der alten IT hin und bestehende Organisationssilos her: Alle Aktivitäten müssen konsequent am Kunden ausgerichtet werden und das Customer Experience Management im Kern jeder Versicherung stehen. Das zahlt sich aus: Unternehmen mit einer Vorreiterrolle in der Kundenzentrierung konnten ihren Umsatz um bis zu 10 % steigern, weiß die Unternehmensberatung McKinsey (vgl. [19]).

Über eines dürfen sich die Versicherungen nicht hinwegtäuschen: Die heutige Loyalität ihrer Kunden basiert häufig nicht auf einem positiven Leistungserlebnis, sondern auf Wechselbarrieren. Denn die Kunden sind nicht sehr angetan von den Angeboten der Branche. Der Net Promoter Score (NPS), der in einem Bereich zwischen -100 und $+100$ liegen kann, erreichte bei den von Batten untersuchten Gesellschaften bei einem sehr niedrigen Wert von $+1,6$. Auch andere Untersuchungen wie zum Beispiel von Bain & Company kommen zu einem ähnlich schlechten Ergebnis (vgl. [2]).

Ein besseres Kundenerlebnis zu schaffen, ist deshalb ein zentraler Faktor für den Erfolg von Versicherungen. Dabei geht es um mehr als nur eine App zu entwickeln oder ein Call Center zu installieren. Dazu sind erhebliche Investitionen notwendig, ständige Verbesserungen und eine Zusammenarbeit über alle Kundenkanäle und Geschäftseinheiten hinweg, vom Vertrieb und Underwriting bis zur Auszahlung der Schäden.

10.3.2 Mehr Touchpoints schaffen

Wie verbessert man das Kundenerlebnis? Eine Maßnahme ist die Schaffung von mehr Touchpoints, also Kontakte mit dem Kunden. Das ist ein besonderes Problem bei Versicherern. Denn häufig kommunizieren sie mit dem Kunden derzeit bei der Kfz-Versicherung beim Abschluss einer Police und im Schadenfall. Dazwischen herrscht Funkstille. Fachleute nennen das „Valley of Desolation".

Bei der Lebensversicherung ist es kaum besser: Häufig hat eine Gesellschaft auch dort vor allem beim Abschluss und bei der Auszahlung mit dem Kunden Kontakt. Dazu kommen noch die jährlichen „Standmitteilungen", die dank sinkender Zinsen und Überschussanteile nicht unbedingt ein positives Kundenerlebnis erzeugen. Die Batten-Studie hat deshalb für die Sparte Lebensversicherung einen stark negativen NPS-Wert von minus 49 ermittelt. Die Berater führen das auf fehlende Touchpoints zurück.

Zwar hat sich im digitalen Zeitalter einiges getan. Allerdings sehen die Gesellschaften die Berührungspunkte mit den Kunden – vom Besuch der Unternehmens-Website bis zum Anruf eines Vertreters – noch als sehr isolierte Ereignisse. Doch die Kunden empfinden das anders: Sie erleben sie als durchgängige „Reise", um ein wichtiges Bedürfnis zu befriedigen, nämlich sich und ihre Familien zu schützen oder nach einem Unfall entsprechenden Schadenersatz zu bekommen.

Mehr Kundenkontakte sind vor allem deswegen wichtig, weil Batten einen klaren Zusammenhang zwischen mehr Kundenzufriedenheit und mehr Touchpoints ermittelt hat. Davon profitieren derzeit vor allem die Online-Versicherungen. Interessenten, die Online-Beratungen in Anspruch genommen haben, weisen einen höheren (NPS +8) auf als Personen, die das noch nicht ausprobiert haben (NPS −1). Kunden, die eine Versicherung online abgeschlossen haben, haben einen NPS von +18 auf gegenüber solchen, die einen Papiervertrag unterzeichnet haben (NPS −1) (vgl. Abb. 10.5).

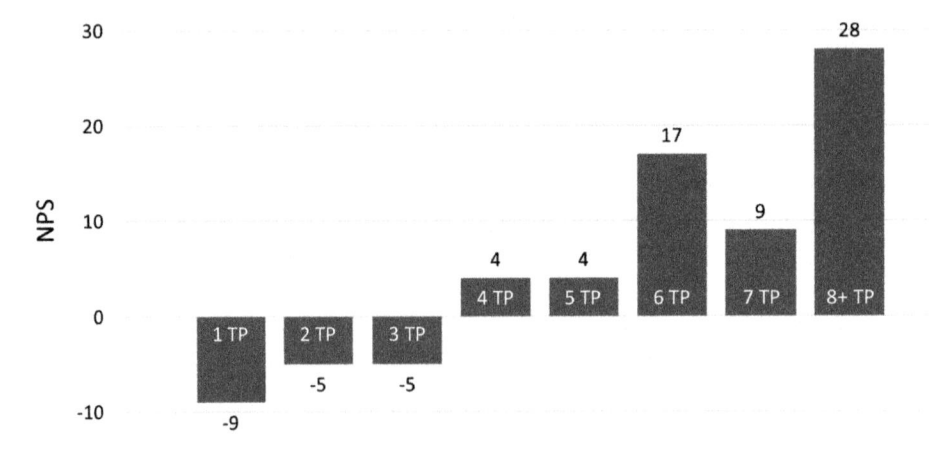

Abb. 10.5 Anzahl der genutzten Touchpoints beeinflusst den NPS. (Quelle: [4])

Wichtig ist es also, den Konsumenten relevante Touchpoints zu bieten. Dazu gehört, sie gut zu kennen. Das ist kein leichtes Unterfangen, meint McKinsey (vgl. [20]). Genau zu identifizieren, was zur Zufriedenheit der Kunden führt und das in Verbesserungen der operativen Performance zu übersetzen, dafür ist eine tiefe Kenntnis des Kundenverhaltens notwendig. Das ist angesichts von getrennten Unternehmensfunktionen wie Marketing, Vertrieb, Risikoeinschätzung und Schadensfällen, die von verschiedenen Managern mit manchmal unterschiedlichen Zielen geführt werden, eine große Herausforderung.

10.3.3 Individualisierung des Angebots

Ein Konzept, um die Kunden besser zu verstehen, sind Personas. „Das sind fiktionelle, prototypische Beschreibungen von Kunden", schreibt Harald Henn, Geschäftsführender Gesellschafter der Marketing Resultant GmbH, in einem Blog (vgl. [15]). „Die imaginären Personen stehen stellvertretend für einen typischen Interessenten." Besonders wirkungsvoll ist das Modell, wenn es in Form eines Steckbriefs „vermenschlicht wird." Denn je besser man sich in die Rolle eines potenziellen Kunden hineinversetzt und seine Ziele, Motivation oder Sorgen kennt, desto besser kann man ihn im Kaufprozess begleiten.

Auf dieser Basis können die Versicherungen ihre Angebote stärker individualisieren. Offline passiert das über die Versicherungsvertreter. Bei Online-Touchpoints können Konfiguratoren, Online-Befragungen oder einfach ein Chat diese Aufgabe übernehmen. Angesichts von Multi- und Omni-Kanal-Konzepten, die heute praktisch alle Assekuranzunternehmen verfolgen, müssen auch die Vielzahl der Kontaktmöglichkeiten berücksichtigt

Abb. 10.6 Das ist mein Kunde. (Quelle: [17])

werden. Denn eine Costumer Journey auf dem Weg zum Abschluss eines Produkts kann sich durchaus über mehrere Optionen erstrecken (vgl. Abb. 10.6).

Dazu kommt das Thema Reaktionsgeschwindigkeit. Die Kunden haben ihre Ansprüche diesbezüglich in den vergangenen Jahren ordentlich nach oben geschraubt. Dank Internet und Smartphone lassen sich mobil zu jeder Stunde Anfragen stellen, Produkte vergleichen, Dienstleistungen bestellen oder Beschwerden verfassen. Reichten vor einigen Jahren noch zwei bis drei Tage Antwortzeit auf eine E-Mail, sind wir heute bei etwa 15 Minuten angelangt. Dazu kommen noch neue Angebote wie Chat oder Videochat, die Instrumente der Echtzeit-Kommunikation sind. Ein Kunde, der mit einem Unternehmen chatten will, wartet vielleicht eine halbe Minute auf ein Lebenszeichen – länger nicht, weiß Marketingexperte Henn (vgl. [16]).

Begeisterung – und das ist für die Kundenbindung ein ganz wichtiger Faktor – können Versicherungen durch das zusätzliche Angebot von versicherungsnahen Leistungen und Services hervorrufen. Dazu gehört beispielsweise das Angebot von Assistance Services, die konstante Verfügbarkeit des Status einer Schadenabwicklung als Teil einer Versicherungs-App oder auch interessante Angebote rund um Auszahlungen wie die höherwertigen Einkaufsgutscheine von OptioPay.

10.3.4 Neue Systeme zur Analyse der Customer Journey

Die interne Koordination der Kundenanfragen und die Synchronisation der Daten und Interaktionen gehören mittlerweile zum Pflichtprogramm, sodass die Gesellschaften in Echtzeit unabhängig von Kanal und Kontaktpunkt einen konsistenten Überblick über die Kundenhistorie haben – als Voraussetzung für passgenaue Services. Die sogenannte Customer Journey Orchestration ist vor allem vor dem Hintergrund einer gewachsenen IT/TK-Landschaft in den Unternehmen eine Herausforderung.

Bei Hunderttausenden von Kunden und vielen Touchpoints ist das keine einfache Aufgabe. Eine Unterstützung dabei ist eine neue Generation von Software-Systemen für die Customer Journey Orchestration. Ziel ist es, das Kundenverhalten so zu lenken, dass die Customer Journey für den Kunden bequemer und für das Unternehmen effizienter und effektiver wird, heißt es in dem Blog des Marketing-Resultant-Geschäftsführers weiter (vgl. [16]).

Noch steht die Marktentwicklung für diese Software-Kategorie am Anfang und der Funktionsumfang weist die eine oder andere Lücke auf. Dennoch: In Zeiten von Omni-Kanal-basierten Kundendialogen und angesichts der Erwartung, die Konsumenten an eine individuelle, personalisierte Kommunikation und einfache, widerspruchsfreie Abläufen haben, führt kein Weg an der Customer Journey Orchestration vorbei (vgl. Abb. 10.7).

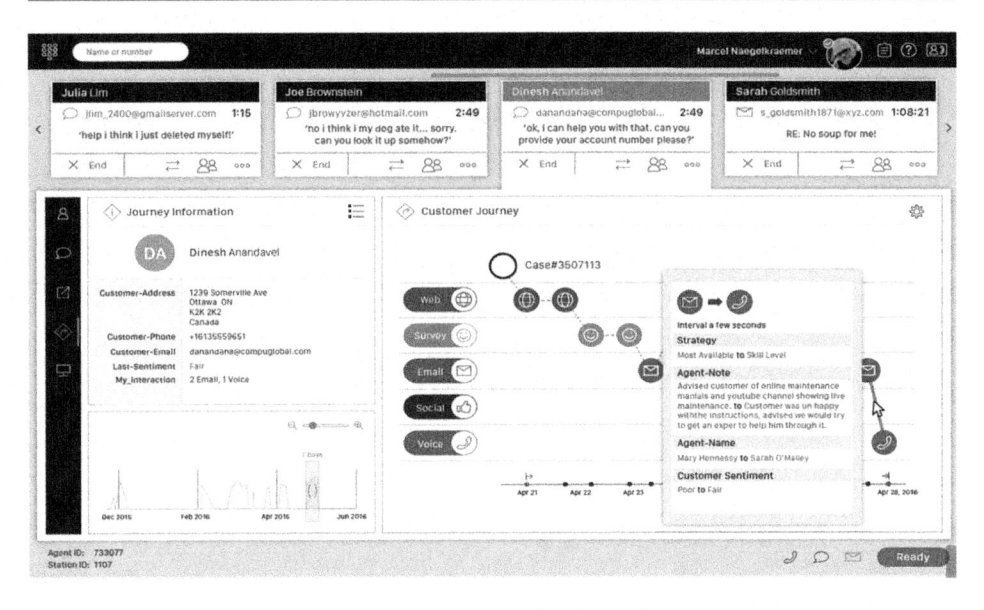

Abb. 10.7 PC-Darstellung einer Customer Journey. (Quelle: [18])

10.3.5 Schaffung von beeindruckenden Kundenerlebnissen

Die Unternehmen müssen darauf achten, dass die Customer Journey heute nicht mehr linear stattfindet. Bislang war es die Aufgabe der Marketing-Experten, den Kunden über einen definierten „Path to purchase" zu führen, der dann in einen Kauf- oder Vertragsabschluss mündete. Doch das funktioniert nicht mehr, wenn die Interessenten ganz viele Wege auf ganz vielen Geräten bzw. Kanälen ansteuern, meint Mark Smith, Präsident von Kitewheel (vgl. [13]). Statt linear die „Kundenreise" zu optimieren sollten Marketer darüber nachdenken, beeindruckende User-Erlebnisse zu kreieren.

Andy Frawley, ehemaliger CEO des Marketingunternehmens Epsilon und ausgewiesener Fachmann auf diesem Gebiet, beschreibt in seinem Buch „Igniting Customer Connections" (vgl. [11]), dass Konsumenten, die positive Markenerlebnisse gemacht haben, dreimal wertvoller sind also solche ohne diese Erfahrungen. Ein überwältigendes Erlebnis zu schaffen, ist sogar wertvoller als Kundenzufriedenheit zu erreichen. Das ist ein ganz anderer Ansatz als der, den Marketing-Fachleute noch vor einigen Jahren verfolgt haben.

Wie kann man nun ein solches Erlebnis gestalten? „Die richtige Botschaft zur richtigen Zeit" war lange Zeit das Marketing-Mantra, aber es ist nun überholt. Denn man muss Konsumenten nicht mit der „richtigen" Botschaft erreichen, wenn sie ohnehin bereit sind zu kaufen. Stattdessen sollte das Marketing sicherstellen, dass ihr Content (oder ihre „Message") beim Konsumenten präsent ist, wenn er in Kauflaune ist (vgl. Abb. 10.8).

Abb. 10.8 Kundenkontakte in der Online-Welt. (Quelle: [13])

10.3.6 Psychologie der Kundenbindung im Online-Business

Wie kann man die Psychologie der Kundenansprache entsprechend gestalten? Da ja die Kosten, einen Kunden zu halten, in der Regel sieben Mal niedriger sind, als einen neuen zu gewinnen, ist das ein ganz zentraler Faktor für den Erfolg eines Online-Business. Wie die psychologische „Reise" aussieht, die ein Konsument durchläuft, wenn er online eine Beziehung zu einem Unternehmen eingeht, hat die Psychologin und Professorin an der Oxford Brookes Universität, Janine Dermody, untersucht. Die Fachfrau für Marketing und Konsumenten hat im Auftrag der Marketinggesellschaft Affinion (vgl. [7]) eine Methode entwickelt, mit der Customer Engagement gemessen werden kann.

Grundsätzlich wird das Thema Kundenengagement von Marketingfachleuten noch nicht hinreichend gewürdigt. Dabei ist es vor allem dafür geeignet, nicht immer neue Maßnahmen implementieren zu müssen, sondern die existierende Datenbasis entsprechend zu analysieren und mittels der Erkenntnisse nach und nach zu verbessern. Die Research-Studie liefert dabei insbesondere dazu Informationen, welche Rolle Faktoren wie Alter, Geschichte und Geografie in diesem Zusammenhang spielen.

Bei der Befragung von Affinion und Dermody von über 18.000 Menschen in 13 Ländern ging es darum zu ermitteln, wie stark das Costumer Engagement, die emotionale Bindung der Menschen an ihre Bank, ihren Mobilfunk-Provider oder ihren Lieblings-Händler ist. Daraus entstanden Kernmerkmale, die einen involvierten Kunden ausmachen. Die Ergebnisse sind auch auf Versicherungsunternehmen anwendbar. Dabei wurden zunächst die Befragten nach dem Grad ihres Engagements typisiert, der auf einer Punkteskala bis 100 gemessen wurde. Die Millennials, also Menschen zwischen 24 und 34 Jahren, hatten im Schnitt den höchsten Grad an Kundenbindung mit ihren Favoriten. Aber auch ältere Menschen der 65+-Generation kamen noch auf einen Wert von 61. Singles hatten einen niedrigeren Score als Verheiratete. Regional gab es beachtliche Unterschiede mit der Türkei, Brasilien und Amerika am oberen Ende, während Dänemark, Norwegen und Finnland die Schlusslichter bildeten. Den höchsten Score wies folgender Kundentypus auf: Er ist männlich, verheiratet und ein Millennial.

Auf dem Modell aufbauend, haben Affinion und Oxford Brooks eine Methode entwickelt, mit der der Grad des Customer Engagement in verschiedenen Stadien eines Kaufprozesses analysiert werden kann: Es beginnt mit der anfänglichen Aufmerksamkeit für eine Marke oder das Unternehmen. Dann folgt ein erster Geschäftsabschluss, bei dem der Interessent Kunde wird. Weiter geht die Customer Journey über den Aufbau einer Beziehung zu dem Kunden über eine Verstärkung des Customer Engagements bis hin zum ultimativen Ziel, einen loyalen Kunden gewonnen zu haben. Die ersten Kontakte zwischen einem Kunden und einem Unternehmen finden in der Regel auf einer eher rationalen Ebene statt: Welcher Provider bietet die beste 4G-Abdeckung? Wo kostet das gelbe Baumwoll-T-Shirt am wenigsten? Wo bekomme ich die besten Sparzinsen? Wenn der Kunde den Weg über wiederholte Transaktionen weitergeht, dann werden seine Entscheidungen emotionaler. Wer gibt mir den besten Service? Wo fühle ich mich am besten repräsentiert? aufgehoben? Wo gebe ich mein hart verdientes Geld gerne aus? Wo bekomme ich mehr für mein Geld?

10.3.7 Loyale Kunden sind Multiplikatoren

Die Studie hat auch gezeigt, dass je mehr Produkte oder Dienstleistungen ein Kunde von einer Firma bezieht, desto loyaler ist er. Dabei ist es nicht die Anzahl der bezogenen Angebote alleine, sondern „der Wert, der diese Produkte oder Dienstleistungen in das Leben des Kunden bringt", heißt es in der Untersuchung. Solche Momente erleben Kunden beispielsweise bei der Allianz Krankenversicherung, wenn sie mit dem digitalen Bonus-Check ablesen können, ob es für sie vorteilhafter ist, sich ihre Arztrechnungen und Rezepte erstatten zu lassen oder eine Beitragsrückerstattung zu erhalten. Mit einem Klick können die Kunden die günstigere Variante wählen, und das auch noch rückwirkend für zwei Jahre.

Bei dem US-Online-Krankenversicherer Oscar gibt es zur Police Dienstleistungen, wie etwa einen schnellen Kontakt zu Ärzten. Bei OptioPay bekommen die Kunden zusätzlich zu dem guten Gefühl einer Auszahlung noch einen Mehrwert in Form eines höherwertigen Einkaufsgutscheins, zugeschnitten auf den konkreten Fall und damit auf die speziellen Bedürfnisse. Die Botschaft für den Kunden bei diesen Extras: Deine Versicherung erleichtert und ermöglicht dir die Dinge, sorgt für dich in wichtigen Bereichen und macht dein Leben interessanter.

Eine weitere Erkenntnis der Affinion-Studie: Kunden, die bezüglich eines Unternehmens sehr engagiert sind, würden diese Firma jederzeit ihren Freunden bzw. ihrer Familie empfehlen. Damit haben die Unternehmen ihr wichtigstes Ziel erreicht: treue Kunden zu gewinnen. Die Untersuchung ergab außerdem, dass die Hälfte der Befragten, die überzeugte Anhänger einer Firma waren, die Angebote dieses Unternehmens ursprünglich auf Empfehlung aus ihrem Bekannten-, Freundes- und Familienkreis ausgewählt hatten. „Loyalität erzeugt Loyalität", heißt es in der Studie.

Literatur

1. AXA (2017) S. Loubry: AXA Strategic Ventures: Placing AXA at the heart of Insurtech. https://www.axa.com/en/spotlight/story/axa-strategic-ventures-at-the-center-of-fintech-and-insurtech. Zugegriffen: 13. Okt. 2017
2. Bain & Company (2014) Deutscher Versicherungsreport
3. Banking Hub (2017) Wie schwierig ist es, eine digitale Versicherung zu bauen? https://bankinghub.de/innovation-digital/wie-schwierig-ist-es-eine-digitale-versicherung-zu-bauen. Zugegriffen: 13. Okt. 2017
4. Batten & Company (2017) Insights 6/2017. http://www.batten-company.com/fileadmin/media/insights_artikel/Police_statt_Kunde_-_Wie_der_deutsche_Versicherungsmarkt_am_Kunden_vorbeiläuft_.pdf. Zugegriffen: 13. Okt. 2017 (Seite 6)
5. Batten & Company: Customer Experience Management. http://www.batten-company.com/customer-centricity/customer-experience-management.html. Zugegriffen: 13. Okt. 2017
6. Newswire CPR (2017) EverQuote. https://www.prnewswire.com/news-releases/everquote-adds-home-and-life-insurance-to-its-industry-leading-insurance-marketplace-300503901.html. Zugegriffen: 13. Okt. 2017
7. The Connected Customer (2016) Affinion Group
8. Deutsche Startups (2017) 82,4 Millionen flossen 2016 in InsurTech-Start-Ups. deutsche-startups.de/2017/01/26/824-millionen-flossen-2016-insurtech-start-ups/. Zugegriffen: 13. Okt. 2017
9. Financial Times (2017) Insurance and the big data technology revolution. https://www.ft.com/content/bb9f1ce8-f84b-11e6-bd4e-68d53499ed71. Zugegriffen: 13. Okt. 2017
10. FinLeap (2017) https://www.finleap.com/blog/the-enablers-of-innovation-in-insurance. Zugegriffen: 13. Okt. 2017
11. Frawley A (2014) Igniting customer connections. Wiley, Hoboken, New Jersey
12. Gründerszene (2016) H. Scherkamp: Der geheime Oscar-Konkurrent aus München. https://www.gruenderszene.de/allgemein/ottonova-versicherung-muenchen. Zugegriffen: 13. Okt. 2017
13. Kitewheel (2017) https://kitewheel.com/linear-customer-journey-obsolete-lessons-2017-kitewheel-partner-meeting/. Zugegriffen: 13. Okt. 2017
14. KPMG (2017) https://assets.kpmg.com/content/dam/kpmg/ch/pdf/neues-denken-neues-handeln-digitalization-de.pdf. Zugegriffen: 13. Okt. 2017
15. Marketing Resultant (2016) Customer experience management strategie. marketing-resultant.de/customer-experience-management-strategie/. Zugegriffen: 13. Okt. 2017
16. Marketing Resultant (2017) Customer journey orchestration. marketing-resultant.de/customer-journey-orchestration-jetzt-handeln/. Zugegriffen: 13. Okt. 2017
17. Marketing Resultant, Drawbridge System (2017) Vom call center zum customer engagement center. http://marketing-resultant.de/vom-call-center-zum-customer-engagement-center/. Zugegriffen: 13. Okt. 2017

18. Marketing Resultant, Avaya (2017) Vom Call Center zum Customer Engagement Center. http://marketing-resultant.de/vom-call-center-zum-customer-engagement-center/. Zugegriffen: 13. Okt. 2017
19. McKinsey (2016) The CEO guide to customer experience
20. McKinsey (2016) T. Catlin/E. Duncan/H. Fanderl/J.T. Lorenz: The growth engine: Superior customer experience in insurance. mckinsey.com/industries/financial-services/our-insights/the-growth-engine-superior-customer-experience-in-insurance. Zugegriffen: 13. Okt. 2017
21. Thiel S, Masuch C, Dommnich V (2017) Police statt Kunde – Wie der deutsche Versicherungsmarkt am Kunden vorbeiläuft. Batten Co Insights 6/2017
22. Trōv (2016) https://trov.com/blog/weve-partnered-with-munich-re-to-launch-on-demand-insurance-in-the-us-in-20. Zugegriffen: 13. Okt. 2017
23. Urban M, v. Hülsen B, Fabre G, Chookaszian J, Tang T (2017) Digitizing customer journeys and the new insurance IT model. In: BCG perspectives in insurance, S 22–26
24. Versicherungswirtschaft heute (2017) Wefox steigt mit Star-Power zum Amazon der Branche auf. versicherungswirtschaft-heute.de/maerkte-vertrieb/wefox-steigt-mit-star-power-zum-amazon-der-branche-auf/
25. Wälder J, Heyen M, Sagawe C, Hendrik CJ (2017) KPMG Versicherungen im Zeitalter von Digitalisierung und Cyber

Exzellenz im Einkaufsmanagement der Assekuranz

11

Michael Reich

Zusammenfassung

Vorwärtsgerichtet zeigt sich, dass in einer immer komplexeren und schnelleren Welt die Einkaufsbereiche nicht mehr alle nötigen Fähigkeiten und Ideen selbst entwickeln können um alle Trends im Umfeld zu erkennen. Es wird eine engere Zusammenarbeit (Collaborative Optimization, SRM, Innovation-/Crowd-Sourcing) notwendig, um effektiv und effizient gemeinsames Wissen und Fähigkeiten zu einer Win-win-Situation zu vereinen.

11.1 Einleitung

11.1.1 Von der Beschaffung zum Einkauf

In der Vergangenheit war die Vertriebsfunktion des Unternehmens die Funktion mit der höchsten Wertschätzung. Die „Goldene Regel", wonach ein Gutteil des Gewinns eines Händlers beim Einkauf gemacht wird, scheint zumindest im produzierenden Gewerbe nicht immer zu gelten. Henry Ford ging bei der Beschaffung wichtiger Materialien zum Teil unorthodoxe Wege. Anfang 1928 ließ er ein 25.000 Quadratkilometer großes Areal im brasilianischen Bundesstaat Pará urbar machen. Hier wollte er Kautschukplantagen anlegen, um bei der Produktion von Autoreifen von Zulieferern unabhängig zu sein. Es schlug die Geburtsstunde von „Fortlandia". Das Ergebnis war ernüchternd. Trotz erheblicher finanzieller Anstrengungen und mehrerer Fehlschläge errichtete Ford eine künstliche Stadt im Regenwald. Es dauerte bis 1942, ehe die erste „Ernte" eingefahren war: 750 Tonnen

---

M. Reich (✉)
67rockwell Consulting GmbH
Hamburg, Deutschland
E-Mail: michael.reich@67rockwell.de

© Springer-Verlag GmbH Deutschland, ein Teil von Springer Nature 2019
M. Reich und C. Zerres (Hrsg.), *Handbuch Versicherungsmarketing*,
https://doi.org/10.1007/978-3-662-57755-4_11

Kautschuk. Allerdings hatte sich der Eigenverbrauch, nicht zuletzt durch die Fließbandfertigung, auf 38.000 Tonnen pro Jahr erhöht. Ford musste in Folge dazukaufen (vgl. [2]).

Zunächst wurde überhaupt nicht über den Begriff „Einkauf" gesprochen, sondern über Beschaffung. Es ging dabei über den Zukauf von Rohstoffen oder Vorprodukten und belegte sie mit den Begrifflichkeiten „Materialwirtschaft" oder „Beschaffung". Diese Begriffe finden sich heute noch in den Modulen der umfassenden ERP-Systeme wieder (ERP – Enterprise Resource Planning). Lange Zeit war die Beschaffung – außer in großen Konzernen – auch nicht zentral organisiert. In jeder Abteilung war eine Person für den Einkauf der erforderlichen Materialien zuständig, gebündelte Bestellungen eines gesamten Unternehmens waren – vor allem im Mittelstand und der Assekuranz – eher die Ausnahme als die Regel. Der Einkauf wurde also mehr oder weniger als „notwendiges Übel" betrachtet, um das Unternehmen am Laufen zu halten.

Strategische Einheiten einer Firma waren die Fertigung, der Vertrieb – in Zusammenarbeit mit dem Marketing – und das Rechnungswesen. Dabei wurde beim Einkauf von Verbrauchsmaterialien oder dem Zukauf von Rohmaterialien oder Vorprodukten derzeit schon auf den Preis geachtet. Aber das galt mehr oder weniger als Selbstverständlichkeit: „Der Einkauf beschafft das richtige Produkt zum richtigen Zeitpunkt zum richtigen Preis".

Die Anforderungen an die Einkäufer, möglichst schon proaktiv zu beurteilen, wie sich der Bedarf entwickeln würde, wuchsen stets. Die Lagerhaltung hatte sich als teuer erwiesen und sollte, wenn möglich, reduziert oder vermieden werden. Prognosen sollten zudem die Beschaffungskalkulation verfeinern. Allerdings sind die traditionellen Mechanismen der Vergangenheit heute überholt. Hatte sich aus bestimmten Vorzeichen bis dato immer ein bekanntes Resultat ergeben, so haben diese Frühwarndetektoren inzwischen öfter versagt. Doch für Einkäufer – gerade von Rohstoffen – sind verlässliche Szenarien wichtiger denn je (vgl. [2]).

11.1.2 Megatrends im Procurement der Assekuranz

Aktuell werden fünf Megatrends im Procurement diskutiert. Diese sollen nachfolgend aufgezeigt werden.

Transparenz
Ein wesentliches Ziel im Procurement der Versicherungsunternehmen ist die Schaffung von Transparenz aller möglichen Kostentreiber im Unternehmen. Fast alle traditionellen Einkaufsstrategien laufen explizit oder implizit darauf hinaus, ganz genau zu wissen, was/wie/in welchen Mengen/von wem und zu welchen Kosten beschafft wird. Detailliertes Herunterbrechen auf eine Vielzahl von Kostenkomponenten (zum Beispiel Material-, Produktions-, Transport- und Verwaltungskosten) sollen ermöglichen, Anbieter noch besser vergleichbar zu machen und versteckte Margen zu identifizieren. Dieser Trend zu immer größerer Transparenz der Lieferanten und der Ausgaben wird weiter perfektioniert werden. Durch weitere Digitalisierung, Automatisierung und den Einsatz von ausgefeilten

11 Exzellenz im Einkaufsmanagement der Assekuranz

Transparenz
- Ziel ist maximale **Transparenz** aller **Kostentreiber**
- **Vergleichbarkeit der Anbieter** und Identifizierung **versteckter Margen**
- **Kennzahlensysteme** im Einkauf zur besseren **Steuerung der Prozesse**

Moderne Analytik
- **Data-Analytics** zur Optimierung von **Wertschöpfungsketten** in der **Supply Chain**
- **Training** und **Ausbildung der Mitarbeiter** auf die Methoden Data-Analytics

Einkauf 4.0
- **Digitalisierung** und **Automation** des **Beschaffungsportfolios** und der **Einkaufsprozesse**
- **Einkauf 4.0** ist mehr als **E-Procurement** und **E-Sourcing**
- Die **Digitalisierung** des Einkaufs führt zu **innovativen Erfolgsstrategien** für das gesamte Unternehmen

High Potentials
- **Steigende Anforderungen** an den Einkauf bezüglich **Analytik, Zusammenarbeit** und **digitaler Innovation** werden zukünftig „High Potentials" benötigt und müssen durch eine **attraktive langfristige Perspektive** gebunden werden

Supplier Relationship Management
- **Forcierung** von **langfristigen Partnerschaften** mit guten und innovativen Lieferanten notwendig,
- Damit **Reduzierung** der **systemischen Kosten** und **Förderung von Innovation**
- **Value-orientierte** Lieferantensegmentierung und Berücksichtigung der **Lieferantenentwicklung**

Abb. 11.1 Aktuelle Trends im Einkauf von Versicherern. (Quelle: eigene Darstellung)

Statistik-Werkzeugen wird sich auch im Unternehmen selbst die Datenqualität zunehmend verbessern (vgl. [3]).

Abb. 11.1 illustriert die aktuellen Megatrends im Procurement von Versicherungsunternehmen.

Moderne Analytik
Technisch ist es schon lange kein Problem mehr, gigantische Informationsmengen zu speichern und zu verarbeiten. Was fehlt, sind die Benutzer, die diese richtig einzusetzen und deren Ergebnisse richtig zu interpretieren wissen. Genau diese Fähigkeit jedoch wird immer entscheidender für die Wettbewerbsfähigkeit eines Versicherungsunternehmens. Ist die Verwendung von solchen Werkzeugen heute eher die Ausnahme als die Regel und auf ganz große Einkaufsprojekte mit zwei- oder gar dreistelligem Millionen Euro Volumen beschränkt, werden sie in Zukunft voraussichtlich zunehmen.

Einkauf 4.0
Je stärker eine Reduzierung von Fertigungstiefe entlang der Wertschöpfungskette ausfällt, um die Kosten zu reduzieren, desto mehr Zusammenarbeit mit Lieferanten und über Abteilungsgrenzen hinweg wird erforderlich. Die Zusammenarbeit zwischen Abteilungen und Organisationen ist immer auch die Zusammenarbeit von Menschen. Diese funktioniert nur mit gegenseitigem Vertrauen und intensivem Austausch. Moderne Werkzeuge der elektronischen Zusammenarbeit werden weit über die heute üblichen Methoden E-Mail, Telefon und physische Meetings hinausgehen. Soziale Netzwerke dienen der intuitiveren, persönlicheren Kommunikation und vereinfachen die Vernetzung über das eigentliche Team hinaus. Video-Konferenzen, ob im Büro oder über Smartphones, werden der Alltag. Sicher sehen wir bis 2020 sogar schon die ersten Echtzeitsprachübersetzungsdienste, welche

Menschen unterschiedlicher Sprachen helfen, in ihrer jeweiligen Muttersprache miteinander zu kommunizieren (vgl. [3]).

High Potentials
Wie in der allgemeinen Debatte hinsichtlich eines innovativen und modernen Procurements aufgezeigt werden konnte, benötigt man zukünftig im Einkauf ein grundsätzlich anderes Skillset an Mitarbeitern. Die Herausforderungen an analytische Fähigkeiten, die große Datenmengen analysieren und auswerten können, steigen immens. Anderseits bietet ein modernes und innovatives Procurement im Versicherungsunternehmen auch Möglichkeiten, neue Perspektiven für High Potentials anzubieten.

Supplier Relationship Management
Strategisches Supplier Relationship Management (SRM) ist derzeit in vielen Versicherungsunternehmen noch nicht fokussiert angegangen worden, wird aber in den kommenden Jahren einen massiven Ausbau erfahren. Der Grund liegt in derselben Logik wie zuvor: Sind die Hausaufgaben im Warengruppenmanagement gemeistert und die weiteren Potenziale erschöpft, müssen durch intensivere Zusammenarbeit die systemischen Kosten reduziert und Innovation gefördert werden. Heute wird SRM oft noch als „Supplier Performance Reporting" missverstanden und es fehlt die gemeinsame Anstrengung, Fehler zu reduzieren. Die gezielte Förderung und Vertiefung der Zusammenarbeit werden aber zukünftig in den Mittelpunkt rücken. Dabei sind den Lieferanten des Versicherers, mit denen er langfristig zusammenarbeitet, partnerschaftlich zu begegnen, um so eine langfristige und damit stabile Kostenposition im Unternehmen sicherstellen.

11.2 Herausforderungen im Procurement durch Maverick Buying

11.2.1 Ursachen für Maverick Buying

Im Einkauf steht Maverick Buying für die eigenmächtig durchgeführte Beschaffung von Gütern und Dienstleistungen, ohne die zentrale Einkaufsabteilung, im Versicherungsunternehmen. Im direkt- und indirekt Procurement ist Maverick Buying das Gegenteil eines strukturierten und effizienten Beschaffungsprozesses. Dabei gibt es mehrere Synonyme, die im allgemeinen Sprachgebrauch für Maverick Buying Anwendung finden, wie beispielsweise „wilder Einkauf" oder „unkontrollierter Einkauf" (vgl. [5]).

Die finanziellen Folgen von Maverick Buying sind massiv. Dabei stehen insbesondere entgangene Savings durch nicht genutzte Rahmenverträge, höhere Preise durch möglicherweise unprofessionell geführte Verhandlungen, höhere Preise infolge fehlender Volumenbündelung im Mittelpunkt der Betrachtung. In Abb. 11.2 werden die Ursachen des Maverick Buying zusammengefasst.

Grundsätzlich sind die Ursachen für Maverick Buying im Versicherungsunternehmen nicht monokausal. Viele Einkaufsorganisationen haben gerade nach umfangreichen Re-

INFORMATIONSSTAND IN DEN BEREICHEN	EINSCHÄTZUNG ZU KOMPETENZ EINKAUF	EINSCHÄTZUNG ZU RAHMENVERTRAG ODER LIEFERANT	WEITERE „WEICHE" GRÜNDE
• Unkenntnis der Mitarbeiter über bestehende Beschaffungsprozesse und Rahmenverträge mit Lieferanten • Fachbereich ist nicht über Verträge mit Lieferanten informiert	• Fachkompetenz des Einkaufs für Auswahl / Beratung wird als zu gering eingeschätzt • (zeitliche) Performance des Einkaufs wird als zu gering eingeschätzt, im Eindruck „kurzer Wege" mit Lieferanten	• Lieferantenleistungsfähigkeit von Rahmenvertragslieferanten wir in Frage gestellt • Bedingungen des Rahmenvertrags werden als ungünstig angesehen • Bedarfsträger bewertet nur nach „Einstandspreis"	• Ansehen des Bedarfsträgers beim Lieferanten • Es fehlen Anreize, Rahmenverträge einzuhalten • Bereichsegoismen • Umstrittene Kompetenzen

Abb. 11.2 Ursachen Maverick Buying. (Quelle: eigene Darstellung)

strukturierungen mit dem Problem zu kämpfen. Vor diesem Hintergrund laufen häufig die Kommunikationsprozesse nicht in der gewünschten Weise und die Fachbereiche verfügen nicht über die notwendigen Informationen zu bestehenden bzw. ausgehandelten Rahmenverträgen mit Lieferanten. Neben den beschriebenen Informations- und Kommunikationsproblemen nach durchgeführten Restrukturierungsmaßnahmen, kann es des Weiteren zu Konflikten zwischen dem zentralen Einkauf und den Fachbereichen kommen. In diesen Fällen wird dem Einkauf die Kompetenz abgesprochen, die richtigen Dienstleister für das Versicherungsunternehmen auszuwählen. Hier wird die Lieferfähigkeit der ausgewählten Dienstleister aus der Sicht der Fachbereiche in Frage gestellt und man versucht, den zentralen Einkauf zu umgehen. Oft sind auch die Beziehungen vom Fachbereich zu einzelnen Lieferanten über Jahre gewachsen und der Fachbereich sieht sich nicht in der Lage, seine Probleme mit den gelisteten Dienstleistern zu lösen.

11.2.2 Auswirkungen und Möglichkeiten der Reduzierung von Maverick Buying

Wie oben schon angeklungen, entstehen dem Versicherungsunternehmen durch Maverick Buying massive Kostennachteile. Diese finden ihren Ursprung zum großen Teil in der Vielzahl von Lieferanten, die ein Versicherer im Portfolio hat und einer damit verbundenen zu geringen Volumenanbündelungsrate. Des Weiteren lassen sich nur eingeschränkte Preisvergleiche durchführen, was zu einer Intransparenz führt.

Insgesamt kann Maverick-Buying zu einer Komplexitätssteigerung im Unternehmen führen, wie zum Beispiel in der Rechnungsprüfung, weil möglicherweise Bestelldaten fehlen, die der Fachbereich versäumt hat weiterzugeben. Des Weiteren kann Maverick-Buying Folgekosten nach sich ziehen, die durch umstrittene Gewährleistungen und möglicherweise Garantieansprüche auftreten können.

Konzerne unterliegen mittlerweile strengen Compliance Richtlinien. Vor gut zehn Jahren war in Deutschland Compliance ein noch gänzlich unbekannter Begriff. Der dem anglo-amerikanischen Rechtskreis entstammende Begriff umschreibt die Pflicht, die für das Versicherungsunternehmen geltenden Gesetze einzuhalten. Dies ist zweifelsfrei keine neue Erkenntnis. Neu ist jedoch die Einbettung der Compliance in einen größeren Zusammenhang. Compliance macht sowohl aus rechtlicher als auch aus organisatorischer Sicht ein proaktives Vorgehen des Vorstandes erforderlich und muss das gesamte Unternehmen erfassen. Compliance beschränkt sich deshalb nicht allein auf das Postulat der Rechtstreue des Versicherungsunternehmens, sondern beschreibt die Summe der organisatorischen Maßnahmen eines Unternehmens, mit denen gewährleistet werden soll, dass sich sowohl der Vorstand als auch die Mitarbeiter des Unternehmens rechtmäßig verhalten. Vor diesem Hintergrund bekommt auch das Thema Maverick-Buying im Unternehmen einen anderen Stellenwert. Werden dabei die geltenden Compliance Richtlinien nicht eingehalten, so steigt naturgemäß das Korruptionsrisiko für das Versicherungsunternehmen und damit auch für den verantwortlichen Vorstand.

Mit direkten Beauftragungen (ohne Ausschreibung) von zum Beispiel „Freelancern" durch die Fachbereiche fehlt im Unternehmen die Transparenz über Zeitraum und Einsatz der beauftragten „Freelancer". Damit kann man als Unternehmen in den Verdacht von Arbeitnehmerüberlassung und „Scheinselbstständigkeit" geraten. Das zieht dann nicht nur hohe Kosten nach sich, sondern ist auch mit großen Reputationsrisiken für Versicherer verbunden.

Um die Maverick-Buying Quote zu senken, sind verschiedene Ansätze denkbar, die nachfolgend skizziert werden sollen.

Mitarbeiterkommunikation
Wie oben diskutiert, ist das fehlende Bewusstsein über die Folgen von nicht autorisierten Einkäufen tatsächlich einer der Hauptgründe für Maverick Buying. Zunächst sollten die Mitarbeiter über die konkreten Vorteile informiert werden, die nur durch den zentralen Einkauf bei ausgewählten Zulieferern zu realisieren sind: Kostenersparnisse, Geschwindigkeit, Qualität, Risikovermeidung und Innovationspartizipation. Darüber hinaus sind alle Mitarbeiter ebenso über die Folgen von Fehlverhalten zu informieren. Bei British Airways erhalten beispielsweise die Mitarbeiter, die am Einkauf vorbei bestellen, eine schriftliche Aufforderung von Einkaufschef und CFO, sich in Zukunft an die Regeln zu halten. Ein weiteres vorbildliches Beispiel liefert der sonst so viel gescholtene öffentliche Dienst. Immer mehr deutsche Kommunen legen fest, dass alle Bestellungen aus einzelnen Abteilungen an die zentrale Einkaufsabteilung weiterzuleiten sind. Allein die Einkaufsabteilung vergibt interne Bestellnummern und leitet die Bestellung an die Zulieferer weiter. Alle Zulieferer sind schriftlich aufgefordert, Bestellungen ohne Bestellnummer nicht zu akzeptieren und im Fall des Falles solche Bestellungen sofort an den Einkauf zu melden.

Die „wild" bestellende Abteilung muss dann eine – sicherlich unangenehme – Stellungnahme abgeben.

Vereinfachung von Einkaufsprozessen
Maverick-Einkäufe resultieren oftmals aus mangelhaft abgestimmten Prozessen und unzureichenden Kontrollmechanismen. Eine Bestrafung von Maverick Buyern wird in solchen Fällen von vielen Mitarbeitern als unfair erachtet. Die gezielte Überwachung der „üblichen Verdächtigen" und Gespräche mit den „ertappten" Personen helfen, die Gründe für unautorisierte Einkäufe zu identifizieren. Eine wichtige Unterscheidung ist bezüglich des Motivs zu treffen. Handelt es sich um unbewusstes Zuwiderhandeln der Mitarbeiter („Ich habe nicht gewusst, dass wir einen Vertrag haben und dass ich über den Einkauf gehen muss") oder ist die Einkaufsorganisation die Fehlerursache? So könnte der Bestellprozess aus Sicht der Fachabteilung zu kompliziert sein. Die Bereitstellung von elektronischen Katalogen kann Abhilfe schaffen. Oder die Fachabteilung argumentiert, der Lieferant sei vom Einkauf unabgestimmt ausgewählt worden und erbringe die erwartete Qualität nicht. Allen genannten Gründen ist gezielt nachzugehen und tatsächliche Fehlerquellen sind konsequent auszuschalten. Das Unternehmen sollte die Gelegenheit nutzen, die Notwendigkeit strikter Kontrollen zu kommunizieren, um dafür die Akzeptanz der Mitarbeiter zu gewinnen. In jedem Falle sollte die Einkaufsabteilung des Versicherers sich bemühen, in einem ersten Schritt Transparenz hinsichtlich der Einkaufsprozesse herzustellen.

Diziplinarische Konsequenzen
Sofern im Unternehmen durch die Einkaufsabteilung Transparenz hinsichtlich der Prozesse, Regelwerke und Verträge hergestellt wurde, gilt es, ein Vorstands-Commitment zu erzielen. Im Anschluss ist dann mit der Kommunikation und Anwendung von Disziplinarmaßnahmen, wie zum Beispiel Abmahnungen, die Möglichkeit gegeben, Maverick-Buying signifikant zu reduzieren.

Kreditorensystem-Management
Eine weitere Maßnahme ist es, Lieferantenrechnungen ohne Bestellnummer nicht auszugleichen. Voraussetzung derartiger Maßnahmen ist, dass die Lieferanten im Vorwege über diese Regel informiert werden. Des Weiteren können Lieferanten angewiesen werden, ausschließlich die vertraglich vereinbarten Produkte/Dienstleistungen zu liefern. Für Bestellungen anderer Produkte/Dienstleistungen kann der Lieferant verpflichtet werden, sich die Zustimmung des Einkaufs einzuholen. Durch die geschickten Kombinationen von Maßnahmen lassen sich erfahrungsgemäß bessere Ergebnisse erzielen als eine eindimensionale Herangehensweise, die ausschließlich auf anreizorientierte oder bestrafende Maßnahmen fokussieren. Wesentliche Voraussetzung für Maßnahmen zur Reduzierung der Maverick-Buying Quote ist jedoch, dass die Einkaufsabteilung die Fachbereiche aktiv in die strategischen und operativen Überlegungen einbezieht.

Nachdem detailliert die Probleme, Auswirkungen und Ansätze im Rahmen der Verbesserung von Maverick-Buying diskutiert wurden, sollen im nächsten Schritt die wesentlichen Hebel für weitere Optimierungsmaßnahmen im Einkaufsbereich der Versicherung dargestellt und diskutiert werden.

11.3 Performancefelder im Einkauf von Versicherungsunternehmen

Neben der oben ausführlich beschriebenen Reduzierung des Maverick-Buying Volumens, sind weitere Ansätze zu einer Optimierung im Einkauf möglich. Die Erfahrungen aus der betrieblichen Praxis zeigen, dass die nachhaltige Steigerung der Performance im Einkaufsbereich der Versicherungsunternehmen über acht Hebel möglich ist. Diese Performancefelder bieten sowohl organisatorische/prozessuale als auch technische Ansätze, um den Bereich umfassend zu optimieren und nachhaltig Kosten für den Konzern zu senken. Abb. 11.3 illustriert die oben genannten Performancefelder.

Aktiver Kostenmanager
Häufig treten immer wiederkehrend die Diskussionen im Versicherungskonzern auf, für welche Art der Dienstleistung der Einkaufsbereich steht. In der Vergangenheit wurde der Einkaufsbereich durch die Fachbereiche häufig nicht als Dienstleister, sondern eher als „Hüter des Einkaufsregelwerkes" gesehen, der mehr oder weniger stark die Fachbereiche überwacht hat. Aktuelle Studien zeigen jedoch, dass sich deren Positionierung hin zum aktiven Kostenmanager der Fachbereiche entwickelt. Das bedeutet naturgemäß, dass der Einkaufsbereich insbesondere bei Ausschreibungs- und Vergabemanagement frühzei-

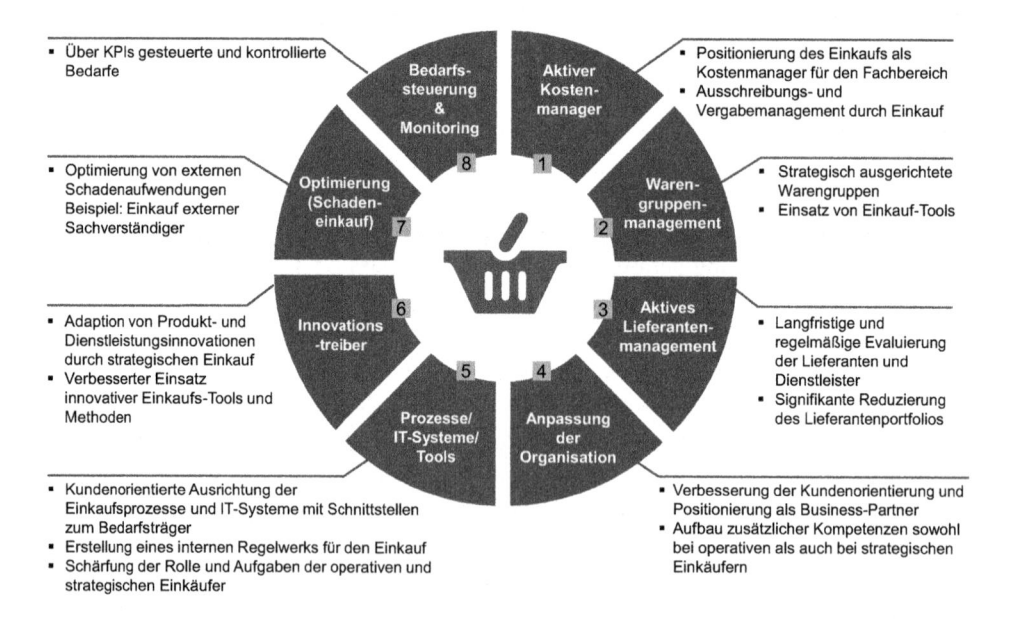

Abb. 11.3 Performancefelder Procurement in der Assekuranz. (Quelle: eigene Darstellung)

tig durch die Fachbereiche eingebunden wird, um so ein Höchstmaß an Transparenz und Leistung bei den jeweiligen Dienstleistern sicherzustellen.

Warengruppenmanagement
In den einzelnen Warengruppen der Versicherungen befindet sich eine Vielzahl Potenziale, die es zu heben gilt. Erfahrungsgemäß liegen hier die größten Hebel in den Kategorien Professional Services, Property Services, Marketing/Print, Travel/Logistik sowie die Office Services. Insbesondere in der Kategorie Professional Services liegen die größten Potenziale, da hier häufig von den Fachbereichen direkt beauftragt wird, was im Ergebnis zu einem hohen Maverick-Buying Volumen führt. Daneben ist das Augenmerk auf die Bestellgrenzen zu legen. Vielfach werden über den zentralen Einkauf Warengruppen geordert, die niedrigpreisig sind und besser zentral über ein Bestellportal des Versicherungsunternehmens laufen müssten. Erfahrungen in diesem Bereich zeigen, das nicht selten der Großteil der Bestellungen lediglich ca. 5 % des Rechnungsvolumens, aber eine Vielzahl von Mitarbeitern im Einkaufsbereich bindet.

Aktives Lieferantenmanagement
Neben den oben aufgezeigten Problemen im Warengruppenmanagement, kämpfen viele Versicherer mit Defiziten im Lieferantenmanagement. Auftretende Probleme, wie zum Beispiel eine schlechte Qualität, sind den meisten Einkäufern kaum bewusst, denn das Lieferantenmanagement beschränkt sich meist auf das Jahresgespräch mit den Hauptlieferanten. Direktes Feedback wird meist vermieden, da ein Großteil der Mitarbeiter im Einkaufsbereich damit beschäftigt ist, für die Fachbereiche operative Beschaffungen, von zum Beispiel Bleistiften etc., durchzuführen.

Eher selten werden aktuell Audits mit den Lieferanten durchgeführt, in denen diese eingestuft werden. Grundsätzlich gilt es für Versicherer, bestehende Lieferanten hinsichtlich ihrer Leistungsfähigkeit zu scoren und weitere potenzielle Lieferanten zu identifizieren und „on-zu-borden". Neben den direkten Feedbacks bei Schlechtleistung, sind regelmäßige Audits durchzuführen. Auf Basis der oben angeklungenen Bewertungskriterien, wie zum Beispiel Qualität der Dienstleistung, Innovationsfähigkeit des Dienstleisters/Lieferanten sowie dem Preis lassen sich Transparenz und Vergleichbarkeit über die gesamte Lieferantenbasis des Versicherers herstellen. Nachdem Transparenz geschaffen wurde, lassen sich die Lieferanten entsprechend der Leistungsklassen dem Lieferantenportfolio zuordnen. Auf Basis dieser Lieferantenportfolios ist es nun möglich, strategische Entscheidungen hinsichtlich einer notwendigen Ausphasung oder der gezielten Weiterentwicklung zu treffen.

Zusammenfassend lässt sich feststellen, dass die Top-Versicherer nur mit wenigen, dafür auditierten Lieferanten zusammenarbeiten. Im Vergleich zum Durchschnitt kommen sie mit nur einem Drittel der Lieferanten aus. Damit senken sie die Komplexität und Prozesskosten enorm, ebenso wie die Maverick-Buying Quote.

Anpassung der Einkaufsorganisation

Viele Einkaufsorganisationen sehen sich in ihren Möglichkeiten eingeschränkt, da sie nicht früh genug in die Bedarfsplanung einbezogen werden. Dies ist jedoch maßgeblich für den Einkaufserfolg. Nur dann, wenn der Einkauf auch in der Bedarfsplanungsphase mitwirken und frühzeitig zum Beispiel auf mögliche Substitute (Lieferanten oder Zukaufteile) hinweisen kann, gelingt es, den oft vorhandenen Zielkonflikt zwischen vollständiger Erfüllung aller fachlichen Anforderungen einerseits und betriebswirtschaftlich adäquatem Preis andererseits zu einem Gesamtoptimum aufzulösen. Diese Entwicklung des Einkaufs, weg von einer reaktiven Unternehmensfunktion („Bestellbüro") hin zu einer proaktiv, im gesamten Bedarfsplanungs- und Beschaffungsprozess agierenden Einheit, stellt auch heute noch für viele Versicherer eine wichtige Herausforderung dar, da häufig die Ressourcen mit operativen Tätigkeiten gebunden sind und die strategischen Skills im Einkaufsbereich fehlen (vgl. [4]). Besteht das Ziel der Einkaufsabteilung, sich zu einem echten „Business Partner" im Unternehmen zu positionieren, gilt es naturgegebener Maßen, die strategischen Talente kurz- bis mittelfristig im Einkaufsbereich aufzubauen.

Prozesse/IT-Systeme und Tools

Die Einkaufsorganisationen sowie die Anpassung von Prozessen und Abläufen in der Beschaffung hinken aktuell den technischen Weiterentwicklungen noch weitgehend hinterher. Es existieren zu viele klassische Prozessmuster. Arbeitsabläufe sind geprägt von klassischen Strukturen der Ablauforganisation. Prozesse erstrecken sich nicht über mehrere Funktionsbereiche. Dies führt dazu, dass der Einkauf in der Assekuranz über eine Vielzahl Schnittstellen verfügt, die aktuell meistens manuell bedient werden müssen. Weitere Hürden ergeben sich im Umgang mit Daten. Aufgrund der großen Datenmengen, die generiert werden (können), wird die Unsicherheit im Umgang mit Daten als Hürde identifiziert. Die Überflutung mit Daten und Informationen birgt ein gewisses Risiko, wenn der richtige Umgang damit nicht beherrscht wird. Insbesondere der Einsatz moderner Technologien in den Einkaufsabteilungen der Assekuranz findet, anders als in anderen Branchen, nur ansatzweise Anwendung. Dabei sind E-Tools, wie zum Beispiel Web/EDI, Business Warehouse, B2B-Plattformen, Sourcing-Software oder E-Auction-Tools zu nennen. Nur wenige Versicherer setzen aktuell eAuction Plattformen zur Lieferantenbewertung und zu dessen Management gezielt ein. Wie schon mehrfach angeklungen, liegen hier große Potenziale im Einkauf zur Kostensenkung durch Transparenz und Vergleichbarkeit.

Innovationstreiber

Damit der Einkaufsbereich des Versicherers als Innovationstreiber fungieren kann, sind mehrere Rahmenbedingungen umzusetzen:

- Aufbau einer „State-of-the-art-Einkauforganisation", nämlich die Trennung zwischen strategischem und operativem Einkauf und damit verbundene Aufgabenschnitte,
- Aufbau und aktive Nutzung des Lieferanten-Netzwerkes,
- Einsatz/Verwendung moderner Einkaufstools und
- Optimierung aller Einkaufsprozesse konzernweit.

Sind diese Rahmenbedingungen erfüllt, so hat der zentrale Einkaufsbereich des Versicherers wesentliche Möglichkeiten, in eine „Treiberrolle" für Innovationen zu gelangen. Einerseits laufen hier die Daten zentral zusammen, andererseits managt der Einkauf das Lieferantenportfolio. Insbesondere vor dem Hintergrund, dass der Einkaufsbereich als Business Partner für den Fachbereich agiert, bieten sich über strategische Lieferanten Möglichkeiten, gemeinsam innovative Themen des Versicherers voranzutreiben.

Optimierung „Schadeneinkauf"
Grundsätzlich ist die Schadenbearbeitung in der Assekuranz einer der größten Kostenblocks in den Budgets. Zentrale oder über mehrere dezentrale Standorte gebündelte Schadenservicecenter zur Schadenaufnahme, -anlage und Schnellschadenregulierung sind mittlerweile bei den meisten Versicherern „state of the art". Neben der organisatorischen Bündelung bewährt sich auch die digitale Zusammenführung aller Kommunikationswege (Telefon, Fax, E-Mail, Media und Schriftgut) und Einbindung aller Netzwerkpartner (z. B. Sachverständige und Werkstätten). Die damit einhergehende Beschleunigung der Regulierung risikoarmer Schäden durch Industrialisierung schafft so Möglichkeiten zur effektiven Intensivierung und Professionalisierung der Komplexschadenbearbeitung. Der Schadenaußendienst kann einen relativ großen Kostenblock in der Schadenbearbeitung darstellen. Effizientem Einsatz (klare Kernaufgaben, moderne technische Ausstattung und Anbindung etc.) sowie effektiver Steuerung (nach Risikopotenzial, Schadenhöhe etc.) kommt deshalb besondere Bedeutung zu. Ein eigener Schadenaußendienst kann ein Differenzierungsfaktor sein (vgl. [1]). Damit verbunden ist jedoch ein hoher Kostenblock, der umso größer wird, je dezentraler die Gutachter eingekauft werden. Deshalb bietet hier der zentrale Einkauf des Versicherers die Möglichkeit, einerseits für Kostentransparenz im Konzern zu sorgen, andererseits über die Vergleichbarkeit der Kosten, hier erhebliche Einsparungen zu generieren.

Bedarfssteuerung und Monitoring
Wie oben eingehend dargestellt, wird der Trend zu immer größerer Transparenz der Lieferanten und deren Ausgaben weiter perfektioniert werden. Durch weitere Maßnahmen zur Digitalisierung, Automatisierung und den Einsatz von ausgefeilten Statistik-Werkzeugen wird sich auch im Unternehmen selbst die Datenqualität zunehmend verbessern. Moderne Visualisierungs-Werkzeuge und regelbasierte „Alarmmeldungen" bei Abweichungen von absoluten und Trend-Erwartungswerten werden dabei die klassischen Reports ergänzen.

11.4 Zusammenfassung und Ausblick

Im Rahmen der Ausführungen wurde zunächst ausführlich auf die aktuellen Trends im Procurement der Assekuranz eingegangen. Dabei kristallisierten sich insbesondere die Themen: Transparenz, Moderne Analytik, Einkauf 4.0, High Potentials sowie das Thema Supplier Relationship Management heraus. Anschließend wurden Ursachen, Auswirkungen sowie mögliche Lösungsansätze des Themas Maverick-Buying analysiert und diskutiert. Dabei konnte zunächst festgestellt werden, dass vielfach eine mangelnde Kommunikation/Information insbesondere im Rahmen von Restrukturierungen in den Fachbereichen festgestellt werden konnte. Die finanziellen Folgen einer hohen Maverick-Buying Quote sind häufig massiv. Neben den finanziellen Folgen, können dabei auch Geschäftsführer und Vorstände von Versicherern unter den Verdacht der Korruption geraten. Im Anschluss wurden acht Ansätze zur Performancesteigerung im Einkauf von Versicherungen vorgestellt und diskutiert. Dabei zeigten sich interessante Ansätze, weitere Potenziale zu heben und damit zentral zu weiteren Kostensenkungen im Konzern beizutragen.

Mit Blick nach vorne lässt sich feststellen, dass in einer immer komplexeren und schnelleren Welt die Einkaufsbereiche nicht mehr alle nötigen Fähigkeiten und Ideen selbst entwickeln können um alle Trends im Umfeld zu erkennen. Es wird eine engere Zusammenarbeit (Collaborative Optimization, SRM, Innovation-/Crowd-Sourcing) notwendig, um effektiv und effizient gemeinsames Wissen und Fähigkeiten zu einer Win-Win-Situation zu vereinen. Moderne Analysemethoden und -werkzeuge bieten zudem zukünftig Einsichten und Optimierungsmöglichkeiten weit über die Erfahrungen herkömmlicher Einkäufer hinaus. Es bedarf aber ganzheitlicher Kompetenzen, um sie richtig einzusetzen und aus den Resultaten auch die richtigen Schlüsse und Konsequenzen abzuleiten.

Literatur

1. Hiendmeier S, Brunauer T (2014) Aktives Schadenmanagement, S 2
2. Hossenfelder J, Lünendonk T (2011) Themendossier: Procurement Excellence – Die Zukunft des Einkaufs, S 10 ff
3. Scharlach A, Schuh C, Strohmer MF (2014) Procurement 2020, S 15
4. Schreiber B (2010) Spitzenleistung im Einkauf; Arthur D. Little, S 21
5. Schwenk J (2011) Maverick buying: anarchie im indirect procurement, S 1

Kooperation als strategischer Hebel zur Transformation von Versicherungsunternehmen

12

Thorsten Schramm und Daniel Schulze Lammers

Zusammenfassung

Eine Branche, die sich über viele Jahrzehnte hinweg eher evolutionär weiterentwickelt hat, spürt, dass sich die Werttreiber hinter den Geschäftsmodellen in fast allen Versicherungssparten sprunghaft verändern. Wie kann es gelingen, sich auf die Zukunft vorzubereiten und gleichzeitig das fortzuführen und weiterzuentwickeln, was in der Gegenwart zu Gewinnen führte? Wie baut man selbstbewusst auf das Erreichte, während man sich immer wieder selbst in Frage stellt? In der Literatur werden viele Modelle dazu unter dem Begriff „Ambidextrie" diskutiert, der auch gerne mit dem Begriff „Beidhändigkeit" erklärt wird. Eine besonders geeignete Möglichkeit die Beidhändigkeit in einem Unternehmen zu erschaffen, sind strategische Kooperationen. Fähigkeiten, die für neue Geschäftsmodelle benötigt werden, lassen sich im Rahmen einer Kooperation leichter aufbauen, als diese aufwändig in der eigenen Organisation zu erlernen.

T. Schramm (✉)
67rockwell Consulting GmbH
Hamburg, Deutschland
E-Mail: thomas.schramm@67rockwell.de

D. Schulze Lammers
AXA Deutschland
Köln, Deutschland
E-Mail: Daniel.SchulzeLammers@axa.de

12.1 Eigenschaften von Kooperationen

12.1.1 Kooperationen im Kontext strategischer Weiterentwicklung

Die Versicherungsbranche befindet sich in einem massiven Wandel. Technologische Neuerungen, verändertes Kundenverhalten, innovative Start-Ups, branchenfremde Unternehmen und regulatorische Anforderungen stellen Versicherungsunternehmen vor völlig neue Herausforderungen. Eine Branche, die sich über viele Jahrzehnte hinweg eher evolutionär weiterentwickelt hat, spürt, dass sich die Werttreiber hinter den Geschäftsmodellen in fast allen Versicherungssparten sprunghaft verändern. Diese Veränderung fordert eine Transformation der Geschäftsmodelle. Entsprechend bereiten sich Versicherungsunternehmen darauf vor, die Transformation voranzutreiben. Bei aller Notwendigkeit für Transformation ist aber auch klar, dass nur diejenigen Unternehmen langfristig zu den Gewinnern zählen werden, die auch kurz- und mittelfristig erfolgreich sind und damit die finanziellen Mittel und Ressourcen aufbringen können, die für die Transformation notwendig sind.

Wie kann es nun gelingen, sich auf die Zukunft vorzubereiten und gleichzeitig das fortzuführen und weiterzuentwickeln, was in der Gegenwart zu Gewinnen führte? Wie baut man selbstbewusst auf das Erreichte, während man sich immer wieder selbst in Frage stellt? In der Literatur werden viele Modelle dazu unter dem Begriff „Ambidextrie" diskutiert (vgl. [20, S. 294]). Der Begriff „Ambidextrie" referenziert auf den äußerst seltenen Fall der menschlichen Beidhändigkeit. Überträgt man diese Fähigkeit auf die Wirtschaft, so wird davon ausgegangen, dass die dynamische Fähigkeit der organisationalen Ambidextrie ein Unternehmen in die Lage versetzt, das Kerngeschäft effizient zu optimieren und gleichzeitig durch strategische Innovationen in neue Geschäftsfelder zu wachsen. Also die Fähigkeit, Neues aufzubauen und Bekanntes zu erhalten bzw. zu verbessern (vgl. [2, S. 139 ff.]).

Für eine unternehmensinterne Umsetzung von Ambidextrie wird zwischen struktureller sowie kontextueller Ambidextrie unterschieden. In beiden Ambidextrie-Formen findet sich der Ansatz von „Exploitation", die Nutzung bestehenden Wissens und die effiziente Nutzung bekannter Lösungen, und der Ansatz von „Exploration", den Aufbau einer neuen Wissensbasis und die Suche nach effektiven Lösungen, wieder: (vgl. [2, S. 137 ff.])

- Die kontextuelle Ambidextrie zielt darauf ab, die Dualität der verschiedenen organisationalen Kontextfaktoren (z. B. Rahmenbedingungen, Führung, Werte, Normen, ...) dynamisch in einer Struktur zu steuern. Das Management versucht „Exploitation" und „Exploration" in einer Balance zu halten.
- Strukturelle Amidextrie zielt auf den Aufbau dualer Strukturen mit differenzierten Organisationseinheiten. Diese sind entweder auf „Exploitation" oder auf „Exploration" spezialisiert.

Langfristig erfolgreiche Unternehmen sind in der Lage ökonomische Effizienz und innovative Transformation parallel umzusetzen (vgl. [15, S. 46 ff.]). Dies führt zu der bereits erwähnten Fähigkeit, effektiv und kurzfristig Gewinne zu realisieren und darüber hinaus innovative Geschäftsmodelle zu entdecken und zu entwickeln (vgl. [9, S. 1 f.]). Die große Herausforderung besteht nun darin, ein ambivalentes Verhältnis zu schaffen und vor allem zu halten.

Folgende Erfolgsfaktoren sind hierbei zu beachten: (vgl. [15, S. 46 ff.])

- Klare strategische Ausrichtung (Fokus auf Entwicklung innovativer Geschäftsfelder)
- Commitment des Top-Managements (hinsichtlich finanzieller, organisatorischer und personeller Anforderungen)
- Strukturelle Architektur im Unternehmen („to exploit" und „to explore" müssen simultan in verschiedenen organisatorischen Einheiten möglich sein)
- Die Identität des Unternehmens muss durch eine übergreifende Vision und Kultur geprägt sein

Die unvermeidbare Spannung zwischen „exploit und explore" sollte stets als Chance für Entwicklung verstanden werden (vgl. [15, S. 46 ff.]). Verschieden Studien haben gezeigt, dass eine ambidextre Unternehmensführung die Möglichkeit einer erfolgreichen und sich gegenseitig befruchtenden Koexistenz von Exploration und Exploitation eröffnet (vgl. [18, S. 137 f.]).

Eine besonders geeignete Möglichkeit die Beidhändigkeit in einem Unternehmen zu erschaffen sind strategische Kooperationen. Fähigkeiten, die für neue Geschäftsmodelle benötigt werden, lassen sich im Rahmen einer Kooperation leichter aufbauen, als diese aufwändig in der eigenen Organisation zu erlernen. Auch die Auswirkungen auf das bestehende Geschäft sind überschaubarer. Neben den Chancen gibt es natürlich auch viele Risiken. Gelingt es wirklich, die Fähigkeiten aus einer Kooperation in ein schlüssiges Geschäftsmodell zu übertragen? Wie wird verhindert, dass am Ende nicht zusammenhängende Einzelelemente entstehen, die aufwändig in der Betreuung und ohne echte Wettbewerbsvorteile sind? Und wie steuert man den Spill-Over (Übertragung) auf das operative Geschäft?

In der Versicherungswirtschaft werden Kooperationen noch viel zu oft als reine Absatzinstrumente gesehen. Der vorliegende Artikel soll dazu beitragen, hier die Perspektive zu erweitern und strategische Kooperationen als Instrument zu Transformation diskutieren.

Um diese Diskussion führen zu können, ist es zunächst wichtig, die Definition und Formen einer Kooperation sowie die Vor- und Nachteile einer Kooperation zu kennen. Darauf aufbauend werden aktuelle Kooperationsbeispiele betrachtet, um anschließend die aktuellen Schwierigkeiten in den bestehenden Kooperationen mit Versicherungen zu verstehen. Zum Abschluss werden die Anforderungen an Kooperationen als Instrument zur Transformation diskutiert.

12.1.2 Definition und Formen der Kooperation

Der Begriff Kooperation definiert die Zusammenarbeit zwischen rechtlich selbstständigen Unternehmen, in unterschiedlicher Intensität, zeitlicher Dauer und Zielrichtung. So können Kooperationspartner sowohl Unternehmen der gleichen Wertschöpfungsebene, d. h. Wettbewerber, als auch Unternehmen unterschiedlicher Wirtschaftsstufen sein (vgl. [11]). Neben diesen überbetrieblichen Formen findet Kooperation auch innerhalb einer Unternehmung statt (zwischen verschiedenen Abteilungen und einzelnen Individuen). Dabei werden alle Formen und Intensitätsstufen des Austausches von Ressourcen, implizitem und explizitem Wissen sowie Informationen im engen Sinne behandelt (vgl. [6, S. 2]). Somit umfasst das Kooperationsverständnis im Grunde die permanente Interaktion zwischen Akteuren und bildet organisationstheoretisch die Grundlage erfolgreicher Zusammenarbeit. Folgerichtig ist die Kooperation als eine Notwendigkeit und als kritischer Erfolgsfaktor zu werten.

Um einen Überblick möglicher Kooperationsformen zu erlangen, werden diese im Folgenden anhand der beteiligten Wirtschaftsstufen in drei Kategorien eingeteilt: (vgl. [11])

- Horizontale Kooperation,
- vertikale Kooperation und
- laterale bzw. diagonale Kooperation.

Bei der horizontalen Kooperation erfolgt die Zusammenarbeit zwischen Unternehmen der gleichen Wirtschaftsstufe. „Sind beide Unternehmen in derselben Branche und auf gleicher Wertschöpfungsebene tätig, so spricht man von einer horizontalen Kooperation" (vgl. [5, S. 19]). Diese Unternehmen bieten gleichartige oder eng substituierbare Güter oder Dienstleistungen an. Innerhalb einer Organisation mit mehreren Abteilungen finden sich intern wie extern die gleichen Voraussetzungen. Horizontale Kooperationen können dabei die gesamte Branche umfassen (Branchen-Kooperation) oder nur einzelne Unternehmen eines Wirtschaftszweiges bedingen (Gruppen-Kooperation) (vgl. [11]).

Die Zusammenarbeit zwischen Partnern, die unterschiedlichen Wertschöpfungsstufen angehören, jedoch in derselben Branche tätig sind, wird als vertikale Kooperation bezeichnet. Klassische Lieferanten-Abnehmer-Beziehungen stehen sinnbildlich für diese Kooperationsform. Insbesondere bei der Leistungserstellung in Industrien mit einem hohen Grad an zwischenbetrieblicher Arbeitsteilung ist diese Form vertreten. Das Ergebnis dieser Arbeitsteilung sind vielfältige Interaktionen zwischen Unternehmen unterschiedlicher Wertschöpfungsebenen. Neben dieser überbetrieblichen Betrachtung vertikaler Kooperationsformen kann auch innerhalb eines Unternehmens vertikale Kooperation, beispielsweise im Produktionsprozess per se, identifiziert werden (vgl. [5, S. 19 ff.]).

Die dritte Kooperationsform wird als laterale bzw. diagonale Kooperation bezeichnet. Hier gehören die kooperierenden Unternehmen weder der gleichen Wertschöpfungsstufe an, noch stammen sie aus der gleichen Branche (vgl. [10, S. 150]). Solch eine Form der Zusammenarbeit zielt darauf ab, neue Produkte oder Dienstleistungen zu entwickeln, in der neue Technologien oder Marktfelder bearbeitet werden (vgl. [19]). Solch diagonale Netzwerke verbinden damit unterschiedliche Wertschöpfungsketten miteinander und ergänzen bzw. komplementieren sich. Diese Komplementärform kann Synergien zwischen unterschiedlichen Wirtschaftszweigen generieren.

12.1.3 Vor- und Nachteile von Kooperationen

Schon in der Vergangenheit sind Versicherer verstärkt Kooperationen mit wertschöpfungsfremden Unternehmen eingegangen, um sich bestimmte Vorteile zu sichern, die sie als einzelnes Unternehmen nicht erreichen könnten. Sie bieten damit eine gute Möglichkeit, unternehmerische Potenziale zu vergrößern, die Wettbewerbsfähigkeit zu steigern, gleichzeitig aber auch etwaige Risiken auf mehrere Akteure zu verteilen und damit für das einzelne Unternehmen zu minimieren. Dennoch gibt es weitere Risiken, die sich aus den Kooperationsbestrebungen an sich ergeben. Diese gilt es im Vorfeld zu analysieren und Strategien zur Minderung zu entwickeln. Im Folgenden wird auf die wesentlichen Vor- und Nachteile von Kooperationen eingegangen.

Als Kooperationsmotive sind Kosten- und Marktvorteile zu nennen. Zu den kostenorientierten Vorteilen zählen die Effekte der Reichweite (Economies of Scope), die Optimierung des Integrationsgrades sowie die Vorteile des Teilens von Risiken (vgl. [1, S. 32]). Die Economies of Scope können dabei auf eine erhöhte Produktvielfalt und ein erhöhtes Produktportfolio zurückgeführt werden, welche aus einem Zusammenschluss mit einem branchenfremden Kooperationspartner rührt (vgl. [17, S. 323]). Zudem treten kostenbezogene Synergien durch die Optimierung des Integrationsgrades ein, d. h. wenn die Abläufe der Versicherer rationalisiert werden (vgl. [12, S. 37]). Zudem kann durch eine Kooperation der Aufwand und damit das Risiko des einzelnen Versicherungsunternehmens gesenkt werden. Besonders im Hinblick auf Investitionsbestrebungen ist dies von entscheidender Bedeutung. Marktorientierte Vorteile ergeben sich für Versicherer insbesondere dann, wenn die Marktposition des Unternehmens durch die Kooperation verbessert wird (vgl. [1, S. 32]). Dies kann in Bezug auf Wettbewerber oder in Bezug auf Kunden geschehen. So können Fachkenntnisse und Kompetenzen am Point of Sale zu erheblichen Vorteilen gegenüber Wettbewerbern führen. Ferner werden neue Vertriebswege erschlossen und damit neue Kunden gewonnen. In diesem Kontext spielen auch ausländische Kooperationspartner eine entscheidende Rolle. Beispielsweise der Zugang zu internationalen Absatzmärkten, der im Alleingang auf Grund rechtlicher Restriktionen nicht erreichbar gewesen wäre, wird ermöglicht (vgl. [7, S. 6]). Der Erfolg eines Unternehmens hängt letztendlich davon ab, wie viele Produkte bzw. wie oft die Leistungen verkauft werden können. Das bedeutet, dass je vielfältiger die Kontaktmöglichkeiten mit potenziellen Kunden sind, desto besser sind die Erfolgsaussichten. Ebenfalls kann durch die Kooperation auf eine Diversifikationsstrategie abgezielt werden (vgl. [8, S. 25]). Ein Versicherer kann durch Kooperation sein Angebotsspektrum erweitern und ist so weniger von einem einzelnen Produkt, einer einzelnen Dienstleistung oder einem einzelnen Kundensegment abhängig. Die eigene Marktposition wird damit verbessert.

Über alle Vorteile hinweg sollten Versicherer sich dennoch vor Augen halten, dass eine Kooperation den Unternehmensalltag verändert, eine Veränderungsbereitschaft erfordert und auch mögliche Nachteile mit sich bringt. So wird ein Teil der Selbstständigkeit, d. h. der alleinigen Entscheidungshoheit abgegeben. Längere und komplizierte Abstimmungsprozesse zwischen Versicherer und Kooperationspartner können zu erhöhten Aufwänden und folglich zu erhöhten Kosten führen. Kooperationskosten und -nutzen müssen in einem rentablen Verhältnis zueinanderstehen. Weiter werden neben den erzielten Gewinnen auch die entstanden Produkt-, sowie Prozessinnovationen nicht alleine genutzt. Es besteht das Risiko, dass der Kooperationspartner die gemeinsam entwickelten Mittel mit Dritten teilt (vgl. [7, S. 8]). Kooperationen garantieren also noch keinen Erfolg und schließen unternehmerisches Risiko nicht automatisch aus. Auch bieten sie keinen Ausgleich zu Managementschwächen.

Zusammenfassend lässt sich sagen, dass Versicherer aufgrund der Herausforderungen des Versicherungsmarktes zu einer Transformation ihrer Geschäftsmodelle gezwungen sind. Sie benötigen die dynamische Fähigkeit einer organisationalen Ambidextrie, um das Kerngeschäft effizient zu optimieren und gleichzeitig durch strategische Innovationen in neue Geschäftsfelder zu wachsen. Hierbei stellen starke laterale bzw. diagonale Unternehmenskooperationen einen wesentlichen unternehmerischen Erfolgsfaktor dar. Kooperationen können zu einer substanziellen Steigerung des Unternehmenserfolgs führen und bieten gute Ansätze zur Umsetzung von strategischen Hebeln, die die Unternehmensstrategie komplementieren. Die Potenziale lateraler Kooperationsbestrebungen sind vielfältig und bieten für Versicherungsunternehmen bedeutende Möglichkeiten am PoS neue Absatzmärkte zu erschließen. Darüber hinaus sind die Verbesserung des Informationsstandes, der Zugewinn von Know-how und Technologie, die Erhöhung der Innovationskompetenz, die Erweiterung des Angebotsspektrums sowie die Gewinnung zusätzlicher Kunden anzuführen. Mithilfe von Kooperationen lassen sich Umsatz, Wettbewerbsfähigkeit und Ertrag deutlich steigern. Vor- und Nachteile müssen allerdings sorgfältig gegeneinander abgewogen werden, denn nur aus strategischen Zielen ergeben sich Kooperationspotenziale.

12.2 Kooperationen in der Versicherungswirtschaft

12.2.1 Existierende Kooperationen in der Versicherungswirtschaft

Über die Jahre haben sich zahlreiche Kooperationen mit Versicherungsunternehmen ergeben. Lange prägten im Wesentlichen die Kooperationen zwischen Versicherern und Automobilherstellern sowie Kooperationen im Umfeld der Schadenabwicklung den Markt. Bei diesen „klassischen" Kooperationen stand vor allem der Verkauf von Versicherungspolicen bzw. die Steuerung in den Werkstätten im Vordergrund. In den letzten drei Jahren ist das Bild deutlich heterogener geworden. Spätestens seitdem InsurTechs mit ihren innovativen Geschäftsmodellen im Versicherungsmarkt mitmischen, haben sich auch zahlreiche neue Kooperationsmodelle mit Versichern gebildet. Die Versicherer versuchen zunehmend über neue Technologien, deren Nutzung ihnen die Kooperationspartner ermöglichen, Zugänge zu Kunden zu bekommen, die sie über die klassischen Vertriebswege bislang nicht erreichen konnten. Hierdurch erschließen sich die Versicherer zum einen technologie-affine Kundengruppen und zum anderen sammeln sie Erfahrungen mit den neuen Technologien.

Nachfolgend sind einige prominente Beispiele aus dem Jahr 2017 und 2018 aufgeführt. Die Auflistung unterscheidet Kooperationsbeispiele rund um das Automobil, die über die klassischen Kooperationsmodelle mit Automobilherstellern hinausgehen, und neuartige Kooperationsmodelle mit weiteren Dienstleistern.

A. Kooperationsmodelle rund um das Automobil
Friday und BMW kooperieren – 12.2017
Der digitale Versicherer Friday, ein Start-up der Baloise Gruppe, und die BMW AG wollen künftig zusammenarbeiten. Mit Hilfe der BMW CarData-Technologie soll der genaue Kilometerstand des Fahrzeugs direkt an den Versicherer übermittelt werden. Mit diesen Daten sollen preisgünstige Kfz-Tarife berechnet werden (vgl. [21]).

Axa versichert Uber-Fahrer – 07.2017
Die Axa und das amerikanische Dienstleistungsunternehmen Uber arbeiten in Frankreich zusammen. So sollen die Fahrer des Taxi-Konkurrenten über den Versicherer abgesichert werden. Der Unfallschutz solle dabei für die selbstständigen Fahrer kostenlos sein (vgl. [22]).

Ergo und Ford kooperieren – 04.2017
Das Versicherungsunternehmen Ergo und der Autobauer Ford arbeiten gemeinsam, wenn auch nicht exklusiv, an Lösungen für die Mobilität von morgen. Die Kooperation soll das Elektroauto, das autonome Fahren sowie Carsharing und Telematik-Dienste umfassen (vgl. [23]).

Allianz kooperiert mit Carsharing-Anbieter Car2go – 01.2017
Seit dem 1. Januar 2017 arbeiten Allianz Worldwide Partners und der Carsharing-Anbieter Car2go zusammen. Dieses ist ein Gemeinschaftsprojekt des Automobilherstellers Daimler und dem Autovermieter Europcar. Mit dem Deal sollen Kunden im Rahmen der Anmietung den Haftpflichtschutz über die Allianz beziehen (vgl. [24]).

B. Kooperationsmodelle mit Dienstleistern
Talanx-Tochter will Versicherungen über Geldautomaten verkaufen – 01.2018
Die Europa-Gruppe, eine polnische Tochter der Talanx International AG, verkauft Policen am Bankautomat. An insgesamt 7800 Automaten der zwei großen Geldautomaten-Betreiber Planet Cash und Euronet sollen Kunden in Polen neben Bargeld nun auch den

passenden Versicherungsschutz erhalten können. Das Angebot richte sich insbesondere an Kunden, die sich kurz vor dem Start ihrer Reise versichern möchten. Der Abschluss einer Police soll direkt über das Menü des Geldautomaten erfolgen. Hier müssten lediglich grundlegende Daten des Kunden eingegeben werden. Anschließend wird die Versicherungspolice auf das Smartphone des Kunden geschickt (vgl. [25]).

Generali möchte Kunden mit Amazon-Gutscheinen motivieren – 11.2017
Die Generali möchte die Kunden des Fitnessprogramms „Vitality" für eine gesunde Lebensweise belohnen. Dazu vergibt der Versicherer nun Gutscheine des Online-Händlers Amazon. Kunden sollen diese immer dann erhalten, wenn sie in einen höheren Vitality-Status wechseln (vgl. [26]).

Axa-Tochter kooperiert mit Virenschutz-Experte F-Secure – 09.2017
Die Axa Assistance und der Anbieter von IT-Sicherheitslösungen F-Secure arbeiten künftig zusammen. Gemeinsam soll ein Schutz gegen Cyberkriminalität am Markt platziert werden. Der Schutz solle beispielsweise bei Cybermobbing, Identitäts- und Kreditkartendiebstahl oder Problemen mit Onlinehändlern helfen (vgl. [27]).

Telekom kooperiert nach Allianz auch mit Ergo – 08.2017
Die Telekom und der Versicherer Ergo arbeiten künftig zusammen. Im Rahmen der Kooperation wollen Ergo und Telekom künftig gemeinsam digitale Dienstleistungen für Privat- und Geschäftskunden anbieten. So sind für die Bereiche Smart Home sowie Cyberrisiko jeweils Schutzbriefe angedacht. Eine ähnliche Partnerschaft hatte der Bonner Konzern bereits mit der Münchener Allianz vereinbart, die bereits seit Juni 2014 läuft (vgl. [28]).

Gravis kooperiert mit Targo Versicherungen – 05.2017
Der Apple Service Provider Gravis hat sich mit der Targo Versicherung AG auf eine Kooperation verständigt. Kunden können seit dem 1. Mai 2017 in den bundesweit 43 Gravis-Filialen sowie im Online-Shop die beiden Tarife "Gravis Hardwareschutz" und "Gravis Hardwareschutz Pro" buchen. Diese sichern iPhone, iPad & Co. unter anderem gegen Material- und Herstellungsfehler, Bruch- und Sturzschäden oder Diebstahl ab und erweitern auf Wunsch auch die Garantie (vgl. [29]).

12.2.2 Die herausfordernde Zusammenarbeit zwischen Versicherern und Dienstleistern

Wie bereits dargestellt, können Kooperationen klare Vorteile mit sich bringen. Dennoch gibt es trotz der wachsenden Bedeutung von Kooperationen noch ein erhebliches Steigerungspotenzial, wie eine durchgeführte Umfrage der Versicherungsforen Leipzig aus dem Jahr 2015 aufzeigt (vgl. [30]). Die Umfrage zum Thema Zusammenarbeit von Versicherern und Dienstleistern im Schadenmanagement verdeutlicht, dass nach wie vor viele Barrieren für ein erfolgreiches Zusammenwirken der beiden Parteien bestehen.

Ein wesentlicher Stellhebel für eine erfolgreiche Partnerschaft ist die Informationsgüte, die beide Parteien übereinander besitzen. So zeigt die oben genannte Umfrage, dass sich die Geschäftspartner als gegenseitig gut informiert ansehen. Darüber hinaus wird der persönliche Kontakt zum Kooperationspartner, auch in der heutigen, digital geprägten Landschaft, als immens wichtig angesehen. Verbesserungspotenzial besteht hingegen in der Kommunikation. Nur etwa 10 % der Kooperationspartner bewerten die Kommunikation zum Versicherer als gut, wohingegen ein großer Teil der Versicherer die Kommunikation als gut bewerten. Des Weiteren zeigte sich die überwiegende Mehrheit der Studienteilnehmer überzeugt davon, dass der Kooperationspartner sein Leistungsversprechen einhält. Jedoch ist anzumerken, dass die Versicherer in einer viel größeren Zahl zu einem positiven Fazit gelangen. Dagegen gaben bei den Kooperationspartnern weniger als 10 % an, dass die Leistung des Versicherers mit dessen Versprechen voll und ganz übereinstimmt. Die Kooperationspartner der Versicherer sind generell unzufriedener mit der Leistung der Versicherungspartner. Augenscheinlich besteht ein Ungleichgewicht zwischen den beteiligten Parteien, welches es auszugleichen gilt. Einigkeit der Teilnehmer besteht hingegen in der immensen Bedeutung technischer Schnittstellen bei der Zusammenarbeit. 30 % der Befragten sind der Meinung, dass technische Schnittstellen nur ausreichend funktionieren und damit ein großes Hindernis einer erfolgreichen Zusammenarbeit darstellen. So werden grundlegende Aspekte der Zusammenarbeit zwischen den Geschäftspartnern wie Daten- und Dokumentenaustausch noch via E-Mail abgewickelt. Dahinter folgen Telefon und Internet als wichtige Kommunikationsmedien. Es gibt somit keinerlei Standards bezogen auf eine technische und inhaltliche Normierung des Übertragungsprozesses. Die Relevanz eines standardisierten und einheitlichen Datenaustausches via GDV-Schnittstelle oder BiPRO steht damit außer Frage.

Auch wenn sich die Umfrage nur auf Kooperationen im Schadenmanagement bezieht, sind die dort dargestellten Erfahrungen auch auf andere Kooperationsmodelle übertragbar. Der technologische Aufholprozess der Versicherer und die damit einhergehende Standardisierung sind Treiber für die Bildung von Kooperationen, bilden zugleich aber auch ein großes Hindernis für den Erfolg der Kooperationen.

Es lässt sich feststellen, dass sich Kooperationen mit Versicherern in den vergangenen Jahren sowohl intensiviert als auch vervielfältigt haben. Diese gewonnene Heterogenität korreliert zum einen mit der rasanten Veränderungsgeschwindigkeit am Markt, als auch mit der Digitalisierung und in Folge dessen dem Aufkommen neuer Marktakteure, wie den InsurTechs. Diese zusätzliche Marktdynamik lässt Versicherer zunehmend neue Kooperationen eingehen, die über die klassischen Automobilhersteller-Beziehungen hinausgehen. Beispiele dieser modernen Kooperationsformen gibt es viele. Doch auch diese neuen Kooperationsformen weisen z. T. erhebliches Verbesserungspotenzial auf. Neben der Verbesserung der Ausgestaltung der Kommunikation und damit der Beziehung, sind vor allem Leistungsversprechen einzuhalten und technische Aspekte der Zusammenarbeit auszubauen bzw. zu standardisieren.

Die oben genannten Kooperationen zeigen, dass insbesondere die großen Versicherungskonzerne (Allianz, AXA, ERGO, Talanx und Generali) den Trend erkannt haben und ihm u. a. durch neue Kooperationsmodelle begegnen wollen. Viele dieser Kooperationsmodelle, insbesondere die in denen neue Absatzkanälen angegangen werden, befinden sich aber noch im Versuchsstadium und haben ihren Erfolg noch nicht nachhaltig bewiesen. Grundsätzlich kann man feststellen, dass die Versicherer sich über den Kooperationspartner Zugang zu neuen Absatzmärkten und neuen Technologien schaffen.

Vor dem Hintergrund der nach wie vor sehr dominanten Vertriebswege im Privatkundengeschäft (AO und Makler) (vgl. [14]) wirken diese Versuche in Teilen noch sehr halbherzig. Dies wird umso deutlicher, wenn man bedenkt, dass sich die oben genannten Kooperationsbeispiele fast ausschließlich den Versicherungskonzernen zurechnen lassen und die mittelständisch geprägten Versicherungsunternehmen hier nicht wirklich in Erscheinung treten. Insgesamt dominiert noch der klassische Verkauf von Policen. Die Chancen zur Weiterentwicklung des eigenen Geschäftsmodells durch Kooperationen werden nicht gesehen oder genutzt.

Der Fragestellung, wie sich ein Versicherungsschutz in Produktkonzepte anderer Branchen, wie z. B. Automobil, Konsumgüterindustrie oder dem Dienstleistungssektor, integrieren lässt und damit am Verkauf von anderen Produkten partizipieren kann, wird wenig Aufmerksamkeit geschenkt. Eine Antwort auf diese Frage kann wie folgt lauten: Durch eine konsequent auf den Kundennutzen und das Kundenbedürfnis ausgerichtete Entwicklung von Lösungen, die keinen singulären Verkauf einer Versicherungspolice nach sich ziehen, sondern den Versicherungsschutz mit anderen Kundenlösungen verknüpfen. Kunden von Carsharing-Angeboten werden nicht gefragt, ob sie einen speziellen Versicherungsschutz benötigen. Sie erwarten, dass sie mit dem Einkauf der „Mobilität" einen Versicherungsschutz haben. Die Kofferhersteller TUMI und Rimowa kombinieren beispielsweise schon heute ihre Produkte mit langjährigen Garantien, ohne dass der Kunden eine singuläre Garantieverlängerungspolice unterschreiben muss.

12.3 Anforderungen an Kooperationen als Instrument zur Transformation

Versteht man Kooperationen nicht als Absatzinstrument, sondern als Mittel zur Transformation, stellt sich zunächst die Frage, was genau mit der Kooperation erzielt werden soll. Zu unterscheiden ist hierbei die Bezugsebene der Transformation. Kooperationen können hier als Instrument zu Veränderung des Kerngeschäftes oder als Instrument zum Aufbau neuer Geschäftsmodelle verstanden werden. In Abb. 12.1 werden die Bezugsebenen der Transformation unterschieden und mit Beispielen aus der Versicherungswirtschaft unterlegt. Wichtig hierbei ist die Unterscheidung in komplementäre und additive Ressourcen.

Während es sich bei den komplementären Ressourcen um ergänzende Ressourcen und Fähigkeiten handelt, geht es bei den additiven Ressourcen um die Erzielung von Kostenvorteilen durch die Zusammenlegung von gleichartigen Ressourcen. Unabhängig von den

12 Kooperation als strategischer Hebel zur Transformation

Bezugsebene der Transformation

	Veränderung bestehender Geschäftsmodelle	Aufbau neuer Geschäftsmodelle
Komplementäre Ressourcen[1]	A	B
Additive Ressourcen[2]	C	D

Beispiele

- **A** Kooperation im Werkstattmanagement, wie z.B. Schadenabwicklungskonzept Fairplay (Allianz und BMW)
- **B** Kooperation zu Connect Car – automatischer Notruf und integrierte Schadensmeldung, wie z.B. TankTaler
- **C** Kooperationen mit unabhängigen Schadenregulierern, wie z.B. REGU24
- **D** Kooperation im Bereich Datenmanagement, die durch Pkws erzeugt werden

[1] Komplementäre Ressourcen: sich ergänzende Fähigkeiten und Ressourcen
[2] Additive Ressourcen: Zusammenlegung gleichartiger Ressourcen zur Erzielung von Kostenvorteilen

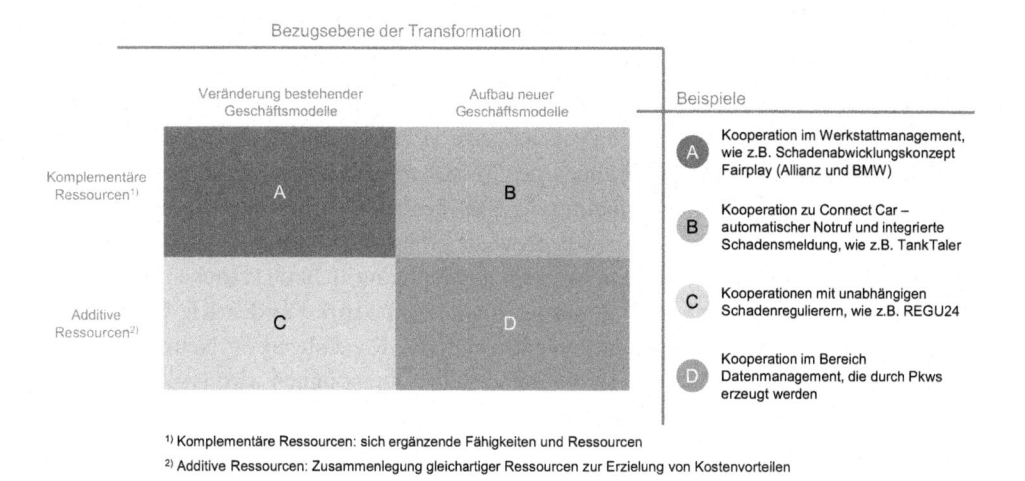

Abb. 12.1 Bezugsebenen der Transformation

eingesetzten Ressourcen muss die Bezugsebene der Transformation unterschieden werden. Soll das bestehende Geschäftsmodell verändert bzw. weiterentwickelt werden oder handelt es sich um den Aufbau neuer Geschäftsmodelle. Die entscheidenden Erfolgsfaktoren der jeweiligen Kooperationen sind auf beiden Bezugsebenen zu unterscheiden.

Kooperationen zur Veränderung bestehender Geschäftsmodelle müssen großen Wert darauflegen, dass ein enges Management der eingesetzten Ressourcen sichergestellt ist. Bei diesen Kooperationen liegt der Fokus im Sinne der Ambidextrie darauf, das Kerngeschäft effizient zu optimieren. Dies erfordert eine enge Ressourcensteuerung. Zum zweiten muss sichergestellt werden, dass Wettbewerbsvorteile nur in einem solchen Maße weitergegeben werden, dass damit nicht die eigene Vorteilsposition aufgegeben wird. Dieser Erfolgsfaktor ist mit Sicherheit, der am schwierigsten zu definierende Faktor, weil er den Informations- und Transparenzbedürfnissen einer Kooperation zu wieder läuft.

Für Kooperationen, die auf den Aufbau eines neuen Geschäftsmodells abzielen, sind andere Erfolgsfaktoren zu berücksichtigen. Das Lernen und Entdecken steht im Vordergrund. Die Erfahrungen aus dem eigenen Unternehmen lassen sich nur bedingt anwenden. Das heißt, ein wesentlicher Erfolgsfaktor ist die Freiheit. Das Management der Kooperation muss über die Freiheitsgrade verfügen, auch Versuche zu starten, die sich im Nachherein an Fehler erweisen. Die eingesetzten Ressourcen müssen zwar auch gesteuert werden, aber der Effizienzgedanke kann nicht der dominierende Gedanke sein, da die Lernkurve in dem neuen Geschäftsmodell noch abgeschritten werden muss.

12.4 Fazit

Es lässt sich festhalten, dass den Versicherern durch Kooperation ein Transformationsmittel zur Verfügung steht, dass sie in die Lage versetzen kann, die richtige Antwort auf die prognostizierten Veränderungen des Versicherungsmarktes zu finden (vgl. [3]). Die Notwendigkeit, die Transformation der bestehenden Geschäftsmodelle einzuleiten, ist dringender denn je. Manche Marktbeobachter gehen von eruptiven Veränderungen in der Versicherungsbranche aus, wenn es zu einem Markteintritt durch branchenfremde Unternehmen, wie z. B. Google oder Amazon, kommt (vgl. [16]). Für den Kfz-Markt muss schon heute konstatiert werden, dass der Verkauf von Kfz-Policen im Neuwagenmarkt zunehmend durch die etablierten Automobilhersteller übernommen wird (vgl. [31]). Wie lange der Verkauf von Kfz-Policen im Gebrauchtwagenmarkt noch durch Versicherer dominiert wird, bleibt abzuwarten.

Unabhängig davon, wann es zu weiteren Markteinbrüchen durch versicherungsfremde Unternehmen kommt und in welcher Weise diese den Markt beeinflussen, bleibt für die Versicherungsbranche eine Kern-Herausforderung, das sich nachhaltig veränderte Kundenverhalten (vgl. [4, S. 4]). Bereits heute hat sich das Kaufverhalten der Kunden weitgehend gewandelt. Sowohl Kauf als auch Informationsbeschaffung läuft immer weniger über die klassischen Kanäle ab. Im Bereich der Versicherungskunden bedeutet das beispielsweise, dass der Anteil der Kunden, die sich ausschließlich online informieren und abschließen, auf noch niedrigem Niveau von Jahr zu Jahr zu nimmt. Ferner nehmen sogenannte RoPo-Kunden („Research online and Purchase offline") bei den Abschlüssen einen immer größeren Anteil ein (vgl. [13]). Zukünftige Produktlösungen müssen daher konsequent am Kundennutzen ausgerichtet werden. Eine Denkweise die sich nahezu alle Start-ups und InsurTechs zu eigen gemacht haben.

Mit Hilfe von Kooperationen lassen sich Geschäftsmodelle entwickeln, die dem Leitgedanken einer 100-prozentigen Fokussierung auf den Kundennutzen Rechnung tragen. Dabei liegen die wahrscheinlich größten Erfolgspotenziale für die Versicherer in der Überbrückung der Grenzen zu anderen Branchen. Erst bei Überwindung dieser Grenzen, wird die Versicherungsbranche auch die Gefahr, durch den Markteintritt von Branchenfremden Unternehmen, strategisch beantworten können. Dabei ist zu beachten, dass bei diesen Kooperationen nicht nur ein weiterer Absatzkanal im Fokus steht. Die gesamte Wertschöpfungskette mit allen versicherungstechnischen Implikationen muss dem Geschäftsmodell bzw. der Kooperation zu Grunde liegen. Hierbei gilt, dass auch diese Kooperationen stets ein ausgewogenes Verhältnis von „to exploit" und „to explore" beachten müssen. Nur wenn eine Kooperation den Ambidextrie-Ansatz umsetzt, in dem entweder bestehende Geschäftsmodelle optimiert bzw. neue Geschäftsfelder eröffnet werden, kann ein langfristiger Unternehmenserfolg gesichert werden.

Naturgemäß müssen auch immer beide Kooperationspartner an einem Geschäftserfolg partizipieren. Eine solche Kooperation ergibt sich jedoch nur, wenn beide Seiten ein Vertrauensverhältnis entwickeln, das die Gewinntreiber in der jeweiligen Wertschöpfungskette offenlegt und beide Seiten daran teilhaben können.

Literatur

1. Backhaus K, Plinke W (1990) Strategische Allianzen als Antwort auf veränderte Wettbewerbsstrukturen, S 21
2. Baltes G, Freyth A (Hrsg) (2017) Veränderungsintelligenz. Springer, Wiesbaden. https://doi.org/10.1007/978-3-658-04889-1_2. Zugegriffen: 22.01.2018
3. Bain & Company (2013) Versicherungen – Die digitale Herausforderung. http://www.bain.de/Images/BainBrief_Versicherungen_Die-digitale-Herausforderung_FINAL.pdf. Zugegriffen: 14. Jan. 2018
4. Bain & Company (2016) Digitalisierung der Versicherungswirtschaft – Die 18 Milliarden Chance. http://bain.de/Images/161202_Bain-Google-Studie_Digitalisierung_der_Versicherungswirtschaft.pdf. Zugegriffen: 18. Jan. 2018
5. Becker T, Dammer I, Howaldt J, Killich S, Loose A (2007) Netzwerkmanagement – Mit Kooperation zum Unternehmenserfolg, 2. Aufl. Springer, Berlin, S 19
6. Blecker T (2000) Optimale Interaktionen in Kooperationen – Grundlagen, Erfolgsfaktoren, Gestaltungsempfehlungen, S 2
7. Bundesministerium für Wirtschaft und Technologie (2008) Gemeinsam stärker – Kooperationen. https://www.institut-gruendungsoffensive.de/media/links/kooperation.pdf. Zugegriffen: 17. Jan. 2018
8. Eisele J (1995) Erfolgsfaktoren des Joint-Venture-Management. Gabler Verlag, Wiesbaden, S 25
9. Freudenthaler-Mayrhofer D, Sposato T (2017) Corporate design thinking. Springer, Wiesbaden. https://doi.org/10.1007/978-3-658-12980-4_1. Zugegriffen: 22.01.2018
10. Friese M (1998) Kooperation als Wettbewerbsstrategie für Dienstleistungsunternehmen. Gabler, Wiesbaden, S 150
11. Gabler (2018) Stichwort: Kooperation. Springer Verlag (Herausgeber). http://wirtschaftslexikon.gabler.de/Archiv/7992/kooperation-v12.html. Zugegriffen: 18. Jan. 2018
12. Gahl A (1990) Die Konzeption der strategischen Allianz im Spannungsfeld zwischen Flexibilität und Funktionalität. ZfbF – 27. Sonderheft: Strategische Allianzen, Düsseldorf-Frankfurt a.M., S 35–48
13. Gesamtverband der Deutschen Versicherungswirtschaft e. V. (2016) Die digitale Versicherung – Was Kunden wollen. http://www.gdv.de/wp-content/uploads/2016/10/Praesentation_GfK-Befragung_Digitalisierung.pdf. Zugegriffen: 18. Jan. 2018
14. Gesamtverband der Deutschen Versicherungswirtschaft e.V. (2017) Statistisches Taschenbuch der Versicherungswirtschaft 2017. http://www.gdv.de/wp-content/uploads/2017/10/Statistisches_Taschenbuch_2017_Versicherungswirtschaft_GDVn.pdf. Zugegriffen: 18. Jan. 2018
15. Grote S, Goyk R (Hrsg) (2018) Führungsinstrumente aus dem Silicon Valley, Springer-Verlag GmbH Deutschland 2018 37. https://doi.org/10.1007/978-3-662-54885-1_3. Zugegriffen: 22. Jan. 2018
16. Johnigk M, Pfefferminzia (2015) Der Markteintritt von Google ist eine Gefahr – Strategiegespräch Michael Johnigk, Signal Iduna. https://www.pfefferminzia.de/strategiegespraech-mit-michael-johnigk-signal-iduna-der-markteintritt-von-google-ist-eine-gefahr-1432745477/?page=2. Zugegriffen: 11. Jan. 2018
17. Porter M (1985) Competitive advantage – creating and sustaining superior performance, S 323
18. Schallmo D et al (Hrsg) (2017) Digitale Transformation von Geschäftsmodellen. Springer, Wiesbaden (Schwerpunkt: Business Model Innovation, https://doi.org/10.1007/978-3-658-12388-8_5, zuletzt geprüft am 22.01.2018)
19. Staudt E (1992) Kooperationshandbuch – ein Leitfaden für die Unternehmenspraxis. Schäffer-Poeschel, Stuttgart

20. Tokarski KO et al (Hrsg) (2018) Strategische Organisation. Springer, Wiesbaden (Online verfügbar unter: https://doi.org/10.1007/978-3-658-18246-5_13, zuletzt geprüft am 22.01.2018)
21. Versicherungsbote (2017) Friday und BMW kooperieren. https://www.versicherungsbote.de/id/4861584/Friday-und-BMW-kooperieren/. Zugegriffen: 18. Jan. 2018
22. Versicherungsbote (2017) AXA versichert Uber-Fahrer. https://www.versicherungsbote.de/id/4856895/Axa-versicherung-Uber/. Zugegriffen: 18. Jan. 2018
23. Versicherungsbote (2017) Ergo und Ford kooperieren. https://www.versicherungsbote.de/id/4853225/Ford-Ergo-Allianz/. Zugegriffen: 18. Jan. 2018
24. Versicherungsbote (2017) Allianz kooperiert mit Carsharing-Anbieter car2go. https://www.versicherungsbote.de/id/4850444/Allianz-Carsharing-car2go-Kfz-Versicherung/. Zugegriffen: 18. Jan. 2018
25. Versicherungsbote (2018) Talanx-Tochter will Versicherungen über Geldautomaten. https://www.versicherungsbote.de/id/4862715/Talanx-Europa-Versicherung-Geldautomat/. Zugegriffen: 18. Jan. 2018
26. Versicherungsbote (2017) Generali möchte Kunden mit Amazon-Gutscheinen motivieren. https://www.versicherungsbote.de/id/4859838/Generali-Vitality-Amazon-Gutscheine/. Zugegriffen: 18. Jan. 2018
27. Versicherungsbote (2017) Axa-Tochter kooperiert mit Virenschutz-Experte F-Secure. https://www.versicherungsbote.de/id/4858851/Axa-Assistance-kooperation-Virenschutz-F-Secure/. Zugegriffen: 18. Jan. 2018
28. Versicherungsbote (2017) Telekom kooperiert nach Allianz auch mit Ergo. https://www.versicherungsbote.de/id/4858031/Telekom-Allianz-Ergo-Kooperation/. Zugegriffen: 18. Jan. 2018
29. Versicherungsbote (2017) Gravis kooperiert mit Targo Versicherungen. https://www.telecom-handel.de/consumer-communications/gravis/gravis-kooperiert-targo-versicherungen-1226235.html. Zugegriffen: 18. Jan. 2018
30. Versicherungsbote (2015) Versicherung: Dienstleister und Versicherer können nur bedingt miteinander. https://www.versicherungsbote.de/id/4818015/Versicherung-externe-Dienstleister-Kooperationspartner/. Zugegriffen: 18. Jan. 2018
31. YouGov Deutschland (2017) Kfz-Versicherung beim Automobilhersteller für viele attraktiv. https://yougov.de/news/2017/03/08/kfz-versicherung-beim-automobilhersteller/. Zugegriffen: 18. Jan. 2018

Digitalisierung des Geschäftsmodells Versicherung – Potenziale von digitalen Assistance-Dienstleistungen

Florian Elert

Zusammenfassung

Die Digitalisierung bietet eine Vielzahl von Chancen und Herausforderungen für die Versicherungswirtschaft. Diese steht dabei erst am Anfang der digitalen Transformation. Die bisher zu beobachtenden Digitalisierungsbestrebungen in der Versicherungsbranche fokussieren sich primär auf die Verbesserung der kundennahen Prozesse oder auf die Individualisierung des Versicherungsschutzversprechens. Neue Technologien, wie das Internet of Things und Big Data, bieten jedoch auch vollkommen neue Möglichkeiten, das Geschäftsmodell Versicherung, z. B. durch das Angebot von digitalen Assistance-Dienstleistungen, weiter zu entwickeln. So besteht zum einen die Möglichkeit, sich als digitaler Risikomanager zu positionieren und unter Zuhilfenahme der neuen Technologien Präventions- und Schadenmanagementmaßnahmen in Echtzeit den Kunden im Privat-, Gewerbe- und im Industriesegment anzubieten. Zum anderen besteht die Möglichkeit, zusätzlich zu den Risiken auch die Chancen der Kunden in einzelnen Themengebieten, wie z. B. Mobilität oder Wohnen, zu managen und somit digitaler Begleiter in ausgewählten Themenwelten zu werden. Die Versicherungswirtschaft muss sich in diesem Kontext die Frage stellen, in welche Richtung sie das bisherige Geschäftsmodell entwickeln will bzw. welche Rolle sie in der Wertschöpfungskette der neuen Geschäftsmodelle einnehmen möchte bzw. kann.

F. Elert (✉)
HSBA Hamburg School of Business Administration
Hamburg, Deutschland
E-Mail: florian.elert@hsba.de

13.1 Geschäftsmodell Versicherung

13.1.1 Zum Begriff Geschäftsmodell

In der Praxis und in der Theorie herrscht keine einheitliche Definition vor, was unter dem Begriff Geschäftsmodell zu verstehen ist. Im Wesentlichen fokussieren sich alle Definitionen zum Geschäftsmodellbegriff auf die Erfassung der konkreten Geschäftstätigkeit bzw. des Geschäftszwecks eines Unternehmens und auf die Beschreibung, wie die Unternehmung ihre Wertschöpfungstätigkeit ausgestaltet. Dabei werden sowohl interne als auch externe Aspekte erfasst und im Rahmen der Beschreibung des Geschäftsmodells zusammengeführt sowie der Frage nachgegangen, wie ein Unternehmen Wert für den Kunden und sich selbst erzeugt. Im Rahmen der Ausgestaltung von Geschäftsmodellen werden dabei Vorgaben aus der Strategie in konkrete Maßnahmen überführt. Durch die Ausgestaltung des Geschäftsmodells wird somit die verfolgte Strategie operationalisiert und deren Umsetzung möglich (vgl. [1, S. 18 ff.]). Gassmann/Sauer stellen in der Diskussion um die Bedeutung von Geschäftsmodellen heraus, dass sich der Wettbewerb zukünftig zunehmend zwischen Geschäftsmodellen und nicht mehr zwischen Prozessen und Produkten entscheiden wird (vgl. [7, S. 380]).

Auch existiert keine einheitliche Meinung in der Literatur vor, durch welche inhaltlichen Elemente ein Geschäftsmodell am besten zu erfassen und zu analysieren ist. Osterwalder identifiziert in seiner Arbeit auf Basis einer umfassenden Literaturrecherche drei bis neun Geschäftsmodellbausteine, die für die Beschreibung eines Geschäftsmodells herangezogen werden können, wobei die jeweiligen Bestandteile teilweise auch unterschiedliche inhaltliche Schwerpunkte setzen (vgl. [11, S. 25 ff. und 45 ff.]).

Csik hebt vier Elemente heraus, die von den meisten Geschäftsmodellkonzepten berücksichtigt werden und damit zentrale Bedeutung für die Ausgestaltung eines Geschäftsmodells haben (vgl. [1, S. 22]).

1. Das Nutzenversprechen – was wird dem Kunden angeboten?
Das Leistungsangebot beschreibt die Produkte und Dienstleistungen, die ein Unternehmen den Zielkunden anbietet, um ein Kundenproblem zu lösen und damit Nutzen für den Kunden zu schaffen.

2. Das Kundensegment – wer ist der Zielkunde?
Von zentraler Rolle für die Ausgestaltung des Geschäftsmodells ist eine klare Definition der Kundensegmente, die durch das Produktangebot angesprochen werden sollen und auch eine entsprechende Abgrenzung, welche Kundengruppen nicht mit dem Angebot angesprochen werden sollen. Der Kunde steht dabei im Zentrum des Geschäftsmodells.

3. Die Wertschöpfungskette – wie wird das Nutzenversprechen hergestellt und an den Kunden übermittelt?

Die Erfüllung des Nutzenversprechens gegenüber dem Kunden bedarf des Einsatzes bestimmter Ressourcen, Fähigkeiten, Prozesse und Aktivitäten. Das Zusammenspiel von Prozessen und Aktivitäten zusammen mit den eingesetzten Ressourcen und Fähigkeiten beschreibt, wie das Nutzenversprechen durch die Ausgestaltung der Wertschöpfungskette erbracht wird.

4. Die Ertragsmechanik – warum ist das Geschäftsmodell profitabel?

Die Herstellung und der Absatz des Produktes bzw. des Nutzenversprechens erzeugen einerseits Aufwand und andererseits Erträge durch den mit dem Nutzenversprechen generierten Umsatz. Das Zusammenspiel von Ertrag und Aufwand wird durch die sogenannte Ertragsmechanik abgebildet. Die Ertragsmechanik zeigt die Wirkungszusammenhänge auf, die zur Entstehung von Ertrag und Aufwand führen und gibt eine Antwort auf die Frage, wieso das Geschäftsmodell profitabel ist bzw. wie mit dem Geschäft Wert geschaffen wird (vgl. [1, S. 22 ff., sowie 6, S. 6 f.]).

Abb. 13.1 zeigt das Zusammenspiel der vier Geschäftsmodellbestandteile auf, wobei der Kunde im Zentrum des Geschäftsmodells steht. In diesem Zusammenhang wird auch von dem magischen Dreieck des Geschäftsmodells gesprochen (vgl. [6, S. 7]).

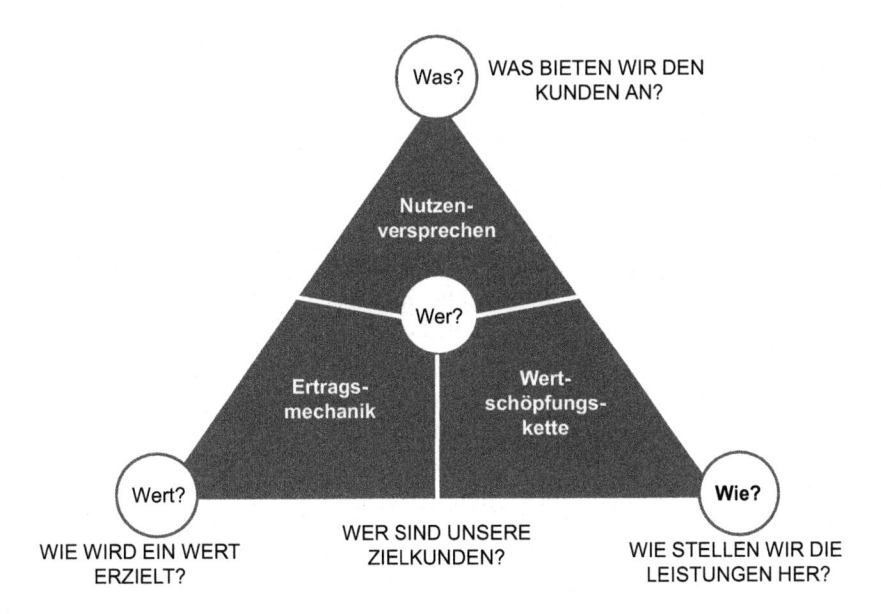

Abb. 13.1 Das magische Dreieck mit den vier Dimensionen eines Geschäftsmodells. (Quelle: [6, S. 7])

13.1.2 Charakteristika des Geschäftsmodells Versicherung

Im Folgenden wird unter Anwendung der in Abschn. 13.1.1 dargelegten Geschäftsmodellbestandteile das Geschäftsmodell traditioneller Versicherungsunternehmen beschrieben. Die Beschreibungen fokussieren sich dabei auf die wesentlichen Geschäftsmodellgemeinsamkeiten, die mit dem Betrieb des Versicherungsgeschäfts einhergehen und abstrahieren folglich von Besonderheiten einzelner Versicherungsunternehmen.

1. Das Nutzenversprechen – was wird dem Kunden von Versicherungsunternehmen angeboten?
Das Nutzenversprechen von Versicherern umfasst die finanzielle Absicherung von ungewissen Ereignissen oder den sicheren (z. B. durch die Gewährung von Beitrags- oder Zinsgarantien) langfristigen Vermögensaufbau. Der Versicherungsvertrag beinhaltet dabei ein bedingtes immaterielles Schutzversprechen. Bei Eintritt eines im Vorfeld definierten Schadenereignisses oder bei Erreichen eines bestimmten Zeitpunkts erbringt der Versicherer die im Versicherungsvertrag definierte Leistung. Diese Leistung kann eine Entschädigung an einen Dritten umfassen oder auch einmalige oder fortlaufende Zahlungen (z. B. Rentenzahlung) an den Versicherungsnehmer beinhalten. Zudem kann auch die Bereitstellung bzw. Kostenübernahme von Rechtsdienstleistungen zum Leistungsspektrum der Versicherung gehören. Durch die Erbringung der Versicherungsleistung wird der Versicherungsnehmer im Schadenfall finanziell entlastet, und es können auch verursachte (versicherte) Schäden beglichen werden, die die finanzielle Kapazität eines einzelnen Versicherungsnehmers übersteigen würden.

2. Das Kundensegment – wer ist der Zielkunde von Versicherungsunternehmen?
Die Versicherungswirtschaft bietet Lösungen für Privat-, Gewerbe- und Industriekunden an, die sich gegen finanzielle Verluste aus Schadenereignissen (z. B. Entwendung oder Zerstörung des Eigentums, Verletzung oder Tod, Betriebsunterbrechung oder Vermögensschäden bei Dritten) absichern wollen. Bei Privatkunden wird zudem die Möglichkeit für den Aufbau von Vermögen angeboten. Im Gewerbe- und Industriebereich verfolgen die Kunden das Ziel, durch den Abschluss von Versicherungsverträgen die eigene Bilanz gegen versicherbare Schadenereignisse zu schützen und Ergebnisvolatilität zu vermeiden bzw. diese möglichst gering zu halten.

3. Die Wertschöpfungskette – wie wird das Nutzenversprechen hergestellt und an den Kunden übermittelt?
Versicherungsunternehmen verfügen in der Regel im Vergleich zu anderen Industrien über eine hohe Wertschöpfungstiefe. Eine Vielzahl der Wertschöpfungsstufen, die notwendig für den Betrieb des Versicherungsgeschäfts sind, führen Versicherer oft selbst durch. Farny unterscheidet drei Bestandteile, die im Rahmen des Betriebs des Versicherungsunternehmens durchgeführt werden, das Versicherungsgeschäft, das Kapitalanlagegeschäft und das sonstige Geschäft. Der Produktionsprozess des Versicherers wird dabei auch

als Kuppelproduktion bzw. Verbundproduktion beschrieben, da die Produktionsprozesse im Versicherungs- und das Kapitalanlagegeschäft auf gemeinsame Produktionsfaktoren, insbesondere das Kapitel zugreifen (vgl. [5, S. 647]). Das Versicherungsgeschäft setzt sich dabei aus dem Risikogeschäft, dem Spar- und Entspargeschäft und dem Dienstleistungsgeschäft zusammen (vgl. [5, S. 21 ff.]). Zentrale Bedeutung im Versicherungsunternehmen kommen dem sogenannten Risikoausgleich im Kollektiv und in der Zeit zu, die wesentliche Bestandteile der Risikotransformation sind. Der kollektive Aspekt der Risikotransformation führt dazu, dass bei festgelegtem Sicherheitsniveau des Versicherers der versicherte Gesamtschaden im Kollektiv günstiger finanziert werden kann als für ein Einzelrisiko. Hierdurch besteht die Möglichkeit, dass der Versicherungsschutz günstiger erworben werden kann (vgl. [13, S. 780]). Als zentrale Engpassfaktoren der Produktion von Versicherungsschutz werden dabei oft die Vertriebskapazitäten und das Eigenkapital angeführt. Da Absatz im Versicherungsgeschäft vor der Produktion erfolgt, bedarf es stets der Durchführung von Vertriebsaktivitäten, um den Produktionsprozess im Versicherungsunternehmen anzustoßen. Dem Eigenkapital kommt, neben einer Finanzierungsfunktion im Versicherungsunternehmen, im Wesentlichen die Aufgabe zu, Verluste, z. B. aus Überschäden, zu kompensieren, die Ruin-Wahrscheinlichkeit auf ein aufsichtsrechtlich definiertes Mindestniveau zu begrenzen und dadurch die Erbringung des in die Zukunft gerichteten Versicherungsschutzversprechens mit einer sehr hohen Wahrscheinlichkeit erfüllen zu können.

4. Die Ertragsmechanik – warum ist das Geschäftsmodell profitabel?
Der Kunde schließt in der Regel einen mindestens einjährigen Vertrag ab und bezahlt eine Versicherungsprämie, um im Schadenfall eine Entschädigung vom Versicherer zu erhalten. Das Versicherungsgeschäft kommt zu Stande, wenn aus Sicht des Versicherungsnehmers der Mehrwert, der durch die Abgabe der Schadenverteilung entsteht, höher ist, als der Aufwand, der mit der Prämienzahlung einhergeht. Der Versicherer ist dagegen nur zur Übernahme der Schadenverteilung bereit, wenn der Nutzen aus der Prämienzahlung die Opportunitätskosten der Risikoübernahme überkompensiert (vgl. [5, S. 34 f.]). Die im Voraus gezahlte Prämie steht dem Versicherer mit anderen Kapitalressourcen, wie z. B. dem Eigenkapital oder den versicherungstechnischen Rückstellungen, für Kapitalanlagezwecke zur Verfügung. Die Erträge im Versicherungsgeschäft und aus dem Kapitalanlagegeschäft stellen in der Regel bei allen Versicherungsunternehmen die größten Ertragsquellen dar. Erträge, z. B. aus Dienstleistungen für Dritte (z. B. Risk-Engineering) oder aus Vermittlungsgeschäften, spielen nahezu immer eine untergeordnete Rolle. Der größte Aufwandsblock im Versicherungsunternehmen betrifft den Schadenaufwand. So werden z. B. in der Kompositversicherung je nach Sparte zwischen ca. 50–90 % des Prämienvolumens für den Schadenaufwand verwendet. Die zweitgrößte Aufwandsposition stellt der Versicherungsbetrieb dar, der den Aufwand für den Absatz und die Verwaltung umfasst. Versicherungstechnische Verluste aufgrund der zunehmenden Wettbewerbsintensität in einer Sparte können durch versicherungstechnische Gewinne in anderen Sparten und über positive Ergebnisse aus dem Kapitalanlagegeschäft ausgeglichen werden. Charakteristisch

für das Versicherungsgeschäft ist zudem, dass ein Großteil der Versicherungsnehmer im Privatkundensegment nicht jedes Jahr die Versicherungsverträge umdeckt und nicht nach einer fortlaufenden Optimierung der Preis-Leistungsrelationen des Versicherungsschutzes strebt.

13.2 Digitalisierung der Versicherungswirtschaft

13.2.1 Zum Begriff Digitalisierung

Unter dem Begriff der Digitalisierung kann aus technischer Sicht die Überführung analoger Informationen auf digitale Speichermedien verstanden werden. Die überführten Daten sind nicht mehr mit dem ursprünglichen Medium zwingend verbunden und können über eine Vielzahl von anderen Medien transportiert und auf verschiedenen Endgeräten genutzt werden (vgl. [9]). Im aktuellen Umfeld wird mit dem Begriff der Digitalisierung bzw. der digitalen Transformation im Wesentlichen die technologieinduzierten Veränderungen der Anforderungen von Kunden oder auch der Wandel in der Arbeitswelt sowie in den Wertschöpfungsketten von Unternehmen umschrieben.

Wesentlicher Treiber der sogenannten digitalen Transformation sind im Status Quo z. B. die zunehmende Verbreitung des Internet der Dinge, die gestiegene Bedeutung von sozialen Medien wie Facebook, die hohe Verbreitung und das umfassende Anwendungsspektrum von mobilen Endgeräten oder die verbesserten Datenauswertungsmöglichkeiten im Form von Advanced Analytics. In diesem Zusammenhang wird auch von SMAC-Technologien gesprochen. Wobei SMAC die Abkürzung für Social Technologie, Mobile Computing, Analytics Technologie und Cloud Technologie ist (vgl. [7, S. 377]).

Der Einsatz der angeführten Technologien ermöglicht es, eine Vielzahl von Daten über den Kunden zu erfassen und in Echtzeit auszuwerten. Die Digitalisierung schafft damit die Voraussetzung, die Bedürfnisse und Interessen des Kunden besser zu kennen bzw. vorhersagen zu können und diesen jederzeit anlassbezogene kundenspezifische Angebote zu unterbreiten und auch effizient abzuwickeln.

Dies hat zur Folge, dass durch die Digitalisierung neue Geschäftsmodelle entstehen, die signifikant die Wettbewerbssituation in verschiedenen Branchen verändern. In diesem Zusammenhang werden als Beispiele oft die Musikindustrie oder der Einzelhandel angeführt, wo sich durch den Eintritt neuer Anbieter mit digitalen Geschäftsmodellen die Wettbewerbssituation zu Lasten der etablierten Anbieter signifikant verändert hat.

Die Digitalisierung nimmt dabei auch Einfluss auf die Branchengrenzen. Die klassischen Branchengrenzen verschwimmen durch die Digitalisierung zunehmend. In der Vergangenheit konkurrierten die meisten Unternehmen mit Wettbewerbern, die ein vergleichbares Produktangebot hatten. Im Kontext der Digitalisierung rücken Bündel von Produkten und Dienstleistungen, die zur Erfüllung von bestimmten Bedürfnissen bzw. umfassenden Lösungen von Kundenproblemen notwendig sind, in den Mittelpunkt. Das Angebot dieser Dienstleistungs-/Produktbündel können Anbieter aus verschiedenen Branchen vornehmen bzw. deren Organisation übernehmen. Damit gehen, neben neuen, für den Kunden umfassenderen Dienstleistungen, auch neue Wettbewerber einher, die bisher in den jeweiligen Branchen nicht aktiv waren. Die Herausforderungen für die etablierten Anbieter bestehen dabei oft in der Tatsache, dass die neuen Anbieter ein bestehendes Problem durch den Einsatz von Technologie und konsequenter Kundenzentrierung besser lösen und dadurch Wettbewerbsvorteile erzielen können.

13.2.2 Digitalisierung der Versicherungswirtschaft – Status Quo

Die Versicherungswirtschaft steht in nahezu allen großen Versicherungsmärkten erst am Anfang der digitalen Transformation. Dies kann zum einen an den erhöhten rechtlichen Anforderungen liegen; zum anderen kann dies auch mit der Bestandfestigkeit der Versicherungskunden begründet werden oder teilweise mit den im Geschäftsmodell immanenten Wechselhürden (z. B. in der Kranken- oder in der Lebensversicherung) einhergehen.

Werden die Digitalisierungsinitiativen der Versicherungsunternehmen betrachtet, so lassen sich verschiedene Entwicklungen identifizieren, die sich im Wesentlichen auf die Ausgestaltung des Versicherungsschutzversprechens und die kundennahen Versicherungsprozesse bzw. die Verbesserung des Customer Journey fokussieren. Die Versicherungswirtschaft steht dabei vor den Herausforderungen, dass Kunden die Services der Assekuranz mit denen aus anderen Branchen vergleichen und sich dieselben einfachen, transparenten und abschließenden Prozesse im Kontext der Abwicklung des Versicherungsgeschäfts wünschen, die sie aus anderen Branchen kennen (vgl. [3, S. 228 f.]).

Die teilweise noch vorhandenen Unterschiede zwischen den Kundenerwartungen und den tatsächlichen Kundenerlebnissen erklären die Gründe, wieso in den letzten Jahren eine Vielzahl von neuen Anbietern entlang der gesamten Wertschöpfungskette in den Versicherungsmarkt eingetreten ist.

Im Bereich der Ausgestaltung des Versicherungsschutzversprechens lässt sich im Kontext der Digitalisierung zunehmend das Aufkommen von digitalen Angeboten beobachten, die darauf ausgerichtet sind, für einen begrenzten Zeitraum spezifische Risiken abzudecken. In diesem Kontext wird auch von situativen Deckungen gesprochen. Zu diesen Deckungen zählen z. B. die temporäre Ausweitung des Kreises der versicherten Personen in der Kfz-Versicherung oder die Reise- und die Ausflugsversicherungen. Mittels einfach zu bedienender digitaler Anwendungen (z. B. in Form einer App) können Kunden diese temporären Deckungen abschließen.

Des Weiteren ermöglichen neue digitale Versicherungsmodelle die versicherten Gegenstände individuell festzulegen und kontinuierlich anzupassen. Der klassische Ansatz, z. B. in der Hausratversicherung den gesamten Hausrat zu versichern, wird dabei durch die Möglichkeit ergänzt, nur ausgewählte Gegenstände des Privatlebens gegen bestimmte Gefahren abzusichern. Aspekte, wie Gamification, Prämieneinsparungen und die Erhöhung des Individualisierungsgrads des Versicherungsprodukts, stehen bei diesen Ansätzen im

Vordergrund. Zudem erlangt der Versicherer Informationen über die wichtigsten Dinge des Kunden, die grundsätzlich auch andere Geschäftsansätze zulassen.

Andere digitale Ansätze in der Versicherungswirtschaft erlauben dem Kunden, Versicherungsbausteine individuell zusammenzustellen. Der Unterschied zu herkömmlichen Ansätzen, die z. B. in einer Sparte zwischen Basis-, Komfort- und Premiumvarianten unterscheiden, liegt in der Tatsache begründet, dass der Kunde selber aus vordefinierten Deckungsbausteinen aus verschiedenen Sparten (z. B. Haftpflicht-, Wohn- und Hausrat- oder Kfz-Versicherung) ein individuelles spartenübergreifendes Versicherungsprogramm konfigurieren und direkt online abschließen kann. Neben dem Angebot der Individualisierung, vermögen solche Ansätze auch die Cross-Selling-Rate zu erhöhen.

Gleichzeitig ist die Tendenz zu beobachten, dass bei digitalen Versicherungsangeboten vermehrt Vertragslaufzeiten, auch bei klassischen Deckungen, wie z. B. bei der Kfz-Versicherung oder der privaten Haftpflichtversicherung abgeschafft werden. Dem Kunden wird die Möglichkeit geboten, jederzeit seinen Vertrag zu kündigen, wodurch die Hürde, den Vertrag abzuschließen, deutlich verringert wird.

Des Weiteren werden erste verhaltensbasierte Versicherungstarife im Bereich Biometrieversicherung (z. B. Berufsunfähigkeit) oder Kfz-Versicherung angeboten. Diese Angebote greifen durch den Einsatz von Sensoren, die z. B. mit einem physischen Produkt (z. B. dem Auto) verbunden sind, auf die Daten, wie z. B. den Produktzustand und die Produktnutzung, zurück. In diesem Zusammenhang sprechen Porter/Hepplemann auch von der Computerisierung von physischen Produkten (vgl. [10, S. 4]). Durch die Vernetzung können diese produktbezogenen bzw. verhaltensbezogenen Daten in Echtzeit ausgetauscht werden. Versicherungsnehmer, die z. B. ihr Fahrverhalten oder ihre Bewegungsaktivitäten erfassen oder ihr Haus überwachen, werden bei risikominderndem Verhalten mit Prämienrückerstattungen oder anderen Vergünstigungen (z. B. Angebote im Rahmen von Mehrwertprogrammen) belohnt. Diese Ansätze sind auch erste Schritte in die Bereiche Prävention und Schadenmanagement in Echtzeit bzw. stellen die Basis für solche Angebote dar.

Auch Peer-to-Peer-Ansätze gewinnen durch die neuen digitalen Möglichkeiten in der Versicherungswirtschaft an Bedeutung. Mittels digitaler Anwendungen versuchen Peer-to-Peer-Ansätze, z. B. Kundengruppen zusammenzuführen, um den Kundenbedarf zu bündeln und hierdurch bessere Prämien- und/oder Vertragskonditionen für das Versicherungskollektiv zu erhalten. Zudem kann die zusammengeführte Kundengruppe auch dazu dienen, den Risikoausgleich im Kollektiv nahezu selbständig zu organisieren. Durch effizientere digitale Prozesse, Belohnungsmechanismen bei Schadenfreiheit oder geringere Vertriebskosten versuchen diese Formen von Peer-to-Peer-Modellen einen Kostenvorteil im Versicherungsgeschäft zu erzielen.

Im Kontext der Digitalisierung lässt sich auch eine klare Tendenz zur Vereinfachung der kundennahen Prozesse, zum Angebot von vermehrten Selbstservice-Möglichkeiten und zur Steigerung der Kundentransparenz beobachten.

Die Bestrebungen zur Vereinfachungen der Prozesse mittels digitaler Ansätze zeigen sich im Besonderen in den Kernprozessen Versicherungsantrag/-abschluss und im Schadenmanagement. So versuchen z. B. verschiedene digitale Vertriebsansätze, möglichst wenige Daten im Rahmen des Antragsprozesses zu erfassen. Dabei werden die erforderlichen Angaben zum Kunden bzw. zum Risiko nicht durch Schätzungen ersetzt, sondern durch Daten aus Quellen von Dritten zugeliefert. Der Kunde stellt z. B. nur so viel Daten zur Verfügung, dass er eindeutig identifiziert werden kann. Alle weiteren Informationen über den Kunden bzw. dessen Schaden- und Betrugsrisiko oder seine Bonität werden aus verfügbaren Datenquellen Dritter gewonnen. Insbesondere vor dem Hintergrund des Anstiegs der Nutzung von mobilen Endgeräten, bei denen sich das Abfragen einer Vielzahl an Kunden- und Risikomerkmalen negativ auf die Abschlussrate auswirkt, gewinnen solche Ansätze an Bedeutung. Diese Ansätze fokussieren sich bei Vollausprägung vollumfänglich auf Daten von Dritten und stellen damit einen Paradigmenwechsel im Antragsprozess dar. Der Kunde kann somit nahezu keine vorvertragliche Obliegenheitsverletzung begehen, da er außer seinen Personendaten keine Angaben zum Risiko mehr macht. Die Herausforderungen bei diesen Ansätzen liegen darin begründet, dass die Zeichnungsentscheidung und die Ermittlung des Schadenerwartungswerts bzw. der Versicherungsprämie unter Umständen unter Rückgriff auf andere Risikomerkmale erfolgen muss, da nicht alle klassischen Risikomerkmale, die für die Ermittlung des Schadenerwartungswerts erforderlich sind, in den Datenbanken der Drittanbieter verfügbar sind. Die Kernkompetenz der Versicherer liegt bei diesen Ansätzen, neben dem Zugriff auf die Datenbanken in Echtzeit im Rahmen des Antragsprozesses, auch in der Tarifierung mit neuen Daten bzw. neuen Risikomerkmalen.

Eine andere digitale Möglichkeit, mit möglichst wenigen Kundenangaben einen Versicherungsvertrag abzuschließen, besteht darin, die versicherte Sache (z. B. ein Wohngebäude) zu fotografieren und auf Basis des Fotos bzw. der mit dem Foto übermittelten Daten (Geolokation etc.) sowie unter Rückgriff von Daten von Dritten (wie z. B. wohngebietsspezifische Risikoinformationen) einen Vorschlag für einen passenden Versicherungsschutz zu erhalten.

Im Kontext des Schadenmanagements können Schäden unmittelbar nach Eintritt des Schadenereignisses über digitale Anwendungen erfasst werden. Mittels Bilderkennung und Machine-Learning-Methoden können Kleinstschäden, z. B. im Kraftfahrt-Segment, in kürzester Zeit abschließend reguliert werden. In jenen Fällen, in denen eine sofortige Regulierung des Schadenfalls nicht möglich ist, können Kunden über Schadentracking-Anwendungen den Bearbeitungsstand des Schadenfalles online einsehen. Dies erhöht die Transparenz für den Kunden und entlastet die Service-Center von Rückfragen. In Versicherungszweigen (z. B. private Krankenversicherung), in denen die Einreichung von Rechnungen für die Erstattung notwendig ist, werden zunehmend digitale Anwendungen angeboten, mit denen der Kunde die Rechnung fotografieren, hochladen und direkt über eine App dem Versicherer senden kann oder der Leistungserbringer (z. B. ein Arzt) kann die Rechnung in ein Portal einstellen, auf das der Versicherer und der Kunde Zugriff haben. Neben der Möglichkeit des beschleunigten Versands erlaubt dies die Dunkelverarbeitung sicherzustellen und damit einhergehende Kostensenkungen zu realisieren. Zudem kann die Notwendigkeit der Vorfinanzierung der Kosten durch den Versicherungsnehmer entfallen. Des Weiteren gewinnen erste Formen der Telemedizin im Gesundheitsbereich an Bedeutung. Über Videotelefonie kann der Versicherungsnehmer jederzeit von jedem Ort einen Arzt für eine Erstmeinung konsultieren.

Insbesondere die Anbieter von sogenannten digitalen Versicherungsordnern, die in der Regel in der Rechtsform eines Versicherungsmaklers agieren, verfolgen das Ziel, den Kunden über eine digitale Anwendung Transparenz über ihre Versicherungsverträge und ihre Deckungslücken zu geben. Die digitalen Makler fokussieren sich dabei in einem ersten Schritt nicht primär auf den Abschluss von Neugeschäften, sondern streben eine Umdeckung von Bestandverträgen an. Mit den übertragenen Versicherungsverträgen wird dann einerseits der digitale Versicherungsordner bestückt; andererseits werden diese Daten genutzt, um Deckungslücken oder Optimierungspotenziale beim Kunden zu identifizieren. Die aktuellen Ansätze der digitalen Makler stehen vor allem vor den Herausforderungen, zum einen die Kunden zu vertretbaren Kosten zu gewinnen und zum anderen die oft durch die Versicherungsunternehmen nicht digital zur Verfügung gestellten Vertragsdaten von den Versicherungsnehmern zeitnah in den digitalen Kundenordner einzupflegen. Die Attraktivität des Geschäftsmodells der digitalen Makler könnte einen Schub erhalten, wenn es diesen gelingt, kostengünstiger und schneller an umfassende Kundeninformationen zur Absicherungssituation zu gelangen. Eine Möglichkeit hierzu könnte die Payment Service Directive 2 (PDS2) sein, die unter anderem erlaubt, dass Drittanbieter bei Zustimmung des Kontoinhabers Zugriff auf die gesamten Kontodaten haben können. Dieser Zugang ermöglicht, Kontodaten mehrerer Konten zu aggregieren und auszuwerten. So können die bestehenden Versicherungsverträge bzw. -tarife durch intelligente Analysen aus den Kontoumsatzdaten ausgelesen, Einsparungs- bzw. Optimierungspotenziale erkannt und Deckungslücken aufgezeigt werden, ohne dass ein Mitwirken eines Dritten notwendig ist. Dies bietet die Chance, das bisherige Geschäftsmodell der digitalen Versicherungsmakler in einer ganz anderen Form zu skalieren.

Vor dem Hintergrund, dass es den meisten digitalen Versicherungsmaklern, auch aufgrund der schleppenden Bestandübertragungen bisher nicht vollumfänglich gelungen ist, das Kundenerlebnis nachhaltig zu verbessern, fokussiert sich die aktuelle Welle von Neugründungen in der Versicherungswirtschaft, die sogenannten digitalen Versicherer, auf die Abdeckung der gesamten Wertschöpfungskette. Verschiedene, voll digitale Versicherungsanbieter treten aktuell in den Markt ein oder haben den Geschäftsbetrieb als lizensierter Versicherer vor kurzem bereits aufgenommen. Im Unterschied zu vielen anderen etablierten Anbietern zeichnen sich die echten digitalen Versicherer unter anderem dadurch aus, dass diese alle Prozesse digital durchführen können, multikanalfähig sind, über flexible Schnittstellen verfügen, die eine schnelle Integration in andere Systeme und Anwendungen erlauben und im Unternehmen mit nur einer Datenbank arbeiten, in der alle Kundendaten zusammengeführt werden. Teilweise bieten diese neuen digitalen Anbieter ihre Dienstleistungen nicht nur Endkunden, sondern auch als Software as a Service traditionellen Versicherern, Maklerhäusern oder E-Commerce-Plattformen an.

Des Weiteren gibt es erste Versicherungsansätze, die mittels Blockchain bzw. Smart Contracts automatisiert z. B. den Schadenprozess abwickeln. Bei den sogenannten smar-

13 Digitalisierung des Geschäftsmodells Versicherung

ten parametrischen Versicherungen werden in einer Blockchain die Versicherungsbedingungen (z. B. das versicherte Ereignis) hinterlegt. Zusätzlich greift die Blockchain auf Datenbanken zu, die z. B. Informationen (Parameter) über Flugverspätungen oder Windstärken beinhalten. Überschreitet z. B. der Umfang der Flugverspätung oder eine bestimmte Windstärke die im Smart Contracts als versichertes Ereignis definierte Grenze, wird automatisch die im Versicherungsvertrag definierte Entschädigung angewiesen. Der Einsatz von Blockchain-Lösungen bzw. von Smart Contract ist im Versicherungskontext insbesondere dort geeignet, wo z. B. Versicherungsbedingungen nicht interpretiert werden müssen, sondern der Schadenfall an den Eintritt eines klar definierten (oft über einen Parameter messbares) Ereignisses anknüpft. Des Weiteren ist der Einsatz von Blockchain-Lösungen für die Abwicklung des konzerninternen oder -externen Rückversicherungsgeschäfts sowie für die Führung von internationalen Industrieversicherungsprogrammen möglich.

Die Ausführungen in diesem Abschnitt zeigen auf, dass sich die bisherigen Digitalisierungsbestrebungen der Versicherungswirtschaft im Wesentlichen darauf fokussieren, das Geschäftsmodell Versicherung zu verbessern. Dies konkretisiert sich im Wesentlichen in Kundenprozessen und der Möglichkeit der kundenindividuelleren Ausgestaltung des Versicherungsschutzes. Die neuen technologischen Möglichkeiten werden damit genutzt, um das bestehende Leistungsangebot kontinuierlich zu verbessern. Das Angebot eines bedingten Versicherungsschutzversprechens bleibt die Kernleistung. Die Versicherungswirtschaft nutzt damit noch nicht alle Möglichkeiten für die Geschäftsmodellweiterentwicklung, die die Digitalisierung bietet.

Abb. 13.2 stellt die Gemeinsamkeiten und die Unterschiede von dem klassischen Geschäftsmodell Versicherung und dem digitalisierten Geschäftsmodell Versicherung noch einmal gegenüber.

Geschäftsmodell	Klassische Versicherung	Digitalisierte Versicherung
Wer? (Kunde)	Privat-, Gewerbe-, Industriekunden, die Absicherung von nicht selbst zu tragenden Risiken, finanzielle Sicherheit, Möglichkeit des Vermögensaufbaus sowie Bilanzschutz suchen	
Was? (Value Proposition)	• Verkauf eines bedingten Versicherungsschutzversprechen • Zahlung im Schadenfall • Sicherer Vermögensaufbau	
Wie? (Wertschöpfungskette)	• Hohe Wertschöpfungstiefe • Kuppelproduktion • Versicherungsgeschäft • Kapitalanlagegeschäft • Risikoausgleich in der Zeit und im Kollektiv als zentrale Elemente der Risikotransformation	• Bisherige Wertschöpfungskette aber starke digitalisierte Customer Journey • Ausgerichtet auf Individualisierte Deckungskonzepte und ohne Vertragslaufzeiten • Geringere Kundenmitwirkung durch Zugriff auf Daten von Dritten • Ermöglicht umfassende Self-Service-Möglichkeiten
Warum? (Ertragsmechanik)	Kunde bezahlt, um im Schadenfall entschädigt zu werden. Tausch von Risiko und Prämie für beide Seiten von Vorteil (bezahlbare Absicherung/finanzielle Sicherheit für VN)	

Abb. 13.2 Gegenüberstellung der Geschäftsmodelle klassische Versicherung und digitalisierte Versicherung. (Quelle: eigene Darstellung)

13.3 Potenziale von digitalen Assistance-Dienstleistungen für das Geschäftsmodell Versicherung

13.3.1 Zum Begriff Assistance im Allgemeinem

Für den Begriff Assistance herrscht in der Literatur keine einheitliche Definition vor (vgl. [4, S. 31 f.]). Im Weiteren werden unter dem Begriff Assistance-Dienstleistungen Leistungen verstanden, die in Notfallsituationen und Alltagssituationen gegenüber Privatkunden und Firmenkunden innerhalb und außerhalb der Versicherungswirtschaft erbracht werden. Typische Merkmale von Assistance-Dienstleistungen stellen dabei die 24 Stunden Erreichbarkeit 365 Tage im Jahr des Assisteurs und die Naturalrestitution dar. Der Kunde kann 24 Stunden auf die Dienstleistungen des Assisteurs zugreifen. Er erhält jedoch nicht, wie im klassischen Versicherungsgeschäft üblich, eine Geldleistung, sondern ihm werden konkrete Hilfeleistungen zur Verfügung gestellt. Assisteure verfügen zudem immer über ein Netzwerk von Dienstleistern, über das die Durchführung der Dienstleistung organisiert wird. Dieses Netzwerk kann dem Assisteur selber gehören oder anderen Dienstleistern, die gegen Zahlung einer Gebühr Dritten ihr Netzwerk zur Verfügung stellen. Der Leistungsumfang von Assistance-Dienstleistungen kann in die Assistance-Dienstleistung im engeren Sinne und im weiteren Sinne unterteilt werden. Die Assistance-Dienstleistung im engeren Sinne umfasst die Beratung zur Hilfe und die Organisation von Hilfe. Die Assistance im weiteren Sinne geht noch einen Schritt weiter. Hier führt die tätige Hilfe der Assisteur selbst mit seinen eigenen Mitarbeitern bzw. Ressourcen durch. Anbieter, die auch Assistance-Dienstleistungen im weiteren Sinne erbringen, müssen somit über eine breitere Wertschöpfungskette verfügen, da sie die konkrete Hilfeleistung gegenüber dem Kunden nicht nur organisieren, sondern diese selbst erbringen (vgl. [12, S. 6]).

Die Assistance-Dienstleistungen fokussieren sich auf unterschiedliche Themengebiete und können in sieben Bereiche mit jeweils unterschiedlichen Dienstleistungsangeboten unterteilt werden (vgl. [12, S. 11–19]).

1. Mobile Assistance-Dienstleistungen
Mobile Assistance-Dienstleistungen umfassen Leistungen in Form von Beratung und Organisation sowie gegebenenfalls tätiger Hilfe, die zur Erhaltung und Wiederherstellung der Mobilität angeboten werden. Zu den Leistungen der mobilen Assistance gehören beispielsweise die Instandsetzung des Fahrzeugs, das Bergen und Abschleppen des Fahrzeugs, Schlüssel-Service bei Schlüsselverlust, Stellung eines Ersatzfahrers oder Ersatzteilversand.

2. Medizinische Assistance-Dienstleistungen
Medizinische Assistance-Dienstleistungen umfassen Leistungen in Form von Beratung und Organisation sowie gegebenenfalls tätiger Hilfe, die zur Erhaltung (Prävention) und Wiederherstellung (z. B. Rehabilitationsprogramme) der Gesundheit angeboten werden. Zu den Leistungen der medizinischen Assistance gehören beispielsweise Arzneimittelbe-

ratung, Ernährungsberatung, medizinische Hotlines und Gesundheitsportale, Vermittlung von Ärzten und Kliniken, Krankenrücktransporte, komplette administrative Abwicklung medizinischer Notfälle sowie Disease und Case Management.

3. Pflege-Assistance-Dienstleistungen
Pflege-Assistance-Dienstleistungen umfassen Leistungen in Form von Beratung und Organisation sowie gegebenenfalls tätiger Hilfe, die mit der Betreuung von Pflegebedürftigen in Zusammenhang stehen sowie alle sonstigen Dienstleistungen, die z. B. mit der Beantragung oder Durchführung der Pflege in Verbindung stehen. Zu den Leistungen der Pflege-Assistance gehören beispielsweise ambulante und stationäre Pflege, Beratung bei Beantragung der Pflege, Vermittlung von Haushaltshilfen und Rehabilitationskliniken, Bereitstellung eines Wohnungs-/Hausnotrufs, Pflegeschulung für Angehörige oder auch die neutrale Ermittlung des Pflegebedürftigkeitsgrads.

4. Reise-Assistance-Dienstleistungen
Reise-Assistance-Dienstleistungen umfassen Leistungen in Form von Beratung und Organisation sowie gegebenenfalls tätiger Hilfe, die in Zusammenhang mit der Vorbereitung und der Durchführung einer Reise stehen sowie Maßnahmen, die zur Handhabung bestimmter Ereignisse (z. B. Diebstahl, Verlust der Dokumente, Ausfall von Flügen) während der Reise angeboten werden. Zu den Leistungen der Reise-Assistance gehören so z. B. Informationen zu Reisemöglichkeiten, Zoll- und Visainformationen, Information über die nächstgelegene Botschaft/Konsulat, Organisation vorzeitiger Rückreise, Reiserückruf-Service, Hilfe bei Verlust des Gepäcks oder der Zahlungsmittel wie auch ein Krisenmanagement.

5. Haus- und Wohnungs-Assistance-Dienstleistungen
Haus- und Wohnungs-Assistance-Dienstleistungen umfassen Leistungen in Form von Beratung und Organisation sowie gegebenenfalls tätiger Hilfe, die im Rahmen von Schadenbegrenzung- und Schadenbehebungsmaßnahmen angeboten werden sowie weitere schadenfallunabhängige haus- und wohnungsbezogen Leistungen. Zu den Leistungen der Haus- und Wohnungs-Assistance gehören z. B. Beratung zum Verhalten bei Schadenfällen im Haus, Beratung zur Schadenprävention, Bereitstellung von Alarm-, Notruf- oder Handwerkerservice, Durchführung von Sanierungs-, Instandsetzungs- und Schädlingsbekämpfungsmaßnahmen.

6. Juristische Assistance-Dienstleistungen
Juristische Assistance-Dienstleistungen umfassen Leistungen in Form von Beratung und Organisation sowie gegebenenfalls tätiger Hilfe, die im Zusammenhang mit rechtlichen Fragestellungen und rechtlichen Auseinandersetzungen angeboten werden. Zu den Leistungen der juristischen Assistance gehören z. B. Informationen zu Anwälten und Notaren, Organisation von Dolmetschern, Rechtsberatung oder die Bereitstellung von geprüften Vertragsdokumenten.

7. Convience-Assistance-Dienstleistungen
Convience-Assistance-Dienstleistungen umfassen Leistungen in Form von Beratung und Organisation sowie gegebenenfalls tätiger Hilfe, die die Freizeitgestaltung betreffen. Zu den Leistungen der Convience-Assistance gehören z. B. Erinnerungsservice, Organisation von Veranstaltungsbesuchen, Restaurantauskünfte, Vermittlung von Babysittern oder Geschenkservice.

In der Praxis werden Leistungen aus den beschriebenen verschiedenen Assistance-Bereichen oft in einem Produkt zusammengefasst. Als Beispiel sind Assistance-Angebote anzuführen, die sowohl Leistungen aus der medizinischen Assistance, der mobilen Assistance und der Reise-Assistance umfassen. Assistance-Dienstleistungen werden dabei in einem Bündel mit anderen Produkten (z. B. auf Kreditkarten) angeboten oder als Stand-alone-Produkt (Kfz- oder Wohnungsschutzbrief) verkauft. Das Angebot von Assistance-Dienstleistungen im Kontext des Versicherungsgeschäfts zielt zum einem darauf ab, zusätzliche Dienstleistungen dem Kunden anzubieten und damit die Kundenbindung zu erhöhen; zum anderen soll im Schadenfall durch das Angebot von Assistance-Dienstleistungen, das Versicherungsschutzversprechen erlebbar werden und es besteht die Möglichkeit, durch Maßnahmen der Schadensteuerung den Schadenaufwand zu reduzieren.

13.3.2 Erscheinungsformen und Nutzenpotenziale von digitalen Assistance-Dienstleistungen

Durch die mit den neuen Technologien (z. B. Internet of Things, Big Data oder Blockchain) einhergehenden Möglichkeiten eröffnet sich ein ganz neues Feld für das Angebot von digitalen Assistance-Dienstleistungen. Einerseits können die bestehenden Assistance-Angebote durch deren Digitalisierung verbessert werden; andererseits können neue Formen von digitalen Assistance-Dienstleistungen angeboten werden. Digitale Assistance-Dienstleistungen grenzen sich von der Gesamtheit der Assistance-Dienstleistungen dadurch ab, dass für ihr Angebot bzw. ihre Durchführung in der Regel die kontinuierliche Erfassung und Auswertung von Daten des Kunden in Echtzeit benötigt werden und auf dieser Basis kundenspezifische Assistance-Dienstleistungen angeboten oder automatisiert ausgeführt werden können.

Unter digitalen Dienstleistungen sollen im Weiteren digitale Anwendungen verstanden werden, die einen Beitrag leisten können, die persönliche Sicherheit bzw. das Sicherheitsempfinden zu steigern, das persönliche Krankheits-/Todesfallrisiko zu senken, Zeit und/oder Geld zu sparen und die persönliche Leistungsfähigkeit im Berufs- und/oder Privatleben zu erhöhen. Es kann dabei unterschieden werden, ob die digitalen Anwendungen Informationen zur Verfügung stellen, konkrete Ratschläge geben oder aktiv (zum Teil automatisiert) Maßnahmen ausführen. Digitale Anwendungen, die Informationen und Ratschläge zur Verfügung stellen, fokussieren sich dabei verstärkt auf die Sensibilisierung der Menschen für Risiken bzw. Chancen und geben Ratschläge zur Risikoverringerung

(Prävention) bzw. Chancennutzung. Aktive Maßnahmen helfen, Chancen zu nutzen oder fokussieren sich auf echte Hilfe in Gefahrensituationen (vgl. [2, S. 10]).

Digitale Assistance-Dienstleistungen bieten für die Versicherungswirtschaft die Chance, das Geschäftsmodell Versicherung auszuweiten und neue Services anzubieten, die helfen, den Kundennutzen zu erhöhen sowie die Dienstleistung des Versicherers im Alltag erlebbar zu machen. Als Beispiel hierfür sind Präventionsmaßnahmen vor dem Schadeneintritt anzuführen, wie z. B. das Erkennen eines risikoreichen Fahrverhaltens und der automatische Eingriff. Des Weiteren können z. B. die erfassten und ausgewerteten Vitaldaten eines Kunden Indikatoren für ein erhöhtes Krankheitsrisiko aufzeigen und entsprechende Präventionsmaßnahmen vorgeschlagen werden.

Zudem können digitale Assistance-Dienstleistungen dazu beitragen, dass im Schadenfall schneller der Schadeneintritt identifiziert wird. Die neuen digitalen Technologien erlauben es somit, Schadenmanagementmaßnahmen in Echtzeit durchzuführen. Dies führt dazu, dass die Ausweitung des Schadenereignisses durch schnellere und gezieltere Schadenmaßnahmen eingegrenzt wird und auch die Wahrscheinlichkeit von Folgeschäden reduziert werden kann. Die mit dem Angebot von digitalen Assistance-Dienstleistungen einhergehende Möglichkeit der Schadensteuerung ermöglicht es zudem, den größten Kostenblock im Versicherungsgeschäft zu kontrollieren. Als Beispiele sind die Erfassung eines Wasserschadens im Haus durch Wassersensoren, die Identifikation eines Feuers durch Rauchmelder anzuführen sowie die Steuerung von Gegenmaßnahmen, z. B. durch eine Notfallzentrale.

Digitale Assistance-Dienstleistungen können zudem einen Beitrag leisten, effizienter mit Ressourcen wie Zeit und Geld umzugehen oder effektiver zu arbeiten oder zu trainieren. So können digitale Assistance-Anwendungen zukünftig genutzt werden, um z. B. den Stromeinkauf und das Management des Stromverbrauchs zu übernehmen. Durch digitale Coaching-Ansätze kann der Benzinverbrauch im Auto oder der Fahrzeugverschleiß reduziert und hierdurch Kosten gesenkt werden. Des Weiteren kann der optimale Zeitraum für den Fahrzeugverkauf/-wechsel angezeigt, Parkmöglichkeiten organisiert oder günstige Tankmöglichkeiten vorgeschlagen werden. Auch kann eine Steigerung des Trainingserfolgs durch die Auswahl der richtigen Tageszeit und der passenden Trainingsintensität mittels digitaler Trainingsassistenten erreicht werden.

Zu berücksichtigen ist, dass die Angebote von digitalen Präventions- und Schadenmanagementdienstleistungen zum Teil auf dieselben Daten zugreifen, wie digitale Assistance-Dienstleistungen, die darauf abzielen, die Effizienz oder die Effektivität zu erhöhen.

Des Weiteren erlaubt der fortlaufende Zugang zu den Kundendaten, der für das Angebt von digitalen Assistance-Dienstleistungen erforderlich ist, die zusätzlichen Informationen für eine verbesserte Einschätzung der Risikoexponierungen zu nutzen und vorhandene Absicherungsbedarfe proaktiv aufzuzeigen.

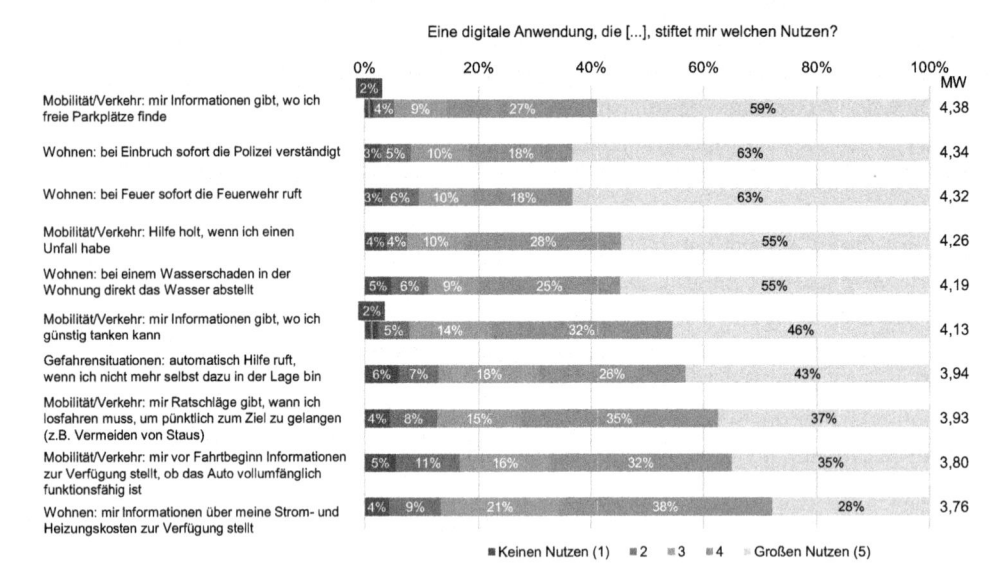

Eine digitale Anwendung, die [...], stiftet mir welchen Nutzen?							MW
	0%	20%	40%	60%	80%	100%	
Mobilität/Verkehr: mir Informationen gibt, wo ich freie Parkplätze finde	2%	4%	9%	27%		59%	4,38
Wohnen: bei Einbruch sofort die Polizei verständigt	3%	5%	10%	18%		63%	4,34
Wohnen: bei Feuer sofort die Feuerwehr ruft	3%	6%	10%	18%		63%	4,32
Mobilität/Verkehr: Hilfe holt, wenn ich einen Unfall habe	4%	4%	10%	28%		55%	4,26
Wohnen: bei einem Wasserschaden in der Wohnung direkt das Wasser abstellt	5%	6%	9%	25%		55%	4,19
Mobilität/Verkehr: mir Informationen gibt, wo ich günstig tanken kann	2%	5%	14%	32%		46%	4,13
Gefahrensituationen: automatisch Hilfe ruft, wenn ich nicht mehr selbst dazu in der Lage bin		6%	7%	18%	28%	43%	3,94
Mobilität/Verkehr: mir Ratschläge gibt, wann ich losfahren muss, um pünktlich zum Ziel zu gelangen (z.B. Vermeiden von Staus)	4%	8%	15%	35%		37%	3,93
Mobilität/Verkehr: mir vor Fahrtbeginn Informationen zur Verfügung stellt, ob das Auto vollumfänglich funktionsfähig ist	5%	11%	16%	32%		35%	3,80
Wohnen: mir Informationen über meine Strom- und Heizungskosten zur Verfügung stellt	4%	9%	21%	38%		28%	3,76

■ Keinen Nutzen (1) ■ 2 ■ 3 ■ 4 ■ Großen Nutzen (5)

Abb. 13.3 Digitale Assistance-Dienstleistungen mit hohen Nutzenpotenzialen aus Endkundensicht. (Quelle: Elert 2017a S. 16)

Die hohe Skalierbarkeit von digitalen Assistance-Dienstleistungen kann es zudem erlauben, ausgewählte risikomindernde bzw. sicherheitsorientierte Dienstleistungen[1] kostenfrei Zielkunden anzubieten. Hierdurch kann der Kundenstamm ausgeweitet und die Kundenkontakthäufigkeit erhöht werden. Durch die Erlebbarkeit des Nutzens der digitalen Dienstleistungen im Alltag können zudem positive Kundenerfahrungen geschaffen werden. Diese können dann die Basis sein, für Cross- und Up-Selling-Aktivitäten von kostenpflichtigen digitalen Assistance-Dienstleistungen oder Versicherungsschutzlösungen.

Abb. 13.3 zeigt digitale Dienstleistungen auf, denen Privatkunden aus der Generation Y im Rahmen einer ersten Befragung grundsätzlich einen hohen Nutzen zuordnen.[2]

Abb. 13.3 zeigt, dass sowohl einfache digitale Dienstleistungen aus dem Alltag als auch digitale Dienstleistungen, die Hilfe in Gefahrensituationen zur Verfügung stellen, einen Mehrwert bieten können. Die angeführten digitalen Dienstleistungen unterscheiden sich auch hinsichtlich ihrer Nutzungsfrequenz. So sind einige Dienstleistungen täglich zu nutzen, andere dienen dazu, ein Sicherheitsgefühl zu vermitteln und werden nur in seltenen

---

[1] Ein Beispiel für eine kostenfreie und sicherheitsorientierte digitale Anwendung stellt die Way-Guard-App der Axa-Versicherung dar, die es Menschen erlaubt, sich z. B. in der Nacht von einem Dritten (Freund oder Sicherheitsexperten) begleiten zu lassen.

[2] Die Abbildung fasst die digitalen Dienstleistungen zusammen, die aus Sicht der Befragten den größten Nutzen stifteten. Insgesamt wurde die Nutzeneinschätzung zu 62 digitalen Dienstleistungen aus den Bereichen Mobilität, Gesundheit und Wohnen erfragt. Die Antwortskala umfasste fünf Ausprägungen, wobei der Wert fünf die größte Nutzenausprägung und eins die kleinste Nutzenausprägung widerspiegelt. Siehe zur Zusammensetzung der Stichprobe und den Gesamtergebnissen der Befragung (Elert 2017a S. 10 und 16 ff.).

Fällen durch konkrete Hilfemaßnahmen in Gefahrensituation zur Anwendung kommen. Zudem erfüllen die Dienstleistungen unterschiedliche Zwecke. Einige erhöhen das Sicherheitsempfinden und dienen dazu, bestimmte Risiken zu verringern. Andere helfen, den Alltag effizienter zu organisieren oder erhöhen den Komfort für den Kunden.

13.3.3 Mögliche Implikationen für das Geschäftsmodell Versicherung

Wie in Abschn. 3.2 aufgezeigt, bieten digitale Assistance-Dienstleistungen eine Vielzahl an Möglichkeiten, die teilweise das Versicherungsgeschäft unmittelbar betreffen. Sie reduzieren die Risikoexponierung und erweitern die anzuwendenden Risikomanagementlösungen. Zudem können sie unter Umständen noch stärker als das immaterielle Versicherungsschutzversprechen das Sicherheitsgefühl der Endkunden erhöhen. Zu berücksichtigen ist zudem, dass Anbieter, die z. B. Schadenprävention mittels digitaler Assistance-Dienstleistungen anbieten, keiner Versicherungslizenz bedürfen. Anbieter von z. B. Smart Home-Lösungen sind somit bereits in den Markt der Versicherer eingetreten, ohne Versicherungsschutz hierfür anbieten zu müssen.

Des Weiteren stehen die digitalen Assistance-Dienstleistungen teilweise in Konkurrenz zum klassischen Risikotransfer bzw. dem Umsatz, der mit diesem generiert wird. In einem kompetitiven Wettbewerbsumfeld, wie es zurzeit in der Versicherungswirtschaft vorherrscht, wird eine Verringerung des Risikos unter Berücksichtigung des versicherungstechnischen Äquivalenzprinzips auch mit der Reduktion der Versicherungsprämie einhergehen. Die Digitalisierung führt somit dazu, dass in bestimmten Versicherungsparten der Umsatz sinken kann.[3]

Die Frage, die nun für Versicherungsunternehmen ins Zentrum rückt, lautet: In welche Richtung kann das bisherige Geschäftsmodell weiterentwickelt werden, um die Kundenschnittstelle behaupten zu können, bzw. welche Rolle können Versicherer in den neu entstehenden Geschäftsmodellen einnehmen.

Eine mögliche Neuausrichtung des Geschäftsmodells könnte im Angebot von digitalen Risikomanagementlösungen liegen. Im Folgenden werden unter Rückgriff auf die Geschäftsmodellbausteine aus Abschn. 13.1 beispielhaft mögliche Ausprägungen des Geschäftsmodells digitaler Risikomanager angeführt.

1. Das mögliche Nutzenversprechen eines digitalen Risikomanagers
Das Nutzenversprechen fokussiert sich dabei nicht mehr nur auf das Aussprechen eines bedingten Versicherungsschutzversprechens. Das Leistungsangebot umfasst auch automatisierte Präventionsdienstleistungen vor Schadeneintritt und das Schadenmanagement in Echtzeit bei Schadeneintritt. Damit werden zusätzliche Risikohandhabungsmaßnahmen dem Kunden angeboten, die darauf abzielen, im Idealfall den Schadeneintritt zu

---
[3] Gleichzeitig führt die wachsende Vernetzung zu einer Erhöhung des Cyberrisikos, wodurch neue Ertragsquellen für die Versicherungswirtschaft entstehen werden.

verhindern oder zumindest das Schadenausmaß einzugrenzen. Zudem wird die Schadenbehebung durch die sofortige Identifikation des Schadeneintritts beschleunigt und damit auch die Wahrscheinlichkeit für Folgeschäden verringert. Durch das beschriebene Leistungsangebot wird weiterhin das Ziel verfolgt, den Kunden vor finanziellen Schäden zu schützen, jedoch liegt der Fokus nun auch auf der Vermeidung oder der Begrenzung des Schadenfalls. Die Finanzierung eines eingetretenen Schadens durch eine Versicherungslösung bleibt weiterhin auch Teil des Leistungsangebots in diesem Geschäftsmodell.

2. Das mögliche Kundensegment eines digitalen Risikomanagers
Zielkunden dieses Leistungsangebots können ebenfalls Privat-, Gewerbe-, und Industriekunden sein. Eine Differenzierungsmöglichkeit gegenüber den klassischen Versicherungsanbietern liegt insbesondere darin, dass das Leistungsangebot auch die Schadenverhinderung und die Hilfe in Echtzeit umfasst. Es ist zu erwarten, dass sich durch dieses Angebot Wettbewerbsvorteile bei jenen Kunden erzielen lassen, die ein starkes Sicherheitsbewusstsein haben, eine entsprechende Zahlungsbereitschaft für diese neuen digitalen Assistance-Dienstleistungen besitzen und zusätzlich damit einverstanden sind, dass kontinuierlich Daten aus ihrem Umfeld erfasst, ausgewertet und bei Auftreten von Gefahren entsprechende Maßnahmen veranlasst werden.

3. Die Wertschöpfungskette eines digitalen Risikomanagers
Die Positionierung als digitaler Risikomanager erfordert eine Ausweitung der Wertschöpfungskette eines klassischen Versicherungsunternehmens. Für das zusätzliche Angebot von Präventions- und Schadenmanagementmaßnahmen in Echtzeit bedarf es zum einen der Einrichtung der entsprechenden Technik beim Kunden sowie deren Vernetzung (in diesem Zusammenhang wird auch vom Angebot eines Sensors als Service gesprochen, vgl. [6, S. 38]). Zum anderen benötigt es den Aufbau von umfassenden Auswertungs-Knowhow und entsprechenden Netzwerken, die im Schadenfall die Schadensteuerung und die Schadenbehebung übernehmen. Der Aufbau von Kooperationspartnern kann hierfür notwendig sein. Auf der anderen Seite kann eine erfolgreiche Verringerung der Schadenfrequenz Auswirkungen auf die Größe der Schadenabteilung im Versicherungsunternehmen haben. Zudem muss sich der Absatzprozess an das neue Leistungsangebot anpassen. Unter Umständen verändert sich auch das zentrale Leistungsversprechen, das im Absatzprozess im Vordergrund steht. Der Kunde bezahlt in bestimmten Themengebieten (z. B. Wohnung) zukünftig primär eine Prämie für die Verhinderung des Schadeneintritts. Die klassische Versicherungsleistung rückt erst in den Vordergrund, wenn die Schadenvermeidung nicht erfolgreich zu realisieren war.

4. Die mögliche Ertragsmechanik eines digitalen Risikomanagers
Auch die Ertragsmechanik des Geschäftsmodells digitaler Risikomanager verändert sich. Der Kunde zahlt nun nicht mehr nur eine Prämie, um im Schadenfall eine Entschädigung zu erhalten. Er bezahlt auch eine Prämie, um das Risiko unter Kosten-Nutzen-Abwägungen zu verringern. Durch die Reduktion des Risikos verringert sich, wie oben bereits

dargelegt, auch der Umfang des erforderlichen Risikotransfers, und es ist zu erwarten, dass dadurch der Umsatz aus dem Risikogeschäft sinkt. Eine Verringerung der Schäden nimmt auch über die Reduktion der Prämie und den Umfang der Schadenrückstellungen Einfluss auf das Kapitalanlagevolumen bzw. die Kapitalanlageerträge. Zudem entstehen neue Aufwendungen für das Angebot und die Abwicklung der neuen digitalen Leistungsangebote. Der profitable Betrieb des Geschäftsmodells erfordert somit, dass der Kunde eine entsprechende Zahlungsbereitschaft für die Reduktion des Schadenrisikos bzw. das Sicherheitsversprechen mitbringt.

Das beschriebene Geschäftsmodell des digitalen Risikomanagers fokussiert sich auf die Handhabung der Gefahr einer negativen Abweichung von einem angestrebten bzw. gewünschten Zustand. Zu berücksichtigen ist jedoch, dass, wie oben bereits skizziert, der Zugang zu den Daten auch erlaubt, Chancen zu nutzen. Der Wettbewerb um die Kundenschnittstelle und den damit verbundenen Zugang zu den Kundendaten wird sich zukünftig auch darüber entscheiden, welche Mehrwerte die jeweiligen Anbieter den Kunden in Aussicht stellen können. Die umfassende Nutzung der Kundendaten, für das Angebot einer Vielzahl von Dienstleistungen gewinnt damit an Bedeutung. Im Folgenden werden ebenfalls unter Rückgriff auf die Geschäftsmodellbausteine aus Abschn. 13.1. beispielhaft mögliche Ausprägungen des Geschäftsmodells digitaler Begleiter in Lebenswelten angeführt. Das Geschäftsmodell des digitalen Begleiters in Lebenswelten stellt dabei eine Weiterentwicklung bzw. Ausweitung des Geschäftsmodells des digitalen Risikomanagers dar.

1. Das mögliche Nutzenversprechen eines digitalen Begleiters in Themenwelten
Das Leistungsangebot kann auf dem des digitalen Risikomanagers aufsetzen und bietet zusätzlich zu den Risikohandhabungsmaßnahmen auch Angebote mit denen z. B. Zeit und Geld gespart werden können. Das Angebot sämtlicher digitaler Assistance-Dienstleistungen für einzelne Themenwelten kann unter diesem Geschäftsmodell grundsätzlich angeboten werden. So bietet die Vernetzung des Hauses bzw. der Geräte im Haus die Möglichkeit, Privatkunden und Gewerbekunden anzubieten, den Strom zu managen oder auch den Strom einzukaufen und damit Einsparungen zu realisieren. Zudem können bei drohendem Defekt oder Eintritt eines Defekts eines Gerätes im Haus in Echtzeit Reparaturdienstleistungen angeboten werden oder Ersatzgeräte zur Verfügung gestellt werden bzw. Neugeräte unmittelbar zum Zeitpunkt der Bedarfsentstehung angeboten werden. Auch ist denkbar, dass automatisiert bzw. bedarfsorientiert Verbrauchsgüter aus dem Alltagleben für den Privatkunden beschafft werden. Im Bereich Gesundheit können z. B. die Vital- und Aktivitätsdaten erfasst, zusammengeführt und ausgewertet werden. Über entsprechende Anreiz- und Coaching-Prozesse können Gesundheit und Wohlbefinden gesteigert werden. Im Bereich Mobilität können verschiedene, wie in Abschn. 13.3.2 bereits angeführt, Dienstleistungen angeboten werden, die es erlauben, die Sicherheit zu erhöhen und Geld sowie Zeit zu sparen.

Gewerbe- und Industriekunden können, zusätzlich zu Schadenverhütungsmaßnahmen, auch digitale Anwendungen angeboten werden, mit denen mittels Datenerfassung und

-auswertung die Effektivität (z. B. Senkung des Produktionsausschuss) oder die Effizienz (Ressourcenverbrauch) in den Produktionsprozessen gesteigert werden können. Das Angebot von digitalen Anwendungen, die sowohl darauf ausgerichtet sind, die Wahrscheinlichkeit von Abweichungen und deren Ausmaß zu reduzieren, als auch dazu beitragen, die Produktionsprozesse kontinuierlich z. B. hinsichtlich Ressourceneffizienz zu optimieren, erlauben auch das Angebot von neuen Versicherungsprodukten. So kann z. B. bei Umsetzung der angebotenen digitalen Maßnahmen eine maximale Höhe der Produktionskosten oder eine maximale Anzahl von Produktionsausschuss durch Versicherungslösungen abgesichert werden.

2. Das mögliche Kundensegment eines digitalen Begleiters in Themenwelten
Das Angebot kann sich an Privat-, Gewerbe- und Industriekunden richten. Das angestrebte Kundensegment umfasst Kunden, die sicherheitsorientiert, kostenorientiert und convience-orientiert sind und zudem das Angebot einer ganzheitlichen Problemlösung durch einen Anbieter oder Netzwerk bevorzugen.

3. Die Wertschöpfungskette eines digitalen Begleiters in Themenwelten
Das Angebot von digitalen Dienstleistungen, die umfassend die Kundenbedarfe in einer Themenwelt bedienen, wird nur in wenigen Themenbereichen von nur einem Anbieter (sogenanntes geschlossenes Ökosystem) erfolgen können. Für das Angebot einer ganzheitlichen Problemlösung in einem Themenbereich wird in der Regel die Schaffung eines sogenannten offenen Ökosystems notwendig sein. Das offene Ökosystem zeichnet sich dadurch aus, dass Anbieter aus verschiedenen Branchen Leistungsangebote erstellen, die miteinander kombiniert werden und dem Kunden durch eine einfache Nutzung einen höheren Mehrwert bieten können als die Einzelangebote von Unternehmen. Versicherungsunternehmen müssen prüfen, welche Rolle sie in dem entstehenden Ökosystem einnehmen können. Das Vorhalten von Prozessen und Schnittstellen, die eine nahtlose Abwicklung und Kombination der Angebote des Ökosystems ermöglichen, ist eine zwingende Voraussetzung für die Teilnahme an dem Ökosystem. Dabei richtet sich die Rolle der am Ökosystem teilnehmenden Unternehmen auch danach, ob das eigene Leistungsangebot Kernleistung des digitalen Ökosystems ist oder eher ergänzenden Charakter hat. Der Anbieter, der den höchsten Mehrwert den Kunden bietet, wird tendenziell auch versuchen, die Kundenschnittstelle zu besetzen und das Ökosystem zu gestalten bzw. zu steuern. So kann dieser Anbieter z. B. bei diesem Geschäftsmodell einen digitalen Assistenten anbieten, der die Kundenschnittstelle besetzt und der den Kunden bei Entscheidungen unterstützt bzw. berät (z. B. Next-best-Action-Ansätze).

4. Die mögliche Ertragsmechanik eines digitalen Begleiters in Themenwelten
Die Ertragsmechanik kann durch eine Vielzahl von Ertrags- und Aufwandsquellen geprägt sein, deren Ausgestaltung stark von dem Umfang des Ökosystems und der Position des Unternehmens im Ökosystem abhängt. Es bestehen unzählige Möglichkeiten der Quersubventionierungen von Dienstleistungen innerhalb des Ökosystems oder Angebote zu

Geschäftsmodell	Klassische Versicherung	Digitalisierte Versicherung	Digitaler Risikomanager	Digitaler Begleiter in Lebenswelten
Wer? (Kunde)	Privat-, Gewerbe-, Industriekunden, die Absicherung von nicht selbst zu tragenden Risiken, finanzielle Sicherheit, Möglichkeit des Vermögensaufbaus sowie Bilanzschutz suchen		Privat-, Gewerbe-, Industriekunden mit hoher Sicherheitsorientierung	Sicherheitsorientierte, kostenorientierte und convienceorientierte Privat-, Gewerbe-, und Industriekunden
Was? (Value Proposition)	• Verkauf bedingtes Versicherungsschutzversprechen • Zahlung im Schadenfall • Sicherer Vermögensaufbau		Prävention, Hilfe in Echtzeit, Schadensteuerung, Finanzierung des Schadens	Prävention, allg. Hilfe im Alltag (Zeit- und Geld sparen) und in Gefahrensituationen
Wie? (Wertschöpfungskette)	• Hohe Wertschöpfungstiefe • Kuppelproduktion • Versicherungsgeschäft • Kapitalanlagegeschäft • Risikoausgleich in der Zeit und im Kollektiv als zentrale Elemente der Risikotransformation	• Bisherige Wertschöpfungskette aber stark digitalisierte Customer Journey • Ausgerichtet auf individualisierte Deckungskonzepte und ohne Vertragslaufzeiten • Geringere Kundenmitwirkung durch Zugriff auf Daten von Dritten • Erlaubt umfassende Self-Service-Möglichkeiten	• Zusätzlich zu den Wertschöpfungsstufen des Versicherers: • Einsatz von Sensoren, Technik zur Vernetzung, • Auswertungs-Know-how • kontinuierlicher Datenzugang / • Aufbau von Netzwerkpartnern • Ev. Teil eines Ökosystems	• Zusätzlich zu den Wertschöpfungsstufen des Versicherungsgeschäfts und des digitalen Risikomanagers verschieden Ausprägungen in Abhängigkeit des Leistungsangebots möglich • Teil eines Ökosystems • Next Best Action mittels digitaler Assistenz
Warum? (Ertragsmechanik)	Kunde bezahlt, um im Schadenfall entschädigt zu werden. Tausch von Risiko und Prämie für beide Seiten von Vorteil (bezahlbare Absicherung/finanzielle Sicherheit für VN)		Kunde bezahlt, damit Schäden verhindert und eingegrenzt werden sowie um Hilfe bei Gefahr in Echtzeit zu erhalten. Zudem für Entschädigung im Schadenfall	Kunde bezahlt für Management der Chancen und Risiken. Eine Vielzahl von Ertragsmodellen ist möglich z.B. Zahlung einer Flatrate für die Nutzung aller Dienstleistungen, Freemium-Modelle, Bündelrabatte, Finanzierung über Leadgenerierung & -verkauf etc.

Abb. 13.4 Übersicht der Ausprägungen der möglichen Geschäftsmodellausrichtungen. (Quelle: eigene Darstellung)

bündeln und entsprechende Rabatte zu gewähren. So können bestimmte Dienstleistungen bei Kauf entsprechender umsatz- und margenstarker Produkte vergünstigt oder kostenfrei abgegeben werden. Des Weiteren sind Flatrate-Modelle denkbar. Zudem können über das Ökosystem Leads generiert und an Dritte verkauft werden. Positiv auf die Profitabilität kann auch der sogenannte digitale Look-in-Effekt wirken, der den Kunden durch hohe digitale Mehrwerte oder hohe Umstellungskosten, z. B. bei der Hardware an ein Ökosystem bindet. Zusätzlich zu den Aufwendungen für die eigene Leistungserstellung entstehen den Unternehmen Aufwendungen für die technische Integration in das Ökosystem.

Abb. 13.4 stellt noch einmal die vier skizzierten Geschäftsmodelle nebeneinander dar.

13.4 Fazit und Ausblick

In welcher Ausprägung und in welcher Geschwindigkeit die oben skizzierten Geschäftsmodelle Marktrelevanz erlangen, ist schwierig vorherzusagen. Versicherungsunternehmen müssen sich jedoch intensiv mit den Potenzialen der Digitalisierung auseinandersetzen und berücksichtigen, dass die Möglichkeiten, die die Digitalisierung bietet, weit über die Optimierung des bisherigen Geschäftsmodells Versicherung hinausgehen.

In welchen Themenfeldern und in welchen Umfang es für Versicherungsunternehmen sinnvoll ist, die angeführten Geschäftsmodelle zu adaptieren bzw. sich in diese einzubringen, hängt stark von den individuellen Stärken und Schwächen einzelner Versicherer ab. Es lässt sich jedoch konstatieren, dass eine Vielzahl von Versicherern über Stärken verfügen, die eine erfolgreiche Adaptierung des Geschäftsmodells des digitalen Risikomanagers oder eine exponierte Rolle in einem Ökosystem, das dem Kunden in Themenwelten begleitet, ermöglichen.

Zu den Stärken einer Vielzahl von Versicherern zählen unter anderem die Fähigkeiten, Daten auszuwerten. Des Weiteren sind es Kunden gewohnt, Versicherern (z. B. in der privaten Krankenversicherung) eine Vielzahl von sensiblen Daten zur Verfügung zu stellen. Dementsprechend besteht ein grundsätzliches Vertrauen in Bezug auf die Datensicherheit, was bei dem Angebot von digitalen Assistance-Dienstleistungen eine Kernvoraussetzung darstellt. Des Weiteren verfügt die Versicherungswirtschaft über eine enorme Vertriebskraft durch den persönlichen Vertrieb. Diese kann bei entsprechender Ausrichtung und Ressourceneffizienz ein wichtiger Faktor sein, den Markt für diese neuen Dienstleistungen mitzugestalten und auch die Vermittlungsdienstleistung anzureichern. Zudem besitzt die Versicherungswirtschaft aufgrund der industrie- und themenübergreifenden Versicherungsangebote Zugang bzw. Schnittstellen zu nahezu allen Branchen und Themenwelten.

Das umfassende Angebot von digitalen Assistance-Dienstleistungen, die sowohl den Alltag erleichtern, als auch Risiken verringern, kann die Wahrscheinlichkeit erhöhen, die Schnittstellen zu den Kunden besetzen und behaupten zu können. Des Weiteren bietet der Absatz von digitalen Assistance-Dienstleistungen neue Erlöspotenziale. Es besteht jedoch auch die Gefahr, dass neue branchenfremde Anbieter diese Dienstleistungen früher adaptieren und Versicherer nur noch als White Label-Anbieter den Versicherungsschutz als Teil einer Gesamtdienstleistung anbieten können. Es werden auch nicht alle Versicherer in der Lage sein, die angeführten Ansätze zu adaptieren oder Teil eines Ökosystems zu werden.

Literatur

1. Csik M (2014) Muster und das Generieren von Ideen für Geschäftsmodellinnovationen. Difo-Druck, Bamberg
2. Elert F (2017a) Digitales Risikomanagement in den Lebensbereichen Gesundheit, Mobilität und Wohnen. Chancen und Herausforderungen für die Versicherungswirtschaft – Die Sicht der Generation Y. Empirische Studie der HSBA, Hamburg
3. Elert F (2017b) Schwerpunktbeitrag zur Digitalisierungsentwicklung in der Versicherungswirtschaft. In: Wagner F (Hrsg) Gabler Versicherungslexikon, 2. Aufl. Gabler Verlag, Wiesbaden, S 228–230
4. Esser M (2004) Assistance in der Versicherungswirtschaft. Ein marketingorientierter Ansatz zur Unternehmenswertsteigerung. VVW, Karlsruhe
5. Farny D (2011) Versicherungsbetriebslehre, 5. Aufl. VVW, Karlsruhe
6. Gassmann O, Frankenberg K, Csik M (2017) Geschäftsmodelle entwickeln, 2. Aufl. Hanser Fachbuch, München
7. Gassmann O, Sauer R (2016) Kreative Zerstörung 4.0, Trends und neue Geschäftslogik. Wirtschaftspolitischen Blätter 2/2016:375–386

8. Gassmann O, Sutter P (2016) Software erobert die Welt. In: Gassmann O, Sutter P (Hrsg) Digitale Transformation im Unternehmen gestalten. Geschäftsmodelle, Erfolgsfaktoren, Handlungsanweisungen, Fallstudien. Hanser Fachbuch, München, S 3–15
9. Hess T. Begriffsdefinition Digitalisierung, in: Enzyklopädie der Wirtschaftsinformatik, Online-Lexikon. http://www.enzyklopaedie-der-wirtschaftsinformatik.de/wi-enzyklopaedie/lexikon/technologien-methoden/Informatik--Grundlagen/digitalisierung. Zugegriffen: 30. Dez. 2017
10. Porter ME, Heppelmann JE (2015) Wie smarte Produkte Unternehmen verändern. Harv Manag 12/2015:52 ff
11. Osterwalder A (2004) The business model ontology a proposition in a design science approach. Université de Lausanne, Lausanne
12. Wagner F, Elert F, Klimmek D, Wiese M (2010) Marktstudie Assistance. Institut für Versicherungswissenschaften (IfVW) an der Universität Leipzig, Leipzig
13. Wagner F (2017) Gabler Versicherungslexikon, 2. Aufl. Gabler Verlag, Wiesbaden

Versicherungsunternehmen im kognitiven Zeitalter

14

Sebastian Busch

Zusammenfassung

Die künstliche Intelligenz ist ein breit aufgestelltes Forschungsgebiet, das sich über die letzten Jahrzehnte immer weiter entwickelt hat und – ähnlich wie das Internet in den vergangenen Jahren – vieles verändern wird. In der Versicherungsbranche wird die künstliche Intelligenz massiven Einfluss auf die Unternehmensstrategien ausüben und zukünftig von existenzieller Bedeutung sein. In der von Daten getriebenen Versicherungsbranche besteht die Hoffnung, dass KI eine Vielzahl neuer Möglichkeiten und Chancen mit sich bringt. Kundenbedürfnisse können mithilfe von KI erfüllt, Schadensprozesse optimiert und die Effizienz im gesamten Unternehmen gesteigert werden. KI leitet einen Umbau der Versicherungsunternehmen ein.

14.1 Einleitung

Moderne IT-Systeme sind bereits heute in der Lage, eine große Anzahl von Arbeitsschritten des Menschen durchzuführen. Meist sind das Gehirn und das Verständnis des Menschen den technischen Lösungen jedoch weit voraus. Dies ist insbesondere der Fall, wenn es darum geht, Lösungen für bestehende und zukünftige Probleme zu finden. Die künstliche Intelligenz (KI, engl. Artificial Intelligence (AI)) ist im Begriff, diesen Zustand zu verändern. In den nächsten Jahrzehnten dürfte KI zu der wesentlichen Stellschraube für die Wettbewerbsfähigkeit von Unternehmen werden. Die Analysten der Research-Firma Markets and Markets prognostizieren, dass der Markt für KI bis zum Jahr 2022 auf rund

S. Busch (✉)
67rockwell Consulting GmbH
Hamburg, Deutschland
E-Mail: sebastian.busch@67rockwell.de

Abb. 14.1 Führungskräfte der Versicherungswirtschaft glauben an KI. (Quelle: Eigene Darstellung in Anlehnung an IBM Institute for Business Value)

98 %

98 % der Führungskräfte in Versicherungen, die mit Cognitive Computing vertraut sind, sind davon überzeugt, dass es in der **Versicherungsbranche** eine **wichtige Rolle** spielen wird

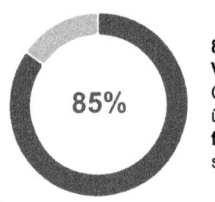

85 %

85 % der Führungskräfte in Versicherungen, die mit Cognitive Computing vertraut sind, sind davon überzeugt, dass es eine **wichtige Rolle für die Zukunft** ihres Unternehmens spielen wird

Nahezu alle Führungskräfte in Versicherungen, die mit Cognitive Computing vertraut sind, geben an, dass sie in folgendem Zeitraum in diese **Lösungen investieren werden**

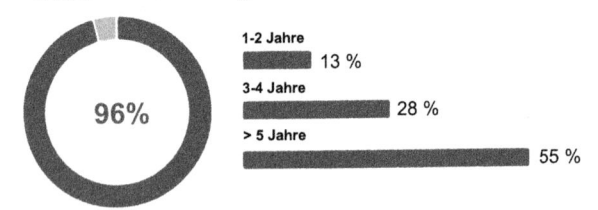

96 %

1–2 Jahre 13 %
3–4 Jahre 28 %
> 5 Jahre 55 %

16 Mrd. Dollar wachsen wird, was einem Anstieg von 63 % pro Jahr zwischen 2016 und 2022 entspricht (vgl. [8, Abschnitt: Market-Reports: Artificial Intelligence Market]).

Gerade in der von Daten getriebenen Versicherungsbranche besteht die Hoffnung, dass KI eine Vielzahl neuer Möglichkeiten und Chancen mit sich bringt. Abb. 14.1 zeigt, dass ein Großteil der Führungskräfte in Versicherungsunternehmen an das Potenzial von KI glaubt.

14.2 KI in der Versicherungswirtschaft

14.2.1 Begrifflichkeit und Ursprung der KI

Die Künstliche Intelligenz ist ein Teilgebiet der Informatik, in welchem versucht wird, menschliche Vorgehensweisen in Bezug auf Problemlösungen auf Computern nachzubilden (vgl. [7, S. 13]). Die Anfänge der KI-Forschung liegen in der Zeit nach dem Zweiten Weltkrieg. Eng verbunden mit diesen Anfängen ist der Name des englischen Mathematikers Alan Turing. Sein im Jahr 1950 veröffentlichter Artikel „Computing Machinery and Intelligence" diskutierte die Bedingungen, nach denen eine Maschine als intelligent eingestuft werden könne. Hieraus hat sich eine Vielzahl unterschiedlicher, sehr allgemein gehaltener Definitionen gebildet. Eine besonders passende und auch in der Zukunft wohl gültige Definition stammt von Elaine Rich: (vgl. [11])

Artificial Intelligence is the study of how to make computers do things at which at the moment people are better.

Als Rohstoff der KI dienen Daten. In Verbindung mit dem Thema Maschine Learning wurden Daten erstmals als elementarer Erfolgsfaktor für die KI erkannt. Heute ist man erstmals ist in der Lage, genug Daten bestehend aus Ton-, Bild-, Bewegungs- und Verhaltensdaten bereitzustellen, um mit Hilfe von neuronalen Netzwerken und Deep Learning verwendbare Ergebnisse zu erzeugen (vgl. [3, S. 1]). Künftig werden die einzelnen Anwendungsgebiete der KI weitere Fortschritte machen und dabei immer praxistauglicher werden. Ein gutes Beispiel ist die Spracherkennung, die in Anwendungen, wie Alexa und Siri, zum Einsatz kommt. Langfristig wird KI ein Teil nahezu jeder Anwendung um uns herum sein. KI wird die Welt in gleichem Maße verändern, wie es das Internet getan hat. Der größte Entwicklungsschritt der KI wird durch die Möglichkeiten der KI selbst zu erwarten sein. Es werden Maschinen entstehen, die sich selbst weiterentwickeln oder Dinge verstehen, ohne dass sie von außen mit den entsprechenden Informationen versorgt worden sind. Der große Unterschied wird sein, dass den Maschinen nicht mehr erklärt werden muss, was sie lernen sollen, sondern dass sie in der Lage sind, dies selbst zu entscheiden. In diesem Zusammenhang wird auch von unbeaufsichtigtem Lernen oder einer Child Machine gesprochen (vgl. [9]).

14.2.2 Heutige und zukünftige Einsatzgebiete der KI innerhalb der Versicherungsbranche

Das Thema KI ist in der Versicherungsbranche angekommen, übt massiven Einfluss auf die Unternehmensstrategien aus und wird dort zukünftig von existenzieller Bedeutung sein. Uneinigkeit bzw. Unsicherheit besteht bei der Frage, was eine gute Strategie in Bezug auf die neuen technologischen Möglichkeiten ist und wie gute Integrationsschritte aussehen können. Grundsätzlich besteht ein breites Spektrum an Ideen, Möglichkeiten und Konzepten; es gibt jedoch noch relativ wenig „Best-Practice-Fälle", an denen sich orientiert werden kann. Die Basis für das Funktionieren von KI sind in erster Linie Daten. Versicherungen sind datengetriebene Unternehmen, die vor allem im Rahmen der zunehmenden Digitalisierung eine große Menge an Daten gesammelt haben und weiterhin sammeln werden. Das Versicherungsprodukt selbst basiert auf Informationen und mathematischen Modellen. Es geht letztlich immer darum, eine Risikobewertung vorzunehmen und diese in einem Vertrag abzubilden. In kaum einer anderen Branche werden mehr Entscheidungen aufgrund von Informationen getroffen. Es ist also natürlich, dass die Versicherungsbranche hier grundsätzlich als besonders geeignet gilt. Einen ersten informativen Eindruck über die Anwendung von KI in der Versicherungsbranche soll Abb. 14.2 geben.

Ein besonderes Potenzial ist auch deshalb gegeben, weil die Versicherungsbranche gegenüber anderen Branchen extrem in Rückstand geraten ist. Damit besteht die Notwen-

Implementierung von KI

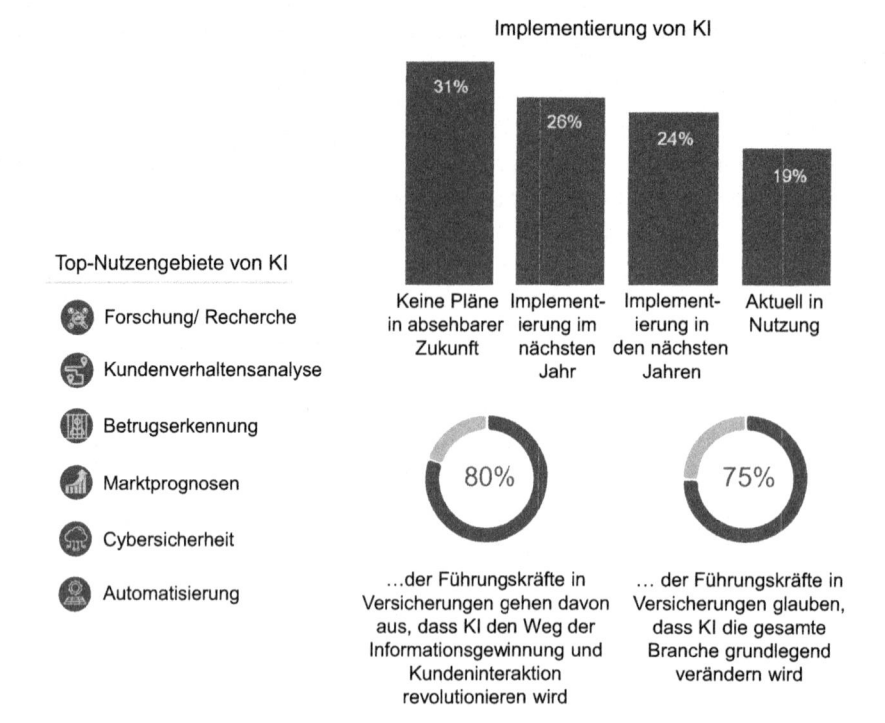

- 31% Keine Pläne in absehbarer Zukunft
- 26% Implementierung im nächsten Jahr
- 24% Implementierung in den nächsten Jahren
- 19% Aktuell in Nutzung

Top-Nutzengebiete von KI
- Forschung/ Recherche
- Kundenverhaltensanalyse
- Betrugserkennung
- Marktprognosen
- Cybersicherheit
- Automatisierung

80% …der Führungskräfte in Versicherungen gehen davon aus, dass KI den Weg der Informationsgewinnung und Kundeninteraktion revolutionieren wird

75% … der Führungskräfte in Versicherungen glauben, dass KI die gesamte Branche grundlegend verändern wird

Abb. 14.2 KI in der Assekuranz. (Quelle: eigene Darstellung in Anlehnung an Munich Re und Accenture)

digkeit, möglichst schnell aufzuholen. Versicherer verfügen über nur noch sehr wenig Zeit, einen grundlegenden Wandel der Geschäftsprozesse und Geschäftsmodelle zu vollziehen. An vielen Stellen tun sich Gefahren für die bestehenden Geschäftsmodelle auf. Ohne die entsprechenden Veränderungen werden die einzelnen Unternehmen nicht mehr konkurrenzfähig sein. Die Situation könnte zusätzlich durch neue Marktteilnehmer verschärft werden. Sollte sich etwa eine Firma wie Google dazu entscheiden, auf dem Versicherungsmarkt aktiv zu agieren, könnte dies, bedingt durch den Vorsprung im Bereich der KI, zu einer kompletten Veränderung des Marktes führen, vergleichbar mit dem Auftreten von Uber auf dem Taximarkt in Nordamerika, der sich daraufhin grundlegend wandelte.

Ein Grund, warum sich die Branche lange Zeit nicht verändert hat, liegt in der alten Denkweise, die gerade im mittleren Management noch vertreten ist. Es bestand lange die Überzeugung, dass gewisse Veränderungen „ausgesessen" werden können. Lange hat sich die Assekuranz gegenüber Innovation und Veränderung verschlossen. Jetzt fangen die Unternehmen notgedrungen an, sich zu öffnen.

14.2.2.1 Aktuelle Anwendungsgebiete

Die ersten praxiskonformen Anwendungen der KI bringen den deutschen Versicherungsunternehmen einen großen Mehrwert. Schon heute übernimmt die KI einen Teil der Aufgaben, für den bis vor kurzem noch viele händische Tätigkeiten nötig waren. KI ist aktuell vor allem in den Bereichen gut, in denen viel manuell repetitiv gearbeitet wird. Rechnungen zahlen, Schäden prüfen und die Anfragen der Kunden bearbeiten sind Aufgaben, die nicht mehr zwingend von Menschen erledigt werden müssen. Im Folgenden werden aktuelle Beispiele aus der deutschen Versicherungsbranche erläutert, bei denen KI zum Einsatz kommt und einen Mehrwert schafft.

Bei der Zurich Versicherung werden mithilfe der „Robbie" genannten KI Glasschäden bearbeitet. Hierbei handelt es sich um einen Robo Advisor[1], der wie ein Sachbearbeiter arbeitet, indem er andere Programme bedient. Dies ist eine besonders attraktive Möglichkeit, wenn alte Systeme eine interne Automatisierung erschweren. Aktuell werden bei der Zurich Versicherung etwa 20.000 der insgesamt 40.000 jährlich auftretenden Glasschäden komplett automatisch bearbeitet. Das bedeutet, es werden Dokumente archiviert, Rechnungen kontrolliert, Zahlungen an Werkstätten und Kunden ausgelöst sowie Mitteilungen versendet. „Robbie" ist eines von vielen aktuellen Beispielen. Gerade im Bereich der Glasschäden sind viele Versicherer besonders weit. Das liegt an der vergleichbar einfachen Gestaltung der Glasbruchversicherung. Sie ist Bestandteil der Kfz-Teil- und Vollkaskoversicherung und an keine weiteren Bedingungen als den Glasbruch selbst geknüpft. Auch die Basler Versicherungen hat die Bearbeitung von Glasschäden mithilfe von KI vollständig automatisiert. Doch KI kann bereits mehr leisten als Glasbruchschäden zu bearbeiten.

Immer mehr repetitive Tätigkeiten, wie das Anlegen von Akten, das Überführen eingescannter Schreiben in maschinenlesbare Texte, das Prüfen von Rechnungen und das Auslösen von Zahlungen, sind hierbei zu nennen. Auch einfache Kundenanfragen können durch intelligente Algorithmen[2] bearbeitet werden. Bei Adressänderungen, Kontowechseln oder Änderungen der Zahlungsweise ist bei einigen Versicherern keine menschliche Mitarbeit mehr nötig. In der Lebensversicherung werden nach einer GDV-Erhebung 8,7 % aller Anfragen komplett durch kognitive Systeme[3] bearbeitet. Im Schaden- und Unfallbereich sind es bereits 15,7 %. In anderen Bereichen, wie z. B. bei komplexen Sachschäden, erfolgt eine Unterstützung des Sachbearbeiters durch ein intelligentes, immer aufmerksames, nie etwas vergessendes System. Sachbearbeiter werden dadurch stark entlastet.

---

[1] Intelligente Assistenzsysteme, die Personen und Unternehmen bei unterschiedlich anspruchsvollen Fragen und Aufgaben unterstützen.
[2] Eine exakt beschriebene Vorgehensweise zum Lösen eines Problems in endlich vielen und eindeutig beschriebenen Schritten. Ein Algorithmus wird in einer festgelegten Programmiersprache verfasst.
[3] Erkennen strukturierte und unstrukturierte Daten, stellen diese in wechselnde logische Zusammenhänge und werden mit jeder Transaktion klüger. Kognitive Systeme arbeiten nach dem Vorbild des menschlichen Gehirns bzw. dessen neuronaler Verknüpfungen. Beispiel für ein kognitives System ist Watson von IBM.

Die Potenziale, die durch die Unterstützung der KI-Anwendungen gehoben werden, sind dabei heute schon entsprechend groß. Während vor dem Einsatz der KI ein Sachbearbeiter etwa 15 Minuten gebraucht hat, um einen Beitrag auf Wunsch des Kunden zu erhöhen, dauert es heute nur noch fünf Minuten. Durch die eigenständig lernende KI (Machine Learning[4]) wächst der Anwendungsbereich immer weiter an, und das System kann immer mehr Anliegen des Kunden bearbeiten, da es entsprechend mehr versteht.

Eine der bekanntesten KI-Lösungen der Versicherungsbranche ist IBM Watson. Watson ist ein Kognitives System, das beim japanischen Versicherer Fokuma Mutual Life Insurance bereits 30 % der Mitarbeiter in der Schadenregulierung ersetzt (vgl. [5]). Von diesem Anteil ist der Einsatz in Deutschland noch weit entfernt. Doch auch in Deutschland kommt Watson bereits zum Einsatz. Im Konzern der Versicherungskammer Bayern scannt Watson die gesamte eingehende Kundenpost und filtert diese nach Unmutsäußerungen und Angebotswünschen. Auf diese Weise kann deutlich kundenorientierter gearbeitet werden. Watson versteht jedoch nicht nur direkt geäußerte Beschwerden und Angebotsanfragen, sondern auch die Syntax. So wird auch Ironie erkannt.

Ein anderes Anwendungsgebiet verfolgt das InsurTech-Unternehmen Snapsure. Es versucht, dem Kunden einen attraktiven, vollständig digitalen Vertriebskanal anzubieten. Der Kunde muss nur ein Foto von dem Objekt machen, das versichert werden soll. Auf der anderen Seite wird mithilfe von Cognitive Capture[5] ausgelesen, was eigentlich versichert werden soll und welcher Wert dahintersteht. Hieraufhin wird dem Kunden ein Angebot gemacht. Auf diese Weise sind auch Cross-Selling-Angebote möglich. Macht der Kunde z. B. ein Foto von einem Fahrrad, kann ihm neben der Fahrradversicherung auch eine Hausratversicherung angeboten werden, in der die Fahrradversicherung inkludiert ist (vgl. [12, Abschnitt: API]).

Neben den aktuellen Anwendungsgebieten, die bereits in der Praxis umgesetzt werden, befindet sich eine große Zahl weiterer Anwendungen in der Versuchs- und Testphase. Ein besonders interessantes Beispiel liefert der Kölner Directors & Officers-Versicherer (D&O-Versicherer) VOV. Gemeinsam mit einem IT- Spezialisten für KI testet der Versicherer eine Anwendung, die mithilfe von Predictive Analytics den Ausgang von Gerichtsprozessen vorhersagen soll. In diesem Fall geht es um Verfahren rund um Zahlungsverpflichtungen resultierend aus der Haftung von Managern gegenüber ihren Unternehmen. Viele dieser Fälle werden jahrelang verhandelt, bevor es zu einer Entscheidung kommt. Das Verfahren, um den Ausgang der Prozesse vorauszusagen, wurde bereits am University College in London getestet. In etwa 80 % der Fälle sagt das antrainierte System hier das richtige Ergebnis voraus. Bis bei den deutschen D&O-Versicherungen ein ähnli-

---

[4] Systeme zur Generierung von Wissen und Erfahrungen mit dem Ziel, Probleme besser zu lösen als vorher. Systeme werden dazu befähigt, aus einer Vielzahl von Beispielen für ein Problem Muster und Gesetzmäßigkeiten zu erkennen. Dadurch soll es ihnen möglich sein, auch unbekannte Daten zu beurteilen.

[5] Oberbegriff für Technologien und Verfahren, wie Natural Language Processing, Machine Learning oder Advanced Imaging, mit deren Hilfe unstrukturierte, unbekannte und unterschiedliche Dokumente analysiert und Erkenntnisse über deren Inhalt gewonnen werden können.

ches Ergebnis erreicht werden kann, muss das System sowohl das deutsche Recht als auch die deutsche Sprache noch besser verstehen lernen.

14.2.2.2 Zukünftige Anwendungsgebiete

Die zukünftigen Anwendungsgebiete der KI sind vielfältig und nehmen Einfluss auf die gesamte Wertschöpfungskette. Grundsätzlich sind Kosteneffizienz und Kundenanspruch die wichtigsten Faktoren, die beim Einsatz von KI zu berücksichtigen sind. Was aktuell noch manuell gemacht wird, wird irgendwann überwiegend automatisiert werden (Robotic Process Automation[6]). Das gilt für alle Teile der Wertschöpfungskette. Effizienz bedeutet auf lange Sicht selbst bei hohen Anfangsinvestitionen immer eine Kostensenkung. Um diese Faktoren umfassend zu berücksichtigen, wird KI künftig in jeder Anwendung zu finden sein. Die Anwendungsart der KI wird je nach Problematik variieren. Ziel wird es sein, auch komplexe Aufgaben zukünftig mit Hilfe von KI zu bearbeiten. Während die KI, die heute im Einsatz ist, meist aus Wenn-Dann-Schemata, Regressionsmodellen und algorithmischen Modellen besteht, wird zukünftig ein großer Nutzen entstehen, indem Ergebnisse aus Daten erzeugt werden, die vorher nicht vorherzusagen waren und dennoch sinnvoll sind.

Produkt- und Serviceentwicklung

KI erhöht kanalübergreifend die Erreichbarkeit der Versicherer und verändert den gesamten Kundenkontakt. Der Kunde kann sich zu jeder Zeit an den Versicherer wenden. KI versteht die natürliche Sprache und kann in gleichem Maße oder sogar besser Auskunft geben als ein menschlicher Mitarbeiter. Dies ist sowohl im Callcenter, im Online-Chat oder per E-Mail der Fall. Neben der ständigen Erreichbarkeit verringert sich die Reaktionszeit bei stetig durch Training wachsender Qualität. Die Interaktion mit dem Kunden kann also insgesamt besser, schneller und fehlerfreier werden.

Zukünftige Versicherungsprodukte werden sich von den Produkten, wie wir sie heute kennen, zum Teil stark unterscheiden. Grundlage werden dafür auch Informationen sein, die aus IoT-Datenströmen und den Analysemöglichkeiten von KI resultieren. Risiken, die bisher nicht berechenbar und deshalb auch nicht tarifierbar waren, werden in Zukunft abgebildet werden können. Hierbei erhält der Versicherer tiefe Einblicke in die Welt der betroffenen Personen. Bisher konnten Versicherer nur einen Bruchteil der gesammelten Daten analysieren. Durch Predictive Analytics wird es möglich sein, mehr Informationen als je zuvor zu gewinnen und zu interpretieren. Ziel wird es sein, Versicherungsprodukte zu entwickeln, die mathematisch deterministischer sind. Sogenannte Smart Contracts können automatisch abgearbeitet werden. Gleichzeitig wird es neue Arten von Vertragskonstrukten geben. Situative bzw. adaptive Versicherungen werden eine Änderung darstellen. Es wird die Möglichkeit geben, Versicherungen an- und auszuschal-

---

[6] Robotergesteuerte Prozessautomatisierung. Automatisierung wiederkehrender Abläufe, die einzeln dokumentiert werden müssen. Größtes Wertschöpfungspotenzial bietet RPA mit Blick auf Geschäftsprozesse und -routinen.

ten. Beispielsweise könnte der Hausrat von dem Moment an gegen Diebstahl versichert sein, in dem der Versicherungsnehmer das Haus verlässt. Oder das Reisegepäck ist abhängig von seinem Standort zu unterschiedlichen Konditionen versichert. Möglich gemacht werden derartige Vertragskonstrukte auf der einen Seite durch einen IoT-Datenstrom und auf der anderen Seite durch eine automatische Gestaltung, Tarifierung und Abbildung des Vertrages durch KI.

Marketing und Sales
Genau wie in der analogen Welt lässt sich ein guter, individueller Service anbieten, wenn man den Kunden, seine Bedürfnisse und seine Situation versteht. Ein guter Versicherungsvertreter war schon immer in der Lage, Informationen zu nutzen, um das richtige Angebot zum richtigen Zeitpunkt auf die richtige Weise zu kommunizieren. Mithilfe von intelligenter Datenanalyse kann sich der Versicherer dem Kunden nähern und, je mehr Informationen bereitstehen und verarbeitet sind, zunehmend individuell beraten. Unterstützt durch neue Arten der Datengewinnung (IoT) können die Versicherer ihre gesamten Marketing- und Verkaufsbemühungen exakt auf den einzelnen Kunden abstimmen. Der Kunde wird, anders als in der Vergangenheit, als Individuum wahrgenommen und entsprechend behandelt. Auf diese Weise gelingt es, den Kundenbedürfnissen in besonderer Weise zu entsprechen. Auch hier sind vor allem Daten der Schlüssel zum Erfolg. Im Grunde geht es darum, durch Prescriptive Analytics[7] aus zunächst wenig zusammenhängenden Kundendaten wertvolle Informationen zu generieren, um dann den Kunden zum richtigen Zeitpunkt, mit dem richtigen Produkt, über den richtigen Kanal und mit der richtigen Botschaft anzusprechen. Für die Generierung, Gestaltung und Steuerung bedarf es dringend einer KI, da der Aufwand sonst zu groß wäre. Obwohl der Vertrieb zukünftig vermehrt auf digitalem Weg erfolgen wird, spielt auch der persönliche Vertrieb weiterhin eine große Rolle. Auch dieser kann mithilfe von KI optimiert werden. Je genauer ein Versicherungsunternehmen seinen Kunden kennt, desto eher ist es möglich, einen Vertreter auszuwählen, der die „gleiche Sprache" spricht wie der Kunde. So wird durch eine verbesserte Berater-Kundenbeziehung die Wahrscheinlichkeit von weiteren Vertragsabschlüssen erhöht. Außerdem kann dem Berater ein großer Teil seiner Terminvorbereitung abgenommen werden. Ein Robo Advisor kann unter Verwendung bestehender Daten zurückliegende Kontakte aufbereiten und sicherstellen, dass nichts vergessen wird. Das gleiche System kann auch in Form eines Smart Bot[8] ein Gespräch begleiten und als digitale Assistenz Fragen beantworten und ergänzende Hinweise geben.

Eine weitere Möglichkeit, den Vertrieb zu verbessern und kundenorientierter zu gestalten, sind intelligente Analysemethoden, mit deren Hilfe digitale Zwillinge identifiziert werden können. Digitale Zwillinge stimmen in einer Vielzahl von Eigenschaften überein

---

[7] Methode, um optimale Vorgehensweise für eine Situation zu finden. Liefert Handlungsempfehlungen, wie ein bestimmter Trend in eine gewünschte Richtung beeinflusst, ein vorhergesagtes Ereignis verhindert oder sich auf ein zukünftiges Ereignis vorbereitet werden kann.
[8] Simulieren menschliche Gespräche und Chats durch künstliche Intelligenz.

und haben ähnliche Interessen und Bedürfnisse. Der Onlinehändler Amazon nutzt eine entsprechende Recommendation Engine[9], um potenziellen Käufern bestimmte Produkte anzubieten: „Kunden, die diesen Artikel gekauft haben, kauften auch …". Diese Datenverknüpfung kann auf den Versicherungsbereich übertragen werden, um sowohl Produkte anzubieten, aber auch um den richtigen Vertriebsweg oder die richtige Werbung für einen Kunden zu wählen. Die Analyse der gesamten Kommunikation zwischen dem Kunden und dem Versicherer wird hier ebenfalls sehr hilfreich sein. Mithilfe von Natural Language Processing[10] ermöglichen Unternehmen wie Precire eine gänzlich neue Sicht auf den Kunden. Durch Verständnis und Analyse der Sprache kann genau festgestellt werden, was der Kunde für eine Person ist, was seine Persönlichkeit ausmacht, was ihn bewegt, antreibt und wie er bestimmte Dinge wahrnimmt. Die ohnehin schon wichtigen Customer Relationship Marketing (CRM)-Systeme können so erweitert werden und neben einer Reihe oberflächlicher Informationen weitere speziellere Informationen enthalten. Diese Aspekte sind für ein optimiertes Marketing und einen verbesserten Verkauf ebenfalls enorm wertvoll.

Underwriting
Beim Underwriting geht es um die Bewertung und Zeichnung von Risiken. Dieser Prozess findet sowohl im Kleinen, z. B. beim Abschluss einer Hausratversicherung, vor allem aber im Großen bei entsprechenden Industrieversicherungen statt. Mithilfe von Cognitive Capture ist es möglich, Bild und Videodateien auszulesen. Auf diese Weise können z. B. von Drohnen gemachte Aufnahmen in kürzester Zeit bewertet werden. Gleichzeitig kann durch die Analysemethoden der KI ein Vergleich zu ähnlichen Bildern, Versicherungswerten und Risikosachverhalten angestellt werden.

Durch die Sammlung und vor allem die Interpretation der Daten kann auch das Risikomanagement der Versicherer verbessert werden. So können mithilfe von Predictive Analytics wünschenswerte und nicht erwünschte Risiken schnell erkannt und verglichen und entsprechende Empfehlungen bezüglich der Tarifierung, Zeichnung oder Ablehnung eines Risikos entstehen.

Vertragsverwaltung
Im Betriebsbereich einer Versicherung steckt ein sehr großes Effizienzpotenzial. Intelligente Systeme arbeiten 24 Stunden am Tag, sieben Tage die Woche und 365 Tage im Jahr. Eine Vielzahl von Kundenanliegen kann automatisch von Kognitiven Systemen bearbeitet werden. Zukünftig wird sich das Anwendungsfeld erweitern und immer komplexere

---

[9] System zum Filtern von Informationen, um Wert oder Priorität, die ein Nutzer einem bestimmten Thema beimisst, vorherzusagen. Beispielsweise bei Musik, Suchanfragen oder Produkten. Potenzial in der Kundenberatung, um individuelle Angebote im richtigen Moment beim Kunden zu platzieren.
[10] Befasst sich mit dem Verstehen und der Semantik von Wörtern und Sätzen, der Syntaxanalyse und der Beantwortung von Fragen. Mit für das NLP entwickelten Algorithmen können Computer menschliche Sprache und deren inhaltliche Bedeutung verstehen und entsprechende Anweisungen ausführen.

Aufgaben beinhalten. Das Ändern von Bankdaten, Zahlungsterminen und Versicherungssummen war nur der Anfang. Auch Assistenzsysteme (wie Alexa, Siri oder Google Home) werden dabei eine Rolle spielen. Sie können in Callcentern eingesetzt werden, Grundsatzfragen zum Versicherungsschutz beantworten und den Sachbearbeiter bei seiner Arbeit unterstützen. In der automatisierten Kommunikation, auch mithilfe von Chatbots[11], stecken große Chancen. In wenigen Jahren wird ein großer Teil der Kundenkommunikation automatisiert stattfinden (vgl. [6, S. 2]). Großes Potenzial wird dabei den Conversational Interfaces[12] zugetraut. Es wird ein gänzlich neuer Kommunikationskanal aufgebaut, über den der Kunde einen Großteil seiner Anliegen klären kann. Auch schriftlich vorgetragene Anliegen der Kunden können durch KI besser und schneller bearbeitet werden. Zukünftig wird ein intelligentes System nicht nur das Anliegen erkennen und es dem Sachbearbeiter aufbereitet zuordnen. Das Anliegen selbst wird bei Eingang des Schreibens direkt automatisiert bearbeitet werden.

Schaden und Leistung
Im Schadens- und Leistungsbereich wird es durch KI zu weitreichenden Änderungen kommen. Die Kundenerwartungen sind besonders im Falle eines Schadens extrem hoch. KI hilft den Schadenprozess zu automatisieren. Genau wie in der Vertragsverwaltung werden schriftliche Kundenanliegen automatisch ausgewertet werden. Handelt es sich bei dem Anliegen um einen Schaden, wird dieser angelegt und alle vorhandenen Informationen werden hinterlegt. Die KI ordnet nicht nur den Schaden dem richtigen Vertrag zu, prüft den Versicherungsschutz und leitet alle notwendigen Schritte ein, sie kann sogar den Schaden selbst direkt bemessen. Wenn also eine KI viele Schadenbilder innerhalb von wenigen Sekunden bewertet und konkrete Angaben über den Schadenwert macht, ist der Nutzen sehr groß. Gerade kleine Schäden werden in naher Zukunft (wie aktuell schon Glasbruchschäden) zu großen Teilen automatisch bearbeitet werden. Je mehr das System dabei dazulernt (Machine Learning), desto komplexere Schäden werden bearbeitet werden können. Dadurch lassen sich die Schadenbearbeitungskosten auf ein Minimum senken. Außerdem führt die durch KI mögliche Bildbewertung zu einer Reduzierung von Begutachtungs- und Sachverständigenkosten. Es ist dann möglich, bei einer höheren Anzahl von Schäden automatisch zu entscheiden, ob ein Schaden bezahlt wird oder nicht. Sobald kein Sachbearbeiter den Schaden mehr „anfassen" muss, wird ein großer Teil der Regulierungskosten vermieden. Ein durch einen Sachbearbeiter bearbeiteter Schaden ist deutlich teurer für die Versicherung als ein automatisiert bearbeiteter Schaden.

Abb. 14.3 zeigt einen beispielhaften KI-unterstützten Schadenprozess, in dem kein Sachbearbeiter mehr eingebunden werden muss.

---

[11] Automatisierte, selbstlernende, textbasierte Dialogsysteme. Über eine Textein- und ausgabemaske erfolgt die Kommunikation mit dem dahinterstehenden System in natürlicher Sprache.
[12] Benutzeroberfläche, die die Konversation mit einer realen Person imitiert und eigenständig die Probleme der Anwender löst. Kommunikation zwischen Mensch und Maschine bedarf keiner visuellen Übersetzungsleistung.

14 Versicherungsunternehmen im kognitiven Zeitalter

```
Schadenmeldung
  Brief | E-Mail | Telefon | Bild, Ton, Video | Kundenportal

Schadenanlage
  Automatische Schadenanlage unabhängig vom Meldeweg, KI führt alle
  vorhandenen Informationen zusammen, prüft den Versicherungsschutz
  und legt den Schaden zum richtigen Vertrag an.

Schadenbearbeitung
  KI kann Höhe eines Schadens durch die Auswertung von Bildern oder
  Videos quantifizieren. Kostenvoranschläge können automatisch geprüft
  werden. KI leitet weitere notwendige Schritte ein wie z.B. Rückfragen an
  VN, Beauftragung von Dienstleistern oder Sachverständigen.

Schadenzahlung
  Auszahlungen an VN, Dienstleister, Reparaturbetrieb oder
  Sachverständige erfolgen automatisch.

Schadenschließung
  Mit Schadenschließung wird der VN automatisch benachrichtigt. Der
  gesamte Schadenprozess wird bewertet. KI lernt aus jedem
  bearbeiteten Schaden.

  Der gesamte Schadenprozess kann ohne die Hilfe
  eines Sachbearbeiters ablaufen.
```

Abb. 14.3 KI-unterstützter Schadenprozess. (Quelle: eigene Darstellung)

Ein weiterer Punkt ist die Betrugsbekämpfung. Mit Hilfe von intelligenten Datenanalysen werden typische Betrugsfälle schneller erkannt werden. Dies führt zu einer Reduzierung der Schadenfälle. KI kann schnell Schadenbilder, Schadenhergänge und Schadenschilderungen vergleichen und so mögliche Betrugsfälle aufdecken. Versicherungsbetrug kostet die deutschen Versicherer etwa vier Milliarden Euro jährlich. Hinzu kommt ein wirtschaftlicher Aspekt. War es in der Vergangenheit aufgrund des zu großen Aufwandes nicht sinnvoll, einen Schaden manuell prüfen zu lassen, kann dies nun bei verschwindend geringen Grenzkosten automatisch geschehen. Mithilfe von KI lassen sich auch Schadenfälle verhindern. Beim autonomen Fahren etwa sorgen intelligente Assistenzsysteme dafür, dass die Schadenzahlen im Kfz-Bereich in den nächsten Jahren stark zurückgehen werden. Das Gleiche gilt auch für Smart Home-Technologien. Außerdem ist es mithilfe von KI möglich, nicht versicherungswürdige Risiken zu identifizieren. Wenn solche Risiken in der Folge nicht versichert werden, können auch die Schadenzahlen gesenkt werden.

14.2.3 Folgen und Hindernisse

Wie im letzten Kapitel beschrieben, ziehen sich die Anwendungsgebiete durch die gesamte Wertschöpfungskette eines Versicherers. Besonders großes Effizienzpotenzial birgt das Automatisieren von Prozessen und die Übernahme von Aufgaben durch KI. Die Auswirkungen des Einsatzes von KI werden die Versicherer und ihre Belegschaft daher in den unterschiedlichsten Bereichen spüren. Gerade dort, wo viele Menschen im Einsatz sind und entsprechend hohe Kosten zugeordnet werden können, werden die Auswirkungen besonders groß sein. Für die Mitarbeiter der Versicherungen wird sich die Arbeit grundlegend verändern. Die heutige Arbeit der Versicherungsmathematiker beispielsweise wird in Zukunft auf gänzlich neuen Methoden aufsetzen. Während heute vor allem nach Regressionsmodellen gearbeitet wird, werden zukünftig Maschine Learning und KI- Algorithmen einen gänzlich neuen Umgang mit Daten erzeugen. Das zwingt auch die Versicherungsmathematiker zu Veränderungen. Einen Großteil der Mathematiker wird es allerdings in der heutigen Form gar nicht mehr geben, ihre Aufgaben werden von KI besser, schneller und vor allem günstiger erledigt werden. Es bedeutet aber auch, dass die verbleibenden Akteure von den einfachen Tätigkeiten befreit werden. Dann können diese sich auf die 20 % wirklich relevanten Themen konzentrieren, die das Unternehmen voranbringen. Dieser Umstand gilt aber nicht nur für die Akteure. Wenn intelligente Systeme die Mitarbeiter von alltäglichen, wenig reizvollen Aufgaben befreien, und diese Mitarbeiter sich dann höherwertigen, interessanteren, spannenden und kreativ-gestalterischen Aufgaben widmen können, entsteht ein großer Mehrwert für die Versicherer. Einfache Dateneingaben, wie beim Policieren von Versicherungsverträgen, wird es demnach nicht mehr geben, ebenso wenig die Akten- oder Schadenanlage in heutiger Form. Auch die Arbeit von Call-Center-Kundenbetreuern können Watson, Alexa und Siri zukünftig mit Hilfe von Natural Language Processing besser erledigen.

Da das Thema Kostensenkung und Effizienz von zentraler Bedeutung ist, werden Prozesse, die eigentlich schon durch Robotic Process Automation erfolgen könnten, aber noch von Menschenhand erledigt werden, zukünftig nicht mehr existieren. Das geht soweit, dass der Mensch in vielen Bereichen von der KI ersetzt wird. Das Ergebnis wird eine Vielzahl freier Kapazitäten sein. Die zentrale Frage ist dann, wo lohnt es sich, die Komponente Mensch noch länger einzusetzen. Eine Verschiebung zu IT-nahen Tätigkeitsfeldern, wie Data Analytics oder Digitalisierung im Allgemeinen, ist äußerst wahrscheinlich. Während die Versicherer aktuell einen IT-Anteil von etwa 25 % haben, wird sich dieser in den nächsten fünf bis zehn Jahren auf mindestens zwei Drittel erhöhen. Eine Versicherung wird dadurch auch immer eine Tech-Company sein müssen. Damit einhergehend sind auch sich verändernde Anforderungen an die Mitarbeiter. Die wachsende Bedeutung von KI und von Daten in der Versicherungsbranche birgt auch die Gefahr neuer Konkurrenten.

Langfristig wird versucht werden, möglichst alle Prozesse zu automatisieren. Das klassische Versicherungsprodukt wird mehr und mehr einem Preiskampf unterliegen. Die Unternehmen müssen also stark automatisieren und KI einsetzen, um das existierende Geschäftsmodell am Leben zu erhalten. Die Volumina, Portfolien und Geldmengen einer Versicherung sind häufig deutlich höher als bei Banken. Ein Kfz-Portfolio kann mehrere Milliarden Euro groß sein. Jeder Prozentpunkt, der aus einem solchen Portfolio mit Hilfe intelligenter Analytics gewonnen werden kann, ist Millionen wert. Die Folge wird sein, dass immer mehr Datenbanktransformationen stattfinden werden. Somit werden immer weniger Menschen benötigt, um die alten Datenbanken, die nicht an die modernen KI-

Technologien angebunden werden können, zu verwalten. Ein massiver Mitarbeiterabbau wird die Folge sein. Die dann noch besonders gefragten Mitarbeiter werden vor allem in Development- und Approach-Teams zusammengefasst sein. Die Versicherer werden also nicht nur deutlich weniger, sondern auch andere Menschen beschäftigen als bisher. Der Berufstand des Vermittlers oder Maklers ist im digitalen Zeitalter nicht mehr zwingend erforderlich. Neben der Möglichkeit, durch KI im verschärften Preiskampf konkurrenzfähig zu bleiben, werden die Versicherer auch versuchen müssen, sich auch mit neuen Produkten und Services von ihrer Konkurrenz absetzen. Die Frage ist dann, wie kann man dem Kunden wirklich helfen, und nicht, wie kann man das Risiko des Einzelnen über eine Gemeinschaft abdecken.

Die bereits beschriebenen zukünftigen Anwendungen von KI und die daraus resultierenden Auswirkungen können nur dann eintreten, wenn eine Reihe von Hindernissen und mit der Implementierung von KI zusammenhängenden Herausforderungen bewältigt werden können. Die Hindernisse und Herausforderungen können den Bereichen Mensch, Organisation, Technik und Extern zugeordnet werden. Im Folgenden wird auf die einzelnen Bereiche genauer eingegangen.

Mensch

Der Mensch ist auf verschiedenen Ebenen ein zentraler Faktor bezüglich der Implementierung von KI. KI-Systeme werden nach heutigem Stand nicht von sich selbst, sondern durch Menschen entwickelt. Das Know-how in den IT-Abteilungen der Versicherer ist jedoch weit davon entfernt, den Anforderungen der Entwicklung entsprechender Systeme gerecht zu werden. Das Problem liegt aber nicht nur bei den Mitarbeitern der Versicherer. Ganz allgemein ist mangelndes Know-how ein großes Thema. Wegen des Fachkräftemangels kann es auch nur schwer von außen eingekauft werden. Wirkliche KI-Experten sind gerade in Deutschland sehr schwer zu finden. Es gibt nur wenige, die sich mit dem Thema in der nötigen Tiefe beschäftigen. Einige Talente lassen sich an den Hochschulen finden, doch selbst wenn an einer Hochschule ein geeigneter Kandidat gefunden wird, muss dieser das technische Know-how in geschäftsmodelltaugliche Themen übersetzen können. Die Tatsache, dass es nur wenige KI-Experten gibt, unterstreicht, dass das gesamte Thema relativ schwer zu fassen ist. Hiermit hängt auch zusammen, dass die Erkenntnis, dass es ohne schnelle Fortschritte im Bereich von KI einige Versicherer schon bald nicht mehr geben wird, noch immer unterentwickelt ist. Der Erfolg der Versicherungsunternehmen in den letzten Jahrzehnten hat die Veränderungsbereitschaft der Entscheidungsträger dabei eher noch sinken lassen.

Häufig lösen technische Errungenschaften und Innovationen zunächst Unsicherheit und Angst aus. Dies ist auch bei der KI der Fall. Es werden vor allem die Risiken und nicht die enormen Chancen wahrgenommen. Dies kann bei einer Technik wie KI sehr viel Geschwindigkeit und Dynamik aus der Entwicklung nehmen. Hierbei handelt es sich auch um ein typisch deutsches Problem. Während in anderen Ländern und Kulturkreisen zunächst die Chancen bewertet werden, spricht man hier als erstes über die Risiken. Verstärkt wird dies durch die Branche selbst, die sich naturgemäß mit Risiken beschäftigt.

Mensch und KI befinden sich am Anfang einer Entwicklung, in der es noch kein festes Rollenverständnis gibt. Die Veränderungsbereitschaft des Menschen ist dabei maßgeblicher Erfolgsfaktor bei der Implementierung von KI im gesamten Unternehmen.

Organisation
Veränderungsprozesse in Versicherungsunternehmen anzustoßen und in Bewegung zu halten, ist eine große Herausforderung. Häufig dauert es lange, Prozesse zu verändern. Das liegt daran, dass die Unternehmen meist in ihren eigenen Restriktionen gefangen sind. Das letzte große Veränderungsthema war und ist noch heute die Digitalisierung. Bereits 2013 wurden Digitalisierungsstrategien ausgerufen. In diesen hängen viele Unternehmen fest, ohne sich den nötigen Freiraum verschafft zu haben, auf weitere Entwicklungen zu reagieren. Ein Vorstandsvorsitzender widerspricht sich, wenn er vor wenigen Jahren eine Digitalisierungsstrategie initiiert hat, und nun ein Strategieumdenken zugunsten KI stattfinden soll. Die gesamte Unternehmenspolitik spielt hier also eine große Rolle. Vor allem wenn man bedenkt, welche Auswirkungen KI auf die Belegschaft hat. Es handelt sich also nicht nur um eine wirtschaftliche Entscheidung, KI zu implementieren, sondern auch um eine sensible unternehmenspolitische Entscheidung. Ein großes Problem der Organisationen sind ihre Altlasten. Das sorgt dafür, dass KI vor allem in kleinen defizitären Einheiten erprobt wird. Die aktuellen Organisationsmodelle sind in Aufbau und ihren Abläufen nicht dafür geeignet, besonders agil zu arbeiten. Das wäre aber erforderlich, um die digitalen KI-gestützten Modelle effizient zu verarbeiten. Die Fähigkeit, sich zu erneuern und dies in immer kürzeren Zyklen zu wiederholen, ist den jetzigen Organisationsmodellen der Versicherer nicht gegeben.

Technik
Im technischen Bereich besteht die große Herausforderung darin, die Transformation der Systeme herbeizuführen und die Verbindung von alter und neuer Welt herzustellen. Der effiziente Einsatz von KI setzt in einem großen Maße digitale Automatisierung voraus. Problematisch ist, dass der bisherige Automatisierungsgrad in den einzelnen Versicherungsunternehmen auf einem sehr niedrigen Niveau ist. Viele Versicherer haben eine sehr heterogene Systemlandschaft mit einer Reihe von konkurrierenden Systemen. Dieser Umstand erschwert die Implementierung in hohem Maße. Das Problem sind also weniger die modernen KI-Technologien, sondern die Altlasten, mit denen die Versicherer zu kämpfen haben. Die intransparente, interdependente Anwendungslandschaft bestehend aus unterschiedlichsten Prozessen und Anwendungen ist für viele Entwicklungen ein großes Hindernis. Es kommt hinzu, dass nur die wenigsten Daten sauber beschrieben und abgelegt sind. Es wird zwar häufig davon gesprochen, dass Daten der Rohstoff des 21.und 22. Jahrhunderts sind, dennoch werden diese Daten bis heute nicht mit der nötigen Sorgfalt gepflegt und verwaltet. Nur in den seltensten Fällen sind die Informationen an einer Stelle gebündelt. Einen „Single Point of Truth" gibt es in den meisten Unternehmen nicht. Dieser Umstand führt dazu, dass etwa 85 % der Bestandsdaten auf den Servern der Versicherungsunternehmen aktuell nicht genutzt werden. Der Aufwand, einen „Single Point of Truth" herzustel-

len, ist so groß, dass sich die Versicherer bisher dagegen gesträubt haben. Der Aufwand vervielfacht sich, wenn unterschiedliche Partnersysteme in Benutzung sind. Das ist gerade bei den großen Versicherern bedingt durch Übernahmen der Fall. In der Vergangenheit mussten sich die Versicherer entscheiden, wieviel Stabilität bzw. Agilität sie sich bezüglich der Systeme leisten wollten. Aus heutiger Sicht hat man sich zu stark für die Stabilität entschieden und hat nun mit den Folgen zu kämpfen. Teilweise werden die alten Systeme auch heute noch benötigt. Dies liegt vor allem an Produkten mit einer entsprechend langen Vertragslaufzeit. Für die Versicherer gibt es grundsätzlich zwei Wege, mit den alten IT-Systemen umzugehen. Man kann sie auslaufen lassen oder sie werden migriert. Auslaufen heißt in diesem Zusammenhang, man wartet, bis der letzte Vertrag des Systems ausläuft oder der letzte Kunde wegfällt. Die Alternative ist die sehr aufwendige Migration. Für den Datenhaushalt und die Implementierung von KI ist die Migration der erfolgversprechendere Weg.

Extern
Neben den internen Herausforderungen und Hindernissen, wird der Einzug von KI in die Breite der Versicherungsunternehmen auch von externen Themen beeinflusst. Ein besonders relevanter Punkt ist hierbei die Regulatorik und insbesondere das Thema Datenschutz. Der gesamte Finanzsektor steht unter besonderer Aufsicht der Konsumentenbehörden. Versicherer werden sich auch zukünftig immer einer gewissen Compliance unterwerfen müssen. Diese kann auch als „Zwangsjacke" empfunden werden. Die hohen regulatorischen Anforderungen führen zu einem erschwerten Markteintritt für neue Unternehmen. Der Aufwand, diese Hürden zu nehmen, kostet viel Zeit und Geld. Es sind aber gerade diese neuen Unternehmen, die das Thema KI in der Versicherungsbranche weiter vorantreiben würden. Da den jungen Unternehmen unter diesen Umständen häufig nur die Möglichkeit bleibt, einen Teilservice anzubieten oder mit den etablierten Versicherern zu kooperieren, kommt es zu einer Verlangsamung der Entwicklung.

Das Thema Datenschutz ist in Deutschland besonders sensibel und entwickelt sich für die Unternehmen immer mehr zu einem großen Problem. Zwar erleben wir, dass die große Mehrzahl der Menschen bereit ist, ihre persönlichen Daten wie ihre Nutzungsdaten für alltägliche Analyse und Prognostik freizugeben; dennoch greift der Gesetzgeber hier regelnd ein und erschwert den Umgang mit den Daten. Gerade dort, wo über hochmoderne digitalisierte Lösungen wie KI, aber auch über Blockchain gesprochen wird, existiert ein besonders hohes Maß an Regularien. Häufig geht es dabei um die Frage, wem gehören eigentlich welche Daten und auf welche Weise werden sie abgespeichert und weiter verwendet. Auch die Transparenzpflicht innerhalb der DSGVO erschwert es den Versicherern, zunächst die intelligente Datenanalyse weiter zu entwickeln und umzusetzen. Selbst wenn die Vorgänge dem Kunden in der geforderten Art und Weise erläutert werden können, bleiben die hohen Kosten der Überbringung der Informationen. Kosten und messbarer Nutzen sind ein Thema, dass die Versicherer ohnehin nur schwer selbst quantifizierbar machen können. Aktuell fehlt es noch an den entsprechenden Business Cases. Auch die Beratungs- und Technikunternehmen können einen entsprechenden Case bisher nur in Teilen vorlegen. Da die Einsparpotenziale auf diese Weise nicht „Schwarz auf

Weiß" sichtbar sind, warten viele Unternehmen noch ab. Problematisch ist dabei, dass der return on investment (ROI) bei einem Thema wie KI nicht auf einer einzelnen Maßnahme oder einem einzelnen Projekt abgebildet werden kann. Viele Entscheidungsträger wünschen sich ein fertiges, in sich geschlossenes Produkt, das man nur kaufen muss, und im gleichen Moment sind die notwendigen Veränderungen umgesetzt. Dieses Produkt gibt es aber nicht und wird es auch nicht geben.

14.2.4 Handlungsempfehlungen für Versicherer

KI entwickelt und verbreitet sich schnell; dabei bringt sie Veränderungen mit sich, die zu grundlegend sind, um ignoriert zu werden. KI hat einen Entwicklungstand erreicht, der die gesamte Versicherungsbranche verändern kann. Einzig die Unternehmen haben ihrerseits noch nicht die notwendigen Voraussetzungen geschaffen, um die technologischen Möglichkeiten in vollem Umfang für sich zu nutzen. Es ist jetzt Aufgabe der Versicherer, die Grundvoraussetzungen für eine in der Breite erfolgreiche Implementierung der KI zu schaffen. Dabei handelt es sich gerade bei der Überwindung der technischen Hindernisse um ein großes Investitionsthema. Diese Investitionen müssen getätigt werden, auch wenn der Nutzen noch nicht monetär quantifizierbar ist. Alternativ zu der Bekämpfung von Altlasten sollten die Versicherer auch neue Unternehmen gründen, da der Neuaufbau in der Regel leichter fällt als die Transformation eines alten Versicherers, bei dem oft das nachgeholt werden muss, was in den vergangenen 30 Jahren verpasst worden ist. Aktuell ist es besonders wichtig, schnell Fortschritte zu erzielen, um nicht den Anschluss zu verlieren. Dies kann auch in Form von kleinen Pilotprojekten geschehen, bei denen der Aufwand überschaubar ist. Alternativ können Innovationen auch über die Zusammenarbeit mit InsurTechs oder Innovation Labs in beschleunigter Frequenz vorangetrieben werden. Wichtig ist es, die Angst davor zu überwinden, dass etablierte Prozesse oder Positionen durch die neuen Möglichkeiten gefährdet werden könnten. Nur dann können die vollen Potenziale der Technologien mobilisiert werden. Gleichzeitig muss festgestellt werden, dass es keinen Zustand geben wird, in dem KI umfassend entwickelt und implementiert sein wird. Es geht vielmehr um ein rollierendes interaktives Vorgehen, d. h., die Versicherer müssen immer stärker in die Thematik eindringen, um die Veränderungsprozesse weiter zu entwickeln.

Grundsätzlich sollte jedes Versicherungsunternehmen die Fähigkeiten von KI für sich nutzen. Unabhängig davon, ob etwas automatisiert oder verwaltet, ob dem Kunden oder den Mitarbeitern geholfen werden soll, es sollte dabei immer auch über den Einsatz von KI nachgedacht werden. Dieser darf aber niemals zum reinen Selbstzweck werden, weil man eine bestimmte KI-Anwendung unbedingt einführen möchte. Im Zentrum muss stets das zu lösende Problem stehen. Denn nicht jedes KI-Tool passt auch zu jeder Problemstellung. Die größte Herausforderung ist dabei nicht die Technologie selbst, sondern viel eher die Unternehmen und ihre Mitarbeiter. Datengetriebene „Denke" ist bei den Versicherern bisher nicht weit genug entwickelt und muss eine Kernfähigkeit werden, die kontinuierlich aufzubauen ist. Nur dann kann KI erfolgreich integriert und weiterentwickelt werden, um die Zukunftsfähigkeit der Unternehmen zu gewährleisten. Die Unternehmen brauchen dringend mehr Mitarbeiter, die um den Einfluss von Technologie auf das Business wissen. Wenn also ein Business-Problem besteht, muss es Mitarbeiter geben, die dafür eine technische Lösung anbieten können, die darüber hinaus zu einem Mehrwert führt. Es geht dabei nicht darum, eine bestimmte Methodik zu bevorzugen, sondern eher darum, die Gesamtheit der Anwendungsmöglichkeiten zu nutzen. Es erfordert daher auch entsprechende Teamstrukturen. Langfristig sollte der Aufgaben- und Kompetenzbereich von KI nicht als eigenständiger Bereich oder als Teil der IT-Abteilung etabliert werden. Es sollten vielmehr vernetzte Fähigkeiten zur Nutzung von KI in allen Kernfunktionen des Unternehmens aufgebaut werden.

14.3 Zusammenfassung

Die Künstliche Intelligenz ist ein breit aufgestelltes Forschungsgebiet, das sich über die letzten Jahrzehnte immer weiter entwickelt hat und – ähnlich wie das Internet in den vergangenen Jahren – vieles verändern wird. Die KI wird in den kommenden Jahrzehnten eine prägende Rolle einnehmen. Besonders groß werden die Veränderungen in Wirtschaftsunternehmen sein. Die Assekuranz ist eine der Branchen, die unter der Voraussetzung, dass die Versicherer ihr Datenmanagement in den Griff bekommen, einen idealen Anwendungs-Case für KI darstellt.

Kundenbedürfnisse können mithilfe von KI erfüllt, Schadensprozesse optimiert und die Effizienz im gesamten Unternehmen gesteigert werden. Einhergehend mit der immer weiter voranschreitenden Digitalisierung leitet KI einen Umbau der Versicherungsunternehmen ein. Vision dieses Umbaus ist, dass der Betrieb einer Versicherung irgendwann ohne Menschen auskommt. Obwohl dieser Zustand heute noch sehr weit entfernt ist, wird die KI in den kommenden Jahren immer mehr Mitarbeiter ersetzen, indem weitere Arbeitsschritte und Prozesse durch KI automatisiert bewältigt werden. Dabei wird es sich jedoch nicht um einen großen, sondern um eine Vielzahl von kleinen Schritten handeln. Im Laufe dieser Entwicklung wird die Zusammenarbeit von Mensch und KI einen besonders großen Erfolgsfaktor ausmachen. Das gesamte Potenzial der KI ist heute mit Sicherheit noch nicht absehbar. Dennoch kann schon anhand der heutigen Möglichkeiten erkannt werden, dass, wer mutig ist, durch KI große Chancen realisieren kann. Versicherungsunternehmen sind auf dem Weg, Daten als den wertvollsten Rohstoff zu erkennen. KI bietet die Möglichkeit, diesen Rohstoff entsprechend zu bearbeiten und nutzbar zu machen. Dabei entsteht jedoch kein fertiges Produkt, sondern eine schrittweise Veränderung von Datenmanagement, Infrastruktur, Mitarbeitern, Prozessen und Geschäftsmodellen – kurz des gesamten Unternehmens. Wie schnell diese Schritte in den einzelnen Unternehmen gemacht werden, hängt in großem Maße von der Einstellung des Managements ab. Die Versicherungen haben die Schwelle in das kognitive Zeitalter bereits überschritten und die Tür hinter sich geschlossen. Ein Zurück wird es nicht geben.

Literatur

1. Accenture (2017) Technology vision for insurance 2017. Technology for people. The era of the intelligent insurer. https://www.accenture.com/us-en/insight-insurance-technology-vision-2017. Zugegriffen: 7. Sept. 2017
2. Bedell C, Bieck C, Marshall A, Sarkar S (2016) Kunden und Risiken besser verstehen. Wie kognitive Systeme die Versicherungsbranche voranbringen, IBM Institute for Business Value. https://www-01.ibm.com/common/ssi/cgi-bin/ssialias?htmlfid=GBE03710DEDE&. Zugegriffen: 7. Sept. 2017
3. Bradski G (2017) Ask the AI experts: What will take AI capabilities to the next level?, McKinsey&Company. http://www.mckinsey.com/business-functions/mckinsey-analytics/our-insights/ask-the-ai-experts-whats-driving-todays-progress-in-ai. Zugegriffen: 7. Sept. 2017
4. Bradski G (2017) Ask the AI experts: What's driving today's progress in AI?, McKinsey&Company. http://www.mckinsey.com/business-functions/mckinsey-analytics/our-insights/ask-the-ai-experts-whats-driving-todays-progress-in-ai. Zugegriffen: 7. Sept. 2017
5. Holland M (2017) IBMs Watson: Japanische Versicherung ersetzt Mitarbeiter durch KI, in: heise online. https://www.heise.de/newsticker/meldung/IBMs-Watson-Japanische-Versicherung-ersetzt-Mitarbeiter-durch-KI-3586963.html. Zugegriffen: 7. Sept. 2017
6. Klug A (2017) Intelligente Automatisierung mit AI. Wie Künstliche Intelligenz zur Automatisierung von Prozessen in Service und Back Office eingesetzt wird, ITYX AG. https://www.ityx.de/whitepaper/intelligente-automatisierung-mit-ai. Zugegriffen: 7. Sept. 2017
7. Lämmel U, Cleve J (2012) Künstliche Intelligenz, 4. Aufl. Hanser, München
8. MarketsandMarkets Research Private (2016) Artificial Intelligence (Chipsets) Market by Technology (Deep Learning, Robotics, Digital Personal Assistant, Querying Method, Natural Language Processing, Context Aware Processing), Offering, End-User Industry, and Geography – Global Forecast to 2022. http://www.marketsandmarkets.com/Market-Reports/artificial-intelligence-market-74851580.html?gclid=EAIaIQobChMIo4Pw4cS1gIVw7ftCh3WkgWaEAAYAiAAEgJ1y_D_BwE. Zugegriffen: 7. Sept. 2017
9. McCarthy J (2007) Basic questions: What is artificial intelligence?, Stanford University. http://www-formal.stanford.edu/jmc/whatisai/node1.html. Zugegriffen: 7. Sept. 2017
10. Munich Re (2017) Digitalisierung / IT Trend Radar 2017-Digitalisierung für Versicherer. https://www.munichre.com/topics-online/de/2017/04/it-trend-radar-2017. Zugegriffen: 7. Sept. 2017
11. Rich E (1983) Artificial intelligence. McGraw-Hill, New York, S 5
12. Snapsure (2017) API. https://www.snapsure.de/de/. Zugegriffen: 7. Sept. 2017

Nutzenpotenziale der Blockchain-Technologie für die Assekuranz

15

Felix Fuchs und Michael Reich

Zusammenfassung

Blockchain ist eine im Jahr 2009 erfundene Technologie, die dem Bitcoin-Netzwerk zugrunde liegt und ihm Funktionalität verleiht. Mithilfe von Blockchain sind jedoch auch völlig andere Anwendungen als reine Finanztransaktionen im Bitcoin-Netzwerk denkbar.

Was ist Blockchain? Wie funktioniert Blockchain? Und welche Anwendungspotenziale ergeben sich aus der Technologie für die Assekuranz? Diese Fragen betrachten die Autoren im vorliegenden Aufsatz.

15.1 Einleitung

Vertrauen eröffnet Kooperationsräume (vgl. [4]).

Denn unsere Gesellschaft fußt auf gegenseitigem Vertrauen – im Privat- wie im Geschäftsleben: Wer seinem Gegenüber vertraut, interagiert und kooperiert mit ihm auch. Ein Verlust von Vertrauen hingegen zerstört diese Kooperationsräume. An die Stelle des einstmaligen Vertrauens, das für Zusammenhalt sorgte, treten dann die Kosten des Vertrauensverlustes. Dieser wird durch Einbußen in der Wirtschaftsleistung oder auch in Form milliardenschwerer Subventionen zur Rettung der Finanzbranche bezahlt (vgl. [4]).

F. Fuchs (✉) · M. Reich
67rockwell Consulting GmbH
Hamburg, Deutschland
E-Mail: felix.fuchs@67rockwell.de

M. Reich
E-Mail: michael.reich@67rockwell.de

Misstrauen – und zwar in die Finanzindustrie – war auch das Ergebnis der weltweiten Finanzkrise ab dem Jahr 2007, deren Höhepunkt rückblickend die Insolvenz der US-amerikanischen Großbank Lehman Brothers darstellte. Aus dieser Krise ist eine Vertrauenskrise hervorgegangen. Mit ihr entwickelte sich aber auch etwas anderes. Ungefähr einen Monat nach dem Lehman-Untergang tauchte im Internet ein mysteriöses Whitepaper auf. Es trägt den Titel: „Bitcoin: A Peer to Peer Electronic Cash System". In diesem Dokument von nur neun Seiten Umfang erklärt Satoshi Nakamoto die Funktionsweise einer bis zum damaligen Zeitpunkt völlig neuen, nämlich digitalen Währung namens Bitcoin. Inhaltlich wird ein Protokoll dargestellt, das einen direkten Transfer elektronischer Währungseinheiten, der Bitcoins (BTC), zwischen zwei Akteuren über das Internet ermöglicht. Diese Währung Bitcoin zu nutzen, ermöglicht damit Geldtransaktionen ohne Intermediär. Nakamoto hat mit seiner Erfindung ein Problem gelöst, an dem vor ihm viele gescheitert sind: Das Double-Spending-Problem. Darunter ist die Tatsache zu verstehen, dass digitale Güter theoretisch unendlich vervielfältigt werden können. Für ein autonomes Bezahlsystem ist es jedoch unabdingbar, dass der mehrfache Einsatz einer Währungseinheit ausgeschlossen ist. Überwunden hat er das Problem durch die intelligente Kombination verschiedener Konzepte aus Informatik und Kryptografie, um Transaktionen zu verifizieren. Im Falle traditioneller Währungen wird diese Aufgabe von Intermediären wie Banken übernommen. Mithilfe des Bitcoin-Systems kann eine Transaktion jedoch sicher zwischen lediglich zwei Teilnehmern validiert werden (vgl. [12]).

Bisher konnte nicht festgestellt werden, wer sich hinter dem Namen Satoshi Nakamoto verbirgt: eine einzige Person oder eine Personengruppe? Satoshi Nakamoto bleibt das Pseudonym hinter der Entwicklung von Bitcoin. Nakamoto verschwand spurlos im April 2011 und überließ die Verantwortung für die Weiterentwicklung des Codes und des Netzwerks von Bitcoin einer Gruppe von Programmierern. Unabhängig davon übt weder Nakamoto noch irgendein anderer Mensch die vollständige Kontrolle über das Bitcoin-System aus. Es arbeitet auf Grundlage transparenter mathematischer Prinzipien. Die Erfindung selbst ist bahnbrechend und hat bereits weite Kreise in der Wissenschaft gezogen (vgl. [15]).

Möglich wird diese Innovation jedoch erst durch die Technologie, die dem Bitcoin-Netzwerk zugrunde liegt und ihm Funktionalität verleiht: die Blockchain-Technologie.

15.2 Grundlagen zur Blockchain-Technologie

Um die Funktionsweise von Blockchain nachzuvollziehen, bietet es sich an, dies am Beispiel der ersten praktischen Anwendung zu tun – Bitcoin. Die Entstehung des Begriffs Blockchain ist auf das Whitepaper von Nakamoto zurückzuführen. Während er System und Währungseinheit Bitcoin tauft, findet das Wort Blockchain keine direkte Erwähnung. Vereinfacht ausgedrückt beschreibt Nakamoto das Bitcoin zugrundeliegende Konzept jedoch als eine Reihe von Datenblöcken („blocks"), die kryptografisch miteinander verkettet

15 Nutzenpotenziale der Blockchain-Technologie für die Assekuranz

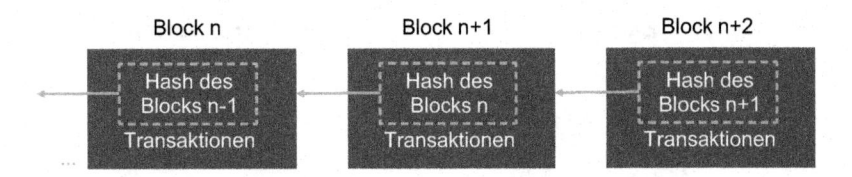

Block n	Block n+1	Block n+2
Hash des Blocks n-1	Hash des Blocks n	Hash des Blocks n+1
Transaktionen	Transaktionen	Transaktionen

Abb. 15.1 Vereinfachte Darstellung einer Blockchain. (Quelle: in Anlehnung an Christidis und Devetsikiotis, vgl. [8])

(„chained") sind. Dabei entsteht eine Kette aus Blöcken – die Blockchain. Abb. 15.1 zeigt dieses Schema beispielhaft.

Die Besonderheit von Bitcoin liegt in der Selbstorganisation des Systems. Keine zentrale Instanz und kein Dienstleister übt eine besondere Kontrolle über das Bitcoin-System aus – es verwaltet sich selbst. Jede Transaktion, die von Nutzern des Systems getätigt wird, wird in einer Art Register gesichert, das für alle einsehbar ist. Das Register setzt sich aus einzelnen Blöcken zusammen, die ihrerseits Informationen zu Transaktionen enthalten. Ein jeder Block in der Kette enthält nur Einträge valider Vorgänge im Netzwerk. Dabei setzt die Validierung der Informationen den Konsens der Teilnehmermehrheit des Netzwerks voraus. Sobald eine Information Eingang in diese Kette aus Blöcken gefunden hat, kann sie dort nicht mehr verändert oder gelöscht werden. Für das Finden eines solchen Konsenszustandes existieren unterschiedliche Konsens-Verfahren, die darüber entscheiden, mit welchem Block das Netzwerk aktualisiert und wie dieser Prozess im gesamten Netzwerk arrangiert wird. Proof-of-work und proof-of-stake sind hierbei die geläufigsten Verfahren. Die besondere Architektur dieser Kettenform ist der Grund dafür, warum es annähernd unmöglich ist, Informationen zu verfälschen. Neben der Transaktion selbst enthalten die Blöcke auch einen sogenannten Hash-Wert, der eine Zusammenfassung der vorhergehenden Blöcke darstellt. Die gesamte Historie an Transaktionen im Bitcoin-Netzwerk kann somit durch jeden einzelnen Block zu jeder Zeit beschrieben werden. Kryptografische Funktionen verketten die Blöcke untrennbar miteinander und sorgen für eine stetige Aktualisierung (vgl. [5]).

Die dezentrale Speicherung von Transaktionen bei gleichzeitig nur einer gültigen Version macht einen externen Mittelsmann überflüssig. Anstelle der Verwaltung durch eine zentrale Autorität geschieht dies im Fall eines Blockchain-Netzwerks durch Kryptografie und Peer-to-Peer-Prinzipien. Kommunikation und Synchronisation finden zwischen voneinander unabhängigen Knoten (Rechnern) statt, wobei jeder Netzwerkknoten den aktuellen Systemstatus innehält. Die dezentral verteilte Natur eines Blockchain-Netzwerks wird in Abb. 15.2 im Vergleich zu einer traditionellen zentralen Netzwerkarchitektur dargestellt, wie sie heute noch immer in den meisten Organisationen anzutreffen ist.

Wenn die Rede von der Blockchain-Technologie ist, wird damit auf die Summe an technischen Unterbauten und Lösungen abgezielt, die die gleiche Funktionalität wie das Bitcoin-System innehalten, aber andere Ansätze zur Realisierung verwenden. Dabei wird deutlich, dass Bitcoin und Blockchain nicht zwingend zueinander gehören. Die Block-

Zentral **Dezentral verteilt**

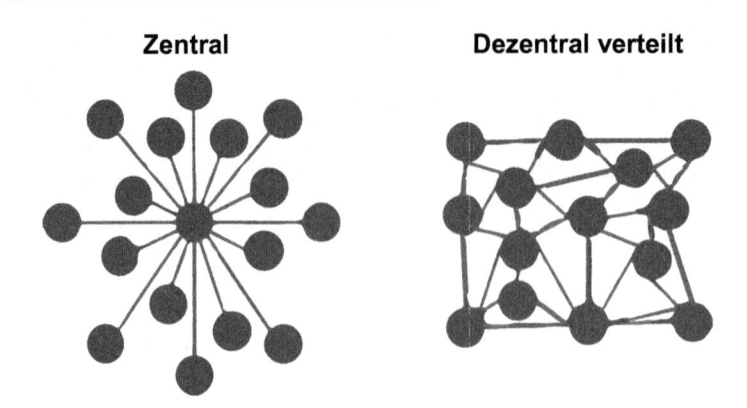

Abb. 15.2 Modell verschiedener Netzwerkarchitekturen. (Quelle: eigene Darstellung, in Anlehnung an Raval, vgl. [13])

chain-Technologie ist zwar ein konstituierendes Merkmal der Kryptowährung Bitcoin. Anderseits ist Bitcoin zur Nutzbarmachung der Blockchain-Technologie für andere Zwecke als reine Währungstransaktionen nicht notwendig.

Das Schichtenmodell, wie in Abb. 15.3 dargestellt, zeigt die Struktur moderner Kryptowährungen am Beispiel von Bitcoin. Das Fundament bildet die Blockchain-Technologie als Datenbanktechnik. Sie dient als chronologisches Register im Bitcoin-Netzwerk, das alle vergangenen Transaktionen abbildet. In einer Ebene darüber befindet sich das sogenannte Bitcoin-Protokoll. Dieses Protokoll basiert auf Softwareprogrammen, die es ermöglichen, die Bewegungen von Währungseinheiten auf der Blockchain zu steuern. An deren Spitze steht die Währungseinheit BTC selbst. Kontrolliert durch Softwareprogramme des Protokolls, kommt es zur Aufzeichnung aller Bitcoin-Transaktionen auf der Bitcoin-Blockchain. In Anlehnung an den zuvor beschriebenen Ursprung, handelt es sich dabei also um eine Datenbank, in der Finanztransaktionen gespeichert werden können. Der Kern der Blockchain bildet damit nur einen Teil des Bitcoin-Netzwerks. Anstelle der Transaktion von BTC-Währungseinheiten können in alternativen Netzwerken völlig andere Einheiten übertragen bzw. gespeichert werden (vgl. [7]).

Zusammengefasst handelt es sich bei einer Blockchain also um ein öffentliches, Peer-to-Peer-verteiltes, kryptografisch gesichertes, dezentrales Hauptbuch, das Daten unwiderruflich und chronologisch geordnet in Blockform aneinander kettet. Grundsätzlich können einer Blockchain sieben Merkmale zugesprochen werden:

1. **Verteilte Datenspeicherung:** Die Datenhaltung geschieht nicht zentral, sondern dezentral verteilt unter allen Knoten des Netzwerks.
2. **Unveränderlichkeit:** Die Architektur von Blockchain unterbindet die nachträgliche Änderung von Informationen in der Kette.
3. **Konsens-Findung:** Das Finden und die Verbreitung valider Transaktionsinformationen über das gesamte Netzwerk erfordern hohe Computerrechenleistung. Geeignete

Abb. 15.3 Schichtenmodell des Bitcoin-Systems. (Quelle: in Anlehnung an Swan, vgl. [15])

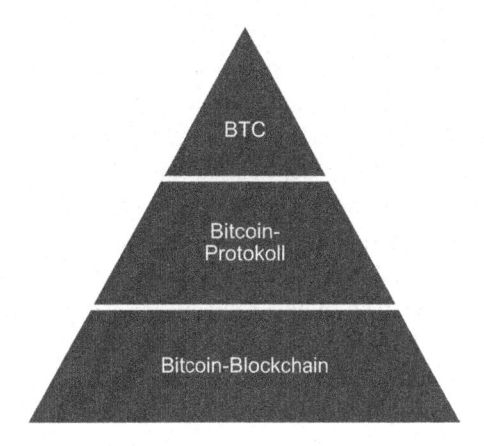

Anreizsysteme sorgen dafür, dass beitragende Teilnehmer für den investierten Aufwand incentiviert werden. Im Fall des Bitcoin-Systems stellt die Währung Bitcoin den Anreiz dar.

4. **Anonymität:** Nutzer auf einer Blockchain sind nur mit ihrer öffentlichen Adresse (öffentlicher Schlüssel) sichtbar. Das Ziehen eines Rückschlusses von einer Transaktion auf ein Individuum ist nicht vorgesehen.
5. **Nutzung von Kryptografie:** Verschiedene kryptografische Verfahren kommen zu Anwendung, um die Sicherheit des Systems zu gewährleisten.
6. **Transparenz:** Der verteilte Ansatz von Blockchain sorgt dafür, dass Transaktionen für alle Teilnehmer sichtbar sind. Neben Transparenz besitzt ein Blockchain-System damit einen inhärenten Manipulationsschutz.
7. **Kryptowährungseinheit:** Das Transaktionsgeschäft der meisten Kryptowährungen (neben Bitcoin existieren mehr als 1000 Kryptowährungen) basiert im Grundsatz auf dem Transfer von Währungseinheiten.

Nachdem im vorliegenden Abschnitt die Grundlagen zu Blockchain-Technologie näher beleuchtet wurden, soll nun der Blickwinkel auf den möglichen Nutzen in der Assekuranz gelenkt werden.

15.3 Nutzenpotenziale der Blockchain-Technologie für die Assekuranz

15.3.1 Effizienteres Vertragswesen durch Smart Contracts

Die Formulierung „Smart Contract" geht auf den Informatiker und Juristen Nick Szabo zurück. Er hat das Konzept des Smart Contracts im Jahr 1997 in einer wissenschaftlichen Arbeit ausgebaut, indem er beschreibt, wie Vertragsbeziehungen über Computernetzwerke realisiert werden können. Nach Szabo werden die Verträge der Zukunft auf Algorithmen basieren, welche ohne menschliche Interaktion überprüfen können, ob Vertragsgegenstände erfüllt sind, um anschließend zuvor festgelegte Transaktionen durchzuführen. Seinerzeit war es noch nicht möglich, diese Idee umzusetzen, da Daten, die auf Algorithmen zurückgreifen, der Realität entsprechen müssen. Damit Smart Contracts funktionieren, bedarf es dem Zugang zu einer Vielzahl zuverlässiger Informationsquellen. Dateien können jedoch dupliziert und verändert werden, was den Vorgang kompliziert. Da auch Datenbanken in der Regel keine Informationen miteinander austauschen, kann es vorkommen, dass ein Zustand in unterschiedlichen Datenbanken auch unterschiedlich dargestellt wird. Da Blockchain ein passendes Medium zur Implementierung solcher Verträge sein kann, wird aus dem theoretischen Konzept von Nick Szabo nun erstmalig praktische Wirklichkeit. Smart Contracts werden automatisch aktiv, wenn zuvor festgelegte Ereignisse eintreten. Einerseits wird die Vertragsabbildung in Schriftform damit tendenziell überflüssig, andererseits bietet Smart Contracts damit eine höhere Vertragssicherheit als die traditionellen Vertragsformen bei einer gleichzeitigen Reduktion der Transaktionskosten (vgl. [16]).

Bei einem Smart Contract findet die Fähigkeit von (Computer-)Programmen Anwendung, logische Bedingungen abzuarbeiten. Gegenstände eines Sachverhalts und Tatbestandsmerkmale einer Rechtsnorm werden in einzelne logische Bedingungen aufgeschlüsselt und anschließend in Programmcodes geschrieben (übersetzt). Nachfolgend übernimmt der Smart Contract automatisiert die Subsumtion, welche traditionell durch die Vertragspartner (oder im Falle eines Disputs von einem Richter) übernommen wird. In der Praxis heißt das: Sobald zwei oder mehr Parteien mit den Bedingungen des Vertrags einverstanden sind, werden diese in einen Programmcode übersetzt, kryptografisch signiert und schließlich auf die Blockchain übertragen. Sobald eine Bedingung, die im Code erfasst wurde, erfüllt ist, führt der Programmcode des Smart Contracts augenblicklich die damit zusammenhängende Aufgabe aus. In bestimmten Vertragsverhältnissen kann dann auf die Notwendigkeit einer direkten menschlichen Beteiligung verzichtet werden. Smart Contracts können sowohl Bedingungen prüfen, als auch Aktionen ausführen – wie zum Beispiel eine physische Überweisung von Geld. Die Smart Contracts sind, wie eine Blockchain auch, dezentral verteilt gespeichert und werden gleichzeitig von vielen Akteuren im Netz ausgeführt. Dabei reagiert ein Smart Contract auf den Erhalt von Informationen; er empfängt und speichert Werte und er kann Informationen sowie Werte versenden. Verglichen werden kann ein Smart Contract mit einem Menschen, dem man anvertraut, sich vorübergehend um Vermögenswerte zu kümmern und der außerdem immer genau das tut, was ihm gesagt wurde. Das Effizienzsteigerungspotenzial, das der Blockchain-Technologie für die Assekuranz haben wird, kann damit zu einem großen Teil in der möglichen Nutzenstiftung durch Smart Contracts begründet werden. Verschiedene Versicherungsprodukte lassen sich mittels Smart Contracts bereits heute umsetzen (siehe Abschn. 15.3.2) (vgl. [14]).

Primavera De Filippi, eine italienische Blockchain-Forscherin, hat eine Vision entwickelt, wie die Welt ohne zentrale Institutionen aussehen könnte. Sie orientiert sich dabei am Ordnungsprinzip der Stigmergie. Bei der Beobachtung von Ameisen, Vögel- oder

Fischschwärmen wird das Prinzip deutlich: Eine große Anzahl von Akteuren besitzt die Eigenschaft, hochkomplexe Systeme zu organisieren und kollektive Prozesse auf eine intelligente Weise zu steuern, ohne dass dafür eine zentrale Leitung nötig wäre. Es geht dabei nicht um den Vergleich von Menschen mit einfachen Tieren, sondern von deren Organisationsstruktur inspiriert zu werden (vgl. [19]). Im Bereich der Assekuranz gehen die Vorstellungen so weit, das Versicherungsschutzversprechen mit Blockchain-Technologie und ohne ein traditionelles Versicherungsunternehmen zu garantieren – und zwar durch Selbstorganisation des Risikokollektivs. Im Mittelpunkt steht dabei die Entwicklung des Sharing-Economy-Gedankens – der Selbstorganisation. In der Regel gelten Systeme, die sich selbst organisieren als besser und sicherer als von Menschenhand gesteuerte Systeme; auch sind sie antifragil, fair und skalierbar. Aus Sharing Economy und Blockchain wird eine echte P2P-Gesellschaft. Individuen könnten sich künftig zunehmend autonom organisieren und würden damit zentrale Hierarchien mehr und mehr überflüssig machen. Sharing economy-Netzwerke auf Basis von Blockchain basieren auf den Prinzipien des Vertrauens, der Kollaboration und der Partizipation. Das notwendige Risikokapital für einen P2P-Versicherer könnte im Zuge der Verbriefung aggregiert werden, Smart Contracts übernehmen den Rest (vgl. [11]).

Smart Contracts auf der Basis von Blockchain sind derzeit jedoch noch weit davon entfernt, jene Komplexität zu bewältigen, die in den meisten Versicherungsverträgen vorzufinden ist. Im Sinne einer optimalen Programmierung kommt erschwerend die Existenz unbestimmter Rechtsbegriffen hinzu. Beispiele sind der Grundsatz von Treu und Glauben, Rechtmäßigkeit sowie verschiedene Formen der Fahrlässigkeit. Verträge werden aufgrund derartiger Begriffe als nicht rigide bezeichnet. Damit sind sie insofern ineffizient, als dass sie zu Missverständnissen führen können. Dabei werden alle Beteiligten durch diese „Weichheit" der Vertragskonstrukte auch geschützt.

In Zukunft kann die Blockchain-Technologie ganze Geschäftsmodelle in der Assekuranz nur dann ersetzen, wenn mit ihrer Anwendung auch die Möglichkeit von Missverständnissen in jedweder Form ausgeschlossen werden kann.

15.3.2 Neue Versicherungslösungen

Blockchain wird der Fähigkeit von Versicherern, personalisierte Produkte und Services anzubieten, einen enormen Auftrieb verschaffen, indem Smart Contracts das Vertragswesen vereinfachen und sich den individuellen Gegebenheiten des Kunden automatisch anpassen. Offenkundig eigenen sich parametrische Versicherungen sehr gut für eine Blockchain-Implementierung. Bei dieser Art der Versicherungen hängt die Höhe der Versicherungsleistung von einem gegebenen Index ab. Überall dort, wo der Leistungsfall also durch öffentlich einsehbare Informationen mit Sicherheit festgestellt werden kann, kann Blockchain bestehende Modelle prospektiv fast gänzlich ersetzen. Von Sensoren erhobene Informationen zu Erdbebenstärke, Temperatur, Sonnenstunden, Niederschlagsmenge oder Windgeschwindigkeit eignen sich sehr gut dafür, verschiedene Umweltzustände einzuschätzen und Aussagen über eine etwaige Schadenhöhe zu treffen. Bei dieser Art von Information handelt es sich um „Off-Chain-Daten", auf die ein Blockchain-Netzwerk per Internetverbindung zugreifen kann. Diese dezentralisierten Datenfeed-Services sind unter dem Begriff Oracle bekannt, was auf deren Nutzen zur Wahrheitsfindung hindeuten soll. Infolge eines Trigger-Ereignisses lösen Smart Contracts auf Blockchain-Basis beispielsweise selbständig die Berechnung der Versicherungssumme und die Zahlung der Versicherungsleistung aus. Sie reagieren somit auf Umwelteinflüsse und wechseln ihren Status eigenständig. Damit kann es in einigen Fällen zu einer durchgängigen Automation des Schadenprozesses kommen. Aktuell führen hohe Administrationskosten beim Versicherer im Underwriting und in der Schadenabwicklung dazu, dass das Geschäftsmodell der Mikroversicherung wenig lukrativ ist. Hier könnte eine Umsetzung mit Blockchain helfen, indem die Prozesse mithilfe vordefinierter Regeln unterstützt oder durchgängig automatisiert werden (vgl. [20]).

In der betrieblichen Praxis gibt es bereits Anwendungen, wie zum Beispiel InsurETH, fizzy sowie Etherisc. Dies sind Beispiele für Start-ups, die eine Versicherung gegen Flugverspätungen auf Blockchain-Basis anbieten. Im Falle einer Flugverspätung oder eines Flugausfalls wird die vereinbarte Versicherungsleistung automatisch und ohne menschliche Intervention an den Versicherungsnehmer überwiesen. Ein Smart Contract im Ethereum-Netzwerk wickelt Versicherungsfälle eigenständig ab, indem auf eine weltweite Flugverkehrsdatenbank zurückgegriffen wird und auf Basis der Programmierung die jeweilige Aktion ausführt wird. Die Registrierung von Schadenfällen geschieht demzufolge über verifizierte Flugdaten. Aktuell befinden sich die aufgeführten Dienste im Beta-Status, doch wird das Angebot nach und nach erweitert. Auch könnten Entschädigungszahlungen künftig in Form von Ether geleistet werden – der im Ethereum-Netzwerk genutzten Kryptowährungseinheit – was einen weiteren Vertrauensgewinn auf Seiten des Kunden bedeuten würde.

Ein Mikroversicherungsprodukt, wie etwa die wetterbasierte Ernteausfallversicherung, ist ein weiteres Beispiel dafür, wie durch Blockchain-basierte Smart Contracts Kosten im Schadenprozess verringert werden können. Eine auf Regeln basierende Bearbeitung des Versicherungsanspruchs ermöglicht die Realisierung von Produkten, die einen Anspruch automatisch erkennen und melden sowie genehmigen oder ablehnen. Öffentlich zugängliche und verifizierbare Wetterinformationen oder auch Daten, die durch das Internet of Things generiert wurden, zählen zu möglichen externen Datenquellen.

Inwiefern Blockchain-indizierte Risiken künftig vom Underwriting genutzt werden, lässt sich noch nicht mit Sicherheit vorhersagen. Die Schwierigkeit des Risikos wird am Beispiel einer DAO (Decentralized Autonomous Organization) deutlich: In einer solchen Organisation entscheidet ausschließlich der Programmcode über die rechtmäßige Zugehörigkeit von Werten. Die Assekuranz schätzt diese Risiken als Sonderrisiken ein, da sie anders sind als alle bisher bekannten Risiken.

15.3.3 Bekämpfung von Versicherungsbetrug

Durch Blockchain wird der Gedanke eines weltweiten, sicheren und ortsunabhängigen Speichers von persönlichen, rechtlichen und objektbezogenen Daten greifbar. Die Anwendung ist besonders im Hinblick auf die Aufdeckung und Bekämpfung von Versicherungsbetrug vielversprechend, da Betrug meist nur aufgrund einer asymmetrischen Informationsverteilung möglich wird. Auf einem Blockchain-Netzwerk können versicherte Personen und Objekte sowie ausgewählte Ereignisse fälschungssicher dokumentiert werden.

Insbesondere beim Identitätsmanagement haben Versicherer naturgegebener Maßen ein hohes Interesse, denn damit geht ein reduziertes Risiko von Versicherungsbetrug einher. Ein Blockchain-Identitätsmanagement kann daneben auch auf dingliche Gegenstände übertragen werden. Die Identifizierung eines Fahrzeugs anhand seiner Merkmale (z. B. Farbe, Hersteller, Interieur, Motor und Fahrgestellnummer, Kilometerstand) kann zusammen mit der Fahrzeug-Historie auf einer Blockchain fälschungssicher abgebildet und somit dokumentiert werden. Mit einem derartigen Register wären verschiedene Betrugsszenarien nicht mehr möglich. So würden zum Beispiel mehrere Totalschäden, die auf ein Fahrzeug kommen, als unglaubwürdig vom Blockchain-Netzwerk erkannt. Auf der Grundlage eines solchen Kraftfahrzeug-Blockchain-Registers kann auch dem Betrug durch manipulierte Tachostände bei Kraftfahrzeugen vorgebeugt werden. Unberechtigte Verkaufspreise, die ihren Ursprung in manipulierten Kilometerzählern haben, können dann verhindert werden, indem die Telematik-Systeme im Fahrzeug den Kilometerstand auf eine Blockchain übertragen. Außerdem sorgen Smart Contracts in Abhängigkeit der Beziehung von Tachostand und Fahrleistung automatisch für eine Anpassung der Versicherungsprämie. Fahrzeuge, die beispielsweise nicht registriert sind, gelten dann als nicht vertrauenswürdig und würden eine höhere Versicherungsprämie nach sich ziehen. Damit werden betrügerische Handlungen durch Blockchain sukzessive erschwert. Nachfolgend soll ein Blockchain-Szenario mit Bezug zur private Krankenversicherung die Möglichkeiten des Einsatzes von Blockchain an einem Beispiel darstellen: Fordert beispielsweise ein Patient die Kosten für eine MRT-Untersuchung, muss sowohl das MRT-Gerät als auch der verantwortliche Arzt diese Transaktion auf einer Blockchain gegenzeichnet haben. Erst wenn alle Akteure diese Transaktion bestätigt haben, wird diese auf die Blockchain übertragen, woraufhin das Versicherungsunternehmen die Kosten an den Begünstigten auszahlt. Einseitige Forderungen führen demnach nicht zur Auslösung eines Smart Contracts.

Werden zukünftig zum Beispiel Patientendaten auf einer vernetzten Gesundheitsdatenbank auf Basis von Blockchain hinterlegt sind weitere Einsatzfälle denkbar: Aktuell ist der Prozess zu einem erfolgreichen Schutz vor Berufsunfähigkeit äußerst ineffektiv, außerdem kann er Folgen haben, die weit über den Vertragsabschluss hinausgehen. Insbesondere die Beantwortung von Fragen zum persönlichen Gesundheitszustand sind relevant für die korrekte Vertragsgestaltung. In der Praxis kristallisieren sich dabei zwei Schwächen heraus. Es kann vorkommen, dass Arztbesuche, Beschwerden und Krankheiten der vergangenen Jahre vom Antragsteller einfach vergessen werden und somit keine Beachtung im Fragekatalog finden. Andererseits kann mangelnde Sorgfalt seitens des Vermittlers oder schlechte Beratung dazu führen, dass es zur Falschbeantwortung von Fragen kommt. In beiden Fällen könnte dies im Fall einer Berufsunfähigkeit dazu führen, dass der Vertrag vom Versicherungsunternehmen aufgrund vorvertraglicher Anzeigepflichtverletzung angefochten wird. Damit bleibt häufig ein erheblicher Imageschaden für die Assekuranz: „Traue keinem Versicherer. Im Zweifelsfall zahlt er eh nicht." Mithilfe einer automatischen Gesundheitsprüfung könnten die dargestellten Komplikationen der Vergangenheit angehören. Eine vernetzte Gesundheitsdatenbank auf Basis von Blockchain würde den Gesundheits-Fragekatalog in der Antragsstellung zur Berufsunfähigkeitsversicherung überflüssig machen. Algorithmen würden die Historie des Antragstellers bedingungsgerecht durchsuchen und relevante Einträge für die weitere Vertragsausgestaltung benutzerfreundlich aufbereiten. Auch Personen, denen es unangenehm ist, Fragen über den eigenen Gesundheitszustand zu beantworten, würde diese Vorgehensweise entgegenkommen. Details über den Gesundheitszustand werden nicht offengelegt, sondern vom Smart Contact automatisch verarbeitet. Die Gesundheitsdatenbank müsste sich in einem solchen Modell aus verschiedenen Oracles speisen. Dabei können auch Wearables oder implantierte Sensoren einen relevanten Beitrag haben, die Gesundheitsdaten sicher in die Blockchain zu übertragen. Im aktuellen deutschen Gesundheitssystem lassen sich derartige Ideen, infolge des Datenschutzes allerdings noch nicht realisieren.

Des Weiteren ist ebenso denkbar, Blockchain in der Krankenversicherung erfolgreich in der Betrugsbekämpfung einzusetzen, zum Beispiel durch die Dokumentation der Ausgaberegelung von Medikamenten. Erfahrungsgemäß gibt es häufig Probleme in der Abrechnung von Medikamenten für die Krankenkassen, wenn beispielsweise Apotheker offensichtlich versuchen zu betrügen, indem Rezepte abgerechnet werden, obwohl sie die entsprechenden Medikamente dazu nicht ausgegeben haben. Mit einer Blockchain-Lösung lässt sich dieses Problem lösen, indem jedes Medikament durch einen QR-Code eindeutig gekennzeichnet und damit identifiziert ist. Bei der Ausgabe erfolgen, nach dem Scannen des Codes, der Eintrag und die Validierung auf einer Blockchain. Mit dieser Dokumentation auf der Blockchain ist der Verkauf bestätigt und der Apotheker erhält sein Geld.

Um ein effizientes Vertragswesen, wie oben beschrieben, umzusetzen, müssten die Datenschätze breitflächig generiert und digital zugänglich gemacht werden. Aktuelle Entwicklungen zeigen Fortschritte; im E-Health-Gesetz beispielsweise wird Abstand genommen beim Fernbehandlungsverbot, so das nun auch Daten von Fitnesstrackern oder Wearables an den Arzt übermittelt werden können. In ersten Modellversuchen seit Dezember 2016 testen ausgewählte Praxen und Kliniken in Deutschland den Aufbau einer sicheren digitalen Kommunikationsmöglichkeit für Gesundheitsdaten.

15.3.4 Blockchain als neue Art der Datenverarbeitung

Die Assekuranz zählt zu einer der bedeutendsten Branchen Deutschlands. Damit ist die Entwicklung eines modernen Industriestaates eng verbunden mit der Entwicklung einer funktionstüchtigen Versicherungswirtschaft. Durch die hohe volkswirtschaftliche Bedeutung der Assekuranz zählt sie naturgegebener Maßen zu einer der am stärksten regulierten Branchen, neben dem Bankensektor.

Blockchain verstärkt den Veränderungsdruck des sich im Umbruch befindlichen Regulierungsrahmens. Neue Marktteilnehmer wie zum Beispiel ChainThat sorgen dabei für ein Voranschreiten in Richtung eines dezentralisierten Versicherungsmarkts, in welchem sämtliche Kommunikationswege und Transaktionen automatisiert durchgeführt werden können. Indem Vorgänge im digital verteilten Netzwerk auf Blockchain-Basis unwiderruflich dokumentiert und mithilfe von Smart Contracts automatisiert werden, kommt es nicht nur zu einer Verschlankung vieler Prozesse, wie oben ausführlich beschrieben, sondern auch zu einer Veränderung der Teilnehmerstruktur.

Bei der Inanspruchnahme, beispielsweise von Rückversicherungsleistungen, durch ein Erstversicherungsunternehmen erfolgt in der Regel die Übertragung großer Einzelrisiken oder ganzer Portfolios vom Erstversicherer auf den Rückversicherer (vgl. [18]). Wird dabei ein Risiko über mehrere Versicherer verteilt, kann es zu einer möglichen Atomisierung dieser Risiken kommen (vgl. [1]). Mit der Nutzung von Blockchain kann hier eine neue Art der Datenverarbeitung genutzt werden, die die Kommunikations- und Prozesseffizienz zwischen den Partnerunternehmen deutlich steigert. Blockchain als sichere und gemeinsam genutzte Datenbank garantiert den wahrheitsgetreuen Datenaustausch zwischen den Gesellschaften sowie den externen Dienstleistern.

Ein Blockchain-Netzwerk kann daneben auch zum Austausch von Kundeninformationen zwischen Versicherern genutzt werden, was heute vielfach lediglich manuell durchgeführt wird. Beispielsweise arbeitet das Start-up Tradle an einer Know-your-customer-Lösung (KYC) auf Blockchain-Basis. Dabei gewährt der Kunde einem Unternehmen Zugriff auf seine Identität, sofern es für einen Vertragsabschluss notwendig ist. Bei einer erfolgreichen Verifizierung des KYC-Kundenprofils ist der Kunde in der Lage, seine Identität an beliebiger Stelle nachzuweisen. Die Wiederholung des Identifizierungsprozesses ist dann nicht mehr notwendig. Ein ähnliches Modell würde auch in der Assekuranz zu einer Beschleunigung bei der Neukundenaufnahme führen. Neben der Tatsache, dass dem Versicherungsnehmer Aufwand erspart wird, ist er flexibel in der Entscheidung, wem er Zugriff auf sein persönliches, digitales „Ich" gewährt.

15.3.5 Hoher Nutzen im Rechnungswesen

Im Versicherungsunternehmen kommt der Rechnungslegung eine besondere Bedeutung zu. Neben der Zahlungsbemessungs- und Informationsfunktion, erfüllt das externe Rechnungswesen auch eine Schutzfunktion. Sowohl das Rechnungswesen als auch die Blockchain-Technologie bestehen im Kern aus dem Hauptjournal, das Geschäftsvorfälle chronologisch erfasst. Im Rechnungswesen existieren viele verschiedene Hauptjournale, die miteinander abgeglichen und kontrolliert werden müssen. Mit der Anwendung einer Accounting-Blockchain würden alle Akteure auf dem gleichen Hauptjournal buchen, was einen Wegfall des Kontenabgleichs bedeutet. Indem überprüft werden kann, wer die Kontrolle über welche Daten an wen weitergegeben hat, entsteht ein exaktes, vom gesamten Netzwerk verifiziertes, Hauptbuch.

Nach Farny ist „...das Rechnungswesen ein Modell für die Abbildung der wirtschaftlichen Realität, nicht der Realität selbst ist ..." (vgl. [9]). Ausgehend davon, kann Blockchain ein Modell der wirtschaftlichen, rechtlichen und sozialen Realität werden (vgl. [17]). Damit lässt sich ein Netzwerk aus externen Berichtsadressaten um diese Blockchain-Architektur herum aufbauen. Versicherungsnehmer, Rückversicherer, Finanzamt, BaFin, Öffentlichkeit, Ratingagenturen und anderen Instituten und Marktteilnehmern lässt sich damit ein Echtzeit-Zugriff auf die „wirtschaftliche Realität" eines Versicherers ermöglichen. Durch die Vergabe unterschiedlicher Schlüssel wird versucht, eine korrekte Informationsverteilung zu gewährleisten. Damit ergeben sich Vorteile für die Marktteilnehmer; beispielsweise kann sich die Versicherungsaufsicht jederzeit über die Sicherheitslage im Versicherungsunternehmen informieren. Bestehende Risiken oder mögliche Gefahren können somit frühzeitig erkannt und antizipiert werden. Versicherungsunternehmen können damit regelmäßig publizieren, was dann durch die BaFin im Sinne eines Frühwarnsystems genutzt werden kann, um Krisen eines Versicherers frühzeitig zu erkennen.

15.3.6 Recruiting mit Blockchain und künstlicher Intelligenz

Die Versicherungsbranche ist infolge der hohen Fertigungstiefe bekannterweise eine sehr personalintensive Branche, weshalb dem Personal eine besondere Bedeutung zukommt. Damit erfordert das zielorientierte Management der Versicherungsunternehmen ein ebenso strategisch ausgerichtetes Personalmanagement als integralen Bestandteil der Unternehmensführung. Die Wertschöpfung in der Assekuranz hängt aufgrund des Dienstleistungscharakters in hohem Maße also vom Potenzial einzelner Mitarbeiter in den Fachbereichen ab. Das Recruiting dieser speziellen Skills ist deshalb von besonderer Bedeutung (vgl. [3]). Aktuell schalten die Versicherer Jobanzeigen in regionalen oder überregionalen Zeitschriften oder in Job-Börsen. Mit der gezielten Nutzung von Blockchain-Netzwerken lässt sich der Recruiting-Prozess stark vereinfachen. Bewerber könnten zum Beispiel zukünftig ihre Verfügbarkeit im Markt auf einem Blockchain-Netzwerk signalisieren. Dabei lässt sich ein vereinfachter Blockchain-Lebenslauf den potenziellen Arbeitgebern mit den entsprechenden Informationen zur Verfügung stellen. Im Rahmen dieses verteilten Talentverzeichnisses lässt sich der Recruiting-Prozess stark automatisieren; potenzielle Arbeitgeber würden dann ein Mitarbeitergesuch in Form einer Wenn-Dann-Beziehung als Smart Contract programmieren. Bewerber verknüpfen den Lebenslauf mit Zertifikaten,

Abschlüssen und ähnlichen Dokumenten. Passt ein Bewerberprofil mit den Inhalten des Smart Contracts überein, werden die nachfolgenden Schritte automatisch eingeleitet. Mit dem skizzierten Recruiting-Prozess lassen sich zukünftig die Kosten im Personalmanagement signifikant reduzieren, da nicht mehr wie bisher Sachbearbeiter oder Personalreferenten die einzelnen Schritte durchführen müssen (vgl. [17]).

Mit dem Einsatz von Blockchain und Künstlicher Intelligenz konnte beispielsweise der japanische Lebensversicherer Fukoku Mutual Life Insurance im Leistungsmanagement erhebliche Kostensenkungspotenziale realisieren. Dabei wurde der „Watson" – ein System Künstlicher Intelligenz (KI), entwickelt vom amerikanischen Unternehmen IBM – eingesetzt. „Watson" wurde dabei in die Lage versetzt, medizinische Berichte von Ärzten einzulesen und hinsichtlich des Aufwandes von Operationen oder die Länge eines Krankenhausaufenthaltes auszuwerten und mit dem Versicherungsvertrag zu vergleichen. Weiterhin bleibt auch in derartigen Einsatzfeldern die Entscheidungsgewalt im Hinblick auf die Leistungsregulierung bei den Verantwortlichen der Versicherung; dennoch ist zukünftig vorstellbar, dass auch dieser Schritt von „Watson" übernommen werden könnte (vgl. [2]).

15.4 Anwendungsbeispiel in der Schadenbearbeitung

Die Schadenbearbeitung (oft auch Schadenregulierung) ist der Leistungserstellungsprozess und somit Kernprozess im Versicherungsunternehmen. Sie umfasst definitionsgemäß jenem Leistungsprozess, der nach dem Eingang der Schadenmeldung durch den Versicherungsnehmer oder Dritte zustande kommt. Durch die Schadenregulierung wird das Versicherungsschutzversprechen, das bis zum Eintritt des Versicherungsfalls nur abstrakt vorhanden war, konkretisiert. Farny merkt an, dass das Versicherungsunternehmen dem Prozess der Schadenbearbeitung ein besonderes betriebswirtschaftliches Interesse entgegenbringen sollte. Grund dafür ist es, dass im Schadenfall für den Versicherungsnehmer transparent wird, wie ein Schaden vom Versicherungsunternehmen bearbeitet und reguliert wird. Dadurch werden der Zufriedenheitsgrad der Versicherungsnehmer und damit der Ruf der Assekuranz in der Öffentlichkeit entscheidend beeinflusst (vgl. [10]).

In Abb. 15.4 wird der aktuell traditionelle Schadenprozess in seinen üblichen fünf Schritten dargestellt.

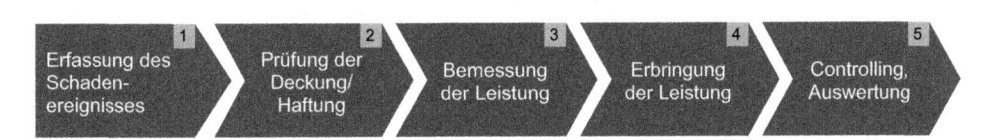

| 1 Erfassung des Schadenereignisses | 2 Prüfung der Deckung/ Haftung | 3 Bemessung der Leistung | 4 Erbringung der Leistung | 5 Controlling, Auswertung |

Abb. 15.4 Kernprozesse des Schadenmanagements. (Quelle: eigene Darstellung)

1. Die Meldung des Schadens kann über verschiedene Kanäle beim Versicherungsunternehmen erfolgen. Die Erfassung des Schadenereignisses erfolgt unter einer Versicherungsnummer.
2. Anschließend wird geprüft, inwieweit eine Versicherungsdeckung für den Schaden existiert. Dabei müssen Fragen über das Vertragsverhältnis, den Versicherungsschutz sowie die Übereinstimmung von Schadentyp und Versicherungsschutz geklärt werden. Anhand der Haftungsprüfung werden Aussagen über einen etwaigen Risikoausschluss oder die Verletzungen von Obliegenheiten getroffen. Schließlich findet auch eine Betrugsprüfung statt. Die Ansprüche werden durch vorhandene Kundeninformationen, sekundäre Datenquellen (z. B. Wetterstatistiken) und gegebenenfalls durch zusätzliche Gespräche und Inspektionen auf Gültigkeit überprüft.
3. Ziel der Leistungsbemessung ist eine monetäre Berechnung der möglichen Versicherungsleistung. Es erfolgt die Klassifikation der Ansprüche des Versicherungsnehmers. Auf dieser Basis kommt es zur Ermittlung der Entschädigung. Gegebenenfalls werden Gutachter zur Bemessungsermittlung hinzugezogen.
4. Die Leistungserbringung bei einem gültigen Anspruch wird durch die Zahlung der Versicherungsleistung über einen Schadenreferenten an den Versicherungsnehmer realisiert.
5. Im letzten Schritt wird der Schaden ausgewertet, abgeschlossen bzw. gegebenenfalls Regress angemeldet.

Erfolgt die Schadenmeldung über einen Makler, entstehen weitere Nebenprozesse. Gegebenenfalls holt sich der Makler vom Versicherungsnehmer weitere Informationen ein, um den Schadenanspruch zu unterstützen. Im Anschluss übermittelt der Makler den Versicherungsfall an das Versicherungsunternehmen. Nach Überprüfung der Unterlagen seitens des Versicherungsunternehmens wird der Erhalt der Antragsunterlagen bestätigt. Falls im Anschluss an die Schadenuntersuchungen noch nach zusätzlichen Informationen verlangt wird, erfolgt die Übermittlung einer weiteren Informationsanfrage indirekt an den zuständigen Makler oder direkt an den Versicherungsnehmer. In diesem herkömmlichen Prozess entstehen mehrere Schwachstellen, die nachfolgend kurz diskutiert werden sollen:

1. Negatives Kundenerlebnis: Um eine Schadenforderung einzureichen, muss der Versicherungsnehmer zum Teil umfangreiche Fragebögen ausfüllen. Sofern die Schadenmeldung beschädigte Sachen betrifft, sind die dazugehörigen Rechnungsnachweise einzureichen.
2. Aufwendungen für Intermediäre: Durch die Funktion des Maklers als Mittler zwischen Versicherungsnehmer und -unternehmen entstehen zusätzliche Kosten und zeitliche Verzögerungen.
3. Informationsbesorgung: Versicherungsunternehmen müssen Beziehungen zu Drittanbietern als Datenquelle aufrechterhalten. Im Zuge der Schadenbearbeitung wird dadurch nur ein manueller Zugriff auf verschiedene Datenquellen möglich. Dabei kann es

sich um Wetterstatistiken, Prüfstellen, Kreditauskünfte oder Regierungsberichte handeln.
4. Versicherungsbetrug: Die Schadenbeurteilung basiert meist auf der Grundlage nur eines Versicherungsvertrags und eines Verlustverhältnisses. Ein Informationsaustausch zwischen verschiedenen Versicherern zur Betrugsbekämpfung findet aktuell dagegen nur begrenzt statt.
5. Manueller Schadenprozess: Schadenregulierer/-gutachter sind nötig, um Ansprüche zu überprüfen. Weiterhin müssen sie die Vollständigkeit der Ansprüche sicherstellen, zusätzliche Informationen einholen, die Verlustdeckung überprüfen, den Umfang der Haftung identifizieren und den Verlustbetrag kalkulieren.

Bei der Anwendung von Blockchain-Technologien bleibt der Kernprozess des Schadenmanagements, wie in Abb. 15.4 dargestellt, grundsätzlich gleich. Die inhaltliche Ausgestaltung der einzelnen Prozessschritte ist jedoch teilweise grundsätzlich unterschiedlich:

1. Die Schadenmeldung kann beispielsweise auf zwei Arten erfolgen. Der Versicherungsnehmer kann, wie oben dargestellt, selbst den Schaden anzeigen. Es besteht jedoch auch die Möglichkeit, in bestimmten Fällen, dass die Verlustinformationen automatisch übermittelt werden, wie zum Beispiel über Sensortechnik. Erfolgt eine Schadenmeldung automatisch über Sensortechnik und wurde die Versicherungspolice in Form eines Smart Contract abgeschlossen, erhält der Versicherungsnehmer eine automatisch erstellte Erstbewertung des Schadens in Echtzeit.
2. Die Überprüfung des Versicherungsanspruchs kann ebenfalls automatisch durchgeführt werden. Programmierte Geschäftsregeln im Smart Contract greifen auf die dafür notwendigen Daten zu. Hierunter fallen vom Versicherungsnehmer übermittelte Informationen, Deckungsbedingungen, Versicherungszeitraum, Schadenverlauf und ähnliches.
3. Im Zuge der Schadenbeurteilung greift der Smart Contract mithilfe der Blockchain-Technologie auf vernetzte, sekundäre Datenquellen zu (Wetterstatistiken, Prüfstellenberichte, Kreditauskünfte, Regierungsberichte), um den Versicherungsanspruch zu beurteilen und den Schadenbetrag zu berechnen. Falls in den Versicherungsbedingungen der Police Rückversicherungen oder Retrozessionen vorgesehen sind, führt der Smart Contract für jedes (Rück-)Versicherungsunternehmen eine Haftungsberechnung durch.
4. Beim Eintreten vorab festgelegter Situationen sorgt der Smart Contract für eine zusätzliche manuelle Beurteilung der Versicherungsforderung von einem Schadengutachter mit dem Ziel, eine endgültige Kalkulation zu erstellen.
5. Kommt der Schadengutachter zu dem Ergebnis, dass es sich um einen gültigen Versicherungsanspruch handelt, löst der Smart Contract die vordefinierten Aktionen aus. Damit kann die Überweisung der Schadensumme oder die Beauftragung von Dienstleistern automatisiert werden (vgl. [20]).

Wie an dem Beispiel dargestellt wurde, treten mit Einsatz von Blockchain-Technologie signifikante Prozessverbesserungen ein.

Die Transformation des zuvor beschriebenen Prozesses ist aktuell noch nicht einfach herzustellen. Der primär hemmende Faktor ist nach weitläufiger Meinung die Technologie. Da heute die Softwareentwicklung nicht zum Geschäftsmodell eines Versicherers gehört, kann die Assekuranz dieser Technologie-Hürde nicht auf direktem Weg begegnen. Eine auf die Assekuranz zugeschnittene Technologieentwicklung kann aber indirekt durch Investitionen in genau jene Unternehmen erfolgen, zu deren Kerngeschäft eine solche Softwareentwicklung zählt. Es ist daher anzunehmen, dass technische Hürden bei der Konstruktion einer Schaden-Blockchain im Verlauf der Zeit überwunden werden.

Daneben kann ein Blockchain-Schadenmanagement von Akteuren der Assekuranz nur implementiert werden, wenn die Branche (im besten Fall länderübergreifend) als Ganzes einheitliche Standards implementiert. Versicherer und Aufsichtsbehörden spielen dabei eine Schlüsselrolle bei der Festlegung von Datenstandards. Zudem erleichtert ein Normenwerk die Akzeptanz externer Datenanbieter. Nur in diesem Fall kann ein effektiver Informationsfluss zwischen den Teilnehmern gewährleistet werden. Nicht standardisierte Daten erfordern zusätzliche manuelle Arbeit und führen zu erheblichen Kostenineffizienzen.

Wie die Vergangenheit gezeigt hat, tun sich Versicherer infolge ihrer veralteten Technologie sehr schwer, größere Veränderungen umzusetzen. Blockchain-Schadenmanagement würde jedoch vielfach die Versicherer überfordern, deshalb ist es zukünftig notwendig, zielgerichtete Kooperationen mit den sogenannten Insurtechs einzugehen, die das Kern-Geschäftsmodell erweitern (vgl. [6]).

15.5 Fazit und Ausblick

In einer Zeit, die von technologischen Neuerungen, wie digitaler Beratung, Telematik-Modellen, IoT, Big Data und künstlicher Intelligenz, geprägt ist, stellt die Blockchain-Technologie die Entwicklung eines architektonischen Fundaments dar. Mit ihr lassen sich massive Echtzeitdatensätze verwalten, die Sicherheit steigern, Schlüsselfunktionen automatisieren und Betrug stark reduzieren. Damit verstärkt die Blockchain-Technologie den Druck auf die Assekuranz, Vorgänge, Mechanismen und Produkte zu verbessern. Diese Evolution ist positiv zu bewerten, da sie Vorteile für den Versicherungsnehmer und -Anbieter hat.

Insbesondere die BaFin ist bemüht, mit der Entwicklung der Blockchain-Technologie mitzuhalten. Sie hält ein offenes Gesprächsangebot bereit und nimmt an unterschiedlichsten Blockchain-Meetings teil. Eine Bedrohung für das Geschäftsmodell Versicherung besteht aktuell. Die Herausforderung besteht darin, sich den Innovationswillen und Einfallsreichtum junger Unternehmen, wie angeklungen, beispielsweise die Insurtechs zu nutzen. Dass Versicherungsunternehmen im heutigen Verständnis durch Blockchain in

Verbindung mit anderen Technologien völlig redundant werden, ist auf kurz- und mittelfristige Sicht aber sehr unwahrscheinlich.

Doch stellen aufsichtsrechtliche und regulatorische Anforderungen ein Problem dar, für das sich bislang noch keine abschließende Lösung bietet. Technische Hürden begrenzen zwar momentan noch den gezielten Einsatz, werden jedoch im Laufe der Zeit überwunden werden. Die Assekuranz kann allenfalls in diesen Forschungsbereich investieren. Erste Zusammenschlüsse wie das Konsortium B3i zeigen richtungsweisende Tendenzen auf. Auch hier ist anzunehmen, dass sich mehrere Versicherer des Konsortium-Gedankens annehmen werden und sich eine größere Community entwickelt.

Eine breit gestreute Anwendung der Blockchain-Technologie wird noch einige Zeit in Anspruch nehmen. Vereinzelt existieren schon Pilotprojekte. Auch wird es in den kommenden Jahren immer wieder zur Entwicklung neuer Konzepte kommen. Um Blockchain breitflächig einsatzfähig zu machen, werden aber nach Experteneinschätzungen noch mindestens zehn Jahre vergehen. Blockchain wird sich zu einer Basistechnologie entwickeln. Ähnlich wie heute das Internet wird auch Blockchain irgendwann „einfach da sein".

Literatur

1. Arndt D, Bartenstein C et al (2004) Rückversicherung. Produktorientierte Qualifikation, 2. Aufl. VVW, Karlsruhe, S 15
2. BBC: Japanese insurance firm replaces 34 staff with AI. http://www.bbc.com/news/world-asia-38521403. Zugegriffen: 06.01.2017
3. Becker F, Henning E (2010) Personalarbeit in Versicherungsunternehmen: Eine empirische Studie zum Status Quo der Personalorganisation. Diskussionspapier Nr. 581. Univ. Bielefeld, Bielefeld, S 7
4. Beckert J (2008) Die Finanzkrise ist auch eine Vertrauenskrise, S 1
5. BitFury Group (2015) Public versus Private Blockchains. Part 1: Permissoned Blockchains, S 11
6. Boston Consulting Group (2014) Insurance and Technology, S 8
7. Bundesverband Informationswirtschaft, Telekommunikation und neue Medien e.V. (2016) Blockchain #Banking. Ein Leitfaden zum Ansatz des Distributed Ledger und Anwendungsszenarien. Bundesverband Informationswirtschaft, Telekommunikation und neue Medien e.V., Berlin, S 11
8. Christidis K, Devetsikiotis M (2016) Blockchains and smart contract for the Internet of things. IEEE Access 4:2292–2303
9. Farny D (1989) Buchführung und Periodenrechnung im Versicherungsunternehmen, 3. Aufl. Gabler Verlag, Wiesbaden, S 15
10. Farny D (2011) Versicherungsbetriebslehre, 5. Aufl. VVW, Karlsruhe, S 21, 677
11. Frick K (2016) Das Blockchain-Manifest. Gdi Impuls 2/2016:12–19
12. Nakamoto S. Bitcoin: A Peer-to-Peer Electronic Cash System. https://bitcoin.org/bitcoin.pdf. Zugegriffen: 29.10.2016
13. Raval S (2016) Decentralized applications: harnessing bitcoin's blockchain technology. O'Reilly Media, Sebastopol
14. Spancken M, Hellenkamp M et al (2016) Kryptowährungen und Smart Contracts. FH Münster, Fachbereich Wirtschaft, Münster, S 15

15. Swan M (2015) Blockchain. Blueprint for a new economy. O'Reilly Media, Sebastopol, S 1
16. Szabo N (1997) Smart contracts: formalizing and securing relationships on public networks
17. Tapscott D, Tapscott A (2016) Blockchain revolution. How the technology behind Bitcoin is changing money, business and the world. Portfolio/Penguin, New York, S 152
18. Wagner F (2011) Gabler Versicherungslexikon. Gabler Verlag, Wiesbaden, S 168, 571, 635
19. Wright A, De Filippi P (2015) Decentralized Blockchain Technology and the rise of Lex Cryptographia, S 51
20. World Economic Forum (2016) The future of financial infrastructure. An ambitious look at how blockchain can reshape financial services

Transformation des Geschäftsmodells „Versicherung": Von der Tradition in neue Welten

Wigbert Tabarelli

Zusammenfassung

Digitalisierung ist für die Versicherungswirtschaft kein neues Thema. Die Produkte sind immateriell und folglich ist die komplette Wertschöpfungskette vollständig digital abbildbar. Diese, primär nach innen gerichtete Digitalisierung der Prozessautomatisierung im Sinne eines Real-Time Enterprise, wird seit Jahren durch verstärkte IT Investitionen in der Branche angegangen. Unter anderem getrieben durch neue Technologien und das Aufstreben der InsurTech-Szene, wird sich der digitale Versicherungsmarkt der Zukunft zu einem interaktiven, vernetzten Gesamtmarkt weiterentwickeln. Dadurch ergeben sich für Versicherer neue Herausforderungen für die digitale Transformation in diese neue Welt der Digitalisierung. Der Autor stellt im Weiteren die Methodik „FutureIT" vor, welche etablierte Marktplayer bei der neuen digitalen Transformation unterstützen kann.

16.1 Das Szenario eines digitalen Versicherungsmarktes

Die Digitalisierung ist ohne Frage ein Hype-Thema und auch seit längerem in der Versicherungswirtschaft angekommen. Im Grunde wird sie hier durch die Immaterialität der Produkte bereits aktiv gelebt und gestaltet. Die Optimierung der Prozesse, der Aufbau von Netzwerken (z. B. in der Schadenregulierung), die Erweiterung der Kundenkanäle durch digitale Touchpoints, wie z. B. Portale, Apps und Self-service-Funktionen, die analytische Verarbeitung von Massendaten in Datawarehouse-Szenarien – dies alles wird durch verstärkte Investitionen in IT vorangetrieben. Die IT-Abteilungen der Versiche-

---

W. Tabarelli (✉)
PASS Consulting Group
Aschaffenburg, Deutschland
E-Mail: wigbert.tabarelli@pass-consulting.com

rungsunternehmen haben sich in der Management-Attention schon vor Jahren vom reinen Kostenfaktor zum strategischen Innovationstreiber entwickelt.

Gerade die Finanzwirtschaft (und somit insbesondere auch der Versicherungsmarkt) ist herausragend geeignet für die Volldigitalisierung:

- Die Produkte sind immateriell und folglich vollständig digital abbildbar. Somit kann auch die Produktion vollständig digital umgesetzt werden.
- Der Kundendialog, die Beratungs-, Angebots- und Abschlussphasen können ebenfalls digital abgebildet werden.
- Die Produktauslieferung erfolgt über digitale Postkörbe.
- Über Self-Service-Portale können schließlich auch alle Postsales-Services vom Kunden angestoßen und digital prozessiert werden (Vertragsänderungen, Schaden- und Leistungsprozesse etc.).

Die hier skizzierten Themen einer Volldigitalisierung stellen keine grundlegenden, bahnbrechenden neuen Erkenntnisse dar. Es sind aber exakt die Themen, die in der Versicherungswirtschaft erkannt worden sind und die aktuell im Markt auch mehr oder weniger intensiv von den Gesellschaften mittels zum Teil umfangreicher Digitalisierungsoffensiven angegangen werden. Dabei ist man auf dem Weg, aber das Ziel hat man noch nicht erreicht. Das ergaben beispielsweise unsere bisherigen Online-Insurance-Analysen im Gesamtmarkt. Ich würde noch einen Schritt weitergehen wollen: Man ist auf dem Weg in die oben skizzierte Volldigitalisierung der Prozesse, aber die Ziellandschaft ist gerade dabei, sich neu zu erfinden und zu verändern!

Unter anderem auch getrieben durch das Aufstreben der InsurTech-Szene hat sich in meinen Augen die Definition des Begriffes der Digitalisierung verändert. Lag der Schwerpunkt bislang eher in der Optimierung der innerbetrieblichen Prozesse und der Erweiterung der Kundenkanäle um digitale Ansätze, umfasst der Digitalisierungsbegriff der Zukunft primär die externe Sicht in einen interaktiven Gesamtmarkt – vergleichbar mit den postulierten vernetzten Fertigungswelten von Industrie 4.0. Die neue digitale Welt des Versicherungsmarktes wird durch nachfolgende beispielhafte Themen und Szenarien geprägt sein:

- Der Versicherungsmarkt der Zukunft ist eine große und offene Interaktions-, Kommunikations- und Transaktionsplattform, auf dem Endkunden, Makler, InsurTechs, Prozess- und Abwicklungsdienstleister sowie Risikoträger agieren.
- Die Interaktionskanäle und die Marktplayer, und somit auch die Mitbewerber, werden sich globalisieren.
- Zu den Marktteilnehmern werden zukünftig auch die großen Digitalplayer, wie Google, Amazon, Alibaba, Apple oder auch Facebook gehören.
- Die klassischen Prozesskompetenzen werden sich weiter differenzieren und jeder Teilnehmer (mit Ausnahme des Endkunden) wird sich stark auf seine strategischen Kern-

kompetenzen konzentrieren, um mit diesen seine Nische auf der Plattform erfolgreich zu besetzen.
- Die etablierten Versicherer, welche aktuell noch jeder für sich die klassische Wertschöpfungskette vollständig abdecken, werden sich teilweise auf das Kerngeschäft der Risikodeckung zurückziehen. Andere werden durch eigene InsurTech-Ansätze nach wie vor die Schnittstelle zu den Kunden selbst abdecken wollen und können.
- Alle Marktinteraktionen werden digital und in Echtzeit im Sinne eines playerübergreifenden Straight Through Processing abgewickelt.

Das neue, oben skizzierte interaktive Marktmodell verlagert dabei den Fokus nicht von den Themen der nach innen gerichteten Digitalisierung im Sinne eines Real-Time Enterprise. Die Inhouse-Digitalisierung bleibt wesentlich; sie ermöglicht eine Beschleunigung im Anbieten neuer Versicherungsprodukte. Diese werden anlassgerechter und für kürzere Zeiträume verfügbar. Damit passen die Angebote auch besser auf die Bedarfssituation des Kunden. Dieser bisherige Fokus wird aber erheblich erweitert durch die Herausforderungen des neuen, externen, interaktiven Gesamtmarktes.

Die Interaktion mit dem Kunden wird sich aber auch in dem neuen Modellszenario nicht auf eine volldigitale Kommunikation beschränken dürfen. Es wird auch zukünftig, insbesondere bei komplexen und beratungsintensiven Versicherungsprodukten, einen Bedarf an einer persönlichen Beratung geben. Darüber hinaus wird es auch zukünftig generell Kundengruppen geben, welche nicht gewillt sind, ihren Kontakt zum Versicherungsmarkt rein digital zu knüpfen. Hier verlagert sich der Touchpoint zu dem interaktiven und volldigitalisierten Markt vom Kunden quasi auf den Berater. Das skizzierte Modell ist vor diesem Hintergrund demnach nicht in Frage zu stellen.

Der neue globale interaktive Markt kann aber nur funktionieren, wenn sich entsprechende fachliche und technologische Kommunikationsstandards etablieren. Hier muss kritisch festgestellt werden, dass es im Versicherungsmarkt solche Standards nur in Ansätzen gibt. National am verbreitetsten ist der Standard des Branchinstituts für Prozessoptimierung e. V. (BiPRO). Diese sogenannten BiPRO-Normen decken mittlerweile fast alle versicherungswirtschaftlichen Prozesse ab. Die Implementierung erfolgt über standardisierte Webservices auf Basis von XML. Auf europäischer Ebene ist sicher der eEG7-Standard (www.eeg7.org) erwähnenswert und auf globaler Ebene der ACORD-Standard (www.acord.org).

Hier bleibt abzuwarten, welche Normen und Standards sich zukünftig als „der" Standard durchsetzen können. Fakt ist aber, ohne eine solche übergreifende, versicherungsspezifische Kommunikationsnorm wird man als Player in dem zukünftigen Marktszenario aufwendig multilingual kommunizieren müssen.

16.2 Die digitale Versicherung

Welche Konsequenzen leiten sich nun aus dem vorstehend skizzierten Versicherungsmarkt der Zukunft für etablierte Versicherungsunternehmen ab?

Die eigene Zukunftsstrategie ist entsprechend neu auszurichten: Welche Kernkompetenzen kann ich in den interaktiven Gesamtmarkt einbringen, welche Kompetenzen sind zu neuen Kernkompetenzen weiterzuentwickeln, welche Leistungen streiche ich oder substituiere sie durch externe Auslagerung?

Weitere Fragestellungen befassen sich mit den Themen eines agilen Partnermanagements zur flexiblen Steuerung des eigenen zukünftigen Netzwerkes im interaktiven Gesamtmarkt, dem Aufbau eines permanenten Produktinnovationsprozesses, verbunden mit den Überlegungen zum eigenen strategischen Produktportfolio und den notwendigen, organisatorischen Change-Prozessen der Mitarbeiterqualifizierung. Die Versicherung der Zukunft wird weniger Personal beschäftigen, die Profile und Qualifikationen der verbleibenden Mitarbeiter sind an den Anforderungen der neuen Rollen, wie z. B. Innovation-, Change- und Product-Manager, auszurichten. Der klassische Sachbearbeiter wird in einer Welt des digitalen Straight Through Processing wohl kaum mehr eine Daseinsberechtigung haben.

Auf der technologischen Seite ergeben sich ebenfalls eine Reihe neuer, zusätzlicher Anforderungen an die IT der Versicherungsunternehmen. Beispielhaft seien erwähnt:

- Die Prozesse müssen echtzeitfähig und über offene Schnittstellen und APIs (Application Programming Interface) interaktionsfähig gemacht werden.
- Die Kundenausrichtung und die Kundenansprache müssen sich flexibel an den unterschiedlichen Customer-Journey-Bedarfen der einzelnen strategischen Kundengruppen ausrichten (z. B. durch parametergesteuerte Workflows und flexible Skins in der Gestaltung der Oberflächen (GUIs)).
- Das bedeutet offene, komponentenbasierte bzw. containerbasierte und flexible Systemarchitekturen.
- Durch hochflexible Produktentwicklungskomponenten können Produktinnovationen (wie z. B. Cyberversicherungen, bedarfsgerechte Kurzzeitprodukte) schnell und in kurzen Zyklen generiert, vermarktet und permanent nachjustiert werden.
- Auf der Betriebsseite geht der Trend klar in Richtung von Cloud-Strukturen, welche flexibel auch auf Spitzenlasten reagieren können.
- Kenne Deinen Kunden, Stichwort Big Data. In dem Maße, wie durch den Kunden öffentlich verfügbare oder, durch niedrigere Konditionen motiviert, mehr Daten zur Verfügung stehen, können durch entsprechende Analysetechniken die Versicherungsangebote sowohl bedarfs- als auch konditionengerechter erfolgen. Die Versicherung, welche die meisten relevanten Daten über ihre Kunden besitzt, hat auf mehreren Ebenen Wettbewerbsvorteile.
- Neue, KI-basierte Systemkomponenten (z. B. maschinelle Chatbots und Sprachavatare in der Ansprache und Beratung der Kunden) sind aufzubauen bzw. zu integrieren.

- Neue Technologietrends (z. B. Blockchain, Augmented Reality, Internet of Things, intelligente Sprachsteuerung, künstliche bzw. algorithmische Intelligenz, Robotic Process Automation (RPA)) müssen permanent hinterfragt und bezüglich möglicher, sinnvoller Einsatzmöglichkeiten verifiziert werden.

Diese neue Welt der Digitalisierung stellt für etablierte Versicherer eine Herausforderung dar. Zum einen ist bekannt, dass die vorherrschenden Systemlandschaften in der Versicherungswirtschaft, insbesondere im Backoffice, nach wie vor geprägt sind von hostbasierten Altsystemen. Der notwendige Transformationsprozess umfasst aber weit mehr als die bislang nach innen gerichtete digitale Transformation im Sinne der Umsetzung von Prozessautomatisierungsvorhaben. Die neue digitale Transformation beginnt mit der grundsätzlichen Neuausrichtung des Geschäftsmodells und mündet in tiefgreifenden, organisatorischen Change-Prozessen und einer Neuausrichtung der IT-Investitionen in eine extern vernetzte, interagierende Echtzeit-Prozesswelt.

16.3 Die neue digitale Transformation

In diesem Kapitel möchte ich, ausgehend von den in den ersten beiden Kapiteln aufgezeigten Szenarien einer zukünftigen, digitalen Versicherungslandschaft, eine Methodik vorstellen, welche etablierte Markt-Player bei der digitalen Transformation ihrer Systemlandschaften zielführend begleitet und unterstützt. Die Methode ist weniger geeignet, um branchenfremde Neueinsteiger und InsurTech-Gründungen beim Aufbau und bei der Umsetzung ihrer digitalen Geschäftsmodelle zu unterstützen. Diese neuen Marktplayer starten ja gewissermaßen „auf der grünen Wiese" und bauen ihre Geschäftsmodelle und Systemlandschaften vollständig neu auf. Hier gibt es keinen Bedarf an IT-Transformation im Sinne eines Veränderungsprozesses vom Zustand A zum Zielzustand B.

Die Methodik wurde von der PASS Consulting Group auf Basis ihrer über 35-jährigen Erfahrung in der Digitalisierung als Beratungsprodukt unter dem Namen FutureIT entwickelt und wird permanent weiterentwickelt und justiert (vgl. Abb. 16.1). Sie ist grundsätzlich branchenübergreifend konzipiert und gliedert sich in zwei Stufen:

- Stufe 1 umfasst drei Phasen der Analyse und Planung (sogenannte Smartfield-Phasen) und
- Stufe 2 umfasst die drei Phasen der Umsetzung.

Die Phasen der Stufe 1 sind:

1. Quick-Check,
2. KPA- oder Smartfield-Analyse und
3. Strategien und Projektierung.

Stufe 1: Smartfield-Phasen

Quick-Check
- Ermittlung des Digitalisierungsgrads
- Einordnung
- Identifikation der Potenziale

Analyse
- Bestandsaufnahme
- Identifikation von Maßnahmen

Strategien entwickeln
- Definition der Ziele
- Festlegung der Strategie
- Maßnahmenkatalog
- Handlungsszenarien
- Kostenindikation

Stufe 2: Umsetzungsphasen

Absichern der Chancen
- Machbarkeit prüfen
- Pilot realisieren
- Proof of Concept

Umsetzen und optimieren
- Projektierung
- Umsetzung

Verifizieren der neuen Situation
- Verifikation
- KVP

Signifikanz-Level	Bedeutung
0%	Keine Aussage
20%	Potenziale für neuen Strategien identifiziert
40%	Strategien identifiziert
60%	Strategien abgesichert
80%	Strategien prototypisiert
100%	Strategien umgesetzt

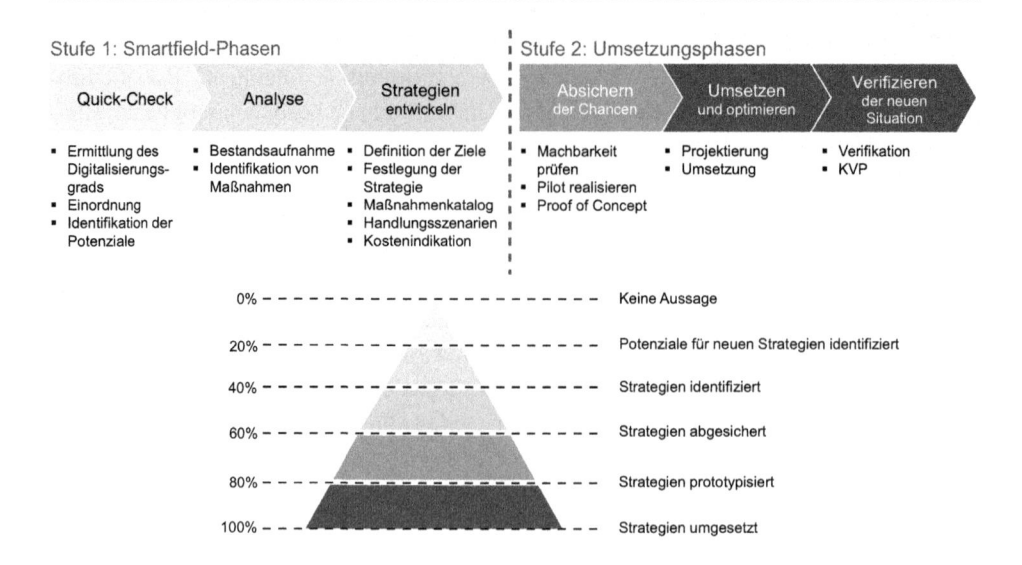

Abb. 16.1 PASS FutureIT-Methodik. (Quelle: PASS Consulting Group)

Grundsätzlich lässt sich festhalten, dass der Quick-Check sich mit der Frage beschäftigt, *OB etwas zu tun ist*, die Phase der Smartfield-Analyse die Frage nach dem *WAS zu tun ist* beantwortet und die Phase 3, der Strategien und der Projektierung, sich der Fragestellung *WIE es zu tun ist* widmet.

Die Stufe 2 umfasst die nachfolgenden Umsetzungsphasen:

1. Absichern der Chancen,
2. Umsetzen und Optimieren sowie
3. Verifikation der neuen Situation.

Im Verlauf der Phasen wird der Signifikanz-Level (Detailtiefe der Betrachtungen) Phase für Phase weiter verfeinert. Erkannte Potenziale werden gegebenenfalls zu identifizierten Strategien überführt. Daraus leitet sich ein Bündel von abgesicherten Strategien ab, und diese werden vor der eigentlichen Umsetzung noch konkret prototypisiert.

Ein wesentlicher Faktor für eine erfolgreiche Umsetzung von digitalen Transformationsprojekten ist auch hier stets eine gemeinsame, zielführende Projektkulturphilosophie aller Beteiligten. Eine solche gemeinsame Projektkultur sollte, im Sinne der PASS Unternehmenskultur, im gesamten Prozess offen und kooperativ sein. Der Kunde sollte erwarten können, dass die Kultur und der gemeinsame Umgang geprägt sind durch nachfolgende Eigenschaften:

- Neutralität, Sachlichkeit und Ergebnisorientierung,
- Verschwiegenheit und keine nicht abgestimmten Wertungen,
- große Anstrengungen, aber auch Spaß im Miteinander sowie

- transparente Offenlegung von Sachverhalten mit dem Willen zum gemeinsamen Erfolg,
- getrieben durch den Anspruch, punktuell „die Nadel im Heuhaufen" zu entdecken.

16.3.1 Phase 1: Quick-Check Digitalisierung

Der Einstieg in den Beratungsansatz der digitalen Transformation erfolgt über den *Quick-Check Digitalisierung*. Wie erwähnt, werden hier primär die Antworten auf die Frage, *OB etwas zu tun ist* in den Vordergrund gestellt. Damit dient er vor allem der Identifikation und der Priorisierung von Potenzialen.

Auf der Ebene der Methodik erfolgt die Abwicklung des Quick-Checks in sieben Schritten:

- Kick-off mit der Festlegung des Scopes der konkreten Untersuchungsdomain, den Phasen-Meilensteinen und der Übergabe von Dokumenten zur weiteren Sichtung. Hervorzuheben ist hier die genaue Abgrenzung der Untersuchungsdomain und der Festlegung, welcher Scope für die weitere Betrachtung im Rahmen des Quick-Checks definiert wird.
- Initiale Analyse der festgelegten Untersuchungsdomain mittels Workshops und Dokumentenstudium.
- Detaillierung und Härtung der ersten Ergebnisse durch Klärung weiterführender Fragestellungen.
- Sounding der ersten Erkenntnisse und Befunde mit dem Management des Kunden.
- Einordnen, detaillieren und bewerten der Befunde im Rahmen der Ergebnisdokumentation.
- Verifikation der Ergebnisse mit dem Kunden.
- Aussprechen konkreter Empfehlungen im Rahmen der Ergebnispräsentation.

Die Umsetzung der sieben Schritte erfolgt durchaus iterativ. Die einzelnen Iterationen ergeben sich aus der wachsenden Detailtiefe (Signifikanz-Level) und der Feedbacks aus den Sounding- und Verifikations-Sessions. Der Kunde ist somit jederzeit aktuell informiert und in den Untersuchungsprozess eingebunden.

Inhaltlich werden im Rahmen des Quick-Checks aus den Unternehmenszielen die konkreten Strategien und Zielbilder der gewünschten digitalen Transformation abgeleitet und skizziert. Aus den aktuellen Prozessen und ihrer IT-technischen Abbildung wird eine Top- und Firstlevel-Heatmap über den Ist-Stand des Digitalisierungsgrades abgeleitet. Dabei wird der Digitalisierungsgrad der Prozesse in vier Gradeinheiten bewertet:

- Grad 0 „Unvollständig": Es existieren individuelle Ansätze und Technologien. Primär manuelle Abwicklung, keine nennenswerte IT-Unterstützung.
- Grad 1 „Initial": Einzelne Vorgaben in Teams und Projekten, aber insgesamt uneinheitliches Vorgehen und heterogene Technologievielfalt. Die IT-Unterstützung der Prozesse existiert nur selektiv und partiell.

- Grad 2 „Definiert": Durchgängiges Vorgehen und homogene Technologien und Architekturen. Prozesse sind zumindest für Massen- und Standardpfade durchgängig automatisiert.
- Grad 3 „Optimiert": Prozesse sind im Kontext einer Umsetzung neuer Geschäftsmodelle und neu gestalteter, optimierter Prozesse durchgängig automatisiert. Daten werden sinnvoll und innovativ genutzt. Kontinuierliche Optimierungsprozesse sind etabliert.

Die vorstehenden Gradeinheiten können in Absprache mit dem Kunden auch individuell angepasst bzw. erweitert werden.

Der bewertete Digitalisierungsgrad der Prozesse wird, zusammen mit marktgängigen Referenzmodellen (z. B. Unternehmensreferenzmodell, IT-Markttechnologiemodelle, IT-Shop-Referenzmodell) und in der Reflektion mit dem strategischen, digitalen Leitbild, in den Ergebnistyp der identifizierten Potenziale überführt und eingearbeitet. Aus den bewerteten Potenzialen leitet sich eine erste Benennung der konkreten Smartfields ab, welche in der Folgephase dann detailliert untersucht und betrachtet werden sollen. Bei der Smartfield-Betrachtung werden den einzelnen, innerhalb der Untersuchungsdomain relevanten, Key Performance Areas (KPAs) adäquate Leistungskennzahlen (Key Performance Indicators, oder auch KPIs) gegenübergestellt. Beispiele für Key Performance Areas sind: IT-Strategie, IT-Management, Produktmanagement, Prozesse und Prozess-Cluster, Applikationslandschaft, Systemarchitektur. Beispiele für Key Performance Indicators sind Messgrößen wie Digitalisierungsgrad, Kosten, Produktivität, Qualität, Kundenzufriedenheit.

In einer matrixförmigen Betrachtung ergeben sich in den Schnittpunkten von KPAs und KPIs Betrachtungsfelder. Jedes Betrachtungsfeld wird nun auf Relevanz und Zielerreichungsauswirkung hin geprüft. Aus den Betrachtungsfeldern mit hohem Potenzial werden dann Handlungsfelder oder auch Smartfields. Somit sind unter Smartfields die Key Performance Areas der Untersuchungsdomain zu verstehen, welche, bezogen auf die festgelegten Key Performance Indicators, die höchsten Zielerreichungseffekte aufweisen.

Die erkannten, grob bewerteten Smartfields werden gemeinsam mit dem Kunden abgestimmt. Relevante Unterpunkte pro Smartfield (sogenannte Kompetenzdimensionen) werden definiert, betrachtet und bewertet. Letztlich werden daraus Einzelkriterien extrahiert und um objektive Bewertungsskalen angereichert. Daraus ergibt sich das Kompetenzprofil für jedes einzelne Handlungsfeld.

16.3.2 Phase 2: KPA- oder Smartfield-Analyse

In dieser Phase werden die im Quick-Check identifizierten Smartfields (oder auch Handlungsfelder) tiefergehend betrachtet (Erhöhung des Signifikanz-Levels). Bei dieser tiefergehenden Betrachtung kommt der Prüfung der ausgewählten Handlungsfelder gegen Best-Practice-Referenzmodelle eine besondere Bedeutung zu.

Ziel ist die Identifikation von Optimierungspotenzialen und erster konkreter Maßnahmen zur Realisierung dieser Potenziale.

16 Transformation des Geschäftsmodells „Versicherung"

Die Potenziale werden wie folgt geclustert:

- Quick-Wins: Potenziale mit hoher Nutzenerwartung und geringen Umsetzungsaufwendungen.
- Validated Wins: Weitere Potenziale, zu denen konkrete positive Nutzenerwartungen bereits abgestimmt und dokumentiert sind.
- Unvalidated Wins: Potenziale, zu denen noch keine abgestimmten Nutzenerwartungen vorliegen.
- No Wins: Ursprüngliche Potenzialansätze, welche aber final keine Nutzenerwartung generieren konnten.

Auf der Ebene der Methodik erfolgt die Abwicklung der Smartfield-Analyse in neun Schritten:

- Kick-off mit einem Refresh der konsolidierten Ergebnisse aus der Quick-Check-Phase zur Festigung der bisherigen Erkenntnisse und Ergebnisse bei allen involvierten Teammitgliedern.
- Weiterführende Betrachtung und Analyse der identifizierten Smartfields mittels gezielter Interviews, Workshops und der Sichtung und Bewertung von Dokumenten.
- Einordnung der Befunde und der bisherigen Untersuchungsergebnisse in die mit dem Kunden abgestimmte Bewertungsmethodik und der Bewertungskriterien.
- Präzisionsanalyse mit der notwendigen Nachjustierung der Untersuchungsergebnisse durch Feedback- und Rückfrageschleifen.
- Erarbeitung von ersten Maßnahmen (Hypothesen).

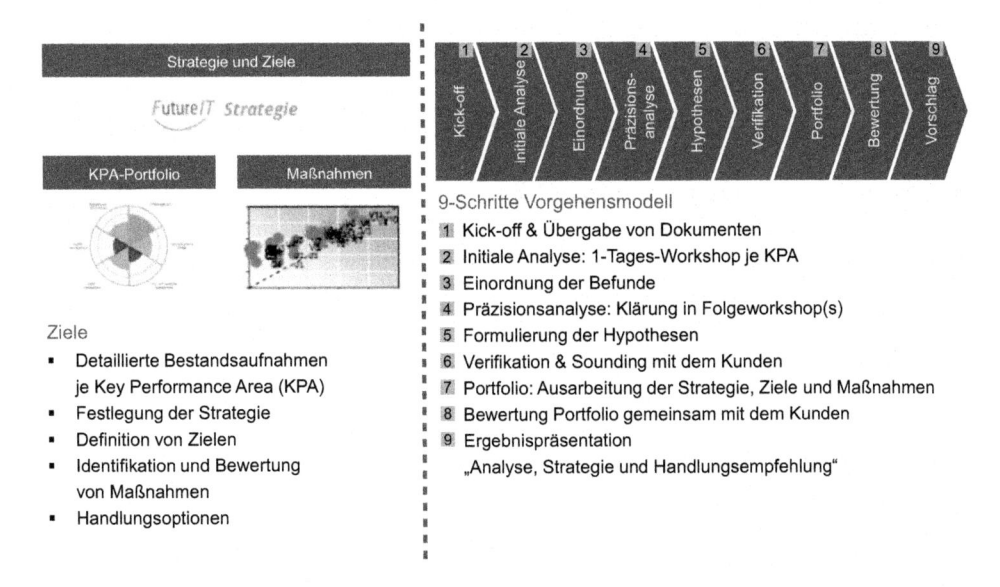

Abb. 16.2 Smartfield-Analyse, Strategien und Maßnahmen. (Quelle: PASS Consulting Group)

- Verifikation der Hypothesen mit dem Kunden und Einarbeitung der notwendigen Präzisierungen.
- Aufstellen eines ersten Maßnahmenportfolios (Maßnahmenkatalog).
- Gemeinsame Bewertung des Maßnahmenkataloges mit dem Kunden.
- Ergebnispräsentation mit konkreten Empfehlungen zur weiteren Analyse, Strategie und der Handlungsempfehlungen. Das Zielbild wird skizziert und die Folgephase wird projektiert (vgl. Abb. 16.2).

16.3.3 Phase 3: Strategien und Projektierung

Die Ergebnisse der Phase 2 werden hier weiter detailliert. Die Phase setzt sich aus fünf Schritten zusammen. Im Grunde genommen handelt es sich um eine Teilmenge der Schritte der Phase 2. Der Unterschied liegt in der Betrachtungstiefe und in der Schwerpunktsetzung im Detail.

- Fortführung und Vertiefung der Präzisionsanalyse. Dadurch ergeben sich auf der Ebene einzelner KPAs und KPIs möglicherweise Nachjustierungsbedarfe und es können sich somit Verschiebungen in den Smartfields ergeben.
- Weitere Maßnahmenhypothesen werden erarbeitet, bereits aufgestellte werden detailliert und präzisiert.
- Erneute Verifikation der Hypothesen mit dem Kunden und Einarbeitung der notwendigen Präzisierungen.
- Aufstellen eines finalen Maßnahmenportfolios (Maßnahmenkatalog).
- Gemeinsame Bewertung des Maßnahmenkataloges mit dem Kunden.
- Ergebnispräsentation mit konkreten Strategie- und Umsetzungs-Empfehlungen. Das Zielbild ist klar formuliert und die Folgephasen der Umsetzung sind konkret projektiert.

Im Wesentlichen werden in dieser Phase die nachfolgenden Ziele verfolgt:

- Erhöhung der Signifikanz dezidierter KPAs.
- Bedarfsgerechte, wachsende Signifikanz der Analyse durch stufenweises Vorgehen unter Einsatz von Top-down- (z. B. Fragebögen, Interviews, Dokumentenanalyse) und Bottom-up-Methodik (z. B. Expertenprüfung, Fehleranalysen, Messungen).
- Alle Strategien und Chancen zur Erreichung des Zielbildes liegen transparent, bewertet und verifiziert auf dem Tisch und warten auf die Umsetzung.

16.3.4 Die Umsetzungsphasen 4 bis 6

In den drei Phasen der Umsetzung werden die Maßnahmen der Stufe 1 konkret projektiert und umgesetzt. Der Bogen spannt sich über das komplette Feld möglicher **Make-**

(Erstellung von Individuallösungen), **Buy-** (Kauf von geeigneten Standardlösungen bzw. Standardkomponenten) und **Re-Use-**Vorhaben (Wiederverwendung von vorhandenen Lösungen mit entsprechender fachlicher oder technischer Adaption). Das **Make-**Feld einer Individuallösung differenziert sich intern in zwei mögliche Umsetzungsvarianten, einer Individualentwicklung mit eigenen Ressourcen (gegebenenfalls noch unterstützt durch externe Beraterressourcen) oder mittels Gewerkbeauftragung an einen entsprechend qualifizierten Lieferanten.

Jede Einzelmaßnahme durchläuft die drei Phasen mit ihren spezifischen Anforderungen und Zielgrößen in einer separaten Projektierung. In den Umsetzungsphasen können selbstverständlich auch agile Vorgehensweisen und Methoden zur Anwendung kommen, auch wenn die Methodik des FutureIT-Ansatzes in den drei ersten Analysephasen bewusst klassisch und wasserfallähnlich sequenziell aufgesetzt ist.

Über ein übergreifendes Management- und Steuerungsgremium wird die Summe der Einzelprojektierungen im Hinblick auf das Gesamtzielbild permanent überwacht und nachjustiert.

Die drei Phasen der Umsetzung sind:

- Absichern der Chancen und Strategien,
- Umsetzen und Optimieren sowie
- Verifizieren der neuen Situation.

Absichern der Chancen und Strategien
Bei der ersten Phase der Absicherung handelt es sich um eine optionale Phase. Je nach Grad des Sicherheitsbedürfnisses auf Kundenseite können hier Maßnahmen zur Absicherung einzelner kritischer Strategien eingeplant werden. Das kann beispielsweise durch das Aufsetzen einer Studie erfolgen oder durch Machbarkeitsanalysen bzw. durch prototypische Proof-of-Concept-Ansätze (PoC). Wenn die Umsetzung von punktuellen Chancen durch ein **Buy-**Vorhaben erreicht werden soll, werden hier beispielsweise Lösungsmarktsondierungen durch gezielte Marktansprache per Request for Information (RFI) aufgesetzt. Bei **Re-Use-**Projektierungen bieten sich zur Absicherung konkrete technische Migrations- oder Adaptions-Prototypen an. Bei **Make-**Projektierungen sind häufig Proof-of-Concept-Verifikationen der geplanten zukünftigen Systemarchitektur sinnvoll. Wird für die Umsetzung ein modellbasierter und generativer Implementierungsansatz verfolgt, ist ein PoC unter Einbeziehung der in Betracht gezogenen Software Factory/Generierungsumgebung angeraten. Bei Gewerkumsetzungen sind RFI-basierte Lieferantenmarktsichtungen zu empfehlen.

Umsetzen und Optimieren
In dieser Phase erfolgt die konkrete Umsetzung der projektierten IT-Transformationsvorhaben. Hier verzichtet die Methodik des FutueIT-Ansatzes bewusst auf ein Regelwerk und auf inhaltliche Vorgaben. Es greifen die aktuellen State-of-the-Art-Vorgehensmodelle von IT-Projektierungen im **Make-**Kontext, also beispielsweise Request-for-Proposal-

Projekten (RFP) im Kontext **Buy**. Es ist wichtig, dass bei der Wahl der zu verwendenden Vorgehensweisen (z. B. agil vs. sequenziell) darauf geachtet wird, dass diese jeweils ziel- und nutzenadäquat gewählt werden und die notwendigen Skills in hoher Qualität und Menge zur Verfügung stehen.

Verifikation der neuen Situation
In dieser finalen Phase wird der gesamte Zyklus durch eine Analyse der neuen Situation und eine Reflektion gegen die Zielvorgaben aus der Stufe 1 abgeschlossen. Pro umgesetzter Maßnahme wird untersucht, ob die angedachte Wirkung der Maßnahme nach der Umsetzung eingetreten ist und wo noch Abweichungen zu verzeichnen sind. Die in der Stufe 1 festgelegten Leistungskennzahlen (KPIs) werden für die relevanten KPAs der Maßnahme objektiv neu gemessen und bewertet. Darüber hinaus wird geprüft, an welchen Stellen die Ziele auf Basis aktueller und neuer Umfeldbedingungen nachjustiert werden müssen. Erkannte Deltas dienen dabei als Basis für den Einstieg in eine nächste und neue Analyse- und Umsetzungsschleife nach der FutureIT-Methodik im Sinne eines kontinuierlichen Verbesserungsprozesses (KVP).

16.4 Fazit und Ausblick

Das bekannte und oft verwendete Zitat „Stillstand ist Rückschritt" würde ich, bezogen auf die Herausforderungen der Versicherungsunternehmen im Zuge der sich rasant verändernden Marktszenarien, gerne etwas drastischer formulieren wollen: „Stillstand ist Scheitern". Zusätzlich zu den Herausforderungen der nach innen gerichteten Digitalisierungstransformation zur permanenten Optimierung der Prozesse in Richtung eines Real-Time Enterprise, müssen sich die Unternehmen, im Sinne des oben skizzierten Zukunftsmarktmodells, in globale und komplex vernetzte, interaktive Digitalprozesse einklinken. Neben den dadurch notwendigen Investitionen in IT, sind die aktuellen Geschäftsmodelle auf den Prüfstand zu stellen. Es gilt, seinen Platz und seine Nische in der digitalen „Marktwolke" zu finden.

Die hier in groben Zügen dargestellte FutureIT-Methodik kann diesen Transformationsprozess optimal unterstützen. Der Kern der Methode, die Smartfield-Analyse, setzt Strukturen und Leitplanken, lässt aber auch den notwendigen Spielraum für Individualität. Das ist wichtig und notwendig, da jeder Transformationsprozess sehr individuell zu gestalten ist. Versicherungen sind und bleiben ein zentraler Bestandteil hoch entwickelter Volkswirtschaften. Durch die Absicherung von Risiken durch feste und kalkulierbare Prämien werden wirtschaftliches Handeln und Wachstum erst ermöglicht. Der Versicherungsmarkt wird weiter wachsen und die notwendigen Zukunftsinvestitionen, wenn diese zielgerichtet ausgelegt sind, rechtfertigen.

Die Revolution der Prozessautomatisierung bei Versicherungsunternehmen: Robotic Process Automation (RPA)

Michael Reich und Tim Braasch

Zusammenfassung

Die nächste Stufe der Prozessautomation durch künstliche Intelligenz ist noch in ihren Anfängen. Für Versicherer scheinen die Möglichkeiten durch IPA (Intelligent Process Automation) in Kombination mit RPA endlos zu sein. Von der Verwendung virtueller Assistenten und Agenten, über Chatbots für ein neuartiges Interaktionserlebnis bis zur Erkennung von Mustern und verdächtigen Aktivitäten zur Betrugserkennung.

17.1 Einleitung

17.1.1 Intelligente Automatisierung

Im Science-Fiction Film 2001 „Odyssee im Weltraum" erfindet Regisseur Stanley Kubrick 1968 einen emotional reagierenden Computer namens HAL 9000. Die Besatzung kommuniziert mit ihm über Sprachsteuerung. Mit „Hallo Hal", spricht der Astronaut Dave den Rechner an. „Hallo Dave, was kann ich für dich tun?", antwortet freundlich das schrankgroße Elektronengehirn mit dem rot schimmernden Kameraauge. Die Zukunftsvisionen von gestern sind heute Realität. Zum Beispiel, wenn wir das Smartphone in die Hand nehmen, „Hallo Siri" sagen und mit Apples digitaler Assistentin das Licht im Wohnzimmer dimmen. Oder am Frühstückstisch mit einer fischdosengroßen Lautsprecherbox von Amazon sprechen: „Alexa, sag mir, wie das Wetter heute wird!".

M. Reich (✉) · T. Braasch
67rockwell Consulting GmbH
Hamburg, Deutschland
E-Mail: michael.reich@67rockwell.de

T. Braasch
E-Mail: tim.braasch@67rockwell.de

Der rasante digitale Wandel ist im Alltag angekommen und dabei stellt sich die Frage, inwieweit werden Maschinen in der Zukunft menschliche Arbeit ersetzen oder ein höheres Potenzial erschließen? Auf der Webseite des britischen Radiosenders BBC (vgl. [8]) kann man seinen Beruf eintippen und spielerisch herausfinden, wie hoch die Wahrscheinlichkeit ist, ersetzt zu werden. Tippt man beispielsweise „Insurance Underwriter" in die Suchleiste, erhält man als Antwort ein 66-prozentiges Risiko, durch Automation ersetzt zu werden. Die in Zusammenarbeit mit der Oxford University entstandene Idee, basiert auf den Daten der Studie „Die Zukunft der Arbeit" (vgl. [23]) von Carl Benedikt Frey und Michael A. Osborne. Die beiden Forscher kommen zu der Erkenntnis, dass möglicherweise 45 % der heutigen Jobs durch Roboterautomation bedroht sind. Wie bei jedem Wandel entstehen durch Veränderungen auch neue Chancen und neue Jobperspektiven.

Es ist nicht das erste Mal, dass neue Technik mit der disruptiven Kraft der Innovation die Arbeitswelt verändert. So wie die Einführung von Maschinen während der industriellen Revolution im 18. Jahrhundert die Handarbeit ablöste. Ähnlich dynamisch wie der mechanische Webstuhl und später die Dampfmaschine, die das Maschinenzeitalter ankündigten, verändert die von Robotern gesteuerte Automation das digitale Zeitalter. Immer mehr Arbeit kann von Computern erheblich erleichtert oder gänzlich übernommen werden.

Für Versicherungsgesellschaften ist die Automatisierung eine Notwendigkeit, um das rasante Tempo des digitalen Wandels zu bewältigen. In einigen Versicherungsbüros sind die neuen „Kollegen" schon da. Man trifft die Roboter nicht in der Werkskantine. Anders als in Kinofilmen wie „I, Robot", haben sie keine menschenähnliche Gestalt. Es sind vielmehr schlaue Softwareprogramme, die Routineaufgaben erledigen, die sonst durch Sachbearbeiter gemacht wurden. Als Hilfsarbeiter sortieren sie Datenpakete oder lösen als Sachbearbeiter mit künstlicher Intelligenz Schadenfälle, dabei sind Ihre neuen Fähigkeiten schon jetzt vielfach unverzichtbar.

Weltweit wurden im Jahr 2016 rund 16 Zettabyte an Daten generiert, eine unvorstellbar große Menge und das in nur einem Jahr. Die Datenmenge entspricht in etwa allen derzeit bei Netflix gespeicherten Serien und Filmen – wenn man diese 500 Millionen Mal ansehen würde! Bis zum Jahr 2025 soll sich die Zahl der weltweit generierten Daten verzehnfachen auf rund 163 Zettabyte, so eine Studie von IDC und Seagate (vgl. [39]). Besonders die von Unternehmen erzeugten Daten werden zunehmen, lässt sich der Studie entnehmen. Während bislang ein Großteil der Daten von Privatnutzern generiert wird und Unternehmen nur etwa einen Anteil von 30 % produzieren, wird sich dieser Wert in den nächsten sieben Jahren auf bis zu 60 % steigern. Voraussichtlich im Jahr 2025, so die Prognose, beginnt ein neues Datenzeitalter. Nach Schätzungen sind bis dahin drei Viertel der Weltbevölkerung vernetzt. Im Durchschnitt interagiert der vernetzte Mensch dann pro Tag 4800-mal in irgendeiner Form mit vernetzten Geräten, womöglich mit neuartigen Fitness-Sensoren, augengesteuerten persönlichen Butlern und elektrobetriebenen Flugtaxis. Die Menge an Daten, die Versicherer sammeln, verwalten und umwälzen, steigt weiter exponentiell an. Dabei wird intelligentes Datenmanagement und -analyse, wie an anderer Stelle schon häufig angeklungen, die hohe Kunst im digitalen Zeitalter werden (Big Data).

Die sinnvolle Bewältigung dieser riesigen Datenmengen wird damit zum Schlüsselfaktor der digitalen Transformation. Ohne intelligente Programme, wie robotergesteuerte Prozessautomation, lässt sich diese Menge kaum bewältigen. Der Trend zur weltweiten Vernetzung wird das Datenvolumen weiter anwachsen lassen. Intelligente Häuser (smart home), das Internet of Things (IoT), selbstfahrende Autos, sprach- und sensorgesteuerte und autonom miteinander kommunizierende Geräte werden in den nächsten Jahren eine durchaus größere Verbreitung haben.

In einer vernetzen Welt, in der vom Fitnessarmband bis zum Rauchmelder im Wohnzimmer und dem Aufprallwarnsensor im Auto alle Geräte miteinander in Echtzeit kommunizieren, werden auch Versicherer immer mehr Einblicke in das Leben und die Vermögenswerte ihrer Kunden erhalten, die sie versichern. Dabei bieten sich auch neue Möglichkeiten der versicherungstechnischen Einschätzung von Risiken. Beispielsweise können Sensoren in Echtzeit den Underwriter dabei unterstützen, Risiken schneller und präziser einzuschätzen als wie bisher nach Aktenlage. Intelligente Software hilft durch Schadensimulation bei der Bewertung der Schadenhöhe und -ursache. Kunden erhalten passgenaue Tarife je nach Lebenssituation. Echtzeitdaten über das Fahrverhalten und die zurückgelegten Kilometer helfen bei der Einschätzung des Tarifs.

Erst die intelligente Automatisierung versetzt Versicherungsunternehmen in die Lage, den Herausforderungen des Datenzeitalters zu begegnen. Um Daten zu nutzen, braucht man nicht nur die richtigen technischen Instrumente, sondern auch das nötige Know-how im Umgang mit den großen Datenmengen. Genau hier setzen die Robotics-Technologien an. Es sind Werkzeuge, die geeignet sind, eine Echtzeit-Datenanalyse in die Geschäftsprozesse zu implementieren. Es übersteigt die Fähigkeit jeder menschlichen Arbeitskraft, innerhalb großer Datenvolumen die richtigen Muster zu erkennen oder in einem Bruchteil von Sekunden Entscheidungen zu treffen. Hier lässt sich mit der nächsten Generation von intelligenten Automatisierungsrobotern und Big-Data-Tools die Lücke schließen. Dabei geht es um mehr als die eingangs erwähnte Frage von Mitarbeiter versus Roboter oder um eine Übertragung von Aufgaben von Mensch zu Maschine. Es geht um ein neues Miteinander von digital und analog. Die „Maschinenkollegen" übernehmen dabei als Co-Worker die zeitintensiven und manchmal anstrengenden Routinearbeiten. Vom Ballast befreit, kann sich der Sachbearbeiter auf relevante Aufgaben konzentrieren. Zum Beispiel dort, wo vor allem menschliche Empathie gefordert ist: in der persönlichen Kundenbetreuung. Kombiniert man beide Stärken, menschliche Fähigkeiten und Roboter-Skills, wird es modernen Versicherern gelingen, die herkömmlichen Aufgaben schneller und effizienter zu bewältigen.

Mit der zunehmenden Verbreitung der Digitaltechnik wandeln sich auch die Geschäftsprozesse. Der Umfang dessen, was automatisiert werden kann, erweitert sich stetig. Daneben gibt es große Fortschritte bei der Anwendung von künstlicher Intelligenz. Robotics sind auch ein Katalysator für weitere innovative Technologien, die neue plattformgestützte Geschäftsmodelle und innovative Produkte und Dienstleistungen ermöglichen, die personalisierter sind, als es der traditionelle Versicherungsschutz sein kann.

17.1.2 Historie in der Datenverarbeitung von Versicherern

Versicherungsunternehmen arbeiten naturgemäß mit großen Datenmengen, die für die Risikoeinschätzung notwendig sind. Für die Berechnung der Wahrscheinlichkeit des Eintrittes eines Ereignisses sind verlässliche Daten notwendig. Die Verarbeitung von Daten fing schon weit vor der Erfindung des Computers an. Als Vorreiter gilt der Engländer Edmond Halley, der bereits 1693 die ersten Sterbetafeln erstellte. Auf dieser Grundlage kalkulierte er die Prämien für Lebensversicherungen. Bereits ab dem Jahr 1710 sammelte der britische Feuerversicherer Sun Fire Office akribisch Informationen über weltweite Stadtbrände von Hamburg über Chile bis Honkong. Die ersten Lebensversicherer in Amerika ermittelten schon vor 100 Jahren Gesundheitsrisiken anhand von Kundendaten. Deutsche Versicherer setzten bei der Organisation des Betriebs sehr früh auf technische Systeme. Der erste maschinenschriftliche Brief der 1890 gegründeten Allianz Versicherung stammt aus dem Jahr 1895 (vgl. [15]). Es dauerte jedoch Jahrzehnte bis sich die mechanische Schreibmaschine und das versicherungstypische Großraumbüro durchsetzte. Die Versicherungspolicen fertigten in den Anfangsjahren noch vornehm gekleidete Männer mit Federkiel und Tinte mit schöner Handschrift aus dickem Papier. Erst mit der aus den USA eingeführten Lochkartentechnik in den 1920er-Jahren kam die technische Wende. Als Pionier der Branche experimentierte die Allianz erfolgreich mit der mechanischen Erstellung von Statistiken (vgl. [16]). Schon ab 1926 arbeiteten die Buchhaltung und die Lebensversicherungsabteilung mit Hollerithmaschinen des deutschen IBM-Tochterunternehmens Dehomag und konnten so die einfach aufgebauten Policen effizient bearbeiten. Als Vorläufer der Robotics gelten auch die zur gleichen Zeit bei vielen Versicherungsunternehmen zur Adressverwaltung eingeführten Adrema-Anlagen. Die Maschinen erstellten automatisch die monatlichen Prämienabrechnungen, für die vorher ganze Schreibsäle mit manueller Berechnung und Sortierung der Post beschäftigt waren. Mit dem Aufbau eines der ersten Rechenzentren startete die Allianz Deutschland in den 1950er-Jahren in die Digitalisierung. Der damals eingesetzte IBM-Computer 650 wurde mit dem Flugzeug aus Kalifornien eingeflogen und war der erste Großrechner seiner Art in Europa.

Heute ist IT-gesteuerte Datenverarbeitung und automatisierte Dunkelverarbeitung bei vielen Unternehmen längst Standard. Die von Robotern gesteuerte Prozessautomatisierung erweitert die Menge der Daten, die analysiert und verarbeitet werden können, und die Art und Weise, wie sie verwendet werden können.

17.2 Prozessautomatisierung mit Robotern

17.2.1 Begriffserklärung: Robotic Process Automation (RPA)

Robotics eignet sich für alle standardisierten Vorgänge, die klaren Regeln folgen, zum Beispiel die Abwicklung von hochvolumigen Geschäftsprozessen und Workflows. Der Begriff „Roboter" bezeichnet dabei keine Maschine, sondern eine Software (vgl. [32]).

17 Die Revolution der Prozessautomatisierung bei Versicherungsunternehmen

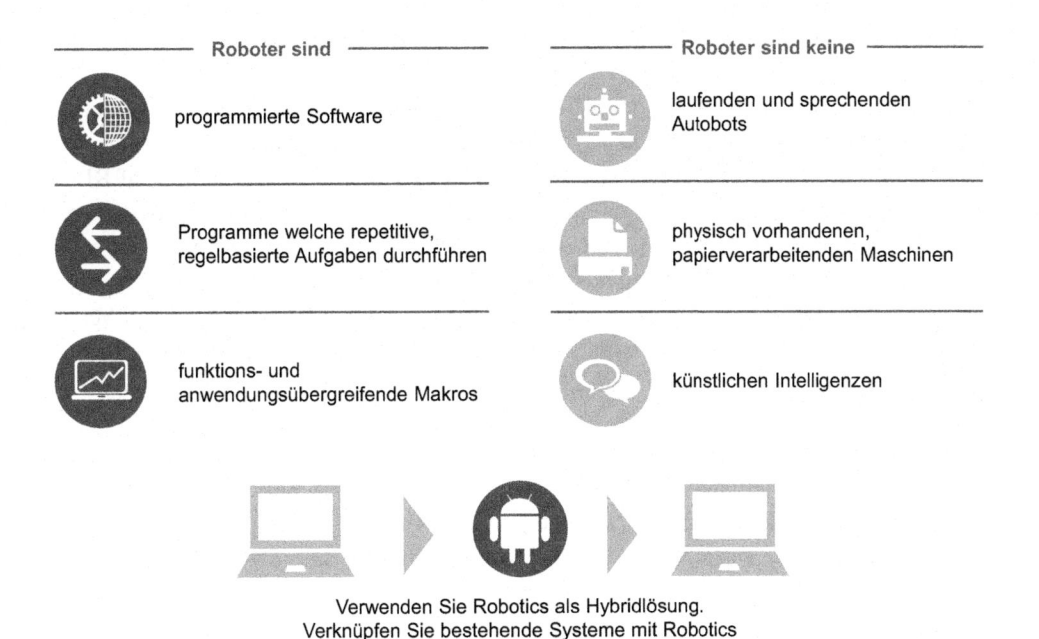

Roboter sind
- programmierte Software
- Programme welche repetitive, regelbasierte Aufgaben durchführen
- funktions- und anwendungsübergreifende Makros

Roboter sind keine
- laufenden und sprechenden Autobots
- physisch vorhandenen, papierverarbeitenden Maschinen
- künstlichen Intelligenzen

Verwenden Sie Robotics als Hybridlösung. Verknüpfen Sie bestehende Systeme mit Robotics und maximieren Sie Ihren Nutzen.

Abb. 17.1 Definition Robotics. (Quelle: eigene Darstellung, in Anlehnung an Deloitte Center for Process Robotics 3/2017, vgl. [42])

Sie arbeitet in den bestehenden Systemen, genau wie es ein Sachbearbeiter tun würde. Im Unterschied zur klassischen Automatisierung, die normalerweise nur einen Teil eines Prozesses abbildet und deren Anwendungen durch die technischen Möglichkeiten der verwendeten Software limitiert sind, ermöglicht die Robotisierung theoretisch einen 360-Grad-Einsatz. Der Prozess kann sich über verschiedene Systeme erstrecken und fokussiert auf die End-to-end-Betrachtung des Prozesses (vgl. [30]). Abb. 17.1 stellt die Definition von Process Robotics dar.

Ein weiterer Vorteil gegenüber herkömmlichen Softwarelösungen ist, dass diese Software lernfähig ist. Einmal angelernt kann der „Roboter" Prozessschritte regelbasiert wie ein Sachbearbeiter durchführen. Der nächste Schritt auf dem Weg zur smarten Robotisierung ist IPA (Intelligent Process Automation). Dabei wird RPA mit den Vorteilen von AI (Künstliche Intelligenz) kombiniert (vgl. [13]). Der „Roboter" lernt aus Erfahrungen, wie zum Beispiel „Watson", und wendet diese in Echtzeit an, um zukünftige Tätigkeiten weiter zu optimieren.

17.2.2 Die Vorteile von Robotic Process Automation

Ein RPA-Roboter agiert in vielerlei Hinsicht sehr effizient, automatisierbare Aufgaben können in einem Bruchteil der Zeit, zu minimalen Kosten und nach Schätzungen von Accenture mit einer Zeitersparnis von bis zu 90 %, durchgeführt werden. Das auf RPA-Software spezialisierte Unternehmen Blue Prism geht dabei von einer rund 80-prozentigen Effizienzsteigerung aus (vgl. [7]). Die Allianz schätzt die Arbeitszeitersparnis auf rund 40 % und verspricht sich Kostenreduktion bei gleichzeitiger Qualitätssteigerung (vgl. [4]). Andere Schätzungen beziffern die Kosteneinsparungen, die mit RPA-Projekten im Versicherungsumfeld erreicht werden können, auf 40 bis 75 %, die erhöhte Produktivität auf bis zu 30 % und die Zeitersparnis auf 20 bis 70 % (vgl. [41]). Abb. 17.2 fasst die Vorteile von Robotics zusammen.

RPA eliminiert auch den Spielraum für menschliches Versagen, denn Roboter werden nicht abgelenkt, müde oder krank und können 24 Stunden am Tag ohne Pausen arbeiten. Automatisierte Prozesse sind vollständig nachprüfbar und bieten ein höheres Maß an Genauigkeit. Gerade Versicherer, Banken und Finanzdienstleister müssen im regulierten Umfeld hohe Anforderungen erfüllen, wie etwa Auditierbarkeit, Prüffähigkeit und Datensicherheit. Genau hier liefert die roboterbasierte Prozessautomation enorme Vorteile.

Damit werden Mitarbeiter von ermüdenden Tätigkeiten entlastet. In vielen Fällen ersetzt oder erweitert RPA menschliche Rollen. Dadurch werden bei den Human Ressources

Abb. 17.2 Vorteile von Robotics. (Quelle: eigene Darstellung, in Anlehnung an Deloitte Center for Process Robotics 3/2017, vgl. [42])

neue Potenziale freigesetzt (vgl. [10]). In der Befreiung von Routineaufgaben liegt auch eine Chance, die frei gewordene Zeit für die Qualitätssteigerung in anderen Bereichen einzusetzen, bei denen menschliche Qualitäten gefragt sind.

17.2.3 Voraussetzungen und Erfolgsfaktoren bei der Robotisierung

Robotics kann für eine Vielzahl von Prozessen eingesetzt werden. Theoretisch gibt es keine Grenzen bei der Automatisierung. Projekte zur Robotisierung können normalerweise innerhalb von wenigen Monaten implementiert werden, da die Technik relativ einfach umzusetzen ist. Bei der Einführung steht die Identifikation geeigneter Prozesse im Vordergrund. (Software-)Roboter eignen sich insbesondere dazu, stetig wiederkehrende und regelbasierte Aufgaben zu übernehmen. Das sind homogene Prozesse mit hohem manuellen Aufwand und Regelmäßigkeit, Abläufe mit hohem Standardisierungsgrad und einem umfassenden digitalen Prozessvolumen (vgl. [11]). Beispiele: Massenverarbeitung von Schadenzahlungen und Abrechnungen, Erfassung von Kundendaten zur Verkaufsunterstützung, Vertragsverwaltung und Kündigungsmanagement bis hin zu Betrugserkennung. Dabei ist zu klären, wie es mit Datenschutz, Sicherheit und Compliance aussieht. Es muss sichergestellt sein, dass Arbeitsprozesse standardisiert und optimiert sind, bevor man sie implementiert.

Ein Erfolgsfaktor für die Integration von Robotics in die bestehende Systemlandschaft ist eine frühzeitige Einbindung der Mitarbeiter. Unverzichtbar sind dabei ein begleitendes Change Management und eine detaillierte Prozessanalyse und -dokumentation. Noch sind Chief Robotics Officers (CRO) eine Seltenheit. Die neu geschaffene Rolle im Unternehmen bündelt und koordiniert die Umsetzung.

17.3 Erste Anwendungsfälle in der Assekuranz

17.3.1 Zurich Versicherung

Die Zurich Gruppe Deutschland setzt Robotics seit Anfang 2016 im Schadenmanagement, bei der Kündigungsbearbeitung und im Kundenservice ein (vgl. [2]). Das Unternehmen war eine der ersten Versicherungen in Deutschland, die RPA erprobt haben. Die Robotics-Software arbeitet in den bestehenden Systemen, genau wie ein Sachbearbeiter. Insbesondere im Bereich der Lebensversicherung, in der Kündigungsbearbeitung wurde Robotics implementiert. Dabei handelt es sich um einen standardisierten Vorgang, der sich in klare Regeln übersetzen lässt und relativ häufig vorkommt. Für die Umsetzung waren keine aufwendigen Änderungen der IT-Struktur notwendig, da die Robot Process Automation bestehende Systeme im Unternehmen nutzt. Das Projekt wurde vergleichsweise schlank umgesetzt, sodass der Return on Investment innerhalb eines Jahres realisiert werden konnte. In der Kündigungsbearbeitung arbeiten Roboter und Sachbearbeiter Hand in Hand. Die fachliche Entscheidung trifft nach wie vor der Sachbearbeiter. Die Abwicklung der Kündigung erfolgt automatisiert, dabei wird ein Bestätigungsschreiben versendet.

Die Schadenabwicklung bei Zurich soll zukünftig voll automatisiert laufen. Dabei wird der Roboter derart trainiert, dass er weiß, in welche Felder er welche Informationen einzutragen hat. Die Limitierung liegt dort, wo keine eindeutigen Regeln hinterlegt werden können. Jährlich werden bereits etwa 40.000 Glasschadenmeldungen im Bereich „Motor" automatisiert bearbeitet (vgl. [18]).

17.3.2 Allianz

In Trivandum, Indien, baut die Allianz SE ein Exzellenzzentrum für Robotics für alle Geschäftseinheiten der Allianz auf (vgl. [2]). Aktuell erledigen 100 softwaregesteuerte Bots die Prämienberechnung des Allianz-Industrieversicherers AGCS. Möchte ein Industriekunde eine Police abschließen, beschafft sich der Roboter die relevanten Daten von den Risikoexperten der Allianz und erstellt anschließend einen Code, mit dem die Prämie berechnet wird (vgl. [40]). Aus der Sicht von Allianz-Chef Oliver Bäte soll der Konzern zum digitalsten Versicherer der Welt werden (vgl. [5]).

Innerhalb der Allianz Gruppe werden derzeit verschiedene Robotics Anbieter getestet. Bei der Allianz Deutschland AG ist seit 2016 das System RoboFinance Solution von Redwood implementiert. Das System wird in etwa zehn Prozessketten erfolgreich im Rechnungswesen eingesetzt (vgl. [35]). Das Potenzial für Robotik im Finanz- und Rechnungswesen ist dabei sehr groß. Die Allianz entwickelt einen Großteil der neuen Roboter mit ihren internen Kapazitäten.

17.3.3 Versicherungskammer Bayern

Bei dem Münchner Versicherer VKB ist seit 2015 der IBM Watson im Beschwerdemanagement im Einsatz (vgl. [4]). Das mit künstlicher Intelligenz arbeitende Elektronengehirn ist in der Lage, Zusammenhänge zu erkennen und „versteht" mittlerweile auch Emotionen. Ein Satz in einem Kundenschreiben wie „Wieder kam keine Reaktion von Ihnen!" filtert das kognitive System mühelos heraus. Ironie wird erkannt, der Kontext gelesen und in Sekundenschnelle wird das Schreiben entsprechend markiert. Mit Watson lassen sich große heterogene Datenmengen, die einen hohen manuellen Lese- und Auswertungsaufwand beinhalten, individueller bearbeiten.

Die Versicherungskammer erhält jährlich mehr als sieben Millionen Kundenbriefe und Mails. Schon vor der Einführung des IBM Watson wurden die Texte per Computer analysiert, der die Post nach Schlagworten durchforstete. Zusammenhänge aber konnten nicht maschinell erkannt werden. Die Post musste mühsam und zeitaufwendig manuell nachsortiert werden. Das hat sich verändert, denn mit dem Einsatz von Watson können Sätze geordnet und in den Schreiben in drei Kategorien einsortiert werden, Auslöser, Unmutsäußerung und Forderung. Auslöser: Niemand hat sich gemeldet. Unmutsäußerung: Der Kunde stellt fest, dass er keine Reaktion erhalten hat und schreibt zum Beispiel: „Ich bin sauer." Die Forderung: „Ich bitte Sie nochmals, meinen Sachverhalt zu prüfen und sich mit mir in Verbindung zu setzen." (vgl. [37])

Die VKB nutzt Watson erfolgreich im Alltag und plant weitere Anwendungen mit dem lernenden System (vgl. [36]). Mitarbeiter sollen durch die Automation nicht entlassen werden, sondern erhalten neue Aufgabengebiete.

17.3.4 Big Data und künstliche Intelligenz bei der Axa

Ähnlich wie die Allianz setzt auch der Versicherungskonzern Axa verstärkt auf datengetriebene Innovationen und Daten-Strategien. Dafür hat die Axa aktuell mehrere sogenannte InnovationsLabs gegründet, in denen sie forscht (vgl. [29]). Zwei dieser Innovationszentren betreibt der Konzern in Singapur und Paris. Durch moderne Technologien würden Mehrwerte möglich, die noch bis vor wenigen Jahren unvorstellbar waren. Die Datenrevolution hat tiefen Einfluss auf die Art und Weise, wie Versicherer heute und in Zukunft Geschäfte tätigen. Dabei sollen den Kunden Dienste angeboten werden, die einen Mehrwert haben. Im Mittelpunkt der Forschung stehen neue Anwendungen von RPA und Innovationen aus den Bereichen Big Data, künstlicher Intelligenz, User Experience oder Machine Learning und die Frage, wie diese sinnvoll in die Welt des Versicherers übertragen werden können.

Die Axa verfolgt mit der Strategie „Ambition 2020" die digitale Transformation ihres Unternehmens (vgl. [9]). Dabei benchmarkt sie sich unter anderem mit der Geschäftspraxis von Amazon, was die Beziehung zum Kunden angeht. Die digitalen Initiativen der Axa konzentrieren sich auf drei spezifische Bereiche: die Verbesserung der Customer Journey durch den Einsatz von Automatisierung, die intelligente Nutzung von Daten und die Erforschung neuer Geschäftsmodelle. Bei der Axa Frankreich sind die Robotics-Prozesse bereits erfolgreich implementiert.

Bei Axa Assistance sind die Geschäftsprozesse auf einer Plattform digitalisiert. Die TotalAgility Plattform von Kofax beschleunigt die Bearbeitung von Schadensfällen und ersetzt manuelle Eingabe von Daten durch ein automatisiertes System (vgl. [26]). Die Einführung von Robotics ermöglichte eine vollständige Umwandlung der Abläufe. Sobald der Kunde seine allgemeinen Daten auf der Website eingegeben hat (vgl. [14]), läuft im Hintergrund alles automatisch ab. Dabei erfolgen sämtliche Überprüfungen der Policendaten und anderer Unterlagen sowie die gesamte Kommunikation mit dem Kunden über die sogenannte Kofax-Plattform. Seit Einführung der Automatisierung konnte Axa Assistance den durchschnittlichen Zeitaufwand für die Verwaltung bereits um 50 % reduzieren.

17.3.5 Fukoka Mutual Life Insurance

Watson wird aktuell auch beim japanischen Versicherer Fukoka Mutual Life Insurance eingesetzt (vgl. [24]).

Im Gegensatz zu dem oben gezeigten Beispiel bei der Allianz wurden mit der Einführung von Robotics in der Zahlungsabteilung ca. 34 Mitarbeiter eingespart (vgl. [22]). Die Robo-Software liest und versteht medizinische Berichte von Ärzten, verschlagwortet diese und sammelt Informationen über die Art der Operation oder die Länge eines Krankenhausaufenthalts, die für eine Auszahlung relevant sind. Berücksichtigt werden dabei auch die persönliche Vorgeschichte des Versicherten und zusätzliche Details des Versicherungsvertrags. Auch die größte Lebensversicherung Japans, die Dai-ichi Life Insurance Co. verwendet bereits das Watson-System, um Zahlungseinschätzungen zu verarbeiten.

17.4 Ausblick – Robotics als Game Changer

17.4.1 Trends bei Robotics-Start-ups

Die nächste Stufe der Prozessautomation durch künstliche Intelligenz ist noch in ihren Anfängen. Für Versicherer scheinen die Möglichkeiten durch IPA (Intelligent Process Automation) in Kombination mit RPA endlos zu sein. Von der Verwendung virtueller Assistenten und Agenten, über Chatbots für ein neuartiges Interaktionserlebnis bis zur Erkennung von Mustern und verdächtigen Aktivitäten zur Betrugserkennung. Denkbar sind auch mobile Anwendungen, sogenannte Self-Service Robotics, die Kundenanfragen dynamisch und selbstständig bedienen. Auch im Bereich von Telematik und sensorgesteuerten Bereichen sind diese Anwendungen durchaus denkbar (vgl. [28]).

Eine Reihe von Start-ups experimentieren bereits hierzu mit verschiedenen Ideen:

1. Das New Yorker Fintech Lemonade beispielsweise, das Versicherungen über eine Chatbot-Smartphone-Applikation verkauft, nutzt automatisierte Algorithmen zur Beschleunigung des Schadenservices (vgl. [19]). Mit einer Reguliergeschwindigkeit von nur drei Sekunden, hält es, nach eigenen Angaben, den Weltrekord unter Versicherern (vgl. [24]). Beispielsweise war einem Kunden am Tag vor Weihnachten ein Mantel im Wert von rund tausend Dollar gestohlen worden. Über die Lemonade App meldete er den Schaden in einem 140-Zeichen-Tweet. Anschließend nahm er ein Video auf und schilderte den Hergang des Diebstahls. Drei Sekunden, nachdem er auf den Sendebutton gedrückt hatte, regulierte die Versicherung den Schaden.
2. Im Rahmen von Robotics, will der digitale Versicherer Oscar das teure und komplizierte Gesundheitswesen in den USA reformieren. Beim New Yorker Start-up mit dem Slogan, „Health care is broken. We want to fix it" (vgl. [27]), gibt es keine Makler, keine Vertreter, keine Filialen; der Kontakt mit den Versicherten ist per freundlichem Chatbot digital, interaktiv und nutzerfreundlich. Mit dem Versprechen, seinen Kunden

eine „bessere Gesundheitsversicherung" mit Kostenkontrolle und transparenten Leistungen zu bieten, konnte das junge Unternehmen bereits viele Kunden gewinnen (vgl. [34]). Oscar-Kunden wählen über eine App Ärzte aus und vereinbaren so Termine. Nach Unternehmensangaben stehen dafür rund 10.000 registrierte Ärzte zur Auswahl. Als Bonus für Fitness erhalten Kunden besondere Vergünstigungen, wie zum Beispiel einen Dollar pro Tag, wenn der Fitnesstracker, die 10.000-Schrittmarke erreicht hat.

3. Bei dem britischen Start-up Konsileo sollen zukünftig Makler nicht überflüssig gemacht werden, sondern ihn mit Robotics unterstützen, um den Wert und die Zuverlässigkeit der persönlichen Beratung, die Makler anbieten können, zu erhöhen (vgl. [38]). Viele Vermittler sind aktuell unzufrieden, weil sie zu viel ihrer Zeit damit verbringen, geringwertige Verwaltungsaufgaben zu erledigen.

4. Lapetus, ein in den USA ansässiges Start-up-Unternehmen setzt auf Robotics bei der Analyse von Neukunden. Interessenten für eine Lebens- und Krankenversicherung schicken einfach ein „Selfie" an die Versicherung. Die Computer erledigen den Rest, scannen das Bild und analysieren Tausende von verschiedenen Gesichtsbereichen nach Fitness, Alter – sogar, ob ein Mensch ein Raucher ist, wird erkannt. Die Gesichtserkennungssoftware der neuesten Generation kann präzise und verlässliche Aussagen über die Gesundheit des Fotografierten treffen. Der Computer sei sogar herkömmlichen Methoden in der Einschätzung der Lebenserwartung überlegen – und der ganze Vorgang dauert nur Sekunden (vgl. [25]).

5. Künstliche Augen: Aerobotics, aus Südafrika, analysiert mit künstlich intelligenter Software Drohnen-Luftaufnahmen landwirtschaftlicher Flächen. Die autonomen Flugroboter unterstützen dabei den Außendienst von Ernteversicherern. Die detaillierten Luftbilder ermitteln in Echtzeit beim „Health Check", ob Pflanzen gesund sind und automatisieren die Schadenbearbeitung, etwa bei Unwetterschäden (vgl. [20]).

6. Die virtuelle Versicherungsvertreterin: Insurify, ein Start-Up-Unternehmen aus Massachusetts nutzt für die Autoversicherung Robotics und das Potenzial der künstlichen Intelligenz (vgl. [3]). Die Software vergleicht Angebote für Kfz-Versicherungen. Dabei wird sie von einer Bilderkennungssoftware unterstützt. Eine Anfrage bei Insurify funktioniert denkbar simpel. Der Kunde schickt den Schnappschuss eines Autonummernschilds per Handy. Die virtuelle Assistentin stellt noch ein paar kurze Fragen über den Fahrzeugtyp und sucht dann mit einem elektronischen Augenzwinkern das beste unter 82 Versicherungsangeboten. Der Prozess der Suche und der Antwort geschieht in Sekundenbruchteilen. Besucher der Webseite können mit Evia chatten. Die Software beantwortet nahezu alle Fragen rund um die Versicherung. Nur wenn Evia mit ihrem künstlichen intelligenten Latein am Ende ist, wird ein menschlicher Kundenbetreuer hinzugezogen.

7. Das Londoner Unternehmen Artelligen, will die Versicherungswirtschaft durch das sogenannte Machine Learning revolutionieren. Bei diesem Verfahren wird die nächste Stufe der Robotics, die IPA (Intelligent Process Automation) angewendet. Machine Learning vereint Techniken und Prinzipien der Informatik, der angewandten Statistik und des Software-Engineerings, um Computer in die Lage zu versetzen, genaue Vor-

hersagen zu treffen, indem sie komplexe Muster in Daten erkennen. Die Algorithmen sind selbstlernend und verbessern sich selbstständig. Maschinenlernen wird die statistischen Modelle ersetzen, (vgl. [12]) so seine Prognose, sie werden bei der Analyse von riesigen Datenmengen viel besser sein als menschliche Underwriter.

17.4.2 Die Zukunft der Prozessautomatisierung

Nach Schätzungen ist Robotics bereits bei 30 % der DAX-Unternehmen in Deutschland im täglichen Einsatz, mit steigender Tendenz. In den nächsten Jahren ist mit einem raschen Anstieg der „Robotik"-Technologien zu rechnen (vgl. [6, 1, 17]). Schon jetzt sind Chatbots, Gesichts- und Stimmerkennung allgegenwärtig. In verwandten Bereichen wie dem Internet der Dinge (IoT), auf dem Gebiet der Künstlichen Intelligenz (oder „Cognitive Computing"), der selbstfahrenden Autos und der Drohnentechnologie gibt es eine Vielzahl von Innovationen.

Die Auswirkungen und Herausforderungen der „Robotics-Revolution" auf die globale Versicherungswirtschaft sind vielfältig, womöglich disruptiv. Neue Kundenansprüche, smarte Wettbewerber und Herausforderungen mit Legacy-Systemen setzen die Assekuranz unter Druck. Robotics könnte hier der Game Changer sein. McKinsey sagt voraus, dass bis zum Jahr 2030 viele Versicherer bis zu einem Viertel ihrer Belegschaft abbauen werden, wenn die Automatisierung greift (vgl. [31, 21]). In dem Whitepaper „Der Aufstieg der Robo-Versicherer" (vgl. [33]) beschreibt die auf Robotics spezialisierte Unternehmensberatung Ninety die Vision einer nahen Zukunft. Als sicher gilt: Schadenfälle werden bald vollautomatisch bearbeitet. Das Szenario dafür könnte so aussehen: Der Kunde meldet das Eindringen von Wasser während eines Sturms. Die mit künstlicher Intelligenz gesteuerten Systeme des Versicherers prüfen alle Quellen auf Wetterdaten zum Zeitpunkt des Schadens (Wetterdaten, Nachrichtenquellen, Social Media, usw.). Die Systeme vergleichen Satellitenbilder, um einen Überblick über den Zustand des Daches vor dem Sturm zu erhalten. Parallel dazu startet eine Robo-Drohne, die den aktuellen Zustand des Daches untersucht und per Funk Nahaufnahmen sendet. Ohne menschliche Unterstützung vergleicht ein Robo-Sachbearbeiter die Bilder vor und nach dem Schadeneintritt, identifiziert zerstörte Dachmaterialien (Schiefer/Ziegel etc.) und schätzt den Preis für die Reparatur. Ein Handwerkerservice wird automatisch angewiesen, die Reparatur beim Kunden durchzuführen. All das ist übrigens bereits mit der heute vorhandenen Technologie realisierbar.

Was bringt die Revolution durch Robotic Process Automation? Neben Vorteilen wie mehr Effizienz, reduzierten Betriebskosten, besserer Kapitalrendite und noch mehr Kundenzentrierung, ergeben sich auch Chancen bei der Erschließung neuer Dienste und Geschäftsfelder bis hin zu maßgeschneiderten Versicherungsverträgen auf Basis voll automatisierter Prozesse. Das Geschäft mit dem Risiko wird durch die neue Technologie revolutioniert. Der Trend zu mehr Vernetzung, mehr Sensoren, mehr autonomer Verarbeitung führt bei den Versicherungen zu einer genaueren und dynamischeren Risikoeinschätzung, die am Ende vor allem dem Kunden zugutekommt. Unternehmen, die auf Robotics setzen, haben einen Wettbewerbsvorteil (vgl. [38]).

Für eine Branche, die als bieder und altmodisch angesehen wird, kann dies eine Chance sein, sich nicht nur als Vorreiter, sondern als Marktführer für digitale Innovationen zu positionieren.

Literatur

1. Accenture (2017) Technology vision for insurance 2017. https://www.accenture.com/us-en/insight-trends-insurance-technology-vision-2017. Zugegriffen: 11. Dez. 2017
2. Accenture (2017) Prozessautomatisierung mit Robotik. https://www.accenture.com/de-de/insight-financial-services-robotic-process-automation. Zugegriffen: 11. Dez. 2017
3. Aerobotics (2017) Clarity from above. On demand satellite and drone analytics to help you farm better. https://aerobotics.co. Zugegriffen: 11. Dez. 2017
4. Allianz Deutschland AG (2017) Use Cases für Robotics in Finanzprozessen (1/3) RPA – aus dem Projekt in den laufenden Betrieb. Vortrag von Michael Rode, Projektleiter Robotics Finance, Allianz Deutschland AG. Speaker beim Roundtable Gespräch der Hochschule Darmstadt „Mit Robotics sparen lernen. Chancen von Robotics Process Automation und Cognitive Computing in Finanzprozessen"
5. Allianz SE (2017) The rise of the robots. https://www.allianz.com/en/press/news/company/human_resources/171011_future-of-work-rise-of-the-robots/. Zugegriffen: 11. Dez. 2017
6. Artelligen (2017) So What is Machine Learning? https://www.artelligen.com/single-post/2017/06/12/So-What-is-Machine-Learning. Zugegriffen: 11. Dez. 2017
7. Blue Prism (2016) Case study co-operative bank. https://www.blueprism.com/cstudies/co-operative-banking-group-achieves-80-process-efficiency-improvement-blue-prism. Zugegriffen: 11. Dez. 2017
8. British Broadcasting Corporation (BBC) (2015) Will a robot take your job? http://www.bbc.com/news/technology-34066941. Zugegriffen: 11. Dez. 2017
9. Cash. Finanznachrichten (2017) Axa eröffnet „Data Innovation Lab" in Köln. https://www.cash-online.de/versicherungen/2017/digitalisierung-axa/374769. Zugegriffen: 11. Dez. 2017
10. CIO. IT-Wirtschaftsmagazin (2017) Roboter-gesteuerte Prozessautomatisierung Versicherungen: RPA mischt die Karten neu. https://www.cio.de/a/versicherungen-rpa-mischt-die-karten-neu,3330886. Zugegriffen: 11. Dez. 2017
11. CIO. IT-Wirtschaftsmagazin (2017) Roboter brauchen geschulte Mitarbeiter. https://www.cio.de/a/roboter-brauchen-geschulte-mitarbeiter,3260889. Zugegriffen: 11. Dez. 2017
12. Cnet (2016) Your next insurance agent will be a robot. https://www.cnet.com/news/your-next-insurance-agent-will-be-a-robot/. Zugegriffen: 11. Dez. 2017
13. Deloitte (2016) Intelligent automation entering the business world. https://www2.deloitte.com/content/dam/Deloitte/lu/Documents/operations/lu-intelligent-automation-business-world.pdf. Zugegriffen: 11. Dez. 2017
14. Diginomica (2017) AXA focuses on automation and data as it works towards 2020 strategy. https://diginomica.com/2017/08/07/axa-focuses-automation-data-works-towards-2020-strategy/. Zugegriffen: 11. Dez. 2017
15. Eggenkämper B, Pretzlik S, Modert G (2015) Die Allianz: Geschichte des Unternehmens 1890–2015. C.H. Beck, München
16. Eggenkämper B, Pretzlik S, Modert G (2006) Bits and Bytes for Business – 50 Jahre EDV bei der Allianz. Allianz Deutschland AG, München

17. Everest Group (2017) Robotic Process Automation (RPA). https://www2.everestgrp.com/Files/previews/SOT%20-%20RPA%20Technology%20Vendor%20State%20-%20Preview%20Deck.pdf. Zugegriffen: 11. Dez. 2017
18. Finance Magazin (2016) Wie die Zurich Gruppe Robotics-Software nutzt. http://www.finance-magazin.de/cfo/cfo-digital/wie-die-zurich-gruppe-robotics-software-nutzt-1386881/. Zugegriffen: 11. Dez. 2017
19. Financial Times (2017) Robots learn the business of covering risk. https://www.ft.com/content/e07cee0c-3949-11e7-821a-6027b8a20f23. Zugegriffen: 11. Dez. 2017
20. Financial Times (2017) Robots learn the business of covering risk. https://www.ft.com/content/e07cee0c-3949-11e7-821a-6027b8a20f23. Zugegriffen: 11. Dez. 2017
21. Financial Times (2017) Robots learn the business of covering risk. https://www.ft.com/content/e07cee0c-3949-11e7-821a-6027b8a20f23. Zugegriffen: 11. Dez. 2017
22. Frankfurter Allgemeine Zeitung (2017) Versicherer ersetzt zahlreiche Mitarbeiter durch künstliche Intelligenz. http://www.faz.net/aktuell/wirtschaft/japan-versicherer-ersetzt-mitarbeiter-durch-ki-ibm-watson-14605854.html. Zugegriffen: 11. Dez. 2017
23. Frey CB, Osborne MA, Oxford University (2016) The future of employment. How susceptible are jobs to computerisation? https://doi.org/10.1016/j.techfore.2016.08.019. Zugegriffen: 11. Dez. 2017
24. The Guardian (2017) How artificial intelligence could help make the insurance industry trustworthy. https://www.theguardian.com/sustainable-business/2017/jan/28/insurance-company-lemonde-claims. Zugegriffen: 11. Dez. 2017
25. Insurance Times (2017) Insurtech broker Konsileo launches after receiving over 100 applications. https://www.insurancetimes.co.uk/insurtech-broker-konsileo-launches-after-receiving-over-100-applications/1421422.article. Zugegriffen: 11. Dez. 2017
26. Kofax (2017) Anwendungsbeispiel für Versicherungen: AXA Assistance. https://www.kofax.de/~/media/Files/Kofax/Case-Studies/cs-axa-de.pdf. Zugegriffen: 11. Dez. 2017
27. Lemonade (2017) How A.I. Jim Broke A World Record Without Breaking A Sweat. https://www.lemonade.com/blog/lemonade-sets-new-world-record/. Zugegriffen: 11. Dez. 2017
28. The Mainichi (2016) Insurance firm to replace human workers with AI system. https://mainichi.jp/english/articles/20161230/p2a/00m/0na/005000c. Zugegriffen: 11. Dez. 2017
29. Management Circle (2016) IBM Watson: Die größte Innovation unserer Zeit? http://www.management-circle.de/blog/ibm-watson/. Zugegriffen: 11. Dez. 2017
30. McKinsey & Company (2016) The next acronym you need to know about: RPA (robotic process automation). https://www.mckinsey.com/business-functions/digital-mckinsey/our-insights/the-next-acronym-you-need-to-know-about-rpa. Zugegriffen: 11. Dez. 2017
31. McKinsey & Company (2017) Harnessing automation for a future that works. https://www.mckinsey.com/global-themes/digital-disruption/harnessing-automation-for-a-future-that-works. Zugegriffen: 11. Dez. 2017
32. New Scientist (2015) AI interns: Software already taking jobs from humans. https://www.newscientist.com/article/mg22630151.700-ai-interns-software-already-taking-jobs-from-humans/#.VY2CxPlViko. Zugegriffen: 11. Dez. 2017
33. Ninety Consulting (2016) The rise of the Robo-insurer. http://ninety.co.uk/assets/whitepapers/Ninety-Consulting-white-paper-The-Rise-of-the-Robo-Insurer.pdf. Zugegriffen: 11. Dez. 2017
34. Oscar (2017) We work hard to make it easy. https://www.hioscar.com/about. Zugegriffen: 11. Dez. 2017
35. Der Spiegel (2016) Wir brauchen Waffengleichheit. http://www.spiegel.de/spiegel/print/d-141495198.html. Zugegriffen: 11. Dez. 2017

36. Süddeutsche Zeitung (2015) Ärger für Watson. http://www.sueddeutsche.de/wirtschaft/kuenstliche-intelligenz-aerger-fuer-watson-1.2772927. Zugegriffen: 11. Dez. 2017
37. Versicherungskammer Bayern (2016) Wieder kam keine Reaktion von Ihnen! https://www.vkb.de/content/ueber-uns/presse/pressemitteilungen/pressearchiv/2016-pressemitteilungen/20161125-Watson-UKV/. Zugegriffen: 11. Dez. 2017
38. Wired (2015) Das Health-Startup Oscar will das Gesundheitssystem der USA revolutionieren. https://www.wired.de/collection/business/dieses-gesundheits-startup-ist-1-5-milliarden-us-dollar-wert. Zugegriffen: 11. Dez. 2017
39. Wirtschaftswoche (2017) Weltweite Datenmengen verzehnfachen sich bis zum Jahr 2025 gegenüber heute. http://blog.wiwo.de/look-at-it/2017/04/04/weltweite-datenmengen-verzehnfachen-sich-bis-zum-jahr-2025-gegenueber-heute/. Zugegriffen: 11. Dez. 2017
40. Wirtschaftswoche (2017) Warum Bäte sein Heil in Indien sucht. http://www.wiwo.de/unternehmen/versicherer/allianz-warum-baete-sein-heil-in-indien-sucht/20198960.html. Zugegriffen: 11. Dez. 2017
41. https://www.bearingpoint.com/files/Einladung_Roundtable_Robotics.pdf&download=0&itemId=453591. Zugegriffen: 11. Dez. 2017
42. Deloitte Center for Process Robotics (2017) Die Roboter kommen – Die unsichtbare Revolution im Einkauf. https://www2.deloitte.com/content/dam/Deloitte/de/Documents/operations/Deloitte-Robotics.pdf. Zugegriffen: 11. Dez. 2017

Strategische Datennutzung und Datenschutz

Jan Wicke und Kevin Püster

Zusammenfassung

Versicherungsunternehmen monetarisieren seit ihrer Entstehung gezielt die Daten von Kunden mit der Bewertung von Risiken – es ist seither der Kern ihres Geschäftsmodells. Technologie-Giganten wie Google oder Amazon haben Versicherer jedoch in den letzten Jahren rasant – und nahezu mühelos – im Bereich der Daten-Monetarisierung überholt.

Heute versuchen Versicherer, mit massiven Technologie-Investitionen die nächste Evolutionsstufe datengetriebener Geschäftsmodelle zu erreichen. Doch welche strategischen Implikationen ergeben sich hierbei, wenn wir das Spannungsfeld des technologischen Fortschritts im Bereich Big Data und regulatorischer Einflüsse betrachten?

18.1 Daten im Kontext der Digitalisierung

In der Zukunft läuft alles rund: Arbeit, Freizeit und Beziehungen sind von Algorithmen optimiert. QualityPartner weiß, wer am besten zu dir passt. Das selbstfahrende Auto weiß, wo du hinwillst. Und wer bei TheShop angemeldet ist, bekommt alle Produkte, die er haben will, zugeschickt, ganz ohne sie bestellen zu müssen. Superpraktisch! Kein Mensch ist mehr gezwungen, schwierige Entscheidungen zu treffen – denn in Qualityland lautet die Antwort auf alle Fragen: OK.

J. Wicke (✉) · K. Püster
Talanx Deutschland AG
Hannover, Deutschland
E-Mail: jan.wicke@talanx.com

K. Püster
E-Mail: kevin.puester@talanx.com

In seinem Roman „Qualityland" beschreibt Marc-Uwe Kling (vgl. [12]) eindrucksvoll die fiktionalen Auswirkungen, welche ein datengetriebenes Modell des gesellschaftlichen Zusammenlebens haben könnte. Wer sich mit der voranschreitenden Digitalisierung und Big Data als Folge dessen intensiv beschäftigt, der weiß, dass diese Fiktion teils keine mehr ist und Geschäftsmodelle zunehmend einen datengetriebenen Kern innehaben. Dies ist kein Wunder, sondern eine logische Konsequenz aus dem dies ermöglichenden Verhalten der Menschen, die in ihren alltäglichen Lebensprofilen eine konstante Spur aus Daten hinterlassen.

Vor Kurzem wurde eine Studie veröffentlicht, welche eine Verzehnfachung der jährlich generierten digitalen Datenmenge zwischen 2016 (16,1 Zettabyte) und 2025 (163 Zettabyte) prognostiziert hat (vgl. [11]). Laut Brandwatch verfügten im Oktober 2017, bei einer weltweiten Gesamt-Population von rund 7,6 Mrd. Menschen, rund 3,5 Mrd. Menschen über einen Internet-Zugang (vgl. [3]). 3,03 Mrd. von ihnen nutzten aktiv Social-Media-Plattformen, wobei ein durchschnittlicher Internet-Nutzer über rund 7,6 Social Media Accounts verfügte. Natürlich werden heute nicht nur Kundendaten über Social Media Kanäle gesammelt, sondern vielmehr Datenabfragen an allen alltäglichen Touchpoints von Menschen vorgenommen. Im Jahr 2020 wird es voraussichtlich ca. 50 Mrd. vernetzte Geräte (Internet of Things) geben, was einer Quote von ca. sieben vernetzten Geräten pro einzelner Person auf der Erde entsprechen könnte (vgl. [9]). Dies bedeutet, dass sowohl das verfügbare Datenvolumen, als auch die Auswahl der unterschiedlichen Arten von Daten analog zu den verfügbaren Datenquellen ansteigen.

Auch der Wettbewerb um Kunden in der Versicherungswirtschaft wird zunehmend durch die beschriebene strategische Datennutzung beeinflusst. Speziell traditionelle Schaden-/Unfallversicherer sind einer Dynamisierung des Wettbewerbs durch dynamische Pricing- und Underwriting-Fähigkeiten auf Basis der Opportunitäten von Big-Data-Technologien ausgesetzt (vgl. [16]).

Zusätzlich kommt es zu einem wahren Boom an neuen Marktteilnehmern, sogenannten InsurTechs. Die Anzahl dieser InsurTechs, die von Oliver Wyman im InsurTech-Radar 2017 identifiziert wurden, hat sich innerhalb von 18 Monaten nahezu verdoppelt. Ein Großteil dieser Marktteilnehmer bietet datengetriebene Services unter Anwendung von Big-Data-Fähigkeiten an. Deutlich wird hierbei jedoch, dass die Start-ups oft keine Konfrontation mit traditionellen Versicherern suchen, sondern dass ihre Leistungen die bestehenden Geschäftsmodelle kooperativ unterstützen (vgl. [17]). Speziell im Mekka der Innovationen, im Silicon Valley, sind innovative Geschäftsmodelle im Bereich von InsurTechs nahezu ausschließlich noch datengetrieben oder zumindest mit Big Data Technologien verknüpft (siehe Abb. 18.1).

Doch welche strategischen Implikationen ergeben sich für die Versicherungsbranche, wenn wir das Spannungsfeld des technologischen Fortschritts im Bereich Big Data und die Gewährleistung von Anonymität im Auftritt sowie Souveränität im Entscheidungsverhalten von Verbrauchern betrachten? Diese Fragestellung wird auf den folgenden Seiten in Anbetracht der nachfolgend aufgelisteten Perspektiven vertieft betrachtet:

18 Strategische Datennutzung und Datenschutz

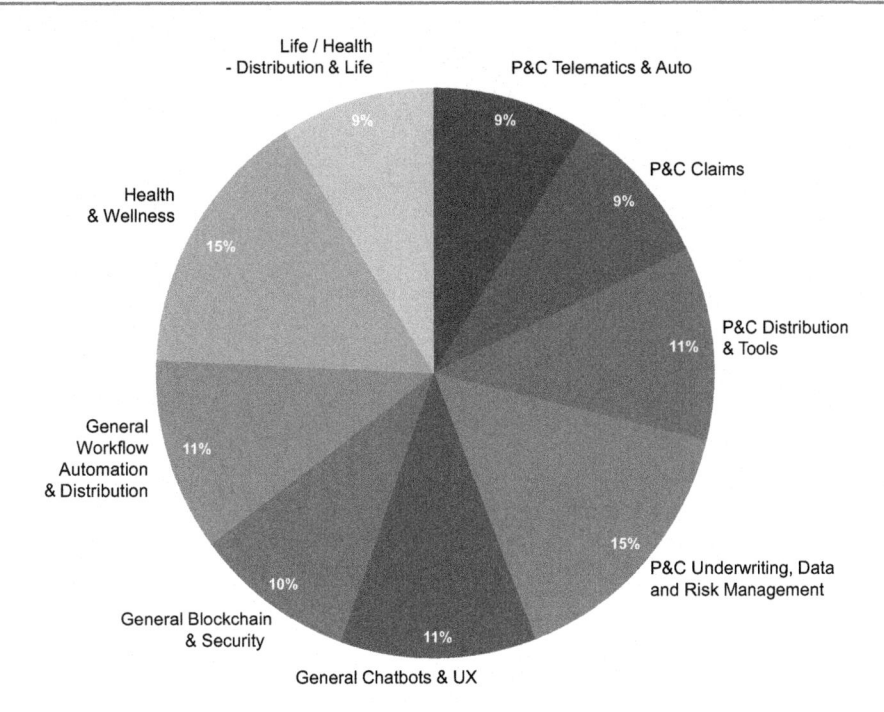

Abb. 18.1 Geschäftsmodell-Fokus beim Selection Day des Start-up-Akzelerators Plug & Play im August 2017. (Quelle: eigene Darstellung in Anlehnung an: Unternehmensinterne Quellen Talanx Deutschland AG)

- Welche zentralen technologischen und regulatorischen Einflüsse wirken auf die Geschäftsmodelle der traditionellen Versicherer?
- Welche Chancen und Risiken wirken durch eine zunehmende strategische Datennutzung sowie die damit einhergehenden regulatorischen Anforderungen auf die bestehenden Wertschöpfungsketten von traditionellen Versicherern?
- Welche Basis-Voraussetzungen sind zentral, um die eigene Wertschöpfung weiterzuentwickeln und Chancen datengetriebener Geschäftsmodelle realisierbar zu machen?

18.2 Strategische Datennutzung und Datenschutz im Kontext der Digitalisierung in der deutschen Versicherungsbranche

Die Bundesregierung beschreibt in ihrer Digitalen Agenda 2014–2017 (vgl. [4]) unter anderem das Wesen der Digitalisierung wie folgt: „Jeder kann an nahezu jedem Ort elektronisch kommunizieren, Informationen abrufen sowie Produkte und Dienstleistungen im Internet kaufen und sich online fortbilden."

Die Digitalisierung beeinflusst die Versicherungsbranche auf verschiedene Weise: Erstens verändert sie die Erwartungen der Kunden und Vertriebspartner an Produkte und

Zentrale Chancen der Digitalisierung für Versicherer	Chancen durch Datennutzung
Sich änderndes Kundenverhalten und neue Kundenbedürfnisse	✓
Neue Risiken bieten Marktpotentiale (z. B. Cyberversicherung)	✓
Neue Evaluierung von bekannten Risiken	✓
Erhöhung der Prozesseffizienz	✓
Vorteile durch flexibles Pricing	✓

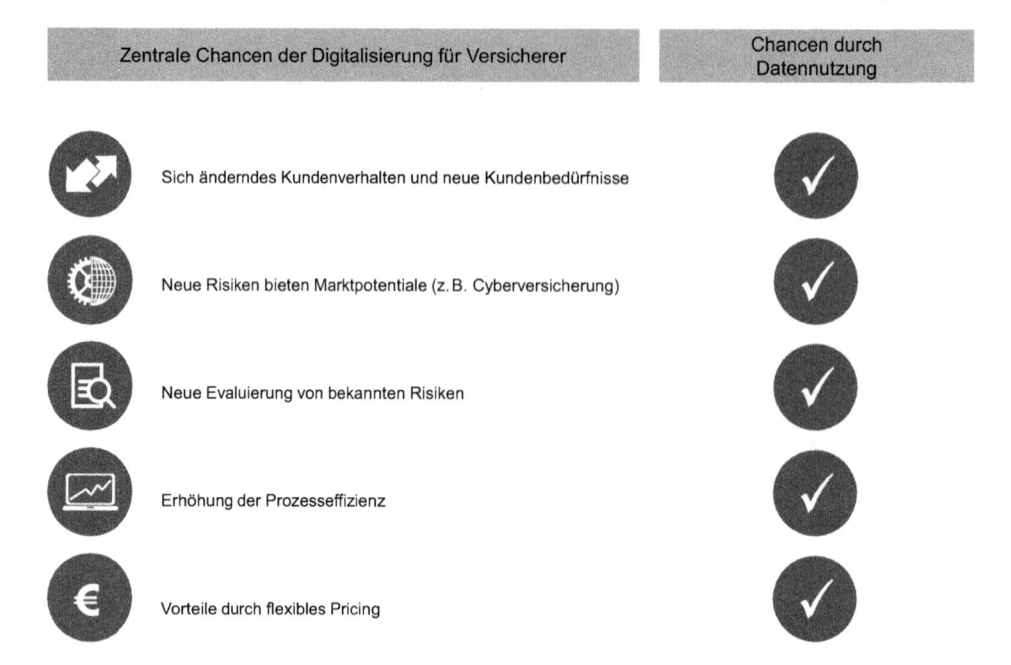

Abb. 18.2 Zentrale Chancen der Digitalisierung für Versicherer. (Quelle: eigene Darstellung in Anlehnung an: Unternehmensinterne Quellen Talanx Deutschland AG)

Service-Prozesse. Zweitens sind Menschen und Unternehmen neuen Risiken ausgesetzt, die versichert werden können. Dies sind zum Beispiel Cyberrisiken – Datenmissbrauch ist hierbei ein bedeutender Treiber. Das lässt neue Versicherungen entstehen. Drittens verändert sich durch die Digitalisierung die Bewertung von traditionell versicherten Risiken. Bekannte Risiken, wie beispielsweise Diebstahl-Schäden in der Hausratversicherung, können durch Informationen über bisher unbekannte Risikofaktoren besser kalkuliert werden. Viertens kann durch neue IT-Infrastruktur, aber auch die Anbindung dritter Datenquellen und die Vernetzung von Systemen die Prozesseffizienz, speziell an Kundenschnittstellen, deutlich erhöht werden. Außerdem lassen neue Front- und Backendsysteme ein flexibles Pricing von Risiken zu: Dies gilt sowohl für die Optimierung technischer Preise durch die Nutzung von zusätzlichen Daten zur Risikoevaluierung wie für die Anpassung von Marktpreisen im Wettbewerb (vgl. Abb. 18.2).

Es ist offensichtlich, dass alle aufgeführten potenziellen Chancen der Digitalisierung für Versicherungsunternehmen durch Opportunitäten einer vermehrten oder optimierten Datennutzung (in unterschiedlicher Ausprägung) beeinflusst werden. Zu einem Großteil basieren die genannten Chancen sogar komplett auf den analytischen Möglichkeiten durch Big Data Technologien.

18.2.1 Technologische Grundlagen der strategischen Datennutzung

Die strategische Datennutzung wird meist durch zwei überstrahlende technologische Begriffe geprägt, welche vereinfacht als Basis für die Etablierung datengetriebener Geschäftsmodelle betrachtet werden können: Big Data und Analytics. Die Datensets im Bereich Big Data gehen über die bisher gewohnten Kapazitäten von historischen Datenbank-Tools bei der Erfassung, Speicherung, Verarbeitung und Analyse von Daten hinaus[1] (vgl. [13]). Analytics bezieht sich auf die analytischen Methoden bei der Datenverarbeitung, welche der Disziplin „Data Science" zugeordnet werden können (vgl. [5]). Zentrale Treiber des massiven Voranschreitens von Big Data und Analytics lassen sich in vier Kategorien einordnen (in Anlehnung an [13, 14, sowie 5]):

- Technologische Treiber,
- menschliches Nutzerverhalten als Treiber,
- ökonomische Treiber sowie
- Know-how Treiber.

Technologisch unterstützen die gestiegenen IT-Speicher- und Verarbeitungskapazitäten die Verbreitung von Big Data und Analytics. Sie ermöglichen es, die sich durch das sich ändernde Nutzerverhalten von IT-Geräten und Software anteigende Datenvolumina analytisch zu verarbeiten (im Durchschnitt erfolgt alle drei Jahre eine Verdopplung der weltweiten Datenvolumina). Des Weiteren sinken die Kosten für Datenspeicherung und -verarbeitung. So steigt die Attraktivität der kommerziellen Datennutzung. Data Science ist keine neue Forschungsdisziplin, aber ihre praktische Relevanz hat enorm zugenommen. Der praktische Geschäftsbezug, die Professionalisierung im beruflichen Kontext der privaten Wirtschaft sowie die technischen Möglichkeiten für die Entwicklung von Analysealgorithmen in der nahen Vergangenheit haben immens zugenommen und steigern die Bedeutung von Analytics Know-how. Die Begriffe Big Data und Analytics stehen unter anderem auch eng in Verbindung mit Technologien im Bereich der Künstlichen Intelligenz. Machine Learning und Deep Learning repräsentieren hierbei Methoden/Technologien, welche die Implementierung und die steigende Leistungsfähigkeit von Künstlicher Intelligenz ermöglichen. Unter Anwendung dieser Technologien wird die technische Implementierung von Analysealgorithmen sowie deren Optimierung in der Data Science realisierbar (vgl. [15], Abb. 18.3).

---

[1] Hierbei werden in der Literatur und Praxis unterschiedliche Volumina von Datenmengen als Indikation angegeben, welche jedoch mit der weiteren Technologieentwicklung stetig wachsen werden und somit von nachgelagerter Relevanz sind.

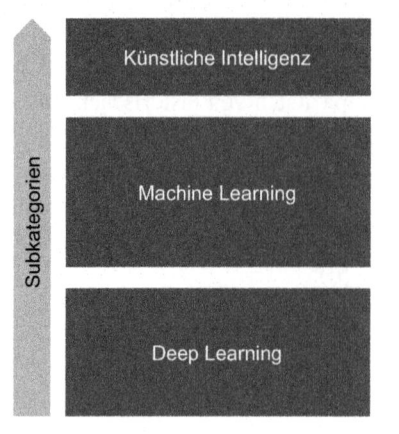

Abgrenzung der Technologien im Bereich der Künstlichen Intelligenz

Subkategorien:

Künstliche Intelligenz
- Durchführung (oder qualitativ bessere Durchführung) spezieller Aufgaben durch Technologie, die sonst von Menschen durchgeführt werden

Machine Learning
- Methode zur Erleichterung von Künstlicher Intelligenz
- Nutzung von Algorithmen, um Daten zu strukturieren und analysieren, aus den Daten zu lernen und, darauf basierend, Vorhersagen zu machen (meist regelbasiertes Lernen)

Deep Learning
- Leistungsstrake Technik zur Implementierung von Machine Learning
- Neuronale Netze, welche dem menschlichen Gehirn nachempfunden sind und trainiert werden

Abb. 18.3 Abgrenzung der Technologien im Bereich der Künstlichen Intelligenz. (Quelle: eigene Darstellung in Anlehnung an: Nvidia 2017)

18.2.2 Implikationen durch neue regulatorische Datenschutzanforderungen in der deutschen Versicherungsbranche

Der technische Fortschritt treibt die praktische Implementierung datenbasierter Produkte und Services mit hoher Geschwindigkeit vor sich her. Als zentraler Einflussfaktor und teilweise auch als Gegengewicht zum technischen Fortschritt wirken für deutsche und europäische Unternehmen meist die regulatorischen Anforderungen des Datenschutzes. Speziell in den USA ist aktuell eine enorme Innovationsgeschwindigkeit zu beobachten, die auch in den bisher noch deutlich geringer ausgeprägten regulatorischen Datenschutzanforderungen begründet ist. Aktuell haben für die deutsche Versicherungsbranche zwei verabschiedete Richtlinien vorherrschende Relevanz für die strategische Weiterentwicklung der Geschäftsmodelle, die Payment Services Directive 2 (nachfolgend PSD2 genannt) sowie die EU-Datenschutz-Grundverordnung (nachfolgend EU-DSGVO genannt) (vgl. [10]).

Payment Services Directive 2
PSD2 ist eine Zahlungsdienste-Richtlinie der Europäischen Union und löst deren Vorversion mit Inkrafttreten am 13. Januar 2018 ab. Sie bildet die rechtliche Grundlage für das Angebot von Zahlungsdienstleistungen in der Europäischen Union mit Geltungsrelevanz für Banken und Drittanbieter von Zahlungsdienstleistungen sowie Kontoinformationsdiensten („Third Party Provider"). Ausgewählte Ziele der Richtlinie sind ein sicherer und schneller elektronischer Zahlungsverkehr innerhalb der Europäischen Union, geringere

und transparente Entgelte für Kunden, die Klärung von Haftungsfragen, die Erhöhung der Sicherheitsmaßnahmen im Rahmen des Zahlungsverkehrs (zum Beispiel zweistufige Kundenauthentifizierung) sowie eine höhere Transparenz im Sinne des Verbraucherschutzes (vgl. [8]). Das Gesetz hat zwei zentrale Anforderungen, welche von strategischer Bedeutung für Banken, und potenziell auch für Versicherungen, sind:

- **Zahlungsauslösedienste:** Das Exklusivrecht von Banken auf Kunden- und Kontoinformationen wird abgeschafft und es erfolgt eine Öffnung für registrierte Drittanbieter – das heißt, Kunden können durch zertifizierte Drittanbieter Zahlungen vom eigenen Konto ausführen lassen, ohne in direkten Kontakt mit dem eigenen kontoführenden Geldinstitut zu treten.
- **Kontoinformationsdienste:** Die kontoführende Bank wird dazu verpflichtet, einen Third Party Provider auf Basis der Zustimmung eines Endkunden sicheren, vollautomatisierten und kostenlosen Zugriff auf Informationen zu Konto und Kunde zu gewährleisten (zum Beispiel Kontostände, Transaktionsdaten etc.).

Finanzdienstleister müssen daher Systemzugänge schaffen, um Dritten im Kundenauftrag automatisiert Zugriff auf deren Kontoinformationen zu gewähren – und das europaweit (vgl. [6]). Die Abschaffung des Datenexklusivrechts führt dazu, dass ein zentraler Wettbewerbsvorteil von Banken in der Finanzdienstleistungsbranche entfällt und die Nutzung von Transaktionsinformationen für zertifizierte Anbieter zu einer attraktiven Opportunität im Bereich Big Data und Analytics werden kann, welche potenziell Rückschlüsse auf das Kaufverhalten, zentrale Lebensereignisse der jeweiligen Endkunden sowie Preisniveaus zulässt. Als Folge entsteht potenziell ein dynamischer Wettbewerb um den Kundenzugang als Third Party Provider sowie Kooperationen mit entsprechenden Providern, die einen Kundenzugang etablieren konnten. Durch die Etablierung von oder die Kooperation mit Third Party Providern ergeben sich für traditionelle Versicherer Chancen bei der weiteren Analyse des sich ändernden Kundenverhaltens, bei der Evaluierung bekannter Risiken, bei der Prozessoptimierung in der Kundenansprache sowie beim dynamischen Pricing im Bereich von Neu- und Bestandskunden. Des Weiteren ändern sich die Anforderungen durch Bankenpartner im Bancassurance-Vertrieb von Versicherungsprodukten.

EU-Datenschutz-Grundverordnung
Am 25. Mai 2018 trat die EU-Datenschutz-Grundverordnung 2016/679 in Kraft, welche am 27. April 2016 durch das Europäische Parlament und den Europarat beschlossen wurde. Es besteht eine unmittelbare Gültigkeit in den Mitgliedsländern der Europäischen Union. Zentrales übergeordnetes Ziel ist es, ein EU-weit geltendes und größtenteils standardisiertes Datenschutzrecht zu etablieren. Die EU-DSGVO soll die bisherigen nationalen Gesetze ersetzen. Der aktuelle Stand der EU-DSGVO stellt bisher jedoch eher eine einheitliche Basis für den Datenschutz in der Europäischen Union dar, als dass es eine vollumfänglich einheitliche Gesetzgebung zur Regelung des Datenschutzes ist, da bei ei-

ner Vielzahl von Diskussionspunkten keine Einigung auf EU-Ebene möglich war. Durch ca. 50 Öffnungsklauseln dürfen die nationalen Gesetzgeber (EU Mitgliedstaaten) weitere Details regeln, die ergänzend gelten (vgl. [2]). Es sind jedoch nur konkretisierende und /oder verschärfende Regelungen zulässig, um die Standardisierung der vereinbarten Grundregeln sicherzustellen. In Deutschland wurde ein Referentenentwurf für die Anpassung des Datenschutzgesetzes im November 2016 vorgelegt. Hierdurch soll folglich in der nahen Zukunft unter anderem das bisherige Bundesdatenschutzgesetz (BDSG) durch ein neues Bundesdatenschutzgesetz, welches auf den Prinzipien der EU-DSGVO aufbaut, abgelöst werden (vgl. [7]).

Im Zentrum der neuen Datenschutzanforderungen steht die Verarbeitung personenbezogener Daten. „Personenbezogene Daten sind alle Informationen, die sich auf eine identifizierte oder identifizierbare natürliche Person beziehen; als identifizierbar wird eine natürliche Person angesehen, die direkt oder indirekt, insbesondere mittels Zuordnung zu einer Kennung wie einem Namen, zu einer Kennnummer, zu Standortdaten, zu einer Online-Kennung oder zu einem oder mehreren besonderen Merkmalen, die Ausdruck der physischen, physiologischen, genetischen, psychischen, wirtschaftlichen, kulturellen oder sozialen Identität dieser natürlichen Person sind, identifiziert werden kann" (Art. 4 Nr. 1 DSGVO aus BfDI [2], 2017). Die Gesetzgebung strebt dabei den Schutz der Grundrechte betroffener Personen in der Europäischen Union an. Sie bietet durch die Sicherung eines geregelten Verkehrs personenbezogener Daten jedoch auch eine größtmöglich standardisierte Basis für die kommerzielle Nutzung von Daten. Dies stellt einen Vorteil für die rechtlich abgesicherte Etablierung datengetriebener Geschäftsmodelle dar.

Bei der Sicherung der Grundrechte haben die sogenannten Betroffenenrechte eine besondere Bedeutung. Sie werden im Kapitel III der EU-DSGVO in den Artikeln 12–22 DSGVO geregelt. Der Grundsatz der Transparenz verkörpert eine wichtige gedankliche Basis für die entwickelten Betroffenenrechte. Dies wird speziell im Recht auf eine umfassende Information über die Zwecke und den Umfang der Verarbeitung der zu Verfügung gestellten Daten sowie dem damit in Verbindung stehenden Recht auf Auskunft ersichtlich.

Aus den in Abb. 18.4 aufgeführten Rechten ergeben sich für Unternehmen maßgebliche Anforderungen, wie beispielsweise

- Notwendigkeit des Einholens von Einwilligungen vor der Datenverarbeitung und Beachtung der Zweckbindung abzielend auf den konkreten Verarbeitungszweck,
- Ausweitung von Informationspflichten gegenüber Betroffenen,
- Ausweitung von Widerspruch- und Widerrufsmöglichkeiten sowie
- neue Anforderungen bei der Dokumentation, Datenschutzfolgeabschätzung und insbesondere Datenportabilität.

Die Kritikalität der beschriebenen Rechte und Anforderungen ergibt sich aus den fatalen monetären Folgen bei Nichteinhaltung der Compliance-Standards. Die Sanktionen für eine Verletzung von Datenschutzbestimmungen wurden immens erhöht. Bei Datenschutz-

18 Strategische Datennutzung und Datenschutz

Betroffenenrechte – Kapitel III der DSGVO in den Artikeln 12-22 DSGVO

- Transparente Information, Kommunikation und ihre Durchsetzungsmöglichkeiten (Art. 12)
- Information der betroffenen Person bei Erhebung ihrer Daten (Art. 13)
- Information bei Erhebung von pbD eines Betroffenen bei Dritten (Art. 14)
- Auskunftsrecht der betroffenen Person (Art. 15)
- Recht auf Berichtigung fehlerhafter Daten und Vervollständigung (Art. 16)
- Recht auf Löschung bzw. Recht auf Vergessenwerden (Art. 17)
- Recht auf Einschränkung der Verarbeitung (Art. 18)
- Recht auf direkte Information in bestimmten Fällen (Art. 19)
- Recht auf Datenübertragbarkeit (Art. 20)
- Recht auf Widerspruch (Art. 21)
- Recht darauf, keiner automatisierten Entscheidung unterworfen zu sein (Art. 22)

Rechte mit hervorzuhebender strategischer Relevanz für Versicherungsunternehmen

Abb. 18.4 Betroffenenrechte der EU-Datenschutz-Grundverordnung. (Quelle: eigene Darstellung in Anlehnung an: EU-Datenschutz-Grundverordnung, Kapitel 3 (Art. 12–23) aus [2])

verstoßen drohen, je nach Ausmaß eines jeweiligen Verstoßes oder kumulierter Verstöße, Bußgelder von bis zu 20 Mio. € oder 4 % des weltweiten Jahresumsatzes eines Unternehmens (vgl. [2]). Speziell im Bereich der Versicherungsbranche ergeben sich daraus enorme finanzielle Risiken, da im Kern des Geschäftsmodells die Verarbeitung personenbezogener Daten zur Evaluierung von Risiken liegt.

Von strategischer Relevanz für Versicherungsunternehmen sind, basierend auf den genannten Betroffenenrechten, das Recht auf Löschung bzw. Recht auf Vergessenwerden (Art. 17 DSGVO aus [2]) sowie das Recht auf Datenübertragbarkeit (Datenportabilität) (Art. 20 DSGVO aus [2]). Beim Recht auf Vergessenwerden haben betroffene Personen das Recht, von dem verantwortlichen Verarbeiter zu verlangen, dass ihn oder sie betreffende personenbezogene Daten sofort gelöscht werden. Das Recht auf Datenübertragbarkeit regelt, dass betroffene Personen die Möglichkeit haben, die ihn oder sie betreffenden personenbezogenen Daten, die einem Verantwortlichen bereitgestellt wurden, in einem „strukturierten, gängigen und maschinenlesbaren Format zu erhalten", und diese einem anderen Verantwortlichen ohne Behinderung des ursprünglichen Verantwortlichen zu übermitteln. Betroffene Personen können außerdem verlangen, dass die Daten direkt von einem zum anderen verantwortlichen Verarbeiter übermittelt werden (beispielsweise Übertragung der Daten von Versicherer A zu Versicherer B). Aktuell sind zentrale daraus resultierende Herausforderungen in der Branche das Zusammenführen von Kundendaten aus einer Vielzahl veralteter IT-Systeme sowie die erteilten Einwilligungserklärungen in komplexeren Wertschöpfungsketten mit diversen Vertriebspartnern wieder zurückzuziehen. Letzteres wird durch die beschriebenen Einflüsse durch PSD2 und eine damit einhergehende steigende Komplexität durch Kooperationen beim Kundenzugang tendenziell noch kritischer werden. Durch das Recht auf Datenportabilität werden allerdings auch Chancen im Bereich von Prozesseffizienz, bei der Gestaltung zusätzlicher Services für Kunden und bei der einfachen technischen Integration von Daten aus diversen Quellen ermöglicht. Neben den genannten Einflussfaktoren, resultiert aus den Betroffenenrechten außerdem, dass die strategische Bedeutung von Kundeneinwilligungen als Basis der Gestaltung strategischer Konzepte zur Nutzung der EU-DSGVO für Big Data und Analytics zunimmt (Bedingungen für die Einwilligung, Art. 7 DSGVO aus [2]). Durch betroffene Personen ist eine explizite Zustimmung notwendig, und es ist volle Transparenz über den Zeitraum der Speicherung sowie insbesondere die Absicht der Datenverarbeitung im Rahmen einer zweckgebundenen Einwilligungserklärung sicherzustellen. Speziell bei der strategischen Nutzung von Daten, die eine Zusammenführung von Daten aus diversen unternehmensinternen und -externen Quellen und beispielsweise die Verarbeitung unstrukturierter Daten über selbstlernende Algorithmen mit sich bringt, nehmen die Kundeneinwilligungen eine zentrale Rolle bei der Sicherstellung der Balance zwischen regulatorischer Compliance und strategischer Nutzbarkeit ein.

Die Versicherungsbranche konnte mit den Verhaltensregeln für den Umgang mit personenbezogenen Daten (Code of Conduct) bereits diverse Neuregelungen der DSGVO abdecken und daher die Herstellung einer anteiligen Compliance vorab ermöglichen. Dies bedeutet, dass für deutsche Versicherer eine positive Ausgangslage zur Sicherstellung der Compliance mit der EU-DSGVO besteht, jedoch auch hier noch weitere Anpassungen der erst kürzlich etablierten, auf dem Code of Conduct basierenden Datenschutzkonzepte und Geschäftsprozesse notwendig sind. Über die reine Compliance hinaus wirken außerdem komplexere Anforderungen, um die strategische Nutzbarkeit von Daten durch Big Data und Analytics Technologien zu ermöglichen und damit Chancen aus den Anforderungen der EU-DSGVO (zum Beispiel Datenportabilität) zu nutzen.

Zentraler Aspekt bei der Betrachtung regulatorischer Anforderungen im Bereich der Datenverarbeitung ist heute, dass weitere Anpassungen an der Gesetzgebung folgen werden. Dies macht eine flexible Gestaltung der operativen Compliance-Prozesse notwendig, bei welcher dauerhaft ein Spielraum für die strategische Nutzbarkeit von Daten sicherstellt werden muss.

18.3 Chancen und Risiken zunehmender Datennutzung sowie regulatorischer Anforderungen für die Weiterentwicklung der Wertschöpfungskette von Versicherungsunternehmen

Wie bereits beschrieben, stellen die strategische Datennutzung durch Versicherungsunternehmen und die einhergehenden regulatorischen Anforderungen ein Spannungsfeld dar, welches die Weiterentwicklung der traditionellen Geschäftsmodelle der Versicherer und damit auch die Weiterentwicklung ihrer Wertschöpfungsketten bestimmt. Sowohl durch Big Data und Analytics als auch durch die Regulatorik ergeben sich dabei Chancen und auch Risiken. Exemplarische Aspekte werden nachfolgend anhand einer vereinfachten Wertschöpfungskette komprimiert zusammengefasst (vgl. Abb. 18.5).

18 Strategische Datennutzung und Datenschutz

Exemplarische Chancen und Risiken durch Big Data & Analytics

Produktentwicklung (-management) › Marketing & Vertrieb › Pricing & Underwriting › Betriebsprozesse › Schaden- & Leistungsmanagement

Exemplarische Chancen und Risiken durch regulatorische Anforderungen (PSD2 / EU-DSGVO)

Abb. 18.5 Illustration der nachfolgenden methodischen Perspektive. (Quelle: eigene Darstellung)

Die übergreifenden Chancen im aufgezeigten Spannungsfeld können insbesondere aus der Analyse von zusammengeführten unternehmensinternen und -externen Daten sowie durch die dadurch möglichen Prognosen von Kundenbedürfnissen abgeleitet werden (relevant für potenzielle Neukunden und Bestandskunden). Zentrale Chancen sind

- die Individualisierung der Kundenansprache in zeitlicher und räumlicher Sicht,
- die kundenbezogene Individualisierung des Produkt- und Serviceangebotes,
- die Optimierung von Pricing und Risikomodellierung sowie
- eine erhöhte Prozesseffizienz über alle Wertschöpfungskettenabschnitte hinweg.

Zur Realisierung der genannten Chancen muss eine zentrale Herausforderung erfolgreich durch Versicherer gemeistert werden: Die zweckgebundene Einwilligung der Kunden zur Verarbeitung personenbezogener Daten muss sichergestellt werden. Die EU-DSGVO setzt hier klare Anforderungen. Eine fehlende Einwilligung ist ein fundamentales Risiko für die volle Ausschöpfung der Potenziale aus Big Data und Analytics Technologien. Daneben bestehen aktuell kurz- und mittelfristig zwei weitere Risiken von übergeordneter Relevanz (vgl. Abb. 18.6 und 18.7).

Erstes Risiko ist die Sicherstellung der notwendigen IT-Infrastruktur. Sie wird benötigt sowohl für die technische Erfüllung aller Compliance-Anforderungen aus der Regulatorik als auch als Basis für die strategische Datennutzung, wie zum Beispiel zur Nutzung der Chancen aus PSD2. Die fragmentierte IT-Systemlandschaft der meisten Versicherer im deutschen Markt führt dazu, dass eine Sicherstellung der technischen Prozesse zur Löschung von personenbezogenen Kundendaten sowie hinsichtlich des Betroffenenrechtes der Datenportabilität nur aufwändig vollumfänglich realisiert werden können. Die Vielzahl der Systeme hat historisch zu einer immensen Reduzierung der Qualität des Datenhaushalts geführt, beispielsweise durch zahlreiche Dupletten. Die meisten etablierten Marktplayer arbeiten aktuell außerdem an der Renovierung ihrer Altsysteme, welche meist noch nicht mit der notwendigen Schnittstellenfähigkeit und Skalierbarkeit sowie mit marktführenden IT-Sicherheitsstandards ausgestattet sind. Diese Punkte stellen zentrale Erfolgsfaktoren für die technische Realisierung von Big Data Potenzialen dar, welche zur Optimierung der Wertschöpfung hin zu einem vermehrt datengetriebenen Geschäftsmodell unbedingt gewährleistet werden müssen.

Das zweite Risiko resultiert aus den drastischen Strafen bei einer Verletzung von EU-DSGVO Richtlinien. Der aktuelle Entwurf der Gesetzgebung lässt hierbei aktuell noch

Spekulationen über die genaue Bewertung von spezifischen Datenschutzvergehen und die damit in Verbindung stehenden finanziellen Folgen zu. Fest steht, dass die Strafzahlungen für Datenschutzvergehen im Vergleich zu vorherigen Gesetzgebungen massiv erhöht wurden und die maximal möglichen Strafzahlungen von bis zu 4 % eines weltweiten Konzernumsatzes insbesondere im aktuell herausfordernden Markt- und Wettbewerbsumfeld mehr als schmerzhaft sein können. Schon zum Eigenschutz ist es deshalb erforderlich, die Einhaltung der EU-DSGVO mittels eines internen Kontrollsystems abzusichern.

Die oben genannten Chancen resultieren vorwiegend aus technologischen Fortschritten in den Bereichen Big Data und Analytics. Sie ermöglichen eine gezieltere und passgenauere Kundeninteraktion, ein verbessertes Leistungsangebot für Kunden und effizientere kundeninduzierte Prozesse. Hervorzuheben sind daneben die Chancen für einen zentralen Kernprozess einer Versicherung: die Modellierung und das Bepreisen von Risiken können durch Datenanreicherung und den Einsatz der modernen Analysealgorithmen deutlich optimiert werden.

Die wesentlichen Risiken in der Weiterentwicklung des bisherigen Geschäftsmodells bestehen darin, dass die Entwicklung der Organisationsstrukturen der Versicherer, analog zu technischer Infrastruktur, Leistungsangebot etc., vorangetrieben werden muss. Wichtig ist hier, dass die Wirtschaftlichkeit einer vollumfänglich datengetriebenen Wertschöpfung neue Faktoren mit sich bringt, die bei der Unternehmenssteuerung zu implementieren sind. Beispielhafte ökonomische Fragestellungen sind dabei zum Beispiel: Welcher Mehrwert wird durch die Anreicherung interner Daten mit einem Set externer Daten hinsichtlich inhaltlichem Leistungsangebot für Kunden und das Pricing geschaffen? Welcher Preis ist für ein spezifisches Dataset im Einkauf angemessen? Wird bei der Lead Generierung zu potenziellen Neukunden durch datenbasierte Instrumente ein finanzieller Vorteil gegenüber aktuellen Vermittlermodellen über Check24 etc. geschaffen?

Die regulatorischen Einflüsse durch PSD2 und EU-DSGVO bringen, neben den zu Beginn dieses Kapitels genannten Risiken, wesentliche Chancen mit sich und sind als Basis für die Nutzung der Opportunitäten durch Big Data und Analytics von enormer Wichtigkeit. Die EU-DSGVO bietet dafür einen optimalen Anlass, um mit einer fokussierten Kundenansprache die Einwilligung von Bestands- und potenziellen Neukunden für die Verarbeitung spezieller personenbezogener Daten zu ermöglichen. Sie bedingt außerdem ein strukturiertes Datenmanagement im Unternehmen, was die Notwendigkeit bei der Optimierung der IT-Systemlandschaft und eine klare Daten-Governance unabdingbar macht und so die Weiterentwicklung der Wertschöpfung prägt. Durch PSD2 ergibt sich die Chance, konkrete Transaktionsdaten von Bankkonten als Datenquelle für Big Data Datensets nutzbar zu machen. Zahlungsströme lassen Rückschlüsse auf das alltägliche Verhalten von potenziellen Kunden und Bestandskunden mit allen Konsum- und Sparzahlungsströmen zu und sind somit mit einem außergewöhnlichen Nutzenpotenzial im Vergleich zu anderen möglichen Datenquellen verbunden.

Abb. 18.8 bewertet indikativ den Einfluss der Chancen aus Big Data und Analytics im Rahmen der EU-DSGVO auf die verschiedenen Stufen der Versicherungswertschöp-

18 Strategische Datennutzung und Datenschutz

Legende + Chance — Risiko

Exemplarische Chancen und Risiken durch Big Data & Analytics

Produktentwicklung (-management)
- + Individualisierung des Versicherungsschutzes
- — Optimierung der Kundenbedürfnis-Integration in den Produktentwicklungsprozess
- +/— ...

Marketing & Vertrieb
- + Lead Generierung und Customer Micro Targeting
- — Optimierung der Kanalsteuerung bei der Kundenansprache
- + Optimierung der Provisionssteuerung
- + Integration externer Kundendaten zur Unterstützung der Prozesseffizienz im Vertriebsprozess
- + Anlassbezogenes Cross- und Upselling
- + Kundenwertgetriebene Segmentierung von Neu- und Bestandskunden
- + Prognose des Stornoverhaltens

Pricing & Underwriting
- + Integration externer Kundendaten zur Optimierung der Segmentierung von Neu- und Bestandskunden bei der Risikomodellierung
- + Integration externer Kundendaten zur Individualisierung des Pricings von Neu- und Bestandskunden:
  - Technischer Preis
  - Wettbewerbspreis
  - Value-based Pricing
  - Behavioural Pricing
- +/— ...

Betriebsprozesse
- + Optimierung der Provisionssteuerung
- + Anlassbezogenes Cross- und Upselling im Kundenservice
- + Anlassbezogenes Kundenbindungsmanagement
- +/— ...

Schaden- & Leistungsmanagement
- + Prozessautomatisierung bei der Regulierung über Internet-of-Things Sensoren
- + Optimierung des Dienstleister- und Einkaufsmanagements
- +/— ...

— Sicherstellung des ökonomischen Kalküls und der Wirtschaftlichkeit des datengetriebenen Geschäftsmodells über die gesamte Wertschöpfungskette hinweg
— Nachhaltige Verankerung der Anforderungen eines datengetriebenen Geschäftsmodells in Unternehmens- und Führungskultur
— Dauerhafte Sicherung des notwendigen Humankapitals mit gestiegenen Know-how Anforderungen

Abb. 18.6 Exemplarische Chancen und Risiken durch Big Data & Analytics. (Quelle: eigene Darstellung in Anlehnung an: Unternehmensinterne Quellen Talanx Deutschland AG)

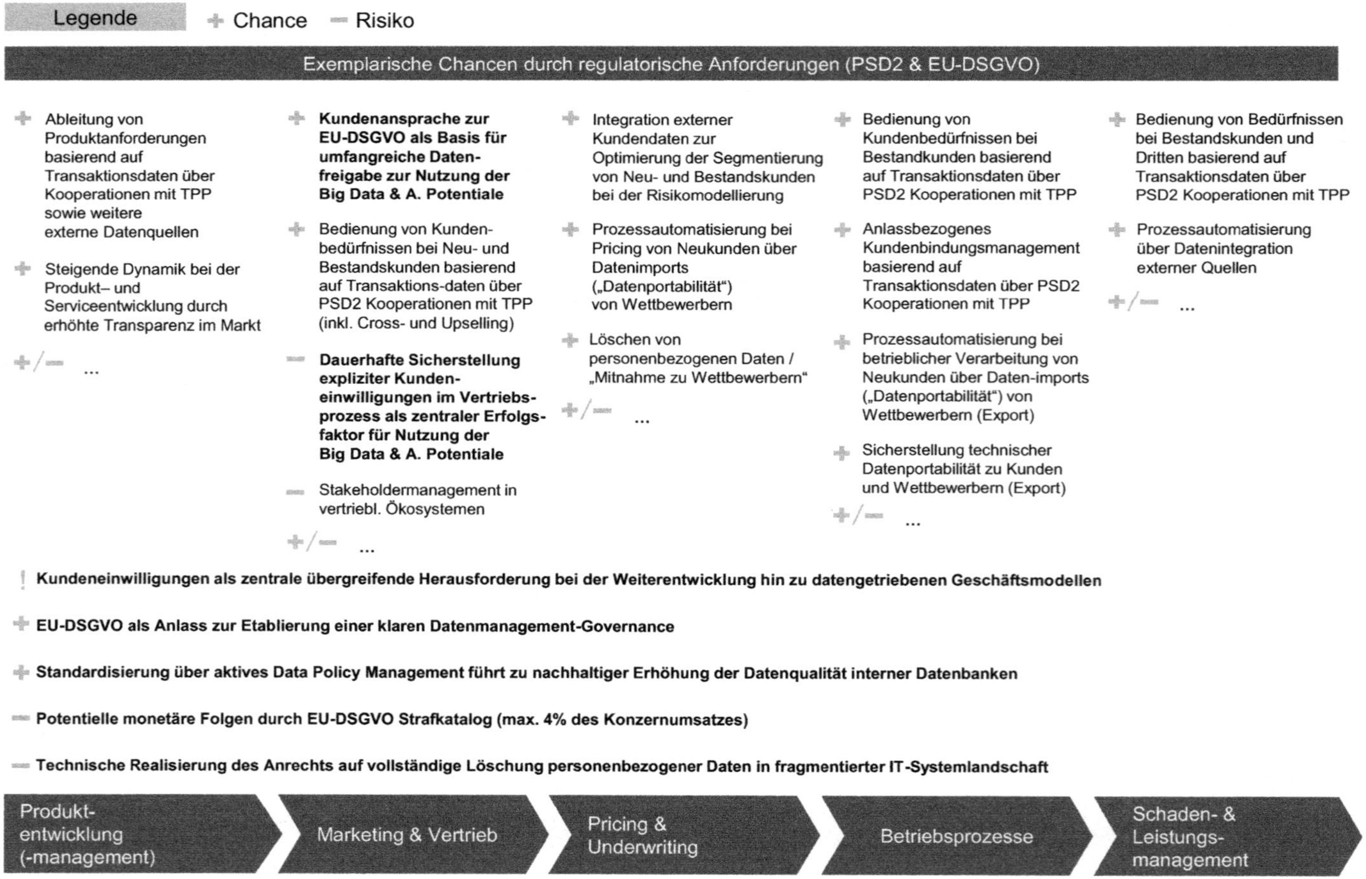

Legende + Chance − Risiko

Exemplarische Chancen durch regulatorische Anforderungen (PSD2 & EU-DSGVO)

Produktentwicklung (-management)

- \+ Ableitung von Produktanforderungen basierend auf Transaktionsdaten über TPP Kooperationen sowie externe Datenquellen
- \+ Steigende Dynamik bei der Produkt- und Serviceentwicklung durch erhöhte Transparenz im Markt
- +/− …

Marketing & Vertrieb

- \+ **Kundenansprache zur EU-DSGVO als Basis für umfangreiche Datenfreigabe zur Nutzung der Big Data & A. Potentiale**
- \+ Bedienung von Kundenbedürfnissen bei Neu- und Bestandskunden basierend auf Transaktionsdaten über PSD2 Kooperationen mit TPP (inkl. Cross- und Upselling)
- − **Dauerhafte Sicherstellung expliziter Kundeneinwilligungen im Vertriebsprozess als zentraler Erfolgsfaktor für Nutzung der Big Data & A. Potentiale**
- = Stakeholdermanagement in vertriebl. Ökosystemen
- +/− …

Pricing & Underwriting

- \+ Integration externer Kundendaten zur Optimierung der Segmentierung von Neu- und Bestandskunden bei der Risikomodellierung
- \+ Prozessautomatisierung bei Pricing von Neukunden über Datenimports („Datenportabilität") von Wettbewerbern
- − Löschen von personenbezogenen Daten / „Mitnahme zu Wettbewerbern"
- +/− …

Betriebsprozesse

- \+ Bedienung von Kundenbedürfnissen bei Bestandskunden basierend auf Transaktionsdaten über PSD2 Kooperationen mit TPP
- \+ Anlassbezogenes Kundenbindungsmanagement basierend auf Transaktionsdaten über PSD2 Kooperationen mit TPP
- \+ Prozessautomatisierung bei betrieblicher Verarbeitung von Neukunden über Daten-imports („Datenportabilität") von Wettbewerbern (Export)
- \+ Sicherstellung technischer Datenportabilität zu Kunden und Wettbewerbern (Export)
- +/− …

Schaden- & Leistungsmanagement

- \+ Bedienung von Bedürfnissen bei Bestandskunden und Dritten basierend auf Transaktionsdaten über PSD2 Kooperationen mit TPP
- \+ Prozessautomatisierung über Datenintegration externer Quellen
- +/− …

! Kundeneinwilligungen als zentrale übergreifende Herausforderung bei der Weiterentwicklung hin zu datengetriebenen Geschäftsmodellen
\+ EU-DSGVO als Anlass zur Etablierung einer klaren Datenmanagement-Governance
\+ Standardisierung über aktives Data Policy Management führt zu nachhaltiger Erhöhung der Datenqualität interner Datenbanken
= Potentielle monetäre Folgen durch EU-DSGVO Strafkatalog (max. 4% des Konzernumsatzes)
− Technische Realisierung des Anrechts auf vollständige Löschung personenbezogener Daten in fragmentierter IT-Systemlandschaft

Abb. 18.7 Exemplarische Chancen und Risiken durch regulatorische Anforderungen (PSD2/EU-DSGVO). (Quelle: eigene Darstellung in Anlehnung an: Unternehmensinterne Quellen Talanx Deutschland AG)

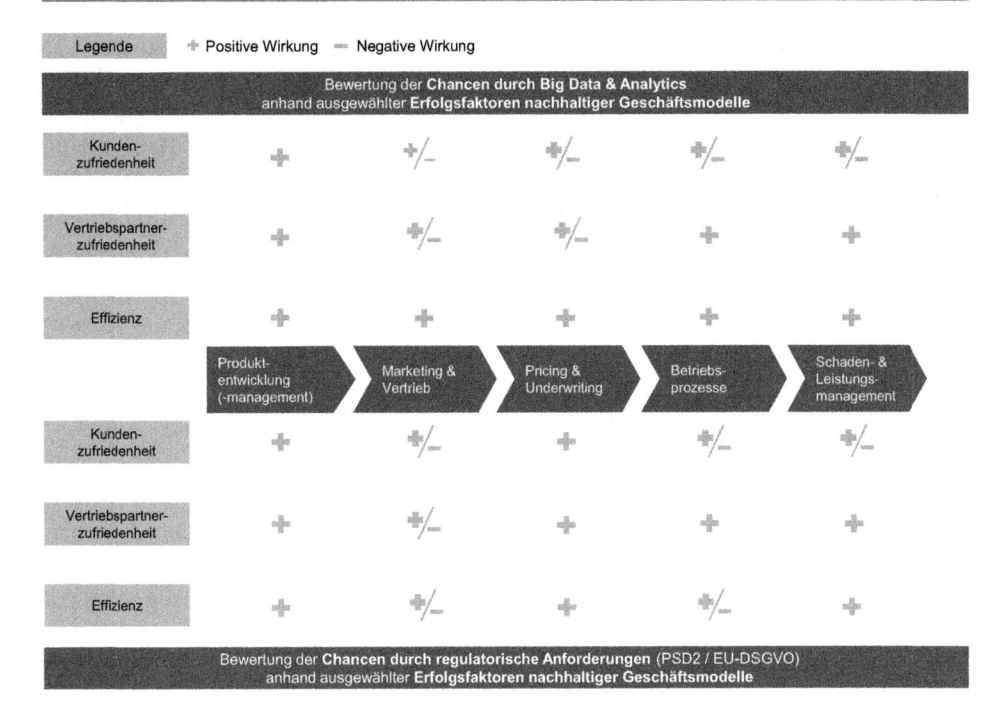

Abb. 18.8 Chancen-Bewertung anhand ausgewählter Erfolgsfaktoren nachhaltiger Geschäftsmodelle. (Quelle: eigene Darstellung in Anlehnung an: Unternehmensinterne Quellen Talanx Deutschland AG)

fungskette. Betrachtet werden die Dimensionen Kundenzufriedenheit, Vertriebspartnerzufriedenheit und Effizienz. Drei Aspekte sind hierbei hervorzuheben:

- Durch die Chancen durch Big Data und Analytics Technologien sowie regulatorische Einflüsse wird übergreifend ein positiver Einfluss auf Kundenzufriedenheit, Vertriebspartnerzufriedenheit und Effizienz erwartet.
- Der vertrauensvolle Umgang mit den Kundendaten ist zentral. Sowohl für die Kunden als auch für die Vertriebspartner. Fehlendes Vertrauen kann die Nutzung der Geschäftschancen verhindern. Angemessener Datenschutz ist damit eine Geschäftsvoraussetzung.
- Darüber hinaus ist ein überzeugender Mehrwert für Datenüberlassung erforderlich, um Kunden für eine digitale Interaktion mit dem Unternehmen zu gewinnen.

18.4 Kundenmehrwerte als zentrale Basis für die Realisierung der Chancen durch zunehmend datengetriebene Geschäftsmodelle

Die Etablierung einer datengetriebenen Wertschöpfung ist mit signifikanten Herausforderungen verbunden. Aktuell stehen oft technologische und organisatorische Herausforderungen im Vordergrund unternehmensinterner Diskussionen. Welche Technologien sind zukunftsfähig und lassen sich pragmatisch in die bestehenden Systemlandschaften einfügen? In welchen organisatorischen Strukturen lassen sich datengetriebene Wertschöpfungen gut umsetzen? Wie gewinnt man geeignete Mitarbeiter für diese Aufgaben, wie bindet man sie an das Unternehmen?

Langfristig wichtiger als die Bereitschaft, in Menschen, Technik und Organisation zu investieren, sind jedoch einerseits überzeugende Leistungsangebote für Kunden (und Vermittler), damit diese bereit sind, nicht nur Geld für den Versicherungsschutz, sondern auch Daten für die datengetriebenen Geschäftsmodelle zur Verfügung zu stellen. Andererseits wird der Schutz der eigenen Daten – ähnlich wie der Schutz des eigenen Geldes – in einer reiferen digitalen Gesellschaft möglicherweise viel handlungsbestimmender für Kunden und Vermittler als das heute noch der Fall ist. In diesem Fall wäre langfristig ein guter Datenschutz nicht nur eine regulatorische Notwendigkeit, sondern auch ein zentraler Hygienefaktor in Kundenbeziehungen.

Beispiele für überzeugende Kundenmehrwerte sind Services, wie die Suchmaschinen-Funktion von Google oder der Zutritt zum Sozialen Netzwerk Facebook, bei welchen im Falle von Datenschutzaktualisierungen nur die wenigsten Nutzer vor der Einwilligung zur Nutzung von personenbezogenen Daten die Datenschutzvereinbarungen lesen. Dies resultiert aus dem subjektiv empfundenen Nutzen, der die in der Bevölkerung durchaus vorhandenen Bedenken hinsichtlich der Datenfreigabe übersteigen. In vielen Fällen ist den Kunden möglicherweise aber auch nicht wirklich transparent, dass sie für die Dienstleistungen von Google und Facebook mit ihren Daten bezahlen und dass dieser Service keineswegs umsonst ist.

Versicherungsunternehmen bieten dagegen in Deutschland bislang keinen Versicherungsschutz an, der nur mit Daten bezahlt wird. Sie verlangen Geld für ihre Leistung und wollen obendrein Daten. Dabei ist es besonders kritisch, dass auch heute noch in vielen Fällen ein grundsätzliches Misstrauen gegenüber Versicherern herrscht. Das initiale Überwinden dieses Misstrauens benötigt daher überzeugende Leistungsversprechen, die nicht nur den zu erwartenden Preis für den Versicherungsschutz, sondern auch die Datenüberlassung rechtfertigen.

Da davon auszugehen ist, dass der Datenschutz Gegenstand fortlaufender Regulierungsaktivität sein wird, ist bei allen „Datenschutzsystemen" (Prozesse, Applikationen, Kontrollinfrastruktur) auf Flexibilität und Weiterentwicklungsfähigkeit zu achten. Die Flexibilität der Datenschutzstrukturen zeichnet sich unter anderem dadurch aus, dass Einwilligungserklärungen zur Datenfreigabe so gestaltet werden, dass sie, mit dem Ziel einer maximalen Datenidentifikation und -integration, modular aufgebaut werden. Die Modularität kann funktional an Produkt- oder Servicevorteile geknüpft werden, sodass eine umfängliche Datenfreigabe für Kunden incentiviert wird. Nichtsdestotrotz wird Kunden, welche die entsprechenden Datenfreigaben nicht leisten möchten, ein Versicherungstarif oder ein Vertragsverhältnis mit integrierten Service-Leistungen angeboten, welcher mit deutlich weniger Mehrwerten und/oder anderen Preisen verbunden ist. Bei eingeschränkten Einwilligungen ist in den Geschäftsprozessen sicherzustellen, dass dem jeweiligen Kundenwunsch entsprochen wird (zum Beispiel Nicht-Berücksichtigung der Kunden bei Marketing-Aktionen), um kontinuierlich das Kundenvertrauen zu steigern. Neben der Gestaltung von Einwilligungserklärungen, ist beispielsweise die Nutzung digitaler Informationsinstrumente über Self-service-Portale möglich, um dauerhaft eine kosteneffiziente Aktualisierung von Datenschutzbedingungen, inklusive transparenter und verständlicher Information zu gewährleisten.

Eines der bekanntesten Unternehmen weltweit, welches dauerhaft die strategische Datennutzung für die Diversifikation in neue Geschäftsmodelle verwendet, ist Amazon. Hierfür sind die volle Fokussierung auf Kundenmehrwerte und auch flexible Strukturen, welche die einfache Weiterentwicklung des eigenen Geschäftsmodells ermöglichen, die zentralen Erfolgsfaktoren. Laut Jeff Bezos (vgl. [1]) begründet sich der Erfolg des Unternehmens speziell auf dem Prinzip der Unverzichtbarkeit auf die Services des Online-Giganten. „Unser Ziel: Prime soll dem Kunden einen solchen Mehrwert bringen, dass es geradezu unverantwortlich ist, kein Mitglied zu sein." Abschließend stellt sich daher nun nur noch eine zentrale Frage: Welche Mehrwerte können traditionelle Versicherer zukünftig gegenüber ihren Kunden erbringen, um es unverantwortlich zu machen, kein Mitglied in der eigenen Solidargemeinschaft zu sein?

Literatur

1. Bezos J (2016) Zitat zum strategischen Ziel von Amazon Prime. http://www.businessinsider.com/amazon-ceo-jeff-bezos-says-its-irresponsible-not-to-be-part-of-prime-2016-5. Zugegriffen: 9. Januar 2018
2. BfDI (2017) EU-Datenschutz-Grundverordnung – Info 6 der Bundesbeauftragten für den Datenschutz und die Informationsfreiheit. https://www.bfdi.bund.de/SharedDocs/Publikationen/Infobroschueren/INFO6.pdf%3F__blob%3DpublicationFile%26v%3D24. Zugegriffen: 9. Januar 2018
3. Brandwatch (2017) Marketing: 105 amazing social media statistics and facts. https://www.brandwatch.com/blog/96-amazing-social-media-statistics-and-facts-for-2016/. Zugegriffen: 9. Januar 2018
4. Bundesregierung (2014) Digitale Agenda 2014–2017. https://www.digitale-agenda.de/Content/DE/_Anlagen/2014/08/2014-08-20-digitale-agenda.pdf?__blob=publicationFile&v=6. Zugegriffen: 9. Januar 2018
5. Chen M, Hwang K (2017) Big data analytics for cloud, IoT and cognitive computing. John Wiley & Sons, Hoboken, New Jersey
6. Deloitte (2017) Richtlinie über Zahlungsdienste (PSD2) – ein strategischer Wendepunkt? https://www2.deloitte.com/content/dam/Deloitte/de/Documents/financial-services/Deloitte_Richtlinie%20%C3%BCber%20Zahlungsdienste%20(PSD2).pdf. Zugegriffen: 9. Januar 2018

7. Deutscher Bundestag (2016) Entwurf eines Gesetzes zur Anpassung des Datenschutzrechts an die Verordnung (EU) 2016/679 und zur Umsetzung der Richtlinie (EU) 2016/680 (Datenschutz-Anpassungs- und -Umsetzungsgesetz EU – DSAnpUG-EU). [Gesetzesentwurf. http://dipbt.bundestag.de/doc/btd/18/113/1811325.pdf. Zugegriffen: 9. Januar 2018
8. EUR-Lex (2017) Commission Delegated Regulation (EU) 2017/2055. http://eur-lex.europa.eu/legal-content/EN/TXT/?uri=CELEX:32017R2055. Zugegriffen: 9. Januar 2018
9. Evans D (2011) The Internet of things: how the next evolution of the internet is changing everything. http://postscapes.com/cisco-internet-of-things-white-paper-how-the-next-evolution-of-the-internet-is-changing-everything. Zugegriffen: 9. Januar 2018
10. GDV (2017) Die EU-Datenschutz-Grundverordnung: Unverbindliche Orientierungshilfe für die Praxis im Versicherungsunternehmen. [White Paper]. GDV, Berlin
11. IDC (2017) Prognose zum Volumen der jährlich generierten digitalen Datenmenge weltweit in den Jahren 2016 und 2025 (in Zettabyte). https://de.statista.com/statistik/daten/studie/267974/umfrage/prognose-zum-weltweit-generierten-datenvolumen/. Zugegriffen: 9. Januar 2018
12. Kling M-U (2017) QualityLand. Ullstein Buchverlage, Berlin
13. McKinsey Global Institute (2011) Big Data: The next frontier for innovation, competition and productivity. https://www.mckinsey.com/business-functions/digital-mckinsey/our-insights/big-data-the-next-frontier-for-innovation. Zugegriffen: 9. Januar 2018
14. McKinsey Global Institute (2016) The age of analytics: competing in a data-driven world. https://www.mckinsey.com/business-functions/mckinsey-analytics/our-insights/the-age-of-analytics-competing-in-a-data-driven-world. Zugegriffen: 9. Januar 2018
15. NVIDIA (2016) What's the Difference Between Artificial Intelligence, Machine Learning, and Deep Learning? https://blogs.nvidia.com/blog/2016/07/29/whats-difference-artificial-intelligence-machine-learning-deep-learning-ai/. Zugegriffen: 9. Januar 2018
16. Wyman O (2016) Versicherung 2025: Ein Zukunftsszenario für die Gewinner von Morgen. http://www.oliverwyman.de/our-expertise/insights/2016/jun/insurance-2025.html. Zugegriffen: 9. Januar 2018
17. Wyman O (2017) Zukunft von InsurTech in Deutschland: Der InsurTech Radar 2017. http://www.oliverwyman.de/our-expertise/insights/2017/dez/insurtech-2017.html. Zugegriffen: 9. Januar 2018

Erfolgsfaktoren vor dem Hintergrund stärkerer Effizienzsteigerung und Digitalisierung in der Gewerbeversicherung

Christopher Lohmann und Florian Knackstedt

Zusammenfassung

Die Kompositversicherung sieht sich seit Jahren einem harten Verdrängungswettbewerb ausgesetzt. Durch die wegbrechenden Kapitalerträge entsteht zusätzlicher Ertragsdruck. Das Geschäftsfeld der Gewerbeversicherung erfreut sich dabei einer kleinen Renaissance und lockt neue Player an, was die Wettbewerbsintensität forciert. Deshalb ist es notwendig, die Chancen der Digitalisierung zur Effizienzsteigerung zu nutzen und sich darüber einen Wettbewerbsvorteil zu erarbeiten.

19.1 Einleitung

Moderne Unternehmen sehen sich zunehmenden Risiken ausgesetzt. Dazu gehören bekannte Gefahren, wie Feuer und Erdbeben, aber auch neuere Risiken, wie die Organhaftung und Cyberangriffe. Die Art und Weise, wie Unternehmen mit diesen Risiken umgehen, hat einen großen Einfluss auf deren Marktwert, Finanzkraft und Fähigkeit, fristgerecht neue Projekte zu finanzieren. Insbesondere das Segment der Gewerbeversicherung spielt daher zunehmend eine wichtigere Rolle, wenn es darum geht, kleinere und mittlere Unternehmen beim Management derartiger Risiken zu unterstützen.

Mit dem vorliegenden Beitrag soll versucht werden, die Erfolgsfaktoren im Segment der Gewerbeversicherungen auf Basis aktueller Herausforderungen zu entwickeln. Dabei spielen naturgegeben die möglichen Potenziale im Rahmen von Digitalisierungsmöglich-

C. Lohmann (✉) · F. Knackstedt
Gothaer Allgemeine Versicherung AG
Köln, Deutschland
E-Mail: christopher_lohmann@gothaer.de

F. Knackstedt
E-Mail: florian_knackstedt@gothaer.de

keiten und Effizienzsteigerungen eine große Rolle. Aus diesem Grund werden zunächst die Digitalisierungstrends der Branche untersucht und mögliche Technologiefelder sowie die entstehenden Potenzialhebel im Rahmen der Digitalisierung herausgearbeitet. Dabei wird im Rahmen des Beitrages eine übergreifende Perspektive eingenommen, die sukzessive in Richtung Gewerbeversicherung verdichtet wird.

19.1.1 Digitalisierungstrends in der Assekuranz

Die Vielzahl digitaler Geschäftsmodelle beschäftigt sich mit Unternehmen, die in der Regel vom ersten Tag an digital waren, wie zum Beispiel Square, Netflix, Airbnb und Uber. Diese digitalen Herausforderer haben etablierte Märkte von Grund auf verändert. Das Spektrum reicht dabei unter anderem von Bezahlsystemen und Peer-to-Peer-Krediten im Finanzsektor über Video-Streaming-Plattformen bis zu Sharing-Modellen in der gesamten Kraftfahrtbranche. Diese Unternehmen starteten in der Regel mit kreativen Ideen und wenig finanziellen Ressourcen. Sie mussten Investoren von einem Engagement überzeugen und nicht jede Idee wurde ein Erfolg. Die Geschäftsmodelle jedoch, die sich durchsetzen konnten, haben große Märkte von Grund auf verändert. Traditionelle Unternehmen starten dagegen unter ganz anderen Bedingungen als neu gegründete Anbieter in das digitale Zeitalter. Im Vergleich zu den „Newcomern" verfügen sie über Marken, Zugang zu Erfahrungen, Kunden, Lieferanten, Organisationen und Liquidität. Daher ist es eine große Herausforderung für die traditionellen Unternehmen, wie zum Beispiel Versicherungen, bei den entscheidenden digitalen Erfolgsfaktoren Kundenerlebnis, Geschwindigkeit, Agilität und Effizienz im Wettbewerb zu bestehen (vgl. [9]).

Aktuell steht die Versicherungswirtschaft im Schatten von anderen Branchen, wie zum Beispiel Medien, Handel oder Banken. In diesen Branchen nehmen die Endkunden die digitalen Angebote bereits stärker an. Die Kunden der Assekuranz erwarten nun von ihrer Versicherung ähnlich einfache, transparente sowie flexible Produkte und Services. Im Rahmen einer globalen Studie wurden Kunden zur digitalen Versicherung der Zukunft befragt. Dabei erklärten 78 %, dass sie zukünftig auch digital mit ihrem Versicherer interagieren möchten. Bei der angesprochenen Interaktion handelte es sich nicht um den simplen Austausch von E-Mails zu laufenden Verträgen, vielmehr ging es dabei den Befragten um Interaktion über alle digitalen Kanäle entlang der gesamten Customer Journey („Kundenreise") – vom Erstkontakt bis hin zum Schadenfall (vgl. [5]).

In der Vergangenheit wurde bereits von den Versicherern massiv in den Ausbau ihrer digitalen Angebote investiert. Diese fokussieren bisher aber vor allem auf den Vertrieb und Innovationen rund um die Onlinevermarktung. Grundsätzlich tritt die volle Wirkung der Digitalisierung jedoch erst ein, sobald die gesamte Wertschöpfungskette mit entsprechend innovativer Technologie unterstützt wird.

19.1.1.1 Zukünftige Technologiefelder mit hohem Wertbeitrag

Deshalb sollen zunächst die wichtigsten zukünftigen Technologiefelder dargestellt werden, um diese im weiteren Verlauf der Diskussion, insbesondere vor dem Hintergrund digitaler Potenziale, heranzuziehen.

1. **Infrastruktur und Produktivität**
   Wesentliche Voraussetzung für das Heben von Potenzialen im Rahmen der Digitalisierung ist naturgegebener Maßen eine moderne Infrastruktur. Als passende Infrastruktur sehen dabei viele Versicherer die Cloud, sei es als eigenständige oder als hybride Lösung unter Einbindung von Public-Cloud-Angeboten. Dem gleichen Zweck dient der unternehmensweite Einsatz produktivitätssteigernder Werkzeuge, wie Videochats und Co-Authoring. Unverzichtbar ist darüber hinaus, Grenzen zwischen den einzelnen Interaktionskanälen zu überwinden. Speziell bei der Kundenbetreuung und im Vertrieb zahlt sich die Omnikanalfähigkeit aus. Da die Versicherer häufig mit ihren traditionell alten Systemwelten, wie zum Beispiel Host- und Cobol-Technik, arbeiten, werden hier zukünftig massive Investitionen notwendig, um den Sprung in moderne Infrastruktur zu schaffen.
2. **Digitale Vertriebstools**
   Je gezielter Versicherer ihre Kunden adressieren, desto höher ist die Erfolgsquote. Mit ausgefeilten Kontext- und Zielgruppen-Targeting-Tools sowie Analysewerkzeugen kann die Erfolgsquote noch erheblich gesteigert werden. Auch der Versicherungsnehmer profitiert. Er erhält passendere Informationen, die seinen Bedürfnissen entsprechen (vgl. [5]).
3. **Big Data und Predictive Analytics**
   Die Kunden werden zukünftig in einer Welt aus Daten leben. Die Möglichkeiten, dass die vom Kunden erzeugten oder mit ihm in Verbindung gebrachten Daten selbst ausgewertet werden können, bleiben allerdings eingeschränkt (vgl. [8]). Auf Basis dieser Erkenntnis zeigt sich dabei ein zentraler Hebel für innovative Services: Die Auswertung von speziellen Kundendaten und die sogenannte Veredelung dieser Auswertungen. Hier können neue Geschäftsmodelle für Versicherer entstehen. Dafür müssen sie mit drei Herausforderungen in Bezug auf Daten umgehen können: Sie müssen große Mengen an Daten bewältigen, was vor dem Hintergrund der vielfach noch „alten" Systeme eine große Herausforderung nicht nur an finanziellen Ressourcen nach sich zieht. Für die Analyse sind heutige Anwendungen und Tools der Datenauswertung nicht mehr geeignet. Außerdem müssen die Daten aus unterschiedlichen Quellen und in unterschiedlichen Formaten verarbeitet werden können (vgl. [3]). Sie sind in strukturierter Form in Datenbanken gespeichert und entstehen jeden Tag an unterschiedlichsten Orten in unstrukturierter Form durch geschriebene und gesprochene Sprache, Bilder, Zahlen, Ereignisse etc. Und schließlich müssen sie die große Menge an Daten in einer sehr hohen Geschwindigkeit auswerten können, um Echtzeitanwendungen möglich zu machen. Dies sind die Standardanforderungen des Jahres 2026.

Grundsätzlich lässt sich mit Big Data-Anwendungen nach Zusammenhängen, Unterschieden und Mustern suchen. Daraus lassen sich dann Hypothesen zu Ursachen und Treibern ableiten. Daneben können mit Predictive Analytics-Anwendungen Hypothesen über zukünftige Ereignisse sowie Bedürfnisse und Erwartungen der Kunden erstellt werden. Beispielsweise lassen sich im Rahmen der Rechtsschutzversicherung Chatnachrichten, Social-Media-Posts oder Online-Suchanfragen durch den Versicherer auslesen, wenn der Kunde möglicherweise eine Reise nach China plant. Auf diese Weise kann er dann informiert werden, dass seine Rechtsschutzversicherung möglicherweise in China nicht gilt. Der Versicherer kann dem Kunden dabei zeitgleich ein individuelles, passendes Angebot offerieren, dass Online abschließbar ist (vgl. [3]).

Der oben skizzierte Weg in Richtung Big Data und Predictive Analytics führt zwangsläufig zu neuen Anforderungen an neue Mitarbeiterskills, wie zum Beispiel Data Analytics und Change-Agents. Dies kann einerseits durch Recruiting entsprechender Mitarbeiter, andererseits durch gezielte Weiterqualifikation von Mitarbeitern hergestellt werden. In jedem Fall wird dies zu großen finanziellen Investitionen bei den traditionellen Versicherern führen. Beispielsweise investiert Ergo mit „Nexible" ca. 300 Mio. € schon für den Aufbau derartiger Kompetenzen.

4. Internet der Dinge

Insgesamt ergeben sich durch das Internet der Dinge neue Möglichkeiten für die Assekuranz, aus dem Kerngeschäft heraus neue Geschäftsmodelle zu entwickeln. Mit der zunehmenden Vernetzung unterschiedlichster Datenarten und -quellen wächst auch die Basis für attraktive Versicherungslösungen der Zukunft. Als Querschnittbranche sind Versicherungen dabei in besonderer Weise auf die Standardisierung von Daten angewiesen. Mit jedem verkauften Smartphone, jedem verkauften Wearable, jeder installierten Smart Home-Anlage, jedem vernetzten Auto und allen dazukommenden vernetzten Lebensbereichen erzeugen Kunden neue zusätzliche Daten (vgl. [3]). Diese sind die Grundlage für weitere innovative Versicherungsprodukte – und steigern zugleich die Notwendigkeit für Versicherungen, integrierter Teil des vernetzten Lebens ihrer Kunden zu werden.

Dabei entsteht für den Kunden ein klar kommunizierbarer Mehrwert: Die Versicherung setzt diese Daten intelligent zueinander in Beziehung und bietet dabei dem Kunden eine situativ passende Lösung, sei es als aktueller Risikoschutz oder als langfristig angelegte Vorsorgelösung. Ob kurz-, mittel- oder langfristig werden Versicherungen in der Lage sein, die individuellen Bedürfnisse mit ungeahnter Passgenauigkeit adressieren zu können. Sie können dabei das Internet of Everything und innovative Versicherungsprodukte wechselseitig vorantreiben (vgl. [9]). Die erhobenen Daten werden von Versicherungsanbietern genutzt, um innovative Versicherungsprodukte anzubieten. Umgekehrt wachsen das Datenvolumen und das Wissen auf Anbieterseite während der Nutzung des Produkts durch den Kunden.

5. Digitale Anreizsysteme

Voraussichtlich werden Kunden digitale Anreizsysteme in den kommenden Jahren stärker als persönlichen Agenten oder Assistenten nutzen, wie zum Beispiel Alexa oder Siri.

Aktuell können Nutzer per Sprachsteuerung Suchanfragen starten, Textnachrichten senden, die Navigation starten, Kontakte anrufen oder Termine in den Kalender eintragen. Die Personalisierungsmöglichkeiten sind noch beschränkt. In den nächsten Jahren werden diese Systeme deutlich intelligenter. Sie werden möglicherweise Situationen eigenständig erkennen können und auf komplexe Fragen und Zusammenhänge passend reagieren. Zukünftig werden digitale Assistenzsysteme zu intelligenten, personalisierten Plattformen, die situationsbezogen auf andere Dienste zugreifen und dabei kontinuierlich die Vorlieben des Nutzers berücksichtigen und sich daran anpassen. In den jüngsten Entwicklungen unterstützen digitale Assistenzsysteme den Nutzer durch automatische Antwortvorschläge bei Chats, binden Smart Home-Steuerung ein und reagieren auf ortsbezogene Anfragen mit situationsbezogener Navigation. Neben der Weiterentwicklung der Systeme, treiben Akteure auch die Übertragung des Prinzips auf andere Lebensbereiche des Kunden voran (vgl. [3]).

19.1.1.2 Potenzialhebel auf der Basis von Digitalisierungsansätzen

Wie eine umfangreiche Digitalisierungsstudie der Unternehmensberatung Bain & Company aus dem Jahr 2016 zeigt, kann ein Sachversicherer, der seine Digitalisierungsansätze konsequent vorantreibt, seine Beitragseinnahmen um knapp 25 % steigern. Dabei entfällt ein Großteil dieser Steigerungen auf Marktanteilsgewinne, wie zum Beispiel neue versicherbare Risiken – in der Gewerbeversicherung „Cyper", einem besseren Pricing einzelner Produkte sowie Kooperationen. Insbesondere im Kooperationsgeschäft gilt es für die Assekuranz, sich geschickt in die Wertschöpfungskette von beispielsweise „Automotive" zu integrieren, um den Marktanteil zu vergrößern. Wesentliche Voraussetzung dabei ist es jedoch, die Kernprozesse bestmöglich digitalisiert zu haben.

Daneben lassen sich als „Firstmover" beim Einsatz neuer Technologien erhebliche Pioniergewinne erwirtschaften, die dann dafür eingesetzt werden können, mit günstigeren Tarifen einerseits Wettbewerbsdruck auszuüben, andererseits durch eine kostengünstigere Produktion die „Free Cash Flows" in weitere Innovationen zu investieren. Diejenigen Versicherer, die es nicht schaffen, in der gleichen Geschwindigkeit zu digitalisieren, sehen sich danach einem noch härteren Preiskampf ausgesetzt und müssen um ihre angestammte Position im Kompositgeschäft kämpfen. Es kommt damit zu erheblichen Verschiebungen in einem insgesamt nur sehr begrenzt wachsenden Markt – mit enormen Vorteilen für die Gewinner.

Nachdem die Marktseite betrachtet wurde, soll sich, dem weiteren Verlauf der Untersuchung folgend, nun der Kostenseite zugewandt werden. Auf Basis der durchgeführten Analysen lassen sich auf der Kostenseite signifikant größere Potenzialhebel erkennen. Aktuell kann man davon ausgehen, dass mit dem Einsatz digitaler Technologien sich die bestehenden Kosten brutto um knapp 30 % senken lassen. Dabei entfällt ein erheblicher Anteil identifizierter Einsparungen auf die mit Abstand größte Position, das Schadenmanagement. Ersten Einschätzungen zufolge zeigt sich im Schadenaufwand ein Kostenhebel zwischen 15 und 19 %. Diese Ersparnisse resultieren im Wesentlichen aus einer verstärkten Prävention, einer besseren Risikoauswahl sowie einer Reduzierung der Betrugsfälle (vgl. [8]). Auf Basis von Einschätzungen der Unternehmensberatung 67rockwell Consulting haben rund 10 % aller Schadenmeldungen einen betrügerischen Charakter. Je nach Versicherungssparte variiert der Anteil. In der Sparte Haftpflicht beispielsweise rechnet man mit einem Betrugspotenzial von bis zu 25 % aller gemeldeten Schadenfälle. Auch die Sparten Kraftfahrtversicherung sowie Kranken- und Unfallversicherung sind dabei besonders stark vom Betrugspotenzial betroffen. Wie die Ausführungen zeigen, wird es für jeden Versicherer notwendig, ihren „Mindset" in der Schadenabwicklung zu verändern, nämlich weg vom „Schadenzahler" hin zu „Schadenmanagern", wie es zum Beispiel große Autohersteller seit längerem ihren Kunden anbieten. Hier hat es die Branche Automotive erfolgreich umgesetzt, mit außerordentlich guten Services in die Wertschöpfungskette der Versicherer einzudringen.

Abb. 19.1 veranschaulicht den Zusammenhang zwischen Digitalisierungsansätzen entlang der Wertschöpfungskette.

Weitere Kostenhebel liegen im Bereich Underwriting; hier lassen sich auf der Basis von Schätzungen rund 50 % Kostensenkungen erreichen. Diese Einsparungen basieren im Wesentlichen auf einem stärkeren Automatisierungsgrads in der Interaktion und in der Entscheidungsfindung zwischen dem Kunden und dem Versicherer. In Abschn. 19.1.2 wird hierauf detaillierter eingegangen. In den Vertriebs- und Verwaltungsfunktionen geht man von einem Kosteneinsparhebel zwischen 35 und 43 % aus. Während sich im Vertrieb unter anderem der verstärkte Einsatz von Robo-Advisors und eine gezieltere Kundenan-

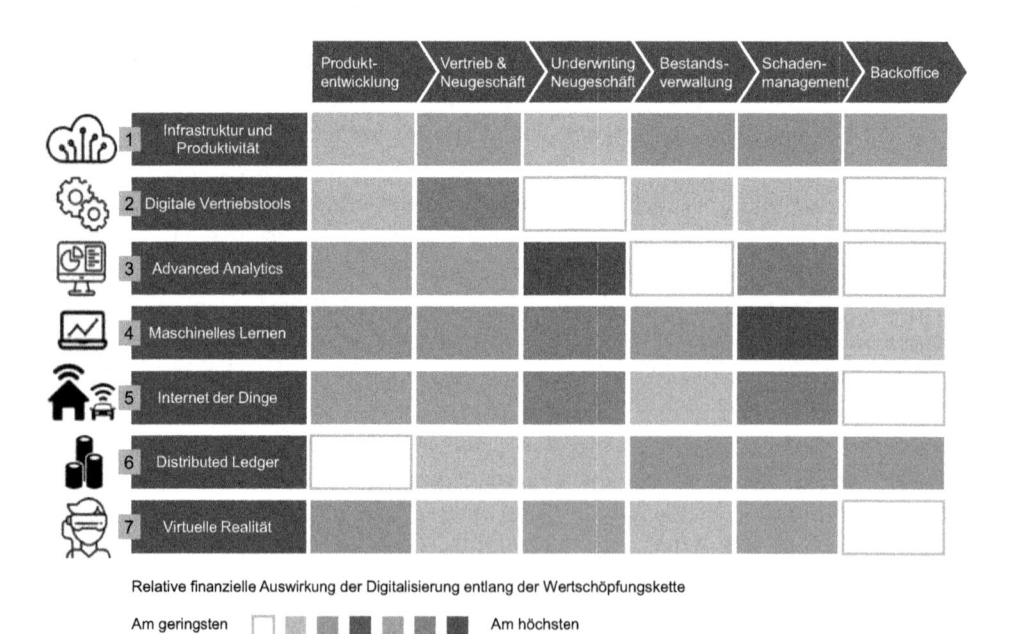

Abb. 19.1 Heatmap Digitalisierung am Beispiel Sachversicherung. (Quelle: eigene Darstellung in Anlehnung an Heatmap; Bain & Comp. Inc.; München 2016)

sprache positiv auswirken, lässt sich voraussichtlich in der Verwaltung die Produktivität vor allem durch den gezielten Einsatz digitaler Werkzeuge steigern.

Insbesondere bei der Gewerbeversicherung, die sich zunehmend zu einem lukrativen Wachstumssegment entwickelt, ist eine konsequente Digitalisierung notwendig. Dabei ist der Dreh- und Angelpunkt für den Erfolg eine dynamische Risikoerfassung, welche abhängig von Betriebsart, Produkt und Risikosituation die richtigen Fragen stellt. Diese so erzeugte Risikoakte lässt sich anschließend automatisch weiterverarbeiten. Handelt es sich um ein Standard-Risiko, erhält der Makler sofort eine Übersicht aller verfügbaren Angebote im Online-Vergleichsrechner und kann diese digital bis zum Abschluss bringen. Komplizierte Risiken gehen automatisch als Ausschreibung an das Back-Office beim Versicherer. Die Angebote werden vom Versicherer direkt auf der Ausschreibungsplattform hinterlegt, sodass auch hier ein sofortiger Vergleich und Abschluss möglich sind. Grundsätzlich sind alle Angebote auf einer Plattform für Gewerbeversicherungen zu integrieren (vgl. [7]).

Dem weiteren Verlauf folgend, sollen im nächsten Schritt die Herausforderungen in der Gewerbeversicherung herausgearbeitet werden. Dazu wird zunächst die Sichtweise der Unternehmen eingenommen, die ihre Risiken managen müssen und geprüft, inwieweit sich möglicher Schutz auf die Entwicklung des Segmentes Gewerbeversicherung auswirkt.

19.1.2 Strategische Herausforderungen im Markt für Gewerbekunden

Die Unternehmen sind einem sich ständig verändernden Risikoumfeld ausgesetzt. Dieses wandelt sich im Zuge neuer wirtschaftlicher und rechtlicher Gegebenheiten sowie neuer Risikoklassen, die der Technologiefortschritt, die Globalisierung, Deregulierung und die geopolitischen Ereignisse hervorbringen. Die kontinuierliche Evolution der Unternehmensrisiken führt zu Produktinnovationen und bewirkt eine Verlagerung innerhalb der traditionellen Versicherungssparten sowie eine Ausweitung der versicherbaren Risiken (vgl. [4]). Während die meisten Risiken, insbesondere von mittelständischen Unternehmen, bereits seit längerem wahrgenommen werden, sind die Bedrohungen aus dem Internet, wie beispielsweise „Cyperkriminalität", noch ein relativ neues Phänomen, das aktuell stärker in den Fokus der Unternehmen rückt (vgl. [10]).

Der Bedarf an gewerblichen Versicherungen ist je nach Branche und Größe des Unternehmens sowie dem rechtlichen Umfeld sehr unterschiedlich. Das Baugewerbe wendet in Relation zum Umsatz die meisten Mittel für den Versicherungsschutz auf, gefolgt vom Transport-, Kommunikations-, Versorgungs- und Bergbausektor. Die Finanzdienstleistungs-, Handels- und staatlichen Sektoren wenden, bezogen auf ihren Umsatz, am wenigsten für Versicherungsdeckung auf. Das produzierende Gewerbe liegt dazwischen.

Auf die Gewerbeversicherung im deutschen Markt entfiel im Jahr 2015 ein Prämienvolumen von ca. sieben Mrd. €. Im Zeitverlauf zeigten sich Steigerungsraten zwischen 2

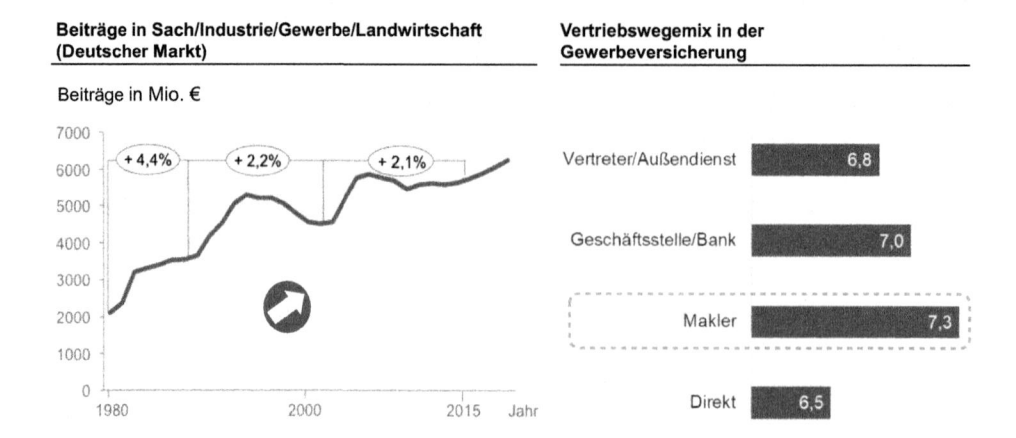

Abb. 19.2 Beitragsverlauf Gewerbe in der Sachversicherung (Deutscher Markt). (Quelle: eigene Darstellung (in Anlehnung an GDV 2017))

und 4 % im Bereich der Sachversicherung. Abb. 19.2, stellt den Verlauf der Wachstumsraten in der gewerblichen Sachversicherung zwischen 1980 und 2015 für den deutschen Markt dar.

Auf Basis einer aktuellen Studie des Versicherers Gothaer für kleine und mittlere Unternehmen zeigt sich erwartungsgemäß, dass kleine Unternehmen (1 bis 10 Mitarbeiter) durchschnittlich weniger als drei Versicherungen in ihrem Portfolio haben, bei größeren Unternehmen (11 bis 20 Mitarbeiter) etwa vier bis sechs Versicherungen und bei einer Unternehmensgröße (200 bis 500 Mitarbeiter) liegt die Anzahl der abgeschlossenen Versicherungen bei deutlich mehr als sechs (vgl. [12]). In der Einschätzung der Risiken wurde von den in der Studie befragten Unternehmen die nachfolgenden Themen in der Reihenfolge angeben:

1. Einbruch und Vandalismus (41 %),
2. menschliches Versagen (36 %),
3. Hackerangriff, Datenklau und Viren/Trojaner (35 %),
4. Brände und Explosionen (24 %),
5. Betriebsausfall (24 %),
6. Ausfall Zulieferer/Dienstleister (24 %),
7. Reputationsverluste (20 %),
8. Sturm/Hagel (19 %),
9. Streik/Vorsätzliche Schädigung/Sabotage (14 %) sowie
10. Hochwasser (11 %).

Insbesondere das erlebte Risiko der KMU, von einem Hackerangriff, Datenklau etc. betroffen zu werden ist in den Jahren zwischen 2015 auf 2017 um ca. 5 % gestiegen. Hier zeigt sich eine signifikant höhere Sensibilität der Unternehmen im gesamten Umfeld der „Cyper-Kriminalität".

Der Hauptgrund für Unternehmen, eine Versicherungsdeckung zu erwerben, ist im Schwerpunkt die Ertrags- und Gewinnstabilisierung. Weitere Gründe sind der Transfer von Katastrophenrisiken an eine Drittpartei oder vertragliche Veränderungen, die den Kauf von Versicherungsleistungen erleichtern oder sogar vorschreiben, zum Beispiel bei größeren Bauvorhaben. Neben der Übernahme und Versicherung von Risiken, steht den Unternehmen noch ein weiterer Weg offen, die Selbstversicherung. Dabei kontrolliert ein Unternehmen kleine interne Risiken, indem es zu seinem eigenen Versicherer wird.

Durch das zunehmende Einsteigen weiterer Anbieter in den bereits polypolistisch geprägten Markt verstärkt sich die Wettbewerbssituation im Segment Gewerbe zunehmend. Während in der Lebensversicherung durch die anhaltende Niedrigzinsphase die Neugeschäftszahlen einbrechen und zeitgleich die von der EU in der privaten Krankenversicherung eingeführte Provisionsdeckelung ebenfalls zu einem deutlichen Rückgang im Krankenvollversicherungsgeschäft führt, suchen diese ehemals auf den Personenversicherungsbereich fokussierten Versicherer Ausweichmärkte. Hierbei zeigt sich der gewerbliche Kompositmarkt zunehmend als einer der favorisierten Ausweichmärkte.

Gewerbekunden stellen für den selbstständigen Außendienst sowie für kleine und mittelständische Makler eine wichtige Zielgruppe dar. Grund dafür ist zum einen die Möglichkeit des Aufbaus einer regionalen Beziehung und zum anderen der vielfältige Versicherungsbedarf der Kundengruppe. Die großen Pools und Technischen-Makler entwickeln zunehmend auch für diese Kundengruppe eigene Konzepte mit speziellen Rahmenvereinbarungen („Affinity"). Im Rahmen dieser Konzepte wird dem Versicherer zunehmend die Rolle als reiner Kapazitätsgeber zugeschrieben. Dies geht einher mit hohen Courageforderungen von bis zu 35 %. Daraus entstehen für die Versicherer hohe Anforderungen an effiziente Prozesse und die Informationstechnologie.

Dieser hohe Wettbewerb und das Eindringen neuer Wettbewerber in den bereits engen Markt hat zur Folge, dass die Produktlebenszyklen kürzer werden und der Preis- und Bedingungswettbewerb weiter zunimmt. Dem daraus resultierenden Druck auf die Gewinnmargen der Versicherer gilt es, durch eine anpassungsfähige Informationstechnologie und effiziente Vertriebs- und Verarbeitungsprozesse zu begegnen (vgl. [10]).

19.2 Mögliche Hebel im Gewerbegeschäft

19.2.1 Übergreifende Ansätze

Betrachtet man das Segment Gewerbe, zeigt sich ein differenzierter Markt mit dennoch weitestgehend homogenen Risiken. Vor diesem Hintergrund ist das Gewerbegeschäft auf der Produkt- und Prozessseite stärker zu standardisieren. Dabei gilt es, über Spartengrenzen hinweg eine einheitliche Segment- und Produktdefinition zu entwickeln. Ziel muss es sein, mit modularen Produktbaukästen und segmentübergreifend, wie es in der Automobilbranche schon länger üblich ist, Produkte für die entsprechenden Kundenbedürfnisse zusammenzustellen.

Produktbaukasten
Zur Stärkung des Zielgruppenansatzes sind Branchengruppen und Produktgruppen zu unterscheiden, die es ermöglichen, Risikofragen und risikospezifische Deckungselemente gezielt zu steuern. Hinter den einzelnen Produktgruppen stehen die Betriebsarten, mit denen der Preis je Risiko und dem gewählten Modul festgelegt werden kann. Des Weiteren ist ein spartenübergreifendes Betriebsartenverzeichnis gemäß des GDV-Navigators zu implementieren, der aktuell infolge der vorhandenen Datenqualität noch nicht vollumfänglich für die Versicherer nutzbar ist. Im Rahmen einer Neukalkulation von Tarifen lässt sich kundenspezifisch auf deren Bedarfe eingehen.

Standardisierung
Zielsetzung der Standardisierung ist eine „industrialisierte" Verarbeitung des Geschäftes im Segment Gewerbe, auch als Grundlage für weitere digitale Geschäftsmodelle. Damit lassen sich einerseits die Prozesskosten senken, andererseits können die Mitarbeiter des Innendienstes, i. S. des „Second Level-Modells", sich auf das komplexe und individuelle Geschäft konzentrieren.

Nachfolgend werden die wesentlichen Elemente einer Standardisierung zusammengefasst:

- Die Bausteine des modularen Produktbaukastens fixieren den äußeren Rahmen.
- Es besteht die Möglichkeit je nach Gruppen von Betriebsarten (Branchengruppen), feste Angebote zu definieren.
- Die Preise einzelner Module werden fest kalkuliert, für risikoerhöhende Merkmale lassen sich entsprechend Zuschläge abbilden.
- Alle tarif- und risikorelevanten Merkmale müssen vollständig am „Point of Sale" erfasst werden.
- In den definierten Betriebsarten ist nach einer automatisierten Prüfung, „jeder" Antrag abschlussfähig.
- Rabattmöglichkeiten werden in das jeweilige Produkt kalkuliert und unterliegen der Selbststeuerung des Vertriebes.
- Versicherungsbedingungen müssen entsprechend der Module des Produktbaukastens aufgebaut sein.

Wie gezeigt, beziehen sich die Möglichkeiten der Standardisierung nicht ausschließlich auf Prozess-Optimierungen, sondern greifen deutlich weiter. Dabei entstehen weitere Anforderungen an das Frontoffice im Sinne einer stärkeren Verzahnung der Beratungssoftware beim Makler und den internen CRM-Systemen des Versicherers.

Fallabschließende Bearbeitung am Point of Sale
Die fallabschließende Bearbeitung am „Point of Sale" bedeutet, dass die vertriebliche Leistung direkt zu einem festen Abschluss vor Ort führt. Dabei sind alle Rückfragen, Sonderschleifen oder Direktionsschleifen beim Versicherer zu vermeiden, die erfahrungsgemäß die Kosten in der betrieblichen Verarbeitung treiben. Hier sind Dunkelverarbeitungsquoten für Neu- und Änderungsgeschäft von mehr als 80 % zu erreichen. In Ausnahmefällen kann es zu Aussteuerungen kommen, aber auch derartige Prozesse sind soweit möglich rein elektronisch und ohne Medienbrüche durchzuführen.

Marktgerechte Preisgestaltung
Die Preisgestaltung bei modularen Versicherungsprodukten sollte in definierten Spannen dynamisch sein, um möglichst flexibel auf besondere Marktgegebenheiten reagieren zu können. Ziel ist dabei eine Risikosteuerung durch die Höhe des Preises, ähnlich wie zum Beispiel bei Telematik-Tarifen. Denkbar im Gewerbegeschäft wäre es, in bestimmten Regionen mit einer hohen Wettbewerbsdichte, Produkte zu günstigeren Preise anzubieten.

Nachdem die wesentlichen Hebel im Gewerbegeschäft von Versicherungsunternehmen aufgezeigt wurden, gilt es nun im nächsten Schritt, mögliche Effizienzsteigerungen zu diskutieren, um einerseits wettbewerbsfähig zu bleiben, andererseits aber auch den signifikant angestiegenen Vertriebsprovisionen, wie schon häufig angeklungen, entgegenzuwirken.

19.2.2 Segmentierung Gewerbeversicherung

Der Markt ist in Bewegung, und das gilt auch für die Versicherungen. Die ehemalige Marktpyramide mit Economy-, Standard- und Premium-Bereichen gibt es in den meisten Branchen schon nicht mehr. Die befragten Experten sehen für die Versicherungsbranche ebenfalls einstimmig den fast gänzlichen Einbruch des Standardbereichs zugunsten einer Ausdehnung des Economy-Bereichs und des Premium-Bereichs. Im Jahr 2020 wird wohl vom heute riesigen Standardbereich nur noch ein kleinerer Rest übrig sein.

Im „Economy"-Bereich entscheidet sich der Kunde für jene Versicherung, die ihm den besten Preis für die von ihm gewünschte Qualität liefert. Das treibende Kundenbedürfnis ist die Rationalität ... das beste Preis-Leistungs-Verhältnis! Im „Premium"-Bereich dagegen entscheidet sich der Kunde für jene Versicherung, mit der er anderen Personen und seinem eigenen EGO demonstrieren kann, dass er „besonders" ist. Das treibende Kundenbedürfnis ist das Verlangen, seine Identität zu demonstrieren! Der schrumpfende Standard-Bereich ist jenes Segment, in dem vorerst noch alles beim Alten geblieben ist. Der Kunde hat seine bestehenden Verträge. Er hat den bestehenden Kontakt zum Makler. Er sieht keinen Grund für eine Veränderung.

Wesentlich bei der Betrachtung der Zukunftsmärkte der Versicherungswirtschaft ist, dass die genannten Bereiche in sich keine Monolithen sind. Innerhalb des Economy-Bereiches gibt es bis zu sechs Untersegmente. Diese tragen zwar die gleiche Grundlogik des

Preis-Leistungs-Vergleichs in sich, unterscheiden sich aber deutlich voneinander. Innerhalb des Premium-Bereiches gibt es drei Untersegmente. Auch diese tragen die gleiche Grundlogik des Identitätsmanagements in sich, unterscheiden sich aber ebenso untereinander. Die Unterschiede zwischen den Kundensegmenten lassen sich kundenzentriert beschreiben, anhand der Kundenbedürfnisse, dem Kundenvertrauen in Technologie oder Menschen, der Kundenbereitschaft zur Datenfreigabe und dem Pro-Aktivitätslevel der Kunden. Jedes Kundensegment fordert wiederrum unterschiedliche Arten von Produkten, Prozessen und Kommunikation von den Versicherern (vgl. [1]).

Infolge geänderter Umfeldbedingungen, wie oben bereits beschrieben, ist es notwendig, im Kundengruppenmarketing neue Konzepte für das Gewerbesegment zu erarbeiten. Der Begriff Gewerbekunden wurde für die Zielgruppe der kleineren Firmenkunden gewählt, die aufgrund weitgehend homogener Kriterien ein abgrenzbares Kundensegment bilden.

In der Praxis hat sich zur Segmentierung ein Mix aus folgenden Kategorien bewährt:

- „Quantitative" Kriterien, wie z. B. Mitarbeiterzahl, Umsatzgröße, Branchen, Rechtsform, Auslandsgeschäfte.
- „Qualitative" Merkmale, wie z. B. Anzahl und Art der beanspruchten und benötigten Versicherungsprodukte, Kundenverhalten und „Kaufmotive".

Eine Abgrenzung zu ähnlich gelagerten Zielgruppen wie Kleinbetriebe im Firmenkundengeschäft (keine einheitliche Definition) oder den Freien Berufen, die häufig im Privatkundengeschäft angesiedelt sind, kann beispielsweise folgendermaßen erfolgen: Bei Kleinbetrieben können zur Differenzierung die Anzahl, die Komplexität bzw. der mögliche Standardisierungsgrad der Versicherungsprodukte herangezogen werden. Diese korrelieren häufig mit der Größe des Unternehmens bzw. dem Gegenstand der Geschäftstätigkeit. Die Erfahrung zeigt, dass die Zielgruppe Freie Berufe zwar ähnliche Anforderungen stellt wie die Gewerbekunden, um jedoch die Kundenbedürfnisse noch besser abdecken zu können (zum Beispiel aufgrund des unterschiedlichen „Lebenszyklus" einer Ordination/Praxis versus Unternehmen oder aufgrund des Angebots öffentlicher Fördermöglichkeiten), sollten weitere Unterscheidungskriterien festgelegt werden (vgl. [6]).

Kann bei der vorgeschlagenen Segmentierung nach quantitativen Merkmalen „eindeutig" zugeordnet werden, bedarf es bei „weichen" Merkmalen, wie Kundenbedarf/-verhalten, einer differenzierten Vorgehensweise. In der Praxis hat sich dabei ein schrittweises Vorgehen bewährt:

1. Kundenwünsche, aber auch der potenzielle (= derzeit noch nicht befriedigte) Kundenbedarf werden aufgrund von Marktstudien geortet und neu definiert.
2. Einbeziehen der praktischen Erfahrungen des angestellten Außendienstes, für die diese Modelle letztendlich auch entwickelt wurden, um die Kundenbetreuung besser und ertragreicher zu gestalten.

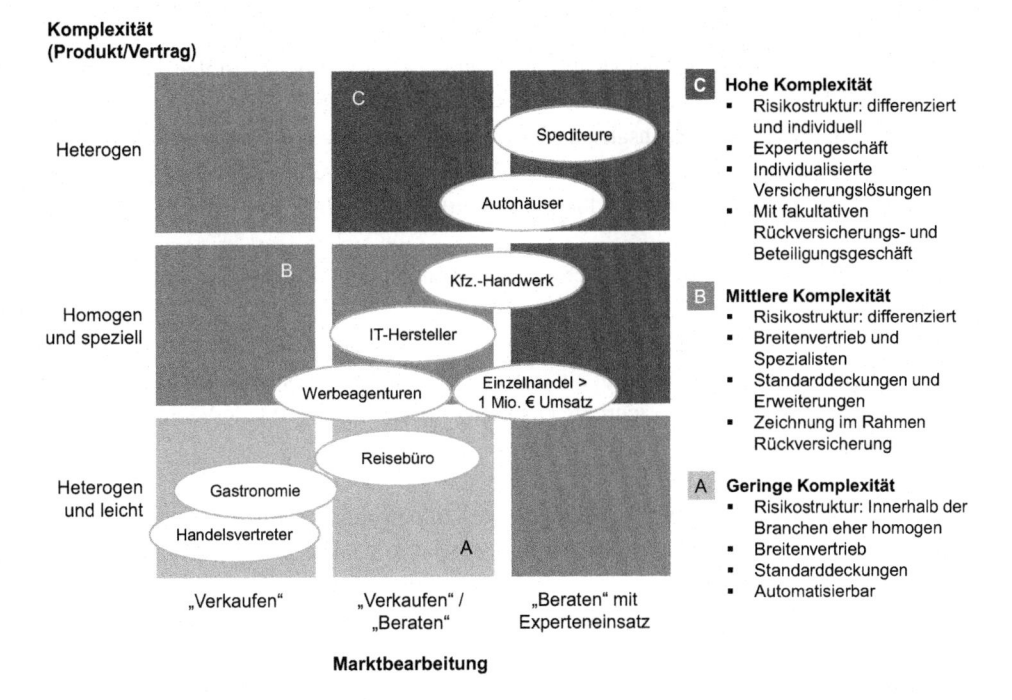

Abb. 19.3 Beispielhafte Darstellung einer Segmentierung nach Komplexität und Marktbearbeitung. (Quelle: eigene Darstellung)

Abb. 19.3 zeigt eine beispielhafte Segmentierung. Dabei wurde das Gewerbesegment marktüblich hinsichtlich der Komplexität von Produkten/Verträgen über die Marktbearbeitung segmentiert. Im Rahmen derartiger Segmentierungen lassen sich für das Gewerbesegment Möglichkeiten der Automatisierung herausarbeiten, die naturgegeben zu großen Effizienzgewinnen bei dem Versicherer führen.

19.2.3 Prozessoptimierungsansätze zur Effizienzsteigerung

Nachdem in den vorangegangenen beiden Abschnitten die Hebel zur Effizienzsteigerung im Gewerbegeschäft der Assekuranz herauskristallisiert wurden, soll nun der Fokus auf Prozessoptimierungsansätze gelegt werden, die insbesondere im Gewerbesegment zu hohen Effizienzsteigerungen führen können. Ausgehend von dem radikalen Ansatz des Business Process Re-Engineering, werden die aus dem Automotive-Bereich bekannten Ansätze des Kontinuierlichen Verbesserungsprozesses dargestellt und diskutiert.

Business Process Re-Engineering (BPR)
Das Konzept des Business Process Reengineering (BPR) ist eine Management-Methode zur radikalen Neustrukturierung von Organisationen als Antwort auf den Wandel der

wirtschaftlichen Rahmenbedingungen. Dieser Wandel zeigt sich häufig in einer stärkeren Segmentierung durch die Globalisierung, einer höheren Wettbewerbsintensität, schnell wechselnden Kundenpräferenzen sowie sich schnell ändernden IT-Systemen. Anfang der Neunzigerjahre wurde dieser Ansatz aus der Unternehmenspraxis heraus unabhängig voneinander von Hammer als auch Davenport in Kooperation mit Short entwickelt.

Der BPR-Ansatz wird inhaltlich durch drei Leitideen geprägt:

- Die Neugestaltung der Unternehmensorganisation, um eine Prozessorientierung zu ermöglichen.
- Vor einer Umstrukturierung der Organisation werden eine umfassende und systematische Identifikation und Definition aller wertschöpfenden Tätigkeiten durchgeführt.
- Das Ergebnis, eine prozessorientierte Organisation, stellt eine radikale Veränderung der bislang gängigen Organisationsform dar.

Der Business Process Reengineering-Ansatz stellt den zurzeit radikalsten Ansatz in der Prozessoptimierung dar. In der Regel ist dieser Ansatz Voraussetzung zur nachhaltigen Restrukturierung von Prozessen und Aufbauorganisation. Im Anschluss einer erfolgreichen Umsetzung besteht danach die Möglichkeit, mit dem nachfolgend dargestellten Lean Six Sigma Ansatz die stabilen Prozesse weiter zu optimieren. In der Assekuranz findet mittlerweile ein derartiges Vorgehen insbesondere vor dem Hintergrund eines wenig strukturierten Gewerbe-/Industriegeschäftes Anwendung.

Kontinuierlicher Verbesserungsprozess
Der Kontinuierliche Verbesserungsprozess (KVP) stellt den Grundstein des innovativen Prozess- und Qualitätsmanagements dar. Im englischen Sprachraum wird KVP als „Continuous Improvement Process (CIP)" bezeichnet und ist im Japanischen als Kaizen, einer Veränderung zum Besseren bekannt. KVP ist Ausdruck einer ständigen Verbesserung zur Steigerung der Prozessqualität und in der Konsequenz Steigerung der Service- und/oder Produktqualität. In diesem Zusammenhang wird sich auf Werte, wie Übersichtlichkeit, Sauberkeit i. w. S., Ordnung, Disziplin, Vermeidung von Verschwendung, Überlastung und Unregelmäßigkeit bezogen, um Prozesse optimal zu gestalten. Dabei wird KVP als ein Führungsinstrument verstanden, durch das die Mitarbeiter dazu befähigt werden, regelmäßig Verbesserungspotenziale aufzuspüren und umzusetzen. Die Mitarbeiter werden hierbei als Experten der Prozesse angesehen, welche durch ihre täglichen Erfahrungen in der Lage sind, Probleme innerhalb der Prozesse zu erkennen und entsprechende Lösungen dafür zu entwickeln.

Aufgrund einer solchen vergleichsweise relativ langsamen Optimierung, die durch die kleinen Verbesserungsschritte der Mitarbeiter ausgelöst wird, wird KVP häufig als kleinteilige Methodik gedeutet und nicht als ganzheitliches Managementsystem verstanden. Dabei ist ein systematischer Ablauf von KVP bereits von Anfang an fester Bestandteil in Form des Plan-Do-Check-Act-Kreislaufes (PDCA-Kreislauf). Innerhalb eines solchen PDCA-Kreislaufes wird zunächst ein Plan für zu erreichende Ziele, Verbesserungspoten-

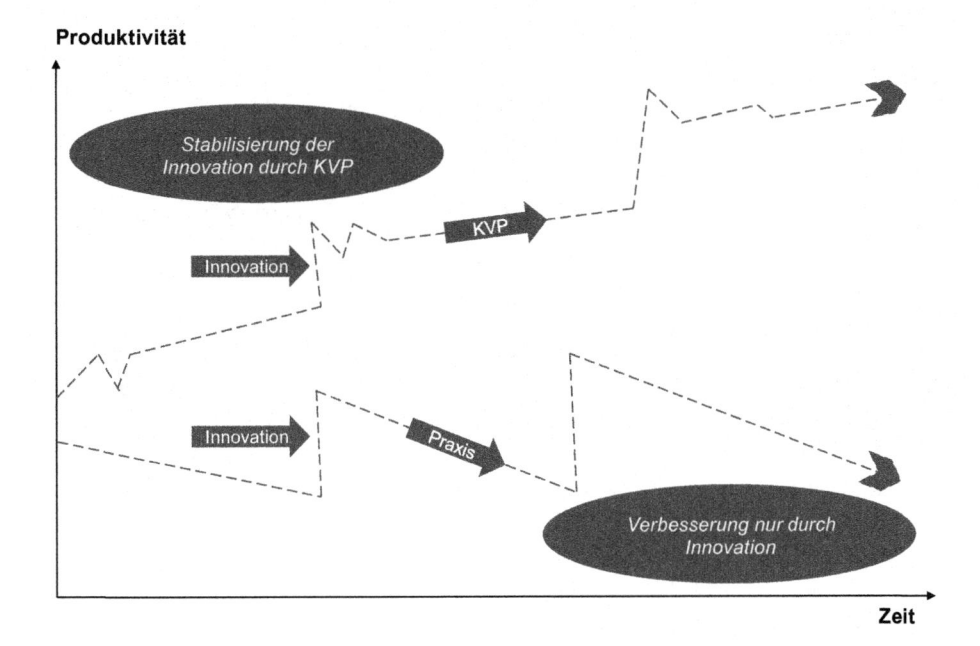

Abb. 19.4 Zusammenhang zwischen Innovation und KVP. (Quelle: Kosta/Kosta 2006, S. 9 ff.)

ziale und mögliche Hindernisse aufgestellt. Dieser wird in der Regel im Rahmen eines Projektes durchgeführt und dokumentiert. Das Ergebnis wird in Bezug auf die Erreichung des Ziels und auf seine Auswirkungen hin überprüft. In der letzten Phase wird das Ergebnis auf Verbesserungspotenziale hin untersucht, dokumentiert und dient so als Ausgangspunkt für den nächsten Durchlauf. Dieser Prozess wird mehrmals durchlaufen und dient somit einer genauen Definition des betreffenden Problems als auch dem Sammeln von Erfahrungen und anderer Daten, die sich anschließend auf den betreffenden Prozess beziehen lassen (vgl. [11], Abb. 19.4).

Total Quality Management
Ausgangspunkt des Total Quality Management (TQM)-Gedankens ist das Qualitätsmanagement eines Unternehmens. Es handelt sich dabei um eine Weiterführung des herkömmlichen Qualitätsmanagements, bei dem, anders als beim traditionellen Qualitätsmanagement, die gesamte Wertschöpfungskette des betreffenden Unternehmens betrachtet wird. TQM sieht die Qualitätsverantwortung also nicht nur im Hinblick auf die Entwicklung und Herstellung eines Produktes bzw. einer Leistung, sondern bei allen, an dem Prozess beteiligten Prozessen und den hier jeweils zum Einsatz gelangenden Mitarbeitern. Die im Prozessmanagement verankerte Vorstellung des internen Kunden findet sich auch im TQM wieder. Einzelne betriebliche Einheiten werden als interne Kunden angesehen, deren Anforderungen, genauso wie bei externen Kunden, stets erfüllt werden müssen.

Qualitätssicherung wird so zu einer Unternehmensphilosophie, die den Mitarbeiter in den Fokus des Handelns stellt.

Die Einführung von TQM stellt zweifelsfrei eine der größten Herausforderungen für Unternehmen dar. Dieses liegt zum einen an der Vielschichtigkeit und Komplexität des TQM-Konzeptes und zum anderen an dem Bedarf nach struktureller Veränderung der Organisation sowie dem dringend erforderlichen Wandel der Denkweise von Mitarbeitern und Management.

Lean Six Sigma
Lean Six Sigma ist kennzeichnet durch eine systematische Vorgehensweise, welche analytische und statistische Methoden anwendet, um Prozesse zu messen sowie zu verbessern und damit die Produktivität als auch in der Konsequenz die Kundenzufriedenheit zu steigern. Abweichungen und Durchlaufzeiten der Prozesse, die für Kunden in der Kaufentscheidung ausschlaggebend sind, müssen reduziert und gleichzeitig die Effektivität aller weiteren Einflussfaktoren erhöht werden, um so letztlich den Unternehmenswert zu steigern. Damit lässt sich Lean Six Sigma auch als projektbezogene Management-Methode beschreiben, welche die Bestandteile des Qualitätsmanagements als übergreifendes Gesamtkonzept vereint. Diese Methode ist dabei ausschließlich auf Prozessthemen fokussiert, die vom Management priorisiert wurden. Diese Themen werden als Projekte in einer klaren Rollenverteilung bearbeitet (vgl. [11]).

Einen weiteren Indikator in Bezug auf die Durchdringung der Prozessoptimierung und des Prozessmanagements in der Assekuranz stellen der BiPRO e. V. (Brancheninitiative Prozessoptimierung) und dessen Mitgliederwachstum dar, da sich hier insbesondere mit den Definitionen von fachlichen und technischen Prozess- und Daten-Standards für die Versicherungsbranche beschäftigt wird. Der BiPRO e. V. wurde 2006 gegründet und seine Mitglieder sind Versicherer, zum Beispiel Delta Lloyd oder die Gothaer Allgemeine Versicherung, Hersteller von Maklerverwaltungssoftware und andere branchennahe Dienstleister. Der BiPRO e. V. wurde gegründet, um die Standardisierung und Optimierung von Geschäftsprozessen zwischen Versicherern, Vertriebspartnern und branchennahen Dienstleistern zu erweitern. Dafür werden projektbezogen vertriebsrelevante Prozesse, wie zum Beispiel Antrag, Angebot, Tarifierung und Bestandsprozesse, in fachliche und technische Modelle integriert und der Branche kostenlos zur Verfügung gestellt. Besonders vor dem Hintergrund der Re-Regulierung durch die EU-Vermittlerrichtlinie oder die VVG-Reform stellen die von der BiPRO e. V. entwickelten Prozessmodelle wichtige Grundlagen für die Assekuranz im Hinblick auf die Bedeutung der Prozessoptimierung und des -managements dar. Infolge der sehr hohen Komplexität konnte die BiPRO-Norm im Versicherungsmarkt noch nicht flächendeckend etabliert werden.

Zusammenfassend lässt sich feststellen, dass sich mit dem Business Process Reengineerings (BPR) im Gewerbesegment Effizienzsteigerungen zwischen 25 und 30 % umsetzen lassen. Abhängig von der Größe der Savings ist die spezifische Ausgangssituation des Versicherers im Gewerbesegment. Nach einer Neuausrichtung der Organisation bieten sich häufig die Ansätze der nachhaltigen Prozessoptimierung an, wie zum Beispiel der

„Kontinuierliche Verbesserungsprozess" oder insbesondere „Lean Six Sigma", da dieser Ansatz mit einem starken Change Element einhergeht und zu nachhaltigen Prozessverbesserungen führt.

19.3 Erfolgsfaktoren im Gewerbesegment

Nachdem in den vorangegangenen Abschnitten einerseits die Herausforderungen im Gewerbegeschäft der Versicherungen dargestellt wurde, andererseits mögliche Hebel zur Effizienzsteigerung aufgezeigt werden konnten, sollen nun die Erkenntnisse im Rahmen von Erfolgsfaktoren herausdestilliert werden.

1. Industrialisierung des Gewerbegeschäftes
Ein wesentlicher Erfolgsfaktor im Segment Gewerbe muss zukünftig die zunehmende „industrialisierte" Verarbeitung des Geschäftes und damit die Senkung der Kosten sein. Damit verbunden besteht die Möglichkeit, Spezialisten des Innendienstes in der Assekuranz wieder auf das komplexe Geschäft fokussieren zu können. Dabei wird unter Standardisierung im Segment Gewerbe verstanden:

- Eine Produktstruktur auf Basis eines Produktmodells,
- Produktmerkmalen,
- Spartenkombinatorik,
- Preisen, Zuschlägen, Rabatten,
- Prozesse Vertrieb sowie
- Prozesse Betrieb.

Versicherungsbedingungen spartenübergreifend einheitlichen Regeln folgen zu lassen. Das hat Auswirkungen auf das „Mindset" von Führungskräften und Mitarbeitern, nicht mehr in Funktionen und „Silos" zu denken, sondern in „end-to-end" Prozessen. Im Zeitverlauf müssen sich derartige Forderungen ebenso in Organisation und Abläufen manifestieren.

Im Einzelnen bedeutet das, dass die Bausteine des modularen Gewerbeproduktes, wie oben bereits ausgeführt, einen fixen äußeren Rahmen darstellen. Dabei gibt es je nach Branche ein fest definiertes Angebot mit den entsprechenden Klausel-Paketen. Die im System fest kalkulierten Preise können über wenige risikoerhöhende Merkmale im Rahmen eindeutiger Zuschläge abgebildet werden. Tarif- und risikorelevante Merkmale des modularen Produktes werden durchgängig und vollständig am Point of Sale erfasst, sodass es zu keiner Nachbearbeitung in der zentralen Sachbearbeitung des Versicherers kommt, um so die maximalen Effizienzgewinne zu heben.

2. Dynamisches Preismanagement

Dynamisches Preismanagement ist ein Instrument der Preispolitik im Versicherungsmarketing, das bisher vor allem im Internet Anwendung findet; allerdings kann es auch zur Risikosteuerung oder bei der Durchführung von Verkaufsaktionen eingesetzt werden. Im Rahmen der Risikosteuerung lässt es sich nutzen, indem sich der Beitrag für Policen, abhängig von vorher festgelegten Parametern, automatisch in bestimmten Bandbreiten verändert. So kann beispielsweise der Beitrag für Produkte, die nicht häufig verkauft werden, günstiger sein als bei denjenigen, die stark nachgefragt werden. Damit lässt sich aus der Sicht des Versicherers ein ausgeglichenes Risikoportfolio erreichen. Darüber hinaus kann über ein dynamisches Preismanagement auch mit einem Limit System gearbeitet werden, dass bei Ausschöpfung vorher festgelegter Limits den Verkauf von weiteren Produkte nicht zulässt. Das führt im Weiteren zu einem schonenden Umgang mit dem „knappen Gut" des Risikokapitals.

3. Wettbewerbsbeobachtungen

Wie in anderen Bereichen der Assekuranz üblich, bietet sich auch für das Gewerbegeschäft permanente Wettbewerbsbeobachtungen an. Ziel ist es, Informationen zu den eigenen Tarifen und die der Mitbewerber strukturiert zu vergleichen und Rückschlüsse auf die eigenen Produkte und Preise zu erhalten. Dabei muss die Datenbasis sukzessive um die Mitbewerber aus der „Peergroup" erweitert werden. Im Zusammenspiel mit dem Vertrieb sind die Produktmanager dafür zuständig, mögliche Angebote von Wettbewerbern strukturiert auszuwerten und im Rahmen von CRM-Tools zur Verfügung zu stellen (vgl. [2]).

19.4 Zusammenfassung und Ausblick

Im Rahmen dieses Beitrages sollten zunächst, unter Einnahme einer übergreifenden Perspektive, die Trends und Potenziale der Digitalisierung für das Gewerbesegment in Versicherungen herausgearbeitet werden. Anschließend wurde auf die speziellen Herausforderungen und möglichen Hebel zur Steigerung der Effizienz im Gewerbesegment eingegangen. Auf Basis der Erkenntnisse wurden Erfolgsfaktoren abgeleitet. Wie sich gezeigt hat, kann ein Sachversicherer, der seine Digitalisierungsansätze konsequent vorantreibt, seine Beitragseinnahmen bis zu 25 % steigern. Dabei entfällt ein Großteil dieser Steigerungen auf Marktanteilsgewinne, wie zum Beispiel neuen versicherbaren Risiken – in der Gewerbeversicherung „Cyper", einem besseren Pricing einzelner Produkte sowie gezielten Kooperationen.

Grundsätzlich steht das Segment „Gewerbeversicherung" jedoch vor großen Herausforderungen. Gründe dafür, sind unter anderem das Eindringen der großen Makler und Pools in das Segment und die damit verbundenen Courtageforderungen. Dies führt in der Folge dazu, das der Versicherer seine Kosten drastisch senken und umfangreiche Effizienzsteigerungsprogramme durchführen muss. Vor diesem Hintergrund ist das Gewerbegeschäft auf der Produkt- und Prozessseite stärker zu standardisieren. Damit ergeben sich die maßgeblichen Erfolgsfaktoren für die Gewerbesicherung, konsequente Standardisierung, dynamisches Preismanagement sowie permanente Wettbewerbsbeobachtungen.

Insgesamt lässt sich zusammenfassen, dass das Gewerbesegment für fokussierte Anbieter auch zukünftig eine „Wachstumsarena" bietet, vorausgesetzt der Versicherer hat seine Prozesse bestmöglich ausgerichtet und digitalisiert.

Literatur

1. Ambacher N, Knapp D, Jànsky SG (2014) Trendstudie, Versicherungen 2020: Kunden, Werte, Produktchancen. 2b AHEAD ThinkTank, Leipzig
2. Bunk V (2017) Studie-CRM in der Versicherungsbranche. TechConsult
3. Carl M, Schnoeckel R (2016) Die Zukunft der Versicherungen. 2bAHEAD ThinkTank, Leipzig
4. Holzheu T, Futterknecht O, Lechner R (2012) Die Gewerbeversicherung – ein Markt im stetigen Wandel. Schweizerische Rückversicherungs AG, Econimic Resarch&Consulting, Zürich
5. Katalakidis N, Naujoks DH, Mueller F (2016) Digitalisierung der Versicherungswirtschaft: Die 18-Millarden-Chance. Bain & Company, München
6. Kempler R, Hofbauer H (1997) Standardisierte Produkte im Gewerbegeschäft. Springer, Wiesbaden
7. Leitfeld C (2017) Gewerbeversicherung – Technologisch ist der Markt in den 90er Jahren stehengeblieben. https://www.versicherungsbote.de/id/4855257/Gewerbeversicherung-Vermittler-Leifeld/. Zugegriffen: 8.11.2017
8. Maeder P, Grüner T, Brunner R (2013) Aktives Betrugsmanagement als Teil der Unternehmensstrategie. Bearingpoint, Zürich
9. Mennesson T, Knoess C, Herbolzheimer C, Klinger M (2016) Traditionelle Unternehmen in der digitalen Welt, Nachzügler haben das Nachsehen. Oliver Wyman, New York
10. Milewski FO (2015) Neues Vertriebspotenzial. Cash Exklusiv 08/2015:57
11. Reich M (2014) Prozessmanagement als Industrialisierungsansatz in Versicherungen. Kohlhammer, Stuttgart
12. Stempel A, Lohmann C (2017) Gothaer KMU Studie 2017. heute und morgen, Köln

Run-off im internationalen Sachgeschäft

20

Tim Braasch und Ina Kirchhof

Zusammenfassung

Während im Non-Life-Sektor auch in Kontinentaleuropa seit längerer Zeit ein Markt für inaktive Bestände zu beobachten ist rückt zusehends die Lebensversicherung in den Fokus. Hier zeichnet sich eine Reihe (sehr) großer Transaktionen ab. Dabei kann die Ausgliederung des inaktiven Geschäfts, eine attraktive Möglichkeit für Versicherer darstellen, bisher gebundenes Kapital und Ressourcen freizusetzen und notwendige strategische Handlungsspielräume zurückzugewinnen, beispielsweise für notwendige Digitalisierungsinitiativen. Dieser Artikel diskutiert wesentliche Ansätze und Herangehensweisen an das Thema Run-off.

20.1 Einleitung

20.1.1 Strategische Herausforderungen

Neben der Risikokapitalbeschaffung und -verwendung gibt es weitere erhebliche Herausforderungen für die Assekuranz. Ausgehend von schwachen Wachstumsprognosen, die sich auf die Psychologie der Verbraucher und deren Nachfrage nach weitestgehend allen Versicherungsprodukten auswirken, werden sich insbesondere kleinere und mitt-

T. Braasch (✉)
67rockwell Consulting GmbH
Hamburg, Deutschland
E-Mail: tim.braasch@67rockwell.de

I. Kirchhof
Athene Lebensversicherung AG
Wiesbaden, Deutschland
E-Mail: Ina.Kirchhof@athene.de

lere gewerbliche Kunden nach günstigen Lösungen im Markt umsehen. Dabei werden sie Selbstbehalte erhöhen, Garantien streichen, Deckungen reduzieren oder den Versicherungsschutz kündigen.

Darüber hinaus hat die Preissensibilität der Individualkunden bereits merklich zugenommen, begünstigt etwa durch Vergleichsportale. Daneben hat sich auch das Verhalten von industriellen Großkunden in den letzten Jahren erheblich verändert. Die Kenntnis um alternative Lösungen hat dabei längst Einzug in das Risikomanagement von größeren Konzernen genommen (vgl. [2]). Gleichzeitig hat die Bedeutung von Versicherungslösungen für das Risikomanagement internationaler Konzerne abgenommen. Wie bereits an anderer Stelle angeklungen, geht ein starker Trend in der Industrieversicherung in Richtung „Selbstversicherung". In diesem Fall kontrolliert ein Unternehmen kleine interne Risiken, indem es zu einem eigenen Versicherer wird. Es ist zu erwarten, dass kombinierte Lösungen aus Selbstbehalten, externen Schadenmanagement und alternativen Risikotransfers an Bedeutung gewinnen werden und damit die traditionelle Industrieversicherung stärker substituieren. Grundsätzlich leidet die Assekuranz unter den historisch niedrigen Zinsen, Abschreibungen auf Kapitalanlagen und volatilen Kursen an den internationalen Finanzmärkten (vgl. [5]).

Versicherungsunternehmen decken ihren Kapitalbedarf durch Einzahlungen von außen. Dabei werden dem Unternehmen Einzahlungen zur befristeten oder unbefristeten Nutzung zur Verfügung überlassen. In diesem Zusammenhang lassen sich nach den Umweltsektoren, aus denen das Kapital stammt, die wesentlichen Finanzierungsformen unterscheiden: Beteiligungsfinanzierung, wie zum Beispiel Aktionäre, Umsatzfinanzierung, Gläubigerfinanzierung, sowie Finanzierung aus Desinvestitionen. Grundsätzlich speist sich das Eigenkapital des Versicherers aus der Beteiligungsfinanzierung oder der Umsatzfinanzierung (vgl. [3]). Das Eigenkapital des Versicherers ist dabei wesentlicher Bestandteil des Risiko- oder Sicherheitskapitals, für das, im Gegensatz zum Fremdkapital, keine rechtlich fixierten Rückzahlungs- oder Zinsansprüche bestehen und welches somit als potenzieller Verlustträger gelten kann. Im Verlustfall kommt dem Eigenkapital eine Haftungs-/Garantiefunktion zu, da das Fremdkapital solange vor entstehenden Verlusten geschützt ist, bis das Eigenkapital verbraucht ist. Insbesondere in den Sovabilitätsvorschriften spiegelt sich dieser Zusammenhang wieder (vgl. [2]).

Für die Assekuranz wird ein Kernnutzen von Solvency II darin liegen, das eigene Geschäftsmodell aus einer neuen Perspektive zu betrachten. Völlig unabhängig von der Rechts- und Finanzierungsform wird Eigenkapital zum kritischen Produktionsfaktor für das Kernprodukt der Versicherer, die Risikoträgerschaft, werden. Für das Versicherungsgeschäft bedeutet das: Nicht mehr nur die strategische Ausrichtung eines Versicherungsunternehmens im Kontext der jeweiligen Marktsituation begründet den Unternehmenserfolg, sondern auch die Risikokapitalallokation (vgl. [6]). Dies hat Konsequenzen für den Geschäftsfeldmix und damit die Strategie der Versicherungsunternehmen. Infolge der durch Solvency II erforderlichen Eigenkapitalunterlegung wird das Management in Zukunft genauer prüfen müssen, inwieweit man einzelne Sparten weiterhin im Portfolio behält. Vor dem Hintergrund der aktuell erschwerten Zinsbedingungen werden Rück-

20 Run-off im internationalen Sachgeschäft

[Diagramm: Entstehung von Run-off]

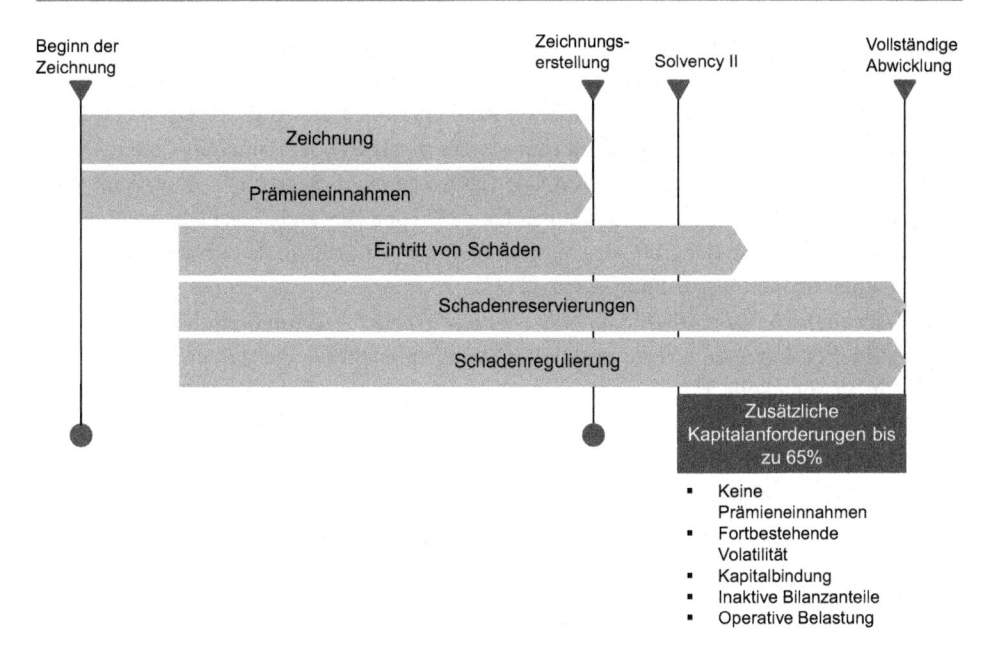

Zeitachse mit den Phasen: Beginn der Zeichnung – Zeichnungserstellung – Solvency II – Vollständige Abwicklung

Balken: Zeichnung, Prämieneinnahmen, Eintritt von Schäden, Schadenreservierungen, Schadenregulierung

Zusätzliche Kapitalanforderungen bis zu 65 %

- Keine Prämieneinnahmen
- Fortbestehende Volatilität
- Kapitalbindung
- Inaktive Bilanzanteile
- Operative Belastung

Abb. 20.1 Entstehung von Run-off. (Quelle: eigene Darstellung, in Anlehnung an DARAG 2017)

stellungen in den sogenannten Longtail-Sparten, die nicht mehr in das Geschäftsmodell passen, zu hinterfragen sein.

20.1.2 Entstehung von Run-off

Seit mehr als zehn Jahren beschäftigt sich die deutsche Versicherungswirtschaft nunmehr intensiver mit dem Thema Run-off – zunächst die Rückversicherer, folgend dann die Schaden- und Unfallversicherer. Wie oben ausgeführt, geraten unter der verschärften Solvency II Regelung immer mehr Versicherer unter Druck. Die negative Reaktion der Öffentlichkeit zeigt, dass Run-off in Deutschland weiterhin als Versagen von Versicherern gilt. Dabei wird es selten als eine bewusste Unternehmensentscheidung wahrgenommen (vgl. [9]).

Aus Sicht des Versicherers versteht man unter Run-off die Aufgabe des Neugeschäftes. Dies bezeichnet den Zustand, dass ein Erst- oder Rückversicherer kein Neugeschäft mehr zeichnet (Discontinued Business) und den Versicherungsbestand (lediglich) abwickelt (vgl. Abb. 20.1).

Der Run-off kann auch nur einen Teil des Geschäfts erfassen. Für den Fall, dass für die Abwicklung der zukünftigen Verpflichtungen nicht genügend Haftungsmittel vorhanden sind, kann es zu einem sogenannten Scheme of Arrangement kommen, bei dem alle Gläubiger gleichmäßig abgefunden werden. Im ungünstigsten Fall kann ein Run-off auch zur

Liquidation oder Insolvenz des Versicherers führen. Neben der Aufgabe des Neugeschäftes, bezeichnet man des Weiteren auch die in Abwicklung befindlichen versicherungstechnischen Reservebestände aus abgelaufenen Risikoperioden als Run-off. Demnach kann sich der Run-off sowohl auf Schadenreserven aus fortlaufenden Geschäft („going Concern") als auch aus eingestelltem Geschäft („Discontinued Business") entwickeln. Der Run-off betrifft im vorliegenden Zusammenhang also den Bestand an Schadenreserven eines Erst- oder Rückversicherers, der bis zum endgültigen Vollzug der Abwicklung durch Risikokapital bedient werden muss (vgl. [11]).

Mit der meist wirtschaftlich oder strategisch begründeten Einstellung bestimmter Geschäftsfelder entfallen zunächst nur die Prämieneinnahmen. Die bekannten Schäden sind weiterhin abzuwickeln. Hinzu kommen noch nicht gemeldete Schäden. Daher bleiben in der Bilanz eines Versicherungsunternehmens die versicherungstechnischen Rückstellungen vorerst bestehen. Diese Rückstellungen müssen regelmäßig angepasst werden, bis eine vollständige Abwicklung erfolgt ist und keine weiteren Schäden mehr zu erwarten sind.

In Sparten mit einem ausgeprägten Schadennachlauf („Longtail-Sparten") können Schäden auch noch Jahre nach der Einstellung des Geschäfts auftreten, sich ungünstig entwickeln und sich dadurch negativ auf spätere Geschäftsergebnisse auswirken.

Mit der Einführung von Solvency II sind diese versicherungstechnischen Risiken mit Eigenkapital zu unterlegen und führen daher zu einer zusätzlichen, ungewollten Belastung für das Versicherungsunternehmen.

20.1.3 Run-off im Aufsichtsrecht

Im deutschen Aufsichtsrecht gibt es keine Definition von Run-off. Es kennt den sehr viel engeren Tatbestand der Beendigung des Geschäftsbetriebs (§ 86 Versicherungsaufsichtsgesetz – VAG). Demnach endet der Geschäftsbetrieb durch freiwillige Einstellung (Rückgabe der Erlaubnis) oder das Eingreifen der BaFin (Widerruf der Erlaubnis oder Untersagung des Geschäftsbetriebs). Häufig ist es dabei so, dass die übernommenen Bestände in die Liquidation gehen. In diesen Fällen dürfen dann weder neue Versicherungsverträge abgeschlossen noch bestehende Verträge verlängert oder die Versicherungssumme erhöht werden. Die bestehenden Verträge werden jedoch weiter abgewickelt, also fortgeführt, bis der Vertrag endet. Dies können in der Lebens- und Krankenversicherung mehrere Jahrzehnte dauern (vgl. [9]). In sehr seltenen Fällen meldet die Aufsichtsbehörde die Insolvenz des Versicherers an; nur dann enden bestehende Verträge vorzeitig. Die Beendigung des Geschäftsbetriebs, und mehr noch die Insolvenz, sind derzeit jedoch Randthemen: Keines der Versicherungsunternehmen, über die in den letzten Jahren öffentlich diskutiert wurde, war oder ist in einer solchen Lage.

Alle anderen Run-off-Fälle beruhen auf einer unternehmerischen Entscheidung. Für sie gelten, wie auch für Unternehmen in Liquidation, die gleichen aufsichtsrechtlichen Vorschriften wie für alle anderen Versicherer. Dies trifft auch auf Versicherungsunternehmen zu, deren ausschließlicher Geschäftszweck es ist, geschlossene Bestände zu übernehmen und abzuwickeln.

Die freiwillige oder erzwungene Einstellung des Neugeschäfts hat wirtschaftliche Folgen, die für die Versicherungsaufsicht relevant sind. Dies gilt auch für die Fälle in der Lebensversicherung, bei denen typischerweise noch bestimmte Verträge neu abgeschlossen oder erhöht werden, etwa bei Kollektivverträgen, Verträgen mit dynamischen Erhöhungen und bei Nachversicherungen.

Unmittelbare Folge der Einstellung des Neugeschäfts ist, dass der Bestand und die Prämieneinnahmen sinken. Dies kann – je nach Sparte und Umfang des betroffenen Bestandes – rasch oder langsam und kontinuierlich erfolgen. Insbesondere bei einem vollständigen Run-off kann es außerdem dazu kommen, dass die Diversifikation im Bestand sinkt, die versicherungstechnischen Ergebnisse also volatiler werden (vgl. [5]). Das kann den Ausgleich im Kollektiv langfristig gefährden. Wird ein Versicherer in der Öffentlichkeit aufgrund des Run-offs als weniger solide wahrgenommen, besteht zudem das Risiko, dass Bestandskunden vermehrt kündigen, sodass der Versicherer eine erhöhte Liquidität benötigt. Da Abschlussprovisionen wegfallen, wenn das Neugeschäft eingestellt wird, sinken die Kosten kurzfristig. Langfristig ist bei einem vollständigen Run-off aufgrund der Fixkosten jedoch fraglich, ob die Kosten gedeckt werden können. Stellt ein Versicherer mit mehreren Sparten lediglich einige davon ein, können die Kosten dagegen dauerhaft sinken.

Während es also kaum rechtliche Unterschiede zwischen aktiven Versicherern und Versicherern mit Run-off-Beständen gibt, können die wirtschaftlichen Unterschiede groß sein. Aufgrund der genannten möglichen Auswirkungen muss die Aufsicht (BaFin) die Lage des jeweiligen Run-off-Unternehmens genau analysieren und von Fall zu Fall entscheiden, ob und wie sie eingreift. Ist etwa ein Verkauf geplant, wird sie kontrollieren, ob der Investor die Ziele der Aufsicht nicht gefährdet, ob das Unternehmen also weiterhin die Belange der Versicherten wahren und die Verträge dauerhaft erfüllen kann und will. Dazu prüft die BaFin unter anderem die Zuverlässigkeit, das Geschäftsmodell und die Strukturen des Investors, die ausreichend transparent sein müssen, sowie seine Fähigkeit, den Versicherer ausreichend zu kapitalisieren. Das Herkunftsland oder die Branche des Investors allein sind in der Regel nicht ausschlaggebend für die Entscheidung der BaFin. Grundsätzliche Vorbehalte gegen Run-off-Spezialisten als Investoren sind aus der Sicht der BaFin nicht vorhanden (vgl. [9]).

20.2 Marktentwicklungen und Trends im internationalen Run-off-Geschäft

Wie schon mehrfach angeklungen, hat sich der Run-off-Markt in den vergangenen Jahren sichtbar entwickelt und hat in diesem Zusammenhang zunehmend an Bedeutung gewonnen (vgl. Abb. 20.2). Ein wichtiger Entwicklungsschritt für den deutschen Markt ist die Novelle des Versicherungsaufsichtsgesetzes von 2007. Neu sind hier die Regelungen des

Nachfrage nach Run-Off Lösungen
- Zunehmende Wertorientierung und operational Exzellenz
- Niedrigzins reduziert Kapitalerträge, damit entsteht Druck auf die Versicherungstechnik, unprofitables Geschäft zu sanieren
- Solvency II erhöht die Kosten von Run-Off Beständen

Marktvolumen Run-Off

Angebote an Run-Off Lösungen
- Niedrigzins und „Anlagenotstand"
- Bereitstellung von Kapital durch Investoren für den Run-Off-Markt
- Positives Verhalten der BaFin gegenüber Run-Off Lösungen

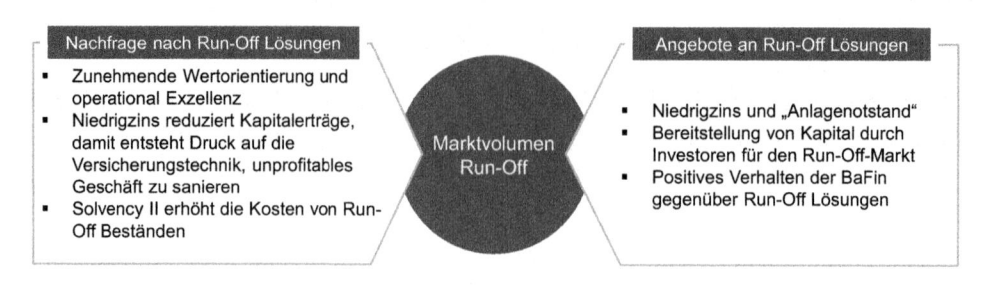

Abb. 20.2 Einflussfaktoren Marktvolumen Run-off. (Quelle: eigene Darstellung)

§ 121 f für die Bestandsübertragung von Rückversicherungsverträgen. Mit der Änderung des deutschen VAG vom 21. Dezember 2015 wird die Bestandübertragung in den §§ 13 (Erstversicherung; spezielle Vorschriften in den §§ 63 und 73) und 166 (Rückversicherung) eindeutig geregelt (vgl. [7]). Dies ist als Erweiterung des § 14 VAG (Bestandsübertragungen von Erstversicherungsverträgen) zu sehen und wurde vor allem eingeführt, um die Bestandsübertragung innerhalb der EU zu erleichtern. Nachfolgend sollen, einem systematischen Verlauf der Untersuchung folgend, im Wesentlichen drei Marktdimensionen betrachtet werden: die Größe des Marktes, die wesentlichen „Player" im Markt sowie größere Transaktionen.

Die Universität St. Gallen hat in 2016 eine Studie zum Run-off im Nichtleben-Versicherungsbereich veröffentlicht. Insbesondere für das Marktvolumen von europäischen Nichtleben Run-off-Beständen gibt diese Studie erste Anhaltspunkte. Aktuellen Schätzungen zufolge beträgt das Volumen für Run-off-Reserven im europäischen Markt rund 247 Mrd. € (vgl. [7]). Zwischen 2009 und 2013 entstand im Markt ein Wachstum von ca. 20 %. Innerhalb von Europa geht man aktuell davon aus, dass der deutsche und der Schweizer Markt gemeinsam mit ca. 111 Mrd. € am größten sind, gefolgt von dem Vereinigten Königreich und Irland (gemeinsam ca. 52 Mrd. €) sowie Frankreich und den Beneluxstaaten (gemeinsam ca. 41 Mrd. €).

Nachfolgend sollen, dem Verlauf des Beitrages weiter folgend, die wesentlichen Trends für den Run-off-Markt herauskristallisiert werden. Dabei wird der Fokus zunächst auf den deutschsprachigen Markt gelegt. Wie in Abschn. 20.1.1 herausgearbeitet wurde, ergeben sich zurzeit für die Versicherer massive Herausforderungen aus dem Niedrigzinsumfeld sowie aus der Umsetzung von Solvency II.

Infolge der Niedrigzinsphase nimmt der Druck auf die Profitabilität und Effizienz (sogenannte Operational Excellence) von Versicherern zu, da durch den Niedrigzins die Kapitalanlageergebnisse häufiger niedriger ausfallen als geplant. Damit sind Versicherer in der Situation, den Managementfokus auf die Kostensituationen und die Versicherungstechnik zu legen, wo er ohnehin liegen sollte. Als Folge entsteht damit die zunehmende Einstellung von Zeichnungsaktivitäten im Markt für nicht profitables Geschäft sowie die vermehrte Externalisierung von bereits bestehenden Run-off-Portfolien. Ein weiterer Effekt der Niedrigzinsen ist die Zuwanderung von Investoren auf den Run-off-Markt. Dies

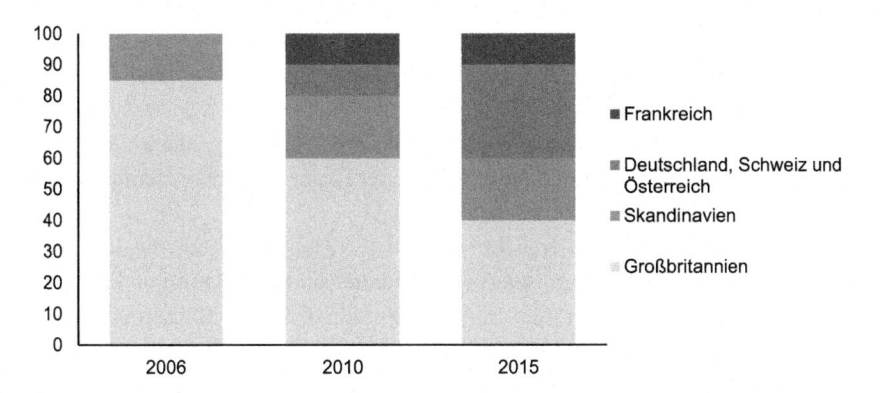

Abb. 20.3 Verteilung des Run-off Volumens in Europa. (Quelle: eigene Darstellung, in Anlehnung an Universität St. Gallen 2016)

wird zukünftig zu einem größeren Angebotsvolumen an Run-off-Lösungen im Markt führen.

Seit dem Inkrafttreten von Solvency II im Januar 2016 ist eine Zunahme an Run-off-Aktivitäten zu erkennen. Diese neue Vorschrift belastet insbesondere kleine Versicherer in erhöhtem Maße, da diese die notwendigen Ressourcen, wie beispielsweise eine geeignete Ausstattung an Mitarbeiterkapazitäten sowie geeignete IT-Systeme zur Umsetzung der Richtlinie, nur unter großen finanziellen Belastungen bereitstellen können. Neben der skizzierten Kostenbelastung, kommen die erhöhten Eigenkapitalkosten hinzu, so das kleinere und mittlere Gesellschaften gezwungen sein können, Teilbestände oder sogar ihren gesamten Bestand in den Run-off zu geben.

Lange Zeit galt Großbritannien als aktivster Market für externe Run-off-Lösungen. In der jüngeren Vergangenheit ist aber auch eine Zunahme an Marktaktivitäten im deutschsprachigen Raum (Deutschland, Schweiz und Österreich) zu beobachten. Neben der Novelle des VAG und der daraus resultierenden Erleichterung von Bestandsübertragungen, kann die Belebung des Run-off-Markts auch auf das zusätzliche Angebot von externen Run-off-Lösungen im deutschsprachigen Markt durch die zuvor erwähnten spezialisierten Firmen zurückzuführen sein. Abb. 20.3 zeigt die prozentuale Aufteilung aller europäischen externen Bestands- und Gesellschaftsübertragungen im Zeitverlauf.

20.3 Aktives Run-off-Management

20.3.1 Wertmanagement in der Assekuranz

Wertorientiertes Management macht Portfolioentscheidungen eindeutig an den Wertbeiträgen einzelner Geschäfte fest: Entsprechend der genannten wertorientierten Spielregeln können nur solche Aktivitäten im Portfolio verbleiben, die langfristig eine Verzinsung über den Kapitalkosten erwirtschaften (vgl. [3]). Die Trennung von Wertvernichtern wird dabei begleitet von der Suche nach zusätzlichen Werterzeugern außerhalb des Unternehmens. Auch Versicherungen sehen sich heute mit der Notwendigkeit einer wertorientierten Unternehmensführung konfrontiert. Dabei weisen die Wertmanagementkonzepte in der Assekuranz besondere Charakteristika auf, die in der Regel besondere Herausforderungen für die Umsetzung darstellen.

Im Nicht-Leben Bereich existieren drei wesentliche Zielindikatoren, die der Erreichung des übergeordneten Wertsteigerungsziels vorgeschaltet sind: der Return on Equity (ROE), das Netto-Prämienwachstum und die Summe aus Schaden- und Kostenquote, die sogenannte Combined Ratio. In der Vergangenheit lag der Managementfokus bei der Combined Ratio, doch ist letztlich eine ausbalancierte Kombination aus den oben beschriebenen drei Zielindikatoren notwendig (vgl. [10]). Die Ergebnisse der drei Zielindikatoren werden im Nicht-Leben Bereich typischerweise in Produkte und Kanäle zerlegt, damit auf dieser Basis operative Ziele definiert werden und Portfolioentscheidungen getroffen werden können. Die Hauptziele, die (nicht nur) in Zeiten von Kapitalknappheit erreicht werden müssen, um eine kontinuierliche Steigerung des Unternehmenswertes sicherzustellen, sind, neben positiven Ergebnisbeiträgen, vor allen Dingen weiteres Wachstum und Kapitaleffizienz (vgl. [10]), also der Entzug von Kapital für Wertvernichtung.

Grundlage aller Wertsteigerungsbemühungen ist dabei ein profitables Wachstum: Die höchsten Wertzuwächse erreichen Unternehmen, die in Umsatz und Gewinn überdurchschnittlich zunehmen und deren Gewinn gleichzeitig schneller wächst als deren Umsatz. Richtig gemanagtes Wachstum hält einen wertsteigernden Wachstumsalgorithmus in Gang, der Mittel freisetzt, um gleichzeitig die operative Exzellenz des Unternehmens sicherzustellen. Die massive Bedeutung wertorientierter Unternehmensführung ist insbesondere in der Versicherungswirtschaft noch nicht stark ausgeprägt. Im Zuge von Solvency II werden die Versicherer ihre Controlling- und Managementsysteme stärker auf wertorientierte Ziele ausrichten müssen, um frühzeitig und fundiert Entscheidungen zu Run-off von Beständen treffen zu können.

20.3.2 Motivationen zur Einleitung von Run-off

Die Motivation zur Einleitung eines teilweisen oder gesamthaften Run-off's für Teilbestände lässt sich grundsätzlich auf eine strategische Managemententscheidung des Versicherers zurückführen. Wie oben ausgeführt, hängen derartige strategische Entscheidungen vom Wertmanagement einzelner Geschäftsfelder oder aber auch Unternehmenseinheiten ab. Es handelt sich also regelmäßig nicht um von außen bedingte Entscheidungen, wie zum Beispiel bei einer Unternehmensinsolvenz durch die BaFin. Die Entscheidung zum Run-off basiert in der Regel nicht ausschließlich auf einem Faktor, sondern begründet sich aus einem Zusammenspiel vieler Faktoren. Nachfolgend werden zum besseren Verständnis strategischer Entscheidungen, die häufig zu einem Run-off führen, einzelne Faktoren herausgearbeitet.

Profitabilität einzelner Geschäftseinheiten

Wie im Abschn. 20.3.1 ausgeführt, muss Kapital aus Sicht der Eigentümer generell innerhalb eines Unternehmens oder einer Gruppe auf die profitabelsten Geschäftseinheiten allokiert werden. Run-off kommt dabei als Managementinstrument dann in Betracht, wenn einzelne Geschäftseinheiten nicht die notwendige Kapitalrendite erwirtschaften oder bessere Opportunitäten für die Kapitalverwendung im Markt oder auch im eigenen Unternehmen bestehen. Durch die angepassten Regelungen in der Solvency II Richtlinie ist davon auszugehen, dass Versicherer ihr Kapital verstärkt aktiv steuern (vgl. [5]), da die notwendige Kapitalunterlegung für einzelne Geschäftszweige noch transparenter wird. Viele Geschäftsfelder in der Assekuranz binden neben Kapital eine Vielzahl anderer Ressourcen, wie beispielsweise Mitarbeiter, Infrastruktur, Immobilien, Mieten etc. Stehen die Kosten nicht in einem entsprechenden Verhältnis zu dem erwarteten Ertrag in den einzelnen Geschäftsfeldern, wie beschrieben, wird sich der Versicherer von den unprofitablen Geschäftseinheiten mittelfristig (zwischen 2 und 5 Jahren) trennen (müssen).

Schadenverlauf

Wie bereits angeklungen, führen Schäden in der Bilanz der Assekuranz zu signifikant hohen Aufwänden. Jeder Versicherer versucht mehr oder weniger stark, diesen Kostenhebel über optimierte Prozesse und schlanke Strukturen in den Griff zu bekommen. Dabei kommt es häufig zu strategischen Entscheidungen, ein bestimmtes Geschäft vor dem Hintergrund des historischen oder erwarteten Schadenverlaufes nicht weiter fortzuführen (vgl. [4]). Da infolge des hohen Wettbewerbsdruckes in der Assekuranz selten höheren Preise durchgesetzt werden können, bietet sich der Run-off als „Lösung" für Teileinheiten oder gesamte Geschäftsfelder an. Neben den ungünstigen Effekten aus Schadenverläufen, führen auch zu kleine Bestandsgrößen mit zu geringen Diversifikationseffekten dazu, dass Schadenquoten im Vergleich zum Wettbewerb zu hoch sind und damit einen Run-off aus der Sicht des Top-Managements rechtfertigen.

Strategische Neuausrichtung

Zurzeit befindet sich die Versicherungswirtschaft in einer starken Umbruchsituation, getrieben durch die Herausforderungen im Rahmen der Digitalisierung. Viele Versicherer haben die Herausforderungen angenommen und richten ihre Unternehmen strategisch neu aus. Das kann bedeuten, dass man sich aus bestimmten Regionen zurückzieht. Dies kann ein Produktprogramm, eine ganze Sparte oder auch eine ganze Region betreffen. Die Ergo Versicherungsgruppe hat sich beispielsweise Ende 2015 dazu entschlossen, ihr Italien-Geschäft zu beenden. Dem folgend wurde mit der Ergo Assicurazione der Schadenversicherer der italienischen Ergo an den Run-off-Versicherer DARAG veräußert. Mit der Übernahme plant der Run-off-Versicherer die neu firmierte DARAG Italia S.p.A. zu einer dritten strategischen Versicherungseinheit der DARAG Gruppe auszubauen und zum Zentrum des Südeuropa-Geschäftes zu machen (vgl. [1]).

20.3.3 Methoden des aktiven Run-off-Management

Im Rahmen des aktiven Run-off-Managements stehen verschiedene Instrumente zur Auswahl, die nachfolgend detailliert erläutert werden sollen.

Gesellschaftsübertragung (Share Deal)
Die rechtlich und wirtschaftlich weitreichendste Form der Haftungsbeendigung („Finalität") durch aktives Run-off-Management ist die Abgabe der gesamten das Altgeschäft enthaltenen Rechtseinheit. Bis vor einigen Jahren schien es jedoch für im Run-off befindliche Erst- und Rückversicherer keinen Markt zu geben (vgl. [2]).

Ausgehend von der Tatsache, dass das Versicherungsunternehmen alle Zeichnungsaktivitäten eingestellt hat, lässt sich der gesamte Versicherungsbestand im Run-off durch einen Verkauf der Gesellschaft auf neue Anteilseigner übertragen, wie beispielsweise beim Verkauf der Ergo Assicurazione an die DARG Versicherungsgruppe. Die Übertragung umfasst dabei alle versicherungstechnischen Rückstellungen, wodurch die alten Eigentümer nicht länger im Risiko – auch nicht für Spätschäden – stehen (vgl. [4]). Diese Form des Run-off findet lediglich bei der Rechtsform der Aktiengesellschaft (AG) Anwendung. Bei einem Versicherungsverein auf Gegenseitigkeit (VVaG) etwa oder einem öffentlich-rechtlichen Versicherungsunternehmen (örVU) ist weniger bestimmbar, wie Eigentumsrechte erworben werden können. Die Übertragung einer Gesellschaft muss von der BaFin als Aufsichtsbehörde genehmigt werden.

Bestandsübertragung
Bei der Bestandsübertragung werden Verträge, welche sich im Run-off befinden, gebündelt als Portfolio auf eine andere Gesellschaft übertragen. Der Übertrag kann entweder auf eine Gesellschaft innerhalb oder außerhalb der Versicherungsgruppe stattfinden. Demnach kann die Bestandsübertragung entweder als interne oder externe Maßnahme genutzt werden (vgl. [1]). Bei der Bestandsübertragung übernimmt der aufnehmende Versicherer die versicherungstechnischen Rückstellungen (inkl. der Spätschadenrückstellungen) und die bedeckenden Aktivposten (in der Regel Kapitalanlagen). Auch die Bestandsübertragung muss von der Aufsichtsbehörde genehmigt werden. Im deutschsprachigen Raum bedarf die Bestandsübertragung jedoch nicht der Zustimmung des Versicherungsnehmers. Entsprechendes gilt auch für die Gesellschaftsübertragung (vgl. [4]).

Ökonomischer Schutz durch retrospektive Rückversicherung
„Im aktiven Management von Run-off-Portfolios finden auch die Instrumente der strukturierten Rückversicherung Eingang. Dabei werden unter dem Begriff der strukturierten Rückversicherung alle Verträge gefasst, die nicht zur klassischen Rückversicherung zählen, sondern strukturiert wurden, um verschiedenartige, nicht traditionelle Zielsetzungen des (Retro-)Zedenten zu erreichen. Darüber hinaus lassen sich strukturierte Rückversicherungsverträge, wie die klassische Rückversicherung auch, anhand verschiedener Merkmale klassifizieren, im Einzelnen nach Zielsetzung, Risikotransfer, Technik und Zeitbezug. In

der Literatur und betrieblichen Praxis dominiert bei strukturierten Vertragsformen häufig die Unterscheidung nach dem Zeitbezug der verwendeten Vertragstechniken in retrospektive und prospektive Rückversicherungsformen." (vgl. [2])

Grundsätzlich lässt sich für Run-off-Bestände ein retrospektiver Rückversicherungsvertrag abschließen. In diesem Fall bietet der Vertrag Rückversicherungsschutz für Schäden, die bereits eingetreten sind, für welche allerdings noch Unsicherheiten (zum Beispiel hinsichtlich der tatsächlichen Schadenhöhe) bestehen. Grundsätzlich stehen hier zwei Varianten zur Auswahl: Der „Loss Portfolio Transfer" (LPT) und der „Adverse Development Cover" (ADC). Die Funktionsweise des LPT entspricht der des klassischen Quotenrückversicherungsinstruments (engl. Quota Share). Der Rückversicherer beteiligt sich mit einem vorher definierten prozentualen Anteil an jedem Schaden aus einem Portfolio; für Run-off-Portfolien kann ein Prozentsatz von bis zu 100 vereinbart werden. Mithilfe eines LPT können Unsicherheiten bezüglich des Schadeneintritts (sogenanntes Timing Risk) sowie das Risiko, dass der tatsächliche Schadenaufwand den erwarteten Aufwand übersteigt (sogenanntes Underwriting Risk), abgesichert werden. Der ADC ähnelt dem Jahresschadenexzedenten-Rückversicherungsinstrument (engl. Stop Loss). Mit dem ADC wird das Risiko abgedeckt, dass der tatsächliche Gesamtschadenaufwand innerhalb eines Portfolios den erwarteten Schadenaufwand übersteigt. Beim ADC werden die Schäden jedoch nicht wie beim LPT proportional aufgeteilt, sondern der Zedent trägt den Schadenaufwand maximal bis zu einer vereinbarten Höhe (sogenannte Priorität) und der Rückversicherer trägt den, die Priorität übersteigenden Anteil (sogenannter Überschaden) bis zu einem vereinbarten Betrag. Darüber hinaus lassen sich mit einem ADC Risiken, die noch nicht in den versicherungstechnischen Rückstellungen berücksichtigt worden sind, neutralisieren. Ein LPT mit einer Quote von 100 % sowie die Kombination aus LPT (mit hoher Quote) und ADC kommen, wirtschaftlich betrachtet, einer Bestandsübertragung gleich (vgl. [4]).

Beschleunigte Abwicklung durch Ablösung
Bei der Ablösung bzw. Rückabwicklung wird mit dem Versicherungsnehmer vereinbart, den Versicherungsschutz gegen Zahlung eines Ablösebetrags rückwirkend aufzuheben. Dadurch können Run-off-Bestände vor der endgültigen Abwicklung auf Vertragsebene reduziert werden. Generell kommt dies lediglich bei Vertragsbeziehungen zwischen Erst- und Rückversicherern oder zwischen Rückversicherern in Betracht. In Einzelfällen, zum Beispiel bei großvolumigen Industrieverträgen, ist eine Rückabwicklung allerdings auch bei Vertragsbeziehungen zwischen Versicherungsnehmern und Erstversicherer denkbar. Eine Genehmigung der Aufsichtsbehörde ist dazu nicht erforderlich (vgl. [4]).

20.3.4 Der Transaktionsprozess

Nachdem in den vorangegangenen Abschnitten versucht wurde, die Auslöser sowie die in der Praxis in Anwendung befindlichen Instrumente von Run-off zu beschreiben, soll nun der Fokus auf den eigentlichen Transaktionsprozess gelegt werden. Der Transaktionsprozess wird grundsätzlich mit dem abgebenden Versicherer individuell vereinbart. Der Prozess richtet sich nach den Bedürfnissen und Möglichkeiten des abgebenden Versicherers. Idealtypisch lässt sich eine Transaktion anhand von drei Phasen beschreiben (vgl. [8]). Grundsätzlich lässt sich der Prozess in drei bis vier Monaten und unter geringer Beanspruchung von Mitarbeitern des abgebenden Versicherers durchführen; tatsächlich dauert der Prozess oftmals bis zu 12 Monate. Abb. 20.4, stellt den typischen Ablauf der Transaktion im aktiven Run-off-Management, aus der Sicht des kaufenden Unternehmens, dar.

1. Planungsphase
In der Planungsphase geht es zunächst darum, die Transaktionsstrategie festzulegen. Dabei sind die nachfolgenden Kernfragen im Vorwege zu beantworten:

- Wie muss das Ziel Run-off-Portfolio zusammengesetzt sein?
- Wie lässt sich der Risikoausgleich, bei vorhandenem Bestand, verbessern?
- Über welche Sparten-, Produktkategorien sollte der zu übernehmende Bestand verfügen?
- Etc.

Liegt die Transaktionsstrategie des kaufenden Unternehmens für die Weiterentwicklung seines Portfolios fest, so beginnt der Screening-Prozess. Dafür gilt es zunächst, ein geeignetes Transaktionsteam zusammenzustellen, in denen alle Kompetenzen (wie zum Beispiel Akturiat) vorhanden sind. In der betrieblichen Praxis ist das Screening ein kontinuierliches Verfahren, bei dem Ideen für mögliche Akquisitionen sowohl über einen systematischen als auch einen opportunistischen Prozess generiert werden. Hierzu sind genaue Markt- und Wettbewerbsanalysen durchzuführen und Targets zu Beständen

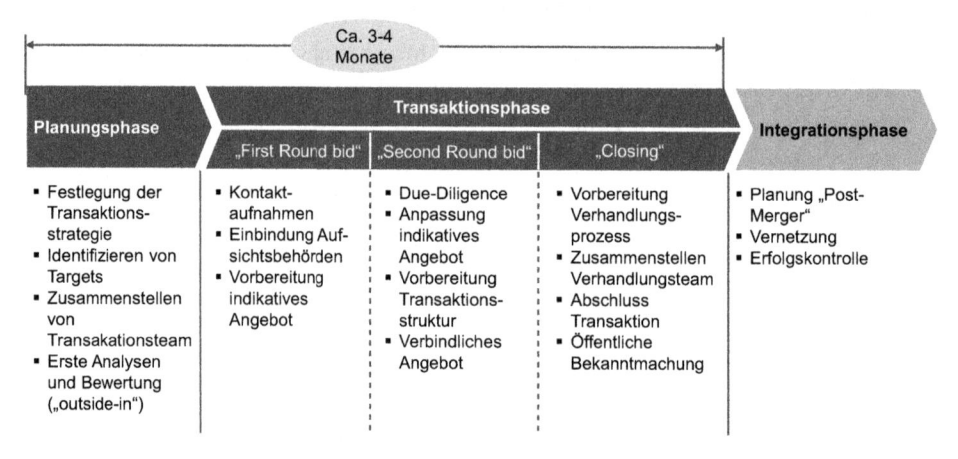

Planungsphase	Transaktionsphase			Integrationsphase
	„First Round bid"	„Second Round bid"	„Closing"	
• Festlegung der Transaktions- strategie • Identifizieren von Targets • Zusammenstellen von Transakationsteam • Erste Analysen und Bewertung („outside-in")	• Kontakt- aufnahmen • Einbindung Auf- sichtsbehörden • Vorbereitung indikatives Angebot	• Due-Diligence • Anpassung indikatives Angebot • Vorbereitung Transaktions- struktur • Verbindliches Angebot	• Vorbereitung Verhandlungs- prozess • Zusammenstellen Verhandlungteam • Abschluss Transaktion • Öffentliche Bekanntmachung	• Planung „Post- Merger" • Vernetzung • Erfolgskontrolle

Ca. 3-4 Monate

Abb. 20.4 Transaktionsprozess im aktiven Run-off-Management. (Quelle: eigene Darstellung, in Anlehnung an DARAG 2017)

und Versicherungsunternehmen zu identifizieren. Für das Target wird ein entsprechender Business Case gerechnet („Outside-In"). Dieser berücksichtigt möglichst auch die angestrebten operativen Entwicklungen für das Zielunternehmen unter Einschluss möglicher Synergien, zum Beispiel durch die Nutzung einer industrialisierten Abwicklungsplattform für die zu übernehmenden Bestände. Nach Freigabe des Akquisitionsprojektes durch das Managementteam des kaufenden Unternehmens erfolgt in der Regel die Ansprache des Zielunternehmens.

2. Transaktionsphase
Die eigentliche Transaktionsphase gliedert sich in die Bereiche „First round bid", „Second round bid" sowie dem „Closing".

Der erste Kontakt mit dem Zielunternehmen sollte dazu genutzt werden, das Unternehmen und das Top-Management besser kennen zu lernen und gleichzeitig die mögliche Transaktionsstruktur auszuloten. Entscheidend ist hier die Erstellung einer Schwerpunktliste, die dazu dient, einen klaren Fokus auf die wesentlichen Themen für den weiteren Verlauf des Prozesses festzulegen:

- Welches sind die wesentlichen Werttreiber für den Business Case?
- Welche Risiken gehen mit den zu übernehmenden Beständen einher?
- Welche Deal Breaker sind unbedingt im Auge zu behalten?

Dabei ist relevant, dass die Liste einen Umfang von 20 Top-Themen nicht übersteigen sollte. Wurde mit den potenziellen Verkäufern eine Einigung erzielt, so lässt sich der nachfolgende Schritt, die sogenannte Due Diligence durchführen. In diesem Schritt werden die Informationen vom Verkäufer in einem dafür eingerichteten Datenraum zur Verfügung gestellt. In dieser Phase des Prozesses, kann die Gefahr bestehen, dass infolge hoher Komplexität und einer großen Eigendynamik die Due Diligence „aus dem Ruder läuft" (vgl. [12]). Tritt dieser Fall ein, ist es sinnvoll, einen laufenden Austausch der einzelnen Teammitglieder über den Fortschritt, zum Beispiel in Form täglicher „Round-Table Meetings", zu initiieren. Die Ergebnisse der Due Diligence sind zu dokumentieren, um als Käufer die Möglichkeit zu haben, die Vertragsverhandlungen vorzubereiten. Bevor mit den Vertragsverhandlungen begonnen werden kann, sind auf Seiten der Käufer im Gesamtvorstand und dem Aufsichtsrat ein Verhandlungsspielraum und nicht verhandelbare Eckpunkte festzulegen. Im Falle einer Einigung über die Übernahme von Teilbeständen oder eines ganzen Versicherers, wie zum Beispiel die DARAG in Italien, die Ergo übernommen hatte, kommt es zum Vertragsabschluss, dem sogenannten Signing. Den Abschluss der Transaktionsphase stellt das „Closing" dar.

3. Integrationsphase
Die für den gesamten M&A-Transaktionserfolg wichtigste Phase ist die Integrationsphase. In dieser Phase entscheidet sich, ob die M&A-Strategie erfolgreich ist und einen nachhaltigen Mehrwert stiftet. Es geht darum, die Synergien und strategischen Potenziale auch

tatsächlich zu realisieren und die Teilbestände oder gesamte Geschäftsfelder auf die neue Plattform zu überführen. Die Anforderungen an das Management sind in dieser Phase entsprechend komplex und erfordern ein hohes Maß an Integrations- und Managementkompetenz.

Der strategische und wertorientierte Fokus darf über den gesamten M&A-Prozess nicht verloren gehen. Dies wird in der Praxis dadurch erschwert, dass in den einzelnen Phasen zum Teil wechselnde Management- und Beratergruppen agieren, deren inhaltliche Schwerpunkte und Zielsetzungen oft unterschiedlich sind. Die Erfahrung zeigt, dass sich das Top Management in dieser Phase (oftmals zu früh) wieder anderen Themen zuwendet und die Integration dem mittleren Management überlässt. Für die Berater der Transaktion ist ihre Aufgabe mit dem Closing in aller Regel abgeschlossen.

Um den Erfolg zu erhöhen, sind ein durchgängiger und wertorientierter Strategiefokus sowie die entsprechende Kompetenz im Rahmen derartiger Prozesse notwendig. Eine fundierte strategische Due Diligence, eine realistische Synergiepotenzialbewertung sowie eine frühzeitige Integrationsvorbereitung sind wichtige Voraussetzungen für eine erfolgreiche, wertsteigernde Projektumsetzung.

20.4 Mögliche Entwicklungen von Run-off in der Assekuranz

Wie ausgeführt, ist das aktuelle Marktumfeld für Versicherer nicht einfach. Gerade die Lebensversicherung steht massiv unter Druck. Ist das Geschäft für einen Versicherer nicht mehr auskömmlich, kann er es einstellen und in den sogenannten Run-off gehen. Mit Solvency II entsteht ein deutlich größerer Druck auf die Assekuranz. Gemäß Solvency II müssen seit dem 1. Januar 2016 auch Run-off-Bestände mit Eigenkapital hinterlegt werden. Im nächsten Schritt soll deshalb versucht werden, mögliche Szenarien der Marktentwicklung zu skizzieren:

Szenario 1: Gesamtvolumen von Run-off im Markt wird größer als 4 Mrd. €
Experten der Branche gehen davon, dass der Run-off-Markt seinen „Peak" noch nicht erreicht hat, sondern weiter wachsen wird. Dabei könnte das Transaktionsvolumen erstmals auf über 4 Mrd. € steigen. Der Run-off-Markt in der Sachversicherung wuchs zwischen 2013 und 2014 um das Achtfache auf 1,7 Mrd. €. Auch 2015 setzte sich der Anstieg fort, Grund dafür seien Vorbereitungen der Branche auf Solvency II gewesen.

Szenario 2: Run-off als Form der Konsolidierung
Die Themen, die in der Vergangenheit die Agenda der Versicherer bestimmt haben, werden diese voraussichtlich auch zukünftig bestimmen. Nachfolgend werden einige Themen genannt: Fragmentierte Märkte, ein niedriges Zinsniveau sowie stagnierende Prämieneinnahmen. Dieser Druck wird eher noch zunehmen. In diesem Umfeld hat sich die Abgabe von Run-off-Beständen als sinnvolles Instrument bewährt, mit dem Unternehmen ihre Konsolidierung vorantreiben können. Um die Eigenkapitalrendite zu verbessern, werden

die Versicherer immer öfter ihre Run-off-Bestände ins Visier nehmen (vgl. [6]). Expertenschätzungen gehen davon aus, dass in Europa etwa 80 bis 90 Mrd. € an Run-off Beständen für einen Transfer mittels Portfolio- oder Unternehmensverkauf geeignet erscheinen.

Szenario 3: Institutionelle Investoren drängen in den Run-off-Markt
Wie ausführlich ausgeführt, suchen im aktuellen Niedrigzinsumfeld immer mehr branchenfremde Anleger nach Möglichkeiten, in Versicherungsrisiken zu investieren. Insbesondere Private-Equity-Fonds investieren zunehmend in dieses Segment, das sich unabhängig von der Weltwirtschaft entwickelt und nicht mit traditionellen Asset-Klassen, wie Aktien oder Rentenpapieren, korreliert.

Szenario 4: Neue Möglichkeiten der Transaktion
Die Versicherungswirtschaft sucht nach neuen Lösungen, um Risiken abzugeben und die Eigenkapitalstruktur weiter zu verbessern. Run-off-Vehikel, wie die neue EU-Plattform Run-off-Pad, bieten solche schlüsselfertigen Lösungen. Davon profitieren nicht nur die abgebenden Versicherer, sondern auch institutionelle Investoren. Versicherer können die Abgabe ihrer Run-off-Portfolios erheblich beschleunigen, während Investoren schneller, effizienter und einfacher in Versicherungsrisiken investieren können (vgl. [6]).

20.5 Zusammenfassung

Unter Run-off versteht man aus der Sicht des Versicherers die Aufgabe des Neugeschäftes. Dies bezeichnet den Zustand, dass ein Erst- oder Rückversicherer kein Neugeschäft mehr zeichnet (Discontinued Business) und den Versicherungsbestand lediglich abwickelt. Die deutsche Versicherungswirtschaft beschäftigt sich nunmehr intensiver mit dem Thema Run-off, zunächst die Rückversicherer, dann auch die Schaden- und Unfallversicherer. Wie ausgeführt, werden unter der verschärften Solvency II Regelung immer mehr Versicherer unter Druck geraten. Aktuelle Schätzungen zufolge beträgt das Volumen für Run-off-Reserven im europäischen Sachversicherungsmarkt rund 247 Mrd. €. Innerhalb von vier Jahren entstand im Markt ein Wachstum von ca. 20 %, das auch weiter anhalten wird. Es existieren unterschiedliche Ursachen für ein aktives Run-off-Management. Ausgehend vom aktiven Wertmanagement der Produkt- und Geschäftsfeldportfolien, über prognostizierte Schadenverläufen oder strategische Neuausrichtungen von Geschäftsfeldern oder gesamten Unternehmen, wie es zum Beispiel bei Ergo der Fall ist, entstehen im Markt aktive Run-off-Portfolien. Dabei leiden die deutschen Versicherer unter hohen Verwaltungskosten infolge ungünstiger Prozesse und „alter IT-Landschaften", die kurz- und mittelfristig nicht ohne Weiteres behebbar sind. So bietet das aktive Run-off-Management sowohl aus der Sicht der Versicherer als auch aus Sicht der Versicherungskunden eine geeignete Alternative, vorhandene Bestände sicher abzuwickeln.

Literatur

1. Bergfeldt B (2016) Run-off-Versicherer kauft Ergo-Bestandteile in Italien. https://www.versicherungsbote.de/id/4843167/Run-off-Versicherer-Ergo-italien-darag/. Zugegriffen: 9.11.2017
2. Blankenstein S (2013) Der Beitrag von aktivem Run-Off-Management zur wertorientierten Unternehmensführung. VVW, Karlsruhe, S 7 ff, 19
3. Bötzel S (2001) Value up! – Wertmanagement erfolgreich verankern. Roland Berger, Hamburg
4. Eling M, Schaper P (2016) Run-Off 2016: Status quo und zukünftige Bedeutung von Run-Off im deutschsprachigen Nichtleben Versicherungsmarkt. Institut für Versicherungswirtschaft der Universität, St. Gallen
5. Gesamtverband der Deutschen Versicherungswirtschaft e.V. (2015) Regulierung der Versicherungswirtschaft: Chancen und Herausforderungen aus ökonomischer Perspektive. Volkswirtschaftliche Themen Analysen 7:6
6. Gossmann A (2016) Solvency II Kompakt; Eigenkapitalfreisetzung durch die Abgabe von Altgeschäft (Run-Off)
7. PwC (2015) Unlocking value in run-off, 9. Aufl.
8. Reich M (2010) Post Merger Integration bei einem Versicherungsunternehmen; Handbuch Versicherungsmarketing, 1. Aufl. Springer, Berlin, Heidelberg, S 274
9. Schaumlöffel K (2014) Run-Off: Aufsicht über Versicherungsunternehmen, die Bestände abwickeln. Bundesanstalt für Finanzdienstleistungsaufsicht, Bonn, Frankfurt a.M.
10. Schwenker B (2005) Versicherungen zu Werten führen. Springer, Berlin, S 27
11. Wagner F (2017) Gabler Versicherungslexikon, 2. Aufl. Springer Gabler, Wiesbaden, S 795
12. Wirtz BW (2006) Handbuch mergers & acquisitions management. Gabler, Wiesbaden

Teil III
Operatives Versicherungsmarketing

21 Kundenkommunikationsmanagement in der Versicherungswirtschaft

Moritz Cavigelli

> **Zusammenfassung**
>
> Das Management der Kundenkommunikation hat einen immer größeren Einfluss auf die Zufriedenheit und damit die Wechselbereitschaft der Versicherungskunden. In der hier vorliegenden Studie wurden die unterschiedlichen Kontaktwege auf ihre Wichtigkeit aus Kundensicht untersucht. Daraus lassen sich wichtige Erkenntnisse für die Versicherungswirtschaft ableiten, wie zukünftig kosteneffizient mit den, auch neu entstandenen, Kommunikationswegen umzugehen ist.

21.1 Einleitung

Die Versicherungswirtschaft sieht sich einem stetigen Wandel gegenüber. Dabei sind die Veränderungen durch die Europäische Union (z. B. Solvency II, Vermittlerrichtlinie) und die Finanzkrise nur zwei Einflussfaktoren für diesen Wandel, auf die Versicherungsunternehmen reagieren mussten und müssen.

Auch die veränderte Nachfrage stellt die Versicherer vor immer neue Herausforderungen. Die Kunden sind nicht mehr reine Käufer von Versicherungsleistungen, sondern gut informierte Verbraucher, die immer öfter auf ein gutes Preisleistungsverhältnis Wert legen. Und da der Wechsel eines Anbieters durch die Deregulierung zahlreicher Märkte, wie den Telekommunikations- und den Energiemarkt, für die Kunden keine Besonderheit mehr ist, wird der Leistungsdruck auf die Versicherungsunternehmen erhöht. Daher hat die Kundenbindung in den letzten Jahren eine immer größere Bedeutung für die Versicherungswirtschaft bekommen. Für diese Bindung eines Versicherungskunden an einen Versicherer lassen sich unterschiedliche Gründe finden. Dieser Artikel beschäftigt sich nur

M. Cavigelli (✉)
Bremer Philharmoniker GmbH
Bremen, Deutschland

mit den psychologischen Bindungsdeterminanten, einem Teilaspekt der Kundenbindung, da diese durch die Kundenkommunikation zu beeinflussen sind.

Des Weiteren stellen die Fortschritte in der Kommunikations- und Informationstechnologie die Versicherungen vor immer neue Aufgaben. Diese Fortschritte beinhalten nämlich, dass man immer und überall online sein kann, und daher ist es notwendig, dass sich die Versicherungsunternehmen mit diesen Möglichkeiten der neuen Kommunikationswege auseinandersetzen. Wenn Bestandskunden mit ihrem Versicherungsunternehmen kommunizieren wollen, und die von ihnen gewünschte Kommunikationsform nicht angeboten wird, kann dies zu Unzufriedenheit führen. Da es aber für die Bindung der Bestandskunden an das Unternehmen wichtig ist, dass sie zufrieden sind, muss das Versicherungsunternehmen sein Management der Kundenkommunikation optimieren.

Für das Thema *Kundenkommunikationsmanagement* in der Versicherungswirtschaft sollen folgende Fragen beantwortet werden:

- Was sind aus Bestandskundensicht die wichtigen Merkmale bei der Kundenkommunikation?
- Welche Unterschiede gibt es zwischen den tatsächlichen und gewünschten Kommunikationswegen des Bestandskunden mit seinem Versicherungsunternehmen?
- Wie sollten Versicherungsunternehmen ihre Kundenkommunikation managen, um die Bestandskunden zufrieden zu stellen?

21.1.1 Definition des Kundenkommunikationsmanagements

Der Begriff Kundenkommunikationsmanagement setzt sich aus den drei Wörtern Kunde – Kommunikation – Management zusammen.

Der erste Begriff „Kunde" bezieht sich auf die Zielgruppe. Der Duden (vgl. [9, S. 584]) definiert einen Kunden als „jemand, der (regelmäßig) eine Ware kauft oder eine Dienstleistung in Anspruch nimmt (und daher in dem Geschäft, in der Firma bekannt ist)". Hierbei handelt es sich um eine sehr enge, wenn auch außerhalb der Wissenschaft verbreitete Definition, die den Begriff Kunden an dem tatsächlichen Konsum einer Ware oder Dienstleistung festmacht. Innerhalb des Marketings wurde der Kundenbegriff jedoch noch weiter geöffnet. Dabei werden auch potenzielle und ehemalige Kunden unter dem Begriff „Kunde" zusammengefasst. Das Marketing beschäftigt sich mit der Beziehung zwischen dem Unternehmen und den Konsumenten und stellt die Bedürfnisse der Nachfrager in den Mittelpunkt der Unternehmensführung (vgl. [4, S. 13 f.; 6, S. 2 ff.]). Hier wird deutlich, dass im Marketing im ersten Schritt kein Unterschied gemacht wird, ob es sich um Interessenten oder Kunden im engeren Sinne handelt, sondern es setzt den Kundenbegriff mit dem des Nachfragers gleich. Für das diesen Artikel zu Grunde liegende Verständnis von Kundenkommunikationsmanagement wird aber die engere Definition von dem Begriff „Kunde" benutzt. Ich beschäftige mich also nur mit derjenigen Zielgruppe, die bereits die Dienstleistung in Anspruch genommen hat und derzeit durch einen laufenden Versicherungsvertrag mit dem Unternehmen in einer Geschäftsbeziehung steht. Zur Abgrenzung werden diese meist als Bestandskunden bezeichnet.

Der zweite Teil des Wortes Kundenkommunikationsmanagement, die Kommunikation, bezieht sich auf die Kommunikation zwischen dem Kunden und dem Unternehmen. Kommunikation kann als Prozess beschrieben werden, durch den eine Information von einem Sender zu einem Empfänger übertragen wird, also als Informationstransfer. Dem Sender kommt eine besondere Bedeutung zu, denn er entscheidet, welche Information er an den Empfänger weitergibt, er ist der aktive Partner. Der Empfänger hat den eher passiven Teil in dem Kommunikationsprozess inne. Oftmals kommt es zu der falschen Annahme, dass es zu einer Interaktion zwischen den beiden Beteiligten kommen muss. Zwar ist eine Reaktion oftmals möglich, innerhalb des Kommunikationsbegriffes aber nicht Teil der Definition (vgl. [3, S. 10 ff.]). Durch die Voranstellung des Begriffs „Kunde" vor „Kommunikation" wird deutlich, dass es sich hierbei um die Kommunikation des Kunden als Absender und gestaltenden Partners handelt. Dieser sendet eine Information an das Versicherungsunternehmen, den Empfänger.

Der letzte Teil des Wortes Kundenkommunikationsmanagement meint die Organisation der Kundenkommunikation. Hierbei geht es um den Umgang mit eben dieser gerade beschriebenen Kommunikationsform. Dem Versicherungsunternehmen kommt der managende Teil zu. Es muss die Kundenkommunikation steuern bzw. lenken. Innerhalb der Geschäftsbeziehung ist es wichtig, dass Kunden ihre Informationen an das Unternehmen herantragen können. Das Management dieser Kundenkommunikation hat als Ziel, den Aufbau und die Aufrechterhaltung einer nachhaltigen Kundenbeziehung zwischen dem Unternehmen und dem Kunden durch den Einsatz der richtigen Kommunikationskanäle sicherzustellen (vgl. [24, S. 49 ff.]).

21.1.1.1 Bedeutung der Kundenbindung für Versicherungsunternehmen

Der Versicherungsmarkt war bis zum Anfang dieses Jahrtausends von der Neukundenakquisition geprägt. Jetzt aber rückt die Kundenbindung immer mehr in den Mittelpunkt. Wichtig scheint hier zuerst eine Abgrenzung des Begriffs Kundenbindung, da dieser in der Literatur oftmals fälschlicherweise mit den Begriffen Kundenzufriedenheit, Kundenloyalität, Relationship-Marketing oder Produkt- und Markentreue gleichgesetzt wird (vgl. [16, S. 8 ff.]). Dabei ist es erforderlich, die unterschiedlichen Blickrichtungen auf die Kundenbindung zu analysieren. Die Beziehung zwischen Kunden und Unternehmen kann aus zwei unterschiedlichen Perspektiven betrachtet werden:

- aus der Perspektive des Anbieters und
- aus der Perspektive des Nachfragers (vgl. [32, S. 24 f.; 17, S. 105 f.]).

Homburg und Bruhn (vgl. [16, S. 8 f.]) betrachten die Kundenbindung aus der Sicht des Anbieters und sehen in ihr die Maßnahmen, die ein Unternehmen einsetzt, um seinen Kunden zu positiver Einstellung und zu einem positiven Verhalten dem Unternehmen gegenüber zu bewegen. Dabei unterscheiden sie nach faktischem und tatsächlichem Verhalten. Unter faktischem Verhalten verstehen sie die Absicht, tatsächliches Verhalten in der Zukunft umzusetzen. Dieses Verhalten kann Wiederkauf, Cross-Buying, Weiterempfehlung oder die Toleranz einer Preiserhöhung sein. Dem Anbieter geht es dabei um die Aufrechterhaltung bzw. den Ausbau einer Geschäftsbeziehung zwischen Unternehmen und Kunden.

Im Gegensatz hierzu stellt die Perspektive des Nachfragers nicht die Geschäftsbeziehung oder den Ausbau eben dieser in den Mittelpunkt, sondern es wird die Einstellung des Kunden zum Anbieter betrachtet. Hieraus kann, muss aber nicht, eine Aktion des Kunden entstehen. Wichtig ist, ob der Kunde bereit ist, eine enge Beziehung zu seinem Unternehmen aufzubauen und eine Bindung einzugehen. Dabei kann es unterschiedliche Gründe geben, warum ein Kunde sich an ein Unternehmen bindet (vgl. [20, S. 29 ff.]). Zusammenfassend beschäftigt sich die Perspektive des Anbieters mit der Geschäftsbeziehung und der Beeinflussung der Einstellung des Kunden und der daraus resultierenden Verhaltensabsicht, während die Perspektive des Nachfragers sich lediglich mit der Einstellung des Kunden beschäftigt (vgl. [32, S. 26 f.]). Nach dem Blick der Perspektive auf die Kundenbindung beschäftige ich mich jetzt mit den Bindungsdeterminanten. Man unterscheidet in unfreiwillige und freiwillige Bindungsdeterminanten.

Kunden können aus mehreren Gründen unfreiwillig an ihren Anbieter gebunden sein: Es kann eine vertragliche Bindung bestehen, die den Kunden, egal ob er zufrieden oder unzufrieden ist, an den Anbieter bindet. In der Versicherungswirtschaft haben z. B. viele Verträge eine Laufzeit von drei Jahren, in der keiner der beiden Vertragspartner, bis auf wenige Ausnahmen, aus dem Vertragsverhältnis aussteigen kann. Ein weiterer unfreiwilliger Bindungsgrund können ökonomische Ursachen sein. Dies sind die oft hohen Wechselkosten, die dem Kunden beim Wechsel zu einer anderen Versicherung entstehen würden, und die ihn hindern die Versicherung zu wechseln. Zusätzlich kann man noch von situativen Bindungsgründen sprechen. Dies sind äußere Faktoren, wie z. B. die Lage des nächsten Bäckers beim sonntäglichen Brötchenkauf oder besonders lange Öffnungszeiten eines Geschäftes. Der Kunde kauft dann öfter beim Anbieter ein, weil er ihn aufgrund der äußerlichen Faktoren als günstig einstuft (vgl. [22, S. 10 ff.]).

Die freiwilligen Bindungsdeterminanten sind psychologische Ursachen, wie die Zufriedenheit mit dem Anbieter, die persönliche Beziehung zum Anbieter oder aber auch der Nichtwechsel aus Gewohnheit (vgl. [16, S. 10 ff.; 11, S. 317 ff.], Abb. 21.1).

Für diesen Artikel beschäftige ich mich mit den letzten, den psychologischen Bindungsursachen. Zwar resultiert Kundenbindung nicht zwangsläufig aus Kundenzufriedenheit, so ist diese aber eine Voraussetzung für die freiwillige Kundenbindung. Der Kunde sieht einen Vorteil in der Beziehung zu seinem Anbieter und möchte daher nicht wechseln. Es kann als empirisch bewiesen gelten, dass mit steigender Zufriedenheit der Kunden mit ihrem Unternehmen auch die Bereitschaft zur Vertragsverlängerung sowie die Bereitschaft zur Weiterempfehlung steigt (vgl. [27, S. 21 ff.; 5, S. 75 ff.]). Jedoch lässt sich nicht zwangsläufig aus einer hohen Zufriedenheit auch eine hohe Verlängerungs- bzw. Weiterempfehlungsrate ableiten. Nicht jeder zufriedene Kunde ist auch ein gebundener Kunde; andersherum lässt sich aber feststellen, dass ein unzufriedener Kunde fast immer die Ge-

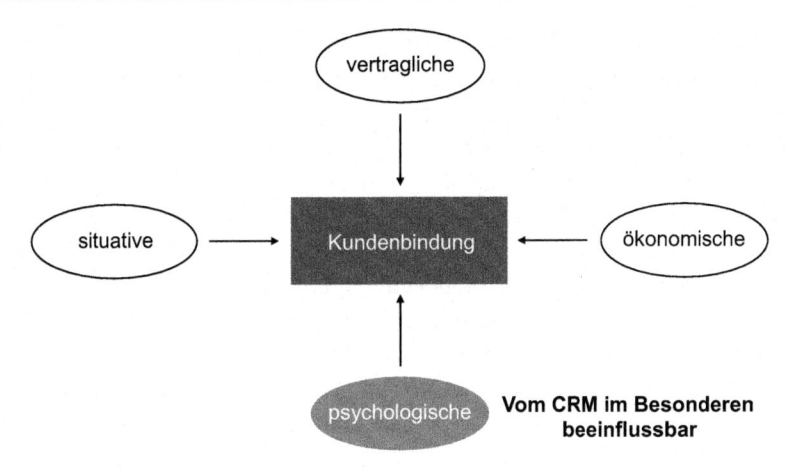

Abb. 21.1 Die besondere Bedeutung emotionaler Bindungsdeterminanten. (Quelle: [12, S. 170])

schäftsbeziehung beendet. Daher lässt sich Zufriedenheit als eine wichtige Voraussetzung für die Kundenbindung sehen; es besteht aber kein Kausalzusammenhang zwischen den beiden Faktoren.

Als weiterer Einflussfaktor lässt sich Vertrauen ausmachen. Bruhn (vgl. [5, S. 77]) beschreibt dies als, „... die Bereitschaft des Kunden, sich auf das Unternehmen im Hinblick auf dessen zukünftiges Verhalten ohne weitere Prüfung zu verlassen". Dies kann insbesondere beim Cross- und Up-Selling ein wichtiger Einflussfaktor sein, da mit steigendem Vertrauen auch die Bereitschaft steigt, ohne Prüfung in Neuabschlüsse einzuwilligen.

Eine empirische Untersuchung von Ullmann und Peill (vgl. [33, S. 1266 ff.]) hat ergeben, dass ein zufriedener Kunde im Schnitt fünf, ein unzufriedener Kunde zwei Verträge bei einem Anbieter hat. Dies hat eine positive Auswirkung auf die Kostenquote, da sich die Kundenakquisitionskosten auf mehrere Verträge verteilen können, und somit ein höherer Gewinn je Vertrag übrig bleibt als bei Kunden mit wenigen Verträgen. Für die Versicherungswirtschaft ist es wichtig, dass Kunden mehrere Verträge bei einem Anbieter haben, da auch die Rentabilität einzelner Versicherungskunden und -verträge einen wichtigen Faktor darstellt (vgl. [27, S. 21 ff.]). Zusätzlich steigt auch mit der Vertragslaufzeit die Rentabilität des Vertrages. Zu Beginn werden hohe Kosten veranschlagt. Diese sogenannten Underwriting-Kosten, wie Werbung, Beratung, Verwaltung und Provision, hat ein Sachversicherungsvertrag erst innerhalb von vier Jahren wieder eingespielt. Somit ist die langfristige Bindung eines Kunden für das Unternehmen wesentlich wertvoller als die Gewinnung eines Neukunden. Zusätzlich sinkt auch noch die Schadenquote mit der Laufzeit von Verträgen (vgl. [13, S. 21 ff.; 27, S. 21 ff.]). Dies macht deutlich, dass Kundenbindung nicht nur wichtig ist, um sich im Wettbewerb abzusetzen, sondern sich auch auf die Gewinn- und Verlustrechnung eines Versicherungsunternehmens positiv auswirkt.

21.1.1.2 Veränderung in der Kommunikation

Um sich im weiteren Verlauf mit der Kundenkommunikation von Versicherungsunternehmen zu beschäftigen, ist es erforderlich, die Veränderung des Kommunikationsverhaltens innerhalb der Gesellschaft zu beschreiben.

Durch die massenhafte Verbreitung des Internets haben sich die Kommunikationsmöglichkeiten stark verändert und erweitert. In den letzten Jahren kam noch ein weiterer Faktor, die mobile Kommunikation durch Smartphones, hinzu. Mittlerweile verfügt der Großteil der Bevölkerung über ein Mobiletelefon oder Smartphone. Mit dem Mobiletelefon ist man, anders als früher, jederzeit erreichbar und kann ortsunabhängig mit jeder Person, aber auch jedem Unternehmen telefonisch kommunizieren. Zusätzlich verfügen Smartphones auch noch über einen mobilen Internetzugang, wodurch auch die Online-Kommunikation mittlerweile nicht mehr an einen PC oder Laptop gebunden ist. Die meisten Online-Angebote lassen sich dadurch schnell, dauerhaft und überall nutzen. Diese Entwicklung hat auch die Kommunikation des Internets noch weiter in den Mittelpunkt gerückt. War früher die Kommunikation nur möglich, wenn ich mich direkt vor einen PC gesetzt habe, sind Online-Kommunikationsmöglichkeiten jetzt immer und überall verfügbar. Neue Kommunikationsplattformen, wie Facebook oder Twitter, sind damit jederzeit nutzbar und der Nutzer wiederum ist damit auch jederzeit erreichbar. Der Trend zum mobilen Internet mittels Smartphone hält weiter an. Mittlerweile verfügen 25 % aller Erwachsenen in Deutschland über ein solches Gerät. Das Wachstum ist rasant und erreicht mittlerweile auch die älteren Personengruppen. Zwar ist der Anteil bei den unter 30-Jährigen mit 40 % immer noch deutlich größer, aber auch die über 30- und sogar über 50-Jährigen verfügen bereits heute teilweise über solche Geräte. Weiterhin ist davon auszugehen, dass sich der Trend ausbreitet und in Zukunft sogar noch verstärkt (vgl. [34, S. 11 ff.]).

Findet Kommunikation über E-Mail, Brief oder Telefon in der Regel nicht öffentlich statt, so findet die Kommunikation auf den neuen Plattformen, zumindest teilweise, öffentlich statt. Informationen werden geteilt und sollen, bewusst oder unbewusst, auch von anderen Teilnehmern wahrgenommen werden. Das Kommunikationsverhalten ändert sich also, denn Kommunikation findet immer häufiger öffentlich und vor allem ständig statt. Dadurch entwickelt sich das Gefühl bei den Nutzern, dass sie immer erreichbar sind, aber auch, dass andere immer erreichbar sein müssen. Informationen sind ständig verfügbar und in einer solchen Menge verfügbar, dass es nicht mehr möglich ist, durch das Online-Angebot aber auch nicht mehr nötig ist, diese selbst zu speichern (vgl. [8, S. 139 ff.]).

21.1.1.3 Kommunikationswege

Für das Kundenkommunikationsmanagement müssen wir uns die unterschiedlichen möglichen Kommunikationswege anschauen, auf denen ein Kunde mit dem Unternehmen kommunizieren kann. Dabei werden in der Literatur unterschiedliche Begriffe verwendet. Hierzu gehören Kanäle, Devices, Medien oder aber auch Customer Touch Points (vgl. [13, S. 40 ff.]). Grundsätzlich steht hinter all diesen Begriffen eine ähnliche Definition, weshalb im weiteren Verlauf von Kommunikationswegen oder -kanälen gesprochen wird. Über einen Kanal werden Informationen zwischen einem Kunden und einem Unternehmen ausgetauscht. Dabei ist es erst mal nicht wichtig, ob es sich um eine einseitige Kommunikation, also eine reine Informationsübertragung handelt, oder eine Rückkanalfähigkeit gegeben ist. Einseitige Kommunikationskanäle kennen wir insbesondere aus dem klassischen Marketing. Diese Kanäle nennt man auch „above the line"; hierbei handelt es sich um Kanäle (TV, Radio, Zeitschriftenwerbung), über die meistens Werbeaussagen vom Unternehmen an potenzielle, aber auch alle anderen Kunden übermittelt werden (vgl. [11, S. 85 ff.; 23, S. 9 ff.]).

Beim Thema Kundenkommunikationsmanagement beschäftige ich mich im Folgenden nur mit Kanälen, auf denen auch eine Rückkanalfähigkeit gegeben ist, also nicht nur eine reine Informationsübertragung, sondern der Austausch von Informationen zwischen dem Kunden und dem Unternehmen möglich ist. Es lassen sich folgende rückkanalfähige Kommunikationswege zwischen Kunden und Versicherungen herausarbeiten. Diese sind nicht vollständig, sondern stellen die wichtigsten tatsächlich genutzten dar:

- Brief,
- Fax,
- E-Mail,
- Telefon,
- Chat,
- soziale Netzwerke (insbesondere facebook),
- Self-Service-Portal,
- Foren/Bewertungsportale sowie
- persönlich (face-to-face).

Die hier aufgeführten Kommunikationskanäle lassen sich nach verschiedenen Kriterien unterscheiden. Man kann sie nach Online- und Offline-Kanälen trennen, in Abhängigkeit davon, ob es sich um die Kommunikation über das Internet oder nicht handelt. Ein weiteres Unterscheidungsmerkmal ist die Botschaftsinteraktivität. Dabei handelt es sich um die bereits genannte Rückkanalfähigkeit. Hier wird danach unterschieden, wie hoch die Interaktivität zwischen dem Sender und Empfänger ist. Grundsätzlich haben alle Kanäle, die für das Kundenkommunikationsmanagement relevant sind, eine Botschaftsinteraktivität, wobei aber die Intensität unterschiedlich ist. Dies kann am Beispiel Brief und Telefon näher erläutert werden. Der Kanal Telefon hat eine hohe Botschaftsinteraktivität, da Sender und Empfänger sofort auf die ausgetauschte Information reagieren können. Anders ist dies beim Brief; zwar besteht hier auch eine Rückkanalfähigkeit, aber die Reaktion ist deutlich zeitverzögert und in keinem Fall so interaktiv wie beim Telefon. Hier spricht man dann von einer niedrigen Botschaftsinteraktivität. Weiterhin kann unterschieden werden, ob die Informationen über den Kanal schriftlich oder mündlich ausgetauscht werden (vgl. [11, S. 85 ff.]).

Eine weitere Unterteilung, die in den hier gewählten Kommunikationskanälen auftaucht, ist die Unterscheidung nach öffentlicher und nicht öffentlicher Kommunikation,

Tab. 21.1 Unterschiede der Kommunikationskanäle. (Quelle: eigene Darstellung)

	On-/Offline	Botschaftsinteraktivität	Übertragung	Öffentlich
Brief	Offline	Niedrig	Schriftlich	Privat
Fax	Offline	Niedrig	Schriftlich	Privat
Telefon	Offline	Hoch	Mündlich	Privat
E-Mail	Online	Mittel	Schriftlich	Privat
Soziale Netzwerke	Online	Mittel	Schriftlich	Öffentlich & privat
Self Service Portal	Online	Niedrig	Schriftlich	Privat
Chat	Online	Hoch	Schriftlich	Privat
Foren/Bewertungsportale	Online	Niedrig	Schriftlich	Öffentlich
Persönlich	Offline	Hoch	Mündlich	Privat

das heißt: ist die Kommunikation also auch für andere sichtbar oder findet sie nur zwischen dem Sender und dem Empfänger der Kommunikation statt? Diese Unterscheidung gewinnt erst seit der Online-Kommunikation an Bedeutung, ist aber für die Kunden oftmals ein Entscheidungskriterium. Das sieht man insbesondere bei Facebook, wo Beschwerden öffentlich gepostet werden, um so den Druck auf das Unternehmen zu erhöhen. Es kann angenommen werden, dass die Unternehmen dann auch daran interessiert sind, öffentlich zu zeigen, dass sie die Probleme lösen.

In Tab. 21.1 werden die Unterscheidungsmerkmale den einzelnen Kommunikationskanälen des Kundenkommunikationsmanagement zugeordnet, um Gemeinsamkeiten und Unterschiede zwischen den einzelnen Kanälen deutlich zu machen.

21.1.1.4 Gründe zur Kontaktaufnahme

Nachdem ich die wichtigsten Kommunikationswege erläutert habe, stellt sich als weiteres die Frage nach den Gründen zur Kontaktaufnahme durch den Kunden während des Kunden- bzw. Produktlebenszyklus nach dem Kauf.

Ist der Kauf, bei dem es zu einer großen Anzahl von Kontaktmöglichkeiten kommt, abgeschlossen und aus dem Interessenten ein Kunde geworden, gibt es für den Kunden meistens nur wenig Gründe mit seiner Versicherung in Kontakt zu treten (vgl. [35, S. 189 ff.]). Nachfolgend werden (in Anlehnung an [30, S. 72 ff.]) einige Gründe zur Kontaktaufnahme dargestellt. Zum besseren Verständnis sind jeweils ein oder mehrere Beispiele aus der Praxis aufgeführt:

Änderung der personen- bzw. vertragsbezogenen Daten
Während der Vertragslaufzeit kann es zu Änderungen von Merkmalen, wie z. B. der Bankverbindung, der Adresse oder des Nachnamens, kommen, die keinen Einfluss auf die Versicherung oder das versicherte Risiko haben, jedoch dem Versicherungsunternehmen trotzdem mitgeteilt werden müssen.

Vertragsanpassung
Genauso kann es zu Änderungen kommen, die Einfluss auf die versicherten Risiken haben. So kann z. B. in der Haftpflicht ein Lebenspartner hinzukommen oder in der Hausratversicherung sich die Versicherungssumme verändern.

Fragen zum bestehenden Versicherungsschutz
Besonders bei längeren Laufzeiten sind sich Kunden oft nicht mehr sicher, welche Risiken mit ihrer Versicherung abgedeckt sind, oder es ergeben sich neue Lebensumstände, deren Risiken beim Abschluss noch keine Rolle gespielt haben. Dazu zählen z. B. die Frage, ob Kinder in der Haftpflichtversicherung auch während des Studiums mitversichert sind oder wie lange die Außenversicherung einer Hausratversicherung gilt.

Schadenmeldung
Kommt es zu einem Schadenfall, unabhängig davon ob dieser auch durch die Versicherung abgedeckt ist oder nicht, tritt der Kunde mit seiner Versicherung in Kontakt, um diesen zu melden. Dies kann z. B. ein Einbruchdiebstahl in die eigene Wohnung sein.

Kündigung
Vollständigkeitshalber ist hier auch die Kündigung aufgezählt, die aber schon nicht mehr in den Bereich der Kundenbindung, sondern in den Bereich der Kundenrückgewinnung fällt, da der Kunde, wenn er die Entscheidung der Versicherung mitteilt, seine Entscheidung bereits getroffen hat.

21.2 Empirische Untersuchung

Im Rahmen einer Masterarbeit am Institut für Versicherungsbetriebslehre der Universität Hamburg, habe ich gemeinsam mit der 67rockwell Consulting GmbH eine quantitative Umfrage zum Thema Kundenkommunikationsmanagement in der Versicherungswirtschaft durchgeführt, deren Ergebnisse ich im Nachgang vorstelle.

21.2.1 Stichprobe

Den Onlinefragebogen haben 709 Personen innerhalb des Untersuchungszeitraums von zwei Wochen aufgerufen. Von ihnen haben 611 Personen den Fragebogen begonnen, sich also mindestens die erste Frage angeschaut. Schlussendlich waren es 517 Personen, die den Fragebogen beendet haben, was einer Beendigungsquote von 84,6 % entspricht.

Von diesen 517 Fällen wurden fünf Fälle aus der Untersuchung ausgeschlossen, da sie den Fragebogen unter 180 Sekunden beantwortet haben. Da die durchschnittliche Dauer für die Beantwortung des gesamten Fragebogens bei 458 Sekunden (7,63 Minuten) lag, ist bei einer Beantwortung von unter drei Minuten davon auszugehen, dass die Teilnehmer sich den Fragebogen nicht gründlich genug angeschaut haben, um diesen in die Auswertung mit aufnehmen zu können. Weitere drei Fälle wurden ausgeschlossen, da sie bei der Frage nach der Nutzung von Online-Seiten innerhalb der letzten zwölf Monate sowohl eine Online-Plattform als auch die Auswahl „keines davon" angekreuzt haben. Hier ist davon auszugehen, dass der Fragebogen nicht gelesen wurde, sondern nur Antworten geklickt wurden.

Der größte Teil der Fälle, nämlich 41, wurde aufgrund der Kontrollfrage ausgeschlossen. Hierbei wurde auf Seite 3 und Seite 8 jeweils darum gebeten, die Wichtigkeit von Merkmalen der Kommunikation zu bewerten. Dafür wurde auf Seite 3 eine Rangfolge von „am wichtigsten" bis „am unwichtigsten" gebildet. Die Reihenfolge der vorgegebenen Antworten wurde mittels des Systems je Teilnehmer zufällig gewählt, denn es ist davon auszugehen, dass Merkmale, die oben stehen, eher gewählt werden als Merkmale, die weiter unten stehen. Durch die zufällige Verteilung wird dieser Effekt in der Stichprobe unterbunden. Auf Seite 8 konnten die Teilnehmer jedes Merkmal auf einer 5er Skala von „unwichtig" bis „sehr wichtig" bewerten. Bei gravierenden Unterschieden zwischen der Beantwortung der Fragen wurde der Fall ebenfalls ausgeschlossen. Wenn ein Teilnehmer auf Seite 3 z. B. ein Merkmal an die erste Stelle gesetzt hat, aber bei der Kontrollfrage dasselbe Merkmal als einziges als „unwichtig" eingestuft hat, ist das ein Widerspruch. Nach dem Ausschluss dieser Teilnehmer ergab sich eine Stichprobengröße von N = 468 Fällen, die für die Untersuchung berücksichtigt wurden. In der Literatur werden Stichproben von 500 als groß genug angesehen, um die Struktur der Grundgesamtheit trotz Ausreißer innerhalb der Stichprobe abzubilden (vgl. [18, S. 65 ff.]). Demnach ist die Stichprobe meiner Umfrage, nahe der geforderten Größe, groß genug für Schlüsse auf die Grundgesamtheit. 45,09 % der Teilnehmer haben angegeben, dem männlichen Geschlecht anzugehören, 54,91 % dem weiblichen.

Das Durchschnittsalter der Stichprobe liegt bei 28,32 Jahren. Damit handelt es sich um eine Stichprobe mit sehr vielen jungen Teilnehmern, wie aus Abb. 21.2 ersichtlich wird.

Bei der beruflichen Haupttätigkeit haben 74,4 % der Befragten angegeben, dass Student/in ihre derzeitige Haupttätigkeit ist. Mit 17,5 % sind die Angestellten die am zweithäufigsten vertretene Gruppe. Die restlichen 8,1 % verteilen sich auf Pensionäre/Beamte/Arbeiter/Arbeitsuchende und Sonstige. Das Durchschnittsalter bei den Studenten liegt bei 24,91 Jahren, das der Angestellten bei 32,87 Jahren.

Zur weiteren Untersuchung wird die Stichprobe in drei Gruppen aufgeteilt, um Unterschiede in den Altersklassen auszumachen:

Gruppe 1 (G1): ≤ 29 Jahre   (350 Fälle/nicht jünger als 17)
Gruppe 2 (G2): 30–39 Jahre (72 Fälle)
Gruppe 3 (G3): ≥ 40 Jahre   (46 Fälle/nicht älter als 72)

Aufgrund der geringeren Anzahl von älteren Teilnehmern lässt sich keine genauere Unterteilung vornehmen, um noch aussagefähigere Ergebnisse zu erzielen.

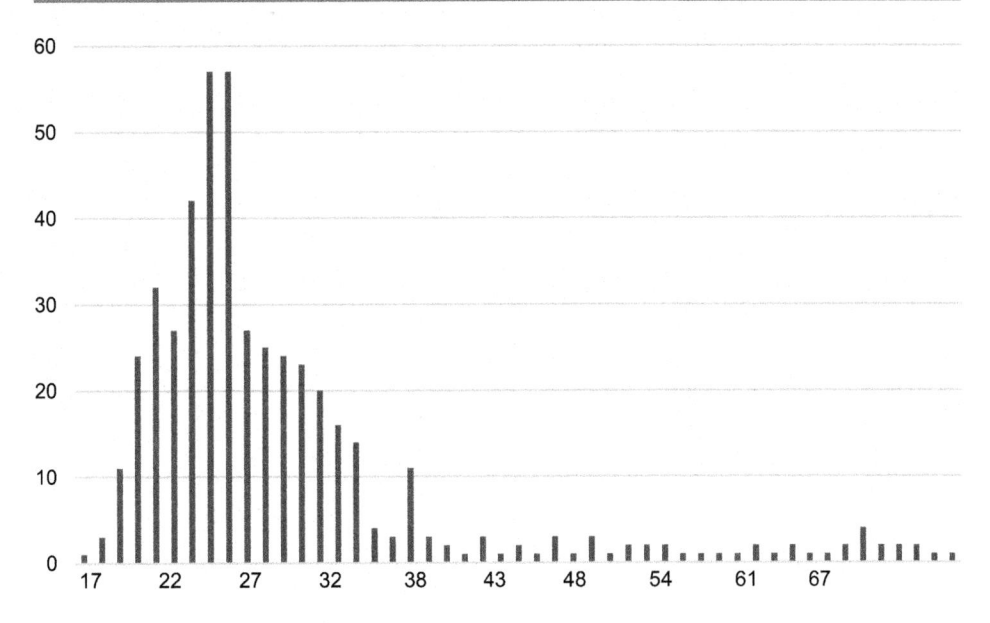

Abb. 21.2 Altersverteilung. (Quelle: eigene Darstellung)

21.2.2 Online-Verhalten

Auf Seite 2 des Fragebogens wurden den Teilnehmer drei Fragen zu ihrem Online-Verhalten gestellt. Die erste Frage bezog sich auf die Zeit, die sie im Schnitt innerhalb der letzten sieben Tage aus privaten Gründen online waren. Es wurden bewusst sieben Tage gewählt, um die Unterschiede zwischen Werktagen und Wochenende auszugleichen, da anzunehmen ist, dass es hier erhebliche Unterschiede gibt. Durch die Fragestellung wurde ebenfalls sichergestellt, dass es egal ist, an welchem Wochentag der Teilnehmer den Fragebogen beantwortet hat.

Abb. 21.3 verdeutlicht, dass es keinen statistischen Unterschied zwischen der Altersgruppe 1 und 2 gibt; bei beiden liegt der Median bei „> 2–4 h". Die Gruppe 3 hat ihren Median bei „> 1–2 h" und verbringt damit deutlich weniger Zeit online. Besonders auffällig ist der Wert bei den Personen, die über sechs Stunden täglich online sind, dieser liegt bei 32,1 % der gesamten Stichprobe. Hier ist davon auszugehen, dass diese Gruppe den ganzen Tag über die verschiedenen Medien nutzt und quasi „immer online" ist. Die zweite Frage beschäftigt sich mit den Geräten, die genutzt wurden, um die angegebene Zeit online zu verbringen. Es war möglich, mehrere Geräte auszuwählen, da davon auszugehen ist, dass die Teilnehmer nicht nur eins der Geräte besitzen. Der Laptop war mit 82,3 % das am häufigsten genutzte Gerät. Am zweithäufigsten wurde das Smartphone mit 69,0 % genutzt. Darauf folgen der Desktop PC (31,6 %), das Tablet (21,4 %) und sonstige (1,9 %).

Im Durchschnitt benutzten die Teilnehmer 2,09 Geräte, um online zu gehen. Dieser Wert ändert sich mit der Dauer der Zeit, die die Teilnehmer online verbringen. Personen,

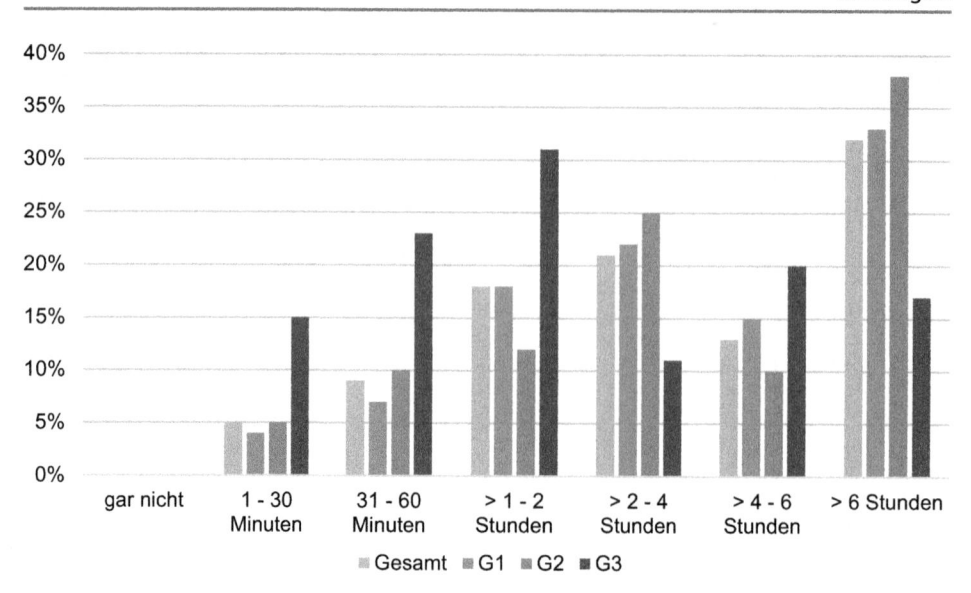

Abb. 21.3 Durchschnittliche Online-Zeit. (Quelle: eigene Darstellung)

die täglich maximal 60 min online verbrachten, nutzten hierfür 1,69 Geräte; wer mehr als sechs Stunden online war, 2,29 Geräte. Ein weiterer Zusammenhang besteht zwischen Online-Zeit und der Nutzung von Smartphones. Personen, die mehr als sechs Stunden online waren, nutzten zu 76,7 % dafür ein Smartphone, wer maximal 60 Minuten online war, nur zu 51,5 %. Insgesamt ist eine prozentuale Steigerung der Nutzung aller Geräte mit der Online-Zeit zu beobachten, jedoch ist diese beim Smartphone am stärksten. Zusammenfassend lässt sich sagen, dass ein Smartphone zu deutlich mehr Online-Zeit führt und je mehr Geräte die Testpersonen zur Verfügung hatten desto mehr Zeit verbrachten sie online.

Als drittes wurde auf der zweiten Seite gefragt, welche Online-Seiten innerhalb der letzten zwölf Monate genutzt wurden (vgl. Abb. 21.4).

Hier wird wieder deutlich, dass es kaum einen Unterschied zwischen G1 und G2 gibt. Eine Ausnahme sind nur die beruflichen Netzwerke. Dies führe ich darauf zurück, dass die unter 30-jährigen in dieser Stichprobe zum Großteil (88,3 %) noch Studenten sind und daher weniger Bedarf für die Nutzung eines beruflichen Netzwerkes (NW) haben.

Die sozialen Netzwerke wurden deutlich häufiger von Personen unter 40 genutzt. Facebook war mit 82,1 % das am häufigsten genutzte Online-Angebot. Am zweitmeisten wurden Bewertungsportale (z. B. ciao.de) von fast der Hälfte (46,1 %) aller Teilnehmer genutzt. Ähnlich oft (41,0 %) nutzten die Teilnehmer Vergleichsportale (z. B. geld.de). Damit wird deutlich, welchen Stellenwert diese Angebote mittlerweile insbesondere für junge Kunden einnehmen, und dass sie sich über Produkte und Versicherungen informieren und die Angebote vergleichen. Die Meinungsbildung durch solche Portale ist daher nicht zu unterschätzen, denn viel Kunden nutzen insbesondere vor dem Kauf die Online-Angebo-

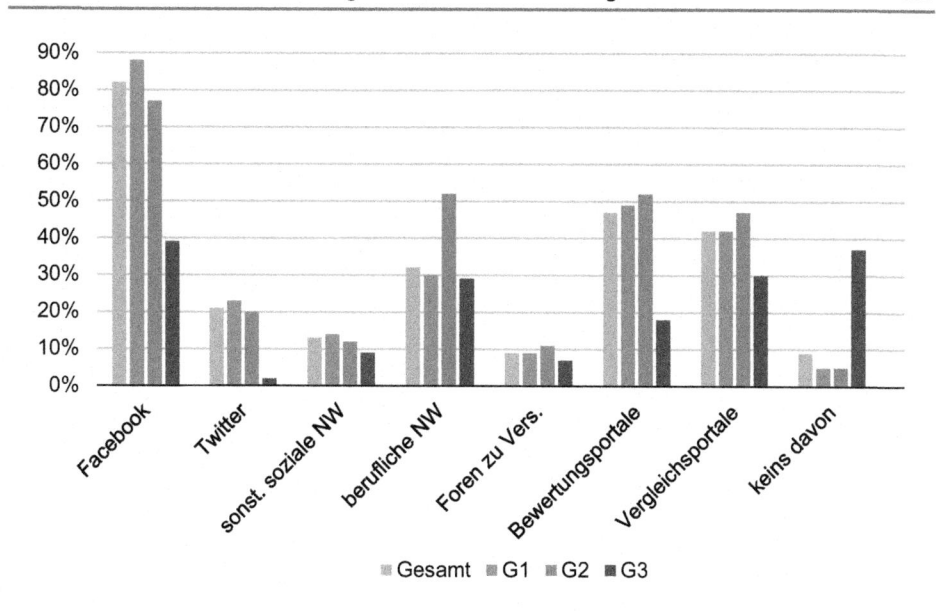

Abb. 21.4 Nutzung von Online-Seiten. (Quelle: eigene Darstellung)

te, um sich vorab zu informieren (vgl. [15, S. 169]). Foren zum Thema Versicherungen hatten mit insgesamt 8,5 % kaum Bedeutung für die Testpersonen.

21.2.3 Kommunikationsmerkmale

Wie bereits beschrieben, wurden die Testpersonen auf Seite 3 darum gebeten, die unterschiedlichen Merkmale bei der Kommunikation der Wichtigkeit nach zu sortieren. Hierfür wurde eine 7er-Likert-Skala von 7 „am wichtigsten" bis 1 „am unwichtigsten" gewählt. Auf Seite 8 wurde jedem Merkmal auf einer 5er-Likert-Skala (5 „sehr wichtig" bis 1 „unwichtig") eine Wichtigkeit zugeordnet.

Die Ergebnisse sind in Tab. 21.2 und 21.3 dargestellt.

Ein Unterschied zwischen den Altersgruppen ließ sich bei keinem Merkmal nachweisen. Die Wichtigkeit der einzelnen Merkmale ist daher als altersunabhängig anzusehen. Bei der Kommunikation mit einem Versicherungsunternehmen sind schnelle Erreichbarkeit, unkomplizierte Kontaktmöglichkeit und schnelle Antwort die bedeutendsten Merkmale. Alle drei Merkmale werden als „sehr wichtig" eingestuft. Als „eher wichtig" werden einfache Verständlichkeit und persönlicher Kontakt eingestuft, die auch in der Wichtigkeit hinter den ersten drei Fällen rangieren. Mit deutlichem Abstand am unwichtigsten werden viele Kontaktwege und lange Erreichbarkeit angesehen. Die in der Wichtigkeit auch mit teils/teils bewertet wurden.

Hieraus lässt sich folgender Schluss ziehen: Zwar wurde allen Merkmalen eine zu mindestens teilweise Wichtigkeit (kleinster Wert 3,07) zugeordnet, jedoch wird deutlich, dass

Tab. 21.2 Kommunikationsmerkmale 1. (Quelle: eigene Darstellung)

Seite 3 1–7	N	Mittelwert		Standard- abweichung	Varianz
	Statistik	Statistik	r	Statistik	Statistik
Einfache Verständlichkeit	466	4,2	0,096	2,074	4,299
Lange Erreichbarkeit	462	2,82	0,085	1,83	3,348
Viele Kontaktwege	459	2,16	0,066	1,413	1,996
Unkomplizierte Kontakt- möglichkeit	465	4,93	0,077	1,651	2,726
Schnelle Erreichbarkeit	466	5,05	0,069	1,493	2,23
Schnelle Antwort	467	4,79	0,063	1,365	1,864
Persönlicher Kontakt	465	4,14	0,094	2,022	4,087

Tab. 21.3 Kommunikationsmerkmale 2. (Quelle: eigene Darstellung)

Seite 8 1–5	N	Mittelwert		Standard- abweichung	Varianz
	Statistik	Statistik	r	Statistik	Statistik
Einfache Verständlichkeit	459	4,27	0,044	0,933	0,87
Lange Erreichbarkeit	459	3,07	0,056	1,201	1,443
Viele Kontaktwege	465	2,86	0,051	1,094	1,197
Unkomplizierte Kontakt- möglichkeit	461	4,39	0,034	0,74	0,548
Schnelle Erreichbarkeit	461	4,43	0,035	0,748	0,559
Schnelle Antwort	462	4,5	0,031	0,661	0,437
Persönlicher Kontakt	465	3,74	0,055	1,189	1,415

nicht die hohe Anzahl von Kontaktmöglichkeit und die „Rund um die Uhr"-Erreichbarkeit die Merkmale sind, auf die sich eine Versicherung beim Kundenkommunikationsmanagement konzentrieren muss. Für die Teilnehmer sind eine schnelle und unkomplizierte Kontaktmöglichkeit und eine rasche Reaktion deutlich wichtiger.

21.2.4 Kontaktwege

Auf Seite 5 wurden die Kunden gefragt, welchen Kontaktweg sie bei ausgewählten Gründen gerne nutzen würden, um mit ihrem Versicherungsunternehmen in Kontakt zu treten. Direkt danach (Seite 6) wurde abgefragt, welchen Kontaktweg sie tatsächlich innerhalb der letzten 12 Monate genutzt haben, falls sie mit dem Unternehmen kommuniziert haben. Dabei kam heraus, dass die Teilnehmer sich je nach Kontaktgrund unterschiedliche Wege wünschen und auch bereits benutzen.

Bei der Kommunikation mit dem Brief lässt sich deutlich erkennen, dass dieser Weg häufig genutzt wurde, obwohl die Kunden sich wünschen, öfter den Kontaktweg E-Mail nutzen zu können. Es gibt hier also eine Verschiebung von der Brief- zur E-Mail-Kommunikation. Wahrscheinlich liegt das daran, dass es sich hierbei um ähnliche Kommunikationswege handelt. Die E-Mail ist ein digitaler Brief und ersetzt damit bereits heute oftmals den Brief. Trotzdem scheint es den Kunden nicht häufig genug der Fall zu sein. Die Versicherungsunternehmen sollten also deutlich stärker auf die E-Mail-Kommunikation setzen. Offen bleibt, warum die Kunden nicht bereits jetzt diesen Weg wählen, denn es ist anzunehmen, dass jede Versicherung diese Möglichkeit bietet.

Die Kontaktwege Fax, Chat, Foren-/Bewertungsportale und soziale Medien, öffentlich und nicht öffentlich, spielen mit zwei Ausnahmen keine Rolle, wenn die Kunden nach den Kontaktwegewünschen gefragt werden. Lediglich Lob wollen die Testpersonen zu jeweils 10 % gerne über soziale Medien öffentlich oder über Foren- und Bewertungsportale an das Unternehmen weitergeben.

Bei komplexen Kontaktgründen, wie der Schadenmeldung (40,7 %) und den Fragen zu bestehendem Versicherungsschutz (49,5 %), wollen Kunden den Kontaktweg Telefon nutzen. Geht es um Beratung zu unversicherten Risiken, ist der persönliche Kontakt mit 54,5 % der am meisten gewünschte Kontaktweg. Bei allen drei Kontaktgründen handelt es sich um eine Kommunikation, bei der eine Interaktion stattfinden kann und soll. Hier geht es weniger um den einseitigen Informationsaustausch und eine daraus ggf. resultierende Reaktion, sondern um eine Interaktion mit dem Gegenüber.

Der Kontaktweg Self Service Portal spielt insbesondere bei den einfachen Kontakten, die keine Reaktion erfordern, eine Rolle. Hierzu zählen Adress- und Bankverbindungsänderung. Diese beiden Kontaktgründe unterscheiden sich bei der Nutzung der Kontaktwege bis auf zwei Ausnahmen kaum voneinander. Es ist hier davon auszugehen, dass es sich um ähnliche Gründe der Kontaktaufnahme handelt. Auffällig ist jedoch, dass die Kunden ihre Bankverbindung deutlich seltener als die Adresse per E-Mail ändern wollen und dies dafür lieber persönlich oder per Brief erledigen. Eine Annahme ist, dass die Kunden bei diesem Weg eine geringere Datensicherheit vermuten und daher lieber die aus ihrer Sicht sichereren Wege wählen. Diese Annahme müsste jedoch überprüft werden.

21.2.5 Kontaktwegewechsel

Kontakte wegen der Adress- und Bankverbindungsänderung werden zu 94,0 % mit dem ersten Kontakt abschließend geklärt, und es bedarf keines weiteren Kontaktes (6,0 %) mehr. Bei Schadenmeldungen (42,5 %), Beratungen (43,0 %) sowie Fragen zum Versicherungsschutz (23,9 %) kommt es dagegen vermehrt zu weiteren Kontakten. Hier wird wieder deutlich, dass es sich um eine andere Art der Kommunikation handelt. Bei der Adress- und Bankverbindungsänderung werden nur Informationen übertragen. Dies ist bei den anderen Kontaktwegen anders; hier bedarf es oftmals einer Interaktion, weshalb die Kunden in diesem Fall Kontaktwege mit einer hohen Botschaftsinteraktivität nutzen. Eine Auswertung, welche Kontaktwege weiterhin genutzt wurden, ist nur bei den Kontaktgründen Schadenmeldung, Beratung und Fragen zum Versicherungsschutz möglich, da für die anderen Gründe nicht genügend Daten (Fallzahl < 10) vorhanden sind, um eine Auswertung durchzuführen (vgl. [21, S. 69 ff.]).

In den meisten Fällen wurde der Kontaktweg Telefon gewählt. Dies lässt darauf schließen, dass es sich dabei um eine komplexere Frage handelte, für die eine weitergehende Kommunikation notwendig war. Betrachtet man insgesamt, welche Kontaktwege im weiteren Verlauf bei einer nicht abschließenden Behandlung mit dem ersten Kontakt genutzt wurden (Brief, Telefon, E-Mail und Persönlich), wird deutlich, dass es sich um die Kontaktwege handelt, die entweder eine hohe Botschaftsinteraktivität haben oder bei denen aber komplexe Fragestellungen abgehandelt werden können. Der einzige gewünschte Kontaktweg, der hier keine weitere Bedeutung hat, ist der Self Service. Dies zeigt, dass er sich nicht bei interaktionsintensiven Kontaktgründen eignet.

21.3 Handlungsempfehlungen

Im Ergebnis der Untersuchung ist herausgekommen, dass die drei Faktoren „schnelle Erreichbarkeit", „unkomplizierte Kontaktmöglichkeit" und „schnelle Antwort" die wichtigsten Merkmale für die Kunden bei der Kommunikation mit ihrem Versicherungsunternehmen sind, während die Kunden den Merkmalen „viele Kontaktwege" und „lange Erreichbarkeit" die geringste Wichtigkeit zuordnen. Daraus ist abzuleiten, dass Versicherungsunternehmen sich nicht darauf konzentrieren sollten, möglichst viele, womöglich sogar alle möglichen Kontaktwege zur Verfügung zu stellen, sondern sich auf wenige, dafür besonders zu konzentrieren, die diesen drei wichtigsten Merkmalen genügen, und von den Kunden gewünscht werden.

Dafür betrachte ich die Ergebnisse in Abschn. 21.2.4, die widerspiegeln, welche Kontaktwege die Kunden am liebsten nutzen würden und welche Kontaktwege vernachlässigt werden können, da ihnen keine weitere Bedeutung zukommen muss. Hierzu gehören soziale Netzwerke, Chat, Foren, Bewertungsportale und Fax. Der Kontaktweg Fax kann jedoch weiter angeboten werden, da davon auszugehen ist, dass jedes Unternehmen über ein Faxgerät verfügt und der Kostenaufwand für das Bereithalten eines Kundenfaxes zur Kontaktaufnahme als gering einzustufen ist. Trotzdem sollte diesem Kontaktweg keine weitere Bedeutung zukommen und er sollte nicht in den Mittelpunkt der Betrachtung rücken.

21.3.1 Soziale Netzwerke

Da Soziale Netzwerke auch in der Versicherungswirtschaft stark diskutiert werden, gehe ich nun auf diese ein, auch wenn meine Untersuchung ergeben hat, dass sie nur eine geringe Bedeutung in der Kundenkommunikation einnehmen. Den neuen Medien, insbesondere Facebook und Twitter, wird eine immer größere Bedeutung, auch innerhalb der Versicherungswirtschaft, zugemessen. Das spiegelt auch das Ergebnis der Nutzung von

Online-Seiten Befragung wider. Bei der Frage, welche Online-Plattform die Kunden innerhalb der letzten 12 Monate genutzt haben, haben Facebook und Twitter zumindest bei den jungen Kunden eine besonders große Bedeutung. In den letzten Jahren wurde jedoch die Werbung in den Mittelpunkt der Forschung gestellt, also die Kommunikation, die sich hauptsächlich an potenzielle Kunden richtet. Burkhardt und Steul-Fischer (vgl. [7]) haben 2013 einen Artikel zum Stand der Forschung des Themas Versicherungsunternehmen in Social Networks veröffentlicht. Sie untersuchen darin auch den Einfluss von persönlicher Ansprache auf die Folgebereitschaft[1] von Nutzern bei Facebook. Hierbei haben sie das Forschungsdesign so gewählt, dass die Probanden Bestandskunden bei einem imaginären Versicherungsunternehmen sind. Als Ergebnis kam heraus, dass es eine hoch signifikante Beziehung zwischen der persönlichen Ansprache und der Folgebereitschaft gibt.

Diese Untersuchung verfolgt jedoch auch wieder das Ziel, mittels der Social Networks Cross- und Up-Selling Potenziale bei bestehenden Kunden zu nutzen. Die von mir durchgeführte Untersuchung zeigt, dass der Kanal für die Kundenkommunikation von den Bestandskunden weniger gewünscht wird. In Verbindung mit meinen Ergebnissen und der Untersuchung von Burkhardt und Steul-Fischer bedeutet das, dass der Kanal zur Neukundenakquise und für die Bestandskundenverkäufe genutzt werden kann und sollte, jedoch für die von mir für diesen Artikel festgelegte Definition von Kundenkommunikation als ungeeignet gilt. Mögliche Gründe hierfür könnten der fehlende persönliche Kontakt und die Verbreitung von persönlichen Daten über einen dritten (in diesem Fall z. B. Facebook) sein (vgl. [29, S. 47 ff.]), denn meine Untersuchung hat ergeben, dass das Merkmal „persönlicher Kontakt" ebenfalls als „eher wichtig" angesehen wird. Dies ist bei den sozialen Netzwerken schwierig umzusetzen, da der Kunde seine Kommunikation an das Unternehmen richtet und daher keinen persönlichen Ansprechpartner hat.

Die weitere Annahme erschließt sich ebenfalls aus meiner Untersuchung. Zwar nutzen die Kunden häufig den Kontaktweg E-Mail anstelle des Kontaktweges Brief (vgl. Tab. 21.4), jedoch ist dies deutlich weniger der Fall, wenn es um die Änderung der Bankverbindung geht. Es sei hier nochmal erwähnt, dass die Kunden wahrscheinlich sehr vorsichtig mit ihren persönlichen Daten, insbesondere ihren Bankdaten sind. Ob dies in irgendeiner Hinsicht Auswirkung auf die Kundenkommunikation hat, könnte überprüft werden.

Ebenfalls keine Bedeutung für die Kundenkommunikation haben Bewertungsportale. Jedoch nutzte eine Vielzahl der Studienteilnehmer (46,2 %) diese innerhalb der letzten 12 Monate. Zwar zeigt die Auswertung nicht, aus welchen Gründen sie dies taten, also ob sie sich z. B. über Versicherungen informierten, macht aber deutlich, dass diesen eine wichtige Bedeutung zukommen. Ähnlich wie bei den sozialen Netzwerken vermute ich hier eine Information über die Produkte vor dem Kauf. Wie dieser Einfluss zu berücksichtigen ist, wäre aber ein weiterer Punkt, den es noch zu untersuchen gilt.

---

[1] Unter Folgebereitschaft wird das sogenannte liken auf Facebook bezeichnet. Dadurch erscheinen die Nachrichten einer Person oder eines Unternehmens in den Neuigkeiten des Nutzers. Die Folgebereitschaft ist damit die Voraussetzung, um den Kunden mit Informationen zu erreichen.

Tab. 21.4 Kontaktwege. Legende: Adresse: Adressänderung; Bank: Änderung der Bankverbindung; Beratung: Beratung zu unversicherten Risiken; Fragen: Fragen zum bestehenden Versicherungsschutz; Schaden: Schadenmeldung. (Quelle: eigene Darstellung)

In %	Gesamt		Adresse		Bank		Beratung		Beschwerde		Fragen		Lob		Schaden	
	Wu	Re	Wu	Re	Wu	Re	Wu	Re	Wu	Re	Wu	Re	Wu	Re	Wu	Re
Brief	7,3	14,6	9,4	19,4	15,8	34,9	1,5	4,9	8,8	13,3	0,9	1,8	3,4	12,8	11,3	27,3
Fax	0,6	0,7	1,1	1,2	1,1	1,6	0	0	0,6	1,3	0,2	0,4	0	0	0,9	0,8
Telefon	26,1	37,8	11,8	24,1	13,7	12,7	27	34	27,6	34,7	49,5	60,1	11,5	25,5	40,7	43,9
Persönlich	18	20	1,5	8,2	11,5	14,3	54,4	47,2	10,7	14,7	21,8	20,3	11,5	34	14,6	8,3
E-Mail	32,9	19,2	49,6	29,4	29,7	19	11	11,8	44,5	30,7	21,8	15,5	47	17	26,8	15,9
S. Medien öffentlich	1,7	0,4	0	0	0	0	0,2	0	1,1	2,7	0,2	0	10,6	4,3	0	0
S. Medien n. öffentlich	0,2	0,3	0	0	0,2	0	0	0	0	1,3	0,2	0	1,1	2,1	0	0,8
Self Service Portal	9,9	5,9	26,1	17,1	27,1	16,7	1,9	1,4	3	0	1,7	0,7	3,2	0	5,6	2,3
Chat	0,9	0,4	0	0,6	0,2	0	1,1	0	1,1	1,3	2,8	0,7	0,9	0	0	0
Foren/Bewerbungsportale	2,2	0	0,2	0	0	0	2,2	0	2,1	0	0,6	0	10,4	0	0	0
Sonstiges	0,4	0,6	0,4	0	0,6	0,8	0,4	0,7	0,4	0	0,2	0,4	0,5	4,3	0,2	0,8

21.3.2 Brief- und E-Mail-Kommunikation

Wie bereits erwähnt, gibt es eine Verschiebung von der Brief- zur E-Mail-Kommunikation. Obwohl die Kunden derzeit immer noch häufig den Kontaktweg Brief nutzen, wünschen sie stattdessen den Kontaktweg E-Mail. Dies erkläre ich damit, dass die Kunden einen schnellen und einfachen Kontaktweg bevorzugen. Mit der E-Mail-Kommunikation sparen sie sich die langen Laufzeiten, die beim Briefversand entstehen. Durch die Nutzung von E-Mails anstelle von Briefen wird die Kommunikation noch schneller, auch wenn sich an dem Inhalt der Kommunikation nichts ändert.

Es stellt sich die Frage, warum die Kunden den Kontaktweg nicht bereits jetzt nutzen. Setzt man die Ergebnisse der gewünschten Kontaktwege mit der Wichtigkeit der Merkmale in Verbindung, so möchte der Kunde einen persönlichen Kontakt haben. Es kann angenommen werden, dass den Kunden die bisherigen Kontaktmöglichkeiten über E-Mail nicht bekannt sind. Versicherungsunternehmen sollten also den Kunden E-Mail-Adressen in jedem Kommunikationsangebot, auf Briefen, auf der Firmenhomepage und in Werbematerialien, zur Verfügung stellen. Becker (vgl. [1, S. 19 ff.]) hat dazu einige interessante Fakten zusammengestellt. So ist es den Kunden (91 %) wichtig, dass ihre E-Mail innerhalb der ersten 24 Stunden beantwortet wird. Dazu zählen allerdings nicht die automatischen Antworten, die viele Systeme nach Erhalt einer E-Mail als Eingangsbestätigung versenden.

Die Versicherungsunternehmen sollten also feste Regeln für die Beantwortung von Serviceanfragen aufstellen. Dabei muss, je nach Anfragegrund, unterschieden werden. Es kann angenommen werden, dass Kunden bei einer Beschwerde einen längeren Zeitraum zur Beantwortung akzeptieren als bei einer Bitte zur Zusendung von Informationen. Besonders wichtig ist hier, dass das Unternehmen den Zeitraum, den es bis zur Beantwortung der Anfrage verspricht, auch einhält. Es kommt auch noch immer vor (bis zu 25 %), dass E-Mails gar nicht mehr beantwortet werden (vgl. [10, S. 123 f.]). Damit verspielen die Unternehmen das Vertrauen ihrer Kunden.

Zusätzlich sollten auch andere E-Mail-Alias[2], als info@ oder service@ genutzt werden. Dies ermöglicht einerseits eine interne Zuordnung, und andererseits hat der Kunde nicht das Gefühl, dass seine E-Mail im System verschwindet.

Für die Unternehmen hat der Kontaktweg E-Mail-Kommunikation einen weiteren Vorteil: Er ist auch in der internen Verarbeitung deutlich günstiger. So sinken der Zeitaufwand und die Kosten gegenüber der Briefverarbeitung. Briefe müssen geöffnet und entweder zum Sachbearbeiter transportiert oder eingescannt werden. Dieser Zeitaufwand fällt bei der E-Mail nicht an. Mittlerweile gibt es Systeme, die E-Mails selbstständig zuordnen und gegebenenfalls sogar beantworten. Diese Systeme nennen sich E-Mail Response Management Systeme (ERMS). Sie werden in das System des Unternehmens integriert und

---

[2] Bei einem E-Mail Alias handelt es sich um die Benutzeridentifikation im ersten Teil der E-Mail vor dem @-Zeichen. Der zweite Teil ist die Domain; dies kann die Domain der Versicherung sein (vgl. [2, S. 70]).

holen die E-Mails aus dem jeweiligen Postkorb ab. Danach werden die E-Mails gescannt und nach Schlagwörtern untersucht. So kann das ERMS die E-Mails zuordnen und sogar bereits einen Fall im System anlegen, den der Sachbearbeiter nur noch abschließen muss. Ebenfalls ist es bei einfachen Anfragen möglich, diese bereits fallabschließend zu bearbeiten. Erkennt das System, dass der Kunde seine Adresse geändert hat, so kann das System die Adresse automatisch im System ändern, ohne dass je ein Mitarbeiter den Fall gesehen hat (vgl. [14, S. 12 ff.; 13, S. 82 f.]).

21.3.3 Self Service Portal

Ein weiterer wichtiger Kontaktweg ist das Self Service Portal. Hierzu wird immer wieder der Vergleich mit den Onlinebankingangeboten der Banken oder die Self Service Angebote der Telekommunikationsbranche herangezogen. Ein Unterschied liegt jedoch darin, dass die Kontakthäufigkeit für Banken im Self Service Portal deutlich höher ist. Ein Bankkunde nutzt nämlich das Onlinebanking häufig, um Überweisungen zu tätigen oder seinen Kontostand zu prüfen. Diese Kontakthäufigkeit liegt bei einer Versicherung nicht vor (vgl. [25, S. 603 ff.]). Auch in der Telekommunikationsbranche kann der Kunde seinen Verbrauch, die Höhe der Telefonkosten, überprüfen oder seine monatlichen Rechnungen abrufen. Zusätzlich handelt es sich bei beiden Beispielen, insbesondere bei der Telekommunikation, um einfacherer Produkte, die einen geringeren Beratungsaufwand und keine Schadenmeldungen beinhalten. Daher ist der Vergleich mit diesen beiden Produktgruppen nur eingeschränkt möglich.

Den Kontaktweg Self Service Portal wünschen sich die Studienteilnehmer insbesondere bei den interaktionsarmen Kontaktgründen. Dies sind in diesem Fall die Adressänderung und die Änderung der Bankverbindung. Bei den komplexeren Kommunikationsgründen spielt dagegen das Self Service Portal kaum eine Rolle. Mittlerweile versuchen auch einige Versicherungen, insbesondere die Direktversicherungen, ihre Self Service Portale zu Vertriebs- und Verkaufsportalen auszubauen und jeden möglichen Geschäftsvorfall über das Self Service Portal abzubilden (vgl. [26, S. 71 ff.]). Meine Untersuchung hat jedoch ergeben, dass die Studienteilnehmer die Beratung über das Telefon oder den persönlichen Kontaktweg wünschen und nicht über die Portale der Anbieter. Daraus ergibt sich, dass sich die Versicherungsunternehmen auf die Verwaltung von Verträgen und Stammdaten beschränken und nicht komplexere Möglichkeiten anbieten sollten.

Die Einrichtung eines Self Service Portals ist kostenintensiv, aber die Untersuchung hat gezeigt, dass dies ein gewünschter Kontaktweg für die Studienteilnehmer ist. Die Versicherungen benötigen aber keinen aufwendig entwickelten Bereich, der ebenfalls Beratungs- oder Schadenfälle abdeckt, sondern nur ein auf die wesentlichen Funktionen beschränktes Self Service Portal, wodurch sich die Kosten für die Einrichtung verringern. Zusätzlich können Kostensenkungen durch die Verlagerung von Geschäftsvorfällen von den Mitarbeitern erzielt werden.

Ob bzw. wann sich die Kosten mit den Einsparungen aufheben, müsste untersucht werden, und hängt auch von der Größe der Unternehmen ab, denn die Einrichtung kostet das Gleiche bei einem Versicherer mit wenig Kunden wie bei einem Versicherer mit vielen Kunden. Das Einsparpotenzial steigt aber mit der Häufigkeit der Nutzung.

21.3.4 Telefon-Service

Insbesondere bei den interaktionsintensiven Kontaktgründen, wie Schadenmeldung und Fragen zu bestehendem Versicherungsschutz, wünschen sich die Kunden die Kontaktaufnahme über das Telefon. Hierfür sollte das Versicherungsunternehmen sein Call-Center auf die wichtigen Merkmale in der Kundenkommunikation ausrichten. So ist die „Rund um die Uhr"-Erreichbarkeit weniger wichtig als eine schnelle Erreichbarkeit. Dies bedeutet, dass Versicherungsunternehmen nicht 24 Stunden und sieben Tage die Woche zu erreichen sein müssen, sondern lieber in kürzeren Zeiträumen ohne lange Wartezeiten für den Anrufer. In der Literatur werden Zeiträume von montags – freitags von 9:00–17:00 Uhr für eine ausreichende Erreichbarkeit angesehen (vgl. [28, S. 4 ff.; 19, S. 271 ff.]). Ich nehme an, dass eine Erreichbarkeit von montags – freitags von 8:00–20:00 Uhr für die Kunden noch besser ist, da sie dann auch nach Feierabend mit ihrem Versicherungsunternehmen kommunizieren können. Welche Zeiträume von Kunden tatsächlich gewünscht werden, um eine zufriedenstellende Erreichbarkeit zu gewährleisten, wäre eine weitere Frage, die es noch zu beantworten gilt.

Das wichtigere Merkmal ist eine schnelle Erreichbarkeit. Kunden wollen im Call-Center nicht lange warten, wenn sie sich mit ihrem Anliegen an das Versicherungsunternehmen wenden. Auch hier gibt es in der Literatur unterschiedliche Aussagen, welche Zeiträume bei Kunden als akzeptabel gelten. Jedoch sind die Autoren sich einig, dass mit einer steigenden Wartezeit die Zufriedenheit der Kunden stark abnimmt. Es finden sich Werte von 40–60 Sekunden in der Literatur, die von Kunden als angemessen empfunden werden (vgl. [31, S. 111; 28, S. 81]). Zusätzlich ist es den Kunden ebenfalls wichtig, dass sie einen kompetenten Ansprechpartner haben und ihr Anliegen schnell bearbeitet wird. Für die Versicherungsunternehmen bedeutet das, dass sie die Einsparungen, die durch eine kürzere Erreichbarkeit (Senkung von Personalkosten) möglich sind, lieber in die Sicherstellung einer guten und unkomplizierten Erreichbarkeit mit einer schnellen Reaktionszeit investieren sollten.

21.3.5 Persönlicher Kontaktweg (Face-to-Face)

Eine besondere Bedeutung kommt innerhalb der Versicherungswirtschaft dem persönlichen Kontakt zu. Kunden wünschen sich zu 54,5 % bei der Beratung diesen Kontaktweg. Auch bei Fragen zum bestehenden Versicherungsschutz (21,8 %) und der Schadenmeldung (14,6 %) spielt dieser Kontaktweg eine wichtige Rolle. Dies macht deutlich, dass auch wenn es zahlreiche Direktversicherer gibt, die über keinen Außendienst mehr verfügen, der persönliche Kontakt für viele Versicherungskunden immer noch eine große Bedeutung hat. Ich gehe davon aus, dass Kunden, die preisbewusst sind, bereit sind, darauf zu verzichten, einen persönlichen Kontakt zu nutzen. Aber das gilt eben nicht für alle Kunden, sodass ein Nebeneinander von Direktversicherern und Versicherungen mit klassischem Außendienst auch weiterhin gut vorstellbar ist. Versicherungsprodukte sind, wie beschrieben, in den letzten Jahren immer schwieriger zu vergleichen, weshalb gerade bei der Beratung dem Vertrauen eine besondere Bedeutung zukommt. Vertrauen scheinen mehr Kunden bei dem persönlichen Kontakt zu empfinden als in der telefonischen oder geschriebenen Beratung. Welche Gründe genau dafür sprechen, wäre ein weitere Frage, die es noch zu erforschen gilt. Da aber der persönliche Kontakt deutlich schwieriger zu managen ist als alle anderen, gehe ich nicht mehr gesondert auf diesen Kontaktweg ein.

21.3.6 Synchronisation der Kontaktwege

Nachdem ich Handlungsempfehlungen für die Nutzung der einzelnen Kontaktwege gegeben habe, möchte ich nun auf deren Synchronisation eingehen. Dabei muss es das Ziel für die Versicherungsunternehmen sein, die unterschiedlichen Kontaktwege so zu managen, dass die Bestandskunden zufrieden sind, sich an ihr Unternehmen binden und nicht zu einer anderen Versicherung wechseln. Schagen (vgl. [28]) hat sich in seiner Dissertation mit diesem Thema beschäftigt. Er hat die Qualität von Inbound Centern untersucht und kommt zu einigen Ergebnissen, die auch für die Handlungsempfehlungen dieses Artikels berücksichtigt wurden. Die Reaktionszeit, die in meiner Untersuchung zu den drei wichtigsten Merkmalen gehört, kann je nach Kontaktweg unterschieden werden. So hat die Untersuchung von Schagen ergeben, dass Kunden auf einen Beschwerdebrief eine Reaktion innerhalb von einer Woche, bei der E-Mail innerhalb von einer halben Woche erwarten. Außerdem erwarten die Kunden bei einer Verzögerung eine verständliche Begründung und wollen nachvollziehen, was passiert. Deshalb scheint es bei der E-Mail-Kommunikation sehr wichtig, dem Kunden eine Eingangsbestätigung zu senden. Das signalisiert ihm, dass sein Anliegen angekommen ist und ernstgenommen wird, ersetzt aber nicht die schnelle Reaktion durch den Versicherer (vgl. [28, S. 172 ff.]).

Für die Synchronisation der Kontaktwege ist es zwingend erforderlich, ein System zum Geschäftsprozessmanagement über alle Kanäle hinweg zu implementieren. Die Kunden erwarten, dass ihre Anliegen über die unterschiedlichen Kontaktwege hinweg bearbeitet werden können. Wenn ein Kunde also z. B. einen Schaden einem Außendienstvertreter eines Versicherungsunternehmens meldet, erwartet er, dass ein Mitarbeiter bei einem weiteren Kontakt im Call Center bereits über seinen Fall Bescheid weiß.

21.4 Zusammenfassung

Die Unternehmen sollten ihren Bestandskunden für die Kundenkommunikation einfache und unkomplizierte Kontaktmöglichkeiten anbieten. Dazu gehört eine Self Service Portal, welches ohne großen Aufwand die Änderung vertrags- und personenbezogener Daten anbietet und damit orts- und zeitunabhängig die Vertragsverwaltung ermöglicht. Dadurch wird auch dem Wunsch der Bestandskunden nach einer unkomplizierten Kontaktmöglichkeit Rechnung getragen. Daneben sollte die Möglichkeit gegeben sein, bei komplexeren Anliegen, wie z. B. der Schadenmeldung, ein Call Center ohne lange Wartezeiten zu erreichen, um mit einem kompetenten Ansprechpartner auch schwierigere Sachverhalte klären zu können.

Die E-Mail-Kommunikation sollte, neben der Brief-Kommunikation, weiter ausgebaut werden, um den Kunden eine schnelleres Kommunizieren zu ermöglichen. Insgesamt erfordert das Management der Kundenkommunikation eine Kommunikationswege übergreifende Steuerung durch das Versicherungsunternehmen, welche auf die Bedürfnisse der Kunden eingeht. Dabei ist auch der Außendienst mit einzubeziehen, da insbesondere bei der Beratung dem persönlichen Kontaktweg (Face-to-Face) eine hohe Bedeutung zukommt, obwohl er deutlich schwieriger zu managen ist.

Literatur

1. Becker L (2009) E-Mail-Kommunikation heute und morgen. In: Becker L (Hrsg) Professionelles E-Mail-Management – Von der individuellen Nutzung zur unternehmensweiten Anwendung. Gabler Verlag, Wiesbaden, S 15–22
2. Bentele G, Brosius H-B, Jarren O (2013) Lexikon-Kommunikations- und Medienwissenschaften, 2. Aufl. VS Verlag für Sozialwissenschaften, Wiesbaden
3. Bittl A (1997) Vertrauen durch kommunikationsintendiertes Handeln – Eine grundlagenorientierte Diskussion in der Betriebswirtschaftslehre mit Gestaltungsempfehlungen für die Versicherungswirtschaft. Gabler Verlag, Wiesbaden
4. Bruhn M (2012) Marketing – Grundlagen für Studium und Praxis, 11. Aufl. Gabler Verlag, Wiesbaden
5. Bruhn M (2009) Relationship Marketing – Das Management von Kundenbeziehungen, 2. Aufl. Verlag Franz Vahlen, München
6. Bruhn M, Meffert H (2012a) Dienstleistungsmarketing: Grundlagen – Konzepte – Methoden, 7. Aufl. Gabler Verlag, Wiesbaden
7. Burkhardt J, Steul-Fischer M (2013) Versicherungsunternehmen in Social Networks – ein Überblick über aktuelle Forschungsfelder und eine experimentelle Studie zur Kundenansprache. Zeitschrift Für Die Gesamte Versicherungswirtschaft 102(5):473–490
8. Döbler T (2013) Das Ende der Verbindlichkeit? Veränderungen sozialer Beziehungen durch mobiles Kommunikationsverhalten. In: Wimmer J, Hartmann M (Hrsg) Medienkommunikation in Bewegung: Mobilisierung – Mobile Medien – Kommunikative Mobilität. VS Verlag für Sozialwissenschaften, Wiesbaden, S 139–154
9. der Dudenverlag (2010) Duden – Das Bedeutungswörterbuch, 4. Aufl. Bd. 10. Dudenverlag, Mannheim

10. Egli C (2009) Entscheidend ist, was dem Kunden nützt – softwaregestützte Kommunikation richtig in den Kundenservice einbinden. In: Becker L (Hrsg) Professionelles E-Mail-Management – Von der individuellen Nutzung zur unternehmensweiten Anwendung. Gabler Verlag, Wiesbaden, S 121–128
11. Emerich C (2008) Multi-Channel-Communications- und Marketing-Management. Gabler Verlag, Wiesbaden
12. Gentsch P (2002) Kundengewinnung und -bindung im Internet: Möglichkeiten und Grenzen des analytischen E-CRM. In: Schögel M, Schmidt I (Hrsg) eCRM mit Informationstechnologien Kundenpotentiale nutzen. Symposion Publishing, Düsseldorf, S 151–180
13. Gericke S (2001) Customer Relationship Management in der Assekuranz unter besonderer Berücksichtigung neuer Verfahren und modernen Informationstechnologie – Ziele, Nutzen, Inhalt und Umsetzung. VVW, Karlsruhe
14. Haseney H (2010) E-Mail Response Management Systeme (ERMS) – Effektive, systemgestütze und gesetzeskonforme Bearbeitung von E-Mails in Unternehmen. GRIN Verlag, München
15. Heinemann G (2013) No-Line-Systeme als höchste Evolutionsstufe des Multi-Channel-Handels. In: Keuper F, Hamidian K, Verwaayen E, Kalinowski T, Kraijo C (Hrsg) Digitalisierung und Innovation – Planung – Entstehung – Entwicklungsperspektiven. Gabler Verlag, Wiesbaden, S 169–184
16. Homburg C, Bruhn M (2008) Kundenbindungsmanagement – Eine Einführung in die theoretischen und praktischen Problemstellungen. In: Bruhn M, Homburg C (Hrsg) Handbuch Kundenbindungsmanagement, 6. Aufl. Gabler Verlag, Wiesbaden, S 3–37
17. Homburg C, Becker A, Hentschel F (2008) Der Zusammenhang zwischen Kundenzufriedenheit und Kundenbindung. In: Bruhn M, Homburg C (Hrsg) Handbuch Kundenbindungsmanagement, 6. Aufl. Gabler Verlag, Wiesbaden, S 108–134
18. Jacob R, Heinz A, Decieux JP (2013) Umfrage – Einführung in die Methoden der Umfrageforschung, 3. Aufl. Oldenbourg Wissenschaftsverlag, München
19. Jobst D (2010) Service- und Ereignisorientierung im Contact-Center – Entwicklung eines Referenzmodells zur Prozessautomatisierung. Gabler Verlag, Wiesbaden
20. Kraft M (2007) Kundenbindung und Kundenwert, 2. Aufl. Physica Verlag, Heidelberg
21. Kuß A (2012) Marktforschung – Grundlagen der Datenerhebung und Datenanalyse, 4. Aufl. Gabler Verlag, Wiesbaden
22. Lüdtke SR (2009) Kundenbindung im Ethnomarketing der Stromversorger. Josef Eul Verlag, Lohmar
23. Margraf S (2011) Strategisches Multi Channel Management & Social Media im CRM – Entwicklung einer ganzheitlichen Multi Channel Management-Strategie inklusive Social Media. AVM, München
24. Mast C, Huck S, Güller K (2005) Kundenkommunikation: ein Leitfaden. Lucius & Lucius, Stuttgart
25. Rohde M, Geißler J (2005) E-Banking 2.0 – Strategien und Konzepte für das E-Banking der Zukunft. In: Petzel E (Hrsg) E-Finance – Technologien, Strategien und Geschäftsmodelle. Gabler Verlag, Wiesbaden, S 603–628
26. Salomann H (2008) Internet Self-Service in Kundenbeziehungen – Gestaltungselemente, Prozessarchitektur und Fallstudien aus der Finanzdienstleistungsbranche. Gabler Verlag, Wiesbaden
27. Salzgeber F (1996) Kunden- und Prozessorientierung im Versicherungsunternehmen. VVW, Karlsruhe

28. Schagen A (2012) Zur Qualität von Inbound Centers im Marketing – Typen – Wirkungen – Implikationen. Gabler Verlag, Wiesbaden
29. Schall H (2013) Social Security – Gefahren auf Facebook & Co. In: Leinemann R (Hrsg) Social Media – Der Einfluss auf Unternehmen. Springer Vieweg, Berlin, Heidelberg, S 47–52
30. Schindler S (2002) Mobile Business in der Versicherungswirtschaft – Einsatzpotenziale in der Kundenkommunikation. VVW, Karlsruhe
31. Schümann F, Tisson H (2006) Call Center Controlling – Ein Modell für die Planung, Kontrolle und Steuerung von Kundenservice-Centern. Gabler Verlag, Wiesbaden
32. Trumpfheller J (2005) Kundenbindung in der Versicherungswirtschaft. VVW, Karlsruhe
33. Ullmann T, Peill E (1994) „Servicequalität und Kundenzufriedenheit als Schlüssel zum Markterfolg (I) – Empirische Ergebnisse aus der Versicherungsbranche". Versicherungswirtschaft 19/1994:1266–1271
34. Wimmer J, Hartmann M (2013) „Mobilisierung, mobile Medien und kommunikative Mobilität aus kommunikations- und mediensoziologischer Perspektiv". In: Wimmer J, Hartmann M (Hrsg) Medienkommunikation in Bewegung: Mobilisierung – Mobile Medien – Kommunikative Mobilität. VS Verlag für Sozialwissenschaften, Wiesbaden, S 11–27
35. Wüstenhofer A (2010) Aktives Feedbackmanagement als integratives Instrument einer übergreifenden Kundenkommunikation in Versicherungsunternehmen. In: Keuper F, Schomann M, Horn D (Hrsg) Modernes Finanz- und Versicherungsmanagement. Logos Verlag, Berlin, S 189–229

22 Die sechs Stufen zur Digitalisierung des Kundendialogs im Versicherungswesen

Oliver Carlsen, Thomas Dietsch und Sascha Wollenberg

Zusammenfassung

Wie sollen Unternehmen der Versicherungsbranche vorgehen, um ihren Kundendialog mithilfe digitaler Services zu optimieren und zu intensivieren? Der Beitrag „Die sechs Stufen zur Digitalisierung des Kundendialogs im Versicherungswesen" zeigt, welche methodischen Überlegungen dafür notwendig sind und wie hilfreich dabei ein sechsstufiges Modell sein kann, das die Autoren aufgrund ihrer Erfahrungen aus dem Customer Relationship Management entwickelt haben. Es ist eine wertvolle Richtschnur für neue digitale Projekte, weil es die Heterogenität der Versicherungsbranche und ihrer Produkte sowie die Vielfalt der Kunden und ihrer Kontaktpunkte im Laufe der Customer Journey berücksichtigt.

22.1 Der Kundendialog – eine aktuelle Herausforderung für Versicherer

Das Verhalten des Kunden hat sich drastisch verändert. Er will heute alles – überall und sofort. Warum? 83 % der Verbraucher verfügten 2016 über ein Smartphone, das entspricht der Zahl derer, die zuhause einen Computer haben. Selbst ein Tablet benutzen mittlerweile zwei Drittel der Konsumenten (vgl. [16]). Das hat fundamentale Folgen für

O. Carlsen (✉) · T. Dietsch · S. Wollenberg
Arvato CRM Solutions GmbH
Gütersloh, Deutschland
E-Mail: oliver.carlsen@bertelsmann.de

T. Dietsch
E-Mail: Thomas.Dietsch@bertelsmann.de

S. Wollenberg
E-Mail: Sascha.Wollenberg@bertelsmann.de

© Springer-Verlag GmbH Deutschland, ein Teil von Springer Nature 2019
M. Reich und C. Zerres (Hrsg.), *Handbuch Versicherungsmarketing*,
https://doi.org/10.1007/978-3-662-57755-4_22

das Nutzungsverhalten bei der Informationssuche und den Dialog mit Unternehmen. Die mobilen Kunden erwarten jetzt und sofort Antworten, wenn sie unterwegs Produkte, Angebote und Preise recherchieren oder etwas bestellen wollen. Unternehmen, die sich digital nicht auf die mobile „Everytime-and-everywhere"-Mentalität der Kunden einstellen, können den Anschluss verlieren (vgl. [16, 18]). Das gilt auch für Unternehmen der Versicherungsbranche, die noch zu selten die Chance nutzen, mithilfe von digitalen Services ihren Kundendialog zu optimieren und zu intensivieren. Doch wie sollten Versicherungen dabei vorgehen? Eine allgemeingültige Antwort auf diese Frage gibt es sicher nicht. Denn die Reise in die digitale Welt kennt viele Wege. Damit diese aber keine Irrfahrt wird, sind aufseiten der Versicherer zunächst grundsätzliche strategische und methodische Überlegungen notwendig, die die Erfahrungen, Anforderungen und Bedürfnisse der Versicherungskunden und auch der Mitarbeiter im Unternehmen berücksichtigen müssen. Anschließend geht es darum, Stufe für Stufe die digitalen Projekte zu planen und umzusetzen. Welche Stufen für die Digitalisierung des Kundendialogs sinnvoll sind, zeigt dieser Beitrag im Folgenden.

22.1.1 Der Kunde und seine Erwartungen

Zunächst muss jedoch geklärt werden, wie die aktuelle Beziehung zwischen Kunde und Versicherer aussieht, welche Erwartungen der Kunde an eine Versicherungsgesellschaft hat und wie er schließlich entlang der Wertschöpfungskette bestmöglich begleitet werden kann. Einen Überblick darüber vermittelt der Digital Insurance Monitor 2016 von Arvato CRM Solutions und CSC, für den 3000 Endkunden und 100 Versicherungsmanager in fünf Ländern (Deutschland, Italien, Österreich, Schweiz, Türkei) interviewt wurden (vgl. [1]). Die Studie zeigt, dass die Kunden digitale Serviceangebote und Kanäle überwiegend nutzen, um Versicherungsprämien zu vergleichen. So steigen 50 % der deutschen Kunden auf der Suche nach dem „richtigen" Versicherungsprodukt über das Internet ein und nutzen dabei Vergleichsportale. Sie sind auch bereit, ihre persönlichen Daten freizugeben, wenn sie dafür personalisierte und auf ihre individuellen Bedürfnisse zugeschnittene Angebote erhalten. Doch das bedeutet nicht, dass der Versicherungskunde sich komplett vom klassischen Vertriebsweg abwendet und in die digitale Welt abwandert. Im Gegenteil: Der Kunde sucht die bestmögliche Verbindung zwischen der klassischen und der neuen Welt. Er nutzt standardisierte Produkte über den digitalen Vertriebsweg, wünscht sich aber auch in Zukunft persönliche Betreuung, besonders bei beratungsintensiven Produkten und Schadenabwicklungen. Immerhin bevorzugen noch 37,2 % der deutschen Kunden das persönliche Gespräch mit ihrem Vermittler oder ihrer Agentur vor Ort. Mit anderen Worten: Der Versicherungskunde agiert hybrid (vgl. [1]).

Was bedeutet das für die Versicherer und die Digitalisierung ihres Kundendialogs? Sollen sie alles beim Alten belassen, weil der Kunde in bestimmten Situationen doch noch das persönliche Gespräch mit seinem Versicherungsagenten bevorzugt? Diese Schlussfolgerung wäre verheerend. Natürlich dürfen die Kunden, die sich noch in der alten Welt bewegen, nicht verschreckt werden. Aber Versicherer, die sich deswegen der digitalen Entwicklung verweigern, werden verlieren, weil die Digitalisierung alte Strukturen und traditionelle Geschäftsmodelle sukzessiv stark verändern wird. Zugleich bietet sie enorme Chancen, neue Geschäftsmodelle zu entwickeln und das Kundenverhalten besser kennenzulernen und zu verstehen, um mit dem Kunden intensiver zu interagieren und seine Erwartungen durch Services und Mehrwerte zu erfüllen (vgl. [15, 18]). Die Folge: Versicherer und Kunde werden in der neuen digitalen Welt eine viel engere Beziehung führen als sie in der alten Welt möglich war.

22.1.2 Der Reiseplan – die Customer Journey Map

Der Kunde steht somit im Fokus der digitalen Projekte der Versicherer, die in die digitale Welt mit dem Ziel reisen, eine partnerschaftliche Beziehung zum Kunden aufzubauen (vgl. [3, 12, 18]). Dafür benötigen sie jedoch einen detaillierten Reiseplan: die Customer Journey Map. Sie hält alle Erfahrungen – die Customer Experience – fest, die der Kunde off- und online macht, wenn er mit der Versicherung, ihren Produkten oder ihrem Kundenservice in Berührung kommt – und zwar sowohl in emotionaler als auch in funktionaler Hinsicht. Das Fundament dieses Reiseplans ist der Kunde selbst. Wer aber ist er? Wen will die Versicherung mit ihren spezifischen Produkten überhaupt ansprechen? Dafür sollten im Idealfall die typischen Eigenschaften eines Kunden, für den ein Versicherungsprodukt oder -service zugeschnitten sein sollte, entwickelt und genau beschrieben werden – angefangen von seinen soziografischen Daten über seine Lebenssituation bis hin zu seinen Erwartungen und Wünschen an ein mögliches Versicherungsprodukt.

Der Reiseplan sollte folgende fünf Stationen bzw. Schritte berücksichtigen:

1. **Interesse wecken** – also die direkten und indirekten Berührungspunkte, die zuallererst das Bewusstsein des Kunden für den Versicherer wecken. Wie wird der Kunde eigentlich auf die Produkte und Services eines Versicherers aufmerksam? Geschieht das über eine klassische Zeitungsanzeige, eine TV-Werbung, einen Kinospot oder über Online-Kanäle und soziale Medien, wie Facebook?
2. **Abwägen** – die Beschäftigung mit dem Produkt, also jene Phase, in der sich ein Kunde über Mail, Website, Vergleichsportale oder Medienberichterstattung intensiver mit einem Produkt beschäftigt, um zu einer Kaufentscheidung zu gelangen.
3. **Kaufen** – Wenn der Kunde seine Entscheidung für ein Versicherungsprodukt getroffen hat, wo kauft bzw. bestellt er dieses – bei einem Versicherungsmakler, bei einer Versicherungsfiliale oder online über ein Versicherungsportal, eine App oder die Unternehmenswebsite?
4. **Binden** – Die Kundenbindung: Was unternimmt der Versicherer aktiv, um seinen Kunden langfristig zu binden und einen möglichen Wechsel zu einem Wettbewerber zu verhindern?

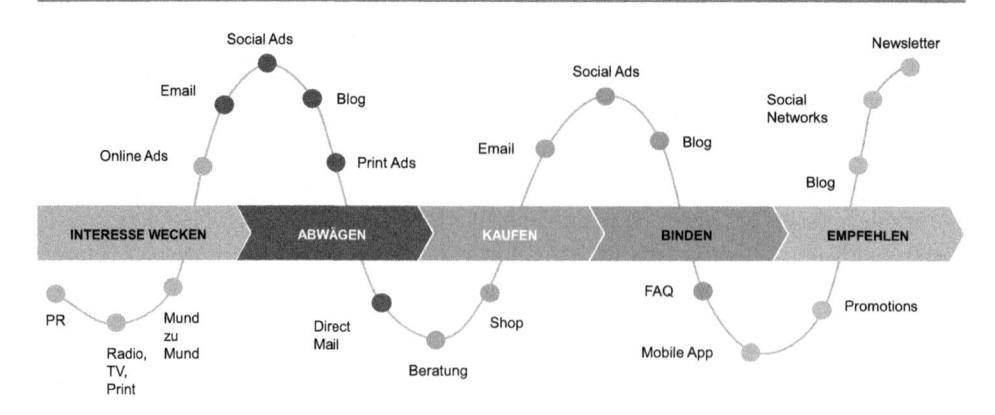

Abb. 22.1 Die Customer Journey Map – ihre fünf Stationen im Überblick

5. **Empfehlen** – Der Kunde als Markenbotschafter. Diese letzte Station ist quasi die Königsetappe und verlangt eine spezielle Pflege der Kundenbeziehung: Wie wird der Kunden zu einem Markenbotschafter, der über die sozialen Medien oder über Mund-zu-Mund-Propaganda spezielle Versicherungsprodukte weiterempfiehlt?

Diese methodischen Vorüberlegungen – angefangen von der aktuellen Situation des Kundendialogs über die Erstellung eines Kundenprofils bis zur Customer Journey Map mit ihren fünf Stationen – sind wichtig, damit zukünftige digitale Projekte entlang der Wertschöpfungskette zu den gewünschten, positiven Kundenerlebnissen führen können (vgl. Abb. 22.1).

22.2 Die Methodik: Digitalisierung in sechs Stufen

Versicherer müssen sich angesichts der Herausforderungen durch die fortschreitende Digitalisierung die Frage stellen: Reichen punktuelle digitale Veränderungen aus, um die Schnittstelle zum Kunden zu optimieren und seine Bedürfnisse zu erfüllen? Oder sind weitreichende Veränderungen nötig? In der Regel ist der Veränderungsbedarf hoch (vgl. [16, 18]). Damit diese Veränderungen entlang der Wertschöpfungskette oder an den einzelnen Stufen der Customer Journey erfolgreich realisiert werden können, sind ein strategischer Plan und gezielte organisatorische und operative Maßnahmen, die Schritt für Schritt umgesetzt werden, notwendig. Diese werden im Folgenden anhand eines sechsstufigen Modells für die Digitalisierung des Kundendialogs vorgestellt (siehe Abb. 22.2):

1. Die Bestandsaufnahme: Wie sieht das Kundenerlebnis heute aus?
2. Die digitale Vision: Was will das Unternehmen zukünftig erreichen?
3. Die Leitplanken: Wie werden die Grenzen des Projekts definiert?

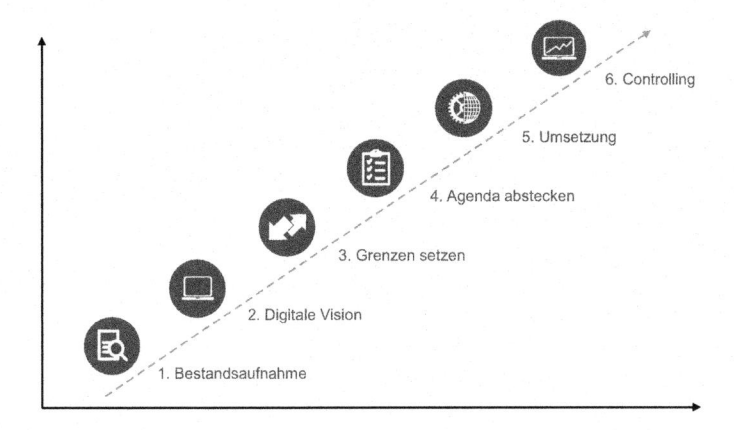

Abb. 22.2 Die sechs Stufen der Digitalisierung im Kundendialog – im Überblick

4. Die digitale Agenda: Welche digitalen Projekte und Lösungen will das Unternehmen künftig umsetzen?
5. Die Umsetzung: Wie sollen die digitalen Projekte umgesetzt werden?
6. Das Controlling bzw. die Validierung: Hat das Unternehmen die gesteckten Ziele erreicht und welche Anpassungen sind künftig notwendig?

22.3 Die sechs Stufen im Detail

Stufe 1: Machen Sie eine Bestandsaufnahme!
Jedes Unternehmen in der Versicherungsbranche hat, unabhängig von seinem Geschäftsmodell, bereits Erfahrungen mit digitalen Projekten gemacht – manche waren positiv, manche negativ (vgl. [8, 7, 6]). Welche Maßnahmen haben funktioniert, welche nicht und warum? In der ersten Stufe, der Bestandsaufnahme, werden also alle Erfahrungen mit bereits laufenden digitalen Projekten in der Kundenkommunikation gesammelt, um Verbesserungspotenziale zu identifizieren. Dafür wird eine Arbeitsliste entwickelt, die folgende Punkte beinhalten kann:

- Wer ist eigentlich der Kunde? Ist der Versicherer ausreichend über dessen jeweilige individuelle Lebenssituation informiert, um ihn gezielt mit Produkten anzusprechen? Wie kann das Unternehmen mithilfe der Digitalisierung seine Kunden besser kennenlernen?
- Für welche Stationen in der Customer Journey Map hat das Unternehmen digitale Maßnahmen entwickelt? Wie interagiert man mit dem Kunden?
- Über welchen Kanal kommt der Kunde in Kontakt mit der Versicherung, ihren Produkten und Services? Was ist die Kontaktursache? Welcher Kanal ist erfolgreich, welcher nicht?

- Was sind die Kundenbedürfnisse und -anfragen? Wie reagiert das Unternehmen darauf? Ist das Personal in der Filiale oder im Service Center dafür entsprechend geschult und digital ausgerüstet?
- Können durch die digitalen Prozesse Neukunden gewonnen oder der Absatz der Produkte gesteigert werden? Kann der Vertrieb mithilfe der digitalen Prozesse Kunden gezielter ansprechen? Wenn nicht, was sind die Gründe?
- Was ist die Perspektive des Kunden? Wie kann man aus seiner Sicht die Prozesse verbessern und einfacher gestalten? Empfiehlt der Kunde die Produkte und Services des Versicherers über die sozialen Medien weiter?
- Schaffen die digitalen Projekte einen besseren Service für den Kunden? Werden, neben den Produkten und Services, noch weitere Zusatzleistungen angeboten?
- Wie sehr muss sich das Unternehmen digital verändern, um Produkte aktiv an den Kunden zu verkaufen und ihn langfristig zu binden?

Selbstverständlich kann diese Liste um weitere Punkte und Fragen ergänzt werden. Wichtig ist jedoch, dass die bereits laufenden Projekte nach ihren Stärken, Schwächen, Chancen und Herausforderungen analysiert werden. Ziel sollte es dabei sein, die digitalen Prozesse dahingehend zu verbessern und zu ergänzen, dass sie geeignet sind, das Kundenerlebnis an den jeweiligen Kontaktpunkten zu verbessern und dadurch den Kundenbestand zu sichern und auszubauen. Last but not least: Zahlen diese Projekte auf eine übergeordnete digitale Strategie des Unternehmens ein? Wenn nicht, müssen diese dementsprechend nachjustiert werden. Und wenn das Unternehmen überhaupt keine übergeordnete Digitalstrategie hat? Dann wird es allerhöchste Zeit, das nachzuholen!

Stufe 2: Formulieren Sie eine digitale Vision!
Natürlich steht das Thema Digitalisierung in den meisten Unternehmen auf der Agenda. 60 % der Unternehmen haben bereits digitale Initiativen gestartet, doch die meisten Vorstände sagen auch, dass sie gar keine übergeordnete Digitalstrategie haben (vgl. [3, 16]). Oft fehlt es an einer Definition für die gewünschte Transformation zum digitalen Unternehmen, weil der Begriff zu eng gefasst wird: Bei der Digitalisierung geht es aber nicht nur um IT und Technik, sondern um die Transformation des gesamten Unternehmens. Die Digitalisierung erneuert das Markenversprechen, verändert das Verhalten der Kunden, zerstört auf der einen Seite traditionelle Geschäftsmodelle und definiert auf der anderen Seite neue (vgl. [18]).

Die Digitalisierung ist keine EDV 2.0, sondern eine Unternehmensstrategie, mit der neue Geschäftsmodelle und agile Arbeitsweisen entwickelt werden können, um die Bedürfnisse des Kunden in der digitalen Welt zu erfüllen (vgl. [13, 14, 9]). Für den Erfolg sind verschiedene Faktoren entscheidend: die Unternehmenskultur, die Organisationsstruktur sowie die individuelle Einstellung der Entscheider und Mitarbeiter. Erfolg versprechen hier Qualitäten, wie Flexibilität, Schnelligkeit, Freude am Experimentieren und ein konstruktiver Umgang mit Fehlern. Das ist für viele Versicherer ein neues und ungewohntes Arbeitsumfeld. Die allermeisten Versicherer stammen aus einer Welt, in der die

Prozesse stabil und sicher waren und etablierte Strukturen vorherrschten. Das behindert sie bei der Umsetzung digitaler Projekte gewaltig. Dafür benötigen sie dringend einen Kulturwandel, der Altes und Neues miteinander verbindet und Anreize zum Experimentieren schafft (vgl. [3]).

Voraussetzung für diesen Wandel ist eine digitale Vision. Sie dient dem Unternehmen als Leitgedanke, um die Digitalisierung des Kundendialogs neu aufzustellen und zu planen. Dabei sollten zwei Ansätze bzw. Leitfragen berücksichtigt werden:

1. Wo will Ihr Versicherungsunternehmen in fünf oder zehn Jahren stehen?
   Will es, wie ERGO mit Nexible, „praktisch auf der grünen Wiese" einen rein digitalen Versicherer aufbauen, der mit eigenständigen, hochautomatisierten Prozessen vom Stammunternehmen abgekoppelt ist und digitale Autopolicen auf den Markt bringt?
   Will es, wie Generali, eine Smart-Insurance-Offensive starten, die die Versicherung neu denkt und bereits in der Prävention ansetzt, sodass ein Schaden im Idealfall erst gar nicht entsteht?
   Oder will es, wie der deutsche Marktführer Allianz, durch Big Data und Analytics seinen Vertrieb in die Lage versetzen, Angebote zielgerichteter an die Kunden zu kommunizieren?
   Definieren Sie, wie Sie die Digitalisierung zur Wachstumslokomotive Ihres Unternehmens machen wollen und dabei immer die Kundenbedürfnisse im Fokus haben. Dafür steht Ihnen ein „strategisches Zeitfenster" offen, mit dem Sie vorhandene Geschäftsmodelle absichern und neue entwickeln können. Um dieses Fenster zu nutzen, ist das richtige Timing besonders wichtig. Wer als Pionier zu früh kommt, muss gegen besonders viele Widerstände ankämpfen. Wer aber als Nachzügler zu spät kommt, der findet oft bereits einen verteilten Markt vor.
2. Ebenso wichtig: Was will der Kunde? Sie werden vermutlich auch bei unbequemen Antworten landen, zum Beispiel bei Produktideen, die etablierte Produkte kannibalisieren. Vielleicht wird es schwierig, diese im Unternehmen umzusetzen, weil sie aktuelle Positionen gefährden und der Verlust zunächst viel klarer sein wird als der potenzielle Gewinn. Dennoch sollten Sie vor solchen Projekten nicht zurückschrecken, denn sonst wird es jemand anders realisieren. Ein Tipp: Machen Sie die Bestandswahrer im Unternehmen zu Innovationsverbündeten, indem Sie diese die Kundensicht einnehmen lassen (vgl. [3]).

Ein weiteres wichtiges Element der digitalen Vision sollte das Personal Ihres Unternehmens sein. Fördern Sie zum Beispiel den Austausch von Mitarbeitern verschiedener Generationen. Setzen sie sich mit der Perspektive junger Menschen auseinander. Sie haben teilweise ganz andere Anforderungen an Produkte und Leistungen. Etablieren Sie in Ihrem Unternehmen digitale Arbeitsgruppen über Alters- und Hierarchiegrenzen hinweg. Belassen Sie es nicht bei Papierkorb-Projekten, trauen Sie ihren Experimentierteams echte Aufgaben zu, mit realistischem Budget und Unterstützung durch die Organisation. Außerdem: Tolerieren Sie Fehler! Warum? Die digitale Welt ist eine Terra Incognita. Sie wissen nicht, was Erfolg haben wird. Selbst die erfahrensten Tech-Investoren wissen es nicht. In einer Sackgasse zu landen, kann also den Besten passieren und wichtige Hinweise für zukünftige Projekte liefern. Die Herausforderung besteht darin, schnell zu reagieren, im Erfolgs- wie Misserfolgsfall – durch entsprechende KPIs und eine konsequente Exekution.

Die digitale Vision ist wohlgemerkt kein digitaler Masterplan. Sie ist vielmehr ein strategisches Leitbild, ein Leitgedanke, um das Versicherungsunternehmen auf die agile Entwicklung durch die Digitalisierung zu trimmen und es so zukunftsfähig aufzustellen, dass es die Kundenbedürfnisse in der digitalen Welt erfüllt. Daraus können dann entsprechende Änderungen und noch zu definierende, digitale Projekte abgeleitet werden. Diese Projekte sollten zunächst klein, überschaubar und flexibel sein. Wobei Versicherungen nicht so flexibel an allen Kontaktpunkten der Customer Journey agieren können wie andere Branchen. Dafür gibt es Gründe. Zum Beispiel den rechtlichen Datenschutz und der regulatorische Rahmen der Bundesanstalt für Finanzdienstleistungsaufsicht (BaFin).

Stufe 3: Setzen Sie sich Grenzen!
Sie haben nun eine digitale Vision formuliert. Und jetzt, nachdem Sie das große Ganze abgesteckt haben? Unser Tipp: Nehmen Sie sich nicht zu viel vor, definieren Sie zunächst kleine Maßnahmen. Setzen Sie sich dabei Grenzen – zum Beispiel beim Budget, der Technik, den Ressourcen und der Dauer. Starten Sie die Reise in die digitale Welt zunächst mit kleinen flexiblen Schnellbooten, deren Start- und Zielpunkte klar definiert sind. Diese Schnellboote müssen aber auch Mehrwerte und eine spezielle Relevanz bieten – für das Unternehmen und die Kunden. Gleichen Sie dabei die unterschiedlichen Bedürfnisse und Interessen aller Stakeholder ab. Wie weit wollen Sie die Digitalisierung in diesem Projekt treiben? Kann das Projekt die Kundenbindung steigern? Wird der Kunde diese Projekte akzeptieren und nutzen? Werden dadurch mehr Neukunden angesprochen, aber eventuell Bestandskunden abgeschreckt? Definieren Sie die Ziele und Grenzen des Projekts, bevor Sie an den Start gehen und machen Sie es dadurch bewertbar.

Stufe 4: Stecken Sie Ihre digitale Agenda ab!
Sie haben nun kleine Projekte oder individuelle Prozesse für die digitale Transformation des Kundendialogs ermittelt. Dafür bieten sich ganz verschiedene Maßnahmen und Lösungen an: Von der digitalen Signatur über personalisierte Videos, Apps bis zu Chatbots, Robotic Process Automation (RPA) und Analytics (vgl. [4, 5, 10, 11, 17]). Hier einige Beispiele:

1. **Touchpoint – die Aufmerksamkeit erhöhen:** Knips – und die Wette gilt! Die HUK-Coburg wettet etwa, dass ihre Kfz-Versicherung günstiger ist als die bisherige des Versicherungsnehmers. Der Interessent muss lediglich einen Teilnahmecode auf www.hukwette.de eingeben, seine Kfz-Beitragsrechnung und den Fahrzeugschein abfotografieren und anschließend einige Daten ergänzen. Wenig später erhält er das Ergebnis

des Versicherungsabgleichs. Er kann direkt online abschließen und für einen Wechsel sogar den digitalen Kündigungsservice nutzen.
2. **Der Kauf – für die jeweilige Lebenssituation:** Apps, mit denen Kurzzeitversicherungen für Stadion- und Konzertbesuche, Kita-Ausflüge oder Radtouren abgeschlossen werden können. Auch das Autofahren durch Freunde oder Familienmitglieder kann so kurzfristig versichert werden. Reiseversicherungen werden kurz nach Grenzübertritt per Push-Nachricht in der App oder SMS angeboten und können sofort abgeschlossen werden.
3. **Kundenbindung – Schäden regulieren:** Bei einem Stau auf einer Autobahn fährt etwa ein Fahrzeug auf ein anderes auf. Der Versicherungskunde meldet über eine App seiner Versicherung sofort den Schaden und hängt an die Meldung einige Schadensfotos. Umgehend erstellt eine intelligente Roboter-Software auf Basis analytischer Methoden ein Gutachten. Dafür ruft das intelligente System noch zusätzliche Informationen über die Sensoren des Fahrzeugs ab und zieht Drittinformation zur Wetter- und Verkehrslage heran. Das System schlägt dem Kunden auch eine Werkstatt in der Nähe vor, die Rechnung wird direkt über das Onlineportal eingereicht. Das Schadensystem veranlasst die Rechnungsbegleichung.
4. **Kundenbindung – Schäden vermeiden:** Bei einer Smart-Home-Lösung liefert die Heizungsanlage über Sensoren ihre Daten an den Versicherungskunden, den Versicherer und den Heizungsinstallateur. Auf Basis von historischen Daten, die auch mit Drittdaten (z. B. Wetterdaten) kombiniert werden können, kann mithilfe von Analytics nun die Wahrscheinlichkeit von Schadeneintritten bzw. Störungen antizipiert und eine Warnung ausgesprochen werden. Diese „Proactive Maintenance" hilft, unnötige Schadeneintritte und daraus entstehende Kosten zu vermeiden. Diesen Ansatz verfolgt beispielsweise Generali Deutschland beim Ausbau seiner Kundenschnittstelle.
5. **Kundenbindung – Next Best Action:** Analytische Methoden liefern neue Einsichten über aktuelle und zukünftige Produktaffinitäten der Kunden, weil Zeitpunkte oder Lebenssituationen in der Datenwelt der Kunden identifiziert werden können, in denen sie neue Produkte benötigen. Diese analytischen Erkenntnisse können wiederum dem Kundenmanagement und dem Vertrieb als sogenannte Next Best Actions für alle relevanten Kanäle bereitgestellt werden – und das alles in Echtzeit, beispielsweise während eines Beratungsgesprächs am Telefon.

Doch welche technischen Lösungen wollen Sie dafür nutzen und wie sieht deren mögliche Implementierung aus? Welche Schnittstellen zu den bestehenden Prozessen und Systemen sind nötig und möglich? Versicherer mit geringer digitaler Reife müssen zunächst eine digitale Kompetenz aufbauen oder sich das dementsprechende Know-how bei spezialisierten Dienstleistern ausleihen, mit ihnen zügig die ersten Prozesse digitalisieren und implementieren und sie dann sukzessiv durch eigene Mitarbeiter ersetzen. Die wichtigste Aufgabe dieser Teams – ob nun intern oder extern – in Stufe 4 ist die Entwicklung einer Roadmap bzw. eines Phasenkonzepts, in dem die Meilensteine und Stufen der Implementierung und die damit verbundenen Maßnahmen definiert werden. Auch hierbei sind jeweils die Stationen in der Customer Journey zu berücksichtigen. Denn den Erfolg der technischen Lösung bzw. des digitalen Projekts steuert letztlich nur einer: der Endkunde! Er entscheidet, ob die digitale Lösung tatsächlich eine Relevanz für seine Bedürfnisse in der jeweiligen Lebenssituation hat.

Stufe 5: Die Umsetzung digitaler Projekte im Kundendialog!
Die neuen digitalen Projekte im Kundendialog sollten, wie zuvor erwähnt, stets projektindividuelle Schnellboote sein, die mithilfe der digitalen Technik überschaubar und relativ leicht zu managen sind, eine agile Steuerung versprechen und wenn möglich sogar noch die Kosten und den Aufwand in den operativen Bereichen senken. Doch wie werden diese Projekte nun umgesetzt? Dafür müssen im Vorfeld die Rahmenbedingungen klar abgesteckt sein: Zunächst sollte der Pilotcharakter der neuen Projekte betont und im Unternehmen kommuniziert werden. Das macht später vieles leichter, weil alle Mitarbeiter im Unternehmen wissen, dass mit dem Projekt digitales Neuland betreten wird. Stellen Sie anschließend für das Projekt eine kleine und überschaubare Arbeitsgruppe zusammen. Diese Gruppe muss als Team funktionieren und sowohl innerhalb des Teams als auch nach außen über sehr gute Kommunikationsfähigkeiten verfügen. Im späteren Projektverlauf wird ein enger Austausch auf kurzem Weg nämlich alltäglich sein. Die Teammitglieder müssen handlungsorientiert und umsetzungsstark sein, weil die gesamte Arbeitsgruppe dafür verantwortlich sein sollte, den ihr gestellten Auftrag im Rahmen des Budgets und der Zeitvorgaben umzusetzen. Diese Eigenverantwortlichkeit ist wichtig, sobald die Umsetzungsphase startet. Das Projektteam muss dann, unabhängig von übergeordneten Hierarchieebenen, selbstständig Entscheidungen treffen sowie ihre Arbeitsschritte und -ergebnisse kontrollieren und überprüfen können. Das geschieht aber immer in dem zuvor kommunizierten begrenzten Zeit- und Budgetrahmen. Entscheider aus anderen Bereichen wie zum Beispiel Marketing, Vertrieb oder Controlling, die das Budget für weitere Projektschritte freigeben, sollten so früh wie möglich mit in das Projekt eingebunden werden. Auf diese Weise entwickeln sie ein besseres Verständnis für die tägliche Arbeit und die Herausforderungen der Arbeitsgruppe und deren Auftrag, ein projektindividuelles Schnellboot zu entwickeln.

Stufe 6: Das Controlling und die Validierung
Die Digitalisierung ist eine Reise, auf der die Kunden und ihre Customer Journey Map die Richtung vorgeben. Unterwegs muss diese immer mit den laufenden Erfahrungen im Projekt abgeglichen und justiert werden. Deshalb sind die Kontrolle und die Überprüfung jedes einzelnen Schritts und jeder Phase so wichtig. Im Mittelpunkt steht dabei der Kunde. Machen Sie ihn zum wichtigsten Mitarbeiter im Projekt. Nehmen Sie sich danach die internen Prozesse vor, von der Produktentwicklung über den Vertrieb bis hin zur Verwaltung. Setzen Sie Meilensteine, also Termine, an denen eine bestimmte Messgröße erreicht werden sollte. Wenn der Meilenstein zur rechten Zeit erreicht ist, gibt es grünes Licht für die nächsten Schritte. Ist die Marke zur vorgegebenen Zeit nicht erreicht, geht es an die Analyse: Muss das Team an der Art, wie es den Plan abarbeitet, etwas ändern? Stimmt der

Plan nicht, muss er überarbeitet oder verbessert werden? Um diese Fragen zu überprüfen, installieren Sie Kontrollmechanismen, wie Reviews, Reports oder Steering Committees und befragen Sie Ihre Kunden und Mitarbeiter. Nach der ersten Validierung (Stufe 6) wird geprüft, ob das Projekt zur Umsetzung der digitalen Vision (Stufe 2) beiträgt. Danach wird es feinjustiert, seine Grenzen und Ziele (Stufen 3 und 4) gegebenenfalls neu oder umformuliert, um die Umsetzung (Stufe 5) zu modifizieren bzw. zu innovieren. Dieser Prozess kann je nach Umfang des Projekts wiederholt werden. Auf diese Weise kann das Projekt optimiert und von Validierung zu Validierung auf eine höhere Stufe gehoben werden. Je mehr Prozesse Sie digitalisieren, desto stärker tritt deren Ausnahmecharakter im Unternehmen zurück und wird das neue digitale Projekt zur Regel. Allerdings kann eine Validierung auch ergeben, dass das Projekt ein Fehler ist und eingestellt werden muss.

22.4 Zusammenfassung und Ausblick:

Die Digitalisierung der Kundenkommunikation muss für Versicherer keine Reise ins Ungewisse sein. Zwar sind Pannen und Fehlentwicklungen nicht von vornherein auszuschließen. Diese Aussicht sollte aber keinem Verantwortlichen im Marketing, Vertrieb oder Kundenservice die Neugier nehmen, mit den vielen Ansätzen und Techniken zu experimentieren, die die Digitalisierung bereitstellt, um den Dialog mit den Kunden zu optimieren. Der Erfolg der Gesamtinitiative hängt, wenn das Projekt methodisch, strategisch und organisatorisch angemessen begleitet wird, viel mehr davon ab, dass der Kunde und seine jeweilige Lebenssituation im Mittelpunkt der digitalen Überlegungen stehen.

Eine wertvolle Hilfe für alle Phasen der Konzeption, Implementierung und Erfolgskontrolle bietet dabei das vorgestellte sechsstufige Modell, das auf den Erfahrungen aus dem Customer Relationship Management beruht und als Richtschnur für neue digitale Projekte benutzt werden kann. Es berücksichtigt einerseits die Heterogenität der Versicherungsbranche und ihrer Produkte, andererseits die Vielfalt der Kunden und ihrer Kontaktpunkte im Laufe ihrer Customer Journey. Natürlich muss es, wie jedes Modell, auf den Prüfstand gestellt sowie gegebenenfalls für die jeweiligen Kundensegmente und Produkte aktualisiert und angepasst werden. Aber es ist ein wichtiges Rüstzeug für die Reise in die digitale Welt und hat sich in zahlreichen Kundenprojekten bereits bewährt.

Literatur

1. Agnischock H, Dietsch T (2017) Digital Insurance Monitor 2016. Arvato Direct Service Wilhelmshaven, Schortens und CSC, Wiesbaden
2. Allemann A, Grize Y, Kaltenbach F (2010) Customer Relationship Management, Bildung und Umsetzung eines Kundenwertmodells. In: Aschenbrenner A et al (Hrsg) Informationsverarbeitung in Versicherungsunternehmen. Springer Verlag, Berlin, Heidelberg, S 221–232
3. Broj A, Schulz C (2017) Roboter, Rebellen, Relikte. Überkommene Strukturen behindern die digitale Transformation. BearingPoint, Frankfurt

4. Dietsch T (2017) Digitaler Service im Schadenfall. Videoschadenaufnahme und Schadensteuerung. Studie Arvato CRM Solutions, Gütersloh
5. Dasgupta S (2017) Smart Data bei der Versicherungskammer, Vortrag auf der Fachkonferenz „Big Data und Data Analytics". Versicherungsforen Leipzig, Leipzig
6. Dufft N (2017) Digitalisierung in der Versicherungsbranche. Betriebsmodelle auf dem Prüfstand. PAC (CXP Group), München
7. Erwin T, Heidkamp P, Pols A, Grimm F (2016) Mit Daten Werte schaffen – Report 2016. Studie. Bitkom Research, KPMG, Berlin
8. Gronau N, Thim C, Fohrholz C (2013) Wettbewerbsfaktor Analytics – Reifegrad ermitteln, Wirtschaftlichkeitspotenziale entdecken, Studie. Universität Potsdam, Potsdam
9. Herz C. Die Kundenversteher aus Wiesbaden. *Handelsblatt*, 25. April 2017.
10. Hilker C. Big Data und Business Analytics für Versicherungen. *Cash-Online.de*, 11. Januar 2016.
11. Jantzen S (2017) Wie Big Data und KI die Gebäudeversicherung verändern. Vortrag auf der Fachkonferenz „Big Data und Data Analytics", Leipzig
12. Kotalakidis N, Naujoks H, Mueller F (2016) Digitalisierung der Versicherungswirtschaft: die 18-Milliarden-Chance. Bain & Company Germany, Inc., München
13. Krohn P. Die zweite digitale Gründungswelle. *FAZ*, 12. Oktober 2017.
14. Krohn P. Digitale Versicherer oder Versicherer digitalisieren? *FAZ*, 28. Oktober 2017.
15. Mäder P, Hufenstuhl A, Mitzner K, Frey C, Stark S (2016) Der Insurance Monitor: Operational Excellence – Analytics als Grundlage für ein digitales Geschäftsmodell. PwC, Frankfurt
16. Meffert J, Meffert H (2017) Eins oder null. Wie Sie Ihr Unternehmen mit Digital@Scale in die Zukunft führen. Econ Verlag, Berlin
17. Plenio J (2017) Data-Driven Innovation – Wie man den Big-Data-Schatz in großen Unternehmen hebt und nutzt, Vortrag auf der Fachkonferenz „Big Data und Data Analytics". Versicherungsforen Leipzig, Leipzig
18. Weber A (2017) Digitalisierung – Machen! Machen! Machen! – Wie Sie Ihre Wertschöpfung steigern und Ihr Unternehmen retten. Gabler Verlag, Wiesbaden

Customer Journey am Beispiel des Schadenprozesses in der Versicherungswirtschaft

23

Marcus Laakmann und Carsten Rahlf

Zusammenfassung

Die Customer Journey hat sich als Instrument etabliert, um neue Servicelösungen zu kreieren und mit agilen Methoden fachlich und technisch umzusetzen. Darüber hinaus können mit der Dokumentation von Kundenkontaktpunkten bestehende Interaktionspunkte zwischen Kunden und Versicherer skizziert und systematisch sowie strukturiert optimiert werden. Diese Vorgehensweise berücksichtigt zudem die Integration des Kunden als externen Wissensfaktor, den sich ein Versicherer unmittelbar zunutze machen kann. Letztlich entscheidet der wahrgenommene und erzielte Kundenwert sowohl für den Kunden als auch für den Versicherer über die Zusammenarbeit miteinander und die Existenz im Wettbewerb. Der Schadenfall verfügt über eine hohe Relevanz als „moment of truth" der Kundenbeziehung. Der Artikel erörtert die Potenziale und erfolgreiche Ausgestaltung der „Touchpoints" der Customer Journey im Schadenprozess.

23.1 Einleitung

In der Assekuranz stehen Kunden heute mittlerweile eine Vielzahl von Möglichkeiten zur Verfügung, um mit ihrem Unternehmen in Kontakt zu treten. Wie der Versicherer diese

M. Laakmann (✉)
67rockwell Consulting GmbH
Hamburg, Deutschland
E-Mail: marcus.laakmann@67rockwell.de

C. Rahlf
ERGO Group AG
Köln, Deutschland
E-Mail: Carsten.Rahlf@ergo.de

Interaktionen gestaltet, beeinflusst ganz wesentlich das resultierende Kundenerlebnis. In diesen „moments of truth" werden Beziehungen gefestigt oder beschädigt, daher sollte die Gestaltung der Customer Journey eine hohe Aufmerksamkeit und Relevanz haben. Bisher liegen wenig Erkenntnisse und auch Erfahrungen aus der betrieblichen Praxis vor, wie gezielt in der Kundenbeziehung aus der Sicht des Versicherers vorzugehen ist. Im Rahmen dieses Artikels soll ein weiterer Beitrag dazu geliefert werden, diesen „blind spot" in der Beziehung zwischen Versicherer und seinen Endkunden weiter zu beleuchten. Dafür soll das Thema ausgehend von der Kundenzufriedenheit und möglicher Quantifizierung in Richtung „Kundenkontaktpunkte" und deren Erkenntnisse bei einem Versicherer entwickelt werden.

23.1.1 Entwicklung der Messung von Kundenzufriedenheit

Die wissenschaftliche Marketingforschung zur Kundenzufriedenheit begann in den 1970er Jahren. Dabei standen Konzepte im Mittelpunkt, wie zum Beispiel „Total Quality Management". Der Fokus lag hier weniger in der Kundenorientierung, sondern vielmehr im Bereich der Kundenzufriedenheit durch hohe Qualitätsleistung bei Produkten und Dienstleistungen. Erst Mitte der 1990er verlagerte sich das Augenmerk in Richtung Kundenbindungsforschung. Im Kern ging es bei diesen Forschungsansätzen um die Steigerung von Produkt- und Servicequalität durch Marketingkommunikation an den Kontaktpunkten zum Kunden. Daneben gingen erste Forschungsarbeiten in Richtung Kundenwerte und deren Steigerung, da sich frühzeitig die Erkenntnis verdichtete, dass der „Wert eines Kunden" im direkten Zusammenhang mit dem Unternehmenswert steht.

Häufig wurde in den vergangenen Debatten Kundenzufriedenheit mit Loyalität gleichgesetzt. Dabei können hohe Wiederverkaufsraten auch bei geringer Kundenzufriedenheit zustande kommen, wie beispielsweise bei monopol-ähnlichen Strukturen, Mitgliedschaften oder bei Rabatt- und Partnerprogrammen, wie zum Beispiel „Miles and More". In der Regel wird die Loyalitätsvermutung aus einer Reihe von Absichtsfragen gewonnen (vgl. [4]). In der (Kunden-)Zufriedenheitsbefragung ist es daher notwendig, eine Kombination aus Fragen zur Loyalität so zu gestalten, dass sie die höchstmögliche Sicherheit bei der Prognose der Kundenloyalität garantiert. In der betrieblichen Praxis fehlt den bisherigen Zufriedenheitsbefragungen häufig die emotionale Komponente, um herauszufinden inwieweit die Kunden tatsächlich begeisterte Kunden des eigenen Unternehmens sind.

Im Rahmen von Validierungen mit bestehenden Kundendaten zeigt sich jedoch in der Regel, dass als loyal definierte Kunden tatsächlich einen höher gerechneten Kundenwert aufweisen, höhere Umsätze und größere Margen tätigen (vgl. [8]). Für ein besseres Verständnis wird nachfolgend der Kundenwert definiert.

In der allgemeinen wirtschaftswissenschaftlichen Literatur, lässt sich unter dem Begriff des Kundenwertes Folgendes subsumieren: Der Saldo aus den Summen aller ab diskontierten Zu- und Abflüsse von Geld aus einer Kundenverbindung. Eine erweiterte Betrachtung bezieht neben dem Potenzial der Transaktion auch das indirekte Potenzial durch

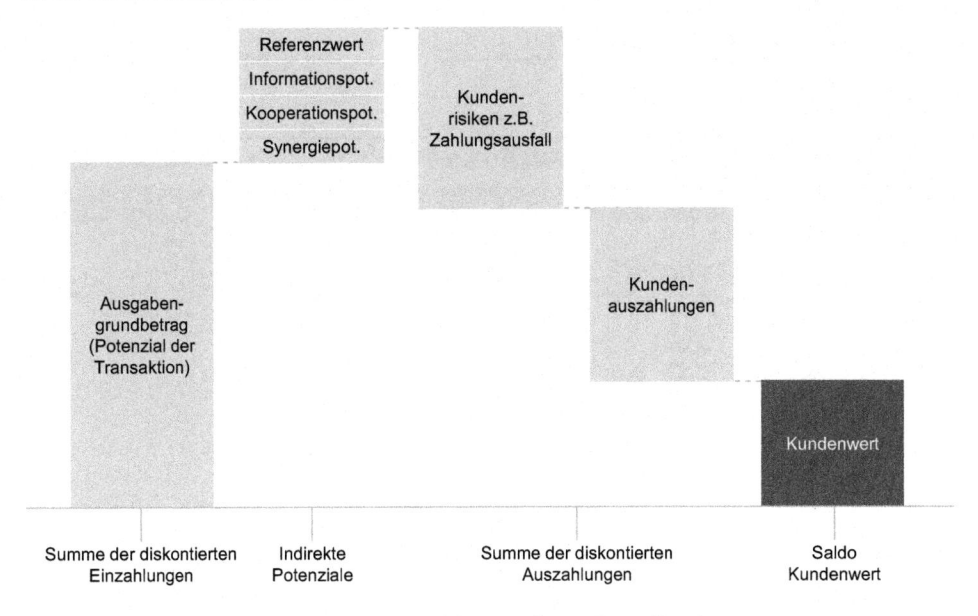

Abb. 23.1 Zusammensetzung Kundenwert. (Quelle: eigene Darstellung)

Weiterempfehlungen (der sogenannte Referenzwert), durch Erkenntniszugewinn (Informationspotenzial), durch die Zusammenarbeit mit dem Kunden (Kooperationspotenzial) sowie durch Skaleneffekte (Synergiepotenzial) ein. Im Rahmen kundenwertorientierter Marketingstrategien werden profitable Kundenbeziehungen identifiziert und einer besonderen Behandlung in den Versicherungsunternehmen zugeführt, um sie langfristig an das Unternehmen zu binden (vgl. [11]).

Abb. 23.1 zeigt die Zusammensetzung des Kundenwertes, so wie oben beschrieben.

Wie gezeigt werden konnte, stehen gut funktionierende Kundenbeziehungen im direkten Zusammenhang mit hohen Kundenwerten, die im Ergebnis den Unternehmenswert steigern. In Zeiten von „shareholder value" kommt es demnach auf gut funktionierende Kundenbeziehungen an. Viele Versicherer haben diese Herausforderung erkannt und nähern sich durch eine stärkere Fokussierung den kundenorientierten Konzepten an. Dem besseren Verständnis von einer „Customer Journey" soll zunächst auf die sognannten Touchpoints in der Kundenbeziehung eingegangen werden.

23.1.2 „Touchpoints" – Berührungspunkte mit dem Kunden

In der Vergangenheit wurde insbesondere in der Produktentwicklung versucht, aus dem Blickwinkel des Kunden innovative und attraktive Neuentwicklungen in den Markt zu bringen.

Abstimmung der Befragungsziele mit der Fachabteilung

Beratung bei der Methodenwahl

Falls Thema nicht für Kundenwerkstatt geeignet: Durchführung mit klassischen Mafo-Methoden

Quantitative Forschung				Qualitative Forschung				Kombination		
	Beschreibung		Zeitdauer		Beschreibung		Zeitdauer		Beschreibung	Zeitdauer
Individuelle Umfrage	Klassische Umfrage, die sich an den Bedürfnissen des Fachbereichs orientiert		min. 5 Tage	Online Gruppendiskussion	10 bis 12 Kunden werden eingeladen, zeitgleich bei einer Online-Diskussion zu einem bestimmten Thema zu diskutieren		min. 5 Tage	Idea Lab	Ideenfindung und Bewertung durch Kombination quantitativer und qualitativer Befragungen. Ideen werden im Prozess verfeinert.	ca. 5 Wochen
Mehr-Themen-befragung	Regelmäßige Befragung der Kunden. Fachbereiche können einzelne Fragen einsteuern.		Ergebnisse liegen zwei Tage nach Start des Busses vor	Forum	Etwa 30 Kunden werden eingeladen, über einen Zeitraum hinweg in einem geschlossenen Forum zu diskutieren.		ca. 4 Wochen			
				Kundendialog	Der Fachabteilung werden Kontaktdaten von Kunden zur Verfügung gestellt, die bereit sind, zur telefonischen Diskussion zur Verfügung zu stehen.		Innerhalb eines Tages möglich			

Erstellung eines Ergebnisberichts

Unterstützung bei der Umsetzung der Ergebnisse

Abb. 23.2 Leistungsangebot einer Kundenwerkstatt. (Quelle: Projektergebnisse)

Industrialisierte und digitalisierte Gesellschaften zeichnen sich heute durch ein zunehmend mündiges, verantwortungsvolles und selbstbestimmtes Kundenverhalten aus. Durch ein gesteigertes Informationsbedürfnis und den erleichterten Wissensaustausch in sozialen Netzwerken sinken die Informationsasymmetrien zwischen Anbietern und Kunden. Der mündige Kunde entwickelt schneller ein Markt- und Wettbewerbsverständnis und begreift, dass der niedrigste Preis nicht immer dem Eigeninteresse entsprechen muss. Ferner führt die aufkommende Skepsis gegenüber dem wirtschaftlichen System des produktzentrierten Wachstums (vgl. [2]) dazu, dass Kunden beginnen, Erlebnisse über Besitztümer zu stellen. Dabei verliert zum Beispiel das Auto als Statussymbol an Bedeutung, während erlebnisorientierte Car-Sharing Angebote und andere multimodale Lösungen an Bedeutung gewinnen. Vor allem bei jüngeren Kunden kommt neben der gesellschaftlichen Verantwortung ein weiterer Wertewandel hinzu, der sich durch den Wunsch nach mehr Selbstbestimmung, Freiheit und Gemeinschaftssinn auszeichnet (vgl. [12]). Kunden investieren häufiger in Erlebnisse wie Urlaube, Konzert-, und Restaurantbesuche und erwarten von den Anbietern die Möglichkeit der Mitgestaltung; sie entwickeln sich von passiven Konsumenten von Produkt- und Dienstleistungen hin zu aktiven Ko-Produzenten von erinnerungswürdigen Erlebnisleistungen. Dem Verhalten folgend sind mittlerweile viele Versicherer dazu übergegangen sogenannte „Kundenwerkstätten" aufzubauen, in denen sie versuchen, die Bedürfnisse ihrer Kunden besser kennenzulernen und ihre Leistungsangebote dementsprechend auszurichten (vgl. Abb. 23.2).

Mit der rasanten technologischen Entwicklung hat sich die Anzahl potenzieller Berührungspunkte mit einem Anbieter sogenannte „Touchpoints" massiv erhöht. So führen beispielsweise E-Commerce, mobile Endgeräte, wie Smartphones und Tablets, soziale Netzwerke und interaktive Computer Terminals einerseits dazu, dass Anbieter allgegenwärtig und ortsunabhängig mit Kunden in Kontakt treten können, was die Entwicklung weiterer Innovationen erlaubt. Anderseits beinhaltet die Einführung solcher neuer „Touchpoints" jedoch die Herausforderung, Kundenerlebnisse an den Schnittstellen zwischen online- und offline-Welten bewusst zu planen und auszusteuern (vgl. [3]). Vor diesem Hintergrund wird eine bewusste Planung und Implementierung solcher „Customer Journeys" notwendig. Die Digitalisierung erfordert und ermöglicht durch entsprechende Investitionen, dass verschiedene „Touchpoints", wie zum Beispiel auf mobilem Endgeräten, funktional miteinander interagieren können, um für den Versicherungskunden innovative, ganzheitliche und herausragende Erlebnisse zu entwickeln und damit zu begeistern. An dieser Stelle sei angemerkt, dass insbesondere die elektronische Verwaltung von Policen und Versicherungsrahmenbedingungen eine notwendige Rahmenbedingung darstellt, aber längst nicht hinreichend für eine nachhaltige Begeisterung der Kunden ist.

Aktuell ist dieser Ansatz, den Prozess und das Kaufempfinden des Kunden – die „Emotional Experience" – in den Mittelpunkt zu stellen, ein neuerer Trend. Dabei liegt der Fokus auf dem gesamten Prozess, den ein Kunde im Unternehmen durchläuft.

23.2 Digitalisierung und Customer Journey

Mit der digitalen Transformation wurden in den vergangenen Jahren neben den Geschäftsprozessen, ganze Branchen verändert. Inwieweit einzelne Branchen die digitale Transformation für sich nutzbar machen können, kann mithilfe des Digitalisierungsgrads bestimmt werden. Dieser berücksichtigt nicht nur Produkteigenschaften, sondern auch die digitalen Potenziale in der Kaufanbahnung, im Abwicklungsprozess und der Kundenbindung. Reisen können heute z. B. online individuell zusammengestellt und gebucht werden – der Digitalisierungsgrad ist deshalb hoch.

Durch die zunehmende Digitalisierung entstehen neue Kontaktpunkte zwischen Unternehmen und ihren Kunden, die sich in einer sogenannten Customer Journey abbilden lassen. Vor diesem Hintergrund stehen Verantwortliche im Unternehmen vor der Herausforderung, diese ganzheitlich managen zu müssen. Erste Ansätze, um mehr über das Einkaufsverhalten von Kunden zu erfahren, sind im stationären Handel mit der Nutzung der Kundenkarte entstanden. Entscheidender als der Einkaufskorb selbst sind für Verantwortliche die Kundenkontaktpunkte mit ihrer jeweiligen Wirkung auf das Kaufverhalten. Das Kaufverhalten ist heute zunehmend stärker abbildbar, weil das Einkaufsverhalten von Kunden im Internet sichtbar ist. Das Ziel der Aktivitäten aus Unternehmenssicht ist es, dem gläsernen Kunden näher zu kommen, um zu erfahren, was der Kunde wirklich will. Beispielsweise wertet Amazon regelmäßig das Suchverhalten seiner Kunden aus und bietet anschließend zielgenaue Angebote. Tracking-Verfahren, wie Cookies, können individuelle Nutzer auch auf anderen Web-Seiten erkennen und diese auf Basis ihres bisherigen Surf-Verhaltens auf ihrer Customer Journey begleiten und unterstützen. Ein offener Umgang mit dem Thema Datenschutz wird daher für die Unternehmen wichtiger, dabei muss den Kunden verständlich gemacht werden, dass die Nutzung ihrer Daten einen Mehrwert für sie bringen kann. Das heißt, Kunden müssen bereit sein, in dieser Währung zahlen zu wollen.

Eine beispielhafte „Customer Journey" kann wie folgt aussehen: Bei der Suche nach einem Produkt auf Google können Unternehmen zunächst die Aufmerksamkeit des Nutzers durch Search-Engine-Marketing auf die eigenen Produkte lenken. Über den Besuch auf der Unternehmens-Webseite gelangt das eigene Produkt in das Relevant-Set des Konsumenten – er erwägt, es zu kaufen. Nach der Durchsicht von positiven Kundenmeinungen in Bewertungsportalen und sozialen Medien steigt das Kaufinteresse beim Konsumenten. Hat er sich zu einem Kauf entschieden, können Banner-Ads die Kaufabsicht verstärken. Neben der Anwendung von „Customer Journeys" im Verkauf sind naturgegeben auch „Customer Journeys" im Schadenfall von Versicherern möglich. Viele Versicherer greifen auf diese Methode bereits zurück, um ihre Prozesse kundenorientiert auszurichten und die Schnittstelle zu besetzen.

Neben den auf „Customer Journey" spezialisierten Anbietern, dringen zunehmend auch Performance-Marketing-Agenturen sowie Web-Tracking-Anbieter in den Vordergrund. Die Dienstleister unterscheiden sich sowohl in den Ansätzen der Analyse als auch in den Analysetools. Um die „Customer Journey" messen zu können, hat sich die Anwendung eines Attributionsmodells als vorteilhaft erwiesen. Während statische Attributionsmodelle den einzelnen Kanälen abhängig von ihrer Position in der „Customer Journey" einen Anteil am jeweiligen Verkauf zuweisen, versuchen dynamische Modelle der komplexeren Realität gerecht zu werden. Von Projekt zu Projekt unterscheiden sich in der Folge die Attributionsmodelle in Abhängigkeit von der Branche oder des Produktlebenszyklusses. Sie streben an, die ganzheitliche Bewertung und Optimierung von Marketingmaßnahmen auf ein neues Level zu heben und ein erhöhtes Maß an Transparenz über Kosten und Nutzen zu schaffen. Die Entscheider erhalten für jeden einzelnen Touchpoint einen Wert, wie viel er zur Conversion beiträgt (vgl. [10]).

Wie deutlich wurde, setzt die Digitalisierung neue Maßstäbe im Umgang mit dem Kunden. Sowohl im Verkauf- als auch in den Leistungserstellungsprozessen, müssen die Versicherer versuchen, die allseits diskutierte Kundenschnittstelle zu besetzen. Hier bietet die Analyse der „Kundenreise" durch das eigene Unternehmen vielfältige Ansatzpunkte die Prozesse weiter kundenorientiert auszurichten, zumal ein großer Druck hinsichtlich der nunmehr technischen Möglichkeiten entsteht. Im Weiteren soll der Konzeptansatz „Customer Journey" weiter vertieft werden, um konkrete Ansatzpunkte für die Assekuranz herauszuarbeiten.

23.3 Customer Journey Konzeptansatz

23.3.1 Customer Journey Maps

„Customer Journeys" bilden einen zentralen Baustein im strategischen Customer Experience Management und sind mittlerweile ein etabliertes Instrument, wenn es darum geht, die Qualität der Kundenbeziehung zu optimieren. „Customer Journey Maps" (CJM) ermöglichen eine einfach nachvollziehbare und anschauliche Darstellung der Touch-Points von Kunden mit dem Unternehmen, den Produkten und Services. Statt des Begriffs „Customer Journey Map" wird im Experience Design auch von einer Experience Map gesprochen. Inhaltlich bedeuten beide Begriffe weitgehend das gleiche. Der Begriff Experience Map stellt jedoch etwas stärker die Erlebenskomponente des Anwenders oder Kunden als maßgeblich in den Vordergrund. Mit der Kundenzufriedenheit im Blick sollte das Kundenerleben nach unserem Verständnis jedoch immer einen zentralen Bestandteil bei der Analyse und den Maßnahmen im Rahmen eines „Customer Journey Mappings" ausmachen. Die „Customer Journey Map" zeigt zum Beispiel, wie für den Fall von Gebäudeschäden, über einen zu definierenden Zeitverlauf alle möglichen Touch-Points des Versicherungsnehmers mit den Schadenssachbearbeitern, den Projektleitern, den Handwerkern etc. auf, ebenso wie die dabei typischer Weise entstandenen Gefühle, Stimmungen und Gedanken. Dabei ist Wesentlich in dem beschriebenen Leistungsfall, die Emotionen von Kunden zu kennen, um die weitere Zusammenarbeit aus der Sicht des Versicherers an der Kundenschnittstelle zu optimieren. Außerdem werden die unterschiedlichen Kommunikationskanäle, Kommunikationsmittel, Informationen rund um einen Schadensfall, Menschen mit denen man in Kontakt kommt etc. erfasst und abgebildet. Die so gefüllte Map sollte das Erleben der Kundenseite möglichst vollständig wiedergeben. Diese Kundenperspektive wird im weiteren Verlauf der internen Perspektive von Versicherungsmitarbeitern gegenübergestellt, um mögliche Verbesserungsmaßnahmen entwickeln zu können.

Die über einen Zeitverlauf dargestellten Touch-Points haben bei diesem Vorgehen eine wichtige strategische Bedeutung, da sie einerseits die Ist-Situation der echten Erlebnisse und Handlungen aus Kundensicht deskriptiv abbilden und gleichzeitig die Gap zur idealtypischen Soll-Interaktion bzw. zu den intern wahrgenommenen Vorgängen aufzeigen können. Aus einer Gegenüberstellung von Soll- und Ist-Situation lassen sich somit der Handlungsraum für eine kundenzentrierte Gestaltung der Touch-Points entwickeln und der Raum für eine optimierte Kundenbindung darstellen. Entlang dieser tatsächlichen und idealtypischen „Customer Journey" werden dann Maßnahmen zur Optimierung des Kundenerlebens abgeleitet. Die „Customer Journey" basiert notwendiger Weise auf validen Daten und echten Ereignissen tatsächlicher Kunden. Sie stellt ein reales, detailgetreues und möglichst vollständiges Abbild der Customer Experience über einen gewissen zeitlichen Horizont dar (vgl. [5]).

Die äußere Form der „Customer Journey Map" sollte dabei eine Informationsgrafik bilden, die es auch Mitarbeitern und Führungskräften des Versicherers ohne tieferes Vorwissen ermöglicht, die Kernaussagen zu erfassen. Sie können sehr vielfältig ausfallen und sind je nach Kunde immer individuell geprägt. Das Prinzip der „Customer Journeys" basiert jedoch darauf, die wesentlichen und häufigsten Interaktionen der Kunden prototypisch darzustellen (vgl. [5]). Dabei sollte folgende Prämisse gelten: Die Optimierung der „Customer Journey" wirkt sich ebenso positiv auf andere Kunden und Interaktionen aus, da intern grundsätzlich eine bewusstere Herangehensweise in Bezug auf die Kundeninteraktion gelebt wird. „Customer Journeys" dienen folglich nicht, bzw. nur in Teilen dazu, alle möglichen Interaktionen abzubilden, sondern alle relevanten und prominenten. Sie ist eine Methode sowohl zum Überwinden der Barrieren auf und zwischen Anbieter- und Kundenseite als auch zur Erzeugung externen Wissens und dessen Integration in interne Abläufe, indem Maßnahmen zur Verbesserung in der Kundenbeziehung abgeleitet werden (vgl. [1]).

23.3.2 Herausforderungen für die Assekuranz

Durch die starke Zunahme zur Verfügung stehender Interaktionsmöglichkeiten haben Kunden heute auch und gerade im Versicherungsbereich eine Vielzahl an Optionen, ihre Interaktionen mit Versicherern gemäß ihren Präferenzen zu führen. Wegen der nahezu unbegrenzten Anzahl an Kombinationen, die sich über verschiedene Phasen vor, beim und nach dem Kauf ergeben, werden die „Customer Journeys" zunehmend so komplex und vielfältig, dass sie letztlich nur durch die Kunden selbst definiert werden können. Dies erfordert auf Versicherer Seite insofern ein Umdenken, das es für ein effektives Management der Interaktionen, die letztlich die Tangibilisierung des Kundenverhältnisses darstellt, nicht genügt, Kunden auf ausgewählte Pfade zu lenken. Stattdessen sind entsprechend der Präferenzen und Bedürfnisse der Kunden, Interaktionspartner und -arten zur Verfügung zu stellen und zu bewirtschaften. Gelingt es, die passgenauen Interaktionspunkte von Kunden während der einzelnen Stationen ihrer individuellen Journey vorherzusagen, zu steuern und zu gestalten, so lässt sich die Customer Experience positiv beeinflussen und dadurch Wert für die Kunden generieren. Dies kann wiederum zu Wettbewerbsvorteilen führen und durch eine effizientere Allokation der Ressourcen einen signifikant positiven Gewinnbeitrag leisten. Daneben zeigen erste Studien in diesem Bereich, dass die effektive Nutzung des „Customer Journey Konzepts" einen maßgeblichen Einfluss auf das Markenerlebnis, die Loyalität oder die Weiterempfehlungsquoten haben kann (vgl. [6]). Diese Studien analysieren „Customer Journeys" jedoch auf einer aggregierten Ebene und unterteilen die Journey häufig in lediglich zwei bis drei Phasen: eine Vorkauf-, Kauf-, und gegebenenfalls Nach-Kauf-Phase. Zusätzlich beschränken sich die existierenden Studien auf einzelne Kanäle und lassen außer Acht, wie, das heißt mit welcher Interaktivität, kommuniziert wird. Durch diese Aggregation wird jedoch die eigentliche Komplexität des Kundenverhaltens nur unzureichend abgebildet, was dazu führt, dass die abgeleiteten Handlungsempfehlungen häufig nicht den gewünschten Erfolg im Markt nach sich ziehen (vgl. [6]). Aus diesem Grund hat 67rockwell Consulting ein besonderes Vorgehen entwickelt (siehe hierzu Abschn. 23.4), um wie schon dargestellt, das emotionale Verhalten von Versicherungskunden in der Journey zu erfassen und entsprechende Maßnahmen für den Versicherer zu entwickeln.

23.3.3 Barrieren und Hindernisse

Wie bisher deutlich geworden ist, werden derartige Konzepte häufig sehr komplex, da die Kundenschnittstelle stark betroffen ist. Bei der Einführung gilt es, deshalb Barrieren und Hindernisse frühzeitig zu kennen und sich als Versicherer darauf vorzubereiten. Nachfolgend werden die wesentlichen, typischen Barrieren kurz dargestellt:

1. Touchpoints und Relevanz
Es besteht die Gefahr, nicht alle Touchpoints und deren Relevanz für den Kunden zu kennen, insbesondere in der digitalen Welt. Es gibt kaum noch Kunden, die ausschließlich „offline" agieren und nur noch wenige Kunden, die ausschließlich das Internet nutzen. Der Versicherer kann sein Konzept überprüfen, ob er, im Vergleich zum bisherigen Status quo, die Zahl der Touchpoints erhöht oder senkt bzw. wie er sie durch zusätzliche Aktivitäten anreichert.

2. Kundenverhalten und Customer Journey
Multioptionalität stellt in beschleunigtem Maße das gegenwärtig beobachtbare Stadium einer neuen Güte des Kundenverhaltens bei Versicherungen dar. Während hybride Kunden zeitlich nach wie vor stabile, jedoch gegensätzliche, sogenannte zweidimensionale bzw. bipolare Strukturen aufweisen, die abhängig vom jeweiligen Motiv ein differenziertes Auswahlverhalten nach sich ziehen, zeigt sich multioptionales Kundenverhalten mehrdimensional in einer Person, instabil über die Zeit und divergierend über Kundensegmente. Im Gegensatz zum hybriden Kunden signalisiert der multioptionale Kunde, dass alles möglich ist. Die Mehrdimensionalität zeigt sich darin, dass ein Kunde über mehrere Verhaltensmuster verfügen kann (vgl. [9]). Kunden bewegen sich häufig nicht mehr linear auf ein Kaufereignis zu, sie ändern und sortieren beispielweise Anbieter aufgrund des Preises aus, um sie aber später auf Basis einer sehr guten Rezension zum Artikel, wieder in die Auswahl aufzunehmen. Dabei werden permanent Prioritäten verändert und möglicherweise aufgrund von negativen Blogeinträgen oder der Peer-Group-Meinung wieder verworfen. Das bedeutet im Ergebnis, dass es ausgesprochen anspruchsvoll ist, die notwendigen Touchpoints in der Journey für einen Versicherer zu finden und im besten Fall zu adressieren.

3. Kommunikation zwischen Versicherer und Kunden
Während die Kommunikation innerhalb der Versicherung an sich bereits große Herausforderungen mit sich bringt, können in der Interaktion zwischen Versicherer und Kunde in der „Customer Journey" weitere beträchtliche Unstimmigkeiten auftreten: So sind die

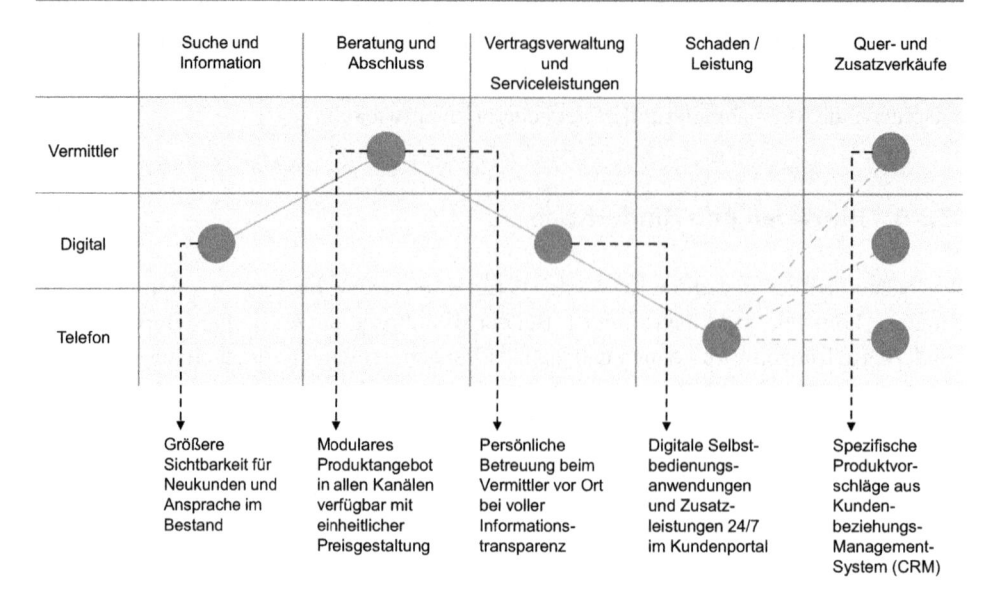

	Suche und Information	Beratung und Abschluss	Vertragsverwaltung und Serviceleistungen	Schaden / Leistung	Quer- und Zusatzverkäufe
Vermittler		●			●
Digital	●		●		●
Telefon				●	●
	Größere Sichtbarkeit für Neukunden und Ansprache im Bestand	Modulares Produktangebot in allen Kanälen verfügbar mit einheitlicher Preisgestaltung	Persönliche Betreuung beim Vermittler vor Ort bei voller Informationstransparenz	Digitale Selbstbedienungsanwendungen und Zusatzleistungen 24/7 im Kundenportal	Spezifische Produktvorschläge aus Kundenbeziehungs-Management-System (CRM)

Abb. 23.3 Herausforderungen des Management der Customer Journey im Omnikanal-Ansatz

Entscheider permanent herausgefordert, die Äußerungen des Kunden hinsichtlich seiner Wünsche und Bedürfnisse gegenüber dem Versicherer als richtig und unverfälscht wahrzunehmen (vgl. Abb. 23.3). Sofern die Zusammenarbeit sich über eine längere Periode und mehrere Prozessschritte erstreckt, kann es zu Behinderungen kommen, wenn der Kunde die Abläufe des Anbieters stört. Dem Kunden kann und soll der Prozessablauf nicht komplett transparent erscheinen. Dies erschwert eine klare Abgrenzung, für welche Bereiche er aktiv werden soll (vgl. [7]).

4. Segmentfehlschlüsselungen
Häufig tritt der Fall ein, dass Kunden nach Umsatz oder Profit regional nach Betreuungszuständigkeit segmentiert sind, nicht aber nach ihrer tatsächlichen Finanzkraft oder nach ihren Bedürfnissen. Dies führt dann naturgegebenermaßen zu größeren Problemen für die werthaltigen Segmente und Zielkunden die richtige „Customer Journey" zu finden. Eine koevolutive Leistungsentwicklung setzt daher geeignete Kunden voraus, die als Lead User für eine oder mehrere Segmente dienen können. Das bedeutet neben der notwendigen Qualifikation eine entsprechende Motivation des Kunden, sich grundsätzlich zu beteiligen und sich führen zu lassen.

5. Silodenken in Versicherungen
Das „Silodenken" dominiert nach wie vor in der Assekuranz auf Grund der traditionellen Aufbaustruktur der Unternehmen. Das Wissen über die Kunden ist in verschiedenen Bereichen und Systemen digital wie analog vorhanden, aber nicht notwendigerweise auf einer Plattform verknüpft. Bereiche und Abteilungen der Versicherungen arbeiten häu-

fig nicht miteinander, sondern häufig gegeneinander. Eine Customer Experience in Form einer ganzheitlichen Ausrichtung auf den Kunden wird von vielen Bereichen betrieben. Aber häufig mangelt es an der stringenten Koordination und Verantwortung durch die Führungskräfte im Versicherungsunternehmen. Insbesondere das Denken in „Silos" führt natürlich bei End-to-End Betrachtungen, wie es in der „Customer Journey" notwendig ist, häufig zu größeren Problemen in der Assekuranz, da die übergreifende Denkweise im Sinne eines Change Prozesses erst gelernt werden muss.

6. Quantifizierung und Messungen
Zur Beschreibung der Ausgangssituation von Kundensituationen ist es zunächst notwendig, eine Faktenbasis zu schaffen und alle relevanten historischen Berührungspunkte innerhalb der Kundenverbindung zu erheben. Da die relevanten Kundendaten häufig nicht in einem übergreifenden System vorhanden sind, sondern infolge größerer Investitionsstaus aus der Vergangenheit über verschiedene Systeme verteilt sind, kommen hier größere Herausforderungen für ein übergreifendes Datenmanagement auf die Versicherer zu. Dies gilt umso mehr, je intensiver eine „Cloud first"-Strategie verfolgt wird und kundenrelevante Daten bei einem externen Partner gespeichert werden sollen.

Im Rahmen der regelmäßigen operativen Erhebungen zum Kundenerlebnis ergeben sich mehrere Verzerrungsaspekte mit teilweise sich verstärkenden als auch gegensätzlichen Effekten:

- Die Befragung bezieht sich häufig nicht konsequent auf den Touchpoint oder die relevanten Touchpoints.
- Die Befragung wird nicht in kurzer Frist nach dem Kontakt durchgeführt. Oft vergehen bis zu zwei Wochen bis der Versicherer die Adressen an von ihm beauftragte Dienstleister zwecks Feedback-Telefonat beim Kunden weitergibt und dann vergehen im Durchschnitt mehrere Tage bis der Kunde telefonisch erreicht wird. Der Kunde mischt dann andere Erlebnisse mit dem Versicherer mit in die Bewertung ein.
- Selbst wenn beispielsweise der Kunde unmittelbar oder innerhalb von 48 Stunden nach dem Kontakt befragt wird, reichen eine einzige NPS-Frage (Net Promotor Score) und die Begründung seines Urteils nicht aus.

Abb. 23.4 zeigt exemplarisch die Ergebnisunterschiede bei der Befragung von Kunden im Nachgang eines telefonischen Kontakterlebnisses mit dem Service-Center in Abhängigkeit von der Art der Kontaktaufnahme.

Die automatisierte Inboundbefragung im Anschluss an den Kontakt weist mehrere Vorteile auf:

- Zeitliche Nähe zum Kundenkontakt gewährleistet,
- Vergleichbarkeit der Form der Codierung,
- Konkrete Rückmeldung für Verbesserungen (2,5 × mehr verwertbare Rückmeldungen vs. den anderen beiden Methoden),

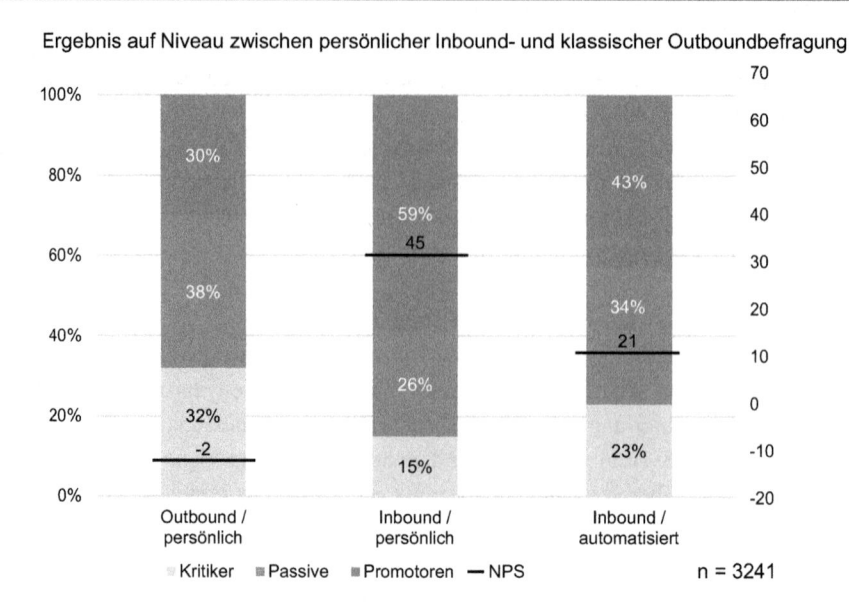

Abb. 23.4 Ergebnisse verschiedener Befragungsarten im Vergleich. (Quelle: Projektbeispiel)

- Kosten pro Interview deutlich reduziert (bis zu 80 %),
- NPS-Wert nicht durch Persönlichkeit des Interviewers beeinflusst und
- Flexibilität im Betrieb, da keine Einschränkungen in Bezug auf Zeit und Volumen.

Mit diesem Format der Befragung können Daten aus der Telefonie-Anlage mit den Interviewergebnissen verbunden werden. So wird beispielsweise deutlich, dass mit zunehmender Wartezeit der NPS sinkt. In der Konsequenz lässt sich das NPS Verfahren nur im Rahmen von größeren Fragebogen-Erhebungen unter Einbezug des Kundenwerts sinnvoll durchführen.

Zusammenfassend wird deutlich, dass Versicherer über verschiedene Kommunikationskanäle den spezifischen Kontakt zu jedem einzelnen Kunden (statt Kundensegmentkommunikation) anbieten müssen, um in eine sinnvollere Kommunikation einzutreten. Diejenigen Versicherer werden erfolgreich sein, die den Mehrwert verdeutlichen, den sie dem Kunden in seiner konkreten Situation schaffen können. Als Schlüsselerlebnis für eine langfristige Kundenbeziehung wird dabei das Verhalten der Versicherer im Schaden- und Leistungsfalls gesehen.

23.4 Fallstudie: Customer Claims Journey

23.4.1 Ausgangssituation

Bei dem in der nachfolgenden Fallstudie beschriebenen Versicherer handelt es sich um ein mittelgroßes deutsches Unternehmen. Nach einer durchgeführten Kundenbefragung wurden dem Versicherer durchaus wettbewerbsfähige Prozesse attestiert, mit Ausnahme in der Schadenbearbeitung. Seitens des Versicherers bestand dennoch der Wille, die aktuelle Prozesslandschaft unter dem Blickwinkel der zukünftigen Wettbewerbsfähigkeit sowie geänderter Kundenerwartungen neu zu durchdenken und die Leistungsfähigkeit weiter zu verbessern. Dabei sollte einerseits der Blickwinkel des Kunden eingenommen werden, andererseits sollten die Möglichkeiten der Digitalisierung mitberücksichtigt werden. Dementsprechend wurde vom Vorstand ein Projekt zur „Customer Claims Journey" in der Schadenregulierung aufgesetzt. Dieses Projekt sollte folgende Ziele erreichen:

1. Entwicklung einer optimalen „Greenfield" „Customer Journey" für den Schadenmelde- und Regulierungsprozess in Kraftfahrt Kaskoschaden im Sinne eines Pilotprojektes.
2. Modellierung eines Zielprozesses für (wenige) ausgewählte Schadenbilder im Bereich Kaskoschaden.
3. Unterlegung der „Customer Journey" mit entsprechenden Handlungs-/Optimierungsmaßnahmen.
4. Prozessuale Integration von Elementen für ein stringentes Regulierungsergebnis in der Versicherungstechnik (z. B. Betrugserkennung, Invoice Control etc.) sowie von Zielen zur Erhöhung der Abwicklungseffizienz.

23.4.2 Methodisches Vorgehen im Projekt

In der wissenschaftlichen Forschung hat sich die Sequential Incident- bzw. Sequence Oriented Problem Identification- (SITI-/SOPI-) Methode etabliert, die dem Dienstleistungsmarketing entstammt und an den einzelnen Phasen des Dienstleistungsprozesses ansetzt. Zur Erreichung der oben genannten Zielsetzungen wurde ein besonderes und der Ausgangssituation angepasstes Vorgehen gewählt, bei dem der Kunde des Versicherers in den Fokus der Untersuchung gerückt wurde. Der Kunde sollte im Rahmen von Fokusgruppen-Befragungen in die Zeit des Schadenfalles zurückversetzt werden, um an den entsprechenden Kontaktpunkten zu erforschen, welche Emotionen bei ihm ausgelöst wurden. Hier sollten Rückschlüsse auf das Verhalten des Versicherers gefunden und nach Möglichkeit Handlungsmaßnahmen für zukünftige Leistungsfälle herausgearbeitet werden.

Das methodische Vorgehen gliederte sich in vier Phasen, der Vorbereitung für die Fokusgruppen, der eigentlichen Durchführung mit anschließender Analyse und Ableitung der Handlungsbedarfe.

Abb. 23.5 stellt das methodische Vorgehen im Überblick dar.

1 Vorbereitung Fokusgruppen	2 Durchführung Fokusgruppen	3 Analyse Fokusgruppen	4 Ableitung Handlungsbedarf
• Datenselektion („Filtermodell")	• Ausarbeitung Interviewleitfaden	• Analyse Rekrutierungsprozess und Zusammenstellung Fokusgruppen	• Identifikation des grundsätzlichen Handlungsbedarfs aus Sicht des Kunden
• Festlegung Teststudios & Incentivierung	• Durchführung Interviews zur inhaltlichen Schärfung	• Überführung aller Transkriptionen in auswertbare Medien und Datenanreicherung	• Zuordnung des Handlungsbedarfs auf die Kontaktpunkte der Journey
• Entwicklung Kundenanschreiben und versenden	• Durchführung von insgesamt 6 Fokusgruppen inkl. Kontrollgruppe	• Entwicklung Customer Claims Journey auf Basis der vom Kunden wahrgenommenen Kontaktpunkte	• Umsetzungsempfehlung für Zukunftsszenarien
• Entwicklung Gesprächsleitfaden			• Konkrete Vorgehensvorschläge für „TOP 3 Zukunftsszenarien"
• In- / Outbound und Durchführung Schulung	• Bereitstellung zusätzlicher Videoaufnahmen für z.B. „close up" etc.		
• Aufbereitung Zukunftsszenarien („mood boards")	• Komplette Transkription aller Fokusgruppen	• Graphische Aufbereitung der Ergebnisse	
• Rekrutierung Teilnehmer (In-/ Outbound)		• Überprüfung und Bewertung der Zukunftsszenarien	

Abb. 23.5 Methodisches Vorgehen Customer Claims Journey. (Quelle: eigene Darstellung)

1. Vorbereitungsphase

In der Vorbereitungsphase wurde zunächst eine Datenselektion hinsichtlich der Kundenstruktur beim Versicherer durchgeführt. Da die Fokusgruppen-Interviews überregional im gesamten Bundesgebiet durgeführt werden sollten, war es im Rahmen der Datenselektion notwendig, eine homogene Schadenfall- sowie Altersstruktur der Teilnehmer zu erreichen. Die Veranstaltungen mit den Kunden sollten außerdem nicht in den Geschäftsstellen des Versicherers stattfinden, um eine höhere Neutralität hinsichtlich ihrer Aussagen zu erlangen. Es wurden im gesamten Bundesgebiet entsprechende Teststudios gesucht, die sowohl technisch als auch hinsichtlich der Räumlichkeiten die Möglichkeit boten, moderierte Interviews zu führen. Um eine hohe Teilnehmerquote zu erreichen, wurde im Rahmen der Vorbereitung Incentives vorgesehen, wie zum Beispiel die Verlosung von I-Pads. Zur Rekrutierung der Kundenteilnehmer/innen wurden diese zunächst angeschrieben und in einer nachfolgenden Telefonaktion durch das zentrale Call-Center des Versicherers versucht zu gewinnen. In Vorbereitung auf die Fokusgruppen-Interviews wurden Gesprächs- und Interviewleitfäden entwickelt, die auf die Touchpoints in der Journey abzielten. Da nicht ausschließlich über die Vergangenheit in der Schadenregulierung diskutiert werden sollten, wurden Zukunftsszenarien, sogenannte „Mood Boards", vorbereitet und intern erprobt.

2. Durchführungsphase

Die Durchführung erfolgte mit insgesamt acht Fokusgruppen und einer Testgruppe mit allgemeinen Versicherungskunden im gesamten Bundesgebiet. Für jede Fokusgruppe wur-

23 Customer Journey am Beispiel des Schadenprozesses in der Versicherungswirtschaft

Mögliches Arrangement der Fokusgruppen
Kraftfahrt Kaskoschaden

Beispielhafte Agenda
je Fokusgruppe

Tagesordnungspunkt	Minuten
1. Begrüßung, Einleitung	10
2. Diskussion: **Kundenerfahrungen Kaskoschaden**	30
3. Input 1: **der optimale Kaskoschadenprozess**	10
4. Diskussion	30
Pause	10
1. Input 2: **Zukunftsszenario Kaskoschaden**	10
2. Diskussion	30
3. Zusammenfassung, Schluss	10
Gesamt	**140**

Abb. 23.6 Aufbau und Agenda im Teststudio. (Quelle: eigene Darstellung)

den 10 Kunden-Teilnehmer/innen eingeladen. Im Rahmen der Veranstaltung wurde ein besonderes Arrangement gewählt, um die Teilnehmer in die Lage zu versetzen, ihre Erfahrungen in dem jeweiligen Schadenfall nochmals zu „durchleben". Die Fokusgruppen wurden durch einen Marketingexperten moderiert, abseits der eigentlichen Veranstaltung befanden sich Mitarbeiter (die für die Teilnehmer nicht sichtbar waren) der Versicherung und externe Berater, die sowohl über ein Mikrofon im Teststudio mithören und mitschneiden konnten. Des Weiteren lief eine Videokamera über die gesamte Veranstaltung mit. Durch den Videomitschnitt sollte herausgefunden werden, in welchen Phasen des Prozesses und vor allen Dingen an welchen Touchpoints besondere Emotionen bei den Teilnehmern aufkamen. Wesentlich dabei war, dass die Teilnehmer auf die Versuchseinrichtung vorbereitet wurden und sich auch damit einverstanden erklärten. Die Durchführung der Veranstaltung folgte einem detaillierten Ablauf. Zu Beginn eine Begrüßung und die Einleitung, anschließend eine umfängliche Diskussion der Kundenerfahrungen im Kaskoschaden. Dabei wurde durch den Moderator strukturiert anhand eines Gesprächsleitfadens geführt. Abb. 23.6 zeigt den Teststudioaufbau.

In jeder Fokusgruppe wurden die identischen inhaltlichen Schwerpunkte gesetzt, Kundenerfahrungen mit dem Kaskoschaden (Ist), der optimale Kaskoschadenprozess (Soll) sowie das Zukunftsszenario Kaskoschaden. Innerhalb der einzelnen Abschnitte wurden verschiedene Fragearten und -techniken verwendet:

a. Allgemeine Assoziationen zum Schadenfall zur Identifikation der Erinnerungsintensität einzelner Kontaktpunkte,

b. Abfrage von positiven und negativen Emotionen sowie
c. selektives Nachfassen zu ausgewählten Prozessschritten und Themen wie z. B. Kanalpräferenz, zeitliche Erwartungshaltung etc.

Nachfolgend wird ein Ausschnitt des Gesprächsleitfadens dargestellt, zum besseren Verständnis des Ablaufes in den Fokusgruppen:

- Welche Erfahrungen haben Sie mit der letzten Abwicklung Ihres Schadens sammeln können?
- Was ist Ihnen aufgefallen? Was war (1) besonders gut, was ist (2) besonders schlecht gelaufen?
- An Was/Wen haben Sie in der Situation des Unfalls/Schadens als erstes gedacht?
- Warum haben Sie daran als erstes gedacht?
- Wann/Warum denken Sie an die Versicherung?
- Einmal angenommen, Sie hätten die Chance einen Schadenprozess so zu gestalten, wie Sie sich das idealerweise vorstellen würden, wie würde der Prozess dann aussehen?
- Wie lange sollte der Prozess von der Zusage bis zum Ende der Reparatur idealerweise dauern?
- Wie finden Sie eine solche Lösung (Zukunftsszenario)?

Im Nachgang zu jeder Fokusgruppen-Veranstaltung wurden sowohl die Protokolle als auch die Audiodateien vollständig transkribiert, um diese im nächsten Schritt auszuwerten.

3. Analysephase

Im Rahmen der Analyse wurde zunächst der Rekrutierungsprozess als auch die Zusammenstellung der Fokusgruppen gereviewt, um hier weitere Anhaltspunkte in Bezug auf die Ergebnisse zu erhalten. Anschließend wurden alle Transkriptionen in auswertbare Datenformate gebracht und in Teilen mit weiteren Daten angereichert. Anschließend wurden die Dateien mit einer speziellen Sprachsoftware des MIT-Instituts analysiert. Insbesondere ist dieses Tool darauf trainiert, auf Basis der Aussagen der Teilnehmer Erkenntnisse darüber zu gewinnen, ob Aussagen die zwar positiv genannt waren, eine negative Auswirkung auf den Touchpoint und damit den Prozess haben. Der gesamte Analyseprozess war komplex und lief in vier sequenziellen Schritten ab:

a. Erstellung eines Code Books/Assoziationsketten
   - Ermittlung assoziativer Begriffe und Bedeutungen relevanter Touchpoints
   - Bündelung synonymer und inhaltlich verwandter Begriffe (Proximity-Analysis)
   - Identifikation von Wahrnehmungsräumen, die Kontakt mit Touchpoint beschreiben (Varianzmessung)
   - Bündelung synonymer Aktivitäten unter besonderer Berücksichtigung geringster Varianzen

b. Analyse der einzelnen Schadenregulierungsprozessbeschreibungen
   - Ermittlung der Frequenz synonymer Aktivitäten und Touchpoints (Frequency-Analysis/Reliabilität)
   - Ermittlung der zeitlichen Abfolge der Touchpointkontakte im Prozess und Datenaggregation
   - Ermittlung der Kontaktintensität einzelner Touchpoints und Interkorrelationsbewertung
   - Ermittlung der Wahrnehmung der Touchpoints und Kontrolle durch Kunden (Kontrollgruppen-Mechanik)
c. Vergleichbarkeitsanalyse relevanter Kontaktpunkte
   - Ermittlung von Aktivitäten und Ereignissen, die sehr oft bzw. sehr selten genannt werden; Ableitung und Bildung Kontaktverhalten im Schadensregulierungsprozess (JourneyEntwicklung über Scripting)
   - Ermittlung der typischen Zeitpunkte assoziativer Touchpoints im Prozessablauf (z. B. über Modus/Modalwert/Schwellenwerte)
   - Ermittlung typischer Kontaktintensitäten für einzelne Touchpoints (basierend auf Aktivitätsbeschreibungen)
d. Kontrolle Ergebnisinhalte Kontaktpunkte/Journey
   - Kontrolle der Ergebnisse und Abgleich der offenen Prozessbeschreibungen sowie daraus ermittelten Ergebnisse mit gestützte Befragung der einzelnen Touchpoints
e. Validierung der Ergebnisse (Psychology Meaning Analysis)
   - Experimentalvergleich auf Basis von Inhaltsbestandteilen und Bedeutungsräumen der Touchpoints
   - Schaffung emotionaler Wahrnehmungsbewertungen und Sinnhaftigkeiten

4. Ableitung von Handlungsbedarfen

Die Handlungsbedarfe wurden auf Basis der ausgewerteten Aussagen der Teilnehmer in den Fokusgruppen gewonnen. Die zunächst ungeordneten Handlungsbedarfe wurden auf die Touchpoints der Journey gemappt und im nächsten Schritt priorisiert, da nicht alle Maßnahmen zeitgleich und mit der gleichen Intensität umzusetzen waren. Da man in Fokusgruppen auch Zukunftsszenarien für den Versicherer diskutierte, wurden die Top 3 Zukunftsszenarien im Vorstand vorgestellt und verabschiedet.

23.4.3 Ergebnisse des Customer Claims Journey

Wie oben beschrieben, wurde mit den Probanden an den Touchpoints versucht, den Schadenfall zu rekonstruieren. Insgesamt wurden acht Touchpoints in dem Prozess identifiziert, die nachfolgend ausschnittsweise hinsichtlich der gewonnenen Ergebnisse dargestellt werden sollen:

1. Unfallzeitpunkt
   Im Rahmen der Fokusgruppen-Interviews konnte zum Unfallzeitpunkt beobachtet werden, dass sich der Kunde durch möglichen Schock zunächst hilflos fühlt und sich entweder über sich selbst ärgert oder über den Unfallverursacher. Die vorherrschenden Gedanken sind zu diesem Zeitpunkt, die Polizei einzubinden, um möglichst weiteren Ärger zu vermeiden. Häufig dachten die Probanden in dieser Situation auch an die Werkstatt oder das sie beispielsweise Vollkasko versichert sind. Als Fazit lässt sich festhalten, dass Versicherungen zum Unfallzeitpunkt nicht als Helfer in einem emotionalen Kontext (Schock) wahrgenommen wurden.
2. Erstkontakt mit Versicherer
   Im Erstkontakt mit ihrem Versicherer, der in den meisten Fällen telefonisch erfolgte, äußersten sich die Probanden positiv, wenn zum einen eine gut Erreichbarkeit gegeben war, zum anderen, wenn der Gesprächspartner Kompetenz und Ruhe sowie Strukturiertheit ausstrahlte. Für die Probanden war es emotional eine Erleichterung, weil sie einen Übergang der Last auf den Versicherer spürten ... „wir kümmern uns". Als Fazit an diesem Kontaktpunkt lässt sich festhalten, dass der persönliche Kontakt die zentrale Größe in dieser wahrgenommenen wichtigen Situation für den Kunden zu sein scheint.
3. Erstmaßnahmen
   Bei den Erstmaßnahmen, wie zum Beispiel „Abschleppen", war es für die Probanden der erste wahrnehmbare Moment der Versicherungsleistung. Die Übernahme des Serviceprozesses wirkte sich sehr positiv auf die Wahrnehmung aus. In dieser Phase wird die Problemlösung und der Leistung der Versicherung maximal wahrnehmbar (höchstes Leistungsinvolvement).
4. Schadenbearbeitung
   Am Kontaktpunkt der Schadenbearbeitung, hatten einige Probanden negativ die mögliche Werkstattbindung wahrgenommen, da es in der Bearbeitung des Falls hierdurch zu unvorhergesehenen Problemen kam. Des Weiteren gaben sie an, dass teilweise die Intransparenz im gesamten Schadenprozess zu negativen Emotionen gegenüber dem Versicherer führten. Andere Unternehmen, wie beispielsweise Amazon, halten den Kunden über den gesamten Verkaufsprozess informiert, was zu einer deutlich größeren Kundenbindung führt.
5. Werkstatt
   Die Partnerwerkstätten wurden von Probanden häufig nicht mit dem Versicherer assoziiert. Dabei war ihnen im Serviceprozess Mobilität für die Zeit des Werkstattaufenthaltes sehr wichtig. Insgesamt hatten die Teilnehmer positive Wahrnehmungen, sie akzeptierten Wartezeiten, wenn beispielsweise Ersatzteile fehlten. Als Fazit lässt sich festhalten, dass für den Kunden selbst wählbare Werkstätten positiv aufgenommen werden, da die Werkstattbindung bei ihnen emotionale Zwänge auslöst, die dem Versicherer negativ angelastet werden.

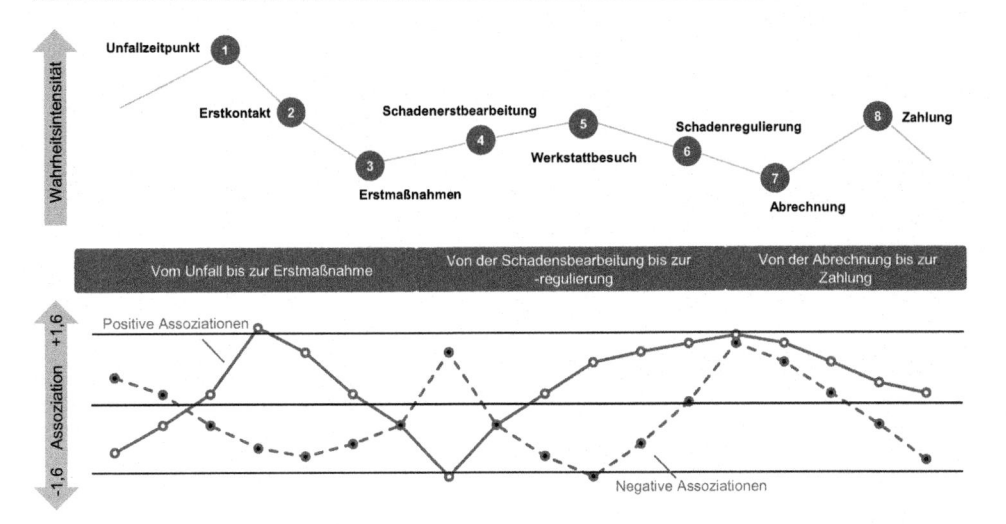

Abb. 23.7 Kontaktpunkte mit positiven und negativen Assoziationen. (Quelle: eigene Darstellung)

6. Schadenregulierung
   In der Schadenregulierung wurden Zahlungen als positiv-neutral wahrgenommen, jedoch der Prozess bis dahin häufig als mangelhaft beschrieben. Dabei werden scheinbar unbewusste Erwartungen der Kunden nicht erfüllt.
7. Abrechnung
   Dieser Kontaktpunkt wurde von den Probanden häufig nicht mehr wahrgenommen. Der Prozess schien hinsichtlich Dauer, Schritten als auch dem Ergebnis häufig intransparent. Positive Emotionen gab es hier nur durch den endgültigen Abschluss des Vorfalls mit dem Unfall.
8. Zahlung
   Dieser Kontaktpunkt wurde nur bei Schwierigkeiten wahrgenommen. Bei der eigentlichen Zahlung war kein emotionales Muster erkennbar. Dabei korreliert aber Prozess und Zeitpunkt/Dauer stark mit der Bewertung der Gesamtleistung des Versicherers.

Abb. 23.7 zeigt die Ergebnisse mit den Kontaktpunkten sowie den gemessenen Assoziationen an den jeweiligen Kontaktpunkten.

23.5 Zusammenfassung und Ausblick

Digitalisierung, Individualisierung und Emotionalisierung sind aus Kundensicht die wesentlichen Treiber für zukünftige Veränderungen der Customer Journey – auch wenn die meisten Kunden aktuell angeben, zukünftig wieder die gleiche Interaktionsform wie beim letzten Kontakt nutzen zu wollen. Was dabei offen bleibt, ist, ob die Kunden aufgrund ihrer hohen Zufriedenheit wieder so vorgehen würden – oder weil es in vielen Fällen schlicht

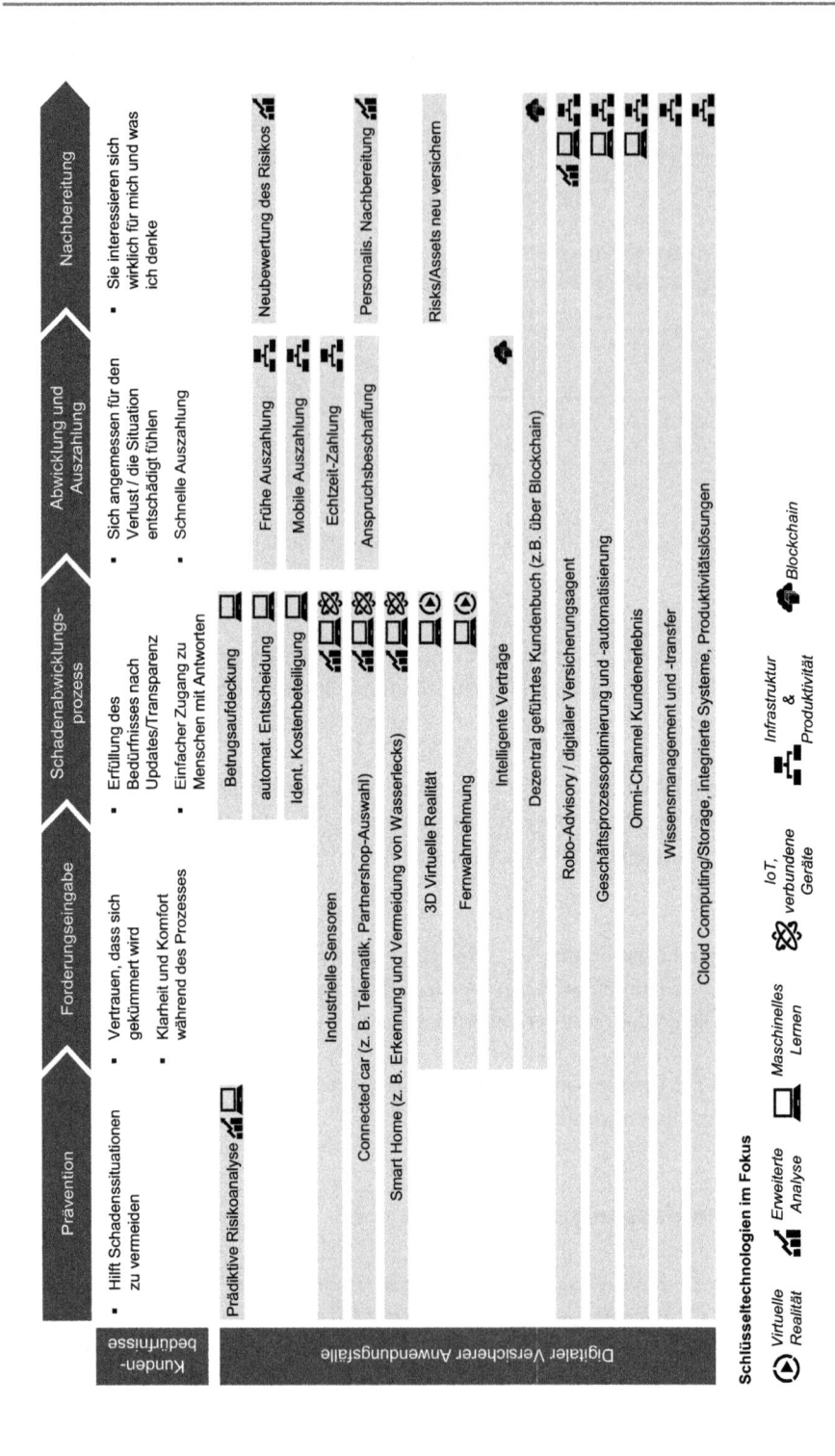

Abb. 23.8 Digitalisierung impliziert transformative Initiative, sowohl übergreifend als auch in jedem Schritt des Schadenmanagementprozesses

keine besseren Alternativen gibt. Auf Technologie- und Angebotsebene lassen sich zudem weitere aktuelle Entwicklungen mit Relevanz für die „Customer Journey" beobachten.

Die radikalen Veränderungen der digitalen Transformation erfordern ein Umdenken bei den Entscheidern, Managern und Mitarbeitern. Dabei entstehen vielfältige Möglichkeiten, die je nach Branche und Produkt unterschiedlich genutzt werden können. Die Beteiligten stehen dabei vor der Herausforderung, digitale Strategien speziell für ihre Geschäftsmodelle zu entwickeln und diese mit dem „Customer-Journey-Ansatz" digital zu vermarkten.

Wo in der Vergangenheit die Daten von Kundenkarten analysiert wurden, gilt es heute, die „Customer Journey" und deren Datenpunkte zu verstehen, zu begleiten und individuell inhaltlich sowie technisch auszugestalten. Denn nur ein Kunde, der sich direkt angesprochen fühlt, wird die Reise auch bis zum Ende mitgehen.

Bei der Ausgestaltung der „Customer Journey" stellen der erfolgreiche Umgang mit Big Data und die ausbalancierte Anwendung des Datenschutzes erfolgsentscheidende Faktoren dar, die Unternehmen unbedingt in der Zukunft berücksichtigen müssen. Abb. 23.8 stellt dabei exemplarisch für den Schadenmanagementprozess potenzielle Use Cases basierend auf den wichtigsten Kundenanforderungen sowie die sie begleitenden technologischen Treiber dar. Im Rahmen dynamischer Attributionsmodelle entstehen dann neue Fragestellungen für Entscheider in der Entwicklung und im Controlling geeigneter Marketingmaßnahmen, weil das Partnernetzwerk durch die Öffnung nach außen sich potenziell erweitert. Nicht mehr benötigte oder bezahlbare Leistungen oder Verwaltungsaufwände werden eliminiert, während Kommunikationswege zwischen Versicherer und Kunde zugänglicher und vereinfacht werden. Damit einhergeht geht auch die Veränderung des Wissens über Risiken und deren Bereitstellung sowie Bepreisung. Die technologischen Treiber wirken dabei als Katalysator für bestimmte Elemente der Wertschöpfungskette sowie der adversen Selektion.

Literatur

1. Hemetsberger A, Füller J (2009) Die Qual der Wahl – Welche Methode führt zu kundenorientierten Innovationen. In: Matzler K, Hinterhuber H (Hrsg) Kundenorientierte Unternehmensführung, 6. Aufl. Gabler Verlag, Wiesbaden, S 413–448
2. Institut für Demoskopie Allensbach 2012
3. Jozic D. Customer Experience Management: Eine empirische Analyse der Gestaltungsmöglichkeiten und Erfolgsauswirkungen; Dissertation 09.2015; S. 3 ff
4. Keller B (2017) Die Reisen durch das Touchpoint Management. Haufe, Freiburg im Breisgau, S 112
5. Lorenzen-Schmidt O, Beier G, Zabel U (2017) Full Stack Customer Journey Mapping für das digitale Schadenmanagement von Versicherungen. Gesellschaft für Informatik e.V.; Mensch und Computer, Regensburg, S 157
6. Maas P, Nützemadel C (2017) Denken Sie noch in Kanälen oder erreichen Sie Ihre Kunden schon? Universität St. Gallen, St. Gallen
7. Reckenfelderbäumer M, Busse D (2003) Kundenmitwirkung bei der Entwicklung von industriellen Dienstleistungen – eine phasenbezogene Analyse. In: Bullinger H, Scheer A (Hrsg)

Service Engineering. Entwicklung und Gestaltung innovativer Dienstleistungen. Springer Verlag, Berlin, Heidelberg, S 145–170
8. Schmitt P, Meyer S, Skiera B (2010) Überprüfung des Zusammenhangs zwischen Weiterempfehlungsbereitschaft und Kundenwert. Zeitschrift Für Betriebswirtschaftliche Forsch 2/2010:30
9. Schüppenhauer A (1998) Multioptionales Konsumentenverhalten und Marketing, Erklärungen und Empfehlungen auf Basis der Autopoiesetheorie. Deutscher Universitätsverlag, Wiesbaden
10. Tachlizik T, Ayala MB (2014) Den digitalen Wandel nutzen und die Customer Journey effektiv gestalten. Marke 2/2014:60
11. Wagner F (2017) Gabler Versicherungslexikon, 2. Aufl. Springer Gabler, Wiesbaden, S 529
12. Zukunftsinstitut (2014)

Personalisierte Links ersetzen Apps und Portale 24

Arne Barinka und Percy Wippler

> **Zusammenfassung**
>
> Produkte und Dienstleistungen können mit Hilfe des technischen Instrumentes „personalisierter Link" bzw. LinkedApp angeboten werden. Auf diese Art und Weise können situativ, personalisiert und intuitiv Kunden und Partnern Angebote unterbreitet und Interaktionsprozesse initiiert werden. Diese Methode stellt technische und prozessuale Vorteile gegenüber anderen, z. B. einer App, dar. Insbesondere für die Integration von Partnern (Trilaterale Kommunikation) bietet sich hierbei eine einzigartige individualisierte Möglichkeit. Fragen der Sicherheit und des Prozessdesigns werden besonders beachtet und zahlreiche Praxisbeispiele zeigen die weiten Anwendungsmöglichkeiten.

24.1 Einleitung

24.1.1 Die Gegenwart der Bequemlichkeit

Der Mensch tendiert zur Bequemlichkeit. Entsprechend erfolgsversprechend sind Geschäftsmodelle, die „convenience" bieten und diesen Trend bedienen. Die Allgegenwart der digitalen Technologie verändert Verhalten; die Art und Weise, wie Meinungen gebildet werden, wie entschieden wird, wie wir miteinander in Verbindung treten und Informationen austauschen. Besitz gerät in den Hintergrund, abrufbare Dienstleistungen wie Cloud- und Streaming-Lösungen, Lieferservices, Carsharing etc. nehmen zu. Dies führt

---

A. Barinka (✉) · P. Wippler
IDEAL Lebensversicherung a. G.
Berlin, Deutschland
E-Mail: barinka@ideal-versicherung.de

P. Wippler
E-Mail: wippler@ideal-versicherung.de

natürlich auch zu einer veränderten Art des Beratungs- und Kaufverhaltens, und natürlich gilt online noch viel stärker als offline das Gebot der Bequemlichkeit, also der „digital convenience". Es entsteht ein erweitertes Verhalten des hybriden Kunden, der nicht nur zwischen billig (Direktangebot) und Komfort (Serviceangebot) wählt, sondern bei einem Produkt bleibend, zwischen den Medien, Offlineberatung und Onlineinformation bis -kauf, nach Belieben wechselt. Während bei der Mensch-zu-Mensch-Kommunikation alle Beteiligten aktiv sind, versetzt der Kunde bei der Onlineinformationsbeschaffung die weiteren Partner in den passiven Modus.

Menschen, Maschinen, Sensoren und Software werden zunehmend vernetzt. Diese Vernetzung ist sozusagen die Essenz von Digitalisierung. Da beteiligte Geräte hierbei immer kleiner und leistungsstärker werden, wächst auch die Erwartungshaltung an unbegrenzter Mobilität und Verfügbarkeit der Technik für uns Menschen, also den orts- und zeitunabhängigen Zugriff auf die Errungenschaften des digitalen Zeitalters.

Natürlich strahlt das mehrheitlich im digitalen Umfeld erlernte oder antrainierte Nutzerverhalten auch auf die Offline-Welt ab. Mit fortschreitender Digitalisierung wächst die Erwartungshaltung, dass das gesamte Leben online gestaltet werden kann. Die Tür mit dem Smartphone öffnen, ein im Internet bestelltes Paket auf dem Transportweg überwachen, ein bestelltes Taxi mit Fingertipp bezahlen, Kurse von zuhause besuchen..., alles das ist keine Vision mehr, sondern längst gesellschaftlich verlangter Komfort, auch das subsumieren wir unter „digital convenience".

Es sind dabei vielfach weniger die Produkte selbst, die diese „digital convenience" bieten, sondern Service-Hüllen um das Kern-Produkt herum. Längst findet die Differenzierbarkeit von Angeboten aus Sicht von Partnern und Kunden hauptsächlich auf der Ebene dieser Services statt: Die Taxifahrt an sich ist die gleiche, egal ob man sie über eine Taxizentrale oder über eine digitale Lösung geordert hat, der Unterschied liegt auf der Service-Ebene.

24.1.2 Services direkt und situativ unterbreiten

Es wird immer selbstverständlicher und unabdingbarer, diese Service-Hüllen um alle Produkte herum vorzufinden und es wird zukünftig immer schwerer werden, hier Differenzierungsmerkmale aufrecht zu erhalten. Umso zentraler wird die Art, wie und wann ein Service-Angebot unterbreitet wird.

Nicht noch eine App oder noch ein Portal
Gängige Formen, digitale Services zu unterbreiten, nutzen Webseiten, Portale oder Apps. Mindestens die verbreiteten unter ihnen stellen exzellente Services zur Verfügung, aber sie tun dies indirekt: Der Nutzer muss sich zunächst mit den Anforderungen der Rahmentechnologie (Herunterladen, Registrieren etc.) beschäftigen, bevor er den Service, den er in seiner aktuellen Situation benötigt, nutzen kann. Sie stellen typischerweise den Service auch nicht situativ zur Verfügung, sondern bieten eine ganze Palette von Angeboten

dauerhaft an. Dem Kunden wird überlassen, den passenden Service für seine Situation zu finden. Beides bedeutet Mühen für den Nutzer, die dem Gebot der „convenience" entgegenstehen.

Genauer betrachtet ist außerdem der Anbieter davon abhängig, dass der Kunde aktiv wird. Der Anbieter kann entweder eine individuelle Ansprachemöglichkeit für den Kunden finden oder er muss viel (Marketing-)Aufwand (Werbung, Influencer, etc.) betreiben, damit sein Angebot zwischen all den anderen passiven Angeboten auffällt. Gleichzeitig muss er seine Aktivitäten so justieren, dass er eine möglichst breite Masse anspricht. Das Individuum und somit die individuelle Ansprache geht hierbei verloren. Es bleibt jeder Interessent solange anonym, bis dieser bereit ist, sich selbst zum Kunden zu machen. Viel Aktivität bringt oft nur wenig Aktive.

Versicherung direkt und situativ?
Auch Marketingmaßnahmen für den Direktabsatz von Versicherungsprodukten sind erfahrungsgemäß teuer. Versicherungsprodukte benötigen so gut wie immer einen Hersteller (Versicherungsunternehmen), einen Käufer (Kunde) und einen Vertreiber (Vermittler, Berater, Vergleicher, Versicherer, Onlineplattform und weitere). Es geht also immer um (mindestens) trilaterale Vernetzung.

Im Allgemeinen müssen Versicherungsprodukte nicht nur erläutert und vermittelt werden, damit ein Kunde sie überhaupt kauft, schon das Wecken von Interesse an Versicherungen ist typischerweise aufwändig. In der Kommunikation mit dem Kunden sind im Versicherungsumfeld neben dem Kauf die vielleicht schwersten Aufgaben das Schaden- und Leistungsmanagement. Themen, die zusätzlich von zunehmenden Kosten und zunehmender Regulierung belastet sind. Beide sind aber auch „moments of truth", also für die Beziehung zum Kunden und zum Vertreiber von besonderer Bedeutung. Die Einbeziehung dieser Partner mit Ihren unterschiedlichen Interessen ist entsprechend Pflichtaufgabe für die Digitalisierungsbemühungen jedes Versicherers.

Der Kunde erwartet den Komfort, dass er mobil, bequem und jederzeit in einem Medium bleibend ein Produkt erwerben und bedienen kann. Hierzu gehört eine online verkaufte Altersabsicherung genauso dazu, wie ein online verfügbares Schadenmanagement. Dabei interessiert es ihn berechtigterweise in seinem Bedarf an „digital convenience" wenig, dass die Produkte und Prozesse immer komplexer werden und die Sicherheit stetig erhöht werden muss.

Die Vertreiber unterliegen einerseits zunehmend aufwändigeren Begleitprozessen und müssen andererseits die stetig wachsenden Ansprüche zumindest eines Teils ihrer Kunden an Digitalisierung abbilden. Dabei darf das Verhältnis zum Kunden möglichst an keiner Stelle unter notwendigen Interaktionen mit dem Versicherer leiden oder von diesen überlagert werden.

Der Versicherer will seine Versicherungs-Produkte verkaufen und die entsprechenden Services kostengünstig gestalten. Der klassische Vertreiber ist selten in der Lage die Herausforderung der Digitalisierung alleine zu bewältigen. Der Versicherer muss ihn dabei unterstützen. Entsprechend des gängigen Vorgehens bieten Versicherer typischerweise Ihre digitalen Services über Apps und Portale an. Beide haben wie beschrieben den Nachteil, dass sie indirekt und wenig situativ sind: Man muss sich mit Rahmentechnologien, Anmeldeprozessen und so weiter auseinandersetzen, um die Services dieser Versicherer zu nutzen – und das obwohl man sich als Kunde vielleicht am liebsten mit dem Thema Versicherung gar nicht beschäftigen möchte.

Viel besser wäre es doch, auf einer ganz persönlichen Webseite, die individuell auf den einen Kunden zugeschnitten ist, den einen Service, der in der aktuellen Situation benötigt wird, bereitzustellen. Eine Webseite benötigt keinerlei Installationsprozesse, denn einen Webbrowser bieten alle gängigen Geräte. Außerdem bietet dies die Möglichkeit, dem Kunden den Service mittels seines persönlichen Links (URL) zu unterbreiten, denn Links können über nahezu alle digitalen Kommunikationsmedien (Email, Kurznachricht, ...) verbreitet werden. Dies entspricht außerdem gängigen Nutzungsprofilen. Diese spezielle Form eines digitalen Angebots nennen wir LinkedApp und gehen im Folgenden auf Technik und Anwendungsbeispiele ein.

24.2 Technische Grundlagen

Eine LinkedApp ist eine Kombination aus einer Webanwendung (WebApp) und einem speziell aufbereiteten Link (URL). Marketingmaßnahmen können unter Zuhilfenahme dieses Links, durch Verteilung per Mail, über sozialen Medien oder auch auf Printmedien z. B. als QR-Code, sehr einfach gestaltet werden. Solche Maßnahmen lassen sich dann individuell tracken und auswerten.

24.2.1 Die WebApp der LinkedApp

Eine WebApp ist nichts anderes als eine Webseite, die so gestaltet ist, dass sie auf einem Endgerät wie eine native App aussieht und sich auch weitestgehend so verhält, aber über den Webbrowser aufgerufen wird. Die WebApp erlaubt Interaktion mit dem Anbieter nach dem Client-Server-Modell, wobei die Datenverarbeitung immer auf dem Server und nicht im Client stattfindet. Eine WebApp, die bei gewissen Geräten direkt vom Homescreen gestartet werden kann, kann auch Daten und Inhalte lokal speichern. WebApps können somit auch offline funktionieren. Im Kern bleibt die WebApp eine Webseite, wenn auch mit speziellem Verhalten.

WebApp versus native App
Die native App wird für die verschiedenen Betriebssysteme der jeweiligen (mobilen) Geräte in der spezifischen Programmiersprache entwickelt. Will man mindestens Android und IOS bedienen, so muss man den Code zwei Mal entwickeln. Kommt Windows 10 hinzu wird eine weitere Programmiersprache benötigt. Die Verteilung der App erfolgt über die Stores der Anbieter, wie z. B. Google Play Store, Apple App Store oder Micro-

soft Store. Die Bereitstellung der Apps in den Stores bedeutet neben Kosten auch, dass man sich den Prozessen der Store-Betreiber zur Bereitstellung unterwerfen muss. Der Storebetreiber will jeweils von dem Angebot der Apps partizipieren und sie sollen in sein Gesamtkonzept passen. Eine Webseite zu betreiben kostet zwar auch Geld, da ein Provider benötigt wird, aber sie ist zum einen für alle Betriebssysteme auf allen Endgeräten verfügbar und zum andern ist die Verteilung unabhängig vom Storebetreiber. Eine WebApp wird einmal mit einem Code entwickelt, und somit sind die weitaus geringeren Kosten einmalig zu tragen und nicht pro Betriebssystem.

Die native App kann direkt auf die Hardware zugreifen und grafische Änderungen lassen sich programmieren. Inzwischen gibt es aber für die wesentlichen Funktionen, wie „Verwendung der Kamera", „Nutzen des GPS-Signals" und „Zeichnen", passende Browserschnittstellen. Fotos oder Videos nahtlos in der WebApp aufnehmen ist damit genauso möglich, wie z. B. das digitale unterschreiben. Es wird keine spezielle Anwendung benötigt, weil aktuelle Browser in allen wesentlichen Betriebssystemen die passenden Funktionen unterstützen. Auch PDF-Dateien können inzwischen direkt im Browser angezeigt werden, ohne hierfür eine weitere App aktivieren zu müssen.

In der Kundeninteraktion liegt ein wesentlicher Vorteil der WebApp in dem Umstand, dass sie nicht geladen und installiert werden muss. Es muss keine Überzeugungsarbeit stattfinden, dem Anbieter zu vertrauen, eine App im Store zu suchen, diese zu installieren, das Icon auf dem Homescreen einzusortieren, sich für die App dauerhaft zu registrieren und im Bedarfsfall die App zu öffnen.

Typischerweise haben Nutzer mehrere Endgeräte und eine native App muss – falls das überhaupt möglich ist – auf jedem Gerät einzeln installiert werden. Bei einer WebApp sind alle Daten und Services auf allen Endgeräten mittels Webbrowser aufrufbar, da kein Bestandteil auf dem Endgerät installiert werden muss. Der Content und die Daten in der WebApp können immer vollständig durch den Anbieter aktualisiert und in Echtzeit zum Kunden übertragen werden, d. h. für diesen Nutzer sind sie immer aktuell. Mit jedem Aufruf kann der Nutzer neue Inhalte und Services zu seinen Produkten erhalten.

Das Nutzen einer WebApp setzt prinzipiell voraus, dass immer eine Internetverbindung vorliegt, auch wenn natürlich sämtliche Daten technisch gesehen offline verfügbar gemacht und gespeichert werden können. Dies ist jedoch kein echter Nachteil, da zum einen Verfügbarkeit und Bandbreite der Netze stetig steigen. Zum andern aber auch, weil, vereinfacht gesprochen, Nutzer es gewohnt sind, dass bei nicht vorhandenem Netz, die Errungenschaften der Digitalisierung nicht oder nur sehr eingeschränkt zur Verfügung stehen.

LinkedApp versus WebApp
Eine WebApp hat in erster Linie ihren Namen durch eine App-ähnliche Anwendung, die vollständig im Browser bereitsteht, aber üblicherweise durch ein auf dem Homescreen abgelegtes Symbol geöffnet wird. Der Anwender muss zuerst die Webseite öffnen, die Funktion zur Ablage auf dem Homescreen aktivieren, das Icon einsortieren und wiederfinden.

Der Link, der technisch notwendig ist, um die WebApp aufzurufen, wird typischerweise in allen Nutzer-Interaktionen verborgen.

Die LinkedApp ist eine WebApp, doch in den Nutzerinteraktionen wird explizit ein Link zum Aufruf verwendet. Der Link ist persönlich und erfährt eine gezielte Aufbereitung, um für die Nutzerinteraktion geeignet zu sein.

Selbstverständlich können sich hinter jedem Link WebApps verbergen, die sich dann auch auf dem Homescreen ablegen lassen. Es können individuelle Symbole bereitgestellt werden und es kommt nicht darauf an, dass beim Öffnen die Adressleiste des Browsers ausgeblendet ist, wie man es bei WebApps üblicherweise erwartet.

Die LinkedApp kann temporär sein und hat in der Regel genau eine Aufgabe. Sie sammelt nicht alle Services, die einem Kunden dienlich sein können. Jede LinkedApp hat einen spezifischen Link für ein kleines zielgerichtetes Servicepaket. Dies schließt nicht aus, dass ein Kundenportal oder eine App in anderer Form alle Services der LinkedApps vereinen kann. Die LinkedApp ist aber immer fokussiert auf ein bestimmtes Produkt oder einen bestimmten Prozess.

Insofern ist eine LinkedApp ein Paar aus einer WebApp mit einem fokussierten Servicepaket und dem zum Aufruf dieser WebApp notwendigen Link, der zur expliziten Weiterverwendung aufbereitet ist.

24.2.2 Der Link zur LinkedApp

Nehmen wir exemplarisch ein Unternehmen mit der Webadresse www.beispielversicherung.de. Für einen Vermittler und einen Kunden erzeugt das Unternehmen eine einmalige LinkedApp mit spezifischem Content. Dies geschieht z. B. in dem der Vermittler im Extranet der Gesellschaft die Konfigurationsmöglichkeit erhält, bestimmten vordefinierten Content mit einem spezifischen Rechenergebnis zu kombinieren und bei der Versicherungsgesellschaft als WebApp persistieren zu lassen. Diese generiert dann einen spezifischen Link, z. B. https://www.beispielversicherung.de/service/rente?token=9b2c965b5b3843738d08e343f7d77406

Hinter diesem „token" steht verschlüsselt, welcher Vermittler welches Paket anbieten möchte und für wen dieses Angebot gedacht ist. Der entstandene Link ist unhandlich und kryptisch, wer näher hinsieht erkennt dennoch, dass die entstandene WebApp vom Unternehmen auf der Domain beispielversicherung.de bereitgehalten wird.

Der individuelle Kurzlink

Ein solch langer und kryptisch aussehender Link schafft jedoch im Allgemeinen kein besonderes Vertrauen, auch wenn der Name der Versicherungsgesellschaft in der URL vorkommt. Soll dieser Link zur Kundeninteraktion eingesetzt werden, empfiehlt sich eine Aufbereitung. Hier bieten sich Kurz-URL-Systeme an, die in konfigurierbaren URLs mit Kurz-Token-Erweiterungen die eigentlichen Links „verpacken". Beispiele sind bit.ly oder goo.gl. Der eigentliche Link könnte mittels einer Kurz-Token-Transformation, die selbst eine beliebige Anzahl (je nach Linkvolumen) von alphanummerischen Zeichen bedeutet, verkleinert werden. So würde aus dem Beispiel-Link https://www.beispielversicherung.de/service/rente?token=9b2c965b5b3843738d08e343f7d77406 durch Transformation https://www.beispielversicherung.de/DEMOLK werden können. Hierbei kann auch eine andere Domain des Versicherers gewählt werden. Entweder aus Gründen der Kürzung z. B. www.bspvs.de oder kampagnenbezogen www.ichundmeinlink.de.

Das Ergebnis wäre dann https://bspvs.de/DEMOLK.

Die Verteilung
Der Link ist nur Text, der als URL also als Webadresse dient. Somit ist die Verteilung des Links auf so ziemlich jedem Weg möglich: E-Mail, Kurznachrichten, wie SMS oder WhatsApp, sozialen Medien und gedruckt (ggf. als QR-Code) auf Schreiben und Visitenkarten. Ein wichtiger Aspekt ist, dass dieser Link vom Vertreiber übermittelt werden kann und somit das Vertrauen des Kunden zum Öffnen des Links erhöht wird.

Trilaterale Kommunikation: Tracking von Kampagnen und Aktivitäten
Sobald ein Empfänger diesen Link öffnet, findet er die zusammengestellten Inhalte. Doch an dieser Stelle erfüllt der Link weitere Funktionen: Sowohl der Kunde als auch der Vermittler sind im Link identifiziert, sodass alle nun folgenden Prozesse vom Versicherer an den eigentlichen Absender geleitet werden können. Der Vermittler kann also jeder Aktivität eines Kunden zugeordnet werden. Als Beispiel kann schon der simple Aufruf des Links vom Versicherer genutzt werden, dem Vermittler mitzuteilen, dass sein Kunde den Link tatsächlich geöffnet hat. Dies steuert entsprechende Erinnerungs- oder Folgeaktivitäten.

Doch auch echte Interaktionen auf der LinkedApp können gesteuert werden. Die wichtigste Aktivität ist natürlich der Call-To-Action (CTA). Dieser kann im simpelsten Fall die Bitte um Kontaktaufnahme sein. Hierfür genügt es, dass der im Link geschlüsselte Vermittler eine E-Mail mit den Kontaktdaten erhält. Aber auch ein Ablegen dieser Information beim Versicherer wäre möglich, bedingt dann aber die Abfrage einer Datenschutzerklärung, dass die Daten auch vom Versicherer gespeichert werden dürfen. Sofern die Aktivitäten (auch ohne Daten) vom Versicherer gespeichert und z. B. im Vermittlerextranet verfügbar gemacht werden, kann der Vermittler aus einem für den Versicherer noch unbekannten Interessenten durch Klick einen potenziellen Kunden machen. Hierbei ist es möglich, gespeicherte Adressdaten für den Tarifierungs-, Angebots- und Antragsprozess (TAA) zu erhalten. Besonders wichtig ist hierbei die Trackingmöglichkeit. Am Ende kann erreicht werden, dass eine Kampagne einzeln ausgewertet wird: Welcher Vermittler hat bei welcher Kampagne mit welcher Variante und welchem Verkaufsansatz wie viele Anträge abgeschlossen?

Das oben beschriebene Kampagnentracking hat schon gezeigt, wie Vermittler, Kunde und Versicherer per LinkedApp synchronisierte Statusinformationen erhalten können. Wenn den drei Parteien über Interaktionsmöglichkeiten der LinkedApp zusätzlich die Möglichkeit geboten wird, Inhalte der LinkedApp zu ändern bzw. zu ergänzen, so erweitern sich die Kommunikationsmöglichkeiten: In dem Moment wo eine Partei die Änderungen wirksam vorgenommen hat, zeigt der allen Parteien bekannte Link bei Aufruf den neuen Inhalt. Zur Verdeutlichung: Ein Vermittler generiert eine LinkedApp mit einem individuellen Text als persönliche Kundenansprache und versendet den Link an seinen Kunden. Ändert er danach den Text der LinkedApp, so sieht der Kunde bei Aufruf den neuen Text, ohne dass der Link erneut verteilt werden muss.

Sicherheit

Jeder Link stellt im Prinzip ein individuelles Portal dar. Je vertraulicher die Information, desto höher ist der Schutzbedarf. Der persönliche Link alleine stellt schon einen gewissen Grundschutz dar, zumindest wenn die Bereitstellung durch ein sicheres Medium erfolgt. Durch ein spezifisches Angebot und der persönlichen Ansprache ist es jedoch nicht unwahrscheinlich, dass ein für die Kalkulation benötigtes Geburtsdatum zusammen mit dem Namen und dem Geschlecht einsehbar wird. Diese Daten können zusätzlich dadurch geschützt werden, dass die Person, die den Link erhält und öffnen soll, als Sicherheitsmerkmal z. B. sein Geburtsdatum eingeben muss, welches der Berechnung zugrunde liegt. Diese Schutzmaßnahme hat ein erhebliches Sicherheitsmerkmal. Um sich in das individuelle Angebot zu begeben, muss sowohl der Link bekannt sein, als auch z. B. das Geburtsdatum. Dieser Doppelschutz entspricht ungefähr einem Login aus Benutzername und Passwort, nur, dass der Benutzername aus einem mehrstelligen Schlüssel in einem Link besteht.

Aber auch eine Registrierung mit Benutzername und Kennwort bietet sich an. Der Benutzername muss in diesem Fall aber nicht mal eindeutig sein, da er lediglich zum Link passen muss. Das üblichste Verfahren zur Wahl eines Benutzernamens ist die E-Mail-Adresse. Diese ist in der Regel eindeutig. Es gibt aber genügend Haushalte, wo sich mehrere Personen eine E-Mail-Adresse teilen. Wenn diese aber jeweils einen Vertrag bei einer Gesellschaft haben und das Produkt online unterstützt wird, kann ein Problem bei herkömmlichen Portalen entstehen. Nicht aber bei Nutzung eines individuellen Links. Der Link und der Benutzername bilden zusammen den eindeutigen Account und können somit trotz einer wiederholten E-Mailadresse unterschieden werden. Jeder Account hat sein persönliches Passwort, sodass sogar ein gegenseitiger Zugriff vermieden werden kann. Bei besonders sensiblen Funktionen, wie z. B. Vertragsänderungen und Bestandsaktionen kann der Schutz zusätzlich durch die Eingabe z. B. der Versicherungsschein- oder Schadennummer erfolgen. Somit wären drei Kombinationen zu finden, die somit eine hohe Sicherheit der Daten gewähren.

Nimmt der Kunden an einem LinkedApp-Verfahren in der Form teil, dass seine validierte E-Mailadresse vorliegt, können auch weitergehende Informationen an diese E-Mailadresse übermittelt werden (denkbar wäre genauso die Verwendung einer Mobilfunknummer). Die Adresse ist in jedem Fall validiert und somit persönlich.

Wird eine individuelle Willenserklärung des Kunden erforderlich, kann eine E-Mail oder SMS an den persönlichen Account mit einer Einmal-Transaktions-Nummer (TAN) übermittelt werden, die für einen begrenzten Zeitraum gültig ist. Den Versand der TAN kann er nur aus der LinkedApp initialisieren. Der Aufruf der LinkedApp selbst ist bereits gesichert. Von daher ist die Eingabe der TAN in einer LinkedApp nur dann möglich und erfolgreich, wenn zuvor eine Autorisierung durch den Nutzer erfolgte. Damit sind Einwilligungserklärungen, wie Angebotsannahmen, SEPA-Mandatserteilung und auch Freistellungsaufträge online möglich.

24.3 Individuelles Marketing mit LinkedApps

Vernetzen beginnt in der fokussierten und am besten persönlichen Ansprache. Dies kann eine E-Mail, eine Nachricht über ein soziales Netzwerk oder ein persönliches Gespräch sein. In den folgenden Beispielen fokussieren wir zunächst auf Situationen, bei denen es um einen bestimmten Kunden geht, dem individuell ein Produkt- oder Service-Angebot unterbreitet werden soll. Hier wird also 1 : 1-Marketing betrieben.

24.3.1 Direkte Kundenansprache

Stellen Sie sich als Vertreiber von Versicherungen vor, dass sie einen individuellen Bedarfsfall eines Kunden durch eine E-Mail, eine Webseite, ein Gespräch auf einer Party oder am Telefon ermittelt haben. Im Büro oder zuhause stellen Sie online aus einem Katalog von passenden Artikeln und Argumenten eine individuelle Beratung bequem mit dem Tablet oder Smartphone zusammen. Sie wählen frei eine persönliche Ansprache und versenden dieses individuelle Paket als simplen Link, eingepackt in einen kurzen Text per WhatsApp, E-Mail oder Short-Message an den Kunden. Klickt der Interessent auf den Link, öffnet sich die von Ihnen zusammengestellte und beim Versicherer gespeicherte individuelle LinkedApp. Diese wird automatisch in Ihrem Design formatiert und beinhaltet zudem Ihre Kontaktdaten. Die Möglichkeit, dass der Kunde direkt mit Ihnen in Kontakt treten kann, ist sowohl über ihr gewähltes Versandmedium (WhatsApp, E-Mail, SMS ...), als auch über eine Kontaktfunktion aus der Webseite heraus, gegeben. In dem Moment, wo der Kunde den Link öffnet, erhalten Sie eine Status-Information (z. B. per E-Mail), dass die Nachricht vom Kunden gelesen wurde. Sie können direkt reagieren und die Webseite hinter dem Link in der Form anpassen, dass z. B. ein individuelles Angebot eingefügt wird. Beim nächsten Aufruf des Links, sieht der Kunde nun die erweiterte Information. Wieder erhalten Sie Status-Informationen über die Aktivitäten des Kunden, ohne dass Vertreiber und Kunde beieinandersitzen und ohne, dass dies zeitgleich geschehen muss (asynchron).

Beleuchten wir dieses Beispiel noch genauer: Es soll auf ein Versicherungs-Produkt aufmerksam gemacht werden, für welches drei Verkaufsansätze möglich sind. Sicherheit (durch Garantiezins), Flexibilität (durch frei wählbaren Abruf) und Rendite (durch Überschussbeteiligung). Jedem Kunden immer alle drei Vorzüge anhand von Beispielrechnungen zu vermitteln, die nie genau auf den eigentlichen Kunden passen, bedingt einen hohen verbalen Aufwand. Üblicherweise steht aber schon vor der Ansprache fest, welcher Ansatz der passendste zu den individuellen Kundenbedürfnissen ist. Werden diese

Bedürfnisse gleich von Anfang an berücksichtigt, bekommt der Kunde sofort ein auf ihn zugeschnittenes Onlineangebot mit persönlicher Ansprache, zielgerichtetem Verkaufsansatz und einer auf seine Situation passende Beispielrechnung.

Die Vorteile eines individuellen Onlineangebotes liegen auf der Hand. Eine aufwändige Ansprache ggf. mit Besuchstermin entfällt. Der hybride Kunde wird nach einem Erstkontakt sofort digital bedient und der Vertreiber ist hierbei nicht passiv. Sobald er eine Information über die digitalen Aktivitäten des Kunden erhalten hat, kann er selbst umgehend reagieren und am individuellen Angebot Anpassungen vornehmen, die hinterlegte Ansprache ändern und den Kunden informieren, dass sich etwas in seinem persönlichen Angebot geändert hat.

24.3.2 Produktberatung und Abschluss

Nehmen wir an, der Versicherer startet eine Bestandsaktion. Dazu erstellt der Versicherer nun nach Selektionskriterien persönliche LinkedApps für die passende Zielgruppe. Der Vertreiber erhält dann eine digitale Liste all seiner betroffenen Verträge. Er kann jedes Angebot einsehen und an den vom Versicherer erzeugten LinkedApps Veränderungen vornehmen. Dazu verwendet er die gleichen Werkzeuge, die er nutzt, um eigene LinkedApps zu erzeugen. Anschließend verteilt er an seine Kunden jeweils ihren persönlichen Link. Beim Anklicken des Links öffnet sich die persönliche Kunden-App. Hier findet der Kunde einerseits die persönlichen und vertrauensbildenden Elemente (Branding, Kontaktdaten und persönliche Ansprache) seines Vertreibers, andererseits die für die Bestandsaktion wichtigen Informationen, typischerweise vom Versicherer bereitgestellt.

Der hybride Kunde wird also proaktiv zuerst ins Web gebracht, um anschließend mit dem Vertreiber in Kontakt zu treten. Der Vertreiber, der Kunde und der Versicherer sehen den identischen Zustand des Angebotes. Dies kann auch eine Lebensversicherung sein, die sich u. a. wegen einer Überschussbeteiligung monatlich ändert. Das Angebot passt sich immer automatisch an, da der Aufruf immer über den Link erfolgt und eine Webseite immer aktuell ist. Möchte der Kunden den Vertrag abschließen, muss er lediglich dazu seinen Willen bekunden.

Vermittler und Kunden können gemeinsam über das Web an der Antragserfassung arbeiten und am Ende falls notwendig jeweils auf ihren Mobilgeräten ihre Signatur unter den Vertrag setzen. Sofern digitale Kontaktinformationen beim Versicherer vorliegen, ist ggf. eine Annahme des Angebotes ohne Signatur mittels TAN-Verfahren möglich, welches bereits beschrieben wurde.

Der Verkaufsprozess muss insgesamt also nicht mehr synchron laufen. Papier und Druckkosten entfallen. Angebote können online angepasst werden. Der Antrag ist voll digital und alle Daten liegen unverändert beim Versicherer, der den Antrag soweit es geht automatisiert verarbeiten kann. Behält der Kunde seinen Zugang zur digitalen Kundenansprache bis zum Ende der Vertragslaufzeit, dann können hier sogar alle Vertragsdokumente der Zukunft digital bereitgestellt werden.

24.3.3 Schadenmanagement

Egal auf welchem Weg der Kunde sich an den Versicherer oder Vertreiber im Schadenfall wendet, mit den beschriebenen Mechanismen ist es einfach, ihm seine persönlich LinkedApp zur Schadenbearbeitung zur Verfügung zu stellen. Der Kunden autorisiert sich z. B. durch Vergabe seiner Versicherungsscheinnummer. Im Moment der Schadenanlage erfolgt dies direkt im Schadensystem des Versicherers und es wird eine Schadennummer vergeben. Die Schadendaten können vollständig online erfasst werden und z. B. Beweisfotos hochgeladen werden. Der Kunde erhält einen individuellen Link, mit dem er später die Schadenbearbeitung online ergänzen kann, z. B. bei ergänzenden Fragen durch den Versicherer. Der Vertreiber erhält über sein Extranet ebenfalls Zugriff auf die Schadenmeldung, den Bearbeitungsstatus und die hochgeladenen Dokumente. Alle drei Partner sehen den aktuellen Stand, auch wenn der Versicherer etwas ändert. Die Beteiligten erhalten eine Nachricht über ein digitales Medium, wenn sich am Status etwas ändert. Jeder kann über sein System (Versicherer-Schadensystem, Vertreiber-Extranet, Kunden-Link) Einblick in den Bearbeitungsstand erhalten und Aktualisierungen vornehmen. Zum Ende der Schadenbearbeitung wird der bereitgestellte Link hinfällig. Die dahinterliegende Webseite zeigt keine Inhalte mehr an.

24.4 Zielgruppen-Marketing

Die bisherigen Anwendungsbeispiele gingen immer von einer 1:1-Beziehung zwischen Kunde und Vertriebspartner aus. Im zweiten Anwendungsfeld ist nicht der einzelne Empfänger individualisiert, sondern der Absender und eine Zielgruppe. Aufgabe ist es hierbei, mittels LinkedApps breitere Kampagnen zu unterstützen, die im Gegensatz zu Flyern und Broschüren ein Tracking des Erfolges bis zum Antrag ermöglichen.

Ein individueller Zielgruppenlink könnte wie folgt aufgebaut sein: https://www.beispielversicherung.de/service/rente?vm=ABC&va=rendite&variante=mail&kp=01

Es gibt grundsätzlich eine allgemeingültige Adresse, die einen bestimmten Content im Web bereitstellt. Diese Aufgabe übernimmt der Versicherer. In einem Konfigurationstool, z. B. aus dem Extranet aufrufbar, kann sich ein Vertreiber individuelle Links generieren, die seine Vermittlerkennung eindeutig beimischen (Attribut vm), die Art des Verkaufsansatzes wählbar machen (Attribut va), das Zielmedium oder das Grundaussehen, wie zum Beispiel eine Farb- und Schriftvarianz, einstellen (Attribut variante). Auch individuelle Kampagnen könnten unterstützt werden (Attribut kp). Welche Attribute mit welcher programmtechnischen Wirkung ergänzt werden steht vollkommen frei.

24.4.1 Mailing

Neben dem individuellen Link des Kunden, kann es auch einen individuellen Link für einen Vertreiber und einen bestimmten Verkaufsansatz geben. Der Vertreiber stellt sich online seine Inhalte zusammen. Auch hier wird eine Webseite konfiguriert, die beim Versicherer gespeichert wird. Der Vertreiber bindet diesen Link entweder direkt in seine Webseite ein oder er versendet diesen Link in einem Mailing. Automatisch ist ein Kontaktformular mit den Daten des Vertreibers enthalten und jeder Interessent kann mit dem Vertreiber in die Kommunikation eintreten. Der Interessent erhält nun einen persönlichen Link, mit den im vorherigen Abschnitt beschriebenen Merkmalen und konvertiert zum Kunden. Dabei werden alle bereits elektronisch übermittelten Daten automatisch übertragen und bis zum Abschluss beim Versicherer persistiert.

24.4.2 Das vermittlergesteuerte Direktgeschäft

Es ist gleichermaßen möglich, neben der Ansprache und Kontaktaufnahme, den TAA-Prozess (Tarifierung, Antrag, Angebot) für Direktabschluss nach Fernabsatz einzubinden. Auch dies könnte der Vermittler im Konfigurationstool einstellen. Der Vermittler würde als Distributor des Direktgeschäfts das mühselige und teure Online-Marketing, wie z. B. SEO, SEA und Link-Marketing, ersetzen. Die Kosten für Marketing können z. B. von den Investitionen an Suchmaschinen und Banner in Form von Provision an die Vermittler übertragen werden. Diese Form der Distribution hat mehrere Vorteile. Der Vermittler steht enger beim Kunden und kann ihn gezielt ansprechen. Der Kunde muss nicht zufällig über eine Suche auf das Angebot stoßen (passiv), sondern er kann aktiv dazu bewegt werden, ein bestimmtes Angebot anzusehen. So etwas erreicht im Online-Marketing sonst nur teure Medien-Werbung. Das Online-Angebot kommt direkt vom Vermittler. Er erhöht somit seine Kompetenz im Online-Handel, muss aber nicht in die Technik investieren, da sie vom Versicherer als Service angeboten wird. Auch in den sozialen Medien können diese Links eingebunden werden. Der Vermittler hat möglicherweise mehr Follower als der Versicherer und kann schneller Kampagnen verbreiten als eine Gesellschaft alleine.

Good bye Social Media, hallo Content Marketing 25

Bruno Kollhorst

Content ist King. Kontext ist King Kong.

Zusammenfassung

Das Thema Social Media scheint noch nicht einmal vollständig in der Assekuranz angekommen, da werden die entsprechenden Kanäle „Erwachsen", und das Gefüge in der digitalen Kommunikation verändert sich erneut. Content Marketing ist das neue Buzzword in den Marketing-Etagen der großen Unternehmen. Der Kunde, nicht der Kanal soll im Mittelpunkt stehen – und genau hier liegen die Chancen der Versicherungsbranche. Kein Dienstleister hat auf so vielfältige Art und Weise das Lebensumfeld seiner Kunden im Fokus, so viel Wissen um die Interessen und Sorgen der Menschen. Ein Schatz, den es zu heben und in Geschichten, die Marken und Menschen verbinden, zu verwandeln gilt.

25.1 Social Media in der Assekuranz – eine Bestandsaufnahme

Social Media und Versicherungen – lange Zeit keine intensive Zuneigung. Sind Kanäle wie Facebook, Twitter & Co in anderen Branchen mittlerweile eine Selbstverständlichkeit geworden, fremdeln viele Versicherungen und Krankenversicherer immer noch mit dem Thema. Sichtbar macht dies in regelmäßigen Abständen der Neuland Report von As im Ärmel (vgl. [1]). Seit 2012 untersucht man dort die digitalen Aktivitäten von 210 Versicherern/Krankenkassen. Im November 2017 zählte man zwar mehr als 1000 So-

---

B. Kollhorst (✉)
Techniker Krankenkasse
Hamburg, Deutschland
E-Mail: bruno.kollhorst@tk.de

cial Media-Profile der Assekuranz, im Detail betrachtet offenbart sich aber immer noch ein Nachholbedarf. Alleine auf dem Platzhirschen Facebook haben nur 165 Versicherer/Krankenkassen ein Profil eingerichtet. Bei Twitter sind es 117, auf Instagram gar nur 64 Präsenzen. Neuere Kanäle, wie Snapchat oder Pinterest, werden in der Regel nur sehr langsam erprobt und adaptiert. Gerade einmal auf drei Snapchat-Profile bringt es die Branche. Dabei ist Flexibilität für den Erfolg immens wichtig. Kanäle, wie Foursquare oder Google Plus, verlieren an Bedeutung, neue Player, wie z. B. Amazons Alexa, tauchen als Kanal auf, Messenger-Dienste gewinnen an Bedeutung, kurz: Kommunikation verändert und verlagert sich stetig.

Dabei übersieht die Branche die immensen Chancen hinter der dialogischen Kommunikation über diese Kanäle. Der Bundesverband digitale Wirtschaft (BVDW) ermittelte für den Social Media-Kompass 2017/2018 (vgl. [3]) zum Beispiel, dass Social Media-Kanäle für die Assekuranz einen wichtigeren Beitrag zur Marken liefern, als im Vergleich für die FMCG-Branche.

Umso mehr verwundert es, dass beispielsweise auf Facebook die TOP 5 Profile der Branche des Neulandreports 11/2017 (vgl. [1]) aus dem ADAC, den Krankenkassen Die Techniker und Barmer sowie den beiden Branchenriesen Allianz und Zurich besteht. Zwischen dem erstplatzierten Zurich mit ca. 546.000 Fans und dem Sechsten des Rankings sind es dabei über 300.000 Fans, die den Unterschied machen. Noch deutlicher wird dies auf Twitter. Die Techniker führt dieses Ranking mit über 19.000 Followern an. Hier kommt selbst die Allianz nur auf knapp ein Drittel der Gefolgschaft.

Es scheint also, als ob das Potenzial längst noch nicht ausgeschöpft ist, der Finger der Branche noch nicht durchgängig am Puls der Zeit liegt und noch nicht überall strategisch an das Thema herangegangen wird. Dies wird jedoch umso wichtiger, als dass digitale und analoge Touchpoints einer Customer Journey integriert besser funktionieren und mehr Einfluss auf den Geschäftserfolg haben, wenn Social Media dabei eine zentrale Rolle einnehmen. Kantar TNS befragte hierzu über 300 Marken (vgl. [3]) und immerhin um 9 % mehr wurde das Markenwachstum mit digitalen Touchpoints angegeben. Die Versicherungsmarken, die dies bisher nicht als ihre Chance erkannt haben, werden es in Zukunft noch schwieriger haben, mit geeigneter Kommunikation die richtigen Konsumenten zu erreichen, da Social Media ihre örtliche Ungebundenheit und die damit einhergehende steigende Menge an Inhalten und deren Geschwindigkeit eine umfassende Veränderung in der Markenkommunikation zur Folge haben, die man nur mit einem strategischen Ansatz erfolgreich für sich nutzen kann. Genau hier liegt jedoch die Diskrepanz zu den Aktivitäten der Versicherungen. Ein Großteil der Akteure lässt eher taktische Vorgehensweisen, denn strategische Planung erkennen. Kurzfristige Steigerung der Interaktionsrate, der schnelle Like, Massen an Kommentaren – KPIs die keine echten sind und zu einer Flut von Gewinnspielen, Like dies und bekomme das und ähnlichen Aktionen geführt hat. Einen Bezug zur Marke oder gar zu strategischen Unternehmenszielen ist leider immer noch zu selten selbstverständlich. Während die Assekuranz aber zum Teil immer noch nach den geeigneten Hebeln in den Social Media-Kanälen sucht, beginnt sich zunehmend die Abkehr vom Kanal her zu Denken und die Medien in den Mittelpunkt der eigenen Kommunikationsplanung zu stellen – von Social Media zu Content Marketing (vgl. [4]).

25.2 Vom medienzentrierten zum kundenzentrierten Kommunikationsmodell – der Paradigmenwechsel

In den letzten zehn Jahren erleben wir eine deutliche Verschiebung in der Online-Nutzung und dem Konsum von Inhalten über digitale Kanäle. Der stationäre Konsum am heimischen PC oder am Arbeitsplatz hat sich dank der immer größeren Vielfalt an onlinefähigen Endgeräten in eine Always On-Mentalität gewandelt. Vor allem das Smartphone hat diese Veränderung vorangetrieben. Bereits 2013 ermittelte TNS Infratest, wo und vor allem wobei die Bevölkerung Smartphones nutzt. Ein Jahr zuvor stellte Google fest (vgl. [7]), dass es nun auf die, dem Nutzer zur Verfügung stehenden Zeit, der Umgebung in der er sich befindet, dem Ziel, das er verfolgt, und der Stimmung, in der er sich befindet, ankommt, wenn es darum geht, welche Inhalte wahrgenommen werden.

Konnte man sich in der Vergangenheit also mehr oder weniger darauf verlassen, dass der Konsument sich die benötigte Information in seinem relevant Set selbst holte und voll auf die Bekanntheit seiner Marke setzen, muss man heute mit Push-Methoden, wie Social Media, Newsletter u. ä., dafür sorgen, dass die Botschaft nicht nur beim Konsumenten ankommt, sondern auch noch wahrgenommen wird. Von über 3000 Werbebotschaften, die jeden von uns täglich bombardieren, geht die Wissenschaft heute aus – und dies bei abnehmender Aufmerksamkeitsspanne. Wer da noch auffallen will, muss also bereits bei der Kreation der Inhalte auf die oben genannten Faktoren achten und diese in die Markenbotschaft einbauen. Nicht mehr Endgerät und Kanal, sondern vielmehr das Interesse der Konsumenten, die erreicht werden sollen, sollte im Vordergrund stehen. Content ist nach wie vor „King". Kontext aber macht daraus „King Kong".

> Wir müssen aufhören, vom Kanal her zu denken (Mirko Lange, Talkabout).

Diese Entwicklung kann man als Unternehmen nutzbar machen, wenn man statt der genutzten Medien den Kunden in den Mittelpunkt stellt und am Anfang die Frage stellt, welcher Kontext, welche Journey, welcher Mood ist für den Kunden relevant. Damit einher geht nicht nur die Verschiebung des Kommunikationsmodells, sondern auch die Abkehr von Zielgruppen, hin zu Personas. Beispielsweise gliedert sich die Zielgruppe der Studenten in „Erstis", also Anfänger, die Fachsemester und dann die Absolventen. Die Altersspanne beginnt bei 18 Jahren und geht bis 25 Jahre, wir haben Bachelor und Master, Frauen und Männer etc. Aussichtslos eine Markenbotschaft in gleicher Relevanz und Qualität in all diesen Fragmenten zu platzieren.

Die notwendigen Informationen, um aus Zielgruppen Personas zu entwickeln, stellen die Bedeutung von Marktforschung auch zur Planung und Entwicklung von Content heraus. Datenbanken wie Best for Planning (vgl. [2]) halten tausende Präferenzen von

Konsumenten vor, die sich miteinander verknüpfen, vergleichen und kombinieren lassen. So lässt sich schnell ermitteln, welche Sportarten z. B. von den weiblichen Nutzern bestimmter Pflegeprodukte und Marken präferiert werden oder welche Zeitschriften von Mercedes fahrenden Männern konsumiert werden. Dazu gibt es Agenturen, die mit Hilfe von klassischer Marktforschung oder Analysen von Onlinedaten den Content-Konsum der Kunden in sinnvolle Personas umwandeln können und damit den ersten Schritt zum neuen Kommunikationsmodell abbilden.

Ein weiteres Umdenken ist auch beim Ausspielen des Contents notwendig. Hier gilt es, die Nutzergewohnheiten der Konsumenten auf eine, auf jeden Fall notwendige Content-Strategie zu adaptieren. Das betrifft nicht nur die Inhalte selbst, sondern auch die Auswahl der Kanäle und die Frequenz und Häufigkeit des Ausspielens. Der Nutzer besucht die Versicherungshomepage nicht mehr von allein, um neue Inhalte zu konsumieren. Eine Trennung von Anliegen und Inspiration ist die Folge und vereint sich im „Push-vor-Pull"-Prinzip. Inhalte, die zu Marketingzwecken dienen sollen, inspirieren den Konsumenten zum Fan oder Kunden, sie müssen aktiv ausgespielt werden (Push). Inhalte, die zur Klärung von Anliegen dienen, Serviceangebote und „Brot und Butter"-Themen, wie „Über uns"-Seiten, müssen so attraktiv aufbereitet werden, dass der Nutzer seine „Customer Experience", sein positives Erlebnis mit der Marke wahrnehmen kann (Pull). Die Balance zwischen Push und Pull und die Aufbereitung dieser Inhalte, sind die Aufgaben des Content Marketing.

25.3 Was ist Content Marketing?

Content Marketing, so schreibt Alexander Holl in einem Webartikel (vgl. [8]), ist der Weg über die Ratio und die Emotion unserer Zielgruppe. Content Marketing ist Marketing mit Inhalten für Inhalte. Dabei gehen wir hier davon aus, dass Marken oder Produkte Inhalte sind. Etwas weiter geht die Fokusgruppe Content Marketing des BVDW. In einem jüngst veröffentlichten Whitepaper zur Definition von Content Marketing heißt es:

> Content Marketing beschreibt für uns die datengestützte Planung, Erstellung, Distribution, Messung und Optimierung von Inhalten, die von eindeutig definierten Zielgruppen im individuellen Moment der Aufmerksamkeit gesucht, benötigt und wertgeschätzt werden und somit eine, auf das übergeordnete Unternehmensziel einzahlende, Aktion auslösen.

Es steckt u. a. folgende Rahmenbedingungen ab:

- Selbstbestimmter, störungsfreier Medienkonsum muss möglich sein.
- Bezahlte Inhalte müssen als solche klar gekennzeichnet werden.
- Die inhaltlichen Erwartungen des Rezipienten müssen durchgehend erfüllt werden.
- Transparente, seriöse Formen von Content Marketing sollen im Gegenzug von Adblockern toleriert werden.

Das Thema ist für Marketeers auch nicht neu, es ist lediglich in seinen Möglichkeiten gewachsen und hat durch Social Media und immer neue digitale Kanäle eine Dimension erreicht, die für Unternehmen schon allein deshalb lohnenswert ist, weil die Erstellung von Inhalten im Vergleich zur Prä-Social Media-Ära wirtschaftlich und leichter mit eigenen Ressourcen umsetzbar ist. Journalisten, Drehbuchautoren, Grafiker – in den Kommunikationsabteilungen großer Unternehmen lassen sich mittlerweile die gleichen Disziplinen finden, wie in großen Medienhäusern. Doch welche Relevanz hat das Thema tatsächlich? Dies ermittelte das Content Marketing Institute bereits 2015 und stellte fest, welche Relevanz für Unternehmen in Nordamerika Content Marketing für das Erreichen von Unternehmenszielen hat. Fast 90 % der befragten Unternehmen gaben Kundenbindungs-, Engagement- oder Bekanntheitsziele an, fast 80 % Abverkauf. Auch in Deutschland ist das Thema mittlerweile im Unternehmensalltag angekommen. Für 56 % der großen und immerhin noch 52 % der kleinen Unternehmen ist Content Marketing „fester Bestandteil unserer Marketingkommunikation". 16 % der Großen und 7 % der Kleinen bezeichnen es sogar als „eines der zentralen Elemente" ihrer Marketingaktivitäten. Das sind einige Ergebnisse einer nichtrepräsentativen Untersuchung, für die zwischen November 2015 und Januar 2016 insgesamt 165 große, mittlere und kleine Unternehmen in Deutschland befragt wurden (vgl. [9]).

25.4 Ziele von Content Marketing

Wie jede Marketing-Maßnahme sollte auch das Content Marketing auf Ziele einzahlen, die von den Unternehmenszielen abgeleitet und messbar gemacht werden sollten. Die Coma[E]-Studie (vgl. [6]) kommt zum Ergebnis, dass nur bei knapp jedem zweiten Unternehmen die Content Marketing-Ziele schriftlich festgelegt und operationalisiert sind – erfolgreiche Content Marketer haben dabei signifikant häufiger eine Strategie im Vergleich zu den mit ihrem Erfolg Unzufriedenen (Abb. 25.1).

Auch ermittelte man im Rahmen der Studie (vgl. [6]), wo nach Ansicht der 127 befragten Unternehmen Content Marketing am effizientesten eingesetzt werden kann.

Ziele, die durch Content Marketing unterstützt werden, können sein:

- Akquisition von Usern,
- Bindung von Usern,
- Aufbau von Reichweite,
- Engagement-Optimierung,
- Conversion-Optimierung,
- Steigerung der Kunden-Loyalität und
- Mitarbeitergewinnung.

Die Content Strategie wird zum Zentrum von Content Marketing, Social Media, Online-Marketing und PR (Mirko Lange, Talkabout).

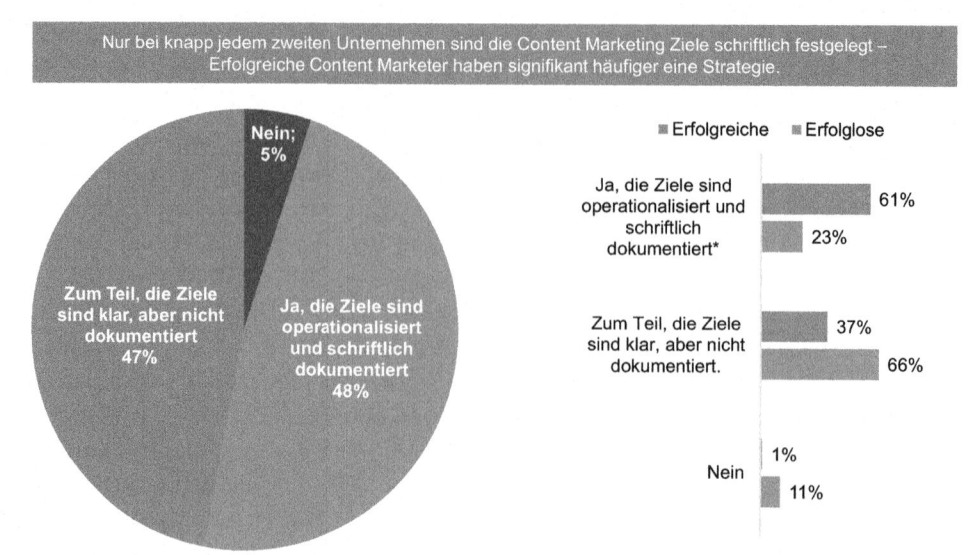

Nur bei knapp jedem zweiten Unternehmen sind die Content Marketing Ziele schriftlich festgelegt – Erfolgreiche Content Marketer haben signifikant häufiger eine Strategie.

- Nein: 5%
- Zum Teil, die Ziele sind klar, aber nicht dokumentiert: 47%
- Ja, die Ziele sind operationalisiert und schriftlich dokumentiert: 48%

■ Erfolgreiche   ■ Erfolglose

- Ja, die Ziele sind operationalisiert und schriftlich dokumentiert*: 61% / 23%
- Zum Teil, die Ziele sind klar, aber nicht dokumentiert: 37% / 66%
- Nein: 1% / 11%

Basis: n = 102; n = 67 Erfolgreiche (Schulnote für CM-Erfolg bis „gut") n = 35 Erfolglose („befriedigend" oder schlechter); Frage: Sind die Ziele - z.B. im Rahmen einer Content Marketing Strategie messbar und schriftlich dokumentiert?
*: signifikante Gruppenunterschiede ($p \leq .05$) über t-Test

Abb. 25.1 Nur jedes zweite Unternehmen hat eine Content Strategie, Coma[E], GreenAdz. (Quelle: mediaresearch42)

Seine Ziele erreicht das Content Marketing, indem es den Inhaltsproduzenten als Experten, Berater und Entertainer profiliert, der Kompetenzen, Know-how und Wertversprechen durch den Inhalt demonstriert, statt sie nur in plumpen Werbebotschaften zu behaupten. Eine Content Strategie aus der Unternehmensstrategie abzuleiten und KPIs zu definieren, um die Messbarkeit herzustellen, ist dafür die Grundlage und der wichtigste Erfolgsfaktor.

Bei der Definition von strategischen Zielen lohnt sich auf jeden Fall der Blick auf die Customer Journey. Worauf man hier bei der richtigen Wahl der Mittel in der Customer Journey achten sollte und wo die Touchpoints in der digitalen Reise der Nutzer zum eigenen Unternehmen liegen, lässt sich unterstützend mit einigen Google-Tools ermitteln und untermauern. Unter www.consumerbarometer.com lassen sich verschiedene Blickwinkel der Märkte aus verschiedenen Ländern und Branchen anzeigen und vergleichen.

25.5 Arten und Beschaffenheit von Content

Der Kanal gerät also in den Hintergrund und damit auch Social Media als Single-Disziplin. Stattdessen entsteht ein vielschichtiges Modell von Kommunikation und Content. Dies ermöglicht es, den vielbeschworenen Kontrollverlust über die Inhalte in Zeiten von Social Media zu verstehen, besser einzuordnen und letztlich zu einer Steuerung von Content zu gelangen. Innerhalb der drei Dimensionen Reichweite, Akzeptanz und Kontrolle lassen sich die vier Grundarten von Content aus dem kundenzentrierten Kommunikationsmodell zuordnen.

- Owned Content
  Inhalte, die selbst kontrolliert werden, meist auf eigenen Kanälen gespielt und selbst erstellt werden. Reichweite und Akzeptanz sind hier in der Regel nicht sehr ausgeprägt, vor allem gegenüber redaktionellen Medien.
- Paid Content
  Inhalte, über die man eingeschränkt die Kontrolle hat, da der Platz und das Umfeld in dem Medium zu berücksichtigen sind. Advertorials, Werbung und ähnliche Formate werden über gebuchtes Mediavolumen ausgespielt. Je mehr ich investiere, desto höher die Reichweite. Akzeptanz und Glaubwürdigkeit leiden allerdings auch hier.
- Earned Content
  Die Meriten inhaltlicher Art, die man sich verdient. Multiplikatoren und redaktionelle Medien üben hier die Kontrolle aus. Einfluss kann man durch gute PR oder z. B. Blogger-Relations nehmen.
- Social Content
  Inhalte, die von der Öffentlichkeit generiert werden. Shares, Kommentare, Blogbeiträge u. v. m. entziehen sich komplett der eigenen Kontrolle, können „nur" moderiert werden.

Interessant wird es bei Mischformen. An den Schnittstellen entstehen weitere, wirkungsvolle Arten von Content, die vom Dialog über Native Advertising und Promoted Content bis hin zu Advocacy reichen, die verschiedensten Kanäle bedienen und verschieden Beschaffen sind.

Zusätzlich lässt sich Content noch in die Dimensionen Gültigkeitsdauer (wie lange ist der Inhalt aktuell?), Markenkompetenz (wie viel habe ich als Marke zu dem Thema zu sagen?) und Kundeninteresse (wie stark ist der Inhalt intrinsisch beim Kunden gefragt?) einteilen:

- Hygiene/Hub-Content – Der Pool an Inhalten, Grundlage des Content Marketing. Hier herrscht hohe Markenkompetenz, eine lange Gültigkeitsdauer und das geringste Kundeninteresse (Produkte, Services, über das Unternehmen etc.).
- Hero Content – Inhalte, die aktiv und stark vermarktet werden. Die Markenkompetenz ist weniger erforderlich, die Gültigkeitsdauer ist kampagnenartig, und das Kundeninteresse wird über Media gesteigert (zum Beispiel die aktuelle Werbekampagne).
- Real Time/Adaptive Content – Inhalte, bei denen wir Agenda-Surfing betreiben. Die eigene Markenkompetenz ist hier nahe Null. Die Gültigkeitsdauer meistens 24 Stunden bis wenige Wochen, das Kundeninteresse hat hier den höchsten Ausschlag (Fußball-WM, Weihnachten, Unwetter, Tatort, Dschungelcamp etc.).

Der Einsatz von Content Arten lässt sich auch hervorragend auf die Customer Journey und damit auf die Strategie zuordnen.

▶ Typische Customer Journey: Aufmerksamkeit → Interesse → Überlegung → Kauf → Loyalität.

Aufmerksamkeit: In dieser Phase sucht der Nutzer nach Inspiration oder auch nur nach Unterhaltung. Real Time/Adaptive Content kommt hier am besten zum Einsatz. Der Content muss dabei „snackable", also leicht zu konsumieren sein. Die Begleitung eines Tatorts auf Twitter, Memes zu einem wichtigen Fußballspiel, Infografiken, kurze Videos, alles, was aktuell Aufmerksamkeit schafft und Reichweite erzielt, kommt hier in Frage.

Haben wir die Aufmerksamkeit erweckt, geht es um das Interesse.

Der Nutzer sucht hier Orientierung. An dieser Stelle kommt Content zum Produkt zum Einsatz. Alle Inhalte, die darlegen, warum unsere Produkte/unsere Marke besser für den Konsumenten ist, als die des Wettbewerbs. Hero Content sollte hier der Ansatz sein. Dieser darf ruhig etwas tiefer gehen, sollte aber auch werblich daherkommen. Landingpages zu Kampagnen oder Produkten, Native Advertising auf z. B. Fachportalen bzw. passenden Ressorts größerer Medien oder Sponsored Posts kommen hier zum Einsatz.

Im späteren Verlauf der Journey wird dieses Interesse in die Überlegung zum Kauf umgewandelt. Es geht um Content mit echtem Mehrwert. Hier wird Rat gesucht und entsprechend groß sollte die eigene Kompetenz und damit der Hygiene-/Hub-Content zum Produkt sein. Fachartikel, Whitepaper zu Produkten, Testberichte und Vergleiche, umfassende Themenstrecken sind hier das Mittel der Wahl.

Ist das Ziel der Customer Journey dann erreicht (Content in dieser Phase geht meist nicht über Retargeting-Elemente hinaus) und der Kunde hat gekauft, gilt es ihn zu halten, Loyalität zu erzeugen. Dies kann durch Content erreicht werden, der das Produkt oder das Markenerlebnis mit Mehrwert anreichert. Hier greift eine Mischung aus Hub- und Hero-Content am besten. Newsletter, Apps, Inhalte, um die Customer Experience zu verbessern, und guter Service spielen hier eine große Rolle.

Die Möglichkeit, Content strukturiert zuzuordnen, ist nach der Zielsetzung der nächste Schritt zur Erstellung einer Content Strategie. Damit lässt sich feststellen in welchen Disziplinen die eigene Marke mitspielen kann, wo der Konsument zu erreichen ist und mit welchen Aufwänden im Content Marketing zu rechnen ist, um gesteckte Ziele zu erreichen.

25.6 Von der Planung zur Erfolgskontrolle – Der Content Marketing-Prozess

Erfolgreiches Content Marketing bedingt, neben einer fundierten Strategie und entsprechenden Zielen, auch eines strukturierten Vorgehens in der Umsetzung. In sieben Schritten lässt sich der „Lebenszyklus" von Content unterteilen. Hinter jedem Schritt stehen dabei toolgestützte Arbeitspakete, die je nach strategischem Ziel in Ihrer Bedeutung und Ausgestaltung justiert werden müssen (Abb. 25.2).

Wichtig dabei: jeder der Schritte erfordert Kompetenzen in unterschiedlichen Disziplinen:

- Der Content-Stratege, der auf Basis der KPIs die Planung maßgeblich tragen/reviewen sollte und auch die Content-Strategie ableitet.
- Der Redakteur, der den Content erstellt und die Planung ergänzt.
- Der Channel-Manager ist verantwortlich dafür, dass im jeweiligen Kanal die Ausspielung funktioniert. Er achtet auf Formate, Features der Kanäle und Rahmenbedingungen.
- Der Community-Manager führt die Dialoge in Social Media.

Diese Rollen müssen dabei nicht zwangsläufig unterschiedliche Personen sein, die Profile sollten sich aber nicht allzu sehr überschneiden. Das Pairing von Channel-Manager und Community-Manager oder Content-Stratege und Redakteur kann sogar sehr sinnvoll sein.

Auch monetäre Ressourcen sind beim Content Marketing zu berücksichtigen. Laut Coma[E] (vgl. [6]) setzen im Content Marketing erfolgreiche Unternehmen dabei auf die 5-4-1 Regel, welche das Budgetverhältnis von Produktion, Vermarktung und Erfolgskontrolle beschreibt. Für die Zukunft ist zu erwarten, dass mehr Budget in Paid Media zur Vermarktung der Inhalte fließen und auch mehr in die Erfolgskontrolle investiert wird.

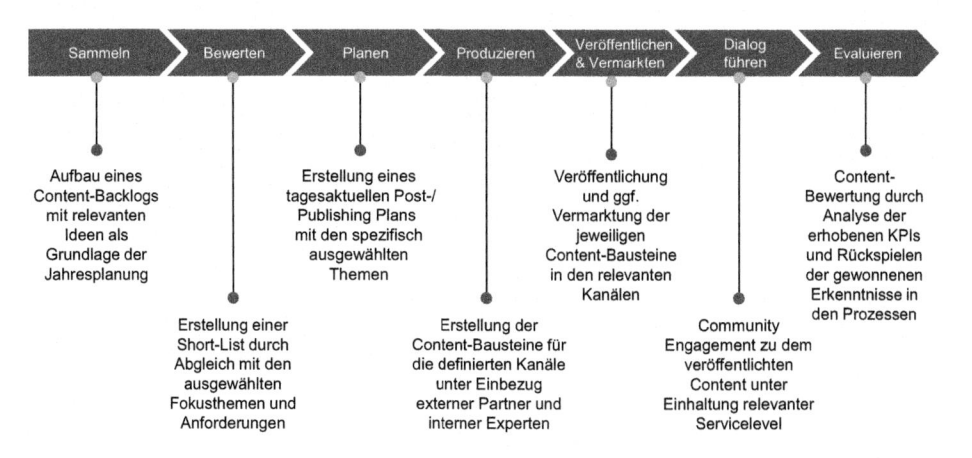

Abb. 25.2 Die sieben Schritte des Content Marketing-Prozesses. (Quelle: eigene Darstellung)

25.6.1 Content Sammeln

Am Anfang des Prozesses steht das Sammeln von Inhalten (Content Discovery). Tag für Tag, in manchen Branchen Stunde um Stunde, interessanten Content entdecken, die Ideen zu sammeln und zu bewerten, stellt dabei eine Herausforderung dar. Es gilt zum einen, interne Schätze zu heben, die oft unvermutet in verschiedensten Bereichen des Unternehmens schlummern. Um mit einem vertretbaren und wirtschaftlichen Aufwand auf die benötigte Menge an Inhalten zu kommen, muss man sich zum anderen dabei aber auch „mit fremden Federn" schmücken, externen Content kuratieren. Wir können hier unterscheiden zwischen der externen und der internen Content Discovery.

25.6.1.1 Interne Content Discovery

Es mag verwundern, aber die interne Reise zur Gewinnung von Inhalten (Abb. 25.3) erscheint vielen Unternehmen als die schwierigste. Mehr als nur Produktbeschreibungen und Marken-Bla-Bla zu erhalten, erfordert Arbeit und die Einbeziehung vieler Bereiche des Unternehmens.

Erfolgsversprechend kann hier die Implementierung von „Content-Agents" in anderen Abteilungen sein. Diese haben den Auftrag, in ihrem Geschäftsbereich nach Inhalten zu „schürfen" und umgekehrt die Möglichkeiten des Content Marketing bei sich zu erläutern

Abb. 25.3 Interne Content Discovery. (Quelle: Talkabout)

CONTENT DISCOVERY INTERN

Vorselektion

Screening	Planung
Listening: Kundendialog, Wettbewerb, Markt	Themen-Planung
Screening Veranstaltungen und Ereignisse	Ereignis-Planung
Themen Support, Sales, Marketing und Recruiting	Kampagnen-Planung
Themen von Partnern und Gastautoren	Partner-Planung
Content Audit intern sowie Content Broker	Content-Planung

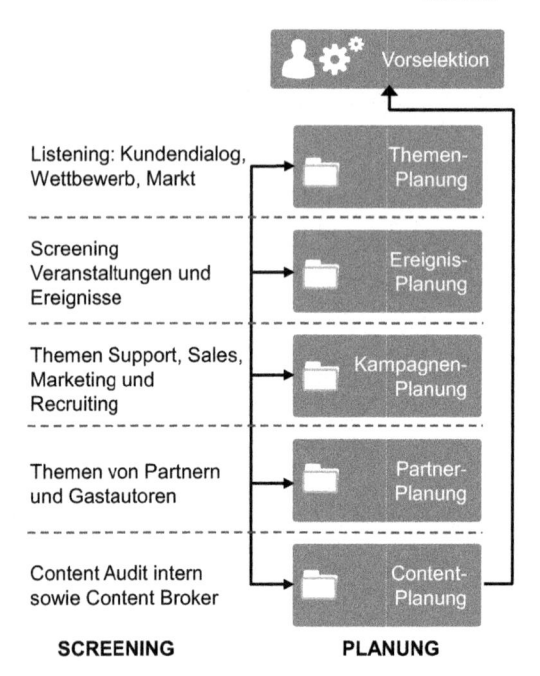

und anzubieten. Sie werden zu Content-Lieferanten und Botschaftern. In regelmäßigen Austauschformaten und Themenkonferenzen tragen nun alle Beteiligten die möglichen Inhalte zusammen und ein guter „Backlog" für die Planung entsteht. Quellen für die interne Discovery müssen aber nicht zwangsläufig nur intern gesucht werden. Der Markt, die Branche und auch die Wettbewerber können Anlässe für Content liefern. Ein enger Draht zu Marktforschung und geeignete Monitoring Tools, wie Brandwatch, Linkfluence oder Vico, ermöglichen es hier, am Ball zu bleiben. Ergänzen kann man die bisherigen Erkenntnisse dann mit aktuellen Inhalten aus eigenen Systemen, wie dem Beschwerdemanagement, der Telefonie und der Anliegenbearbeitung. Die Techniker Krankenkasse erstellt zum Beispiel die TOP-Service Inhalte für die Website auf Basis der telefonisch eingehenden Anfragen nach Quantität. Damit gelingt es, den Kundenbedürfnissen immer aktuell mit den jeweils passenden Inhalten zu begegnen.

25.6.1.2 Externe Content Discovery

Content zu kuratieren, ist mittlerweile ein ganz valides Mittel des Content Marketing, mit dem man echten Mehrwert schaffen kann – sowohl für sich als auch für die Leser. Man gewinnt die Aufmerksamkeit schneller, weil ein Thema gerade eventuell „trendet", hat mit Agendasurfing zusätzlich aber auch Ressourcen gespart. Funktionieren kann das Ganze aber nur, wenn zumindest abstrakt ein Bezug zur eigenen Marke oder zum Produkt hergestellt werden kann.

Ein beliebtes Mittel sind hier saisonale Themen. Feiertage, wie Weihnachten, Neujahr oder Halloween, aber auch Shopping Events, wie Black Friday und Cyber Monday, bieten gute Steilvorlagen. Viele Anbieter von E-Commerce Software und Unternehmensberatungen bringen jährlich sogenannte E-Commerce Kalender heraus. Auf Basis der Verkaufszahlen wird hier ein Kalender mit Themen gefüllt und Monaten zugeordnet. Man kann davon ausgehen, dass das Interesse an Themen, die gerade Verkaufsschlager sind, entsprechend hoch ist. Gelingt es nun beispielsweise, das Thema Reisen mit eigenen Inhalten zu koppeln und berücksichtigt dabei, dass laut E-Commerce Kalender im Januar die meisten Reisen online gebucht werden, steht dem Dachthema für diesen Monat nichts mehr im Wege. Für Real-Time/Adaptive Fans ist hier die „Spielwiese zum Austoben". So gibt es z. B. ein Halloween Special zum Thema Recht der Roland Versicherung oder einen Post zum Schulanfang der R+V, der aber auf Inhalte der ZEIT verweist.

Auch bei der externen Content Discovery lässt sich gut mit Tools arbeiten. Kostenlose Anwendungen, wie Social Mention, Google Trends und Twitter als die Echtzeitplattform, aber auch spezialisierte Tools, wie BuzzSumo, oder Feedly, Ruzzit oder Ahrefs Content Explorer, helfen dabei, dem nächsten trendenden Inhalt auf der Spur zu bleiben (vgl. Abb. 25.4).

▶ Wichtig: beim Kuratieren von Inhalten gelten die gesetzlichen Bestimmungen, wie zum Beispiel das Urheberrecht. Der Einsatz von beispielsweise Giphy Content kann hier schnell zu einer Falle werden. Im Zweifel, juristischen Rat einholen!

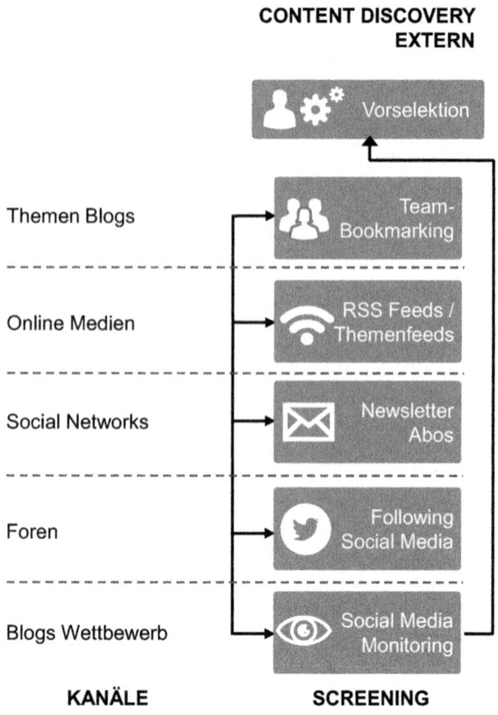

Abb. 25.4 Externe Content Discovery. (Quelle: Talkabout)

CONTENT DISCOVERY EXTERN

KANÄLE	SCREENING
	Vorselektion
Themen Blogs	Team-Bookmarking
Online Medien	RSS Feeds / Themenfeeds
Social Networks	Newsletter Abos
Foren	Following Social Media
Blogs Wettbewerb	Social Media Monitoring

25.6.1.3 Bewertung

Die gesammelten externen Inhalte kommen nun in einen Ideenpool und müssen dort quasi gegen den intern gesammelten Content pitchen. In die Bewertung sollte einfließen, welches Ziel ich mit welchem Aufwand erreichen möchte, ob aktuelle externe Ereignisse den eigenen Inhalt überstrahlen können und ob es weitere Planungen berührt, welche Inhalte ausgespielt werden. Zum Produktlaunch eines neuen Hausrattarifs macht es unter Umständen keinen Sinn, eine Themenstrecke zum Thema Reisen zu vermarkten. Außerdem sollte klar sein, welche Kriterien (Abb. 25.5) Content erfüllen muss, um letztlich in Frage zu kommen. Zu spielende Inhalte sollten zum Beispiel immer in den Dimensionen Mehrwert für den Nutzer (Prämie, Information, Emotion) und Unterstützung in der Zielerreichung (Abverkauf, Image, Kundenbindung etc.) mindestens einen Treffer landen, um erfolgreich zu sein. Neben der Kennzahlenkosmetik für die eigenen Ziele, ist dabei zu berücksichtigen:

- Prämie meint einen monetären (Rabatte, Gutschriften) oder einen sachlichen Wert (Gewinnspiele, Give-aways, Add-ons) für den Nutzer.
- Information meint wirklichen Mehrwert an tiefergehenden Erkenntnissen zu einem Thema, nicht die Information, die ich mir ergoogeln kann.
- Emotion ist alles, was auf den Nutzer direkt wirkt, aber nicht Cat-Content. Dieser sorgt nicht unbedingt für eine positive Verknüpfung des Inhalts mit der Marke.

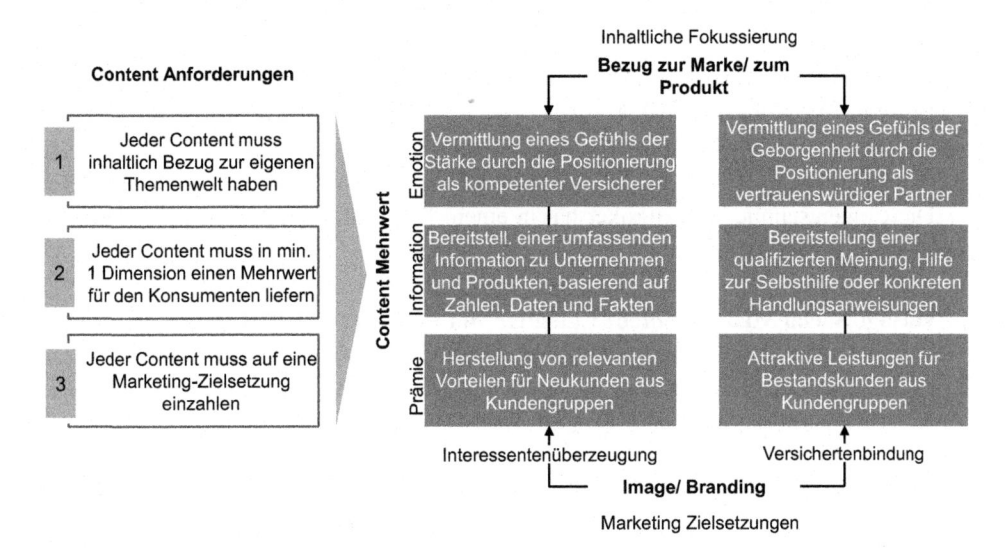

Abb. 25.5 Content Anforderungen. (Quelle: eigene Darstellung)

Alle Inhalte, die es durch den Bewertungsfilter geschafft haben, bilden das Backlog für die Contentplanung und damit einen Fundus an Themen für eine umfassende Redaktionsplanung.

25.6.2 Content Planen

Zwar gilt auch beim Content Marketing „Over Planning Kills Magic", dennoch will das Ergebnis der Content Discovery geplant werden. Ein Redaktionskalender ist für den Überblick unerlässlich. Selbst wenn nur eine Person mit der Steuerung von Inhalten betraut ist, gibt eine dokumentierte Leitlinie Struktur – und dient nicht zuletzt intern als Nachweis über die planmäßige Veröffentlichung von Inhalten. Ein gut gepflegter Redaktionsplan ist daher ein wichtiger Bestandteil des Content Marketing-Prozesses. Sie reichen von diversen Excel-Formaten über Projektmanagement Tools, wie Trello, bis zu professionellen Content Strategie-Tools, wie zum Beispiel Scompler. Bei der Planung gilt es aber nicht nur, die Themen dem Zeitpunkt der Veröffentlichung zuzuordnen, vielmehr sollte man sie in die Planung einfließen lassen:

- Welche Story liegt zu Grunde?
- Auf welches Ziel zahlt der Inhalt ein?
- Für wen ist der Inhalt bestimmt?
- geplanter Veröffentlichungstermin,
- Thema des Contents,
- Format (z. B. Fachartikel, Interview, Infografik, Video ...),

- Autor,
- Kanäle, auf denen der Content publiziert werden soll (z. B. Blog, Facebook, Twitter, LinkedIn, YouTube, Gastblogs) sowie
- passt das alles zu meiner Ressourcenplanung?

Die Contentschmiede Textbroker hat in einem Blogartikel (vgl. [10]) acht geeignete Tools unter die Lupe genommen:

1. **Vorlage Social Media-Content Calendar von Sinnwert-Marketing**
Dieser Redaktionskalender ist sehr übersichtlich und enthält alles Wesentliche für die regelmäßige Veröffentlichung von Blogbeiträgen und Social Media-Posts. Neben Veröffentlichungstermin, Thema, Verantwortlichkeiten und verschiedenen Social Media-Kanälen, bietet er eine Spalte für die zugehörigen Keywords. Zudem können Deadline für Textabgaben sowie der Status des jeweiligen Inhalts eingetragen werden. Besonders praktisch ist die Übersicht der Social Media-Aktivitäten: Ein Balken-Diagramm zeigt die Verteilung der Posts pro Monat für die einzelnen Social Media-Kanäle.
2. **Social Media-Redaktionsplan von Onlinemarketing-Praxis**
Diese Vorlage besteht aus mehreren Tabellenblättern. Neben dem Redaktionsplan, verfügt sie über einen Themenspeicher für Ideen und Pufferartikel. Der Redaktionskalender ist einfach und übersichtlich gestaltet und bietet Platz für das Eintragen der zugehörigen Social Media-Posts pro Beitrag sowie für Notizen zum Seeding. Der Reiter „Auswertung" verschafft einen Überblick über die Beiträge pro Monat, Kanal und Thema.
3. **Redaktionsplan-Vorlage vom Content Marketing Institute**
Diese Excel-basierte Vorlage ist sehr rudimentär gestaltet, eignet sich aber gut für Einsteiger. Sie enthält Spalten für geplante Blog-Posts, das Thema, den Autor, Call to actions und zugehörige Keywords. Zudem ist Platz für Artikelideen und Notizen.
4. **Content Marketing-Redaktionsplan von coseed.de**
Dieser Redaktionsplan ist sehr umfangreich, aber auch etwas komplex aufgebaut. Die Vorlage bietet eine Übersicht über geplante Tasks, Verantwortlichkeiten, den Status einzelner redaktioneller Aufgaben und verschiedene Social Media-Kanäle. Beispielkampagnen geben Anregungen für die eigene Befüllung.
5. **Content Kalender von Postcron**
Der Google-Docs-Kalender hat ein einfaches, aber praktikables Layout. Mit Spalten, wie Autor, Thema, Zielgruppe, Keywords, Veröffentlichungskanäle und Ergebnisse/Fazit, ist der Aufbau eine gute Anregung für einen eigenen Content-Plan.
6. **Editorial Calendar Plugin for WordPress**
Dieses kostenlose Kalender-Plugin bietet eine einfache Übersicht darüber, wann welcher Beitrag veröffentlicht wird. Per Drag & Drop lassen sich Posts verschieben und direkt im Kalender bearbeiten. Geplante und veröffentlichte Posts sind nach ihrem Status kategorisierbar. Inhalte ohne festes Veröffentlichungsdatum können durch die

Funktion „Unscheduled Drafts" gesammelt werden. Dieser einfache und übersichtliche Redaktionskalender eignet sich besonders für Anfänger und Blogs mit nur einem Autor.

7. Edit Flow

Das kostenlose Plugin für WordPress dient ebenfalls zum Erstellen und Verwalten eines Redaktionsplans. Der Kalender hat eine einfache Oberfläche und lässt sich intuitiv per Drag & Drop bedienen. Aufgrund der Kommentarfunktion eignet sich Edit Flow auch für Blogs mit mehreren Autoren. Durch die Möglichkeit, den Kalender mit iCal oder Google Kalender zu synchronisieren, behält man auch außerhalb von WordPress den Überblick über geplante und veröffentlichte Inhalte.

8. CoSchedule

Das kostenpflichtige WordPress-Plugin CoSchedule erleichtert vor allem das Teilen von Inhalten auf Social Media. In einem Kalender lassen sich die passenden Social Media-Teaser für jeden Blogartikel erstellen und vorplanen. Wird ein Blogbeitrag veröffentlicht, folgen die zugehörigen Social Media-Teaser auf Wunsch automatisch. Die Anzahl der zugeordneten Social Media-Kanäle und Profile ist dabei nicht begrenzt. Bestimmte Aufgaben (wie Beitrag bearbeiten, Post veröffentlichen) lassen sich anderen Teammitgliedern zuweisen. Damit eignet sich CoSchedule gut für größere Blogs mit mehreren Beteiligten. Mit 10 Dollar pro Monat und Blog sind die Kosten noch recht überschaubar.

Aber es gilt: ein Redaktionsplan ist nie „in Stein gemeißelt". Häufig erfordern unvorhergesehene aktuelle Ereignisse ein Abweichen vom Plan und die redaktionelle Planung ist kontinuierlich zu hinterfragen, anzupassen und weiterzuentwickeln.

25.6.3 Content Erstellen

Steht der Content Plan und sind Ressourcen zur Verfügung, steht der Erstellung der Inhalte nichts mehr im Wege, außer vielleicht die vielen Besonderheiten der unzähligen Kanäle und natürlich auch der Story, die man erzählen möchte. Welches Format zum Einsatz kommt, kann dabei sehr komplex werden. In einem Blogbeitrag (vgl. [8]) wird Dominik Grau von der Ebner Media Group wie folgt zitiert:

> Zentrales Element unserer Content Marketing-Strategie ist eine Touchpoint-Matrix. Diese legt fest, welche Informationseinheiten wir auf welchen Kanälen in vorab definierten Content Formaten ausspielen. So wird aus einem Content Marketing-Video zum Beispiel ein Text (das Transkript des Videos), eine Bildergalerie (Screenshots aus dem Video), ein Podcast (Tonspur aus dem Video) und eine Serie kurzer Ausschnitte des Videos für Youtube, Facebook, LinkedIn, Twitter oder andere Netzwerke. Dieses Verfahren kann von unserem Team für jedes Content Format angewendet werden, so dass unsere Kunden bei Content Marketing-Kampagnen mit grosser Flexibilität und geringen Investments eine hohe Skalierbarkeit aller Formate erreichen.

Um diesen Grad an Professionalisierung zu erreichen, muss man sich zunächst mit den Möglichkeiten beschäftigten. Dies fängt bei den, laut Alexander Holl (vgl. [8]), vielfältigen Content Formaten an. Sie reichen von Cartoons, Zitaten, Diagrammen, Quizzes und Live-Chats über Checklisten, Memes, Widgets, E-Books, Infografiken und Wikis bis zu Videos, GIFs, Gewinnspielen, Hörbüchern und Podcasts, Interviews, Whitepapers und Umfragen und vielem mehr.

Sie alle basieren, so Holl, auf drei grundlegenden Formaten oder der Kombination aus diesen.

1. Text
   Ausführliche Beschreibungen, um komplexe Themen tiefgehend zu vermitteln. Ein Format, das nur funktioniert, wenn die Zielgruppe sich die Zeit und Muße nimmt, es zu konsumieren
2. Bilder
   Als Fotos oder Grafiken stehen sie allein mit Text oder im Text. Sie vermitteln Sachverhalte schnell erfassbar und emotional. Bilder können für sich wirken oder einen Text unterstützen. Damit ein Inhalt wirkt, müssen Bilder rein.
3. Video
   Zurzeit die Königsdisziplin und auf fast allen Kanälen präsent. Aufwändiger zu produzieren als Text und Bild, dafür mit einer umso größeren Wirkung. Sie halten die Aufmerksamkeit des Betrachters länger. Komplexe Sachverhalte können noch besser dargestellt werden als mit Texten. Videos regen außerdem zu weiteren Aktionen an.
4. Andere Medien
   Text, Bild und Video sind seit Jahren etablierte Darstellungsformen. Die rasante Entwicklung in den digitalen Medien sorgt allerdings dafür, dass uns ständig neue Möglichkeiten begegnen. VR, AR, 360° Videos oder Sprachassistenten, wie Amazons Alexa oder Google Home, bieten immer neue Wege der Content Distribution an.
   Allen Formaten gemein ist, dass vor ihrer Umsetzung eine sinnvolle Abwägung erfolgen muss. Schließlich kann das Produzieren von Inhalten die Ressourcen enorm in Anspruch nehmen. Dabei hilft der Content Radar von Mirko Lange (Abb. 25.6).

Der Bereich „News/Information" setzt hier auf Aktualität und Trends. Der Nachrichtenwert steht im Vordergrund, und es zählen Schnelligkeit, Aktualität und Exklusivität. Der Bereich „Wissen/Enabling" soll Orientierungs- und Entscheidungshilfe geben. Hier spielt die Informationstiefe eine wichtige Rolle. Der Bereich eignet sich vor allem um Kompetenzführerschaft zu entwickeln, zum „Trusted Advisor" zu werden. Im Bereich „Beziehung/Sinn" geht es vor allem darum, den Sinn zu vermitteln, Motive deutlich zu machen und Motivationen zu verstehen. Der Bereich „Unterhaltung/Spaß" versteht sich von selbst und soll, Infotainment mal ausgenommen, vor allem auf die Emotion zielen.

Man sollte strategische Schwerpunkte auf nur einen dieser Bereiche setzen und nun für die Kunden festlegen, ob in den jeweils vier Bereichen „me too", „überdurchschnittlich", oder „führend" angestrebt werden soll. So definiert man den Anspruch, den man an die

Content Radar

Funktional

News / Information
- Aktualität / Trends
- Nachrichtenwert / Neues
- Ereignisbezogen
- Schnelligkeit / Echtzeit
- Schnell konsumierbar
- Kurz und knackig

Wissen / Enabling
- Entscheidungshilfe
- Orientierungshilfe
- How-tos und Do-hows
- Kontext / Zusammenhänge
- Ausführlichkeit und Tiefe
- Kompetenz

Vordergründig kurze Lebensdauer ← Story → **Tiefgründig** lange Lebensdauer

Unterhaltung / Spaß
- Ausgefallen und „anders"
- Sensationell (oft gekünstelt?)
- Kurioses
- Aufmerksamkeitsstark
- Lustig / Humor
- Selbstdarstellung ermöglichen

Beziehung / Sinn
- Werte, Motive, Überzeugungen
- Bestätigung Anerkennung
- Charaktere und Identifikation
- Sympathie und Empathie
- Transparenz und Wahrhaftigkeit
- Community und Tribe

Emotional

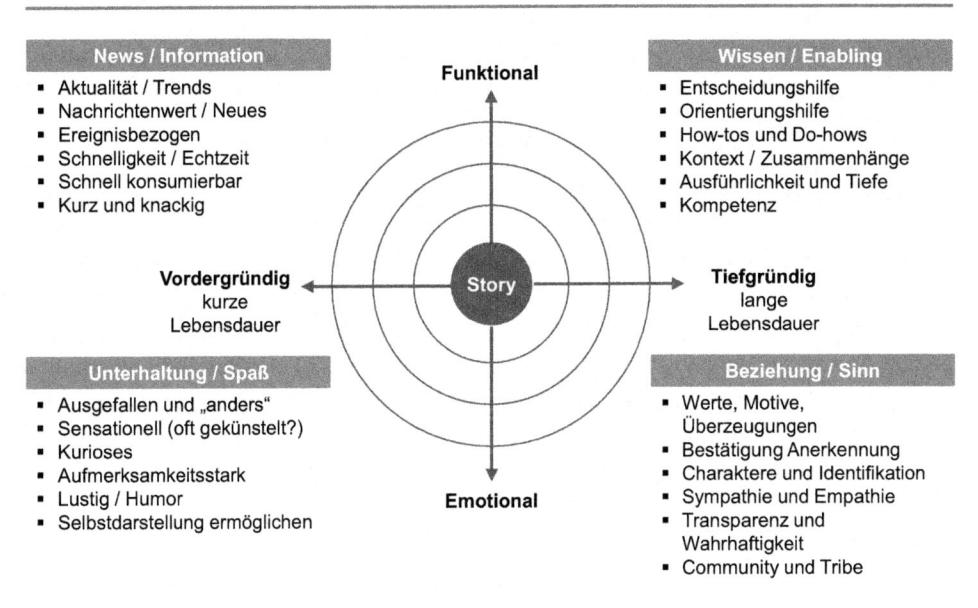

Abb. 25.6 Content Radar. (Quelle: Mirko Lange, Talkabout)

Produktion der Formate stellen muss. Nicht nur schafft man es dadurch, seine Ressourcen zu fokussieren, man belebt auch in einem Handlungsbereich, idealer Weise dem mit dem höchsten „Fit" zur Marke, wettbewerbsfähig. Wettbewerbsfähig bedeutet im Content Marketing sowohl von Google prominent wahrgenommen zu werden, als auch vom Nutzer.

Die Qualität des insgesamt verfügbaren Contents bestimmt den Anspruch an den Content jeden einzelnen Unternehmens. Und aus diesen Qualitäten heraus ergeben sich für jeden Zweck unterschiedliche Formate, aber auch klare strategische Empfehlungen für die einzelnen.

so Mirko Lange zu seinem Content Radar.

25.6.4 Content Ausspielen und Vermarkten

Nach Strategie, Planung und Erstellung geht es nun an das Ausspielen der Inhalte. Ganz nach der Maxime Push vor Pull aus dem Strategieteil soll es hier vor allem um Social Media-Kanäle und Seeding gehen. Damit der erstellte Inhalt auch den geneigten Nutzer erreicht, muss er in kleinen, appetitlichen Häppchen gestreut, „geseedet" werden. Unter Seeding versteht man die geplante Verteilung der Inhalte, unterteilt in organisch und paid. Dazu kommt noch Outreach, eine Messgröße, nach der man zum Beispiel Influencer bewerten kann. Zur Vorbereitung sollte man sein bestehendes Netzwerk an Kontakten, Partnern, Multiplikatoren, Kunden mit Einfluss auf den eigenen Content aufmerksam machen. Ergibt sich die Gelegenheit, diese in die Erstellung der Inhalte einzubinden, etwa als Interviewpartner, Gastautor, oder Fachexperte, ist der erste Schritt in der Vermarktung schon fast getan und man erhält potenziell Unterstützung bei der Distribution.

Natural Seeding

Hiermit wird Aufmerksamkeit und Reichweite organisch erzeugt. Durch die Platzierung der Inhalte auf Social Media-Plattformen werden Shares durch die eigene Zielgruppe erzeugt und damit die Reichweite vergrößert. Umso wichtiger ist es, dass die Inhalte gut sind und weniger wie Werbung wirken.

Hat man ein entsprechendes Publikum, etwa eine große Fanbase auf Facebook, und die Inhalte sind ansprechend, geht das Vermarkten fast von ganz allein. Bei der Auswahl der passenden Kanäle sollte man dabei deren Besonderheiten nicht unterschätzen. Organische Verbreitung von Content erfordert einen hohen Fit zwischen Zielgruppe, deren Interessen und dem Inhalt, der gespielt werden soll. Hilfreich kann es daher sein, wenn man sich die Dimensionen Alter der Audience und zeitliche Orientierung der Kanäle ansieht.

Es wird deutlich, dass Real Time Content auf z. B. Pinterest keinen Sinn macht, während tiefgehende und umfangreich produzierte dauerhafte Inhalte auf Twitter schlecht umzusetzen sind.

Paid Seeding

Budget in die Hand zu nehmen, um Inhalte zu vermarkten, also Facebook-Ads, Twitter-Ads, Instagram-Ads, bezahlte Postings und viele weitere Formate, meint das Paid Seeding. Gedeckelt ist der Erfolg solcher Maßnahmen meist nur durch das Budget und es sollte abgewogen werden, ob der Inhalt es wert ist. Neben Klassikern, wie Display Ads und den schon genannten Social Ads, kommen für diese Form der Content Vermarktung auch Angebotswidgets, Vergleichsrechner, Infografiken und Umfragen zum Einsatz. Auch das Native Advertising erfreut sich hier zunehmender Beliebtheit. Dabei werden, dem Advertorial in der Printwelt gleich, wertige Inhalte in die redaktionellen Teile eines Mediums eingeflochten. Diese Inhalte müssen ebenfalls deutlich als Anzeige gekennzeichnet werden, unterbrechen aber den Lesefluss eines Nutzers nicht so, wie es zum Beispiel Werbebanner tun und kommen üblicherweise mit einer Mehrwert Information daher.

Beispiele für Paid Seeding bieten die CosmosDirekt mit Infografiken zu saisonalen Themen, die via Statista ausgespielt werden, oder die Techniker Krankenkasse, die mit Umfragen von Opinary zum Beispiel bei Spiegel Online integriert ist und so nicht nur Reichweite und Traffic Conversion erreicht, sondern auch die Interaktionsrate mit der Marke erhöht.

Interessant ist, dass ein signifikanter Anteil der befragten Unternehmen der Coma[E] Studie (vgl. [6]) bereits weit über Facebook Ads und SEA bei Google hinaus denken. Letzteres verliert, bei im Content Marketing erfolgreichen Unternehmen, sogar gegen Native Advertising.

▶ Bei Facebook-Posts kann es Sinn machen, beide Seeding-Formen zu kombinieren. Mit einem sogenannten Autoboost kann eine Interaktionsrate so eingestellt werden, dass bei ausreichender organischer Reichweite Budget dazugegeben wird. Dies steigert den Erfolg des Posts.

Outreach
Diese Form der Content Verbreitung lebt von Beziehungen und findet auf persönlicher Ebene statt. Man bedient sich eines Netzwerks, in dem die Personen in der eigenen Branche einen gewissen Einfluss und große Reichweite haben. Es erfordert einige Arbeit, bis ein solches Netzwerk aufgebaut ist, sorgt dann aber für schnelle Reichweiten. Auch das Influencer Marketing gehört in diese Kategorie, selbst wenn es mittlerweile zu großen Teilen Paid Seeding ist.

25.6.5 Dialog führen

Die Kür von erfolgreichem Content Marketing ist, wenn der Kunde antwortet. Tritt er in den Dialog mit dem Unternehmen, sei es via Blog, Messenger oder Social Network, ist der Community Manager gefragt. Über Social Media an sich ist schon sehr viel geschrieben und gesagt worden – alles noch immer aktuell. Wer Inhalte vermarktet, kommt an Social Media nicht vorbei und muss entsprechend mit Dialogen rechnen. Dies braucht Ressourcen, Regeln und ein gewisses Maß an Bereitschaft, die klassischen Wege des Brandmanagements zu verlassen, denn man gibt ein Stück der Kontrolle in Kundenhände ab. Grundvoraussetzungen für erfolgreiche Dialoge sind:

- Regeln für das Wording, die auch die Eigenarten des Kanals berücksichtigen (Du oder Sie, flapsig oder ernst).
- Prozesse und Anweisungen für Krisenkommunikation.
- Definierte Servicelevel und Zeiten (24/7 vs. „Öffnungszeiten").
- Leitfaden zur Dialogführung.

Die Interaktion mit dem Kunden sollte positiv, glaubwürdig, konsistent und authentisch sein. Nur so erreicht man die gewünschte Loyalität von Fans und treuen Kunden. Als wichtiger Baustein der Kundenbindung sollte das Erlebte hier nicht vom Markenversprechen abweichen, sondern es erfüllen. Dabei beeinflusst man nicht nur die interagierenden Nutzer. Der 90-9-1 Regel nach stehen hinter jedem aktiven Nutzer, der Content generiert (Kommentare, Blogbeiträge, Foreneinträge), neun weitere, die „nur" liken, retweeten oder sharen, aber 90 vielleicht potenzielle Kunden, die nur mitlesen. Ein gut geführter Dialog mit einem gelösten Serviceanliegen wird so zu einem Marketingbaustein der größere Reichweite erzielt, als man vielleicht denkt. Auch wenn dieses Kapitel hier nicht sehr viel Raum einnimmt, ist der Dialog über Social Media-Kanäle ein wichtiger und in der Assekuranz noch ausbaubarer Bestandteil des Content Marketing.

25.6.6 Erfolgskontrolle im Content Marketing

Am Ende des Prozesses dreht sich alles um die Erfolgsmessung zu unserem Content. Sie ist nicht nur der Nachweis darüber, wie gut Ziele erreicht werden, sie dient auch als Entscheidungsgrundlage, ob ein Thema, ein Format oder ein Kanal weiter genutzt werden sollte. Laut Coma[E] Studie (vgl. [6]) nutzen rund 62 % der im Content Marketing erfolgreichen Unternehmen KPIs und ein dahinterliegendes Konzept zur Erfolgsmessung, bei den nicht erfolgreichen gerade einmal 10 %. Doch was lässt sich eigentlich in Bezug auf Content Marketing messen? Eine Vielzahl von Metriken pro Kanal lassen ein solches Unterfangen wie eine Sisyphusarbeit erscheinen. Hier ist es hilfreich, zwischen strategischen Kennzahlen, und solchen die im operativen Tagesgeschäft weiterhelfen, zu unterscheiden. Strategische KPIs können nach der Content Marketing Agentur Suxeedo in umsatzrelevante, traffic-relevante und user-relevante Metricen unterteilt werden (Abb. 25.7).

Die Bewertung von Inhalten geschieht hiernach auf drei Ebenen, welche in der Content Performance-Pyramide sortiert werden [5]. Die Pyramide fasst alle wichtigen Messvariablen auf einen Blick zusammen, wobei die Metriken in der Pyramidenspitze die KPIs bilden.

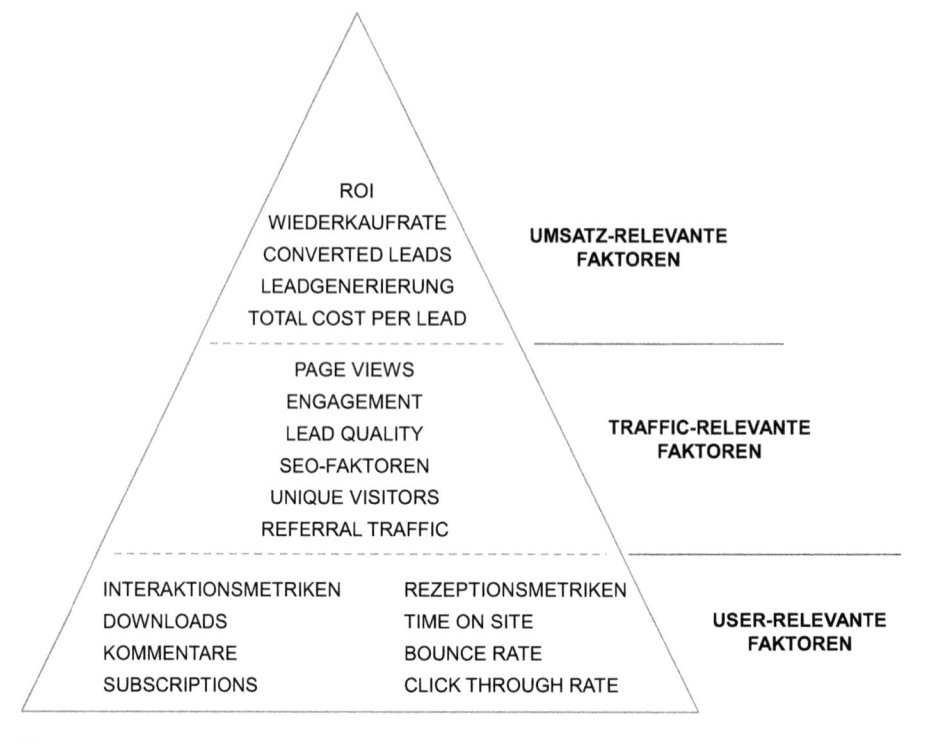

Abb. 25.7 Die Content Performance-Pyramide. (Quelle: Suxeedo)

Die Techniker Krankenkasse setzt bei ihrem KPI-Konzept auf vier Dimensionen:

1. Reichweite: Wie gut ist die Sichtbarkeit des Contents?
2. Konsum: Wie stark wird der Content konsumiert?
3. Engagement: Wie stark wird mit dem Content interagiert?
4. Impact: Wie gut erreicht der Content die intendierte Zielsetzung?

Die in Coma[E] (vgl. [6]) befragten Unternehmen haben übrigens Zuwachs an Leads und Verweildauer als TOP KPIs gekürt.

Eine vergleichbare Definition von Metriken, die als eine Art Standardisierungsversuch gesehen werden kann, ist die Erfolgsmessungsmatrix samt Leitfaden Erfolgsmessung des BVDW, die 2017 veröffentlicht wurde.

Am besten fährt man auch bei der Erfolgsmessung toolgestützt. Zwar bringt jeder Kanal mit seinen spezifischen Metriken auch seine Insights- und Analysetools mit, aber mittlerweile gibt es sehr gute Anwendungen (Quintly, Facelift etc.), die über die Schnittstellen der Plattformen das Wichtigste in Dashboards zusammenfassen können. Das Aggregieren in spezifische KPIs muss dann meist mit Bordmitteln bewältigt werden. Strategietools wie Scompler bringen die Möglichkeiten mit, die Planung mit den Zahlen aus den Plattformen zu verknüpfen und machen so eine abschließende Beurteilung des Contents möglich, die am Ende zu der Entscheidung, in welche Richtung es weitergeht, mündet. Der Prozess beginnt von vorn.

25.7 Fazit

Erfolg mit Content Marketing zu haben, bedingt einer Vielzahl an Faktoren. Die Coma[E] Studie hat auch hier eine Antwort (Abb. 25.8). Strategie, Qualität des Contents und Erfolgsmessung sind die Herausforderungen und Erfolgsfaktoren der Content Marketing treibenden Unternehmen.

Einen Anhalt für ein solches strategisches Vorgehen sollte dieses Kapitel des Handbuchs liefern. Wer sich ernsthaft mit dem Gedanken einer umfassenden Content Strategie befasst, der sollte jedoch viel tiefer einsteigen. Claudius Grimme, Stipendiat im Masterprogramm „Media and Communication Management (M.A.)" der Hochschule Macromedia Berlin konstatiert dem Content Marketing eine rosige Zukunft mit neuen Herausforderungen, wie Branded Entertainment, Mixed Reality und noch mehr Native Advertising. Es bleibt abzuwarten, wie stark die Assekuranz diese Möglichkeiten zu nutzen weiß.

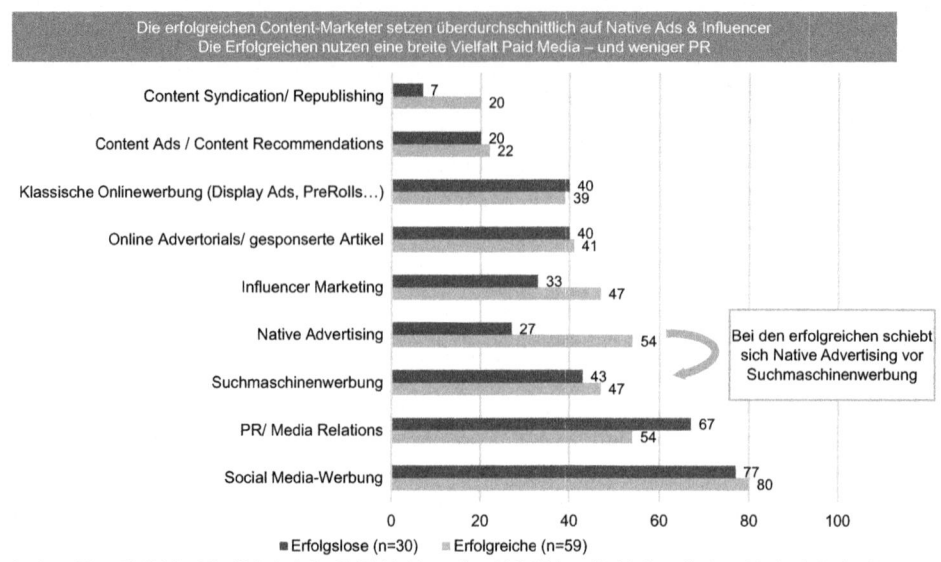

Abb. 25.8 Erfolgsfaktoren im Content Marketing, Coma[E], GreenAdz. (Quelle: GreenAdz)

Literatur

1. As im Ärmel, „Neulandreport 11/2017"
2. Best for Planning. www.b4p.de
3. BVDW (2018) Social Media Kompass 2017/2018
4. BVDW (2017) Content Marketing: Ergänzung oder Ablösung
5. BVDW (2016) Leitfaden „Erfolgsmessung in Social Media"
6. Gärtner S (2017) Green Adz, „Coma[E], Content Marketing Analyse – Entscheider"
7. Google (2012) The new multiscreen world
8. Holl A. Die Definition von Content Marketing: Erfolgsfaktoren und Beispiele. www.121Watt.de. Zugegriffen: 19. Dezember 2017
9. Private Hochschule Göttingen (PFH) „Content-Marketing-Strategien in der Unternehmenspraxis"
10. Textbroker. „8 Tools für die Content-Planung". www.textbroker.de. Zugegriffen: 19. Dezember 2017

Versicherung 2.0 – Marketing und Kommunikation im Social Media-Zeitalter

26

Uwe Schumacher

> **Zusammenfassung**
>
> Die Hälfte der weltweiten Bevölkerung ist online. Besonders für (Versicherungs-)Unternehmen ist es wichtig, sich in diesem Bereich optimal aufzustellen – mit den richtigen Instrumenten und den richtigen Maßnahmen in Kommunikation und Marketing. Von Grundlagen, Instrumenten und Einsatzmöglichkeiten über SEO- und SEM-Maßnahmen bis hin zu Social Media-Strategien und Online-PR Maßnahmen gewährt Uwe Schumacher nachfolgend einen Einblick in das Online-Versicherungsmarketing.

26.1 Einleitung

Was damals in den USA als ein Netzwerk für den Ausfall von militärischen Sicherheitsinstitutionen, als Arpanet (Advanced Research Projects Agency Network) gestartet ist, hat sich Anfang der neunziger Jahre zum World Wide Web weiterentwickelt. Seitdem ist es möglich, auch multimediale Inhalte, Grafiken, Texte und Bilder im Internet darzustellen.

Heute ist das Internet in Feldern unserer Gesellschaft nicht mehr wegzudenken – angefangen über erste Tweets der Notwasserung eines Flugzeuges im Hudson River vor New York City, bis hin zum US-Wahlkampf 2016, in dem die Kandidaten Trump und Clinton keine Social Media-Gelegenheit unberührt ließen. Die beiden Wahlkämpfer nutzten das gesamte Social Media-Repertoire: von Snapchat über Instagram bis hin zum Einsatz von Internet-Memes. Man kann große Unternehmen, wie den Mobilfunkanbieter Vodafone beobachten, die massiv im Social Web aktiv sind, um hier neue Zielgruppen zu erreichen und um Kunden, die zur Konkurrenz abgewandert sind, wieder zurück zu gewinnen. Kon-

U. Schumacher (✉)
DOMCURA AG
Kiel, Deutschland
E-Mail: u.schumacher@domcura.de

zerne, wie Netflix oder Airbnb, die ihr Marketing-Standbein auf das Internet ausrichten, verzeichnen durch eine ausgezeichnete Consumer Journey massive Online-Erfolge.

Längst fand in unserer Gesellschaft ein Paradigmenwechsel statt, der in seiner Auswirkung und Präsenz nicht mehr aus dem Marketing-Mix wegzudenken ist. Dementsprechend ist es besonders für Unternehmen wichtig, sich in diesem Bereich so frühzeitig wie möglich optimal aufzustellen – mit den richtigen Instrumenten und den richtigen Maßnahmen in Kommunikation und Marketing.

Das Internet ist ein Massenmedium geworden – die Hälfte der weltweiten Bevölkerung ist mit 3,77 Mrd. Menschen online, 2,80 Mrd. Social Media-Nutzer zählen die jüngsten Studien [1]. Die Mediennutzung hat sich in den letzten Jahren dramatisch verändert, das Internet ist zu einem festen Bestandteil im Leben vieler Menschen geworden. Die Ansprüche der erfahrenen Nutzer an eine mediumgerechte Darstellung von Web-Inhalten – egal, ob es sich um Unternehmenspräsentationen, journalistische Artikel oder Social Media-Content handelt – sind gestiegen und müssen daher bei der Produktion von redaktionellen und werblichen Inhalten berücksichtigt werden. Bereits im Jahr 2009 zeigte sich, dass die Nutzung von Printmedien zurückging und folglich immer mehr klassische Medien eingestellt wurden – die Nutzung des Internets steigt jedoch von Jahr zu Jahr weiter an. Das Internet steht mit 63 % Mediennutzungsdauer an dritter Stelle direkt hinter TV (80 %) und Radio (65 %) (Statista, 2017). Es hat also eine Reichweite, die der der klassischen Medien durchaus ebenbürtig ist – bzw. diese vor allem in den jüngeren Zielgruppen sogar übertrifft.

Laut der ARD/ZDF-Onlinestudie 2017 nutzen wir Deutschen das Internet täglich 2,5 Stunden, welches sich in Mediennutzung, Individualkommunikation und sonstige Kommunikation aufteilt. Vor allem die mobile Internetnutzung hat in den letzten Jahren einen regelrechten Siegeszug hingelegt, was für Unternehmen ganz neue Werbeformen parat hält.

Es sind folglich schwerwiegende und zeitgleich chancenreiche Auswirkungen – einerseits ist der nächste Anbieter für den Kunden immer nur einen Klick entfernt, andererseits sind die Möglichkeiten für Vergleichbarkeit und Transparenz wesentlich höher, als es im klassischen Printzeitalter gegeben war. Hier hatte man als Kunde nur die Möglichkeit, sich zum Beispiel vor Ort in Vertreterbüros zu informieren oder sich gedruckte Broschüren zuschicken zu lassen, die man dann zuhause am Schreibtisch vergleichen musste. Durch das Internet hat sich dies gewandelt und das Angebot für den Kunden ist vielfältiger geworden. Wegen der großen Konkurrenz und den Veränderungen in der Mediennutzung muss man daher heute als Dienstleistungsunternehmen auch verstärkt darauf achten, wie, wo und was im Web über das eigene Unternehmen gesprochen wird. Hier spielt der Bereich der Online Reputation eine große Rolle: Wer spricht über mein Unternehmen, meine Produkte, wo wird über mich gesprochen, wie häufig, positiv, negativ u. v. m. Auf der anderen Seite spielt der Bereich der Online Medien eine wichtige Rolle: In der klassischen Unternehmenskommunikation gewinnen diese immer mehr an Bedeutung, da Nachrichten in Online Medien wesentlich nachhaltiger sind und im Gegensatz zu gedruckten Zeitungsartikeln, die in der Regel nach wenigen Tagen vom Konsumenten wieder vergessen werden,

26 Versicherung 2.0 – Marketing und Kommunikation im Social Media-Zeitalter

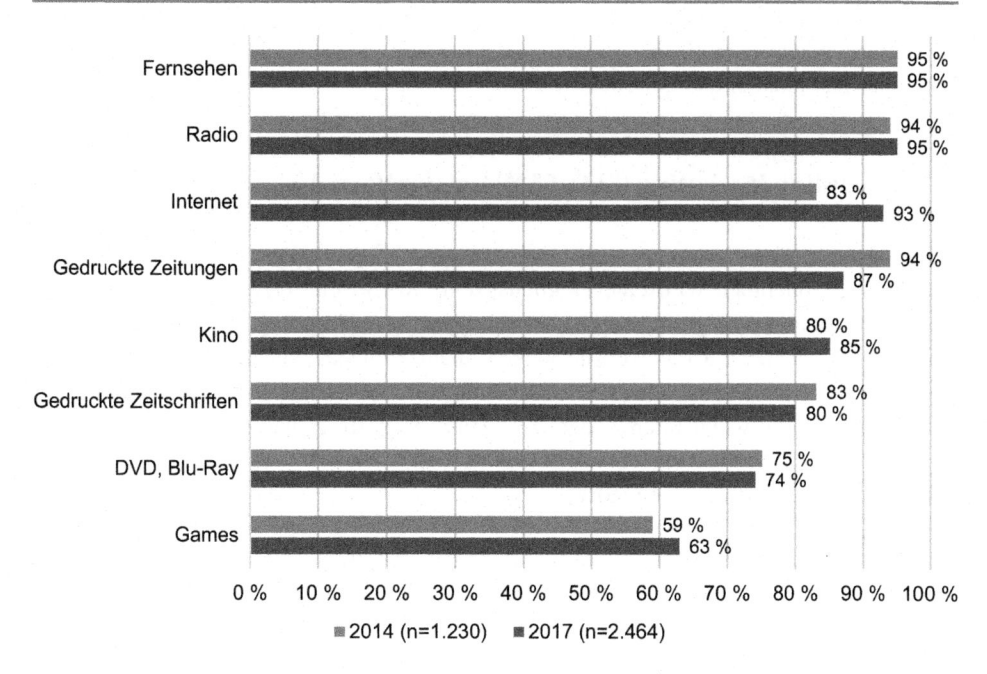

[Balkendiagramm:
- Fernsehen: 95 % / 95 %
- Radio: 94 % / 95 %
- Internet: 83 % / 93 %
- Gedruckte Zeitungen: 94 % / 87 %
- Kino: 80 % / 85 %
- Gedruckte Zeitschriften: 83 % / 80 %
- DVD, Blu-Ray: 75 % / 74 %
- Games: 59 % / 63 %
Legende: 2014 (n=1.230), 2017 (n=2.464)]

Abb. 26.1 Weitester Nutzerkreis (Nutzung mindestens selten) ausgewählter Medien in Deutschland in den Jahren 2014 und 2017. (Quelle: Statista 2017)

langfristig in Suchmaschinen wie Google indexiert werden. Da das Web nichts vergisst, ist es hier wichtig, alle Aktivitäten im Bereich des Marketing und der Unternehmenskommunikation daraufhin zu überprüfen, ob man in diesen Bereichen rundherum optimal aufgestellt ist (vgl. Abb. 26.1).

26.2 Kommunikation 2.0 und Marketing 2.0 für Unternehmen

Zunächst soll es hier um die Grundlagen, Instrumente und Einsatzmöglichkeiten gehen, die für die moderne Unternehmenskommunikation und das zeitgemäße Marketing unverzichtbar sind.

26.2.1 Grundlagen, Instrumente und Einsatzmöglichkeiten

Eine Strategie in den Bereichen Online Marketing, Suchmaschinenoptimierung, Suchmaschinenmarketing, Online Reputationsmanagement, Social Media und Online PR zeichnet innovative Unternehmen heute aus. Für das große Ganze sind letztendlich diese Felder genau diejenigen, welche zu Ergebnissen über das Unternehmen im Google-Index führen. Dabei ist Google neben Yahoo, bing oder BaiDu immer noch die wichtigste Suchmaschine. Im Folgenden wird kurz erläutert, wie die einzelnen Maßnahmen in den verschiedenen Bereichen aussehen und angewendet werden.

26.2.2 Online Marketing (SEO, SEM) bei der Verti AG

Erfolgreiches Online Marketing sollte auf eine breite Basis gestellt werden, denn durch vielfältige Maßnahmen wird eine möglichst hohe Reichweite erzielt. Doch bevor man einzelne Maßnahmen ergreift, muss man sich über die Zielsetzung im Klaren sein: Will man mehr Besucher auf die Website locken, mehr Kontakte generieren oder Verkäufe erzielen – oder alles zusammen? Um zu sehen, was überhaupt möglich ist, werden im Folgenden zwei der wichtigsten Kanäle des Online Marketings vorgestellt.

Suchmaschinen-Optimierung (SEO)

- 79 % der Deutschen und fast alle Unternehmen haben Internetzugang.
- Jeden Monat werden ca. 170 Mrd. Suchanfragen bei Google eingegeben.
- Den größten Einfluss haben mobile Suchanfragen auf den Abverkauf in den Geschäftsfeldern Retail (51 %), Technologie (39 %) sowie Medien und Unterhaltung (46 %). (MOZ.com)

Suchmaschinen sind der zentrale Anlaufpunkt:

- Pro Jahr gibt es in Google über 2 Billionen Suchanfragen weltweit (MOZ.com).
- 57 % der Smartphone-User und rund 66 % der Computer- und Tablet-Nutzer suchen im Web nach Produkten und Infos (Google Studie 2015).

Ein wichtiges Instrument des Online Marketing ist die Suchmaschinen-Optimierung. Dabei werden auf einer Website technische und inhaltliche Voraussetzungen dafür geschaffen, dass Suchmaschinen den Internetauftritt optimal lesen und für zutreffende Suchanfragen listen können. Weiterhin wird die Linkpopularität (Steigerung der Links auf die eigene Webseite durch Einträge in Webkatalogen, Social Media-Dienste, thematisch passende Blogs oder andere Portale) ausgebaut, um die Relevanz der Website zu erhöhen und auch damit die Rankings zu einzelnen Suchbegriffen wie zum Beispiel „Autoversicherung" oder „Zweitwagentarif" zu verbessern. Unternehmen, die bei entsprechenden Suchanfragen hoch positioniert sind, erhalten in der Regel mehr Besucher auf ihrer Website und damit mehr potenzielle Kunden und Umsätze. Mit Monitoring-Tools kann die Entwicklung von Besucherzahlen und Anfragen genau nachvollzogen und entsprechende Kampagnen auf die Ergebnisse hin optimiert werden. Ziel der Suchmaschinen-Optimierung ist es, die Positionen einer Website zu den für ein Unternehmen wichtigen Keywords langfristig zu verbessern und damit ihre Sichtbarkeit im Web nachhaltig zu erhöhen. Dies wiederum führt zu steigenden Besucherzahlen. Die laufende Optimierung einer Website ist die Basis für erfolgreiches Online Marketing.

Suchmaschinen-Marketing (SEM)

Um schnell Reichweite aufzubauen, können zusätzlich bezahlte Such-, Video-, Display- oder App-Anzeigen geschaltet werden. Bei AdWords, dem Werbesystem von Google, können zum Beispiel Anzeigen zu vorher definierten Suchbegriffen gebucht werden. Es fallen nur Kosten an, wenn die Anzeigen auch tatsächlich angeklickt werden. Über das frei wählbare Tagesbudget lassen sich so stets die Gesamtausgaben kontrollieren. Je spezifischer die Keywords ausgewählt und die Anzeigentexte formuliert werden, desto größer ist der Erfolg dieser Kampagnen. Vorteil: Sie können kurzfristig geschaltet werden und somit einzelne Angebote zeitnah bewerben. Dies ist besonders bei zeitlich begrenzten Werbeaktionen sehr nützlich. Durch das Targeting kann zudem festgelegt werden, in welchen Ländern oder Regionen die Anzeigen geschaltet werden sollen (beispielsweise „in der Nähe meines Unternehmens") – es kann also sehr zielgruppengenau, wie auch auf Facebook, geworben werden. Schließlich kann man durch das sogenannte Conversion Tracking den Erfolg der Kampagnen messen und einzelne Werbeaktionen sehr genau budgetieren und monitoren – der Return on Investment (ROI) kann also direkt eingesehen und der Erfolg beurteilt werden.

Eine weitere Methode zur Optimierung von SEM Kampagnen, also bezahlten Anzeigen bei Suchwortvermarktern wie Google oder Yahoo, ist der Einsatz von Bid-Management-Systemen. Ein Unternehmen mit mehreren tausend, zehntausend oder sogar hunderttausenden von Suchbegriffen kann die Steuerung nicht mehr manuell vornehmen, sondern setzt dafür neben Excel Sheets meist Bid Management Systeme sein, die genau diese Steuerung auf Basis von Zielen und Vorgaben durchführen. Ziel ist hier, den Erfolg von SEM durch die automatische Steuerung von Geboten für einzelne Suchbegriffe, Anzeigengruppen, Kampagnen oder auf Account-Ebene zu steigern. Auch kann der Erfolg durch den Return on Investment (ROI) gemessen werden:

Return on Investment (ROI)-Online Marketing/Suchmaschinenmarketing:

- Return on Investment Allgemein = Erzielter Gewinn/Kosten einer Marketing Kampagne.
- Return on Investment II = Erzielter Gewinn pro Suchbegriff/Kosten pro Suchbegriff.
- Return on Investment III = Erzielter Gewinn pro Anzeigengruppe/Kosten pro Anzeigengruppe.
- Return on Investment IV = Erzielter Gewinn pro Kampagne/Kosten der Kampagne.

Return on Advertising Spent (ROAS)-Online Marketing/Suchmaschinenmarketing:

- Return on Advertising Spent = Erzielter Umsatz/zurechenbare Werbekosten. Ein weiteres wichtiges Instrument des Online Marketing ist auch die Bannerwerbung (Display), die in anderen Onlinemedien und auf Webseiten eingebunden wird und verschiedene Produkte der Verti AG bewirbt. Um hier eine optimale 388 Konversionsrate (CTR) zu erreichen, werden verschiedene Werbemittel vorab getestet. Um nach dem Klick auf das Banner eine möglichst lange Verweildauer und Transaktionen zu gewährleisten, spielt die hinter dem Banner liegende – die sogenannte Landing Page – eine große Rolle.

Landing Pages
Im Internet kommt nach dem Klick auf das Werbemittel die sogenannte Landing Page, eine speziell eingerichtete Website, die auf das Werbemittel und dessen Zielgruppe optimiert ist. Im Fall der Verti AG ist diese Seite gleichzeitig die Startseite des Tarifrechners, mit dem der Kunde individuelle Versicherungsangebote für seinen PKW oder Motorrad erstellen kann. Hier steht der Beginn der Tarifberechnung im Mittelpunkt, welcher frei von Ablenkung vorgestellt wird. Ein wesentliches Element ist hier die Integration der Buttons zur Auswahl des Szenarios „mit/ohne Kfz-Schein", dass die einfache Interaktion mit dem Kunden sicherstellt. Daher sollte eine Landing Page stets sowohl dem Werbekontext entsprechen (also zum Beispiel den Inhalt des Werbemittels widerspiegeln), als auch Vertrauen schaffen, denn zur Entscheidungsfindung bleiben nur wenige Sekunden, um dem Kunden die Herausstellungsmerkmale des Angebots zu kommunizieren. Insofern wird bei der Verti AG prominent auf den Zweck der Seite („Angebot berechnen") hingewiesen. Zusätzlich werden vorher verschiedene Varianten einer Landing Page getestet, um hier voll und ganz auf den Kunden und seine Bedürfnisse eingehen zu können. Dazu wird ein zeitgleicher Test mehrerer Varianten durchgeführt, um mehrere Änderungen an einer Landing Page zugleich auf ihre Effekte zu überprüfen. Ein oder mehrere Teilbereiche der Landing Page werden dafür definiert und für jeden Teilbereich eine Anzahl von Varianten festgelegt. Eine Software sorgt dann für die Auslieferung der entsprechenden Varianten in einer zufälligen Gleichverteilung. Danach wird ermittelt, welche Variante welchen Anteil an einer Veränderung der Ergebnisse hatte – und welche Kombination die besten Ergebnisse erwarten lässt. Weniger effiziente Varianten werden mit der Zeit eliminiert, es bleiben nur Varianten mit höchster Effizienz – in der Endbetrachtung steigert das die Wirtschaftlichkeit der Werbemaßnahmen. Die gleiche Vorgehensweise nutzen moderne Unternehmen zur Optimierung von Social Media Advertising, das sogenannte A/B Testing.

Zusammenfassend gilt
Wichtig bei der Suchmaschinenoptimierung (SEO) ist eine langfristige Optimierungsstrategie, da sich die Ranking-Kriterien der Suchmaschinen laufend ändern oder neue Keywords zur Optimierung hinzukommen. SEO wirkt sehr nachhaltig und bringt eine hohe Qualität an Besuchern auf die eigene Website, wenn die zu optimierenden Begriffe gut bei Google gerankt sind.

Mit dem Suchmaschinenmarketing (SEM) ist man durch den gezielten Einsatz eines Budgets in der Lage, Maßnahmen und Aktionen zeitnah zu promoten und auch nochmal kurzfristig auf diese aufmerksam zu machen.

SEM und SEO, zu dem auch der Bereich Linkpopularität gehört, zählen somit zu den wichtigsten Instrumenten des Online Marketing (vgl. Abb. 26.2).

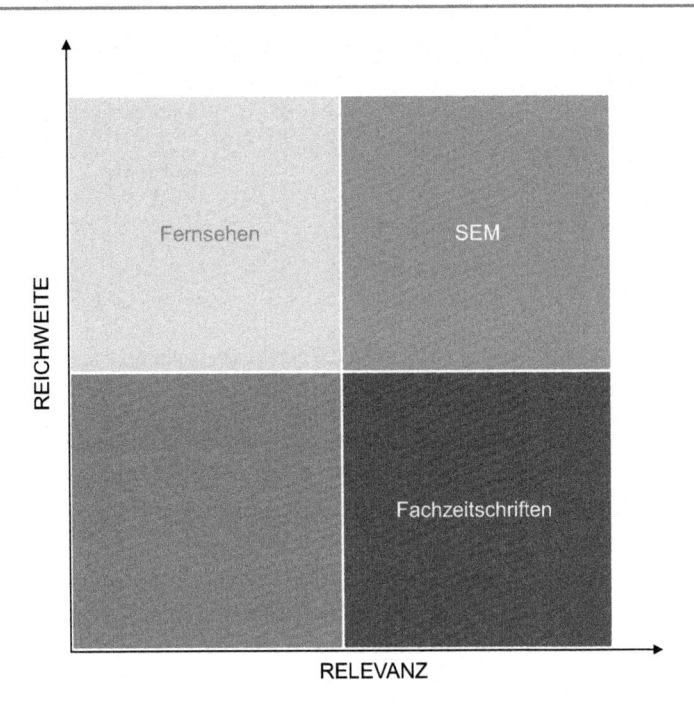

[Diagramm: Vier-Quadranten-Matrix mit Achsen REICHWEITE (vertikal) und RELEVANZ (horizontal). Quadranten: oben links „Fernsehen", oben rechts „SEM", unten rechts „Fachzeitschriften", unten links ohne Beschriftung.]

Abb. 26.2 Relevanz der beiden Werbekanäle TV & Print, Vorteil von SEM

26.2.3 Online Reputationsmanagement

Jedes Unternehmen mit seinen Produkten, Dienstleistungen und handelnden Personen hat einen Ruf zu verlieren. Speziell im Internet verbreiten sich Meinungen sehr schnell und ein gutes Image kann innerhalb kurzer Zeit beschädigt werden und Umsätze gefährden. Kundenbewertungen haben die Deutungshoheit in der Kaufentscheidung. Durch das „Mitmach-Internet" entstehen jeden Tag tausende von Kommentaren und Gesprächen – oft auch zu Erfahrungen mit dem Abschluss einer Versicherung. Das aktive Erstellen von Inhalten (User generated content) ist bei den Nutzern beliebter denn je. Das Bild eines Unternehmens in der Öffentlichkeit wird so maßgeblich von den Meinungen im Internet beeinflusst. Die Gefahr ist groß, dass kritische Äußerungen das Image eines Unternehmens negativ beeinträchtigen.

Besonders problematisch kann es werden, wenn solche Debatten auf den ersten Ergebnisseiten bei Suchmaschinen wie Google & Co. erscheinen. Wenn sich zu Marken- oder Produktnamen negative Veröffentlichungen direkt in den Top-20-Suchergebnissen wiederfinden, kann dies sogar zu Umsatzverlusten des Unternehmens führen. Die Folge: Der Suchende wird verunsichert oder abgeschreckt und sucht in der Regel alternative Angebote. Hier gilt es als Unternehmen, durch professionelles Community- und Krisen-Management schnell auf Kommentare zu reagieren, von Bewertungsportalen bis hin zu Social Media-Portalen.

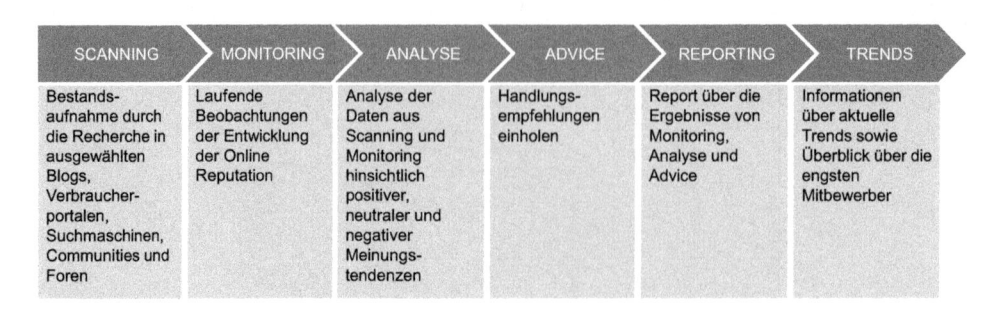

SCANNING	MONITORING	ANALYSE	ADVICE	REPORTING	TRENDS
Bestands-aufnahme durch die Recherche in ausgewählten Blogs, Verbraucher-portalen, Suchmaschinen, Communities und Foren	Laufende Beobachtungen der Entwicklung der Online Reputation	Analyse der Daten aus Scanning und Monitoring hinsichtlich positiver, neutraler und negativer Meinungs-tendenzen	Handlungs-empfehlungen einholen	Report über die Ergebnisse von Monitoring, Analyse und Advice	Informationen über aktuelle Trends sowie Überblick über die engsten Mitbewerber

Abb. 26.3 Online Reputationsmanagement. (Quelle: eigene Darstellung)

Da rund 21 Mio. Personen in Deutschland Suchmaschinen verwenden, um sich über Produkte, Dienstleistungen und Unternehmen zu informieren, kann schon die Meinung eines Einzelnen in den Top-Ergebnissen bei Google entgangene Umsätze und dauerhaften Reputationsschaden bedeuten.

So etwas musste der Lebensmittelkonzern Nestlé erfahren: Unter dem Hashtag #Frag-Nestlé rief man auf Twitter dazu auf, Fragen an das Unternehmen zu stellen und damit – gemäß der Zeit – in den Dialog mit dem Konsumenten zu treten. Die Kampagne löste einen regelrechten Shitstorm aus, User verspotteten das Unternehmen und ließen keinen Brennpunkt aus (Abb. 26.6).

Um den guten Ruf eines Unternehmens zu bewahren, wiederherzustellen oder zu verbessern, ist es wichtig, unternehmensrelevante Themen und Diskussionen im Internet rechtzeitig zu erkennen, zu beobachten und angemessen darauf zu reagieren. Viele Unternehmen verfügen jedoch nicht über das Know-how oder die Ressourcen, um stets aktuell informiert zu bleiben und sich, wo es notwendig ist, richtig zu verhalten. Denn es gibt unterschiedlichste Möglichkeiten mit Kritik und negativen Meinungen umzugehen, eine entsprechende Krisenmanagementstrategie in der Hinterhand zu haben, ist unabdingbar.

Mit Online Reputationsmanagement (ORM) lassen sich diese Gefahren erkennen: Durch kontinuierliches Monitoring wird der Ruf des Unternehmens im Internet überwacht (vgl. Abb. 26.3). Potenzielle Gefahren für das Unternehmen können so frühzeitig erkannt und individuelle Handlungsempfehlungen abgeleitet werden, um negativen Äußerungen entgegenzuwirken oder positive Resonanzen gezielt noch stärker für sich zu nutzen (vgl. Abb. 26.3).

Wichtige strategische Schritte

- Was findet man überhaupt an Informationen und Gesprächen über das Unternehmen und seine Produkte im Internet?
- Wo gibt es negative oder positive Fundstellen, wo wird über das Unternehmen besonders häufig kommentiert?

Abb. 26.4 Corporate Blog

Wichtig sind vor allem Bewertungen in Foren, Blogs, Verbraucherportalen etc., wie zum Beispiel „Wie findet ihr den Tarif ABC?" und „Warum ist Tarif A besser oder schlechter als Tarif B?". Besonders Dienstleistungen und ihre Anbieter, wie u. a. Autoversicherungen, erzielen viele Ergebnisse zu diesen Suchanfragen.

Dieses Verhalten im Web ist jedoch nicht isoliert zu betrachten – viele Menschen tauschen sich selbstverständlich auch nach wie vor offline mit Freunden, Bekannten, Familie und Kollegen über diese Themen aus. „Persönliche Empfehlungen und im Web veröffentlichte Kundenbewertungen sind weltweit die vertrauenswürdigsten Werbeformen (...). Neun von zehn Internetkunden vertrauen den Empfehlungen ihrer Bekannten, während sieben von zehn auf die Meinung von anderen Verbrauchern hören, die diese im Web veröffentlichen" [4], wusste man bereits im Jahr 2009 (Schutzmann, 2009, S. 6). Doch auch diejenigen, die sich offline über bestimmte Themen, Produkte und Dienstleistungen austauschen, werden oft schon durch kurze Recherchen im Web beeinflusst. Dies wirkt sich folglich auf die Bereitschaft aus, online Geschäfte mit einem bestimmten Unternehmen abzuschließen oder nicht [2].

Sobald sich ein Unternehmen den Überblick darüber verschafft hat, was, wo und wie im Internet über es gesagt wird, kann es daran arbeiten, mit den Ergebnissen konstruktiv umzugehen (Abb. 26.3). Bestimmte positive Beiträge gilt es zu verstärken, damit diese in Suchmaschinen besser gerankt werden. Zudem sollte man offen sein, den Dialog anzubieten, eventuelle Missverständnisse zu bearbeiten und Unklarheiten aus dem Weg zu räumen, aber auch positive Dinge zu verstärken. Dieses direkte Zugehen auf den Verbraucher sollte immer äußerst transparent geschehen. Denn leider gibt es auch viele Negativ-Beispiele, in denen versucht wurde, Kundenmeinungen zu manipulieren oder durch verdeckte Strategien/Aktionen zu unterwandern. Durch die Weböffentlichkeit werden diese Fälle meist jedoch schnell bekannt und hinterlassen bei den Verbrauchern ein ungutes Gefühl. Um die notwendigen Folge-Handlungen mit Fingerspitzengefühl und entsprechender Expertise durchzuführen, sollte man in Betracht ziehen, sich professionelle Hilfe zu holen. Die Handlungsmöglichkeiten im Online Reputation Management reichen dann von der Aufnahme des Dialogs/Kontaktes mit den Autoren, Kontakt zum Portalbetreiber bis hin zum Einschalten eines Fachanwaltes. Online Reputation Management-Maßnahmen sind jedoch stark vom Einzelfall des Beitrages im Web abhängig und müssen meist individuell behandelt werden.

Ein konkreter Fall, bei dem eine Reaktion durch die Verti AG angemessen war, ereignete sich beispielsweise einst auf der Verbraucher-Plattform Dooyoo: Eine Anspruchstellerin der Verti AG fühlte sich im Rahmen einer Schadenabwicklung missverstanden und äußerte ihren Unmut hierüber online. Die Verti AG hat sich daraufhin der Kritik angenommen und den Kontakt zur Kundin gesucht, um ihr die Sachlage aus Sicht der Versicherung darzustellen. Die Schadensabwicklung wurde letztendlich im beiderseitigen Einverständnis geklärt, und die Kundin hat daraufhin ihre zunächst negative Kritik auf Dooyoo von sich aus revidiert.

26.3 Social Media-Strategie und (Online-)PR

Eine der wichtigsten Maßnahmen für die Social Media-Strategie eines Unternehmens, die auch eng mit der Online-PR zusammenhängt, ist der Aufbau von eigenen Kanälen im Social Web. Diese Kanäle können zum Beispiel ein Corporate Blog sein, ein Unternehmensauftritt bei Instagram, Twitter, Snapchat, YouTube, Facebook oder Corporate Accounts bei Verbraucherportalen wie Ciao oder Dooyoo, je nachdem, in welchem Feld das Unternehmen zuhause ist und wo sich die relevanten Zielgruppen aufhalten. Der Kernaspekt hinter einer Social Media-Strategie ergibt sich aus der Entwicklung, dass sich immer mehr Nutzer weiter von klassischen Web-Angeboten (wie zum Beispiel E-Mail-Accounts, Kommunikation und E-Commerce) entfernen und stattdessen zuerst auf Social Media-Plattformen zugreifen. Daher macht es Sinn, als Unternehmen überall dort präsent und zum Dialog bereit zu sein.

Längst ist Social Media jedoch ein „Paid Medium" geworden, entsprechende Budgets für die Bewerbung (Social Advertising) der Posts sollte bereitgestellt werden, um die Zielgruppe zu erreichen. So bietet beispielsweise das Netzwerk Facebook diverse Advertising-Formate an, um relevante User zu erreichen und mit ihnen zu interagieren, mehr Likes für eine Unternehmensseite zu erzielen, ein neues Produkt/eine Dienstleistung zu bewerben oder User von Facebook auf die eigene Homepage zu ziehen. Ohne entsprechende Advertising-Maßnahmen lässt sich dank ausgeklügelter Algorithmen der Social Media-Portale kaum mehr organische Reichweite erzielen.

Empfehlungen für eine Social Media-Strategie [3]

- Wichtig ist die Qualität, nicht Quantität: Social Media-Engagement besteht nicht aus zahlreich eröffneten Profilen, sondern daraus, auf den für das jeweilige Unternehmen relevanten Portalen präsent zu sein und setzt die intensive Nutzung der darin enthaltenen Instrumente voraus.
- Social Media sollte im Unternehmen durch ausgebildetes Fachpersonal professionell betrieben werden. Nur so kann man dem rasanten und ständigen Wandel der sozialen Medien durch zielgruppengerechten Content gerecht werden.
- Social Media-Engagement bedeutet, konsistent, dauerhaft und authentisch zu kommunizieren, Konsument und Unternehmen tauschen sich auf Augenhöhe aus.

26.3.1 Beispiele Web2.0-Instrumente (Corporate Blog, Social Media-Kanäle) bei der Verti AG

Die Verti AG führte bereits 2008 als eine der ersten Versicherungen in Deutschland einen Corporate Blog ein (Abb. 26.4). Zu Beginn schrieben hier virtuelle Charaktere, da der Blog in erster Linie zur Erreichung von Besuchern durch spezifische Keywords fungierte. Weitere Instrumente der Social Media-Strategie waren die Bespielung verschiedener Social-Media-Kanäle, wie zum Beispiel die Foto-Community Flickr (Einstellen von Pressebildern), die Videoplattform YouTube (Zeigen von Clips von Veranstaltungen, Werbespots, Produkten) oder auch der Microblogging-Dienst Twitter. Bereits in den ersten Social Media-Atemzügen der Verti AG wurden alle Veröffentlichungen in einem Mister-Wong-Pressespiegel zusammengefasst.

26.3.2 Verzahnung von Online-PR und Web2.0-Instrumenten

Die Distributions- und Kommunikationswege ändern sich im Social Media-Zeitalter sehr schnell, daher sollten sich auch Unternehmen diesen Gegebenheiten anpassen. So ist es im Bereich Kommunikation heutzutage zum Beispiel nicht mehr so, dass eine Pressemitteilung darin endet, dass sie per Mail oder über einen Nachrichtenverteilerdienst versendet wurde, sondern es ist effizienter, danach zusätzlich die Links zur Pressemitteilung auch in die Social Media-Accounts einzustellen, also zum Beispiel die Nachricht mit einer ansprechenden Headline und relevanten oder „trending" Hashtags zu twittern, sie in die Statusmeldung bei Xing oder LinkedIn zu nehmen, oder sie auch an thematisch passende Blogs zu schicken (Abb. 26.5).

Auch ein Social Media Newsroom ist in einem modernen Pressebereich empfehlenswert. Alle schon erwähnten Drittdienste, die man für die Unternehmenskommunikation und das Marketing nutzt, werden hier übersichtlich zusammengefasst: Man findet dort die neuesten Pressemitteilungen, die letzten Veröffentlichungen, Unternehmensfotos von

twitter MISTER WONG
delicious facebook
myspace flickr YouTube
slideshare dooyoo
Lifestream.fm friendfeed
ciao! from bing sevenload

Abb. 26.5 Verti AG, Corporate Blog

> **Volker**
> @Kotelette
>
> #FragNestle - Tauscht Ihr Eure PR-Abteilung nach dem Desaster jetzt vollständig aus?
> 09:01 - 22. Sep. 2015
>
> ♡ & Weitere Tweets von Volker ansehen

Abb. 26.6 Communities und Foren 394

Flickr, Videos, die das Unternehmen bei Youtube eingestellt hat u. v. m. Über Share-Funktionalitäten können diese Informationen auch wieder in andere Dienste eingespeist werden. So hat man hier eine übersichtliche Oberfläche, die sowohl für Journalisten, als auch für Multiplikatoren oder andere am Unternehmen Interessierte einen einfachen Überblick über aktuelle Nachrichten und Neuigkeiten aus dem Unternehmen ermöglichen. Für das Unternehmen eröffnet sich damit ein direkter Kommunikationsweg mit Kunden, Journalisten und Geschäftspartnern (vgl. Abb. 26.6).

Ein weiterer wichtiger Aspekt der Online-PR und des Social Media ist das Influencer-Marketing. Unternehmen versenden ihre Produkte oder relevante Pressemeldungen an Blogger und Social Media-Influencer, die wiederum in ihren eigenen Portalen authentisch für das Unternehmen werben.

26.4 Fazit

Neben den Grundlagen des Online Marketing kommen auch Mittel wie der Blog und verschiedene Social Media-Maßnahmen in innovativen Unternehmen zum Einsatz. Im Sinne der 360°-Online-Kommunikation sollten alle Aktivitäten auf die jeweiligen Kommunikationsziele und Zielgruppen des Unternehmens auf den relevanten Plattformen abzielen. Dies ergibt sich aus einer durchdachten Online Strategie. Durch kontinuierliches Monitoring und daraus resultierender Content-Optimierung, durch den Mut zur Nutzung neuer Werbeformen, sowie durch die intensive Zusammenarbeit mit spezialisierten Agenturen in den Bereichen SEO, SEM, Social Media, Media und PR sind die Erfolgsfaktoren für die nachhaltige Reputationspflege und somit den wirtschaftlichen Erfolg im Web gelegt.

Literatur

1. AGOF e.V. Internet Facts, Berichtsband 2009-I. http://www.agof.de/studie.583.html. Zugegriffen: 03. August 2009
2. McRoberts B, Terhanian GH (2008) Digital Influence Index Study – Welche Rolle spielt das Internet im Leben der Konsumenten in Deutschland, Großbritannien und Frankreich? http://www.harrisinteractive.de/pubs/Digital_Influence_Index_Whitepaper_DE.pdf. Zugegriffen: 30. Juli 2009
3. Reuter M. Markenunternehmen steigern Umsatz und Gewinn durch Social Media Engagement. http://www.yigg.de/toolbar/presse-und-medien/markensteigern-umsatz-und-gewinn-durch-social-media-engagement. Zugegriffen: 04. August 2009
4. Schutzmann I (2009) Mundpropaganda zieht, Internet World Business, Ausgabe 16/2009, S 6

Kopf und Herz. Wirkungsvolles Dialogmarketing im 21. Jahrhundert

27

Per-Johan Horgby und Christian Seidel

Zusammenfassung

Primäre Aufgabe der Werbung ist es, Einstellungen zu beeinflussen. Kommunikation muss berühren. Die VHV hat dabei einen innovativen Weg eingeschlagen, mit dem es gelingt, nicht nur für imaginäre Versicherungsprodukte Interesse zu wecken, sondern vor allem Herzen zu öffnen.

Mit dem sogenannten **GetMore-Dialog** werden die Versicherungslösungen der VHV auf überraschende Art und Weise präsentiert. Grundlage des GetMore-Dialogs ist ein systematischer vierstufiger Prozess: Information, Reduktion, Kreation und Integration. Verstärkt wird dieser Vierklang durch einen besonderen haptischen Mehrwert-Ansatz. Ergebnis: Ein umfassendes Dialogkonzept für über 24.000 unabhängige Vermittler.

Die Erfolge der GetMore-Vermarktungen sind nachhaltig und empirisch belegt. Dafür hat die VHV den EDDI 2017 für „das beste strategische Dialogmarketing in Deutschland" erhalten.

P.-J. Horgby (✉) · C. Seidel
VHV Allgemeine Versicherung AG
Hannover, Deutschland
E-Mail: PJHorgby@vhv.de

C. Seidel
E-Mail: CSeidel@vhv.de

27.1 Bestes Marketing aus Hannover?

27.1.1 Die Auszeichnung

2017 erhielten die VHV Versicherungen den EDDI-Award vom Deutschen Dialogmarketingverband für „das beste strategische Dialogmarketing in Deutschland". Die Auszeichnung fiel für einen Außenstehenden vielleicht etwas unerwartet aus, weil die Preisträger der vergangenen Jahre viel größere und bekanntere Marken waren, wie z. B. Coca-Cola, ING-DiBa, Lufthansa und Porsche. Jetzt gehört die VHV zu diesem Kreis der Who's who der großen Marken. Aber warum?

Der Zweck dieses Artikels ist es, die Logik und die Systematik des Marketingkonzepts der VHV zu beleuchten, die Kernelemente der innovativen Ansprache zu zerlegen und die Effekte für die Marktbearbeitung des Unternehmens darzustellen. Kurzum: zu zeigen, dass der EDDI-Award wohl an die Richtigen verliehen worden ist.

27.1.2 Die Aufgabe

Die VHV Versicherungen wurden 1919 als Solidargemeinschaft verantwortungsbewusster Bauunternehmer unter dem Namen „Haftpflichtversicherungsanstalt der Hannoverschen Baugewerks-Berufsgenossenschaft" gegründet. In der Neuzeit angekommen, werden aktuell Schaden- und Unfallprodukte unter der Marke „VHV Versicherungen" für Privat- und Firmenkunden in Deutschland angeboten. Die Unternehmensstrategie ist klar: stärker als der Markt zu wachsen, d. h. Marktanteile zu gewinnen mit einer wichtigen Nebenbedingung: ohne die Profitabilität zu gefährden. Für das Marketing bedeutet dies, die Vertriebsleistung optimal zu unterstützen. Oder zumindest besser zu unterstützen als die Konkurrenz. Das ist die Aufgabe!

27.2 Strategischer Rahmen

27.2.1 Der Verkaufsprozess

Der Vertrieb der VHV erfolgt primär über unabhängige Vermittler, d. h. Makler oder Mehrfachagenten. Bezeichnend für einen Makler ist seine Unabhängigkeit. Um die Legitimität der Unabhängigkeit zu verdienen, muss dem Kunden zunächst bewusst gemacht werden, wie komplex und schwierig das Versicherungsgeschäft ist. Es gibt eine Vielzahl von Risiken, die abgesichert werden müssen, eine Vielzahl von individuellen Konstellationen und Absicherungsbedürfnissen, eine Vielzahl von Anbietern und Produkten in einer unübersichtlichen Versicherungslandschaft. Aus Kundensicht eine durchaus komplexe Ausgangslage. Da setzen die Makler an.

Die Makler stellen den Kunden in Aussicht, diese Komplexität zu durchbrechen und ein besonderes Angebot zu finden, das genau für den Kunden passt – in der Leistung und im Preis. Im Vergleich zu anderen Versicherungsverkäufern positionieren sich die Makler den Kunden gegenüber als eine Art „Rosinenpicker". Produkte werden bedarfsgerecht ermittelt. Versicherer werden selektiv angeboten. So die Theorie.

Durchschnittlich hat ein Makler 25 bis über 50 Gesellschaften im Portfolio. In den einzelnen Versicherungssparten kommen jedoch immer wieder die gleichen Gesellschaften zum Zuge. Um der Komplexität im Tarifdschungel gerecht zu werden, hat jeder Makler ein „Relevant Set" von favorisierten Gesellschaften pro Sparte für sich entwickelt. Der Unabhängigkeit der Makler ist also in der Praxis ein gelerntes und wiederholtes Handeln unterstellt. In einem Tiefeninterview des Marktforschungsinstituts Rheingold drückt ein Makler es wie folgt aus:

Wenn man mal eine Hausnummer (d. h. Versicherer) hat, dann ist es in der Regel überflüssig, etwas Neues aufzureißen.

Gewohnheit gewinnt. Wenn die VHV wachsen will, dann müssen genau diese gelernten Handlungsmuster durchbrochen werden. Die VHV muss einen neuen Platz vorne im „Relevant Set" der Makler einnehmen und dabei andere Versicherer hinausdrängen. Ein klassischer Verdrängungsprozess. Aber wie macht man das?

27.2.2 Der Stellhebel

„Umparken im Kopf" fängt mit dem Herzen an. Erfolgreiches Marketing entwickelt eine zielgerichtete Kraft, die das Herz trifft, den Kopf öffnet und dem Handeln eine neue Richtung gibt.[1] Es ist essentiell, diese logische Reihenfolge zu verstehen. Die „Actio" wird durch die „Ratio" bewusst entschieden, aber de facto durch die „Emotio" verführt.

Das erstklassige Angebot der VHV muss den Nerv des Maklers treffen, sonst bleibt der Veränderungsprozess auf der Strecke. Brave Argumente, wie maßgeschneidertes, bestes Preis-Leistungs-Verhältnis, zielgruppengerechte Produkte, lösen bei den Vermittlern nichts aus, weil sie nichts Neues aussagen. Die Chance zur Differenzierung ist auf dem Feld der Versicherung nahezu unmöglich. Das wissen die Makler. Gewiss gibt es Unterschiede zwischen den Versicherern, aber die größte Versicherungssparte ist eine normierte Pflichtversicherung, die Kraftfahrthaftpflicht. Da bleibt nicht viel Spielraum für eine „Unique Selling Proposition" übrig. Einzigartigkeit ade. Rationales Marketing in der Sackgasse.

---

[1] Neben anderen wichtigen Stellhebeln in der integrierten Marktbearbeitung, wie innovative Produkte, Preismanagement, Risikoselektion, Vertriebstechnik, Servicestandards in der Verwaltung etc., hat die VHV sehr früh auf eine starke Marketingkommunikation gesetzt. Der Grund dafür war die Notwendigkeit, die Gewohnheiten der Makler nachhaltig zu verändern.

Der Weg der VHV ist anders. Die VHV setzt auf kommunikative Differenzierung. Im Vergleich zu rationalen Produktvorteilen ist die Welt der Kommunikation „unendlich". Durch die Zutaten von Bildern, Text und Musik werden immer wieder neue Geschichten erzählt. Auf die Geschichte kommt es nun an. Durch Humor und Emotionalität wird die natürliche Blockade des Menschen ein Stück weit abgebaut. Ein Spalt in der Tür wird geöffnet. Die integrierte Marktbearbeitung geht jetzt mit anderen Mitteln weiter. Durch diesen Spalt werden die Produkt- und Unternehmensvorteile durchgereicht: Leistungs-Update-Garantie, VOKIS, Max.Net. Alle mühsam erarbeiteten Innovationen der VHV werden durch Marketing getriggert.

Das ist der Weg, den die VHV eingeschlagen hat. Fokus auf die verändernde Kraft der kreativen Kommunikation. Marketing als Hebel der unternehmerischen Strategie, die natürliche Bewegung nach vorne.

27.2.3 Das Konzept

Bei der Kreativstrategie legt sich die VHV auf eine effektive Mechanik fest: „Testimonial stärkt Werbewirkung." Richtig in Szene gesetzt, kann ein prominentes Testimonial als kommunikativer Türöffner fungieren. Bei der Auswahl des Testimonials hat die VHV hoch gegriffen. Für die Kampagne 2009 bis 2015 hat die VHV Dieter Bohlen unter Vertrag genommen. Und ab 2015 arbeitet Til Schweiger mit der VHV zusammen.

Herkömmlich sind Testimonials direkte Markenbotschafter, d. h., sie weisen direkt auf das Produkt hin.[2] Die VHV hat einen anderen und tatsächlich ganz neuen Weg gewählt. Dieter Bohlen oder Til Schweiger sind nicht die klassischen „Heros", die ein Produkt einfallslos proklamieren. Bei der VHV haben die Testimonials die Rolle als prominenter Geschädigter oder Schadenverursacher in skurril-humorvollen Episoden, (vgl. Abb. 27.1 und 27.2).

Als Dieter im Bild erscheint, ahnt man sofort, dass etwas passieren wird; er wird vom Brett getroffen (zu Recht?). Genau das öffnet Herzen. Man sieht zu und kann nicht anders, als zu lachen. Slapstick als Werbung.

Abb. 27.1 Dieter Bohlen als Geschädigter

---

[2] Vgl. z. B. die OBI-Kampagne mit Franz Beckenbauer: „Bei Obi ist der Kunde Kaiser" oder die Nespresso-Kampagne mit George Clooney: „Nespresso. What else?".

Abb. 27.2 Til Schweiger als Schadenverursacher

Eine klassische Familiensituation: Die niedliche Tochter öffnet die Tür etwas voreilig und rammt damit einen Poller: „Emmchen, weißt du nicht, was das Auto wert ist", nuschelt Til seiner Tochter irritiert zu. Desto größer wird die Schadenfreude durch das Versehen des Vaters, wenn er impulsiv seine Tür öffnet. Krach! Und diese fliegt im hohen Bogen weg. Kulleraugen von Emma: „Jetzt nicht mehr so viel."

27.3 Erfolgsfaktoren des Dialogmarketings

27.3.1 Der Dialog

Das Dialogmarketing stellt keinen Selbstzweck dar. Bei aller Konzentration auf den gewünschten Dialog darf dabei das Wesentliche nicht übersehen werden: Im Vordergrund steht der Verkauf des Versicherungsprodukts, ein auf Ertrag ausgerichtetes Ziel.

Die VHV nutzt eine Vielzahl von Dialoginstrumenten, aufgeteilt in Online- und Offlinemarketing, (vgl. Abb. 27.3). Um die Gewohnheit der Makler nachhaltig zu verändern, setzt die VHV auf die direkte persönliche Ansprache. Dieser Dialog wird bedacht mit Vertriebsangeboten und Informationen ausgestaltet, die konsequent aus der Lebens- und Arbeitswelt der Zielgruppe abgeleitet worden sind.

Die Regelkommunikation erfolgt primär über einen monatlichen Newsletter mit individuell ausgesteuertem Content-Marketing. Ergänzt wird dies um Print- und Display-Kampagnen. Zudem bietet die VHV den Vertriebspartnern umfangreiche Shop-Lösungen, wie z. B. Postwurfsendungen, Homepagebaukasten oder Werbegeschenke.

Betrachtet man in der Versicherungswirtschaft die Ergebnisse der Werbemittel, so ist die Ernüchterung oft groß. Responseraten im Mailing von unter 1 % sind keine Seltenheit. Klickraten der Display-Werbung liegen durchgängig im unteren Promillebereich. Das Keyword-Advertising glänzt oft mit guten Ergebnissen, aber bei zum Teil schwindelerregenden Kosten. Das E-Mail-Marketing ist ein beliebter Kommunikationskanal, findet jedoch im Spamverhalten auch schnell seinen Grenznutzen. Nicht einmal die sozialen Netzwerke stellen ein Allheilmittel dar, weil hier der Vermittler in seiner Funktion als unabhängiger Berater kaum ausreichend identifiziert werden kann bzw. er diese Kanäle meist nicht in der eigenen Kundenkommunikation nutzt. Der erwünschte „Dialog" scheint eine Einbandstraße zu sein; Sender ohne Empfänger. Was tun?

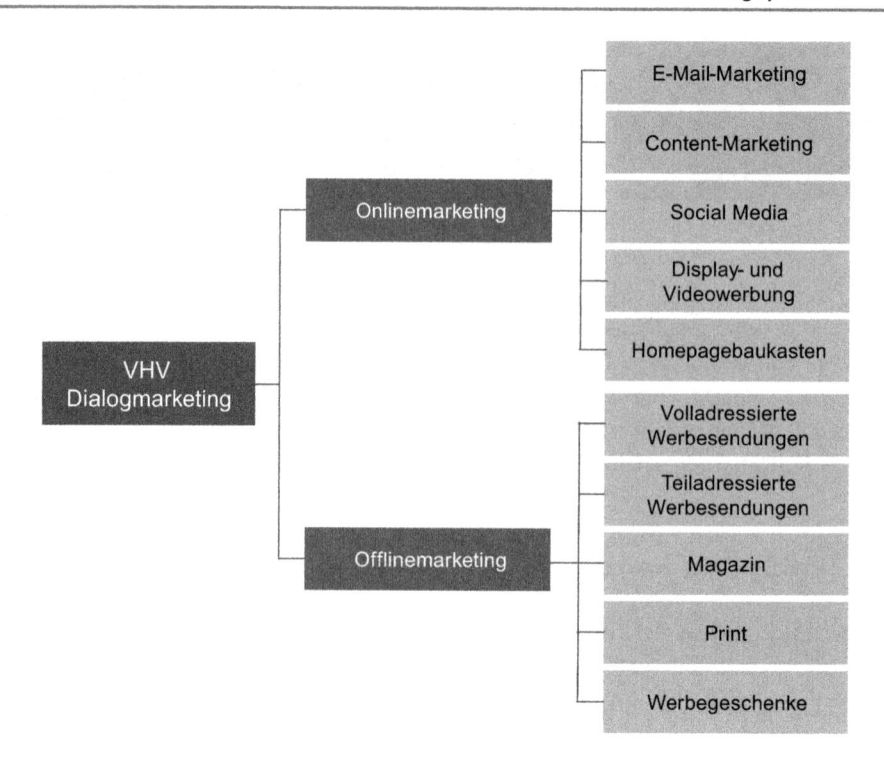

Abb. 27.3 Instrumente des VHV Dialogmarketings

Für die VHV haben sich vier wesentliche Erfolgsfaktoren aus diesem „Dialog-Dilemma" als hilfreich erwiesen: Information. Reduktion. Kreation. Und Integration.

27.3.1.1 Information

Die Beratungsaufgabe nehmen die Makler ernst. Über die verschiedenen Lebensphasen hinweg werden Risikoanalyse und die entsprechende Absicherung übernommen. Durch teilweise drastische Geschichten werden den Kunden die Augen geöffnet und die zahlreichen Risiken überhaupt erst bewusst gemacht. Es besteht der Anspruch, für jeden Kunden die individuell passende Absicherung zu finden bzw. zu erkennen.

Das alles setzt ein umfassendes Fachwissen voraus. Genau wie bei Anwälten oder Steuerberatern ist ihre Zeit knapp und wertvoll. Die Makler wollen schnell und zielgerichtet die notwendigen Informationen erhalten, warum gerade die VHV die besseren Produkte und Prozesse hat. In der Art und Weise der Informationsaufbereitung orientiert sich die VHV daher konsequent am Bedarf des Maklers. In jedem Schritt des Verkaufsprozesses des Vermittlers muss die VHV die richtige Information liefern. Dabei wird sowohl das Nutzungs- und Bestellverhalten auf dem Onlineportal vhv-partner.de umfangreich analysiert, als auch durch regelmäßige Marktforschungen eine Optimierung des VHV Angebots vorgenommen. Beispiele dafür sind u. a.: vereinheitlichte Produktübersichten für alle Sparten, Wettbewerbsvergleiche oder praxisrelevante Schadenbeispiele.

27.3.1.2 Reduktion

Die Idee einer radikalen Reduktion basiert auf einem einfachen und zugleich elementaren Gedanken. Wenn im Zeitalter der Reizüberflutung, der immerwährenden Verfügbarkeit an Informationen und der Austauschbarkeit von Produkten die eigene Stimme auf der Strecke bleibt, bedarf es einer besonderen Art der „Reduktion", um nachhaltig gehört zu werden. Die Reduktion ist aber keineswegs so einfach umzusetzen, wie gesagt. Aus Sicht eines Produktmanagers müssen grundsätzlich alle Leistungen erklärt werden. Das sagt der Jurist auch. Wenn man aber als „Sender" zu viele Bälle gleichzeitig wirft, kann der „Empfänger" keinen davon fangen.

Eine „umfassende Information" ist also wenig erfolgversprechend. Die Konzentration auf das Wesentliche ist notwendig. Dies kann durch drei Schritte gelingen:

1. **Differenzierung:** Konsequente Identifikation und Ableitung des jeweiligen Unique Selling Proposition (USP).
2. **Reduktion der Inhalte**: Themen und kreative Ansätze direkt aus dem USP entwickeln. Reduziert auf einen Gedanken, präzise auf den Punkt.
3. **Storytelling**: In der konkreten Umsetzung der Werbemittel gilt es dann zusätzlich, ein durchgängiges sprachliches und bildliches Motiv – eine Story – zu entwickeln, um die Inhalte leichter zu transportieren.

27.3.1.3 Kreation

Auch eine reduzierte Information geht nicht sofort in den Kopf des Empfängers. Warum? Weil sie in der Regel nicht berührt. Die Frage stellt sich, kann eine Versicherung als Hüter eines imaginären Leistungsversprechens emotional berühren? Wir denken ja. Und zwar durch „Kreation".

Menschen sind fast alle empfänglich für eine „emotionale Verführung". Wenn wir etwas Lustiges sehen, dann lachen wir. Wenn wir irritiert werden, dann werden wir böse. Emotionen arbeiten schnell, unbewusst und wirken sofort. Die gute Kreation verstärkt die „reduzierte Information" in einem schnellen Lerneffekt.

> **Beispiel**
>
> Dieter Bohlen mit einem Gipsarmband. Das Bild signalisiert „Unfall". Sieht zudem komisch aus. Humor öffnet Herzen. Jetzt kann die „reduzierte Information" platziert werden: „Erste Unfallversicherung, die auf eine Mitwirkung verzichtet." Die sehr komplexe Versicherungsbedingung „Mitwirkung" wird so kreativ verstärkt und veredelt, dass die Empfänger zwangsweise an das gesendete Fachwissen herangeführt werden.

27.3.1.4 Integration

Schon Berti Vogts wusste es: Der Star ist die Mannschaft. Ein gutes Team ist mehr als die Summe seiner Spieler. So verhält es sich auch im Kontext einer integrierten Kommunikation. Darunter versteht die VHV das koordinierte Vorgehen bei der Gestaltung der verschiedenen Kommunikationsmaßnahmen, sodass bei den Empfängern ein stimmiges einheitliches Vorstellungsbild entsteht.

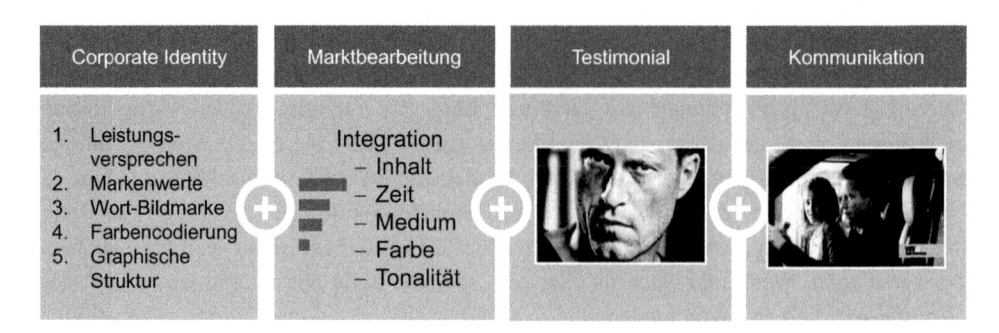

Corporate Identity	Marktbearbeitung	Testimonial	Kommunikation
1. Leistungs-versprechen 2. Markenwerte 3. Wort-Bildmarke 4. Farbencodierung 5. Graphische Struktur	Integration – Inhalt – Zeit – Medium – Farbe – Tonalität		

Abb. 27.4 System der Marketing-Kommunikation der VHV

Zunächst wird die Grundlage in der langfristigen Markenführung gelegt, (vgl. Corporate Identity in der Abb. 27.4). Das Leistungsversprechen, die Markenwerte und die wichtigen grafischen Strukturelemente bilden die Richtschnur der langfristigen Markenführung. Jede operative Marketingmaßnahme wird später gegenüber diesen Leitlinien gespiegelt und ausgewertet.

Die Aussteuerung der Kommunikation wird über mehrere Dimensionen abgestimmt, wie Inhalt, Zeit, Farbe, Bebilderung etc. Die kommunikative Integration aller Maßnahmen im „Marktbearbeitungstrichter" sorgt dafür, dass die operative Effizienz der Marketing-Kommunikation permanent hoch bleibt.

Nach den ersten zwei Bausteinen erfolgt nun die eigentliche Werbung. Die Aufgabe des Testimonials ist es, die Werbung zu „hebeln". Der Einsatz eines Testimonials muss durch eine nachweisliche Hebelwirkung die Zusatzkosten kompensieren. Da die VHV immer noch eine relativ unbekannte Marke ist, fungieren Testimonials besonders gut als Erinnerungsanker für die Marke.

Ausgehend von der Corporate Identity, von der Marktbearbeitung und vom gewählten Testimonial, werden dann im letzten Schritt operative Marketingmaßnahmen erstellt. Welche Art von Marketingmaßnahmen entscheidet die Aufgabenstellung und die Effizienz der Maßnahme?

Beispiel

In der Abb. 27.5 wird die integrierte Unfallvermarktung von 2017 gezeigt. Til Schweiger weist in TV, Print und Display auf die neue Unfallversicherung mit 22 verbesserten Leistungspositionen unter dem Claim „Gigantisch abgesichert" hin.

Inhalt und Design werden in den Dialogmaßnahmen heruntergebrochen und an das Medium angepasst. In Vertriebsveranstaltungen und persönlichen Ansprachen werden die übergreifenden Designelemente und der Claim hervorgehoben. In den verkaufsfördernden Materialien werden Aktionsthemen nur in den Akquise-Materialien eingesetzt (z. B. Aktionsflyer). Die Produktliteratur steht zeitlich über jeder Verkaufsaktion, ist aber stark über Inhalt, Design und Tonalität integriert.

Abb. 27.5 Integrierte Vermarktung „VHV Unfallversicherung"

Alle vier Erfolgsfaktoren (Information, Reduktion, Kreation, Integration) stellen einen wesentlichen Maßstab für die operative Umsetzung dar. Jedes VHV Werbemittel soll sich an seinen spezifischen Stärken orientieren, kreativ und inhaltlich überraschen und sich gleichzeitig nahtlos crossmedial einfügen.

27.3.2 Die Innovation

Jedes Jahr Informationsmaterial zu den gleichen häufig kaum veränderten Produkten zu erhalten, kann für die Makler schnell belanglos werden. Langweilige Wiederholungen sieht keiner, spannende Neuauflagen schon. Es geht also um ständige Neuerfindung eines Spannungsbogens in der Kommunikation. Zu diesem Zweck hat die VHV eine neue Art der Kommunikation eingeführt, die Mehrwert-Kommunikation oder wie die VHV es selbst ausdrückt: den **GetMore-Dialog**.

Mit dem GetMore-Dialog werden die Versicherungslösungen der VHV auf überraschende Art und Weise präsentiert. Im Kern geht es immer über Platzierung eines Produkts der VHV im Relevant Set der Makler. Die oben beschriebenen Ansätze werden

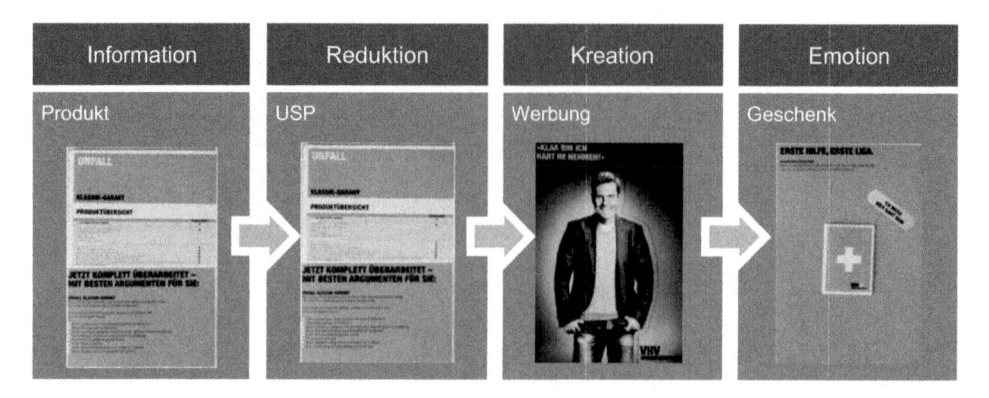

Abb. 27.6 Aufbau des GetMore-Dialogs

alle benutzt. USPs werden ermittelt, verdichtet und reduziert. Verstärkung der USP durch Kreation eines Testimonials. Soweit nichts Neues. Die Idee ist jetzt, alle diese Elemente intelligent zu verpacken und es an den Makler zu verschenken. Das „Geschenk" ist der Schlüssel. Und das Geschenk ist ein haptisches Werbemittel, das den USP gezielt und wirkungsvoll verstärkt (vgl. Abb. 27.6).

In Zeiten digitaler Transformation mag dieses Vorgehen anachronistisch erscheinen, die Wirkung ist es aber nicht. Eine neue Studie des Instituts Rheingold[3] zeigt, dass jeder zweite unabhängige Vermittler bereits in der Akquisephase haptische Werbemittel von Versicherern im Kundengespräch einsetzt, ganz im Gegensatz zu fast allen anderen werblichen Angeboten der Versicherer. Beliebigkeit in der Auswahl der Werbemittel ist aber Fehlanzeige. Bei der Auswahl und Umsetzung gilt: Das Werbemittel sollte einen hohen Nutzwert haben, gelernt sein, sich aber wiederum durch eine kreative Veredelung abheben.

> **Beispiel**
>
> In der Vermarktung der Unfallversicherung hat die VHV Pflaster verschenkt. Passt zum Thema Unfall recht gut. Normale Pflaster sind jedoch langweilig. Wie können herkömmliche Pflaster Emotionen auslösen?
>
> **Idee:** Verpacke die Pflaster im prägnanten Design der VHV. Angereichert und aufgeladen mit lustigen Sprüchen von Dieter Bohlen, wie z. B. „Happy Aua" oder „Das Leben ist kein Ponyhof" (vgl. Abb. 27.7).
>
> **Effekt:** Seit Einführung wurde das Werbemittel über 80.000-mal verkauft und dann in Kundengesprächen von den Maklern an ihre Kunden übergeben. Besonderheit: Die Makler mussten 90 Cent pro Verpackung selbst zahlen.

---

[3] Studie „Anbahnungs- und Beratungsprozess von freien Vermittlern" im Auftrag der VHV aus dem Jahr 2016.

Abb. 27.7 Werbemittel Unfallversicherung

27.4 Zwei Fallbeispiele

GetMore-Dialog – ein wirkungsvoller Weg, Regelkommunikation spannend und überraschend zu gestalten.

Case 1. GetMore 2016

Produkt: Kfz Flottenversicherung
Idee: Auf dem Highway ist die Flotte los

Kfz-Aktionen zum Jahresende sind nicht neu. Davon hat auch der unabhängige Vermittler reichlich im Angebot. Besonders erfolgreich ist die VHV, weil ein innovativer Tarif in Kombination mit einem außergewöhnlichen Auftritt, der spielerisch statt nur sachlich die Produktfeatures vermittelt, sich einfach besser verkauft. Emotionaler Verstärker: ein Parkblock, der originelle Ausreden und Ideen für das kurzfristige Parken in 2. Rei-

Abb. 27.8 Werbemittel Kfz-Flottenversicherung (1)

he bereithält. Das gesamte Thema wurde in cooler Filmoptik umgesetzt (vgl. Abb. 27.8 und 27.9).

Case 2: GetMore 2017

Produkt: FIRMENPROTECT Haftpflicht
Idee: Keinohrschaden

Eine für alle. Von klein bis groß. Vom Friseurbetrieb um die Ecke über den Anlagenbauer bis hin zum weltweiten Onlinehändler.

Mit dem neuen Produkt VHV FIRMENPROTECT Haftpflicht bekamen die VHV-Vertriebspartner ein Werkzeug an die Hand, das ein wahrer „Alleskönner" war. Passend dazu erhielten sie als Verstärker und Türöffner das praktische VHV Werkzeug-Multitool im Scheckkarten-Format. Die Umsetzung des Mailings erfolgte in Form eines Magazins im Großformat.

27.5 Messung der Wirksamkeit

Die Kommunikation soll dazu beitragen, die Unternehmensziele zu erfüllen. Oft wird jedoch unterstellt, dass die Werbewirkung nicht erfasst werden kann. Wir vertreten eine andere Meinung. Kecke Aussagen, wie „Werbung muss verkaufen", greifen jedoch zu kurz. Der Markt wird vom gesamten Unternehmen bearbeitet, nicht nur von der Werbung. Die primäre Aufgabe der Werbung ist es, die Einstellungen der Empfänger zu beeinflussen. Das fördert den Absatz, aber verkauft per se nicht von selbst. Daher versuchen wir

Abb. 27.9 Werbemittel Kfz-Flottenversicherung (2)

ständig, die Wahrnehmung der Makler sowie die der Kunden besser zu verstehen und für die VHV positiv zu beeinflussen.

Die Erfolge der GetMore-Vermarktung lassen sich über die Zeit sehr gut belegen. Im Bereich des Maklervertriebs werden Quartals-Befragungen nach den präferierten Versicherungspartnern pro Sparte durchgeführt.[4] Wenn die VHV die Aufgabe gut gelöst hat, dann muss die Einstellung der Makler zu den Produkten der VHV nach einer GetMore-Vermarktung direkt ablesbar sein. Das ist der Lackmustest, ob die Kommunikation bei den Maklern angekommen ist oder nicht.

In der Abb. 27.10 sehen wir unterschiedliche GetMore-Aktionen aus den Jahren 2009 bis 2016. Die Balken zeigen je eine GetMore-Aktion und die Linie misst die Stellung der VHV im Relevant Set der Makler. Nicht jede Vermarktung ist gleich gut. So war z. B. die dritte Vermarktung (2010) sehr erfolgreich, erhöhte das Relevant Set um 62 %. Die GetMore-Aktion im Jahr 2015 eher nicht: Sie erhöhte das Relevant Set lediglich um 4 %.

Kommunikation ist aber auch eine Frischware. Der langfristige Trend ist für die VHV positiv. Das Relevant Set wird über die Zeit aufgebaut, genau wie die Marktanteile der VHV. Aber die Wirkung einer Aktion ist nicht beständig. Mit der Zeit lässt der Effekt nach. Die Makler vergessen und die Konkurrenz schläft auch nicht. Das ist ein starker Beleg dafür, dass eine wirkungsvolle Kommunikation Kontinuität fordert. Wer nicht wirbt, stirbt.

---

[4] Vgl. AssCompact Trends.

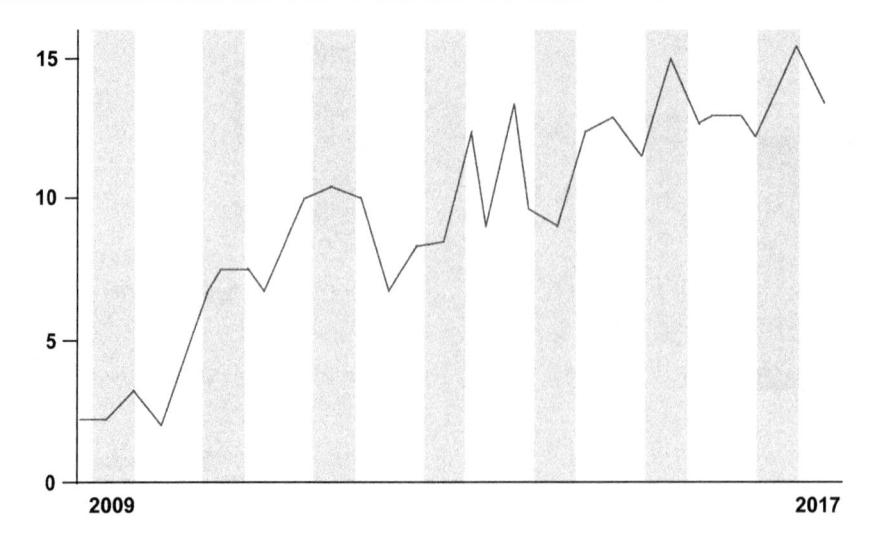

Abb. 27.10 Relevant Set der VHV (in %) in Abhängigkeit zur Vermarktung VHV Unfallversicherung

27.6 Fazit

Vielleicht ist die VHV noch ein Stück entfernt von den Giganten des deutschen Markenolymps. Sie gewinnt aber stetig Marktanteile hinzu und ist zudem profitabel unterwegs. Ein Teil dieses Erfolgs stammt zweifellos aus der wirkungsvollen Kommunikation. Auch wenn die Grundmuster der Kommunikation grundsätzlich bekannt sind, so ist es der VHV gelungen, die werbliche Kommunikation neu und vor allem innovativ zu verknüpfen. Der GetMore-Dialog ist einer davon. Und dafür hat die VHV die Auszeichnung für „das beste strategische Dialogmarketing in Deutschland" wohl auch verdient erhalten.

Reduktion der Produktkomplexität am Beispiel der Kompositversicherung

28

Michael Reich und Franziska Höhn

Zusammenfassung

Produktkomplexität wird in der wissenschaftlichen Debatte als auch in der Praxis als eine der wesentlichen Handlungsfelder zur Komplexitätsreduzierung in Unternehmen diskutiert. Die Fragen nach den Möglichkeiten einer systemimmanenten komplexitätsreduzierenden Produktstrategie sowie deren tatsächlicher Nutzen sind im Versicherungsmarkt trotz der weiten Verbreitung und des hohem Stellenwerts der Thematik bisher nur geringfügig untersucht worden. Dies gilt es, insbesondere vor dem Hintergrund der anhaltenden Herausforderungen von Deregulierung, Wettbewerbsintensivierung und Digitalisierung in der Kompositversicherung, zu ändern und so die Potenziale zur Verbesserung der Kostenposition noch besser nutzen zu können.

28.1 Einführung

Nicht nur Industrieunternehmen stehen vor der ständigen Herausforderung, die Komplexität der Produktvielfalt, die u. a. aus Produktneuentwicklungen und -modifikationen resultiert, sowie die daraus entstehenden Verwaltungskosten zu bewältigen (vgl. [2]). Auch IT- und Dienstleistungsunternehmen unterliegen dieser Problematik. Automobilhersteller lösen diese, indem sie die Herstellung von beispielsweise Ersatzteilen nach einigen Jahren einstellen. Microsoft stellt wiederum den Support für seine Betriebssysteme ein.

M. Reich (✉) · F. Höhn
67rockwell Consulting GmbH
Hamburg, Deutschland
E-Mail: michael.reich@67rockwell.de

F. Höhn
E-Mail: franziska.hoehn@67rockwell.de

Somit wird der Kunde bzw. Endnutzer gezwungen, sich ein neues Produkt zu kaufen. Das Unternehmen kann damit die Kosten für das Altprodukt stark reduzieren.

Auch Versicherungsunternehmen müssen sich der Aufgabe stellen, die zunehmende Komplexität ihrer Bestände und die daraus resultierenden Implikationen zu reduzieren (vgl. [8]). Deregulierung und Wettbewerbsintensivierung haben dazu geführt, dass sich Versicherer zunehmend über ihre Produkte und Tarife differenzieren müssen und diese zu einem zentralen wettbewerbspolitischen Instrument geworden sind (vgl. [4]). In der Folge haben Versicherungsunternehmen neue, kundenorientierte Deckungskonzepte entwickelt, um Marktanteile zu sichern bzw. zusätzliche zu generieren. Seit der Deregulierung 1994 entstand somit eine Produktvielfalt sowie, hieraus resultierend, eine zunehmende Heterogenität in den Versicherungsbeständen (vgl. [7]). Über die aktuellen Verkaufsprodukte hinaus werden auch nicht mehr aktiv vermarktete Produkte im Bestand – aufgrund der Langfristigkeit der Verträge und des Dauerschuldverhältnisses – weitergeführt. Abwicklung, Produktpflege, Instandhaltung der mannigfachen IT-Systeme sowie Schadenregulierung verursachen wiederkehrende Aufwendungen.

Daraus resultiert die Notwendigkeit einer aktiven Steuerung der Komplexität der Produktlandschaft und somit des Versicherungsbestands. Im Gegensatz zu den Beispielen aus der Automobil- und IT-Branche unterliegen Versicherungen aber speziellen Charakteristika, die eine vergleichsweise einfache Lösung nicht zulassen. Die Fragen nach den Möglichkeiten zur Komplexitätsreduzierung heterogener Versicherungsbestände sowie deren tatsächlicher Nutzen sind im Versicherungsmarkt trotz der weiten Verbreitung und des hohen Stellenwerts der Thematik bisher nur geringfügig untersucht worden (vgl. [3, 1]).

Deswegen wurde eine Untersuchung mit dem Ziel durchgeführt, einen Beitrag zur wissenschaftlichen Diskussion der Komplexitätsthematik zu leisten, der zum einen Transparenz in der Diskussion schafft sowie die Wirkung und Möglichkeiten von Komplexitätsreduzierung in heterogenen Versicherungsbeständen und deren Erfolgspotenziale betrachtet. Im Rahmen dieser Untersuchung sollen dabei die folgenden fünf Forschungsfragen näher analysiert werden, um damit Rückschlüsse auf die Erfolgspotenziale zu erlangen:

a. Was ist Komplexität heterogener Versicherungsbestände, welche Ausprägungen existieren und wodurch entstehen diese?
b. Wie wirkt sich die Komplexität heterogener Versicherungsbestände auf das Versicherungsgeschäft und -unternehmen aus?
c. Welche Möglichkeiten existieren, die Komplexität heterogener Versicherungsbestände zu reduzieren?
d. Welche Kosten-Nutzen-Wirkung lässt sich durch eine Komplexitätsreduzierung heterogener Versicherungsbestände erzielen und welche Einflussfaktoren müssen hierbei Berücksichtigung finden?
e. Für welche Versicherungsunternehmen und in welchen Situationen ist eine Komplexitätsreduzierung heterogener Versicherungsbestände vorteilhaft?

Zur Beantwortung der formulierten Forschungsfragen wird in einem ersten Schritt der Begriff der Produktkomplexität definiert. Da, wie eingangs erwähnt, in der Literatur und Praxis die Produktkomplexität in der Versicherung bisher nur in geringem Maße untersucht wurde, wurde zur Schließung dieser Lücke eine Befragung von Experten aus der Versicherungsbranche in Form von Interviews durchgeführt. Dementsprechend wird im Weiteren dieses Vorgehen beschrieben, um nachfolgend die Ergebnisse der empirischen Untersuchung darzustellen und somit die obigen Fragestellungen zu beantworten.

28.1.1 Produktkomplexität in der Versicherung

In der Industrie, insbesondere in der Branche Automotive, zählt insbesondere die Komplexitätsreduzierung im Leistungsprogramm zu den wichtigsten Ansatzpunkten des Komplexitätsmanagements in Unternehmen (vgl. [5]). Im Bereich der Versicherung ist jedoch nicht – wie vorrangig im produzierenden Gewerbe – allein die Komplexität des aktuellen (verkaufsoffenen) Produktportfolios entscheidend, sondern zudem muss auch die Komplexität der Produkte alter, nicht mehr verkaufsoffener Generationen im Bestand beherrscht werden. Die vornehmlichen Ursachen für diesen Unterschied liegen zum einen in der Langfristigkeit der Vertragsbeziehung. Zum anderen erfolgt bei Versicherern ein wesentlicher Teil der Leistungserbringung erst nach dem Absatz des Versicherungsproduktes. Hierzu zählen, neben der Antragsbearbeitung, beispielsweise die betriebliche Bearbeitung bei Änderungen, Schadenbearbeitung, Datenverwaltung und -Controlling sowie nachträgliche Anpassungen der Verträge aufgrund gesetzlicher Änderungen.

Die Komplexität in den Versicherungsbeständen wird dementsprechend im vorliegenden Beitrag in zwei Arten bzw. Dimensionen unterschieden:

- **1. Dimension:** Komplexität aufgrund der Vielzahl und Vielfalt an Produkt- bzw. Bedingungsgenerationen im Bestand.
- **2. Dimension:** Komplexität aufgrund der Vielzahl und Vielfalt an Produktvarianten innerhalb einer Bedingungsgeneration

Am Beispiel der Verbundenen Wohngebäudeversicherung sollen anhand der Abb. 28.1 die Dimensionen der Komplexität in heterogenen Versicherungsbeständen verdeutlicht werden.

Die 1. Dimension beschreibt die Komplexität, die durch einzelne Produktmodifikationen im Zeitablauf entsteht. Wie oben dargestellt, werden die Versicherungsbedingungen durch Produktinnovation oder -variation an die aktuellen Gegebenheiten im Verlauf angepasst. Die Modifikationen können u. a. Änderungen in den Versicherungssummen und Entschädigungsgrenzen, den Ein- bzw. Ausschluss versicherter Sachen oder Gefahren sowie die Einbindung von Produktinnovationen in die Allgemeinen Versicherungsbedingungen umfassen. Zusätzlich zur Einführung neuer Produktgenerationen ist auch die Einfüh-

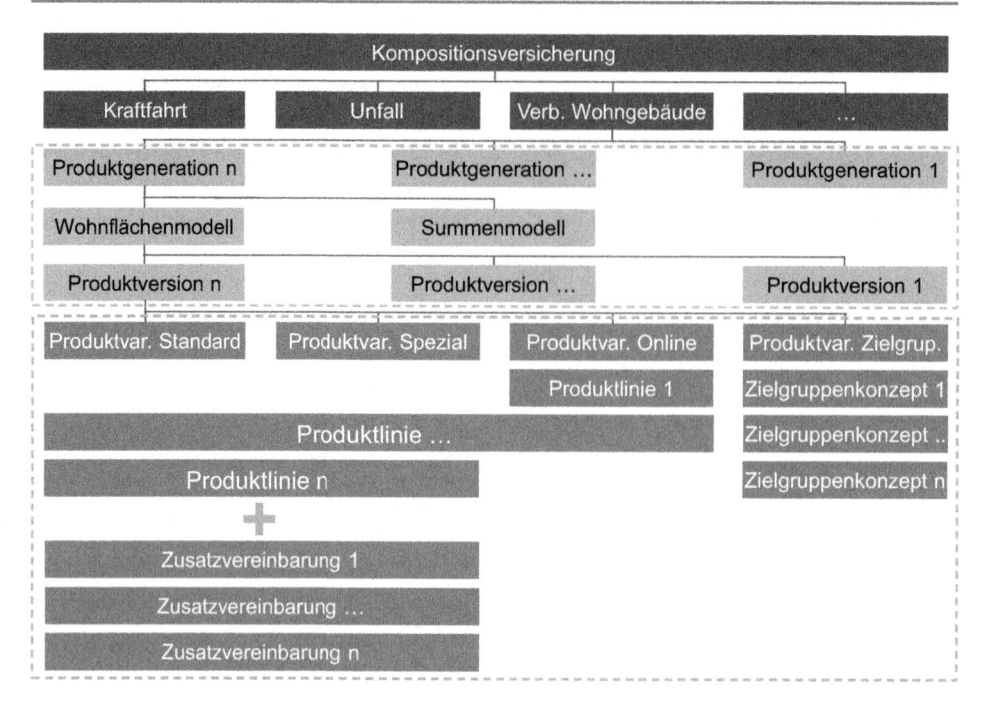

Abb. 28.1 Dimensionen der Komplexität heterogener Versicherungsbestände am Beispiel der Verbundenen Wohngebäudeversicherung. (Quelle: eigene Darstellung)

rung einer neuen Bedingungsversion für eine bereits bestehende Bedingungsgeneration möglich.

Innerhalb einer Produktgeneration existieren verschiedene Produktvarianten, die dem Kunden zur Bedürfnisbefriedigung angeboten werden. Die Summe der Produktvarianten beschreibt die Tiefe des Produktsortiments einer Produktgeneration (vgl. [9, 4]). Die Modifikation des Versicherungsprodukts erfolgt dabei innerhalb einer Produktgeneration durch Produktdifferenzierung. Die 2. Dimension der Komplexität entsteht dementsprechend durch das Angebot verschiedener Varianten von Versicherungsschutz und verbundener Dienstleistungen für gleiche Risiken zur gleichen Zeit (vgl. [4]). Ziel ist es, zur Steigerung des Absatzes im Wettbewerb die Produkte an die Kundenbedürfnisse besser anzupassen und in der Folge eine Marktsegmentierung zu erreichen (vgl. [12, 6]).

Die Produktdifferenzierung zur Variation des Versicherungsschutzes in Qualität und Funktion erfolgt dabei über die Produktarchitektur. Als Grundformen lassen sich fixe und modulare (Bausteinkastenprinzip) Pakete unterscheiden. Am Markt vorherrschend sind fixe Pakete gemäß der „Gold-Silber-Bronze-Logik", die durch Zusatzbausteine individuell differenziert werden können (vgl. [13]). In der oben dargestellten Abb. 28.1 sind die fixen Pakete als Produktlinien dargestellt. Ziel des Angebots mehrerer fixer Pakete ist die standardisierte Deckung des Versicherungsbedarfs verschiedener Versicherungsnehmer im Hinblick auf ihre Risikobedürfnisse. Zusätzlich zu den fixen Paketen werden häufig auch Zusatzpakete und Zielgruppenprodukte zur individuelleren Abdeckung der verschiedenen Risikosituationen der Kunden sowie weitere Produktvarianten zur Bedienung der unterschiedlichen Absatzkanäle konzipiert (vgl. [12]).

28.1.2 Charakteristika von Kompositprodukten

Der Begriff des Versicherungsproduktes umfasst das abstrakte Dauerschutzversprechen in die Zukunft im weiteren Sinne und die Versicherungsdeckung, die den Versicherungsschutz rechtlich und inhaltlich durch Allgemeine und Besondere Versicherungsbedingungen bestimmen, im engeren Sinne. Dabei verpflichtet sich der Versicherer gegen die Zahlung eines festgelegten Preises (Prämie) bei Eintritt eines definierten Versicherungsfalls dem Versicherungsnehmer eine Versicherungsleistung als Kompensation des Schadens (meistens monetär) zu leisten, damit der Zustand vor Schadeneintritt wiederhergestellt werden kann (vgl. [12]). Die Kompensation des Schadens durch die Versicherungsleistung wird in einem sogenannten Versicherungsvertrag geregelt.

Ein Versicherungsvertrag setzt sich aus den Komponenten bestimmter Risiko-, Spar-/Entspar- und Dienstleistungsgeschäfte zusammen. Das Versicherungsprodukt kann dabei als ökonomische Einheit einer Mehrzahl von Versicherungsverträgen verstanden werden (vgl. [4]). Das Risikogeschäft konkretisiert den Risikotransfer einer Wahrscheinlichkeitsverteilung von Schäden vom Versicherungsnehmer auf das Versicherungsunternehmen und bildet somit den Kern eines Versicherungsprodukts. Dabei kann es um Leistungen des Spar-/Entspar- sowie Dienstleistungsgeschäfts ergänzt werden. Die Beschreibung des Gesamtversicherungsgeschäfts erfolgt dabei grundlegend in den allgemeinen und besonderen Versicherungsbedingungen. Im Rahmen dieses Beitrages wird ein Versicherungsprodukt auf der Ebene der Versicherungsbedingungen abgegrenzt, das heißt, dass jede Produktvariante einer Bedingungsgeneration und -version je Versicherungszweig als eigenständiges Versicherungsprodukt zu betrachten ist. Dies ist klar abzugrenzen von den unterschiedlichen Tarifversionen, da diese in der Praxis im Allgemeinen die Prämienkalkulation regeln, aber keine neuen inhaltlichen Änderungen des Versicherungsschutzes bzw. der Versicherungsleistung beinhalten.

Das Versicherungsprodukt gilt als Low-Interest-Produkt, das aktiv verkauft werden muss. Trotz der eigentlich initial sehr kurzen Vertragslaufzeiten von einem bis maximal drei Jahren in der Kompositversicherung dauert die tatsächliche Vertragsbeziehung aufgrund der automatischen Verlängerung und dem geringen Interesse am Produkt selbst in vielen Zweigen der Kompositversicherung weitaus länger. Erfahrungen von 67rockwell Consulting auf Basis einer in 2014 durchgeführten Studie zeigen, dass die durchschnittliche Vertragsbeziehung in der Wohngebäudeversicherung je nach Versicherer zwischen zehn und 27 Jahren beträgt. Der Marktdurchschnitt liegt dabei bei fast 16 Jahren. Die Tatsache, dass solche Verträge nur in größeren Zeitabständen auf die aktuellen Bedingungen angepasst werden, begründet unter anderem die zahlreichen unterschiedlichen Produktgenerationen im Versicherungsbestand.

28.2 Möglichkeiten und Ansätze zur Reduktion von Produktkomplexität

28.2.1 Vorüberlegungen

Da, wie schon eingangs angeklungen, zum einen keine einheitlichen quantitativen Methoden zur Bewertung von Komplexität existieren und zum anderen eine solche Bewertung aufwändig auf Grundlage sensibler unternehmensindividueller Daten vorgenommen werden muss, kann nicht auf Sekundärdaten zurückgegriffen werden. Zur Ermittlung der relevanten Daten wurde die Befragung von Branchenexperten gewählt. Diese ermöglicht die Erhebung der Reichhaltigkeit der individuellen Erfahrungen der Experten sowie die Untersuchung inhaltlicher Sachverhalte und Beziehungen für die Forschung. Zudem erlaubt das persönliche Interview, durch Nachfragen oder Erläuterungen auf Unklarheiten zu reagieren und auch bei einer hohen Anzahl von Fragen sowie komplexen Fragestellungen das Verständnis dieser sicherzustellen. Insgesamt wurden acht Interviews mit Experten der ersten und zweiten Führungsebene von privaten Kompositversicherungsunternehmen durchgeführt. Die Experten repräsentierten sechs verschiedene Unternehmen mit einem gemeinsamen Marktanteil von ca. 27 % in der Kompositversicherung. Dabei unterscheiden sich die Unternehmen insbesondere hinsichtlich der Unternehmensgröße, dem Vertriebswegemix und der Mischung des Bestandsalters. Die Auswertung der Experteninterviews erfolgte auf Grundlage deskriptiv-statistischer Verfahren zur Ermittlung der Lageparameter, speziell der Mittelwerte und Streuungsparameter. Ergänzend hierzu erfolgte eine qualitative Analyse der offenen Fragen, um zusätzliche Informationen zur Interpretation der Ergebnisse sowie zur Ableitung von Implikationen erheben zu können.

28.2.2 Relevanz und Auswirkungen von Produktkomplexität

In einem ersten Schritt wurde untersucht, wie groß die Relevanz der Produktkomplexität aus der Sicht der gefragten Experten ist; anschließend sollte mit deren Hilfe eingeschätzt werden welche Einflussfaktoren auf heterogene Versicherungsbestände wirken. Der Abschnitt schließt mit einer Expertenschätzung auf die Auswirkungen von Komplexität in heterogenen Versicherungsbeständen.

1. Relevanz der Produktkomplexität
Die Experten wurden zunächst gebeten, ihre Einschätzung zur Relevanz der Komplexitätsthematik im Hinblick auf den Markt und das eigene Unternehmen auf einer Skala von ein bis sechs zu bewerten. Abb. 28.2 zeigt für diese beiden Fragestellungen eine relativ hohe Konzentration der Antworten im oberen Bereich zwischen eins und drei. Es ist des Weiteren ersichtlich, dass das arithmetische Mittel (sowie der Median) für den Markt und das eigene Unternehmen bei rund 2 liegt. Damit zeigt sich, dass die Komplexität von den befragten Experten als wichtig erachtet wird. Zudem belegen auch die zusätzlich ermittel-

28 Reduktion der Produktkomplexität am Beispiel der Kompositversicherung

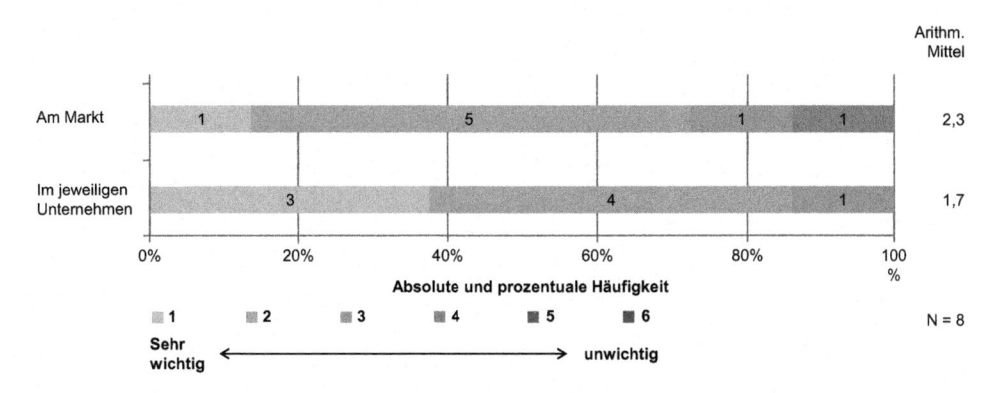

Abb. 28.2 Relevanz der Komplexität heterogener Versicherungsbestände. (Quelle: eigene Darstellung)

ten Altersstrukturen des Bestands der untersuchten Unternehmen die Annahme, dass eine hohe Relevanz des Themas vorliegt. Nur bei zwei der sechs Unternehmen sind mindestens 80 % des Bestands jünger als 10 Jahre. Bei vier der Unternehmen liegen für 20 bis 40 % des Bestands Bedingungen, die vor mehr als mindestens 10 Jahren geschlossen wurden, zu Grunde. Zusammenfassend bestätigt sich aufgrund der Ergebnisse eine hohe Relevanz des Forschungsgegenstands sowohl in den einzelnen Unternehmen als auch für den Markt insgesamt.

Nachdem im ersten Schritt die Relevanz des Themas für die Kompositversicherungsunternehmen als auch für den Markt festgestellt werden konnte, gilt es in einem nächsten Schritt, den Fokus auf die Einflussfaktoren zu legen.

2. Einflussfaktoren auf die Komplexität heterogener Versicherungsbestände

Die Experten wurden gebeten, die nachfolgend dargestellten möglichen Einflussfaktoren auf die Produktkomplexität in Versicherungen auf einer Skala von 1 bis 6 zu bewerten und gegebenenfalls weitere wesentliche zu ergänzen. Die Einflussfaktoren wurden zur Verbesserung der Übersichtlichkeit in der Abb. 28.3 absteigend vom höchsten zum niedrigsten durchschnittlichen Einfluss geordnet. Es wird ersichtlich, dass die dargestellten Einflussfaktoren alle einen durchschnittlichen Einfluss von mindestens 3 auf die Komplexität von Versicherungsbeständen ausüben.

Die verhältnismäßig niedrige Bewertung der Einflussstärke der Kundenwünsche ist wohl eindeutig darauf zurückzuführen, dass im privaten Kompositversicherungsgeschäft eine starke Individualisierung im Massengeschäft aus der Sicht der Kunden nicht gewünscht ist. Darüber hinaus ist dieser Einflussfaktor in der Regel sehr stark durch das Versicherungsunternehmen selbst zu beeinflussen. Hinsichtlich des technischen Fortschritts und des Produktinnovationszyklus zeigt sich, dass diese zwar Einfluss nehmen (arithmetisches Mittel und Median von 3,0), aber in der Praxis im privaten Kompositversicherungsgeschäft verhältnismäßig wenig (echte) technische bzw. Produktinnovationen existieren.

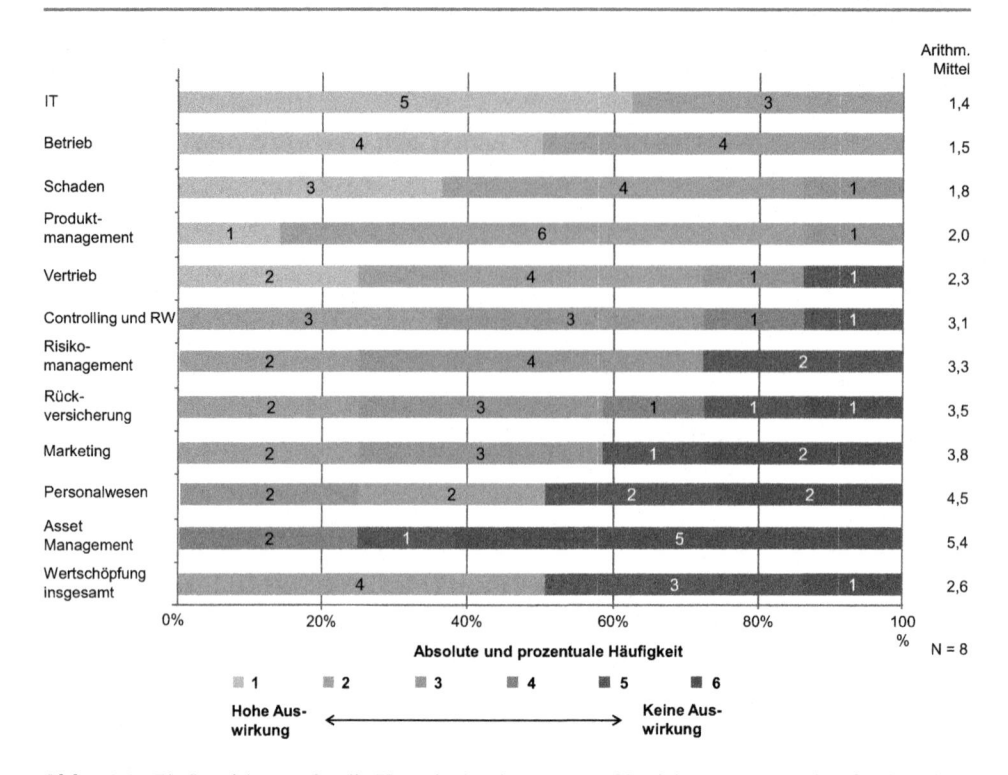

Abb. 28.3 Einflussfaktoren für die Komplexität heterogener Versicherungsbestände. (Quelle: eigene Darstellung)

Dem Vorgehen weiter folgend, sollen im nächsten Abschnitt die möglichen Auswirkungen durch die Experten bewertet werden.

3. Auswirkungen der Komplexität heterogener Versicherungsbestände

Entsprechend der Experteneinschätzungen sind die Auswirkungen der Komplexität heterogener Versicherungsbestände auf die Bereiche Schaden, Betrieb und IT am höchsten. Weitere, oft identifizierte Bereiche sind das Produktmanagement und der Vertrieb. Konkret werden dabei insbesondere der höhere operative Aufwand und die damit verbundene Erhöhung der Kosten in den Geschäftsprozessen genannt. Ursachen hierfür sind

- eine verminderte Bearbeitungsgeschwindigkeit und somit Ressourcenbindung in der Bearbeitung von Anfragen und Schäden,
- eine erhöhte Fehleranfälligkeit bei der Vertrags- und Schadenbearbeitung,
- ein erhöhter Schulungsbedarf sowie
- höhere Programmier-, Test- und Prüfaufwände in der IT bei Anpassungen der Produkte und technischen Neuentwicklungen.

Im Weiteren werden im folgenden Abschnitt die Möglichkeiten der Harmonisierung von Bestandsgenerationen geprüft.

28.2.3 Möglichkeiten zur Harmonisierung von Bestandsgenerationen

Die Produktkomplexität wird in der wissenschaftlichen Debatte sowohl in der Fachliteratur als auch in der Praxis als einer der wesentlichen Handlungsfelder zur Komplexitätsreduzierung in Unternehmen diskutiert. Wie zuvor ausgeführt wurde, sind Versicherungen jedoch durch sehr spezielle Charakteristika gekennzeichnet, die eine genauere Betrachtung der Rahmenbedingungen bei der Identifikation geeigneter Maßnahmen zur Komplexitätsreduzierung heterogener Versicherungsbestände notwendig macht. Abgeleitet von den Dimensionen der Komplexität werden im Rahmen des vorliegenden Beitrages grundlegend zwei Ansatzpunkte zur Komplexitätsreduktion betrachtet, die keinen direkten Einfluss auf das Geschäftsmodell sowie die positive Komplexität nehmen (vgl. [11]).

Dabei kann ein Stellhebel zur Reduzierung der Komplexität heterogener Versicherungsbestände die Reduzierung der 1. Komplexitätsdimension – die Heterogenität der Produktgenerationen und deren -varianten – sein. Konkret wurden mit den Experten vier Ansatzpunkte zur Komplexitätsreduktion besprochen:

a. Versand einer Änderungskündigung an die Kunden:
Dabei wird der aktuelle Vertrag durch das Versicherungsunternehmen zum Vertragsablauf gekündigt und ein Neuangebot auf Grundlage des bisherigen Versicherungsschutzes, jedoch zu den neuen Bedingungen, unterbreitet.

b. Einsatz der Absatzorgane:
Das Ziel besteht darin, über den Vertrieb eine mit dem Kunden einvernehmliche Vertragsumstellung auf das aktuelle Verkaufsprodukt zu vereinbaren.

c. Einsatz der betrieblichen oder vertrieblichen Telefonie:
Im Hinblick auf die Kosten der Incentivierung bei einer vertrieblichen Umstellung kann alternativ zu den Vermittlern die betriebliche oder vertriebliche Telefonie eingesetzt werden. Dabei wird dem Kunden die Umstellung auf die aktuelle Produktgeneration telefonisch offeriert.

d. Einbringen einer Produktupgrade-/Innovations-Klausel:
Zur Unterstützung der Komplexitätsreduzierung von Bestandsgenerationen sind zusätzliche Maßnahmen zur Sicherstellung einer nachhaltigen Aktualisierung des Bestands vorteilhaft. Durch das Einbringen einer Produktupgrade-Klausel im Neugeschäft kann eine automatische Anpassung auf die neuesten Bedingungen bei Vertragsschluss vereinbart werden, ohne dass eine nochmalige Zustimmung des Versicherungsnehmers bei Durchführung der Aktualisierung notwendig ist.

Die Bewertung der Vorteilhaftigkeit der vier identifizierten Ansätze zur Komplexitätsreduzierung illustriert Abb. 28.4. Dabei ist über die Bewertung der Zielerreichung hinaus

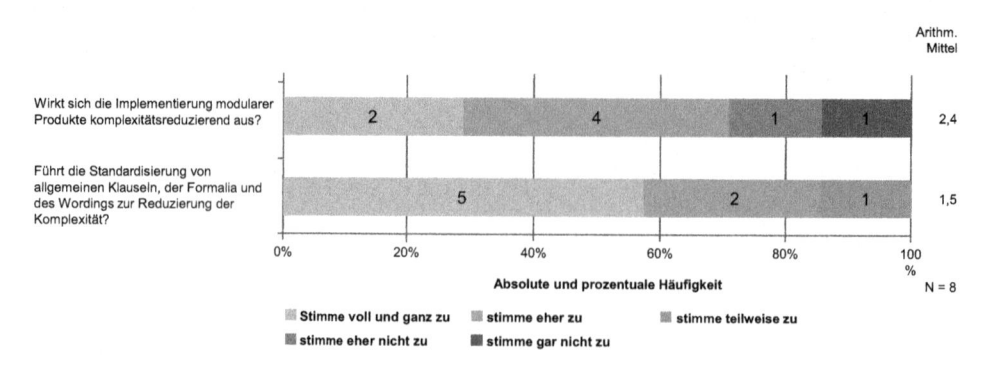

Abb. 28.4 Ansätze zur Harmonisierung von Bestandsgenerationen. (Quelle: eigene Darstellung)

zu erkennen, dass für die Einschätzung der Vorteilhaftigkeit weitere Faktoren, wie zum Beispiel Image- und Kosteneffekte sowie rechtliche Rahmenbedingungen, herangezogen wurden, da nur unter Beachtung dieser eine strategische Entscheidung getroffen werden kann.

In der Abbildung zeigt sich weiterhin, dass die Reduzierung der Komplexität mittels des Versands einer Änderungskündigung von den befragten Experten im Durchschnitt als eher weniger vorteilhaft bewertet wurde. Durch die Anwendung dieser Variante kann zwar eine vollständige Vertragsharmonisierung und somit Reduzierung der Bestandsgenerationen erzielt werden, jedoch erwarten die Experten negative Imageeffekte sowie einen hohen Bestandsverlust aufgrund des „harten" Vorgehens. Ein solches Vorgehen wird eher im Bereich der Vertragssanierung bzw. im Zuge von Profitabilisierungen einzelner Bestände als nützlich erachtet. Im Weiteren wird die Stornoquote von den Experten mit mindestens 20 % – in zwei Fällen – und sonst mit bis zu 80 % eingeschätzt. Eine genauere Bestimmung kann nicht erfolgen, da diese von der konkreten Ausgestaltung des Vorgehens abhängig ist und zudem auch zu erwarten ist, dass die Stornohöhe in den Versicherungszweigen variiert. Beispielsweise wird die Stornoquote in der Wohngebäudeversicherung geringer eingeschätzt als in Haftpflichtsparte oder Unfallversicherung.

Die Variante einer vertrieblich initiierten Vertragsumstellung wurde von den befragten Experten grundsätzlich als sehr vorteilhaft gesehen, da hier ein impliziter Beratungsansatz Anwendung findet, um den Bestand zu harmonisieren. Mit diesem Verfahren der Bestandsharmonisierung wird gleichzeitig der Beratungspflicht des Versicherungsunternehmens entsprochen, sodass insgesamt die Kundenbindung und das Image gezielt gesteigert werden können. Als Nachteil wird jedoch gesehen, dass es zu relativ hohen Kosten für die Incentivierung einzelner Vermittler sowie des gesamten Vertriebs kommen wird. Dies ist in Zeiten von „Kostensenkungen" in der Assekuranz eher kontraproduktiv zu bewerten und muss vor dem Hintergrund einer gesamthaften Unternehmensstrategie diskutiert werden.

Daneben ist in einer erweiterten Betrachtungsweise dieser beschriebenen Problemstellung festzustellen, dass durch solche Verfahrensweisen im Vertrieb möglicherweise

„Kannibalisierungseffekte" gegenüber dem Neugeschäft entstehen können. Als Voraussetzung zur Durchführung einer vertrieblichen Umstellung lässt sich aus den Gesprächen ableiten, dass ein gut aufgestellter Außendienst und eine funktionierende Vertriebssteuerung als durchaus notwendig angesehen werden. Der Umstellungserfolg wurde von sieben der acht Experten zwischen 30 bis maximal 50 % eingeschätzt. Ein Experte schätzte diesen Umstellungserfolg sogar etwas höher, mit maximal 75 % ein.

Im beschriebenen Alternativszenario, das heißt der Nutzung der Telefonie in der Vertragsumstellung, kann die Problematik der zielgerichteten Steuerung des Außendienstes umgangen werden. Die Experten betrachteten diese Variante als teilweise sinnvoll und vorteilhaft. Zwar stellt die Telefonie eine vergleichsweise kostengünstige Option dar, aber gleichzeitig gehen die Experten auch von einer signifikant geringeren Umstellungsquote im Bestand des Unternehmens aus. Die Expertenschätzungen variieren dabei stark, wobei jedoch die maximale Umstellungsquote aus deren Sicht 35 % beträgt. Dies leitet sich aus Problemen der Vergangenheit ab. Zum einen darf eine derartige Umstellung gemäß § 7 Abs. 2 Nr. 2 i. V. m. § 20 Abs. 2 UWG nur im Rahmen der Inbound-Telefonie erfolgen. Zum anderen wurden mit dem telefonischen Absatz negative Erfahrungen in anderen Branchen (zum Beispiel Mobilfunkanbieter) gesammelt. Das Kundenvertrauen ist hier verständlicherweise stark zurückgegangen.

Neben den bereits diskutierten Instrumenten, gibt es noch die Produktupgrade-Klausel als mögliches Instrument der Umstellung. Diese wurde von den Experten im Durchschnitt als teilweise vorteilhaft betrachtet, wobei sie im Einzelnen diese sehr unterschiedlich einstufen. Als ausgesprochen positiv wird dabei die Möglichkeit einer laufenden Aktualisierung der Bestände und somit als ein Weg zur nachhaltigen Komplexitätsreduzierung gesehen. Negativ wird hingegen eingeschätzt, dass im Rahmen der Produktanpassung nur Leistungsverbesserungen erlaubt sind, sodass bei einer möglichen Verschlechterung des Leistungsumfangs diese nicht durchgeführt werden kann. Des Weiteren kann die Prämienkalkulation für mögliche Leistungsverbesserungen problematisch sein, da Leistungsverbesserungen im Vorfeld häufig nicht bekannt sind und eine Kalkulation in der Folge zu Schwierigkeiten führt.

Vergleicht man die oben ausführlich beschriebenen Ansätze, so zeigt sich, dass die vertriebliche Vertragsumstellung mit einem arithmetischen Mittel von 2,4 als am vorteilhaftesten bewertet wird. Mit den durch die Experten geschätzten Umstellungsquoten lässt sich jedoch ableiten, dass weder mit einer vertrieblich initiierten Umstellung noch mit einer Vertragsharmonisierung durch die Telefonie ein vollständiger Abbau der alten Bestandsgenerationen erzielt werden könnte. Nur mit der Variante der Änderungskündigung lässt sich demnach ein vollständiger Abbau alter Bestandsgenerationen erreichen.

Im Ergebnis wurde von drei der befragten Experten als eine weitere Möglichkeit eine Kombination aus der vertrieblichen Vertragsumstellung mit einer anschließenden Änderungskündigung ergänzt. Bei dieser Variante erfolgt nach Ablauf eines bestimmten Zeitraums, in dem der Vertrieb die Vertragsumstellung vornehmen kann, die Änderungskündigung für die Restanten im Bestand. Das Vorgehen ermöglicht die Kombination der Vorteile beider Maßnahmen. Zudem wird eine Erhöhung der vertrieblichen Umstellungsquote aufgrund des zusätzlichen Anreizes – dem Erhalt der Bestandsprovision durch persönliche Beratung im Rahmen der Umstellung – für den Vertrieb zur Vertragsumstellung und damit einhergehend eine Reduzierung des Imageverlustes erwartet. Damit kann der Anforderung einer vollständigen Harmonisierung des Bestands Rechnung getragen werden. Die Experten bewerteten diese besondere Kombination als sehr vorteilhaft. Im Vergleich zu den weiteren Möglichkeiten stellt diese mit einem arithmetischen Mittel von 1,7 und einem Median von 2,0 die vorteilhafteste Variante dar.

Unabhängig von der gewählten Maßnahme zur Reduzierung der Komplexität der Bedingungsgenerationen werden bei der Durchführung der Abbau profitabler Bestände aufgrund von erhöhtem Storno und eine damit einhergehende Erhöhung der Schadenquote sowie aus der Maßnahme resultierende negative Imageeffekte als die größte Gefahr eingeschätzt. Zudem wurden von den Experten auch konzeptionelle und organisatorische Herausforderungen (unter anderem Abstimmung mit der BaFin) bei der Umsetzung von komplexitätsreduzierenden Maßnahmen erwartet.

28.2.4 Ansätze zur Reduktion von Produktvarianten

Als eine weitere Möglichkeit zur Reduzierung der Komplexität wird in der betrieblichen Praxis die oben angesprochene 2. Dimension genannt, nämlich die Vielfalt und Verschiedenartigkeit der Produktvarianten innerhalb einer Produktgeneration. Sie ist im Gegensatz zur Reduzierung der Produktgenerationen vorrangig auf die Komplexitätsreduzierung in den aktuell verkaufsoffenen und zukünftigen Produkten ausgelegt. Die Reduzierung dieser ist eine wichtige Voraussetzung, um perspektivisch eine nachhaltige Komplexitätsreduktion und -beherrschung zu erzielen.

Insbesondere in anderen Branchen, wie zum Beispiel Automotive, sind Ansätze zum gezielten Variantenmanagement weit verbreitet (vgl. [10]). Eine wesentliche Möglichkeit besteht dabei, eine flexible und gleichzeitig standardisierte Ausgestaltung der Produktarchitektur zu schaffen. Um dies zu erreichen, bietet sich insbesondere die Einführung eines modularen Bausteinkastensystems an, da hierdurch ein wesentlich höherer Grad an Individualisierung bei gleichzeitiger Standardisierung der Produkte ermöglicht werden kann (vgl. [13]). Gerade in der Automobilindustrie spielt die Nutzung modularer Produkte zur Erzielung von Skaleneffekten und gleichzeitiger Bedienung von differenzierten Kundenwünschen eine besondere Rolle (vgl. o.V. 2011, S. 14).

Eine ausschließliche Konzentration auf die Produktarchitektur im Zuge des Variantenmanagements wäre jedoch zu kurz gegriffen. Da sich der detaillierte Umfang des Versicherungsschutzes vorrangig aus den Versicherungsbedingungen ergibt, besteht bei diesen ein weiterer Ansatzpunkt zur Reduzierung von Komplexität im Versicherungsunternehmen. Dabei kann durch eine stringente Standardisierung von allgemeinen Klauseln, der Formalia und des Wordings innerhalb der Produkte sowie über alle Versicherungszweige hinweg zur Reduzierung der Komplexität beigetragen werden. Damit sollen zusätzliche Skaleneffekte in den einzelnen Wertschöpfungsaktivitäten erzielt werden.

28 Reduktion der Produktkomplexität am Beispiel der Kompositversicherung

Dementsprechend wurden die Experten gebeten, die folgenden Aussagen zu bewerten:

- Die Implementierung modularer Produkte, im Vergleich zu Produktlinien (fixe Produkte), wirkt sich für Kompositversicherungsunternehmen komplexitätsreduzierend aus.
- Die stringente Standardisierung von allgemeinen Klauseln, der Formalia und des Wordings innerhalb der Produkte sowie über alle Versicherungszweige hinweg führt zur Reduzierung der Komplexität in den Versicherungsbeständen.

Abb. 28.5 illustriert den Grad der Zustimmung der befragten Experten. Das arithmetische Mittel und der Median für die 1. Aussage wurden mit 2,4 bzw. 2,0 als relativ hoch bewertet, sodass man von einer komplexitätsreduzierenden Wirkung beim Einsatz modularer Produkte auf den Versicherungsbestand ausgehen kann. Die Begründung liegt in der höheren Flexibilität der modularen Produkte bei einer gleichzeitigen Erfüllung von Kundenwünschen, wie aus der Automobilbranche adaptierbar. Durch die modularen Produkte besteht die Möglichkeit, Aufwand in der IT und im Betrieb des Versicherers zu reduzieren, da einzelne Module im Sinne von „Gleichteilen" wiederverwendet werden können und deshalb in der Summe weniger Varianten notwendig werden. Diese Bewertung trifft jedoch vorrangig für große beratungsorientierte Mehrspartenversicherer zu. Verfügt ein Versicherer jedoch nur über sehr wenige Produktvarianten, so wurde von die Experten erwartet, dass sich der komplexitätsreduzierende Effekt nicht mehr in der oben dargestellten „Breite" ausprägt. Infolge dessen wurde von zwei Experten der Aussage 1 nicht bzw. eher nicht zugestimmt. Obwohl die Experten im Mittel eher zustimmen, wird aufgrund der obigen Einschränkung der Gültigkeit die Aussage 1 adjustiert: Für Versicherer mit einer breiten Produktpalette wirkt sich die Implementierung von modularen Produkten – im Vergleich zu Versicherern mit einem eingeschränkten Produktangebot – komplexitätsreduzierend aus.

Demgegenüber wurde von den befragten Experten die 2. Aussage, dass sich die Komplexität in den Produkten durch eine stringente Standardisierung reduzieren lässt, unein-

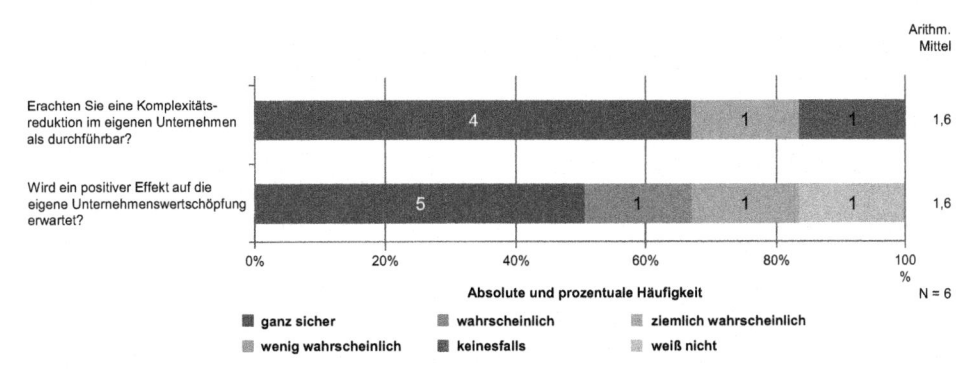

Abb. 28.5 Grad der Zustimmung zu den Aussagen 1 und 2. (Quelle: eigene Darstellung)

geschränkt bestätigt. Das arithmetische Mittel von 1,5 und der Median von 1,0 zeigten, dass dieser Aussage voll und ganz zugestimmt wurde.

28.2.5 Investitionen und Verantwortlichkeiten

Neben der Einschätzung einzelner Ansätze im Hinblick auf Realisierbarkeit, gilt es ebenso, die damit verbundenen Investitionskosten einzuschätzen und dem logischen Vorgehen weiter folgend, zu prüfen, welche Einheiten im Versicherungsunternehmen, einerseits für den Prozess, andererseits für die Umsetzung solcher Maßnahmen, verantwortlich sein sollten.

1. Investitionen bei Vorhaben von komplexitätsreduzierenden Maßnahmen
In Folge der nur schwer bestimmbaren Kostenwirkungen haben nur fünf Experten eine Einschätzung der Investitionskosten vorgenommen, wobei nur einer eine Einschätzung für alle Maßnahmen gegeben hat. Die Bewertung wurde deshalb unter der Annahme verschiedener, durch die Experten ergänzter Rahmenbedingungen getroffen. Die Auswertung zeigt für fast alle Varianten und Kostenpositionen hohe Standardabweichungen. Als Hauptkostentreiber bei der vertrieblichen Umstellung wurden einheitlich die Kosten der Incentivierung gesehen. Für die Änderungskündigung stellen dies die Kosten für die Aufbereitung und den Versand der Unterlagen dar. Infolge der verminderten Vergleichbarkeit und möglichen Fehlinterpretation der Ergebnisse wurden die weiteren Kostenpositionen im Rahmen der Untersuchung nicht weiter erörtert. Aus den Gesprächen kristallisierte sich jedoch heraus, dass die Höhe der Kosten bei allen Maßnahmen von den technischen Rahmenbedingungen, in der Regel den veralteten IT-Systemen, abhängig ist.

Für Versicherungsunternehmen, die eine hohe Standardisierung und Dunkelverarbeitung in den technischen Prozessen aufweisen, sind die Kosten der betrieblichen Bearbeitung vergleichsweise gering. Sofern keine oder wenig technische Unterstützung in den Prozessen des Versicherungsunternehmens gegeben ist, sind in der Variante der Änderungskündigung und der vertrieblich initiierten Umstellung sowohl die Angebotserstellung als auch die Dokumentation des Neuvertrags manuell durch Betriebs- bzw. Vertriebsmitarbeiter durchzuführen. Für Versicherer mit einem sehr großen Bestandsvolumen können diese Aufwände für rein manuelle Bearbeitungen erheblich sein. Der Entscheidung für Maßnahmen zur Komplexitätsreduzierung sind deshalb im Rahmen von Business Cases, den entstehenden Nutzen die Prozesskosten des Unternehmens gegenüberzustellen, zu ermitteln und im Rahmen einer gesamthaften Vorstandsentscheidung, für das jeweilige Unternehmen festzulegen.

2. Verantwortlichkeit für Komplexitätsreduktionen
Wesentlich für die Umsetzung derartiger Maßnahmen in der betrieblichen Praxis ist die Festlegung der Verantwortlichkeit im Unternehmen. Von den befragten Experten wurde naturgegebener Maßen die Fachabteilung, die die Spartenverantwortung innehat, als

federführend in der Umsetzungsverantwortung gesehen. Grundsätzlich können aber alle Bereiche, wie zum Beispiel die Betriebsabteilung, der Schadenbereich, das Produktmanagement und die IT, Initiator einer komplexitätsreduzierenden Maßnahme im Versicherungsbestand sein. Wesentlich dabei ist aber, dass alle Bereiche, die Hauptlastträger der negativen Komplexität sind, auch an der Umsetzung beteiligt werden.

28.2.6 Auswirkungen und Amortisation von Komplexitätsreduktion auf die Wertschöpfungskette

Unter Auswirkung von Komplexitätsreduktionen werden alle positiven Effekte auf die Geschäftsprozesse und damit die Kosten für die jeweiligen Wertschöpfungsaktivitäten verstanden.

1. Mögliche Auswirkungen komplexitätsreduzierender Maßnahmen
Zur Bewertung der Auswirkungen wurden die Experten gebeten, die Intensität der Wertschöpfungsaktivitäten im Versicherungsunternehmen zu bewerten. Anhand der Ergebnisse, wie in Abb. 28.6 dargestellt, zeigte sich, dass den Bereichen IT, Betrieb, Schaden, Produktmanagement und Vertrieb die höchsten Auswirkungen bei einer Komplexitätsreduzierung zugewiesen werden konnten. Das arithmetische Mittel und der Median liegen für diese Wertschöpfungsaktivitäten mindestens bei 2, was einer hohen Intensität entspricht.

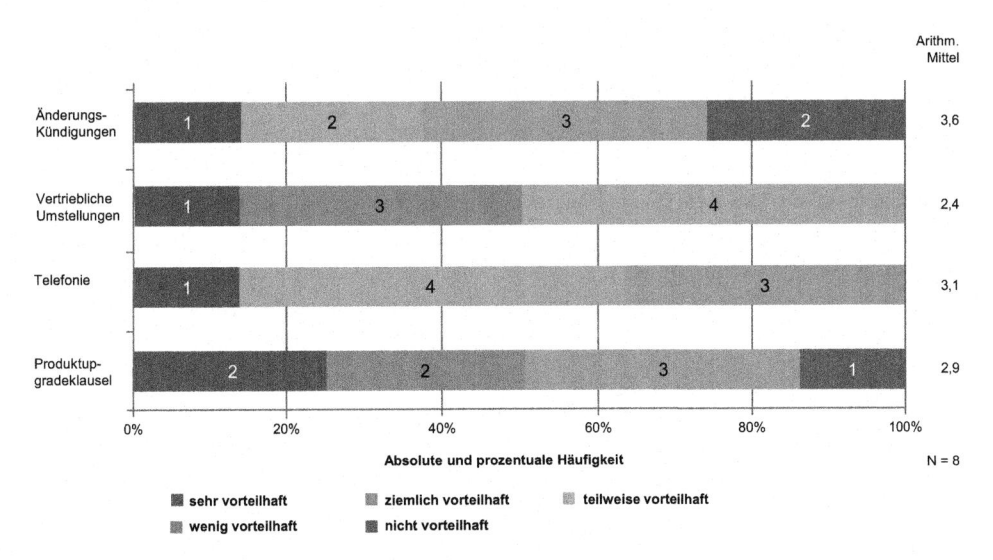

Abb. 28.6 Auswirkungen von Komplexitätsreduzierungen auf die Werteschöpfungsaktivitäten im Versicherungsunternehmen. (Quelle: eigene Darstellung)

Darüber hinaus konnten, entsprechend der Expertenmeinungen, auch geringe Auswirkungen durch Komplexitätsreduzierungen im Bereich des Controllings sowie des Risiko- und Rückversicherungsmanagements festgestellt werden. Dies kann beispielsweise durch die Senkung von Aufwänden für die Kalkulation des Sicherheitskapitals im Risikomanagement bzw. durch die Prämienkalkulation in der Rückversicherung sowie im Spartencontrolling durch die Reduzierung der zu betrachtenden Varianten erklärt werden. Dagegen werden die Effekte im Marketing, im Personalwesen sowie im Asset Management als eher unwesentlich bzw. als nicht vorhanden eingestuft (arithmetisches Mittel zwischen 3,5 und 6).

Aufgrund der positiven Effekte in den einzelnen Wertschöpfungsaktivitäten lassen sich im Ergebnis die Kosten der Leistungserstellung insgesamt reduzieren. Dies bestätigt auch die Bewertung der Auswirkung auf die Wertschöpfung insgesamt, die im arithmetischen Mittel mit 2,6 und im Median mit 2,5 als wesentlich eingestuft wird. Damit lässt sich ableiten, dass der Effekt einer Komplexitätsreduzierung sich insgesamt positiv auf die Wertschöpfung im Unternehmen auswirkt.

Im Folgenden gilt es, den Blickwinkel der Untersuchung um die Amortisation einer solchen Initiative zu erweitern. Die Amortisation einer Investition bezeichnet dabei den „Rückfluss der Investitionsbeträge unter dem Gesichtspunkt [...] der Wirtschaftlichkeitsrechnung"

2. Amortisation von Komplexitätsreduktionen

Die überwiegende Anzahl der befragten Experten sah die mittelfristige Amortisation, ein weiterer Experte zumindest eine langfristige Amortisation der Investitionskosten zur Komplexitätsreduzierung als realistisch. Dabei wurde von einem der Experten angeführt, dass sich die Kosten direkt amortisieren könnten, wenn die Maßnahme im Verbund mit weiteren Projekten durchgeführt werden würde, da dann Skaleneffekte sinnvoll genutzt werden könnten. So kann davon ausgegangen werden, dass durch eine Komplexitätsreduzierung des Bestands auch die Migrationskosten in ein neues Bestandsführungssystem signifikant sinken. Die Experten gehen dabei von einem langfristig positiven Effekt auf die Komplexität und die damit verbundenen Kosten im Unternehmen aus, sofern das Komplexitätsmanagement nachhaltig verfolgt wird. Dies schließt Adjustierungen, Strategien zur nachhaltigen Komplexitätsvermeidung und -beherrschung sowie das Einleiten weiterführender Maßnahmen, wie beispielsweise Prozessoptimierungen auf Basis der verringerten Komplexität, ein.

In Verbindung mit den bisherigen Ausführungen, die belegen, dass ein positiver Effekt auf die Wertschöpfung durch eine Komplexitätsreduzierung heterogener Versicherungsbestände resultiert, kann abgeleitet werden, dass mit einer konsequenten Komplexitätsreduzierung mindestens mittelfristig ein positiver Effekt auf die Wertschöpfung erzielt werden kann.

Neben den wesentlichen Fragestellungen hinsichtlich der Amortisation und der damit verbundenen Wirtschaftlichkeit derartiger Vorhaben gilt es, dem Vorgehen weiter folgend, zu prüfen, wie realistisch die Experten die Umsetzung erachten.

28.2.7 Umsetzung von Komplexitätsreduktionen in den Unternehmen

Vier der sechs Unternehmen, die im Rahmen dieser Untersuchung befragt wurden, betrachten eine Komplexitätsreduzierung in ihrem Hause als durchführbar (vgl. Abb. 28.7). Darüber hinaus wurde von den Experten ein positiver Einfluss auf die unternehmenseigene Wertschöpfung (arithmetischer Mittelwert von 1,6 und Median von 1,0) erwartet. Eine Ausnahme bildete die Einschätzung eines Experten; dieser gab an, dass im eigenen Unternehmen eine verhältnismäßig geringe Komplexität in den Versicherungsbeständen vorherrscht. Er hält deshalb die Durchführung einer komplexitätsreduzierenden Maßnahme für sein Unternehmen für wenig wahrscheinlich.

Trotz dieser positiven Einschätzung wurde in der jüngsten Vergangenheit nur von zwei der sechs befragten Unternehmen eine komplexitätsreduzierende Maßnahme durchgeführt. In einem der Unternehmen wird für diese ein durchgehend positives Fazit gezogen. Das zweite Unternehmen steht erst am Anfang der Umsetzung, sodass noch keine valide Aussage zur endgültigen Kosten-Nutzen-Wirkung getroffen werden kann. Jedoch wird bestätigt, dass mit der Maßnahme eine starke Reduzierung der alten Produktversionen

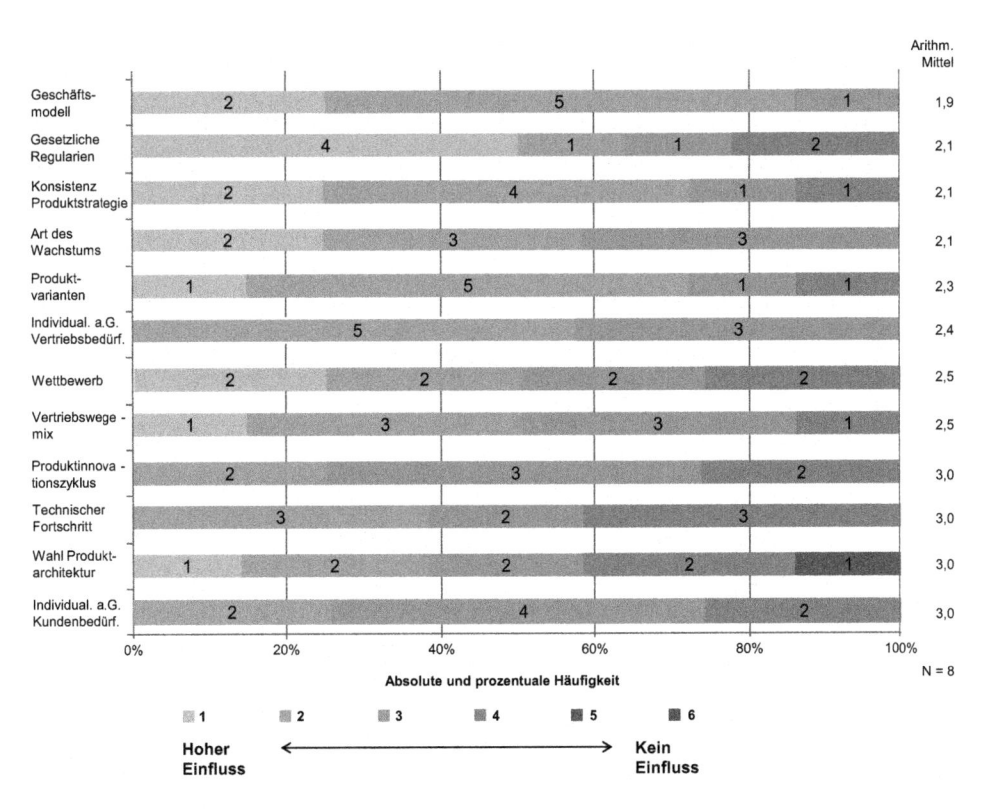

Abb. 28.7 Bewertung von Komplexitätsreduzierungen in Bezug auf das eigene Unternehmen der Experten. (Quelle: eigene Darstellung)

(über alle alten/nicht verkaufsoffenen Bedingungsgenerationen) von fast 90 % nur in der Hausratversicherung erzielt wird.

Dieses Ergebnis zeigt, dass im Hinblick auf die Harmonisierung der Bedingungsgenerationen wohl noch ein hohes Potenzial im Markt vorhanden ist.

28.3 Schlussbetrachtung und Ausblick

In diesem Beitrag konnte gezeigt werden, dass die Komplexität in den Versicherungsbeständen infolge der Vielzahl an heterogenen Versicherungsbedingungen (1. Dimension) und Produktvarianten (2. Dimension) weiterwächst. Der Faktor Komplexität in deutschen Versicherungsunternehmen ist durch verschiedene Einflussgrößen determiniert. Neben der Deregulierung des Marktes, deren Folge ein massiv verschärfter Wettbewerb hinsichtlich Tarifen und Produkten ist, treiben als exogene Faktoren der technische Fortschritt sowie die wachsenden Anforderungen der Vertriebsstrukturen die Versicherungsunternehmen in eine negative Komplexitätsentwicklung. Weiterhin unterstützen endogene Faktoren, wie Produktinnovationszyklen, Vertriebswegemix, Produktstrategien und, nicht unerheblich, die bestehenden Geschäftsmodelle diese Entwicklung.

Konzentriert auf die Gewinnung zusätzlicher Marktanteile sowie die Stärkung der Wettbewerbsposition auf Basis einer hochdifferenzierten Produktpalette, nehmen Versicherungsunternehmen Komplexität und deren Konsequenzen billigend in Kauf. Primär treten diese als ungeplante Prozesskosten auf, welche sich nur mittels einer explizit formulierten Prozesskostenberechnung beziffern und zuordnen lassen. Ein Nachweis der ursächlichen Zugehörigkeit dieser Kosten zur Komplexitätsentwicklung und damit zur Verschlechterung der Wertschöpfung erfordert die Konzentration auf den Aspekt „Kosten von Komplexität" – ein Aspekt, der in der analytischen Diskussion bisher nur untergeordnet behandelt wurde.

Der Versicherungsmarkt ist durch den starken Einfluss regulatorischer Auflagen, insbesondere durch eine operative und kalkulatorische Gestaltung der Produkte, charakterisiert. Wesentliche Größen sind hierbei das Kundeninteresse und die Unternehmensabsicherung. Einerseits schützen die regulatorischen Auflagen das Kundeninteresse, gleichzeitig schränken sie Entscheidungsräume ein, die in der Folge kundenseitig zu Vertrauensverlusten und erhöhten Stornoraten führen.

Es konnte gezeigt werden, dass eine generelle Best Practice Lösung zur Komplexitätsreduzierung, die für alle Versicherer anzuwenden ist, aktuell nicht existiert. Bei der Entscheidung zum Vorgehen der Komplexitätsreduzierung müssen dabei letztlich immer die Rahmenbedingungen des jeweiligen Unternehmens individuell betrachtet werden. Insbesondere zum Problem des nachhaltigen Komplexitätsmanagements konnte herausgearbeitet werden, dass die Implementierung von Produktupgrade- bzw. Innovations-Klauseln als auch eine Standardisierung der Produktpalette langfristig zum Erfolg führen. Die identifizierten Möglichkeiten zur Komplexitätsreduzierung, die „sanft initiierte" Anpassung der Bedingungswerke, die Konzentration der Vertriebswege, die Reduzierung von zum

Beispiel IT-Aufwänden sowie eine der Kundennachfrage angemessene Reduzierung der Produktvarianten, erfordern jedoch immer ein hohes Maß an Konzentration und Nachhaltigkeit. Nur so lässt sich die mittelfristige Amortisation dieser Aufwände gewährleisten.

Ein – wie oft umgesetzter – auf Kostenreduzierung ausgerichteter Maßnahmenkatalog hinsichtlich Bestands-, Prozess-, Betriebs- und Ressourcenoptimierung greift für die Versicherungsunternehmen zu kurz. Eine auf das Geschäftsmodell abgestimmte, dem Aspekt Komplexitätsreduzierung folgende Produktstrategie ist essentiell erforderlich; es gilt, das optimale Maß wettbewerbsfähiger Komplexität zu identifizieren und diese nachhaltig zu implementieren.

Am vergleichenden Beispiel der Baukastenstrategie in der Automobilbranche ist ersichtlich, dass, anders als in den Versicherungsunternehmen, durch Standardisierung und die vernetzte Entwicklung von Produkten innerhalb einer Matrixorganisation ein Maß an Variantenvielfalt realisiert wird, das in seiner Entstehung systemimmanent zu komplexitätsreduzierenden Entscheidungen führt. Komplexitätsreduzierung wird zu einem wichtigen, kostensenkenden Faktor. Wesentlicher Aspekt des Geschäftsmodells ist dabei, dass die Organisation jeweils der Produktstrategie folgen muss. Ändert sich die Produktstrategie, muss die Projektorganisation folgen.

So unterschiedlich auch die Komplexitätsreiber sind, so führen doch folgende Grundsätze des Kosten-Nutzen-Modells „Komplexitätsreduzierung" zu einer positiven Entwicklung:

- Der Aspekt Komplexität als Kostentreiber muss frühzeitig in den Entwicklungsprozess der Produkt- und Variantenvielfalt integriert werden.
- Es gilt nicht, ein maximales Maß an Komplexität zu erreichen, sondern ein optimales, klar definiertes Maß an Komplexität, welches eine der Grundlagen bei der Entwicklung der Wettbewerbs- und Produktstrategien sein muss.
- Organisation und Betrieb müssen sich flexibel an der Produktstrategie orientieren und dürfen nicht kostendeterminierend ausschließlich an der Prozess- und Funktionsorganisation ausgerichtet sein.

Es hat sich gezeigt, dass die Potenziale im Markt noch nicht ausreichend erkannt wurden und diese Thematik, anders als in anderen Branchen, noch nicht aktiv angegangen wurde. Dies gilt es, insbesondere vor dem Hintergrund des zunehmenden Wettbewerbs in der Kompositversicherung, zu ändern, um diese Möglichkeiten zur Verbesserung der Kostenposition noch besser nutzen zu können. Nur fokussierte, allen kostentreibenden Aspekten gerecht werdende Prozesskostenrechnungen können hier Abhilfe schaffen. Komplexität und nachhaltiges Management von Komplexitätsreduzierung sind somit zunehmend mehr ein wesentliches Handlungsfeld erfolgreicher Unternehmensstrategie.

Literatur

1. Blockus M (2010) Komplexitätsmanagement in Dienstleistungsunternehmen: Komplexitätsformen, Kosten- und Nutzenwirkungen, empirische Befunde und Managementimplikationen. Gabler Verlag, Wiesbaden
2. Drexl-Wittbecker (2008) Komplexität: reduzierte Produktvielfalt senkt Kosten. Weniger ist mehr. Industrieanzeiger 50/2008:20
3. Esser M, Horst J et al (2014) Komplexität im Kundenservice. VW 69(2):38–39
4. Farny D (2011) Versicherungsbetriebslehre, 5. Aufl. VVW, Karlsruhe
5. Gießmann M (2010) Komplexitätsmanagement in der Logistik: Kausalanalytische Untersuchung zum Einfluss der Beschaffungskomplexität auf den Logistikerfolg. Josef Eul Verlag, Lohmar
6. Hüttel K (2014) Marktsegmentierung durch produktpolitische Maßnahmen. In: Pepels W (Hrsg) Marktsegmentierung – Instrumentarien zur Bearbeitung segmentierter Märkte, 3. Aufl. Symposion Publishing, Düsseldorf, S 1–31
7. Köhne T (2011) Produktpolitik vor und nach der Deregulierung. In: Wagner F (Hrsg) Gabler Versicherungslexikon. Gabler Verlag, Wiesbaden, S 495–498
8. Lixenfeld C (2007) Strategie entscheidend. Gute Idee – und dann? http://www.handelsblatt.com/unternehmen/management/strategie/strategie-entscheidend-gute-idee-und-dann/2811384.html. Zugegriffen: 19. Sept. 2014
9. Olbrich R (2006) Marketing – Eine Einführung in die marktorientierte Unternehmensführung, 2. Aufl. Springer Verlag, Berlin, Heidelberg
10. Pichler H, Edquist W (2014) Weniger ist oft mehr. Wie Unternehmen die Komplexität in der Lieferkette verringern können, ohne auf die Produktvielfalt zu verzichten. Logist Heute 1–2/2014:38
11. Reich M, Höhn F (2016) Reduktion der Produktkomplexität in der Versicherungswirtschaft – am Beispiel der Kompositversicherung. BoD-Books on Demand, Norderstedt
12. Wagner F (2011) Gabler Versicherungslexikon. Gabler Verlag, Wiesbaden
13. Wichert B (2012) Chancen und Risiken von modularen Produkten. http://www.versicherungsjournal.de/versicherungen-und-finanzen/chancen-und-risiken-von-modularen-produkten-111826.php. Zugegriffen: 30. Okt. 2014

Lean Six Sigma in Versicherungen

Sebastian Maurus

Zusammenfassung

Die Versicherungsbranche befindet sich seit Jahren unter einem konstanten Kosten- und Wettbewerbsdruck und sieht sich zunehmend auch grundlegenden strukturellen Veränderungen ausgesetzt. Dies macht den nächsten Schritt hin zur Industrialisierung und Professionalisierung der internen Abläufe über Schnittstellen hinweg notwendig. Lean Six Sigma bietet hierfür bewährte Methoden und Ansätze um Kundenbedarfe, Abläufe, Mitarbeiter und Führung zu synchronisieren sowie die Leistungsfähigkeit und Reaktionsgeschwindigkeit des Gesamtsystems deutlich zu steigern.

29.1 Einleitung

29.1.1 Entstehung und Entwicklung von Lean Management und Six Sigma

Marktanteilsverluste der amerikanischen Automobilindustrie aufgrund weltweiter Absatzerfolge der japanischen Automobilindustrie bewegten 1985 die amerikanischen Hersteller dazu, einen Forschungsauftrag an das Massachusetts Institute of Technology (MIT) zu vergeben. Ziel des Forschungsauftrages war es, Ursachenforschung für die eigenen Marktanteilsverluste zu betreiben. Die Ergebnisse dieser Untersuchung zeigten, dass zu diesem Zeitpunkt die japanischen Produktionsweisen den amerikanischen und europäischen Produktionssystemen eindeutig überlegen waren (vgl. [6]).

S. Maurus (✉)
67rockwell Consulting GmbH
Hamburg, Deutschland
E-Mail: sebastian.maurus@67rockwell.de

© Springer-Verlag GmbH Deutschland, ein Teil von Springer Nature 2019
M. Reich und C. Zerres (Hrsg.), *Handbuch Versicherungsmarketing*,
https://doi.org/10.1007/978-3-662-57755-4_29

Die Ergebnisse einer MIT-Studie lösten damals hierzulande daher eine große Aufregung aus. Darin wurden die Produktionssysteme der Automobilindustrie weltweit untersucht und dabei wurde der Zusammenhang zwischen Produktivität und Qualität herausgearbeitet. Die japanische Automobilindustrie schien mit ihren „schlanken", auf kontinuierliche Verbesserungen basierenden Produktionssystemen den europäischen und amerikanischen Autobauern überlegen zu sein. Die hohe Produktivität bei gleichzeitig hoher Qualität korrelierte dabei mit einer bei 60 % liegenden Teamarbeit. Darin wurden die Mitarbeiter in Problemlösungsprozesse, die ihren unmittelbaren Aufgabenbereich betrafen, integriert. Viele nachdenklich gewordene Manager machten sich auf den Weg nach Japan und schauten sich vor Ort in Unternehmen, wie zum Beispiel Toyota, deren Produktionsweisen an. KAIZEN, das Prinzip der „kontinuierlichen Verbesserung" führte zu hoher Produktivität bei gleichzeitig hoher Qualität.

Die frühere schwierige wirtschaftliche Situation der Toyota Motor Company veranlasste insbesondere den Ingenieur Taichi Ohno zur Entwicklung eines konsequent schlanken Produktionssystems. Da keinerlei Ressourcen, zum Beispiel zur Neubeschaffung von Maschinen, vorhanden waren, konzentrierte man sich auf die kontinuierliche Verbesserung der Produktion im Kundenkontakt mit möglichst geringer Verschwendung von Ressourcen jeglicher Art im Produktionsprozess. Als Basis diente das heute wichtigste Steuerungsinstrument zur ständigen Verbesserung, der von Shewhart entwickelt und von Deming vorbereitete PDCA-Verbesserungszyklus (PLAN-DO-CHECK-ACT) (vgl. [4]).

Erst Anfang der 90er Jahre, angeregt durch die MIT-Studie, fand das Konzept der ständigen Verbesserung in westlichen Organisationen Beachtung. Prominentestes Beispiel für den erfolgreichen und konsequenten Einsatz in Deutschland ist sicherlich Porsche (vgl. [5]).

Das Toyota-Produktionssystem (TPS) wurde in einem Zeitraum von über 20 Jahren entwickelt und bis heute weiter verfeinert. Die darin enthaltenen Methoden, wie Kanban, Just-in-Time etc., wurden aus der Notwendigkeit zur Verbesserung der Produktivität und Qualität entwickelt, eingesetzt und wiederum kontinuierlich verbessert. Die Notwendigkeit zum Einsatz dieser Methoden ergab sich aus entdeckten Verschwendungen in Prozessen. Als nicht wertschöpfend werden dabei alle Aktivitäten betrachtet, die keine Werte schaffen bzw. das Schaffen von Werten be- oder verhindern. Dazu gehören Lagerbestände, Abfall, Unordnung und Intransparenz genauso wie unklare Absprachen und Ziele sowie Zuständigkeiten. Auch Funktionen des Produktes, die vom Kunden nicht genutzt werden, gelten als Verschwendung (vgl. [10]). Es fiel auf, wie „perfekt" das Management von Toyota ablief, alle Aktivitäten und Einzelschritte erfolgten in der richtigen Reihenfolge und zum richtigen Zeitpunkt. Die Produktentwicklung und Produktherstellung waren exzellent abgestimmt und die Zusammenarbeit mit den Zulieferern und Abnehmern herausragend. Daraus folgte die Erkenntnis, dass die Fokussierung auf die Kernprozesse des Unternehmens ein wesentlicher Grund für den Erfolg war. Diese Erkenntnis führte dazu, diese Art der Prozessführung auch für andere Unternehmen und andere Branchen anwendbar zu machen (vgl. [6]).

Motorola gilt als das Unternehmen, in dem die Six-Sigma-Methode erfunden wurde. Der Ingenieur Bill Smith entwickelte das System unter der Ägide von Robert Galvin. Beteiligt war die Beratung Six Sigma International Ltd. (SSI) aus Akron (USA). Motorola gewann so später auch den bekannten Qualitätspreis „Malcom Baldrige Award". Große Verbreitung fand der Begriff Six Sigma erst ab Mitte der 90er Jahre, als Jack Welch bei General Electric unter diesem Namen ein groß angelegtes Change-Programm initiierte, in dem es weniger um Statistik ging als darum, viele radikale Ideen zu identifizieren und umzusetzen. Es ging hier im Besonderen um einen Kulturwandel im Unternehmen (vgl. [3]).

29.1.2 Qualitätsorientierte Veränderungsprozesse in der deutschen Versicherungsbranche

Die Ertrags- und Strukturkrise im Finanzdienstleistungsbereiche, insbesondere bei Banken, ist deutlich kritischer als die Situation im Versicherungsbereich, obwohl dort die großen Schadenfälle, wie zum Beispiel im Zusammenhang mit dem 11. September 2001, oder der Verfall der Aktienkurse 2010 zu Ertrags- und Ergebnisproblemen führten, da vor allem die Lebensversicherer hohe Anlagen in Wertpapieren getätigt haben. Es gibt eine Reihe von Haupteinflussfaktoren, die den Schritt hin zur Industrialisierung zu einer Notwendigkeit für das Geschäft der meisten europäischen Versicherer machen.

Margenerosion und -druck
Neue Markteintritte und traditionelle Wettbewerber, die ihre Geschäftsmodelle und -prozesse der Leistungserstellung (Operating Models) verändern, um im Wettbewerb bestehen zu können. Dabei kristallisieren sich drei Optionen von Geschäftsmodellen heraus: Lean Operators, Marken-/Vertriebsführer und Produktexperten.

Regulierung
Sich verändernde Anforderungen gleichzeitig über verschiedene Einheiten hinweg harmonisieren.

Wettbewerb
Hohe Anpassungsnotwendigkeit durch neue Markteintritte und neue Formen des Wettbewerbes. Dabei ist das Augenmerk insbesondere auf Marktteilnehmer außerhalb der Kernbranche zu lenken, wie zum Beispiel Datenprovider (Amazon, Google etc.), aber auch „Insur- und Fintechs", die das Geschäftsmodell der Versicherer angreifen.

Globalisierung
In Abhängigkeit zu den Geschäftsmodellen und der entsprechenden Prozesse adaptieren größere europäische Versicherungsunternehmen „industrielle" Operating Models als Hauptwerkzeug zur Erreichung von Kostensenkungen und Verbesserungen der Kundenservices. Auch Marktentwicklungen und Wettbewerbskräfte sind treibende Faktoren hinter diesen Veränderungen. Industrialisierung bezieht sich dabei auf eine Reihe von verschiedenen, wichtigen Entwicklungen. Für die meisten Versicherer bedeutet dieses: (vgl. [1])

- Geschäftsprozesse sind grundsätzlich zu standardisieren und zu automatisieren,
- Erfolgsmessung ist akzeptiert, wird verstanden und ist über alle operativen Geschäftseinheiten hinweg konsistent,
- ähnliche Prozessaktivitäten sind weitestgehend konsolidiert, um mehr Kostensynergien zu erreichen,
- IT-Systeme sind mehrheitlich in Komponenten zerlegt und verstärkt integriert und
- Versicherer werden sich auf ihre Kernstärken oder -kompetenzen fokussieren und weniger wertschöpfende Aktivitäten outsourcen.

Für die Prozess-Industrialisierung der Versicherer wird dabei folgendes berücksichtigt werden müssen:

Economies of scale

- Beherrschung (und Kontrolle) der Prozesse und des Prozessmanagements mit dem Ziel einer ganzheitlichen Lösung und
- umfassende Verbesserungen der Servicequalität.

Qualitätsorientierte Veränderungsprozesse im Rahmen von Lean Six Sigma sind daher Ansatzpunkte der Prozess-Industrialisierung für die Versicherer. Lean Six Sigma wirkt dabei als ein professionelles Prozessmanagement und strebt eine Wertorientierung des Unternehmens durch schlanke Prozesse mit deutlich verbesserten Durchlaufzeiten, durch Null-Fehler-Qualität und eine dadurch bewirkte hohe Kundenzufriedenheit an. Im Fokus der Durchführung von Lean Six Sigma-Projekten stehen dabei insbesondere die drei Umsetzungstreiber Kunde, Prozess und Qualität (vgl. [13]). Ziel ist es, auf neue Herausforderungen besser, schneller und schlanker zu reagieren als die Konkurrenz. Dieses gilt uneingeschränkt und branchenübergreifend aus folgenden Gründen:

- Die Kunden fordern eine immer höhere Qualität bei den angebotenen Dienstleistungen, zum Beispiel eine fehlerfreie Policierung.
- Die Wettbewerber verkürzen sukzessive ihre Entwicklungszeiten mit direkter Wirkung auf die Produktlebensdauer, zum Beispiel innovative Altersvorsorgemodelle von Finanzdienstleistern.
- Das eigene Versicherungsunternehmen steht fortwährend vor dem Problem, Entwicklungs- und Herstellungskosten zu reduzieren.

Lean Six Sigma will also als kombiniertes, projektorientiertes Managementkonzept die wesentlichen Kundenanforderungen über schlanke und effiziente Prozesse für das Unternehmen wirtschaftlich erfüllen. Gerade bei Versicherungsunternehmen soll dabei die erreichbare Null-Fehler-Qualität nicht nur zu Kostensenkungen, sondern über gestiegene Kundenzufriedenheit auch zu Umsatzsteigerungen, zum Beispiel durch Ausschöpfung des dann aktivierbaren Cross-Selling-Potenziales führen. In diesem Zusammenhang lassen sich die Bausteine des Lean Managements erfolgreich einsetzen, um beispielsweise über gezielte Wertstromanalysen die Möglichkeiten von Cross-Selling stärker auszuschöpfen. Auch wenn bei Versicherern keine Produktionsstätten und Fertigungsabläufe im klassischen Sinne existieren, gibt es viele Tätigkeiten, die effizienter und effektiver gestaltet werden können. Im Dienstleistungsbereich sind die zusätzlich zu erreichenden Einsparungen durch verstärkte Prozessfokussierung sogar überdurchschnittlich hoch.

Immer mehr Banken und Versicherer versuchen infolge einer höheren Kundenorientierung, qualitäts- und kostenbewusster zu werden. Dabei kommt dem integrierten Konzept Lean Six Sigma eine größere Bedeutung zu. Der Hauptgrund für die verspätete Einführung von Lean Six Sigma-Ansätzen im deutschen Versicherungsmarkt ist darin begründet, dass lange Zeit davon ausgegangen wurde, dass Prozesse für Versicherungsdienstleistungen weitgehend anders sind als Prozesse in der industriellen Fertigung bei produzierenden Unternehmen. Bei einigen Versicherern wurden zunächst Six Sigma-Programme aufgelegt und über die Zeit fest im Unternehmen implementiert. Hier sind als Beispiele Axa und Allianz hervorzuheben, die im Rahmen ihrer Programme entsprechende organisatorische Verankerung der Six Sigma-Ansätze herstellen konnten. Insbesondere die Allianz konnte scheinbar diese Ansätze derart gut implementieren, dass sie fester Bestandteil ihrer QM-Methodik wurden. Das Allianz Programm OPEX (Operational Excellence) umfasste schon 2008 ein Projektteam von ca. 70 Mitarbeitern, die eingesetzt sind zur Weiterbildung und Multiplikation des OPEX-Knowhows im Konzern. Wesentliche Erfahrungen, die im Verlauf des Programmes gesammelt werden konnten, waren (vgl. [8]):

- Langfristig ist es notwendig, mindestens 1 % der Mitarbeiter zum Black Belt auszubilden.
- „Schadensprozesse" eignen sich besonders zur Optimierung mit der Six Sigma-Methodik.
- Es muss ein entsprechendes Veränderungsmanagement im Unternehmen institutionalisiert werden.

Insgesamt zeigt sich jedoch, dass bislang im deutschsprachigen (Versicherungs-)Raum die Ansätze qualitätsorientierter Veränderungsprozesse noch wenig ausgeprägt sind und es hier einen großen Nachholbedarf gibt. Dieses ist sicherlich darin begründet, dass heute der „Reifegrad" der Versicherungen im Hinblick auf die Implementierung derartiger Konzepte noch nicht hoch genug ist. Grundlage für eine erfolgreiche Umsetzung in der Versicherung ist eine hohe Business Excellence im Versicherungsunternehmen, das heißt die Qualität von Managementkonzepten einerseits, aber auch der Führungskräfte andererseits muss den entsprechenden „Reifegrad" aufweisen.

Im folgenden Abschnitt werden die Grundlagen zu den einzelnen Konzepten Lean Management und Six Sigma dargestellt, um anschließend deren Möglichkeiten und Herausforderungen im Rahmen der Implementierung aufzuzeigen.

29.2 Grundlagen zu Lean Management und Six Sigma

29.2.1 Konzept Lean Management

Grundsätzlich beschreibt der Begriff „Lean Management" die Strategie zur Effizienzsteigerung von Organisationen durch Prozessoptimierung in der Leistungserstellung. Dafür steht eine Vielzahl an einzelnen Prinzipien zur Verfügung. Nur durch eine vollständige Integration aller Prinzipien und ihres synchronisierten Zusammenspiels können die vorher geplanten Effizienzen und damit verbundenen Potenziale gehoben werden. Im Gegensatz zu den traditionellen Verfahren der Prozessoptimierung verfolgt die Lean-Philosophie einen ganzheitlichen Ansatz. Dabei ist es relevant, sukzessive vorzugehen im Sinne eines stetigen Prozesses der Verbesserung mit dem klaren Fokus, die Perfektion aller Wertschöpfungsprozesse zu optimieren. Damit werden naturgegeben auch die Wertschöpfungsprozesse außerhalb des Unternehmens im Bereich Kunden und Lieferanten berücksichtigt. Insbesondere den Wert aus der Sicht des Kunden zu definieren, ist dabei von großer Bedeutung. Grundsätzlich fußt dieses Konzept dabei auf der konsequenten Ausrichtung aller Prozesse im Unternehmen und die damit verbundenen Anforderungen des Kunden. Bei dieser Definition zu berücksichtigen ist, dass man im Unternehmen zwischen internen und externen Kunden unterscheidet. Das grundlegende Konzept wird in Abb. 29.1 dargestellt.

Entscheidend und im Widerspruch zu traditionellen Ansätzen ist die Kombination von Zielsetzungen im Unternehmen. Anstelle von konkurrierenden Zielvereinbarungen wird versucht, ein komplementäres Zielsystem zu entwickeln, bei dem sich einzelne Ziele

- Alle Tätigkeiten, die keinen Wert für den Kunden stiften werden eliminiert
- Kapazität ist Flexibel an Fluktuationen in der Nachfrage angepasst

- Konsequente Ausrichtung der Prozesse an Kundenbedürfnissen
- Standardanleitungen für wichtige Prozessschritte ermöglichen Fähigkeitenaustausch und Best Practice

- Gemeinsame Vision von kurz- und langfristigen Zielen
- Offene und transparente Kommunikation im Team

(Führungsmodell, Team- und Projektmanagement, Organisation und Fähigkeiten, Zusammenarbeitsmodell — Kundenverständnis)

- Transparentes Leistungsmanagement für tägliche Teamsteuerung und Fähigkeitenaufbau
- Verantwortlichkeit auf Arbeitsebene für individuelle, mit den Unternehmenszielen harmonisierten Zielen

- Führungskräfte verstehen sich als Coaches und Entwickler von Talent und Fähigkeiten
- Mitarbeitern werden Aufgaben nach Fähigkeitenniveau, Entwicklungsbereichen und Kapazität zugeteilt

Abb. 29.1 Konzept Lean-Management. (Quelle: eigene Darstellung)

nicht gegeneinander ausschließen und damit verschlechtern (vgl. [6]). Das Kernprinzip von Lean-Management ist die Vermeidung von „Verschwendung"; dafür müssen zunächst in einem ersten Schritt die nicht wertschöpfenden Prozesse des Unternehmens identifiziert und anschließend eliminiert werden. Häufig wird dabei im allgemeinen Diskurs hinsichtlich des Begriffes „Verschwendung" auch das ungenutzte Kreativpotenzial angeführt, nämlich der Verlust von Ideen, Lernmöglichkeiten und Verbesserungsvorschlägen. Dem systematischen Vorgehen weiter folgend, sollen im nächsten Schritt die Kernprinzipien des Lean-Managements diskutiert werden.

a. Wertdefinition – Wert aus der Sicht des Kunden definieren!
In der Regel sind die Anforderungen des Kunden an den Versicherer eher pragmatischer Art. Der Kunde erwartet beispielsweise eine kurze Information zu seinem Vertragsstatus. Hieraus ergeben sich eine Vielzahl von Anforderungen an den Versicherer: Der Kunde möchte nicht lange in die „Warteschleife" und wenn er mit dem Agenten verbunden ist, muss dieser fallabschliessend auskunftsfähig sein. Infolge dieser einfachen Anforderungen wird deutlich, dass es für den Versicherer sinnvoll und notwendig ist, herauszufinden, wieviel dieser beschriebene Service aus der Sicht des Kunden wert ist, und ob und wieviel dieser dafür ausgeben würde.

b. Wertstrom identifizieren!
Der Wertstrom beschreibt mittels grafischer Darstellung alle Prozesse, die zur Herstellung eines Produktes oder einer Dienstleistung erforderlich sind und veranschaulicht den Ist-Zustand. Im Rahmen der Optimierung lässt sich der Soll-Zustand festlegen, der dann als Fixpunkt für die Zielerreichung dienen kann. Mit der Identifizierung und Analyse des Wertstroms können alle Tätigkeiten in „wertschöpfende" und „nicht-wertschöpfende-Tätigkeiten" kategorisiert werden. Damit lassen sich dem Vorgehen weiter folgend in einem nächsten Schritt Verschwendung, wie zum Beispiel Liege- und Rüstzeiten, erkennen und eliminieren. Kernziele sind die Reduzierung von Durchlaufzeiten und damit die Verringerung von unnötigen Wartezeiten des Kunden, beispielsweise im Call Center des Versicherers. Einzelne Bereiche der Wertschöpfungskette sollen durch das Wertstromverfahren miteinander vernetzt und deutlich besser synchronisiert werden.

c. Fluss-Prinzip umsetzen!
Die Optimierung einzelner Bereiche innerhalb der Funktionstrennung eines Versicherers ist häufig gut organisiert und sehr effizient. Betrachtet man dagegen den Ablauf „End-to-End", das heißt vom Kunden (Produkt ist verkauft), durch die Operationsbereiche des Versicherers und wieder zurück zum Kunden (Police ist geprüft, ausgefertigt und an den Kunden versandt), so fällt auf, dass es im Gesamtablauf bei vielen Versicherern zu hohen Warte- und Rüstzeiten kommt. Dabei sind diese hohen Warte- und Rüstzeiten nicht ausschließlich der Organisation geschuldet, sondern lassen sich in den Ursachen häufig auch auf die unzureichende IT-Unterstützung in den Prozessen zurückführen. Insbesondere zur Reduktion von Wartezeiten in den übergreifenden Prozessen setzt die Lean-Methodik an.

d. Perfektion anstreben!
Perfektion kann „per Definition" nicht erreicht werden, sondern sie ist als Unternehmen anzustreben. An dieser Stelle beginnt der Ansatz der „kontinuierlichen Verbesserung" zu wirken. Für das Streben nach Perfektion im Unternehmen gilt es als Versicherer, vor allen Dingen Lieferanten und Kunden in den unterschiedlichen Prozessketten mit zu berücksichtigen. Perfektion ist wie die Unendlichkeit, schwer vorstellbar und schwierig zu messen. Jedoch bietet das Streben danach, Inspiration und Richtung, die für Fortschritte in Richtung der kontinuierlichen Verbesserung notwendig sind.

Infolge des eben dargestellten Zustands ist es für den Versicherer notwendig, klare Zielvereinbarungen mit den Führungskräften und Mitarbeitern zu treffen, sodass die einzelnen Schritte in Richtung der angestrebten Perfektion klar festgelegt werden und der Weg dahin klar definiert ist. Dem systematischen Aufbau des Lean Ansatzes weiter folgend, gilt es nun, die Organisation, die unterschiedlichen Rollen sowie den Ablauf zum besseren Verständnis möglicher Erfolgsfaktoren bei der Implementierung im Unternehmen aufzuzeigen und dabei mögliche Vor- und Nachteile zu diskutieren.

1. Lean-Organisation
Der Leitgedanke oder auch die Philosophie des „schlanken" Denkens bilden das Fundament der leanen Unternehmenskultur, auf welchem das gesamte leane Unternehmensdenken aufgebaut ist und nach welchem gehandelt wird (vgl. [11]). Es wird versucht, die betrieblichen Prozesse vorausschauend unter Kontrolle zu bringen; dabei wird versucht, alle erkennbaren Probleme frühzeitig zu lösen, um Zeit und Kapazitäten für aktuelle Probleme zu gewinnen. Hauptaugenmerk liegt dabei darauf, jede Form der Verschwendung zu eliminieren. Ansatzpunkt ist, wie schon mehrfach angeklungen, das Entfallen-Lassen von allen nicht wertschöpfenden Tätigkeiten. Der Wert des eigenen Handelns soll sich nach dem Nutzen für das Gesamtsystem richten; denn durch das vernetzte Denken lassen sich frühzeitig Chancen und Probleme erkennen. Komplexe Prozesse entwickeln eine Eigendynamik und sind in der Regel von einem Mitarbeiter alleine im Unternehmen nicht zu managen; daher basiert der Lean-Management-Ansatz unter anderem auf dem Aufbau von Netzwerken und nicht, wie sonst in der Assekuranz üblich, auf der Nutzung von dualen Beziehungen.

Um diese Leitgedanken und Philosophie nachhaltig im Versicherungsunternehmen zu verankern, gilt es in einem ersten Schritt, ein sogenanntes Kompetenz-Center (CoE) in der Unternehmensorganisation an geeigneter Stelle zu verankern. Wie an anderer Stelle schon diskutiert, sind die entsprechenden „leanen Gedankenansätze" auszubilden und über einen längeren Zeitraum zu trainieren. Insbesondere Trainings und -instrumente, wie zum Beispiel geeignete Unterlagen, liegen im Kompetenz-Center. Über das Kompetenz-Center kann eine kontinuierliche Zusammenarbeit zwischen dem Lean-Projekt und der Linienorganisation hergestellt werden (vgl. Abb. 29.2).

29 Lean Six Sigma in Versicherungen

Inhalte	Lean-Organisation	Linienorganisation	Inhalte
• Adjustierung der Trainingsunterlagen an den Bedarf der Funktionsbereiche • Training und Coaching der Management Funktionsbereiche • regelmäßiges Reporting an Linienorganisation	Kompetenzcenter (CoE)	Management Funktionsbereiche (F0/F1-Ebene)	• Sponsoring des Lean-Gedankens • Freigabe Lean-Kapazitäten • Debriefings zum Fortschritt des Lean-Programms und der Projekte
• Durchführung der Trainings vor Ort • Aufsetzen Kommunikationsplans • „Coaching on the job" • Rückmeldung von Anpassungsbedarf in Trainingsunterlagen	Zentrale Lean-Experten Für Funktionsbereiche Lokale Lean-Teams	Abteilungsleitung Projekt-Teams	• Modellierung der OE Lean Leadership und Rolle • Wöchentliche Trainingseinheiten und Lean Team • Begleitung und Umsetzung der aufgesetzten Lean-Projekte
• Coaching, Begleitung und Training der operativen Führungskräfte und der Projekt-Teams • Erhebung der spezifischen Anforderungen je Funktionsbereich • Ausarbeitung eines Implementierungsplans je Funktionsbereich • Steuerung der Lean Aktivitäten und Projekte vor Ort			• Sicherstellung der Einhaltung der Lean-Standards und Methoden • Aufbau der Lean Infrastruktur in den Funktionsbereichen • Implementierung der Lean-Rollen und Sicherstellung der Bereitstellung der notwendigen Ressourcen

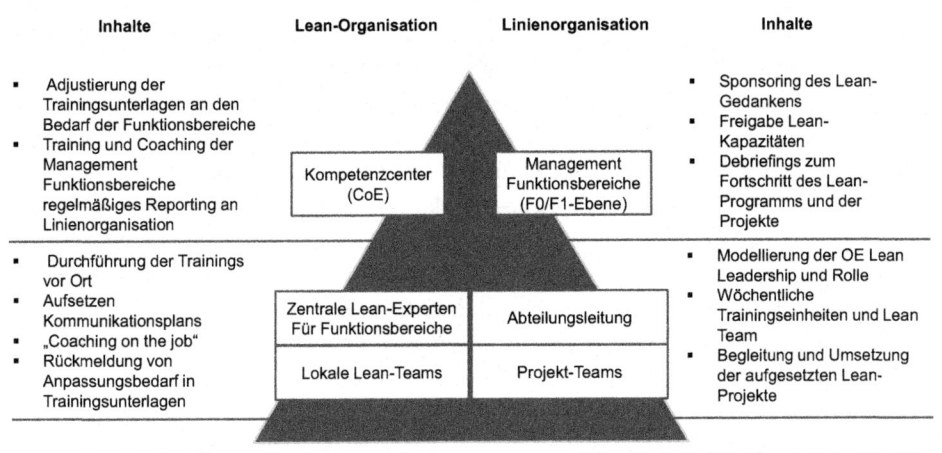

Abb. 29.2 Zusammenarbeit Kompetenz-Center und Linienorganisation. (Quelle: eigene Darstellung)

2. Rolle und Aufgaben im Lean-Management

Den einzelnen Rollen und damit verbundenen Aufgaben im Rahmen der Organisation von Lean-Management-Projekten im Unternehmen kommt eine besondere Bedeutung zu. Dabei sind die Rollen im Projektteam und dem oben genannten Kompetenz-Center nicht durchgängig deckungsgleich und deshalb einer genaueren Betrachtung zu unterziehen. Im Kompetenz-Center und im Projektteam werden in der Regel folgende Rollen und Aufgaben vorgesehen:

- **Lean Experte und Coach:** Er ist im Sinne eines „Bauherren" für den gesamten Auf- und Ausbau des Programms zuständig und verantwortlich. Daneben hat der Lean Experte die Aufgabe, die bestehende umfangreiche Methodik im Lean-Management auf die jeweiligen Herausforderungen des Unternehmens zu designen. Erfahrungen aus den Projekten von 67rockwell Consulting zeigen immer wieder, dass es durchaus sinnvoll ist, diese Funktion an einen externen Berater auszulagern, der hier über die notwendige Kompetenz und Erfahrung verfügt. Die Aufgabe innerhalb des Projektteams weicht dahingehend ab, dass der Projektleiter für die Gesamtsteuerung des Programms im Unternehmen verantwortlich ist und dabei, neben der notwendigen Qualitätssicherung von erarbeiteten Ergebnissen, die Bereichsleiter (F1) coacht.
- **Projektleiter:** Anders als im Projektteam, kommt dem Projektleiter des Kompetenz-Centers unter anderem die Aufgabe zu, entsprechend der vom Lean Experten vorgegebenen Methodik, das operative Toolset für den Versicherer aufzubauen und an

geeigneter Stelle des Gesamtprozesses zu implementieren. Ein weiterer Schwerpunkt im Aufgabenset des Projektleiters ist das Recruiting der entsprechenden Lean Spezialisten und Trainees aus dem Unternehmen. Im Gegensatz dazu sind die Projektleiter im Projektteam für die Fortschrittssicherung einerseits und andererseits für das Coaching der Abteilungsleiter (F2) im Versicherungsunternehmen verantwortlich.

- **Lean Spezialist:** Anders als im Lean-Projektteam, arbeitet der Lean Spezialist dem Projektleiter des Kompetenz-Centers zu und fungiert hier als „operativer" Treiber. Im Rahmen einzelner Projekte arbeitet der Lean Spezialist direkt mit Teamleitern und Teammitgliedern zusammen. Dabei wird das im Vorwege durch das Kompetenz-Center bereitgestellte Toolset entsprechend dem Vorgehen in Anwendung gebracht und die Projekte durchgeführt.
- **Trainee:** Anders als in herkömmlichen Projekten, basiert Lean-Management auf einer stark ausgeprägten „Change-Komponente", das heißt, junge Talente werden über diesen Weg auf zukünftige Führungsaufgaben im Unternehmen vorbereitet und erlernen dabei außerdem die wesentlichen Toolsets und Methoden im Rahmen der wertschöpfungsorientierten Prozessoptimierung kennen.

3. Vorgehen und Durchführung

Anders als die weitläufig bekannten Projekte im Unternehmen, basiert der Lean-Management-Ansatz auf einem „wellenartigen" Vorgehen. In der Regel handelt es sich um eine komplexe und aufwendige Organisation derartiger Projekte, die eine entsprechende Vorlaufphase benötigen. In dieser Vorbereitungsphase, die sechs Wochen nicht überschreiten sollte, wird beispielsweise gemeinsam mit den Führungskräften der Pilotbereich der Untersuchung festgelegt. Des Weiteren erfolgt in dieser frühen Phase häufig die Vorbereitung der „Change-Story", da erfahrungsgemäß Lean-Projekte Effizienzsteigerungen von ca. 15 % hervorrufen. Diese Einsparpotenziale sind für die Sozialpartner des eigenen Hauses relevant und müssen in einem entsprechenden Kommunikationskonzept und -fahrplan vorgesehen werden. Wesentlich für die Ausbildung und nachfolgende Durchführung der Lean-Projekte sind die oben beschriebenen Trainees, die es in dieser Phase zu rekrutieren gilt. Daneben wird in der Vorbereitungsphase mit der Durchführung von Management-Workshops gestartet, um das „Top- und Middlemanagement" des Versicherers für das Pilotprojekt zu sensibilisieren. Ist das Projektteam benannt und zusammengestellt, so erfolgen in dieser Phase die Lean-Trainingseinheiten, um die Projektteilnehmer zeitnah mit Methoden und Toolset vertraut zu machen.

Mit Start der 1. Welle (sogenannter Leuchtturm) werden Pilotprojekte im Rahmen des zuvor definierten Pilotbereiches durchgeführt und erste Erfahrungen mit dem auf das Unternehmen angepasste Toolset gesammelt. Häufig wird im Rahmen der 1. Welle Methodik und Toolset weiter angepasst. Daneben wird die entsprechende Projektinfrastruktur, das Kompetenz-Center aufgebaut. Da, ausgehend vom Pilotbereich, der Untersuchungsumfang größer wird, ist das Recruiting für die 2. Welle durchzuführen. Die Auswahl weiterer Trainees für die folgende Welle ist auf Basis eines strukturierten Interview-Prozesses durchzuführen, um sicherzustellen, dass alle engagierten Trainees über ein gleichartiges Skillset verfügen. Die Welle 2 beginnt zunächst mit einer Nachhaltigkeitsbewertung der Welle 1, um die definierte Qualität bei den umgesetzten Lösungen zu garantieren. Abb. 29.3 illustriert dieses beschriebene „wellenartige" Vorgehen.

Im Anschluss an die Nachhaltigkeitsbewertung erfolgt die permanente Weiter- und Ausbildung des Lean-Teams, um weitere Lean-Projekte im Unternehmen durchführen zu können. Dabei ist das Momentum, die positive Entwicklung in der Organisation durch die gut eingebundenen Führungskräfte und Mitarbeiter für die weiteren Lean-Projekte zu nutzen. Erfahrungsgemäß sprechen sich die positiven Auswirkungen nach erfolgreich geleanten Prozessen/Bereichen schnell im Unternehmen, mit dem Ergebnis herum, dass weitere Bereiche im Rahmen des Gesamtprogramms beginnen möchten. Im Rahmen regelmäßiger Reports erfolgen die monatlichen Feedbacks in das Board („Lenkungskreis") des Lean-Programmes. Daneben erfolgen die Weiterentwicklung des Performance-Managements-Systems sowie die Initiierung von kontinuierlichen Verbesserungsprozessen.

Im Rahmen der Welle 3 werden dann die Projekte parallel durchgeführt, da es zu diesem Zeitpunkt erstmals möglich ist zu skalieren. Wesentlich dabei ist, den Fokus auf die Ausbildung von Lean Experten zu legen, umso weitere Führungskräfte ausbilden zu können. Dem systematischen Vorgehen weiter folgend, werden im Rahmen eines „break outs" die Erfolge/Misserfolge der ersten beiden Wellen reflektiert und Verbesserungen für Methodik/Toolset sowie für das weitere Vorgehen abgeleitet. Die Welle 3 endet im Regelfall mit der Etablierung von Leistungsbewertungsroutinen für das Middle-Management sowie der Ausphasung der externen Unterstützung. Dieser Schritt, also die Beendigung externer Unterstützung, sollte aus Unternehmenssicht in jedem Fall durchgeführt werden, um einerseits die finanziellen Ressourcen zu schonen, andererseits die eigene Organisa-

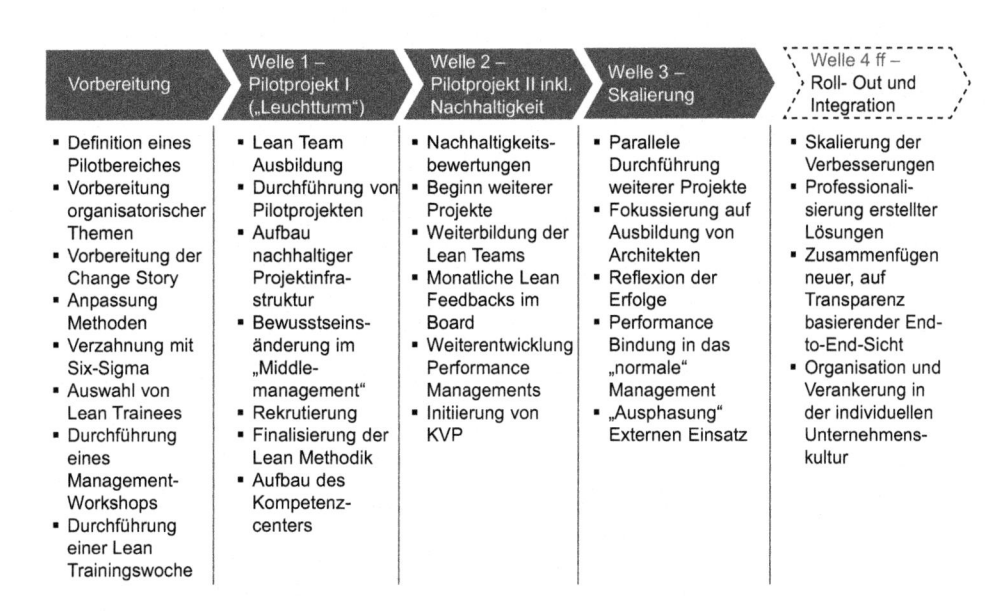

Vorbereitung	Welle 1 – Pilotprojekt I („Leuchtturm")	Welle 2 – Pilotprojekt II inkl. Nachhaltigkeit	Welle 3 – Skalierung	Welle 4 ff – Roll- Out und Integration
• Definition eines Pilotbereiches • Vorbereitung organisatorischer Themen • Vorbereitung der Change Story • Anpassung Methoden • Verzahnung mit Six-Sigma • Auswahl von Lean Trainees • Durchführung eines Management-Workshops • Durchführung einer Lean Trainingswoche	• Lean Team Ausbildung • Durchführung von Pilotprojekten • Aufbau nachhaltiger Projektinfrastruktur • Bewusstseinsänderung im „Middle-management" • Rekrutierung • Finalisierung der Lean Methodik • Aufbau des Kompetenzcenters	• Nachhaltigkeitsbewertungen • Beginn weiterer Projekte • Weiterbildung der Lean Teams • Monatliche Lean Feedbacks im Board • Weiterentwicklung Performance Managements • Initiierung von KVP	• Parallele Durchführung weiterer Projekte • Fokussierung auf Ausbildung von Architekten • Reflexion der Erfolge • Performance Bindung in das „normale" Management • „Ausphasung" Externen Einsatz	• Skalierung der Verbesserungen • Professionalisierung erstellter Lösungen • Zusammenfügen neuer, auf Transparenz basierender End-to-End-Sicht • Organisation und Verankerung in der individuellen Unternehmenskultur

Abb. 29.3 „Wellenartiges" Vorgehen. (Quelle: eigene Darstellung)

tion in die Lage zu versetzen, alleine dieses Konzept weiterzuführen. Ein wesentlicher Erfolgsfaktor für Lean-Management, ist die Überzeugungskraft von Top- und Middle-Management des Versicherers für derartige Vorhaben. Nur so entsteht das notwendige Momentum in der eigenen Organisation.

29.2.2 Konzept Six Sigma

Die konsequente und systematische Prozessverbesserung ist das Ziel der Six Sigma-Methodik. Dazu werden Prozesse mit den Instrumenten der Statistik gemessen, analysiert, beschrieben, optimiert und „gemonitort". Six Sigma ist definiert als Fehlerhäufigkeit von 3,4 Fehlern oder sogenannten Defekten bei einer Millionen Fehlermöglichkeiten. Da Fehler in der Regel in den Unternehmen Nacharbeiten und Reklamationen nach sich ziehen, die die Kostenstrukturen des Versicherers negativ beeinflussen, wird das Augenmerk vieler Unternehmen in der Assekuranz mittlerweile auf diese fehlerreduzierenden Methoden gelenkt.

In zahlreichen Publikationen, Seminarbeiträgen und Praxisberichten über das Thema Six Sigma wird immer wieder dargestellt, welche Leistungen und Erfolge sowohl im produzierenden als auch im dienstleistenden Unternehmen mit diesem Konzept erreicht wurden. Ausgehend von den oben beschriebenen Grundsätzen, entwickelte sich Six Sigma als eigenständige Verbesserungsmethodik mit fünf Kernelementen. Abb. 29.4 illustriert den Zusammenhang dieser fünf Kernelemente.

Abb. 29.4 Kernelemente von Six Sigma. (Quelle: eigene Darstellung)

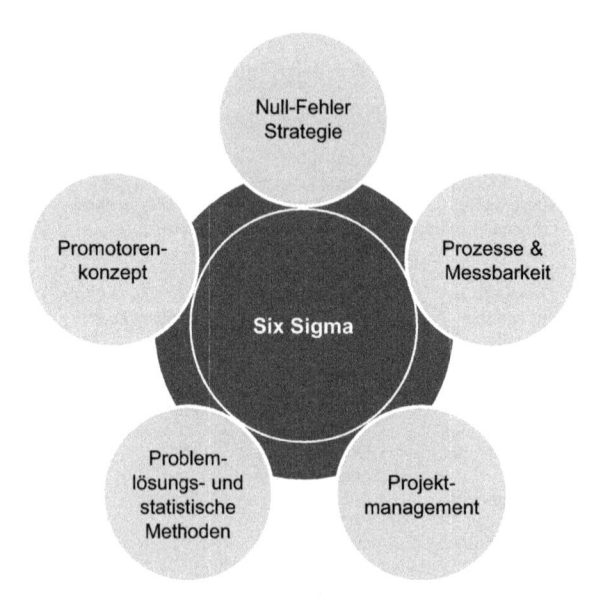

4. Null-Fehler Strategie

Fehler und deren Reduktion oder Elimination sind fest in zahlreichen Managementansätzen verankert, so zum Beispiel die sieben Verschwendungsarten im Lean Management (vgl. hierzu Abschn. 29.1.2). Es erscheint logisch, dass jeder Fehler, egal wo er auftritt, grundsätzlich einen Verlust darstellt, wenngleich die Fehlerwirkung durchaus unterschiedlich ausfallen kann. Beispielsweise ist ein Fehler, der beim Versicherer zu Beginn der Wertschöpfungskette auftritt und zum Beispiel bis zur Versendung einer Police nicht behoben wird, durch die damit verbundenen hohen Herstellkosten (unterschiedliche Bearbeitungsstationen im Unternehmen) gravierender als jener, der erkannt und sofort beseitigt werden kann. Noch schmerzlicher sind Fehler, die im Unternehmen nicht erkannt werden und bis zum Kunden gelangen, wo sie möglicherweise nachhaltig die Kundenzufriedenheit und somit das gesamte Image der Organisation negativ beeinflussen (vgl. [2]). Six Sigma greift diesen Gedanken konsequent auf und stellt somit den Kunden und die damit verbundene Fehlerbeseitigung in den Mittelpunkt der unternehmensweiten Verbesserungsaktivitäten. Die Definition, was ein Fehler ist, erfolgt direkt anhand der Kundenanforderungen oder aber auch anhand interner Spezifikationen.

5. Prozessorientierung und Messbarkeit

Prozesse stellen den Ausgangspunkt der Six Sigma-Verbesserungen dar. Unter Prozess wird im Allgemeinen die Aufeinanderfolge von zusammenhängenden Arbeitsschritten mit definiertem Anfang und Ende verstanden, die wiederholt durchlaufen werden können. Es spielt dabei keine Rolle, ob es sich um Produktions- oder Dienstleistungsprozesse handelt. Fehlerfreie Prozesse in der Versicherung wirken über eine hohe Servicequalität und die daraus resultierende Kundenzufriedenheit bzw. die damit verbundenen Wettbewerbsvorteile und Umsatzsteigerungen schließlich auf den Unternehmensgewinn. Wesentlich einfacher zu quantifizieren sind Fehlerkostensenkungen durch fehlerfreie Prozesse (Ausschuss-, Nacharbeitskosten), welche direkt auf das Ergebnis wirken und daher zumeist auch als Messgröße für den Erfolg von Six Sigma-Projekten dienen. Eine konsequente Messung der Verbesserungen durch die Six Sigma-Aktivitäten kann nur dann erfolgen, wenn entsprechende Messsysteme auf finanzieller und nicht-finanzieller Basis zur Verfügung stehen (vgl. [15]). Anhand solcher Messsysteme ist es möglich, den Erfolg von Six Sigma auch für nicht direkt involvierte Stakeholder transparent zu machen. Dieses betrifft vor allem die oberen Führungskräfte des Unternehmens, welche die Projekte durch ihre persönliche Unterstützung und die Freigabe von Ressourcen fördern sollen. Erst wenn es gelingt, den Führungskräften ein realistisches Bild über die zu erwartenden Ergebnisse zu liefern, um diese dann in der Umsetzung zu erreichen bzw. sogar zu übertreffen, kann Six Sigma ein erfolgversprechender Ansatz für das Versicherungsunternehmen werden. Es ist daher eine der wesentlichen Voraussetzungen, die konkreten Resultate jeglicher Maßnahme im Hinblick auf Kostensenkung bzw. Kundenzufriedenheit zu planen und zu bewerten (vgl. [2]).

6. Straffes Projektmanagement

Verbesserungen finden in Six Sigma-Projekten über die Anwendung unterschiedlicher Methoden statt. Abhängig von der Komplexität unterscheidet man dabei die Methoden:

- „Get Work Out",
- „Lean Action Workout" und
- „Lean DMAIC".

Abb. 29.5 illustriert die einzelnen Methoden im Überblick.

Insbesondere „Get Work Out" eignet sich für einfache, wenig komplexe Fragestellungen innerhalb von Bereichen. Hier sind unmittelbar Arbeitserleichterungen nach Anwendung dieser Methodik zu erreichen. Für Probleme mittlerer Komplexität, zum Beispiel einfache „Prozessärgernisse" bietet sich die Anwendung von „Lean Action Workout" an. Dabei wird versucht, im Rahmen von zwei- bis dreiwöchigen Kurzanalysen direkte Arbeitserleichterungen herzustellen. Bei komplexen, umfangreichen Prozessthemen bietet sich die „Lean DMAIC" Methode an, die in der Regel zwischen drei bis sechs Monate benötigt. DMAIC steht hierbei für die zu durchlaufenden Projektphasen:

- **Define**: In der Define-Phase wird zunächst das Problem bzw. das (finanzielle) Verbesserungsziel konkretisiert und festgelegt. Das Projekt wird mit seinen Ressourcen und Meilensteinen geplant und vom jeweiligen Steering Committee freigegeben.
- **Measure**: Die notwendigen Daten werden gesammelt; es werden die maßgeblichen Größen gemessen, um ein Bild über den Istzustand der Prozesse zu erhalten.

	„Get.Work.Out"	„Lean Action Workout"	„Lean DMAIC"
Komplexität	• Für einfache, wenig komplexe Fragestellung innerhalb von Bereichen • Unmittelbare Arbeitserleichterungen	• Mittlere Komplexität • Spürbare Arbeitserleichterung und Wegfall von „Prozessärgernissen" in überschaubarer Zeit	• Bei komplexen, umfangreichen Prozessthemen • Umfangreichere Erhebungsphase zur Analyse der Prozesse
Dauer	**1 – 2 Tage**	**2 – 3 Wochen**	**3 – 6 Monate**
Durchführung	• Festlegung der Verantwortlichkeiten • Durchführung von Workshops • Sofortige Implementierung der Lösung • Sicherung/Überprüfung der Umsetzung	• Durchführung von Workshops unter Nutzung der Methode Wertstromanalyse • Führung und Moderation des Projektteams • Prozessverbesserung • Implementierung des optimierten Prozesses • Übergabe an den Prozessverantwortlichen zur Absicherung der dauerhaften Verbesserung	• Definition des Problems • Erhebung der Prozesse • Analyse und Ursachenermittlung • Verbesserung des Prozesses • Initiierung der Umsetzung • Umsetzungscontrolling

Abb. 29.5 Methoden von Six Sigma im Überblick. (Quelle: eigene Darstellung)

- **Analyse**: In dieser Phase werden Ursachen und Wirkungen analysiert und anhand von statistischen Methoden abgesichert.
- **Improve**: Nachdem in der Analyse die Haupteinflussfaktoren und Fehlerursachen für das festgelegte Projektziel identifiziert wurden, kann hier mit konkreten Prozessverbesserungsmaßnahmen begonnen werden.
- **Control**: In dieser letzten Phase des Projektes wird überprüft, ob die angestrebten und in der Define-Phase festgelegten Ergebnisse tatsächlich erreicht wurden und für die weitere Zukunft abgesichert werden können.

Statistische Methoden, wie oben bereits angeklungen, werden eingesetzt, um, neben dem Expertenwissen der Teammitglieder, auch noch Zahlen und Fakten in die Optimierungsansätze einzubeziehen. Durch die Ergänzung des Erfahrungswissens der Mitarbeiter in Form von mathematischen und statistischen Techniken erhält der Six Sigma-Ansatz erst seine besondere Wirkung. Besonderer Schwerpunkt ist dabei die statistische Untermauerung von Expertenmeinungen (vgl. [2]).

7. Promotorenkonzept

Im Six Sigma-Konzept finden besondere, zum Teil komplexe Methoden und Techniken (zum Beispiel aus der Statistik) intensive Verwendung. Aus Überforderungsgründen kann ungeschulten Mitarbeitern dieses nicht, gering geschulten Mitarbeitern nur begrenzt „zugemutet" werden. Six Sigma setzt daher auf den Einsatz speziell geschulter und trainierter Mitarbeiter, die idealerweise sogar vollzeitlich für Six Sigma-Projekte zur Verfügung gestellt werden sollten. Die meisten Six Sigma-Funktionen tragen aus dem Kampfsport entnommene Gürtelfarben und werden somit je nach Ausbildungsgrad als zum Beispiel „Green Belt" oder „Black Belt" bezeichnet. Diese Personen haben als Projektleiter operativ dafür zu sorgen, dass die Verbesserungsprojekte ordnungsgemäß abgewickelt werden. Bei größeren Projekten wird diese Funktion von Black Belts, bei kleineren Projekten von Green Belts ausgeübt.

Unter Machtpromotoren sind in Six Sigma jene Führungskräfte zu verstehen, die sich für ein Vorankommen von Six Sigma-Vorhaben in oberen Managementebenen persönlich einsetzen. Der „Six Sigma-Champion" oder auch „Projektsponsor" wird in der Regel von Anfang der Projektdefinition an mit eingebunden und unterzeichnet auch die offizielle Verabschiedung der Projektcharta. In der Projektcharta werden alle wesentlichen projektrelevanten Bausteine definiert, wie zum Beispiel der Projektname des Vorhabens, die Ausgangssituation, die Problemstellung und Zielsetzung, der Projektumfang (in Scope/out of Scope), die Projektleitung/Team sowie die involvierten Bereiche. In Abb. 29.6 wird beispielhaft eine solche Projekt-Charta dargestellt.

In der Regel sind die Steering Comittees mit Mitgliedern des Vorstandes des Versicherungsunternehmens besetzt. Es handelt sich dabei, anders als in herkömmlichen Lenkungsausschüssen, nicht um ein Gremium, das ausschließlich Ergebnisse abnimmt, sondern um ein mehr oder weniger stark ausgerichtetes Arbeitsgremium. Alleine die Zeitverteilung, ein Drittel Abnahme von Ergebnissen des Projektes und zwei Drittel Beurteilung

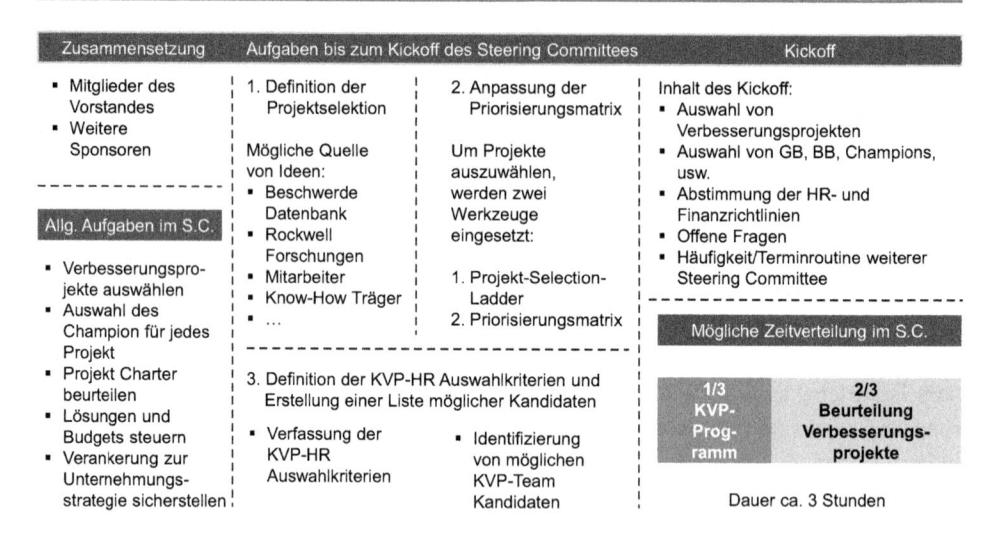

Zusammensetzung	Aufgaben bis zum Kickoff des Steering Committees		Kickoff
• Mitglieder des Vorstandes • Weitere Sponsoren	1. Definition der Projektselektion Mögliche Quelle von Ideen: • Beschwerde Datenbank • Rockwell Forschungen • Mitarbeiter • Know-How Träger • …	2. Anpassung der Priorisierungsmatrix Um Projekte auszuwählen, werden zwei Werkzeuge eingesetzt: 1. Projekt-Selection-Ladder 2. Priorisierungsmatrix	Inhalt des Kickoff: • Auswahl von Verbesserungsprojekten • Auswahl von GB, BB, Champions, usw. • Abstimmung der HR- und Finanzrichtlinien • Offene Fragen • Häufigkeit/Terminroutine weiterer Steering Committee
Allg. Aufgaben im S.C. • Verbesserungsprojekte auswählen • Auswahl des Champion für jedes Projekt • Projekt Charter beurteilen • Lösungen und Budgets steuern • Verankerung zur Unternehmensstrategie sicherstellen			**Mögliche Zeitverteilung im S.C.** 1/3 KVP-Programm | 2/3 Beurteilung Verbesserungsprojekte Dauer ca. 3 Stunden
	3. Definition der KVP-HR Auswahlkriterien und Erstellung einer Liste möglicher Kandidaten • Verfassung der KVP-HR Auswahlkriterien	• Identifizierung von möglichen KVP-Team Kandidaten	

Abb. 29.6 Beispiel Projekt-Charta. (Quelle: eigene Darstellung)

des Vorgehens, zeigt, dass sich der Vorstand hier mit konkreten Fakten auf der Arbeitsebene auseinandersetzen muss. Erfahrungen mit Six Sigma-Projekten in Versicherungen zeigten, dass insbesondere der Vorstand mit einer derartigen operativen Auseinandersetzung einzelnen Themen der Projekte nicht vertraut war. Durch dieses Vorgehen wurde dem Vorstand ein tieferer Einblick in die strukturellen Probleme „seines Hauses" ermöglicht. Des Weiteren führt diese direkte Auseinandersetzung zwischen Mitarbeiter und Vorstand auf der Arbeitsebene zu hohen Motivationseffekten bei den Mitarbeitern, da in der tradierten Aufbaustruktur der Versicherung dieser Weg üblicherweise ausschließlich über die Führungskräfte im mittleren Management läuft und so kein direkter Zugang der Mitarbeiter zum Vorstand möglich ist.

Bei Veränderungen der Rahmenbedingungen im Projekt oder beim Auftreten von Schwierigkeiten können die Vorstände und Führungskräfte auf direktem Wege, das heißt unabhängig vom „normalen" Dienstweg, für Unterstützungsleistungen eingeschaltet werden.

29.3 Kombination der Konzepte zu Lean Six Sigma

29.3.1 Zusammenwirkung von Lean Management und Six Sigma-Methoden

Nachdem die einzelnen Konzepte, Lean Management und Six Sigma vorgestellt und hinsichtlich ihrer besonderen Schwerpunkte diskutiert wurden, soll nun dem Vorgehen weiter folgend, die Kombination dieser beiden Ansätze für die betriebliche Praxis von Versicherungsunternehmen entsprechend herauskristallisiert werden. Durch die geschickte Kombination von Six Sigma mit den relevanten Bausteinen des Lean Management-Konzeptes erhält die strukturierte Vorgehensweise von Six Sigma eine ganzheitlich orientierte Komponente. Durch die kombinierte Anwendung von Lean Management und Six Sigma lassen sich Synergie Effekte erzielen; so erfordert zum Beispiel die „Verschlankung" von Prozessen durch Lean-Management robuste Prozesse, die durch Six Sigma realisiert werden können. Die erfolgreiche Anwendung dieser Kombination setzt zunächst einen strukturierten Abgleich der Zielsetzungen mit den strategischen Unternehmenszielen voraus. Dieser Abgleich ermöglicht das Aufzeigen von Handlungsbedarf. Auf Basis des herausgearbeiteten Bedarfes werden in geschickter Kombination von Bausteinen und Instrumenten die Probleme in den Prozessen und der Führung analysiert und mit entsprechenden Optimierungsmaßnahmen hinterlegt. So lassen sich zum Beispiel die Wertstromanalyse des Lean Management oder die Einführung des oben vorgestellten Pull-Prinzips durch spezifische Six Sigma-Projekte unterstützen (vgl. [12]). Abb. 29.7 illustriert das Zusammenwirken der beiden Konzepte.

Die größten und zeitlich allen Wertschöpfungsprozessen vorgelagerten Maßnahmen zur Verbesserung der Wertschöpfungskette im Versicherungsunternehmen bilden die Aktivitäten in der Produktentwicklung. Durch die Implementierung eines systematischen Produktentwicklungsprozesses (PEP), der umfassender ist als der eigentliche Produktentwicklungsprozess, werden innovative und robuste, das heißt wenig komplexe Produkte und Prozesse entwickelt und für die Vermarktung bereitgestellt. Einen relevanten Beitrag zur Erhöhung der Robustheit der neu entwickelten Produkte und Prozesse liefert dabei das Six Sigma-Konzept. Wie oben ausführlich beschrieben, ist es auf Null-Fehler-Qualität im Entwicklungsprozess ausgerichtet. Zusätzlich werden Produkt-/Prozessinnovationen

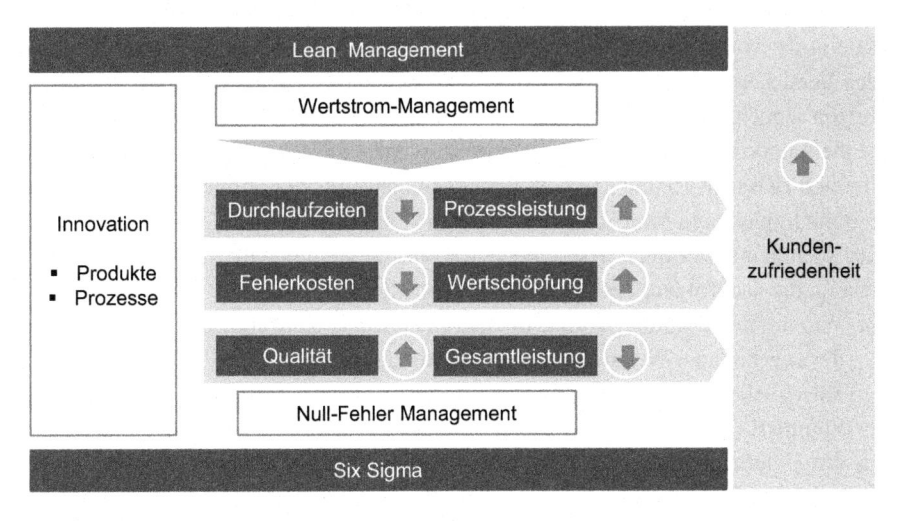

Abb. 29.7 Zusammenwirken von Lean Management und Six Sigma. (Quelle: eigene Darstellung in Anlehnung an Töpfer, A. [14])

gefördert, wenn im Rahmen der „DMAIC-Zyklen" kreative und/oder widerspruchsorientierte Problemlösungstechniken zum Einsatz kommen (vgl. [14]).

Im Kern des Ursachen-Wirkungs-Schemas geht es im Wesentlichen um die Optimierung des sogenannten Magischen Dreiecks der Betriebswirtschaftslehre, nämlich Qualität, Zeit und Kosten. Ausgehend von der übergreifenden Prozess- und Wertstromanalyse des beschriebenen Lean Management-Konzeptes, wird in der detaillierten Prozessoptimierung mit ausgewählten Instrumenten von Six Sigma gearbeitet. Sowohl die Qualitätssteigerung durch Six Sigma als auch die Durchlaufzeitenreduzierungen durch Lean Management wirken sich in einer gesamthaften Betrachtung positiv auf die Kostensituation des Unternehmens aus. Infolge der Beseitigung von Fehl-/Blindleistungen in den Prozessen sinken unmittelbar die Fehlerkosten bei einer gleichzeitigen Erhöhung der Wertschöpfung. Damit führen einerseits innovative, einfache und verständliche Produkte sowie fehlerfreie Prozesse anderseits, über die in Abb. 29.5 skizzierten Ursache-Wirkungsbeziehungen zu einer Steigerung der Kundenzufriedenheit und im Ergebnis zu einer höheren Kundenbindung (vgl. [11]).

29.3.2 Herausforderungen bei der Zusammenführung zu Lean Six Sigma

Die Zusammenführung dieser beiden Konzepte birgt in der Umsetzung jedoch auch Herausforderungen die nachfolgend zu diskutieren sind:

1. Lean Six Sigma erfordert zunächst, dass das Six Sigma-Konzept derart zu verschlanken ist, dass es im Unternehmen schnell und kostengünstig realisierbar wird. Insbesondere vor dem Hintergrund der Qualifizierung und dem damit verbundenen Personaleinsatz ist das Lean Six Sigma-Konzept auch in einer „schlankeren" Version für den Versicherer eine strategische Investition. Erfahrungen von 67rockwell Consulting zeigen jedoch, das sich diese Investitionen über erfolgreich abgeschlossene Projekte schnell amortisieren. Konkrete Erfahrungswerte sind dabei Effizienzsteigerungen im Bereich zwischen 15 und 25 %, abhängig vom jeweilig zu optimierenden Kernprozess.
2. Für die Implementierung von Lean Six Sigma, insbesondere bei Unternehmen, die bisher noch keines der oben beschriebenen Konzepte implementiert haben, ist es zweckmäßig, die nachfolgende Reihenfolge einzuhalten:
   (a) Wie in Abb. 29.5 dargestellt, findet zunächst das Konzept Lean Management mit der sogenannten Wertstromanalyse Anwendung.
   (b) Anschließend werden ausgewählte Prozesse mit den Instrumenten aus Six Sigma optimiert.
   In der Unternehmenspraxis kann aber auch eine umgekehrte Implementierungsreihenfolge vorgefunden werden, wie zum Beispiel bei General Electric. Hier wurde über Jahre die Qualität in den einzelnen Prozessen gesteigert, bevor man sich in der Unternehmensleitung dahingehend entschied, auch übergreifende Prozesse mit den Konzepten aus Lean Management zu optimieren.

3. Lean Management hat unter anderem einen starken Fokus auf die Reduktion der Durchlaufzeit, während Six Sigma auf die Erhöhung des Qualitätsniveaus in den Prozessen zielt. Beide Konzepte unterstützen in Kombination das Ziel, eine praxisorientierte Null-Fehler-Qualität im gesamten Unternehmen zu erreichen. Lean Management setzt dabei primär bei der Vermeidung von Ressourcenverschwendung und der Reduzierung der Durchlaufzeiten an. Eine bessere Qualität ist dann eine wesentliche Folgewirkung, aber zunächst kein originär formuliertes Ziel des Konzeptes. Die Reduzierung der Ressourcenverschwendung durch eine Verbesserung der ganzheitlichen Qualität bewirkt zusätzlich auch eine Senkung der Fehlerkosten in den Prozessen (vgl. [14]). Six Sigma strebt über die Beseitigung von Abweichungen und damit den Abbau von Fehlerkosten primär die Erhöhung der Qualität in Richtung definierter und praktikabler Null-Fehler Qualität an. Dadurch werden aber zugleich auch Ressourcen geschont, weil Verschwendung vermieden wird und Durchlaufzeiten verkürzt werden. Genau hierdurch schließt sich der Kreis zwischen beiden Konzepten, die aus unterschiedlichen Blickrichtungen und Ansätzen einen weitgehend gleichen Managementverbesserungsprozess mit zum Teil verschiedenen Schwerpunkten in Gang setzen. Das Ziel der Kombination beider Konzepte sind schlanke, schnelle und verschwendungsfreie Prozesse, mit denen qualitativ hochwertige, da stark auf den Kundennutzen ausgerichtete, und fehlerarme Dienstleistungen als Wertschöpfungsergebnisse geschaffen werden.

4. Lean Management-Methoden sind durchweg einfach anwendbar und deshalb schnell implementierbar, da sie zunächst die Führungskräfte des Versicherungsunternehmens einbinden und „über die Zeit" in die Verantwortung nehmen. Dagegen ist es deutlich aufwändiger, Six Sigma-Methoden im Unternehmen zu implementieren, da wie oben beschrieben, die Mitarbeiter in Richtung Methoden- und Statistik-Instrumentarium zu qualifizieren sind. Dabei ist zu beachten, dass sich die volle Wirkung beider Methoden nur im Zusammenhang mit einem durchgängigen Lean-Ansatz im gesamten Unternehmen entfaltet. Dies bedeutet naturgegeben, dass alle an der Wertschöpfung beteiligten Akteure diese Philosophie verstanden haben und hieraus abgeleitete Konzepte umsetzen wollen. Damit wird jeder Lean Management-Ansatz zu einem kontinuierlichen Verbesserungsprozess im Unternehmen unter Einbeziehung aller Mitarbeiter des entsprechenden Prozesses bzw. der involvierten Bereiche, mit sich wiederholenden und vertiefenden „Verbesserungsschleifen". Fehlt jedoch eine tiefgreifende Auseinandersetzung mit den Ansätzen von Lean Management, dann entwickelt der Verbesserungsprozess keine Traktion und damit keine Wirkung im Unternehmen (vgl. [11]).

5. Versteht man Lean Six Sigma als Integration von Lean Management und Six Sigma, dann kommt der Ausbildung von Experten, wie schon häufiger angeklungen, eine besondere Bedeutung zu. Mit dem Blick auf die Ausbildung von Green- und Blackbelts führt dies zu hohem Zeit- und Kostenaufwand für den Versicherer. Vielfach starten die Unternehmen aktuell derartige Lean Six Sigma-Initiativen nicht als vorlaufende Aktivität mit einer breiten Qualifizierungskampagne, sondern verfolgen den Ansatz „Learning by doing". Dies bedeutet, das entweder bereits Lean Management oder

Six Sigma zu mindestens in Ansätzen im Unternehmen implementiert und praktiziert wird und dann mit der Kombination in Form der vorgestellten koordinierten oder integrierten Konzeption beider Methoden fortgefahren werden kann. Sind beim Versicherer keine Vorerfahrungen mit Lean Six Sigma vorhanden, so sollte in jedem Fall auf externe Unterstützung zurückgegriffen werden, die nachweislich über Expertise mit derartigen Methoden verfügt. Dabei sollte in jedem Fall die oben beschriebene Reihenfolge eingehalten werden, das heißt Verschlankung der Prozesse durch die entsprechenden Lean-Aktivitäten und anschließend die Verbesserung des Prozessniveaus durch Six Sigma-Aktivitäten.

29.3.3 Zwischenfazit

Wie im Verlauf des Beitrages gezeigt wurde, handelt es sich bei Ein- und Durchführung von Lean Six Sigma für das Versicherungsunternehmen um durchaus hohe strategische Investitionen. Aus diesem Grund müssen die Initiative und das Vorhaben vom Top-Management ausgehen und alle Führungsebenen kaskadenförmig und inhaltlich einbezogen werden. Die Erfahrungen von 67rockwell Consulting zeigen in dem Zusammenhang, dass mit dem Aufsetzen von Lean Management-Projekten im Unternehmen eine hohe Motivation sowohl bei Führungskräften als auch bei Mitarbeitern des Unternehmens entsteht. Sowohl bei der Einführung schlanker Prozesse als auch bei der Umsetzung von Null-Fehler Qualität sind in regelmäßigen Abständen Messungen der zugrunde gelegten Steuerungskriterien durchzuführen. Insbesondere vor dem Hintergrund des Zeit- und Ressourcenbedarfes, aber auch generell um festzustellen, inwieweit die zu Beginn vereinbarten Business Cases erreicht wurden, sind die Messergebnisse regelmäßig mit den Entscheidungsgremien zu diskutieren. Die positiven Auswirkungen der durchgeführten Optimierungen, wie zum Beispiel höhere Kunden- und Mitarbeiterzufriedenheit, Zeit- und Kostenreduzierungen sowie möglicherweise realisierte Umsatz- und Ertragssteigerungen sind in jedem Fall an die Mitarbeiter des Unternehmens zurückzuspielen. In weiteren Entwicklungsschritten lassen sich die entsprechenden Zielwerte auch in Zielsysteme des Versicherers verankern.

29.4 Einführung von Lean Six Sigma im Unternehmen

29.4.1 Konzeptionelle Grundlagen bei der Implementierung

Die erfolgreiche Einführung von Lean Six Sigma erfordert eine hohe Business Excellence, die sich in umfassenden Managementkonzepten darstellt. Diese reifen Managementkonzepte sind eine wesentliche Voraussetzung für eine erfolgreiche Implementierung. Zum besseren Verständnis soll im nächsten Schritt die breite Wirkung einer hohen Business Excellence auf die Einführung von Lean Six Sigma skizziert werden:

Business Excellence

Business Excellence beruht auf den drei wesentlichen Ideen: Leadership, Teamarbeit und kundenorientiertes Prozessmanagement. Mit diesen Ideen geht ein verändertes Qualitätsbewusstsein einher. Danach muss Qualität die Anforderungen und Erwartungen aller Stakeholder berücksichtigen. Aus diesem Qualitätsgedanken hat sich eine umfassende Führungsidee entwickelt, die neue Anforderungen an das Management stellt. Um diesen Aufgaben gerecht zu werden, sind umfangreiche Managementkonzeptionen notwendig.

Eine Managementkonzeption umfasst grundsätzlich Systeme, wie das Planungs- und Kontrollsystem, das Ziel-, Informations- und Kommunikationssystem und das Organisations- und Personalmanagementsystem. Damit eine Unternehmung funktionieren kann, müssen diese Systeme in ihrem Umfeld bestehen; zudem muss deren reibungslose Zusammenarbeit gewährleistet sein sowie eine informations- und kommunikationsbezogene Vernetzung derselben vorliegen (vgl. [10]). Nachfolgend wird die Begrifflichkeit für die Systeme der Managementkonzeption geklärt, die für diesen Beitrag besonders relevant sind:

- **Planungs- und Kontrollsystem:** Planungs- und Kontrollsysteme bezeichnen Systeme, die normative Vorgaben in strategische Zielvorstellungen übersetzen, den Bereichen Zielgrößen vorgeben und das Erreichen dieser Ziele überwachen. Diese Überprüfung erfolgt im Rahmen eines Soll-Ist-Vergleiches. Der Begriff der Planung reicht sehr weit. Unter Planung kann die geistige Antizipation und Strukturierung zukünftigen Handelns verstanden werden. Die Planungs- und Kontrollsysteme unterstützen den Denk- und Entscheidungsprozess der Planung sowie deren Umsetzung. Ein entsprechend funktionierendes System ist von seinen Trägern in überzeugender Art und Weise zu implementieren und innerhalb der unternehmerischen Planungs- und Kontrolltätigkeiten aufrechtzuerhalten.
- Ein **Zielsystem** ist die nach Beziehungen geordnete und präferenzgerecht bewertete Gesamtheit aller situationsrelevanten Ziele. In einer solchen liegt das „Oberziel", wie beispielsweise Unternehmensziele, auf der höchsten Ebene; darunter schließen sich Zwischenziele, wie etwa Bereichsziele bzw. Unterziele an, die ihrerseits zur Realisierung der jeweils übergeordneten Ziele beitragen. Die somit entstehende Zielhierarchie lässt sich etwa mit Hilfe eines Zielbaumes zusammenfassen.
- **Informations- und Kommunikationssystem**: Diese Systeme beinhalten sämtliche, in der Unternehmung zur Verfügung stehenden Daten und Informationen. Dabei kann es sich um externe (Kunden- und Wettbewerbsinformationen) und interne (Bestände, Personaldaten) Informationen handeln. Diese Systeme bestehen im Allgemeinen aus komplexen IT-Landschaften, die Unternehmensprozesse und organisatorische Strukturen unterstützen.

Insbesondere für den Bereich der Zielsysteme muss Business Excellence als „Philosophie" im Versicherungsunternehmen verankert werden. Es ist dabei notwendig, dieses Managementkonzept auf allen Kompetenzstufen des Unternehmens zu verankern. Das Top-

Management ist für die Formulierung der Excellence-Politik im Versicherungsunternehmen verantwortlich. Hier ist zunächst die Anspruchsklasse der zu erbringenden Leistung zu definieren, das heißt konkret die Erwartungshaltung an die Qualität der Leistungserstellung. Dabei gilt es, das entsprechende Messsystem im Vorwege zu implementieren und ein durchgängiges Commitment des Top-Managements hierauf herzustellen. Des Weiteren ist eine entsprechende Vorgehensweise zur Verfolgung der Excellence-Ziele durch das Top-Management vorzugeben. Dieses kann sich im Versicherungsunternehmen konkret in der stringenten Durchführung von Mitarbeiterbeurteilungsgesprächen innerhalb eines Jahres auf Basis der Zielerreichung manifestieren. Neben den oben beschriebenen Themen sind für die Umsetzung der Rollen von Excellence verantwortliche Mitarbeiter zu definieren, wie zum Beispiel Qualitätsmanagementverantwortliche im Versicherungsunternehmen.

Auf der Ebene des mittleren Managements ist diese Managementphilosophie gleichzeitig zu verankern. Gerade in diesem Führungssegment entstehen häufig Strömungen gegen größere Veränderungsprozesse, bis hin zu regelrechten „Blockaden". Da die Mitarbeiter häufig durch ihre Führungskräfte vom Top-Management abgeschirmt sind, können sie sich hier nur bedingt ein Bild der Lage machen und folgen in der Regel den Führungskräften in die „Blockade". Insbesondere auf dieser Ebene ist es deshalb notwendig, „excellenceorientiert" zu führen. Wesentliche Voraussetzung hierfür ist die Kenntnis, wie das unternehmensspezifische Excellence-System (integriertes Managementsystem) funktioniert. Daneben benötigen die Führungskräfte von Versicherungsunternehmen eine ausgeprägte Fähigkeit, Aufgaben und Tätigkeiten an die Mitarbeiter einerseits zu delegieren, anderseits aber auch die Mitarbeiter zu „enablen", damit diese befähigt werden, die Aufgaben eigenständig in der erwarteten Qualität auszuführen. Das erfordert eine moderierende

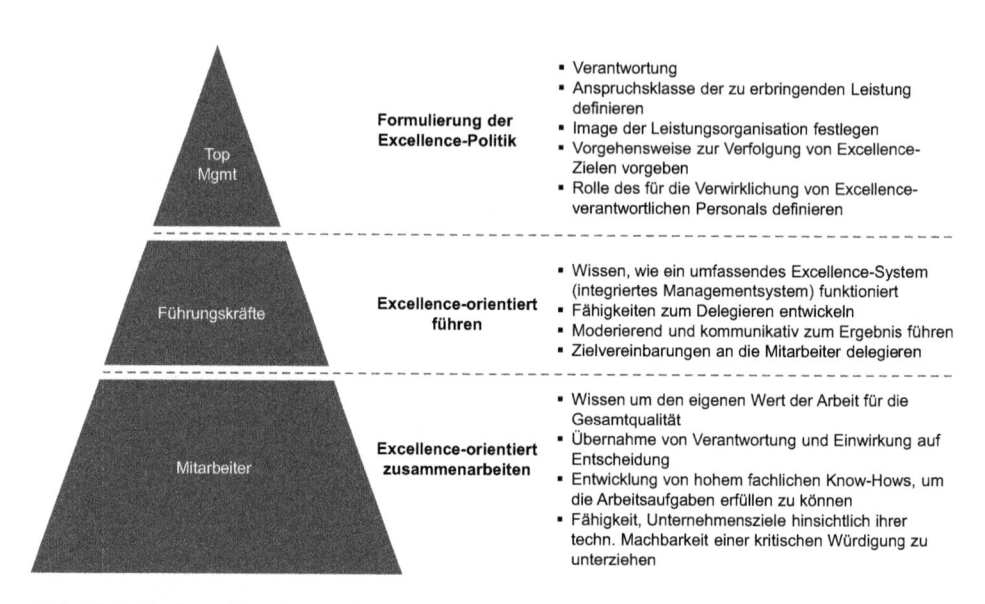

Abb. 29.8 Business Excellence. (Quelle: eigene Darstellung in Anlehnung an SGMI 2009)

Art, um zu den gewünschten Ergebnissen zu gelangen. Auch hier sollten etwa am Jahresbeginn mit den Mitarbeitern Zielvereinbarungen in Anlehnung an das oben diskutierte Managementsystem vereinbart werden.

Die Ebene der Mitarbeiter ist in das Managementsystem ebenso zu involvieren. Hier ist das Wissen um den eigenen Wert der Arbeit in Bezug zur Gesamtqualität eine notwendige Voraussetzung, um die Mitarbeiter entsprechend einzubinden. Diese müssen dabei Verantwortung übernehmen und die Möglichkeit haben, auf Entscheidungen einzuwirken. Des Weiteren benötigen sie die Fähigkeit, übergeordnete Unternehmensziele zu abstrahieren und hinsichtlich ihrer technischen Machbarkeit zu würdigen.

Zusammenfassend ist festzustellen, dass Business Excellence ein Managementkonzept ist, dass die notwendige Basis für qualitätsorientierte Veränderungsprozesse darstellt. Business Excellence ist somit die Grundvoraussetzung für die Einführung von Lean Six Sigma in Versicherungsunternehmen (vgl. Abb. 29.8).

29.4.2 Personalentwicklungskonzepte

Als eine weitere konzeptionelle Grundlage bei der Implementierung von Lean Six Sigma kommt vor allen Dingen der Personalentwicklung eine besondere Bedeutung zu. Wie oben schon mehrfach angeklungen, sind umfangreiche Weiterqualifizierungen der entsprechenden Mitarbeiter notwendig. Insbesondere in Bezug auf die organisatorische Einbettung im Versicherungsunternehmen existieren dabei grundsätzlich vier Alternativen, die aktuell diskutiert werden (vgl. [9]):

- Es besteht die Möglichkeit, einen „Sub-Bereich" zu organisieren, der eine Unterabteilung eines Vorstandsbereiches, zum Beispiel ein IT-Ressort bildet. Hier können dann Black-Belts gebündelt werden. Da die Green-Belts erfahrungsgemäß für weniger komplexe Projekte eingesetzt werden, lassen sich diese weiterhin in der Linienorganisation der Versicherung führen. Diese Organisationsform hat den Vorteil, dass sie eventuell in die bestehenden Strukturen des Hauses passt. Die Nachteile sind hier jedoch offenkundig: da die Six Sigma-Leitung nicht direkt an den Gesamtvorstand berichtet, besteht die Möglichkeit einer hohen Intransparenz und Unsicherheit im Unternehmen. Des Weiteren kann eine zu hohe Distanz zu anderen Fachbereichen entstehen.
- Eine weitere Möglichkeit besteht in der Ausgestaltung eines Competence-Centers in der Form eines eigenständigen Vorstandsbereiches. Auch hier würden, wie oben diskutiert, die Black-Belts in einer Organisationseinheit gebündelt werden. Die Green-Belts würden weiterhin in der Linie angesiedelt. Diese Organisationsform hätte den Vorteil, dass, neben dem entsprechenden Stellenwert in der Gesamtorganisation der Versicherung, die Black-Belts fest im Zugriff des Veränderungsmanagers (KVP-/Six Sigma-Leiters) sind. Gravierender Nachteil dieser Organisationsform ist, dass die Organisationseinheit zu klein ist, um einen eigenen Vorstandsbereich zu begründen.

- Die Organisation als funktionaler Setup erfolgt ebenfalls auf der Ebene der Vorstandsbereiche. Dabei wären sowohl die Green-, als auch die Black-Belts in der Linie angesiedelt. Die Nachteile sind hier:
  - Black-Belts sind nicht disziplinarisch an den Veränderungsmanager gebunden,
  - Black-Belts sind nur unter Schwierigkeiten in übergreifenden Projekten einzufinden und
  - durch die räumliche Trennung können sich die Black-Belts nur bedingt austauschen,
- Neben den oben beschriebenen Organisationsformen, bietet sich noch die Möglichkeit der Organisation als Competence-Center in Form einer Stabsstelle an. Diese Stabsstelle würde im günstigsten Falle direkt dem CEO des Versicherungsunternehmens zugeordnet sein. Hier hat man notwendiger Weise alle Vorteile des oben detailliert beschriebenen Competence-Centers, ohne den schwerwiegenden Nachteil der kritischen Größe eines Vorstandsbereiches.

Aus der Diskussion der unterschiedlichen Organisationsmodelle lässt sich die Komplexität der aufgeworfenen Fragestellung erkennen. Auf Basis der Projekterfahrungen von 67rockwell Consulting sollte diese Auseinandersetzung frühzeitig geführt werden, denn wenn die organisatorische Einbettung nicht geklärt ist, kann insbesondere die Rekrutierung ausgewählter Black-Belts erschwert werden. Neben der organisatorischen Ansiedlung der Einheit für „qualitätsorientiertes Veränderungsmanagement", gilt es für den Personalbereich, frühzeitig Überlegungen hinsichtlich der Entwicklung eines innovativen Personalentwicklungskonzeptes für das Versicherungsunternehmen zu konzipieren.

Grundsätzlich dient die Personalentwicklung dem Ausbau und dem Erhalt der Leistungsfähigkeit und der Flexibilität aller Mitarbeiter, vom Auszubildenden bis zum Management „rund um" die Bereiche Wissen, Können und Wollen, um den aktuellen und zukünftigen Anforderungen gerecht zu werden. Dabei ist eine zielorientierte Planung, Umsetzung und Ergebniskontrolle unbedingt erforderlich. Personalentwicklung beinhaltet alle Maßnahmen der Bildung (zum Beispiel Berufsausbildung, Weiterbildung, Umschulung) und Förderung (zum Beispiel Karriereplanung, Mitarbeitergespräch, Coaching) aller Mitarbeiter. Sie umfasst die Konzeption und Implementierung von wichtigen Personalentwicklungs- und Führungsinstrumenten sowie einen Teilbereich der Organisationsentwicklung. Grundsätzlich lässt sich das Feld der Personalentwicklung durch zwei Ebenen beschreiben:

1. Die erste Ebene, das gesamte Personalentwicklungskonzept des Versicherungsunternehmens, stellt den Rahmen für einzelne Personalentwicklungsmaßnahmen dar und umfasst Aussagen zu grundsätzlichen Haltungen und Vorgehensweisen.
2. Die zweite Ebene stellt die anschließende praktische Umsetzung dar, die sich aus einzelnen, oft recht unterschiedlichen Maßnahmen zusammensetzt. Dabei gilt es zu beachten, dass nicht jede Maßnahme für jeden Zweck geeignet ist. Deshalb ist es notwendig, für jede Anforderung immer den strategisch besten Instrumentenmix zu

finden. Welche Ansätze erfolgreich sind, hängt von Faktoren der jeweils spezifischen Unternehmens- und Mitarbeitersituationen ab (vgl. [7]).

Wie Abb. 29.9 zeigt, gilt es hier, möglicherweise neue Rollenmodelle, die sich abseits der Linienorganisation eines Versicherers befinden, zu konzipieren und umzusetzen. Hier bietet sich insbesondere an, ein Karrieremodell zu entwickeln, welches Prozess-/Projektmanager bzw. Projektleiter neben der Linienorganisation abbildet. Insbesondere vor dem Hintergrund der Rekrutierung von Black-Belts sind die üblichen Fragestellungen frühzeitig zu beantworten:

- Wie sind die Karriereperspektiven außerhalb der Linienorganisation?
- Kann man beispielsweise über den Weg der Black-Belts Führungskraft in der Linie werden?
- Sind die Entwicklungspfade genauso effizient wie in der Linie?
- Gibt es gleichwertige Leitungsfunktionen in der Organisation?
- Zeitpunkt der Überführung in die Linie?
- etc.

Wie oben ausführlich diskutiert, lässt sich zusammenfassend feststellen, dass insbesondere mit dem Beginn von qualitätsorientierten Verbesserungsprozessen frühzeitig sowohl

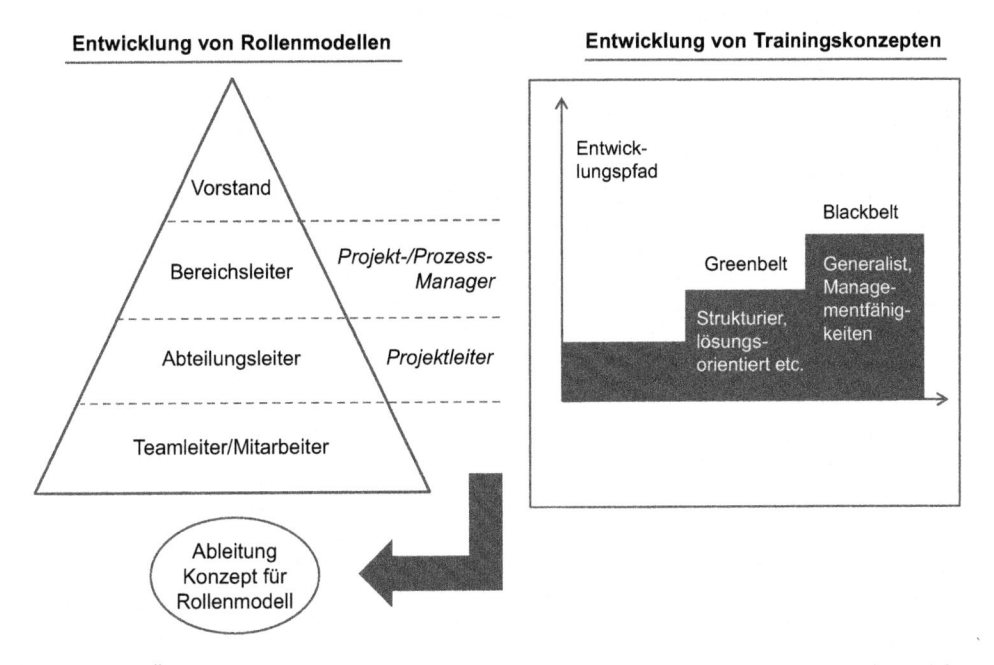

Abb. 29.9 Übergreifendes Personalentwicklungskonzept. (Quelle: eigene Darstellung in Anlehnung an SGMI 2009)

die organisatorische Einbettung der „neu" entstehenden Organisationseinheit als auch innovative Personalentwicklungskonzepte zu konzipieren sind.

29.5 Kritische Erfolgsfaktoren bei qualitätsorientierten Verbesserungsprozessen in der Versicherung

Die erfolgreiche Umsetzung von qualitätsorientierten Verbesserungsprozessen richtet sich an acht kritischen Erfolgsfaktoren in vier Bereichen aus:

Allgemein

1. Das Sponsoring durch das Top-Management ist ein entscheidender Erfolgsfaktor bei der Einführung des Lean Six Sigma-Ansatzes.

Organisation/Kommunikation

2. Mitarbeiterorientierte Kommunikation ist erfolgskritisch für die Einführung von Six Sigma orientierten Veränderungsprozessen im Unternehmen.
3. Die organisatorische Ansiedlung im Unternehmen ist frühzeitig zu klären, um dem Aspekt der Nachhaltigkeit Rechnung zu tragen.
4. Frühzeitige Einbindung in ein übergreifendes Personalentwicklungskonzept bietet engagierten Mitarbeitern Karrierechancen.

Mitarbeiter

5. Der Know-how-Transfer auf die Mitarbeiter muss unmittelbar nach dem Projektstart erfolgen und sukzessive ausgebaut werden.
6. Eine angemessene Anzahl von Black- und Green-Belts ist entscheidend für die erfolgreiche Etablierung.
7. Nachhaltiger Erfolg wird durch die Einbeziehung aller Mitarbeiter im Rahmen eines „Bottom-up-Ansatzes" erreicht.

Ansatz
Die Kombination aus „Top-down und Bottom-up" Vorgehensweise führt zu optimalen Ergebnissen in der Umsetzung.

29.6 Zusammenfassung und Ausblick

Zusammenfassend lässt sich feststellen, dass durch die Einführung von qualitätsorientierten Verbesserungsprozessen auf der Basis des Lean Six Sigma-Ansatzes mehrere Benefits für das Unternehmen verbunden sind. Von Beginn der Initiative an werden messbare positive finanzielle Resultate erzielt und können in der Gesamtorganisation kommuniziert werden. Des Weiteren orientiert sich dieser Ansatz radikal am Kunden, sowohl intern als auch extern und verändert damit das Verhalten der Mitarbeiter. Schrittweise wird ein Business-Process-Management-System aufgebaut, das dem Top-Management die Steuerung des Unternehmens auf Basis von Zahlen, Daten und Fakten ermöglicht sowie klare Verantwortlichkeiten in der Organisation schafft. Daneben werden die Leistungen der Mitarbeiter messbar und objektivierbar. Ein weiterer wesentlicher Erfolg ist die Auflösung des in Versicherungsunternehmen typischen vertikalen (Silo-)Denkens durch prozessorientiertes Denken.

Literatur

1. Deloitte C (2007) Versicherungsunternehmen auf dem Weg zur Industrialisierung. Zeitschrift Für Betriebswirtschaftliche Forsch, S 50
2. Gamweger J, Jöbstl O, Strohrmann M, Suchowerskyj W (2009) Design for Six Sigma. Kundenorientierte Produkte und Prozesse fehlerfrei entwickeln
3. Harvard Business manager (2005) Was ist ... Six Sigma, S 45
4. Hillenkötter D (2007) Erfahrungen der Deutschen Automobilindustrie mit Just-In-Time-, Toyota- und Lean-Production, Seminar: „Lohn und Leistung". Ruhr-Universität Bochum, Bochum
5. Kostka K, Kostka C (2017) Der kontinuierliche Verbesserungsprozess, 7. Aufl. Hanser Fachbuchverlag, München
6. Koch R (2012) T.: Lean Six Sigma: Die Automobilindustrie Im Wandel. Diplomica Verlag, Hamburg
7. Lieber K, Moormann J (2004) Six Sigma: Neue Chancen zur Produktivitätssteigerung. Die Bank 1:28–33
8. Lieber K (2004) Six Sigma in Banken. Frankfurt School Verlag, Frankfurt
9. Lorenz M, Rohrschneider U (2007) Praxishandbuch für Personalreferenten. Campus, Frankfurt am Main
10. Reich M (2003) Innovatives Kundenbindungs-Controlling. Rainer Hampp Verlag, München und Mering
11. Rheinische Fachhochschule (2016) Lean Management
12. Schmitt R, Pfeifer T (2010) Qualitätsmanagement, Strategien, Methoden, Techniken, 4. Aufl. Carl Hanser Verlag, München, Wien
13. Töpfer A (2007) Six Sigma in Banken und Versicherungen, 3. Aufl. Springer Verlag, Berlin, Heidelberg
14. Töpfer A (2009) Lean six sigma. Springer Verlag, Berlin, Heidelberg
15. Uzzi J (2004) A./Attenello, D.: Six Sigma: Ein messbarer Ansatz zur Qualitäts-Services. Insur J, S 1–3

30 Einsatz von Lean Management bei einem internen IT-Dienstleister eines Versicherungskonzerns

Mario Krause und Janina Tarnowski

Zusammenfassung

Durch die immer weiter ansteigenden Anforderungen und den Wandel im Versicherungsumfeld, insbesondere durch die Digitalisierung, spielt die kontinuierliche Verbesserung und die Veränderungsfähigkeit auch in der IT eine wesentliche Rolle. Lean Management kann dabei unterstützen, die Kundenorientierung zu stärken, die Verschwendung zu reduzieren und einen kontinuierlichen Verbesserungsprozess zu etablieren. Eine besondere Herausforderung bei Lean Management stellt die nachhaltige Verankerung im Arbeitsalltag dar. Dazu gibt es diverse Erfolgsfaktoren, die eine nachhaltige Verankerung von Lean sicherstellen. Im Rahmen des Einsatzes von Lean Management in den letzten zwei Jahren haben sich bei uns drei Erfolgsfaktoren als elementar für die nachhaltige Verankerung von Lean erwiesen: Commitment des Top-Managements schafft Freiraum für Bottom-up-Initiative, das integrierte Lean-Management-System sowie die Vernetzung im Unternehmen.

30.1 Einleitung

30.1.1 Ausgangssituation und Herausforderungen

Die Versicherungsbranche befindet sich im Wandel und steht vor großen Herausforderungen, wie dem erhöhten Wettbewerbsdruck, dem aktuell vorhandenen Niedrigzinsumfeld,

---

M. Krause (✉) · J. Tarnowski
Talanx Systeme AG
Hannover, Deutschland
E-Mail: mario.krause@talanx.com

J. Tarnowski
E-Mail: janina.tarnowski@talanx.com

© Springer-Verlag GmbH Deutschland, ein Teil von Springer Nature 2019
M. Reich und C. Zerres (Hrsg.), *Handbuch Versicherungsmarketing*,
https://doi.org/10.1007/978-3-662-57755-4_30

neuer Regulatorik und der demografischen Entwicklung. Neben diesen Herausforderungen, müssen sich die Versicherer auch mit dem Trend der Digitalisierung beschäftigen, in der sich neue Potenziale erkennen lassen (vgl. [12]).

Durch die Digitalisierung entstehen mithilfe digitaler Technologien neue Geschäftsprozesse und -modelle. Dies hat Auswirkungen auf die Organisation, insbesondere auf die Denkweise und das Handeln von Unternehmen. Durch die Digitalisierung steht auch der Versicherungsmarkt unter Druck. Die Versicherungsunternehmen arbeiten daran, den Kundenanforderungen, die sich insbesondere durch die Digitalisierung grundlegend geändert haben, gerecht zu werden. Sie stehen vor diversen digitalen Herausforderungen, wie z. B. die digitale Kommunikation, ein umfassendes Onlineangebot und die Notwendigkeit zur Mitgestaltung von neuen Versicherungsprodukten. Die Wandlung des Versicherungsmarkts geschieht mit zunehmender Geschwindigkeit und kurzen Intervallen (vgl. [7; 4, S. 12; 13, S. 6–11]).

Neben den eben aufgeführten Einflüssen, stellt auch die komplexe Konzernstruktur eine weitere Herausforderung dar. Unser Versicherungskonzern arbeitet unter verschiedenen Marken und ist in den Geschäftsbereichen Industrieversicherung, Privat- und Firmenversicherung, Rückversicherung und im Bereich Vermögensverwaltung tätig. In der Konzerngeschichte erwarb, übernahm und fusionierte der Konzern mit diversen anderen Versicherungen. Die komplexe Struktur stellt demnach auch für uns, als internen IT-Dienstleister, eine Herausforderung dar. Hier arbeiten ca. 1000 Mitarbeiter an vier Standorten in Deutschland. Es gibt einen Konzernvorstand und IT-Vorstände. Die weitere Führungshierarchie setzt sich aus Bereichsleitern, Abteilungsleitern und Teamleitern zusammen. Die IT-Dienstleistungen der Geschäftsbereiche Privat- und Firmenversicherung in Deutschland, Industrieversicherung sowie die der Konzernfunktionen und der Vermögensverwaltungsgesellschaften werden bei uns in zentraler Funktion gebündelt.

Um sich gegenüber den immer ansteigenden Anforderungen an unsere internen Fähigkeiten zu wappnen, kann Lean Management unterstützen. Lean Management ist ein Managementansatz und ein Führungs- und Organisationskonzept mit dem Ziel, die Aufbau- und Ablauforganisation effizient und kundenorientiert zu gestalten. Ein wesentlicher Bestandteil von Lean Management ist der kontinuierliche Verbesserungsprozess. Mit Lean Management soll mit geringen Kosten eine hohe Qualität und Flexibilität trotz hoher Komplexität der Produkte ermöglicht werden (vgl. [6]).

Eine große Herausforderung stellt nach der Einführung von Lean Management die nachhaltige Verankerung im Unternehmen dar und es wird deutlich, dass mehr notwendig ist, als ein reines Methodentraining. Faktoren, wie Führung, Beteiligung der Mitarbeiter, Teamarbeit sowie Unternehmenskultur, tragen zur nachhaltigen Verankerung von Lean Management bei (vgl. [9, 8]).

30.1.2 Motivation zum Einsatz von Lean Management

Als interner IT-Dienstleister in einem Mehr-Marken-Konzern stehen wir vor den oben genannten Herausforderungen, wie z. B. der Digitalisierung, und es werden Erwartungen kommuniziert, wie bessere Konditionen, umfassende Beratung, bessere Erreichbarkeit, mehr Service und Komfort, Automatisierung, Digitalisierung, Usability, mehr Leistung, weniger Komplexität und schnellere Bereitstellung von Services und Produkten. Um sich für die dargestellten Herausforderungen zu professionalisieren, möchten wir mit dem Lean Programm unsere Fähigkeiten stärken und uns, aus uns selbst heraus, weiterentwickeln.

In den letzten Jahren gab es in der IT-Infrastruktur zahlreiche Großprogramme mit dem Ziel der Homogenisierung, Optimierung und Kostenreduktion. In der Anwendungsentwicklung gab es zur Harmonisierung der Anwendungen und durch die fachlichen sowie technischen Veränderungen ebenfalls zahlreiche Programme. Die Rolle des Fachbereichs und der IT hat sich in den letzten Jahren von einem Dienstleistungs- zu einem partnerschaftlichen Verhältnis entwickelt.

Das Change Programm Lean wurde bei uns mit Unterstützung eines Unternehmens- und Strategieberatungsunternehmens vor ca. zwei Jahren initialisiert, um uns für die gestiegenen Anforderungen zu professionalisieren. Dabei richtet das Lean Programm den Fokus auf wertschöpfende Tätigkeiten, die Optimierung in der Zusammenarbeit im Team, die nachhaltige Verankerung von kontinuierlicher Verbesserung und einen engen Schulterschluss an den Schnittstellen zwischen den Einheiten. Der Fokus liegt ebenfalls auf der Veränderung der Denk- und Verhaltensweisen. Lean Management liefert dazu Prinzipien, ein Vorgehensmodell und ein Methodenset, um eine nachhaltige Verhaltensänderung zu initiieren und verfolgt das Ziel, die Zusammenarbeit im Team sowie die persönliche Arbeitsweise zu verbessern. Die Lean Management Prinzipien wirken aus den Teams für die Teams (Bottom-up-Ansatz) und fördern die Offenheit für Veränderung und die Motivation, diese mitzugestalten. Durch Lean werden bei uns verschiedene Dimensionen, wie Kunde, Prozesse, Team Management, Organisation und Fähigkeiten sowie Denkweisen und Verhalten, adressiert.

Dazu gibt es diverse Prinzipien des Lean Managements, die es bei der Einführung und nachhaltigen Verankerung von Lean zu beachten gilt (Abb. 30.1).

In unserem Konzern kommen neben Lean Management, auch Six Sigma und agile Methoden zum Einsatz. Six Sigma wird in einem unserer Geschäftsbereiche eingesetzt mit dem Ziel der kontinuierlichen Prozessverbesserung. Um sich im Geschäftsbereich zukunftsorientiert aufzustellen, unterstützt Six Sigma bei der Prozessoptimierung hin zu kundenorientierten und schlanken Geschäftsprozessen. Es gilt dabei, die Qualität zu steigern, die Kosten zu senken und die Kundenzufriedenheit zu erhöhen. Dazu wird ein gemeinsames End-to-End-Prozessverständnis erarbeitet, die Prozessverantwortung geklärt und die Prozesssteuerung u. a. durch Kennzahlen vorangetrieben. Diese beiden Ansätze sind miteinander kompatibel, denn die Prozessverbesserung ist auch ein Bestandteil von Lean Management. Der Fokus bei Lean liegt jedoch auf dem Mind Change, und es soll das Fundament für agile Arbeitsweisen schaffen.

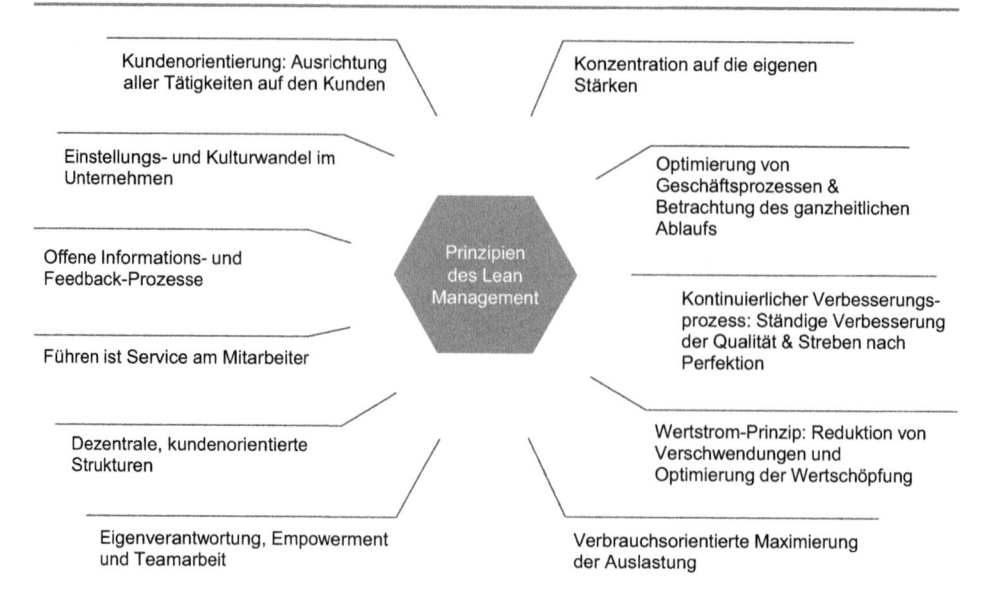

Abb. 30.1 Prinzipien des Lean Managements. (Quelle: eigene Darstellung, in Anlehnung an [2, 8, S. 30–33])

Prinzipien des Lean Management:
- Kundenorientierung: Ausrichtung aller Tätigkeiten auf den Kunden
- Konzentration auf die eigenen Stärken
- Einstellungs- und Kulturwandel im Unternehmen
- Optimierung von Geschäftsprozessen & Betrachtung des ganzheitlichen Ablaufs
- Offene Informations- und Feedback-Prozesse
- Kontinuierlicher Verbesserungsprozess: Ständige Verbesserung der Qualität & Streben nach Perfektion
- Führen ist Service am Mitarbeiter
- Dezentrale, kundenorientierte Strukturen
- Wertstrom-Prinzip: Reduktion von Verschwendungen und Optimierung der Wertschöpfung
- Eigenverantwortung, Empowerment und Teamarbeit
- Verbrauchsorientierte Maximierung der Auslastung

30.2 Lean Management beim IT-Dienstleister

30.2.1 Vorgehensweise bei der Einführung

Das Programm wurde zunächst in den Teams der Anwendungsentwicklung gestartet und dort wurden zwei Pilotwellen durchgeführt. Insbesondere bei der Auswahl der Teams der ersten Wellen haben wir verstärkt auf folgende Punkte geachtet:

- Die Führungskraft und das Team sind motiviert, um am Lean-Programm teilzunehmen und bereit für Veränderungen.
- Die Führungskaskade ist besetzt und die Zuständigkeiten zwischen Abteilungs- und Teamleiter sind klar.
- Die Teamgröße ist adäquat (mit maximal 15 Mitarbeitern) und der inhaltliche Fokus der Teams liegt auf der Anwendungsentwicklung.
- Sowohl der Teamleiter, als auch der Linienexperte[1] sind ausreichend verfügbar und z. B. nicht in Großprojekte eingebunden.

Unser Ziel war es, Teams zu finden, die als „Leuchttürme" fungieren und die „Lust auf Lean" bei den anderen Teams wecken. Nach dem Erfolg der Pilotwellen haben wir die Entscheidung getroffen, Lean auf die gesamte IT auszuweiten. Nach zwei Jahren Lean

---

[1] Der Linienexperte ist ein Mitarbeiter aus Team und Fachexperte, Katalysator für Verantwortung für die Transformation und ist für die Nachhaltigkeit verantwortlich.

können wir sagen, dass die Nachfrage von Teams bzw. Führungskräften, kurzfristig an einer Lean-Welle teilzunehmen, grundsätzlich über den zur Verfügung stehenden Kapazitäten an unseren Lean-Navigatoren[2] liegt.

Gerade zu Beginn des Programms wurden zur Erhöhung der Akzeptanz zusätzlich diverse Marketing- und Kommunikationsmaßnahmen durchgeführt. Es wurden Tagesveranstaltungen für Vorstände und Führungskräfte aus IT und Fachbereich sowie Führungskräfte-Workshops entlang der gesamten Führungskaskade vom Vorstand bis zum Teamleiter in der IT durchgeführt, um Lean besser zu verstehen und zu erleben. Der Konzernvorstand war Teilnehmer der Auftaktveranstaltung der ersten Lean-Welle sowie bei weiteren übergreifenden Meetings im Wellengeschehen. Des Weiteren wurde Lean von Beginn an bei den Mitarbeiterversammlungen, im Intranet und in der Unternehmenszeitschrift platziert.

Wir haben festgestellt, dass für das Gelingen einer Lean Transformation drei Rollen besonders wichtig sind: Führungskraft, Linienexperte und Navigator. Gemeinsam bilden Sie das Kernteam. Sie treiben die Transformation maßgeblich voran, stimmen sich regelmäßig ab und tauschen sich über den Fortschritt, also unternommene und geplante Schritte aus. Darüber hinaus hat das Team eine elementar wichtige Rolle.

- Die Führungskraft soll die Standards vorleben, sich selbst ein Bild vom Team und aktuellen Problemen verschaffen, konstruktive und fordernde Leistungsdialoge führen, die Mitarbeiter für neue Dinge begeistern und die Wichtigkeit des Erfolgs der Mitarbeiter im Team herausstellen.
- Der Linienexperte ist ein Mitarbeiter aus Team und Fachexperte, Katalysator für Verantwortung für die Transformation und ist für die Nachhaltigkeit verantwortlich.
- Der Lean-Navigator unterstützt als Coach die Einführung von Lean, ist Experte in der angewendeten Methodik, überzeugt und motiviert das Team, unterstützt bei der Planung der Welle und Strukturierung von Diagnosen und Ergebnissen.
- Das Team ist aktiv in die Lean-Welle eingebunden, indem es Input zu Problemen und Verbesserungsmaßnahmen gibt, die teamspezifischen Maßnahmen ausgestaltet, Verantwortung für diese übernimmt und die kontinuierliche Verbesserung vorantreibt.

Hierbei ist es wichtig, dass sowohl die Führungskraft, als auch die Linienexperten und Mitarbeiter ausreichend Zeit und Freiraum zur Umsetzung der Welle haben. Ausreichende Beteiligungs- und Umsetzungsmöglichkeiten sind für alle Wellenteilnehmer eine wichtige Voraussetzung für die Glaubwürdigkeit, die erfolgreiche Einführung und die nachhaltige Verbesserung. Zudem ist Verständnis auf Kundenseite für die Investition in die „eigene Verbesserung" sehr wichtig.

Der Transformationsprozess im Rahmen einer Lean-Welle dauert 14 Wochen und geht in der Nachhaltigkeitsphase weiter. Die Diagnosephase dauert drei Wochen, die Design-

---

[2] Der Lean-Navigator unterstützt als Coach die Einführung von Lean, ist Experte in der angewendeten Methodik, überzeugt und motiviert das Team, unterstützt bei der Planung der Welle und Strukturierung von Diagnosen und Ergebnissen.

phase vier Wochen und die Implementierungsphase sieben Wochen. Im Verlauf der Welle werden die Lean Prinzipien und Elemente ausprobiert, zukunftsorientiert gestaltet und vom Team umgesetzt.

Bevor die Lean Welle startet, findet eine Vorbereitungsphase statt. Im Rahmen eines dreitägigen Bootcamps werden den Führungskräften und Linienexperten die Lean Philosophie sowie Lean Methoden durch das Lean Team nähergebracht. Die Schulung der Lean-Methoden startet im Bootcamp und erfolgt während der gesamten Lean-Welle. Weiterhin werden in der Vorbereitungsphase wichtige Kunden, Kernprozesse sowie erste Problemfelder für weitere Diagnosen identifiziert und es wird mit der systematischen Datensammlung begonnen. Identifizierte Spezifika der Teams werden in der Lean-Welle berücksichtigt und teamspezifische Schwerpunkte bei der Definition der teamspezifischen Maßnahmen gesetzt. Beim Bootcamp sind uns die im Folgenden aufgelisteten Ziele besonders wichtig:

- Teambuilding zwischen den Wellenteilnehmern und mit den Lean Navigatoren sowie das „Einschwören" auf die anstehende Lean-Welle.
- Erarbeiten von ersten konkreten Arbeitsergebnissen zur Vorbereitung der Lean Welle und das Anwenden erster Methoden in den Teams.
- Wichtigkeit des Themas wird durch die Teilnahme eines Vorstandsmitglieds und des jeweiligen Bereichs- sowie Abteilungsleiter deutlich.

Das Know-how zu Lean konnte intern soweit aufgebaut werden, dass die Lean-Welle sowie das Bootcamp mittlerweile durch ein vollständig internes Lean Team durchgeführt werden. Auch dies ist ein Erfolgsfaktor, da die Akzeptanz und Vertrauensbasis deutlich gesteigert werden. Des Weiteren dient das Lean Programm auch als interne Weiterbildungsmaßnahme für Mitarbeiter, um nach der Tätigkeit als Lean Navigator weiterführende Aufgaben übernehmen zu können.

30.2.1.1 Diagnosephase

In der Diagnosephase soll ein gemeinsames Verständnis der Ist-Situation erzeugt, Problemfelder und Verbesserungsansätze identifiziert und wertschöpfende bzw. nicht-wertschöpfende Zeitanteile im Arbeitsalltag der Teams ermittelt werden. Um die eben genannten Ziele der Diagnosephase zu erreichen, werden zwölf Analyseinstrumente entlang der fünf Lean-Dimensionen (Kunde, Prozesse, Team Management, Organisation und Fähigkeiten sowie Denkweisen und Verhalten) angewendet. Zum Abschluss der Diagnosephase werden alle Probleme bzw. Herausforderungen der Diagnosephase gesammelt und zu drei wesentlichen Hauptherausforderungen je Team zusammengefasst. Beispiele von Teams bisheriger Lean-Wellen für Hauptherausforderungen sind:

- **Anforderungsmanagement und Spezifikation:** Anforderungsprozess inklusive Template nicht standardisiert, Auftragseingangskanal nicht vereinheitlicht, unterschiedliche Vorgehensweise bei der Aufwandsschätzung sowie keine Gesamtübersicht bzw. Transparenz über alle Anforderungen.

- **Kapazitätsmanagement:** Keine umfassende Transparenz über Umfang der Nachfrage bzw. Gesamtüberblick über eingehende Aufträge, wenig Steuerungsmöglichkeit durch unzureichende Transparenz zur Auslastung im Team, hohe Anzahl an Kontextwechseln und Störungen.
- **Test:** Testprozess nicht standardisiert, Verantwortlichkeiten und Aufgabenumfang nicht für alle Mitarbeiter klar, Testfälle unzureichend dokumentiert, wenig automatisierte Testfälle.
- **Wissensverteilung im Team:** Unzureichender Wissenstransfer, unterschiedliche Wissensstände im Team, Kopfmonopole, Knowhow liegt bei Externen, unzureichende Dokumentation.
- **Rollen und Zuständigkeiten sowohl im Team als auch an der Kundenschnittstelle:** Reibungsverluste durch unzureichende Abstimmung, Rollen nicht trennscharf definiert, Erwartungen an Fähigkeiten und Kompetenzen nicht ausreichend beschrieben.

30.2.1.2 Designphase

Nach der Diagnosephase sollen in der Designphase der Zielzustand festgelegt, Maßnahmen zur Erreichung des Zielzustands definiert, Teamziele und Kennzahlen zur Steuerung der Teams ausgestaltet und Potenziale zur Effizienzsteuerung quantifiziert werden.

Aus den Erkenntnissen der Diagnosephase und den drei Hauptherausforderungen werden teamspezifische Maßnahmen gemeinsam mit dem Team abgeleitet. Jeder Mitarbeiter treibt eine Verbesserungsmaßnahme eigenständig voran, gestaltet und plant die Maßnahme aus, und bei Bedarf werden erste Umsetzungsschritte durch den Lean Navigator begleitet. Es handelt sich dabei um teamspezifische Maßnahmen, wie z. B.

- Erstellung bzw. Anpassung eines **Spezifikationstemplates** mit dem Ziel der sauberen und einheitlichen Anforderungsdokumentation.
- **Testautomatisierung** zur Erhöhung der Testabdeckung und der Betriebssicherheit.
- Definition von **Code-Standards** für interne und externe Softwareentwickler.
- **Hospitationen** beim Fachbereich für Einsicht in Prozesse der Kunden und bei IT-Abteilungen für die Einsicht in Schnittstellen.
- Workshops zum internen **Knowhow-Übertrag** oder innovativen, technischen Themen zum Fähigkeitenaufbau.
- Erarbeitung bzw. Schärfung des **Rollenkonzepts** zur Schaffung eines klaren Verständnisses der Rollen im Bereich bezüglich der Aufgabenschwerpunkte, Ziele und notwendigen Kompetenzen (fachlich, methodisch, sozial).

Neben den teamspezifischen Maßnahmen wird in der Designphase das Lean Management System ausgestaltet. Es besteht aus vier Managementprinzipien und unterstützenden Führungswerkzeugen, die das Ziel haben, den Mehrwert für den Kunden zu erhöhen, das eigene Team kontinuierlich zu verbessern und Verschwendungen zu vermeiden. Neben dem Lean Management System werden teamspezifische Maßnahmen identifiziert, die aus den Ergebnissen der Diagnosephase abgeleitet werden konnten. Diese werden gemeinsam mit den Mitarbeitern ausgestaltet.

30.2.1.3 Implementierungsphase

In der Implementierungsphase, die sieben Wochen lang ist, sollen erste Maßnahmen nachhaltig umgesetzt, Quick Wins erzielt und mit der Implementierung des Lean Management Systems begonnen werden. Die Elemente des Lean Management Systems greifen systematisch ineinander, verstärken sich gegenseitig und sorgen so für kontinuierliche Verbesserungen. Um dauerhafte Verbesserungen zu erzielen, soll Lean Management auf jeder Ebene eingeführt werden, auch im Top Management.

Insbesondere auf das Herausarbeiten bezüglich der Verzahnung der Lean Management Elemente legen wir in dieser Phase besonderen Wert. Das Teamboard-Meeting spielt dabei eine zentrale Rolle. Beispielsweise hängen die Teamkennzahlen auf dem Teamboard aus und werden diskutiert. Bei Abweichungen sind diese genauer, z. B. mithilfe einer strukturierten Problemlösung, zu analysieren. Dazu werden die Ursachen betrachtet und Lösungen erarbeitet. Diese werden dann als Maßnahmen in den Implementierungsplan für Verbesserungen aufgenommen und ausgeplant. Bei Bedarf kann die Führungskraft ein Coaching mit dem Mitarbeiter zu der Maßnahme durchführen. Die erfolgreiche Umsetzung der Verbesserungsmaßnahme wird dann anhand der Teamkennzahlen sichtbar.

Neben der Etablierung des Lean Management Systems, werden durch die Umsetzung einiger teamspezifischer Maßnahmen bereits innerhalb der sieben Wochen dauernden Implementierungsphase schon Quick Wins erzielt. Uns ist es wichtig, die Erfolge durch die Verbesserungen wertzuschätzen und zu feiern. Beispielsweise werden Erfolge in Bereichsmeetings oder Führungskräferunden durch die Mitarbeiter vorgestellt. Oder es werden gemeinsame Aktivitäten sowohl auf der Arbeit, wie z. B. ein Frühstück, als auch nach der Arbeit Teambuilding-Events durchgeführt.

Durch die Etablierung von Lean sowie die Umsetzung von Verbesserungsmaßnahmen erkennen wir auch übergreifende Effekte, wie die Entwicklung in eine robuste, performante und schlankere Organisation, die Steigerung der Kunden- und Mitarbeiterzufriedenheit, Vermeidung externer Kosten sowie die Reduktion unserer Gesamtkosten als IT-Dienstleister.

Zum Ende der Lean-Welle findet ein Abschlussmeeting statt, das gleichzeitig die „Staffelstabübergabe" an die Teilnehmer der folgenden Welle darstellt. Zu dem Meeting sind alle Wellenteilnehmer, ausgewählte Fachbereichs- und IT-Vorstände sowie Führungskräfte, weitere Kundenvertreter und die Teams der kommenden Welle eingeladen. In dem Meeting präsentieren die Teams der aktuellen Welle ihre Ideen und erste Erfolge durch die Umsetzung ihrer Maßnahmen. Zudem wird den kommenden Wellenteilnehmern durch einen Erfahrungsbericht ein Einblick in die Lean-Welle gegeben und die Vernetzung in der Organisation zwischen Wellenteilnehmern als auch darüber hinaus weiter verstärkt.

30.2.2 Nachhaltigkeit

Nach der Lean-Welle sollen die bereits definierten sowie neue Maßnahmen umgesetzt werden. Zudem soll in der Nachhaltigkeit das Lean Management System angewendet und weiterentwickelt werden, um eine kontinuierliche Verbesserung zu erreichen. Das soll über Hierarchieebenen hinweg gelebt werden. Die Teams sollen kontinuierlich selbst Verbesserungsvorschläge einbringen und dabei sollen die Führungskräfte ihre Mitarbeiter unterstützen und coachen.

Abb. 30.2 fasst die Inhalte der Nachhaltigkeit in einem geleanten Team (blau dargestellt) und die nachhaltige Implementierung von Lean in der Organisation (grau dargestellt) zusammen.

In der Nachhaltigkeit werden die Teams durch das Lean Team begleitet. Dazu werden sogenannte Check-ups durchgeführt, um Erfolge, Herausforderungen und nächste Schritte, den Status der Implementierung des Lean Management Systems und den Umsetzungsstatus der Verbesserungsmaßnahmen zu identifizieren. Die Navigatoren Check-ups werden mit dem Teamleiter, dem Team und dem Navigator durchführt. Bei den Bereichs-/Abteilungsleiter Check-ups sind die Bereichs-, Abteilungs- und Teamleiter involviert und im Lean Check-up alle Führungsebenen inklusive Ressortvorstand.

Wie in der Abb. 30.3 dargestellt, besteht die zehnmonatige begleitende Nachhaltigkeit aus einer festen Abfolge an Terminen, die durch das Lean Team durchgeführt werden. Dazu zählen auch die Vorbereitung sowie Durchführung von Workshops und die Unterstützung bei der Integration der Lean Methoden in die vorhandenen Management- und Reporting-Strukturen. Über diese feststehenden Nachhaltigkeitstermine hinaus unterstützt

Nachhaltigkeit						
Nachhaltigkeit in einer geleanten Einheit nach der Lean Welle				Nachhaltige Implementierung von Lean in der Organisation		
Nachhaltigkeitssäulen						
Kundenfokus- und Teamkultur-kontinuität	Performance-kontinuität	Führungs-kontinuität	Maßnahmen-kontinuität	Methoden-management	Hierarchie-management	Schnittstellen-management
Ziele						
Verankerung neuer Denk- und Verhaltens-weisen und Einbindung des Kunden in den kontinuierlichen Veränderungs-prozess	Einbindung der Leistungs-/ Teamdialoge in die bestehenden Strukturen	Verankerung der neuen Management-routinen, -denkweisen und -verhaltens-muster	Gewähr-leistung der Implemen-tierung ausstehender Maßnahmen und Etablierung neuer Maßnahmen	Weiter-entwicklung/ Professionali-sierung der Lean Methodik und des Lean Teams	Definition geeigneter Maßnahmen, um die Akzep-tanz auf allen Hierarchie-ebenen für den Lean Management Ansatz zu erhöhen	Definition geeigneter Einbindungs-maßnahmen für relevante Schnittstellen (z.B. Be-triebsrat, Per-sonal, Con-trolling)

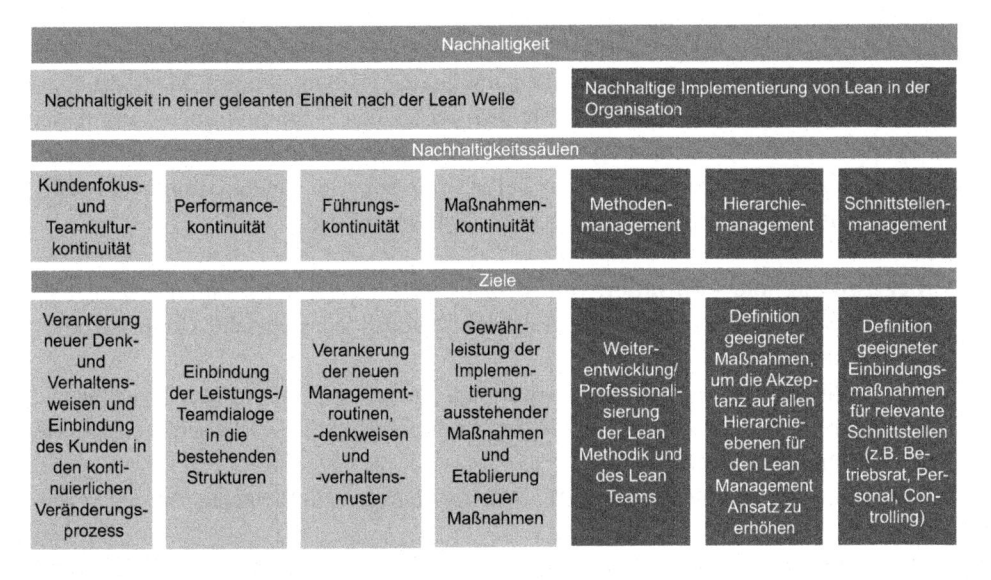

Abb. 30.2 Nachhaltigkeitskonzept

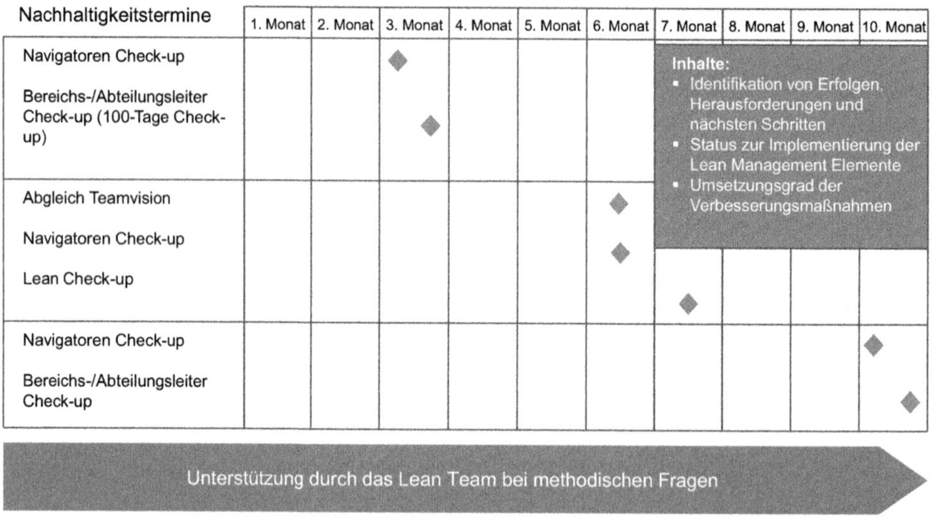

Nachhaltigkeitstermine	1. Monat	2. Monat	3. Monat	4. Monat	5. Monat	6. Monat	7. Monat	8. Monat	9. Monat	10. Monat
Navigatoren Check-up			♦							
Bereichs-/Abteilungsleiter Check-up (100-Tage Check-up)				♦						
Abgleich Teamvision							♦			
Navigatoren Check-up							♦			
Lean Check-up								♦		
Navigatoren Check-up									♦	
Bereichs-/Abteilungsleiter Check-up										♦

Inhalte (ab 7. Monat):
- Identifikation von Erfolgen, Herausforderungen und nächsten Schritten
- Status zur Implementierung der Lean Management Elemente
- Umsetzungsgrad der Verbesserungsmaßnahmen

Unterstützung durch das Lean Team bei methodischen Fragen

Abb. 30.3 Begleitung der Teams in der Nachhaltigkeit

das Lean Team in der Nachhaltigkeit bei Fragen und Anliegen zu Lean auch über die zehn Monate hinaus.

Die Navigatoren fördern ebenfalls den standortübergreifenden Austausch zwischen den Führungskräften sowie den Linienexperten (Abschn. 30.3.3).

30.2.3 Lean Leadership

Erfolgreiches Lean Management basiert bei uns aus der Kombination von Methodenkompetenz und Führungsverhalten. Die Methoden werden den Führungskräften mithilfe der Elemente des Lean Management Systems vermittelt. Dies sind unterstützende Instrumente, um nach gewissen Handlungs- bzw. Führungsprinzipien zu handeln. Ein Lean Leader zeichnet sich durch Verhaltensweisen in sechs Kategorien aus:

- **Begeisterung und Motivation von Mitarbeitern** werden durch eine überzeugende Change Story und das Herausstellen des Wertbeitrags jedes einzelnen zum gesamten Ziel gefördert.
- Die **Weiterentwicklung der Mitarbeiter** wird durch Kompetenzaufbau, Coaching und Feedback sowie die Förderung von Verbesserungsideen und das Wertschätzen von guten Ergebnissen forciert.
- **Methoden und Standards**, wie z. B. die Lean Management Elemente, werden **vorgelebt**.
- **Ziele und Erwartungen** zu den Aufgaben und der kontinuierlichen Verbesserung werden **klar kommuniziert**.

- Mithilfe von **Shopfloor-Management**[3] macht sich die Führungskraft selbst ein Bild von den Problemen auf der Arbeitsebene, unterstützt das Team bei der Problemlösung.
- Die **Zusammenarbeit im Team sowie teamübergreifend** und die Nutzung von **Best Practices** werden gefördert.

Diese Verhaltensweisen werden durch die Elemente des integrierten Lean Management Systems gefördert (Abschn. 30.3.2).

Ein weiterer wichtiger Aspekt ist das Leistungsmanagement und die Leistungsdialoge, die ein effektives und zeitnahes Management des Teams erlauben. Folgende Ziele werden mit dem Leistungsmanagement erzielt:

- **Transparenz**: Visualisierung führt zu Transparenz im Team und deckt Problemstellen auf. Anforderungen und Aktivitäten können präziser geschätzt und bewertet werden.
- **Führung**: Für verbindlich abgestimmte Ziele sorgen und damit Basis für Priorisierung schaffen.
- **Verbesserung**: Schnelle Identifizierung von wiederkehrenden Blockaden ermöglicht kontinuierliche Verbesserung und Transfer von Best Practices durch Informationsaustausch.

Ein Leistungsdialog findet z. B. beim täglichen Teamboard-Meeting oder beim wöchentlichen Meeting zwischen der direkten Führungskraft (Teamleiter) und dem Team statt. Mit dem Lean-Management-Element „Meetingkaskade" soll sichergestellt werden, dass ein Leistungsdialog auf jeder Ebene stattfindet und die Informationen sowohl bottom-up, als auch top-down fließen.

Ein wichtiges Element des Leistungsmanagements ist die Abstimmung verbindlicher Ziele. Diese werden im Rahmen des Zielvereinbarungsprozesses hauptsächlich für Vorstände und Bereichsleiter definiert. Die Ziele werden aus der Strategiepyramide abgeleitet. Diese Ziele werden auf Abteilungs- und Teamebene heruntergebrochen. Mit den einzelnen Mitarbeitern werden Ziele in den jährlichen Mitarbeitergesprächen vereinbart. Einheitliche Vorgaben zur Durchführung gelten basierend auf den Vorgaben der Personalabteilung. In der Lean-Welle wird der Fokus auf die Verknüpfung zwischen Strategiepyramide, den Zielen des Bereichsleiters und weiter heruntergebrochenen Zielen eines einzelnen Mitarbeiters gelegt. An dieser Stelle wird auch die Bedeutung der gesamten Führungshierarchie deutlich. Dazu werden entsprechend Teamkennzahlen erarbeitet, die als Grundlage für die kontinuierliche Verbesserung dienen. Bei Abweichungen werden diese hinterfragt, die Ursache analysiert und Gegenmaßnahmen ergriffen. Die konsequente Verfolgung von Abweichungen verbessert die Produktivität nachhaltig.

Aus den Erfahrungen der letzten zwei Jahre bei der eben beschriebenen Umsetzung von Lean Management haben sich bei uns einige Faktoren als besonders wichtig herausgestellt. Diese werden im nächsten Kapitel vorgestellt und erläutert.

---

[3] Shopfloor Management bedeutet das Führung und Steuern am Ort der Wertschöpfung (vgl. [14, S. 54]).

30.3 Erfolgsfaktoren für die nachhaltige Verankerung von Lean Management

Die Verankerung von Lean in der Organisation ist nicht trivial. Insbesondere die nachhaltige Umsetzung kann nicht erzwungen werden. Es ist ein Veränderungsprozess notwendig, der auf die Interessen und Befindlichkeiten der Mitarbeiter eingeht. Die Verantwortlichen des Prozesses und insbesondere die Führungskräfte benötigen Einfühlungsvermögen und Erfahrung im Umgang mit Menschen. Denn trotz vorgegebener, methodischer Lösungsansätze, wie z. B. Lean, muss stets die beste Lösung für das jeweilige Team gesucht werden (vgl. [11, S. 116]).

Meist haben die Lean Methoden zu Beginn der Einführung Erfolg und es gibt erste messbare Ergebnisse. Nach nicht allzu langer Zeit stagniert Lean oft und es geht sehr langsam voran. Zudem lässt das Engagement der Mitarbeiter nach oder die Führungskräfte haben teilweise andere Prioritäten, sodass weitere Erfolge sowie Veränderungen ausbleiben (vgl. [8, S. 17–27]).

Dazu kommen weitere Risiken bei der nachhaltigen Verankerung von Lean (vgl. [8, S. 17–27; 3; 11, S. 123]):

- Lean geht nicht nebenher,
- Widerstand gegenüber Lean aus Angst (z. B. vor Entlassungen durch Effizienzsteigerung),
- übermäßige Führungsspannen und ausgedünnte Hierarchien,
- Führungskräfte sind keine überzeugten Lean Leader,
- keine Verinnerlichung des Lean Gedankens,
- Lean nur Sammlung von Tools und Methoden und
- Lean bleibt „Spielwiese" der Lean Navigatoren.

Aus den beschriebenen Lean Management Prinzipien (Abb. 30.1) und den eben aufgeführten Risiken bei der Nachhaltigkeit von Lean leiten sich diverse Erfolgsfaktoren ab. Erfolgsfaktoren werden definiert als entscheidende Einflussfaktoren, die den Erfolg bzw. Misserfolg hier der nachhaltigen Verankerung von Lean im Unternehmen auszeichnen (vgl. [1, S. 139]).

In der Theorie sind eine Reihe von Erfolgsfaktoren für die nachhaltige Verankerung von Lean zu finden, wie z. B (vgl. [4, S. 170–171; 10; 5, S. 289–301; 8, S. 43, 175 ff.]).:

- gemeinsame Zielausrichtung,
- Planung des Erfolgs,
- Sichtbarmachen und Messen des Erfolgs,
- Kommunikation sowie visuelles Management,
- ganzheitlicher Ansatz und Durchdringung schaffen,
- Teamarbeit,
- Entscheidungskompetenz auf Mitarbeiterebene,

- Commitment und Vorbildfunktion der Führung sowie
- Schulung von Lean Experten.

Diese Erfolgsfaktoren sind auch bei uns wichtige Aspekte. Im Rahmen des Einsatzes von Lean Management in den letzten zwei Jahren haben sich bei uns drei Erfolgsfaktoren, die in den Abschn. 30.3.1–30.3.3 näher beschrieben werden, als elementar für die nachhaltige Verankerung von Lean erwiesen.

30.3.1 Commitment des Top-Managements schafft Freiraum für bottom-up Initiative

Ein elementarer Erfolgsfaktor ist der Freiraum der Mitarbeiter, um die bottom-up Initiative zu stärken. Ohne ein klares Commitment des Top-Managements ist dies nicht möglich. Bei uns ist zweifelsfrei klar, dass die Veränderung gewollt ist und der Freiraum gegeben wird. Eine Priorisierung zu Gunsten der kontinuierlichen Verbesserung ist gewollt und wird gefördert. Die Vorstände machen dies auf diversen Veranstaltungen deutlich.

Ziel ist es, dass die Mitarbeiter ihre eigenen Ideen einbringen und die Produktivitätsverbesserung durch Verbesserungsvorschläge und Diskussionen im Team vorantreiben. Uns ist es wichtig, dass die Mitarbeiter sich dazu als Teamplayer in der Gruppe sehen. Dabei übernimmt jeder Mitarbeiter Verantwortung im Team, bringt sich aktiv ein und macht Vorschläge zur Verbesserung des Prozesses und der Arbeitsweise. Es ist notwendig, dass der Mitarbeiter die Ziele der Gruppe und seine persönlichen Ziele kennt. Eine offene Kommunikation und gute Zusammenarbeit bilden die Basis für Transparenz und die direkte Ansprache von Problemen, Forschen nach Ursachen und das gemeinsame Finden von Lösungen.

Unsere Erfahrung zeigt, dass die Mitarbeiter zwar Freiraum benötigen, aber eine gemeinsame Ausrichtung vorhanden sein muss. Ziel ist es gemeinsam, also die Führungskraft mit ihren Mitarbeitern, eine Vision und Teamziele in Ausrichtung an der Unternehmensvision festzulegen und den Mitarbeitern dann Spielraum für die Gestaltung der Verbesserungsideen und -maßnahmen zu lassen.

Trotz des Freiraums ist es wichtig, dass der Abteilungs- und Bereichsleiter nah am Team ist und Präsenz zeigt. Die Führungskräfte sprechen ebenfalls Probleme an und unterstützen bei der Problemlösung und Ursachenfindung. Des Weiteren sind aus der Strategie, den Bereichs- und Abteilungszielen Ziele für das Team inklusive relevanter Kennzahlen umzuwandeln. Diese sollen für die tägliche Steuerung dienen und regelmäßig besprochen werden sowie transparent für alle dargestellt sein.

Zur Unterstützung der Mitarbeiter ist Lean in der gesamten Führungskaskade zu etablieren, sodass die Einbindung der gesamten Führungshierarchie ein wesentlicher Erfolgsfaktor für die nachhaltige Verankerung von Lean ist. Die Veränderung beginnt beim Vorstand und den Führungskräften. Die Mitarbeiter beobachten das Verhalten aller Führungskräfte, sodass die Vorbildfunktion und das Commitment durch die Führungskräfte eine wesentliche Rolle spielt. Ohne das Commitment, dass wir vom gesamten Top-Management für das Lean Programm haben, wäre der Freiraum für eine bottom-up-Initiative nicht möglich. Zudem wird es keinen nachhaltigen Change geben, wenn sich die Führungskräfte inklusive Vorstand nicht verändern. Zur Anpassung der Einstellung und des Verhaltens wurden bzw. werden konkrete Maßnahmen entlang der Führungskaskade vorangetrieben. Beispielsweise zeigt sich die Vorbildfunktion der Abteilungsleiter bei uns im Unternehmen konkret daran, dass der Abteilungsleiter sowohl an den wöchentlichen Besprechungen mit seinen Teamleitern als auch regelmäßig bei den Teammeetings und Teamboard-Meetings teilnimmt. Die Vorbildfunktion zeigt sich auch durch das Vorleben der Lean Management Methoden, wie im nächsten Abschnitt beschrieben.

Um die bottom-up Initiative zu fördern, gilt es zudem, bei den Mitarbeitern Verständnis und Überzeugung für Lean zu erzeugen. Sofern die Mitarbeiter nicht verstehen, warum sie etwas tun sollen, könnten sie irritiert oder zynisch reagieren. Um diesem vorzubeugen, wird zu Beginn der Lean Welle eine teamspezifische Change Story entwickelt, um die Fragen der Mitarbeiter zu beantworten und sie zu begeistern sowie zu motivieren.

30.3.2 Integriertes Lean Management System

In der Lean Welle führen wir ein integrierten Lean Management System ein; die Methoden greifen inhaltlich ineinander und verstärken sich gegenseitig. Die Umsetzung von teamspezifischen Maßnahmen und das Lean Management System wirken auf unterschiedliche Potenzialarten, wie z. B. Steigerung der Prozesseffizienz bzw. Reduktion von Verschwendung, Erhöhung der Kunden- und Mitarbeiterzufriedenheit, Reduktion der Starrheit sowie Variabilität und Erhöhung der Qualität.

Durch die Einführung des integrierten Lean Management Systems in unseren Bereichen wird ein kontinuierlicher Verbesserungsprozess im gesamten Unternehmen angestrebt. Es wird eine einheitliche Sprache gesprochen und durch die erlernten Methoden sowie veränderten Verhaltensweisen wird die Zusammenarbeit auch teamübergreifend verbessert. Dazu gilt es, die neuen Routinen, Denkweisen und Verhaltensmuster im Arbeitsalltag zu verankern und das Lean Management System weiterzuentwickeln.

Ein Beispiel für das Zusammenspiel der Lean Management Elemente in der Praxis: Ein Element des integrierten Lean Management Systems ist die Teamvision. Diese dient im Team als Leitbild für die Weiterentwicklung und gibt Orientierung. Im Rahmen der Lean-Welle folgt, nach einem Workshop zur Erarbeitung der Teamvision im Team, ein Workshop zu den Teamzielen und Kennzahlen, welches ein weiteres Element im Lean Management Systems ist. Dabei bildet die Vision die Grundlage zur Formulierung der Ziele. Aus den Zielen werden Einflussfaktoren abgeleitet. Daraus werden dann Kennzahlen für die Teamsteuerung abgeleitet. Darunter sind auch Kennzahlen, die den Erfolg der teamspezifischen Verbesserungsmaßnahmen transparent machen.

Wichtig bei der Etablierung des integrierten Lean Management Systems sind dabei auch die Unterstützung und das Coaching durch Führungskräfte. Um den Leistungsdialog und die Handlungsprinzipien zu implementieren, werden während der Lean Welle mit der direkten Führungskraft (Teamleiter) unter Berücksichtigung der Teamspezifika die Lean Management Elemente ausgestaltet und in die Umsetzung gebracht. Resultierend aus den bisherigen Erfahrungen wird seit ca. einem Jahr der Abteilungs- und Bereichsleiter verstärkt von Beginn der Lean-Welle an einbezogen. Der Abteilungsleiter wird mit den Lean Management Elementen konfrontiert und gestaltet ausgewählte Elemente auf Abteilungsebene aus, wie z. B. Ziele und Kennzahlen und die Meetingkaskade. Diese werden während der Lean-Welle im Leistungsdialog zwischen Abteilungs- und Teamleiter verankert, was durch den Navigator begleitet wird. Auch der Bereichsleiter wird punktuell einbezogen. Lean wird dabei möglichst in bestehende Meetings und Leistungsdialoge sowie in den Führungsalltag integriert.

30.3.3 Vernetzung im Unternehmen

Die Vernetzung in der Organisation und der stärkere Austausch von Best Practices sind wesentliche Elemente zur Verankerung von Lean und zur Entwicklung einer lernenden Organisation. Dazu bieten sich Lean Management Elemente und übergreifende Meetings an.

Zur Vernetzung in der Organisation bietet sich zum einen das wöchentliche Ergebnistreffen an, welches im Rahmen der Lean Welle stattfindet. Dort präsentieren die jeweiligen Kernteams ihre erzielten Ergebnisse und diskutieren darüber. Die Vorstellung der Maßnahmen gibt den anderen Teams Anregung für ihre eigenen oder für weitere Maßnahmen. Als weiteres Meeting zur Vernetzung bietet sich das oben genannte Meeting zum Abschluss der Lean-Welle an (Abschn. 30.2.1.3). Dort wird die Vernetzung zwischen IT und Fachbereich, hierarchie- sowie teamübergreifend forciert. Auch hier soll über erzielte Ergebnisse diskutiert werden, und es werden Anregungen für eigene Maßnahmen gegeben.

Im Rahmen der Nachhaltigkeit, also nach der Lean Welle, gibt es Führungskräfte-Treffen, in denen sich alle Führungskräfte, die bereits an einer Lean Welle teilgenommen haben, Themen und Best Practices vorstellen. Des Weiteren findet ein Austausch zu Elementen des Lean Management Systems statt, um so voneinander zu lernen. Beispielsweise wird über die Umsetzung von Fähigkeitenaufbau oder den Einsatz des Teamboard-Meetings im Arbeitsalltag diskutiert. Ebenfalls werden dort Fragestellungen, wie z. B. „Wie können wir in der Linie agiler arbeiten?" oder „Wie verankern wir Lean in der Abteilungsstrategie?" diskutiert. Da alle Führungskräfte der vergangenen Wellen eingeladen sind, findet der Termin grundsätzlich standortübergreifend an vier Standorten per Videokonferenz und punktuell auch als Präsenztermin an einem Standort statt. Die Führungskräfte schätzen dieses Format insbesondere wegen des standortübergreifenden Best Practice Austauschs. Der Termin findet alle zwei Monate für jeweils zwei Stunden statt. Dieses Treffen findet analog auch mit den Linienexperten statt, sodass auch diese die Möglichkeit bekommen, sich standortübergreifend zu „Lean-Themen" und Verbesserungsmaßnahmen auszutauschen.

In den Teams werden diverse Standardvorgehen, z. B. in Form von Templates und Checklisten, erstellt und Best Practices etabliert. Diese können zum Teil auch teamübergreifend verwendet werden. Diese Themen werden sowohl in den Ergebnistreffen als auch in den Nachhaltigkeitstreffen aufgegriffen, um so voneinander zu lernen.

Der Methodenkoffer von Lean beinhaltet Methoden bzw. Workshop-Formate, um gemeinsam mit Kolleginnen und Kollegen aus dem Fachbereich oder der IT an Themen zielgerichtet zu arbeiten. Dies wird bereits in der Lean-Welle eingeübt, damit die Methode auch nach der Lean-Welle angewendet werden kann. Sofern es ein Problem gibt, bietet sich die strukturierte Problemlösung an. Gibt es zum Beispiel ein Problem in der Zusammenarbeit, können mithilfe dieser Methode mögliche Ursache identifiziert werden. Daraus lassen sich Maßnahmen ableiten, um gemeinsam und zielgerichtet an der Lösung des Problems zu arbeiten. Eine weitere Methode ist die Prozessanalyse. Insbesondere in der Anwendungsentwicklung gibt es häufig Herausforderungen bei der Anforderungsanalyse und mit der Kundenschnittstelle. In der Prozessanalyse wird der Prozessablauf mithilfe von zugeordneten Aktivitäten je Rolle im Zeitverlauf dargestellt. Daraufhin werden Probleme identifiziert und Lösungsvorschläge erarbeitet, die es gilt, gemeinsam zu lösen, um den Prozess zu verbessern.

Es wird deutlich, dass sowohl Formate, wie das Ergebnistreffen sowie der Führungskräfte- und Linienexpertenaustausch, als auch die Methoden, wie die strukturierte Problemlösung und die Prozessanalyse, die Vernetzung und Zusammenarbeit innerhalb der Organisation fördern.

30.4 Zusammenfassung und Ausblick

Durch die immer weiter ansteigenden Anforderungen und den Wandel im Versicherungsumfeld, insbesondere durch die Digitalisierung, spielen die kontinuierliche Verbesserung und die Veränderungsfähigkeit auch in der IT eine wesentliche Rolle. Lean Management kann dabei unterstützen, die Kundenorientierung zu stärken, die Verschwendung zu reduzieren und einen kontinuierlichen Verbesserungsprozess zu etablieren. Eine besondere Herausforderung bei Lean Management stellt die nachhaltige Verankerung im Arbeitsalltag dar. Dazu gibt es diverse Erfolgsfaktoren, die eine solche Verankerung von Lean sicherstellen.

Für uns gibt es drei wesentlichen Erfolgsfaktoren zur nachhaltigen Verankerung von Lean:

- Das Commitment des Top-Managements, um so den Freiraum für die Mitarbeiter zu ermöglichen und den bottom-up Ansatz zu stärken.
- Die Etablierung unseres integrierten Lean Management Systems, wobei die Handlungsprinzipien systematisch ineinandergreifen und durch die Lean Management Elemente operationalisiert sowie hierarchieübergreifend eingesetzt werden (vgl. Abb. 30.4).

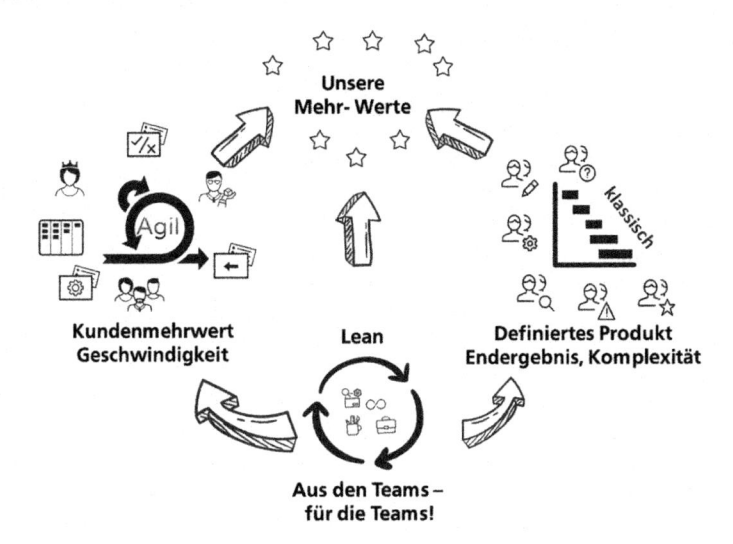

30 Einsatz von Lean Management bei einem internen IT-Dienstleister

Abb. 30.4 Zusammenspiel zwischen Agile und Lean Management

- Die Vernetzung in der Organisation, wozu der Austausch zu Best Practices und die Diskussion zur Weiterentwicklung des Lean Management Systems sowie die Einsatz der Lean Elemente über Teamgrenzen hinaus zählt, die ebenfalls beim gemeinsamen Lösen von Problemen und der Verbesserung von Prozessen unterstützen.

Mit Blick auf die Organisation ist aus Vorstandssicht nach zwei Jahren Lean spürbar, dass sich insbesondere die Vernetzung in der Organisation, die standortübergreifende Zusammenarbeit und der konstruktive Umgang mit Problemen und der Austausch zu Lösungen verbessert hat.

Lean Management legt bei uns den Grundstein für die Konzentration auf Wertschöpfung für den Kunden sowie für die kontinuierliche Verbesserung und bildet somit das Fundament sowohl für die agile, als auch für die klassische Projektvorgehensweise. Um Mehrwerte für unsere Kunden zu generieren, benötigen wir sowohl agile als auch unsere klassischen Vorgehensweisen. Dies erfolgt je nach Anforderungsprofil. Je unklarer und komplexer die Rahmenbedingungen sind, desto besser sind agile Vorgehensweisen (z. B. durch die kürzeren Feedbackzyklen durch die enge Einbindung des Kunden) geeignet. Mit Lean bauen wir die Fähigkeiten in den Teams aus, um mit zukünftigen Veränderungen effizienter umzugehen. Die nächsten Schritte sind die Verzahnung agiler Methoden mit dem Lean Management System bzw. die Erweiterung des Methodenkoffers (z. B. um agiles Kapazitätsmanagement).

Literatur

1. Dillerup R, Stoi R (2016) Unternehmensführung. Management & Leadership: Strategien – Werkzeuge – Praxis, 5. Aufl. Vahlen, München. https://doi.org/10.15358/9783800645930, https://www.vahlen.de/fachbuch/leseprobe/blick-ins-buch.pdf. Zugegriffen: 04.12.2017
2. Döppler.Team (2015) Lean Magazin 4.0: 10 Lean Prinzipien. http://www.leanmagazin.de/lexikon/383-10-lean-prinzipien.html. Zugegriffen: 4. Dez. 2017
3. Fintzel A, Dohne K-D (2016) Die Bedeutung des Kulturwandels für eine nachhaltige Lean-Transition. http://www.management-circle.de/blog/gastbeitrag-die-bedeutung-des-kulturwandels-fuer-eine-nachhaltige-lean-transition/. Zugegriffen: 4. Dez. 2017
4. Foegen M, Kaczmarek C (2016) Organisation in einer digitalen Zeit. Ein Buch für die Gestaltung von reaktionsfähigen und schlanken Organisationen mit Hilfe von Scaled Agile & Lean Mustern, 3. Aufl. wibas, Darmstadt
5. Gorecki P, Pautsch P (2014) Praxisbuch Lean Management. Der Weg zur operativen Excellence, 2. Aufl. Hanser eLibrary. Hanser, München
6. Hanschke I (2015) Lean IT-Management – Voraussetzung für Business-Agilität. Hg. v. informatik-aktuell.de. https://www.informatik-aktuell.de/management-und-recht/projektmanagement/lean-it-management-voraussetzung-fuer-business-agilitaet.html. Zugegriffen: 4. Dez. 2017
7. Hiscox (2017) Versicherung 2.0: Welche Veränderungen bringt die Digitalisierung der Versicherungsbranche? https://www.hiscox.de/blog/versicherung-2-0-welche-veraenderungen-bringt-die-digitalisierung-der-versicherungsbranche/. Zugegriffen: 4. Dez. 2017
8. Hurtz A, Best D (2014) Raus aus der Lean-Falle. Lean erfolgreich zur Gewohnheit machen. BusinessVillage, Göttingen
9. Kudernatsch Consulting & Solutions (2016) Der Lean-Reifegrad steigt nur langsam. http://www.kudernatsch.com/fileadmin/pm-lean-management/033-lean-management-leanmanagement-berater-studie-2016.pdf. Zugegriffen: 4. Dez. 2017
10. Lean Management Institut (2017) Die 6 Erfolgsfaktoren des Lean Management Instituts. https://www.lean-management-institut.de/index.php/beratung/vorgehensmodell/6-erfolgsfaktoren. Zugegriffen: 10. Dez. 2017
11. Müller U (2013) Die Veränderung zu Lean gestalten. http://www.log-x.de/images/pdfs/LOG_X_Lean%20verstehen%20und%20umsetzen_Leseprobe.pdf. Zugegriffen: 4. Dez. 2017
12. Müller-Peters H (2017) Versicherungswirtschaft im Wandel – aktuelle Herausforderungen. https://www.consulting.de/hintergruende/themendossiers/unternehmensberatung-in-der-versicherungswirtschaft/versicherungswirtschaft-im-wandel-aktuelle-herausforderungen/. Zugegriffen: 4. Dez. 2017
13. Roßbach P, Kuhlmann W, Laszio M (o. J.) Die Digitale Transformation in der Versicherungsbranche. Hg. v. Q_PERIOR. https://www.q-perior.com/wp-content/uploads/2016/06/Q_PERIOR_Studie_Digitale-Transformation_Versicherungen.pdf. Zugegriffen: 4. Dez. 2017
14. Steinhoff F, Pointner T (2016) FAQ – Lean Management. 100 Fragen – 100 Antworten. Symposion, Düsseldorf

Prozessmanagement: Optimierung des Kernprozesses Kraftfahrt durch Digitalisierung

31

Adrian Wepner

Zusammenfassung

Die Fokussierung auf die Kundenbedürfnisse in digitalen Geschäftsmodellen erfordert bei Versicherern eine gesamthafte Umstellung auf die digitale Welt. Digitale Prozesse müssen end-to-end verarbeitbar sein. Die zukünftigen Transformationen benötigen Prozessoptimierungen als Grundlage für eine vollständige Digitalisierung der gesamten Wertschöpfungskette. Wesentlicher Treiber für hochwertige Ergebnisse bei Digitalisierungsprojekten ist vor allem eine prozessorientierte Herangehensweise.

31.1 Aktuelle und zukünftige Notwendigkeit für Prozessmanagement in Versicherungsunternehmen

Prozessmanagement ist seit Jahrzenten ein Hebel in der Versicherungswirtschaft, um die Dienstleistungs- und Serviceprozesse effizienter, schneller und kostengünstiger zu gestalten. Das Prozessmanagement ist ein Bestandteil der kundenorientierten Unternehmensführung: „Es beinhaltet die strategiekonforme Gestaltung, Lenkung und (Weiter-)Entwicklung betrieblicher Prozesse mit dem Ziel, Verbesserungen hinsichtlich Kundenzufriedenheit, Qualität, Zeit und Kosten zu erreichen." (vgl. [1, S. 51]).

Wesenszug des Prozessmanagements ist also die kundenorientierte Ausrichtung der Unternehmensführung. Mit genau dieser Kundenorientierung hat sich die Versicherungswirtschaft in den vergangenen Jahren schwergetan. Erst seit einiger Zeit rückt die Kundenperspektive wesentlich stärker in den Vordergrund in dieser Branche. Die Versicherungsunternehmen stellen sich bedingt durch den Wettbewerb und den Eintritt neuer Marktak-

A. Wepner (✉)
67rockwell Consulting GmbH
Hamburg, Deutschland
E-Mail: adrian.wepner@67rockwell.de

teure weiter auf den Kunden ein und rücken diesen in den Fokus ihres unternehmerischen Handelns (vgl. [7, S. 23 ff.]). Durch den aktuellen Megatrend der Digitalisierung wird die Sicht auf die Kundenbedürfnisse zudem immer wesentlicher.

Aber auch das Verhalten des Kunden hat sich stark verändert, worauf sich wiederrum die Versicherungen einstellen müssen. Der Kunde ist heute

- individueller: Er erwartet eine Berücksichtigung seiner persönlichen Situation und größtmögliche Flexibilität für Änderungen.
- unterschiedlicher: Er weist ein heterogenes, zunehmend hybrides Verhalten bei abnehmender Loyalität auf.
- anspruchsvoller: Er will schnelle und einfache Prozesse, beste Produkte und Services zum günstigsten Preis.
- hedonistischer: Es geht ausschließlich um ihn als Kunden.

Die Änderung des Kundenverhaltens wird zusätzlich durch die in allen Dienstleistungsbranchen zu beobachtende Digitalisierung zusätzlich befeuert. Der Kunde wird über die Digitalisierung maßgeblich in seiner Erwartung gegenüber Dienstleistungen und Services beeinflusst. Es entsteht eine hohe Erwartungshaltung, leicht zu bedienende Prozesse und einer hohen Verfügbarkeit von Services zu erhalten (vgl. [8, S. 7 ff.]).

Aus der notwendigen Fokussierung auf die Kundenbedürfnisse entstehen neue Anforderungen an die Prozesswelt der Versicherer. Der ehemals deregulierte, funktional aufgestellte und hoch papiergebundene Versicherer muss seine funktionalen Barrieren überwinden und in digitale Geschäftsmodelle eintreten. Für die Prozesswelt der Versicherer heißt dies eine gesamthafte Umstellung auf die digitale Welt. Digitale Prozesse müssen end-to-end verarbeitbar sein. Daher müssen Prozessoptimierungen heute weit mehr als ein lokales Optimum in einem Abschnitt des Bearbeitungsprozesses herstellen. Vielmehr muss die gesamte Wertschöpfungskette auf die Befriedigung der Kundenbedürfnisse ausgerichtet sein. Um Kundenbedürfnisse effizient und schnell bedienen zu können, wird es künftig nicht mehr reichen, potemkinsche Dörfer an der Kundenschnittstelle aufzubauen. Hierbei handelt es sich um Konstruktionen, die im Front End zum Kunden hin modern und performant erscheinen, aber in der vom Kunden nicht sichtbaren Verarbeitung weiterhin mit Medienbrüchen und halbautomatischen Verfahren funktionieren.

Über die heutige Bedarfsdeckung hinaus, müssen Versicherer zudem noch Schritte weiterdenken. Um künftige Bedürfnisse antizipieren und abdecken zu können, wird eine zusätzliche Flexibilität und Agilität der Prozesswelt benötigt (vgl. [7, S. 34 ff.]).

Die zukünftige Bedeutung liegt also nicht nur in der Teiloptimierung von Prozessen, sondern in der Prozessoptimierung als Grundlage für eine vollständige Digitalisierung der gesamten Wertschöpfungskette.

Weiterhin haben Versicherer heute mehr denn je mit Kosten- und Profitabilisierungsdruck zu kämpfen. Hier ist die Geschichte des zunehmend preissensiblen Kunden und der seit Jahren herrschenden Niedrigzinsphase schnell erzählt. Das gerade in diese Zeit die Notwendigkeit für Investitionen in digitale Prozesse und Geschäftsmodelle fällt, ist zusätzlich belastend für die gesamte Branche. Somit erscheint es ein glücklicher Zug, dass sich über die Optimierung von Prozessen nicht nur Kundenbedürfnisse, sondern auch Profitabilitätsziele von Versicherern bedienen lassen. Dies geschieht zum einen durch Optimierung bestehender Prozesse sowie deren anschließender Digitalisierung, aber auch durch das Einbinden von neuen Prozessen in die Wertschöpfung des Versicherers. Die Optimierung von Prozessen und das Einbinden neuer Prozesse in die Wertschöpfungsketten von Versicherern lassen sich mit den seit Jahrzehnten erprobten Methoden des Prozessmanagements vornehmen. Dennoch sind auch diese Methoden einer ständigen Weiterentwicklung unterworfen.

Im Folgenden werden die wesentlichen modernen Ansätze skizziert und ihr Nutzen in Bezug auf die Digitalisierung verdeutlicht. Zur weiteren Vertiefung insbesondere der Themen Lean Management und Customer Journey kann auf die entsprechenden Artikel (Kap. 29 und 23) des vorliegenden Buches verwiesen werden.

31.2 Methoden des Prozessmanagements

Das „Handwerkszeug" des Prozessmanagements hat sich in den Dienstleistungsbranchen innerhalb einer Vielzahl von prozessorientierten Managementkonzepten weiterentwickelt. An dieser Stelle werden einige wesentliche Prozessoptimierungsstrategien benannt und dabei jeweils in den Kontext zur Digitalisierung gestellt.

Business Process Reengineering (BPR)
Das Business Process Reengineering (BPR) ist „eine Management-Methode zur radikalen Neustrukturierung von Organisationen als Antwort auf den Wandel der wirtschaftlichen Rahmenbedingungen" (vgl. [5, S. 48]). Hier wird eine Neugestaltung der Unternehmensorganisation vorgenommen, um die Ausrichtung auf eine Prozessorientierung zu ermöglichen. In der Vorbereitung einer solchen Neuausrichtung werden in der Regel umfassende Analysen auf die wertschöpfenden Tätigkeiten vorgenommen. Der BPR-Ansatz ist ein pragmatischer Ansatz, um den Reifegrad von Prozessen, Organisation und, daraus abgeleitet, der unterstützenden IT sprunghaft zu erhöhen. Damit können für eine kontinuierliche Verbesserung der Prozesse die entsprechenden Rahmenbedingungen gebildet werden (vgl. [5, S. 50]). Somit lässt sich über das BPR die Grundlage für den digitalen Wandel herstellen.

Die Kritik an dieser Methode kann darin gesehen werden, dass die Änderungen in der bestehenden Organisation und an den Prozessen so sprunghaft eingeführt werden, dass dies zu Überlastung und Ablehnung in der Organisation führen kann. In der Folge ist das Herstellen von Nachhaltigkeit der geschaffenen Prozessänderungen eine Herausforderung. Die Organisation kann nach Beendigung einer Initiative in Richtung des Urzustands zurückfallen.

Business Process Management (BPM)/Geschäftsprozessmanagement (GPM)
Business Process Management (BPM) beschreibt eine Methode, die Prozesse des Unternehmens in Ausrichtung auf Kundenorientierung und Wirtschaftlichkeit zu steuern. BPM besteht aus Führung, Organisation und Controlling mit dem Ziel, die Effektivität und Effizienz der Geschäftsprozesse zu steigern (vgl. [5, S. 51]). Es ist ein prozesszentrischer Ansatz zur Verbesserung der Leistung, der Informationstechnologien mit Prozess- und Steuerungsmethoden kombiniert. Grundsätzlich handelt es sich bei BPM um ein durchaus komplexes Konzept, das nicht automatisch erfolgreich in Unternehmen implementiert werden kann. Sowohl die Rolle als auch das Skillset eines „Prozess-Owners" sind in den Versicherungsunternehmen oft nicht vorhanden oder implementiert. Es kommt dann zu Effizienzverlusten durch „Silo-Organisationen", sowohl in der Linie als auch in Projekten. Diese Effizienzverluste werden heute durch die in den Silostrukturen konkurrierenden Zielsysteme in den einzelnen funktionalen Bereichen begünstigt. Darüber hinaus gibt es Anzeichen, dass in das BPM in der Praxis oftmals keine systematische Einbindung von Kunden und Lieferanten stattfindet (vgl. [2, S. 36]).

Dennoch sind viele Ansätze insbesondere für die Digitalisierung vielversprechend, da das BPM eine ganzheitliche Prozessorientierung vorsieht und Managementmethoden des kontinuierlichen Verbesserungsprozesses beinhaltet.

Agile Methoden
Agile Methoden zeichnen sich durch klare Priorisierung entlang der Kundenbedürfnisse und deutliche Verkürzung der Entwicklungszyklen aus. Agilität ist ein Konzept für das ganze Unternehmen und nicht nur für einzelne, insbesondere technisch fokussierte Projekte. Ein zentrales Prinzip agiler Methoden ist die frühzeitige Auslieferung von Ergebnissen. Ergebnisse zur Deckung des Kundenbedarfs können zeitnaher implementiert werden. Auf diese Weise erzeugt ein agiles Vorgehen eine positive Auswirkung auf den Projekterfolg.

Die agilen Methoden beinhalten moderne Werkzeuge für Schnelligkeit und Flexibilität, wie beispielsweise Stand-up-Meetings, Kanban-Boards, Wikis oder Webkonferenzen. Die Zusammenarbeit in agilen Netzwerken hat Auswirkungen auf das Führungsverhalten und erfordert sowohl traditionelle als auch agile Führungskompetenzen (vgl. [8, S. 150 f.]).

In einigen Bereichen des Versicherungsbetriebs haben die Führungskräfte und Mitarbeiter noch keine Berührungspunkte mit der zunehmenden Agilisierung, und es fehlt ein Grundverständnis für die Notwendigkeit. Hier liegt es an den Unternehmen, die Vorteile der Methoden präsent zu machen und alle Bereiche des Unternehmens auf einen gemeinsamen Arbeitsstandard zu bringen.

Im Zuge der Digitalisierung verändern sich die Geschäftsmodelle mit veränderten Kundengruppen, verschiedenen Kommunikationskanälen, Ökosystem der Partner oder technischen Möglichkeiten. Der agile Ansatz kann hier Schnelligkeit und Flexibilität in der Reaktion auf diese Änderungen unterstützen (vgl. [3, S. 4]).

Customer Journey: Ausrichtung auf den konkreten Kundenbedarf
Der Einfluss digitaler Kontaktpunkte auf die Beziehung zwischen Versicherern und ihren Kunden wächst. Heute wissen die Versicherer wenig darüber, wie der Kunde ihre Produkte und ihre Services in allen zur Verfügung stehenden Kontaktpunkten wahrnimmt. Mit der Methode der Customer Journey werden die wesentlichen Kontaktpunkte (engl.: Touchpoints) des Kunden mit dem Versicherer oder Dritten analysiert. Hier sind besonders diejenigen Kontaktpunkte innerhalb der Journey wichtig, die aus Sicht des Kunden Schlüsselmomente (engl. Trigger Moments) darstellen.

Daraus kann abgeleitet werden, wie die Kundenperspektive in vielen Abläufen umgesetzt ist und welche Abläuft insgesamt kundenfreundlicher werden müssen. Die so erhobenen Maßnahmen adressieren ausschließlich die Kundensicht. Es ist somit eine Maßnahmenableitung auf die Prozesswelt des Versicherers auf Basis der „erlebten Dienstleistung" entlang identifizierter Kontaktpunkte (vgl. [6, S. 111 ff.]).

Lean Six Sigma
Lean Six Sigma ist eine Managementmethode zur Steigerung von Qualität von Prozessen und Produkten. Dabei beachtet Lean Six Sigma, neben den klassischen Dimensionen der Prozessoptimierung, Qualität, Kosten und Zeit, insbesondere auch die Steigerung der Kundenzufriedenheit (vgl. [7, S. 72]). Weitergehend hat Lean Six Sigma Mitarbeiter und Führung als Faktoren zur Gestaltung der „Operational Excellence" im Blick. Die daraus resultierenden Maßnahmen adressieren primär die Innensicht des Unternehmens auf Basis der „voice of the customer". Es liegt ein starker Fokus auf Optimierung von Prozessen entlang Kontaktpunkten mit „interner Relevanz". Lean Six Sigma ist ein Ansatz für reife Prozesse, in denen die wesentlichen Punkte zur kontinuierlichen Verbesserung gemessen werden können (vgl. [4, S. 123]). Er eignet sich daher für etablierte digitale Prozesse.

Die Entscheidung, welche Methode in der konkreten Umsetzungssituation am zielführendsten anzuwenden ist, wird von diversen Faktoren bestimmt. Dies sind in erster Linie die Reifegrade der Prozesse und der Organisation. Für die Digitalisierung ganzer Prozessketten innerhalb der Wertschöpfungskette sind bestimmte Reifegrade erforderlich. Ansonsten mündet die Digitalisierung in einem Flickenteppich zwischen heller und dunkler Verarbeitung und den eingangs bereits angesprochenen potemkinschen Dörfern.

31.3 Prozessmanagement als notwendige Voraussetzung für digitale Geschäftsmodelle

31.3.1 Kundenprozesse

Die Versicherer stehen vor der Herausforderung, ihre Kundenprozesse in den digitalen Geschäftsmodellen entsprechend auszugestalten. Derzeit werden mit großen Mühen bestehende Kundenprozesse digital ausgestaltet. Künftige Anforderungen an die Kundenprozesse werden weitere Mühen erzeugen. Bereits heute stellen die aktuellen Reifegrade von Prozessen, Organisation und IT immense Herausforderungen dar:

1. Die Prozesse sind selbst im Erscheinungsjahr dieser Publikation in Teilen noch geprägt durch Medienbrüche und manuellen Tätigkeiten.
2. Die Organisationen in Versicherungen sind weitgehend „siloartig" funktional aufgestellt und erschweren prozessuale Stringenz.
3. In der IT finden sich insbesondere mit den Großanwendungen, wie Bestands-, Schaden- oder Partnersystemen, noch alte Monolithen, die mit den moderneren Front End Systemen nur mit proprietären Schnittstellen kommunizieren können.

Parallel sind Kundenprozesse aus neuen Geschäftsmodellen in die Prozesswelt der Versicherungsunternehmen zu integrieren, beispielsweise aus neuen Produkt- und Vertriebsmodellen (vgl. [6, S. 111 ff.]).

Im ersten Schritt gilt es, prioritär die richtigen Kundenprozesse in die digitale Form zu bringen. Dies sind diejenigen Prozesse, die einen hohen Kundennutzen aufweisen und zusätzlich einen hohen Reifegrad. In der Vergangenheit fokussierte man sich oftmals auf den Reifegrad und die vergleichsweise einfache Umsetzung eines digitalen Prozesses beim Versicherungsunternehmen (vgl. [4, S. 55 ff.]). Im Ergebnis führte dies zu einer Anzahl von digitalen Kundenprozessen und Entwicklungen mit mäßigem Kundennutzen. Beispielhaft sei hier die Vielzahl der singulären Schaden-Apps zu nennen, die oftmals vollständig am Kundenbedarf vorbei einen weiteren Kanal zur Schadenmeldung geöffnet haben.

Für den Versicherer ist es attraktiv, dem Kunden einen digitalen Prozess im Sinne eines Services anzubieten und dadurch auch Aufgaben heraus verlagern zu können, die nicht mehr durch den eigenen Betrieb übernommen werden müssen. Hierzu gehören Self-Services-Portale für den Kunden, in denen einfach durchzuführende Vorgänge selbstständig und unkompliziert vorgenommen werden können. Dies sind beispielsweise Kundendatenänderungen, das Generieren von Bescheinigungen zum Versicherungsprodukt oder aber auch der Abschluss von weiterem Versicherungsschutz.

31.3.2 Wertschöpfungskette

Weitere Herausforderungen liegen in der nahtlosen Integration von digitalen Kundenprozessen in die Wertschöpfungskette des Versicherers sowie der digitalen Ausgestaltung des kompletten Kundenprozesses (vgl. [9, S. 352]). Als Kennzeichen der digitalen Prozesse behauptete sich die wahrgenommene real-time Fähigkeit der Verarbeitung für den Kunden. Auf eine Kundenaktion wird umgehend ein Feedback erwartet, dass im Regelfall das erfolgreiche Abschließen des Kundenanliegens beinhaltet. Beispielsweise stellt eine optimierte Antragsstrecke für ein Versicherungsprodukt nur einen Baustein für ein digitales Angebot dar. Nach der Beantragung wird eine zeitnahe Policierung und transparente Darstellung der neuen Daten in einem Kundenportal erwartet. In der funktionalen Aufstellung des Versicherers bedeutet selbst dieses vorangegangene kleine Beispiel die Prozesskoordination über zwei bis drei Ressorts unter Nutzung von diversen Fachdomänen und IT-Systemen.

Hier erleben wir insbesondere die heute noch vorherrschende funktionale Aufstellung in den Versicherungsunternehmen mit Vertrieb, Betrieb, Produkte, Schaden/Leistung sowie den Supportfunktionen, wie in-Exkasso, Rechnungswesen oder Business Intelligence.

Bei Optimierung der Prozesse entlang der Wertschöpfungskette erzeugt die funktonale Aufstellung nicht selten diverse lokale Optima. Diese werden unter anderem dadurch hergestellt, dass verschiedene Manager in den einzelnen Funktionsbereichen nach verschiedenen Zielsystemen operieren müssen.

31.3.3 Angewandtes Prozessmanagement

Bislang hat dieser Artikel die Methoden des Prozessmanagements erläutert und einen Ausblick auf die Notwendigkeit der Prozessintegration gegeben.

Neben dem methodischen Handwerkszeug und dem Verständnis einer strukturierten Vorgehensweise, stellt die Fähigkeit der handelnden Personen, Prozessmanagement operativ anwenden zu können, einen weiteren Erfolgsfaktor dar (vgl. [6, S. 189 ff.]).

Hierzu sind, neben der Methodik, entsprechende Strukturen, Fähigkeiten und Verständnisse notwendig:

- Strukturen: Es muss für die Beteiligten in der Prozesskette die Möglichkeit gegeben werden, sich in der gemeinsamen Arbeit unvoreingenommen auf das Ziel der Prozessverbesserung zu konzentrieren. Hier sind sowohl ein organisatorischer Rahmen zu schaffen als auch konkrete operative Voraussetzungen.
- Fähigkeiten: Die Nutzung von modernen Prozessmanagementmethoden muss in der täglichen Arbeit in den Projekten, Vorhaben sowie der Linienarbeit an Prozessen integriert und gelebt sein.
- Verständnis: Das Gestalten der digitalen Zusammenarbeit mit seinen Auswirkungen auf Führung, digitale Transformation als Führungsaufgabe, vernetzte Strukturen und Netzwerkorganisationen aufbauen im Team und im Unternehmen, vernetztes Denken etc. sind notwendig.

Im Nachfolgenden wird anhand eines Praxisbeispiels die Digitalisierung des Kraftfahrtprozesses dargestellt. Daran soll verdeutlicht werden, wie mit den heute bestehenden Herausforderungen umgegangen wurde und welche Lösungsansätze gewählt wurden.

31.4 Prozessmanagement als Hebel zur Digitalisierung und Profitabilisierung der Sparte Kfz

Die Ausgestaltung eines operativen Prozessmanagements im Rahmen der Digitalisierung kann am besten am Beispiel eines konkreten Umsetzungsprojektes verdeutlicht werden. Nachfolgend findet sich die Beschreibung einer erfolgreich implementierten Optimierung eines Antrags- und Bearbeitungsprozesses eines Kfz-Versicherers.

31.4.1 Ausgangssituation

Der Projektanlass resultierte aus drei Notwendigkeiten in der Sparte Kraftfahrt bei dem Versicherungsunternehmen:

1. Eine nachteilige Kostenposition im Vergleich zum Wettbewerb.
2. Servicelevel in Teilen der Bearbeitungskette, die sowohl für Kunden als auch für Vertriebspartner unter dem Marktdurchschnitt lagen.
3. Hoher Aufwand in der Bearbeitung diverser Geschäftsvorfälle im Versicherungsbetrieb.

Die Zielsetzung des Projektes war, durch optimierte Kfz-Prozesse und Automatisierungen Beitragseinnahmen zu steigern sowie Schaden- und Betriebskosten nachhaltig zu reduzieren. Dabei sollte der Versicherungsbetrieb operativ entlastet werden und Reaktionsgeschwindigkeit in Richtung Kunden und Vermittler erhöht werden.

Mit dieser Zielsetzung war das durchgeführte Projekt das größte end-to-end-Projekt des betreffenden Unternehmens. Als bereichsübergreifendes Prozessoptimierungsprojekt waren Führungskräfte und Mitarbeiter aller vier Kernbereiche Betrieb, Vertrieb, Produkte und IT maßgeblich strategisch und operativ beteiligt. In Summe waren über 100 Mitarbeiter aus den verschiedenen Bereichen direkt involviert.

In der erfolgten Umsetzung konnte ein nachhaltiger Business Case Nutzen im zweistelligen Millionenbereich p. a. erzeugt werden. Zudem konnten operative Prozessverbesserungen mit einem hohen betrieblichen Automatisierungsnutzen bereits im ersten Jahr umgesetzt werden.

Das Programm umfasste die wesentlichen Projekte

- Automatisierung der Prozesse Neugeschäft, Fahrzeugwechsel, Storno,
- Optimierung des Druckverfahrens von Rechnungen,
- Einführung einer lückenlosen Bonitätsprüfung,
- Umsetzung eines Tarifmerkmalchecks sowie
- Automatisierung der Einzelfallsanierung.

Maßgebliche Anteile des Projektnutzens waren von projektexternen Faktoren abhängig. Dazu gehörten

1. ein Projekt zur Neuausgestaltung eines zentralen und vertriebswegeübergreifenden Angebotssystems, welches einen maßgeblichen Teil der Zielprozesskette verantwortet,
2. die generelle Ressourcenlage und resultierenden Ressourcenkonflikte, die ständig auf kritische Kapazitäten, z. B. in der Produkttechnik, wirkten sowie
3. eine veraltete Bestandsführung.

Die Organisation hatte zu Projektbeginn zudem wenig Erfahrung in der ressortübergreifenden Projektarbeit in derartiger Aufgabenstellung.

31.4.1.1 E2e-spezifische Herausforderungen

In der funktional aufgestellten Versicherungsbranche gestalten sich Aufsetzen, Umsetzung, Einführung und Herstellen der Nachhaltigkeit von end-to-end Projekten als herausfordernd:

- Während der Initialisierungsphase mussten die Priorisierung auf die „richtigen" Themen abgestimmt sowie das „buy in" der Bereiche auf die übergreifende Umsetzung hergestellt werden.
- In der Konzeptionsphase galt es, Differenzen in der bereichsübergreifenden Ausgestaltung zu managen.
- Während der Umsetzung mussten die horizontalen Prozessverbesserungen in die funktionale Aufbauorganisation des Kunden integriert werden.
- Bei der Einführung und der nachhaltigen Verankerung der digitalen Prozesse wurde bei den Beteiligten die Wahrnehmung auf den durchgängigen Prozess geschaffen. Fehler und Prozessverbesserungen können fortan nicht nur innerhalb der eigenen Bereichsgrenzen diskutiert werden.

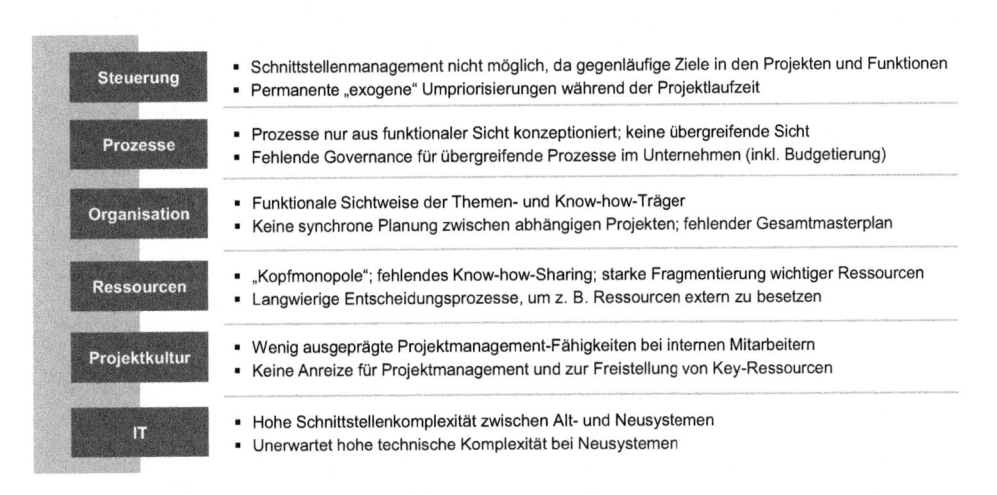

Steuerung	• Schnittstellenmanagement nicht möglich, da gegenläufige Ziele in den Projekten und Funktionen • Permanente „exogene" Umpriorisierungen während der Projektlaufzeit
Prozesse	• Prozesse nur aus funktionaler Sicht konzeptioniert; keine übergreifende Sicht • Fehlende Governance für übergreifende Prozesse im Unternehmen (inkl. Budgetierung)
Organisation	• Funktionale Sichtweise der Themen- und Know-how-Träger • Keine synchrone Planung zwischen abhängigen Projekten; fehlender Gesamtmasterplan
Ressourcen	• „Kopfmonopole"; fehlendes Know-how-Sharing; starke Fragmentierung wichtiger Ressourcen • Langwierige Entscheidungsprozesse, um z. B. Ressourcen extern zu besetzen
Projektkultur	• Wenig ausgeprägte Projektmanagement-Fähigkeiten bei internen Mitarbeitern • Keine Anreize für Projektmanagement und zur Freistellung von Key-Ressourcen
IT	• Hohe Schnittstellenkomplexität zwischen Alt- und Neusystemen • Unerwartet hohe technische Komplexität bei Neusystemen

Abb. 31.1 Herausforderungen bei der Umsetzung von E2E-Projekten

Zudem war die Steuerung des Gesamtprozesses, der Organisation und der Ressourcen, neben dem Thema der Projektkultur und der vorzufindenden IT-Infrastruktur, eine der Kernherausforderungen.

Einen Überblick über die Herausforderungen gibt Abb. 31.1.

31.4.1.2 Einsatz des Prozessmanagers

Für die erfolgreiche Umsetzung eines end-to-end-Projektes und letztlich auch für die operative Durchführung der end-to-end-Prozesse ist die Installation eines Prozessmanagers unerlässlich. Dieser trägt während der Projektphase die Verantwortung für die überprojektliche Zusammenarbeit. Die wesentliche Rolle ist dabei die Steuerung des Gesamtprozesses der Leistungserstellung im Projekt. Dazu gehören der Aufbau und das Management des übergreifenden Masterplans, die Unterstützung der fachlichen und technischen Entscheidungsprozesse sowie das aktive Management der Schnittstellen innerhalb und außerhalb des Projektes. Im Regelbetrieb plant der Prozessmanager zudem die Aktivitäten, die für Prozessverbesserungen erforderlich sind. Er leitet ein interdisziplinäres Team von Fachexperten und vertritt die Ergebnisse des Teams in der Organisation. Die primären Aufgaben des Prozessmanagers liegen dabei in der gesamtheitlichen Führung des Prozessteams.

Im vorliegenden Projekt kann man die Rolle des externen Beraters als Interimsprozessmanager verstehen. Die temporäre externe Besetzung eines Prozessmanagers in der funktionalen Aufstellung eines Versicherers kann zu Beginn einer end-to-end-Initiative einen großen Mehrwert stiften. Der externe Berater ist keinem Funktionsbereich zugeordnet und verfügt daher über die Möglichkeit, mit großem Einfluss interdisziplinär zu agieren. Im Rahmen dieses Projektes hat 67rockwell interimistisch die in Abb. 31.2 vorgenommenen Aktivitäten wahrgenommen.

1 Initialisierung	2 Business Case	3 Konzeption	4 Umsetzung	5 Einführung
• Synchronisation der Ressorts auf E2E • Themen- und Maßnahmensammlung • Review auf Maßnahmen und qualitative Bewertung • Priorisierung der Maßnahmen („Trichter") • Commitment der Ressortvorstände auf Maßnahmen erzeugt	• Quantitative Bewertung der Maßnahmen („Wertreiber" quantifizieren) • Entwicklung eines Werttreiberbaumes auf Basis synchronisierter Sichtweisen der Ressorts • Erzeugung eines Commitments der Vorstände und Bereichsleitungen auf den Case	• Installation eines funktionsübergreifenden Eskalationsboards mit F1-Experten für fachspezifische Fragestellungen • Einführung Qualitätssicherungsprozess für alle Ergebnistypen • Einlastung der technischen Umsetzungsplanung in die übergeifenden Releases	• Übergreifendes Meilensteintracking und -monitoring mit Frühwarnsystem (Time, Quality, Budget, Risiken) • Aktive Begehung und Einbindung der jeweils betroffenen Stakeholder • Kommunikation und Change zu individuellen Betroffenheiten • Anlassbezogenes Troubleshooting	• Installation und Begleitung eines Leitstands bei Einführung (Incidents, Risiken) • Aufplanung und Sicherstellung der Übergabeprozesse in Linienorganisation • Kommunikation und Change in der Fläche • Anlassbezogenes Troubleshooting

Abb. 31.2 Begleitung des Gesamtprogramms durch 67rockwell Consulting

31.4.2 Initialisierung und Alignment

31.4.2.1 Initialisierung

Innerhalb der Initialisierung galt es zunächst, die Kundenorganisation auf eine derartige große end-to-end-Initiative einzustimmen und eine entsprechende Wahrnehmung herzustellen. Eingeleitet wurde dies mit zwei umfangreichen Vorstands-Offsites. An diesen Offsites haben die Fachbereichsvorstände der betreffenden Bereiche aus Vertrieb, Sparte und Betrieb, der IT-Vorstand sowie die erste Führungsebene unter den Vorständen, flankiert von weiteren Experten, teilgenommen. In Vorbereitung auf diese Offsites wurden innerhalb von Workshops unter Einbeziehung aller maßgeblich betroffenen Bereiche zahlreiche Prozessanforderungen durch unterschiedliche Systematiken gemeinsam erarbeitet:

1. Klassische Prozessanalysen für die Mengengeschäftsvorfälle Neugeschäft, Fahrzeugwechsel, Storno, Vertragsänderung.
2. Strukturierte Interviews in den Vertriebswegen.
3. Führungskräfteinterviews.
4. Abfragen in den Projektteams kürzlich beendeter und laufender Projekten.
5. Auswertung von bestehenden Anforderungen.

Diese erarbeiteten Prozessanforderungen wurden über eine Business Case Logik bewertet und in zwei iterativen Schritten gemeinsam priorisiert. Die finale Festlegung erfolgt in den Offsites unter Beteiligung der Führungskräfte aller betroffenen Bereiche. Damit wurde eine starke Verbindlichkeit auf die vereinbarten Priorisierungen geschaffen. Die in Reihenfolge gebrachten Themen wurden den verschiedenen Stufen auf der Wertschöpfungskette zugeordnet und auf diese Weise in entsprechende Teilprojekte geschnitten.

31.4.2.2 Business Case

Innerhalb der Anforderungsanalyse wurden die Prozessneuerungen und -optimierungen in ihren Kosten und Nutzen durch die beteiligten Experten grob bewertet. Während der Initialisierung wurden diese Ergebnisse für die Priorisierung der Themen genutzt.

Nach der erfolgten Priorisierung wurden die Kosten/Nutzen-Schätzungen im Rahmen der Business Case Logik tiefer aufgearbeitet. Die zugrundeliegenden Werte und Annahmen wurden durch Fachspezialisten oder Expertenschätzungen vertieft, Ergebnisse plausibilisiert und mit den betreffenden Fachbereichen abgestimmt. Aufgrund der transparenten Wirkung des Business Cases wurde eine stärkere Selbstverpflichtung auf die Digitalisierungsmaßnahmen bei den betroffenen Bereichen erzeugt.

Bei der Detaillierung des Cases war es wichtig, keine Aufweichungstendenzen der Nutzenhebel zuzulassen. Während sich auf Top Management Ebene ein genereller Konsens auf die Nutzenhebel ergab, wurde die Ausarbeitung von Details in Teilen kontrovers diskutiert. Es gab in diversen Bereichen Vorbehalte über einen neuen, digitalen Prozessablauf. Folglich bestand die Gefahr, zahlreiche, als sensibel eingestufte Kundengruppen aus dem neuen Prozessablauf herausnehmen zu müssen, da die Gefahr der Kundenunzufriedenheit

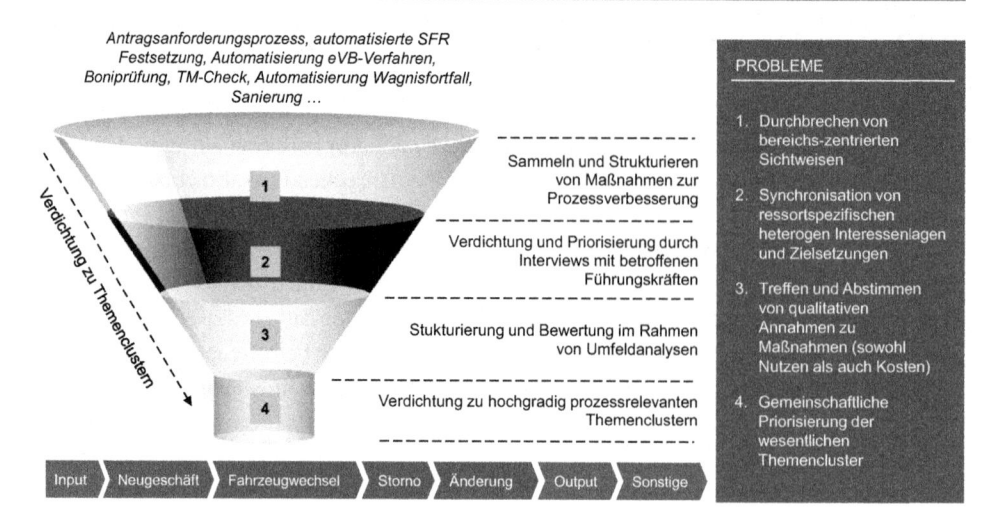

Abb. 31.3 Vorgehen und Herausforderungen während der Initialisierung

gesehen wurde. Diese Vorbehalte konnten in Teilen analytisch, in anderen Teilen über die nachfolgend beschriebene Pilotierung eingefangen werden. Auch hier erzeugte der Business Case eine Transparenz für die Argumentation (vgl. Abb. 31.3).

Der erarbeitete Business Case des Umsetzungsprojektes wurde über die Vorstandssitzung bestätigt und zur Umsetzung freigegeben. Durch die gemeinsame Erarbeitung und die bindende top-down-Beauftragung konnte über den Business Case eine Verbindlichkeit bei den betreffenden Bereichen erzeugt werden. Im laufenden Projekt diente der Business Case der Bewertung von Change Requests.

Der über das zentrale Projektoffice gehaltene, fortlaufend aktualisierte und jeweils geprüfte Business Case etablierte sich somit als wichtiges Instrument für die Projektsteuerung. Zudem konnte zu jedem Zeitpunkt eine hohe Transparenz der finanziellen Wirkung des Gesamtprojektes aufgezeigt werden. Aufgestellt war der Business Case entlang der Werthebels der jeweiligen Maßnahme gem. Abb. 31.4.

Dennoch muss festgestellt werden, dass trotz der gemeinsamen Bewertung der Maßnahmen innerhalb des Business Cases, der damit erzeugten Selbstverpflichtung und der Abnahme der Ergebnisse vom Top Management ein stringentes Referenzieren auf den Business Case während der Projektdurchführung notwendig war. Zum einen gab es weiterhin Kritiker einzelner, aber wesentlicher Annahmen, die die Wirkung von Maßnahmen oder aber die resultierende Priorisierung als für ihren Bereich nicht stimmig angesehen haben; zum anderen waren immer wieder Aufweichungstendenzen festzustellen.

Im Ergebnis ist der Business Case ein sehr zielführendes Instrument gewesen, das viele Diskussionen auf die Sach- und Nutzenebene geführt hat. Nach Meinung des Autors wären die Diskussionen über Wirkungen und Ausnahmen zum neuen Prozess in jedem Fall aufgetreten. Die Case Logik half bei der Lösung.

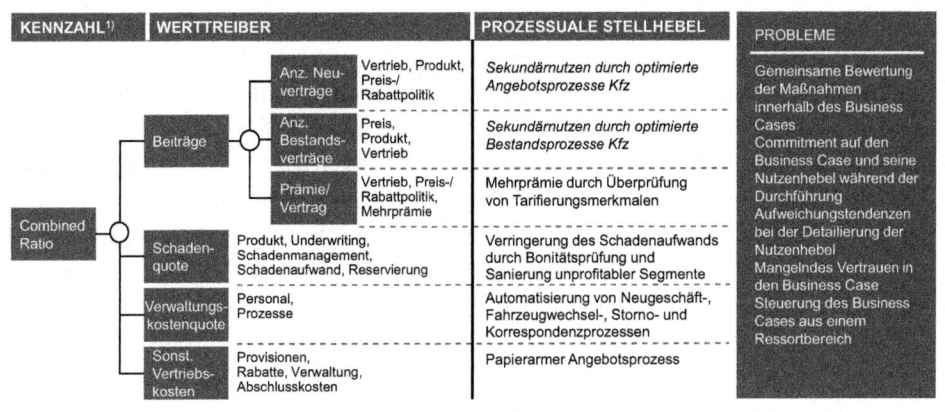

KENNZAHL[1]	WERTTREIBER			PROZESSUALE STELLHEBEL	PROBLEME
Combined Ratio	Beiträge	Anz. Neuverträge	Vertrieb, Produkt, Preis-/Rabattpolitik	Sekundärnutzen durch optimierte Angebotsprozesse Kfz	Gemeinsame Bewertung der Maßnahmen innerhalb des Business Cases
		Anz. Bestandsverträge	Preis, Produkt, Vertrieb	Sekundärnutzen durch optimierte Bestandsprozesse Kfz	Commitment auf den Business Case und seine Nutzenhebel während der Durchführung
		Prämie/ Vertrag	Vertrieb, Preis-/ Rabattpolitik, Mehrprämie	Mehrprämie durch Überprüfung von Tarifierungsmerkmalen	Aufweichungstendenzen bei der Detailierung der Nutzenhebel
	Schadenquote		Produkt, Underwriting, Schadenmanagement, Schadenaufwand, Reservierung	Verringerung des Schadenaufwands durch Bonitätsprüfung und Sanierung unprofitabler Segmente	Mangelndes Vertrauen in den Business Case Steuerung des Business Cases aus einem Ressortbereich
	Verwaltungskostenquote		Personal, Prozesse	Automatisierung von Neugeschäft-, Fahrzeugwechsel-, Storno- und Korrespondenzprozessen	
	Sonst. Vertriebskosten		Provisionen, Rabatte, Verwaltung, Abschlusskosten	Papierarmer Angebotsprozess	

[1] Auf Basis der heutigen CR für Kfz erfolgt eine definierte Senkung durch prozessuale Optimierungen

Abb. 31.4 Werthebelansatz zur Verbesserung der CR

Auf weitere, bereits angesprochene Methoden, wie etwa Customer Journey, wurde zugunsten der Expertenschätzung verzichtet.

31.4.3 Konzeption und Umsetzung

31.4.3.1 Entscheidungsfindungen

Die Konzeption der Maßnahmen wurde im Wesentlichen mit interdisziplinären Teams durchgeführt. Wenngleich die Mitarbeiter der Teams über die top down Entscheidungen der Führungskräfte und die Business Case Logik auf die Umsetzungsthemen eingeschworen waren, entstanden in den zu erarbeitenden Details hohe Abstimmungs- und Diskussionsbedarfe. Eine der wesentlichen Herausforderung war es, Optimierungen entlang der end-to-end-Kette nicht in den lokalen Optima zu gestalten, sondern entlang der gesamten Prozesskette. Eine Vereinfachung in der vertrieblichen Bearbeitung kann gleichermaßen zu höheren Aufwänden im Betrieb führen, anderseits kann eine vereinfachte betriebliche Bearbeitung maßgeblichen Einfluss auf einen Profitabilitätshebel eines Produktes nehmen. Somit mussten die Bearbeitungsteams also in die Lage versetzt werden, solche Konflikte eigenverantwortlich und unvoreingenommen auszuarbeiten, um sie dann in einem agilen, übergreifenden Entscheidungsgremium zur Klärung zu bringen. Dies gelang dadurch, dass die Entscheidungskompetenz der Themenverantwortlichen im Einvernehmen aller Führungskräfte gestärkt wurde. Zudem wurde, neben dem übergreifenden Entscheidungsgremium, auch ein Sounding Board etabliert, das Konflikte im diskursiven Ansatz oftmals klären konnte. Die Moderation der Prozessänderungen erfolgte über den gewählten Prozessmanagementansatz, bei dem der externe Berater als Interimsprozessmanager fungierte.

Weiterhin war die konzeptionelle Ausgestaltung der bevorstehenden Umsetzungen eng zu begleiten. Da die Umsetzungen des Projektes an diversen Fachdomänen und IT-Systemen entlang stattfand, waren hier eine Vielzahl von Arbeitsschnittstellen zu koordinieren. Bei den technischen Systemen waren jeweils eigene Release-Zyklen zu beachten. Darüber hinaus mussten Synchronisationen mit den Projekten stattfinden, die ihrerseits auf die bestehenden Fachdomänen und IT-Systemwelt Zugriff haben mussten. Dies wurde ebenso über das übergreifende Entscheidungsgremium sowie den koordinierenden Prozessmanager gelöst. Das Entscheidungsgremium war nach den Arbeitsthemen jeweils mit Mitgliedern der betreffenden Bereiche besetzt. Der Tagungsrhythmus war mit Bedacht gewählt, sodass Agilität gewährleistet und Ressourcenbindung optimiert wurden. Auch hier war es wesentlich, dass eine gute Entscheidungsvorbereitung einen Konflikt managebar gemacht hat.

31.4.3.2 Umsetzungsbegleitung

Die Umsetzungsbegleitung war geprägt durch eine hohe Einbindung des Prozessmanagers als Prozesstreiber. Die bereits erwähnten Arbeitsschnittstellen waren mit Methoden des Projektmanagements transparent ausgestaltet, z. B. über gemeinsame Masterpläne, Schnittstellen-und Abhängigkeitsmatrizen, Risikobewertungen und Fall Back Plänen. Die Arbeitsschnittstellen mussten daher mit analytischer Herangehensweise und über einen hohen kommunikativen Aufwand kontinuierlich geprüft werden. Bei Abweichungen musste schnell reagiert und die entsprechende Wirkungskette genau geprüft werden. Langwierige Entscheidungsprozesse, die sich aus der Einbindung der funktionalen Verantwortlichen entlang der Prozesskette ergaben, wurden über das Entscheidungsgremium deutlich abgekürzt, konnten aber je nach Themenstellung dennoch in Teilen nicht vermieden werden. Auf diese Abweichungen galt es dann folglich in der Projektplanung zu reagieren. Weiterhin waren die Umsetzungen entlang end-to-end-Kette zu managen und zu testen. Eine derartig umfangreiche Umsetzung in der Wertschöpfungskette war ein Novum bei dem entsprechenden Versicherungsunternehmen. Daher mussten Kommunikationswege sowie die Verfahren zu den Umsetzungen zunächst abgesprochen werden und dann in Teilen mit Bordmitteln technisch unterstützt werden. Beispielsweise gab es Schwierigkeiten sowohl im Aufbau einer gemeinsamen end-to-end-abbildenden Testumgebung als auch in der technischen Abbildung gemeinsamer Testfälle.

Das Projekt befand sich kontinuierlich im Spannungsfeld von knappen Ressourcen und darum konkurrierender Projekte. Die klare Priorisierung zwischen den Projekten konnte auch über die Business Case Logik nicht immer hergestellt werden. In Teilen mussten daher durchdachte Lösungen für die nicht vollständig erfolgten Bereitstellungen von Ressourcen für Konzeption, Umsetzung und Test ausgearbeitet werden. Insbesondere in den kapazitätsbindenden Testphasen konnte durch eine effiziente Gestaltung der end-to-end-Test sowohl der Aufwand als auch die Wartezeiten zwischen den Tests deutlich reduziert werden. Dennoch musste bei solchen Maßnahmen eine Abwägung stattfinden, die eine Vereinfachung und Reduktion von Tests einem potenziellen Risiko von etwaigen Testlücken gegenüberstellte.

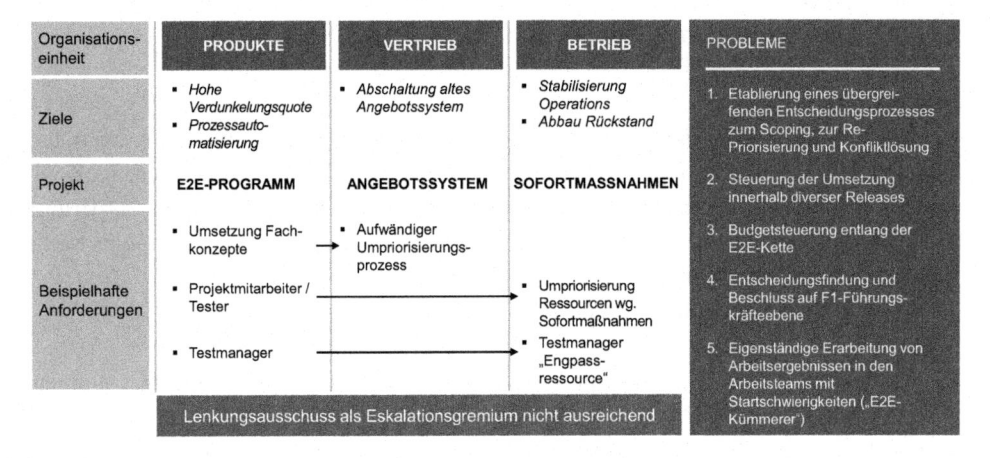

31 Prozessmanagement: Optimierung des Kernprozesses Kraftfahrt durch Digitalisierung

Organisations-einheit	PRODUKTE	VERTRIEB	BETRIEB	PROBLEME
Ziele	• Hohe Verdunkelungsquote • Prozessautomatisierung	• Abschaltung altes Angebotssystem	• Stabilisierung Operations • Abbau Rückstand	1. Etablierung eines übergreifenden Entscheidungsprozesses zum Scoping, zur Re-Priorisierung und Konfliktlösung
Projekt	E2E-PROGRAMM	ANGEBOTSSYSTEM	SOFORTMASSNAHMEN	2. Steuerung der Umsetzung innerhalb diverser Releases
Beispielhafte Anforderungen	• Umsetzung Fachkonzepte • Projektmitarbeiter / Tester • Testmanager	• Aufwändiger Umpriorisierungsprozess	• Umpriorisierung Ressourcen wg. Sofortmaßnahmen • Testmanager „Engpassressource"	3. Budgetsteuerung entlang der E2E-Kette 4. Entscheidungsfindung und Beschluss auf F1-Führungskräfteebene 5. Eigenständige Erarbeitung von Arbeitsergebnissen in den Arbeitsteams mit Startschwierigkeiten („E2E-Kümmerer")
	Lenkungsausschuss als Eskalationsgremium nicht ausreichend			

Abb. 31.5 Vorgehen und Herausforderungen während der Konzeption

Eine weitere Schwierigkeit bestand in der der fragmentierten Kfz-Anwendungslandschaft mit komplexen Systemschnittstellen. Erwartungsgemäß gab es Herausforderungen in der Verbindung alter hostbasierter und moderner Systemwelten. Diese konnten über proprietäre technische Schnittstellen gelöst werden. Überraschenderweise waren allerdings auch vergleichsweise moderne Systeme erstaunlich schwer in der Gesamtkette in eine dunkle Verarbeitung zu bringen. Dies lag daran, dass benötigte Daten in den Daten der Prozesskette fehlten, die Systeme diese aber für die Verarbeitung benötigten. Auch hier mussten einige Lösungen aufgebaut werden, die in den interdisziplinären Teams unter Berücksichtigung der Gesamtprozesskette entstanden. Als absolut hilfreich erwiesen sich die agile Umsetzung von Projektanteilen sowie die Pilotierung. Bei der agilen Umsetzung ging es in erster Linie darum, die Komplexität bei der Umsetzung und Einführung zu reduzieren und dabei gleichzeitig zeitnah im Projekt erste Erfolge einfahren zu können (vgl. Abb. 31.5).

Die Pilotierung hat deutlich zum Sammeln von Erfahrungen über Auswirkungen von Änderungen beigetragen. Bei den positiven Ergebnissen der Pilotierung war zudem die Akzeptanz bei der Einführung deutlich höher, da man die Skepsis über das Funktionieren einer Lösung somit erheblich reduzieren konnte. Der Einsatz von Pilotierungen ist generell genau auf den Nutzen zu überprüfen, da sie einen Mehraufwand und eine längere zeitliche Dauer nach sich ziehen.

Um den Nutzen einer Pilotierung, aber nicht dessen Aufwand und Dauer zu erhalten, wurde für die neue Antragsstrecke ein hybrides Vorgehen gewählt. Eine Pilotgruppe aus dem Vertrieb hat bereits während der Entwicklung der neuen Antragsstrecke eine Pilotierung vornehmen können. Nach Erreichen einer definierten Reife konnte das neue Verfahren von der Pilotgruppe in der Produktion angewendet werden. Dieser Prozess wurde eng mit allen Prozessbeteiligten begleitet und führte zu sehr guten Ergebnissen für notwendige Optimierungen und die anstehende Kommunikation in die Fläche von Vertrieb und Betrieb.

31.4.4 Einführung und Abschluss

31.4.4.1 Einführung

Insbesondere auch während der Einführung war das Prozessmanagement von zentraler Bedeutung. Die Koordination der Umsetzungsanteile zog sich durch Initialisierung, Konzeption, Umsetzung, Test und in der Folge auch bis zur Einführung. Die Herausforderung war hier insbesondere die Koordination der Umsetzungsanteile in der end-to-end-Kette mit den Auswirkungen auf die funktionalen Bereiche.

Hier waren im Wesentlichen drei Themen zu lösen:

1. Einführung entlang der end-to-end-Kette in Koordination mit weiteren Programmen und Projekten inklusive Koordination der Umsetzungsreleases.
2. Auswirkung auf die funktionalen Bereiche.
3. Synchrone Informationsverteilung.

Die Einführung wurde in Teilen durch die bereits beschriebene vorgeschaltete Pilotierung unterstützt. Darüber hinaus haben sich ebenso schrittweise Einführungen bewährt. Diese weisen Elemente des agilen Vorgehens auf, bei der sich die Einführung beispielsweise auf Themen mit dem höchsten Nutzen oder einer hohen Strahlkraft bei den Nutzern fokussiert. Gerade die Themen mit der hohen Strahlkraft können vergleichsweise profane Themen sein, die aber eine höhere Emotionalität bei den Nutzern aufweisen. Im vorliegenden Projekt wurde ein Teil der Bescheinigungsanforderung für eine bestimmte Kundengruppe vereinfacht. Diese Kundengruppe stellte zwar keine große Antragsmenge dar, aber durch die in den Jahren vorher geführten Diskussionen war eine Lösung den Beteiligten vergleichsweise wichtig.

Während der gesamten Umsetzung waren die Orchestrierung der Umsetzungsanteile in den funktionalen Bereichen, in der umsetzenden Technik sowie mit großen parallelen Projekten und der Linienorganisation vorzunehmen. Gerade die Umsetzung in den Projekten und Fachdomänen erfolgte in Releases, die streng getaktet waren. In allen Projekten gibt es in der Umsetzungsphase „Momente der Wahrheit". In diesen wird festgestellt, ob die vorherigen Konzeptionen auch in der dafür vorgesehenen Zeit, Dauer und Qualität umgesetzt werden können. Gerade bei Projekten, die für das Unternehmen ein Neuland sind, ist eine genaue Umsetzungsplanung oftmals schwer möglich und ungeplante Einflüsse schwer vorhersehbar. Wenn dann noch ein sich bewegendes Umfeld mit weiteren Projekten und Linienaktivitäten hinzukommt, wird die Projektsteuerung herausfordernder.

Auf diese Herausforderung wurde im Projekt mit Szenarienbildungen und Fall Back Lösungen gearbeitet. Auf Basis einer kontinuierlichen Risikobewertung in der Umsetzung wurden für die größten Risiken Szenarien erarbeitet, die die Projektzielsetzungen inhaltlich und zeitlich absichern könnten. Die Szenarienbildung erfolgte dabei sehr spezifisch auf das vorliegende Risiko und hat die Rahmenparameter des Business Cases, anderer Projekte, der Releases etc. berücksichtigt. Der Vorteil war die Erhöhung der Reaktionsgeschwindigkeit bei Störfällen. Zusätzlich wurde deutlich, welcher operative Nutzen in der

Lösung enthalten war. Eine Fall-Back Lösung ist in der Regel deutlich weniger attraktiv für alle Beteiligten. Dies sorgte in Teilen für eine Motivationssteigerung, das gesetzte Ziel zu erreichen.

Mit der Einführung entlang der end-to-end-Kette war es notwendig, eine klare und zielgerichtete Kommunikation in allen betreffenden Bereichen umzusetzen. Gerade bei der Kommunikation ist es von höchster Priorität, diese synchron und inhaltlich zielgruppengerecht umzusetzen. Zeitliche und inhaltliche Asynchronität der Information zur Einführung führt zwangsläufig zu Missverständnissen, da oftmals versucht wird, Informationen zu übertragen. Hier können dann Fehler entstehen, wenn die Einführungsinformation beispielsweise vertriebswegespezifisch ist. Besonderheiten bei der Umsetzung einer automatisierten Antragsstrecke können sich signifikant bei Ausschließlichkeitsvertrieb und Maklervertrieb unterscheiden. Somit war eine zeitliche synchrone Kommunikation in alle Vertriebswege und in die Betriebsbereiche von zentraler Bedeutung.

Inhaltlich kam es darauf an, die Menge an Informationen zielgruppengerecht handhabbar zu machen. Es ist keinem Mitarbeiter zuzumuten, sich durch ellenlange Dokumente zu lesen, um die für ihn wichtigen Änderungen herauszufinden. Das führt schnell zu einem Abschalten gegenüber die gegebenen Informationen. Im Ergebnis sind die notwendigen Änderungen nicht bekannt und werden in Unkenntnis des Gesamtzusammenhangs abgelehnt. Das kann dann zur Nichtakzeptanz einer gesamten Prozessänderung führen.

Solche Mechanismen dürfen niemals unterschätzt werden. Baut sich erst einmal eine negative Stimmung gegenüber einer neuen Prozesslösung auf, kann das zu einem Scheitern des Vorhabens nach der Einführung führen. Es können sich ganze Stimmungsbilder durch den unzufriedenen Nutzer ergeben, der seine Unzufriedenheit in die nächste Führungsebene trägt. So kaskadieren schnell schlechte Stimmungsbilder hoch bis in das Top Management. Dies ist dann nur sehr mühselig im Nachgang heilbar.

Ein schlankes, aber gut funktionierendes Change Management inklusive der Planung zur Durchführung von Kommunikation erweist sich dann als äußerst wünschenswert. Im vorliegenden Projektbeispiel wurde aus Kostengründen auf eine derartige Rolle im Projekt verzichtet, sodass dieses vom Prozessmanagement wahrgenommen wurde.

Ein zentrales Instrument zur Lösung der Kommunikationsthemen war das im Projekt eingeführte Transformationshandbuch, welches in der Übersicht in Abb. 31.6 zu sehen ist.

In diesem Transformationshandbuch wurden die zielgruppenspezifisch wesentlichen Informationen festgehalten und im weiteren Verlauf gerichtet und schrittweise kommuniziert. Die Erarbeitung erfolgte dabei jeweils von Mitarbeitern aus den Umsetzungsabteilungen und den funktionalen Bereichen während der Umsetzungsphase. Das ist vom Zeitpunkt her günstig, sodass die Fachlichkeit während der Umsetzungshase den eigenen Aufwand besser steuern kann. Zum anderen können die Auswirkungen auf die Organisationen in Teilen beim Test in den Details noch weiter bewertet werden. Während der Erstellung des Transformationshandbuches haben die Bearbeitungsgruppen auch hier interdisziplinär zusammengearbeitet. In diesem Rahmen wurden Workshops zur konzeptionellen Prozessbegehung mit den Teams veranstaltet. Auch dieses förderte das Prozessverständnis für den später zu lebenden Prozess deutlich. Als smarten Nebeneffekt waren

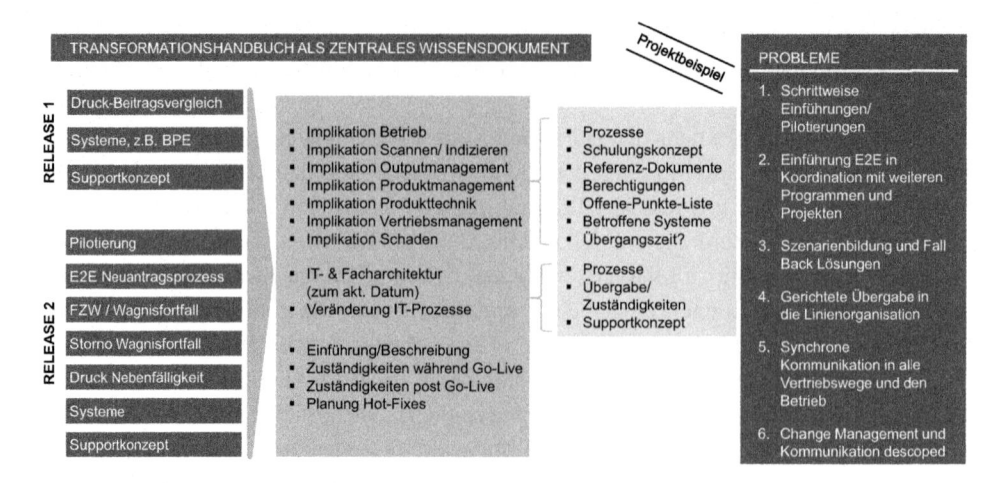

Abb. 31.6 Methode zur stringenten Einführungsbegleitung

die Personen aus den Teams des Transformationshandbuchs später auch die Multiplikatoren für den Prozess in ihren Bereichen.

31.4.4.2 Abschluss

Mit Abschluss des Projektes fand eine Ergebnisbewertung der Maßnahmen statt, die in der Projektlaufzeit umgesetzt wurden. Das Projekt konnte mit einer deutlich positiven Erfolgsbilanz durch den Vorstand entlastet werden. Alleine eine Vollautomatisierung der Einzelfallsanierung musste re-priorisiert werden. Im Bereich des Tarifmerkmalschecks ist der Business Case Effekt aus der vorhergehenden Pilotierung nicht im vollen Maße, wie prognostiziert, eingetreten. Die weiteren Prozessdigitalisierungen konnten wie geplant umgesetzt werden. Einen Überblick über die Erfolgsbilanz des Projektes gibt Abb. 31.7.

Als hervorzuhebende Projektergebnisse können benannt werden:

- Umsetzung der optimierten Antragsschnittstelle über das Angebotssystem und Pilotierung der obligatorischen end-to-end-Einlieferung.
- Deutliche Reduktion des Arbeitsaufwands im Zusammenhang mit Bescheinigungen und im Handling über das Angebotssystem.
- Optimierung von prozessualen Aussteuerungen und Terminsetzungen mit einer Reduktion von ca. 40.000 Terminen p. a. und eine entsprechende Erhöhung der Dunkelquote.
- Im Rahmen des automatisierten Fahrzeugwechsels wurde die Verdunklung dieser Mengen-Geschäftsvorfälle von der Antragsstrecke bis zur Policierung umgesetzt. Die Automatisierung erfolgt über eine datengestützte Prüfung des Vorvertrages mit Übernahme der relevanten Daten in den Antrag. Zusätzlich findet eine automatisierte SFR-Berechnung zur Optimierung von Aussteuerungen statt. Als dritter Baustein wurde die automatisierte Verarbeitung des Prozesses in der Bestandsführung umgesetzt.
- In diesem Zuge wurde daher ebenso der Storno „Wagnisfortfall" automatisiert.

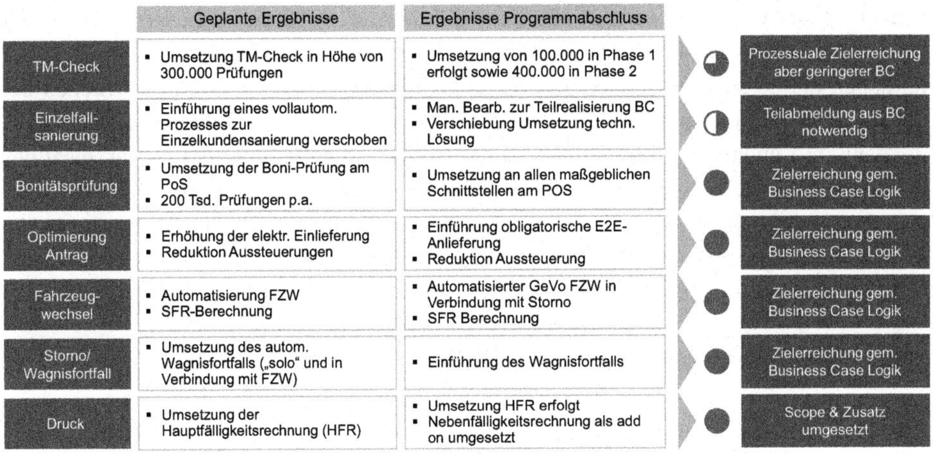

31 Prozessmanagement: Optimierung des Kernprozesses Kraftfahrt durch Digitalisierung

	Geplante Ergebnisse	Ergebnisse Programmabschluss		
TM-Check	• Umsetzung TM-Check in Höhe von 300.000 Prüfungen	• Umsetzung von 100.000 in Phase 1 erfolgt sowie 400.000 in Phase 2	◐	Prozessuale Zielerreichung aber geringerer BC
Einzelfall-sanierung	• Einführung eines vollautom. Prozesses zur Einzelkundensanierung verschoben	• Man. Bearb. zur Teilrealisierung BC • Verschiebung Umsetzung techn. Lösung	◐	Teilabmeldung aus BC notwendig
Bonitätsprüfung	• Umsetzung der Boni-Prüfung am PoS • 200 Tsd. Prüfungen p.a.	• Umsetzung an allen maßgeblichen Schnittstellen am POS	●	Zielerreichung gem. Business Case Logik
Optimierung Antrag	• Erhöhung der elektr. Einlieferung • Reduktion Aussteuerungen	• Einführung obligatorische E2E-Anlieferung • Reduktion Aussteuerung	●	Zielerreichung gem. Business Case Logik
Fahrzeug-wechsel	• Automatisierung FZW • SFR-Berechnung	• Automatisierter GeVo FZW in Verbindung mit Storno • SFR Berechnung	●	Zielerreichung gem. Business Case Logik
Storno/ Wagnisfortfall	• Umsetzung des autom. Wagnisfortfalls („solo" und in Verbindung mit FZW)	• Einführung des Wagnisfortfalls	●	Zielerreichung gem. Business Case Logik
Druck	• Umsetzung der Hauptfälligkeitsrechnung (HFR)	• Umsetzung HFR erfolgt • Nebenfälligkeitsrechnung als add on umgesetzt	●	Scope & Zusatz umgesetzt

Abb. 31.7 Überblick zum erfolgreichen Programmabschluss

- Einführung einer marktüblichen Überprüfung von Tarifmerkmalen wie Kilometerlaufleistung mit dem Ziel, dem Kunden einen bedarfsgerechten Versicherungsbeitrag anzubieten.
- Neues Druckverfahren für die Hauptfälligkeitsrechnung.

Zusätzlich zum formalen Projektabschluss mit Abnahme der inhaltlichen Arbeitsergebnisse waren die Übergabe und Verankerung in der Linienorganisation vorzunehmen. Dabei diente, neben der Information an die Nutzergruppen, das bereits beschriebene Transformationshandbuch auch zur Übergabe in die Linie nach dem Projektende. Im Eingang des vorliegenden Beitrags wurde erwähnt, dass ein Prozessmanagement auf Interimsbasis durchgeführt wurde. Bei der Beendigung der Interimsphase muss die Organisation in die Lage versetzt werden, ohne die Interimsorganisation zu funktionieren. Beim vorliegenden Vorhaben war das unter anderem die Kenntnis über die Prozessneuerungen in den später dafür verantwortlichen Bereichen. Das sind projektübliche Linienübergaben, die in jedem Umsetzungsprojekt mehr oder minder stark ausgeprägt erfolgen müssen. Im Wesentlichen ist das der Know-how Transfer über fachliche und technische Neuerungen.

Beim end-to-end-Projekt kommt es zusätzlich noch darauf an, die neue „Spielweise" der durchgängigen Verantwortlichkeiten zu verankern. Da sich die Branche noch immer mit Prozessverantwortlichkeiten schwertut, ist hier eine Selbstverpflichtung des beteiligten Managements auf die Problemlösung und Weiterentwicklung der Prozesskette notwendig. In der Lehre ist der Manager eines Prozesses in seiner Rolle für diese kontinuierliche Verbesserung verantwortlich. Hingegen ist die Installation eines Prozessmanagers in der Versicherungsbranche noch nicht üblich und daher noch kein wünschenswerter Standard.

Nach Beendigung der Implementierung wurden die Optimierungen der Prozesse innerhalb von regelmäßigen Statusbesprechungen durchgeführt. In diesen erfolgte das Erörtern der Erfahrungen und der Ergebnisse der im Projekt eingeführten Messungen. Diese Messungen können eine Basis für eine anschließende „leane" kontinuierliche Optimierung der Prozesse werden. Da kein Prozessmanager für den Gesamtprozess installiert werden konnte, haben die beteiligten Bereiche die Prozesskette aufgeteilt. Die Verantwortlichen der Teilbereiche haben dann die jeweiligen Informationen beigebracht, auf Basis der Prozesse, die dann im Linienbetrieb weiter optimiert wurde. Für die Frequenz der Prozessmeetings gilt, dass je geringer der Reifegrad eines Prozesses ist, umso häufiger die Prozessbesprechungen durchgeführt werden müssen. Das Ende der gerichteten Übergabe in die Linienorganisation war dann mit der formalen Entlastung des Projekts abgeschlossen.

31.5 Zusammenfassung und Ausblick

Mit dem Digitalisierungsprojekt ist das größte Prozessoptimierungsprojekt der vergangenen Jahre beim vorliegenden Kunden erfolgreich umgesetzt worden. Die erarbeiteten Projekterfahrungen lassen sich sowohl bei diesem Kunden als auch in anderen Häusern in zukünftige bereichsübergreifenden Projekte transferieren. Einen Überblick über Erfahrungen und Ableitungen in dem vorliegenden Projekt gibt Abb. 31.8.

Im Projektverlauf wurde die zu Beginn ungewohnte bereichs- und projektübergreifende Zusammenarbeit zunehmend effektiver. Dies spiegelt sich in den Projektergebnissen im Zeitverlauf deutlich wider. Wesentlicher Treiber für bessere Ergebnisse bei Digitalisierungsprojekten ist eine prozessorientierte Herangehensweise. Auch wenn die funktionale Organisation ihre Vorteile hat in Bezug auf Umsetzungen von Plattformstrategien, Nutzung von Shared Services oder dem Business Process Outsourcing werden künftig prozessorientierte Varianten stärker in den Fokus treten.

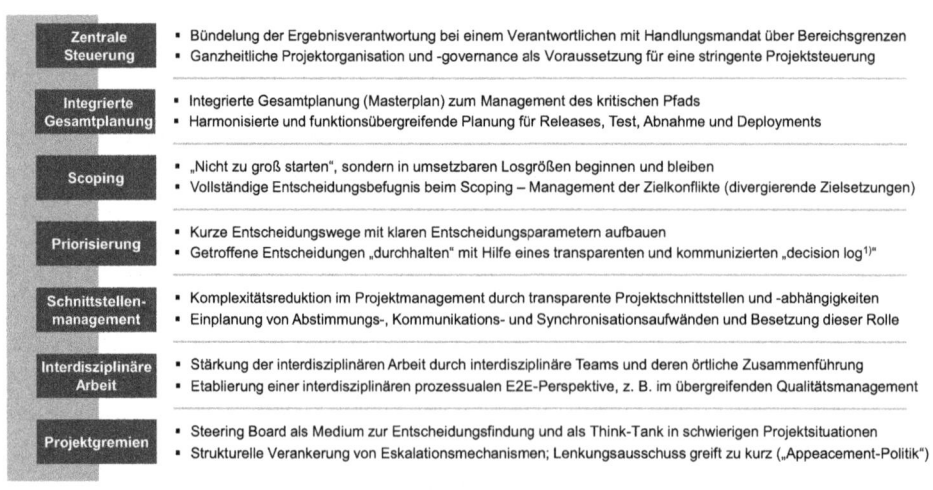

Zentrale Steuerung	• Bündelung der Ergebnisverantwortung bei einem Verantwortlichen mit Handlungsmandat über Bereichsgrenzen • Ganzheitliche Projektorganisation und -governance als Voraussetzung für eine stringente Projektsteuerung
Integrierte Gesamtplanung	• Integrierte Gesamtplanung (Masterplan) zum Management des kritischen Pfads • Harmonisierte und funktionsübergreifende Planung für Releases, Test, Abnahme und Deployments
Scoping	• „Nicht zu groß starten", sondern in umsetzbaren Losgrößen beginnen und bleiben • Vollständige Entscheidungsbefugnis beim Scoping – Management der Zielkonflikte (divergierende Zielsetzungen)
Priorisierung	• Kurze Entscheidungswege mit klaren Entscheidungsparametern aufbauen • Getroffene Entscheidungen „durchhalten" mit Hilfe eines transparenten und kommunizierten „decision log[1)]"
Schnittstellenmanagement	• Komplexitätsreduktion im Projektmanagement durch transparente Projektschnittstellen und -abhängigkeiten • Einplanung von Abstimmungs-, Kommunikations- und Synchronisationsaufwänden und Besetzung dieser Rolle
Interdisziplinäre Arbeit	• Stärkung der interdisziplinären Arbeit durch interdisziplinäre Teams und deren örtliche Zusammenführung • Etablierung einer interdisziplinären prozessualen E2E-Perspektive, z. B. im übergreifenden Qualitätsmanagement
Projektgremien	• Steering Board als Medium zur Entscheidungsfindung und als Think-Tank in schwierigen Projektsituationen • Strukturelle Verankerung von Eskalationsmechanismen; Lenkungsausschuss greift zu kurz („Appeacement-Politik")

[1)] nachhaltige Dokumentation von projektbezogenen Entscheidungen, die in allen möglichen Gremien und Hierarchiestufen gefällt werden

Abb. 31.8 Konkrete Ableitungen für künftige E2E-Vorhaben

Literatur

1. Brecht L (2002) Process leadership. Methode des informationssystemgestützten Prozessmanagements, S 51
2. Buchberger P (2016) Maßnahmen zur Steigerung der Kundenzufriedenheit – Managementansätze zur Prozessoptimierung, S 36
3. Hanschke I (2017) Agile in der Unternehmenspraxis – Fallstricke erkennen und vermeiden. Potenziale Heb, S 4
4. Nicoletti B (2016) Digital Insurance, S 55 ff, 123
5. Reich M (2014) Prozessmanagement als Industrialisierungsansatz in Versicherungen, S 48, 50, 51
6. Schallmo D, Brecht L (2017) Prozessinnovation erfolgreich anwenden, S 111 ff, 189 ff
7. Uhl P, Altuntas M (2016) Industrielle Exzellenz in der Versicherungswirtschaft, 23 ff, 34 ff, S 72
8. Weinreich U (2016) Lean digitization, S 7, 150
9. Zimmermann G (2015) Change Management in Versicherungsunternehmen, S 352

Makleranbindung

32

Ralph Elfgen und Bartholomäus Krzoska

Zusammenfassung

Der elektronische Datenaustausch zwischen Versicherern und Maklern ist komplex. Anders als im Ausschließlichkeitsvertrieb ist der Maklervertrieb durch vielfältige Kommunikationsbeziehungen geprägt. Die Vielzahl der Parteien und IT-Lösungen sowie die rasante Veränderungsgeschwindigkeit am Markt erhöhen die Komplexität weiter. So gibt es, neben Versicherern, Maklern und deren MVP-Herstellern, Initiativen zur Normierung und Cloud- Lösungen, die zur Gemengelage beitragen. Voraussetzungen der digitalen Makleranbindung, vor allem in Bezug auf Daten- und Dokumententransfer, wurden erst mit der Entwicklung von Standards und modernen IT-Lösungen geschaffen. Damit kann schon heute die Digitalisierung des Maklerkanals in weiten Teilen realisiert werden. Diese Entwicklung steigert die Effizienz und trägt zur Senkung der Prozesskosten bei Maklern und Versicherern bei. Bis zu einem flächendeckend umgesetzten Branchenstandard ist es allerdings noch ein weiter Weg.

32.1 Makleranbindung als Herausforderung der Versicherungswirtschaft

Die technische Welt dreht sich schnell. Die digitale Transformation reformiert zunehmend die Versicherungsbranche, welche bisweilen eher als traditionell galt. So hat die Digitalisierung enorme Implikationen auf Bereiche, wie die Basisstrukturen, Geschäftsprozesse,

R. Elfgen (✉)
Troisdorf, Deutschland

B. Krzoska
67rockwell Consulting GmbH
Hamburg, Deutschland
E-Mail: bartholomaeus.krzoska@67rockwell.de

Produkte, Kunden und letztlich auch auf die Vertriebsstrukturen. Die Herausforderung für Versicherer und Dritte, sich dem digitalen Wandel zu stellen, sind äußerst umfangreich, zumal die Digitalisierung in einigen Prozessen recht schleppend voranschreitet.

Einen dieser verzögerten Prozesse stellt die technische Anbindung an den Versicherungsmakler dar. Die Übertragung von Daten und Dokumenten zwischen Versicherungsunternehmen und Maklern, aber auch anderen Vermittlern, wird heutzutage zum Teil noch händisch bearbeitet und ist folglich als eher ineffizient zu bewerten. Es müssen zahlreiche, unterschiedlich große Informationen, wie beispielsweise Antrags-, Bestands-, Schaden- und Courtagedaten, zwischen den beteiligten Parteien ausgetauscht werden (vgl. [1]). Somit steht das Erfordernis eines standardisierten, vollautomatischen und elektronischen Datenaustausches außer Frage (vgl. [11]). Doch die Marktanforderungen an kompatible Schnittstellen sind hoch. Besonders personengebundene Daten unterliegen besonderen Datenbestimmungen, sind folglich also sensibel und zu schützen. Es gibt zahlreiche Akteure, wie Versicherer, Abwicklungsplattformen, Pooler-Plattformen, Vergleichsprogramme und Softwareanbieter, mit heterogenen Systemen und unterschiedlichen elektronischen Prozessen, die wiederum unterschiedliche oder zum Teil keine Schnittstellen der erforderlichen Güte zur Verfügung stellen. Zwar intensivieren Versicherungsgesellschaften ihre Bemühungen der technischen Vertriebsunterstützung von Maklern, beispielsweise durch die Bereitstellung von BiPro-konformen Webservices und Extranets (vgl. [13]) samt Single-Sign-On, jedoch ist es noch ein weiter Weg bis zu einem flächendeckend umgesetzten Standard.

Die verhaltene technische Anbindung von Maklern, insbesondere bei der Schaffung standardisierter Schnittstellen für Maklerverwaltungsprogramme (MVPs), ist nicht nur den Versicherern zur Last zu legen. Auch Anbieter von Maklerverwaltungsprogrammen und Makler selbst scheuen die hohen Investitionen, die ein solches Vorhaben mit sich bringt. Die Folge sind Insellösungen für kleinere Anwendergruppen statt einheitlicher Standardsoftware (vgl. [2]). Das ist dahingehend besonders problematisch, da Maklerverwaltungsprogramme die zentrale Schaltstelle im Maklerbüro bilden (vgl. [14]). Studien belegen zudem, dass zwar der Großteil der Makler mit namhaften MVPs operiert, einige hingegen gänzlich ohne oder mit kleineren Lösungen arbeiten (vgl. [12]). Der Markt bietet eine Vielzahl an MVPs an, die ihrerseits für eine heterogene Schnittstellenlandschaft sorgen und zur Gemengelage beitragen.

Der Nachholbedarf bei der Schaffung einer standardisierten Schnittstellenlandschaft ist von großer Bedeutung, vor allem im Hinblick auf den hohen Stellenwert des Maklergeschäfts mit persönlicher Beratung bei der Entscheidung für ein Versicherungsprodukt in Verbindung mit der Digitalisierung und den aufstrebenden Vergleichsportalen. Dies belegen die hohen Abschlusszahlen von Versicherungsmaklern. So wurden 26,1 % des Neugeschäfts von Lebensversicherungen im Jahr 2016 von Maklern abgeschlossen, die im Gegensatz zu den Einfirmen- und Mehrfachvertretern nicht an bestimmte Versicherungsgesellschaften gebunden sind. Im Produktspektrum Schaden- und Unfallversicherung verzeichneten Makler 27,2 % der Jahresbeiträge sowie 27,6 % in der Krankenversicherung. Damit liegen die Versicherungsmakler nach der Ausschließlichkeit an zweiter Stelle mit dem meisten Neugeschäft (vgl. [6]). Das hat die Empfehlung zur Folge, die Vertriebsprozesse und damit die technische Anbindung von Maklern zu forcieren, um so effiziente Arbeitsabläufe und folgerichtig Wachstum zu generieren. Dies gilt für alle Beteiligten. Um eine branchenweite Lösung zu etablieren, besteht bei Maklern und IT-Dienstleistern erheblicher Modernisierungsbedarf. Versicherer müssen zudem den Maklervertrieb wertschätzend sowie umfassend als zentrale Schnittstelle in ihr Unternehmen integrieren, um damit das strategische Ziel, mehr Absatz für Makler, zu realisieren.

32.2 Digitalisierung Maklergeschäft – Ein Dauerbrenner

Die Digitalisierung des Maklergeschäfts ist seit vielen Jahren ein Diskussionsthema. Die frühen Anfänge des Datenaustausches zwischen Versicherungsunternehmen und Makler waren vor allem durch physische Datenträger geprägt. So erfolgte die Datenübertragung in der Anfangsphase durch das sogenannte Datenträgeraustauschverfahren, kurz DTA-Verfahren. Mittels dieses Verfahrens wurden Bestandsinformationen, das heißt die Vertragsdaten, die der jeweilige Makler vermittelt hat, auf Magnetbänder, Bandkassetten oder Disketten gespeichert und an den Makler verschickt. Diese DTA-Dateien hatten dabei ein einheitliches Format (vgl. [20]). Mit dieser Methode wurde gewährleistet, dass der Makler identische Informationen zu Kunden- und Vertragsdaten erhält. Im Laufe der Zeit wurden die Speichermedien moderner, das Verfahren an sich blieb aber unverändert. So wurden beispielsweise CDs und Speicherkarten anstelle der nur mit wenig Speicherkapazität ausgestatteten Bänder oder Kassetten eingesetzt. Bis zu einem Upload von DTA-Dateien und deren Bereitstellung über Web-Interface-Lösungen war es noch ein weiter Weg.

Die zweite Phase der technischen Makleranbindung wurde durch die Entwicklung des Makler-Extranets lanciert. In diese „Urform" des Extranets, die Ende der 90er Jahre auf den Markt kam, wurden passwortgeschützte Bereiche eingerichtet, in welchen der Makler wesentliche Produktinformationen, samt Versicherungsbedingungen, wiederfand. Des Weiteren konnten Formulare und Druckstücke heruntergeladen und ausgedruckt werden. Preis- und Produktinformationen waren damit auch ohne DTA frei zugänglich geworden. Die Entwicklung dieser Internetanwendungen gewährleistete schnellere, leichtere und kostengünstigere Prozessstrukturen, da die Beschaffung dieser Informationen bis dato die ursprüngliche Hauptaufgabe des Versicherungsvermittlers ausmachte. Für den Makler als Beschaffer von Versicherungen beim jeweiligen Versicherungsunternehmen stellte dieser technische Fortschritt eine erhebliche Erleichterung dar.

Die nächste Modernisierungswelle, die Anfang der Jahrtausendwende von statten ging, implementierte in Extranets erste Produktrechner. Tarifinformationen wurden mit diesen Rechnern verknüpft, sodass Makler Produkte eigenständig kalkulieren und damit Preise für ihre Kunden ermitteln konnten. Der Makler war nun in der Lage, seinen Kunden diese persönliche Dienstleistung schnell zur Verfügung zu stellen. Einige Versicherer haben dieses Tool noch bis in das Jahr 2015 nicht in ihre Extranets integrieren können. So muss der Makler zum Teil noch heute beim Maklervertrieb des Versicherers anrufen und ihm die Basisdaten zur Tarifkalkulation nennen. Der Maklerbetreuer ermittelt im nächsten Schritt mit seinem AO- bzw. Agentur-Tool den jeweiligen Preis und übermittelt die Daten wiederum per Telefon an den Makler zurück. Wenn der Vertrag bei dieser Versicherung abgeschlossen werden soll, muss der Maklerbetreuer, das heißt der Versicherungsvertrieb, alle notwendigen Formulare ausfüllen und ausgedruckt an den Makler senden, welcher letzten Endes die Unterschriften einholt. Der Maklervertrieb gilt damit als verlängerter Arm des Maklers und erfüllt Aufgaben, die eigentlich nicht in seiner Verantwortung liegen. Der Prozess war damit weder strukturiert noch online abgebildet. Das liegt zum Teil daran, dass Versicherer heutzutage noch veraltete Bestandsführungssysteme, die mit COBOL, einer veralteten und in den 1950er-Jahren entwickelten Programmiersprache programmiert wurden, führen. Die Kapselung des Produktrechners und anschließende Implementierung in einen Browser sind hier schlicht nicht möglich. IT-Systeme der Versicherungsunternehmen sind proprietäre Entwicklungen und keine Standards. Von einer technischen Kommunikation zwischen Versicherer und Makler bzw. von einer „Digitalisierung" kann damit keine Rede sein.

Die letzte Modernisierungsphase der Maklerportale hatte zusätzliche Informationen zu Vertragsständen zum Inhalt. Downloadfähige Excel-Tabellen mit vollumfänglichen Vertragsdaten, abgekoppelt vom Datenträgeraustausch mit dem Versicherungsunternehmen, wurden bereitgestellt. Der Makler musste die Datensätze abschließend zerlegen und in seinem Maklerverwaltungsprogramm hochladen. Das Zerlegen oder anders ausgedrückt die Reduktion der Datenmenge (vgl. [2]), das heißt die Trennung in wertloses und wertschaffendes Datenmaterial wurde immer wichtiger.

Viele Makler begrüßen zwar die bisherige technische Entwicklung der Vermittler-Portale, da online und immer aktuell, wie Studien belegen (vgl. [5]). Doch wurden diese ersten Entwicklungsstufen der Vermittler-Portale primär aus Sicht der Versicherer getrieben. Versicherer bevorzugen ihre ganz eigenen Interessen und Strategien bei der Einführung der genannten Extranet-Tools. Die Belange und Interessen der Makler, das heißt, die Notwendigkeit, die Prozesse der Makler ebenfalls abzubilden, wurden dabei nicht berücksichtigt.

Für Versicherer ist es leichter, ihre Ausschließlichkeitsorganisation zu modernisieren, da hier lediglich eine Lösung erforderlich ist. Der Versicherer ist dabei alleiniger Entscheider und treibt die Entwicklung seiner Hard-, und Software voran. Wichtige Gremien für die Produktentwicklung sind fast ausschließlich mit Vertretern der AO besetzt. Produktportfolio und Produktentwicklungszyklen sind auf die Anforderungen der AO abgestimmt. Gebundene Vermittler erhalten ihre Software von ihren Produktgebern zudem unentgeltlich bereitgestellt, auch wenn die Software nicht immer allen Anforderungen genügt. Die Herausforderungen sind im Gegensatz zur Makleranbindung dennoch marginal. Die Ausschließlichkeit nutzt zudem über alle Anwender hinweg die identischen technischen Systeme. Schulungen bereiten den Anwender auf neue Releases vor, sodass ein jeder mit den neuen Systemkomponenten vertraut ist (vgl. [2]).

Die stark zunehmende Bedeutung der digitalisierten Geschäftsabwicklung hält für Makler weitere wichtige Aspekte bereit. Neben der vollautomatisierten Prozessunterstützung entlang der Prozesskette Tarifierung, Angebot und Antrag (TAA), werden seitens der Makler der elektronische Daten- und Dokumentenaustausch in den Vordergrund gestellt (vgl. [5]). So ist der Datenaustausch mit dem Makler oftmals nicht anforderungsgerecht, da die Online-Datenverfügbarkeit bzw. Dateneinsicht nicht gegeben ist. Aufwändige, manuelle Offline-Prozesse zur Übermittlung von Bestands- und Inkassodaten sowie Schaden- und Courtageinformationen sind die Folge. Mehr noch ist ein ausschließlich papierbasierter Dokumententransfer über Makler-Sammelpostfächer, der zeitliche Verzögerungen bedingt, ebenfalls von großem Nachteil für die Makler (vgl. [2]). Das Fehlen von IT-Funktionalitäten, wie die Download- bzw. Importmöglichkeit über Makler-Postfach im Maklerportal, sind neben weiteren Forderungen, wie der nach hoher Usability der bestehenden Extranet-Lösungen (zum Beispiel professionelle Authentifizierungsverfahren, intuitive Nutzbarkeit der Preisrechner) als Missstände zu werten.

Zusammenfassend lässt sich feststellen, dass bis vor kurzem der Maklermarkt durch den Versicherer nur unzureichend in der Anbindung an Systeme und Prozesse berücksichtigt wurde. Dies hatte sicherlich auch politische Gründe, insbesondere wenn der Versicherer über eine starke AO verfügte. Versicherer konnten und vermögen es bisweilen noch heute nicht, erforderliche Strukturen und Prozesse informationstechnologisch abzubilden. Zudem gab es bis vor kurzem keine Standards bezogen auf Daten- und Dokumentenaustausch. Eine technische und inhaltliche Normierung des Übertragungsprozesses war nicht gegeben. Ein weiterer Grund der Digitalisierungsverzögerung ist der, dass Versicherer die digitale Transformation des Maklergeschäfts in den frühen Phasen einseitig betrieben haben. Individuelle Maxime nach Absatz und Geschäft standen im Vordergrund. Folge sind eine hohe prozessuale Komplexität, veraltete sowie kostspielige und nicht-marktgerechte Datenflüsse zwischen Versicherer, Makler und Dritten sowie Insellösungen für ausgewählte Nutzerkreise anstelle einheitlicher Standards für die gesamte Branche.

32.3 Status der Normierung und Standardisierung von Prozessen

Die Notwendigkeit, die Prozesse der Geschäftspartner, das heißt die der Makler, ebenfalls zu berücksichtigen, bildet die Grundlage erfolgreicher organisatorischer und technischer Zusammenarbeit (vgl. [11]). Durch einseitige Digitalisierungsbestrebungen der technischen Anbindung entstand ein Ungleichgewicht der Tätigkeiten hin zum Absatzpartner Makler. Dieses Ungleichgewicht wird heutzutage noch dadurch verstärkt, dass die Geschäftsprozesse zwischen Versicherern und Vermittlern oftmals mit einer Vielzahl von Produkten, Initiativen und Standards arbeiten.

Folgend wird nun auf die derzeit relevanten Konzepte und Initiativen zur Normierung, Standardisierung und letztlich Digitalisierung der Makleranbindung eingegangen.

32.3.1 E-Normen des GDV

Die E-Normen des GDV (früher GDV-Datensatz VU-Vermittler) sind ein bekanntes standardisiertes Datenformat für die Übertragung von spartenübergreifenden Bestands-, Inkasso-, Schaden- und Antragsinformationen zwischen Versicherungsunternehmen und Vermittlern. Es gilt als flächendeckender Standard in der deutschen Versicherungswirtschaft und wird von mehr als 93 % der Versicherungsunternehmen genutzt (vgl. [7]). Die E-Normen des GDV sorgen dabei für eine fachliche Strukturierung der Datenübermittlung. Diese seit Mitte der 80er Jahre entwickelten Branchennormen werden als konsistente Schnittstellenbeschreibungen im elektronischen Geschäftsdatenaustausch verwendet.

Die Standardisierung bezieht sich im Einzelnen auf: (vgl. [7])

- Datenstrukturen zur Darstellung von Bestands-, Inkasso-, Schadeninformationsdaten, Antrags- und Abrechnungsdaten sowie den Prozess der elektronischen Versicherungsbestätigung,
- Tabellen und Schlüsselfelder,
- IT-bezogene Datenfelder bezüglich Struktur und Größe,
- die in der Versicherungswirtschaft verwendeten fachlichen Begrifflichkeiten sowie
- die Beschreibung der für die Zusammenarbeit der Beteiligten notwendigen Geschäftsvorfälle.

Die mittels dieser Standardisierung übertragenen Bestands-, Geschäftsvorfall-, Abrechnungs- und Schadeninformationen werden von den Versicherern allerdings in einer heterogenen Güte beherrscht. Die E-Norm Datensätze sind zwar abwärts kompatibel, doch die qualitative Umsetzung, Umfang der Befüllung der Daten, Release-Stände und der Bereitstellungsturnus sind vielfältig. Es kommt durchaus vor, dass ein Makler monatlich einen Komplettbestand nach E-Norm-Sätzen mit einem Entwicklungsstand von 2016 erhält, von einem weiteren Versicherer wöchentlich rudimentäre Daten nach Release 2013 für die Sparte Hausrat und wiederum täglich von einem dritten Versicherer halbgefüllte Kfz-Datensätze nach dem Release 2015. Um zeitaufwändige Datenerfassung zu verringern, ist die Belieferung mit homogenen E-Norm Datensätzen für die Makler von hoher Bedeutung. Versicherer sollten diese Tatsache würdigen und diesen Weg des Datenaustausches qualitativ enorm verbessern, zumal Makler 70 % ihrer Tätigkeiten in die Bestandspflege und damit Aktualisierung der Vertragsdatenstände investieren, das heißt, nur rund 30 % sind rein wertschöpfende Tätigkeiten. Nichtsdestotrotz bilden die E-Normen des GDV die Basis der elektronischen Informationsübertragung zwischen Versicherer und Makler und sind ein grundlegendes Werkzeug der Digitalisierung.

32.3.2 BiPro-Normen

BiPro ist der maßgebliche Standard für einen normierten Datenaustausch zwischen Versicherungsunternehmen und weiteren Marktteilnehmern wie den Maklerverwaltungsprogrammen (vgl. [18]). Die unterschiedlichen BiPro-Normen definieren dabei den technischen und fachlichen Prozess der automatischen Datenübertragung zwischen den Provider- und Anwendersystemen (vgl. [9]). Die Optimierung der Prozesse zur Übermittlung von Datensätzen in beliebigen Formaten vom Versicherer zum Versicherungsmakler steht damit im Vordergrund. BiPro steht hierbei für die Brancheninitiative Prozessoptimierung und nimmt sich zum Ziel, fachliche und technische Branchen-Konventionen zur elektrischen Prozessabwicklung zu schaffen und stetig wachsen zu lassen (vgl. [12]). Dadurch werden unternehmensübergreifende Geschäftsabläufe optimiert.

Die BiPro e. V. wurde 2006 aus den Reihen des „Düsseldorfer Kreises" (vgl. [3]) ins Leben gerufen und soll als neutraler und non-profit-orientierter Zusammenschluss von Versicherungen, Vertriebspartnern und Dienstleistern fungieren. In gemeinschaftlicher Aufarbeitung werden Richtlinien technischen und fachlichen Charakters erschlossen (vgl. [16]). Mit der Gründung des Vereins begann auch die Entwicklung des ersten Releases, welches 2007 bereits fertiggestellt wurde. In ihm enthalten sind die Basisnormen, die Tarifierungs-, Angebots- und Antrags-Services der Branche Sach-, Unfall- und Haftpflichtversicherungen (SUH) und der Security Token Service (vgl. [3]). Ab 2008 erfolgte die Konzipierung des 2. Releases, welches bis heute stetig erweitert und aktualisiert wird. Im Gegensatz zum ersten Release ist die Einsicht eines Großteils der Normen nur Mitgliedern des BiPro e. V. gestattet. Durch diese unveröffentlichten Inhalte erhalten Mitglieder zusätzlich aktuelle Weiterentwicklungen und zahlreiche Normen anderer Gebiete und Prozessbereiche.

Das Zustandekommen einer Norm unterliegt einer genau festgelegten Abfolge mehrerer Prozessschritte. Die Arbeitsentwürfe entstehen gemeinschaftlich in den Projekten und müssen, bis zur Entstehung einer offiziellen Norm, vom fachlichen und technischen Ausschuss und letztendlich vom Normungsausschuss abgenommen werden. Es ist somit eine Vielzahl von Gremien in diesen Prozess involviert, die miteinander kooperieren.

Um der Entstehungsgefahr proprietärer Normen entgegenzuwirken, wird in den Projekten nach dem „2 : 2-Prinzip" gearbeitet. Es müssen mindestens zwei Versicherungen und zwei Vertriebspartner einem Projekt zugewiesen sein um die erarbeiteten Ergebnisse als Entwurf einer neuen Norm einreichen zu dürfen. Die eingereichten Arbeitsentwürfe werden im darauf folgenden Schritt geprüft und mit den bestehenden Normen verglichen. Fallen hierbei keine Beanstandungen an, so erhalten die bis dahin als Entwürfe geltenden Fassungen den Status „potenzielle Norm" und werden an die Projekte zur Überprüfung der Handhabbarkeit und der Implementierung zurückgeschickt. Die Ergebnisse werden anschließend an die Ausschüsse gegeben. Diese werden nach positiver Würdigung als Empfehlung an die Normausschüsse weitergeleitet, welche die Bezeichnung zu „vorgeschlagene Normen" verändern. Abschließend kommt es durch den Normungsausschuss zur Verabschiedung einer „Offiziellen Norm" (vgl. [3]).

Wesentliche Normen sind dabei die 410er, welche die Mechanismen und die detaillierte technische Spezifikation der Service-Schnittstelle eines Security Token Service (STS) für die einfache Authentifizierung beschreibt, die Norm 420 ff., die die spartenübergreifenden Grundlagen für die Prozesse Tarifierung, Angebot und Antrag (TAA) beschreibt sowie die 430er-Normen, die als Übermittlungs-Basis die technischen und fachlichen Prozesse für die automatische Übermittlung von Dateien und Dokumenten zwischen den Systemen der Versicherer und MVPs der Makler beschreiben. Zuletzt soll noch auf die 440er Norm eingegangen werden. Diese gehört zu den Servicenormen und definiert den automatisierten Einstieg in Versicherungsunternehmens-Portale aus einem Vermittler-Portal. Mittels einer extern normierten Navigation direkt aus dem eigenen Maklerverwaltungsprogramm heraus soll ein Zugriff auf die Portale der Versicherungsunternehmen erfolgen. Die Umsetzung dieses Vorhabens muss jedoch ohne grundlegende Änderungen in der Architektur des VU-Portals erreicht werden, wobei sich auf die Nutzung der individuell benötigten URLs des VU-Portals gestützt wird. Durch einen Webservice wird in Folge einer Projektanfrage ein URL-Anforderungsprozess in Gang gesetzt, woraufhin dem Versicherungsvermittler nach Bereitstellung von Parametern, wie der Versicherungsnummer, eine normierte Liste mit URLs übermittelt wird. Diese Links verweisen auf Seiten des eigenen Portals und werden über das Vermittler-Portal aufgerufen (vgl. [3]).

Zusammenfassend lässt sich feststellen, dass durch die Nutzung von BiPro-kompatiblen Webservices Makler elektronische Dokumente, wie beispielsweise Versicherungsscheine, Nachträge und Rechnungen als auch Bestands-, Schaden- und Courtagedaten, digital in ihre Maklerverwaltungsprogramme laden können (vgl. [18]). Voraussetzung ist auch hier ein BiPro-fähiges MVP. Viele der gängigen MVPs unterstützen die BiPro-Normen und haben diese bereits umsetzen können, da die MVP-Anbieter die Potenziale der aktuellen Entwicklung für ihre Produkte erkannt haben. Auch Versicherer führen verstärkt den BiPro-Standard in ihren Häusern ein. Die Voraussetzungen der digitalen Anbindungen, vor allem im Hinblick auf Daten- und Dokumententransfer, sind mit diesem Standard geschaffen.

32.3.3 Single-Sign-On (SSO)

Das Single-Sign-On, das mit „Einmalanmeldung" übersetzt werden kann, ermöglicht dem Benutzer nach einmaliger Authentifizierung (zum Beispiel durch Passworteingabe, Token oder mobile TAN) den Zugang zu diversen Vermittler-Extranets der Versicherer (vgl. [21]). Eng mit der Frage der Extranets sind die Zugänge zu denselben verbunden. Makler-Extranets haben oft umständliche Zugangsvoraussetzungen. Es beginnt bereits beim Login. Es gibt Lösungen, bei denen Benutzername und Passwort zur Legitimation ausreichen. Andere Lösungen erfordern zusätzliche Token oder die Installation von speziellen Zertifikaten (vgl. [2]). Dies erhöht zwar die Sicherheit, sorgt bei den Maklern aber ebenso für Unmut. Ferner lassen sich erhebliche Unterschiede beim Umfang sowie Reichweite der Zugangsschlüssel feststellen. So gibt es Lösungen, bei denen ein einziger Schlüssel sämtlichen Mitarbeitern des Maklerbüros den Zugang zum Extranet des Versicherers ermöglicht. Andere Lösungen berechtigen jeden Anwender separat, was aus Datenschutz- und IT-Sicherheitsgesichtspunkten zwingend anzuraten ist, da nur so vertrauliche und hochsensible Daten vor fremdem Zugriff geschützt werden können. Arbeitet ein Maklerbüro nun beispielsweise mit 20 Versicherungsunternehmen und greift dabei auf 15 bereitgestellte Extranets zurück, so müsste er bei 20 Mitarbeitern bereits 300 unterschiedliche Zugangsdaten administrieren, eine Vielzahl von Zertifikaten installieren überdies drein zusätzliche Token verwalten.

Lösungen, wie das Single-Sign-On für die gesamte Branche, überwinden diese Barrieren und erleichtern dem Anwender den Zugang und in der Folge die Nutzung der Extranets erheblich. Besonders im Hinblick auf Portale wird diese Möglichkeit aus Anwendersicht gefordert (vgl. [5]). Der Benutzer kann sich in einem Portal anmelden und wird dort authentifiziert und pauschal und übergreifend autorisiert, das heißt, er bekommt ein eindeutiges Attribut zugewiesen, welches ihn innerhalb der im Portal integrierten Anwendungen (Extranets) eindeutig identifiziert. Via sogenanntem Deep-Link können die Anwender dann direkt in die Webanwendungen der einzelnen Versicherer gelangen (vgl. [9]).

Der Zugang zu einem Single-Sign-On hängt jedoch, neben der eigenen Verfügbarkeit, von der Verfügbarkeit des SSO-Dienstes ab. Ist das übergeordnete SSO-System nicht erreichbar, kann ein Zugang zu Webanwendungen der Vermittler nur durch einen direkten Einstieg in die Vermittler-Portale erfolgen. Zudem muss angemerkt werden, dass ein Verlust oder Diebstahl einer SSO-Identität den Zugriff auf eine Vielzahl an Systemen ermöglichen.

Nichtsdestotrotz überwiegen die vielfältigen Vorteile des SSO: (vgl. [21])

- Produktivitätssteigerung infolge des Zeitgewinns, da nur eine Authentifizierung notwendig ist, um auf alle Webanwendungen zuzugreifen.
- Sicherheitsgewinn, da die Login-Daten nur einmal übertragen werden.
- Phishing wird erschwert, da Benutzer ihre Zugangsdaten nur an einer einzigen Stelle ins System eingeben und nicht an zahllosen und isolierten Stellen.
- Soll der Zugriff für einen Anwender oder eine Anwendergruppe geändert oder gänzlich gesperrt werden, ist lediglich ein Benutzerkonto an einer zentralen Stelle zu bearbeiten.
- Anwender können eine individuell sichere Kennung und ein Passwort einrichten.
- Flexibles Wechseln zwischen den einzelnen Versicherern möglich.
- Eine aufwendige Verwaltung der Zugangsschlüssel sowie die zeitraubende und fehleranfällige Konfiguration mehrerer Kennungen werden überflüssig.

Schon heute haben sich mehrere Versicherungsunternehmen zusammengeschlossen und Maklern eine dezentrale, lokal zu installierende Anwendung bereitgestellt. Diese „easyLogin"-Anwendung ist ein SSO-Portal, in verzweigt auf verschiedene Versicherer und bietet den Versicherungsvermittlern ein einheitliches Authentifizierungsverfahren sowie einen unternehmensübergreifenden Postkorb (vgl. [9]) (alle Nachrichten zu Geschäftsvorfällen der Kunden, wie Antragsstatus, Policierung und Mahnung). So bietet das Single-Sign-On gegenüber getrennten Anmeldeverfahren erhebliche Vorteile für Makler und ist damit ein elementarer Baustein bei der Digitalisierung des Maklergeschäfts.

32.4 Intermediäre der technischen Makleranbindung

Aufgrund der Vielzahl an Involvierten sowie der rasanten Veränderungsgeschwindigkeit am Markt ist es nur schwer möglich, einen hinreichend präzisen Überblick über die relevanten Entwicklungen zu erlangen. Neben Versicherern, Maklern und deren MVP-Herstellern, den genannten Initiativen zur Normierung und Standardisierung sowie den Single-Sign-On-Lösungen, gibt es weitere Dienstleister, die zur Unübersichtlichkeit beitragen.

So sind zum einen die Softwareanbieter zu nennen, die als Dritte die Übertragung von Daten und Dokumenten zwischen Makler und Versicherer anbieten. Die geschichtliche Entwicklung der Vermittler-Portale brachte diese Softwareanbieter hervor, die mit ihren Lösungen die entstandenen Anbindungs- und Usability-Lücken teilweise kompensieren und mit ihren Transaktions-, und Integrationsplattformen Brückenlösungen zwischen Versicherer und Makler anbieten. Diese Plattformen unterstützen die Automatisierung von Prozessen zwischen Versicherer und Makler. Vorreiter der Idee einer reinen Online-Kommunikation zwischen den beiden Parteien über eine Technikplattform war die Ende 2000 gegründete Indatex AG. So sollten sämtliche Geschäftsvorgänge, ob Adressänderung, Policierung oder Schadenbearbeitung, digital, das heißt papierlos über Indatex abgewickelt werden. Die große Herausforderung der Pioniere bestand in der Implementierung der heterogenen IT-Landschaft der Versicherer auf der einen und der Verknüpfung einer Vielzahl an Maklerverwaltungsprogrammen auf der anderen Seite. Die ambitionierten Versuche konnten jedoch nicht etabliert werden. Indatex wurde im Jahre 2010 insolvent (vgl. [17]). Die Gründe für das Scheitern sind mannigfaltig, wie auch einleuchtend. So mussten marktweit rund 80 verschiedene Maklerverwaltungsprogramme angebunden werden. Die technischen Herausforderungen bei der Entwicklung der unterschiedlichen Schnittstellen waren extrem hoch. Zudem haben Versicherer die mögliche technische Leadposition befürchtet und Investitionen bewusst zurück gehalten (vgl. [17]). Selbst wenn es Indatex gelungen wäre, die führenden 10 MVPs anzubinden, würde dies nicht einmal 50 % der Makler erreichen. Zudem gibt es eine unbekannte Zahl an MVP-Lösungen, die individuell entwickelt wurden, als auch Makler, die gänzlich auf ein MVP verzichten und sich mit CRM-Systemen oder schlicht mit Excel oder ähnlichem behelfen.

Indatex ist inzwischen im Projekt con:center der AssFiNET AG aufgegangen (vgl. [19]). So vernetzt con:center heute die extrem heterogene Systemlandschaft zwischen Makler und Versicherer unter der Verwendung von BiPro- und GDV- Normen. Ein medienbruchfreier Austausch von Daten und Dokumenten bestehender Maklerverwaltungs- und Versicherer-Systeme wird damit ermöglicht. Im Fokus dieser Prozessplattform für Versicherungsmakler stehen dabei Bestands- und Neugeschäftsprozesse (vgl. [4]). Zum anderen sind Anbieter von Vergleichsprogrammen und Vergleichssoftware anzuführen. Diese entwickelten sich aus der Forderung der Makler heraus, Produkte einfach miteinander vergleichen zu können. Folgendes Gedankenexperiment verdeutlicht dies: Will ein Makler für seinen Kunden das beste Produkt zum bestmöglichen Preis bestimmen, so muss er sich nach der Best Advice-Maxime zwangsläufig in dutzende Extranets der Versicherer einloggen und die Angebotsrechner permanent befüllen. Ein Vergleich auf den Vermittler-Plattformen ist da nur schwerlich möglich. Aus diesem Grund sind Vergleichsplattformen, wie die der Innosystems GmbH, Softair, VEMA und blau.direkt, entstanden. Die heute führenden Anbieter von Online-Vergleichsrechner-Lösungen haben sich diesem Problem gewidmet und hochwertige Prämien- und Leistungsvergleiche etabliert. Dieses Fallbeispiel verdeutlicht die Hürden, die versicherungseigene Extranet-Lösungen für Makler mit sich bringen.

Weitere Bindeglieder zwischen Versicherer und Makler sind Verbundsysteme bzw. Maklerpools, die sich in den letzten Jahren fest etabliert haben. Makler schließen sich verstärkt Pools an, um ihre eigene Stellung dem Versicherer gegenüber zu stärken (beispielsweise geringeres Haftungsrisiko) und Zugang zu neuen Produkten zu erlangen. Sie bündeln damit die Nachfragemacht der ihnen angehörenden Vermittler (vgl. [2]). Auch diese Zwischenhändler bieten ihren Maklern wiederum ganz eigene Maklerverwaltungsprogramme an. So unterstützen Maklerverbünde die Vertriebsprozesse ihrer angeschlossenen Makler, indem sie die Dienste vereinheitlichen und die dahinter stattfindende Kommunikation mit dem Versicherer kapseln (vgl. [2]). Das hat den Vorteil, dass dies in einer vom Versicherer unabhängigen Form erfolgt.

Die Vielzahl der Parteien, die an der Digitalisierung und Automatisierung des Maklergeschäfts involviert ist, erhöht die Komplexität und verdeutlicht die enormen Herausforderungen, die Bestandssysteme der Versicherer und die der Makler mit einander zu verbinden und in Einklang zu bringen.

32.5 Anforderungen der Vertriebspartner

Die beschriebenen Handlungsfelder zur erfolgreichen Digitalisierung des Maklergeschäfts führen vor Augen, dass die Anforderungen der Vertriebspartner heranzuziehen und umzusetzen sind. Versicherungsunternehmen müssen daher eng mit ihren Vertriebspartnern, als auch mit Herstellern von Maklerverwaltungsprogrammen kooperieren. Die eingangs aufgezählten Problemstellungen sind bei weitem nicht vollständig. Um eine für alle Beteiligten optimale Lösung zu entwickeln, werden Versicherer angehalten sein, mehrere parallele Alternativen anzubieten bzw. die heute bereits bestehenden Standardisierungen (BiPro, E-Normen und SSO-Lösungen) und technischen Entwicklungen (MVPs und Makler-Extranets) in ein harmonisches Zusammenspiel zu kapseln (vgl. [2]). Dadurch wird gewährleistet, dass möglichst viele Vertriebspartner erreicht werden, zumal die Anforderungen je Maklertyp voneinander deutlich differieren. So ist eine Unterscheidung der Vermittler nach Tätigkeitsbereichen heranzuziehen, um eine klare Abgrenzung der Geschäftsmodelle zu ermöglichen. Neben Einzelmaklern, existiert eine Vielzahl weiterer Akteure. Zu nennen sind hier, neben Industrie-, und Mittelstandsmaklern, Pooler, Assekuradeure, FVVer, Vertriebe und Online Makler.

Doch welche expliziten Notwendigkeiten der technischen Anbindung zum Versicherer sehen Makler? Welche technische Unterstützung wird gefordert? Ausbau der Extranets, Schnittstellen zum MVP oder doch lieber über Dienstleister gehen? GDV-Datenaustausch? BiPro Normen umsetzen? Oder alles zusammen?

Die folgend gelisteten dezidierten Anforderungen der Makler können als elementare Umsetzungsrichtlinien für Versicherer gesehen werden: (vgl. [5])

- Eine elektronische Neu- und Bestandsgeschäftsabwicklung (digitalisierte Prozesse, Daten- und Dokumententransfer),
- IT-gestützte Abwicklung des Tagesgeschäfts, das heißt eine ganzheitlich elektronische Abwicklung von Produkt- und Preisauskünften sowie Vergleichen, Antrags- und Abschlussprozessen; so wird insbesondere für das Prozessbündel TAA eine digitalisierte Prozessunterstützung gefordert,
- automatisierter Bestandsdatenabgleich, sodass die Bestandsdaten von den Versicherungsunternehmen dunkel in das eigene MVP überspielt werden, ohne eigen erfasste Daten zu verletzen,
- die Einsicht in (beispielsweise im Maklerportal) bzw. die Übersendung von Daten und Dokumenten an die Vermittler wird mit großer Mehrheit gefordert – eine besondere Herausforderung für Versicherer mit veralteter IT-Infrastruktur,
- Cloud-Computing-Lösungen, sodass eigene Hardware-Ressourcen für die Speicherung von Daten oder die Nutzung der per Cloud-Service zur Verfügung gestellten Anwendungssoftware benötigt wird,
- schlanke, papierlose Prozesse unter Berücksichtigung von Standards, wie BiPro,
- Single-Sign-On. Vermittler wollen nach einmaliger Anmeldung am Arbeitstag auf alle, für sie relevanten VU-Portale zugreifen,
- einfache Bedienung und effiziente Tools,
- die Gewährleistung von Datensicherheit sowie
- besserer technischer Support und technische Weiterentwicklungen.

Die genannten Anforderungen sind entscheidende Faktoren für die technische Anbindung des Maklergeschäfts und damit auch für Produktentwicklung und -tarifierung relevant. Makler fordern im Kontext digitaler Geschäftsabwicklung vor allem eine IT-gestützte Abwicklung ihres Tagesgeschäfts. Sie benötigen eine elektronische Abwicklung von Produkt- und Preisauskünften, Antrags- und Abschlussprozessen. Wenn administrative Tätigkeiten wegfallen, haben Makler mehr Zeit für ihre eigentliche Funktion, der Kundenberatung und Pflege. Die sich daraus ergebenden Effekte durch Digitalisierung und Automatisierung der Makleranbindung liegen auf der Hand: (vgl. [2]; Abb. 32.1)

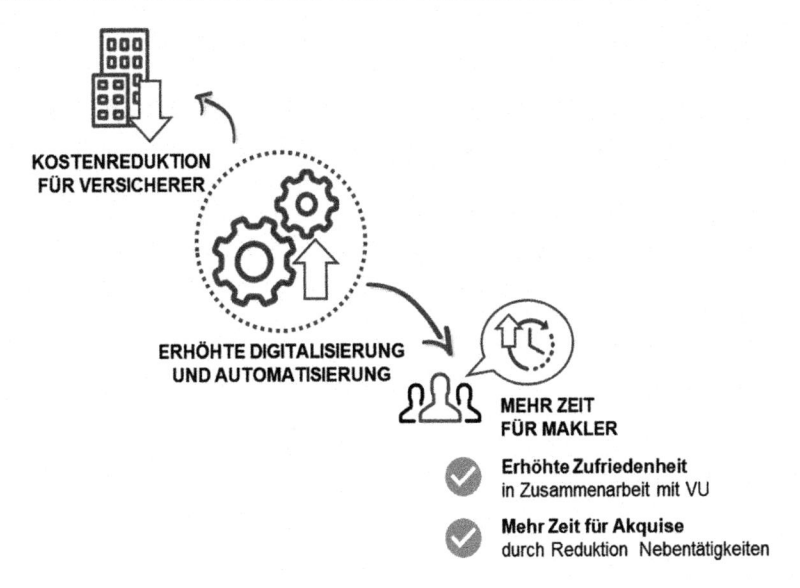

Abb. 32.1 Effekte durch Digitalisierung & Automatisierung. (Quelle: eigene Darstellung)

- Erhöhte Digitalisierung im Maklerkanal und erhöhte Automatisierungsquoten in der Weiterverarbeitung ermöglichen Effizienz für den Makler und das Versicherungsunternehmen,
- gleichzeitige Senkung der Prozesskosten bei Makler und Versicherer,
- mehr Zeit für Akquisetätigkeiten und Qualität des Geschäfts der Makler durch Reduktion administrativer Aufgaben, wie Scannen, Verarbeiten und Dokumentieren innerhalb von papierbasierten Prozessen,
- die Entlastung der IT-Abteilung führt zu Freiräumen einer zeitnahen Umsetzung in der technischen Vertriebsunterstützung und
- Prozess der Zusammenarbeit der Makler wird transparenter durch konsequente Nutzung standardisierter, digitaler Prozesse, somit erhöhte Verfügbarkeit von Daten zur Messung und Steuerung.

Zusammenfassend lässt sich sagen, dass die genannten Anforderungen klar formuliert sind. Ein ganzheitlicher Lösungsansatz, der Schnittstellen zwischen den Maklerverwaltungsprogrammen und den Vermittler-Portalen der Versicherer schafft und zugleich die aktuellen Normierungsinitiativen berücksichtigt, ist unabdingbar. So können die zuvor identifizierten Probleme bewältigt, und Geschäftsvorfälle prozessoptimiert abgewickelt werden, und das alles direkt aus dem MVP des Versicherungsvermittlers heraus.

32.6 Digitalisierungsansätze und Lösungsbeispiele

Wie sich zeigt, ist neben der fortschreitenden Entwicklung der Extranets, die Schaffung standardisierter und direkter Schnittstellen zu den MVPs, die im Grunde das wichtigste Arbeitsinstrument eines jeden Maklers darstellen, entscheidend. Ziel eines jeden Versicherers sollte daher eine vollständige Integration seiner Produkte und Dienstleistungen im MVP des Maklers sein (vgl. [19]). Möglichst identische Schnittstellen bilden nur eine der vielen Anforderungen ab. Eine inhaltliche Standardisierung der übermittelten Datensätze gibt es bereits für Prozesse, die vom GDV-Standard unterstützt werden. Die technische und inhaltliche Normierung aller übrigen Prozesse und vor allem des Übertragungsprozesses per se können heute die Normen der BiPro, die den Datenaustausch mit Hilfe von Webservices und XML für einen einheitlichen Datenaustausch normieren (vgl. [3]), gewährleisten. Zudem bietet das Cloud Computing mit der Kommunikation über das Internet eine der Schlüsseltechnologien für die Digitalisierung.

Weitere Verfahren, wie das Single-Sign-On und Deep Link ermöglichen zudem eine gewisse Integration der Inhalte der Extranets in die Welt der Maklerverwaltungsprogramme (vgl. [19]). Versicherer müssen prüfen, ob standardisierte Verfahren und Normen bei der technischen Makleranbindung in Frage kommen und ob, nur bei einer Verneinung dieser Frage, individuelle Anbindungsstrategien anzustreben sind (vgl. [2]). So wird den Anbietern von Maklersoftware, Pools, Herstellern von Vergleichsplattformen und schließlich auch den Makler und ihren Kunden selbst enorm geholfen.

Die folgend aufgeführten Digitalisierungsbestrebungen in den Bereichen Tarifierungs-, Angebot- und Antragsprozess, Bestandsdatenübertragung- und Bestandsauskunft sowie Dokumentenaustausch und Authentifizierung erlauben einen Überblick derzeitiger und künftiger Lösungen. Diese Ansätze setzen eine moderne, zum Prozess passende und aufeinander abgestimmte Software voraus. Sie stellen zudem eine realistisch erreichbare Vernetzung und Automation im Vermittlerbüro dar.

32.6.1 Digitalisierung des Tarifierungs-, Angebots- und Antragsprozesses

Die Dunkelverarbeitung von Anträgen entlang des TAA-Prozesses ist ein zentraler Faktor der erfolgreichen Digitalisierung des Maklergeschäfts und damit von höchster Priorität. Die hohe prozessuale Komplexität mit manuellen Antrags- und Abschlussprozessen, einer Vielzahl von Medienbrüchen sowie zeit- und personalaufwändigen Prozessschleifen wird durch die BiPRO-Norm 420 gelöst (vgl. [18]). Diese Norm gehört zu den Basisnormen und definiert unter anderem Datentypen und Klassendiagramme für die TAA- Prozesse. Ziel dieser Norm ist eine einheitliche Unterteilung der drei genannten Prozesse, um sie spartengerecht in einem eigen angelegten Service zu verwalten (vgl. [3]). Dies erweist sich als vorteilhaft aufgrund der sehr unterschiedlich zu übertragenen Daten und benötigten Funktionen je gewählten Versicherungsaufgabenbereiches (vgl. [10]). Beispielsweise führt der Prozess der Tarifierung nicht zwingend zu einem Angebot oder einem Antrag, sondern sollte als eigenständiger Schritt angesehen und auch so behandelt werden.

Die Gothaer Versicherung hat sich beispielsweise die Umsetzung dieser Norm zum positiven Nutzen gemacht, indem sie explizit für die Antragsstellung in unterschiedlichsten Versicherungsbereichen eigene Portale eingerichtet und auf diesem Wege eine effiziente Verarbeitung der elektronisch ausgefüllten Anträge erreicht hat (vgl. [9]). Mit dieser Antragsdatenschnittstelle ist die Voraussetzung geschaffen, Anträge in elektronischer Form vollautomatisch zu verarbeiten. Die Anträge werden aus dem Vergleichsportal unverzüglich und in über 90 % der Fälle ohne Zeitverzug zu einer Policierung geführt. Bereits zwei Tage nach dem Versand ist die Police bei Makler und Kunde (vgl. [9]). Die Gothaer hat diese Möglichkeit im ersten Schritt annähernd vollständig für Komposit verwirklicht. Die Sparten Kranken- und Lebensversicherung werden in näherer Zeit umgesetzt. Voraussetzung dieses digitalen TAA-Prozesses ist selbstverständlich die Schnittstellenverfügbarkeit der Vergleichsportale in den jeweiligen Produkten. So verfügen die Vergleichsportale Softair, InnoSystems und VEMA in den Privatsparten Privathaftpflicht, Tierhalterhaftpflicht sowie Hausrat und zum Teil Unfall innerhalb des Kompositgeschäfts über derartige Schnittstellen.

32.6.2 Digitalisierung Bestandsdatenübertragung und Bestandsauskunft

Die Bestandsdatenübertragung sowie die Bestandsauskunft sind für Makler unabdingbar. So ist eine Übersicht der Bestandsdaten des Versicherungsunternehmens, wie die Einsichtnahme in Vertrags- und Kundendaten sowie der Import von Kunden- und Vertragsdatensätzen in das MVP oder als Downloadmöglichkeit über die Vermittler-Portale, eine der zentralen Forderungen der Vertriebspartner (vgl. [19]). Aber auch eine Übersicht der Schadendaten, die Einsichtnahme in Inkasso- und Mahnstände und letztlich die Übersicht über Courtagedaten ist notwendig. Oftmals haben die Makler keine Möglichkeit zum Import oder Download der Daten. Gründe hierfür sind eine Vielzahl an Bestandsführungssystemen mit unterschiedlichen Verantwortlichkeiten, unterschiedlichen Inhalten und Periodizität der Lieferdateien, die variierende Anzahl und technische Übermittlung der Daten sowie die Schwierigkeiten bei der Konvertierung (in das GDV-Standard), verursacht durch zeitliche und inhaltliche Inkonsistenzen.

Ziel sollte eine optimierte Übertragung von Informationen in unterschiedlichsten Dateiformaten und die daraus resultierende Möglichkeit der direkten automatischen Weiterverarbeitung sein (vgl. [1]). Auch hier stellt eine BiPro-Norm die erforderlichen Weichen, die BiPro-Norm 430. Sie zählt, laut Gliederung der ersten Releases, zu den Servicenormen und befasst sich mit der Übertragung von Dokumenten, Vorgängen und GDV-Daten (vgl. [3]). Sie bildet die abstrakte Basis der automatisierten Übertragung und wird durch die Normen 430.ff konkretisiert. In ihr werden Definitionen für die technischen und fachlichen Prozesse der Übermittlung von Bestandsdaten zwischen dem Versicherungsunternehmen und den Vermittlern aufgestellt. Im Konkreten definiert die BiPRO-Norm 430.1 die Übertragung von allgemeinen Geschäftsvorfällen (zum Beispiel die Übertragung von Policenkopien als PDF), die BiPRO-Norm 430.2 definiert die Übertragung von Inkassoständen (zum Beispiel den Transfer von Informationen über Beitragsrückstände) und die BiPRO-Norm 430.3 definiert die Provisionsabrechnung (zum Beispiel die Übermittlung der Provisionsdaten auf Vertragsebene) (vgl. [3]). So werden die elektronische Einsicht, der Download sowie der Import relevanter Daten in die MVPs ermöglicht.

32.6.3 Digitalisierung Dokumentenaustauch (Maklerpost)

Der digitale Dokumentenaustausch ist, wie bereits beschrieben, eine weitere zentrale Forderung der Makler (vgl. [5]). Wenn der Dokumententransfer ausschließlich papierbasiert erfolgt, ist zusätzlicher administrativer Aufwand unumgänglich. So müssen Versicherer die Dokumente in elektronischer Form über Dokumentenmanagementsysteme an ihre Druckstraße weitergeleitet. In dieser erfolgt der papierbasierte Ausdruck der elektronischen Dokumente. Die anschließende Sammlung der Papier-Dokumente erfolgt in Makler-Sammelpostfächern, wobei je Vermittlernummer ein Postfach existiert. Schließlich erfolgt die postalische Zustellung der Dokumente über Zustelldienste an die Makler. Diese Art des Dokumentenaustausches ist veraltet, kostspielig und nicht marktgerecht.

Die Forderung nach digitalem Dokumententransfer hat sich damit in den vergangenen Jahren deutlich intensiviert mit der Folge, dass der digitale Dokumententransfer einer der Schlüsselprozesse der Zukunft sein wird. Neben der Umsetzungsmöglichkeit via Mailversand (kommt zum einen aus Datenschutzgründen nicht in Betracht, zum anderen würde nur die Übermittlung verbessert werden und nicht eine Optimierung aus prozessualer Hinsicht) bietet sich der Download der Maklerkorrespondenz aus einem eigenen Maklerpostfach an. Ein solches Maklerpostfach kann als zusätzliche Funktionalität innerhalb des Vermittler-Portals aufgebaut werden (vgl. [2]). Bei dieser Variante muss sich der Makler jedoch durch jedes Portal zu den bereitgestellten Dokumenten navigieren um diese herunterladen zu können. Datenschutzrechtliche Anforderungen können zwar mit dieser Methode abgebildet werden, die Anwenderfreundlichkeit liegt mit so einem Downloadverfahren allerdings deutlich hinter einem Email-Versand. Zudem werden Medienbrüche ebenso wenig beseitigt wie beim Mailversand, sodass auch bei dieser Variante höhere Automatisierungspotenziale vorhanden sind.

Die beste Lösung böte eine Schnittstellenfunktionalität, die sämtliche Dokumente flächendeckend und spartenübergreifend vom Versicherer elektronisch und direkt in die MVPs der Makler liefert. Diese Steigerung der Digitalisierung im Makler-Milieu würde eine zunehmende Effizienz sowohl auf Seiten des Maklers als auch der Versicherungsunternehmen ermöglichen. Solange Versicherer jedoch individuelle Angebote für diese Problematik bereitstellen, müssen diese jeweils einzeln in die MVP-Systeme der Makler implementiert werden, was aufgrund der Marktfragmentierung der MVPs enormen Aufwand erfordert und damit kaum realisierbar ist (vgl. [2]).

Ein Lösungsansatz für dieses Problem besteht in der Schaffung einheitlicher Standards für entsprechende Angebote. Wenn alle Versicherer die gleichen Verfahren anwenden, bedarf es MVP-seitig lediglich einer einzelnen technischen Anbindung. Diese Normen sind bereits seit einigen Jahren verfügbar und wurden bereits von einigen Marktteilnehmern umgesetzt. Um eine bessere Marktdurchdringung zu erreichen, haben die Mitglieder der BiPro e. V. bereits 2015 die „Digitaloffensive Maklerpost" (DiO) ins Leben gerufen (vgl. [3]). Ziel der DiO ist die Normimplementierung zum Thema „Maklerpost" zwischen möglichst vielen Mitgliedsunternehmen. Zur Auftaktversammlung der DiO trafen sich um die 120 Teilnehmer aus über 70 Unternehmen, woraufhin noch im folgenden Jahr die Offensive startete mit einer User Group aus 33 Unternehmen, die seither auf 38 anstieg (vgl. [3]). Als Motivation der Unternehmen, ein „papierloses Büro" zu schaffen, kristallisierte sich besonders der Antrieb der Vereinheitlichung des Dokumentenaustausches zwischen Versicherern und deren Partnerunternehmen heraus. Zudem bot der Aspekt der Kostensenkung in Folge von Automatisierung einen weiteren wichtigen Teilnahmegrund. Für die Norm 430.4, die die automatisierte Übermittlung von vertragsbezogenen Geschäftsvorfällen beschreibt, wurden in den User Groups bisher zwei Implementierungsstufen definiert mit jeweils einer bestimmten Anzahl an Geschäftsvorfällen. Diese Geschäftsvorfälle sind als Leitlinien zu verstehen, um alle Dokumente vom Versicherungsunternehmen zum Vermittler papierlos zu übertragen und im selben Schritt automatisch zuzuordnen. Nach der Implementierungsstufe I liegen die Mindestanforderungen an Geschäftsvorfällen bei 16. Sie dient in erster Linie als Einstiegshürde. In der Implementierungsstufe II liegt die Anzahl der Geschäftsvorfälle bei 40+ „n". Dies ermöglicht den Unternehmen also, bei Bedarf die Anzahl beliebig zu erhöhen (vgl. [3]).

Die DiO Maklerpost ebnet den Weg für ein papierloses Maklerbüro. Da diese Normen nicht nur den reinen Dokumentenaustausch beschreiben, sondern ergänzend auch den Transfer standardisierter Zuordnungsdaten (Nettodaten zum Geschäftsvorgang) normieren, wird die Möglichkeit geschaffen, Posteingänge abhängig von diesen Zuordnungsdaten zu kategorisieren und nach Möglichkeit automatisch zu verarbeiten.

32.6.4 Authentifizierungsverfahren

Sinn und Zweck einer Authentifizierung begründen sich in der Schaffung einer umfangreichen Sicherheitsbarriere. Sicherheit bedeutet in diesem Kontext die Absicherung online statt gefundener Kommunikation zwischen den Beteiligten und Schutz dieser Daten vor Unbefugten. Zu beachten sind dabei die Wahrung der Vertraulichkeit, Integrität, Authentizität und Verbindlichkeit.

Im Mittelpunkt der Entwicklung der Authentifizierung steht der Security Token Service (STS), deren Begründung in der BiPro-Norm 410 liegt und deren Sicherheitsmechanismen (nach der BiPro-Norm 260) aufgeführt werden. Grundlage der STS sind OASIS (Organization for the Advancement of Structured Information Standards) Spezifikationen. Zu diesen gehören WS-Security, WS-Trust, WS-SecureConversation und WS-SecurityPolicies (vgl. [3]). Sie definieren und erläutern die Umstände und das Verfahren zur Schaffung der gewünschten Sicherheit. Die Norm gibt lediglich einen Ausblick über die technischen Spezifikationen der Schnittstellen eines STS. Standardmäßig angewandte Authentifizierungsarten sind hierbei Benutzerkennung und Passwort, Benutzerkennung und One Time Passwort, VDG-Tickets oder Zertifikate (vgl. [3]).

Ein weiteres Authentifizierungsverfahren bietet das Insurance Trust Center (ITC). Dieses wird zur zentralen Authentifizierung von Kommunikationspartnern auf Basis der Internet-Technologie genutzt (vgl. [15]). Nach erfolgreicher Authentifizierung erhält der Anwender vom ITC einen eindeutigen Schlüssel, der nur vom Empfänger wieder dechiffriert werden kann. Mit diesem Schlüssel wird die übermittelte Nachricht gesichert und mit einem speziellen Verschlüsselungsprotokoll über das Internet zum Empfänger übermittelt. Das ITC bildet das Kernelement der TGIC. TGIC steht hierbei für die Trusted German Insurance Cloud und ist eine Weiterentwicklung des bekannten GDV-Branchennetzes. Über die TGIC werden Prozesse zwischen Versicherern und Vertriebspartner bzw. Dritten auf Basis der Cloud-Technologie sicher und effizient abgewickelt (vgl. [8]). Die Prozesse genügen den höchsten Sicherheitsstandards, wie die Zertifizierung der TGIC als erste Cloud-Lösung Deutschlands, ausgestellt vom Bundesamt für Sicherheit in der Informationstechnik. Die ITC-Schnittstelle der Cloud-Lösung des GDV stellt einen Insurance Security Token Service (ISTS) für die Maklerkommunikation bereit. Dieser erzeugt wiederum einen individuellen SAML-Schlüssel zur Authentifizierung für Versicherungsunternehmen, Makler und weitere Vertriebs- und Kooperationspartner (vgl. [8]). Der SAML-Token wiederum berechtigt zum Aufruf eines bestimmten Services, etwa für den jeweiligen BiPRO-Service des Versicherers.

32.7 State of the Art-Prozess der Makleranbindung

Die Notwendigkeit für optimierte Prozesse der Makleranbindung und Weiterverarbeitung mit hoher Automatisierungsquote steigt. Damit verbunden ist ein ganzheitlicher Lösungsansatz, der eine standardisierte elektronische Kommunikation zwischen Maklern und Versicherern schafft. Schnittstellen zwischen den Maklerverwaltungsprogrammen und den Vermittler-Portalen der Versicherer und die parallele Berücksichtigung der aktuellen Normierungsinitiativen (BiPro, die E-Normen des GDV) und moderner IT-Lösungen (Cloud-Computing, SSO-Lösungen, ITC) sind als elementare Umsetzungsrichtlinien zu betrachten. So kann der Datenaustausch zwischen Maklern und Versicherern weitestgehend im Hintergrund ablaufen (vgl. [2]). Damit können Geschäftsvorfälle prozessoptimiert abgewickelt und alle relevanten Kunden- und Vertragsdaten schnell, sicher und bequem im jeweiligen MVP des Versicherungsvermittlers abgebildet werden.

Damit dies erreicht werden kann, muss auf die bewährten und heute verfügbaren Werkzeuge zurückgegriffen werden. So bietet die Authentifizierung via TGIC, als sichere und technische Infrastruktur, in Form einer Versicherungs-Cloud die Möglichkeit der Abwicklung von Prozessen zwischen Versicherern, Maklern und Dritten (vgl. [8]). Da es sich um einen internetbasierten Datenaustausch handelt, ist ein hohes Sicherheitsniveau geboten. Die von den Versicherern, Vermittlern und weiteren Dienstleistern entwickelten BiPro-Normen ermöglichen zudem die Beschreibung elektronischer Prozessabläufe zur Übermittlung von fachlichen Daten und Dokumenten zwischen diesen Parteien. Somit kann die BiPro-Kommunikation zwischen Versicherer und Vermittler auf Basis der TGIC-Authentifizierung sicher abgewickelt werden.

Ein bidirektionaler Datenaustausch, die Einsicht in Bestands- und Schadendaten sowie ein Download der Druckstücke müssen ebenso gewährleistet werden. Weiter muss die Benutzerfreundlichkeit durch ein einheitliches Single-Sign-On und die elektronische Übermittlung der Maklerpost umgesetzt werden (vgl. [5]). Abb. 32.2 veranschaulicht den State of the Art- Prozess der Makleranbindung zwischen den Geschäftspartnern.

Ein solcher, ganzheitlicher Lösungsansatz kann mit dem im Oktober 2016 gestarteten Projekt „Maklerkommunikation 4.0" (MKK 4.0) künftig realisiert werden. MMK 4.0 soll die genannten Vorteile (das heißt die Kommunikation zwischen Versicherer und Makler schneller, einfacher und sicherer machen) erreichen. Für Datensicherheit sorgt ebenfalls die Cloud-Lösung des GDV. 15 Versicherer sind derzeit an diesem Projekt beteiligt (vgl. [8]). Das MKK 4.0 ermöglicht mit einer Authentifizierung die Vernetzung der Makler zu allen teilnehmenden Versicherungen. Die ausgetauschten Datensätze sind auf Basis der BiPRO-Normen standardisiert, der Datentransfer erfolgt über das Internet direkt zwischen Versicherung und Vermittler. Um die Datensicherheit sicherzustellen, werden Makler und Versicherer über die TGIC authentifiziert. Der Transport sowie die Speicherung der Kundendaten erfolgen über die TGIC hingegen nicht. Der Datentransfer wird durch eine direkte Peer-to-Peer-Verbindung realisiert (vgl. [8]).

Die Voraussetzungen der MKK 4.0 sind simpel: Makler registrieren sich in der TGIC des GDV. Die Versicherer stellen wiederum fachliche Webservices auf BiPro-Basis für

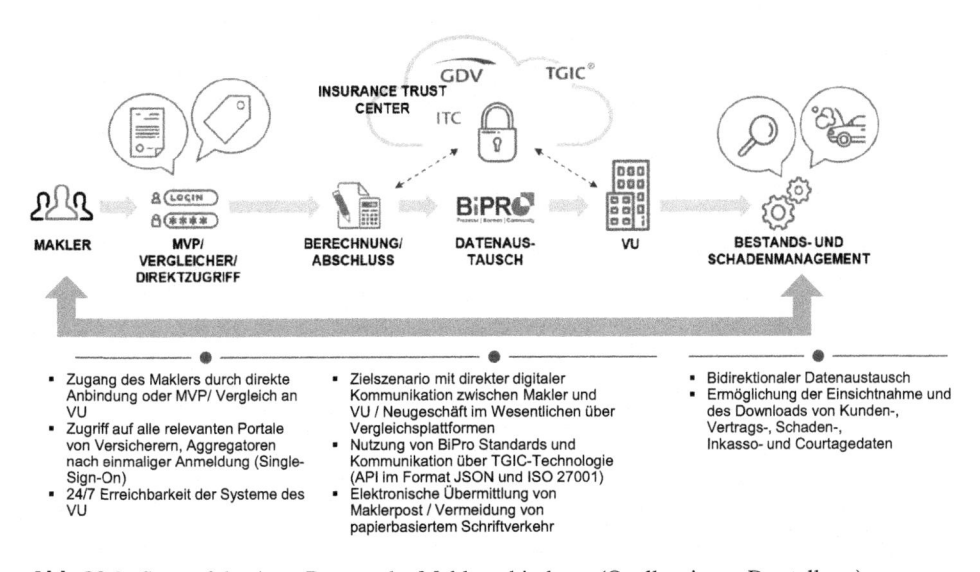

Abb. 32.2 State of the Art – Prozess der Makleranbindung. (Quelle: eigene Darstellung)

Makler bereit und registrieren diese ebenfalls in der TGIC. MVP-Hersteller binden die Webservices der Versicherungsunternehmen in ihre Software ein (vgl. [8]). Die Makler melden sich folgend an ihrem MVP an und werden automatisch durch die TGIC authentifiziert und können auf die Daten der teilnehmenden und angebundenen Versicherer zugreifen. Ein Single-Sign-On ermöglicht dabei den übergreifend autorisierten Zugriff. MKK 4.0 kommt dem State of the Art-Prozess der Digitalisierung des Makleranbindung sehr nahe. Diese Initiative bietet im ersten Schritt Services für die Navigation in die Extranets der Versicherer sowie die Daten- und Dokumentenübertragung an. Weitere Services werden laut GDV folgen.

32.8 Ausblick

Immer ausgereiftere und komplexere IT-Lösungen lassen optimale Effizienz im Vertrieb möglich werden. Maklerverwaltungsprogramme müssen dabei so ausgerichtet sein, dass sie den Makler in die Lage versetzen, seine betrieblichen Prozesse derart abzubilden, dass es für ihn von Vorteil ist. Als wichtigstes Mittel zur Effizienzsteigerung gilt damit die Automatisierung, das heißt die Übernahme von Teilprozessen durch IT-Systeme. Die heute verfügbaren Initiativen zur Normierung sowie moderne IT-Lösungen schaffen die Grundlage für eine erfolgreiche Digitalisierung im Maklergeschäft. Vor allem in Bezug auf Daten- und Dokumententransfer wurden erst mit der Einführung der BiPro-Normen die notwendigen Voraussetzungen geschaffen. Damit kann schon heute die Digitalisierung des Maklerkanals in weiten Teilen realisiert werden. Diese Entwicklung steigert die Effizienz und trägt zur Senkung der Prozesskosten bei Maklern und Versicherern bei. Damit ein flächendeckend umgesetzter Branchenstandard realisiert werden kann, müssen alle Beteiligten die Entwicklung und Marktdurchdringung einheitlicher Standards und Prozesse forcieren. Wenn erst einmal die Kommunikation zwischen Maklern, Versicherern und Intermediären standardisiert und voll elektronisch abgebildet ist, fallen administrative Tätigkeiten weg; Makler haben dann mehr Zeit für ihre eigentliche Funktion, die Kundenberatung und -pflege.

Literatur

1. Allianz Deutschland AG. Platz eins beim BiPRO-Award. https://www.allianzdeutschland.de/platz-eins-beim-bipro-award/id_79707254/index. Zugegriffen: 22. Jan. 2018
2. Andelfinger VP, Hänisch T, Ott HJ (Hrsg) (2009) Maklerverwaltungsprogramme der Zukunft – Ein Ausblick auf zukünftige IT-Systeme zur Unterstützung von Versicherungs- und Finanzvertrieben. Verlag Versicherungswirtschaft, Karlsruhe
3. BiPro e.V. https://www.bipro.net/verein. Zugegriffen: 17. Dez. 2017
4. Bundesverband Deutscher Versicherungskaufleute e.V. Maklersoftware – Rahmenvertrag mit der AssFiNET AG. https://www.bvk.de/leistungen/digitalesvermittlerbuero/maklersoftware/. Zugegriffen: 7. Jan. 2017

5. dvb Dienstleistungs (2017) Deutsche Versicherungsbörse – dvb-Makler-Audit 2017. http://www.deutsche-versicherungsboerse.de/umfragenstudien/dvbmakleraudit2017. Zugegriffen: 1. Dez. 2017
6. Gesamtverband der Deutschen Versicherungswirtschaft e. V. (GDV) (2016) Direktvertrieb legt leicht zu – persönliche Beratung dominiert. http://www.gdv.de/2016/10/direktvertrieb-legt-leicht-zu-persoenliche-beratung-dominiert/. Zugegriffen: 10. Dez. 2017
7. Gesamtverband der Deutschen Versicherungswirtschaft e. V. (GDV). Der GDV-Datensatz – VU Vermittler. www.gdv-online.de/vuvm/bestand/Broschuere_gdv-datensatz_vu-vermittler.pdf. Zugegriffen: 11. Jan. 2018
8. Gesamtverband der Deutschen Versicherungswirtschaft e. V. (GDV). Über die Trusted German Insurance Cloud (TGIC). https://makler.tgic.de/info/tgic. Zugegriffen: 4. Jan. 2018
9. Gothaer Makler Portal. https://secure.makler.gothaer.de/de/zg/angebot_bestand/bipro/bipro_startseite.jsp. Zugegriffen: 17. Dez. 2017
10. Holzheu T, Trauth T, Birkmaier U (2000) E-Business in der Versicherungswirtschaft: Zwang zur Anpassung – Chance zur Erneuerung; Schweizer Rück (Hrsg.), Sigma, Nr. 5
11. Jakoby G (2010) Optimierte Arbeitsverteilung in Versicherungsunternehmen – Methoden der Allokationsbildung, 1. Aufl. GWV, Wiesbaden, S 94
12. Otto M (2015) Düsseldorfer Kreis – Präsentation zur BiPRO. http://docplayer.org/9328655-Brancheninitiative-prozessoptimierung.html. Zugegriffen: 17. Dez. 2017
13. Procontra-online (2015) dvb-Makler-Audits: Volkswohl Bund erhält Award für die beste technische Makleranbindung. http://www.procontra-online.de/buschfunk/date/2015/11/dvb-makler-audits-volkswohl-bund-erhaelt-award-fuer-die-beste-technische-makleranbindung/. Zugegriffen: 12. Dez. 2017
14. Resultate Institut für Unternehmensanalysen und Bewertungsverfahren GmbH. Fokus Maklerverwaltungsprogramme. http://emag.unipush.de/em/4e6a2f-0f67ad/#page/66. Zugegriffen: 22. Jan. 2018
15. SoftProject GmbH. TGIC: Authentifizierung über die GDV-Cloud mit dem X4 BiPRO Server. https://www.softproject.de/aktuelles/newsbeitrag/tgic-authentifizierung-versicherungs-cloud-x4-bipro-server.html. Zugegriffen: 4. Jan. 2018
16. Versicherungsmagazin. http://www.versicherungsmagazin.de/rubriken/branche/brancheninitiative-prozessoptimierung-jetzt-als-verein-gegruendet-1882593.html. Zugegriffen: 18. Dez. 2017
17. Versicherungsmagazin. Indatex Makler-Plattform insolvent – Ursache: Wirtschaftliche und strategische Gründe. http://www.versicherungsmagazin.de/rubriken/branche/indatex-makler-plattform-insolvent-ursache-wirtschaftliche-und-strategische-gruende-1885113.html. Zugegriffen: 1. Dez. 2017
18. Versicherungsrechner News. BiPro-Brancheninitiative Prozessoptimierung. https://www.bvk.de/themen/publikation/pressemitteilung/herausforderungen-des-maklermarktes.184/. Zugegriffen: 17. Dez. 2017
19. Versicherungswirtschaft Magazin. Tohuwabohu bei der technischen Anbindung von Maklern. www.assekuranz-messekongress.de/media/.../2011_11_VW21_1560_koehler_rohde.pdf. Zugegriffen: 28. Nov. 2017
20. Seite „Datenträgeraustauschverfahren". In: Wikipedia, Die freie Enzyklopädie. Bearbeitungsstand: 6. September 2017. https://de.wikipedia.org/w/index.php?title=Datentr%C3%A4geraustauschverfahren&oldid=168823373. Zugegriffen: 22. Jan. 2018
21. Seite „Single Sign-on". In: Wikipedia, Die freie Enzyklopädie. Bearbeitungsstand: 3. Dezember 2017. https://de.wikipedia.org/w/index.php?title=Single_Sign-on&oldid=171623120. Zugegriffen: 22. Jan. 2018

Innovativer Einkauf in Versicherungen

Katrin Peitz und Philipp Breckoff

Zusammenfassung

Es ist eine Herausforderung für die Unternehmen in der Versicherungswirtschaft, die Bündelung von Einkaufsverantwortung sowie der Einkaufsprozesse an einer zentralen Stelle zusammenzufassen. Nur so bekommt das Management einen ganzheitlichen Überblick über die spezifisch verursachten Sachkosten und deren Wechselwirkungen und nur so können eine wirkliche Steuerung und Optimierung bei gleichzeitiger Qualitätsverbesserung in den Beschaffungsfeldern erfolgen.

33.1 Einleitung

Auf die Versicherungswirtschaft kommen immer neue und stetig steigende Herausforderungen zu. Die einst so erfolgsverwöhnte Branche hat erste Mitglieder zu beklagen, die ganz oder teilweise ihren Geschäftsbetrieb einstellen mussten. Damit sich dieser Trend nicht weiter fortsetzt, sind die Unternehmen gehalten, auch diejenigen Bereiche zu optimieren, die nicht dem klassischen Versicherungsgeschäft unterliegen.

Insofern ist es nur die logische Folge, dass das Management auch dort hinschaut, wo für das Unternehmen außerhalb des Kerngeschäftes hohe Aufwendungen entstehen. Dieses ist unter anderem in den beschaffenden Bereichen der Fall. Insbesondere die Herausforderungen der Niedrigzinsphase verlangen den Unternehmen einen Effizienzgewinn und eine Verbesserung der Sachkostensituation ab. Dabei ist sowohl die Optimierung

K. Peitz (✉) · P. Breckoff
Provinzial NordWest
Münster, Deutschland
E-Mail: katrin-peitz@provinzial.de

P. Breckoff
E-Mail: Philipp.Breckoff@provinzial.de

und Digitalisierung der internen Einkaufsprozesse ein Thema, als auch die Erhöhung oder zumindest Beibehaltung von Servicestandards, das Vorantreiben von Innovationen im Unternehmen, die Vermeidung von Verschwendung und nicht zuletzt die Verknüpfung von Einkauf und Sachkostensteuerung, die ein entsprechendes Einsparpotenzial als Zielbild hat. Dass kaum eine andere Unternehmensfunktion in den vergangenen Jahren mehr an Bedeutung hinzugewonnen hat als der Einkauf, liegt sicherlich an diesen Gründen (vgl. [10, S. 2 ff.]). In den meisten Unternehmen der Finanzbranche ist der Einkauf zumindest in Teilen noch dezentral organisiert. Viele verschiedene Bereiche sind autark mit Einkaufs- und Beschaffungstätigkeiten und den damit zusammenhängenden Prozessen befasst. Diese Organisationsform hat beispielsweise die dezentrale Auswahl des zu beschaffenden Gutes, dezentrale Vertragsverhandlungen sowie die dezentrale Rechnungskontierung oder -buchung zur Aufgabe. Dass dieses Vorgehen im Hinblick auf die Einheitlichkeit von Prozessen und Sachkosteneinsparungen ineffizient ist und Optimierungspotenziale nicht genutzt werden, liegt auf der Hand.

Neben den Nachteilen, die sich direkt oder indirekt auf die Sachkosten auswirken, ist in einer dezentralen Beschaffung auch die Bindung von Mitarbeiterkapazitäten in den dann zum großen Teil redundanten Einkaufsprozessen und dem Vorhalten des dafür notwendigen Know-hows nicht zu unterschätzen. Dieses spielt vor allem vor dem Hintergrund der Prozessdigitalisierung und den dafür benötigten, zunehmend sehr spezifischen Fähigkeiten eine große Rolle. Zudem ist die Prozessvereinheitlichung über dezentral organisierte Bereiche ungleich schwieriger und aufwendiger. Die nachhaltige Sicherstellung der dezentralen Prozesse beispielsweise im Hinblick auf Compliance-relevante Themen,

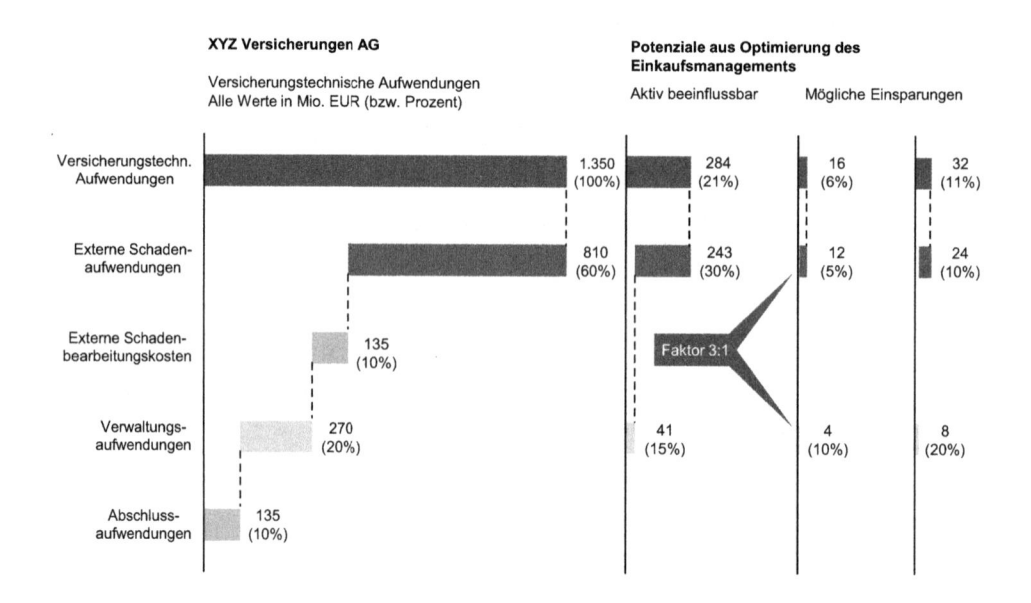

Abb. 33.1 Sachkostenhebel im Einkauf. (Quelle: 67Rockwell)

kontinuierliche Anpassungen bei Prozessoptimierungen im fachlichen oder technischen Bereich die alle Einheiten betreffen, sowie die Vernetzung der Einkaufsbereiche untereinander ist bei einem hohen Anteil dezentraler Beschaffung kompliziert und unwirtschaftlich.

Es ist daher eine Herausforderung für die Unternehmen in der Versicherungswirtschaft, die Bündelung von Einkaufsverantwortung sowie der Einkaufsprozesse an einer zentralen Stelle zusammenzufassen. Nur so bekommt das Management einen ganzheitlichen Überblick über die spezifisch verursachten Sachkosten und deren Wechselwirkungen und nur so kann eine wirkliche Steuerung und Optimierung bei gleichzeitiger Qualitätsverbesserung in den Beschaffungsfeldern erfolgen. Die eingesparten Sachkosten wirken zudem direkt auf den Unternehmensgewinn. Zusätzlich wird der Auftritt des Unternehmens nach außen professionalisiert und rechtssicher gestaltet (vgl. Abb. 33.1).

All diese Faktoren leisten einen erheblichen Beitrag zum nachhaltigen Unternehmenserfolg.

33.2 Einkaufsstrategie

Das Wort „Strategie" wird häufig irreführend oder in falschen Zusammenhängen verwendet. Deswegen sollte zunächst der Begriff geschärft werden. Strategie beschreibt im Wesentlichen ein gleichartiges Handlungsmuster, das sich in einem definierten Zeitrahmen wiederholt und den Weg zur Zielerreichung vorgibt (vgl. [8, S. 76]).

Im Kontext von Einkaufseinheiten in Finanzdienstleistungsunternehmen sollte zwischen unterschiedlichen, abgeschichteten Leitlinien differenziert werden, die divergierend auf die Beschaffungsfelder und die konkreten Beschaffungsvorhaben wirken und die insgesamt die Beschaffungsstrategie bilden. Hier wäre zunächst eine allgemeine Einkaufsvision zu nennen, die sich stark an den Zielen und Strategien des Unternehmens orientiert und den übergeordneten Rahmen definiert. Dieses könnte bei einem Unternehmen mit einem regional abgegrenzten Geschäftsgebiet beispielsweise das Ziel sein, unter Berücksichtigung eines hohen Anteils der Wertschöpfungskette in der Region, die Wirtschaft vor Ort zu fördern und dabei die bestmögliche Versorgungsqualität im Sinne einer Dienstleistungsorientierung für das eigene Unternehmen sicherzustellen. Hier spielt die Verknüpfung in den Marketingbereich eine wesentliche Rolle, um die Abgrenzung zu überregional tätigen Unternehmen für die Kunden erlebbar zu machen und so die Marke und Unternehmensauthentizität zu stärken (vgl. [7]). In den darauffolgenden, strategischen Leitlinien werden Vorgaben gemacht, die für alle Einkaufseinheiten gleichermaßen gelten und die Einkaufsvisionen im Hinblick auf alle Beschaffungsfelder umsetzen und konkretisieren. Dieses können zum Beispiel Nachhaltigkeits- und Umweltthemen sein, eine kostenoptimierte Aufstellung, aber auch Vorgaben zum Selbstverständnis der Einkaufseinheiten. Darüber hinaus können auch prozessuale Ziele, wie Automatisierung oder die Nutzung von zentralen Beschaffungsplattformen, in den strategischen Leitlinien abgebildet werden (vgl. Abb. 33.2).

Einkaufsvision
Ausformulierte Leitbilder für den Einkauf

Beispiel (BMW): „… in enger Kooperation mit Weltklasse Lieferanten zum besten, faszinierendsten Produkt gelangen …"

Strategische Leitlinien
Ziele und Handlungsrahmen für die gesamte Einkaufsorganisation

Materialgruppenstrategien
Konkretisierung und Ausgestaltung der strategischen Leitlinien bezogen auf einzelne Materialgruppen bzw. Beschaffungsmärkte

Lieferantenstrategien
Strategische Vorgehensweisen bezogen auf jeweils einen Lieferanten

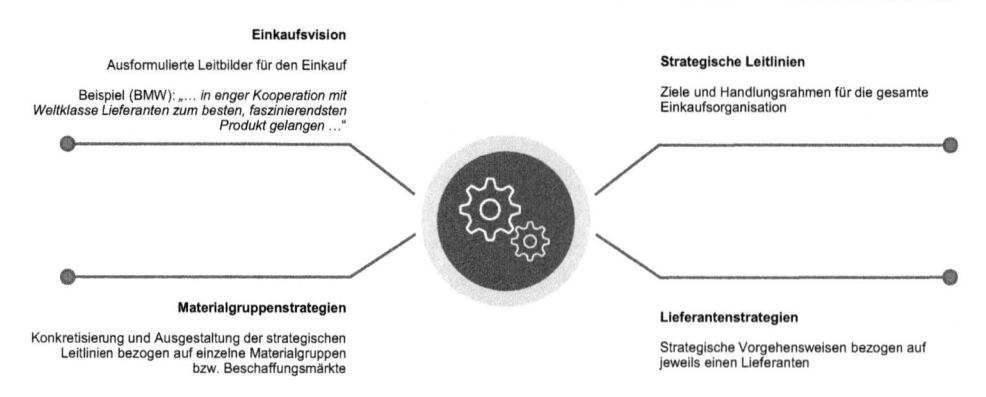

Abb. 33.2 Architektur der Einkaufsstrategie. (Quelle: eigene Darstellung, basierend auf [8, S. 77])

Abhängig von den verschiedenen Einkaufseinheiten und deren Zielen, sind die Strategien der verschiedenen Beschaffungsfelder festzulegen. So unterscheiden sich die strategischen Ziele einer Marketingeinheit stark von denen eines IT-Bereiches. Während im Marketingbereich das Ziel eher im Bereich eines möglichst positiven Bekanntheitsgrades der Produkte und deren Verkaufsförderung oder der Marke stehen dürfte, sollte im IT-Bereich die Versorgung des Unternehmens mit der notwendigen IT-Struktur zur reibungslosen Sicherstellung des technischen Betriebes unter Berücksichtigung von Kostenaspekten im Vordergrund stehen. Auch Vorgaben und Abgrenzungen des Beschaffungsportfolios sind hier zu nennen. Die Strategien der verschiedenen Beschaffungsfelder orientieren sich an der Einkaufsvision und an den strategischen Leitlinien.

Am Ende der Darstellung steht die Strategie zum Umgang mit den Lieferanten selbst. Je enger die Vorgaben durch die Einkaufsvision, die strategischen Leitlinien für alle Einkaufseinheiten und der Einkaufseinheiten selbst, desto höher sind auch die Anforderungen an die Lieferanten. Im Ziel ist die Lieferantenauswahl in den meisten Fällen eine Kompromisslösung, die die Vorgaben bestmöglich berücksichtigt. Sollten beispielsweise möglichst niedrige Kosten mit einem hohen Nachhaltigkeitsgrad und Regionalität verknüpft werden, dann finden die einzelnen Strategiebestandteile natürlicherweise ihre Grenzen. Zudem schränkt die Spezialität der angeforderten Produkte oder Dienstleistungen die Auswahl weiter ein, sodass in diesen Fällen unter Umständen keines der in den Strategien dargelegten Ziele erreicht werden kann.

Die strategischen Leitlinien für alle Beschaffungseinheiten haben sich in den letzten Jahren maßgeblich durch verschiedene Einflussfaktoren geändert. Die zunehmende Bedeutung des Wertbeitrages der Einkaufseinheiten für den Unternehmenserfolg hat eine Professionalisierung nach sich gezogen, die direkt mit den strategischen Leitlinien verknüpft ist. Zudem beeinflusst die rasante Entwicklung im Bereich der Datenverarbeitung und der Prozessautomatisierung die strategischen Leitlinien und vice versa.

Zu beobachten ist, dass Regionalität und Umweltthemen stärker in den Fokus rücken und eine Abkehr von der rein kostenbasierten Betrachtung stattfindet. Fair Trade und

Green Procurement in Verbindung mit professionalisierten Einkaufseinheiten unter Berücksichtigung von Kosteneffizienz mit standardisierten, automatisierten und dunkelverarbeitenden Prozessen werden in Zukunft weiter an Bedeutung gewinnen. Diese Herausforderungen haben direkten Einfluss auf die Einkaufsorganisation selbst, die im nachfolgenden Abschnitt betrachtet werden sollen.

33.3 Einkaufsorganisation

Bis heute sind die Beschaffungsorganisationen in vielen Bereichen der Finanzdienstleistungsbranche, wie auch in der Industrie, dezentral organisiert. Unabhängig von den Gründen der bisherigen organisatorischen Struktur gilt es, die Vor- und Nachteile von dezentraler und zentraler Beschaffung aufzuzeigen. Anhand dieser Vor- und Nachteile lässt sich grob die für das jeweilige Unternehmen richtige organisatorische Aufstellung finden.

Die Vorteile von komplett dezentral aufgestellten Beschaffungseinheiten liegen in der Flexibilität, der Kundennähe und der Geschwindigkeit. Es sind keine Abstimmungen mit anderen Bereichen notwendig, und somit entstehen auch keine Reibungsverluste beim Bedienen von Schnittstellen. Der gravierendste Nachteil liegt sicherlich darin, dass das Einkaufspotenzial durch mangelnde Konzentration und Kostenbündelungen nicht ausgenutzt wird und Prozesse und Wissen insbesondere auch zu technischen Anwendungen im Unternehmen redundant betrieben und vorgehalten werden müssen. Im Regelfall ist eine sehr dezentral aufgestellte Beschaffungseinheit also schnell, aber auch im Sach- und Personalbereich sehr kostenaufwändig. Somit ist diese Organisationsform vor allem in kleinen Unternehmen mit einem sehr geringen Sachkostenvolumen eine mögliche Aufstellung, in großen Unternehmen mit einem hohen Beschaffungsvolumen aber keine sinnvolle Alternative.

In den letzten Jahren sind häufig hybride Einkaufsorganisationen umgesetzt worden. Hybride Einkaufsorganisationen kombinieren die Vorteile zentraler und dezentraler Beschaffungseinheiten (vgl. [8, S. 29], Abb. 33.3). Die Zentralisierung von Prozessvorgaben, strategischer Einkaufsaufgaben und teilweise ganzer Commodities mit standardisierten Produkten an einer Stelle im Unternehmen und der dezentrale Einkauf von fachspezifischen Produkten und Dienstleistungen unter Nutzung der von der Einkaufsleitung vorgegebenen Prozesse kann vorteilhaft sein. Allerdings muss berücksichtigt werden, dass das Vorhalten zentraler Beschaffungsanwendungen, das Wissen zu compliance-relevanten Sachverhalten und zu technischen Veränderungen multipliziert- und redundant vorgehalten werden muss. Im Wandel der Digitalisierung erweist sich diese Organisationsform zunehmend als nachteilhaft. Hybride Einkaufsorganisationen eignen sich daher insbesondere für Unternehmen mit einem breiten Produktportfolio und jeweils hohen Sachkosten in der Beschaffung, für das teilweise spezifisches Fachwissen erforderlich ist. Grundsätzlich gilt hier: Soviel Zentralisierung wie möglich und so viel dezentrale Beschaffung wie nötig.

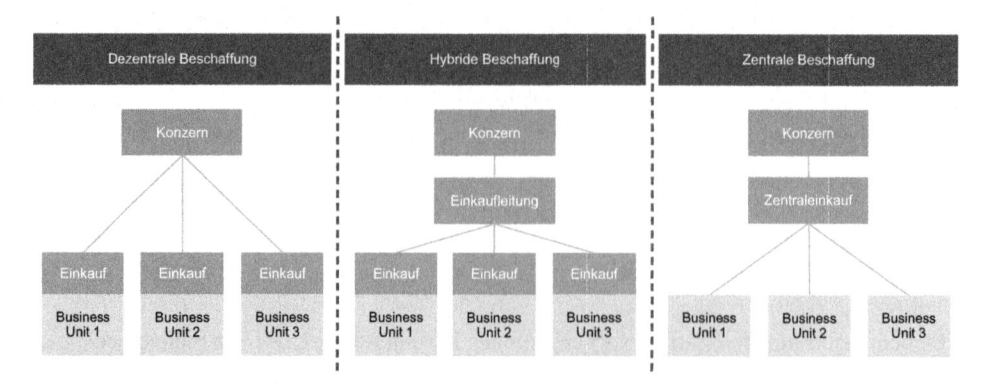

Abb. 33.3 Organisationsformen des Einkaufs. (Quelle: [8, S. 30])

Die Vorteile einer komplett zentralisierten Beschaffungseinheit, die alle Beschaffungsaktivitäten in sich vereint, liegen in der Beschaffungskonzentration an einer Stelle. Hierdurch können optimale Preise erzielt werden, weil die Organisation alle Bedarfe bündelt. Zudem müssen Prozessänderungen nicht an verschiedene dezentrale Einheiten weitergespielt und deren Einhaltung nachgehalten werden. Dieses betrifft auch regulatorische Vorgaben. Nachteilig ist der erweiterte Schnittstellenaufwand zu den Bedarfseinheiten (vgl. [1]). Außerdem muss zu einem höheren Grad Fachwissen innerhalb der Einkaufsorganisation vorgehalten werden, um die Entscheidungen der Bedarfsbereiche fachlich bewerten zu können. Allerdings spielt diesem Organisationsprinzip die Digitalisierung in die Hände. Die Schnittstellen zu den Fachbereichen können zunehmend digital zur Verfügung gestellt werden und die Pflege und Bedienung der in der zentralen Einkaufseinheit implementierten Beschaffungssysteme erfordert ein so hohes Maß an spezifischen Wissen, dass das Vorhalten in mehreren Einheiten aus Gründen der Datenqualität und aus Prozesskostensicht zunehmend unwirtschaftlich ist.

Ob es betriebswirtschaftlich sinnvoll ist, verschiedene Prozesse oder sogar ganze Beschaffungsfelder nicht durch das eigene Unternehmen bearbeiten zu lassen, muss im Einzelfall betrachtet werden. Übergeordnete Felder, wie die Unternehmensphilosophie oder -ziele, sind neben qualitativen Aspekten genauso zu betrachten wie Kostengesichtspunkte. Je stärker ein Beschaffungsfeld ein Kerninteresse des Unternehmens berührt, desto höher dürfte das Interesse sein, eigenverantwortlich Prozesse steuern zu können und die Beschaffung selbst durchzuführen. Dieses betrifft insbesondere den strategischen Einkauf von Beschaffungsfeldern mit einem hohen Sachkosteneinsatz. Das Outsourcing rein operativer Beschaffungsprozesse hingegen kann betriebswirtschaftlich durchaus sinnvoll sein, wenn das Steuerungsinteresse eher nachrangig ist und kein direkter Einfluss auf bestimmte Kriterien genommen werden soll.

33.4 Strategischer Einkauf und Einkaufscontrolling

Welcher Teil von Beschaffungsaufgaben dem strategischen Einkauf zuzurechnen ist, wird differenziert betrachtet. Nach der in Abschn. 33.2 genannten Definition müssen hierunter alle sich wiederholenden, übergeordneten Handlungsmuster zählen. Ziele einer professionellen Einkaufsorganisation können beispielsweise sein, klare Sachkostenvorgaben einhalten zu müssen, Prozesse automatisiert und einheitlich durchzuführen, ein an den Unternehmensvisionen orientiertes Lieferantenmanagement zu betreiben und Verträge einheitlich und digital zu managen. Demnach fallen dann alle sich wiederholenden Handlungscluster, die über die tatsächliche Beschaffung eine Klammer bilden, unter den strategischen Einkauf. In dem Beispielfall wären dieses die Vorgabe und Nachhaltung unternehmensweit einheitlicher Prozesse mit einem hohen Automatisierungsgrad, ein aussagekräftiges Lieferantenmanagement und ein professionelles Vertragsmanagement unter der Beachtung von compliance-relevanten Vorschriften. Zudem spielt die bedarfsorientierte Marktbeobachtung und Marktanalyse unter der Berücksichtigung von kurz- und langfristigen Trends sowie den unternehmerischen Leitlinien zur Beschaffung eine große Rolle.

Das Einkaufscontrolling dient im Gegensatz zum Unternehmenscontrolling dazu, sehr spezifische Informationen über Einkaufsfelder, Produkte, Lieferzeiten, Kostenspezifika, die Auswirkung von Optimierungsmaßnahmen oder anderer Faktoren zur Verfügung zu stellen, um mit diesen Informationen die Beschaffungen zu steuern. Zwar ist das Einkaufscontrolling funktionell dem Unternehmenscontrolling zuzuordnen, wegen der Steuerungsfunktion aber häufig der Einkaufsleitung als Stab direkt unterstellt. Aus dem Einkaufscontrolling kann neben der Optimierung des Einkaufes selbst im Zusammenspiel mit dem Unternehmenscontrolling eine sehr genaue Kostensteuerung erfolgen (vgl. [2]).

Wie in der Einleitung dargestellt, ist eine der Triebfedern für die Professionalisierung des Einkaufes, der auf der Versicherungsbranche zunehmend lastende Kostendruck. Deswegen soll insbesondere auf die hiermit verknüpften Bereiche eingegangen werden. Dieses ist zum einen der Bereich des Einkaufscontrollings und der Kostensteuerung sowie der Bereich der professionalisierten Beschaffungsverfahren.

33.4.1 Einkaufscontrolling und Sachkostenmanagement

Das Verständnis des Einkaufs hat sich stark verändert. Kostenoptimierungen im Einkaufsbereich besitzen eine starke Hebelwirkung auf das Unternehmensergebnis. Eine transparente Messung und Darstellung der Einkaufsleistung sowie eine zuverlässige Steuerung der Einkaufsorganisation sind für Unternehmen somit von hoher Bedeutung (vgl. [8, S. 119]).

Anders als in der verarbeitenden Industrie, richten sich die von Finanzdienstleistungsunternehmen verursachten Sachkosten nach den Bedarfen des Innen- und des Außendienstes und dem vom Unternehmen hierfür zur Verfügung gestellten Budgets. Da die Bedarfe der Fachbereiche nur bedingt gesteuert werden können, soll der Fokus hier auf dem Kostenplanungsprozess liegen.

Im Kostenplanungsprozess finden sich einerseits Kosten wieder, die im Wesentlichen einen Versorgungscharakter haben und alle Bereiche im Unternehmen gleichermaßen betreffen. Diese Kosten werden teilweise zentral vorgegeben, Teile hiervon unterliegen aber auch der Kostenautonomie der einzelnen Bereiche im Rahmen von übergeordneten Vorgaben. Zudem werden in Unternehmen mit einem hohen Anteil dezentraler Beschaffung fachspezifische Bedarfe in den jeweiligen Bereichen geplant. Darüber hinaus gibt es im Regelfall zentral betrachtete und üblicherweise gedeckelte Sachkostenbudgets für Spezial- oder Fachthemen. Der Einkauf ist hier mit zwei großen Themen betraut. Er muss helfen, dem Unternehmen und den Fachbereichen durch ein gutes Einkaufs- und Kostenmanagement den notwendigen Freiraum für möglichst viel Flexibilität zu verschaffen, um beispielsweise Innovationsthemen zu treiben. Zum anderen sollen in Standartbeschaffungsfeldern Kosten gesenkt werden, ohne dass die durch Maßnahmen erwirtschafteten Vorteile durch andere Ausgaben in beschaffenden Bereichen wieder konsumiert werden und dem Unternehmen so freigewordene Kapazitäten für Investitionen genommen werden. Hier treffen zwei Spannungsfelder aufeinander: Eine zentrale Budgetzuteilung macht eine wesentlich genauere Kostenplanung möglich und verschafft dem Unternehmen in der unterjährigen Planung eine höhere Flexibilität, um auf Kostenüberschreitungen oder -unterschreitungen rechtzeitig reagieren zu können. Allerdings nimmt dieser Ansatz in den einzelnen Bereichen unternehmerische Freiheit, um dort flexibel planen zu können. Eine dezentrale Budgetierung verschafft daher in den Unternehmensbereichen einen größeren Freiraum, um eigene Kosten bedarfsgerecht zu steuern und kreative und innovative Themen zu treiben. Deshalb sollten standardisierbare Kosten, die im gesamten Unternehmen anfallen und keinen Einfluss auf die unternehmerische Freiheit im Hinblick auf die Gestaltung von zukunftsweisenden Entwicklungsthemen und innovativen Prozessen haben, zentral betrachtet werden. Dieses gilt insbesondere für Kostenarten, auf die die betroffenen Bereiche keinen direkten Einfluss haben. Für andere Kostenarten ist aber mindestens ein belastbares Einkaufscontrolling notwendig, um die Effizienz und die Auswirkungen der eingesetzten Sachkosten beurteilen zu können. Zudem sollten die Erfolge eines guten Einkaufsmanagements auch transparent gemacht werden. Im Falle von steigenden Sachkosten außerhalb von Sonderbudgets müssen zudem die kostentreibenden Faktoren dargestellt werden können und im Idealfall der betriebswirtschaftliche Vorteil der gestiegenen Sachkosten beschrieben werden.

Kostensteuerung im Sinne eines effizienten Sachkostenmanagements und ein belastbares Sachkostencontrolling sind im Idealfall verknüpft, weil die Darstellung der verursachten Sachkosten und deren Entwicklungen die Möglichkeit geben, die benötigten Sachkosten im Kostenplanungsprozess zielgerichtet zu steuern und Prognosen für die zukünftig notwendigen Budgets abzugeben. Zunächst können die verursachten und geplanten Kosten über das Unternehmenscontrolling zur Verfügung gestellt werden. Diese Auswertungen geben allerdings nur einen relativ groben Überblick und lassen für sich alleine keine Rückschlüsse auf die hinter den Kostenentwicklungen stehenden Gründe zu.

Das bereits angerissene Einkaufscontrolling selbst stellt sehr viel speziellere, steuerungsrelevante Kennzahlen zur Verfügung, die genaue Aufschlüsse über Kosten- und Bedarfsentwicklungen geben. Die Erhebung dieser Kennzahlen ist mit einem hohen manuellen Aufwand verbunden, wenn nicht Beschaffungsanwendungen genutzt werden, aus denen die Kennzahlen automatisiert zur Verfügung gestellt werden können. Um eine hinreichende Datenqualität zu gewährleisten, ist es zum einen notwendig, dass die Beschaffungsanwendungen an einer zentralen Stelle gepflegt werden. Zum anderen sollten sowohl alle Produkte als auch alle Dienstleistungen in den Systemen abgebildet werden, um durchgehende und belastbare Kennzahlen zur Verfügung stellen zu können. Ergänzend dazu können aus weiteren Anwendungen beispielsweise Auskünfte zu der Größe von Organisationseinheiten im Innen- und Außendienst hinzugezogen werden, um tatsächliche Durchschnittswerte zu den Verbräuchen zu erheben (vgl. [9, S. 438]).

Eine Aufstellung der Kostenentwicklungen nach verschiedenen Kriterien sollte immer mit einem möglichen Erklärungsansatz verknüpft sein. Während im produzierenden Gewerbe der Kostenfaktor neben Geschwindigkeit und Qualität maßgebliches Kriterium ist und sich Sachkostendarstellungen häufig an Wettbewerbsfaktoren orientieren (je niedriger die Kosten im Vergleich zum Wettbewerber, desto größer der Wettbewerbsvorteil), so sind die Sachkosten in Versicherungsunternehmen nur eines von vielen weiteren Kriterien, die die Kostenquote beeinflussen. Deswegen sollten auch die Erklärungsansätze für Kostenentwicklungen möglichst differenziert dargestellt werden. Insbesondere geht es darum aufzuzeigen, welche Auswirkungen einzelne Sachkostenausgaben auf bestimmte betriebswirtschaftliche Faktoren haben. Während sich beispielsweise die Ausgaben einer Marketingkampagne im Kraftfahrzeugbereich insbesondere in direkten online Kanälen noch hinreichend gut auf eine möglicherweise positive Entwicklung der Antrags- und Vertragsanzahlen herunterbrechen lassen, fällt die Darstellung des betriebswirtschaftlichen Gewinns einer Imagekampagne schon deutlich schwerer. Hier wären beispielsweise Werte zu dem Bekanntheitsgrad des Unternehmens in bestimmten Alterskategorien eine mögliche Messgröße.

Ein möglichst detailliertes Reporting und Controlling sollte aber auch aus intrinsischer Motivation der zentralen Beschaffungsstelle erfolgen. Die Darstellung der Auswirkungen von durchgeführten Maßnahmen zur Kostenreduktion, neu verhandelten Verträgen oder aus der Konzentration von Beschaffungsfeldern generierten Vorteilen ist für die Akzeptanz innerhalb des Unternehmens wichtig und dient auch zur manchmal nicht von allen Seiten als vorteilhaft empfundenen Transparenz über die verursachten Kosten. Die so erhobenen Kennzahlen zeigen die verschiedenen Entwicklungen nach unterschiedlichen Kriterien auf und können unter anderem dazu dienen, die zentralen Budgets sehr zielgerichtet zu beeinflussen. Hierbei können durch die Verknüpfung des Wissens über Markt- und Preisentwicklungen im Einkauf bestimmte Entwicklungen wesentlich besser prognostiziert werden. Die teilweise starken Abweichungen von den dezentral geplanten Aufwänden zu den tatsächlich verursachten Kosten werden so minimiert.

Neben der direkten Verursachung der Sachkosten durch die verschiedenen Bereiche ist der zweite große Einflussfaktor die Entscheidung für einen Lieferanten, ein konkretes Produkt oder eine Dienstleistung. Hier entsteht in der Regel ein Spannungsverhältnis zwischen den verschiedenen Kriterien, die der betriebswirtschaftlichen Entscheidung zu Grunde liegen. In Industrieunternehmen liegt der Fokus fast ausschließlich auf dem Kostenfaktor, wenn zumindest zu erkennen ist, dass die Qualität des eingekauften Produktes die Mindestanforderung erfüllt. Bei der Lieferanten- oder Produktentscheidung werden im Versicherungsunternehmen weitere Faktoren immer wichtiger. Die durch die neuen Medien geschaffene Transparenz sorgt dafür, dass sich negative und positive Nachrichten zu Lieferanten und entsprechenden Einkaufsentscheidungen schneller verbreiten. Diese neu geschaffene Transparenz bietet den Versicherern die Möglichkeit, ihre Produkte und Dienstleistungen entsprechend auszugestalten und sie bei ihren Kunden in bestimmten Themen positiv zu positionieren. Im Bereich der Beschaffung wäre hier zum Beispiel die Regionalität von Produkten zu nennen („Regionalität ist das neue Bio"). Aber auch Umweltthemen werden – nicht nur durch regulatorische Vorgaben – immer wichtiger. Insoweit fließen in die Entscheidung für einen Lieferanten, für ein Produkt oder eine Dienstleistung viele Faktoren ein, und ein etwas teureres, regionales, umweltfreundliches Produkt kann unter Umständen für die Akzeptanz der Kunden der Versicherung und somit aus Marketinggesichtspunkten die bessere Wahl sein. Zudem werden Themen wie „unternehmerische Integrität" oder „Beschaffungsethik" zunehmend präsenter in der Kundenwahrnehmung (vgl. [9, S. 480]).

33.4.2 Professionalisierte Beschaffungsverfahren

Schlagworte, wie e-Auctions oder e-Plattformen zur Beschaffung, sind heute allgegenwärtig und werden als Teilbereich „E-Sourcing" unter dem Schlagwort „E-Procurement" zusammengefasst (vgl. Abb. 33.4). Allen Verfahren gemein ist es, das bestmögliche Produkt oder die bestmögliche Dienstleistung für das Unternehmen über einen standardisierten Prozess unter Berücksichtigung der notwendigen Einkaufskriterien zu finden und dabei nach Möglichkeit digitale Kanäle zu nutzen. Während die öffentliche Hand an das Vergaberecht gebunden ist und dort statischen Vorgaben unterliegt, sind die privaten Unternehmen unter Berücksichtigung der Compliance-Vorgaben in ihren Entscheidungen frei.

Hier ist zunächst zwischen der Lieferantenauswahl an sich und der Entscheidung für einen Lieferanten oder ein Produkt aus dem Lieferantenstamm zu differenzieren. Um einen passenden Lieferanten für den Lieferantenstamm zu identifizieren, bieten sich, je nach Beschaffungsfeld, verschiedene Verfahren an. Von der klassischen Ausschreibung bis hin zu elektronischen Ausschreibungsprozessen unter Vorgabe möglichst konkreter Produktspezifika sind hier alle Varianten denkbar. Alleine um bei den Lieferanten eine Sensibilität im Hinblick auf Qualität und Preis zu erzeugen, sind Ausschreibungen auf Lieferantenbasis in regelmäßigen Abständen durchzuführen. Sofern es sich um eine einmalige Anschaffung handelt, ist das Verfahren der Lieferantenauswahl auf das Produkt zu übertragen. Wenn allerdings standardisierte Produkte wiederkehrend beschafft wer-

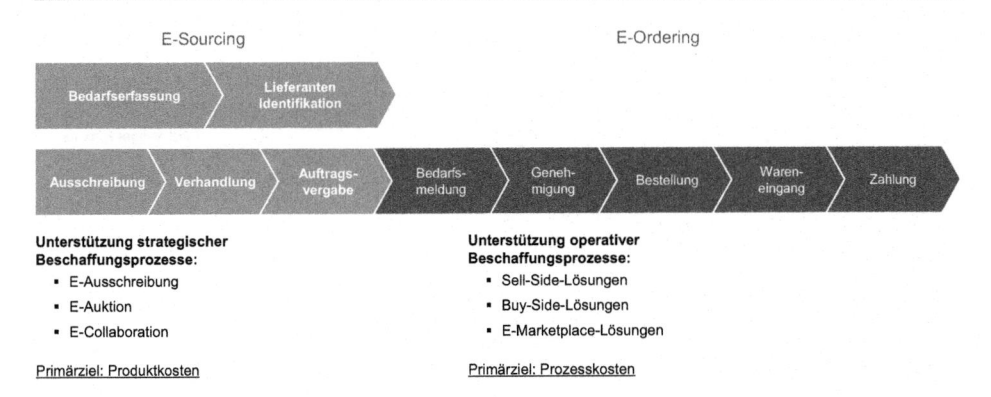

Abb. 33.4 Teilbereiche des E-Procurements. (Quelle: [10, S. 193])

den, bietet sich die Anbindung an ein elektronisches Beschaffungssystem an. Hier können tagesaktuelle Preise vom Lieferanten automatisiert eingespielt werden und die Produktauswahl erfolgt dann an Hand der für den jeweiligen Tag bestmöglichen Konditionen.

33.4.3 Abgrenzung zu Einkauf 4.0

Oft wird das Schlagwort „Einkauf 4.0" mit den in Abschn. 33.4.2 genannten Beschaffungsverfahren vermischt. Im Wesentlichen beschreibt Einkauf 4.0 die vollständige Digitalisierung und Automatisierung des Einkaufes sowie die höchstmögliche digitale Vernetzung der Beschaffungsvorgänge und auch der Produkte selbst. Das bedeutet, dass die beschafften Güter selbst in der Lage sein müssen, die Anforderungen an eine ganzheitliche Vernetzung zu erfüllen. Zudem werden selbstlernende Systeme eine große Rolle spielen, die in der Lage sein werden, Entwicklungen durch Echtzeitverarbeitung und einen Big-Data Ansatz wesentlich konkreter zu analysieren und zu prognostizieren (vgl. [4]). Ein wesentlicher Teil des „nächsten Schrittes" dürfte es sein, die Bedarfsanalyse im Versorgungsbereich zu automatisieren, sodass Anforderungen autonom erkannt werden und hierfür nicht mehr das Mitwirken von Bedarfsträgern notwendig ist.

33.4.4 Risikomanagement und Compliance

Die regulatorischen Vorgaben in der Finanzwirtschaft nehmen kontinuierlich zu. Innerhalb des vergangenen Jahrzehnts ist zu beobachten, dass der durch die Finanzkrise angestoßene Weg von Deregulierung zur Regulierung seine Wirksamkeit bis in den Einkauf entfaltet. Sei es bei der Einhaltung von externen Vorgaben zu Umweltthemen, Datenschutzregeln, Richtlinien zu Produktrisiken oder internen Regeln zur Lieferantensteuerung, die Risiken im Hinblick auf compliance-konformes Verhalten sind bestmöglich zu steuern (vgl. [9,

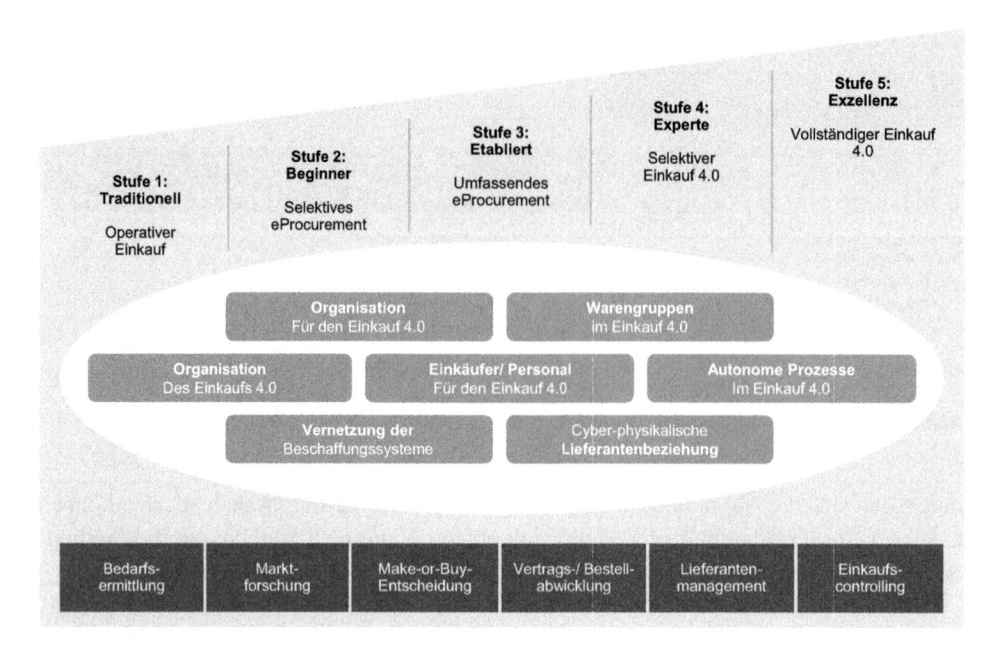

Abb. 33.5 Schaubild. (Quelle: [6, S. 36])

S. 473]). Hierfür ist es sinnvoll, eine zentrale Schnittstelle aufzubauen, die verschiedenen Vorgaben im Zusammenspiel mit den zuständigen Stabsbereichen überwacht. Hier ist insbesondere der Austausch mit den Rechtsabteilungen, den Datenschutzabteilungen und Informationssicherheitseinheiten zu nennen. Mit den Compliance-Vorgaben verhält es sich zu der Abschaffung von Maverick Buying ähnlich, nur umgekehrt: Ein rollengerechtes, juristisches Fachwissen ist im Einkauf vorzuhalten, die zentrale Verantwortung allerdings muss in den zuständigen Fachbereichen liegen. Bei der klaren Abgrenzung von Zuständigkeiten und der Zentralisierung von Aufgaben insgesamt zur Vermeidung von Redundanzen wird auch hier deutlich, dass die Gestaltung von sauber und schnell funktionierenden Schnittstellen in Unternehmen immer wichtiger wird (vgl. [3], Abb. 33.5).

33.5 Operativer Einkauf

Im Gegensatz zum produzierenden Gewerbe wirken die eingekauften Produkte und Dienstleistungen bei Finanzunternehmen im Regelfall nur indirekt auf das verkaufte Produkt. Die Kundengruppe sind zum einen interne Kunden, die mit Produkten oder Dienstleistungen versorgt werden und zum anderen Vertriebseinheiten, die sowohl zum Unternehmen gehören können oder auch unabhängig sind. Der Regelfall sieht vor, dass die Produkte nicht selbst verarbeitet oder hergestellt werden. Im Einkauf von Industrieunternehmen stehen insbesondere die Faktoren Kosten, Zeit, Geschwindigkeit und Innovation im Vordergrund, da das Einkaufsvolumen einen Großteil des Materialeinsatzes des verkauften Produktes ausmacht. Diese Faktoren beziehen sich auf das eingekaufte Produkt selbst, nicht aber auf den Beschaffungsweg. In Finanzdienstleitungsunternehmen stehen aber gerade auch diese professionalisierten Beschaffungswege und -verfahren im Mittelpunkt, da die Auswirkung im Verhältnis wesentlich höher ist: Die beschafften Produkte und Dienstleistungen sind heterogen und werden nicht im klassischen Produktionsbereich zentral verarbeitet, sondern kommen überall im Unternehmen und im Außendienst zum Einsatz.

Um professionalisierte, interne Beschaffungsprozesse ganzheitlich zu nutzen ist es notwendig, dass die Prozesshoheit an einer zentralen Stelle liegt, aus der die Prozesse gesteuert und weiterentwickelt werden (vgl. Abb. 33.6). Dieses ist insbesondere im Hinblick auf die Ausschaltung des Maverick Buying notwendig. Um eine hinreichende Akzeptanz bei den betroffenen Bereichen für den Autonomieverlust zu erreichen und den internen Aufwand bei der Abbildung und Zentralisierung der zusätzlichen Aufgaben realisieren zu können, sind einheitliche, kundenfreundliche und automatisierte Prozesse von großem Vorteil.

Wie bereits in der Einleitung geschildert, existieren in verschiedenen Unternehmensbereichen vielerorts autarke Einkaufseinheiten, die sich mangels einer mit hinreichenden Kompetenzen ausgestatteten, zentralen Einkaufseinheit selbst gebildet haben. Diese dezentralen Einkaufseinheiten arbeiten in der Regel mit manuellen, historisch gewachsenen Prozessen, die nicht einheitlich und optimiert sind. Zudem ist zu beobachten, dass ohne zentrale Vorgaben und ohne ein breites Know-how im Einkaufsbereich die möglichen Effekte einer Lieferantenoptimierung nicht ausgeschöpft werden und automatisierte Verfahren nicht oder nicht optimal genutzt werden.

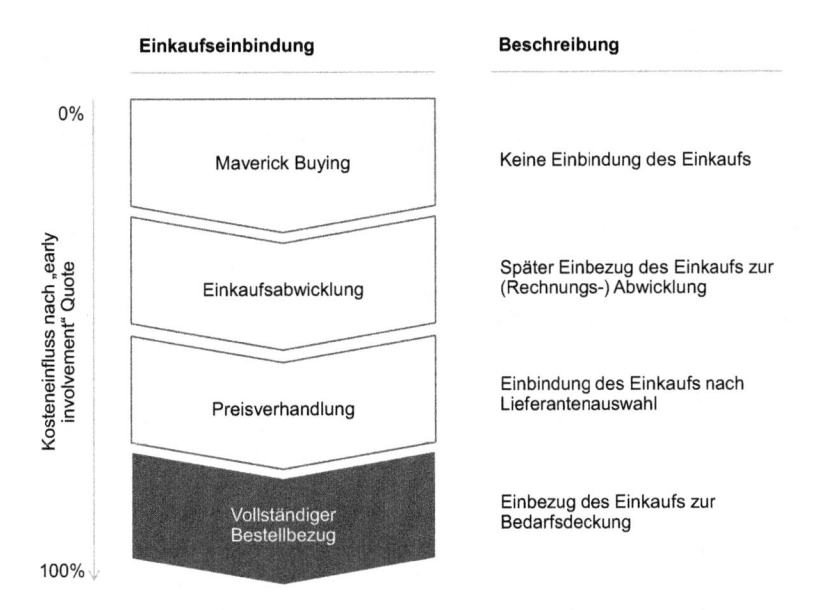

Abb. 33.6 Einbindung der Einkaufseinheit in die Beschaffungsprozesse. (Quelle: 67Rockwell)

Problematisch ist die Zentralisierung von Einkaufsprozessen im Hinblick auf die Akzeptanz der betroffenen Bereiche und deren gefühlter Abgabe der Einkaufskompetenz. Hier sind klar die Vorteile zentraler Einkaufsprozesse herauszustellen und es ist den Fachbereichen deutlich zu machen, dass sie nach wie vor eng in die Beschaffungsentscheidung eingebunden werden. Deswegen ist eine klare Unternehmensentscheidung mindestens vorteilhaft, oft auch unabdingbar. Ein projekthaftes Vorgehen insbesondere bei der Zentralisierung von Dienstleistungen sorgt für einen klaren Rahmen, die notwendige Einbindung der Stakeholder erhöht die Akzeptanz (vgl. [5]).

In fachlicher Hinsicht sind die Schnittstellen und Zuständigkeiten klar zu definieren. Je spezifischer das Fachwissen bei der Einkaufsentscheidung, desto stärker verlagert sich die Mitwirkung bei der Einkaufsentscheidung in den Fachbereich. In einer zentralen Einkaufsorganisation muss ein rollengerechtes Fachwissen vorgehalten werden, um fachliche Vorgaben beurteilen zu können und Entscheidungen zu treffen. In Fällen, in denen die Beschaffungsentscheidung hohe Anforderungen an die Fachlichkeit stellt, kann es sinnvoll sein, die Entscheidung auch in den Fachbereichen zu belassen. Um Ausschreibeverfahren in diesen Fällen nicht nur pro forma durchzuführen, muss die zentrale Einkaufseinheit allerdings mindestens mit einem Vetorecht ausgestattet sein.

Automatische, dunkelverarbeitende Prozesse sind natürlich nicht nur im Hinblick auf die Akzeptanz der Bereiche, die die Einkaufsverantwortung abgeben, notwendig. Die Einführung von dunkelverarbeitenden Prozessen und ein möglichst hoher Automatisierungsgrad von ständig wiederkehrenden Prozessen ist für die Bedienung von Schnittstellen, für die Darstellung von Sachkostenaufwänden in einem transparenten und belastbaren Controlling und für die zunehmend steigenden Anforderungen in fachlicher Hinsicht unabdingbar. Es ist zu beobachten, dass sich der Inhalt des klassischen, operativen Einkaufes mit hoher Geschwindigkeit wegbewegt von manuellen Prozessen hin zu automatisieren Prozessen. Händisch bearbeitete Prozesse sind bereits jetzt die Ausnahme. Dieses betrifft sowohl einzukaufende Produkte als auch Dienstleistungen. Von der Bedarfsauswahl über elektronische Plattformen, über die Beschaffung und den Versand bis hin zur Rechnungszahlung über automatisierte Verfahren sind dunkelverarbeitende Prozesse bereits jetzt zum großen Teil im Einsatz. Demzufolge ändert sich auch das Anforderungsprofil an die benötigten Fähigkeiten der Mitarbeiter.

Im Mittelpunkt stehen zukünftig strategische Beschaffungsentscheidungen und in technischer Hinsicht die Einführung und stetige Optimierung der digitalen Beschaffungsprozesse und automatisierten Verfahren. Der Akademisierungsgrad erhöht sich demzufolge stark. Zusammengefasst lässt sich sagen, dass der operative Einkauf automatisiert wird und eine Transformation von manuellen Tätigkeiten hin zu digitalen Prozessen stattfindet. Dieses hat auch Auswirkungen auf die Aufstellung des operativen und strategischen Einkaufs.

Die Prozesse wirken auf die dezentralen, beschaffenden Bereiche. In der Darstellung der Zielprozesse ist darauf zu achten, dass die Bedürfnisse der Bedarfsbereiche eine möglichst hohe Berücksichtigung finden (vgl. Abb. 33.7 und 33.8).

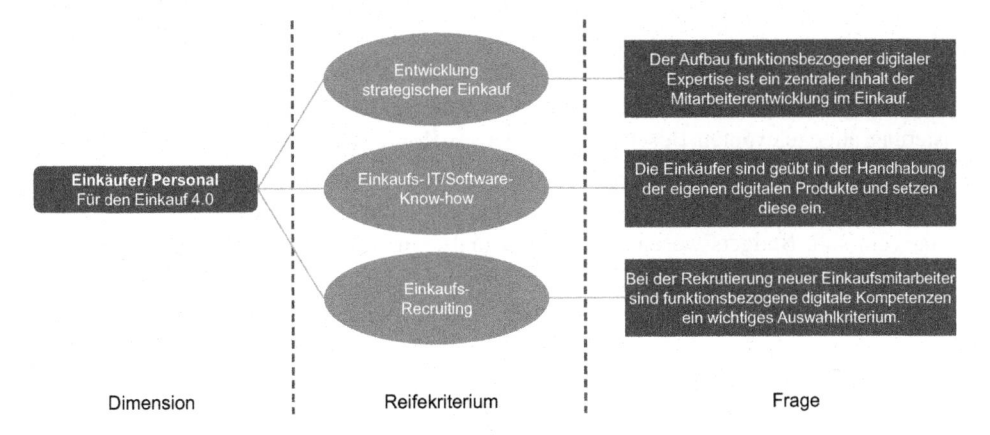

Abb. 33.7 Schaubild: analog. (Quelle: [6, S. 37])

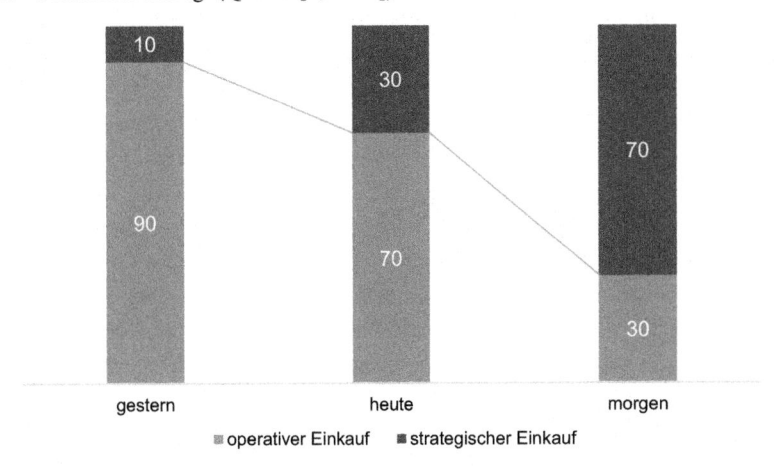

Abb. 33.8 67Rockwell, Veränderte Aufstellung des strategischen und operativen Einkaufs

Die am Markt zu beobachtende Konsolidierungsphase unter den Versicherern schafft auch die Notwendigkeit, dass sich die Beschaffungsfelder dahingehend modular aufstellen, dass insbesondere im diffizilen technischen Prozessbereich bereits vorab gewährleistet ist, Quantität ohne größere Veränderungen aufzunehmen und eine Schnittstellenfähigkeit zur Zusammenarbeit mit Einkaufsbereichen anderer Unternehmen sicherzustellen.

33.6 Herausforderungen bei der Umsetzung

Aktuell setzen die Autoren einen zentralen Einkauf im Provinzial NordWest Konzern um. Im Rahmen eines vorgelagerten Konzeptionsprojektes wurden die Möglichkeiten eines optimierten Sachkostenmanagements und einer wirksamen Sachkostensteuerung sowie die Bildung eines zentralen Einkaufs untersucht. Im Ergebnis des Strategieprojektes sollen die Sachkostenarten zielgerichtet gesteuert werden und die strategischen sowie operativen Einkaufsprozesse in einer Einheit zusammengefasst werden.

Neben den Veränderungen in den betroffenen Organisationseinheiten und der Zentralisierung aller relevanten Beschaffungsfelder im Konzern zählt hierzu insbesondere die Einführung eines automatisierten und vernetzten Sachkosten-Reportings, das im Gegensatz zu dem sonst üblichen Top-Down-Aufbau durch ein Bottom-up-System dazu in der Lage sein soll, Budgets wesentlich genauer und granularer zu steuern. Zudem sollen in diesem Bereich Wechselwirkungen in den Kosten identifiziert werden, die eine genauere Prognose im Hinblick auf sich verändernde Kostenentwicklungen und Produkte möglich werden lässt.

Ein weiterer Schwerpunkt liegt in der vollständigen Digitalisierung und Automatisierung der standartmäßigen Einkaufsprozesse – von der Bedarfsanforderung bis zur Bezahlung. Dieses betrifft sowohl den Innen- als auch den Außendienst und reicht von einfachen Produkten bis zu Dienstleistungen. Ob die automatisierte Abrechnung des über ein Bestellportal generierten Bedarfes des Außendienstes über deren Provisionskonten oder die Übertragung der bereits im IT-Bereich implementierten Lösung zur digitalen Zeiterfassung von Beratungsdienstleistungen und deren Bezahlungen über Gutschriftsverfahren – die umzusetzenden Themen sorgen für eine Automatisierung des operativen Einkaufes und sind inhaltlich komplex. Für die Umsetzung sind diverse Unternehmensbereiche einzubeziehen, bilanzielle und steuerrechtliche Fragen sind ebenso zu klären wie rechtliche Aspekte oder die technische Umsetzung selbst.

Kern der Digitalisierungsstrategie im Einkauf ist hierbei, die Abbildung der Beschaffungsvorgänge in der Zielanwendungslandschaft des Konzerns, um den Pflegeaufwand für die eingesetzte Software zu minimieren und Aufwände für die Wartung verschiedener Systeme zu vermeiden.

Im Bereich der fachlichen und organisatorischen Veränderungen in den von der Zentralisierung betroffenen Einheiten ist nach einer sauberen Prozessaufnahme ein Zielbild für den Einkaufsprozess zu entwerfen, der die Kundenwünsche bestmöglich berücksichtigt und einen hohen Prozessreifegrad aufweist. Vor dem Hintergrund des empfundenen Verlustes an Beschaffungsautorität ist insbesondere auf die saubere und zuverlässige Ausgestaltung der Schnittstelle in den zentralen Einkauf zu achten. In welcher Ausprägung die Anforderungen mit dem dazugehörigen Prozess in den Bedarfsbereichen verankert sind, hängt auch von den dafür notwendigen technischen Systemen ab. Klar ist, dass bei Bildung eines zentralen Einkaufes der Zugriff auf Beschaffungssysteme, die nicht dem Abruf von vorgegebenen Standortprodukten aus dem zentralen Einkauf dienen, nicht erfolgen darf – dieses würde die Beibehaltung einer Nebeneinkaufsstelle bedeuten.

Die vorgenannten Veränderungen erfordern ein im Vergleich zum vorherigen Zustand verändertes Anforderungsprofil der Mitarbeiter. Bei der Überführung der Einkaufsprozesse und der personalorganisatorischen Umsetzung muss ein Fokus auf Fähigkeiten in der Anwendungspflege sowie im betriebswirtschaftlichen und juristischen Bereich liegen. In den abgebenden Bereichen muss vor dem Hintergrund einer Akzeptanz für den zentralen

Einkauf im Rahmen eines Change-Prozesses deutlich gemacht werden, dass die fachlich erforderlichen Güter und Dienstleistungen weiterhin abgebildet werden.

Die Umsetzungen dieser Veränderungen werden durch ein stringentes Prozessmanagement begleitet. In diesem Ansatz werden die Kernthemen

- methodische Steuerung (Masterplanung, Gremien- und Berichtswesen, Termintracking, Kostenplanung etc.),
- inhaltliche Steuerung (Konzeptabnahmen, Vorbereitung und Erzeugung von Fachentscheidungen, Reviews etc.) sowie das
- Change Management (Kommunikation, Einbeziehen der Stakeholder, Neuausrichtung Skillset etc.)

gebündelt. Neben den klassischen Herausforderungen von komplexen Projekten mit starkem Unternehmensbezug entlang der Wertschöpfungskette des Versicherers sind vorliegend noch dezentrale Strukturen zu berücksichtigen.

Zur weiteren Vertiefung insbesondere zum Thema des Prozessmanagements wird auf den entsprechenden Artikel des vorliegenden Buches verwiesen.

33.7 Ausblick

Nach dem Durchlaufen von Zentralisierungsprojekten sind in Unternehmen Einkaufsbereiche, die sich mit der Beschaffung von IT Hard- und Software beschäftigen sowie Einkaufsbereiche, die alle weiteren Produkte und Dienstleistungen einkaufen, häufig noch in getrennten Einheiten organisiert. Darüber hinaus existieren oftmals weiterhin Bereiche, die auf Grund der Struktur der Bedarfe nach wie vor dezentral beschaffen. Hier sind vor allem Beiträge zu Verbänden, Beratungsdienstleistungen in den Schadenbereichen, aber auch Weiterbildungen oder Trainings im Personalbereich zu nennen.

Die vollständige Zentralisierung aller Beschaffungseinheiten in einem Bereich zur Herstellung von Transparenz über alle Sachkosten und zur vollständigen Vereinheitlichung der Beschaffungsprozesse ist unbequem, sollte aber gerade wegen der damit einhergehenden Vorteile im Interesse des Managements liegen.

Ziel sollte es sein, alle strategischen Beschaffungsaktivitäten über alle Sachkostenfelder in einer Einheit zusammenzufassen. Darüber hinaus sind die Vorstellungen eines klassischen, operativen Einkaufs überholt. Statt des bisherigen, operativen Einkaufes muss schon fast zwingend eine Einheit zur Pflege der Einkaufsanwendungen sowie zur Weiterentwicklung der digitalen, automatisierten und dunklen Prozesse eingerichtet werden. Zudem können hier Innovationsthemen getrieben werden. Diese Einheit bildet die Voraussetzung für die weitere Hinzunahme von Quantitäten, die im Hinblick auf die Konsolidierungswelle im Bereich der Versicherungsbranche zu erwarten ist. Deswegen ist ein besonderes Augenmerk auf die modulare Aufstellung der verschiedenen Commodities zu richten (vgl. Abb. 33.9).

Anwendungspflege & operativer Einkauf	Strategischer Einkauf	Stab & Controlling
• Bestellveranlassung und -verfolgung • Einholen und Vergleichen von Angeboten • Erstellung und Auswertung von Leistungsverzeichnissen • Rechnungskontrolle / Liefertermintreue sicherstellen • Reklamationsabwicklung • Stammdatenpflege • Wareneingangskontrolle • Abrufen von Liefermengen aus Rahmenverträgen • Pflege der technischen Einkaufssoftware	• Aktives Kostenmanagement • Ausschreibungssteuerung • Beratung der Fachbereiche • Vertragsmanagement • Entwicklung von Verhandlungstaktiken • Beschaffungsmarktanalyse • In- und Outsourcing Strategien • Lieferantenaudits und -entwicklung • Materialgruppenmanagement • Entwicklung Einkaufsstrategie und Zielfindungsprozess • Mitarbeiterführung • Verhandlung von Rahmenverträgen	• Lieferantenmanagement • Projektmitarbeit und -steuerung • Einkaufscontrolling • Implementierung von Einkaufssoftware • Prozessoptimierung • Benchmarking • Innovationsmanagement • Entwicklung von Einkaufstools und professionellen Instrumenten (wie bspw. Skill-Matrizen und Wartungsplänen)

Abb. 33.9 Darstellung: State of the Art Einkaufsorganisation. (Quelle: 67Rockwell)

Um die notwendige Transparenz herzustellen, sollte entweder im Bereich des strategischen Einkaufes eine Stelle, bestenfalls aber eine eigene Einheit zur Darstellung eines belastbaren Sachkostenreportings und -controllings eingerichtet werden. Im Sinne eines effektiven Steuerungsinstrumentes für das Top-Management im Bereich der nun gänzlich konzentrierten Sachkosten müssen Wechselwirkungen der Kosten auch mit Bereichen des Kerngeschäfts identifiziert und nachgehalten werden. Nur so können steuerungsrelevante Kennzahlen erhoben werden, die die Reduktion von Sachkosten bei gleichzeitiger Beibehaltung der Qualität erlauben. Hinzu kommt die Implementierung eines wirksamen Forecasts auf Kosten- und Produktebene.

Die Bildung von unternehmensübergreifenden Einkaufseinheiten zur Bündelung von Beschaffungen und damit zur weiteren Kosten- und Bedarfsoptimierung kann sowohl durch eine vollständige Zusammenlegung oder durch die Übernahme von Einkaufseinheiten erfolgen, aber auch durch die weitere Nutzung, den Ausbau oder die Bildung von größeren Einkaufsgemeinschaften. Die erste Variante hat den Vorteil der weiteren Prozesseffizienz über Unternehmen hinweg und generiert auch Einsparungen im Personalkostenbereich. Dagegen zielt die Bildung von Einkaufsgemeinschaften nur auf verbesserte Konditionen auf Grund der Bündelung von Beschaffungsvolumina ab. In beiden Bereichen wird die Abbildung der Prozesse über digitale Verfahren zukünftig unabdingbar sein und bestärkt die Einrichtung einer Einheit, die sich auf die Pflege und Weiterentwicklung der automatisierten Prozesse und dem Umgang mit den kommenden Techniken wie Big Data spezialisiert.

Literatur

1. Arnolds H (2016) Materialwirtschaft und Einkauf. Springer Gabler, Wiesbaden, S 452
2. Büch, Mario (2013) Praxishandbuch strategischer Einkauf. Springer Gabler, Wiesbaden, S 320
3. Doyé T, Hecht D, Ulfert L (2017) Gestaltung von Hochschulangeboten zur Deckung des Fachkräftebedarfs in der Beschaffung: Dargestellt anhand der akademischen Aus- und Weiterbildung der TH Ingolstadt. In: Fröhlich E, Karlshaus A (Hrsg) Personalentwicklung in der Beschaffung. Springer Gabler, Wiesbaden, S 155
4. Gillen P, Wambach A (2018) Ableitungen zum Einfluss der Digitalisierung auf die Volkswirtschaft. In: Schupp F, Wöhner H (Hrsg) Digitalisierung im Einkauf. Springer Gabler, Wiesbaden, S 162
5. Hillberg K (2017) Projektmanagement im Einkauf. Springer Gabler, Wiesbaden, S 32
6. Kleemann F, Glas A (2017) Einkauf 4.0. Springer Gabler, Wiesbaden, S 9
7. Lorenzen KD, Krokowski W (2018) Einkauf. Springer Gabler, Wiesbaden, S 30
8. Schuh G (2014) Einkaufsmanagement. Springer-Vieweg
9. Van Weele A, Eßig M (2017) Strategische Beschaffung. Springer Gabler, Wiesbaden
10. Weigel U, Rücker M (2015) Praxisguide Strategischer Einkauf. Springer Gabler, Wiesbaden

34. Werkstattmanagement – Schadensteuerung im Spannungsfeld zwischen Kunde und Versicherung

Wolfgang Breuer und Katharina Zimmermann

Zusammenfassung

Aufgrund eines starken Wettbewerbs und des damit einhergehenden Kostendrucks in der Kfz-Versicherung ist die Schadensteuerung im Spartenvergleich der Kompositversicherung besonders ausgeprägt. Insbesondere Werkstattsteuerung hat hier mit ihrem positiven Einfluss auf Schadenaufwand und Kundenzufriedenheit eine hohe Bedeutung. Dieser Artikel thematisiert, neben den Hintergründen des Werkstattmanagements, strategische Aspekte etablierter Modelle sowie Möglichkeiten der Optimierung des bestehenden Netzes, insbesondere auch zur Erhöhung der Steuerungsquoten.

34.1 Einleitung

Aufgrund eines starken Wettbewerbs und des damit einhergehenden Kostendrucks in der Kfz-Versicherung ist die Schadensteuerung im Spartenvergleich der Kompositversicherung besonders ausgeprägt. Insbesondere Werkstattsteuerung hat hier eine hohe Bedeutung. Neben erheblichen Einsparungen des Schadenaufwandes, bietet es die Möglichkeit, im Schadenfall aktiv an der Kundenschnittstelle aufzutreten und so einen wesentlichen Beitrag zur Nachhaltigkeit der Kundenzufriedenheit zu leisten. Innerhalb der Assekuranz haben sich in den letzten Jahren unterschiedliche Modelle zur Werkstattsteuerung etab-

---

W. Breuer (✉)
Provinzial NordWest
Münster, Deutschland
E-Mail: wolfgang-breuer@provinzial.de

K. Zimmermann
67rockwell Consulting GmbH
Hamburg, Deutschland
E-Mail: katharina.zimmermann@67rockwell.de

liert. Welches Modell für den jeweiligen Versicherer am geeignetsten ist, hängt dabei von einer Vielzahl an Parametern, unter anderem vom individuellen Geschäftsmodell des Unternehmens, ab. Um weitere Einsparpotenziale aus der aktiven Steuerung von Reparaturen zu heben, prüfen viele Versicherer kontinuierlich, welches Modell für sie strategisch und finanziell am vorteilhaftesten ist.

34.2 Bedeutung der Kfz-Branche für den deutschen Versicherungsmarkt

Als die größte Sparte der deutschen Unfall- und Sachversicherer mit einem aktuellen Prämienvolumen von über 25 Mrd. EUR hat die Kfz-Versicherung eine enorme Bedeutung für die Branche. Bei der Betrachtung von Kennzahlen, wie der Combined Ratio (Schaden-Kosten-Quote), zeigt sich jedoch, dass die Sparte hinsichtlich ihrer Profitabilität in der Vergangenheit deutliche Defizite hatte (s. Abb. 34.1) (vgl. [3]).

Trotz erkennbar positiver Entwicklung fordert der zunehmende Kostendruck – unter anderem hervorgerufen durch die Zuspitzung des Wettbewerbs auf einen reinen Preiskampf – Kfz-Versicherer dazu auf, sich zunehmend auf Potenziale zur Reduktion von Schadenbearbeitungskosten sowie des Schadenaufwandes zu fokussieren. Das Konzept der Schadensteuerung bzw. des Werkstattmanagements hat sich in dieser Beziehung als ein wesentlicher Hebel zur Erreichung der Ertragsziele am Markt etabliert. Entscheidende Wettbewerbsfaktoren für Kfz-Versicherer sind dabei die Auswahl des Werkstattnetzwerkes sowie die Erhöhung der Steuerungsquoten. Ungeachtet der möglichen Potenziale schöpfen Versicherer ihre Steuerungspotenziale derzeit jedoch nicht vollständig aus.

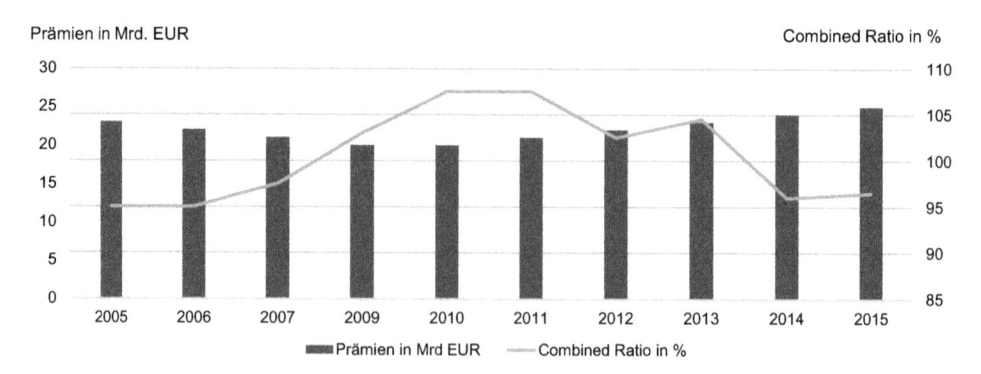

Abb. 34.1 Entwicklung des Kfz-Prämienvolumens sowie der Combined Ratio (2005–2015). (Quelle: GDV 2017)

34.3 Hintergründe und Entwicklung des Werkstattmanagements

In der Kfz-Schadenregulierung existieren mehrere Möglichkeiten zur Abrechnung des Schadens. Grundsätzlich werden konkrete und fiktive Schadensabrechnung sowie die Anschaffung eines Ersatzfahrzeuges bei erheblichen Beschädigungen respektive Totalschäden unterschieden. Die Entscheidung über die Art der Abrechnung liegt in der Regel beim Kunden bzw. Geschädigten. Im Falle von konkreten Abrechnungen wird der Schaden vorwiegend auf Basis der Rechnung des jeweiligen Reparaturbetriebes gezahlt. In Abhängigkeit der gewählten Werkstatt können diese für dieselbe Reparatur unter anderem aufgrund unterschiedlicher Stundenverrechnungssätze oder Ersatzteilpreise stark schwanken. Um diese Schwankungen zu reduzieren und einheitliche Standards zu etablieren, ist vor über 20 Jahren in Großbritannien das Konzept der Schadensteuerung bzw. des Werkstattmanagements entstanden (vgl. [1]). Dabei werden Kunden und Geschädigte aktiv von Versicherern in ausgewählte Reparaturbetriebe gesteuert, mit denen die Unternehmen selbst bzw. sogenannte Netzwerkmanager Vereinbarungen über Rechnungsposten, Qualitätsstandards, Servicelevel und gegebenenfalls spezifische Dienstleistungen der Werkstätten für Kunden und Geschädigten vereinbart haben. Gesteuert werden können sowohl eigene Kunden im Rahmen eines Kaskoschadens in Tarifen mit bzw. ohne Werkstattbindung als auch Geschädigte im Falle eines Kfz-Haftpflichtschadens. Auch im Rahmen der fiktiven Abrechnung greifen Versicherungsunternehmen auf ihre Netzwerkpartner zur Steuerung der Schadenhöhe zu, da somit der Einsatz von Sachverständigen vermieden werden kann.

Seit sich das Konzept auch in Deutschland etabliert hat, ist der Markt in ständiger Bewegung. Zum einen treten neue Dienstleister (beispielsweise riparo im Dezember 2016) in den Markt ein, die die Schnittstelle zwischen Werkstätten und Versicherungsunternehmen besetzen und weitere Leistungen sowohl für die Reparaturbetriebe als auch Versicherer anbieten, zum anderen werden von Unternehmen selbst neue Netzwerke wie SPN gegründet. In Tab. 34.1 ist ein Überblick der größten solcher Netzwerke auf dem deutschen Kfz-Versicherungsmarkt zu sehen (vgl. [1]).

Darüber hinaus sind regelmäßig Wechsel von Versicherungsunternehmen zwischen den am Markt agierenden Werkstattnetzen zu beobachten. Der Wettbewerb zwischen Versicherern nimmt dabei eine bedeutende Rolle ein. So ging die Schadensteuerung in Kfz in jüngster Vergangenheit aufgrund des „Signalisationstreites" von Akteuren, wie der Innovation Group oder Allianz, gegen den Kfz-Riesen HUK-Coburg durch die Medien. Auslöser hierfür war das markante Branding von Werkstätten unter der Marke HUK, von dem auch Reparaturbetriebe mit Steuerungsvolumen von anderen Versicherungsunternehmen oder Schadensteuerern betroffen waren. In Folge wurde die Zusammenarbeit mit einigen Werkstätten aufgrund der 100-Prozent-Signalisation zum Wettbewerber gestoppt bzw. sogar gekündigt. Durch zahlreiche bilaterale Gespräche konnte der Streit mit einer einvernehmlichen Lösung beigelegt werden (vgl. [2]).

Alle auf dem Markt vorhandenen Netzwerke lassen sich in Abhängigkeit der Teilnehmer (nur eigenes Versicherungsunternehmen versus mehrere Unternehmen), des je-

Tab. 34.1 Marktübersicht Werkstattnetze. (Quelle: 67rockwell auf Basis Autohaus 2016)

Modell	(Beteiligte) Unternehmen	Kfz-Werkstätten	Bemerkung
HUK-Coburg	HUK eigene Versicherer, VHV, Hannoversche, Aachen Münchner, Generali, Cosmos Direkt, Concordia, Gothaer, Janitos, Debeka	ca. 1500	– freie und Markenwerkstätten – ca. 1/3 des gesamten Steuerungsvolumen am Markt
Innovation Group	40 Versicherer, u. a. AXA, Continentale, Ergo, R+V, WGV, Württembergische, Zurich	ca. 850	– freie und Markenwerkstätten – ca. 1/3 des gesamten Steuerungsvolumen am Markt
SPN	Allianz, VKB, SV Sachsen, ADAC	ca. 1000	– freie und Markenwerkstätten – Öffnung für weitere öffentlich-rechtliche Versicherer angedacht
Selbststeuerer	DEVK, HDI, LVM	DEVK ca. 4000	– u. a. Kooperationen mit Automobilherstellern
Weitere Dienstleister	riparo, Damage Management Service (DMS), Eurogarant etc.	DMS ca. 2000	

weiligen Netzwerk-Managers (Dienstleister, anderes versus eigenes Versicherungsunternehmen) sowie der teilnehmenden Partnerwerkstätten (freie versus Markenwerkstätten versus versicherungseigene Werkstätten) einordnen (siehe Abb. 34.2) und geben damit zudem den möglichen Optionenraum für den Einstieg oder die Optimierung des Werkstattmanagements. Darüber hinaus gibt es in der konkreten Ausgestaltung der Kooperation zahlreiche weitere Differenzierungsmerkmale der Modelle, wie beispielsweise

- vereinbarte Stundenverrechnungssätze und Teilerabatte,
- Umgang mit Laufkundschaft (nicht aktiv vom Versicherungsunternehmen gesteuert),
- Vereinbarung von Abwicklungsprozessen,
- Angebot von zusätzlichen Dienstleistungen und
- Gebühren für Netzwerkteilnahme oder weitere Leistungen.

Neben den Netzwerken unterhalten einige Versicherer zusätzlich Kooperationen zu Automobilherstellern (beispielsweise Allianz mit Opel oder Volkswagen). Jedoch haben sich nicht nur Kooperationen zwischen Herstellern und traditionellen Versicherungsunternehmen am Markt etabliert, immer häufiger treten Kfz-Hersteller mit eigenen Versicherern am Markt auf. Insbesondere Toyota konnte mit seinem japanischen Versicherer Aioi Dowa Nissay Insurance und dem deutschen Toyota Versicherungsdienst bereits Erfolge verbuchen. Während Automobilhersteller auf diese Weise einerseits versuchen, immer größere Teile der Wertschöpfungskette rund um das Fahrzeug für sich zu beanspruchen, greift

34 Werkstattmanagement

Teilnehmer	Netzwerkmanager	Werkstätten im Netzwerk	
Mehrere Versicherungsunternehmen	Dienstleister	Freie und / oder Markenwerkstätten (bereits in Netzwerken)	Versicherungseigene Werkstätten
	Anderes Versicherungsunternehmen		
Nur eigenes Versicherungsunternehmen	Eigenes Versicherungsunternehmen	Gewinnung neuer Werkstätten	

Abb. 34.2 Einordnung Werkstattnetze/Möglicher Optionenraum für Versicherungsunternehmen. (Quelle: 67rockwell)

andererseits die HUK-Coburg als Versicherungsunternehmen mit dem Angebot von Wartungsarbeiten über das eigene Werkstattnetz und sogar durch ein eigenes Autohaus in den klassischen Tätigkeitsbereich von Automobilherstellern bzw. Autohäusern ein (vgl. [1]).

34.4 Nutzen des Werkstattmanagements für Versicherungsunternehmen und ihre Kunden

Wie bereits erwähnt, gilt das Werkstattmanagement als ein wesentlicher Hebel zur Reduktion des Aufwandes bei der Regulierung von Kfz-Schäden. Durch die Bündelung von Einkaufs- und Reparaturvolumen und damit möglichen Konditionsvereinbarungen für Ersatzteile sowie Stundenverrechnungssätze ergeben sich bei konkreten Reparaturen für Versicherungsunternehmen die größten Einsparpotenziale. In Abhängigkeit des gewählten Modells können sich diese in Teilen jedoch erheblich unterscheiden. Neben diesen Aspekten spielt die Wahl des Reparaturweges (Teileaustausch oder Instandsetzung) eine wesentliche Rolle für den Schadenaufwand. Mit dem Prozess der elektronischen Kalkulation (DAT, Audatex) werden Versicherer in die Lage versetzt, bereits zum Zeitpunkt der Schadenbewertung in der Werkstatt Einfluss auf den Reparaturweg zu nehmen. Sowohl dieser Prozess als auch weitere vereinbarte Qualitäts- und Prozessstandards ermöglichen die Realisierung zusätzlicher Effizienz- und Effektivitätspotenziale. So beschleunigen ein hoher Automatisierungsgrad ausgewählter Prozessschritte und damit einhergehend weniger manuelle Prüfroutinen die Schadenbearbeitung für Mitarbeiter und Kunden. Ferner kann aufgrund des Vertragsverhältnisses vielmals auf den Einsatz von Sachverständigen verzichtet werden. Somit lassen sich für Versicherer in Abhängigkeit der Schadenhöhe Einsparungen von ca. 15 bis 25 % realisieren.

Da technische Entwicklungen und Prozessoptimierungen die Unfallinstandsetzung in immer größeren Maße beeinflussen, hat es für Versicherungsunternehmen zunehmende Bedeutung, entweder selbst oder über Kooperationspartner Know-how zu aktuellen Entwicklungen vorzuhalten, um auch weiterhin dem Preiskampf am Markt sowie den wachsenden Qualitätsstandards und Kundenansprüchen standhalten zu können. Die Nähe und der Zugang zu Reparaturbetrieben können jedoch je nach Werkstattnetz variieren. Zudem unternehmen auch Kfz-Hersteller vermehrt Anstrengungen, aktiv in die Steuerung im Schadenfall einzugreifen, um zum einen ihr Markenerlebnis gegenüber ihrer Kunden zu stärken, zum anderen um ihre sinkenden Margen zu verteidigen. Dabei nutzen sie sowohl die Reparatur in ihren eigenen Werkstätten als auch einen zunehmenden Vertrieb eigener Versicherungsprodukte. Perspektivisch steht Kfz-Herstellern zudem die Möglichkeit der Fahrzeugdatennutzung zur sehr frühen Schadensteuerung zur Verfügung. Sie stehen somit bezüglich der Gewinnung des Kundenkontaktes im Schadenfall sowie möglichen Einsparungen des Reparaturaufwandes in unmittelbarer Konkurrenz zu Kfz-Versicherern (vgl. [6]).

Neben der Ertragsperspektive, gibt es deswegen auch weitere Aspekte, die das Werkstattmanagement für Versicherungsunternehmen attraktiv machen. Veränderte und insbesondere auch gestiegene Kundenerwartungen können durch das Angebot spezifischer Dienstleistungen rund um den Reparaturprozess bedient und somit ein wesentlicher Beitrag zur Steigerung der Kundenzufriedenheit im eigentlichen Moment-of-Truth des Versicherungsproduktes geleistet werden. Diese ist auch im Nachgang wesentlicher Erfolgsfaktor für den weiteren Verlauf der Kundenbeziehung. Somit kann ein Schadenerlebnis entscheidend dafür sein, den Kunden im Wettbewerb zwischen Versicherern und Automobilhersteller nachhaltig an die eigene Marke zu binden (vgl. [6]).

Nicht nur für das Versicherungsunternehmen auch für Kunden bzw. Geschädigte hat die Steuerung in Partnerwerkstätten zahlreiche Vorteile, wie beispielsweise schnellere Reparaturdauern und hohe Qualitätsstandards. Des Weiteren werden oftmals Servicedienstleistungen rund um den Werkstattbesuch angeboten, die die Mobilität während der Reparatur sicherstellen. So profitieren Kunden auch im Kasko-Schadenfall bei einigen Werkstattnetzen von Hol- und Bring-Services, kostenlosen Ersatzfahrzeugen oder einer Fahrzeugreinigung. Da häufig kein Anspruch auf diese Leistungen im Schadenfall besteht, bekommen Versicherungsunternehmen hier die Chance, ihre eigenen Kunden, aber auch Anspruchsteller zu begeistern.

Zudem ist gerade der Zeitpunkt des Unfalls oder der Panne ein emotionaler Moment, in dem wohl jeder Kunde Unterstützung und Hilfe benötigt und für diese ansprechbar ist (vgl. [5]). Durch professionelles Schadenmanagement können Versicherer den Kundenzugang zu einem frühen Zeitpunkt mit hohen Erfolgsaussichten der Schadensteuerung herstellen und dem Kunden die benötigte Hilfestellung zur Verfügung stellen. Bisher ist es Versicherern jedoch nicht ausreichend gelungen, ihren Kunden als Ansprechpartner im Unfallzeitpunkt bewusst zu sein (vgl. [6]). Ursachen hierfür können in einer mangelnden Prozesseinbindung des Schadenzeitpunktes in unternehmenseigene Prozesse aber auch im Kundenverhalten selbst liegen (keine rationale Abwicklung der nächsten Schritte bei überwiegend noch fahrbereiten Fahrzeugen).

34.5 Strategische Aspekte der Modellauswahl

Möchte ein Versicherungsunternehmen in das Werkstattmanagement einsteigen oder hat Anlass zur Neuausrichtung, so sollten in Anbetracht der unterschiedlichen Modelle sowie gegebenenfalls der Ausgangssituation im bestehenden Modell grundsätzlich folgende Optionen geprüft werden:

1. Erhalt und Ausbau bzw. Optimierung des bestehenden Modells,
2. Wechsel in ein anderes, am Markt bestehendes Netzwerk eines Dienstleisters,
3. Wechsel in das Werkstattmanagement eines Wettbewerbers und
4. Aufbau und Betrieb eines eigenen Netzwerkes.

Bei der Bewertung der Optionen sollten dabei vier wesentliche Kriterien geprüft und bewertet werden: Der strategische Fit, der erwartete wirtschaftliche Nutzen, gegebenenfalls entstehende Kosten sowie mögliche Risiken (Übersicht und Detaillierung der Bewertungskriterien s. Tab. 34.2).

Um als Versicherer erfolgreiches Werkstattmanagement zu betreiben, ist es von erheblicher Bedeutung, dass die eigenen Mitarbeiter sowie die Vertriebspartner das gewählte Modell akzeptieren und gegenüber Kunden und Geschädigten vertreten. Unterstützt wird dies in der Regel durch eine Stärkung der eigenen Marke mit Hilfe des Werkstattnetzes. Weiterhin sind mögliche Gestaltungsspielräume, beispielsweise die Aufnahme von Werkstätten auf eigenen Wunsch oder die Verhandlung von individuellen Konditionen sowie die Differenzierung zu anderen Versicherern wesentlich für die Netzwerkwahl. Wie wichtig diese Aspekte der strategischen Passgenauigkeit zur unternehmenseigenen Strategie sind, hat zuletzt der bereits erwähnte „Signalisationsstreit" um das Netzwerk der HUK-Coburg gezeigt.

Da der Effekt auf den Schadenaufwand ursächlich für die Einführung von Werkstattmanagement-Maßnahmen ist, ist der wirtschaftliche Nutzen eines jeden Modells im Wettbewerb auf dem Kfz-Versicherungsmarkt wesentlicher Entscheidungs- und Erfolgsfaktor. Neben der Reduktion von Schadendurchschnitten sind Effizienzpotenziale in der Schadenbearbeitung sowie eine Steigerung der Kundenzufriedenheit und damit -bindung quantifizierbare Größen zur Bewertung. Darüber hinaus sinkt durch steigende Verbindlichkeit

Tab. 34.2 Qualitative und quantitative Kriterien zur Bewertung Optionenraum Werkstattsteuerung. (Quelle: 67rockwell)

Kriterium	Beschreibung
Strategischer Fit	Wettbewerbsdifferenzierung, eigener Gestaltungsspielraum/Anpassungsfähigkeit, Akzeptanz des Vertriebes/der Vertriebspartner, Beitrag zur Markenstärke
Wirtschaftlicher Nutzen	Reduktion Schadendurchschnitt, Erhöhung Steuerungsquoten, Qualitätssteigerung, Reduktion Betrug, Steigerung Kundenzufriedenheit, gegebenenfalls zusätzliche Einnahmen (beispielsweise aus Provisionen der Werkstätten)
Erwartete Kosten	Einmalige Investitions-/Wechselkosten (beispielsweise IT-Investitionen oder Kosten für den Aufbau eines eigenen Werkstattnetzwerks), laufende Betriebskosten (beispielsweise Personalkosten, Gebühren, ...)
Risiken	Technische, prozessuale und organisatorische Risiken, Know-how, Konditionenrisiko, mögliche Reputationsrisiken, Zukunftsfähigkeit

gegenüber den Werkstätten sowie das verbesserte Verhältnis zum Kunden das Betrugsrisiko. Steht der Betrieb eines eigenen Netzwerkes als Option zur Diskussion, so können zusätzliche Einnahmen, beispielsweise aus Provisionen der Werkstätten oder Gebühren von anderen Versicherungsunternehmen für die Nutzung des Netzwerkes generiert werden. Diese Gebühren sind anderseits bei der Nutzung fremder Netzwerke als erwartete Kosten zu berücksichtigen, ebenso wie gegebenenfalls weitere anfallende Gebühren für etwaige Leistungen des Netzwerk-Managers, laufende Personalkosten zur Betreuung oder einmalige Investitions- oder Wechselkosten.

34.6 Optimierung des bestehenden Netzes und Erhöhung der Steuerungsquoten

Kommt ein Wechsel des Modells für ein Versicherungsunternehmen nicht in Betracht, so bietet das bestehende Netz oftmals zahlreiche Möglichkeiten zur Optimierung. Hierzu können grundsätzlich zwei Richtungen in Betracht gezogen werden: Nachverhandlungen von Konditionen im aktuellen Netzwerk sowie die Steigerung des eigenen Steuerungsvolumens. Letzteres beeinflusst dabei durch seinen Umfang mögliche Gespräche und stärkt die Verhandlungsposition gegenüber dem Netzwerkmanager bzw. den Werkstätten, beispielsweise zur Nachverhandlung von Gebühren oder Stundenverrechnungssätzen. An dieser Stelle wird jedoch auf die Nachverhandlung nicht weiter eingegangen, da diese sich im Wesentlichen auf die im vorangegangenen Kapitel bereits erläuterten Aspekte beziehen.

Die Erhöhung des eigenen Volumens hängt dabei von zwei wesentlichen Aspekten ab:

1. *Ausgestaltung und Durchdringung des Vertragsbestandes mit Werkstattbindungstarifen*: Für (potenzielle) Kunden attraktiv gestaltete Produkte und deren aktiven Verkauf erhöhen durch ihre Verbindlichkeit der Nutzung ausgewählter Werkstätten die Steuerungsquoten. Oftmals reduzierte Prämien gegenüber herkömmlichen Tarifen gilt es jedoch, bei der Potenzialbewertung mit zu betrachten.
2. *Prozessuale und organisatorische Ausgestaltung der Schadensteuerung*:
   - Ausbau geeigneter Schadenmeldewege sowie Förderung einer schnellen Schadenmeldung,
   - Einbindung des Vertriebes in den Bearbeitungsprozess,
   - Stärkung der Akzeptanz des Netzwerkes und der Schadensteuerung bei Mitarbeitern im Innendienst sowie im Vertrieb,
   - Qualifizierung der Mitarbeiter in der Telefonie (sowohl Inbound als auch Outbound),
   - Ausgestaltung von Steuerungszielen sowohl für die Organisation als auch für einzelne Mitarbeiter sowie deren Controlling und
   - Optimierung der IT-Unterstützung.

Da kundenbezogene Aspekte, wie das Geschlecht des Kunden oder der Fahrzeugtyp, nur einen vernachlässigbaren Einfluss auf den Erfolg einer Werkstattsteuerung haben, ist eine kundenindividuelle Ausgestaltung der Schadensteuerung kein Erfolgsfaktor. Lediglich das Alter eines Versicherungsnehmers zeigt eine geringe Relevanz (je jünger, desto häufiger gelingt eine erfolgreiche Werkstattsteuerung). Zudem kann die Qualität der Werkstätten im gewählten Netz, die sich zwischen den Netzwerkanbietern stark unterscheiden können, ein weiterer Hebel sein. Die genannten Faktoren haben dabei sowohl Einfluss auf die Steuerung von eigenen Kunden (sowohl mit als auch ohne Werksattbindung) als auch auf die von Geschädigten.

34.7 Fazit und Ausblick

Das Werkstattmanagement von Kfz-Versicherern kann insgesamt durch einen ganzheitlichen Ansatz entlang des Schadenbearbeitungsprozesses nachhaltig ausgebaut und optimiert werden. Kritische Punkte und Ineffizienzen bei der Schadenmeldung, hohe Stornoquoten nach Auftragsvermittlung aber auch die Akzeptanz des Netzes im eigenen Unternehmen sind nur einige der dabei zu betrachteten Aspekte, um erhebliche Einsparungen auf den Schadenaufwand in der Sparte Kfz zu realisieren und damit die Combined-Ratio positiv beeinflussen zu können. Darüber hinaus kann durch guten Service und schnelle Bearbeitungszeiten ein maßgeblicher Beitrag zur Kundenzufriedenheit und -bindung geleistet werden.

Mit zunehmender Durchdringung des Fahrzeugbestandes durch die eCall-Technologie, Notrufsysteme sowie die dadurch im Fahrzeug befindlichen Techniken zur Datenübertragung baut sich jedoch der Informationsvorsprung der Automobilhersteller im Falle eines Unfalls zunehmend aus, auch wenn deren Anteile am Unfallgeschehen bisher sehr gering sind. Kfz-Versicherer werden in ihrer Möglichkeit zur eigenen Steuerung des Schadens stark eingeschränkt und werden sich perspektivisch stärker darauf fokussieren müssen, zu einem früheren Zeitpunkt Zugang zu ihren Kunden zu erlangen (vgl. [4]). Durch das Angebot von „Service Select", mit dem etwa die HUK Coburg mit der gesamthaften technischen Betreuung des Fahrzeuges näher in das Aufmerksamkeitsspektrum ihrer Kunden rückt, schlägt das Versicherungsunternehmen eben diese Richtung ein. Mit der Gründung eines eigenen Autohauses für Gebrauchtwagen beginnt der Versicherer, den gesamten Zyklus eines Automobils vom Kauf bis zum Verkauf abzudecken. Die Werkschöpfungskette des Unternehmens verschiebt sich also zunehmend von einem reinen Versicherungsunternehmen hin zu einem Komplett-Dienstleister für den Kunden rund um dessen Fahrzeug.

Auch weitere technologische Fortschritte wie beispielsweise neue Möglichkeiten der Schadenbewertung über mobile Endgeräte und der damit verbundenen Option zur direkten und schnellen Schadenabwicklung und steigende Kosten für Ersatzteile und insbesondere Fahrzeugassistenzsysteme werden die Abwicklung von Kfz-Schäden zukünftig beeinflussen.

Neben den aufgeführten Aspekten des Werkstattmanagements gilt es in einer ganzheitlichen Betrachtung der Profitabilität des Werkstattmanagements auch das Pricing von Werkstattbindungstarifen näher zu betrachten. Dabei stellt sich beispielsweise die Frage, ob die im Markt sichtbaren Nachlässe für Werkstattsteuerung zu den tatsächlich erreichbaren Preisvorteilen passen oder es sich um ein reines Instrument zur Preispositionierung handelt.

Literatur

1. Autohaus (2016) Wer steuert wen – oder sich selbst? https://www.autohaus.de/nachrichten/schadenslenkung-aktuell-wer-steuert-wen-oder-sich-selbst-1860059.html. Zugegriffen: 20. Dez. 2017
2. Autohaus (2017) HUK-COBURG und Innovation Group beenden „Signalisationsstreit". https://www.autohaus.de/branchenverzeichnis/paukenschlag-huk-coburg-und-innovation-group-beenden-signalisationsstreit-1877979.html. Zugegriffen: 20. Dez. 2017
3. GDV (2017) Beiträge, Leistungen und Schaden-Kosten-Quoten in der Kfz-Versicherung. http://www.gdv.de/zahlen-fakten/kfz-versicherung/ueberblick/. Zugegriffen: 20. Dez. 2017
4. PricewaterhouseCoopers (2014) Der Insurance-Monitor Ausgabe 2: Kraftfahrt-Schaden – Quo vadis? https://www.pwc-wissen.de/pwc/de/shop/publikationen/Der+Insurance+Monitor+-+Ausgabe+2+-+2014/?card=12925. Zugegriffen: 19. Dez. 2016
5. Ringel J, Witte A (2017) Mitgefühl im Schadenfall – Neben Automatisierung und intelligenter Datennutzung wird Empathie zum entscheidenden Wettbewerbsvorteil. Versicherungswirtschaft 03/2017:12–13
6. Versicherungswirtschaft (2015) Die Schrauber von der Versicherung – Schadensteuerung im Auto-Geschäft steht vor dem Durchbruch. Versicherungswirtschaft 4/2015:30–31

Teil IV
Versicherungsmarketing-Implementierung, -Controlling und -Techniken

# Frühwarnung im Kundenbindungsmanagement von Versicherungen

Michael Reich und Tobias Blodau

> **Zusammenfassung**
>
> Mit signifikanten Effizienzsteigerungen durch Automatisierung kann der Versicherer seinen Kunden höhere Serviceniveaus bieten, was sich naturgegebener Maßen positiv auf die Kundenloyalität auswirkt. Deshalb ist es umso mehr notwendig, frühzeitig Kenntnis hinsichtlich der Bindung „guter" Kunden im Unternehmen zu erkennen, um möglicherweise zeitnah Kundenbindungsmaßnahmen einleiten zu können.

35.1 Einleitung

Wie viele andere Branchen, so sieht sich auch die deutsche Versicherungswirtschaft durch die aktuellen Digitalisierungstrends vor neue und durchaus auch schwerwiegende Herausforderungen gestellt. Anders als andere Branchen, die bereits ihre Geschäftsprozesse „state-of-the-art" optimiert haben, gibt es in der Assekuranz noch einen großen Nachholbedarf im Rahmen der Automatisierung ihrer Kernprozesse. Dabei ist insbesondere die Dunkelverarbeitung in der Assekuranz hervorzuheben. Hier werden die Geschäftsvorfälle nicht mehr manuell durch Sachbearbeiter durchgeführt, sondern laufen komplett automatisiert durch sämtliche Bearbeitungsstufen im Unternehmen. Innerhalb der Assekuranz

M. Reich (✉)
67rockwell Consulting GmbH
Hamburg, Deutschland
E-Mail: michael.reich@67rockwell.de

T. Blodau
HVP Hanse Vertriebspartner AG
Hamburg, Deutschland
E-Mail: tobias.blodau@hvp.ag

ist die stringente weitere Automatisierung notwendig, da hiermit die Voraussetzungen geschaffen werden, stärker in kundenorientierte und digitale Geschäftsmodelle einzusteigen.

Im Weiteren werden die Herausforderungen inhaltlich weiter herausgearbeitet. Grundsätzlich lassen sich dabei drei Bereiche identifizieren:

- Veränderte Rahmenbedingungen,
- Wettbewerbsumfeld sowie
- Veränderte Kundeneinstellung.

Die Umsetzung von regulatorischen und gesetzlichen Vorgaben, wie zum Beispiel Verbraucherschutzrichtlinien, Sepa, EU-Vermittlerrichtlinien und die Vorgaben von Solvency II binden aktuell eine Vielzahl von Ressourcen in den Versicherungsunternehmen. Des Weiteren werden die demografische Entwicklung und der damit verbundene Fachkräftemangel den Geschäftserfolg der Unternehmen weiter negativ beeinflussen. Als eine große Herausforderung im Wettbewerbsumfeld zeigt sich heute ein hoher Preiswettbewerb bei Standardprodukten. Insbesondere Angebote in der Schadenversicherung wie Kfz.-, Hausrats- oder Gebäudeversicherung gelten als Commodity-Produkte[1] und werden wegen der standardisierten Leistungsmodelle überwiegend über den Preis vermarktet. Die Assekuranz hat seit Jahren mit sinkendem Verbrauchervertrauen und in diesem Zusammenhang in einigen Versicherungssparten mit rückläufigem Neugeschäft zu kämpfen (vgl. [8]). Insbesondere durch die Niedrigzinsphase entsteht ein hoher Kostendruck auf die Lebensversicherer, einige Versicherer haben ihre Bestände mittlerweile in den „Runoff" gegeben oder stehen vor dieser strategischen Entscheidung.

Daneben stehen die Versicherer nicht nur im Wettbewerb mit Unternehmen aus der eigenen Branche. Insbesondere durch branchenfremde, hoch innovative Unternehmen, wie zum Beispiel Amazon oder Google, die in den angestammten Markt der Versicherer eintreten, können damit das Geschäftsmodell der Versicherer maßgeblich bedrohen. Erste Aktionen, wie zum Beispiel die Gründung von Aggregatoren in Form von Vergleichsportalen in europäischen Ländern durch Google, zeigen, welche Möglichkeiten für diese Unternehmen bestehen, die etablierten Versicherer und Internetmakler anzugreifen.

Vor diesem Hintergrund kommt dabei der Früherkennung von Risiken, um für zukunftsorientierte Entscheidungen Zeit gewinnen zu können, eine besondere Bedeutung zu. Gerade die vergangenen Krisen auf den weltweiten Kapitalmärkten hat die Notwendigkeit von effizienten Frühwarnsystemen deutlich werden lassen. Gefahren müssen aufgespürt werden, bevor sie für das Unternehmen bedrohliche Auswirkungen zeigen, und Gelegenheiten müssen erfasst werden, bevor sie verloren gehen. Die Ursachen ungünstiger Entwicklungen können gerade im Marktbereich lange zurückliegen, ehe sie in der Unternehmensrechnung zum Ausdruck kommen. Die Schlussfolgerung hieraus lautet, dass eigentlich jedes Unternehmen ein „radarähnliches" System benötigt, welches die Stör-

---

[1] **Commodity** (englisch *für „Ware", „Rohstoff" oder „Gebrauchsgegenstand"*) steht für stark standardisierte, austauschbare Standardware, die bei vielen Lieferanten in vergleichbarer Qualität zu beziehen ist.

größen frühzeitig signalisiert, damit entsprechende Gegenmaßnahmen eingeleitet werden können. Je weniger Zeit einer Unternehmung verbleibt, desto stärker werden ihre Handlungsspielräume eingeschränkt. Daraus folgt, dass Zeitgewinn ein Erfolgsfaktor ist, der immer mehr an Bedeutung gewinnt, denn für jedes Unternehmen ist es von Vorteil, den zu erwartenden Wandel proaktiv anzugehen, anstatt unter Druck externer Gegebenheiten auf Ereignisse nur noch kurzfristig reagieren zu können. Zeitablauf hingegen vernichtet Handlungsmöglichkeiten durch die Einschränkung an sich möglicher Spielräume. Während ergebnisorientierte Systeme mögliche Abweichungen immer erst am Ende einer Periode aufdecken und dann im „feed-back"-Modus zu Korrekturmaßnahmen kommen, können in einem Frühwarnsystem auch zeitlich vorwärts gerichtete Kontrollen im „feed-forward"-Modus notwendige Zeitspielräume eröffnen, um innerhalb der Periode noch wirksam reagieren zu können (vgl. [4]).

Der Wettbewerbs- und Kostendruck, der auf vielen Unternehmen der Assekuranz lastet, und die Erkenntnis, dass jahrzehntelang erfolgreiche Strategien den Anforderungen des Wettbewerbs nicht mehr entsprechen, haben dazu geführt, dass der Kunde wieder in den Vordergrund der Betrachtung gerückt wird. Vielfach werden stagnierende Märkte und der damit einhergehende Verdrängungswettbewerb, der zunehmend die Akquisition von Kunden erschwert, als Gründe für diese Entwicklung angeführt. Aspekte der Kundenbindung als Erfolgsfaktor im Wettbewerb gewinnen daher heute – auch vor dem Hintergrund der zunehmenden Austauschbarkeit von Produkten und Leistungen in der Versicherungswirtschaft – bei vielen Versicherern an Bedeutung. Immer mehr Unternehmen wird bewusst, dass der Schaden, der durch den Verlust eines Kunden entsteht, je nach Branche bis zu siebenmal so hoch werden kann, wie der Nutzen eines Neukunden unter Berücksichtigung der Akquisitionskosten und dass der Gewinn pro Kunde mit zunehmender Zeitdauer der Kundenbeziehung in der Regel anwächst.

Gerade im Hinblick auf die Kundenbeziehung und dem damit verbundenen Kundenverhalten kommt einem Frühwarnsystem eine besondere Bedeutung zu, denn wenn das Marketing-Controlling sein Instrumentarium bestmöglich auf die Zielbereiche des Unternehmens hin ausgebaut hat, liegt dort eine elementare Quelle für ein erfolgreiches Kundenbindungsmanagement. Einige dieser Instrumente sind ohnehin für die gesamte Unternehmenspolitik wichtig, sodass sie sich für eine Integration in ein Frühwarnsystem anbieten.

Zu ihnen gehören beispielsweise die Stärken-/Schwächen-, die Erfolgs- und Misserfolgs-, die Chancen-, die Konkurrenz- und die Marktbedarfsanalyse, deren Informationen in einer für die Frühwarnung geeigneten Systematik kombiniert werden müssen. Der Nachteil dieser Instrumente liegt allerdings darin, dass ihre Aktualisierung sehr aufwändig ist und daher nur in größeren Zeitabständen vorgenommen wird (vgl. [2]). Das Marketing-Controlling hat deswegen heute und in Zukunft, vermehrt andere Frühwarnindikatoren zur Verfügung zu stellen, die automatisch und regelmäßig anfallen.

Die generelle Zielsetzung des vorliegenden Beitrages ist die Entwicklung eines integrativen Konzeptansatzes zur Frühwarnung im Kundenbindungsmanagement von Versicherungsunternehmen. Als innovative Basis eines Konzeptansatzes bietet sich dabei vor dem Hintergrund der Bedeutung eines Kundenbindungsmanagements der Kundenwert als zentraler Frühwarnindikator an.

Betrachtungsobjekte sind im Rahmen der Untersuchung dabei mittlere bis große deutsche Versicherungsunternehmen. Ausgeschlossen sind alle kleineren Assekuranzen und Versicherungsunternehmen, die zwar in Deutschland agieren, deren Konzernzentralen bzw. deren Sitze sich jedoch im Ausland befinden. Die großen deutschen Versicherungen bieten sich für eine derartige Betrachtung besonders gut an, da sie durch die Liberalisierung des Versicherungsmarktes zu größter Flexibilität und Kundenorientierung gezwungen worden sind. Dabei wird das Augenmerk auf Grund des hybriden Konsumverhaltens insbesondere auf das Privatkundensegment der Versicherungsunternehmen gelenkt.

35.2 Notwendigkeit neuer Frühwarnsysteme

In diesem Abschnitt wird die Notwendigkeit innovativer Frühwarnsysteme für Versicherungsunternehmen aufgezeigt. Zu diesem Zweck werden zuerst die zentralen Herausforderungen herauskristallisiert, die sich vor allem durch die Digitalisierung als Megatrend für deutsche Versicherungsunternehmen ergeben. Anschließend wird verdeutlicht, wie Versicherungsunternehmen auf diese Herausforderungen durch ein Kundenbindungsmanagement reagieren und welche Implikationen sich daraus für innovative Frühwarnsysteme ergeben können.

35.2.1 Zentrale Herausforderungen für Versicherungsunternehmen

Die Ausführungen beginnen mit einem Überblick der Rahmenbedingungen des Versicherungsmarktes, setzen sich fort in einer Analyse der Wettbewerbsstruktur, vertiefen dabei Aspekte wie Angebot und Nachfrage und gipfeln in einer Zusammenfassung möglicher Implikationen für die Organisationsstruktur von Versicherungsunternehmen.

Die Bestimmung zentraler Herausforderungen für deutsche Versicherungsunternehmen erfordert zunächst Vorhersagen über die zukünftige gesamtwirtschaftliche Entwicklung. Im Zusammenhang mit gesellschaftsstrukturellen Veränderungen können sich maßgebliche Einflüsse auf die private Vorsorge und damit auf die Kunden ergeben. Im Rahmen eines Überblicks sollen diese gesamtwirtschaftlichen Zusammenhänge aufgezeigt und hinsichtlich ihrer relevanten Wirkungszusammenhänge weiter vertieft werden.

Der digitale Wandel ist bereits heute ein Megatrend, weil von ihm besonders tiefgreifende Veränderungen in nahezu allen Lebensbereichen mit globaler Gültig- und Beständigkeit ausgehen. Seit einigen Jahren schreiten die technologische Entwicklung und damit die Grundlage des digitalen Wandels unaufhaltsam voran. Betrachtet man nur die deutsche Bevölkerung, so sind aktuell mehr als 76 % der deutschen Bevölkerung im Besitz eines Internetzugangs. Viele davon besitzen dazu auch einen mobilen Zugang und sind damit so jeder Zeit und an fast jedem Ort online. Mit der zunehmenden Verbreitung von Smartphones und Tablets verändert sich das Kommunikations- und Konsumverhalten der Menschen drastisch. Mittlerweile dienen diese Möglichkeiten nicht mehr nur der Informationsbeschaffung, sondern sind ein etablierter Kanal zum Einkauf jeglicher Waren und Dienstleistungen. Das Internet der Dinge, welches die komplette Vernetzung von Gegenständen aller Art beschreibt, wird neue Risiken hervorbringen, auf die in den weiteren Beiträgen dieser Publikation näher eingegangen wird. Des Weiteren werden autonome Fahrzeuge zukünftig das Straßenbild dominieren (vgl. [9]).

Neben den disruptiven Veränderungen, die der digitale Megatrend für die Versicherungswirtschaft mit sich bringt, brechen zudem Banken und Fondsgesellschaften weiter in das Kerngeschäft von Versicherungsunternehmen In Deutschland ein, indem sie Finanzdienstleistungen anbieten, die die Versicherungsdienstleistungen zu substituieren vermögen (vgl. [1]). Die Situation auf den Finanzmärkten führt zu nicht nur unvorhergesehenen Kursveränderungen, die sich auf die Ergebnisse der Versicherungsunternehmen auswirken, sondern auch zu einem damit verbundenen Zusammenschmelzen der Reserven und einem Vortragen von zukünftigen Abschreibungen; dies kann insbesondere bei Shareholder Value geführten Versicherungsgesellschaften, welche ihre Eigenmittel sehr effizient einsetzen müssen, zu einer deutlich gesteigerten Risikosituation führen. Die weiterlaufende Niedrigzinsphase vermindert zudem zukünftige Gewinnmargen aus der Kapitalanlage der Versicherer und kann in einigen Extremfällen, wie beispielsweise in der Lebensversicherung, zu einer ungeahnten Verlustquelle anwachsen. Aber auch in den langlaufenden Kompositsparten, wie der industriellen Haftpflichtversicherung, in denen Zinserträge zwischen Beitragszahlung und erwartetem Schadeneintritt in die Prämie eingepreist sind, gerät die Profitabilität deutlich unter Druck.

Verstärkt wird diese Entwicklung noch durch den Umstand, dass nur wenige Unternehmen bisher konsequent einem Ansatz des Asset Liability Managements folgen, in dem sie sich bei den Anlageinstrumenten nach ihren Verpflichtungen richten, da sie aus dem Mismatch zusätzliche Gewinne generieren.

Die Reform des Rentenversicherungssystems beeinflusst daneben den Versicherungsmarkt maßgeblich. Das umlagefinanzierte System der gesetzlichen Rentenversicherung wird dem Druck des sogenannten Generationenmodells in den nächsten Jahren nach Expertenmeinung nicht mehr weiter standhalten können. Die Finanzierungslücke, die sich auf Grund der demografischen Entwicklung – einer steigenden Zahl von Rentenempfängern steht eine sinkende Zahl von Beitragszahlern gegenüber – immer weiter verstärken wird, zwingt zu einer weiteren Reformierung des Systems. Folgt man dem aktuellen Kurs der Rentenkommission, die nach wie vor an der Umlagefinanzierung festhält, so kann eine Rentenreform als Extreme die Beitragssätze nur weiter erhöhen oder das Leistungsniveau bei gleichzeitiger Anhebung der durchschnittlichen Lebensarbeitszeit reduzieren. Denkbar ist hier zum Beispiel die schrittweise Angleichung des deutschen an das angelsächsische System, das über das sogenannte Contracting Out eine private und betriebliche Vorsorgekomponente staatlicherseits nicht nur fördert, sondern auch fordert.

Angesichts der Marktauswirkungen dieser Rahmenbedingungen ist für den deutschen Markt zu vermuten, dass sich insbesondere für Lebensversicherungen in jedem Fall eine Wachstumschance eröffnet, denn das Wissen um die Unzulänglichkeit der staatlichen Vorsorge sowie die anhaltende Diskussion der Reform der Rentenversicherung veranlassen die Bürger schon heute oftmals dazu, verstärkt in die private oder betriebliche Eigenversorgung zu gehen.

Über Richtung und Struktur der Bevölkerungsentwicklung und damit über Nachfragefaktoren für Versicherungsprodukte der nächsten Jahre herrscht unter den Experten weitestgehend Einigkeit. Das stagnierende Bevölkerungswachstum und die sich verändernde Bevölkerungsstruktur üben in Verbindung mit dem sich fortsetzenden Trend zu Single-Haushalten einen starken Einfluss auf die Beschaffenheit des Versicherungsmarktes aus. Dies zeigt sich insbesondere in den Nachfragemotiven. Während die Hinterbliebenenvorsorge an Bedeutung verliert, gewinnen die private Altersvorsorge und die Kapitalanlage an Relevanz. Die Tendenz zum Alleinleben führt dazu, dass die Zahl der Haushalte und damit auch das potenzielle Nachfragevolumen steigen.

Nach den Erfahrungen etwa von 67rockwell Consulting wird die Vorhersage der Nachfrageseite in Folge instabiler hybrider Konsumstrukturen zunehmend schwieriger und damit die Nachfrage für die Versicherungsunternehmen kaum planbar. Um diesen Entwicklungen begegnen zu können, kann unternehmensseitig versucht werden, durch eine lebenszyklusbasierte und an Wirtschaftlichkeitspotenzialen orientierte Individualisierung des Angebotes einer zunehmend komplexen Nachfrage entsprechend zu begegnen. In diesem Zusammenhang können auch Maßnahmen der Kundenbindung Anwendung finden, mittels derer, die für eine Individualisierung der Kundenbedürfnisse benötigte Informationen unternehmensseitig besser eruiert und damit Kunden effizienter betreut werden können.

Dies führt auch zu Implikationen im Hinblick auf die Angebotsstruktur von Versicherungsunternehmen, die nachfolgend Gegenstand sein wird. Ein verändertes Kaufverhalten der Kunden führt – wie bereits erwähnt – bei den Versicherungsunternehmen zu zentralen Herausforderungen im Hinblick auf die Angebotsstruktur. Aktuelle Studien zeigen, dass Versicherungsunternehmen gerade in der Produktentwicklung einen relevanten Schwerpunkt setzen wollen.

Die zukünftige Produktentwicklung wird in enger Zusammenarbeit mit betroffenen Kunden und Vertrieben in immer kürzeren Zeitzyklen zu realisieren sein. Abb. 35.1 illustriert die Vision eines optimierten Produktentwicklungsprozesses. Fortschritte in der Professionalisierung dieses Prozesses werden insbesondere dort realisiert werden, wo es zur Wahrnehmung der Produktentwicklung als Konzernfunktion kommt oder eine Kooperation mit einem Rückversicherer ausgeübt wird. Effiziente Produktentwicklungsprozesse werden allerdings auch zukünftig mehr unter Kosten- und Qualitätsaspekten zu bewerten sein und weniger unter „Time-to-market-Gesichtspunkten".

Da, wie oben diskutiert, die zukünftige Produktentwicklung in enger Zusammenarbeit mit betroffenen Kunden und in immer kürzeren Zeitzyklen zu realisieren sein wird, erwächst die fundamentale Herausforderung, den zeitnahen und vollständigen Zugang der

35 Frühwarnung im Kundenbindungsmanagement von Versicherungen

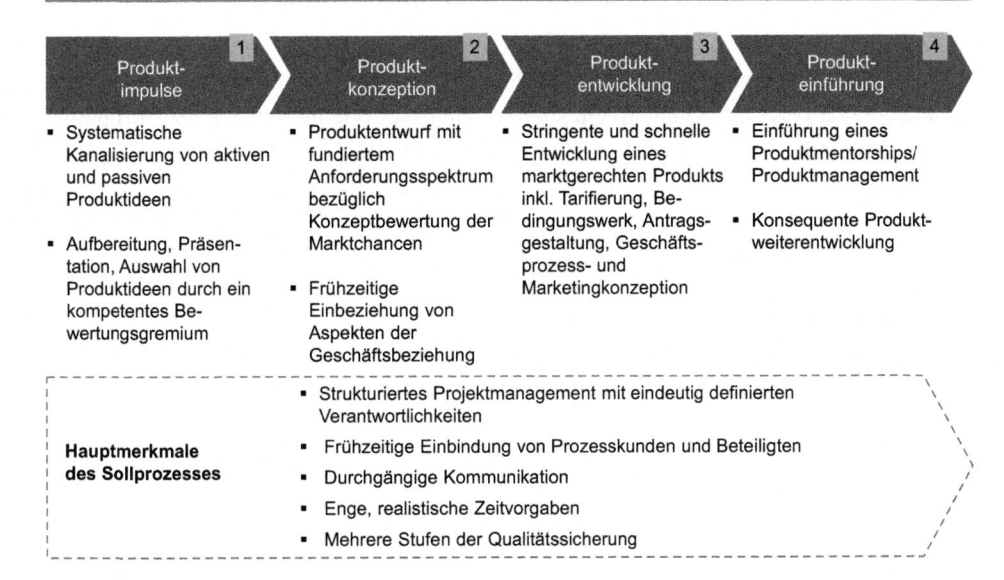

1 Produkt-impulse	2 Produkt-konzeption	3 Produkt-entwicklung	4 Produkt-einführung
• Systematische Kanalisierung von aktiven und passiven Produktideen • Aufbereitung, Präsentation, Auswahl von Produktideen durch ein kompetentes Bewertungsgremium	• Produktentwurf mit fundiertem Anforderungsspektrum bezüglich Konzeptbewertung der Marktchancen • Frühzeitige Einbeziehung von Aspekten der Geschäftsbeziehung	• Stringente und schnelle Entwicklung eines marktgerechten Produkts inkl. Tarifierung, Bedingungswerk, Antragsgestaltung, Geschäftsprozess- und Marketingkonzeption	• Einführung eines Produktmentorships/ Produktmanagement • Konsequente Produktweiterentwicklung
Hauptmerkmale des Sollprozesses	• Strukturiertes Projektmanagement mit eindeutig definierten Verantwortlichkeiten • Frühzeitige Einbindung von Prozesskunden und Beteiligten • Durchgängige Kommunikation • Enge, realistische Zeitvorgaben • Mehrere Stufen der Qualitätssicherung		

Abb. 35.1 Beispiel Produktentwicklungsprozess. (Quelle: eigene Darstellung in Anlehnung an Ernst&Young Unternehmensberatung GmbH)

betroffenen Vertriebskanäle auf die Kundendaten sicherzustellen sowie bestehende Nutzungspotenziale optimal zu realisieren.

Zusammenfassend lässt sich feststellen, dass die Rahmenbedingungen des Versicherungsmarktes einer kontinuierlichen Veränderung mit primärer Stoßrichtung im Hinblick auf zunehmende Digitalisierung unterworfen sind. Diese Entwicklungen induzieren fundamentale Veränderungen in der Wettbewerbsstruktur, auf die weiter einzugehen sein wird. Neben der Veränderung der Wettbewerbsstruktur sind auch wesentliche Transformationserscheinungen im Hinblick auf die Haushaltsstrukturen sowie die in der Bevölkerung vorliegende Kapitalakkumulation und Einkommensverteilung festzustellen, die die Versicherungsunternehmen für die zukünftige Produkt- und Servicegestaltung im Rahmen einer kundenorientierten Unternehmensstrategie zu berücksichtigen haben. In diesem Zusammenhang rückt zwangsläufig auch ein unterstützendes Frühwarnsystem, das den Indikator Kundenwert internalisiert, konsequent in den Vordergrund der Betrachtungen.

35.2.2 Kundenbindungsmanagement als Reaktion auf die Herausforderungen

Durch ein Kundenbindungsmanagement soll versucht werden, zentrale Determinanten der Kundenbindung zu stimulieren, damit Kundenloyalität und die sich bildende Kundenbindung zu erhöhen, um die Kundenprofitabilität langfristig zu sichern. Die dabei im Rahmen effizienter Kundenbindungsprogramme generierte Information kann genutzt werden, um die Bearbeitung des Kundenstammes zu intensivieren. Damit können insbesondere Cross-

Selling-Potenziale gehoben werden, Akquisitionskosten verringert werden und eine Optimierung der Kundenbetreuung realisiert werden. Effektives Kundenbindungsmanagement baut sinnvollerweise auf Kundensegmentierung und Wertorientierung auf. Zur Erhöhung der Kundenbindung sind vor allem mehrere Instrumente denkbar:

- die Preispositionierung und das Rabattsystem,
- die Exklusivität des Produktes,
- die Qualität der Leistung,
- der Markenauftritt und das Image und
- die individuelle Betreuung.

Der intensive Wettbewerb als auch die Virtualisierung der Versicherungsunternehmen werden in Zukunft auch dem Controlling eine völlig neue Bedeutung in der Versicherungswirtschaft geben. Die Aufgabe des Controllings wird in zunehmendem Maße darin bestehen, Unternehmensschwachpunkte aufzudecken, Kernkompetenzen zu entwickeln bzw. zu stärken. Die zukünftigen Aufgaben des Controllings werden über Planung und Kontrolle hinausgehen und sich stärker auf die Koordination strategischer Überlegungen der Unternehmensführung, der Markt- und Konkurrenzanalyse und der Unterstützung der Vertriebsaktivitäten verlagern. Gerade die bereits aufgezeigte Ausrichtung auf die Kundenwünsche und die Segmentierung von Produkten und Vertriebswegen nach Kundengruppen erfordern es, von einem sparten- auf ein kundenorientiertes Controlling überzugehen. Dabei stehen auch die Kundenbeziehung und damit die Kundenbindung im Fokus. Im Rahmen einer effektiven Kundenbindung, das heißt Konzentration auf bedeutende Kunden, ist es notwendig, ein Kundenbindungscontrolling durchzuführen. In regelmäßigen Abständen müssen Kosten und Nutzen der Kundenbindung gegenübergestellt werden, um die Investition in die Beziehung wertgerecht zu kalibrieren.

Die vielfach in ähnlichen Projektzusammenhängen festgestellten Schwachstellen bestehender Kundenbindungskonzepte und in diesem Zusammenhang die oftmals angemerkte unzureichende Effizienz entsprechender Vorhaben, basiert zum einen auf der bisher mangelnden Berücksichtigung der Zweidimensionalität der Zielsetzung von Kundenorientierung – Bindung und Profitabilität gleichermaßen –, was sich neben konzeptionellen Defiziten plausibel auch direkt in Insuffizienzen bezüglich bestehender Controlling-Instrumente manifestiert, zum anderen dementsprechend auch in grundlegenden Defiziten bei bestehenden Frühwarnsystemen, insbesondere im Hinblick auf eine ausreichende Berücksichtigung des Kundenwertes.

Zukünftig ist die Beziehung mit bedeutenden Kunden regelmäßig anhand kundenorientierter Indikatoren im Sinne einer effizienten Frühwarnung zu überwachen und sind entsprechende Kundenbindungsmaßnahmen bei Überschreiten festgelegter Toleranzgrenzen einzuleiten. In der Konsequenz wird es zu einem stärkeren Verbund von Produkt- und Vertriebscontrolling sowie einem Controlling der Kundenbeziehung im Sinne eines ganzheitlichen Marketings-Controllings kommen. Dazu gilt es, den Erkenntnissen folgend, ein solches Konzept zu entwickeln.

35.2.3 Implikationen für innovative Frühwarnsysteme im Kundenbindungsmanagement von Versicherungen

Die Komplexität bestehender Anwendungsfälle in der betrieblichen Praxis macht evident, dass es ein idealtypisches Frühwarnsystem, das für alle Unternehmen und Anwendungsbereiche gleichermaßen gut geeignet ist, per se nicht existieren kann. Abgesehen von dieser Erkenntnis sind der Frühwarnung grundsätzlich Grenzen gesetzt. Diese manifestieren sich nach Schmitz unter anderem in den nachfolgend zusammengefassten Punkten: (vgl. [6])

- Strategische Informationen sind in der Regel unscharf. Ihre Bewertung ist subjektiv und dadurch mit gewisser Unsicherheit behaftet.
- Die sofortige Umsetzung in Strategien kann zu Fehlentscheidungen führen; bei Nicht-Reaktion bzw. zu später Reaktion können Chancen für das Unternehmen verwirken.
- Insbesondere in mittelständischen Unternehmen ist das für die Frühwarnung erforderliche „strategische Denken" oftmals unterentwickelt.
- Der Aufwand für den Aufbau und den Erhalt eines Frühwarnsystems kann sich sehr hoch gestalten, Kosten-Nutzenschätzungen sind insgesamt nur schwer realisierbar.

Neben den bereits aufgezeigten konzeptionellen Schwächen im Zusammenhang mit den Frühwarnindikatoren als elementarem Systembestandteil, muss der Blickwinkel erweitert werden auf die Eignung und Beitragsmöglichkeiten der jeweils zu Grunde gelegten Beobachtungsbereiche eines traditionellen Frühwarnsystems. Damit wird ein weiterer elementarer Systembestandteil auf Defizite in Bezug auf die Anwendbarkeit im Rahmen des Kundenbindungsmanagements untersucht (vgl. [6]).

Zusammenfassend kann für den weiteren Verlauf der Ausführungen festgehalten werden, dass – und das ist angesichts der aktuellen Debatte zur Kundenorientierung nicht besonders verwunderlich – die zur Zeit eingesetzten traditionellen Frühwarnsysteme nur eine geringe kundenbezogene Ausrichtung haben. Wie die Analyse hinsichtlich der Frühwarnindikatoren ergeben hat, verfügen die derzeit eingesetzten traditionellen Frühwarnsysteme außerdem über Frühwarnindikatoren, deren Frühwarneigenschaften selbst nur mäßig ausgeprägt sind. Innerhalb des Beobachtungsbereiches Kunden des Unternehmens ist die Abdeckung mit entsprechenden Frühwarnindikatoren nur rudimentär.

35.3 Kundenwert als Frühwarnindikator

35.3.1 Ausgangslage

Die bisher gewonnenen Erkenntnisse lassen deutlich werden, dass im Kontext der vorliegenden Problemstellung eine konzeptionelle Erweiterung bestehender traditioneller Frühwarnsysteme erforderlich werden kann, um heutige Anforderungen im Hinblick auf eine effiziente Frühwarnung besser abzudecken. Besonderes Augenmerk im Hinblick auf Kundenbeziehungen wird, neben der Diskussion zur Frühwarnung, auch in der zunehmenden Debatte der Kundenorientierung und in diesem Zusammenhang auch dem Kundenbindungsmanagement, auf das Konstrukt des Kundenwertes gelenkt.

Die Bewertung von Kundenbeziehungen wird dabei als eine der wichtigsten Herausforderungen der Marketing-Wissenschaft identifiziert. Vielfach wird die Kundenbeziehung als Investitionsobjekt verstanden. In diesem Zusammenhang stellt sich die Frage, wie Kundenbeziehungen wertmäßig bestimmt und verbessert werden können. Generell steht die Erfolgsmessung im Marketing im Fokus zahlreicher Forschungsbemühungen, wodurch die eher effektivitätsorientierten Ansätze des Kundenmanagements durch effizienzorientierte Ansätze ergänzt werden. Der Kundenwert wird hierbei in einem direkten Zusammenhang mit dem Aspekt der Effizienz gebracht. Im Folgenden gilt es, das Konstrukt des Kundenwertes inhaltlich weiter zu durchdringen, dabei in seine konzeptionellen Bausteine zu differenzieren und in der Form einer explorativen Analyse hinsichtlich seiner möglichen Eignung, vorzubereiten, bevor er in das Konzept eines adaptiven, integrierten Frühwarnsystems im Kundenbindungsmanagement im Privatkundensegment von Versicherungsunternehmen aufgenommen werden kann.

In der Literatur lassen sich unterschiedliche Verständnissichten zum Kundenwert feststellen. Die enge Sichtweise stellt primär auf das Konstrukt im Rahmen einer statischen Betrachtung hin ab, ist dabei allerdings entsprechender Kritik ausgesetzt. Der Beitrag des Kunden zum Unternehmenserfolg gestaltet sich komplexer, als die bisherigen Ansätze abzubilden vermögen. Neben dem Kundenwert im engeren Sinne, also dem ökonomischen Kundenwert, kommen weitere mögliche Wertbeiträge und entsprechende Werttreiber hinzu, die sich wie folgt konkretisieren lassen:

- Empfehlungswert,
- Ausstrahlungswert eines Vorzeigekunden,
- Informationswert eines Kunden,
- Engagement-Wert eines Kunden,
- psychisch basierte und interaktionsbezogene Wertkomponenten sowie
- Werte durch Induktion Dritter (vgl. [5]).

Abb. 35.2 illustriert vorab die nachstehend erfolgenden Betrachtungen zentraler Komponenten des Kundenwertes. Die dabei eingenommene Perspektive gebietet eine Betrachtung vom Groben zum Detail, um inhaltlich das Konzept stufenweise weiter zu durchdringen.

Zusammenfassend lässt sich feststellen, dass der empirisch ermittelte Kundenwert als Frühwarnindikator im Rahmen der Frühwarnung im Kundenbindungsmanagement von Versicherungsunternehmen geeignet erscheint, da seine Zukunftsorientierung insbesondere antizipierte Entwicklungen und Veränderungen bewertet. So soll nun nachfolgend ein adaptiver und integrativer Konzeptansatz für die kundenwertbasierte Frühwarnung im Kundenbindungsmanagement von deutschen Versicherungsunternehmen entwickelt werden.

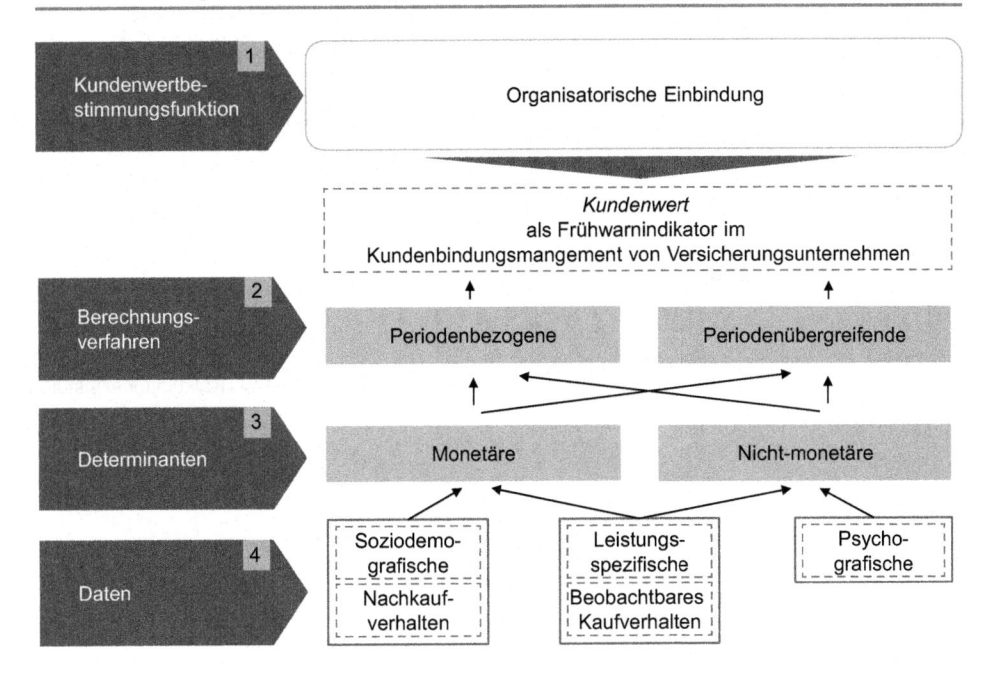

Abb. 35.2 Konzeptionelle Bausteine des Kundenwertes. (Quelle: eigene Darstellung)

35.3.2 Konzeptansatz für Frühwarnsysteme

Die bisher gewonnenen Erkenntnisse lassen deutlich werden, dass im Kontext der vorliegenden Problemstellung der Kundenwert in seiner kondensierten Form für Versicherungsunternehmen als Frühwarnindikator im Kundenbindungsmanagement geeignet erscheint. In dem zu gestaltenden Konzept eines adaptiven, integrativen kundenwertbasierten Frühwarnsystems für den deutschen Versicherungsmarkt, dessen Darstellung sich anschließt, werden sämtliche bereits gewonnenen Ergebnisse und Erkenntnisströme konsolidiert. Die Ableitung eines integrativen Konzeptansatzes setzt zunächst voraus, dass die spezifischen Bausteine des Kundenwertes bestimmt worden sind, um anschließend Implementierungsmöglichkeiten ableiten zu können. Im Anschluss sind diese einer finalen Plausibilitätsprüfung zu unterziehen und konkrete Möglichkeiten einer Implementierung des Kundenwertes als Frühwarnindikator im Kundenbindungsmanagement von Versicherungsunternehmen final zu erörtern.

Die Bestimmung der spezifischen Bausteine basiert auf den vorhergehenden Ausführungen. Ausgehend vom Berechnungsverfahren des Kundenwertes, sind alle weiteren konzeptionellen Bausteine darzustellen und hinsichtlich ihrer Aus- und Wirkungszusammenhänge zu beschreiben. Für die Bestimmung des Kundenwertes als Frühwarnindikator im Kundenbindungsmanagement sollte insbesondere von Versicherungsunternehmen ein dynamisches Investitionsrechnungsverfahren Anwendung finden. Es handelt sich dabei

$$\text{Kundenlebenszeitwert} = \sum_{t=0}^{n} = (E_t - A_t) * (1 + i)^{-t}$$

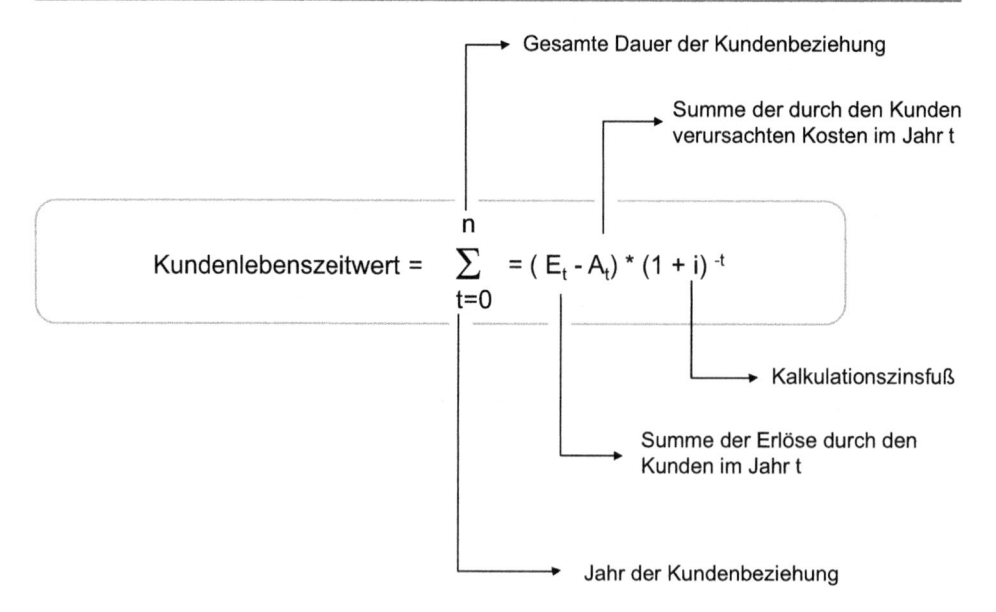

- Gesamte Dauer der Kundenbeziehung
- Summe der durch den Kunden verursachten Kosten im Jahr t
- Kalkulationszinsfuß
- Summe der Erlöse durch den Kunden im Jahr t
- Jahr der Kundenbeziehung

Abb. 35.3 Kunden-Lebenszyklusrechnung ohne Verzinsung als Berechnungsverfahren. (Quelle: eigene Darstellung in Anlehnung an Wöhe 2016 [7])

speziell um den Ansatz einer Kunden-Lebenszyklusrechnung ohne Verzinsung, wie es Abb. 35.3 zu entnehmen ist.

Analog zur Investitionsrechnung von Anlagen müssen Anfangsinvestitionen in die Kundenbeziehung, hier etwa die Kundengewinnungskosten (I_0), sowie die *Kosten* während der Dienstleistungserstellung des Kunden im Laufe der Kundenbeziehung durch zukünftige Zahlungsströme, nämlich die Umsatzerlöse sowie die Gewinne aus der Weiterempfehlung des Kunden während der Beziehung gegenübergestellt werden. Die Berechnung des Kundenwertes basiert somit primär auf den Erlösen und Kosten in der Vergangenheit sowie den zu erwartenden Erlösen und Kosten und der prognostizierten Länge einer Kundenbeziehung ohne Berücksichtigung der Verzinsung. Die Dauer der prognostizierten Kundenbeziehung hat einen starken Einfluss auf den Kundenlebenszeitwert und bedarf damit einer sorgfältigen Betrachtung.

Für die prognostizierte Dauer der Kundenbeziehung als eine der wesentlichen Einflussgrößen in der Berechnung des Kundenlebenszeitwertes können etwa herkömmliche Prognoseverfahren Anwendung finden. Dabei unterscheidet man in der einschlägigen wissenschaftlichen Literatur und der betrieblichen Praxis zwischen qualitativen und quantitativen Verfahren zur Berechnung. Qualitative Verfahren dienen der Erstellung heuristischer Prognosen für sehr langfristige Entwicklungen oder für Prognoseprobleme ohne Informationen aus der Vergangenheit. Da diese Verfahren ausschließlich auf die Bewertung von neuen Kunden abzielt und nicht – bzw. nur schwierig – auf bestehende Kundenbeziehungen anzuwenden ist, werden die qualitativen Verfahren im Kontext der hier vorliegenden

Problemstellung, nämlich die Anwendung einer effizienten Frühwarnung im Kundenbindungsmanagement von Versicherungsunternehmen, nicht weiterverfolgt.

In der wissenschaftlichen Literatur werden unter die quantitativen Verfahren Indikatormodelle und Trendverfahren subsumiert. Indikatormodelle ermitteln statistisch gesicherte Zusammenhänge zwischen der Prognosevariablen und einem oder mehreren Einflussfaktoren (Indikatoren). Diese Einflussfaktoren haben oftmals nur einen geringfügigen Einfluss auf das Unternehmen, bestimmen jedoch maßgeblich die Entwicklung der Kundenbeziehungsdauer. Zur Anwendung von Indikatorprognosen sind zwei Voraussetzungen notwendig:

1. Eine hohe Korrelation zwischen der Entwicklung der Indikatoren und der zu prognostizierenden Variablen und
2. eine leichte und sichere Vorausschätzung der Indikatoren.

Als weiteres, in der einschlägigen Literatur und betrieblichen Praxis diskutiertes quantitatives Verfahren ist die Methode der Trendextrapolation zu nennen. Der Grundgedanke aller Trendverfahren ist die Verknüpfung der Beobachtungswerte mit der Zeit. Zwar unterliegt die Entwicklung einer Zeitreihe der Wirkung einer Vielzahl von Ursachen, jedoch wird bewusst auf die Analyse der einzelnen Komponenten verzichtet, worin auch ein Nachteil dieses Verfahrens gesehen wird. Sie werden als ein Ursachenkomplex aufgefasst, bei dem die in der Vergangenheit festgestellte Wirkung (Gesetzmäßigkeit) auch für die Zukunft unterstellt wird. Die Wirkung dieses Ursachenkomplexes soll als Trend erkannt und prognostiziert werden (Trendextrapolation). Unter den oben festgestellten Bedingungen hat die Indikatorprognose gegenüber der Trendextrapolation den methodischen Vorteil, dass die bisherige Entwicklungsrichtung nicht automatisch beibehalten werden muss und dadurch keine Fortschreibung des aus der Vergangenheit vorliegenden Trends zu erfolgen hat.

Die vorliegenden Erkenntnisse zu den Prognoseverfahren lassen deutlich werden, dass für eine quantitative Prognose über die Dauer einer Kundenbeziehung, insbesondere in einem im Wandel befindlichen Umfeld, ausschließlich die Verfahren der Indikatorprognose Anwendung finden sollten.

Nachdem sowohl das Berechnungsverfahren, die Kunden-Lebenszyklusrechnung ohne Verzinsung (Kundenlebenszeitwert), als auch die Auswirkungen der monetären Determinanten sowie die Bestimmung der Dauer der Kundenbeziehung einer konzeptionellen Lösung zugeführt werden konnten, gilt es nun, die Wirkungszusammenhänge zwischen den monetären und nicht-monetären Determinanten im Gesamtzusammenhang zu beschreiben und deren Durchgriffswirkung auf die Berechnung des Kundenwertes anhand der oben abgeleiteten Formel näher aufzuzeigen. Dabei kommt den im Folgenden dargestellten nicht-monetären Determinanten, Meinungsführerschaft, Preissensibilität, Qualitätsbewusstsein und Abwanderungsgefährdung, im Rahmen der Kundenwertbestimmung und damit im Kontext der vorliegenden Problemstellung eine besondere Bedeutung zu. Abb. 35.4 illustriert die herauskristallisierten Wirkungszusammenhänge zwischen den

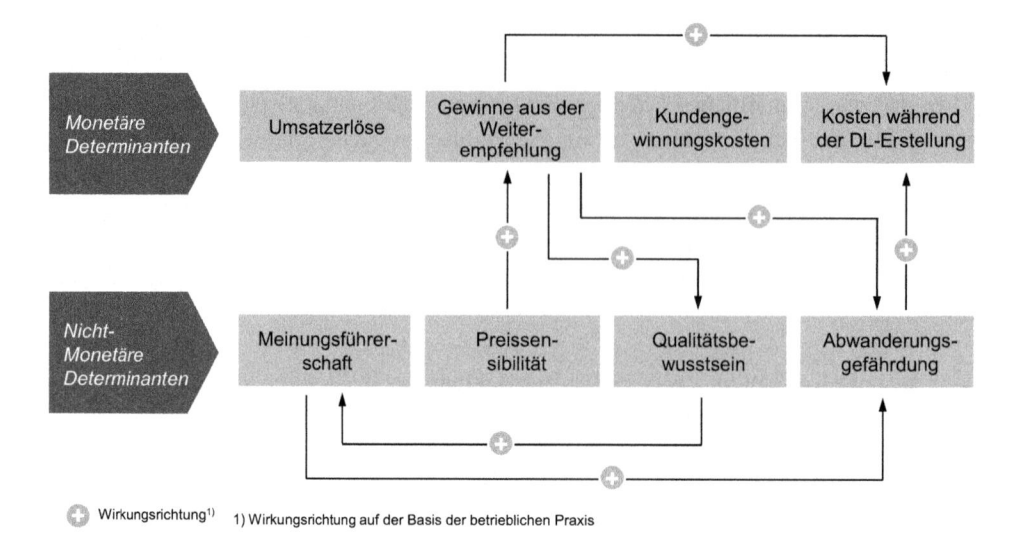

Abb. 35.4 Mikroskopische Betrachtung der Determinanten. (Quelle: eigene Darstellung)

einzelnen Gruppen und lässt damit Zusammenhänge deutlich werden, die unter Einnahme einer mikroskopischen Betrachtungsweise die gegenseitigen Verflechtungen erkennen lassen.

Wie so final bestätigt wurde, konnten die elementaren Bausteine des Kundenwertes für eine Anwendung als Frühwarnindikator im Kundenbindungsmanagement von Versicherungsunternehmen determiniert werden. Für eine Integration des Konzeptansatzes in den Kontext der Unternehmung ergeben sich die folgenden elementaren Fragestellungen, die einer abschließenden Klärung bedürfen:

1. Welche Wirkung hat der Konzeptansatz auf die Dimensionen Strategie, Prozesse, Organisation und Informationstechnologie?
2. Welche Möglichkeiten bestehen bezüglich der Implementierung in das Versicherungsunternehmen und wie sind diese in Bezug auf Machbarkeit und Wirtschaftlichkeit zu bewerten?
3. Welche Rahmenbedingungen sind bei einer Integration des Konzeptansatzes in die Prozesse eines Versicherungsunternehmens zu berücksichtigen?
4. Wie ist die Kundenwertbestimmungsfunktion im Versicherungsunternehmen zu integrieren und welche Auswirkungen auf die Ressourcen ergeben sich?

Im Rahmen eines Experten-Workshops wurden die vier Kernfragestellungen zur Plausibilisierung und Implementierung des Konzeptansatzes herangezogen. Zu diesem Zweck wurden diese weiter operationalisiert und mit den teilnehmenden Experten verprobt.

In Bezug auf die Kernfragestellung „Welche Wirkung hat der Konzeptansatz auf die Dimensionen Strategie, Prozesse, Organisation und Informationstechnologie?" wurden die einzelnen Dimensionen hinsichtlich ihrer Art weiter differenziert und in einer Matrix auf einer Skala von eins bis fünf einer Bewertung unterzogen. Dabei kamen die Experten zu dem Ergebnis, dass in der Dimension Strategie der Konzeptansatz eine größere bereichsstrategische Bedeutung (Wert 5) hat, da insbesondere die Berechnung des Kundenwertes in dem zuständigen Bereich stattfinden muss. Dennoch wurde auch eine weniger stark ausgeprägte Bedeutung (Wert 3) dieses Konzeptansatzes auf unternehmensstrategischer Ebene gesehen. In der Dimension Prozesse kamen die Experten zu dem Ergebnis, dass die Bedeutung sowohl für die Kernprozesse als auch für die Supportprozesse gleich hoch ausgeprägt ist. In Bezug auf die Dimension Organisation, die insbesondere in die Arten Ressourcen, Pflegeaufwand und Datenvoraussetzungen untergliedert wurde, zeigte sich deutlich, dass man die Implementierungsphase und die des anschließenden Betriebes unterscheiden muss. Während der Implementierung ist demnach mit einem hohen Aufwand für die Herstellung der Datenvoraussetzungen zu rechnen; dies führte aus der Sicht der Experten zu einer hohen Bedeutung (Wert 5) dieser Variablen (vgl. Abb. 35.5).

Da dieses in der Regel direkte Auswirkungen auf die Bereitstellung von Ressourcen im Unternehmen hat, wurde hier ebenso eine hohe Ausprägung gesehen, jedoch mit der Einschränkung, dass im laufenden Betrieb der Pflegeaufwand des Systems sukzessive abnimmt. Hinsichtlich der Dimension Informationstechnologie zeigte sich, dass die Implementierung eines derartigen Systems hoch komplex ist, insbesondere vor dem Hintergrund heterogener Informationstechnologie-Systeme, wie sie heute oftmals in Versicherungs-

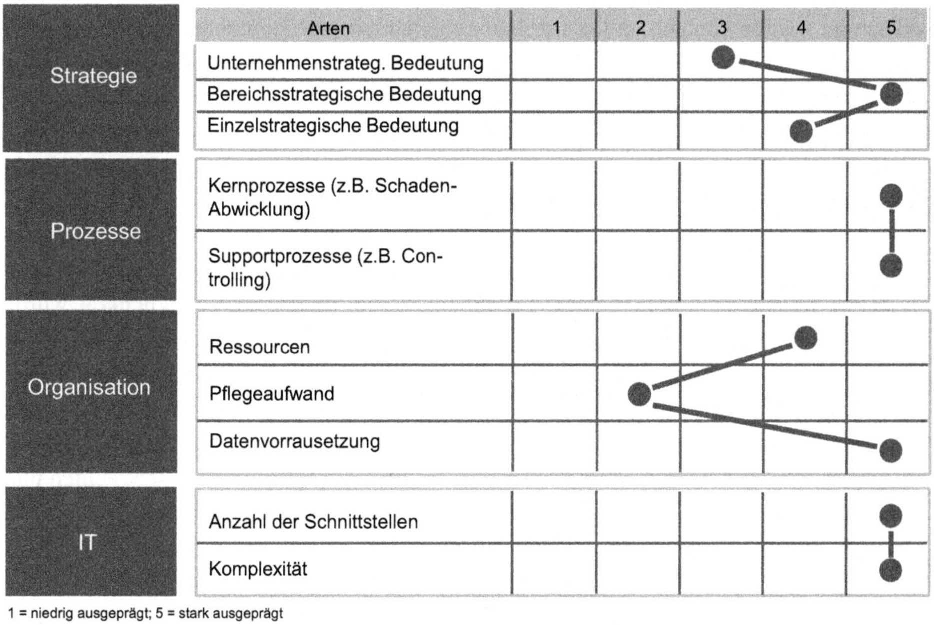

	Arten	1	2	3	4	5
Strategie	Unternehmensstrateg. Bedeutung			●		
	Bereichsstrategische Bedeutung					●
	Einzelstrategische Bedeutung				●	
Prozesse	Kernprozesse (z.B. Schaden-Abwicklung)					●
	Supportprozesse (z.B. Controlling)					●
Organisation	Ressourcen				●	
	Pflegeaufwand		●			
	Datenvoraussetzung					●
IT	Anzahl der Schnittstellen					●
	Komplexität					●

1 = niedrig ausgeprägt; 5 = stark ausgeprägt

Abb. 35.5 Wirkungen des Konzeptansatzes. (Quelle: eigene Darstellung)

unternehmen anzutreffen sind. Dies führt dann möglicherweise zu einer Vielzahl von Schnittstellen, die es bei einer Implementierung zu berücksichtigen gilt.

Nachdem die Wirkungen des Konzeptansatzes im Hinblick auf die Implementierung erarbeitet werden konnten, gilt es im Weiteren, die Möglichkeiten der Einbettung eines derartigen Systems in ein Versicherungsunternehmen aufzuzeigen. Das Reporting von Standardberichten wäre so zu implementieren, dass diese automatisch in regelmäßigen Abständen generiert werden können. Zusätzlich muss das System die Möglichkeit bieten, sporadische Abfragen durchzuführen, um neu oder unregelmäßig auftretende Fragestellungen im Zusammenhang mit Kundenwertentwicklungen zu beantworten. Zur weiteren Durchdringung hinsichtlich der Implementierungsmöglichkeiten eines derartigen Systems in ein Versicherungsunternehmen wurden im Rahmen des Experten-Workshops die grundsätzlichen Implementierungsmöglichkeiten in den Bereichen der konzeptionellen Umsetzung, der technischen Daten Befüllung sowie prozessualen Umsetzung erarbeitet und in Bezug auf deren Wirtschaftlichkeit bewertet. Die Experten hielten die Implementierung des Indikators Kundenwert in einer Balanced Scorecard des Versicherungsunternehmens als eine geeignete Möglichkeit, die jedoch unter Umständen zu hohen Aufwänden in der Implementierung führen kann (Wert 5). Da die Funktion eines derartigen Systems von der Akzeptanz der involvierten Mitarbeiter im Unternehmen abhängt, kamen die Experten zu der Erkenntnis, die Anreizsysteme des Versicherungsunternehmens in der Form auszubauen, dass dieser Indikator als Bestandteil der Zielvereinbarungen aufzunehmen ist. Diese Möglichkeiten der Implementierung wurden jedoch als sehr aufwändig eingestuft (Wert 5). Nachdem die konzeptionellen Möglichkeiten einer Implementierung aufgezeigt werden konnten, gilt es im Weiteren, den Bereich der technischen Datenbefüllung hinsichtlich geeigneter Möglichkeiten zu überprüfen. Die Berechnung von exakten Kundenwerten kann nur dann hinreichende Aussagekraft besitzen, wenn die oben abgeleiteten Determinanten auch hinreichend mit den notwendigen Daten befüllt werden können.

Im Optimalfall sind die benötigten Daten in einem Data-Warehouse des Versicherungsunternehmens bereits vorhanden und können von dort bezogen werden (Wert 3). Werden diese Daten nicht entsprechend vorgehalten, muss auf die operativen Systeme zurückgegriffen werden, wie zum Beispiel auf ein Bestandsführungssystem, Marketing oder Customer-Relationship-Management-Datenbanken (vgl. [3]). Diese Möglichkeit wurde von den Experten als verhältnismäßig unwirtschaftliche Möglichkeit im Hinblick auf die Implementierung bewertet (Wert 5). Neben den bereits dargestellten Möglichkeiten, bestand aus der Sicht der Befragten noch die Möglichkeit, die technische Datenbefüllung über externe Daten sicherzustellen. Dabei gilt es jedoch für die betriebliche Praxis, die unterschiedlichen Anbindungsmöglichkeiten an das System differenziert zu betrachten und auch zu bewerten. Hinsichtlich der Schnittstelle zu den externen Daten sind in diesem Zusammenhang folgende Möglichkeiten denkbar:

- Die Daten werden von einem externen Dienstleister bezogen und in Form von Tabellen abgelegt, auf die die Kundenwertberechnung referenzieren kann.

- Die Daten werden über eine Schnittstelle bei dem jeweiligen Dienstleister abgerufen. Hierdurch kann möglicherweise eine hohe Datenaktualität sichergestellt werden. Dabei gilt es aber zu berücksichtigen, dass die Antwortzeiten in der Regel höher sind und die Gefahr eines Systemausfalles gegeben sein kann.

Neben der technischen Datenbefüllung des Systems, ist für eine Implementierung in einem Versicherungsunternehmen die Kenntnis in Bezug auf die betroffenen Prozesse des Unternehmens relevant. Aus diesem Grund erfolgte im Rahmen des Workshops eine fachliche Diskussion der betroffenen Prozesse des Versicherungsunternehmens. Wie sich zeigte, sind vor dem Hintergrund der Problemstellung die Prozesse Controlling, Tele-Marketing, Vertrieb sowie die umfassenden Qualitätssicherungsprozesse im Rahmen der Implementierung betroffen. Dabei wurde deutlich, dass insbesondere in Bezug auf die Wirtschaftlichkeit ein hoher Aufwand bei den Prozessen Tele-Marketing und Vertrieb vermutet wurde. Die Integration in die Qualitätssicherungssysteme des Unternehmens wurde unter der Voraussetzung, dass diese mehr oder weniger stark im Unternehmen ausgeprägt sind, als weniger aufwändig betrachtet.

Das Design und die Funktionsweise der Kundenbewertung erfordern die regelmäßige interne Pflege. Nur hierdurch können die Validität und die Aktualität der Kundenwertbestimmung zu jedem Zeitpunkt sichergestellt werden. Zu den administrativen Aufgaben involvierter Mitarbeiter gehören, wie im Workshop festgestellt wurde, unter anderem:

- Überwachung/Überprüfung der gelieferten Ergebnisse durch regelmäßiges Monitoring des Systems,
- Durchführung von Datenauswertungen,
- Analyse des verfügbaren Kundendatenbestandes,
- Pflege und Ergänzung der externen Datenbasis,
- Ableitung von Handlungsoptionen und Umsetzung in Maßnahmen,
- Controlling der umgesetzten Maßnahmen sowie
- Beschwerdemanagement bzw. Reklamationsmanagement.

Die Wahrnehmung der oben abgeleiteten Aufgaben bedarf eines besonderen Skillsets der involvierten Mitarbeiter. Nach Meinung der Experten sind hier Kenntnisse der Mitarbeiter in den folgenden Bereichen notwendig:

- Analytisch ausgeprägte Kenntnisse,
- Versicherungs-Know-how,
- Grundlagenkenntnisse hinsichtlich statistischer Analysen und Verfahren sowie
- Marketing- und Vertriebs-Know-how in Bezug auf die Auswirkungsbewertungen.

Die Wahrnehmung der oben genannten Aufgaben erfordert auch die Bereitstellung entsprechender Ressourcen im Versicherungsunternehmen. Aus Sicht der Experten ist hier eher mit einem geringeren Ressourcenbedarf zu rechnen.

35.4 Fazit und Implikationen für das Management

Wie im Verlauf des Beitrages dargestellt wurde, werden die Digitalisierungstrends zu fundamentalen Herausforderungen für die Assekuranz führen. Doch neben den beschriebenen Herausforderungen bestehen auch eine Vielzahl Chancen. Im Rahmen der Digitalisierungsanstrengungen vieler Versicherer werden auch die Industrialisierung bzw. Automatisierung der unternehmensinternen Prozesse stark vorangetrieben, die infolge der technologischen Entwicklungen möglich sind und dadurch hohe Effizienzsteigerungen ermöglichen. Mit den beschriebenen signifikanten Effizienzsteigerungen durch Automatisierung kann der Versicherer seinen Kunden höhere Serviceniveaus bieten, was sich naturgegebener Maßen positiv auf die Kundenloyalität auswirkt. Deshalb ist es umso mehr notwendig, frühzeitig Kenntnis hinsichtlich der Bindung „guter" Kunden im Unternehmen zu erkennen, um möglicherweise zeitnah Kundenbindungsmaßnahmen einleiten zu können.

Im Rahmen des Beitrages wurde untersucht, inwieweit der Kundenwert als Indikator zur Frühwarnung im Kundenbindungsmanagement von Versicherungsunternehmen Nutzen stiftet und entsprechend einsetzbar ist. Zu diesem Zweck wurden unterschiedliche Frühwarnkonzepte und -indikatoren auf deren Eignung hin untersucht und im Rahmen von Expertenworkshops untersucht, wie eine Integration im Unternehmen auszugestalten wäre.

Die Integration des Kundenwertes als Frühwarnindikator in ein Frühwarnsystem für ein Kundenbindungsmanagement in Versicherungsunternehmen bestimmt maßgeblich dessen Effizienz im Hinblick auf seine Frühwarnfunktion. Aus diesem Grund sollten bei einer Implementierung folgende Rahmenbedingungen in Bezug auf die Projektierung berücksichtigt werden, wobei sich organisatorische sowie technische Rahmenbedingungen unterscheiden lassen. Hinsichtlich der organisatorischen Rahmenbedingungen wurde deutlich, dass bei derartigen Vorhaben zwingend das Top-Management der betroffenen Versicherungsunternehmen eingebunden werden muss und die Verantwortung für derartige Vorhaben im Sinne einer Prozess-Ownership übernehmen muss. Da es sich um Teile der strategischen Programme des Unternehmens handelt, liegt hier auch die Treiberfunktion für die Implementierung. In Versicherungsunternehmen besitzt die gesamte Außendienstorganisation in der Regel den häufigsten Kundenkontakt; deshalb gilt es hier, eine hohe Akzeptanz für die Implementierung eines derartigen Systems zu schaffen. Dies lässt sich, wie die Ergebnisse des Experten-Workshops zeigten, möglicherweise durch eine aktive Beteiligung der Mitarbeiter im Außendienst herstellen. Dabei ist für den gesamten Prozess eine ständige Unterstützung der betroffenen Mitarbeiter (Außen- und Innendienst) notwendig. Neben diesen organisatorischen Rahmenbedingungen, sollte eine Integration in ein entsprechendes Anreizsystem für die betroffenen Mitarbeiter erfolgen. Der Erfolg solcher Projekte hängt maßgeblich von einem ausreichenden Budget sowie der Zeit, die die Projektmitarbeiter zur Verfügung haben, ab. Aus diesem Grund wurde aus der Sicht der Experten, die über einen entsprechenden Erfahrungsschatz im Umgang solcher Vorhaben verfügen, der Zeit- und Budgetrahmen als ein wesentlicher Erfolgsfaktor eingeschätzt. Als weitere Rahmenbedingung der Projektierung ist die interne und externe Kommunikation sicherzustellen.

Da das Frühwarnsystem in das operative Umfeld des Versicherungsunternehmens zu integrieren ist, sollte die technische Integration so gestaltet werden, dass das Einspielen von Änderungen im Berechnungsmodell idealerweise einfach und nahezu ohne Beteiligung des Bereiches Informationstechnik möglich wäre. Dies erfordert die Einhaltung notwendiger technischer Rahmenbedingungen, wie beispielsweise eine zeitnahe Datenverfügbarkeit. Dafür gilt es, wie aus den Ergebnissen des Experten-Workshop ersichtlich, die Definition der Datenqualität festzulegen und diese Daten darauf zu erheben. Anschließend sind diese zu konsolidieren und die einzelnen Determinanten des Kundenwertes zu befüllen. Dabei ist zwingend erforderlich, dass sowohl für die Erhebung als auch Auswertung die rechtlichen Restriktionen in Bezug auf den Datenschutz eingehalten werden. Ein permanentes und präzises Controlling im Hinblick auf die Datenqualität sowie den gesamten Implementierungsprozess in Bezug auf Zeit und Budget gilt es ebenso, in Projektierungen dieser Art zu berücksichtigen.

Literatur

1. Focke H, Tiele J, Engler K, Grünberg M (2009) Geschäftsmodell Versicherung – was kommt nach der Industrialisierung. www.atkearney.de/content...detail.../bankenvers. Zugegriffen: 10. August 2017
2. Meffert H (2000) Marketing. Gabler Verlag, Wiesbaden
3. Mummert + Partner Unternehmensberatung (2001) Erfolgsfaktoren von CRM-Projekten. Vortrag CRM-Symposium.
4. Mummert + Partner Unternehmensberatung (2002) Manager Magazin: Branchenkompass Versicherungen
5. Reich M (2003) Innovatives Kundenbindungs-Controlling. Rainer Hampp Verlag, München und Mehring
6. Schmitz W (1998) Konzeption und Einführung eines Betriebswirtschaftlich-technischen Frühwarnsystems. Ferber'sche Universitätsbuchhandlung, Gießen
7. Wöhe G (2016) Einführung in die allgemeine Betriebswirtschaftslehre. Verlag Franz Vahlen, München
8. Zillmann M (2013) Trendstudie Versicherungen 2020. Lünendonk, Kaufbeuren
9. Roemer D (2015) Bedeutung und Auswirkung des digitalen Wandels für die deutsche Versicherungswirtschaft. Die private Kompositversicherung. GRIN Verlag, München

36. Workforce Management als zentraler Baustein in einem modernen Versicherungsbetrieb zur Optimierung der Kundenschnittstelle

Bernd Mader

Zusammenfassung

Seinen Personalbedarf zu kennen, die Qualifizierung seiner Mitarbeiter auf das tatsächlich erforderliche Anspruchsniveau zu bekommen und seine Mitarbeiter voll auszulasten, das sind Ziele, die ein Unternehmer haben muss. Ebenso will er die Anliegen der Kunden zu deren Zufriedenheit zeitlich so abgearbeitet wissen, wie es seine Kunden letztlich von seinem Unternehmen erwarten. Wenn dabei auch noch eine hohe Mitarbeiterzufriedenheit entsteht, dann ist ein professionelles Workforce Management im Einsatz. Mit ihm gelingt es, Transparenz über die Auslastung der Mitarbeiter zu bekommen, Services zu verbessern und für das Unternehmen Kosten zu senken. In diesem Beitrag erfahren Sie, was Workforce Management ist, was es für die Versicherung bedeutet und welche Zukunftstrends in diesem Thema eine Rolle spielen.

36.1 Was ist Workforce Management in einem Versicherungsbetrieb?

36.1.1 Definition, Ziele, Bedeutung für das Versicherungsunternehmen

► Die Kunst ist es, den richtigen Vorgang zur richtigen Zeit vom richtigen Mitarbeiter bearbeiten zu lassen.

36.1.1.1 Begriffsdefinition

Als Workforce Management bezeichnet man die optimale Disposition von Mitarbeitern zu den in idealer Reihenfolge (priorisierten) abzuarbeitenden Aufgaben. Hierbei kommt es

---

B. Mader (✉)
Wüstenrot & Württembergische AG
Stuttgart, Deutschland
E-Mail: bernd.mader@wuerttembergische.de

darauf an, dass jeweils die richtige Ressource zur richtigen Zeit entsprechend der zu erledigenden Aufgabe disponiert wird. Im Vergleich zur klassischen Personaleinsatzplanung geht das Workforce Management weiter und überprüft in einem permanenten Prozess in Echtzeit die aktuelle Auslastung. So werden Überlast- und Unterlastsituationen sofort erkannt und ihnen kann gegengesteuert werden. In einem regelmäßigen Controlling werden die Mengen der Aufgaben überprüft und angepasst.

36.1.1.2 Welches Ziel wird mit dem Workforce Management verfolgt?

Es gibt sehr viele Ausprägungen in der Realisierung eines Workforce Managementsystems in den einzelnen Unternehmen. Dennoch verfolgen alle das nachfolgende Kernziel:

Um die Kundenanliegen zu erfüllen und den von diesen erwarteten Service zu bieten, benötigt das Unternehmen Wissen über:

- die prognostizierten Arbeitsmengen und
- die erforderliche Anzahl an Mitarbeitern mit dem richtigen Skills.

Das Wissen der erforderlichen Skills zur entsprechenden Zeit, muss gegen die tatsächlich vorhandenen Mitarbeiter gespiegelt werden. Da dies z. T. auf Minuten-Ebene erfolgt (Bsp. Telefonie-Planung), ist diese Aufgabe sehr komplex.

Mit einem sehr gut funktionierenden Workforce Management können Unternehmen nicht nur ihren Service gegenüber den Kunden deutlich optimieren (Steuerung nach Priorität der Vorgänge, Vermeidung von Bearbeitungsrückständen), sowie erhebliche Kosten senken, da immer nur so viele Mitarbeiter arbeiten müssen, wie für die Arbeitsmenge nötig sind (Vermeidung von Leerzeiten). Für die Mitarbeiter ist es ein „gerechtes" System, weil die Verteilung der Vorgänge gleichmäßig erfolgt. In der Regel werden die Vorgänge maschinell durch ein Routingsystem auf die Mitarbeiter oder Organisationseinheiten verteilt.

36.1.1.3 Bedeutung für den Versicherungsbetrieb

Grundsätzlich gibt es in den Versicherungsprozessen Unterschiede in der Dringlichkeit der Bearbeitung bzw. den Medien über die Prozesse, an die Versicherungen übertragen werden. Ein gutes Beispiel ist hier die Lastschriftdatenänderung. Befindet man sich kurz vor einem „Einzugstermin", dann ist die Priorität dieser Aufgabe hoch; während sie niedrig ist, wenn man noch weit entfernt von dem Einzugstermin liegt. Die Priorität der Aufgabe kann also unterschiedlich sein und von wechselnden Rahmenbedingungen beeinflusst werden. Die Kunst besteht nun darin, offene Vorgänge so zu steuern, dass die Priorität im Vergleich zu anderen Vorgängen und der Gesamtmenge an zu bearbeitenden Vorgängen richtig eingesteuert wird. Dazu helfen Workforce Management-Systeme. Sie zu professionalisieren bzw. individuell an die Gegebenheiten eines Versicherungsunternehmens anzupassen, ist eine Kernaufgabe der Operationsabteilung eines modernen Dienstleistungsunternehmens.

36.1.2 Zyklus des Workforce Managements

Die Planung und Steuerung von Kapazitäten ist in einem fortwährenden Kreislauf aus Planung, Echtzeit und Controlling im Rahmen des Workforce Managements definiert. Dieser garantiert, dass sich ständig verändernde Rahmenbedingungen für die Zukunft berücksichtigt werden. Dazu gibt es vier Teilprozesse, die nachfolgend erläutert werden.

36.1.2.1 Prognose und Kapazitätsplanung
Basierend auf historischen Daten und künftigen Einflussfaktoren (z. B. Mailingaktionen), werden intervallgenaue Prognosen erstellt. Verschiedene Rechenmodelle (z. B. ErlangC) sorgen dabei für eine exakte Ermittlung des Ressourcenbedarfs. Bei heterogenen Standortkulturen können individuelle Parameter berücksichtigt werden.

36.1.2.2 Mitarbeitereinsatzplan
Unter Berücksichtigung der Mengen aus der Prognose und Kapazitätsplanung und der Daten über die Mitarbeiter wie Skills, Abwesenheiten oder Projektarbeiten, ermittelt ein Tool den exakten Mitarbeitereinsatzplan. Er zeigt genau auf, welche Aufgaben ein Mitarbeiter an einem Tag, zu welcher Stunde zu erledigen hat. In fortschrittlichen Systemen gibt es für die Mitarbeiter die Möglichkeit, Wünsche abzugeben, wann Sie eine Schicht wollen oder Sperrungen, wann für sie keiner Schicht zugeteilt werden wollen. Dies hat den motivierenden Effekt, dass der Mitarbeiter selber ein Stück Einfluss auf den Mitarbeitereinsatzplan nehmen kann.

36.1.2.3 Monitoring/Tagessteuerung
„Je genauer wir planen, desto härter trifft uns der Zufall" – wer denkt, dass wenn alles perfekt geplant ist, nun auch alles perfekt läuft, der irrt. Deshalb ist der 3. Punkt „Tagessteuerung", das sogenannte Monitoring sehr wichtig. Hier wird zum einen darauf geachtet, ob die Rahmenparameter für die Planung auch tatsächlich so eintreffen (z. B. Stückzahlen, Telefonate), zum anderen wird geprüft, ob die eingeplanten Kapazitäten auch wirklich zur Verfügung stehen. Hier gibt es, je nach Größe der Organisation, unterschiedliche Umsetzungsvarianten; Manche Unternehmen setzen hierfür speziell sogenannte Supervisoren ein, welche diese Monitoring-Aufgabe wahrnehmen. Dies ist sicher von der Größe der Organisation abhängig.

36.1.2.4 Controlling
Neben dem Monitoring, gibt es noch einen wichtigen Schritt zur Qualitätsverbesserung: einen regelmäßiger Controlling-Prozess. Dieser überprüft zyklisch im Nachgang, ob die Abweichungen in den unterstellten Planwerten und den echten Ist-Werten für die Zukunft relevant sind. Dann werden diese Erkenntnisse für die nächste Planungsphase entsprechend berücksichtigt. Ebenso findet ein Controlling bei der Einhaltung der Ressourcen statt. Es wird ein „review" auf die in der Tagessteuerung getroffenen Maßnahmen gemacht, um auch hier dauerhaft eine Qualitätsverbesserung zu erzielen.

36.1.3 Wesentliche Elemente eines modernen Workforce Managementsystems

Um einen Planungsprozess abbilden zu können, sollte ein modernes Workforce Managementsystem die nachfolgenden Themenkomplexe abbilden können.

36.1.3.1 Kapazitätsplanung
Die Ermittlung der benötigten Ressourcen (Arbeitskapazitäten), gegliedert nach Skills.

36.1.3.2 Forecast-Planung
Prognose der Anzahl der Kundenanliegen über die unterschiedlichen Kanäle auf themenspezifisch sinnvolle Intervalle (täglich, wöchentlich, monatlich, halbjährig, jährlich); hier müssen saisonale Schwankungen berücksichtigt werden!

36.1.3.3 Schichtplanung
Die Festlegung in welchen sogenannten Schichten geplant und später gearbeitet wird. Schichten sind dabei Zeitfenster, die für die detaillierten Einsatzplanungen verwendet werden müssen, z. B. Stunden-Schichten oder Halb-Tages-Schichten. Ein Schichtplan kann vollautomatisiert und bedarfsorientiert einen ersten Einsatzplan erstellen.

36.1.3.4 Einsatzplanung
Der Einsatzplan zeigt konkret, welcher Mitarbeiter in welchem Zeitfenster eingeplant ist. Hier werden die Zeiten auf Basis der Schichtplanung mit den Mitarbeitern befüllt. Dieser Plan wird in modernen Systemen maschinell vorbefüllt und im Feintuning mit den Mitarbeitern angepasst. In manchen Unternehmen /Einheiten machen dies die Mitarbeiter allerdings noch manuell.

36.1.3.5 Abwesenheitsplanungen
Die Planungen von Abwesenheiten (Urlaub, Meeting, Projekte etc.) beinhaltet für die Planung zu berücksichtigende, nicht zur Verfügung stehende Zeiten des Mitarbeiters. Diese sind wichtig, weil sie in der Einsatzplanung berücksichtigt werden müssen. Hier haben moderne Workforce Managementsysteme eine Verbindung zu den HR-Systemen des Unternehmens, mit denen diese dann direkt abgefragt werden können.

36.2 Was hat Workforce Management mit dem Kunden zu tun?

▶ Das Kundenverhalten ändert sich – die Versicherer müssen reagieren!

36.2.1 Klassische Medien werden durch neue ersetzt

Bis vor einigen Jahren wurden Kundenanliegen ausschließlich per Telefon oder schriftlich in Papierform bzw. per Fax übermittelt. Die Versicherungsbetriebe haben dann damit begonnen, ihre Vertriebe zu nutzen und, mit Hilfe von vertriebsunterstützten Systemen, Daten „strukturiert" zu erfassen und elektronisch an die Verwaltung zu übermitteln. Mit E-Mail kam ein weiterer elektronischer Kanal hinzu, der die Daten schnell (noch unstrukturiert) übermitteln konnte.

Die Arbeitsanstöße haben sich in den letzten Jahren stark auf schnellere, digitale Medien verlagert, was zur Folge hat, dass sich die Erwartungshaltung des Kunden auf eine Reaktion zu seinem Anliegen extrem verändert hat. Während der Kunde früher für einen Brief, den er schrieb, 6–8 Tage Antwortzeit als sehr schnell empfand, ist diese Antwortzeit heute für eine E-Mail-Anfrage unterdurchschnittlich schlecht. Der vermehrte Einsatz der Digitalen Medien zwingt Unternehmen zu einem fundamentalen Wandel in der Prozessabwicklung.

Die geforderte schnelle Reaktionszeit zwingt die Unternehmen in Folge zu einem höheren Automatisierungsgrad, um Kundenanliegen ad hoc beantworten zu können.

Dazu kommt, dass es durch die zunehmende Digitalisierung immer mehr sogenannte Echtzeitmedien gibt. Dies sind Medien, mit denen Kundenkontakte „online", also in Echtzeit, abzuwickeln sind. Hier sind z. B. mit Chat-Funktionalitäten oder WhatsApp neue Kanäle entstanden. Diese müssen bedient und gesteuert werden. Dazu kommt, dass die Zyklen, in denen solche neuen Kanäle erschlossen werden, immer schneller werden. Die Fähigkeiten, die neuen Kanäle bedienen zu können und die Festlegung der Prioritäten hierzu, ist mitunter Aufgabe eines professionellen Workforce Managements.

Die Steuerung von neuen Kanälen stellt eine weitere Herausforderung für die Versicherungsunternehmen dar.

36.2.2 Wo hilft professionelles Workforce Management dem Kunden?

Ein Kunde möchte heute auf unterschiedlichen Kanälen mit seinem Versicherungsunternehmen in Kontakt treten können. Dabei benutzt er unterschiedliche Medien. Um diese Anforderung zu erfüllen, muss das Versicherungsunternehmen mehrere Kommunikationskanäle anbieten können (**Multikanalfähigkeit**). Nun können während des Verlaufes der Bearbeitung aus Kundensicht die Kommunikationskanäle durchaus wechseln – hier spricht man von **Omnikanalfähigkeit**.

Ein Kunde wünscht in einer Notsituation (Schadenfall), sofort mit dem Versicherungsunternehmen in Kontakt treten zu können, um sein Anliegen zu melden (z. B. Notfall-APP, Telefonhotline). Für die weitere Bearbeitung, z. B. das Bezahlen von Rechnungen, will der Kunde aber über sein Kundenportal oder per Email informiert werden. Er wechselt also in der Abwicklung eines Vorgangs den Kanal.

Um die Kundenerwartungen dauerhaft erfüllen zu können, müssen die Versicherungsunternehmen auf der Klaviatur der verschiedensten Kommunikationskanäle spielen können!

36.2.3 Kundenanforderungen ganzheitlich betrachten

Einen Blick auf die Dauer und die Stationen eines Vorganges in einem Unternehmen zeigt häufig, dass das Kundenanliegen an mehreren Stellen im Unternehmen aufschlägt und bearbeitet wird. Dies ist per se nichts Negatives. Allerdings ist die Sicht der Unternehmen meist intern ausgerichtet und nicht am Kunde direkt, was zur Folge hat, dass ein Vorgang, der in mehreren Abteilungen aufschlägt, dort jeweils einzeln „grün" bewertet wird (also innerhalb des dort definierten Servicelevels), der Kunden aber den Gesamtprozess „dunkelrot" empfindet. Hier helfen eine Steuerung und Sicht auf den Gesamtvorgang. Moderne Workforce Managementsysteme unterstützen diesen Ansatz, in dem sie in der Priorität der Weiterleitung von Prozessen bereits eine Gesamtpriorität berücksichtigen.

In einer immer stärker durch den Kunden bestimmten Servicewelt muss ein Unternehmen heute den Service für ein Anliegen nicht mehr operativ getrennt beurteilen, sondern ganzheitlich aus Kundensicht.

36.3 Welche Trends gibt es im Workforce Management

Die effiziente und nachhaltige Planung und Steuerung des Mitarbeitereinsatzes hat in den letzten Jahren mehr und mehr an Bedeutung gewonnen. Der Einsatz entsprechender Software-Werkzeuge hat sich über die Branchen hinweg ausgebreitet und auch innerhalb der Versicherungsbranche machen immer mehr Unternehmen davon Gebrauch.

Haben wir heute den Reifegrad solcher Systeme erreicht? Wohin werden sich die inhaltlichen Anforderungen der Anwender von heute und morgen entwickeln? Gibt es noch neue Funktionen, über die Workforce Management-Systeme in Zukunft verfügen müssen?

36.3.1 Änderungen im Zeitalter der Digitalisierung

Mit Workforce Management wird ein Planungs- und Steuerungskreislauf bezeichnet, der in der Regel bei einem Forecast beginnt (Wie entwickeln sich die Treiber des Personalbedarfs in der absehbaren Zukunft?), sich über die Personalbedarfsprognose (Wann brauchen wir wie viele Mitarbeiter welcher Qualifikation?), Kapazitäts- und Einsatzplanung erstreckt und schließlich bei einem systematischen Controlling des Personaleinsatzes endet.

Mit der dynamisch fortschreitenden Digitalisierung aller Arbeitsabläufe werden sich die Rahmenbedingungen der Arbeit verändern und damit wird sich auch die Planung und Steuerung der Arbeit ändern müssen.

Hier lässt sich das Workforce Management selbst noch stärker digitalisieren, d. h. dass Forecasting, Bedarfsprognose und Einsatzplanung schon bald nur noch in wenigen Ausnahmen auf Papier oder in simplen Excel-Tabellen stattfinden wird, sondern funktional zunehmend komplexe und mit anderen Software-Anwendungen zunehmend vernetzte Lösungen für die Zukunft darstellen. Durch Änderung von Parametern (z. B. Menge, Durchlaufzeit) muss kurzfristig eine Auswirkung auf die Produktionsleistung erfolgen können. HR-Systeme sind online angebunden und Änderungen darin (Abwesenheiten, Urlaube etc.) wirken sich sofort auf die Produktionssteuerung aus. Die nachfolgenden Ausführungen sollen aber erkennen lassen, warum nur inhaltlich sehr ausgefeilte Planungslösungen in Zukunft Bestand haben werden.

Eine Entwicklung wird sein, dass durch Digitalisierung viele Arten von Arbeit zu jeder Zeit und an jedem Ort möglich sind bzw. werden. Mit der Digitalisierung wird auf der einen Seite immer mehr vernetztes, projektorientiertes Arbeiten möglich, auch die effiziente Zusammenarbeit von Mitarbeitern, die sich an unterschiedlichen Orten aufhalten. Gleichzeitig wird diese Form der Arbeit auch in zunehmendem Maße notwendig, weil mit der Digitalisierung die Komplexität der Aufgaben wächst und nicht jede Organisation auf Dauer alle Spezialisten für diese komplexen Aufgaben an einem Ort wird vorhalten können. Dies auch deshalb, weil diese hochqualifizierten Mitarbeiter aufgrund der demografischen Entwicklung immer knapper werden und Unternehmen diese dort beschäftigen müssen, wo sie sich das wünschen – also im Zweifelsfall an ihrem eigenen Wohnort und nicht am Standort des Unternehmens.

36.3.2 Erhöhte Anforderungen an Operationsabteilungen von Digitalen Versicherungsunternehmen

In der digitalisierten Produktion der Zukunft werden insgesamt weniger Menschen benötigt, die aber höher qualifiziert sein müssen. Die Mitarbeiter müssen zunehmend in Schichtarbeit tätig sein, denn nur bei einem 24-Stunden-Betrieb werden sich die Kundenwünsche dauerhaft erfüllen lassen. Unterstellt man, dass qualifizierte Mitarbeiter ein immer knapperes Gut werden, so stellt sich für die Unternehmen die Frage: Wie kann Schichtarbeit so gestaltet werden, dass sie auch für diese hochqualifizierten Mitarbeiter attraktiv wird? Denn nur, wenn dies gelingt, wird man die auf dem Arbeitsmarkt schwer umkämpften Mitarbeiter gewinnen und an sich binden können. Die Versicherungsunternehmen werden somit gezwungen, ihre Arbeitsinhalte in Verbindung mit intelligenter Workforce Management-Software zu organisieren.

Mögliche Änderungen:

- Flexible Schichtsysteme, die für kleine Teams die Flexibilisierungselemente zur Anpassung an unterschiedliche Besetzungsbedarfe enthalten und dennoch für überschaubare Zeiträume den Mitarbeitern eine Sicherheit über ihre arbeitsfreien Tage geben können.
- Strukturierte und klar definierte Planungsprozesse, die den Schicht- und Einsatzplanern die Basis für eine erfolgreiche, wirtschaftlich effiziente Planung liefern und Klarheit darüber schaffen, welche Kriterien (und darunter insbesondere die Erwartungen der Mitarbeiter an ihre Arbeitszeiten) in welcher Prioritätenfolge bei der Planerstellung zu berücksichtigen sind.
- Softwaresysteme zur Personaleinsatzplanung, die den Planern die benötigen Informationen zeitgerecht und in hoher Qualität zur Verfügung stellen und die auch in komplexen Situationen noch Lösungsvorschläge für gute Schicht- und Einsatzpläne anbieten können.
- Lebensarbeitszeitmodelle, die den Mitarbeitern die Möglichkeit bieten, in unterschiedlichen Lebensphasen unterschiedliche und individuelle Definitionen ihrer persönlichen Work-Life-Balance zu finden, ohne in den damit verbundenen Auszeiten die finanzielle Absicherung zu verlieren.
- Flexible Entlohnungssysteme, die Mitarbeitern Anreize bieten, möglichst viel Flexibilität in Bezug auf ihre möglichen Einsatzzeiten anzubieten, aber niemanden zwingen, mehr Flexibilität möglich zu machen, als für ihn selbst langfristig verträglich ist.

Nur sehr intelligente Software-Lösungen, die einen Schwerpunkt auf die Einbeziehung von Mitarbeiterwünschen in den Planungsprozess legen, werden in diesen Szenarien bestehen können. Dabei wollen wir hier keine heile Welt „malen", nach dem Motto „ein intelligenter Algorithmus wird das Problem schon irgendwie lösen". Gute Schichtplanung bewegt sich immer in einem konfliktträchtigen Spannungsfeld zwischen den Anforderungen des Betriebs und den Wünschen der Mitarbeiter – und in Zukunft werden die Spannungen zwischen diesen Anforderungsdimensionen eher noch anwachsen. Allerdings werden intelligente Mitarbeiter immer weniger akzeptieren, ohne Not in ein einfaches Planungsschema gepresst zu werden. Die Erkenntnis, dass sich aus der Kombination der individuell sehr unterschiedlichen Wünsche und Flexibilitätsangebote der Mitarbeiter Lösungen konstruieren lassen, die den betrieblichen Anforderungen entsprechen und gleichzeitig einen großen Teil (aber vermutlich niemals alle) der Mitarbeiter-Erwartungen erfüllen, wird den Druck auf die Nutzung und Weiterentwicklung intelligenter Workforce Management-Lösungen hochhalten.

Hier sehen wir die eigentliche Zukunft der Workforce Managements: In der Unterstützung des Findens guter Kompromisse zwischen den Anforderungen immer dynamischerer Produktions- und Logistik-Prozesse einerseits und den Erwartungen zunehmend selbstbewusster Mitarbeiter, die auch zukünftig in diesen Prozessen tätig sein werden, andererseits.

36.3.3 Big Data – Technologien im Workforce Management

Big Data ist nicht nur ein Schlagwort für etwas, das in der Zukunft kommen wird, Big Data findet bereits heute in großem Stile statt. Nicht nur bei den globalen Internetriesen, wie Google oder Amazon, ist dies ein Thema, sondern gerade auch in den Versicherungsunternehmen wird die Nutzung von Big Data in Zukunft eine gewaltige Rolle spielen bzw. spielt sie eben heute schon. Versicherer nutzen für Tarifkalkulationen heute schon große Datenmengen, um Wahrscheinlichkeiten für Risikoindikatoren bei der Kalkulation von Versicherungsprodukten ziemlich exakt vorherzusagen. Auch für das Workforce Management sind viele und breitgestreute Daten der Schlüssel zum Erfolg. Je mehr Prozesszahlen prognostiziert werden können und je mehr Häufigkeiten dazu bekannt sind, je genauer lässt sich die Personaleinsatzplanung vorbestimmen.

Um darstellen zu können, dass und in welcher Form Technologien, die im Bereich von Big Data entwickelt wurden, schon heute ganz konkret mit großem Nutzen im Workforce Management eingesetzt werden können, müssen wir zunächst noch einmal klären, was Big Data eigentlich bedeutet. Im Kern bedeutet der Begriff die Analyse und Auswertung von sehr großen Datenmengen, deren Inhalt sich in großer Geschwindigkeit verändert und die in sehr unterschiedlichen Strukturen und Formaten vorliegen. Für die Auswertung solcher Daten eignen sich klassische Verfahren der Auswertung von Datenbanken kaum noch, weil die Auswertungsgeschwindigkeit hinter der Veränderungsgeschwindigkeit zurückbleibt und auch der Aufwand für die Integration der unterschiedlichen Datenformate die Auswertung in der notwendigen Geschwindigkeit behindert. Im Umgang mit Big Data wurden daher spezifische Verfahren und Algorithmen entwickelt, um diese großen Datenmengen effizient auswerten zu können.

Wie können nun konkrete Anwendungen der Auswertung großer und schnell veränderlicher Datenmengen im Workforce Management aussehen? Anwendungen mit großem unmittelbarem Nutzenpotenzial werden in der Analyse von Treibern des Personalbedarfs und deren Umsetzung in die Personalbedarfsprognose gesehen. Hier gibt es noch eine Reihe von Herausforderungen, die von den heute verfügbaren Softwarelösungen für das Workforce Management noch nicht oder nur mit Einschränkungen gelöst werden, mit Big Data-Ansätzen aber effizient lösbar sind; dies naturgemäß vor allem in solchen Unternehmen, in denen es große und sich schnell verändernde Mengen von Informationen über solche Bedarfstreiber gibt.

36.3.4 Personalbedarfsprognosen

Der klassische Ansatz der Personalbedarfsprognose beruht darauf, dass man für verschiedene Tätigkeiten eine Durchschnittsdauer festlegt, die mit der Häufigkeit des erwarteten Auftretens dieser Tätigkeiten multipliziert wird, um daraus den Personalbedarf für diesen Zeitraum zu errechnen. Daraus entstehen zwei im Rahmen der Bedarfsprognose zu beantwortende Fragen:

- Was ist die Durchschnittsdauer der einzelnen Tätigkeit?
- Wie häufig wird die einzelne Tätigkeit in einem zukünftigen Zeitraum stattfinden?

Beide Fragen sind nicht trivial zu beantworten. Es gibt Einflussfaktoren, welche die Antworten auf diese Fragen verändern. Zum Beispiel ändert sich ein Gesetz oder ein Produkt, dann können sich Bearbeitungszeiten, Beratungsaufwände oder Durchlaufzeiten drastisch ändern.

An dieser Stelle können Techniken einer effizienten Datenanalyse helfen. Zur Berechnung der angemessenen Personalbesetzung, z. B. einer Telefon-Hotline, können mit statistischen Verfahren das Kundenverhalten geclustert werden (welche Kunden reagieren und wie?). Dies bedeutet, dass die Parameter, welche für den Planungsprozess wichtig sind, permanent aktuell zu halten sind. Bisher sind dies meistens eher statische Daten, die nur sehr sporadisch angepasst werden.

36.3.5 Personalbedarfsprognose bei einer Schaden-/Unfallversicherung

Nehmen wir zum Beispiel den Fall der Vertrags- oder Schadenbearbeitung bei einem großen Versicherer. Dort finden sich viele unterschiedliche Geschäftsvorgänge, bei denen zwar häufig durchschnittliche Bearbeitungszeiten bekannt sind, die im Detail jedoch eine große Streuung aufweisen können. So kann ein vom Typ her gleichartiger Vorgang im Einzelfall einmal zwei Minuten und ein anderes Mal zwei Stunden Bearbeitungszeit beanspruchen. Eine Diskussion der Anzahl bearbeiteter Fälle für den Arbeitstag eines einzelnen Mitarbeiters ist von daher meist müßig, zumal solche Auswertungen auf Personenebene häufig gar nicht zugelassen sind. Für eine effiziente Organisation ist aber auch nicht die Leistung eines einzelnen Mitarbeiters an einem einzelnen Tag von Interesse, die aus vielen Gründen Schwankungen unterliegen kann. Wichtig ist, dass auf Ebene des Teams und der Abteilungen effizient gearbeitet wird. Und auch hier stellt sich immer wieder die Frage, wie viele Arbeitsstunden für die Bearbeitung einer erwarteten Menge von Vorgängen angemessen wären. Kennt man die Antwort, kann man die Mitarbeiter vorausschauend anhalten, den Einsatz ihrer (meist in Gleitzeitsystemen geregelten) Arbeitszeit, z. B. auf der Ebene einer Arbeitswoche, an diesen Bedarf anzupassen. Konkret könnte dann ein Teamleiter für jede Woche kommunizieren, ob ein Auf- oder Abbau von Zeitguthaben stattfinden soll, um mit den erwarteten Arbeitseingängen im Einklang zu bleiben und keine Rückstände aufzubauen.

Auch hierfür können nun Regressionsanalysen eingesetzt werden: Wie verändern sich Arbeitszeiten mit dem Mix bearbeiteter Vorgänge? Und auch in dieser Situation können Teams oder Abteilungen an ihrer eigenen Historie gemessen werden: Wenn man im Durchschnitt vieler Kalenderwochen und abhängig vom jeweiligen Vorgangsmix eine bestimmte Schlagzahl (z. B. durchschnittliche Anzahl bearbeiteter Vorgänge je Arbeitsstunde) erreicht, gibt es keine guten Gründe dafür, wenn in bestimmten Phasen des Jahres (typischerweise sind es dann die Phasen mit relativ geringen Eingangsmengen) diese Schlagzahl im Mittel einer ganzen Woche deutlich unterschritten wird. Solche Analysen zeigen also Effizienzpotenziale auf, die durch eine verbesserte Planung von An- und Abwesenheitszeiten gehoben werden können.